Abkürzungen

a.a.O.	am angeführten Ort	BSeuchG	Gesetz zur Verhütung und Bekämpfung übertragbarer Krankheiten beim Menschen (Bundesseuchengesetz)
ADS	Arbeitsgemeinschaft Deutscher Schwesternverbände		
a.F.	alte Fassung		
AFG	Arbeitsförderungsgesetz	BSG	Bundessozialgericht
AG	Arbeitsgericht	BSHG	Bundessozialhilfegesetz
AltPflG	Altenpflegegesetz	BT	Bundestag
AMG	Gesetz über den Verkehr mit Arzneimitteln (Arzneimittelgesetz)	BtG	Betreuungsgesetz
		BtMG	Betäubungsmittelgesetz
ApG	Gesetz über das Apothekerwesen	BtMVV	Betäubungsmittelverschreibungsverordnung
ArbG	Arbeitsgericht		
ArbplSCHG	Arbeitsplatzschutzgesetz	BtPrax	Betreuungspraxis (Zeitschrift)
ArbschG	Arbeitsschutzgesetz	BurkG	Beurkundungsgesetz
ArbZG	Arbeitszeitgesetz	BUrlG	Bundesurlaubsgesetz
ArztHAusbV	Arzthelfer-Ausbildungsverordnung	BVerfG	Bundesverfassungsgericht
ASiG	Arbeitssicherheitsgesetz	BVerwG	Bundesverwaltungsgericht
AVoPStG	Verordnung zur Ausführung des Personenstandsgesetzes	ChemG	Chemikaliengesetz
		DAG	Deutsche Angestellten-Gewerkschaft
AVR	Richtlinien für Arbeitsverträge in den Einrichtungen des Deutschen Caritasverbandes	DB	Der Betrieb (Zeitschrift für Arbeitsrecht)
		DBfK	Deutscher Berufsverband für Krankenpflege
AZO	Arbeitszeitordnung		
BAG	Bundesarbeitsgericht	DDR	Deutsche Demokratische Republik
BAT	Bundesangestelltentarifvertrag	DGB	Deutscher Gewerkschaftsbund
BALK	Bundesarbeitsgemeinschaft leitender Krankenpflegepersonen	DiätAssAPrO	Ausbildungs- u. Prüfungsverordnung für Diätassistenten
BB	Betriebsberater (Zeitschrift für Arbeitsrecht)	DiätAssG	Gesetz über den Beruf der Diätassistentin und des Diätassistenten
BBiG	Berufsbildungsgesetz	DIHK	Deutscher Industrie-und Handelskammertag
BDA	Bundesvereinigung der Deutschen Arbeitgeberverbände		
		DKG	Deutsche Krankenhausgesellschaft
BDI	Bundesverband der Deutschen Industrie	DPR	Deutscher Pflegerat
		DPV	Deutscher Pflegeverband
BDSG	Bundesdatenschutzgesetz	DRK	Deutsches Rotes Kreuz
BeArbThG	Beschäftigungs- und Arbeitstherapeutengesetz	DVO	Durchführungsverordnung
		E	Entwurf
BeArbTAPrO	Ausbildungs- und Prüfungsordnung für Beschäftigungs- und Arbeitstherapeuten	EG	Europäische Gemeinschaft
		EheG	Ehegesetz
		EKD	Evangelische Kirche Deutschland
BeschFG	Beschäftigungsförderungsgesetz	EP	Europäisches Parlament
BetrVG	Betriebsverfassungsgesetz	EPZ	Europäische Politische Zusammenarbeit
BeurkG	Beurkundungsgesetz		
BErzGG	Gesetz über die Gewährung von Erziehungsgeld und Erziehungsurlaub	EU	Europäische Union
		EWG	Europäische Wirtschaftsgemeinschaft
		EWR	Europäischer Wirtschaftsraum
BGA	Bundesgesundheitsamt	EzA	Entscheidungssammlung zum Arbeitsrecht (Loseblattsammlung)
BGB	Bürgerliches Gesetzbuch		
BGBl	Bundesgesetzblatt	FamRZ	Familienrechtszeitschrift
BGH	Bundesgerichtshof	FGG	Gesetz über die Freiwillige Gerichtsbarkeit
BKGG	Bundeskindergeldgesetz		
BMGS	Bundesministerium für Gesundheit und soziale Sicherung	GATT	General Agreement on Tarifs and Trade/Allgemeine Zoll- und Handelsabkommen
BPflV	Bundespflegesatzverordnung		
BR	Bundesrat	GefStoffV	Verordnung über gefährliche Stoffe
BSchG	Beschäftigtenschutzgesetz	GewO	Gewerbeordnung

Begriff des Rechts	1
Entstehung der Bundesrepublik Deutschland	2
Entstehung des Grundgesetzes	3
Rechtsfragen	4
Grundgesetz und Einigungsvertrag	5
Grundgesetz für das vereinte Deutschland	6
Europäische Union	7
Vereinte Nationen	8
Zivilrechtliche Vorschriften	9
Das zivilrechtliche Haftungssystem	10
Strafrechtliche Bestimmungen	11
Arbeitsrechtliche Bestimmungen	12
Sozialversicherungsrecht	13
Bundessozialhilfegesetz - ein Überblick	14
Grundsicherungsgesetz	15
Hygiene und Infektionsschutz	16
Arznei- und Betäubungsmittelrecht	17
Lebensmittelrecht	18
Gesundheitswesen, Gesundheitsrecht und Gesundheitsdienst	19
Geschichtliche Entwicklung der Krankenpflege	20
Rechtsgrundlagen der Berufsausbildung	21

A. Schneider

Staatsbürger-, Gesetzes- und Berufskunde

für Fachberufe

im Gesundheitswesen

Springer-Verlag Berlin Heidelberg GmbH

A. Schneider

Staatsbürger-, Gesetzes- und Berufskunde

für Fachberufe
im Gesundheitswesen

Mit 30 Abbildungen
und 36 Tabellen

6. vollständig überarbeitete
und erweiterte Auflage

Springer

Dr. A. Schneider
Zerrennerstr. 32
75172 Pforzheim

Erste Auflage ist erschienen im Luchterhand Verlag

ISBN 978-3-642-62824-5   ISBN 978-3-642-55802-3 (eBook)
DOI 10.1007/978-3-642-55802-3

Bibliografische Information der Deutschen Bibliothek
Die Deutsche Bibliothek verzeichnet diese Publikation in der Deutschen Nationalbibliografie, detaillierte bibliografische Daten sind im Internet über <http://dnb.ddb.de> abrufbar

Dieses Werk ist urheberrechtlich geschützt. Die dadurch begründeten Rechte, insbesondere die der Übersetzung, des Nachdrucks, des Vortrags, der Entnahme von Abbildungen und Tabellen, der Funksendung, der Mikroverfilmung oder der Vervielfältigung auf anderen Wegen und der Speicherung in Datenverarbeitungsanlagen, bleiben, auch bei nur auszugsweiser Verwertung, vorbehalten. Eine Vervielfältigung dieses Werkes oder von Teilen dieses Werkes ist auch im Einzelfall nur in den Grenzen der gesetzlichen Bestimmungen des Urheberrechtsgesetzes der Bundesrepublik Deutschland vom 9. September 1965 in der jeweils geltenden Fassung zulässig. Sie ist grundsätzlich vergütungspflichtig. Zuwiderhandlungen unterliegen den Strafbestimmungen des Urheberrechtsgesetzes.

© Springer-Verlag Berlin Heidelberg 2003
Ursprünglich erschienen bei Springer-Verlag Berlin Heidelberg New York 2003
Softcover reprint of the hardcover 6th edition 2003

http://www.springer.de/pflege

Die Wiedergabe von Gebrauchsnamen, Handelsnamen, Warenbezeichnungen usw. in diesem Werk berechtigt auch ohne besondere Kennzeichnung nicht zu der Annahme, dass solche Namen im Sinne der Warenzeichen- und Markenschutz-Gesetzgebung als frei zu betrachten wären und daher von jedermann benutzt werden dürften.

Produkthaftung: Für Angaben über Dosierungsanweisungen und Applikationsformen kann vom Verlag keine Gewähr übernommen werden. Derartige Angaben müssen vom jeweiligen Anwender im Einzelfall anhand anderer Literaturstellen auf ihre Richtigkeit überprüft werden.

Lektoratsplanung: Ulrike Hartmann
Lektorat: Barbara Lengricht, Heidelberg, Heidi Heinhold, Engelskirchen
Herstellung: PRO EDIT GmbH, Heidelberg
Satzherstellung: K. Detzner, Speyer
Umschlaggestaltung: deblik, Berlin
Layout: deblik, Berlin
Gedruckt auf säurefreiem Papier   22/3160 ML   5 4 3 2 1 0

Vorwort zur 6. Auflage

Aus Sicht der Pflegeberufe dürfte das Jahr 2003 von besonderer Bedeutung sein.

Zum einem machte eine Entscheidung des Bundesverfassungsgerichts vom 24.10.2002 den Weg frei zum Inkrafttreten eines bundeseinheitlichen Altenpflegegesetzes ab dem 01.08.2003. Zum anderen wurde mit der zustimmenden Verabschiedung durch den Bundesrat am 23.05.2003 das Gesetzgebungsverfahren zu einem neuen Krankenpflegegesetz abgeschlossen, das somit nach Verkündung im Bundesgesetzblatt im Juli 2003 zum 01.01.2004 Inkrafttreten kann.

Beide Gesetze sind nebst den dazugehörigen Ausbildungs- und Prüfungsverordnungen – für die Berufe in der Gesundheits- und (Kinder-)Krankenpflege noch im Entwurfsstadium – in der jetzt vorliegenden Auflage ausführlich berücksichtigt.

Darüber hinaus fanden zahlreiche seit der 5. Auflage neu verabschiedete Gesetze Eingang in die Neubearbeitung, wie etwa das Infektionsschutzgesetz, das u. a. das Bundesseuchengesetz sowie das Gesetz zur Verhütung und Bekämpfung von Geschlechtskrankheiten ablöst, sozialgesetzliche Novellierungen, die Neuordnung des Strafgesetzbuches und andere Rechtsvorschriften mehr.

Gleiches gilt für die vielen berufsspezifischen Entscheidungen der Rechtsprechung, die sich mit den Sorgfaltspflichten aller Angehörigen der Fachberufe im Gesundheitswesen ebenso befassen wie mit den Patientenrechten. Besonders genannt seien an dieser Stelle Entscheidungen zur Betreuungsverfügung, Patientenverfügung und Vorsorgevollmacht u. a. als Folge der Novellierung des Betreuungsrechts.

Überarbeitet wurde zudem im Kapitel »Berufskunde« die Darstellung der geschichtlichen Entwicklung der Krankenpflege. Hierfür danke ich besonders Frau Elisabeth Beierle, M. A., Schulleitung, Krankenpflegeschule Göttingen.

Auch das Kapitel »Staatsbürgerkunde« wurde unter grundrechtlichen und europarechtlichen Aspekten neu bearbeitet. Nicht zuletzt hieraus leitet sich auch der neue Buchtitel »Staatsbürger-, Gesetzeskunde und Berufskunde für Fachberufe im Gesundheitswesen« her.

Die in den Vorauflagen in einem separaten Beiheft enthaltenen »Prüfungsfragen« wurden abschnittsbezogen als »Wissensfragen« in die Neuauflage eingearbeitet.

Dem SpringerVerlag danke ich für die gewährte Unterstützung und Frau Jeanette Fiedler wiederum herzlich für die Übernahme der umfänglichen Schreib- und Korrekturarbeiten.

Alfred Schneider
Pforzheim, im Juli 2003

Vorwort zur 1. Auflage

Die Ausbildungs- und Prüfungsordnungen vieler medizinischer Assistenzberufe sehen als Unterrichtsfach Staatsbürger-, Gesetzes- und Berufskunde vor. Die für den Unterricht zur Verfügung stehenden Stundenzahlen sind unterschiedlich hoch. Sie belaufen sich beispielsweise für die auszubildenden Krankenschwestern, Krankenpfleger und Kinderkrankenschwestern auf etwa 100 Stunden und liegen für die Krankenpflegehelfer und -innen bei etwa 20 Stunden.

Bei diesen Zahlen wird deutlich, dass die Vermittlung eines so umfassenden Unterrichtsstoffes wie Staatsbürger-, Gesetzes- und Berufskunde nur auf Grund einer Schwerpunktbildung erfolgen kann.

Auf diesem Gedanken beruht im wesentlichen das vorliegende Arbeitsbuch. Es ist der Versuch unternommen worden, die wichtig erscheinenden Komplexe ausführlich darzustellen, ohne jedoch die sonst interessierenden Bereiche gänzlich zu vernachlässigen, für die jeweils ein Überblick die notwendigen Kenntnisse verschafft.

Damit soll dem Lernenden die Möglichkeit gegeben werden, den Unterrichtsstoff in möglichst straffer und intensiver Form – und somit zugleich in kurzer Zeit – nach- oder auch vorzubereiten.

Für den Lehrenden – das ist in der Regel die Unterrichtsschwester – ist das Buch als Arbeitsmittel zur Unterrichtsvorbereitung gedacht. In Anbetracht der oftmals nur kurz bemessenen Vorbereitungszeit will das Buch dem Unterrichtenden ausreichendes Material für seine Lehrtätigkeit an die Hand geben, so dass ein Nachschlagen in den unterschiedlichsten Informationsquellen weitgehend vermieden wird.

Beabsichtigte Neuordnungen im Gesundheitswesen sind – soweit möglich – bereits angesprochen.

Alfred Schneider
Freudenberg, Januar 1976

Vorbemerkung

Die Staats-, Gesetzes-, und Berufskunde ist für alle gesundheits- und sozialpflegerischen Berufe als Grundelement in der Ausbildung festgeschrieben.

Zu den Gesundheits- oder Gesundheitsfachberufen zählen zunächst die Heilberufe im Sinne der konkurrierenden Gesetzgebungskompetenz des Bundes nach Artikel 74 Nr. 19 Grundgesetz (GG), wonach der Bund den Zugang zu diesen Berufen regeln kann. Von dieser Regelungskompetenz hat der Bund mit dem Krankenpflegegesetz, dem Altenpflegegesetz, dem Hebammengesetz, dem Rettungsassistentengesetz und dem Orthoptistengesetz sowie den jeweiligen Gesetzen über die Berufe der technischen Assistenten in der Medizin, der Diätassistenten, der pharmazeutisch-technischen Assistenten, der Ergotherapeuten, der Logopäden, der Podologen und der Berufe in der Physiotherapie mit den jeweiligen Ausbildungs- und Prüfungsverordnungen Gebrauch gemacht.

Weitere Berufe im Gesundheitswesen sind auf der Grundlage des Berufsbildungsgesetzes geregelt, vornehmlich durch Verordnungen zur Berufsausbildung. Zu diesen Gesundheitsberufen gehören z. B. die zahnmedizinische Fachangestellte, (Tier-)Arzthelfer(-in) oder auch die pharmazeutisch-kaufmännischen Angestellten.

Von den genannten Gesundheitsberufen unterscheiden sich die sozialpflegerischen Berufe, etwa der Beruf des Heilerziehers/der Heilerzieherin sowie des Heilerziehungspflegers/der Heilerziehungspflegerin und andere (z. B. Sozialarbeiter, Heilpädagoge) hauptsächlich dadurch, dass sich deren Berufsbild grundsätzlich mit dem gesunden Menschen befasst, trotz der durchaus teilweise auch therapeutischen Inhalte.

Inhaltsverzeichnis

I Staatsbürgerkunde

1	**Begriff des Rechts**	**3**
1.1	Recht im Sprachgebrauch	4
1.2	Recht als juristischer Begriff	4
1.3	Funktion des Rechts	5
1.4	Recht, Gerechtigkeit, Sittlichkeit, Billigkeit	5
1.5	Rechtsquellen	7
1.6	Rechtsgebiete	8
1.7	Die Gerichtsbarkeit	10
2	**Entstehung der Bundesrepublik Deutschland**	**13**
3	**Entstehung des Grundgesetzes für die Bundesrepublik Deutschland**	**17**
4	**Rechtsfragen**	**21**
4.1	Fortbestand des Reiches	22
4.2	Grundgesetz als Verfassung	22
5	**Grundgesetz und Einigungsvertrag**	**25**
5.1	Einigungsvertrag	26
5.2	Folgen des Einigungsvertrages	27
6	**Grundgesetz für das vereinte Deutschland**	**29**
6.1	Organisatorischer Teil des Grundgesetzes	30
6.2	Grundrechte – ein Überblick	50
7	**Europäische Union**	**57**
7.1	Entstehungsgeschichte	58
7.2	Organisation der Europäischen Union	58
7.3	Europarat	64
7.4	Grundrechtscharta der Europäischen Union	65
8	**Vereinte Nationen**	**67**

II Gesetzeskunde

9	**Zivilrechtliche Vorschriften**	**71**
9.1	Rechtsfähigkeit	72
9.2	Handlungsfähigkeit	76
9.3	Strafmündigkeit	86
9.4	Ehemündigkeit	86
9.5	Testierfähigkeit	88
10	**Das zivilrechtliche Haftungssystem**	**95**
10.1	Die vertragliche Haftung	96
10.2	Die deliktische Haftung	100
10.3	Sorgfaltspflichten	109
10.4	Standards – Richtlinien – Leitlinien	113
10.5	Haftung wegen Organisationsverschuldens	115
10.6	Die Organhaftung	116
10.7	Die Haftung wegen Verletzung der Aufsichtspflicht	117
10.8	Haftung wegen Verletzung der Verkehrssicherungspflicht	118
10.9	Staatshaftung	119
10.10	Die Haftung für Suizid-(versuch) im Krankenhaus	121
10.11	Die Haftung bei Delegation ärztlicher Aufgaben	122
10.12	Die Dokumentation im Haftungsrecht	133
10.13	Die Beweislast im haftungsrechtlichen Prozess	137
11	**Strafrechtliche Bestimmungen**	**141**
11.1	Tatbestandsmäßigkeit	142
11.2	Rechtswidrigkeit	143
11.3	Schuld	144
11.4	Täterschaft und Teilnahme	146
11.5	Versuchte Straftat	147
11.6	Ausgewählte Strafrechtsvorschriften	147
12	**Arbeitsrechtliche Bestimmungen**	**179**
12.1	Begriff des Arbeitsrechts	180
12.2	Rechtsquellen des Arbeitsrechts	180
12.3	Kollektives Arbeitsrecht	181
12.4	Individuelles Arbeitsrecht	182
12.5	Arbeitsschutzrecht	197
12.6	Durchführung und Überwachung des Arbeitsschutzes	238

13	Sozialversicherungsrecht	241
13.1	Sozialgesetzbuch	243
13.2	Sozialrechtliche Aspekte der Qualitätssicherung	260

14	Bundessozialhilfegesetz – ein Überblick	263
14.1	Allgemeines	264
14.2	Arten der Sozialhilfe	264

15	Grundsicherungsgesetz	267

16	Hygiene und Infektionsschutz	269
16.1	Hygienerecht	270
16.2	Infektionsschutzgesetz	274

17	Arznei- und Betäubungsmittelrecht	285
17.1	Arzneimittelgesetz	286
17.2	Betäubungsmittelgesetz nebst Rechtsverordnungen	293
17.3	Gesetz über das Apothekenwesen	297

18	Lebensmittelrecht	299
18.1	Begriffsbestimmungen	300
18.2	Verkehr mit Lebensmitteln	301
18.3	Verkehr mit Tabakerzeugnissen	302
18.4	Verkehr mit Kosmetika	302
18.5	Verkehr mit Bedarfsgegenständen	303
18.6	Behördliche Überwachung	303

19	Gesundheitswesen, Gesundheitsrecht und Gesundheitsdienst	305
19.1	Gesundheitsrecht	306
19.2	Gesundheitsdienst	307

III Berufskunde

20	Geschichtliche Entwicklung der Krankenpflege	315
20.1	Pflege in Hospitälern und Klöstern	317
20.2	Der Wunsch nach Bildung für Frauen aus gesellschaftspolitischer Sicht	323
20.3	Persönlichkeiten und ihre Bemühungen um eine professionelle Pflege	324
20.4	Henri Dunant und das Rote Kreuz	331
20.5	Vereinheitlichung der Krankenpflegeausbildung in Deutschland und Europa	336

21	Rechtsgrundlagen der Berufsausbildung	341
21.1	Gesetz über die Berufe in der Krankenpflege 1985/2003	342
21.2	Gesetz über die Berufe in der Altenpflege	365
21.3	Gesetz über den Beruf der Hebamme und des Entbindungspflegers	372
21.4	Gesetz über technische Assistenten in der Medizin	378
21.5	Gesetz über den Beruf des pharmazeutisch-technischen Assistenten	386
21.6	Gesetz über den Beruf der Diätassistentin und des Diätassistenten	388
21.7	Gesetz über den Beruf der Rettungsassistentin und des Rettungsassistenten	391
21.8	Gesetz über den Beruf der Orthoptistin und des Orthoptisten	393
21.9	Gesetz über den Beruf der Ergotherapeutin und des Ergotherapeuten	395
21.10	Gesetz über die Berufe in der Physiotherapie	398
21.11	Gesetz über den Beruf des Logopäden und der Logopädin	404
21.12	Weitere Berufe im Gesundheitswesen	406

Anhang

A	Stellungnahme der Arbeitsgemeinschaft Deutscher Schwesternverbände (ADS) und des Deutschen Berufsverbandes für Krankenpflege e.V. (DBfK) zur Vornahme von Injektionen, Infusionen, Transfusionen und Blutentnahmen durch das Krankenpflegepersonal	411

Inhaltsverzeichnis

B   Stellungnahme der Bundesärztekammer zur Notkompetenz von Rettungsassistenten und zur Delegation ärztlicher Leistungen im Rettungsdienst vom 16.10.1992 417

C   Richtlinien zur Aufklärung der Krankenhauspatienten über vorgesehene ärztliche Maßnahmen 421

D   Grundsätze der Bundesärztekammer zur ärztlichen Sterbebegleitung . . . 425

Literatur 429

Stichwortverzeichnis 433

Staatsbürgerkunde

1 Begriff des Rechts – 3

2 Entstehung der Bundesrepublik Deutschland – 13

3 Entstehung des Grundgesetzes
für die Bundesrepublik Deutschland – 17

4 Rechtsfragen – 21

5 Grundgesetz und Einigungsvertrag – 25

6 Grundgesetz für das vereinte Deutschland – 29

7 Europäische Union – 57

8 Vereinte Nationen – 67

1.1 Recht im Sprachgebrauch – 4

1.2 Recht als juristischer Begriff – 4

1.3 Funktion des Rechts – 5

1.4 Recht, Gerechtigkeit, Sittlichkeit, Billigkeit – 5
1.4.1 Gerechtigkeit – 5
1.4.2 Sittlichkeit – 6
1.4.3 Billigkeit – 6

1.5 Rechtsquellen – 7
1.5.1 Gesetzesrecht – 7
1.5.2 Gewohnheitsrecht – 8

1.6 Rechtsgebiete – 8
1.6.1 Bürgerliches Recht – 9
1.6.2 Öffentliches Recht – 9

1.7 Die Gerichtsbarkeit – 10

Überprüfen Sie Ihr Wissen – 12

› Vom Wortlaut her ist die Staatsbürgerkunde als Kunde vom Staat zu verstehen. Die Vermittlung der staatlichen Grundordnung, des Zusammenwirkens der Verfassungsorgane und deren wechselseitigen Kontrollmechanismen stellt zugleich einen Teil der politischen Bildung dar. Die Mitwirkung des Bürgers an politischen Entscheidungsprozessen setzt Kenntnisse über die staatsbürgerlichen Rechte und Pflichten des Einzelnen ebenso voraus wie das Wissen um die Rechte und Pflichten des Staatswesens, in dem sich der Bürger befindet. Dieses Wissen befähigt den Einzelnen,
– in Kommunikation zu anderen zu treten,
– seine Urteilsfähigkeit zu fördern,
– Möglichkeiten zum eigenen Handeln zu finden und damit
– sich im und dem Staate nützlich zu machen.

Nicht zuletzt versetzt politische Bildung und somit auch die Staatsbürgerkunde den Staatsbürger in die Lage, in geeigneter Form auf die Ausübung der Staatsgewalt Einfluss zu nehmen. Bereits Art. 20 Abs. 2 des Grundgesetzes (GG) sagt, dass diese vom Volke ausgehen soll.

Zweckmäßigerweise geht die Vermittlung der Wechselbeziehung zwischen Staat und Bürger sowie der daraus resultierenden Rechte und Pflichten von einer Darstellung des Verfassungsrechts und seiner Stellung in der Gesamtrechtsordnung aus.

Was ist unter dem **Begriff des Rechts** zu verstehen?

Eine umfassende und allgemeinverbindliche Begriffsbestimmung des Rechts gibt es nicht. Dies verdeutlicht ein Blick in verschiedene juristische Wörterbücher. Sie enthalten teils widersprüchliche, teils sich ergänzende Begriffsdefinitionen des Rechts.

1.1 Recht im Sprachgebrauch

Unsere Sprache misst dem Begriff des Rechts unterschiedliche Bedeutungen zu. In räumlicher Bedeutung wird rechts von links unterschieden, in moralischer kann »recht« dem Adjektiv gut gleichgesetzt werden, wenn etwa von einem rechten (= guten) Menschen die Rede ist.

1.2 Recht als juristischer Begriff

Wie im allgemeinen Sprachgebrauch kommt dem Wort Recht als juristischem Begriff unterschiedliche Bedeutung zu.

Objektives Recht

Hierunter ist die gesamte geltende Rechtsordnung sowie das einzelne Gesetz zu verstehen.

 Das objektive Recht enthält Gebote und Verbote, die zur Regelung der Belange des Staates und der Allgemeinheit erlassen sind.

Hierzu zählen etwa die Vorschriften des Strafrechts und des Bürgerlichen Rechts, das Verwaltungsrecht sowie die Bestimmungen der Prozessordnungen, um nur einige Regelungen zu nennen.

Von dieser objektiven Bedeutung des Rechts ist die subjektive Bedeutung zu unterscheiden.

Subjektives Recht

Hierunter ist Recht als **Berechtigung** des Einzelnen oder mehrerer zu verstehen. Es bedeutet letztlich die Innehabung eines Anspruchs auf Leistung oder Duldung gegen eine andere, dritte Person, möglicherweise auch gegen den Staat.

 Das subjektive Recht gibt dem Einzelnen eine bestimmte Rechtsmacht.

In dieser subjektiven Bedeutung hat z. B. der Patient ein Recht auf Beachtung der umfangreichen Sorgfaltspflichten bei Diagnose und Therapie einschließlich der Pflege. Dem gleichzustellen ist das subjektive Recht des Bürgers dem Staat gegenüber auf Beachtung und Nichtverletzung der Grundrechte.

Diesen subjektiven Rechten entspricht auf der anderen Seite die **Rechtspflicht**.

Sie trifft z. B. den Patienten zur Zahlung der Behandlungskosten. Dem Staat obliegt die Pflicht zur Achtung der Grundrechte des einzelnen Bürgers.

Die Unterschiedlichkeit des Begriffs Recht im juristischen Sinn wird anhand weiterer Einteilungen im Rahmen des Rechts im subjektiven Sinn (= Berechtigung) noch deutlicher.

Absolute Rechte

Deren Wesen zeigt sich darin, dass sie dem Berechtigten eine **ausschließliche Herrschaft** für einen bestimmten Rechtskreis gewähren.

So wirken z. B. Eigentumsrechte, Namensrechte oder andere **Persönlichkeitsrechte** wie das Recht auf Leben, Freiheit und Gesundheit gegenüber jedermann; jedermann hat diese Rechte zu beachten und sie können vom Berechtigten gegenüber jedermann geltend gemacht werden.

Relative Rechte

Die Herrschaft des Berechtigten kann aber auch darauf beschränkt sein, dass eine bestimmte Person – Personengruppe – dem Berechtigten gegenüber zu einem gewissen Verhalten verpflichtet ist. Man spricht dann von den sog. **relativen** Rechten. Sie zeigen nur eine **begrenzte Wirkung**, nämlich zwischen bestimmten Personen.

Zu den wichtigsten relativen Rechten zählt z. B. das Forderungsrechte, d. h. das Recht, von einem anderen ein positives Tun oder ein Unterlassen zu fordern. Der Berechtigte ist der Gläubiger, der Verpflichtete der Schuldner. Auf diese Personen beschränkt sich das relative Forderungsrecht.

Weitere Rechtsformen

Zu nennen wären hier die **Gestaltungsrechte**, zu denen das Kündigungs- und Anfechtungsrecht zählt, und auch die sog. **unvollkommenen Rechte**. Diese stehen erst auf einer Vorstufe zum Vollrecht, erzeugen aber bereits eigene Rechtswirkungen, wie etwa befristete oder schwebend wirksame Rechte.

Die Bedeutungsverschiedenheit des Wortes »Recht« mag schließlich noch die Unterscheidung in **übertragbare** und **nicht übertragbare** (= höchstpersönliche) Rechte darstellen.

Gleiches gilt auch für das Recht auf Entbindung der ärztlichen Schweigepflicht (▶ 11.6.10).

Nicht übertragbare Rechte

Elterliche Gewalt sowie grundsätzlich jedes Recht aus dem Familienverhältnis ist nicht übertragbar und damit höchstpersönlich, ebenso wie die bereits genannten Persönlichkeitsrechte. Es besteht jedoch die Möglichkeit, die Ausübung auf eine dritte Person zu übertragen oder auf die Ausübung zu verzichten, etwa bei persönlichen Mitgliedschaften oder dem höchstpersönlichen Nießbrauch.

Neben den höchstpersönlichen Rechten gibt es auch die höchstpersönlichen Pflichten. Hierzu zählt z. B. die Leistungspflicht des Arbeitnehmers, der seine höchstpersönliche Arbeitskraft zu erbringen hat und seiner Arbeitspflicht nicht durch Bereitstellung anderer Personen nachkommen kann.

Übertragbare Rechte

Mit Ausnahme der höchstpersönlichen Rechte und Berechtigungen sind die sonstigen Rechte in der Regel frei übertragbar. Der Eigentümer einer Sache kann jederzeit das Eigentum übertragen; der Mieter kann – mit Zustimmung des Vermieters – die Mietsache untervermieten.

Die dargestellten vielfältigen Inhalte des Begriffs Recht unterstreichen die eingangs aufgestellte Behauptung, dass es eine allgemeinverbindliche Begriffsbestimmung des Rechts nicht geben kann.

1.3 Funktion des Rechts

Wenn trotz der unterschiedlichsten Rechtsinhalte dennoch eine – übereinstimmende – Definition des Rechts wiederkehrt, so rührt dies aus der Besinnung auf die **Ordnungsfunktion** des Rechts her. Das Recht hat die Aufgabe, das Zusammenleben der Menschen in einer Gemeinschaft zu ordnen, die Ordnung zu sichern und zu bewahren. Als Beispiel sei die Ordnungsfunktion der Meldeämter oder der Personenstandsregister, die mit der Geburt jeden Menschen erfassen, genannt. Ordnende Funktion hat auch das Straßenverkehrsrecht, wie auch – in besonderem Maße – jede Verfahrensordnung: die Zivilprozess-, Strafprozess- und Verwaltungsgerichtsordnung.

> Unter diesem Gesichtspunkt wird Recht übereinstimmend als Inbegriff der Normen (Vorschriften) verstanden, die das menschliche Zusammenleben, die Befugnisse und Pflichten der Allgemeinheit und des einzelnen verbindlich regeln.

Das Recht bestimmt das Verhalten des Menschen in der Gemeinschaft und zu anderen Mitgliedern, indem es das äußere Zusammenleben der Menschen regelt. Es trägt dazu bei, dass das gesellschaftliche Leben fortbesteht und sich weiterentwickelt.

Ferner gehört zum Recht die Ordnung der Beziehungen des Staates und der zu ihm bestehenden öffentlichen Gebilde (z. B. Städte, Gemeinden und Kreise), zu den Staatsbürgern und umgekehrt, schließlich auch die Ordnung der staatlichen Beziehungen untereinander. Die Ordnung wird durch das Fordern oder Untersagen eines bestimmten Verhaltens erreicht. Dadurch erhält das Recht **normativen** Charakter; es gebietet und verbietet.

1.4 Recht, Gerechtigkeit, Sittlichkeit, Billigkeit

Der Maßstab, an dem das Recht gemessen wird, ist die Gerechtigkeit.

1.4.1 Gerechtigkeit

> Die Gerechtigkeit ist als übergeordnete Rechtsidee, als sittlicher Grundwert der zwischenmenschlichen Beziehungen zu verstehen.

Wenn nun das Recht auch am Prinzip der Gerechtigkeit orientiert ist, so heißt das nicht, dass Recht und Gerechtigkeit immer identisch sind.

Es ist möglich, dass in einem Staat – wie etwa während der nationalsozialistischen Zeit – zwar das Recht äußerlich in Ordnung ist, weil die Gesetze im vorgeschriebenen Verfahren erlassen und mit Hilfe der Staatsgewalt durchgesetzt werden, dass aber durch Gefährdung der Freiheit und Menschlichkeit die Staatsgewalt ungerecht ausgeübt wird. Weitere Beispiele sind die Änderungen von Gesetzen, die letztlich dem Zweck dienen, durch Überalterung ungerecht gewordene Vorschriften durch gerechte Bestimmungen zu ersetzen.

Der Gerechtigkeit nahe verwandt ist die Sittlichkeit.

1.4.2 Sittlichkeit

> Während die Gerechtigkeit als Rechtsidee etwas Absolutes darstellt, ist die Sittlichkeit – gemessen an der Gerechtigkeit – als relativ zu bezeichnen.

Im Gegensatz zur Gerechtigkeit kann beispielsweise die sittliche Anschauung innerhalb der gleichen Rechtsordnung auf Grund örtlicher Unterschiede durchaus verschiedenartig oder innerhalb kürzester Zeiträume Veränderungen unterworfen sein.

Ein weiterer Unterschied zwischen Gerechtigkeit und Sittlichkeit liegt darin begründet, dass die Sittlichkeit allein auf eine **innere Haltung**, die Gesinnung des Menschen abzielt, während die Gerechtigkeit darüber hinaus auch mit Fragen des täglichen Lebens zu tun hat, wobei manchmal die innere Haltung notwendigerweise zu Gunsten objektiver, äußerer Kriterien zurücktreten muss. Daraus resultiert ein nächster Gegensatz von Gerechtigkeit und Sittlichkeit: Indem sich die Gerechtigkeit mit der Lebenswirklichkeit beschäftigt und die praktischen Folgen menschlichen Handelns in die Beurteilung von gerecht und ungerecht einbezieht, gehört zur Gerechtigkeit die Erzwingbarkeit. Demgegenüber ist die Sittlichkeit als reine Angelegenheit der inneren Haltung und des menschlichen Gewissens niemals erzwingbar.

Trotz dieser grundsätzlichen **Unerzwingbarkeit des sog. Sittengesetzes** hat unsere geltende Rechtsordnung in verschiedenen Vorschriften und Bestimmungen dennoch an Verstöße gegen das Sittengesetz Rechtsfolgen geknüpft. Damit zeigt sich u. a. der Versuch, als gerechtes Recht auch den sittlichen Anforderungen weitgehend Rechnung zu tragen. Einige Beispiele:

- § 138 Bürgerliches Gesetzbuch (BGB) bestimmt, dass ein gegen die guten Sitten verstoßendes Rechtsgeschäft nichtig ist.
- Nach § 826 BGB ist derjenige, der einem Anderen in einer gegen die guten Sitten verstoßenden Weise vorsätzlich einen Schaden zufügt, diesem zum Ersatz verpflichtet.

Auch einige Strafvorschriften beziehen sich auf die guten Sitten. Nach § 226a Strafgesetzbuch (StGB) ist eine Körperverletzung rechtswidrig, wenn die Tat – trotz der Einwilligung – gegen die guten Sitten verstößt.

Schließlich wird auch vom Grundgesetz (GG) das Sittengesetz erwähnt:
- Art. 2 Abs. 1 GG stellt fest, dass das Recht auf freie Entfaltung der Persönlichkeit nicht gegen das Sittengesetz verstoßen darf.

1.4.3 Billigkeit

Weiterhin von der Gerechtigkeit zu unterscheiden ist die Billigkeit.

Macht jemand eine Forderung geltend, die ihm aus einem Rechtsgeschäft mit einer anderen Person zusteht, so macht er eine gerechte Forderung geltend. Sie mag aber unbillig – d. h. nicht zu billigen – sein, etwa wenn der Schuldner unverschuldeter Weise in Not geraten ist und die Forderung nicht erfüllen kann.

> Billigkeitserwägungen durchziehen die gesamte geltende Rechtsordnung. Sie kommen v. a. darin zum Ausdruck, dass bestimmte Rechtssätze elastisch formuliert sind und sich so den wechselnden Lebensvorgängen anzupassen vermögen.

Dies ist z. B. der Fall, wenn von einer angemessenen – billigen – Entschädigung die Rede ist, ebenso wie bei der Einräumung einer angemessenen Frist. Ausdrücklich formuliert ist der Billigkeitsgedanke auch in § 829 BGB. Danach ist in bestimmten Situationen ein Schaden insoweit zu ersetzen, als die Billigkeit nach den Umständen eine Schadloshaltung erfordert. Billigkeitserwägungen haben ebenso in den familienrechtlichen Vorschriften Eingang gefunden. So kann im Falle einer geschiedenen Ehe der Unterhaltsanspruch ausgeschlossen werden, weil die Ehe nur von kurzer Dauer war und deshalb die Inanspruchnahme des Verpflichteten grob unbillig wäre (§ 1579 BGB).

> Mit der Rücksichtnahme auf Billigkeitserwägungen ist gewährleistet, dass unsere Rechtsordnung nicht zu einem rein schematischen Recht erstarrt und damit ebenso ungerecht sein könnte wie ein allzu individualisierendes Recht, das auf Kosten der Rechtssicherheit gehen würde.

1.5 Rechtsquellen

Nachdem die Beziehungen zwischen den Begriffen der Sittlichkeit und Billigkeit sowie der Gerechtigkeit und des Rechts dargestellt sind, soll im Folgenden der Frage nach den Quellen des Rechts nachgegangen werden.

Das Recht kann zum einen auf einer staatlichen Rechtssetzung beruhen. Man spricht dann vom **sog. Gesetzesrecht**. Das Recht kann sich aber zum anderen auch aus der Rechtsüberzeugung eines Volkes heraus gebildet haben; dieses Recht wird allgemein als **Gewohnheitsrecht** bezeichnet.

1.5.1 Gesetzesrecht

Das Gesetzesrecht, also das durch **staatlichen Rechtssetzungsakt** geschaffene Recht, wird in erster Linie danach unterschieden, welcher Träger der öffentlichen Staatsgewalt es erlassen hat.

Staatliche Rechtssetzungsakte können z. B. vom **Parlament** oder auch von der **öffentlichen Verwaltung** ausgehen.

Ist ein Gesetz im **Gesetzgebungsverfahren** vom Parlament erlassen worden, so handelt es sich um ein förmliches oder auch formell-materielles Gesetz.

Formell-materielle Gesetze

> Formell-materielle Gesetze sind generelle Regelungen, die im förmlichen Gesetzgebungsverfahren vom Parlament erlassen worden sind.

Derartige Gesetze sind u. a. das Krankenpflegegesetz, das Altenpflegeset, das Hebammengesetz sowie weitere Gesetze über Berufe im Gesundheitswesen (Tabelle 21.1).

Rein formelle Gesetze:

Von den formell-materiellen Gesetzen sind die rein formellen Gesetze zu unterscheiden. Darunter sind die in Gesetzesform ergehenden **Regierungsakte** zu verstehen, z. B. der Haushaltsplan, Kriegserklärungen und Friedensschlüsse.

Der Unterschied zu den formell-materiellen Gesetzen liegt darin, dass die Rechtssphäre des Bürgers in Hinblick auf herzuleitende Ansprüche nur mittelbar tangiert wird.

Rein materielle Gesetze

Neben den formell-materiellen und rein formellen Gesetzen sind die rein materiellen Gesetze, auch **Rechtsverordnungen** genannt, von Bedeutung.

> Rechtsverordnungen sind generelle Rechtssätze der Verwaltung. Sie ergehen auf der Grundlage von Parlamentsgesetzen und greifen in die Rechtssphäre des Bürgers ein.

Gegenüber den formell-materiellen Gesetzen werden also Rechtsverordnungen nicht vom ordentlichen Gesetzgeber, sondern von einer Verwaltungsstelle erlassen. Allerdings bedarf der Erlass einer Rechtsverordnung einer **gesetzlichen Ermächtigung**. Die Voraussetzungen für den Erlass von Rechtsverordnungen des Bundes regelt Art. 80 GG. Danach müssen grundsätzlich in dem ermächtigenden Gesetz Inhalt, Zweck und Ausmaß der erteilten Ermächtigung bestimmt sein. Durch diese Regelung soll ein falscher Gebrauch der Ermächtigung vermieden werden.

Da die Wirksamkeit einer Rechtsverordnung von dem ermächtigenden Gesetz abhängig und beschränkt ist, handelt es sich bei der Rechtsverordnung um eine dem Gesetz nachgeordnete Art der Rechtsetzung.

Ausführungs- und Durchführungsverordnungen

Hierbei handelt es sich um die häufigsten Rechtsverordnungen. Sie konkretisieren oft allgemeine Vorschriften durch nähere Ausführungen. Die Ausbildungs- und Prüfungsverordnung für die Berufe in der Krankenpflege vom 16.10.1985 z. B. ist eine Rechtsverordnung. Die entsprechende Ermächtigungsgrundlage ist im Krankenpflegegesetz als Bundesgesetz zu finden. Ähnliche Regelungen finden sich in den übrigen Gesetzen zur Ausbildung in den Fachberufen des Gesundheitswesens.

Die Endung auf »ordnung« lässt nicht immer den Schluss auf das Vorliegen einer Rechtsverordnung zu. Die Zivilprozessordnung (ZPO) ebenso wie die Strafprozessordnung (StPO) und die Verwaltungsgerichtsordnung (VwGO) sind keine Rechtsverordnungen, sondern im ordentlichen Gesetzgebungsverfahren ergangene formell-materielle Gesetze.

Satzungen

Sie stehen – ebenso wie die Rechtsverordnungen – im Rang unter dem Gesetz.

> Bei den Satzungen handelt es sich um abstrakte generelle Regelungen, die von eigenständigen, dem Staat eingegliederten Verbänden erlassen werden.

Derartige satzungsberechtigte Verbände sind beispielsweise

- die rechtsfähigen öffentlich-rechtlichen Körperschaften (z. B. Gemeinden, Landkreise, Landschaftsverbände)
- die Anstalten (z. B. Rundfunkanstalten, Sparkassen) und
- Stiftungen des **öffentlichen Rechts** (z. B. Stiftung Preußischer Kulturbesitz).

Nach den Gemeindeordnungen der Länder sind die Gemeinden befugt, ihre Angelegenheiten durch Satzungen zu regeln. Sie machen von dieser Befugnis z. B. dadurch Gebrauch, dass sie durch Satzung den Anschluss- und Benutzungszwang an die gemeindliche Kanalisation vorschreiben. Das Satzungsrecht gibt der Gemeinde schlechthin die Möglichkeit, die Benutzung ihrer Einrichtungen zu regeln.

> Von den Rechtsverordnungen unterscheiden sich die Satzungen dadurch, dass sie nicht – wie die Verordnungen – einer Einzelermächtigung bedürfen, sondern ihre Grundlage in der Satzungsautonomie haben, die den Verbänden vom Staat eingeräumt worden ist.

Die **Satzungsautonomie** der Gemeinden ist Ausfluss des Rechts der Selbstverwaltung, das den Gemeinden nach Art. 28 GG in Verbindung mit den Verfassungen und Gemeindeordnungen der Länder verliehen ist.

Nicht zu verwechseln mit den Satzungen öffentlich-rechtlicher Verbände sind die **privatrechtlichen Satzungen** von Vereinen. Hier handelt es sich nur um die schriftlich niedergelegte Grundordnung eines rechtlichen Zusammenschlusses (Verein, Aktiengesellschaft), in der Einrichtung und Zweck des Zusammenschlusses als auch Beginn und Beendigung einer Mitgliedschaft geregelt sind.

> Wie bereits in der Darstellung der Rechtsquellen aufgezeigt, stehen die einzelnen Erscheinungsformen des Gesetzesrechts in einem Rangverhältnis zueinander.

Während Rechtsverordnungen ebenso wie Satzungen unter dem Gesetz stehen, ist dem Gesetz wiederum die Verfassung übergeordnet.

> Demnach enthält die Verfassung (das Grundgesetz sowie die Landesverfassungen der Länder) die obersten Regelungen, es folgen Gesetze, Rechtsverordnungen und Satzungen. Dieses Rangverhältnis hat zur Folge, dass bei einem Verstoß gegen eine höherrangige Norm die untergeordnete Regelung nichtig ist (◨ Abb. 1.1).

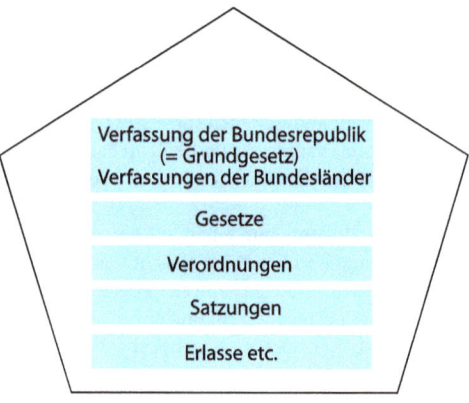

◨ Abb. 1.1. Normenhierarchie

1.5.2 Gewohnheitsrecht

Neben das Gesetzesrecht tritt als weitere Rechtsquelle das Gewohnheitsrecht.

> Das Gewohnheitsrecht setzt eine gleichmäßige Übung der Beteiligten voraus und deren Überzeugung, dass das Geübte rechtens ist.

Im Geltungsrang steht das Gewohnheitsrecht dem Gesetzesrecht gleich und kann u. U. das Gesetzesrecht beseitigen. In diesem Fall spricht man von der derogatorischen (= beschränkenden, teilweise aufhebenden) Kraft des Gewohnheitsrechts. Gewohnheitsrecht gilt im gesamten Recht.

Auf kleinere Rechtskreise begrenztes Gewohnheitsrecht nennt man Observanz. Dieser kommt heute v. a. im Wege- und Straßenrecht noch Bedeutung zu, wie teilweise bei der Straßenreinigung durch den Anlieger, soweit nicht schon gesetzlich geregelt.

1.6 Rechtsgebiete

Neben der Einordnung der Rechtsnormen nach ihrem Ursprung und ihrem Rang bedarf es einer Zuordnung des Rechts nach **Rechtsgebieten**.

Das staatliche Recht wird herkömmlich in die beiden großen Gruppen des **bürgerlichen** Rechts (= Zivilrecht) und des **öffentlichen** Rechts eingeteilt.

1.6.1 Bürgerliches Recht

> Das bürgerliche Recht, auch Privat- oder Zivilrecht genannt, ordnet das alltägliche Zusammenleben, indem es die wechselseitigen Beziehungen der einzelnen Rechtspersönlichkeiten als gleichberechtigte Partner regelt.

Hierzu gehört z. B. die Regelung der Beziehungen zwischen Familienangehörigen ebenso wie die von Vertragspartnern eines Kaufs-, Miet- oder Werkvertrages wie auch eines Vertrages zwischen Arzt und Patient. Das Privatrecht legt die gegenseitigen Rechte und Pflichten fest, die sich aus Verträgen ergeben und regelt die Folgen, die vertragliche Pflichtverletzungen nach sich ziehen. Außerdem werden die Beziehungen der Menschen zu Sachen in Form des Eigentumsrechts, des Besitzrechts usw. geregelt.

Ein Teilgebiet des Privatrechts ist das **Bürgerliche Gesetzbuch** (BGB). Daneben enthalten andere Gesetze Bestimmungen, die nur engere Personenkreise berühren oder speziellere Rechtsverhältnisse regeln. So gehört zum Privatrecht neben dem Bürgerlichen Gesetzbuch das Handelsgesetzbuch (HGB). Es enthält das Recht der Kaufleute – das Handelsrecht.

> Ein wesentlicher Gesichtspunkt, in dem sich das bürgerliche von dem öffentlichen Recht unterscheidet, ist der **Grundsatz der Koordination**, d. h.: im Bereich des Privatrechts sind die Partner gleichberechtigt.

1.6.2 Öffentliches Recht

Das öffentliche Recht regelt sowohl die Rechtsverhältnisse des Staates und der Träger öffentlicher Gewalt untereinander als auch zu dem einzelnen Bürger (Abb. 1.2). Zum öffentlichen Recht zählen das Völkerrecht, das Staatsrecht, das Kirchenrecht, das Verwaltungsrecht, das Strafrecht sowie das gesamte Prozessrecht.

> Im Gegensatz zum Privatrecht beruht das öffentliche Recht im Wesentlichen auf dem **Grundsatz der Subordination**, d. h. der Einzelne ist dem Verwaltungsträger gegenüber untergeordnet und steht ihm nicht gleichberechtigt gegenüber.

Dies rührt daher, dass das öffentliche Recht in erster Linie die Herstellung und Sicherung der äußeren Ordnung zum Ziele hat. Die handelnden staatlichen Organe (z. B. Polizei, Ordnungsbehörden) dürfen zur Zielerreichung **hoheitlichen Zwang** ausüben.

Abb. 1.2. Rechtsordnung

Zum öffentlichen Recht gehört beispielsweise:
- die Registrierung von Geburt, Eheschließung und Tod nach dem Personenstandsgesetz (PStG),
- die Meldepflicht bei bestimmten ansteckenden Krankheiten,
- die öffentlich-rechtliche Unterbringung psychisch Kranker nach den Unterbringungsgesetzen der Länder, selbst wenn sich eine behandlungsbedürftige Person ohne behördliche Einweisung mit der Aufnahme einverstanden erklärt hat (VGH Mannheim, NJW 1991, 2985 f),
- die strafgerichtliche Unterbringung nach §§ 63, 64 StGB,
- die Schulpflicht und anderes mehr.

Beim Grundsatz der Subordination ist allerdings zu berücksichtigen, dass dieser im Verhältnis vom Staat zum Bürger gilt. Daneben ist es auch durchaus möglich, dass ein Träger öffentlicher Gewalt privatrechtliche (also gleichberechtigte) Rechtsbeziehungen schafft.

Ein Beispiel: Eine Gemeinde bezieht für ihre gemeindlichen Einrichtungen – etwa ein Heim – von einem Privatunternehmen Öl zum Heizen. Die Gemeinde schließt dann einen Kaufvertrag, der dem Gebiet des Privatrechts angehört.

Zum Privatrecht zählt ebenso ein Vertrag zwischen einer juristischen Person, etwa einem eingetragenen Verein, und der Kommune als staatliche juristische Institution über die Einrichtung und den Betrieb eines Krankenhauses, Schwesternwohnheimes und Altenheimes.

1.7 Die Gerichtsbarkeit

Die Unterscheidung der Rechtsgebiete hat u. a. Bedeutung für die Zuständigkeit der Gerichte.

Formen der Gerichtsbarkeit
- **Ordentliche Gerichtsbarkeit:** Sie wird von Amtsgerichten, Landgerichten, Oberlandesgerichten und dem Bundesgerichtshof in Karlsruhe/Erfurt ausgeübt. Vor diese Gerichte gehören alle nicht besonderen Gerichten zugewiesenen **bürgerlich-rechtlichen Streitigkeiten** sowie die Strafsachen und die Angelegenheiten der (nicht streitigen) freiwilligen Gerichtsbarkeit.
- **Verwaltungsgerichtsbarkeit:** Hierher gehören in erster Linie **öffentlich-rechtliche Streitigkeiten**. Sie wird ausgeübt durch die Verwaltungs- und Oberverwaltungsgerichte der Länder und als oberste Instanz durch das Bundesverwaltungsgericht in Leipzig.
- **Arbeitsgerichtsbarkeit:** Sie wird durch die Arbeits- und Landesarbeitsgerichte der Länder und in der obersten Instanz durch das Bundesarbeitsgericht in Erfurt gehandhabt; vor die Arbeitsgerichte gehören insbesondere **Rechtsstreitigkeiten aus Arbeitsverhältnissen**.
- **Sozialgerichtsbarkeit:** Hier werden die von den Ländern eingerichteten Sozial- und Landessozialgerichte und in letzter Instanz das Bundessozialgericht in Kassel tätig. Die Sozialgerichtsbarkeit entscheidet v. a. in **Streitigkeiten auf dem Gebiet des Sozialversicherungsrechts**, etwa bei Auseinandersetzungen mit Krankenkassen einschließlich der Pflegekassen im Rahmen der Pflegeversicherung (BSG, Beschluss vom 08.08.1996, DB 1996, 2287).
- **Finanzgerichtsbarkeit:** Sie wird von den Finanzgerichten der Länder und dem Bundesfinanzhof in München wahrgenommen und ist für **Klagen insbesondere gegen Entscheidungen der Finanzbehörden** zuständig.
- Ergänzend zu den beschriebenen Gerichtszweigen sind abschließend noch die **Patentgerichtsbarkeit** und die **Disziplinargerichtsbarkeit** (Art. 96 Abs. 1 und 4 GG) zu nennen.

Nach Art. 92 GG wird die Rechtsprechung durch das **Bundesverfassungsgericht**, die im Grundgesetz vorgesehenen **Bundesgerichte** und durch die **Gerichte der Länder** ausgeübt.

Bundesgerichte (Gerichte des Bundes) sind:
- das Bundesverfassungsgericht (Karlsruhe)

die fünf obersten Gerichtshöfe des Bundes:
- der Bundesgerichtshof (Karlsruhe),
- das Bundesverwaltungsgericht (Leipzig),
- der Bundesfinanzhof (München),
- das Bundesarbeitsgericht (Erfurt),
- das Bundessozialgericht (Kassel),

ferner das
- Bundespatentgericht (München),

sowie
- das Bundesdisziplinargericht (Frankfurt/Main mit Kammern in einigen anderen Städten)

und die beiden
- Truppendienstgerichte Nord und Süd (jeweils mit Kammern in verschiedenen Städten).

Für diese Gerichte ist der Bund verantwortlich. Demgegenüber tragen für die Mehrzahl der deutschen Gerichte, nämlich die Gerichte der unteren und mittleren Instanzen, die Bundesländer die Verantwortung. Der Instanzenweg kann demnach von Gerichten der Länder an Gerichte des Bundes gehen. Die Gerichte der Länder wenden Bundesrecht und Landesrecht an.

Die Länder – außer Schleswig-Holstein – haben eigene Landesverfassungsgerichte (zum Teil auch Staatsgerichtshof genannt), die in ihrem Zuständigkeitsbereich abschließend entscheiden.

Das Bundesverfassungsgericht

Die Zuständigkeiten dieses obersten Gerichts sind in Art. 93 GG sowie dem Gesetz über das Bundesverfassungsgericht im Einzelnen geregelt.

Vor allem wird das Bundesverfassungsgericht bei **Verfassungsbeschwerden** tätig. Diese können von jedermann mit der Behauptung erhoben werden, durch die öffentliche Gewalt in einem Grundrecht verletzt zu sein (Art. 93 Abs. 1 Ziff. 4a GG)

Darüber hinaus entscheidet das Bundesverfassungsgericht
- bei Meinungsverschiedenheiten über die Vereinbarkeit von Bundesrecht und Landesrecht mit dem Grundgesetz (= »abstrakte« Normenkontrolle) (▶ 6.1.6),

1.7 · Die Gerichtsbarkeit

- über die Verfassungsmäßigkeit von Gesetzen auf Vorlage eines Gerichts (= »konkrete« Normenkontrolle),
- über die Verfassungswidrigkeit einer Partei und
- über die Anklage gegen den Bundespräsidenten.

Damit basiert das deutsche Rechtsprechungssystem auf fünf Säulen (Abb. 1.3):
- Zivil- und Strafrechtsfälle z. B. bearbeitet die sog. Ordentliche Gerichtsbarkeit,
- fachbezogene Sachen kommen z. B. vor Finanz-, Sozial- oder Arbeitsgerichten zur Verhandlung.
- Bei den fünf obersten Bundesgerichtshöfen und dem Bundesverfassungsgericht endet der juristische Instanzenweg.

Der Überblick über Inhalte und Funktion des Rechts gibt nunmehr die Möglichkeit, die Stellung des Staatsrechts in der Gesamtrechtsordnung zu benennen. Geht man von der eingangs angeführten Begriffsbestimmung des öffentlichen Rechts aus, so ist das Staatsrecht diesem Gebiet des positiven (= gesetzten) Rechts zuzuordnen, denn es befasst sich im Wesentlichen mit der Beziehung des Bürgers zum Staat, den Rechtsverhältnissen der Träger öffentlicher Gewalt untereinander sowie dem Staatsaufbau schlechthin.

Da die grundlegenden Regelungen des Staatsaufbaus und damit korrespondierend das Verständnis vom Verhältnis zwischen Staat und Bürger dem Grundgesetz zu entnehmen sind, soll im Folgenden das Grundgesetz und dessen Entstehungsgeschichte erörtert werden.

Bundesverfassungsgericht
1. Senat, 8 Richter — **2. Senat, 8 Richter**

Instanz	Ordentliche Gerichtsbarkeit		Arbeitsgerichtsbarkeit	Verwaltungsgerichtsbarkeit	Sozialgerichtsbarkeit	Finanzgerichtsbarkeit
	Zivilgerichtsbarkeit	Strafgerichtsbarkeit				
Oberste Instanz	**Bundesgerichtshof** (Zivilsenat / Strafsenat)		**Bundesarbeitsgericht** (Senat)	**Bundesverwaltungsgericht** (Senat)	**Bundessozialgericht** (Senat)	**Bundesfinanzhof** (Senat)
	Gemeinsamer Senat der obersten Gerichtshöfe des Bundes					
Untere und mittlere Instanz	**Oberlandesgerichte*** (Zivilsenat / Strafsenat (als Gericht erster Instanz) / Strafsenat)		**Landesarbeitsgerichte** (Kammer)	**Landesverwaltungsgerichte** (Senat)	**Landessozialgerichte** (Senat)	**Finanzgerichte** (Senat)
	Landgerichte (Zivilkammer, Kammer für Handelssachen, Große Strafkammer, Kleine Strafkammer, Jugendkammer)		**Arbeitsgerichte** (Kammer)	**Verwaltungsgerichte** (Kammer)	**Sozialgerichte** (Kammer)	
	Amtsgerichte (Zivilsachen, Strafsachen, Jugendstrafsachen; Einzelrichter oder Rechtspfleger; Erweitertes Schöffengericht; Schöffengericht; Jugendschöffengericht; Streitige Gerichtsbarkeit: Zivilprozesse, Mahnverfahren, Zwangsvollstreckungs- u. Vollstreckungsschutzverfahren, Zwangsversteigerungsverfahren, Insolvenzverfahren; Freiwillige Gerichtsbarkeit: Grundbuchamt, Registergericht, Betreuungssachen, Nachlaßgericht, richterliche Vertragshilfe; Einzelrichter; Jugendrichter; Familiensachen)					**Verfassungsgerichte der Länder**

*) In Bayern besteht als höchstes Gericht der ordentlichen Gerichtsbarkeit das Bayerische Oberste Landgericht in München

Abb. 1.3. Organe der Rechtsprechung

Überprüfen Sie Ihr Wissen

1. Was bedeutet objektives Recht, was sind subjektive Rechte?
   Antwort: ▶ 1.2
2. Welche Funktion hat die Rechtsordnung?
   Antwort: ▶ 1.3
3. Welche Rechtsquellen gibt es?
   Antwort: ▶ 1.5
4. Wie gliedert sich die Rechtsordnung?
   Antwort: ▶ 1.6

Die **Verkündung des Grundgesetzes am 23.05.1949** war ein entscheidender Schritt auf dem Weg der Wiedererstehung der deutschen Staatlichkeit nach Kriegsende.

Nach der **bedingungslosen Kapitulation vom 08.05.1945** übten zunächst die vier Besatzungsmächte – Amerika, Großbritannien, Frankreich und die damalige Sowjetunion – die Staatsgewalt aus. Auf der Potsdamer Konferenz (Juli/August 1945) teilten sie Deutschland in vier Besatzungszonen ein, die britische, die amerikanische, die französische und die sowjetische.

In diesen Besatzungszonen entwickelte sich nur schwerlich und auch zeitlich unterschiedlich der Aufbau einer eigenen deutschen Verwaltung. Sie wurde immer wieder von dem Besatzungsapparat, den die Siegermächte zur Verwaltung Deutschlands eingesetzt hatten, gehemmt. Dort, wo sich deutsche Initiative entfaltete, war ihre Durchführung kaum ohne Steuerung durch die alliierten Behörden denkbar.

Dennoch gewannen im Laufe der Zeit eigene staatliche Gebilde und Gemeinschaften wieder an Leben. Diese Entwicklung ging den Weg von unten nach oben: Sie begann auf gemeindlicher Ebene und setzte sich später über die Kreis- und die Landesebene bis auf die Zonenebene fort.

Die so gestaltete – und gesteuerte – Wiederentfaltung staatlichen Lebens entsprach den politischen Vorstellungen und Zielen der Siegermächte. Sie wollten mit dem Aufbau eines neuen deutschen Staates von unten nach oben verhindern, dass ein neuer, die Freiheit gefährdender Machtstaat entstand.

Amerikanische Besatzungszone

Hier war die Möglichkeit eines eigenen – wenn auch beschränkten – staatlichen Tätigwerdens als Erstes gegeben.

So wurde z. B. in Bayern bereits am 28.05.1945 unter Anknüpfung an die überkommene Regierungsbildung ein Ministerpräsident (Schäffler) ernannt und beauftragt, Ministerien für Finanzen, Wirtschaft, Kultur usw. zu errichten. Letzte Entscheidungsbefugnisse behielt sich die amerikanische Besatzungsmacht jedoch vor, so dass nur ein sehr begrenzter Spielraum selbstständigen Handelns verblieb. Beachtlich aber bleibt, dass in den in der amerikanischen Besatzungszone gebildeten Ländern bereits ab dem Februar 1946 Landesverfassungen in Kraft traten.

Britische Besatzungszone

Dort begann das Wachsen staatlicher Eigenständigkeit später. Die Verwaltungsarbeit beschränkte sich zunächst auf die gemeindliche und Kreisebene, ehe im Jahre 1946 die Neugliederung der britischen Besatzungszone in Länder vorgenommen wurde. Das Ergebnis der Neubildung waren die Länder
- Schleswig-Holstein (Landeshauptstadt Kiel),
- Niedersachsen (Landeshauptstadt Hannover),
- Nordrhein-Westfalen (Landeshauptstadt Düsseldorf) und der
- Stadtstaat Hamburg.

Verfassungen gaben sich diese Länder aber erst wesentlich später: wie etwa Nordrhein-Westfalen 1950, Niedersachsen 1951 und Hamburg 1952.

Französische Besatzungszone

Früher als in der britischen, aber später als in der amerikanischen Besatzungszone, entstand im französischen Besatzungsgebiet eine eigene deutsche staatliche Verwaltungszuständigkeit.

Ergebnis der Übertragung hoheitlicher Zuständigkeiten auf deutsche Stellen war die Bildung der drei Länder Baden, Württemberg-Hohenzollern und Rheinland-Pfalz. Durch Volksabstimmungen vom 18.05.1947 wurden in den drei Ländern die Landesverfassungen herbeigeführt.

> In den bislang angesprochenen Besatzungsgebieten fand das eigene deutsche Wirken u. a. darin seinen Ausdruck, dass die neugeschaffenen Länder in begrenztem Maße Gesetze und Verordnungen erlassen durften, soweit sie nicht bestehenden Besatzungsvorschriften widersprachen.

Sowjetische Besatzungszone

Hier bestand von vornherein nicht die Absicht, noch vorhandenen staatlichen Gebilden Eigenstaatlichkeit zuzugestehen. Zwar wurden aus den drei bestehenden Ländern Thüringen, Sachsen und Mecklenburg sowie den ehemaligen fünf preußischen Provinzen Brandenburg, Halle-Merseburg, Magdeburg, Pommern und Schlesien fünf neue Länder gebildet:
- Thüringen (Weimar),
- Sachsen (Dresden),
- Sachsen-Anhalt (Halle),
- Brandenburg (Potsdam) und
- Mecklenburg (Schwerin).

Diese Länder verabschiedeten auch von Dezember 1946 bis Februar 1947 Landesverfassungen. Im Ergebnis übten sie aber nur die Funktion hochentwickelter Selbstverwaltungskörperschaften aus, so dass hier letztlich trotz unterschiedlicher Länder mit unterschiedlichen Landesverfassungen ein zentralregiertes Verwaltungsgebiet errichtet wurde.

Zusammenwirken der Besatzungsmächte und Länderregierungen

Das in groben Zügen dargestellte Wiedererwachen deutscher Staatlichkeit auf Gemeinde-, Kreis- und Landesebene war naturgemäß durch den Apparat der Besatzungsmächte beeinflusst, z. B. den **Kontrollrat** als kollegiales Organ der vier Zonenbefehlshaber oder die späteren **Hohen Kommissare** eines Besatzungsgebietes, die an die Stelle der **Zonenbefehlshaber** traten. Dies führte im Ergebnis zu dem sog. **Besatzungsstatut**, in dem die drei westlichen Besatzungsmächte die Grundregelung des Besatzungsrechts im Gebiet der späteren Bundesrepublik Deutschland festlegten. Sie behielten sich zwar die oberste Gewalt vor, räumten aber den Ländern die volle gesetzgebende, vollziehende und rechtsprechende Gewalt ein.

Entwicklung der Staatlichkeit auf Zonenebene

Sie begann mit der Schaffung gemeinsamer Einrichtungen für die Länder einer Zone. Zu erwähnen sind
— der **Länderrat** im Bereich der amerikanischen Zone,
— die **Deutschen Zentralverwaltungen** für die sowjetische Besatzungszone sowie
— der **Zonenbeirat** im britischen Besatzungsgebiet.

In der französisch besetzten Zone entstanden keine zoneneinheitlichen Einrichtungen, sondern nur einzelne, mehr technische Sonderbehörden. Die französische Besatzungsmacht war es auch, die einem zunächst nur wirtschaftlichen Zusammenschluss der drei Westzonen ablehnend gegenüberstand. So einigten sich die beiden anderen Westmächte auf die Schaffung gemeinsamer Einrichtungen, der sog. **bizonalen Behörde** für die amerikanische und britische Zone.

Entwicklung eines Wirtschaftssystems

Als parlamentsähnliche Körperschaft, deren Mitglieder von den neun Landtagen der Bizonen gewählt wurden, ist der **Wirtschaftsrat** zu nennen, dem der **Exekutivrat** des Vereinigten Wirtschaftsgebietes zur Seite stand. Die französische Zone wurde erst später mit einbezogen. Alle Zoneneinrichtungen verloren ihre Bedeutung mit der Bildung der Bundesrepublik; einige wurden als Bundesbehörden weitergeführt (vgl. Art. 133 GG für die Verwaltung des Vereinigten Wirtschaftsgebietes), andere wurden völlig aufgelöst.

Auf dem sowjetisch besetzten Gebiet wurde mit der Einrichtung der **ständigen Wirtschaftskommission** eine dem Wirtschaftsrat der Bizone im Hinblick auf die Aufgabenstellung ähnliche Institution geschaffen. Sie wurde am 09.02.1948 in »**Deutsche Wirtschaftskommission**« umbenannt und umfasste als übergeordnete Behörde die nichtwirtschaftlichen Zentralverwaltungen der Sowjetzone.

> Allgemein wird die »Deutsche Wirtschaftskommission« als Vorläuferin der Regierung der ehemaligen Deutschen Demokratischen Republik, DDR, angesehen, während der Wirtschaftsrat der Bizone als Entwicklungskern der späteren Bundesrepublik Deutschland bezeichnet wird.

Die vorstehende Darstellung des Wiedererstehens staatlichen Lebens im besetzten Deutschland kann nur ein Abriss und keine umfassende Wiedergabe sein. Dennoch wird zweierlei deutlich: zum einen, wie sich hier und da alte und neue Gebilde entwickelten, zum anderen, wie sich infolge der gegensätzlichen Anschauungen zwischen den Westmächten und der damaligen Union der Sozialistischen Sowjet-Republiken (UdSSR) allmählich die Trennung der drei westlichen Besatzungszonen von der sowjetischen Zone vollzog.

Die unterschiedlichen Auffassungen zwischen den Westmächten und der damaligen Union der Sozialistischen Sowjet-Republiken zeigten sich auch auf der **Londoner Außenministerkonferenz** im November/Dezember 1947, in der die alliierten Großmächte über das weitere Schicksal Deutschlands keine Einigung erzielen konnten.

Das Scheitern dieser Konferenz führte dann ebenfalls in London zu einer **Sechsmächtebesprechung** zwischen den Vertretern der USA, Frankreichs, Großbritanniens und den Vertretern der Beneluxländer, die an die Stelle der damaligen UdSSR getreten waren. Ergebnis der Besprechung war die Ausarbeitung der sog. **Frankfurter Dokumente**, die den elf Ministerpräsidenten der drei westlichen Besatzungszonen im Juli 1948 übergeben wurden.

Dokument I sah die Einberufung einer verfassungsgebenden Nationalversammlung bis spätestens zum 01.09.1948 vor.

Dokument II beauftragte die Ministerpräsidenten mit der Überprüfung der bestehenden innerdeutschen Ländergrenzen.

Dokument III enthielt Leitsätze für ein zu erlassendes Besatzungsstatut.

Zu Dokument II nahmen die Ministerpräsidenten in der Weise Stellung, dass sie eine Überprüfung der Ländergrenzen kurzfristig nicht für durchführbar hielten, sie aber dennoch für empfehlenswert erachteten. Dokument III beantworteten sie mit Gegenvorschlägen. Das später in Kraft getretene **Besatzungsstatut** regelte das Verhältnis der Westmächte zu den deutschen Stellen, bis es am 05.05.1955 aufgehoben wurde.

Am bedeutsamsten für die Entstehung des Grundgesetzes war das Dokument I. Es führte zuerst zur Bildung eines Sachverständigenausschusses, dessen Mitglieder auf Initiative der Ministerpräsidentenkonferenz von den Landesvertretungen entsandt wurden. Obwohl die Aufgabe dieses Gremiums zunächst nur in einer begutachtenden Funktion für die Formulierung eines Grundgesetzes bestehen sollte, entwarf der Ausschuss einen vollkommenen Text für das Grundgesetz eines aus den elf Ländern zu bildenden Bundesstaates. Der Ausschuss wurde daher später **Verfassungskonvent** und sein Entwurf eines Grundgesetzes nach der Tagungsstätte, in der er vom 10.08.–23.08.1948 verhandelt hatte, »**Herrenchiemseer Entwurf**« genannt.

Die Arbeiten des Verfassungskonvents wurden rechtzeitig abgeschlossen, so dass entsprechend dem Inhalt des Dokuments I fristgerecht am 01.09.1948 eine **verfassungsgebende Versammlung** zusammentreten konnte.

Erste parlamentarische Tätigkeiten durch den parlamentarischen Rat

Die elf westdeutschen Landtage wählten im August 1948 die 65 Abgeordneten des Parlamentarischen Rates. Hinzu kamen fünf Westberliner Abgeordnete mit nur beratender Stimme. Dieser **Parlamentarische Rat** trat am 01.09.1948 in Bonn unter Vorsitz seines Präsidenten Dr. Konrad Adenauer erstmalig zusammen. In seinen bis Mai 1949 dauernden Tagungen und Verhandlungen berieten die Abgeordneten das Grundgesetz. Die Grundlage für diese Arbeit bildete der »Herrenchiemseer Entwurf« des Verfassungskonvents. Der Parlamentarische Rat war in seiner Arbeit von Weisungen unabhängig. Festzustellen ist jedoch, dass die Militärgouverneure der Besatzungsmächte mehrmals intervenierten und die stärkere Ausarbeitung des **föderativen Elements** im Bund-Länder-Verhältnis empfahlen. Zeitweilig geschah das Eingreifen so massiv, dass die Arbeit sogar zu scheitern drohte. Verhandlungen führten dann jedoch eine Verständigung herbei, die der Auffassung des Parlamentarischen Rates im Wesentlichen Rechnung trug.

In der Schlussabstimmung am 08.05.1949 wurde das Grundgesetz im Parlamentarischen Rat mit 53 gegen 12 Stimmen angenommen. Wenige Tage später, am 12.05.1949, erteilten auch die Besatzungsmächte mit Vorbehalten zu einigen Artikeln, darunter solche bezüglich der Stellung Berlins, ihre Genehmigung.

Wirksamwerdung des Grundgesetzes

Mit der Genehmigung durch die Besatzungsmächte aber war das Grundgesetz noch nicht wirksam. Vielmehr bedurfte das Wirksamwerden des Grundgesetzes – entsprechend den Vorgaben der Besatzungsmächte – der Annahme mit Zweidrittelmehrheit der deutschen Länder.

In zehn der elf Bundesländer, in denen in den Wochen nach Genehmigung durch die Besatzungsmächte über das Grundgesetz abgestimmt wurde, fand es Zustimmung. Nur der Landtag von Bayern lehnte den Grundgesetzentwurf ab, betonte jedoch gleichzeitig die Zugehörigkeit Bayerns zur Bundesrepublik. Mit der Zustimmung der zehn Länder war die geforderte Mehrheit erreicht, so dass das Grundgesetz auch von den Ländern angenommen war. In Nr. 1 des neu herausgegebenen Bundesgesetzblattes wurde das Grundgesetz am 23.05.1949 verkündet und trat einen Tag später, am 24.05.1949 in Kraft (Art. 145 Abs. 2 GG), soweit nicht in Einzelfällen ein späterer Zeitpunkt bestimmt war (vgl. z. B. Art. 117 Abs. 1, Art. 122 GG).

Konstituierung der ersten Bundesorgane

Damit das neu geschaffene Staatsgebilde Bundesrepublik Deutschland auch funktionsfähig wurde, war es erforderlich, die im Grundgesetz vorgesehenen Organe der **Exekutive** und **Legislative** zu bilden. Dies geschah, indem die Wahlberechtigten der Bundesrepublik am 14.08.1949 auf Grund des vom Parlamentarischen Rat beschlossenen Wahlgesetzes den ersten Bundestag wählten, der am 07.09.1949 seine erste Sitzung in Bonn abhielt. Am gleichen Tag kam auch der Bundesrat zusammen.

Nach den Vorschriften des Grundgesetzes (Art. 54 GG) wurde ebenfalls im September 1949 von der Bundesversammlung der Bundespräsident gewählt (Theodor Heuss). Am 15.09.1949 wählte der Bundestag Dr. Konrad Adenauer zum ersten Bundeskanzler, der am 20.09.1949 die 13 Bundesminister der ersten Bundesregierung vorstellte.

> Damit war an diesem Tag die Konstituierung der entscheidenden Bundesorgane abgeschlossen. Von nun an konnte vom Bestehen der Bundesrepublik Deutschland gesprochen werden.

4.1 Fortbestand des Reiches – 22

4.2 Grundgesetz als Verfassung – 22

Überprüfen Sie Ihr Wissen – 23

4.1 Fortbestand des Reiches

Mit dem Bestehen der Bundesrepublik und der früheren Deutschen Demokratischen Republik auf dem Boden des ehemaligen Deutschen Reiches stellte sich die Frage, wer den alten deutschen Staat, falls er noch bestand, fortsetzt.

 Der Fortbestand des im Jahre 1867 gegründeten und seit 1871 »Deutsches Reich« genannten Staates wird überwiegend bejaht, wenn er auch infolge des Wegfalls seiner Organe handlungsunfähig geworden war. Die Frage, wer diesen Staat nunmehr fortsetzte, die Bundesrepublik Deutschland oder die ehemalige Deutsche Demokratische Republik, wurde unterschiedlich beantwortet.

Nach offizieller DDR-Auffassung war das Deutsche Reich, die »einheitliche deutsche kapitalistische Nation«, untergegangen. Als Ergebnis der von der Bundesrepublik Deutschland betriebenen Spaltung und der Gründung eines Separatstaates kapitalistischer deutscher Nation sowie als Folge der sozialistischen Revolution und des Aufbaus einer sozialistischen Gesellschaft in der DDR sei die sozialistische deutsche Nation entstanden. Diese Ansicht wurde als sog. **Zweistaatentheorie** bezeichnet.

Demgegenüber besagte die sog. **Identitätstheorie**, dass das Deutsche Reich nicht untergegangen ist, sondern in der Bundesrepublik Deutschland fortbestand, mit ihm identisch war.

Schließlich wurde die Ansicht vertreten, dass die Bundesrepublik Deutschland und die Deutsche Demokratische Republik als Teilordnungen in einem noch vorhandenen Reichsrahmen fortbestehen. Danach sind die Länder in zwei Republiken zusammengeschlossen, diese wiederum im »Reich« (sog. »**Teilordnungslehre**«).

Das Bundesverfassungsgericht (BVerfG), das sich in einer Entscheidung über die Verfassungsmäßigkeit des Grundlagenvertrages vom 21.12.1972 mit dem Rechtsstatus der Bundesrepublik auseinander gesetzt hat, neigte der letzteren Auffassung zu (vgl. BVerfG, NJW 1973, 1539 f). Die aufgeworfenen Fragen waren nicht nur theoretischer Natur. Sie waren auch von praktischer Bedeutung, etwa in der Frage der Nachfolge in Vermögen und Schulden des früheren Deutschen Reiches.

4.2 Grundgesetz als Verfassung

Neben der Rechtsfrage nach dem Status der »alten« Bundesrepublik Deutschland, die auch infolge der innerdeutschen politischen Entwicklung interessiert, soll noch in Kürze die Frage beantwortet werden, ob das Grundgesetz der Bundesrepublik Deutschland als Verfassung bezeichnet werden kann.

 Der Begriff »Verfassung« ist mehrdeutig. Als Verfassung im **formellen** Sinn ist ihre Kodifizierung in einer Verfassungsurkunde zu verstehen. Verfassung im **materiellen** Sinn dagegen meint die rechtliche Grundordnung eines Staates.

Der Verfassungsbegriff im ersteren Sinn (geschriebene Verfassungsurkunde) kann den Inhalt einer Verfassung allein nicht ausmachen. Dies zeigt schon ein Vergleich mit anderen Staaten. So verfügt etwa Großbritannien nicht über eine geschriebene Verfassung, dennoch ist unbestritten, dass Großbritannien nicht in einem verfassungslosen Zustand lebt.

Bedenken, das Grundgesetz als Verfassung im materiellen Sinn anzusehen, ergeben sich daraus, dass das Grundgesetz nicht vom Volk oder einer gewählten Volksvertretung angenommen worden ist, sondern vom Parlamentarischen Rat, der nicht Träger der verfassungsgebenden Gewalt (»pouvoir constituant«) war. Darunter wird die Befugnis verstanden, die politischen Grundentscheidungen eines Volkes zu treffen.

Da das Grundgesetz jedoch durch die überwiegende Zahl der Ländervertretungen der »alten« Bundesrepublik ähnlich der Verfassung der Vereinigten Staaten von Amerika sanktioniert worden ist (nämlich durch Billigung des Entwurfs mit Zweidrittelmehrheit der Gliedstaaten), ist heute unumstritten, dass dem Grundgesetz der Bundesrepublik Deutschland Verfassungsrang zukommt.

Wenn die »Väter« des Bonner Grundgesetzes selbst nicht den Begriff »Verfassung« gewählt haben, so deshalb, um dem Willen Ausdruck zu verleihen, keinen »westdeutschen« Staat zu begründen, sondern nur ein zeitliches und räumliches Provisorium bis zur Errichtung einer (gesamt)deutschen Bundesrepublik zu schaffen. Dieser **Wiedervereinigungswille** wurde beispielsweise deutlich, wenn Art. 146 GG (alter Fassung) vorsah, dass das Grundgesetz seine Gültigkeit an dem Tag verliert, an dem eine Verfassung in Kraft tritt, die vom deutschen Volk in freier Entscheidung beschlossen worden ist.

Überprüfen Sie Ihr Wissen

1. Wie heißt der Entwicklungskern der Bundesrepublik Deutschland?
   Antwort: ▶ 2.
2. Welchen Inhalt hatten die »Frankfurter Dokumente«?
   Antwort: ▶ 3.
3. Wann wurde das Besatzungsstatut aufgehoben?
   Antwort: ▶ 3.
4. Welche Aufgaben hatte der Parlamentarische Rat?
   Antwort: ▶ 3.
5. Wer war der erste Bundespräsident?
   Antwort: ▶ 3.
6. Was versteht man unter einer Verfassung?
   Antwort: ▶ 4.2

5.1 Einigungsvertrag – 26

5.2 Folgen des Einigungsvertrages – 27

Überprüfen Sie Ihr Wissen – 28

Die Wiedervereinigung wurde mit dem Vertrag zwischen der Bundesrepublik Deutschland und der Deutschen Demokratische Republik über die Herstellung der Einheit Deutschlands erfolgreich vollzogen.

5.1 Einigungsvertrag

Der Unterzeichnung dieses Einigungsvertrags am 31.08.1990 durch die Verhandlungsführer Bundesinnenminister Wolfgang Schäuble (für die Bundesrepublik) und DDR-Staatssekretär Günther Krause (für die Deutsche Demokratische Republik) gingen umwälzende Veränderungen auf dem Gebiet der ehemaligen DDR voraus. So kam es v. a. in Leipzig zum 40. Jahrestag der DDR-Staatsgründung (07.10.1949) zu Massenprotesten (»Wir sind das Volk«).

Erich Honecker trat als Staats- und Parteichef zurück, sein Nachfolger wurde Egon Krenz. Wenige Monate später trat die gesamte DDR-Regierung unter Ministerpräsident Willi Stoph ebenfalls zurück; neuer Ministerpräsident wurde Hans Modrow. In der Nacht vom 9. auf den 10. November 1989 öffnete die neue DDR-Führung die Grenzen zur Bundesrepublik und nach Westberlin. Im Dezember legte – unter dem Druck des Volkes – die gesamte SED-Parteiführung mit Egon Krenz ihre Ämter nieder. Erstmals nach 40 Jahren fanden in der DDR am 18.03.1990 wieder freie Wahlen zur Volkskammer statt. Zum Ministerpräsidenten wurde Lothar de Maiziere gewählt. Mit ihm vereinbarte die Bundesregierung am 18.05.1990 den **Staatsvertrag über eine Wirtschafts-, Währungs- und Sozialunion** zum 01.07.1990, nachdem deutlich geworden war, dass eine ökonomische Grundlage zur Fortsetzung einer staatlichen Eigenexistenz der DDR nicht mehr vorhanden war und sich die Mehrzahl der DDR-Bürger für den **Beitritt zur Bundesrepublik** entschieden hatte. Wenig später beschloss die Volkskammer, dass mit der Wahl der Landtage im Oktober 1990 die 14 Verwaltungsbezirke wieder in die **fünf ehemaligen Länder der DDR**, nämlich Brandenburg, Mecklenburg-Vorpommern, Sachsen, Sachsen-Anhalt und Thüringen zurückgeführt werden sollten.

> Am 23. August schließlich erfolgte der Beschluss der Volkskammer zur Wiedervereinigung mit der Bundesrepublik zum 03.10.1990.

Deutschland wird souverän

Die Einigungsabsichten zwischen der Bundesrepublik und der DDR tangierten natürlich gewachsene Strukturen. Voraussetzung der Fortführung des Einigungsprozesses war daher die Zusicherung der Bundesregierung, bestehende Grenzen – beispielsweise zu Polen – nicht in Frage zu stellen, ebenso wie die Zusage, dass die Bundesrepublik in der NATO verbleibe, aber deren Strukturen vorerst nicht auf das Gebiet der Ex-DDR ausdehne. Mit letzterem sollte v. a. dem sicherheitspolitischen Gleichgewicht zum damals noch existierenden Warschauer Pakt Rechnung getragen werden. Unter dieser Prämisse gab im Juli 1990 auch der sowjetische Präsident Gorbatschow – wie schon zuvor die westlichen Staats- und Regierungschefs der Siegermächte des 2. Weltkrieges – den beiden deutschen Staaten freie Hand in Bezug auf die erstrebte Einheit Deutschlands. Bei den sog. **Zwei-plus-vier-Gesprächen** zwischen den USA, der Sowjetunion, Großbritannien und Frankreich einerseits sowie der Bundesrepublik und der DDR andererseits wurde auch über den äußeren Aspekt der deutschen Einheit Einvernehmen gefunden: Die Sowjetunion nahm Abstand von einer ihrer Hauptforderungen, nämlich dem Abschluss eines Friedensvertrages mit zwei deutschen Staaten.

Der am 12.09.1990 unterzeichnete **Zwei-plus-vier-Vertrag**, der
- eine endgültige Grenzregelung in Europa,
- einen Verzicht des vereinten Deutschlands auf kriegerische Gewalt,
- den Abzug der sowjetischen Truppen,
- die Verpflichtung zu Abrüstungsmaßnahmen und
- die Beendigung des Viermächtestatus

vorsieht, wird zu Recht als »**Souveränitätsvertrag**« bezeichnet.

> Mit diesem Vertrag zur Herstellung der vollen Souveränität des vereinten Deutschlands war der Weg zur Annahme des am 31.08.1990 unterzeichneten **2. Staatsvertrages** zwischen den beiden deutschen Staaten frei.

Der **Einigungsvertrag** zwischen der Bundesrepublik Deutschland und der Deutschen Demokratischen Republik wurde am 20.09.1990 zeitgleich von der Volkskammer und dem Bundestag gebilligt. Am 03.10.1990 wurde der Beitritt vollzogen. Dieser Tag wurde als »**Tag der deutschen Einheit**« zum gesetzlichen Feiertag erklärt. Er folgte damit dem 17. Juni, dem Tag, an dem in Ostberlin im Jahre 1953 ein Streik der Ostberliner Arbeiter durch sowjetische Truppen blutig niedergeschlagen wurde. Erste **gesamtdeutsche Wahlen** nach dem Krieg fanden dann am 02.12.1991 statt.

5.2 Folgen des Einigungsvertrages

Mit dem Wirksamwerden des Beitritts der Deutschen Demokratischen Republik zur Bundesrepublik Deutschland gemäß Art. 23 GG (alter Fassung) wurden die Länder
- Brandenburg (Landeshauptstadt Potsdam),
- Mecklenburg-Vorpommern (Landeshauptstadt Schwerin),
- Sachsen (Landeshauptstadt Dresden),
- Sachsen-Anhalt (Landeshauptstadt Magdeburg) und
- Thüringen (Landeshauptstadt Erfurt)

Länder der Bundesrepublik Deutschland

Von diesem Zeitpunkt an galt Kraft Einigungsvertrages für sie nicht nur das Grundgesetz, sondern das gesamte Rechtssystem einschließlich des Verwaltungsaufbaus der Bundesrepublik. Berlin wurde zur neuen Hauptstadt bestimmt (Abb. 5.1).

Im Einigungsvertrag selbst wurden **beitrittbedingte Grundgesetzänderungen** vorgenommen, z. B.
- die Präambel ebenso wie Art. 146 GG der Tatsache der Wiedervereinigung angepasst,
- Art. 23 GG, der die Beitrittsmöglichkeit anderer Teile Deutschlands vorsah, aufgehoben,
- die Stimmverteilung im Bundesrat, Art. 51 Abs. 2 GG, geändert.

In drei Anlagen sah der Einigungsvertrag v. a. Übergangsregelungen zur Geltung des Bundesrechts bzw. für zeitweilig noch fortgeltendes Recht der DDR vor.

In diesem Zusammenhang ist insbesondere auf den im Einigungsvertrag enthaltenden Auftrag an den Gesetzgeber hinzuweisen, »eine verfassungskonforme Bewältigung von Konfliktsituationen schwangerer Frauen zu gewährleisten«. Dieser Auftrag war notwendig, weil in der Bundesrepublik beim Schwan-

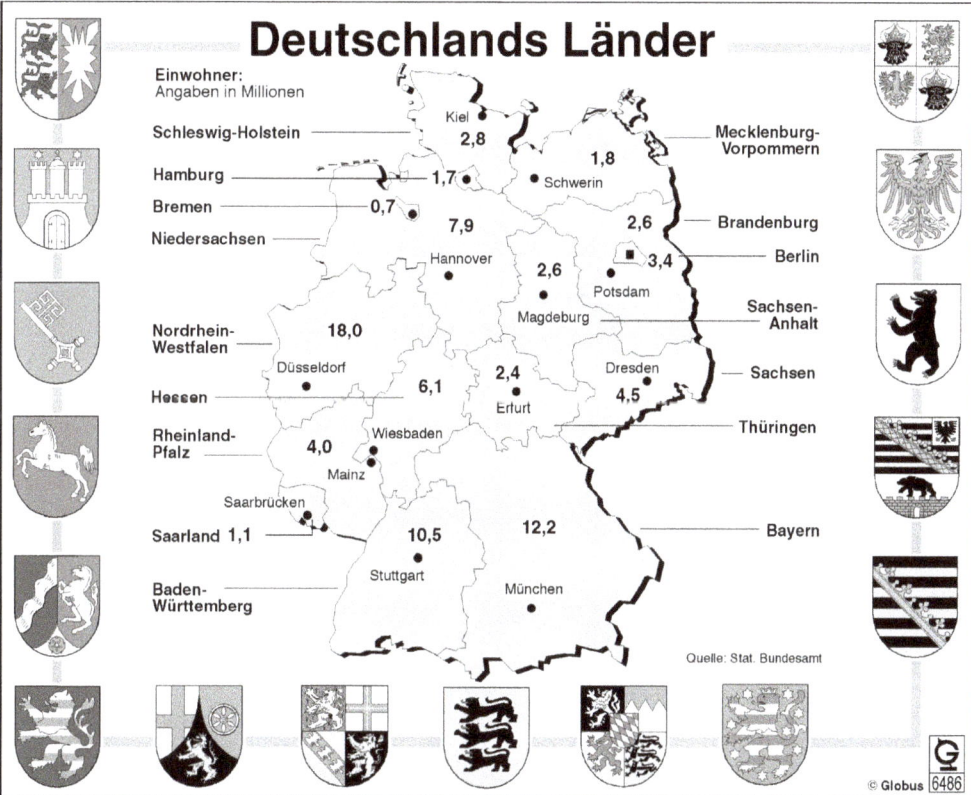

Abb. 5.1. Die 16 Bundesländer

geschaftsabbruch das **Indikationsrecht** und in der ehemaligen DDR die **Fristenlösung** galt. Zwar hat der Gesetzgeber ein entsprechendes Gesetz zeitgerecht verabschiedet, es wurde jedoch vom Bundesverfassungsgericht in Teilen für verfassungswidrig erklärt (▶ 11.6.8).

> Für die Berufe im Gesundheitswesen hatte der Einigungsvertrag im Speziellen zur Folge, dass durch Änderung der maßgeblichen Gesetze eine Anerkennung der entsprechenden Berufsbilder in der ehemaligen DDR erfolgte, verbunden mit der Befugnis zur Führung der jeweiligen neuen Berufsbezeichnung.

Natürlich hat der Einigungsvertrag nebst Anlagen nicht alle Fragen einer Rechts- und Gesetzesanpassung im Einzelnen regeln können. Hinsichtlich aufgetretener verfassungsrechtlicher Probleme wurde daher ein **Verfassungsausschuss** gebildet, der denkbare Grundgesetzergänzungen oder auch -änderungen erörtert. Aber nicht nur die Wiedervereinigung bestimmt dabei die Arbeit des Ausschusses, sondern in gleicher Weise Verfassungsfragen, die durch die Schaffung einer Europäischen Union (EU) aufgeworfen werden.

Überprüfen Sie Ihr Wissen

1. Wann fanden in der ehemaligen DDR die ersten freien Wahlen nach dem Krieg statt?
   Antwort: ▶ 5.1
2. Wann vollzog sich die volle Souveränität der Bundesrepublik Deutschland?
   Antwort: ▶ 5.1
3. Wer war an den »Zwei-plus-vier-Gesprächen« beteiligt?
   Antwort: ▶ 5.1
4. Was beinhaltet der »Zwei-plus-vier-Vertrag«?
   Antwort: ▶ 5.1
5. Was waren die Folgen des Einigungsvertrages?
   Antwort: ▶ 5.2

6.1 Organisatorischer Teil des Grundgesetzes – 30
6.1.1 Staatsaufbau der Bundesrepublik Deutschland – 30
6.1.2 Parteien – 33
6.1.3 Verbände – 34
6.1.4 Wahl der Bundestagsabgeordneten – 37
6.1.5 Oberste Bundesorgane – 39
6.1.6 Gesetzgebung des Bundes – 44
6.1.7 Gemeinde und Gemeindeverbände – 47

6.2 Grundrechte – ein Überblick – 50
6.2.1 Funktion der Grundrechte – 50
6.2.2 Grundgesetz und soziale Marktwirtschaft – 55

Überprüfen Sie Ihr Wissen – 50, 56

Das nunmehr für das **vereinte Deutschland** geltende Grundgesetz für die Bundesrepublik Deutschland gliedert sich in zwei übergeordnete Abschnitte (Abb. 6.1):
- 1. der Abschnitt, in dem die **Grundrechte** manifestiert sind (Art. 1 bis Art. 19 GG),
- 2. der **organisatorische Teil** des Grundgesetzes (Art. 20 bis Art. 146 GG).

Vorangestellt ist die neugefasste **Präambel,** in der die Bedeutung und Zielrichtung des Grundgesetzes niedergelegt ist.

6.1 Organisatorischer Teil des Grundgesetzes

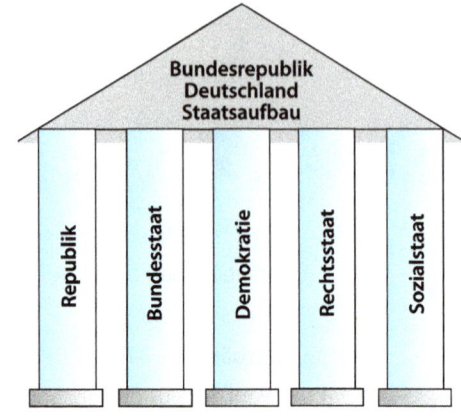

Abb. 6.2. Die 5 Säulen des Staatsaufbaus

Der organisatorische Teil des Grundgesetzes ist der umfangreichste Abschnitt. Er behandelt u. a. den Staatsaufbau, insbesondere das Verhältnis von Bund und Ländern sowie die einzelnen Bundesorgane, die Gesetzgebung des Bundes, die Bundesverwaltung, die Rechtsprechung und das Finanzwesen.

6.1.1 Staatsaufbau der Bundesrepublik Deutschland

Dieser Teil des Grundgesetzes beginnt mit der grundlegenden Verfassungsentscheidung für den Staatsaufbau der Bundesrepublik Deutschland (Art. 20 GG). Danach ist die Bundesrepublik Deutschland ein demokratischer und sozialer Bundesstaat (Abb. 6.2).

Abb. 6.1. Gliederung des Grundgesetzes

Republik

Nach der in Art. 20 Abs. 1 GG vorgenommenen Aussage ist als Staatsform die Republik gewählt. Die Republik ist im Unterschied zur Monarchie zu sehen.

> Während in der Monarchie das Staatsoberhaupt sein Amt in der Regel auf Grund familienrechtlicher Tradition oder Erbeinsetzung ausübt, nimmt das Staatsoberhaupt einer Republik sein Amt auf Grund von Wahlen wahr und ist grundsätzlich jederzeit abwählbar.

Erbmonarchien bestehen z. B. in Großbritannien, den Niederlanden, Schweden, Norwegen, Dänemark. Es handelt sich um sog. **parlamentarische Monarchien,** in der die Regierung nicht dem Monarchen, sondern dem Parlament verantwortlich ist.

Republik nennen sich außer der Bundesrepublik Deutschland z. B. Frankreich und die USA. Von dem Gegensatzpaar Republik – Monarchie sind die gegensätzlichen Staatsformen der **Alleinherrschaft,** der **Herrschaft mehrerer** und der **Volksherrschaft** zu unterscheiden, die sich nach dem Träger der Staatsgewalt bestimmen.

Die Monarchie ist zwar eine Art Alleinherrschaft, sie beschränkt sich jedoch nicht auf diese Staatsform. Die Alleinherrschaft zeigt sich z. B. auch in einer Diktatur, die von einem Diktator ausgeübt wird, wie etwa Mussolini, Hitler usw.

Bundesstaat

Nach der weiteren Aussage des Art. 20 Abs. 1 GG ist die Bundesrepublik ein Bundesstaat.

6.1 · Organisatorischer Teil des Grundgesetzes

> Ein Bundesstaat entsteht durch den Zusammenschluss mehrerer Länder; es handelt sich dabei um eine sog. Staatenverbindung.

Als **Staatenverbindungen** werden herkömmlich die staatsrechtlichen von den völkerrechtlichen Vereinigungen von Staaten unterschieden.

Völkerrechtliche Staatenverbindungen sind der Staatenbund und der Staatenstaat.

Der Staatenbund

Als **Staatenbund** wird die völkerrechtliche Verbindung mehrerer Staaten bezeichnet. Diese treten zwar nach außen hin einheitlich auf, geben aber nicht ihre Staatlichkeit auf. Insbesondere haben sie die Ursprünglichkeit ihrer Herrschaftsgewalt und Entscheidungsfreiheit nicht verloren.

Ein Staatenbund war das Deutsche Reich von 1648–1806 sowie der Deutsche Bund von 1815–1866.

Selbst der Zusammenschluss von derzeit 15 Mitgliedstaaten in der Europäischen Gemeinschaft auf der Basis des sog. **Maastrichter Vertrages** zur Schaffung einer **Europäischen Union** ist als Staatenbund zu beurteilen (BVerfG, Urteil vom 12.10.1992; ▶ 7.2), auch wenn staatliche Hoheitsrechte auf zwischenstaatliche Einrichtungen übertragen werden können (Art. 24 Abs. 1 GG).

Der Staatenstaat

Der **Staatenstaat** beruht auf einem völkerrechtlichen Unterwerfungsverhältnis eines oder mehrerer Unterstaaten unter einen herrschenden Oberstaat (= Suzeränität). Die Unterstaaten haben nach außen hin ihre staatliche Eigenständigkeit verloren, nur der Oberstaat tritt nach außen für die Unterstaaten als Gesamtstaat auf; den Unterstaaten bleibt nur die innerstaatliche Selbstständigkeit (z. B. ehemalige Sowjetunion).

Das Staatenbündnis

Das **Staatenbündnis** ist zwar auch eine – vertragliche – Staatenverbindung, ohne jedoch Einwirkungen auf innerstaatliche Angelegenheiten, insbesondere auf staatliche Rechtsnormen auszuüben.

Vereinbarungen dieser Art werden von den Staaten vornehmlich auf politischem, wirtschaftlichem und militärischem Gebiet abgeschlossen und haben zu Organisationen wie der **UNO**, dem **GATT** oder der **NATO** geführt.

Von den völkerrechtlichen Staatenverbindungen sind die staatsrechtlichen Staatenverbindungen zu unterscheiden. Hierzu zählt der **Bundesstaat**.

Der Bundesstaat

> Der Bundesstaat ist eine staatsrechtliche Staatenverbindung von mehreren Staaten in der Weise, dass diese Staaten in ihrer Verbindung einen neuen Staat bilden (den Gesamtstaat = Bund), sie selbst aber Staaten bleiben (die Gliedstaaten = Bundesländer).

Im Bundesstaat zusammen geschlossene Länder sind Staaten mit eigener staatlicher Hoheitsmacht. Jedes Land besitzt für seinen Aufgabenbereich die höchste unabgeleitete Staatsgewalt, die sich allerdings im Rahmen der Verfassung des Gesamtstaates halten muss, in der Bundesrepublik Deutschland also im Rahmen des Grundgesetzes (=föderatives System). Die Staatsgewalt ist beim Bundesstaat zwischen **Gesamtstaat** und **Gliedstaaten** in der Weise aufgeteilt, dass für jede Aufgabe nur ein Staat, der Gesamtstaat oder die Gliedstaaten zuständig ist. Die grundsätzliche Eigenstaatlichkeit der Länder zeigt sich beispielsweise in der Verabschiedung eigener Landesverfassungen aber auch in der eigenverantwortlichen Gesetzgebungskompetenz, etwa im Schulwesen.

Föderatives System

Die Staatsqualität des Gesamtstaates und die Staatsqualität der Gliedstaaten sind letztlich Ausdruck des **föderativen Prinzips** im Rahmen des bundesstaatlichen Systems.

Die Vorteile des **Föderalismus** sahen die Verfasser des Grundgesetzes (▶ 3.) in der Vermeidung einer Zentralgewalt in der Hand des Gesamtstaates (= Bundes) einerseits sowie der Stärkung einer gegenseitigen Kontrolle von Bund und Ländern andererseits. Allerdings ergeben sich in Folge getrennter Zuständigkeiten – beispielsweise in der Gesetzgebung ▶ 6.1.6) – auch unterschiedliche Regelungen. Dies wird vor allem im Schulwesen deutlich. So haben einige wenige Bundesländer (z. B. Bayern) den schulischen Teil der Ausbildung in den Krankenpflegeberufen eigenständig – abweichend von anderen Bundesländern – geregelt.

Einheitsstaat

Der Gegensatz zum Bundesstaat ist der **Einheitsstaat**. Während der bundesstaatliche Aufbau u. a. durch Teilung der Aufgaben zwischen Gliedstaaten (= Länder) und Gesamtstaat (= Bund) gekennzeichnet ist, übt der Einheitsstaat die höchste Gewalt ausschließlich durch einheitliche, für das gesamte Staatsgebiet zuständige Verwaltungsorgane aus.

Der Einheitsstaat wird deshalb als Staat verstanden, der keine Untergliederung in selbstständige Staaten kennt. Es besteht nur eine bei ihm liegende Staatshoheit, die Untergliederung erfolgt allein in Form von Verwaltungsbezirken oder kommunalen Körperschaften.

Beispiel aus der deutschen staatsrechtlichen Geschichte für einen Einheitsstaat war die ehemalige DDR.

Demokratie

Nach Art. 20 Abs. 1 GG ist die Bundesrepublik Deutschland ein demokratischer Bundesstaat.

Demokratie bedeutet **Volksherrschaft**. Von dieser Bedeutung sind wohl auch die Verfasser des Grundgesetzes ausgegangen, wenn es in Art. 20 Abs. 2 GG heißt: »Alle Staatsgewalt geht vom Volke aus«. Damit wird zum Ausdruck gebracht, dass das Volk Ursprung der staatlichen Macht und zugleich Träger der Staatsgewalt ist.

> Zu den grundlegenden Merkmalen der Demokratie gehört die Gleichheit der Bürger vor dem Recht, worunter in diesem Zusammenhang v. a. die politische Gleichheit, insbesondere die Wahlgleichheit zu verstehen ist. Neben dem Gleichheitsgrundsatz gilt in der Demokratie aber auch das Prinzip der Mehrheitsentscheidung. Das bedeutet, dass eine Herrschaft der jeweiligen Mehrheit besteht, soweit diese Mehrheit auf einer freien Abstimmung beruht. Weiterhin gehört zum Demokratieverständnis das Recht jedes einzelnen Bürgers, Zugang zu den öffentlichen Ämtern zu haben und aktiv seine staatsbürgerlichen Rechte wahrnehmen zu können. Dies wiederum setzt voraus, dass die Meinung frei gebildet und geäußert werden darf. Mithin gehört auch die Meinungsfreiheit zu den demokratischen Grundprinzipien.

Nach der Art der Ausübung der Staatsgewalt durch das Volk kann man die Demokratie als unmittelbare oder auch als mittelbare Demokratie bezeichnen.

Unmittelbare Demokratie

Die **unmittelbare Demokratie** wird dadurch geprägt, dass die Bürgerschaft direkt an der Staatstätigkeit teilnimmt. Handelndes Organ ist das Volk, das den Staat unmittelbar mitgestaltet.

Demokratie in diesem Sinne finden wir z. B. in schweizerischen Kantonen und Gemeinden. Dort trifft die Versammlung der Bürgerschaft Entscheidungen unmittelbar.

Mittelbare Demokratie

In der **mittelbaren Demokratie** tritt das Volk nur indirekt in Erscheinung, und zwar in der Weise, dass es Staatsgewalt durch die von ihm gewählten Vertreter ausübt. Die mittelbare Demokratie wird deshalb auch **repräsentative Demokratie** genannt.

Eine repräsentative Demokratie war die Weimarer Republik und sind heute außer der Bundesrepublik Deutschland z. B. Frankreich, Österreich.

»Bürgerliche« Demokratie und Volksdemokratie

Neben den genannten Unterscheidungen wird zuweilen – zurückgehend auf marxistische Lehren – auch von der »**bürgerlichen**« **Demokratie** einerseits und der »**Volksdemokratie**« andererseits gesprochen.

Während die »bürgerliche« Demokratie auf der Basis der **Gewaltenteilung** beruht, ist die »Volksdemokratie« eine Demokratie mit **Gewaltenhäufung**, die bei der Volksvertretung liegt.

Rechtsstaat

Mit der Bestimmung des Art. 20 Abs. 2 und Abs. 3 GG, worin das **Gewaltenteilungsprinzip** und der **Gesetzmäßigkeitsgrundsatz** Ausdruck gefunden haben, hat sich der Verfassungsgeber weiterhin für den Rechtsstaat entschieden, wenngleich der Begriff »Rechtsstaat« oder »Rechtsstaatlichkeit« in der grundlegenden Verfassungsnorm des Art. 20 GG nicht verwandt wird (anders in Art. 28 GG).

Die beiden wesentlichsten Rechtsstaatsprinzipien sind mit der Gewaltentrennung und dem Gesetzmäßigkeitsgrundsatz bereits genannt.

Gewaltentrennung bedeutet, dass die Ausübung der Staatsgewalt mehreren Gruppen staatlicher Organe zugeteilt ist. Allgemein unterschieden werden die drei Gewalten
- Gesetzgebung (Legislative),
- Verwaltung (Exekutive) und
- Rechtsprechung (Judikative).

Sinn dieser Trennung war zunächst eine reine Funktionenteilung (ausgehend von Montesquieu, 1698–1755). Heute jedoch liegt die Bedeutung der Gewaltenteilung in der politischen Machtverteilung, dem Ineinandergreifen der drei Gewalten und der daraus resultierenden Mäßigung der Staatsherrschaft.

Grundsatz der Gesetzmäßigkeit

Dieser neben der Gewaltentrennung **bedeutsame Grundsatz** beruht darauf, dass sich jedes staatliche Handeln auf ein formell-materielles Gesetz (▶ 1.5.1) zurückführen lassen muss. Damit soll für den Bürger ein unabdingbares Maß an Voraussehbarkeit und Vorausberechenbarkeit erreicht werden. Eng verbunden mit dem Gesetzmäßigkeitsgrundsatz ist das Prinzip des Vertrauensschutzes, das dem Schutz des Vertrauens jedes einzelnen Bürgers in die Rechtmäßigkeit staatlicher Maßnahmen dient.

> Das Bekenntnis zur Rechtsstaatlichkeit ist Ausdruck einer liberalen Auffassung des Verfassungsgebers, der die Staatsgewalt an die verfassungsmäßige Ordnung und damit insbesondere an die Grundrechte des Einzelnen gebunden und somit den Menschen- und Freiheitsrechten den Vorrang eingeräumt hat.

Sozialstaat

Neben der Rechtsstaatlichkeit hat sich der Verfassungsgeber für die Sozialstaatlichkeit entschieden, indem er dem Begriff des Bundesstaates das Attribut »sozial« hinzufügte (Art. 20 Abs. 1 GG). Damit sollte zum Ausdruck gebracht werden, dass der Staat nach den Grundsätzen sozialer Gerechtigkeit aufgebaut sein sollte. Das bedeutet konkret das Verbot, sozialstaatswidrige Gesetze zu erlassen, sowie das Gebot, gegen soziale Missstände einzuschreiten.

> Im Sozialstaat werden alle staatlichen Gewalten zu einer sozialen Gestaltung des öffentlichen Lebens aufgefordert, das den einzelnen Bürgern ein angemessenes, menschenwürdiges Dasein gewährleistet, ohne dass jedoch der Bürger unmittelbar einen Rechtsanspruch daraus herleiten könnte.

Grundsatz der sozialen Gerechtigkeit

Insbesondere darf das Sozialstaatsprinzip nicht dazu führen, dass mit seiner Hilfe jede Einzelregelung, deren Anwendung in bestimmten Fällen zu Härten und Unbilligkeiten führen kann, modifiziert wird.

Praktische Bedeutung hat der Sozialstaatsgedanke im Bereich der sog. **Daseinsvorsorge** erfahren. Hierzu gehören z. B. die
— Versorgung der Bevölkerung mit Wasser, Gas, Elektrizität,
— Schaffung von öffentlichen Verkehrsbetrieben,
— Subventionierung hilfsbedürftiger Bevölkerungsteile,
— Verteilung von Medikamenten oder Lebensmitteln in Krisenzeiten.

Vor allem aber hat das Sozialstaatsprinzip Ausdruck im System einer umfangreichen sozialen Sicherung des Bürgers gefunden, also in der
— Kranken-,
— Renten-,
— Unfall-,
— Arbeitslosen- und
— Pflegeversicherung (▶ 13.).

6.1.2 Parteien

In einer mittelbaren oder auch repräsentativen Demokratie, wie sie das Grundgesetz für die Bundesrepublik Deutschland vorsieht, spielen die Parteien eine bedeutsame Rolle.

Zur Gründung politischer Parteien im heutigen Sinne kam es zuerst in England. Dort hatten Standes-, Berufs- und Interessenverbände die Vertretung des Volkes übernommen. Die politische Partei war das Ergebnis zunehmender Demokratisierung. In ihr schloss und schließt sich auch heute jene Schicht von Staatsangehörigen zusammen, die unmittelbaren Einfluss auf das politische Geschehen zu nehmen sucht. Dabei sind die Ursachen der Parteienbildung durchaus vielfältig. Sie können in unterschiedlicher wirtschaftlicher, sozialer, kultureller und religiöser Anschauung begründet sein.

Wesensgehalt der politischen Partei

Ohne die politische Partei ist das Funktionieren der mittelbaren Demokratie kaum denkbar. Der herausragenden Bedeutung der Parteien wird deshalb auch Art. 21 GG gerecht, wenn dort der Wesensgehalt der politischen Partei folgendermaßen formuliert wird: »Die Parteien wirken bei der Willensbildung des Volkes mit. Ihre Gründung ist frei; ihre innere Ordnung muss demokratischen Grundsätzen entsprechen. Sie müssen über die Herkunft ihrer Mittel öffentlich Rechnung ablegen«.

Mit diesem Artikel gibt das Grundgesetz zu verstehen, dass die politischen Parteien von den sonstigen Vereinigungen, deren freie Gründung nach Art. 9 GG gewährleistet ist, artverschieden sind.

> Die politische Partei wird durch ihre Aufgabenstellung zu einer verfassungsmäßigen Institution erhoben. Sie ist integrierender Bestandteil des Verfassungsaufbaus und des verfassungsrechtlich geordneten politischen Lebens, ohne jedoch die Stellung eines Staatsorganes zu erhalten.

Die Rechtsform der Partei bleibt die eines bürgerlich-rechtlichen Vereins.

Beachtung in der Formulierung des Art. 21 Abs. 1 GG muss finden, dass nicht von **einer** Partei, sondern von **den** Parteien die Rede ist. Nach dem Willen des Verfassungsgebers muss es also mindestens zwei Parteien geben. Dies erklärt sich aus dem dem Demokratieverständnis immanenten Prinzip der Mehrheitsentscheidung. Eine Mehrheitsentscheidung setzt schlechthin eine Wahlmöglichkeit voraus. Diese ist nur bei Bestehen zumindest zweier politischer Parteien gegeben.

Recht- und Aufgabenstellung der Parteien

Die Rechtstellung der Parteien ist heute im Gesetz über die politischen Parteien (Parteiengesetz) vom 31.01.1994 mit späteren Änderungen geregelt. Danach bedarf die Partei, wie bei einem bürgerlich-rechtlichen Verein, einer schriftlichen **Satzung**; notwendige Organe sind die **Mitgliederversammlung** und der **Vorstand** (§§ 6 ff Parteiengesetz).

Die Aufgabenstellung der Parteien, die in Art. 21 Abs. 1 GG als Mitwirkung bei der politischen Willensbildung des Volkes genannt wird, ist ebenfalls im Parteiengesetz konkretisiert. Danach gehört zur Mitwirkung an der Willensbildung z. B.:
— die Anregung und Vertiefung der politischen Bildung,
— die Förderung der aktiven Teilnahme der Bürger am politischen Leben,
— die Beteiligung an Wahlen in Bund, Ländern und Gemeinden durch Aufstellen von Bewerbern,
— die Einflussnahme auf die politische Entwicklung in Parlament und Regierung sowie
— die Sorge für eine ständige, lebendige Verbindung zwischen dem Volk und den Staatsorganen.

Herkömmlich werden die Parteien je nach ihrer Verantwortung in der Lenkung der Staatsgeschäfte bezeichnet, sei es als **Regierungspartei**, wenn eine oder mehrere Parteien (= Koalition) die Regierung bilden, sei es als **Oppositionspartei**, wenn sie in Gegensatz zu der regierenden Partei steht.

Bürgerinitiativen

Diese gewinnen außerhalb der etablierten Parteien – u. a. auf kommunaler Ebene – zunehmend an politischer Bedeutung. Es handelt sich um Zusammenschlüsse von Personen in Form von Vereinen oder Gesellschaften, die regional begrenzte Einzelmaßnahmen anstreben, indem sie auf das Verwaltungsgeschehen Einfluss zu nehmen versuchen. Dies geschieht beispielsweise in Fragen des Umweltschutzes wie auch bei der Durchführung bestimmter staatlicher oder privater Bauvorhaben (Errichtung von Kernkraftwerken, Straßenbauten, Sondermülldeponien usw.).

In aller Regel ist Ausgangspunkt zur Bildung von Bürgerinitiativen die Unzufriedenheit der Bürger mit parteipolitisch getragenen Entscheidungen.

6.1.3 Verbände

Ebenso wie die Parteien werden auch die Verbände teilweise als verfassungsrechtliche Institutionen bezeichnet, auch wenn eine dem Art. 21 GG vergleichbare Norm für die Verbände fehlt, die ihnen diesen Status ausdrücklich verleihen würde. Der Umgang der Exekutive mit den Verbänden in der heutigen staatlichen Praxis gibt dieser Bezeichnung recht. So sieht z. B. die gemeinsame Geschäftsordnung der Bundesministerien den Verkehr der Ministerien mit den Verbänden ausdrücklich vor. Das kann zwar nicht für jedwede Vereinigung gelten, so aber doch für diejenigen organisierten Zusammenschlüsse, die nach ihrer Mächtigkeit, mag sie auf
— der Zahl oder der Art ihrer Mitglieder,
— ihrer Zielsetzung oder
— ihren Mitteln beruhen,
öffentliche Bedeutung erlangt haben.

> Verbände sind diejenigen Zusammenschlüsse, die sich zur Wahrung gemeinsamer Interessen ihrer Mitglieder auf wirtschaftlichem und sozialem Gebiet gebildet haben.

Teils sind diese Organisationen staatlich angeordnet (= Zwangszusammenschlüsse), teils beruhen sie auf freiwilligen Zusammenschlüssen. Letztere finden sich in der Regel in der Rechtsform eines Vereins. In dieser Form stehen die Verbände wie jede Art von Verein unter dem Schutz des Grundgesetzes, wobei die Verbandsbedeutung noch durch Art. 9 Abs. 3 GG hervorgehoben wird, wenn es dort heißt: »Das Recht, zur Wahrung und Förderung der Arbeits- und Wirtschaftsbedingungen Vereinigungen zu bilden, ist für jedermann und für alle Berufe gewährleistet«.

Beispiele von Spitzenverbänden der gewerblichen Wirtschaft
Arbeitgeberverbände
— **Bundesvereinigung der Deutschen Arbeitgeberverbände (BDA)**
Es handelt sich um eine Arbeitsgemeinschaft der sozialpolitischen Organisationen der Arbeitgeber in der Bundesrepublik Deutschland. Mitglieder sind keine natürlichen Personen, sondern aus-

schließlich Verbände der privaten Wirtschaft, z. B. aus den Wirtschaftszweigen:
- Industrie,
- Handwerk,
- Landwirtschaft,
- Groß-, Außen- und Einzelhandel,
- privates Bankgewerbe,
- private Versicherung,
- Verkehrsgewerbe,
- Dienstleistungsgewerbe
- sonstiges Gewerbe (z. B. Hotel- und Gaststättengewerbe).

Die Bundesvereinigung der Arbeitgeberverbände hat die Aufgabe, gemeinschaftliche, sozialpolitische Verbandsbelange zu wahren, die über den Bereich eines Landes oder eines Wirtschaftszweiges hinausgehen. Sie ist selbst nicht Partner der Gewerkschaften bei der Vereinbarung von Löhnen und Arbeitsbedingungen durch Tarifverträge, wohl aber kann sie die Grundlage der Arbeitgeberpolitik festlegen und Empfehlungen geben. Über die traditionellen Gebiete des Arbeitsrechts, der Lohn- und Tarifpolitik, des Arbeitsmarktes und der Sozialversicherung hinaus befasst sich die Bundesvereinigung in starkem Maße mit neuen sozialpolitischen Aufgaben der Unternehmerschaft, wie Öffentlichkeits- und Bildungsarbeit, Wirtschafts- und Sozialverfassung oder auch sozialer Betriebsgestaltung.

Das Recht, Tarifverträge zu schließen, wird in der Regel von den regionalen Arbeitgeberverbänden und den ihnen entsprechenden Fachgewerkschaften ausgeübt. Diese sog. **Tarifautonomie** (▶ 12.3) können die regionalen Organisationen von Arbeitgeberverbänden und Gewerkschaften allerdings auch auf die jeweiligen Landes- und Bundesorganisationen übertragen. Doch selbst wenn die Tarifhoheit delegiert wird, verbleibt den regionalen Arbeitgeberverbänden eine Vielzahl von Tätigkeitsbereichen. So betreuen sie z. B. ihre Mitglieder in allen sozialpolitischen und arbeitsrechtlichen Fragen durch Informationen, Beratung und Vertretung.

- **Der Deutsche Industrie- und Handelskammertag (DIHK)**
  Es handelt sich um die Spitzenorganisation der regionalen Industrie- und Handelskammern (Zwangszusammenschlüsse durch Pflichtmitgliedschaft). Deren Aufgabe liegt in der Wahrnehmung und Förderung der Gesamtinteressen der zugehörigen Gewerbetreibenden. Die Kammern üben gutachterliche Tätigkeit für ihre Mitglieder aus und übernehmen staatliche Aufgaben auf dem Gebiet des Ausbildungs-, Prüfungs- und Zulassungswesens.
- **Der Bundesverband der Deutschen Industrie (BDI)**
  Ihm gehören Fachverbände und -gemeinschaften an, die in Landesverbände oder -gruppen untergliedert sind; die Aufgabe besteht in der Wahrnehmung allgemein wirtschaftspolitischer Interessen.

Arbeitnehmerverbände

Den Spitzenorganisationen der Arbeitgeber steht eine Vielzahl von **beruflichen Fachverbänden** der Arbeitnehmer gegenüber (**Arbeitnehmerverbände**). Beispiele für derartige Spitzenverbände der Arbeitnehmer sind etwa:

- **Der Deutsche Gewerkschaftsbund (DGB)**
  Er nimmt unter den Fachverbänden der Arbeitnehmer eine herausragende Stellung ein. In ihm sind (Industrie-)Gewerkschaften vereinigt. Seine Hauptaufgabe sieht der Deutsche Gewerkschaftsbund in der Wahrung und Förderung des sozialen Fortschritts seiner Mitglieder; sein Bemühen geht auf Anpassung der Löhne an das Preisniveau, um Verwirklichung des Mitspracherechts der Arbeitnehmer (Mitbestimmung), um Ausbildungs- und Bildungsförderung.
  Einzelziele zur Schaffung besserer Arbeits- und Lebensbedingungen für den Arbeitnehmer hat der Deutsche Gewerkschaftsbund in einem **Aktionsprogramm** formuliert; dazu zählen etwa:
  - Recht auf Arbeit,
  - gesicherte Arbeitsplätze,
  - kürzere Arbeitszeit und längerer Urlaub,
  - gerechte Vermögensverteilung,
  - menschengerechte Arbeit,
  - höhere soziale Sicherheit,
  - bessere Alterssicherung,
  - gleiche Bildungschancen,
  - sichere Energieversorgung.

Auf dem sog. Reformkongress in Dresden 1996 verankerten die Delegierten den Widerstand gegen eine »Systemwende nach rechts« und den »Marsch in einen ungezügelten Kapitalismus« in ihrer Präambel als »prinzipielle und aktuelle Aufgabe« des DGB. Zugleich wurde erstmals der Gegensatz von Kapital und Arbeit moderater beurteilt. **Gewerkschaften** sind die Tarifpartner der Arbeitgeberverbände z. B. bei den Lohntarifverhandlungen.

Verbände der Fachberufe im Gesundheitswesen
Auch im Gesundheitswesen haben sich Interessensvereinigungen der Fachberufe im Gesundheitswesen gebildet.

Zu deren Spitzenverbänden zählen unter anderem:
- Deutscher Berufsverband für Pflegeberufe (DBfK)
- Arbeitsgemeinschaft deutscher Schwesternverbände (ADS)
- Bundesverband der Kinderkrankenschwestern und Kinderkrankenpfleger (BKK)
- Deutscher Pflegeverband (DPV)
- Bundesarbeitsgemeinschaft Leitender Krankenpflegepersonen (BALK)
- Deutscher Berufsverband für Altenpflege
- Bundesausschuss der Lehrerinnen und Lehrer für Pflegeberufe (BA)
- Arbeitgeberverband ambulanter Pflegedienste (AVaP)
- Bund deutscher Hebammen (BDH)
- Verband deutscher Diätassistenten
- Berufsverband der Orthoptistinnen (BOD)
- Berufsverband für den Rettungsdienst (BVRD)
- Deutscher Verband Technischer Assistenten in der Medizin (dvta)

Vor allem Verbände der Pflegeberufe haben sich im **Deutschen Pflegerat** (DPR) zusammengefunden. Die Gründungsverbände (ADS, BA, BALK, BKK, DBfK) dieser Arbeitsgemeinschaft der Pflegeberufsorganisationen auf Bundesebene haben sich zum Ziel gesetzt, gemeinsam Position zu gesundheits- und sozialpolitischen Themen zu beziehen und diese gegenüber der Politik und Öffentlichkeit zu vertreten. Nach der Satzung sind dies im Einzelnen:
- Darstellung des Nutzens professioneller Pflege für die Bevölkerung,
- Politische Durchsetzung der Vereinbarung des DPR auf Bundes- und Landesebene sowie innerhalb der Europäischen Union (EU) in pflegeberuflichen Fragen,
- Mitgestaltung bei wesentlichen Strukturveränderungen im Gesundheits-, Sozial- und Bildungswesen der Bundesrepublik Deutschland und innerhalb Europas,
- Positionierung zu allen Lohn- und Tariffragen sowie der entgeltlichen Vergütung professioneller Pflegeleistungen,
- Förderung und Weiterentwicklung von Qualität in der Pflege.

Verhandlungsergebnisse werden nach dem Konsensprinzip erreicht, d. h. eine einstimmige Beschlussfassung aller Mitgliedsverbände ist zwingend notwendig.

Vornehmlich zu Fragen einer selbstbestimmten Aus-, Fort- und Weiterbildung wurde von ADS und DBfK der **Deutsche Bildungsrat** für Pflegeberufe gegründet. Dieser sieht die Verantwortung für die pflegeberufliche Ausbildung als originäre berufsständische Aufgabe an und versteht sich für alle Pflegeorganisationen der Altenpflege, Kinderkrankenpflege und Krankenpflege als gemeinsames Forum für Bildungsfragen. Aufgaben des Deutschen Bildungsrates für Pflegeberufe sind u. a.:
- Grundsatzaussagen zu Bildungsfragen der Pflegeberufe,
- Entwicklung von Bildungskonzepten für die Pflegeberufe,
- Festlegung von Richtlinien für die Anerkennung von Weiterbildungsstätten der Pflege,
- Prüfung im Ausland erworbener Weiterbildungszertifikate auf Gleichwertigkeit gegebenenfalls deren Anerkennung bzw. Festlegung von Kriterien für die eventuell notwendig werdende Nachqualifizierung

Selbstverwaltungsprinzip für Pflegeberufe

Im Zusammenhang mit der seit Jahren geführten Diskussion um die sog. »**Kammerfähigkeit**« der Krankenpflege wurde die nationale Konferenz zur Einrichtung von **Pflegekammern** in Deutschland ins Leben gerufen. Die Ziele dieser Einrichtung sind u.a.:
- Eine Kammer für Pflegeberufe muss selbstverständlicher curricularer Inhalt im Fach Berufskunde für alle Pflegeberufe sein. Die Selbstverwaltung darf nicht an den Pflegeberufen vorbei organisiert werden,
- Durch Vertreter/innen der Pflege sollen die Parteien veranlasst werden, Position zum Thema Selbstverwaltung der Pflegeberufe zu beziehen.

> Dem **Kammerprinzip**, das etwa für Ärzte, Rechtsanwälte und Handwerker lange Tradition hat, liegt zu Grunde, dass die berufsständischen Aufgaben und Probleme in autonomer Selbstverwaltung – der Kammer – geregelt werden.

Kammern sind öffentlich-rechtliche Körperschaften mit Zwangsmitgliedschaft. Sie nehmen an politischen und gesetzgeberischen Entscheidungsprozessen teil, indem von ihnen beispielsweise Gutachten und Fachauskünfte in berufsständischen Fragen erstellt werden. In der Regel sind Angehörige der Kammern **selbstständige** Gewerbetreibende. Diese Voraussetzung kann für die Angehörigen der Pflegeberufe in Zweifel gezogen werden. Nach (noch) herrschender Auffassung – auch der Rechtsprechung – ist die Ausübung der Krankenpflege in großen Bereichen – etwa der Behandlungspflege – ärztlicherseits weisungsgebunden, also gerade **nicht selbstständig**. Ähnliches gilt für die Altenpflege.

Dennoch ist es seitens der Berufsangehörigen legitim, Änderungen bei der Politik einzufordern.

Dies geschieht im Übrigen nicht nur national, sondern auch auf europäischer wie auch auf internationaler Ebene. Wichtige Impulse hinsichtlich Berufsethik, Berufsverständnis, Ausbildung und pflegerischer Selbständigkeit gehen beispielsweise aus von
— dem ständigen Ausschuss der Krankenschwestern und -pfleger der Europäischen Union (EU),
— dem Weltbund der Krankenschwestern und -pfleger (**ICN** = International Council of Nurses) sowie
— der Weltgesundheitsorganisation (**WHO** = World Health Organisation)

> Grundsätzlich ist die Mitarbeit der etablierten Vereinigungen an politischen Entscheidungen unbedenklich. Es muss allerdings gewährleistet bleiben, dass sich die Einflussnahme der Verbände im Bereich des außerparlamentarischen Vorfeldes hält. Durch die Macht der Verbände darf nicht der einzelne Volksvertreter oder auch das gesamte Parlament ausgeschaltet und die demokratische Grundordnung unseres Staates gefährdet werden, indem ein Funktionärsstaat entsteht, in welchem Verbände stärker sind als Regierung und Parlament.

6.1.1 Wahl der Bundestagsabgeordneten

In unmittelbarem Zusammenhang mit den politischen Parteien sind die Abgeordneten des Deutschen Bundestages zu sehen. In der Regel erhält der Abgeordnete über die Mitgliedschaft in einer Partei durch Wahl sein Mandat im Bundestag.

Wahleigenschaften

Für die Wahl der Abgeordneten des Deutschen Bundestages sieht Art. 38 Abs. 1 GG vor, dass die Volksvertreter in **allgemeiner, unmittelbarer, freier, gleicher und geheimer Wahl**, gewählt werden. Wie bereits erwähnt, gehört das Wahlrecht als politisches Grundrecht zu den notwendigen demokratischen Grundprinzipien. Mit der Wahl nimmt der einzelne Bürger unmittelbaren Einfluss auf den staatlichen Aufbau

und wirkt mittelbar bei Regierungsbildung und Wahl zur höchsten Gerichtsbarkeit mit.

Durchführung der Wahl

Während Art. 38 Abs. 1 GG die Eigenschaften der Wahl (= Wahlvorgang) benennt, regelt das Bundeswahlgesetz in der Fassung vom 23.07.1993 (mit späteren Änderungen) das **Wahlsystem** in Ausführung zu Art. 38 Abs. 3 GG. Die Bundeswahlordnung schließlich enthält Vorschriften über den organisatorischen Ablauf der Bundestagswahlen.

Um auch Wahlberechtigten in kleineren Krankenhäusern, Alten- und Pflegeheimen die Mitwirkung an der Wahl zu ermöglichen, sieht die Bundeswahlordnung (§ 62) die Einrichtung von sog. **beweglichen Wahlvorständen** vor. Der bewegliche Wahlvorstand besteht aus dem Wahlvorsteher des zuständigen Wahlbezirks oder seinem Stellvertreter und zwei Beisitzern des Wahlvorstandes. Er nimmt die Wahlscheine entgegen, nachdem die Krankenhaus- oder Heimleitung einen geeigneten Wahlraum bereitgestellt hat und sorgt auch sonst dafür, dass die Wahlen ordnungsgemäß verlaufen.

Das Wahlsystem

Es ergibt sich aus der Summe der Vorschriften, die die Wahl regeln.

> Wahlberechtigt ist nach Art. 38 Abs. 2 GG in Verbindung mit den Vorschriften des Bundeswahlgesetzes jeder Deutsche, der das 18. Lebensjahr vollendet hat und seit mindestens drei Monaten vor dem Wahltag Wohnsitz oder dauernden Aufenthalt im Bundesgebiet hat (**aktives Wahlrecht**). Wählbar ist, wer volljährig ist und seit mindestens einem Jahr die deutsche Staatsbürgerschaft besitzt (**passives Wahlrecht**).

Nach Art. 38 Abs. 1 GG müssen die Wahlen sein:
— **allgemein**, d. h. die Wahl muss allen Staatsbürgern grundsätzlich offen stehen; keine Person darf aus politischen, wirtschaftlichen oder sozialen Gründen von der Wahl ausgeschlossen sein. Damit ist die Entscheidung zur allgemeinen Wahl letztlich ein Anwendungsfall des Gleichheitsgrundsatzes (Art. 3 GG).
— **unmittelbar**, d. h. die Abgeordneten müssen ohne Zwischenschaltung von Wahlmännern vom Volk durch Stimmabgabe selbst gewählt werden;
— **frei**, d. h. weder von Seiten der öffentlichen Gewalt noch von privater Seite darf auf die Wähler ein Druck zur Stimmabgabe in bestimmter Richtung ausgeübt werden. Das bedeutet nicht, dass nur Parteien in den Wahlkampf eingreifen dürfen. Die

Parteien wirken zwar nach Art. 21 Abs. 1 GG bei der politischen Willensbildung mit. Daraus folgt aber, dass sich nicht ausschließlich die Parteien in dieser Richtung betätigen. Mitwirken heißt, dass auch sonstige Gruppierungen an der politischen Willensbildung des Volkes mitarbeiten können. Allerdings verbietet die Freiheit der Wahlen jede Beeinflussung der Wähler durch Androhung von Nachteilen;

- **gleich**, d. h. jeder Stimmberechtigte hat die gleiche Stimmenzahl wie die übrigen Stimmberechtigten; das bedeutet mithin das Verbot der Differenzierung des Stimmgewichts. Bei unserem modifizierten **Verhältniswahlrecht** ist jedoch der **Zählwert** von dem sog. **Erfolgswert** zu unterscheiden. Der Zählwert ist in jedem Fall gleich, während der Erfolgswert einer Stimme wegen der **Fünf-Prozent-Klausel** (Sperrklausel) nicht gleich sein muss. Im Falle des Scheiterns einer Partei an dieser Klausel ist der Erfolgswert einer Stimme gleich Null.
- **geheim**, d. h. die Stimmabgabe darf nicht öffentlich, sondern muss vielmehr im verschlossenen Umschlag und unter weiteren Sicherungen der Geheimhaltung erfolgen.

Der Bundestag – die gewählte Volksvertretung

Der **Bundestag** besteht seit der Bundestagswahl im Jahre 2002 aus 598 gesetzlichen Mandaten (Abgeordneten). Von diesen wird die eine Hälfte (299) in den Wahlkreisen nach Kreiswahlvorschlägen, die andere Hälfte nach Landeswahlvorschlägen (Landeslisten) gewählt.

Die Mandatsermittlung

> Jeder Wahlberechtigte hat nach dem Bundeswahlgesetz zwei Stimmen; die **Erststimme** für die Wahl eines Wahlkreisabgeordneten und eine **Zweitstimme** für die Wahl nach den Landeswahlvorschlägen einer zu den Wahlen zugelassenen Partei (Landeslisten).

Der Wähler muss die Zweitstimme nicht zwangsläufig der Partei geben, welcher der von ihm mit der Erststimme gewählte Wahlkreisbewerber angehört. Mit der Erststimme wird in jedem Wahlkreis ein Abgeordneter gewählt. Gewählt ist derjenige Bewerber, der die meisten Stimmen auf sich vereinigt, also die relative Mehrheit erhält (**Direktmandat**).

Mit den auf die Landeslisten abgegebenen Zweitstimmen wird das Zahlenverhältnis bestimmt, in welchem die Parteien im Bundestag vertreten sein werden. Hier bestimmen also die Wähler mit Hilfe der Zweitstimme, welche Abgeordnetenzahl im Bundestag auf jede Partei entfällt.

Für die Wahl nach Landeslisten werden für jede Partei die im Lande für sie abgegebenen Zweitstimmen addiert. Nicht berücksichtigt bleiben dabei die Zweitstimmen derjenigen Wähler, die für einen im Wahlkreis erfolgreichen parteilosen Kandidaten gestimmt haben. Von der Gesamtzahl der im Lande zu wählenden Abgeordneten werden die von den parteilosen Bewerbern in den Wahlkreisen errungenen Sitze abgezogen. Die verbleibenden Sitze wurden früher auf die Parteien im Verhältnis ihrer Zweitstimmen nach dem **Höchstzahlverfahren** (nach d'Hondt) verteilt. Dieses System ist seit 1985 durch das Berechnungssystem nach **Hare-Niemeyer** ersetzt.

Nach diesem System wird die Gesamtzahl der Abgeordnetensitze mit der Stimmenzahl der einzelnen Parteien multipliziert und das Produkt durch die Gesamtzahl der Stimmen aller in den Bundestag gewählten Parteien geteilt. Jede Partei erhält dann so viele Sitze, wie sich ganze Zahlen aus dieser Proportion ergeben. Verbleibende Sitze werden in der Reihenfolge der höchsten Zahlenbruchteile vergeben. Von der für jede Partei ermittelten Abgeordnetenzahl wird die Zahl der von ihr in den Wahlkreisen unmittelbar errungenen Sitze abgezogen. Die ihr dann noch zustehenden Sitze werden aus ihrer Landesliste in der dort festgesetzten Reihenfolge besetzt.

Überhangmandate

> In den Wahlkreisen errungene Sitze (Direktmandate) verbleiben einer Partei auch dann, wenn sie die ihr nach dem Verhältniswahlrecht zustehende Mandatszahl übersteigen (sog. Überhangmandate).

In diesem Fall erhöht sich die gesetzliche Zahl der Bundestagsabgeordneten von 598 um die Unterschiedszahl.

Bei der Verteilung der Sitze auf die Landeslisten werden nur Parteien berücksichtigt, die mindestens fünf Prozent der im Bundestag abgegebenen Zweitstimmen erhalten oder in wenigstens drei Wahlkreisen ein Direktmandat errungen haben (**Sperrklausel**). Für die erste Bundestagswahl nach der Wiedervereinigung wurde den Parteien auf dem Gebiet der ehemaligen DDR die Möglichkeit einer Listenverbindung als Ausgleich eingeräumt.

> Nach dem vorstehend beschriebenen Wahlsystem handelt es sich um eine Mischform von Personenwahl einerseits (durch die Erststimme) und Verhältniswahl (durch die Zweitstimme) an-

dererseits. Diese Verbindung wird auch als modifiziertes oder **personalisiertes Verhältniswahlrecht** bezeichnet.

Fraktionsbildung

Sind die Abgeordneten des Bundestages gewählt, so können sie sich zu einer **Fraktion** zusammenschließen.

> Fraktionen sind nach § 10 der Geschäftsordnung des Bundestages Vereinigungen von mindestens fünf Prozent der Mitglieder des Bundestages, die derselben Partei angehören, die nicht gegeneinander konkurrieren.

Bei 598 Abgeordneten beträgt die Fraktionsstärke demnach 30 Abgeordnete. Die Rechtstellung der Fraktionen ist im Fraktionsgesetz geregelt.

Mitglied in einer Fraktion zu sein, bedeutet Rede- und Antragsrecht im Bundestag sowie Vertretung und Stimmrecht in den Ausschüssen. Allerdings gesteht das Bundesverfassungsgericht auch Gruppierungen fraktionsloser Abgeordneter in Ausschüssen des Bundestages eigene Rechte zu (BVerfG, NJW 1991, 2474). Diese Gruppierungen haben Anspruch auf eine angemessene Ausstattung mit sachlichen und personellen Mitteln. Die Abgeordneten selbst haben in den Ausschüssen den gleichen rechtlichen Status wie die von den Fraktionen entsandten Mitglieder.

Rechtstellung der Bundestagsabgeordneten

> Bundestagsabgeordnete sind zwar nach Art. 38 Abs. 1 GG Vertreter des Volkes, aber nicht an Aufträge und Weisungen gebunden, sondern nur ihrem Gewissen unterworfen.

Diese grundgesetzliche Regelung ist nicht ganz unproblematisch, wenn man bedenkt, dass die Abgeordneten in aller Regel ihr Mandat über die Zugehörigkeit zu einer Partei erhalten und von daher eine Beeinflussung nicht ausgeschlossen ist. Die Beeinflussung darf nach Art 38 GG jedoch nicht so weit gehen, dass eine Bindung an das Programm einer Partei besteht, insbesondere nicht mit der Folge, dass ein Abgeordneter bei parteischädigendem Verhalten sein Mandat verliert. Zwar kann die Partei den Abgeordneten aus ihrer Mitte ausschließen, jedoch ohne Mandatsverlust für den Abgeordneten. Ein sog. **Fraktionszwang** widerspräche Art. 38 Abs. 1 GG. Eine **Fraktionsdisziplin**, der sich der Abgeordnete aus freien Stücken unterwirft, ist dagegen nicht zu beanstanden. Um größtmögliche Effektivität in der parlamentarischen Arbeit des Abgeordneten und damit zugleich eine ungestörte Funktionsfähigkeit der Volksvertretung zu erreichen, wird den Abgeordneten vom Grundgesetz **Indemnität** und **Immunität** eingeräumt (Art. 46 GG).

> Indemnität ist die Unverantwortlichkeit des Abgeordneten für seine Amtshandlungen im Bundestag (Art. 46 Abs. 1 GG). Sie dauert auch nach Beendigung des Abgeordnetenmandats fort.

Ausgenommen von der Indemnität sind verleumderische Beleidigungen, wegen derer der Abgeordnete aber auch nur dann strafrechtlich verfolgt werden kann, wenn der Bundestag seine Genehmigung dazu erteilt (= Aufhebung der Indemnität). Die Indemnität soll die Redefreiheit der Abgeordneten gewährleisten. Allerdings erstreckt sich die Indemnität nicht auf Reden bei Wahlversammlungen oder sonstigen politischen Reisen.

> Die Immunität betrifft die dem Abgeordneten garantierte Unverletzlichkeit, insbesondere gegen Strafverfolgung. Im Gegensatz zur Indemnität handelt es sich bei der Immunität nur um eine zeitlich beschränkte Strafverfolgungsfreiheit.

Der Kern der Immunität liegt darin, dass ein Abgeordneter wegen einer strafbaren Handlung irgendwelcher Art, auch wenn sie nicht zu seiner Abgeordnetenstellung in Beziehung steht, nicht zur Verantwortung gezogen oder verhaftet werden darf. Die Immunität dient neben dem Schutz des Abgeordneten in erster Linie der Funktionsfähigkeit und dem Ansehen des Parlaments. Diesem ist es daher auch überlassen, ob es die Immunität aufhebt und die Genehmigung zur Strafverfolgung erteilt, die sonst nur dann besteht, wenn der Abgeordnete bei Begehung der Tat oder im Laufe des folgenden Tages festgenommen wird (Art. 46 Abs. 2 GG).

6.1.5 Oberste Bundesorgane

Das Grundgesetz kennt sieben oberste Bundesorgane (Abb. 6.3):
- Bundesvolk,
- Bundestag,
- Bundesrat,
- Bundesversammlung,
- Bundespräsident,
- Bundesregierung und
- Bundeskanzler

Bundesvolk

Das Bundesvolk ist mit Ausnahme weniger Vorschriften im Grundgesetz nicht weiter erwähnt, auch wenn

◘ Abb. 6.3. Die höchsten Staatsorgane der Bundesrepublik Deutschland

von ihm nach Art. 20 Abs. 2 GG alle Staatsgewalt ausgeht. Dies darf aber deshalb nicht weiter verwundern, weil der Verfassungsgeber von der herausragenden Bedeutung des Volkes als Selbstverständlichkeit ausging. Nur so ist zu verstehen, warum das eigentlich zentralste Organ des Bundes keine nähere Ausgestaltung gefunden hat.

Bundestag

Das neben dem Bundesvolk wohl bedeutsamste Bundesorgan ist der Bundestag (BT; Art. 38 ff GG). In ihm repräsentiert sich das Bundesvolk (deshalb auch »repräsentative Demokratie« = parlamentarische Demokratie). Der Bundestag ist die »Volksvertretung«, seine Abgeordneten sind die »Volksvertreter«. Wenn das Grundgesetz diese Bezeichnungen gebraucht, so darf nicht übersehen werden, dass zwischen Bundesvolk und Bundestag kein eigentliches Vertretungsverhältnis besteht.

Während nach zivilrechtlichen Bestimmungen der Vertreter in der Regel nach den Weisungen des Vertretenen handeln muss, ist der Abgeordnete als »Volksvertreter« an Weisungen nicht gebunden (Art. 38 GG). Beschlüsse des Bundestages sind – auch wenn sie dem Willen des Volkes widersprechen – wirksam. Auch durch **Volksentscheidungen, Volksbegehren** oder sonstige **Volksabstimmungen** kann das Volk auf Entscheidungen des Bundestages keinen Einfluss nehmen (Ausnahmen: Art. 29, 118 GG, die bei Länderneugliederung ausdrücklich eine Volksabstimmung bzw. -befragung vorsehen).

Trotz der Beschränkung der Volksabstimmung im Grundgesetz ist es den Ländern allerdings nicht verwehrt, eine Volksbeteiligung durch Befragung, Abstimmung, Begehren und Entscheide im Länderbereich vorzusehen.

❸ Mit der Regelung, dass der Bundestag von niemandem Weisungen entgegenzunehmen hat, ist eng das Recht des Bundestages verknüpft, seine Angelegenheiten selbst zu ordnen.

Diese **Autonomie** wird insbesondere durch Art. 40 GG gewährleistet. Danach wählt der Bundestag seinen Präsidenten, dessen Stellvertreter und die Schriftführer und gibt sich eine Geschäftsordnung. Neben diesen sog. **obligatorischen** Organen, die einzurichten der Bundestag verpflichtet ist, hat er auch pflichtgemäß bestimmte Ausschüsse zu bestellen.

Um **obligatorische** Ausschüsse handelt es sich z. B. bei dem
— Petitionsausschuss,
— Ausschuss für Angelegenheiten der Europäischen Union (Art. 45 GG) sowie
— Wehrbeauftragten (Art. 45b GG) und dem
— Ausschuss für auswärtige Angelegenheiten und für Verteidigung (Art. 45a GG).

Unter den Organen und Ausschüssen kennt das Grundgesetz auch solche, die nur bei Bedarf eingerichtet werden (**fakultative**) Ausschüsse). Ein solcher Ausschuss ist z. B. der Untersuchungsausschuss nach Art. 44 GG. Dieser wird auf Antrag eines Viertels der Bundestagsmitglieder zur Nachprüfung bestimmter Vorgänge eingesetzt.

Darüber hinaus sieht die Geschäftsordnung des Bundestages noch bestimmte Organe vor, etwa
— das Präsidium,
— den Vorstand und
— den Ältestenrat, dessen hauptsächliche Aufgabe in der Unterstützung des Bundestagspräsidenten liegt.

Zu den autonomen Rechten des Bundestages gehört weiterhin die Befugnis, die Anwesenheit jedes Mitgliedes der Bundesregierung verlangen zu können (sog. **Zitierrecht**, Art. 43 GG).

Ferner stehen dem Bundestag Mitwirkungs- und Kontrollrechte zu.

Mitwirkungs- und Kontrollrechte

In erster Linie ist die Mitwirkung bei der Regierungsbildung zu nennen, indem der Bundestag den Bundeskanzler wählt (Art. 63 Abs. 1 GG), und zwar auf Vorschlag der jeweils stärksten Fraktion des Bundestages.

Eine Kontrolle übt der Bundestag durch die sog. kleinen und großen Anfragen aus (geregelt in der Geschäftsordnung). Dazu gehört generell das Recht, von der Bundesregierung Auskünfte zu verlangen (sog. **Interpellationsrecht**, Art. 43 GG). Auch mit dem sog.

Enqueterecht, d. h. mit dem Recht, Untersuchungsausschüsse einzusetzen, hat der Bundestag ein Kontrollmittel in der Hand. In gewissem Umfang gehört hierzu auch das **Petitionsüberweisungsrecht**, d. h. die Befugnis, Petitionen an den zuständigen Ausschuss zu überweisen.

Aufgaben im Gesetzgebungsverfahren

Bedeutsamer als die Mitwirkungs- und Kontrollrechte ist die Aufgabe, die dem Bundestag im Gesetzgebungsverfahren zukommt.

Hier steht dem Bundestag aus seiner Mitte das Recht zu, Gesetzesvorlagen einzubringen (sog. **Initiativrecht** Art. 76 GG). Auch während des gesamten Gesetzgebungsverfahrens bis hin zum Beschluss und zur Verkündigung liegt ein wesentlicher Teil der Arbeit beim Bundestag und seinen Ausschüssen.

Des weiteren kommt dem Bundestag große Bedeutung mit dem **Recht auf Feststellung des Haushaltsplanes** nach Art. 110 Abs. 2 GG zu. Mit diesem Recht nimmt er wesentlich Einfluss auf Art und Umfang der Regierungsarbeit, indem er die finanziellen Möglichkeiten eingrenzt.

Von den genannten Rechten und Aufgaben des Bundestages sind die seines Präsidenten zu unterscheiden.

Der Bundestagspräsident

Dieser übt das **Hausrecht** und die **Polizeigewalt** im Gebäude des Bundestages aus (Art. 40 Abs. 2 GG mit Einzelregelungen in der Geschäftsordnung). Außerdem hat der Bundestagspräsident die Befugnis, den Bundestag einzuberufen. Die Pflicht hierzu trifft ihn dann, wenn
— ein Drittel der Bundestagsmitglieder,
— der Bundespräsident oder
— der Bundeskanzler
es verlangen (Art. 39 Abs. 3 GG).

Der Deutsche Bundestag und die Europäische Union

Mit der Annahme des **Vertrages von Maastricht** (▶ 7.2) mussten die Befugnisse des Bundestages im Hinblick auf die Schaffung einer Europäischen Union neu geregelt werden. Durch eine demgemäße Verfassungsergänzung bestimmt Art. 23 Abs. 2 GG, dass der Bundestag in Angelegenheiten der Europäischen Union mitwirkt. Um an der Willensbildung des Bundes mitwirken zu können, wird dem Bundestag durch das Gesetz über die Zusammenarbeit von Bundesregierung und Deutschem Bundestag in Angelegenheiten der Europäischen Union seit 1993 u. a. ein **Unterrichtungsrecht** durch die Bundesregierung eingeräumt.

Des Weiteren hat der Bundestag das Recht, Stellungnahmen abzugeben, die die Bundesregierung ihren Verhandlungen bei allen Vorhaben im Rahmen der Europäischen Union zu Grunde legen muss. Diese Stellungnahmen kann bei entsprechender Ermächtigung durch den Bundestag ein von ihm bestellter **Ausschuss für Angelegenheiten der Europäischen Union** abgeben.

Bundesrat

Nach Art. 50 GG wirken die Länder bei der Gesetzgebung und Verwaltung des Bundes durch den Bundesrat mit. Durch ihn soll die Mitwirkung der Länder an der Ausübung der Staatsgewalt des Bundes gesichert werden. Aus historischer Sicht ist der Bundesrat Nachfolger des Bundesrates der Verfassung des Deutschen Reiches von 1871 und des Reichsrates der Weimarer Reichsverfassung von 1919.

> Die staatsrechtliche Stellung des Bundesrates ist dadurch gekennzeichnet, dass er Ausdruck des föderativen Systems des Bundes ist. Er ist kein Länder-, sondern ein oberstes Bundesorgan und stellt als solches ein gewisses Gegengewicht zum Bundestag dar.

Der Bundesrat setzt sich zusammen aus den Mitgliedern der einzelnen Landesregierungen, die sie bestellen und abberufen (Art. 51 GG). Dieser sog. **Bundesratslösung**, für die sich das Grundgesetz ausspricht, steht die sog. **Senatslösung** gegenüber, wie sie in den USA praktiziert wird. Hier werden die Mitglieder des Senats – in etwa dem Bundesrat gleichzusetzen – nicht entsandt, sondern vom Landesvolk oder dem Landesparlament gewählt.

Stimmenverteilung im Bundesrat

Jedes Land hat wenigstens drei Stimmen. Länder mit mehr als zwei Millionen Einwohnern haben vier, Länder mit mehr als fünf Millionen Einwohnern fünf Stimmen und Länder mit mehr als sieben Millionen Einwohnern haben sechs Stimmen. Nach der Stimmenzahl richtet sich auch die Zahl der zu entsendenden Mitglieder. Mit dieser Regelung wird die Vormachtstellung eines Landes unterbunden, wie sie etwa Preußen zurzeit der Bismarckschen Verfassung innehatte. Unter Berücksichtigung der mit dem Einigungsvertrag vorgenommenen Ergänzung des Art. 51 Abs. 2 GG verfügt der Bundesrat über insgesamt 68 stimmberechtigte Mitglieder.

Bei einer Stimmabgabe können die Stimmen eines Landes nur einheitlich abgegeben werden. Die Länder dürfen gegenüber ihren Vertretern im Bundesrat ein **Weisungsrecht** ausüben. Die Einräumung dieses Rechts folgt daraus, dass die Mitglieder des Bundesrates die Ländervertreter, nicht die einzelnen Länder sind. Allerdings erlischt diese Mitgliedschaft automatisch mit dem Ausscheiden aus der Landesregierung.

> Bundesratsmitglieder sind also Ministerpräsidenten oder Landesminister, niemals Mitglieder des Landesparlaments.

Den Vorsitz im Bundesrat führt der **Präsident,** den der Bundesrat auf ein Jahr aus seiner Mitte wählt (Art. 52 Abs. 1 GG). Der Gewählte ist dann zugleich **Stellvertreter des Bundespräsidenten** (Art. 57 GG).

Aufgaben des Bundesrates

Die Hauptaufgabe des Bundesrates besteht in der Mitwirkung bei Gesetzgebung und Verwaltung. Im Rahmen der Gesetzgebung steht dem Bundesrat das **Initiativrecht** zu (Art. 76 Abs. 1 GG). Außerdem bedarf es bei bestimmten Gesetzesarten der ausdrücklichen **Zustimmung**, während ihm sonst ein **Einspruchsrecht** und bei Gesetzesvorlagen der Regierung ein **Anhörungsrecht** zusteht (Art. 76 Abs. 2 GG) (▶ 6.1.6).

Im Bereich der Verwaltung bedarf die Bundesregierung zum Erlass allgemeiner Verwaltungsvorschriften der Zustimmung des Bundesrates (Art. 84 Abs. 2 GG). Weitere Aufgaben des Bundesrates bestehen im Rahmen der Bundesaufsicht (Art. 84 Abs. 2 und 4 GG). Außerdem ist der Bundesrat befugt, den Bundespräsidenten wegen vorsätzlicher Verletzung des Grundgesetzes oder eines anderen Bundesgesetzes vor dem Bundesverfassungsgericht anzuklagen (Art. 61 GG).

Der Bundesrat und die Europäische Union

Ähnlich wie bei den Rechten des Bundestages wurden im Hinblick auf die Schaffung einer Europäischen Union durch den Vertrag von Maastricht auch die Befugnisse des Bundesrats neu definiert. So wird dem Bundesrat das Recht eingeräumt, in Angelegenheiten der Europäischen Union die Interessen der Länder zu vertreten und eine **Europakammer** zu bilden (Art. 52 Abs. 3a GG).

Wie dem Bundestag steht auch dem Bundesrat ein frühzeitiges **Unterrichtungsrecht** durch die Bundesregierung und das Recht zur Abgabe von Stellungnahmen zu. In bestimmten Fällen muss die Bundesregierung Vertreter des Bundesrates an Beratungen zur Festlegung der Verhandlungsposition beteiligen, ein Einvernehmen zwischen Bund und Ländern ist anzustreben. Mit Zustimmung der Bundesregierung können einzelne Bundesländer sogar Hoheitsrechte auf grenznachbarschaftliche Einrichtungen übertragen, soweit die Länder für die Ausübung staatlicher Befugnisse und die Erfüllung der staatlichen Aufgabe zuständig sind (Art. 24 Abs. 1a GG). Mit dieser Regelung wird die Möglichkeit des »**Europas der Regionen**« geschaffen. Schließlich sieht Art. 23 Abs. 6 GG vor, dass die Wahrnehmung von Rechten, die der Bundesrepublik Deutschland als Mitgliedstaat der Europäischen Union zustehen, vom Bund auf einen vom Bundesrat benannten Vertreter der Länder übertragen werden soll, wenn etwa bei europäischen Vorhaben schwerpunktmäßig ausschließlich Gesetzgebungsbefugnisse der Länder betroffen sind. (◘ Abbildung 6.4 fasst die wichtigsten Aufgaben des Bundesrates zusammen.)

Bundesversammlung

Die **Bundesversammlung** tritt in der Regel alle fünf Jahre zur Wahl des Bundespräsidenten zusammen. Sie besteht aus den Mitgliedern des Bundestages und einer gleichen Anzahl von Mitgliedern, die von den Volksvertretungen der Länder nach den Grundsätzen der Verhältniswahl gewählt werden (Art. 54 Abs. 3 GG). Einberufen wird die Bundesversammlung vom Bundestagspräsidenten, der sie auch leitet. Des Weiteren bestimmt er Ort und Zeit des Zusammentritts der Bundesversammlung.

> Andere Aufgaben als die Wahl des Bundespräsidenten hat die Bundesversammlung nicht.

Bundespräsident

> Der Bundespräsident steht nach überkommener Anschauung an der Spitze des Staates.

Der Bundespräsident wird ohne Aussprache von der Bundesversammlung auf fünf Jahre gewählt (Art. 54 GG). Eine einmalige Wiederwahl ist zulässig. Wählbar

Bundesrat / 68 Mitglieder	Hauptaufgaben / Rechte
	im Gesetzgebungsverfahren - Initiativrecht - Zustimmungsrecht - Einspruchsrecht - Anhörungsrecht **im Verwaltungsverfahren** - Zustimmungsrecht bei allgemeinen Verwaltungsvorschriften der Bundesregierung - Anklage des Bundespräsidenten **in europäischen Angelegenheiten** - Vertretung der Länderinteressen - Unterrichtungsrecht - recht der Stellungnahme

◘ Abb. 6.4. Die wichtigsten Aufgaben des Bundesrates

ist jeder Deutsche, der das Wahlrecht zum deutschen Bundestag besitzt und das 40. Lebensjahr vollendet hat.

Unterschied gegenüber dem Reichspräsidenten

Im Gegensatz zur Wahl des Reichspräsidenten, der nach der Weimarer Verfassung vom Volke gewählt wurde (= **plebiszitäre Wahl**), wird der Bundespräsident von der Volksvertretung (Bundesversammlung) gewählt. Auch ist die Amtszeit von sieben auf fünf Jahre heruntergesetzt, um die Stellung des Präsidenten nicht zu stark werden zu lassen. Der gleiche Grund gilt für die nur **einmalige Wiederwahl**. Diese war nach der Weimarer Reichsverfassung unbeschränkt zugelassen.

Machtbefugnisse

Die Macht des Bundespräsidenten ist gegenüber derjenigen des ehemaligen Reichspräsidenten zwar geringer geworden, die Aufgaben sind jedoch nicht unbedeutender.

So kann der Bundespräsident keine Notverordnungen erlassen und sich nicht mehr auf eine bewaffnete Macht stützen, um seine Stellung zu halten. Die Befehls- und Kommandogewalt über die Streitkräfte steht dem Bundesminister für Verteidigung bzw. im Verteidigungsfall dem Bundeskanzler zu.

Die dem Bundespräsidenten zustehenden Befugnisse als Staatsoberhaupt lassen sich in zwei große Gruppen einteilen:

Völkerrechtlich vertritt der Präsident die Bundesrepublik Deutschland. Er schließt im Namen des Bundes Verträge mit auswärtigen Staaten ab und empfängt und beglaubigt die Gesandten.

Staatsrechtlich übt der Präsident sowohl auf die vollziehende als auch auf die gesetzgebende Gewalt Einfluss aus. Im Rahmen der vollziehenden Gewalt
- schlägt er u. a. dem Bundestag den Bundeskanzler vor und ernennt ihn nach erfolgter Wahl;
- er ernennt und entlässt die Bundesminister auf Vorschlag des Kanzlers;
- er ernennt und entlässt die Bundesrichter und Bundesbeamten, die Offiziere und Unteroffiziere. Diese Aufgabe ist in der Regel auf die zuständigen Minister übertragen.
- Schließlich übt er noch das Begnadigungsrecht für den Bund aus.

An der gesetzgebenden Gewalt nimmt der Präsident dadurch teil, dass er die Gesetze ausfertigt und im Bundesgesetzblatt verkündet. Weiterhin hat er die Befugnis, den Bundestag einzuberufen. Das Recht zur **Auflösung des Bundestages** hat er in zwei Fällen:

- 1. wenn ein Kanzler auch im 3. Wahlgang mit relativer Mehrheit nicht gewählt wird, und
- 2. wenn dem Kanzler das Vertrauen verweigert wird und er einen entsprechenden Antrag stellt.

Allerdings steht im letzten Fall die Auflösung des Bundestages im Ermessen des Präsidenten, eine Pflicht trifft ihn nicht.

Schließlich kann der Bundespräsident auf Antrag der Bundesregierung mit Zustimmung des Bundesrates den **Gesetzgebungsnotstand** erklären und damit einen Gesetzesvorschlag der Regierung gegen den Willen des Bundestages in Kraft setzen.

Ein wesentliches Recht des Präsidenten liegt in der **Verkündigung des Verteidigungsfalles** und dessen Beendigung.

> Zu beachten aber bleibt, dass der Bundespräsident für fast alle seine Handlungen der Mitwirkung der Regierung bedarf, die bei Anordnungen und Verfügungen des Präsidenten in der Regel durch Gegenzeichnungen des Kanzlers erfolgt (Art. 58 GG). Hierin zeigt sich besonders die Unverantwortlichkeit des Bundespräsidenten für die Politik.

Die staatsrechtliche Stellung des Bundespräsidenten erschöpft sich jedoch nicht in den ihm durch das Grundgesetz auferlegten Aufgaben. Über den Wortlaut des Grundgesetzes hinaus ist der Bundespräsident vielmehr auch die ordnende, schlichtende und ausgleichende Person im Staat, der Schiedsrichter zwischen den politischen Strömungen. Man nennt ihn auch die »neutrale Kraft«.

Verletzt der Bundespräsident vorsätzlich Vorschriften des Grundgesetzes, kann er vom Bundestag oder Bundesrat vor dem Bundesverfassungsgericht angeklagt werden (Art. 61 GG).

Bundesregierung

Die Bundesregierung besteht aus dem **Bundeskanzler** und den **Bundesministern** (Art. 62 GG). Herkömmlich bezeichnet man die Bundesregierung auch als **Kabinett**.

> Die Regierung ist die Spitze der Verwaltung, die naturgemäß im Wesentlichen vom Politischen her bestimmt wird. Sie steht dem Parlament, also der sie tragenden Mehrheit und zugleich der Opposition gegenüber. Bei ihr liegt der Schwerpunkt der Regierungsarbeit.

Die Bundesregierung ist nach ihrem Aufbau ein Kollegialorgan, in dem der Kanzler allerdings eine exponierte Stellung einnimmt (sog. **Kanzlerprinzip**). Er bestimmt die Richtlinien der Politik und trägt dafür auch die Verantwortung (Art. 65 GG).

> Der Kanzler wird vom Bundestag auf Vorschlag des Bundespräsidenten gewählt. Zur Wahl ist die Mehrheit der Mitglieder des Bundestages erforderlich. Nach erfolgreicher Wahl muss der Präsident den Gewählten zum Kanzler ernennen. Mit der Ernennung beginnt die Amtszeit. Sie kann, außer durch Tod, durch Rücktritt oder durch ein Misstrauensvotum des Bundestages unter gleichzeitiger Wahl eines neuen Kanzlers enden.

Befugnisse des Bundeskanzlers

Der Bundeskanzler bestimmt zwar die Richtlinien der Politik, er hat aber nicht die Befugnis, Einzelweisungen an die Bundesminister zu erlassen. Meinungsverschiedenheiten werden durch Beschluss des Gesamtkabinetts entschieden, nicht durch Weisung. Können Streitigkeiten auf diesem Wege nicht beigelegt werden, muss der Bundeskanzler notfalls beim Bundespräsidenten die Entlassung des Ministers beantragen. Hierin zeigt sich die weitgehende Eigenverantwortlichkeit der Minister für ihre Aufgabenbereiche (Ressorts). Sie ist jedoch durch die Richtlinienpolitik des Kanzlers beschränkt (eingeschränktes **Ressortprinzip**).

Stellung der Bundesminister

Die Bundesminister werden vom Kanzler vorgeschlagen und vom Präsidenten ernannt. Die Zahl der Minister und ihrer Ministerien ist grundgesetzlich nicht festgelegt. Der Haushaltsplan, der vom Bundestag beschlossen wird, setzt aber natürliche Grenzen. Allerdings dürften die sog. klassischen Ministerien
- Äußeres,
- Inneres,
- Finanzen,
- Verteidigung und
- Justiz

niemals einer finanziellen Bereitstellung im Haushalt zum Opfer fallen.

Eine hervorgehobene Stellung unter den Ministern haben der vom Bundeskanzler zu seinem Stellvertreter bestellte Vizekanzler (Art. 69 GG) sowie der Finanzminister. Ihm obliegt die Überwachung des Vollzugs des Haushaltsplanes auch gegenüber den anderen Ministern.

Im Hinblick auf die Angelegenheiten der Europäischen Union – darauf wurde bereits hingewiesen – ist die Bundesregierung verpflichtet, Bundestag und Bundesrat in ihre Entscheidungsbefugnisse einzubeziehen. Sie hat die genannten Verfassungsorgane rechtzeitig zu unterrichten, Stellungnahmen zu berücksichtigen und gegebenenfalls an Beratungen zur Festlegung der eigenen Verhandlungspositionen zu beteiligen.

> Die Hauptaufgabe der Bundesregierung liegt außer in der Führung der Regierungs- und Verwaltungsgeschäfte in der Einbringung von Gesetzesvorlagen im Bundestag (**Gesetzesinitiative**). Erarbeitet werden diese Regierungsentwürfe in den Ministerien von dort arbeitenden Regierungsbeamten und -angestellten. Auf Beschluss des Kabinetts können derartige Referentenentwürfe jederzeit als Regierungsvorlagen im Bundestag eingebracht werden.

Kontrolle der Bundesregierung

Die Arbeit der Bundesregierung steht unter der **Kontrolle des Parlaments**. Dies geschieht einmal – wie bereits erwähnt – durch den Beschluss des von der Regierung vorgelegten Haushaltsplans durch den Bundestag. Zum anderen besteht eine Kontrolle darin, dass die Regierung als Spitze der Verwaltung an die Gesetze gebunden ist, die vom Parlament beschlossen wurden (Art. 20 GG).

Ein weiteres Kontrollmittel ist das Instrument des sog. **konstruktiven Misstrauensvotums** (Art. 67 GG). Es ermöglicht dem Parlament, dem Kanzler das Misstrauen auszusprechen und ihn durch den Bundespräsidenten entlassen zu lassen. Voraussetzung ist allerdings, dass das Parlament mit der Mehrheit seiner gesetzlichen Mitglieder einen Nachfolger wählt und so keine »kanzlerfreie« Zeit entsteht; deshalb auch die Bezeichnung »konstruktives« Misstrauensvotum.

6.1.6 Gesetzgebung des Bundes

In den voranstehenden Erörterungen wurde mehrfach das sog. **Initiativrecht** zur Einbringung von Gesetzesvorlagen durch oberste Bundesorgane erwähnt. Der Weg einer Gesetzesvorlage bis hin zur Ausfertigung und Verkündung soll nachstehend verfolgt werden. Das erfordert zunächst, die Zuständigkeiten für die **Gesetzgebung** aufzuzeigen.

Gesetzgebungskompetenz

Nach dem Grundgesetz liegt die **Gesetzgebungskompetenz** grundsätzlich bei den Ländern, soweit nicht ausdrücklich der Bund für zuständig erklärt ist (Art. 70 GG). Dies ist eine Auswirkung des förderativen Systems (▶ 6.1.1). Die Abgrenzung zwischen Landes- und Bundeszuständigkeit erfolgt nach den Vorschriften des Grundgesetzes über die **ausschließliche** und die **konkurrierende Gesetzgebung** (Art. 70 Abs. 2 GG).

Ausschließliche Gesetzgebungskompetenz

Ausschließliche Gesetzgebungskompetenz bedeutet, dass ausschließlich der Bund zuständig ist. Die Länder dürfen hier nur dann Gesetze erlassen, wenn ein Bundesgesetz eine Ermächtigung enthält (Art. 71 GG).

Der Bereich der ausschließlichen Gesetzgebung des Bundes ist begrenzt (Art. 73 GG). Hierzu gehören z. B.:
- die Regelung der Staatsangehörigkeit im Bund,
- das Währungs-, Geld- und Münzwesen,
- das Post- und Fernmeldewesen und einiges mehr.

Insgesamt umfasst der Gesetzgebungskatalog elf Punkte.

> Diejenigen Aufgaben, die nicht zur ausschließlichen Zuständigkeit des Bundes zählen und auch nicht zur konkurrierenden Gesetzgebung gehören, fallen in die ausschließliche Gesetzgebungszuständigkeit der Länder.

Konkurrierende Gesetzgebungskompetenz

Konkurrierende Gesetzgebungskompetenz heißt, dass die Gesetzgebungsbefugnis bei den Ländern liegt, soweit nicht der Bund von seinem Gesetzgebungsrecht Gebrauch macht (Art. 72 GG). Dieses Gesetzgebungsrecht besteht jedoch nur dann, wenn ein Erfordernis zu einer bundeseinheitlichen Regelung vorliegt.

Eine Erforderlichkeit dieser Art ist in den in Art. 72 Abs. 2 GG genannten Fällen zu bejahen, etwa zur Wahrung der Rechts- oder Wirtschaftseinheit. Gegenstände der konkurrierenden Gesetzgebung sind in Art. 74 GG aufgezählt. Dazu gehören z. B.:
- das Arbeitsrecht,
- der Arbeitsschutz,
- die Sozial- und Arbeitslosenversicherung,
- das Personenstandswesen,
- die öffentliche Fürsorge,
- die Maßnahmen gegen gemeingefährliche und übertragbare Krankheiten bei Menschen und Tieren,
- die **Zulassung zu ärztlichen und anderen Heilberufen** und Heilgewerbe,
- der Verkehr mit Arzneien, Heil- und Betäubungsmitteln und Giften sowie
- die wirtschaftliche Sicherung der Krankenhäuser und die Regelung der Krankenhauspflegesätze.

Ebenso zählen dazu Gesetze, die die künstliche Befruchtung beim Menschen regeln oder die Untersuchung und die künstliche Veränderung von Erbinformationen sowie Regelungen zur Transplantation von Organen und Geweben.

In Hinblick auf das Arbeitsrecht und die **Zulassung zu ärztlichen und anderen Heilberufen** war bislang zwischen und Bund und (einzelnen) Ländern (z. B. Bayern) streitig, ob dem Bund die Kompetenz zur Verabschiedung eines bundeseinheitlichen Altenpflegegesetzes zusteht. Bei diesem Streit ging es im Wesentlichen um die Frage, ob der **Altenpflegeberuf** ein **Heilberuf** – vergleichbar mit dem Krankenpflegeberuf – oder ein sozialpflegerischer Beruf ist.

> Das vom Bundesland Bayern im Wege eines Normenkontrollverfahrens angerufene Bundesverfassungsgericht hat im Oktober 2002 die Frage dahingehend entschieden, dass zumindest der Beruf des Altenpflegers/der Altenpflegerin ein »anderer Heilberuf« im Sinne des Art. 74 Abs. 1 Nr. 19 GG ist (BVerfG Az.: 2 BrF 1/01).

Damit erstreckt sich die konkurrierende Gesetzgebungskompetenz des Bundes – soweit es die Zulassung des Altenpflegeberufs betrifft – auf diese Materie. Dem Bund steht diese Kompetenz auch zu, weil die Regelungen über die Berufsausbildung der Altenpflegerinnen und Altenpfleger zur Wahrung der Wirtschaftlichkeit im gesamtstaatlichen Interesse nach Art. 72 Abs. 2 GG erforderlich sind.

Keine Gesetzgebungskompetenz des Bundes sieht das Gericht dagegen hinsichtlich des Berufs der Altenpflegehilfe, für den kein heilkundlicher Schwerpunkt im Sinne des Art. 74 Abs. 1 Nr. 19 GG erkennbar ist.

> Sollte sich ergeben, dass ein Landesgesetz abweichende Regelungen zu einem Bundesgesetz enthält, insbesondere Landesrecht die Interessen der Gesamtheit beeinträchtigt, so gilt der Grundsatz »**Bundesrecht bricht Landesrecht**« (Art. 31 GG).

Rahmengesetzgebung

Schließlich kennt das Grundgesetz noch **Rahmenvorschriften** (Art. 75 GG). Darunter ist zu verstehen, dass den Ländern – wie bei der konkurrierenden Gesetzgebung – die Gesetzgebungskompetenz zusteht, soweit nicht der Bund die gleiche Materie regelt. Dies kann er allerdings auch nur dann, wenn wiederum ein Bedürfnis besteht. Aber selbst wenn ein solches bejaht wird, ist der Bund auf den Erlass von Rahmenvorschriften beschränkt, die die Länder in eigener Zuständigkeit ausfüllen können.

Zu den Rahmenvorschriften zählen etwa das von dem Bund erlassene Beamtenrechtsrahmengesetz, das die Länder durch die Landesbeamtengesetze ausgefüllt haben sowie das Hochschulrahmengesetz.

Gesetzgebungsbefugnis

Wenn nun der Bund im Rahmen seiner Gesetzgebungsbefugnis tätig werden will, so bedarf es dazu eines Entwurfes. Wie bereits mehrfach erwähnt, steht das Recht zur Einbringung einer Gesetzesvorlage (Initiativrecht) (Art. 76 Abs. 1 GG)
- der Bundesregierung (als Kollegium, nicht dem einzelnen Mitglied),
- dem Bundesrat und
- einer Gruppe von Mitgliedern des Bundestages

zu, wobei nach § 76 der Geschäftsordnung des Bundestages die Gruppenstärke der Fraktionsstärke entsprechen muss.

Da gegenwärtig die Fraktion mindestens aus 30 Abgeordneten bestehen muss, muss auch eine Gesetzesvorlage aus der Mitte des Bundestages von mindestens 30 Abgeordneten getragen werden. Dabei ist jedoch nicht erforderlich, dass diese Abgeordneten der gleichen Partei (Fraktion) angehören.

Der Weg von der Vorlage bis zum Gesetz

Die größte Zahl der Gesetzesentwürfe wird von der Bundesregierung vorgelegt. Diese Vorlagen der Bundesregierung sind
- 1. zunächst dem Bundesrat zuzuleiten, der innerhalb von sechs Wochen hierzu Stellung nehmen kann (sog. 1. Durchgang Art. 76 Abs. 2, 3 GG).
- 2. Bei Vorliegen eines wichtigen Grundes kann der Bundesrat eine Fristverlängerung auf neun Wochen verlangen. (Gleiche Fristen gelten bei Vorlagen des Bundesrats an den Bundestag).
- 3. Mit möglichen Änderungsvorschlägen des Bundesrats geht der Entwurf an die Bundesregierung zurück, die zu den eventuellen Änderungswünschen des Bundesrates Stellung beziehen kann und dann den Vorschlag dem Bundestag zuleitet.
- 4. Der Bundestag berät anschließend in drei Lesungen über den Vorschlag (§§ 78 ff GschOBT), wobei der Entwurf zur Vorbereitung der Beratungen an Ausschüsse verwiesen werden kann.
- 5. Am Schluss der dritten Lesung wird vom Bundestag über Annahme oder Ablehnung des Gesetzentwurfs abgestimmt.
- 6. Der am Ende der Beratungen stehende **Gesetzgebungsbeschluss** des Bundestages enthält zweierlei: die Feststellung des Gesetzesinhalts, d. h. den Ausspruch dessen, was Gesetz werden soll, und die Sanktion, mit der die bisherige Vorlage zum Gesetz erhoben wird.
- 7. Ist das Gesetz vom Bundestag angenommen, so ist es unverzüglich dem Bundesrat zuzuleiten (Art. 77 Abs. 1 GG).

Die Tätigkeit des Bundesrats im Gesetzgebungsverfahren richtet sich nunmehr danach, ob es sich bei dem Gesetz um ein sog. **Einspruchsgesetz** oder um ein **Zustimmungsgesetz** handelt.

> Zustimmungsbedürftige Gesetze unterscheiden sich von den Einspruchsgesetzen dadurch, dass der Bundesrat jenem seine ausdrückliche Zustimmung erteilen muss, während er bei den übrigen lediglich ein Einspruchsrecht hat (Art. 77 Abs. 3 GG).

Zustimmungsgesetze sind z. B. alle verfassungsändernden Gesetze sowie diejenigen, die den föderativen Aufbau des Bundes betreffen.

Handelt es sich bei dem Gesetz um ein **Einspruchsgesetz** und verzichtet der Bundesrat auf die Anrufung des Vermittlungsausschusses oder unternimmt er zwei Wochen nichts, so ist das Bundesgesetz zustande gekommen (Art. 78 GG).

Anrufung des Vermittlungsausschusses

> Der Bundesrat hat die Möglichkeit, den sog. Vermittlungsausschuss anzurufen. Hiervon macht er in der Regel dann Gebrauch, wenn ein Änderungsvorschlag im sog. 1. Durchgang keinen Erfolg hatte.

Der **Vermittlungsausschuss** (Art. 77 Abs. 2 GG) wird aus je 16 Mitgliedern des Bundestages und des Bundesrates gebildet. Der Ausschuss ist eine gemeinsame ständige Einrichtung der beiden genannten obersten Bundesorgane. Er ist in erster Linie ein politischer Ausschuss mit der Aufgabe der Herstellung einer Übereinkunft zwischen den Bundesorganen; er ist kein Sachverständigengremium. Die Ausschusssitzungen sind streng vertraulich, auch dürfen Sitzungsprotokolle erst in der übernächsten Wahlperiode nach der Sitzung – also frühestens fünf Jahre später – eingesehen werden. Zweck des Vermittlungsverfahrens ist, das betreffende Gesetz so umzuarbeiten, dass Bundestag und Bundesrat der geänderten Fassung gleichermaßen zustimmen können. An Weisungen sind die Mitglieder nicht gebunden (Art. 77 Abs. 2 GG). Die Beratungen des Vermittlungsausschusses können damit enden, dass er
a) eine Änderung vorschlägt oder
b) keine Änderung vorschlägt.

a) Schlägt er eine Änderung vor, geht das Gesetz zurück zum Bundestag. Dieser berät erneut und kann entweder die Änderung annehmen oder nicht annehmen, in jedem Fall geht das Gesetz an den Bundesrat zurück.
b) Schlägt der Vermittlungsausschuss keine Änderung vor, geht das Gesetz sofort an den Bundesrat zurück.

Nach Einschaltung des Vermittlungsausschusses hat der Bundesrat nunmehr die Möglichkeit, Einspruch zu erheben. Dies wird er dann tun, wenn der Vermittlungsausschuss die Änderung nicht vorgeschlagen (b) oder der Bundestag die vorgeschlagene Änderung nicht akzeptiert hat (2. Möglichkeit zu a).

Nach Einspruchseinlegung geht das Gesetz zurück an den Bundestag, der den Einspruch des Bundesrates überstimmen kann; ist dies der Fall, ist das Gesetz zustande gekommen. Überstimmt der Bundestag den Einspruch des Bundesrates nicht, ist das Gesetz gescheitert. Möglich ist allerdings auch, dass der Bundesrat keinen Einspruch mehr einlegt. In diesem Fall ist das Gesetz ebenfalls zustande gekommen.

> Bei Einspruchsgesetzen kann der Einspruch des Bundesrates erst eingelegt werden, wenn der Vermittlungsausschuss tätig geworden ist.

Zustimmungsgesetze unterliegen im Prinzip dem gleichen Gesetzgebungsverfahren. Abweichendes gilt jedoch für die letzte Phase des Verfahrens, in der sich das Gesetz beim Bundesrat befindet. Soll das Gesetz nicht scheitern, muss der Bundesrat ausdrücklich zustimmen; stimmt er nicht zu, ist das Gesetz gescheitert. (Das Gesetzgebungsverfahren ist in Abbildung 6.5 schematisch dargestellt.)

Hat das Gesetz das parlamentarische Verfahren erfolgreich durchlaufen, so bedarf es noch
— der **Ausfertigung**, d. h. der Gegenzeichnung durch den Bundespräsidenten, und
— der **Verkündigung**, d. h. die Bekanntgabe des Gesetzestextes durch Abdruck und Veröffentlichung im Bundesgesetzblatt.

Danach kann das Gesetz in Kraft treten (Art. 82 GG).

Verfassungsändernde Gesetze

Hierunter sind Gesetze zu verstehen, die den Wortlaut des Grundgesetzes ausdrücklich ändern oder ergänzen. Es handelt sich stets um zustimmungsbedürftige Gesetze. Die Besonderheit eines solchen Gesetzes besteht v. a. darin, dass es der Zustimmung von zwei Dritteln der Mitglieder des Bundestages und des Bundesrates bedarf (Art. 79 Abs. 2 GG).

Die »**Zwei-Drittel-Mehrheit**« bedeutet, dass mehr als 66,6 Prozent der Abstimmungsberechtigten erreicht werden müssen. Sie wird auch als »**qualifizierte Mehrheit**« bezeichnet. Davon unterscheidet sich die »**einfache Mehrheit**«, die die Mehrheit der abgegebenen Stimmen meint, also mehr als 50 Prozent der anwesenden, sowie die »**absolute Mehrheit**«, d. h. die Mehrheit der gesetzlichen Mitglieder, also mehr als 50 Prozent aller Mitglieder (z. B. des Bundestages).

> Eine Änderung des Grundgesetzes, durch welche die Gliederung des Bundes in Länder, die grundsätzliche Mitwirkung der Länder bei der Gesetzgebung oder die in den Artikeln 1 und 20 niedergelegten Grundsätze berührt werden, ist unzulässig (Art. 79 Abs. 3 GG).

6.1.7 Gemeinde und Gemeindeverbände

Die Gesetzgebungs- und Verwaltungsaufgaben des Bundes und der Länder stehen im engen Zusammenhang mit der Verwaltungstätigkeit der **Gemeinden** und anderer kommunaler Körperschaften.

Die Gemeinde stellt die Unterstufe der allgemeinen Staatsgewalt dar. Nach dem Grundgesetz muss den Gemeinden das Recht gewährleistet sein, alle Angelegenheiten der örtlichen Gemeinschaft im Rahmen des Gesetzes in eigener Verantwortung zu regeln (Art. 28 Abs. 1 GG). Damit wird das Recht der Selbstverwaltung ausgesprochen, das als fundamentales Prinzip Inhalt aller Gemeindeordnungen der Länder ist, wenngleich die Grundformen der Gemeindeverfassungen regional voneinander abweichen.

Zu unterscheiden sind:
— Duale Rat-Bürgermeister-Verfassung unter **einer** Spitze. Der durch die Bürger gewählte Bürgermeister ist Leiter der Verfassung und kraft Amtes auch Vorsitzender des Gemeinderates/der Gemeindevertretung. Die Kompetenzverteilung ist dualistisch (z. B. in Baden-Württemberg, Bayern, Nordrhein-Westfalen, Rheinland-Pfalz, Saarland, Thüringen).
— Duale Rat-Bürgermeister-Verfassung mit **zwei** Spitzen. Der durch die Bürger gewählte Bürgermeister ist Leiter der Verwaltung. Die Gemeindeverwaltung/der Rat wird durch den aus ihrer Mitte gewählten Vorsitzenden geleitet. Die Kompetenzverteilung ist dualistisch (z. B. in Brandenburg, Mecklenburg-Vorpommern, Niedersachsen, Sachsen-Anhalt, Schleswig-Holstein).
— Unechte Magistratsverfassung. Die Verwaltung wird durch ein Kollegialorgan – dem Magistrat –

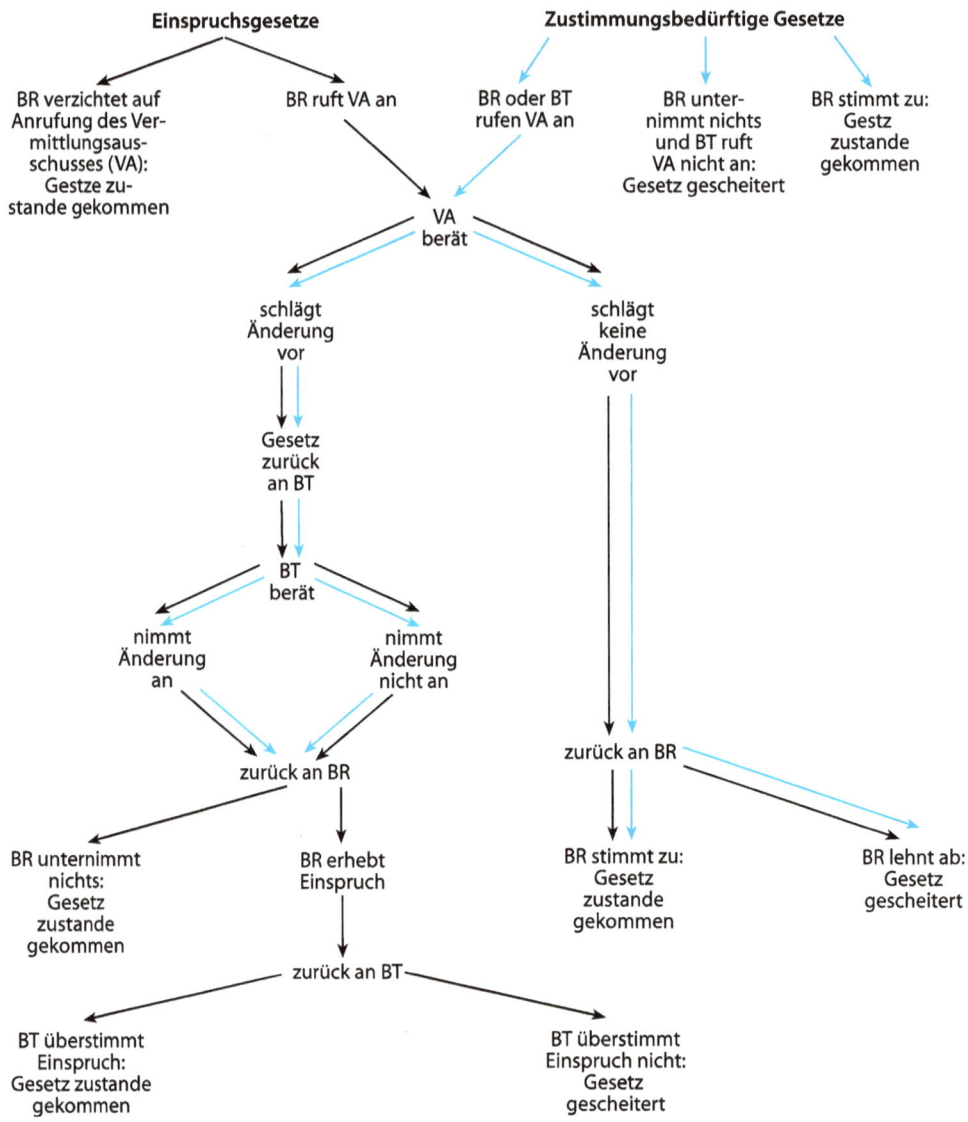

Abb. 6.5. Gesetzgebungsverfahren: BT = Bundestag, BR = Bundesrat, VA = Vermittlungsausschuss

geleitet, dessen Vorsitzender und Mitglied der gewählte Bürgermeister ist. Die Gemeindevertretung wird durch den aus ihrer Mitte gewählten Vorsteher geleitet. Die Kompetenzverteilung ist dualistisch wie z. B. in Hessen.

Mitglieder von Gemeinderäten werden in **allgemeinen, unmittelbaren, freien, gleichen** und **geheimen Wahlen** gewählt.

Mit einer Ergänzung des Art. 28 Abs. 1 GG wurde Staatsangehörigen eines Mitgliedstaates der Europäischen Union das aktive und passive Wahlrecht bei Wahlen in Kreisen und Gemeinden ermöglicht.

Zum Teil haben einige Bundesländer das aktive Wahlrecht auf Gemeinde- und Kreisebene auf das 16. Lebensjahr herabgesetzt.

Angelegenheiten der Selbstverwaltung

Die Aufgaben der Gemeinden, die sie im Bereich der örtlichen Gemeinschaft erfüllen, spiegeln sich in den Selbstverwaltungsangelegenheiten wider.

In erster Linie zählen hierzu die **freiwillig übernommenen Selbstverwaltungsangelegenheiten**.

Dazu gehören Einrichtungen wie Theater, Museen, Versorgungs- und Verkehrsbetriebe, aber auch die Einrichtung und Unterhaltung von Krankenanstalten.

Auf diesem Gebiet ist es den Gemeinden freigestellt, ob und wie sie die Aufgaben erfüllen wollen.

Zu den Selbstverwaltungsangelegenheiten gehören aber auch diejenigen, die den Gemeinden kraft Gesetzes aufgegeben sind, die sog. **gesetzlichen Pflichtaufgaben**. Hierzu rechnen die Errichtung und Unterhaltung von Volksschulen, die Durchführung von Kommunalwahlen sowie das Sozialhilfewesen.

Von den Selbstverwaltungsangelegenheiten sind die **Auftragsangelegenheiten** zu unterscheiden. Es handelt sich um staatliche Verwaltungsaufgaben, die den Gemeinden durch Gesetz vom Staat »im Auftrage« übertragen werden. Der Staat bedient sich zur Erfüllung seiner Aufgaben der Gemeinde, ohne dass dadurch diese Aufgaben zu Gemeindeangelegenheiten würden, z. B. die Aufgaben der Standes- und Meldeämter sowie die Vorbereitung von Wahlen für den Bundes- und Landtag sowie das Europäische Parlament.

Schließlich kennen einige Landes- und Gemeindeverfassungen noch die sog. **Pflichtaufgaben nach Weisung**.

Hierzu zählen etwa die Bestimmungen des Ordnungsbehördengesetzes und die Ausführungen der Bauordnungen (▶ 7.3) in Nordrhein-Westfalen (◘ Abb. 6.6).

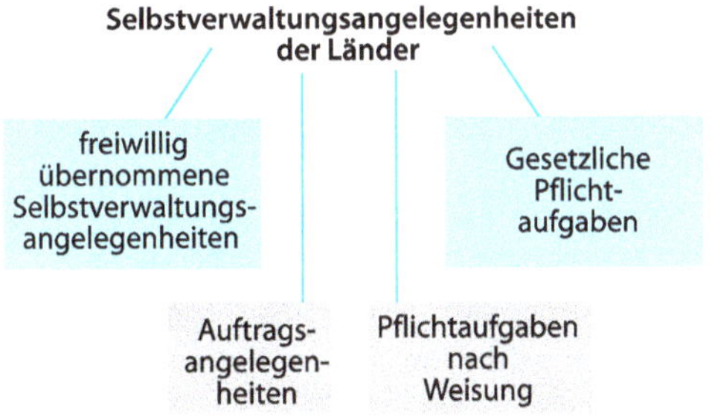

◘ Abb. 6.6. Selbstverwaltungsangelegenheiten der Länder

Praktische Bedeutung kommt diesen unterschiedlichen Aufgaben v. a. in der Frage der Zuständigkeit der Aufsichtsbehörden zu.

Neben den Gemeinden gehören als wichtige Verwaltungsträger die **Landkreise** und **Landschaftsverbände** zur Unterstufe der allgemeinen Staatsverwaltung. Ein Landkreis umfasst jeweils mehrere Gemeinden und nimmt für sein Gebiet die überörtlichen Selbstverwaltungsangelegenheiten wahr, die über das finanzielle oder verwaltungstechnische Leistungsvermögen der Mitgliedsgemeinden hinausgehen.

In letzter Zeit übernehmen wegen der steigenden Kosten immer mehr Landkreise Einrichtungen der Wohlfahrtspflege, z. B. auch Krankenhäuser, deren Bau und Unterhaltung die finanziellen Möglichkeiten einer kleinen Gemeinde übersteigen.

Im Bereich der Wohlfahrts- und Gesundheitspflege sind auch – soweit in den Ländern vorhanden – die Landschaftsverbände tätig.

Derartige Verbände bestehen in Nordrhein-Westfalen. Ihnen entsprechen in Bayern die mit den Bezirksregierungen verbundenen Bezirksverbände. Im Rahmen der Gesundheitspflege können diese Verbände die Trägerschaft von Spezialkrankenhäusern, Rehabilitationseinrichtungen, psychiatrischen Anstalten und Heilstätten übernehmen.

Mittel- und Oberstufe der Staatsverwaltung

Bislang war von der Unterstufe der allgemeinen Staatsverwaltung die Rede. Es gibt jedoch weitere Behördenstufen: die Mittel- und Oberstufe.

Die Aufgaben der Mittel- und Oberstufe werden von Staatsbehörden und nicht von Selbstverwaltungskörperschaften wahrgenommen.

> Die Mittelstufe bilden die Regierungspräsidien der Länder, die Oberstufe der allgemeinen Staatsverwaltung die Ministerien.

Die Darstellung des Staatsaufbaus in seinen wichtigsten Grundzügen ist damit abgeschlossen. Zur Beantwortung von Detailfragen muss, soweit vorstehend nicht angesprochen, die spezielle Literatur herangezogen werden. Dies gilt auch für die nachstehenden Erörterungen der Grundrechte, die sich auf das – auch für den Unterricht – Wesentliche beschränken müssen.

Überprüfen Sie Ihr Wissen

1. Was sind die grundlegenden Verfassungsentscheidungen für den Staatsaufbau der Bundesrepublik Deutschland?
   Antwort: ▶ 6.1.1
2. Was bedeutet Föderalismus?
   Antwort: ▶ 6.1.1
3. Welche Aufgaben haben Verbände?
   Antwort: ▶ 6.1.3
4. Was sind die Merkmale des Kammerprinzips?
   Antwort: ▶ 6.1.3
5. Was sind die obersten Bundesorgane?
   Antwort: ▶ 6.1.5
6. Was sind die Merkmale des deutschen Wahlsystems?
   Antwort: ▶ 6.1.6
7. Bei wem liegt das Recht, Gesetzesvorlagen einzubringen (Initiativrecht)?
   Antwort: ▶ 6.1.6
8. Welche Gesetzgebungskompetenzen kennt das Grundgesetz?
   Antwort: ▶ 6.1.6

6.2 Grundrechte – ein Überblick

Im Gegensatz zur Weimarer Reichsverfassung, die den Grundrechten den zweiten Platz eingeräumt hatte, stehen die Grundrechte im Grundgesetz gleich im 1. Abschnitt vor dem organisatorischen Teil. Damit soll zum Ausdruck gebracht werden, dass die Grundrechte den organisatorischen Teil mit Sinngehalt erfüllen und dass ein Teil der Grundrechte vorstaatlicher Herkunft sind. Vorstaatlich heißt, dass bestimmte Grundrechte nicht vom Staat geschaffen sind, unabhängig von innerstaatlichen Verfassungsnormen jedermann zustehen und daher durch die Staatsverfassung weder entzogen noch eingeschränkt werden dürfen.

Diese Grundrechte des Menschen (**Menschenrechte**) wie Würde und Wert der menschlichen Persönlichkeit, die Gleichberechtigung von Mann und Frau und andere humanitäre Grundsätze wurden 1945 in die **Charta der Vereinten Nationen** aufgenommen und in der von der UNO verkündeten »Allgemeinen Erklärung der Menschenrechte« zum Gegenstand internationaler Vereinbarungen gemacht. Die Wahrung der Menschenrechte ist zudem Inhalt der »Konvention zum Schutz der Menschenrechte und Grundfreiheiten« des Europarats aus dem Jahre 1950.

Im Jahr 2000 legte ein vom **Europäischen Rat** benannter Konvent unter Vorsitz des ehemaligen Bundespräsidenten Roman Herzog den Entwurf einer **Grundrechtscharta** der Europäischen Union vor. Verabschiedung und Annahme der Charta stehen noch aus (▶ 7.4).

Demgegenüber wurde der Grundrechtsschutz für Bundesbürger mit der 1992 durch Deutschland erfolgten Unterzeichnung des neunten Zusatzprotokolls der Menschenrechtskonvention erweitert. War bislang die Anrufung des europäischen Gerichtshofes für Menschenrechte nur nach Zulassung durch die Kommission für Menschenrechte möglich, hat heute jeder Bürger das Recht, den Gerichtshof anzurufen. Voraussetzung ist allerdings die Ausschöpfung des nationalen Rechtsweges.

> Stehen in der Regel die Grundrechte allen Menschen, also jedermann, zu (**Menschenrechte**), so kennt der Bonner Grundrechtskatalog allerdings auch solche, die nur der »deutsche« Bürger in Anspruch nehmen kann (**Bürgerrechte**).

So hat jeder das Recht auf die freie Entfaltung der Persönlichkeit; doch nur Deutsche haben das Recht, Vereine und Gesellschaften zu bilden. Letzteres wird jedoch relativiert durch das Vereins- und Versammlungsgesetz, das wiederum jedem entsprechende Rechte einräumt.

6.2.1 Funktion der Grundrechte

> Die hauptsächliche Aufgabe der Grundrechte besteht in ihrer Abwehrfunktion gegenüber allen Formen der öffentlichen Gewalt. Dies folgt u.a. aus Art. 1 Abs. 3 GG, wonach die Gesetzgebung, die vollziehende Gewalt und die Rechtsprechung an die Grundrechte als unmittelbar geltendes Recht gebunden sind. Umstritten ist, ob die Grundrechte außer im Verhältnis Staat – Bürger auch im Verhältnis Bürger – Bürger, also im privaten Bereich Rechtswirkung erzeugen (= Drittwirkung der Grundrechte). Übereinstimmend sollen die Grundrechte im privaten Bereich jedenfalls dann Beachtung finden, wenn es um die Auslegung von Generalklauseln geht.

Aus der Wertordnung des Grundgesetzes kann z. B. bestimmt werden, was »sittenwidrig« ist oder gegen »Treu und Glauben« verstößt.

Neben denjenigen Grundrechten, die im Wesentlichen Abwehrfunktionen haben, kennt das Grundgesetz noch solche, die dem Staat eine Pflicht zum positiven Tätigwerden auferlegen.

Darunter fällt nach der Rechtsprechung des Bundesverfassungsgerichts etwa die Aufgabe des Staates, Ehe und Familie nicht nur vor Beeinträchtigungen zu schützen, sondern auch durch geeignete Maßnahmen zu fördern.

Schließlich ist noch die Gruppe der Grundrechte zu erwähnen, die bestimmte Einrichtungen verfassungsrechtlich gewährleisten. Hierbei ist zwischen der Verbürgung privatrechtlicher und öffentlich-rechtlicher Einrichtungen zu unterscheiden.

Zu den privatrechtlichen Einrichtungen zählen die Ehe und Familie, die elterliche Gewalt, das Privateigentum und das Erbrecht. Zu den öffentlich-rechtlichen Einrichtungen gehören z. B. die gemeindliche Selbstverwaltung sowie das Beamtentum.

Grundrechte im Einzelnen

Nachfolgend sollen die Grundrechte in ihrer schwerpunktmäßigen Bedeutung dargestellt werden.

Artikel 1 GG – Schutz der Menschenwürde

Dem Grundrechtskatalog ist mit **Art. 1 GG** das Bekenntnis zur **Menschenwürde** und zu den Menschenrechten sowie eine generelle Erklärung über die rechtliche Bedeutung und den Rechtsgehalt der nachfolgenden Artikel vorangestellt.

> Nach allgemeiner Auffassung ist Art. 1 GG selbst kein Grundrecht, aus dem der Einzelne ein Abwehrrecht herleiten könnte, sondern er wird als oberstes Verfassungsprinzip unserer Rechtsordnung verstanden.

Das Bekenntnis zur Menschenwürde ist Grundlage für das gesamte Wertsystem; ihm entspricht in Art. 19 Abs. 2 GG das Verbot der Aushöhlung der Grundrechte durch staatliche Maßnahmen.

Artikel 2 GG – Freiheitsrechte

Art. 2 GG enthält das **Recht auf freie Entfaltung der Persönlichkeit** und **persönliche Freiheit** sowie das **Recht auf Leben** und **körperliche Unversehrtheit**.

Es gewährleistet umfassend das **Selbstbestimmungsrecht** des Patienten, dessen Wille damit »höchstes Gebot« für ärztliches und pflegerisches Handeln bedeutet. Das Selbstbestimmungsrecht beinhaltet für den Einzelnen, auch eine metaphysisch und durch irrationale Komponenten gestützte Entscheidung treffen zu können, etwa die Verweigerung einer Bluttransfusion, obwohl sie medizinisch völlig unvernünftig ist (OLG München, MedR 2003, 174 ff) (▶ 11.6.9). Darüber hinaus hat das Bundesverfassungsgericht im sog. »Volkszählungsurteil« aus Art. 2 GG das sog. informelle Selbstbestimmungsrecht hergeleitet als Grundlage des Datenschutzes und der Schweigepflicht.

> Das Recht der persönlichen Freiheit gilt nicht schrankenlos. Es ist dort beschränkt, wo die Rechte anderer oder auch das Sittengesetz verletzt werden. Auch darf die persönliche Freiheit nur auf Grund eines förmlichen Gesetzes beschränkt werden.

Grundlagen für derartige Eingriffe bestehen z. B. auf dem Gebiet des Infektionsschutzes nach dem Infektionsschutzgesetz. Weitere Grundlagen geben die Landesgesetze über die Unterbringung von psychisch Kranken und Suchtkranken, allerdings ausschließlich zu dem Zweck, einen psychisch Kranken vor sich selbst in Schutz zu nehmen und ihn zu seinem eigenen Wohl in einer geschlossenen Einrichtung unterzubringen. Ausgeschlossen sind heute dagegen Eingriffe in die körperliche Unversehrtheit durch Zwangssterilisation oder Euthanasie (Sterbehilfe durch tödliche Arzneidosen). Besondere Bedeutung kam dem Recht auf Leben bei der Reform des Schwangerschaftsabbruchs, § 218 StGB, zu. Nach einer Entscheidung des Bundesverfassungsgerichts (BVerfG, NJW 1975, 573) steht auch das sich im Mutterleib entwickelnde Leben bereits unter dem Schutz des **Art. 2 Abs. 2 GG** und hat damit ein **Recht auf Leben** (▶ 11.6.8).

In unmittelbarem Zusammenhang zum Recht auf freie Entfaltung der Persönlichkeit steht **Art. 104 GG**. Er enthält die **Rechtsgarantie bei Freiheitsentziehungen**.

Unter Freiheitsentziehung versteht die ständige Rechtsprechung die Aufhebung der Bewegungsfreiheit in jeder Richtung von einer gewissen Mindestdauer wie bei der Verhaftung, Arrestierung, Einsperrung und ähnlichem (▶ 11.6.6).

> Bedeutung gewinnt diese Rechtsgarantie auch im Betreuungsrecht, etwa der zivilrechtlichen freiheitsentziehenden Unterbringung des Betreuten zur Zwangsmedikation sowie der Fixierung von Patienten durch mechanische oder medikamentöse Maßnahmen.

Artikel 3 GG – Gleichheit vor dem Gesetz

Nach **Art. 3 GG** sind alle Menschen vor dem Gesetz gleich; niemand darf wegen seines Geschlechts, seiner Abstammung, seiner Rasse, seiner Sprache, seiner Heimat und Herkunft, seines Glaubens, seiner religiösen oder politischen Anschauungen benachteiligt oder bevorzugt werden. Auch darf niemand wegen seiner Behinderung benachteiligt werden (**Diskriminierungsverbot). Der Staat hat die Aufgabe, die tatsächliche Durchsetzung der Gleichberechtigung von Frauen und Männern zu fördern und auf Beseitigung bestehender Nachteile hinzuwirken, **Art. 3 Abs. 3 GG**.

Dieses Grundrecht gilt schrankenlos. Es verbietet, Gleiches ungleich und Ungleiches gleich zu behandeln. Allerdings hat der Gesetzgeber einen Ermessensspielraum zur Bestimmung der Merkmale, die er als gleich ansehen will, soweit sich hierfür ein sachlich vertretbarer Gesichtspunkt anführen lässt. Gesetzgeberische Regelungen verstoßen gegen Art. 3 GG und sind nichtig, wenn sie willkürlich sind.

Artikel 4 GG – Glaubens- und Bekenntnisfreiheit

Unverletzlich ist nach **Art. 4 Abs. 1 GG** die Freiheit des Glaubens, des Gewissens und des religiösen und weltanschaulichen Bekenntnis (**Gewissensfreiheit**). Dieses Grundrecht bedeutet u. a., dass jeder Einzelne das Recht hat, sein gesamtes Verhalten an den Lehren seines Glaubens auszurichten uns seiner inneren Überzeugung gemäß zu handeln. Das Recht auf Religionsfreiheit schützt somit auch die Entscheidung von Zeugen Jehovas gegen Bluttransfusionen aus religiösen Gründen (▶ 11.6.9).

Art. 4 Abs. 3 GG bestimmt, dass niemand gegen sein Gewissen zum Kriegsdienst mit der Waffe gezwungen werden darf. Allerdings kann die Gewissensentscheidung nicht von der Ableistung des zivilen Ersatzdienstes befreien (Art. 12a Abs. 2 GG).

Artikel 5 GG – Meinungs- und Pressefreiheit, Freiheit der Kunst und Wissenschaft

Zur freien Meinungsäußerung und -verbreitung in Wort, Schrift und Bild, **Art. 5 Abs. 1 GG**, gehört auch die Berichterstattung durch Presse, Rundfunk, Fernsehen (**Meinungsfreiheit**).

Schranken findet dieses Recht z. B. in den Strafgesetzen, insbesondere in den Bestimmungen über die Beleidigung, sowie in gesetzlichen Bestimmungen zum Jugendschutz.

Die Freiheit von Kunst, Wissenschaft, Forschung und Lehre garantiert **Art. 5 Abs. 3 GG**.

Kunstfreiheit gilt aber nicht schrankenlos. Als Teil des gesetzlichen Wertsystems ist die Kunstfreiheit insbesondere der in Art. 1 GG garantierten Würde des Menschen zugeordnet, die als oberster Wert das ganze grundrechtliche Wertsystem beherrscht.

Artikel 6 GG – Ehe, Familie, nicht eheliche Kinder

Ehe und Familie stehen gemäß **Art. 6 Abs. 1 GG** unter dem besonderen Schutz der staatlichen Ordnung.

In diesem Satz ist nicht nur ein »klassisches Grundrecht« enthalten, sondern die verbindliche Wertentscheidung des Verfassungsgebers für den gesamten Bereich des die Ehe und Familie betreffenden privaten und öffentlichen Rechts. Mit dieser Bestimmung gewährt das Grundgesetz jedem Bürger das Recht gegen den Staat auf Eingehung der Ehe und Gründung einer Familie. Dies gilt beispielsweise auch für auf längere Zeit Inhaftierte. Entscheidend ist allerdings, dass der Strafgefangene seiner Pflicht zur Herstellung der ehelichen Lebensgemeinschaft überhaupt einmal nachkommen kann. Das ist nicht gegeben bei einem zur lebenslangen Haft Verurteilten.

Das im Jahr 2001 in Kraft getretene **Lebenspartnerschaftsgesetz** hat das Bundesverfassungsgericht nicht als Verstoß gegen die Aufgabe des Staates gewertet, Ehe und Familie nicht nur vor Beeinträchtigungen zu schützen, sondern auch durch geeignete Maßnahmen zu fördern. Das Lebenspartnerschaftsgesetz sieht die staatliche Anerkennung des Zusammenlebens gleichgeschlechtlicher Partner vor und will damit dem Diskriminierungsverbot nach Art. 3 GG nachkommen.

In den Schutzbereich des Art. 6 GG fällt auch das **Elternrecht, Art. 6 Abs. 2, 3 GG**.

Das elterliche Erziehungsrecht hat den Vorrang vor dem des Staates, dem nur eine überwachende, unterstützende und ergänzende Funktion eingeräumt wird.

Artikel 7 GG – Schulwesen

Die grundgesetzliche Regelung über das **Schulwesen** umfasst die Schulaufsicht, den Religionsunterricht sowie das Privatschulwesen.

Wenn auch das Bestimmungsrecht zur Teilnahme der Schüler am Religionsunterricht bei den Erziehungsberechtigten liegt, soweit die Schüler nicht bereits das eigene Entscheidungsrecht erlangt haben, ist der Religionsunterricht als solcher ordentliches Lehrfach. Dies gilt aber nur für öffentliche Schulen wie Volksschulen, Berufsschulen, nicht für Fachschulen oder Hochschulen. Sonderregelungen gelten für Bremen, Art. 141 GG.

Artikel 8 GG – Versammlungsfreiheit

In engem Zusammenhang mit dem Recht auf freie Meinungsäußerung und -bildung steht das Recht auf **Versammlungsfreiheit.**

Die Versammlungsfreiheit ist gewissermaßen die kollektive Erscheinungsform der Meinungsfreiheit. Sie gewährt jedem Deutschen das Recht, sich ohne Anmeldung oder Erlaubnis friedlich und ohne Waffen zu versammeln.

Für Versammlungen unter freiem Himmel beinhaltet das Gesetz über Versammlungen und Aufzüge nähere Bestimmungen. Das Versammlungsrecht kann entsprechend § 17 Abs. 7 Infektionsschutzgesetz eine Einschränkung zur Abwendung drohender Gefahren für den Einzelnen oder die Allgemeinheit erfahren. Da dieses Grundrecht dem Wortlaut nach nur »allen Deutschen« zusteht, unterliegen Ausländer nach dem Versammlungsrecht bestimmten Beschränkungen.

Artikel 9 GG – Vereinigungsfreiheit, Verbot von Maßnahmen gegen Arbeitskämpfe

Die **Vereinigungsfreiheit** gewährleistet allen Deutschen das Recht, Vereine und Gesellschaften zu gründen.

Verboten sind allerdings solche Vereinigungen, deren Tätigkeit den Strafgesetzen zuwiderlaufen oder die sich gegen die verfassungsmäßige Ordnung richten. Einschränkungen der Versammlungsfreiheit können sich ebenfalls aus dem bereits erwähnten Infektionsschutzgesetz (§ 17 Abs. 7) ergeben.

Auch hier trifft ein Gesetz (Vereinsgesetz) nähere Regelungen. Wie bereits angesprochen, leiten auch die Arbeitgeber- und Arbeitnehmerverbände ihre grundrechtliche Berechtigung aus diesem Grundrecht her, insbesondere aus **Art. 9 Abs. 3 GG** (**Koalitionsrecht**).

Artikel 10 GG – Brief-, Post- und Fernmeldegeheimnis

Die Unverletzlichkeit des **Brief-, Post-** und **Fernmeldegeheimnisses** ist in **Art. 10 GG** garantiert.

Beschränkungen des **Postgeheimnisses** können zwar durch Gesetz angeordnet werden, doch gilt dies nur unter ganz bestimmten Voraussetzungen (vgl. das Gesetz zur Beschränkung des Brief-, Post- und Fernmeldegeheimnisses sowie das Gesetz zur Überwachung strafrechtlicher und anderer Verbringungsverbote). Ansonsten sieht zur Gefahrenabwendung auch das Infektionsschutzgesetz (§ 32) eine Beschränkungsmöglichkeit vor.

Artikel 11 GG – Freizügigkeit

Freizügigkeit bedeutet das Recht, ungehindert durch die deutsche Staatsgewalt an jedem Ort innerhalb des Bundesgebietes Aufenthalt und Wohnsitz zu nehmen.

Dieses Grundrecht steht allen Deutschen zu; für diese wird durch **Art. 11 GG** auch die Einreisefreiheit gewährleistet, während sich die Ausreisefreiheit aus Art. 2 GG herleitet. Beschränkungen der Freizügigkeit sind nach **Art. 11 Abs. 2 GG** zulässig. Der Gesetzgeber hat z. B. im Infektionsschutzgesetz (§ 32) die Möglichkeit einer Beschränkung der Freizügigkeit ausgesprochen, um die Verbreitung übertragbarer Krankheiten zu verhindern.

Artikel 12 GG – Freiheit der Berufswahl, Verbot der Zwangsarbeit

Art. 12 Abs. 1 Satz 1 GG verbürgt allen Deutschen das Recht, Beruf, Arbeitsplatz und Ausbildungsstätte frei zu wählen. Die Berufsausübung kann durch das Gesetz geregelt werden, Art. 12 Abs. 1 Satz 2 GG.

Das Grundrecht der **Berufsfreiheit** umfasst sowohl die Berufswahl als auch die Berufsausbildung. Auf beide Bereiche kann der Gesetzgeber Einfluss nehmen. Soweit vernünftige Erwägungen des Gemeinwohls es zweckmäßig erscheinen lassen, kann die Berufsausübung im Wege einer gesetzlichen Regelung eingeschränkt werden. Ebenso können für die Berufswahl bestimmte Zulassungsvoraussetzungen gefordert werden, wenn sie zum Schutze eines wichtigen Gemeinschaftsgutes erforderlich sind. Ein derartiges Schutzgut ist z. B. die Volksgesundheit. Dem Grundrecht auf Berufsfreiheit entspricht das grundsätzliche Verbot der Zwangsarbeit, die nur bei gerichtlich angeordnetem Freiheitsentzug zulässig ist.

Artikel 13 GG – Unverletzlichkeit der Wohnung

Die Wohnung ist nach **Art. 13 Abs. 1 GG** unverletzlich. Allerdings dürfen Durchsuchungen durch den Richter angeordnet werden. Andere Organe dürfen Durchsuchungen nur bei Gefahr im Verzuge anordnen, soweit sie auf Grund eines förmlichen Gesetzes hierzu befugt sind.

Die Unverletzlichkeit bezieht sich nicht nur auf den privaten Wohnbereich, sondern auch auf gewerblich genutzte Räume. Dabei sind die Durchsuchungen vom Betreten und Besichtigen zu unterscheiden. Durchsuchung ist immer dann anzunehmen, wenn Zweck des Betretens die Suche nach Sachen oder Personen ist. Soweit es sich nicht um eine Durchsuchung handelt, ist auf Grund eines förmlichen Gesetzes ein Eingriff in die Unverletzlichkeit dann gestattet, wenn er aus ordnungsbehördlichen Gründen erforderlich ist, etwa um einer dringenden Gefahr für Sicherheit und Ordnung zu begegnen. Eine Einschränkung des Grundrechts der Unverletzlichkeit der Wohnung sieht in diesem Rahmen ausdrücklich das Infektionsschutzgesetz (z. B. §§ 17, 26, 32) vor. Danach ist den Beauftragten der zuständigen Behörde und des Gesundheitsamts der Zutritt zu Grundstücken, Räumen und Einrichtungen gestattet, von denen die drohende Gefahr ansteckender Krankheiten ausgeht.

Artikel 14 GG – Eigentum, Erbrecht und Enteignung

Nach **Art. 14 Abs. 1 GG** werden Eigentum und Erbrecht geschützt. Im Rahmen des Erbrechts steht vor allem auch die Testierfreiheit unter dem Schutz des Grundgesetzes. Inhalt und Schranken werden durch Gesetze bestimmt.

Derartige Gesetze können insbesondere diejenigen sozialen Verpflichtungen näher bestimmen, die im Grundgesetz nur allgemein angesprochen sind, wenn es in **Art. 14 Abs. 2 GG** heißt: »Eigentum verpflichtet. Sein Gebrauch soll zugleich dem Wohl der Allgemeinheit dienen«.

Geht ein staatlicher Eingriff über die soziale Bindung des Eigentums hinaus und wird dem Einzelnen ein besonderes Opfer zugunsten der Gemeinschaft abverlangt, so spricht man von einer Enteignung.

Eine Enteignung ist nur zum Wohle der Allgemeinheit zulässig und darf nur durch Gesetz oder auf Grund eines Gesetzes erfolgen, das zugleich Art und Ausmaß der Entschädigung regelt, **Art. 14 Abs. 3 GG**. Ein derartiges Gesetz ist z. B. das Bundesbaugesetz.

Artikel 15 GG – Sozialisierung

Grund und Boden, Naturschutz und Produktionsmittel können nach **Art. 15 GG** zum Zwecke der Vergesellschaftung durch ein Gesetz in Gemeineigentum überführt werden.

Diese Bestimmung bedeutet für den Landes- bzw. Bundesgesetzgeber (= konkurrierende Gesetzgebung, Art. 74 Ziff. 15 GG) nur die Möglichkeit, nicht aber die Verpflichtung, die Überführung dieser Wirtschaftsgüter in Gemeineigentum oder andere Formen der Gemeinwirtschaft unmittelbar durch Gesetz auszusprechen.

Artikel 16 – Ausbürgerung, Auslieferung

Art. 16 Abs. 1 GG verbietet den Entzug der deutschen **Staatsangehörigkeit**. Aus anderem Grunde darf der Verlust der Staatsangehörigkeit nur eintreten, wenn der Betroffene nicht staatenlos wird.

Er regelt damit nur den **Verlust** der deutschen Staatsangehörigkeit, während der **Erwerb** im Reichs- und Staatsangehörigkeitsgesetz vom 22.07.1913 in der jeweils geltenden Fassung geregelt ist.

> Danach wird die deutsche Staatsangehörigkeit grundsätzlich durch Geburt erworben.

So erwirbt ein Kind mit der Geburt die deutsche Staatsangehörigkeit, wenn ein Elternteil Deutscher ist. Findelkinder, die im Bundesgebiet gefunden wurden, gelten als deutsche Staatsangehörige, bis das Gegenteil bewiesen ist.

Das in Deutschland geborene Kind ausländischer Eltern erwirbt die deutsche Staatsangehörigkeit wenn ein Elternteil seit acht Jahren regelmäßig seinen gewöhnlichen Aufenthalt im Inland hat und eine Aufenthaltsberechtigung oder seit drei Jahren eine unbefristete Aufenthaltserlaubnis besitzt.

Weiterhin kann die deutsche Staatsangehörigkeit von Ausländern unter bestimmten Voraussetzungen durch **Einbürgerung** erworben werden.

> Die Staatsangehörigkeit begründet ein Rechtsverhältnis zwischen Staat und Bürgern, das mit Rechten und Pflichten verbunden ist. Zu den Pflichten zählen beispielsweise die Schul-, Steuer- und Wehrpflicht; zu den Rechten gehören z. B. die Zulassung zu öffentlichen Ämtern und das Wahlrecht.

Artikel 16a GG – Asylrecht

Das **Asylrecht** schützt politisch Verfolgte vor Auslieferung und Ausweisung. Wer aus einem Mitgliedsstaat der Europäischen Gemeinschaft oder aus einem Drittstaat einreist, in dem z. B. die Konvention zum Schutze der **Menschenrechte** und **Grundfreiheiten** gilt, kann sich auf das Asylrecht nicht berufen

Deutsche dürfen an das Ausland nicht ausgeliefert werden, **Art. 16 Abs. 2 GG**.

Artikel 17 GG – Petitionsrecht

Das **Petitionsrecht** bedeutet das Recht, sich mit Bitten oder Beschwerden an die zuständigen Stellen oder an die Volksvertretung zu wenden.

Die angesprochenen Stellen sind verpflichtet, den Eingaben nachzugehen, sie zu prüfen und zu beantworten und gegebenenfalls an die zuständigen Stellen weiterzuleiten. Sowohl das Grundgesetz als auch die Länderverfassungen geben die Möglichkeit zur Bildung von **Petitionsausschüssen**.

Für bestimmte Personenkreise ist das Petitionsrecht eingeschränkt, **Art. 17a GG**. Dies gilt für Soldaten und Ersatzdienstleistende; weitere Einschränkungen können sich für diese Gruppe auf die Grundrechte der Meinungsfreiheit und der Versammlungsfreiheit beziehen.

Artikel 18 GG – Verwirkung von Grundrechten

Bestimmte Grundrechte können vom Bundesverfassungsgericht demjenigen entzogen werden, der sie zum Kampf gegen die demokratische Grundordnung missbraucht. Das Grundgesetz spricht von Verwirkung der Grundrechte.

Verwirkung bedeutet, dass das Grundrecht dem Missbrauchenden keinen Schutz mehr gewährt, er sich v. a. Behörden gegenüber nicht mehr auf die Grundrechte berufen kann. Verwirkbar sind die Meinungsäußerungs-, Presse-, Lehr-, Versammlungs- und Vereinigungsfreiheit sowie das Brief-, Post- und Fernmeldegeheimnis, das Eigentums- und das Asylrecht.

Artikel 19 GG – Einschränkung von Grundrechten

Für alle Grundrechte gilt, dass sie in ihrem Wesensgehalt nicht angetastet werden dürfen. Darüber hinaus stehen sie unter einem »**Gesetzesvorbehalt**«:

> Soweit nach dem Grundgesetz Grundrechte durch Gesetz oder auf Grund eines Gesetzes eingeschränkt werden können, muss das Gesetz allgemein und darf nicht nur für den Einzelfall gelten; es muss darüber hinaus das einzuschränkende Grundrecht unter Angabe des Artikels nennen.

Weitere Grundrechte

Um weitere Grundrechte, auch wenn sie nicht im eigentlichen Grundrechtskatalog aufgeführt sind, handelt es sich auch bei der Gewährung des gesetzlichen Richters und der Einräumung des rechtlichen Gehörs.

Artikel 101 GG – Verbot von Ausnahmegerichten

Niemand darf seinem gesetzlichen Richter entzogen werden, **Art. 101 Abs. 1 Satz 2 GG**.

Der **gesetzliche Richter** wird bestimmt durch das Gerichtsverfassungsgesetz, die Verfahrensordnungen sowie die Geschäftsverteilungspläne der Gerichte, die vor Beginn des Geschäftsjahres bindend festgelegt sein müssen.

> Damit soll der Gefahr vorgebeugt werden, dass die Justiz durch eine Manipulation der rechtsprechenden Organe sachfremden Einflüssen ausgesetzt wird, insbesondere, dass im Einzelfall die Auswahl der zur Entscheidung berufenen Richter eigens für diesen Zweck das Ergebnis der Entscheidung beeinflusst.

Artikel 103 GG – Rechtliches Gehör

Vor Gericht hat jedermann Anspruch auf **rechtliches Gehör, Art. 103 Abs. 1 GG**. Die wesentliche Bedeutung dieses Grundrechts besteht in der Sicherung und Durchsetzung der bislang behandelten Grundrechte. Es soll gewährleistet sein, dass das Gericht seiner Entscheidung nur solche Tatsachen und Beweise zugrunde legt, zu denen Stellung zu nehmen dem Betroffenen zuvor Gelegenheit gegeben war.

Wenn in Art. 103 Abs. 1 GG nur das Gerichtsverfahren erwähnt ist, so gilt der Grundsatz des rechtlichen Gehörs doch auch im Verwaltungsverfahren, soweit eine Anhörung zweckdienlich ist.

Artikel 104 GG – Rechtsgarantien bei Freiheitsentzug

Dieses Grundrecht korrespondiert im Wesentlichen mit dem Grundrecht auf Entfaltung der Persönlichkeit, Art. 2 GG (▶ dort).

6.2.2 Grundgesetz und soziale Marktwirtschaft

Auch wenn das Grundgesetz auf einen Programmsatz und eine Entscheidung über ein bestimmtes **Wirtschaftssystem** verzichtet, deuten zahlreiche Bestimmungen der Verfassung auf eine soziale Marktwirtschaftsordnung hin.

Merkmale einer sozialen Marktwirtschaft

Richtungsweisend ist vor allem das Bekenntnis zum Privateigentum und dessen Verpflichtung zum Wohle der Allgemeinheit (Art. 14 GG). Weiteres Merkmal ist das Grundrecht auf freie Entfaltung der Persönlichkeit, soweit nicht Rechte anderer verletzt werden und nicht gegen die verfassungsmäßige Ordnung oder das Sittengesetz verstoßen wird (Art. 2 GG). Ebenso gehört dazu die Gewährleistung einer freien Berufswahl (Art. 12 GG), selbst wenn die Berufsausübung durch Gesetz geregelt werden kann. Weiterhin kennzeichnen die sich aus Art. 9 GG einerseits ergebende **Tarifautonomie** und andererseits die für das Verbandswesen bestehende **Organisationsfreiheit** diese Wirtschaftsform. Daraus hat sich – vornehmlich im wirtschaftlichen Bereich – ein **Pluralismus** von Verbänden und Gruppierungen ergeben, der auf das öffentliche Leben Einfluss nimmt, etwa durch Tarifverträge, Mitbestimmung in Betrieben, durch Vertragsabschlüsse zwischen Ärzten und Krankenkassenverbänden oder auch Pflegeeinrichtungen und Krankenkassen.

Als freie Marktwirtschaft, die dem freien Spiel der Kräfte unterliegt, steht sie im Gegensatz zur Planwirtschaft, wenngleich dem Staat eine wesentliche Ordnungsaufgabe im Wirtschaftsleben zukommt. Er setzt die Bedingungen und den wirtschaftlichen Rahmen, in dem die wirtschaftlichen Entscheidungen aller am Wirtschaftsprozess Beteiligten sich in Freiheit entfalten können. Dazu gehört etwa die Verhinderung des Entstehens marktbeherrschender Einflüsse durch entsprechende gesetzliche Wettbewerbsbedingungen. Diese berücksichtigen soziale Anforderungen und setzen der freien Marktwirtschaft dort eine Grenze, wo

soziale und **kulturelle Belange** entweder dauernd oder zeitweise mit dem Grundsatz des freien Marktes in Widerspruch stehen.

> Staatliche Eingriffs- und Lenkungsrechte sind – anders als bei der Planwirtschaft – in der sozialen Marktwirtschaft auf Überwachungs- und Kontrollrechte beschränkt.

Zur Erhaltung einer gesunden Wirtschaft mit sozialem Gepräge stehen dem Staat gesetzliche und verwaltungsmäßige Maßnahmen zur Verfügung, die zum Teil ebenfalls in der Verfassung verankert sind, wie etwa Haushaltssperren oder Kreditaufnahme durch öffentliche Haushalte sowie die Verpflichtung zur Sozialstaatlichkeit.

Überprüfen Sie Ihr Wissen

1. Was ist der Unterschied zwischen Menschenrechten und Bürgerrechten?
   Antwort: ▶ 6.2
2. Welche Funktion haben die Grundrechte?
   Antwort: ▶ 6.2.1
3. Was bedeutet Gesetzesvorbehalt?
   Antwort: ▶ 6.2.1

7.1 Entstehungsgeschichte – 58

7.2 Organisation der Europäischen Union – 58

7.2.1 Europäische Kommission – 61
7.2.2 Rat der Europäischen Union – 62
7.2.3 Europäischer Rat – 62
7.2.4 Europäisches Parlament – 62
7.2.5 Rechtsetzung der Europäischen Union – 63
7.2.6 Europäischer Gerichtshof – 64

7.3 Europarat – 64

7.4 Grundrechtscharta der Europäischen Union – 65

Überprüfen Sie Ihr Wissen – 66

In den zurückliegenden Jahren haben die politischen Absichten eines gemeinsamen Europas mehr und mehr an Konturen gewonnen. Der einheitliche europäische Binnenmarkt, ein Markt also, in dem der freie Verkehr von Gütern, Personen, Dienstleistungen und Kapital gewährleistet ist, wurde ab dem 01.01.1993 formal verwirklicht. In vielen Bereichen hat sich die Vollendung des EU-Binnenmarktes ebenso wie des ab 01.01.1994 existierenden Europäischen Wirtschaftsraums (EWR), bestehend aus den Ländern der Europäischen Union und der EFTA (Europäischen Freihandelszone), für jeden Bürger eines Mitgliedsstaates der Europäischen Union mehr noch als bisher bemerkbar gemacht. Dies gilt insbesondere für die Einführung des EURO als gemeinsame Währung der EU ab dem 01.01.2002. Nachstehend soll die Entstehungsgeschichte und Organisation der Europäischen Union in kurzen Zügen dargestellt werden.

7.1 Entstehungsgeschichte

Seit ihrer Entstehung verfolgt die Bundesrepublik Deutschland das Ziel einer europäischen Einigung. Gemeinsam mit Frankreich, Italien, Belgien, Luxemburg und den Niederlanden gründete sie zunächst 1952 die Europäische Gemeinschaft für Kohle und Stahl (**Montanunion**). 1957 folgte zwischen den gleichen Ländern die Gründung der **Europäischen Wirtschaftsgemeinschaft** (EWG) sowie der Europäischen Atomgemeinschaft (Euratom) in Rom (sog. **Römische Verträge**). Alle drei Gemeinschaften werden heute zumeist als **Europäische Gemeinschaft** (EG) bezeichnet. Im Jahre 1970 wurde die Europäische Politische Zusammenarbeit (EPZ) aufgenommen. Sie ist inzwischen zum Kernstück der Außenpolitik der Mitgliedsstaaten und zu einer zweiten Säule des europäischen Einigungswerkes geworden. Der Beitritt von Dänemark, Irland und Großbritannien (1973), Griechenland (1981), Portugal und Spanien (1986) sowie Österreich, Finnland und Schweden (1995) erweiterte die Gemeinschaft auf 15 Mitgliedsstaaten (Abb. 7.1).

Ab dem 1. Mai 2004 sollen – je nach nationaler Zustimmung – folgende Länder der Europäischen Union beitreten: Estland, Lettland, Litauen Malta, Polen, Slowakische Republik, Slowenien, Tschechische Republik, Ungarn und Zypern, sowie ab 2007 Bulgarien und Rumänien.

Eine entscheidende Reform der vertraglichen Grundlagen von Rom erfolgte am 28.02.1986 durch die Verabschiedung der »**einheitlichen Europäischen Akte**« auf der Grundlage des sog. »Weißbuches« der EG-Kommission.

Die Akte war die Grundlage
— für die Vollendung des Binnenmarktes in der Gemeinschaft bis Ende 1992,
— für die Schaffung einer Technologie- und Forschungsgemeinschaft,
— für die Zusammenarbeit bei der Erhaltung und Verbesserung der natürlichen Lebensgrundlage,
— für die institutionelle Weiterentwicklung der Gemeinschaft und
— für den Ausbau der Europäischen Politischen Zusammenarbeit (=EPZ) zu einer europäischen Außen- und Sicherheitspolitik.

Zugleich wurden mit der Akte die Rechte des Europäischen Parlaments und der EG-Kommission entscheidend gestärkt und das bisherige Einstimmigkeitsprinzip weitgehend durch Mehrheitsentscheidungen ersetzt. Zur Fortentwicklung der Europäischen Union einigten sich die Staats- und Regierungschefs am 17.06.1997 auf einen neuen Vertrag für Europa, den **Vertrag von Amsterdam**. Er befasst sich mit der Sicherheits-, Beschäftigungs-, Außen- und Verteidigungspolitik sowie der Legitimität der europäischen Institutionen und stärkt damit die jetzigen drei großen »Säulen« des **Vertrags von Maastricht** (01.11.1993; Abb. 7.2):
— den EG-Vertrag (1. Säule),
— die gemeinsame Außen- und Sicherheitspolitik (GASP) (2. Säule) und
— die Zusammenarbeit in den Bereichen Justiz und Inneres (3. Säule).

7.2 Organisation der Europäischen Union

Nach den Gründungsverträgen in den Jahren 1952 (Montanunion) und 1957 (EWG, Euratom) verfügten die drei Gemeinschaften noch über jeweils eigene Organe. Durch einen sog. Fusionsvertrag (1965) wurden an Stelle der Organe der einzelnen Gemeinschaften als zukünftige Gemeinschaftsorgane der gemeinsame Rat und die gemeinsame Kommission eingesetzt. Bereits 1962 nannte sich die gemeinsame Versammlung in das Europäische Parlament um. Mit der »Einheitlichen Europäische Akte« wurde der Europäische Rat gemeinschaftsrechtlich festgeschrieben.

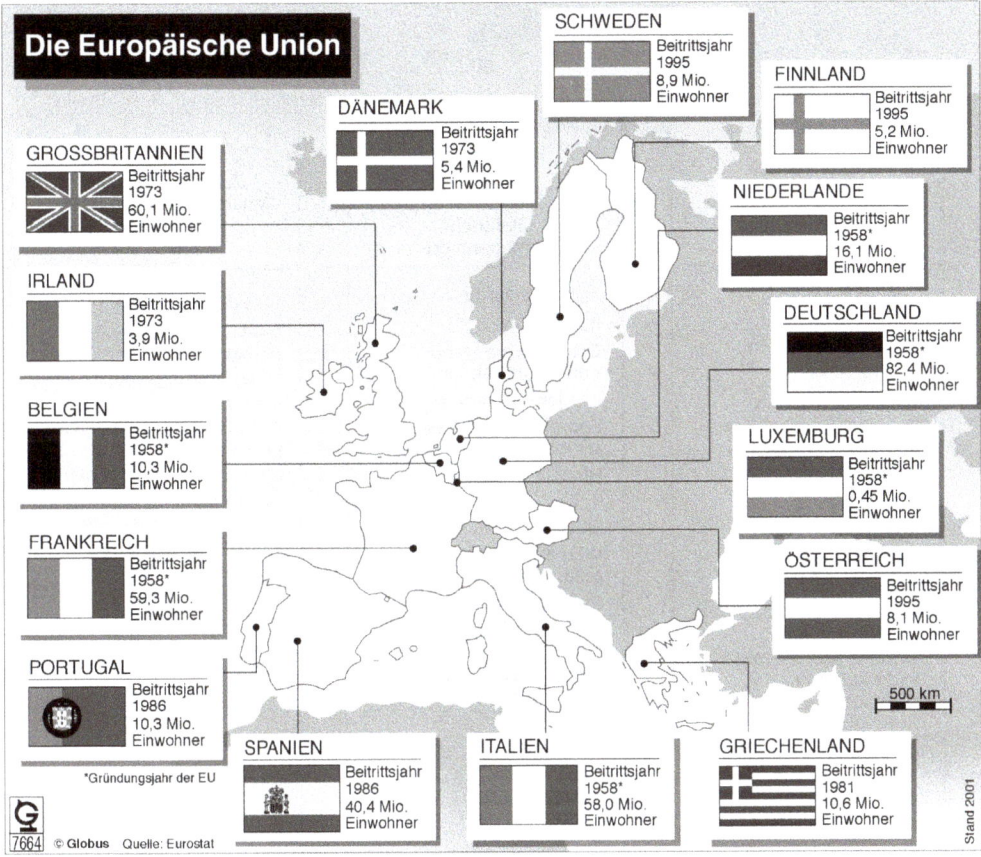

◘ Abb. 7.1. Die Mitgliedsländer der EU

Im Dezember 1991 schließlich vereinbarten die Staats- und Regierungschefs der Mitgliedsländer der Europäischen Gemeinschaft in Maastricht die **Gründung einer Europäischen Union** (sog. **Maastrichter Vertrag**), die am 01.11.1993 mit dieser neuen Bezeichnung in Kraft trat. (Aufgaben und Funktion der EU zeigt ◘ Abb. 7.3.)

Die Beschlüsse von Maastricht sehen schwerpunktmäßig vor:

— Gründung der Europäischen Union mit föderalem Aufbau.
— Beginn einer gemeinsamen Außen- und Sicherheitspolitik mit dem Ziel einer gemeinsamen Verteidigung.
— Enge Zusammenarbeit in der Justiz und der Innenpolitik, v. a. im Asylrecht, bei der Einwanderungspolitik, in der Bekämpfung des Terrorismus und des Drogenhandels.
— Gründung einer Wirtschafts- und Währungsunion mit dem Ziel einer einheitlichen Gemeinschaftswährung.
— Einstieg in eine Sozialunion.
— Erweiterte Rechte und Zuständigkeiten des Europäischen Parlaments mit neuen Verfahren der EU-Gesetzgebung, wobei jedoch das Subsidiaritätsprinzip gelten soll.
— Einführung einer Unionsbürgerschaft neben der jeweiligen Staatsangehörigkeit.
— Wahlrecht jedes EU-Bürgers bei Kommunal- und Europawahlen an seinem Wohnsitz innerhalb der EU, unabhängig von seiner Staatsangehörigkeit.

Innenpolitische Konsequenzen

Nach der Unterzeichnung des »Vertrages über die Europäische Union« am 07.02.1992 begann in den Staaten der EU eine leidenschaftliche Diskussion um die

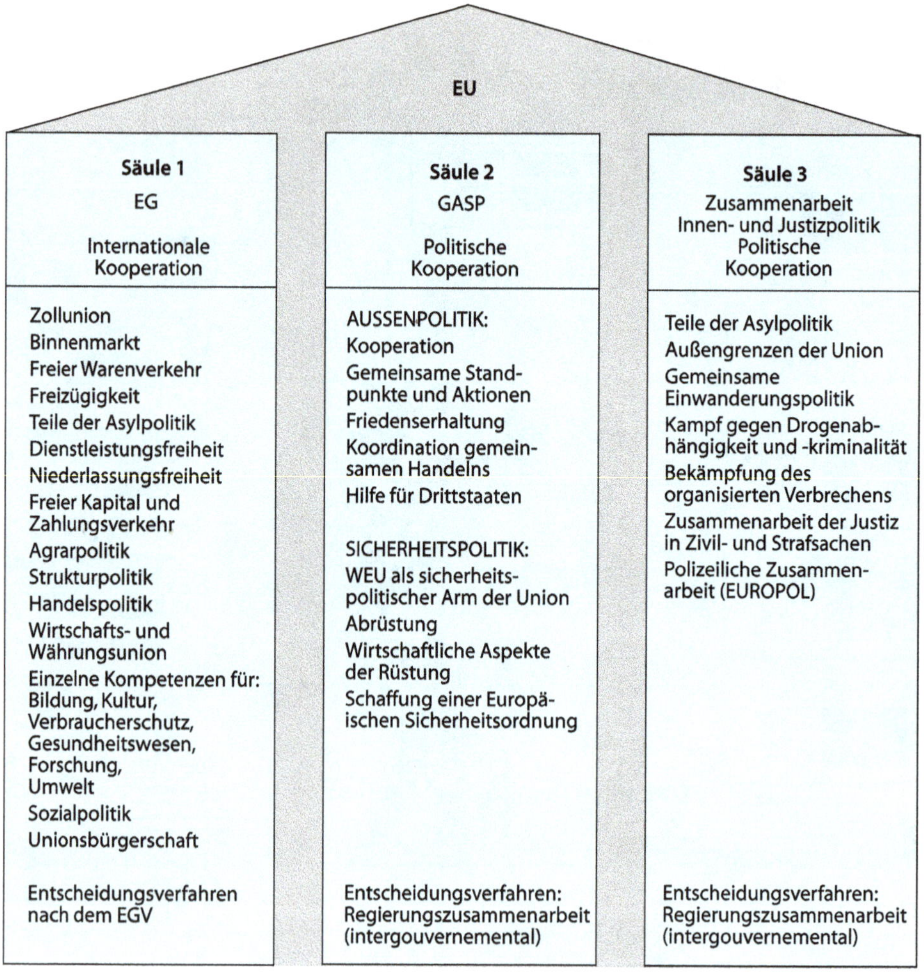

EU

Säule 1
EG

Internationale Kooperation

Zollunion
Binnenmarkt
Freier Warenverkehr
Freizügigkeit
Teile der Asylpolitik
Dienstleistungsfreiheit
Niederlassungsfreiheit
Freier Kapital und Zahlungsverkehr
Agrarpolitik
Strukturpolitik
Handelspolitik
Wirtschafts- und Währungsunion
Einzelne Kompetenzen für: Bildung, Kultur, Verbraucherschutz, Gesundheitswesen, Forschung, Umwelt
Sozialpolitik
Unionsbürgerschaft

Entscheidungsverfahren nach dem EGV

Säule 2
GASP

Politische Kooperation

AUSSENPOLITIK:
Kooperation
Gemeinsame Standpunkte und Aktionen
Friedenserhaltung
Koordination gemeinsamen Handelns
Hilfe für Drittstaaten

SICHERHEITSPOLITIK:
WEU als sicherheitspolitischer Arm der Union
Abrüstung
Wirtschaftliche Aspekte der Rüstung
Schaffung einer Europäischen Sicherheitsordnung

Entscheidungsverfahren: Regierungszusammenarbeit (intergouvernemental)

Säule 3
Zusammenarbeit Innen- und Justizpolitik

Politische Kooperation

Teile der Asylpolitik
Außengrenzen der Union
Gemeinsame Einwanderungspolitik
Kampf gegen Drogenabhängigkeit und -kriminalität
Bekämpfung des organisierten Verbrechens
Zusammenarbeit der Justiz in Zivil- und Strafsachen
Polizeiliche Zusammenarbeit (EUROPOL)

Entscheidungsverfahren: Regierungszusammenarbeit (intergouvernemental)

Abb. 7.2. Der Vertrag von Maastricht

---

vorstehenden Beschlüsse. In der Bundesrepublik musste sich das Bundesverfassungsgericht mit dem Vertrag von Maastricht befassen. Seine Entscheidung vom Oktober 1993 gab zwar den Weg zur Ratifizierung des Vertrages frei, setzte aber der Interpretation des Vertrages enge Grenzen. Von wesentlicher Bedeutung innerhalb der Entscheidungsgründe ist die Feststellung des Gerichts, dass die Europäische Union ein Bund souveräner Staaten (▶ 6.1.1.) bleibt und mit dem Vertrag kein Bundesstaat wird.

> Die Europäische Union ist eine »supranational organisierte zwischenstaatliche Gemeinschaft« (BVerfG), die auch insoweit, wie sie Hoheitsbefugnisse ausübt, dies nicht aus eigenem Recht tut, sondern lediglich Kraft Übertragung durch die nationalen Parlamente der Mitgliedsstaaten.

Die ihr übertragenen Kompetenzen – die sich im Wesentlichen auf Tätigkeiten einer »Wirtschaftsgemeinschaft« beschränken –, darf die Europäische Union nicht ausweiten. Auch ermächtigt der Vertrag die Union nicht, sich aus eigener Macht Finanzmittel zu beschaffen, die sie zur Erfüllung ihrer Zwecke für erforderlich erachtet.

Schließlich wird mit dem Urteil zum Ausdruck gebracht, dass die deutsche Staats- und Rechtsordnung nicht in einem europäischen Oberstaat aufgehen darf. Aus diesem Grunde behalten sich die Verfassungsrichter auch vor, für europäische Entscheidungen die

7.2 · Organisation der Europäischen Union

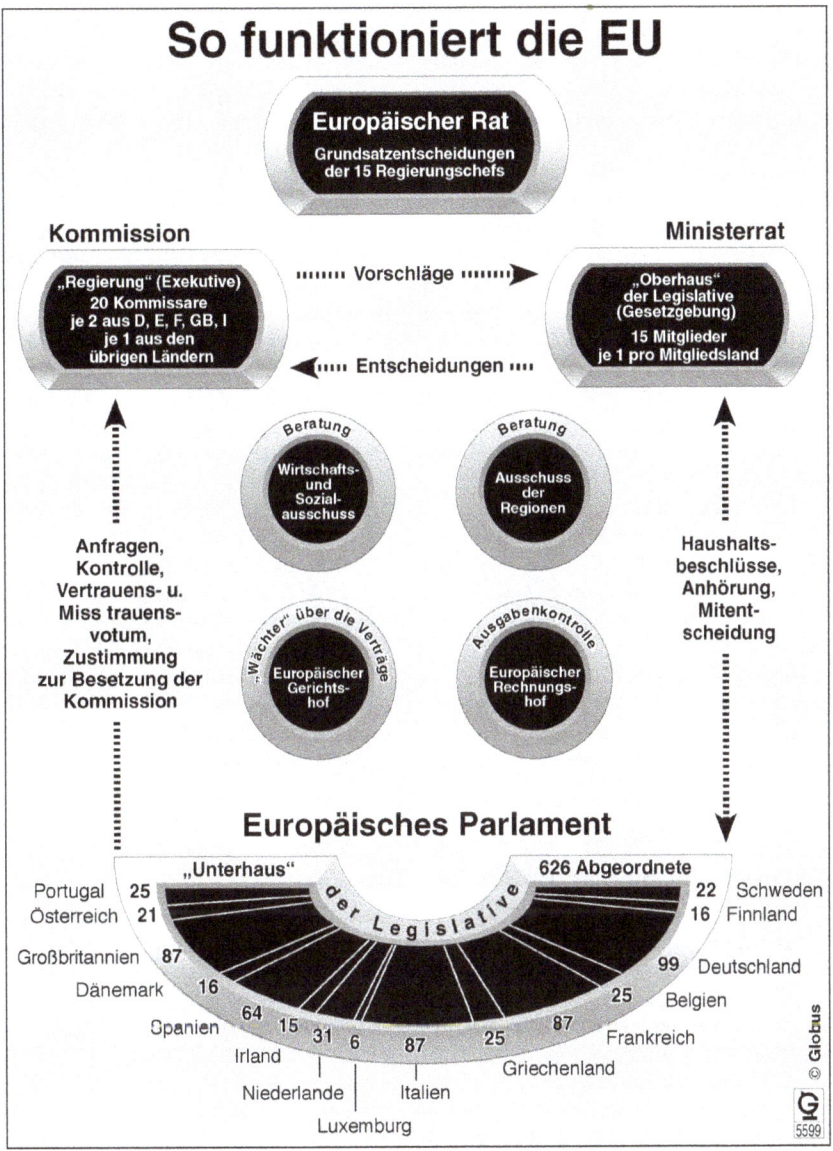

◘ Abb. 7.3. So funktioniert die EU

letzte Instanz zu sein, sofern sie das deutsche Hoheitsgebiet betreffen.

7.2.1 Europäische Kommission

Das Hauptorgan der Europäischen Union ist die **Europäische Kommission** mit Sitz in Brüssel. Sie wirkt insbesondere durch ihr Initiativ- und Vorschlagsrecht an der Gemeinschaftsrechtsetzung mit und führt, soweit die Vorschläge zu rechtskräftigen Beschlüssen werden, diese auch aus.

> Gemeinhin wird die EU-Kommission als die »Regierung« der Union und die »Hüterin der Verträge« bezeichnet. Sie kontrolliert die Einhaltung des Gemeinschaftsrechts und der Urteile des Europäischen Gerichtshofs.

Zusammensetzung und Aufgaben

Die Kommission setzt sich aus 20 unabhängigen Mitgliedern (Kommissaren) zusammen. Jedes Land der Europäischen Union entsendet mindestens einen Kommissar, höchstens zwei, wie etwa die Bundesrepublik. Seit 1995 gilt ein verändertes Ernennungsverfahren: Die Regierungen der Länder der EU benennen zunächst nur, nach Anhörung des Europäischen Parlaments (EP), den Präsidenten und in Abstimmung mit ihm die übrigen Kommissare. Erst nach Zustimmung des Europäischen Parlaments können die Benannten dann von den Regierungen ernannt werden. Bei Bedarf kann der Rat die Zahl der Kommissionsmitglieder verändern. Während ihrer **fünfjährigen Amtszeit** sind die Kommissare weder dem Rat der Europäischen Union noch ihren heimatlichen Regierungen verantwortlich, dürfen also von diesen auch keine Anweisungen entgegennehmen.

Ein EU-Kommissar allein kann keine Entscheidungen treffen. Beschlüsse darf die Kommission nur als Gremium der 20 Kommissare fassen mit der Stimmenmehrheit der Mitglieder. Für seinen Aufgabenbereich jedoch ist der Kommissar eigenverantwortlich zuständig.

Die Verwaltung ist in 36 Generaldirektionen und Fachdienste gegliedert, etwa vergleichbar den Ministerien eines Landes. Die Generaldirektoren unterstehen den Mitgliedern der Kommission, die politisch und fachlich für eine oder mehrere Generaldirektionen verantwortlich sind.

7.2.2 Rat der Europäischen Union

Der »Rat« in der Europäischen Union setzt sich immer aus je einem Minister jedes Mitgliedsstaates zusammen, also aus derzeit 15 Personen (deshalb auch »Ministerrat« genannt). Bislang mussten diese stets Mitglieder der jeweiligen Zentralregierungen sein, für die Bundesrepublik also Bundesminister. Seit dem Maastrichter Vertrag können auch Minister der Länder im Rat vertreten sein. Gewöhnlich ist mit »Rat« die Zusammenkunft der Außenminister gemeint; aber auch andere Minister können den »Rat« bilden, je nachdem, welche Fachfragen anstehen, beispielsweise der Rat der Gesundheitsminister. Im Rat vertreten die einzelnen Staaten ihre nationalen Interessen, hier muss der Kompromiss gefunden werden zwischen dem europäischen Entwurf der Kommission und den unterschiedlichen Interessen der 15 Länder.

Kompetenzen des Rates

Der Rat wirkt mit der Kommission an der **Rechtsetzung der Union** mit; nur er kann Rechtsakte mit Gesetzeskraft erlassen (legislative Gewalt). Tätig wird der Rat, wenn ihm ein Gesetzentwurf (Vorschlag) der Kommission vorliegt. In einigen – genau festgelegten – Fällen kann der Rat ein Gesetz sofort verabschieden, in anderen Fällen muss er zunächst einen »gemeinsamen Standpunkt« formulieren, der dem Europäischen Parlament zur zweiten Lesung zugeleitet wird.

Eine weitere wichtige Aufgabe ist die Aufstellung des **Entwurfs des Haushaltsplans**, der dann dem Europäischen Parlament zugeleitet wird. Im Rahmen der Wirtschafts- und Währungsunion hat der Rat erhebliche Befugnisse gegenüber den Mitgliedsstaaten, um diese zur »Haushaltsdisziplin« anzuhalten; sie reichen bis hin zur Verhängung von Geldstrafen.

Beschlüsse kann der Rat auf dreierlei Weise fassen: Mit einfacher Mehrheit, mit qualifizierter Mehrheit oder einstimmig. Bei Beschlüssen mit qualifizierter Mehrheit haben die Länder ein unterschiedliches, ihrer Größe entsprechendes Gewicht, die Bundesrepublik verfügt dann über zehn Stimmen. Bei sonstigen Abstimmungen hat jedes Land eine Stimme.

Ein internes Hilfsorgan des Rates ist der Ausschuss der Ständigen Vertreter; er setzt sich aus ständigen Vertretern der Mitgliedsstaaten im Rang eines Botschafters zusammen.

7.2.3 Europäischer Rat

Seit 1975 trafen sich die Staats- und Regierungschefs jährlich mehrmals im sog. »**Europäischen Rat**«, um Grundsatzfragen zu erörtern. Aus diesen Treffen resultierte 1985 die Institutionalisierung zum »Europäischen Rat«, der nunmehr über dem Rat der Europäischen Union angesiedelt ist. Der Europäische Rat fasst keine verbindlichen Beschlüsse, gibt aber die allgemeinen Leitlinien für die weitere politische Einigung Europas vor; er tritt mindestens viermal jährlich zusammen.

7.2.4 Europäisches Parlament

Das **Europäische Parlament** mit Sitz in Straßburg besteht derzeit aus 626 Abgeordneten. Die für fünf Jahre gewählten Abgeordneten sind Vertreter der in der Union verbundenen Mitgliedsländer; sie dürfen weder der Regierung eines Mitgliedsstaates noch einem leitenden Organ der Union angehören. Die Europaabgeordneten werden in den 15 Mitgliedsstaaten nach verschiedenen Wahlgesetzen gewählt. In der Bundesrepublik Deutschland erfolgt die Wahl zum Europäischen Parlament mit nur einer Stimme nach den Grundsätzen der Verhältniswahl mit Listenwahlvorschlägen (also abweichend vom Wahlsystem bei der Bundestagswahl, wo die modifizierte Verhältniswahl gilt; ▶ 6.1.4.).

Die Bundesrepublik ist mit 99 Abgeordneten im Europäischen Parlament vertreten, die in **allgemeiner, unmittelbarer, gleicher, freier** und **geheimer Wahl** gewählt werden (§ 1 Europawahlgesetz). Wie bei der Bundestagswahl gilt bei der Europawahl die Fünfprozentklausel (Sperrklausel) und das Berechnungsverfahren nach Hare-Niemeyer.

Die Rechtstellung der Abgeordneten aus der Bundesrepublik Deutschland (Immunität, Indemnität) ist im Europaabgeordnetengesetz geregelt; sie gleicht weitgehend der Rechtstellung der Bundestagsabgeordneten.

Kompetenzen des Europäischen Parlaments

Das Europäische Parlament übt im Wesentlichen ein **Kontrollrecht** gegenüber der Kommission aus und kann diese durch ein Misstrauensvotum auch zum Rücktritt zwingen, wenn sich dafür eine Zweidrittelmehrheit findet. Weiterhin kann das Europäische Parlament bei **Haushaltsfragen** mitwirken und mitbestimmen; ohne Zustimmung des Parlaments kann der EU-Haushaltsplan nicht in Kraft treten.

Um Themen fachkundig behandeln zu können, werden sie von den Abgeordneten in **Ausschüssen** für die Plenarsitzungen des Parlaments vorbereitet. Derzeit gibt es u. a.
- den Ausschuss für Recht und Bürgerrechte,
- den Ausschuss für soziale Angelegenheiten,
- den Ausschuss für Umweltfragen, Volksgesundheit und Verbraucherschutz sowie
- den Ausschuss für Rechte der Frauen und
- den Petitionsausschuss.

Das Parlament kann auch **Untersuchungsausschüsse** bilden. Jeder Bürger der Europäischen Gemeinschaft kann sich darüber hinaus beim **Bürgerbeauftragten** (=**Ombudsmann**) über Missstände in der Tätigkeit der Europäischen Institutionen beschweren.

Im Rahmen der **Binnenmarktgesetzgebung** wurde im Vertrag über die Europäische Union (Maastrichter Vertrag) die Stellung des Europäischen Parlaments gegenüber dem Rat und der Kommission durch eine Ausweitung seiner Befugnisse gestaltet. Grundsätzlich wird das Recht der legislativen Mitentscheidung (Kodezision) des Parlaments anerkannt. Diese Gesetzgebungsbefugnis ist allerdings, vorbehaltlich späterer Vertragsreformen, zunächst beschränkt auf Teilbereiche wie

- Niederlassungsrecht,
- Dienstleistungen und Rechtsangleichung im Binnenmarkt sowie
- das Gesundheitswesen.

> Mit dem Maastrichter Vertrag wurde für das Gesetzgebungsverfahren ein Vermittlungsausschuss vorgesehen, der aus den Ratsmitgliedern und einer gleichen Anzahl von Parlamentariern besteht. Durch Schaffung dieses Vermittlungsausschusses wurde dem Parlament die Möglichkeit der positiven Mitgestaltung von Rechtsakten eingeräumt, jedoch nur dann, wenn der Rat den Forderungen der Abgeordneten zustimmt. Ansonsten bleibt dem Europäischen Parlament die Einflussnahme durch sein Vetorecht, mit dem es einen Rechtsakt gänzlich verhindern kann.

7.2.5 Rechtsetzung der Europäischen Union

Das Verfahren der Europäischen Union zum Erlass eines **Rechtsaktes** ist nicht immer leicht nachvollziehbar. Vereinfacht lässt sich das Rechtsetzungsverfahren wie folgt beschreiben:
- Die Kommission erarbeitet einen »Vorschlag« und legt ihn dem **Europäischen Parlament** (EP) und dem **Rat** vor.
- In einer 1. Lesung nimmt das EP zu dem »Vorschlag« Stellung. Nach der Stellungnahme des EP behandelt der Rat den »Vorschlag« in 1. Lesung. Hat das EP keine Änderungen zum »Vorschlag« beschlossen oder stimmt der Rat den Änderungen des EP zu, ist der Rechtsakt wirksam (= »Gesetz« ist erlassen). Billigt der Rat Änderungswünsche des EP nicht, formuliert er einen »**gemeinsamen Standpunkt**«.
- In einer 2. Lesung kann das EP – innerhalb einer Frist von 3 Monaten –

  entweder dem »gemeinsamen Standpunkt« **zustimmen**, dann ist der Rechtsakt wirksam (»Gesetz« ist erlassen)

  oder den »gemeinsamen Standpunkt« mit **absoluter Mehrheit** seiner Mitglieder **ablehnen**, dann ist der Rechtsakt unwirksam (= »Gesetz« ist gescheitert)

  oder den »gemeinsamen Standpunkt« mit **absoluter Mehrheit ändern**; in diesem Falle folgt die 2. Lesung des Rates.

- In seiner 2. Lesung des Rates kann dieser – innerhalb einer Frist von weiteren 3 Monaten –
  entweder allen Änderungen des EP zustimmen, dann ist der Rechtsakt gesetzt (»Gesetz« ist erlassen)
  oder nicht alle Änderungen billigen; in diesem Fall muss der **Vermittlungsausschuss** angerufen werden.
- Das Vermittlungsverfahren des Ausschusses kann – innerhalb einer Frist von 6 Wochen – enden –
  entweder ohne gemeinsame Entscheidung, dann ist der Rechtsakt gescheitert (= »Gesetz« ist gescheitert
  oder mit einem »gemeinsamen Entwurf«, der in diesem Fall an den Rat und das EP weitergeleitet wird.
- Stimmen – innerhalb einer Frist von 6 Wochen – Rat und EP dem »gemeinsamen Entwurf« zu, ist der Rechtsakt wirksam (= »Gesetz« ist erlassen);
- Wird der »gemeinsame Entwurf« von Rat oder EP abgelehnt, ist der Rechtsakt gescheitert (= »Gesetz« ist gescheitert).

Rechtsakte und andere Maßnahmen können sein:

Verordnungen

Eine Verordnung ist ein allgemein verbindlicher Rechtsakt, der in allen Mitgliedstaaten unmittelbar anzuwenden ist, ohne zuvor in nationales Recht umgesetzt werden zu müssen; sie hat **Rechtsatzqualität**. Sowohl Rat als auch Kommission können Verordnungen erlassen.

Richtlinien

Das alleinige **Initiativrecht** für eine Richtlinie liegt bei der Kommission. Sie wird vom Rat – nach pflichtgemäßer Anhörung des Europäischen Parlaments und des Wirtschafts- und Sozialausschusses – einstimmig erlassen.

 Eine **Richtlinie** ist ein Gemeinschaftsgesetz, das die Mitgliedstaaten zur Verwirklichung eines bestimmten Ziels verpflichtet, wobei jedoch die Wahl der Methode jedem einzelnen Mitglied überlassen wird.

In der Praxis sind in der Regel nationale Rechtsvorschriften zur Umsetzung erforderlich. Nach der Rechtsprechung des Europäischen Gerichtshofes sind die Mitgliedstaaten bereits vor dem Ablauf der immer vorgesehenen Umsetzungsfrist an die Grundzüge der Richtlinien gebunden. Daraus resultiert, dass Mitgliedsregierungen keine Maßnahmen mehr ergreifen können, die einer erlassenen Richtlinie zuwider laufen.

Die Ausbildungsvorschriften zahlreicher Berufe im Gesundheitswesen basieren auf Richtlinien der Europäischen Union.

Empfehlungen

Eine **Empfehlung** ist nicht verbindlich (also kein Gesetz). Sowohl der Rat als auch die Kommission können Empfehlungen abgeben.

7.2.6 Europäischer Gerichtshof

Der **Europäische Gerichtshof** ist kein eigentliches Organ der Union. Diese Einrichtung geht auf die »Römischen Verträge« von 1957 zurück. Der Gerichtshof mit Sitz in Luxemburg hat die Aufgabe, die Wahrung des Rechts bei der Auslegung und Anwendung der Gemeinschafts-/Unionsverträge sowie der von Rat oder Kommission erlassenen Vorschriften zu sichern. Vor allem ist der Gerichtshof zuständig für Entscheidungen über Streitigkeiten zwischen den Mitgliedsstaaten und entscheidet über Rechte des Einzelnen gegen Akte der europäischen Gewalt.

(Eine Übersicht über die Institutionen der Europäischen Union gibt Abbildung 7.4.)

7.3 Europarat

Obwohl häufig mit der Europäischen Union in Zusammenhang gebracht, hat der **Europarat** nichts mit der Union zu tun. Der Europarat wurde 1949 gegründet, besteht derzeit aus 27 Mitgliedsstaaten und ist eine Institution der europäischen zwischenstaatlichen Zusammenarbeit. Mit wenigen Ausnahmen gehören alle europäischen Staaten dem Europarat an. Sein höchstes Organ ist das **Ministerkomitee**, in dem die Außenminister der Mitgliedsländer zweimal jährlich zusammentreffen und die Leitlinien der Aktivitäten festlegen. Dem Ministerkomitee ist die Parlamentarische Versammlung untergeordnet, die viermal im Jahr in Straßburg tagt.

Abkommen oder Konventionen des Europarates erlangen in den Ländern, die die Abkommen ratifizieren, Gesetzeskraft.

Zu den wichtigsten Konventionen zählen:
- die Europäische Konvention zum Schutz der Menschenrechte und Grundfreiheiten (1950),

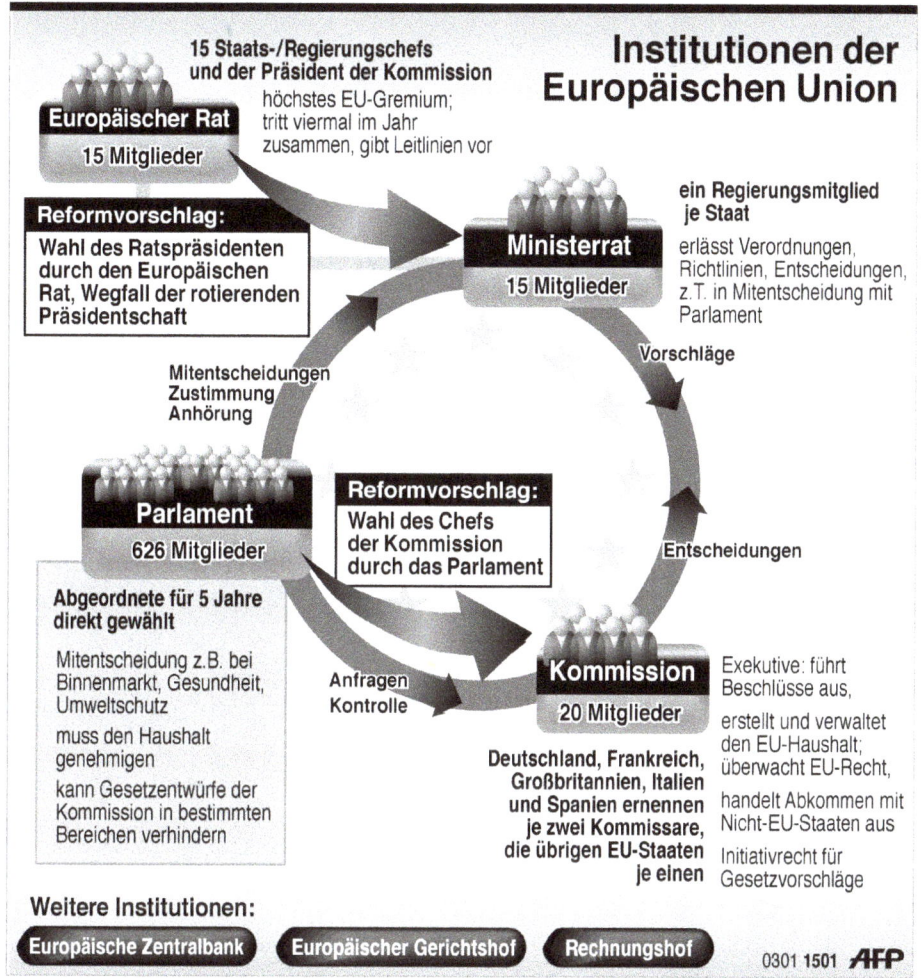

○ Abb. 7.1. Die Institutionen der EU

— die **Europäische Sozialcharta** (1961) und
— die Europäische Konvention zur Verhütung von Folter und menschenunwürdiger Behandlung oder Bestrafung (1987).

Der Rechtsschutz insbesondere bei Verletzungen der Menschrechte ist seit 1998 dem ständigen **Europäischen Gerichtshof für Menschenrechte** (Straßburg) anvertraut.

7.4 Grundrechtscharta der Europäischen Union

Einen »Grundrechtskatalog« ähnlich dem **Grundgesetz** kennt die Europäische Union (noch) nicht. Allerdings wurde auf Anregung des Europäischen Rates eine EU-Grundrechtscharta erarbeitet, die seit dem Jahr 2000 diskutiert wird (▶ 6.2.).

Auch ohne »Charta der Grundrechte« ist die Europäische Union kein grundrechtsfreier Raum. Nach dem EU-Vertrag beruht die Gemeinschaft auf den Grundsätzen
— der Freiheit,
— der Demokratie,

— der Achtung der Menschenrechte und Grundfreiheiten sowie
— der Rechtsstaatlichkeit.

Darüber hinaus ist im EU-Vertrag verankert, dass die Europäische Union die Grundrechte achtet, die sich aus der Europäischen Menschenrechtskonvention ergeben. Dennoch – so die Befürworter einer **EU-Grundrechtscharta** – würde der Grundrechtsschutz für jeden einzelnen Unionsbürger verständlicher formuliert und wäre zeitgemäßer als die Konvention aus dem Jahre 1950.

Überprüfen Sie Ihr Wissen

1. Auf welchen Säulen ruht die Europäische Union?
   Antwort: ▶ 7.1
2. Durch welchen Vertrag wurde die Europäische Union gegründet?
   Antwort: ▶ 7.2
3. Wie setzt sich die Europäische Kommission zusammen und welche Aufgaben hat sie?
   Antwort: ▶ 7.2.1
4. Wie funktioniert das Rechtsetzungsverfahren der EU?
   Antwort: ▶ 7.2.5
5. Welche Abkommen hat der Europarat getroffen?
   Antwort: ▶ 7.3
6. Was ist der Unterschied zwischen Europäischem Rat und Europa Rat?
   Antwort: ▶ 7.2.3 und 7.3
7. Gibt es eine EU-Grundrechtscharta?
   Antwort: ▶ 7.4

Überprüfen Sie Ihr Wissen – 68

Die Achtung und Wahrung der Menschenrechte steht des weiteren in der »allgemeinen Erklärung der Menschenrechte« der Vereinten Nationen (**UNO** = United Nations Organization), die von der Generalversammlung am 10.12.1948 verkündet wurde.

Die Vereinten Nationen mit Sitz in New York sind ein völkerrechtlicher Zusammenschluss (▶ 6.1.), der am 26.06.1945 mit der Unterzeichnung der **Charta der Vereinten Nationen** geschaffen wurde und als Vorbild den Genfer Völkerbund sah.

Organe der Vereinten Nationen sind u. a.:

- Der **Sicherheitsrat:** Dessen Aufgabe besteht hauptsächlich in Maßnahmen zur Erhaltung des Weltfriedens. Der Sicherheitsrat besteht aus fünf ständigen Mitgliedern (USA, Russland, Großbritannien, Frankreich, Volksrepublik China) mit Vetorecht und weiteren zehn wechselnden, nicht ständigen Mitgliedern ohne Vetorecht, aber Stimmrecht. Seit Januar 2003 ist Deutschland für zwei Jahre zum vierten Mal nicht ständiges Mitglied im UN-Sicherheitsrat. Das mächtigste Gremium der UN kann nur einstimmig beschließen, in dem es z. B. einen Friedensbruch in Form einer Resolution feststellt. Er hat dann die Wahl zwischen friedlichen oder militärischen Sanktionsmaßnahmen. Nach der UN-Charta ist der Sicherheitsrat das einzige Organ der Vereinten Nationen, dessen Resolutionen für die Mitgliedsstaaten bindend sind.
- Die **Generalversammlung:** Sie setzt sich aus Vertretern aller Mitgliedsstaaten (= Bevollmächtigte) zusammen und beschließt in der Regel mit einfacher, in wichtigen Fragen mit zwei-drittel Mehrheit. Ihre Hauptaufgabe liegt in der Abstimmung aller auf den Weltfrieden abzielenden Aktionen.
- Der **Wirtschafts- und Sozialrat:** Dessen Hauptaufgabe liegt in der Bearbeitung von Angelegenheiten der Wirtschaft, des Sozialwesens, der Kultur, der Erziehung, der Gesundheit und verwandter Gebiete.
- Das **Generalsekretariat** als Verwaltungsorgan
- Der **Internationale Gerichtshof** in Den Haag als Nachfolger des Völkerbundgerichtshofes

Neben den zahlreichen Friedensmissionen der sog. »Blauhelme« kümmert sich die UNO vor allem um verbesserte Beziehungen zwischen den Industrie- und Entwicklungsländern. So zielt die im Jahr 1974 beschlossene **Wirtschafts-Charta** darauf ab, den Ländern der »Dritten Welt« einen größeren Anteil am Weltwirtschaftsprodukt zu sichern.

Die weltweite Bekämpfung der Armut, die allgemeine Vollbeschäftigung und die soziale Integration für alle Menschen wurde als Ziel auf dem **UN-Sozialgipfel** 1995 in Kopenhagen formuliert und in einem Aktionsprogramm sowie einer 10-Punkte-Erklärung festgeschrieben.

Überprüfen Sie Ihr Wissen

1. Was sind die Organe der UNO?
   Antwort: ▶ 8.0
2. Welche Aufgaben hat der Wirtschaft- und der Sozialrat der Vereinten Nationen?
   Antwort: ▶ 8.0
3. Welche Funktion hat Deutschland im UN-Sicherheitsrat?
   Antwort: ▶ 8.0

Gesetzeskunde

9	Zivilrechtliche Vorschriften	– 71
10	Das zivilrechtliche Haftungssystem	– 95
11	Strafrechtliche Bestimmungen	– 141
12	Arbeitsrechtliche Bestimmungen	– 179
13	Sozialversicherungsrecht	– 241
14	Bundessozialhilfegesetz – ein Überblick	– 263
15	Grundsicherungsgesetz	– 267
16	Hygiene und Infektionsschutz	– 269
17	Arznei- und Betäubungsmittelrecht	– 285
18	Lebensmittelrecht	– 299
19	Gesundheitswesen, Gesundheitsrecht und Gesundheitsdienst	– 305

9.1 Rechtsfähigkeit – 72

9.1.1 Exkurs: Transplantationsgesetz – 73
9.1.2 Meldepflichten – 74
9.1.3 Namensrecht – 75
9.1.4 Wohnsitz – 76
9.1.5 Parteifähigkeit – 76

9.2 Handlungsfähigkeit – 76

9.2.1 Geschäftsfähigkeit, Betreuung, Unterbringung, Vormundschaft, Pflegschaft – 76
9.2.2 Deliktsfähigkeit – 85

9.3 Strafmündigkeit – 86

9.4 Ehemündigkeit – 86

9.5 Testierfähigkeit – 88

9.5.1 Testamentserrichtung – 89
9.5.2 Testamentarische Zuwendungen an Pflegekräfte – 92

Überprüfen Sie Ihr Wissen – 93

> Die Gesetzeskunde will in erster Linie diejenigen gesetzlichen Bestimmungen zur Kenntnis bringen und erörtern, die für die Berufe im Gesundheitswesen von Interesse und Bedeutung sein können. Zu den berufsrelevanten Vorschriften zählen neben den zivilrechtlichen Haftungsregeln z. B.
> - das Betreuungsrecht,
> - das Arbeitsrecht einschließlich arbeitsschutzrechtlicher Vorgaben, ebenso wie
> - strafgesetzliche Vorschriften,
> - das Hygienerecht,
> - das Sozialversicherungsrecht,
> - das Arznei- und Betäubungsmittelrecht,
> - das Lebensmittelrecht und – nicht zuletzt –
> - die Organisation des Gesundheitsdienstes.

Die zivilrechtlichen Bestimmungen sind im Bürgerlichen Gesetzbuch (BGB). festgehalten. Sie geben sowohl Antwort auf Fragen der
- Rechtsfähigkeit,
- Geschäftsfähigkeit,
- Testierfähigkeit als auch der
- Haftung beispielsweise von Angehörigen der Berufe im Gesundheitswesen.

9.1 Rechtsfähigkeit

> Rechtsfähig sein bedeutet, Träger von Rechten und Pflichten sein zu können.

Träger derartiger Rechte und Pflichten kann die Einzelperson (= natürliche Person) oder aber auch eine Personenvereinigung (= juristische Person, z. B. der Verein) sein.

Beginn der Rechtsfähigkeit

Nach § 1 BGB ist jeder Mensch mit der **Vollendung der Geburt** rechtsfähig. Vollendet ist eine Geburt, wenn das Kind in seinem ganzen Umfang den Mutterleib verlassen hat. Dabei muss die Nabelschnur jedoch noch nicht durchtrennt sein.
Um Rechtsträger sein zu können, muss das geborene Kind notwendig eine **Lebendgeburt** sein.

> Eine Lebendgeburt liegt nach § 29 der Verordnung zur Ausführung des Personenstandsgesetzes (PStV) vor, wenn bei dem Geborenen nach der Scheidung vom Mutterleib entweder das Herz geschlagen oder die Nabelschnur pulsiert oder die natürliche Lungenatmung eingesetzt hat. Die Lebensfähigkeit ist, wenn es sich um eine Lebendgeburt handelt, nicht entscheidend.

Im medizinischen Sprachgebrauch wird eine Lebendgeburt als **Frühgeburt** bezeichnet, wenn das Kind vor dem Ende der 37. bzw. 38. Schwangerschaftswoche geboren wurde. Ein »Frühgeborenes« ist ein Kind mit einem Geburtsgewicht von 2500 g und weniger (lebend). Das entspricht dem allgemeinen Sprachgebrauch: Danach ist eine Frühgeburt sowohl die Geburt eines noch nicht voll ausgetragenen Kindes als auch die Geburt eines lebensfähigen Kindes vor Ablauf der 9 Monate. In der sozial- und arbeitsrechtlichen Literatur (z. B. im Zusammenhang mit § 6 MuSchG = Mutterschutzgesetz) und nach der Rechtsprechung (BAG, DB 1997, 1337 f) ist eine Frühgeburt
- eine Entbindung, bei der das Kind, bei Mehrlingsgeburten das Schwerste der Kinder, ein Geburtsgewicht unter 2500 g hat oder
- bei der das Kind trotz höheren Geburtsgewichts wegen noch nicht voll ausgebildeter Reifezeichen oder wegen verfrühter Beendigung der Schwangerschaft einer wesentlich erweiterten Pflege bedarf.

Auch wenn ein Kind alsbald nach der Geburt gestorben ist, hat es Rechtsfähigkeit erworben und ist u. U. erbberechtigt geworden. Auch Missgeburten sind rechtsfähig, selbst wenn sie sich vom Durchschnitt noch so sehr unterscheiden.

Im Gegensatz zu früheren Rechtsordnungen fehlt es an Bestimmungen über **Zwitter**. Dies sind zweigeschlechtlich geborene Personen. Die bestehende Rechtsordnung kennt nur das männliche und weibliche Geschlecht, in Zweifelsfällen soll das überwiegende Geschlecht entscheiden.

Die von der Rechtsprechung bislang angenommene Unwandelbarkeit des Geschlechts hat eine bedeutsame Ausnahme für den Personenkreis der sog. **Transsexuellen** gefunden. Diese Personen leben in der Annahme, eigentlich dem Gegengeschlecht anzugehören. Transsexualismus ist eines der wichtigsten Erscheinungsbilder psychisch-sexueller Fehlentwicklungen, deren Ursachen (Ätiologie) noch nicht endgültig geklärt sind. Der Gesetzgeber hat den medizinischen Erkenntnissen Rechnung getragen. Seit dem 01.01.1981 können Transsexuelle ihr äußeres Geschlecht durch eine genitalverändernde Operation dem nicht korrigierbaren psychischen Empfinden anpassen. Nach einer solchen Maßnahme richten sich dann alle Rechte und Pflichten nach dem neuen Geschlecht.

In bestimmten **Sonderfällen** trägt der Gesetzgeber den Interessen der noch nicht rechtsfähigen Leibesfrucht Rechnung, selbst schon dann, wenn die Leibesfrucht noch nicht erzeugt ist. Dadurch werden z. B. Unterhaltsrechte der bereits gezeugten, aber noch nicht geborenen Leibesfrucht gesichert (§ 844 BGB). Ein Erblasser kann ein Vermächtnis zu Gunsten eines im Zeitpunkt des Erbfalls noch nicht Erzeugten anordnen.

Während der Mensch, die sog. natürliche Person, mit der Vollendung der Geburt rechtsfähig wird, beginnt die Rechtsfähigkeit juristischer Personen (Personenvereinigungen) mit dem Zeitpunkt des Abschlusses ihrer Entstehung, bei Vereinen z. B. in der Regel mit der Eintragung im Vereinsregister.

Ende der Rechtsfähigkeit

Die Rechtsfähigkeit der juristischen Person endet mit dem Abschluss des Liquidationsverfahrens.

> Die Rechtsfähigkeit der natürlichen Person endet mit dem Tod.
> Zu welchem Zeitpunkt der Tod eintritt – ob der Herz-, Kreislauf- oder Hirntod maßgeblich ist – ist in erster Linie eine medizinische Frage.

Die Beantwortung der Frage ist – zumindest – in doppelter Hinsicht bedeutsam. Zum einen gilt medizinrechtlich der Eintritt des Todes als (späteste) Grenze der ärztlichen/pflegerischen Behandlungspflicht. Zum anderen gilt er als Voraussetzung für die Organentnahme zu Transplantationszwecken.

Als **Todeszeitpunkt im Rechtssinne** wird – wenn auch nie ganz unbestritten – der Hirntod (AG Hersbruck, MedR 1993, 111) angenommen, also der irreversible und vollständige Funktionsausfall des Gesamthirns (zu den Kriterien des Hirntods vgl. Bundesärztekammer, 29.06.1991).

Eine **Todeserklärung** beendet die Rechtsfähigkeit nicht. Sie begründet nur eine Vermutung, die mit Auftauchen des für tot Erklärten widerlegt ist. Todeserklärungen werden gerichtlich z. B. ausgesprochen, wenn Personen über einen längeren Zeitraum, mindestens ein Jahr, vermisst werden, etwa nach Naturkatastrophen, Terrorakten, Kriegssituation/Gefangenschaft. Bei Verschollensein – wenn auch nur die schwache Möglichkeit besteht, dass der Vermisste noch lebt – beläuft sich der Zeitraum auf zehn Jahre.

9.1.1 Exkurs: Transplantationsgesetz

Das seit 1997 geltende **Transplantationsgesetz** (TPG) erkennt für die Organentnahme als Todeszeitpunkt den **Hirntod** an, als »endgültigen, nicht behebbaren Ausfall der Gesamtfunktionen des Großhirns, des Kleinhirns und des Hirnstamms« an. Er muss »nach Verfahrensregeln, die dem Stand der Erkenntnisse der medizinischen Wissenschaft entsprechen« (§ 3 Abs. 2 Nr. 2 TPG), festgestellt werden. Trotz dieser Definition kann im sog. »Nachweisverfahren« (§ 5 TPG) die Feststellung des Todes durch einen Arzt erfolgen, »wenn der endgültige, nicht behebbare Stillstand von Herz und Kreislauf eingetreten ist und seitdem mehr als drei Stunden vergangen sind«.

> Bei Organentnahmen ist zu unterscheiden zwischen solchen bei Toten und den bei Lebenden.

Organentnahme bei Toten

Im Gesetzgebungsverfahren wurden mehrere Lösungsansätze diskutiert. Dazu gehörten:
— Die **Widerspruchslösung**: Die Organentnahme ist grundsätzlich zulässig, es sei denn, der Verstorbene hat zu Lebzeiten widersprochen. Die Angehörigen haben kein Widerspruchsrecht (so in der ehemaligen DDR).
— Die **Informationslösung**: Die Organentnahme ist zulässig, wenn der Verstorbene zu Lebzeiten zugestimmt hat. Fehlt es daran, müssen die Angehörigen von der geplanten Organentnahme informiert werden; sie können innerhalb einer angemessenen Frist widersprechen.
— Die **Zustimmungslösung**: Die Organentnahme ist zulässig, wenn der Verstorbene bei Lebzeiten zugestimmt hat oder nach seinem Tod die Angehörigen die Zustimmung erteilen (so z. B. in Dänemark, Schweden, den Niederlanden).

Der Gesetzgeber hat sich für ein **vermittelndes Konzept** entschieden. Danach gilt eine Organentnahme als zulässig, wenn der Betroffene zu Lebzeiten wirksam zugestimmt hat. Dafür spricht das Vorliegen eines **Organspendeausweises**.

Fehlt eine schriftliche Einwilligung oder ein schriftlicher Widerspruch des möglichen Spenders, so sind dessen nähere Angehörige zu fragen, ob ihnen eine entsprechende Erklärung bekannt ist. Ist dies nicht der Fall, so kann der nächste Angehörige zustimmen.

Dieses Zustimmungsrecht ist offenbar ein eigenes Bestimmungsrecht; es geht nicht zurück auf das nach dem Tode fort wirkende **Persönlichkeitsrecht** des Verstorbenen.

Der Angehörige hat bei seiner Entscheidung einen mutmaßlichen Willen des möglichen Organspenders zu beachten. Er ist aber nicht verpflichtet, ihm zu folgen.

Wer **nächster Angehöriger** ist, regelt das Transplantationsgesetz mit größter Genauigkeit (§ 4 Abs. 2 TPG). Es sind:
- Ehegatten,
- volljährige Kinder,
- Eltern,
- volljährige Geschwister und
- Großeltern.

Letztere scheiden allerdings aus, wenn sie in den zwei vorangegangenen Jahren keinen persönlichen Kontakt zu dem Organspender hatten.

Die Organentnahme muss unter Achtung der Würde des Spenders in einer der ärztlichen Sorgfaltspflicht entsprechenden Weise durchgeführt werden (§ 6 Abs. 1 TPG).

Organentnahme bei Lebenden

Die Lebendspende steht der Organentnahme von Toten gleichrangig, ergänzend gegenüber (= subsidiär).

Der Spender muss volljährig und einwilligungsfähig sein, nach Aufklärung zugestimmt haben und darf nicht über das Operationsrisiko hinaus gefährdet sein (§ 8 Abs. 1 TPG).

Als Empfänger kommen nur Verwandte ersten oder zweiten Grades, Ehegatten, Verlobte oder Personen in Betracht, die dem Spender in besonderer persönlicher Verbundenheit offenkundig nahe stehen (§ 8 TPG).

Die **Aufklärung** hat mit ihren Einzelheiten durch einen Arzt in Anwesenheit eines weiteren Arztes zu erfolgen; sie muss niedergeschrieben sein (§ 8 Abs. 2 TPG).

Weitere Voraussetzung ist das Vorliegen eines Gutachtens einer Landeskommission (§ 8 Abs. 3 TPG).

 Die Regelung des Gesetzes gilt umfassend: Organe sind alle menschlichen Organe, Organteile und Gewebe; nicht anzuwenden ist das Gesetz auf Blut und Knochenmark sowie auf embryonale oder fötale Organe und Gewebe.

Eine diagnostizierte **Anenzephalie** (sog. Froschkopf – Fehlbildung des Schädels, bei der auch wesentliche Teile des Gehirns fehlen oder degeneriert sind) bei Neugeborenen berechtigt nicht allein auf Grund der Diagnose zur Organentnahme; jedenfalls nicht, soweit ein funktionstüchtiger Hirnstamm vorhanden ist. Sie ist allenfalls nach gesicherter Todesfeststellung denkbar.

Sektion

Die klinische Sektion ist im Unterschied zur Organtransplantation mit wenigen Ausnahmen bezüglich der Leichenöffnung im Rahmen eines gerichtlichen, staatsanwaltlichen oder (gesundheits-)behördlichen Verfahrens nicht gesetzlich geregelt. Es besteht jedoch Einigkeit darüber, dass sie nur bei vorliegender Einwilligung des Verstorbenen oder der totensorgeberechtigten Angehörigen zulässig ist.

9.1.2 Meldepflichten

Sowohl die **Geburt** als auch der **Tod** eines Menschen müssen dem zuständigen Standesbeamten (im Einzelnen geregelt im Personenstandsgesetz) mitgeteilt werden.

 Zuständig ist, in dessen Bezirk die Geburt erfolgt oder der Tod eingetreten ist.

Lebendgeburt

Die **Geburtsanzeigepflicht** trifft in der nachstehenden Reihenfolge:
- 1. den Vater des Kindes, wenn er Mitinhaber der elterlichen Sorge ist,
- 2. die Hebamme, die bei der Geburt zugegen war,
- 3. den Arzt, der dabei zugegen war,
- 4. jede andere Person, die dabei zugegen war oder von der Geburt aus eigenem Wissen unterrichtet ist,
- 5. die Mutter, sobald sie dazu imstande ist.

Bei Geburten in öffentlichen Anstalten ist ausschließlich der Anstaltsleiter oder der von der zuständigen Behörde ermächtigte Beamte zur Anzeige verpflichtet. Eine schriftliche Anzeige in amtlicher Form (Formblätter) reicht aus.

Die **Geburtsanzeige** hat **binnen einer Woche** zu erfolgen. Sie muss enthalten:
- die Vor- und Familiennamen der Eltern, ihren Beruf und Wohnort,
- gegebenenfalls die Religionszugehörigkeit,
- Ort, Tag und Stunde der Geburt,
- Geschlecht des Kindes und einen Vornamen. Der kann allerdings noch binnen Monatsfrist später angezeigt werden.

Außerdem muss der Anzeigende seinen Vor- und Familiennamen sowie Beruf und Wohnort angeben.

Totgeburt

🛈 Von einer **Totgeburt** spricht der Gesetzgeber (§ 29 Abs. 2 AVoPStG), wenn nach der Trennung vom Mutterleib weder das Herz geschlagen, noch die Nabelschnur pulsiert hat, noch die natürliche Lungenatmung eingesetzt hat, und das Gewicht der Leibesfrucht **mindestens 500 g** beträgt.

Beträgt das Gewicht einer tot geborenen oder in der Geburt verstorbenen Frucht weniger als 500 g, so handelt es sich um eine **Fehlgeburt** (§ 29 Abs. 3 AVoPStG). Die Unterscheidung zwischen Totgeburt und Fehlgeburt hat u. a. im Bereich des Mutterschutzgesetzes große praktische Bedeutung und Auswirkungen: Fehlgeburten sind – anders als Totgeburten – keine Entbindungen im Sinne des Mutterschutzgesetzes. Ist also eine Frau infolge einer Fehlgeburt arbeitsunfähig und krank, so beurteilen sich die Rechtsfolgen nach den Vorschriften über eine Arbeitsverhinderung infolge Erkrankung. Anders ist es bei Lebend- und Totgeburt: hier besteht bezüglich des Mutterschutzes kein Unterschied (▶ 12.5.11).

Anencephale Neugeborene sind, soweit ein funktionstüchtiger Hirnstamm vorhanden ist, keine Totgeburten.

Der Tod eines Menschen muss spätestens **am folgenden Werktag** dem Standesbeamten des Bezirkes, in dem der Tod eintrat, angezeigt werden.

Die Pflicht zur – mündlichen – Anzeige des Todes trifft:
— das Familienoberhaupt,
— denjenigen, in dessen Wohnung sich der Sterbefall ereignet hat,
— jede Person, die bei dem Tod zugegen war oder von dem Sterbefall aus eigenem Wissen unterrichtet war.

In öffentlichen Anstalten (Krankenanstalten) ist der Anstaltsleiter oder der von der zuständigen Behörde ermächtigte Beamte oder Angestellte für die Anzeige von Todesfällen zuständig.

9.1.3 Namensrecht

Das Namensrecht ist durch das Kindschaftsrechtsreformgsetz im Jahre 1997 und das Kinderrechtverbesserungsgesetz im Jahre 2002 wesentlich geändert worden.

Grundsätze des Namensrechts
— Mit der Geburt erhält das Kind den Ehenamen seiner Eltern als Geburtsnamen (§ 1616 BGB).
— Führen die Eltern keinen Ehenamen (▶ 9.4), steht ihnen aber das Sorgerecht gemeinsam zu, so bestimmen sie durch Erklärung gegenüber dem Standesbeamten den Namen zum **Geburtsnamen** des Kindes, den entweder der Vater oder die Mutter z. Z. der Erklärung führt; die Wahl eines Doppelnamens, bestehend aus den Namen beider Elternteile, ist ausgeschlossen (OLG Oldenburg, NJW 1995, 537). Die getroffene Bestimmung der Eltern gilt dann auch für weitere gemeinsame Kinder (§ 1617 Abs. 1 BGB).
— Treffen die Eltern innerhalb eines Monats nach der Geburt des Kindes keine Bestimmung, dann überträgt das Vormundschaftsgericht einem Elternteil das Bestimmungsrecht. Wird das Bestimmungsrecht auch in einer vom Vormundschaftsgericht gesetzten Frist nicht ausgeübt, so erhält das Kind den Namen des Elternteils, dem das Bestimmungsrecht übertragen wurde (§ 1617 Abs. 2 BGB).
— Bestimmen die Eltern einen Ehenamen, nachdem das Kind das fünftes Lebensjahr vollendet hat, so erstreckt sich der Ehename auf den Geburtsnamen des Kindes nur dann, wenn es sich der Namensänderung anschließt (§ 1617c BGB).
— Führen die Eltern keinen Ehenamen und steht die elterliche Sorge nur einem Elternteil zu, so erhält das Kind den Namen, den dieser Elternteil im Zeitpunkt der Geburt des Kindes führt (§ 1617a BGB).

Den Vornamen bekommt das Kind durch Bestimmung seitens der **Personensorgeberechtigten**; das sind entweder die Eltern oder – bei nichtehelichen Kindern – die Mutter, gegebenenfalls auch ein Vormund. Der **Vorname** muss grundsätzlich dem **Geschlecht** entsprechen, so dass Knaben einen männlichen und Mädchen einen weiblichen Vornamen erhalten müssen.

Eine **Ausnahme** gilt für den Vornamen »Maria«. Er darf einem männlichen Vornamen als Zweitname beigegeben werden.

Eine weitere Ausnahme enthält das Gesetz über die Änderung der Vornamen und die Feststellung der Geschlechtszugehörigkeit in besonderen Fällen (Transsexuellengesetz, ▶ 9.1). Vorname wie Familienname können auf Antrag unter bestimmten Voraussetzungen geändert werden.

9.1.4 Wohnsitz

Minderjährige teilen den Wohnsitz der Eltern (§ 11 BGB).

> Unter Wohnsitz ist der räumliche Mittelpunkt der Lebensinteressen einer Person zu verstehen. Mit einem Wohnsitzwechsel ist eine Meldepflicht bei der örtlichen Meldebehörde verbunden.

Ein Wohnsitz kann auch an mehreren Orten begründet werden. In diesem Falle ist der Meldebehörde mitzuteilen, welche Wohnung die Hauptwohnung und welche die Nebenwohnung ist. Hauptwohnung ist die vorwiegend benutzte Wohnung. Für einen **Minderjährigen** ist dies die Wohnung der Personensorgeberechtigten.

9.1.5 Parteifähigkeit

Der Rechtsfähigkeit des bürgerlichen Rechts entspricht im Wesentlichen die Parteifähigkeit der Zivilprozessordnung. Die Parteifähigkeit ist die Fähigkeit, in einem Rechtsstreit Partei zu sein (§ 50 ZPO). Als Partei wird in der Regel der Kläger oder Beklagte, der Antragsteller oder Antragsgegner bezeichnet, also derjenige, von dem oder gegen den Rechtsschutz gesucht wird.

9.2 Handlungsfähigkeit

Der (mehr passiven) Rechtsfähigkeit steht die (aktive) Handlungsfähigkeit gegenüber.

> Bei der Handlungsfähigkeit kommt es darauf an, ob der Mensch für sein Handeln zivilrechtlich verantwortlich gemacht werden kann. Dies ist letztlich eine Frage der Einsichts- und Willensfähigkeit.

Einem kleinen Kind fehlt die **Einsichtsfähigkeit** noch. Aus diesem Grund handeln die gesetzlichen Vertreter für das Kind, das wegen fehlender Einsichts- und Willensfähigkeit noch nicht handlungsfähig ist. Das sind in der Regel die Eltern, aber auch eventuell ein Vormund.

> Die Handlungsfähigkeit wird allgemein als die Fähigkeit, durch eigenes Handeln Rechtswirkungen hervorrufen zu können, verstanden.

Sie gliedert sich in
— Geschäftsfähigkeit und
— Deliktsfähigkeit.

9.2.1 Geschäftsfähigkeit, Betreuung, Unterbringung, Vormundschaft, Pflegschaft

Geschäftsfähigkeit

> Unter Geschäftsfähigkeit versteht das Gesetz die Fähigkeit, durch eigene Willenserklärungen Rechte und Pflichten erwerben zu können.

> Die 3 Stufen der Geschäftsfähigkeit
> — die Geschäftsunfähigkeit,
> — die beschränkte Geschäftsfähigkeit und
> — die volle Geschäftsfähigkeit

Diese drei Stufen entsprechen den Entwicklungsstufen des Menschen.

Geschäftsunfähig (§ 104 BGB) ist der Mensch bis zur Vollendung des 7. Lebensjahres. Willenserklärungen sind nichtig, z. B. Kauf- oder Arztverträge können nicht abgeschlossen werden. Gleiches gilt für denjenigen, der sich in einem die freie Willensbestimmung ausschließenden Zustand krankhafter Störung der Geistestätigkeit befindet, sofern nicht der Zustand seiner Natur nach vorübergehend ist, wie z. B. Rauschzustand oder (nicht-)komatöse Bewusstlosigkeit.

Beschränkt geschäftsfähig (»minderjährig« § 106 BGB), ist der Mensch bis zur Vollendung des 18. Lebensjahres. Seine Willenserklärung kann, muss aber nicht wirksam sein. Jedenfalls kann der gesetzliche Vertreter die Rechtsgeschäfte des Minderjährigen genehmigen.

Im Grundsatz gilt: Geschäfte, die dem Minderjährigen lediglich einen rechtlichen Vorteil bringen, sind gültig. Gleiches gilt für die sog. »**Bargeschäfte**«. Auf Grund des »Taschengeldparagraphen« (§ 110 BGB) gelten Verträge, die ein Minderjähriger ohne Zustimmung seines gesetzlichen Vertreters geschlossen hat, als von Anfang an wirksam, wenn der Minderjährige die vertragsgemäße Leistung mit Mitteln bewirkt, die ihm zu diesem Zweck oder zur freien Verfügung überlassen worden sind.

Voll geschäftsfähig ist der Mensch ab dem 18. Lebensjahr (§ 2 BGB).

Ab diesem Zeitpunkt gelten Willenserklärungen des Volljährigen für und gegen ihn. Er kann wirksam Verträge abschließen, die ihn berechtigen, aber in der Regel auch verpflichten.

Betreuung

Einer volljährigen Person kann unter bestimmten Voraussetzungen ein Betreuer zur Seite gestellt werden.

Mit der Einführung der Betreuung durch das Betreuungsgesetz (BtG vom 12.09.1990 mit späteren Änderungen) hat der Gesetzgeber die früher bestehenden Institutionen der Entmündigung und Gebrechlichkeitspflegschaft aufgehoben.

> Für einen Volljährigen bestellt das Vormundschaftsgericht auf dessen Antrag oder von Amts wegen einen Betreuer, wenn er seine Angelegenheiten ganz oder teilweise infolge einer psychischen Krankheit oder einer körperlichen, geistigen oder seelischen Behinderung nicht besorgen kann (§ 1896 Abs. 1 BGB).
> Voraussetzung für eine Betreuung ist demnach zunächst die **Volljährigkeit** des Betroffenen.

Problematisch in diesem Zusammenhang ist, ob auch für eine **hirntote Schwangere** ein Betreuer bestellt werden kann, wenn der Leibesfrucht eine reale Lebenschance eingeräumt wird. Obgleich »ein Volljähriger« im Sinne von § 1896 BGB nur ein lebender Mensch sein kann und damit das Betreuungsrecht grundsätzlich nicht auf Verstorbene anzuwenden ist, wurde in einem entsprechenden Fall die Betreuung angeordnet (AG Hersbruck, MedR 1993, 111). Das Gericht nahm eine **Güterabwägung** zwischen dem potentiellen **Persönlichkeitsschutz** der toten Frau und dem selbstständigen **Lebensrecht** des ungeborenen Kindes zu dessen Gunsten vor. Es stellte nicht vorrangig auf den hirntoten Körper eines Menschen ab, sondern darauf, dass dieser Körper die notwendige, weil einzig mögliche lebenserhaltende Schutzhülle für eine lebende Leibesfrucht war. Auch wurde ein mutmaßlicher Wille der Toten bezüglich der medizinisch-technischen Aufrechterhaltung der Vitalfunktionen angenommen. Diesem Willen entspreche die Bestellung eines Betreuers, so das Gericht, da die Betroffene selbst nicht mehr in der Lage sei zu handeln.

Ausnahmsweise kann auch schon für einen 17jährigen vorsorglich ein Betreuer bestellt werden, wenn sich zeigt, dass er bei Volljährigkeit einen Betreuer brauchen wird (§ 1908 a BGB).

Eine weitere Voraussetzung ist, dass das **Nichtbesorgenkönnen der eigenen Angelegenheiten** bestimmte medizinische Ursachen, beispielsweise psychisch bedingte Erkrankungen, hat. Zu den psychischen Krankheiten zählen etwa körperlich nicht begründbare, endogene Psychosen ebenso wie körperlich begründbare, exogene Psychosen, Neurosen und Persönlichkeitsstörungen.

Fraglich kann die Betreuerbestellung bei Suchtkranken sein. Auch wenn **Trunksucht** und **Rauschgiftsucht** nach heutigem Verständnis als psychische Krankheiten begriffen werden, rechtfertigt die Feststellung der Sucht alleine nicht eine Betreuungsanordnung. Vielmehr müssen weitere erhebliche Krankheitssymptome hinzutreten. Voraussetzung ist in diesen Fällen, dass die Alkohol- oder Rauschgiftsucht entweder in ursächlichem Zusammenhang mit einer geistigen Behinderung steht oder ein darauf zurückzuführender Zustand im psychischen Bereich eingetreten ist, der bereits die Annahme einer psychischen Krankheit rechtfertigt. In einer derartigen Feststellung bedarf es in der Regel eines Gutachtens, das auf diese Fragen eingeht (BayObLG, MedR 1994, 33 ff).

Unter die vom Gesetzgeber genannten **geistigen Behinderungen** fallen sowohl eine angeborene oder durch Hirnschädigung erworbene Intelligenzschwäche als auch z. B. altersbedingte geistige Behinderungen.

Unter seelischen Behinderungen sind **psychische Beeinträchtigungen** als Folge von psychischen Erkrankungen zu verstehen. Blindheit und Taubheit zählen zu den körperlichen Behinderungen; hier darf ein Betreuer jedoch nur auf Antrag des Betroffenen gestellt werden. Keine Rolle spielt, ob der Betroffene infolge seiner Behinderung geschäftsfähig oder geschäftsunfähig ist.

Grundsätze der Betreuung

> Grundsätzlich gilt, dass ein Betreuer nur bestellt werden darf, wenn dies erforderlich ist, also andere Möglichkeiten der Hilfe, etwa durch Familienangehörige oder einen vom Betroffenen Bevollmächtigten ausscheiden (Erforderlichkeitsgrundsatz).

Die Bestellung eines Betreuers ist nicht erforderlich, wenn etwa die Durchführung einer Rehabilitationsmaßnahme durch die behandelnden Ärzte initiiert und durch Unterstützung des Sozialdienstes im Krankenhaus oder Heim finanziell bewerkstelligt werden kann (LG Hamburg, BtPrax 1993, 209 f).

Gleiches gilt, wenn eine **Vorsorgevollmacht** vorliegt (▶ nachstehend »Betreuungsverfügung und Vorsorgevollmacht«; 11.6.9).

Zum Betreuer bestellt das Vormundschaftsgericht eine geeignete natürliche Person (§ 1897 Abs. 1 BGB). Dabei sind die Wünsche des Volljährigen zu berücksichtigen. Allerdings kann auch ein Vereinsbetreuer, Behördenbetreuer oder hilfsweise ein Betreuungsverein bestellt werden.

> Der Betreuer darf vom Vormundschaftsgericht nur für die **Aufgabenkreise** bestellt werden, in denen die Betreuung erforderlich ist.

Im Einzelfall kann es schwierig sein, den Umfang eines Aufgabenkreises festzustellen. So ist z. B. zweifelhaft, ob der Betreuer, dem das Aufenthaltsbestimmungsrecht übertragen ist, auch den Heimvertrag mit dem Altenheim schließen kann. Angesichts der hohen Kosten könnte eine Betreuung mit dem weiteren Aufgabenkreis »Vermögenssorge« erforderlich sein. Wird vom Vormundschaftsgericht der Aufgabenkreis »alle Angelegenheiten des Betroffenen« angegeben, so klammert das Gesetz gewisse Bereiche aus, z. B. die Entscheidung über den Fernmeldeverkehr des Betreuten (§ 1896 Abs. 4 BGB) oder die Einwilligung zu einer Sterilisation (§ 1899 Abs. 2 BGB).

Eine möglichst genaue Aufgabenkreisbezeichnung (z. B. »Sicherstellung der ärztlichen Heilbehandlung/stationär/ambulant/Nachsorge nach Operation«), trägt dem Erforderlichkeitsgrundsatz am ehesten Rechnung.

Gleiches gilt bei einem Umzug in ein Heim. Hier kann als Aufgabenkreis
– der Abschluss des Heimvertrages,
– die Vertretung gegenüber der Heimleitung und
– die Regelung der Heimkosten
in Frage kommen.

Der Betreute, für den ein Betreuer zur Besorgung aller seiner Angelegenheiten bestellt ist, verfügt nicht mehr über das aktive und passive Wahlrecht sowohl für die Bundestagswahlen (§§ 13, 15 BundeswahlG), die Europa-, Landtags- und Kommunalwahlen.

Demgegenüber bleibt die **Testierfähigkeit** (▶ 9.5) sowie die **Ehemündigkeit** (▶ 9.4) und die Beendigung einer **Lebenspartnerschaft** von der Betreuerbestellung unberührt. Die Wirksamkeit der Willenserklärungen des Betreuten hängt jeweils davon ab, ob er geschäftsfähig, d. h. im konkreten Fall testier- oder ehefähig war. Dies ist eine Folge der Tatsache, dass grundsätzlich die Bestellung eines Betreuers die Geschäftsfähigkeit des Betreuten – soweit vorhanden – nicht tangiert.

> Allerdings kann das Vormundschaftsgericht zur Abwendung einer erheblichen Gefahr für die Person oder das Vermögen des Betreuten anordnen, dass der Betreute zu einer Willenserklärung, die den Aufgabenkreis des Betreuers betrifft, dessen Einwilligung bedarf (§ 1903 BGB), sog. **Einwilligungsvorbehalt.**

Ein Einwilligungsvorbehalt kann auch den Aufgabenbereich der Aufenthaltsbestimmung erfassen. In diesem Bereich gibt es durchaus rechtsgeschäftliche Erklärungen z. B die Kündigung eines Heimvertrages. Trotz Anordnung eines Einwilligungsvorbehalts ist die Einwilligung des Betreuers entbehrlich, wenn die Willenserklärung dem Betreuten lediglich einen rechtlichen Vorteil bringt. Ähnlich verhält es sich bei geringfügigen Angelegenheiten des täglichen Lebens (§ 1903 Abs. 3 BGB).

Aufgabenbereiche des Betreuers

> Der Betreuer hat für seinen Aufgabenbereich die Stellung eines gesetzlichen Vertreters des Betreuten (§ 1902 BGB); er hat die Angelegenheiten des Betreuten so zu besorgen, wie es dessen Wohl entspricht (§ 1901 Abs. 2 BGB). Wichtig ist deshalb stets auch die richtige Beschreibung des Aufgabenkreises des Betreuers.

Der Betreuer kann sich z. B. um die ärztliche Behandlung des Betroffenen nur kümmern, wenn er einen entsprechenden Aufgabenkreis hat. Würde etwa der Aufgabenkreis nur lauten »Zustimmung zur Heilbehandlung«, dann wäre eine kosmetische Operation nicht einbezogen – sie stellt keine »Heilbehandlung« dar.

Problematisch ist auch die Beurteilung der **Einwilligungsfähigkeit des Betreuten** in **ärztliche Eingriffe**, Untersuchungen und Verabreichungen von Medikamenten. Diese stellen nach der Rechtsprechung Körperverletzungen dar (▶ 11.6.1). Grundsätzlich gilt:
– Ist der Betreute einwilligungsfähig (nicht notwendigerweise volljährig), dann kann der Betreuer nicht an dessen Stelle für ihn einwilligen.
– Ist der volljährige Betroffene einwilligungsunfähig, kann der Betreuer bei entsprechendem Aufgabenkreis als gesetzlicher Vertreter die Einwilligung erteilen.
– Ist die Einwilligungsfähigkeit zweifelhaft, bleibt es grundsätzlich das Risiko des behandelnden Arztes, ob sein Eingriff widerrechtlich oder durch eine Einwilligung gerechtfertigt ist. Sinnvollerweise holt sich der Arzt in diesem Fall die Einwilligung des Betroffenen wie die des Betreuers ein. Willigt der eine ein, widerspricht jedoch der andere,

kommt es schlussendlich auf die Einsichtsfähigkeit des Betroffenen an.

> In bestimmten Fällen ärztlicher Maßnahmen (§ 1904 BGB), die mit Todesgefahr oder dem Risiko eines dauernden Gesundheitsschadens verbunden sind, bedarf es bei Einwilligungsunfähigkeit des volljährigen Betreuten der **vormundschaftsgerichtlichen Genehmigung**, damit die Einwilligung des Betreuers wirksam wird. Dabei hat der Richter den Betroffenen zuvor persönlich anzuhören.

Die Genehmigung des Vormundschaftsgerichts dürfte erforderlich sein bei
— chirurgischen Maßnahmen,
— Legen eines Blasendauerkatheters,
— einer Arthroskopie,
— einer Herzkatheterisierung und
— einer Liquorentnahme.

Ähnliches ist anzunehmen bei einer medikamentösen Heilbehandlung – v. a. bei langfristiger Einnahme –, wenn erhebliche gesundheitsschädigende Einflüsse nicht ausgeschlossen sind.

Nach ihrem Sinn und Zweck soll die Regelung des § 1904 BGB – die dem Wortlaut nach nur **aktive ärztliche Maßnahmen** wie Untersuchungen, Heilbehandlungen und ärztliche Eingriffe erfasst – auch in Fällen eines **Behandlungsabbruchs entsprechend** anwendbar sein.

Wenn schon bestimmte Heileingriffe wegen ihrer Gefährlichkeit der alleinigen Entscheidungsbefugnis des Betreuers entzogen sind, dann muss dies um so mehr für Maßnahmen gelten, die eine ärztliche Behandlung des unter Betreuung gestellten Patienten beenden sollen und mit Sicherheit binnen Kurzem zum Tode des Kranken führen.

Diese Auffassung hat erstmals der Bundesgerichtshof in einer **strafrechtlichen** Entscheidung für Sterbehilfe vertreten (BGH, NJW 1995, 204 ff). Sie wurde – wenn auch heftig umstritten – in der **betreuungsrechtlichen** Rechtsprechung ebenfalls umgesetzt (OLG Frankfurt, NJW 1998, 2747, a.A. LG München I, NJW 1999, 1788). So weist die betreuungsrechtliche Rechtsprechung darauf hin, dass der Gesetzgeber, der dem Betreuer schon wegen erheblich banalerer Fragen der Kontrolle und Aufsicht des Vormundschaftsgerichts unterwirft, nicht beabsichtigt haben kann, den Betreuer gerade mit der folgenschwersten Entscheidung im Rahmen seiner Betreuungstätigkeit allein zu lassen. Entscheidend sei nicht die Zweckrichtung der ärztlichen Maßnahme, sondern die Schwere des Eingriffs, mag es sich dabei um ein Tun oder Unterlassen handeln (LG Duisburg, NJW 1999, 2744 ff). Höchstrichterlich hat nunmehr der **Bundesgerichtshof** entschieden, dass sich die Zuständigkeit des Vormundschaftsgerichts nicht aus einer entsprechenden Anwendung des § 1904 BGB ergebe, sondern aus einem unabweisbaren Bedürfnis des Betreuungsrechts (BGH, Beschluss vom 17.03.2003 – Az.: XII ZB 2/03).

Unterbringung

Das Betreuungsrecht hat auch die zivilrechtliche Unterbringung neu geregelt (§ 1906 BGB).

Der Gesetzgeber hat sich für die Beibehaltung der Zweigleisigkeit des Unterbringungsrechts in die
— zivilrechtliche (betreuungsrechtliche) und
— öffentlich-rechtliche
Unterbringung entschieden.

In der Regel wird bei längerfristigen Unterbringungen eine zivilrechtliche Betreuung angeordnet werden. Dieser steht z. B. eine eher kurzfristig angelegte öffentlich-rechtliche Unterbringung nach den Vorschriften der Landesgesetze zur Unterbringung psychisch Kranker im Sinne einer Krisenintervention gegenüber. Wenngleich die materiell-rechtlichen (= inhaltlichen) Voraussetzungen einer Unterbringung damit unterschiedlich ausgestaltet sind, hat der Gesetzgeber dennoch das **Verfahrensrecht** für beide Unterbringungsarten **vereinheitlicht** und eine Konzentration der richterlichen Entscheidung beim Vormundschaftsgericht erreicht (§§ 70 ff FGG).

Betreuungsrechtliche Unterbringung

> Aus dem Grundrecht der freien Entfaltung der Persönlichkeit (Art. 2 GG) und der Rechtsgarantie bei Freiheitsentziehung (Art. 104 GG) folgt, dass Unterbringungen, die mit **Freiheitsentzug** verbunden sind, grundsätzlich einer richterlichen Genehmigung bedürfen; gleiches gilt bei **unterbringungsähnlichen Maßnahmen** (sog. Richtervorbehalt).

Eine mit Freiheitsentziehung verbundene Unterbringung liegt vor, wenn die Insassen einer Anstalt, eines Krankenhauses oder Heimes auf einem bestimmten **beschränkten Raum** festgehalten werden, ihr Aufenthalt ständig überwacht und die Aufnahmen des Kontakts mit Personen außerhalb des Raumes durch Sicherheitsmaßnahmen verhindert wird.

Dies trifft in der Regel zu
— bei einer Unterbringung in einer **geschlossenen Anstalt**,
— in einem **geschlossenen Krankenhaus** oder **Heim** oder

- einer **geschlossenen Abteilung** der genannten Einrichtungen.

Aber auch eine sog. **halboffene Unterbringung** kann die Voraussetzungen einer Freiheitsentziehung erfüllen, wenn keine Möglichkeit des Ausganges ohne Aufsicht besteht (BGH, NJW 2001, 888 ff; zum Straftatbestand der Freiheitsberaubung, ▶ 11.6.6).

Begrifflich kann eine Freiheitsentziehung auch bei psychisch Kranken, geistig behinderten und altersverwirrten Menschen vorkommen. Sie setzt voraus, dass sie ohne oder gegen den **natürlichen Willen** der Betroffenen erfolgt.

> Erfolgt die Unterbringung mit Einwilligung des Betroffenen, kann eine Freiheitsentziehung nicht angenommen werden.

Die Einwilligung setzt **Einwilligungsfähigkeit** voraus. Da es sich bei der Unterbringung nicht um ein Rechtsgeschäft handelt, kommt es nicht auf die Geschäftsfähigkeit, sondern auf den natürlichen Willen des Betroffenen an.

- Rechtsgrundlage für eine mit **Freiheitsentzug** verbundene betreuungsrechtliche Unterbringung ist § 1906 Abs. 1 Ziff. 1 und 2 BGB.
- Rechtsgrundlage für mit **freiheitseinschränkenden Eingriffen** verbunden mit unterbringungsähnlichen Maßnahmen ist § 1906 Abs. 4 BGB.

Mit Freiheitsentzug verbundene Unterbringung
Die materiell-rechtlichen Voraussetzungen der zivilrechtlichen Unterbringung regelt § 1906 Abs. 1 BGB, wonach eine Unterbringung des Betreuten durch den Betreuer, die mit Freiheitsentziehung verbunden ist, nur zulässig ist, solange sie zum Wohl des Betreuten erforderlich ist.

Voraussetzung ist demnach zunächst die Bestellung eines Betreuers im Falle einer psychischen Krankheit oder geistigen oder seelischen (nicht körperlichen!) Behinderung. Dabei muss der Aufgabenkreis des Betreuers den Bereich der Aufenthaltsbestimmung erfassen.

Die Zulässigkeit der Unterbringung ist weiterhin nur dann gegeben, wenn sie zum Wohle des Betreuten erforderlich ist. Dies ist nach Auffassung des Gesetzgebers dann der Fall, wenn

- auf Grund einer psychischen Krankheit oder geistigen oder seelischen Behinderung des Betreuten die Gefahr besteht, dass er sich selbst tötet oder erheblichen gesundheitlichen Schaden zufügt (§ 1906 Abs. 1 Ziff. 1 BGB) oder
- eine Untersuchung des Gesundheitszustandes, ein ärztlicher Eingriff oder eine Heilbehandlung notwendig ist, die ohne die Unterbringung des Betreuten nicht durchgeführt werden kann und der Betreute auf Grund einer psychischen Krankheit oder geistigen oder seelischen Behinderung die Notwendigkeit der Unterbringung nicht erkennen oder nicht nach dieser Einsicht handeln kann (§ 1906 Abs. 1 Ziff. 2 BGB).

Für beide vorstehenden Alternativen gilt wiederum der **Erforderlichkeitsgrundsatz**. Nur wenn weniger eingreifende Maßnahmen nicht ausreichen, ist eine Unterbringung zulässig. In Erwägung zu ziehen sind beispielsweise eine Behandlung durch sozialpsychiatrische Dienste, therapeutische Wohngemeinschaften oder eine ambulante oder teilstationäre Behandlung bei einem niedergelassenen Psychiater.

Die **1. Alternative** (§ 1906 Abs. 1 Ziff. 1 BGB) konkretisiert das Wohl des Betroffenen dahingehend, dass die Gefahr besteht, dass der Betreute sich selbst tötet oder einen erheblichen gesundheitlichen Schaden zufügt. Diese **Selbstgefährdung** muss ihre Ursache in der psychischen Krankheit oder der geistigen oder seelischen Behinderung haben.

Eine Sucht ist nur dann eine psychische Krankheit im Sinne der Vorschrift, wenn sie entweder Folge einer psychischen Krankheit ist oder wenn der durch die Sucht erreichte Persönlichkeitsabbau bereits den Grad einer psychischen Krankheit erreicht hat (BayObLG, NJW 1980, 774). Ein Selbsttötungsversuch rechtfertigt nicht von sich aus eine Unterbringung nach dem Betreuungsrecht, wirft aber die Problematik einer öffentlich-rechtlichen Unterbringung auf wegen einer möglicherweise vorliegenden Gefährdung der öffentlichen Sicherheit und Ordnung.

Schließlich verlangt die Unterbringung das Vorliegen einer **konkreten Gefahr**, d. h. es muss die Wahrscheinlichkeit eines Gefahreneintritts bestehen; die bloße Möglichkeit reicht nicht aus.

Verweigert der Betroffene nachhaltig die Nahrungsaufnahme, so kann eine die Unterbringung rechtfertigende Selbstgefährdung ebenso vorliegen, wie bei einer drohenden Verwahrlosung mit erheblicher gesundheitlicher Gefährdung. Demgegenüber rechtfertigt nicht jeder Rückschlag im Genesungsprozess eine Unterbringung, vielmehr ist eine nachhaltige Verschlechterung des Krankheitsbildes erforderlich, beispielsweise die Gefahr eines chronisch werdenden Krankheitsverlaufs. Allerdings kann sich die Gefahr eines erheblichen Gesundheitsschadens auch aus dem Zustand der Wohnung des Betroffenen ergeben (BayObLG, FamRZ 1983, 998 f). Die bloße Erleichterung der Aufsichtsmöglichkeiten begründet keine Unterbringung, wenn ein Betroffener in der Vergangenheit keine Weglauftendenzen gezeigt hat. Eine konkrete Gefahr für den Betroffenen liegt dagegen vor, wenn es in der Vergangenheit schon zu einem Sturz mit Verletzungen gekommen ist oder der verwirrte Betroffene von der Polizei infolge seiner Orientierungslosigkeit im öffentlichen Verkehrsraum zurückgebracht werden musste.

> Da sich die zivilrechtliche Unterbringung ausschließlich am Wohl des Betroffenen zu orientieren hat, rechtfertigt die Gefahr einer Schadenszufügung für Dritte oder die Allgemeinheit (**Fremdgefährdung**) keine Unterbringung nach dem Betreuungsrecht.

Gleiches gilt für die Schädigung ausschließlich am eigenen Vermögen. Insofern hat der Gesetzgeber mit der Vorschrift des § 1906 BGB eine klare Abgrenzung zwischen zivilrechtlicher und öffentlich-rechtlicher Unterbringung vollzogen.

Die **2. Alternative** (§ 1906 Abs. 1 Ziff. 2 BGB) erfasst die Unterbringung zur Durchführung einer notwendigen Heilbehandlung. Die Vorschrift bezieht sich sowohl auf die psychische Krankheit oder geistige oder seelische Behinderung, die zur Bestellung des Betreuers geführt hat (sog. **Anlasserkrankung**) als auch andere Krankheiten oder Behinderungen.

Notwendig ist eine Heilbehandlung nur, wenn einerseits die Gefahr nicht auf weniger einschneidende Art abgewendet werden kann und andererseits die Maßnahme geeignet ist, den gewünschten Erfolg zu erzielen (LG Regensburg, FamRZ 1994, 125 f). Die Unterbringung eines alkoholkranken Menschen kommt daher bei einer Ablehnung einer Entwöhnungskur durch ihn nach der Entgiftungsphase nicht mehr in Betracht.

Schließlich wird in diesem Zusammenhang vorausgesetzt, dass der Betreute auf Grund seiner Krankheit nicht in der Lage ist, die Notwendigkeit der Unterbringung zu erkennen oder nach dieser Einsicht zu handeln. Mit dieser aus dem Strafrecht (§§ 20, 21 StGB) entlehnten Formulierung stellt der Gesetzgeber auf den natürlichen Willen, nicht auf die Geschäftsfähigkeit des Betroffenen ab.

> Die Unterbringung eines einsichtsfähigen, aber behandlungsunwilligen Betreuten ist folglich nicht zulässig.

Liegen die materiell-rechtlichen Voraussetzungen vor, kann das Vormundschaftsgericht die freiheitsentziehende Unterbringung genehmigen (§ 1906 Abs. 2 BGB).

Freiheitseinschränkende unterbringungsähnliche Maßnahmen

Sollen einem Betreuten, der sich in einer Anstalt, einem Heim oder einer **sonstigen Einrichtung** aufhält, ohne untergebracht zu sein, durch mechanische Vorrichtungen, Medikamente oder auf andere Weise über einen längeren Zeitraum oder regelmäßig die Freiheit entzogen werden, so gelten die gleichen Vorgaben wie bei der Unterbringung nach § 1906 Abs. 1 bis 3 BGB (§ 1906 Abs. 4 BGB).

Auch hier gilt: Angeordnet werden dürfen die Maßnahmen nur
— zum Wohle des Betreuten,
— bei Erforderlichkeit und
— bei Verhältnismäßigkeit.

Der vom Gesetzgeber gewählte Begriff der **sonstigen Einrichtung** ist weit zu fassen. Hierzu zählen alle stationären Einrichtungen der Altenhilfe (Alten- und Altenpflegeheime), der Behindertenhilfe (insbesondere für geistig Behinderte) sowie der Psychiatrie (psychiatrische Krankenhäuser, psychiatrische Abteilungen von Allgemeinkrankenhäusern, auch gerontopsychiatrische Einrichtungen).

Liegen keine konkreten Anhalte für eine Gefährdung des Betreuten vor, ist beispielsweise die Leitung eines Altenheimes nicht verpflichtet, beim Vormundschaftsgericht die **Fixierung** eines geistig verwirrten und gehbehinderten Heimbewohners in seinem Rollstuhl zu beantragen. Sie darf auch nicht am Betreuer vorbei einen derartigen Antrag stellen, wenn dieser in Kenntnis aller maßgeblichen Umstände einen Antrag auf Fixierung des Betreuten aus vertretbaren Erwägungen ablehnt. Die Leitung des Pflegeheims ist im Regelfall gehalten, diese Entscheidung zu respektieren (OLG Koblenz, MedR 2002, 472). Bei der Beurteilung, ob die Fixierung notwendig ist, ist allein die Sicht ex-ante, also zum Zeitpunkt der Entscheidungsfindung, maßgeblich.

Um welche Art von freiheitsentziehenden Maßnahmen es sich handelt, hat der Gesetzgeber nicht abschließend geregelt; gemeint sind die typischen **Sicherungsmaßnahmen**. Die Gesetzesmaterialien nennen beispielsweise
— das Fixieren durch Festbinden des Betreuten mit einem Leibgurt am Bett oder Stuhl,
— das Verhindern des Verlassens des Bettes durch Bettgitter sowie

— den Einsatz mechanischer und nichtmechanischer Mittel, um den Betreuten am Verlassen der Einrichtung zu hindern.

Eine Freiheitsentziehung nach § 1906 Abs. 4 BGB liegt nur vor, wenn der Betroffene noch zu einer **natürlichen Willensbildung** in Hinblick auf eine Fortbewegung in der Lage ist oder sich trotz körperlicher Gebrechen noch fortbewegen kann (OLG Hamm FamRZ 1993, 1490 ff).

Die Feststellung des natürlichen Willens wird v. a. bei der Ruhigstellung mit Medikamenten häufig schwierig sein. Diese beeinflussen oft schon die Willensbildung des Betroffenen und lassen im Gegensatz zu den mechanischen Mitteln den Willen zum Verlassen der Einrichtung erst gar nicht entstehen. In diesen Fällen besteht eine besondere Kontrollfunktion des Gerichtes.

Grundsätzlich wird ein Freiheitsentzug durch **Medikamentenvergabe** vorliegen, wenn z. B. Schlafmittel oder Psychopharmaka gezielt dazu eingesetzt werden, den Betreuten am Verlassen der Einrichtung zu hindern. Werden Medikamente zu Heilzwecken gegeben, deren Nebenwirkungen zugleich den Bewegungsdrang des Betreuten beeinträchtigen, wird die Beurteilung schwierig. In derartigen Fällen ist es richterliche Aufgabe, die Beweggründe der Medikation aufzuklären und hieran die Frage der Genehmigungsbedürftigkeit zu orientieren.

Als nicht genehmigungsfähig hat der Bundesgerichtshof etwa die gegen den Willen eines Betreuten in regelmäßigen Zeitabständen durchzuführende Dauermedikation mit Neuroleptika und zwangsweise Zuführung des Betreuten zu dieser – jeweils kurzfristigen – Behandlung angesehen. Diese Behandlung stelle – so das Gericht – keine mit Freiheitsentzug verbundene Unterbringung oder unterbringungsähnliche Maßnahme dar (BGH, NJW 2001, 888 ff). Aus der Befugnis des Betreuers, für den einwilligungsunfähigen Betreuten in ärztliche Behandlungen mit Psychopharmaka einzuwilligen, folgt nicht, dass der Betreuer auch befugt wäre, körperlichen Widerstand des Betreuten mit Gewalt zu brechen.

Das **Wohl des Betroffenen** erfordert zuletzt wiederum die Feststellung, dass geeignete mildere Maßnahmen nicht in Frage kommen. Als verhältnismäßig mildere Mittel können z. B.
— der Einsatz von Personenortungsgeräten,
— die Teilnahme der Betroffenen an Dementengruppen oder auch
— die permanente Überwachung durch das Pflegepersonal

erwogen werden. Zu überprüfen ist aber jeweils, ob die weniger einschneidenden Maßnahmen realistischerweise durchführbar und ausreichend sind.

Wenn ein Heimträger in einem Heim nicht einmal den im Personalschlüssel vorgesehenen Mitarbeiterstand vorhält, dann kann sich seine Haftung bei Eintritt einer Verletzung eines Heimbewohners – unabhängig von finanziellen Zwängen – nach § 823 BGB ergeben (OLG Hamm, FamRZ 1993, 203 ff). Zum Schadensersatz wurde ebenfalls eine Fachklinik für offene Psychiatrie verurteilt, weil – nach sachverständiger Beratung – die Fixierung zum Zwecke der Disziplinierung eines geistig Behinderten mit einer Koffeinpsychose als ungerechtfertigte Freiheitsentziehung angesehen wurde (LG Freiburg, MedR 1995, 411 ff).

> Die Fixierung unruhiger Patienten nicht nur in psychiatrischen Kliniken ist nur bei medizinischer Indikation oder zum Schutz des Patienten gegen Selbst- oder Fremdgefährdung zulässig, wenn es keine weniger einschneidenden Maßnahmen gibt.

Nach den Vorstellungen des Gesetzgebers liegt eine **Regelmäßigkeit der Freiheitsentziehung** vor, wenn die entsprechende Maßnahme entweder stets zur selben Zeit oder aus wiederkehrendem Anlass erfolgt. Den Begriff des längeren Zeitraumes hat der Gesetzgeber bewusst nicht konkretisiert; als Orientierung könnte Art. 104 Abs. 3 GG dienen, d. h. ein Tag nach dem Beginn der Maßnahme (▶ 6.2.1, Art. 2 GG).

Werden während einer vormundschaftsgerichtlich genehmigten Unterbringung nach § 1906 Abs. 1 BGB **weitere Maßnahmen** nach § 1906 Abs. 4 BGB erforderlich, so wird von der Rechtsprechung eine **zusätzliche Genehmigung** solcher Maßnahmen gefordert (Bay ObLG, MedR 1993, 390 ff).

Die öffentlich-rechtliche Unterbringung

Wie schon betont, ist die zivilrechtliche Unterbringung nach bürgerlichem Recht (§ 1906 BGB) von der **öffentlich-rechtlichen Unterbringung** zu unterscheiden.

> Hierbei handelt es sich um diejenige Unterbringung in einer psychiatrischen Klinik, die die Gerichte auf Grund der entsprechenden Landesgesetze anordnen, die teils als Unterbringungsgesetze, teils als Gesetze über Hilfe und Schutz für psychisch Kranke bezeichnet werden und die bezwecken, eine infolge der Krankheit des Patienten drohende Eigen- oder Fremdgefährdung abzuwenden. Der Vollzug einer öffentlich-rechtlichen Unterbringung begründet ein **öffentlich-rechtliches Rechtsverhältnis** (▶ 1.6.2).

Diese Unterscheidung ist v. a. für die Beurteilung der Voraussetzungen eines **Heileingriffs** bei einem Untergebrachten von Bedeutung. So bedarf in der zivilrechtlichen Unterbringung die Heilbehandlung des untergebrachten Kranken dessen Einwilligung, wenn er einwilligungsfähig ist; bei Einwilligungsunfähigkeit ist die Zustimmung des Betreuers erforderlich.

> In der öffentlich-rechtlichen Unterbringung besteht dagegen nach den Landesgesetzen vielfach eine **Duldungspflicht** des Untergebrachten bei erforderlichen ärztlichen Untersuchungs- und Behandlungsmaßnahmen (z. B. § 8 Abs. 2 UBG Bad.-Württ.) sowie bei solchen Maßnahmen, die erforderlich sind, um die Sicherheit und Ordnung in der anerkannten Einrichtung (z. B. psychiatrische Krankenhäuser des Landes) zu gewährleisten oder sie selbst zu schützen (z. B. § 7 Abs. 2 UBG Bad.-Württ.).

Erfordert die Untersuchung oder Behandlung des öffentlich-rechtlich Untergebrachten einen operativen Eingriff und ist dieser mit einer erheblichen Gefahr für Leben und Gesundheit verbunden, darf er allerdings nur mit **Einwilligung** des Untergebrachten vorgenommen werden. Ist der Untergebrachte nicht einwilligungsfähig, so ist die Einwilligung seines gesetzlichen Vertreters maßgeblich.

Hat ein psychisch Kranker infolge seiner Krankheit eine Straftat begangen, so kann das Strafgericht nach §§ 63, 64 StGB eine Unterbringung anordnen. Für den Vollzug dieser **strafgerichtlichen** Unterbringung gelten Vorschriften des Strafvollzugsgesetzes. Der Vollzug der strafgerichtlichen Unterbringung ist hoheitliche Tätigkeit. Eine strafgerichtliche Unterbringung wird von einer zivilrechtlichen Unterbringung nicht ausgeschlossen, beide Unterbringungen können nebeneinander bestehen.

Betreuungsverfügung und Vorsorgevollmacht

Die seit Inkrafttreten des Betreuungsgesetzes mögliche **Betreuungsverfügung** ist als Anweisung an einen zu bestellenden Betreuer zu verstehen. Rechtsgrundlage ist § 1901 a BGB.

> Für den Fall der Anordnung einer Betreuung können mit der Betreuungsverfügung dem Vormundschaftsgericht schriftliche Vorschläge hinsichtlich der Person des Betreuers sowie der Art und Weise der Durchführung der Betreuung unterbreitet werden.
> Auch hier gilt: Klare Aufgabenstellung vermeidet Probleme

Für den Betreuungsfall kann beispielsweise bestimmt werden, welche Wünsche und Gewohnheiten der vorgeschlagene Betreuer respektieren soll, ob der Verfügende im Pflegefall zu Hause oder in einem Pflegeheim versorgt werden will und weiter, welches Alten- und Pflegeheim bevorzugt wird.

Des weiteren sind Bestimmungen für den Fall dauernder Bewusstlosigkeit oder einer unheilbaren, zum Tode führenden Krankheit denkbar. So kann etwa in der Betreuungsverfügung darauf hingewiesen werden, dass künstliche Lebens- und Leidensverlängerungen mit Hilfe der Apparatemedizin abgelehnt werden, wenn ein umweltbezogenes menschenwürdiges Leben nicht mehr möglich ist, beispielsweise wenn der Betroffene ausschließlich mit Apparaten künstlich am Leben erhalten und künstlich ernährt wird.

> An den Inhalt der Betreuungsverfügung sind Betreuer und ärztliches Personal gleichermaßen gebunden, solange die Befolgung der Wünsche des Betreuten nicht dessen Wohl zuwiderläuft und dem Betreuer zumutbar ist (§ 1901 Abs. 2 BGB).

Derjenige, dem eine Betreuungsverfügung anvertraut wurde, muss diese gemäß § 1901 a BGB unverzüglich dem Vormundschaftsgericht übergeben, sobald er von der Einleitung eines Bestellungsverfahrens für einen Betreuer Kenntnis erlangt hat. Den Wünschen des Betroffenen zur Person des Betreuers hat das Vormundschaftsgericht zu entsprechen, wenn der Vorschlag nicht im Einzelfall dem Wohl des zu Betreuenden widerspricht, etwa weil das Vormundschaftsgericht den Vorgeschlagenen für ungeeignet hält.

> Eine Betreuungsverfügung gilt ausschließlich für den konkreten Fall der Betreuung.

Der Betreuer muss für Heilbehandlungen eines einwilligungsunfähigen Betreuten nach § 1904 BGB eine vormundschaftsgerichtliche Genehmigung einholen, wenn die Gefahr besteht, dass der Betreute auf Grund der Maßnahme stirbt oder länger dauernden gesundheitlichen Schaden erleidet. Dies gilt entsprechend, wenn der Betreuer lebensverlängernden Maßnahmen im Interesse des von ihm Betreuten nicht zustimmen will.

> Hat ein Patient in einwilligungsfähigem Zustand – etwa in Form einer sog. Patientenverfügung (▶ 11.6.9) – bestimmt, dass bei einem irreversiblen tödlichen Verlauf seines (Grund-)Leidens lebenserhaltende oder -verlängernde Maßnahmen unterbleiben, ist dieser Wille zu respektieren. Dies folgt aus der Würde des Menschen (Art. 1 GG).

Den so geäußerten Patientenwillen muss auch der bestellte Betreuer gegenüber Arzt und Pflegepersonal **in eigener rechtlicher Verantwortung** und nach Maßgabe des § 1901 BGB Ausdruck und Geltung verschaffen.

> Allerdings kann der Betreuer seine Einwilligung in eine ärztlicherseits angebotene lebenserhaltende oder verlängernde Behandlung **nur mit Zustimmung des Vormundschaftsgerichts** wirksam verweigern (BGH, Beschluss vom 17.03.2003, Az.: XII ZB 2/03).

Die Entscheidungszuständigkeit des Vormundschaftsgerichts ergibt sich nicht aus einer analogen Anwendung des § 1904 BGB, sondern aus einem unabweisbaren Bedürfnis des Betreuungsrechts. Dies gilt auch für die Entscheidung über die Beibehaltung einer Magensonde und der über sie ermöglichten Fortführung einer künstlichen Ernährung des zwischenzeitlich einwilligungsunfähigen Patienten. Die Beibehaltung einer Magensonde und die mit ihrer Hilfe ermöglichte künstliche Ernährung sind fortdauernde Eingriffe in die körperliche Integrität des Patienten. Solche Eingriffe bedürfen – ebenso wie das ursprüngliche Legen der Sonde – grundsätzlich der Einwilligung des Patienten.

> Ist der Patient im Zeitpunkt der Maßnahme nicht (mehr) einwilligungsfähig, so wirkt seine frühere Willensbekundung fort.

Mit der Bestellung des Betreuers ist die rechtliche Handlungsfähigkeit des Betroffenen wiederhergestellt. Der Betreuer setzt die vom Betroffenen im voraus getroffene höchstpersönliche Entscheidung nur um. Gegenstand der vormundschaftlichen Überprüfung ist die richtige Umsetzung des Willens des Betroffenen.

Von der Betreuungsverfügung zu unterscheiden ist die sog. **Vorsorgevollmacht**.

Rechtsgrundlage ist § 1896 Abs. 2 BGB. Danach ist für die Betreuerbestellung der Grundsatz der Erforderlichkeit zu beachten. Eine Betreuung ist jedoch gerade nicht erforderlich, wenn Angelegenheiten des/der Volljährigen durch einen Bevollmächtigten ebenso gut wie durch einen Betreuer besorgt werden können. Hat jemand eine Vorsorgevollmacht verfasst, so darf ein Vormundschaftsgericht für die dem Bevollmächtigten übertragenen Aufgaben keinen Betreuer bestellen.

> Mit der Vorsorgevollmacht wird eine Person des Vertrauens bevollmächtigt, allgemein oder beschränkt auf bestimmte Angelegenheiten im Interesse des Vollmachtgebers zu handeln.

Im Gegensatz zum Betreuer, der vom Gericht überwacht wird, hat der Bevollmächtigte eine freiere Stellung. Umso mehr setzt die Erteilung einer Vollmacht besonderes Vertrauen in die Person des Bevollmächtigten voraus. Soll der Bevollmächtigte erst handeln können, wenn der Vollmachtgeber selbst dazu nicht mehr in der Lage ist, dann sollte das Original der Vollmacht zunächst nicht dem Bevollmächtigten übergeben werden, sondern bei einer Person/Institution des Vertrauens (Rechtsanwalt, Notar oder Bank) aufbewahrt werden. Diese Vertrauensperson/Institution sollte die Vollmachtsurkunde dem Bevollmächtigten erst zuleiten, wenn ihr eine schriftliche Bestätigung des behandelnden Arztes vorliegt, dass diese Situation eingetreten ist. Der Bevollmächtigte sollte über die Erteilung und Verwahrung der Vollmacht informiert sein, damit er tätig werden kann.

> Die Vorsorgevollmacht kann auch im Bereich der Gesundheitsfürsorge erteilt werden (§ 1904 Abs. 2 BGB).

Zur **Wirksamkeit** einer derartigen Vollmacht schreibt der Gesetzgeber ausdrücklich **Schriftform** vor. Dieses Erfordernis ist sinnvoll, damit im Fall des Verlustes der natürlichen **Einsichtsfähigkeit** oder **Geschäftsfähigkeit** keine Zweifel am Umfang der Vollmacht aufkommen. Um eventuelle Zweifel an der Geschäfts- bzw. Einsichtsfähigkeit im Zeitpunkt der Urkundenerstellung auszuschließen, empfiehlt es sich, die Vollmachtserteilung durch zwei Zeugen bestätigen zu lassen.

Im Falle einer Vorsorgevollmacht in Gesundheitsangelegenheiten muss das ärztliche Personal den Anweisungen des Bevollmächtigten Folge leisten, wenn der vollmachtgebende Patient selbst nicht mehr entscheidungsfähig ist.

Die Einwilligung eines Bevollmächtigten in Maßnahmen, bei denen die begründete Gefahr besteht, dass der Patient auf Grund der Maßnahme verstirbt oder einen schweren und länger andauernden gesundheitlichen Schaden erleidet, bedarf der vormundschaftsgerichtlichen Genehmigung (§ 1904 Abs. 2 BGB)

Entsprechendes gilt bei der Zustimmung zum **Abbruch lebenserhaltender Maßnahmen**.

> Vorsorgevollmacht und Betreuung schließen sich nicht gegenseitig aus.

Ist eine Vorsorgevollmacht auf bestimmte Angelegenheiten – z. B. Bankvollmacht – beschränkt, dann kann in anderen Angelegenheiten die Bestellung eines Betreuers durchaus erforderlich sein.

> Gegenüber der Betreuungsverfügung liegt der Vorteil einer Vorsorgevollmacht vor allem darin, dass das teils langwierige und aufwendige vormundschaftsgerichtliche Verfahren zur Betreuerbestellung vermieden wird.

Vormundschaft und Pflegschaft

Von der Betreuung ist die Vormundschaft zu unterscheiden. Einen Vormund erhält ein Minderjähriger, wenn er nicht unter elterlicher Gewalt steht oder die Eltern nicht sorgeberechtigt sind (§ 1773 BGB). In diesem Fall spricht man von einem Mündel.

Voraussetzungen der Vormundschaft

Die Vormundschaft wird vom Vormundschaftsgericht angeordnet. Zum Vormund kann nicht bestellt werden, wer geschäftsunfähig oder selbst entmündigt ist. Wer minderjährig ist oder unter vorläufiger Vormundschaft steht oder zur Besorgung seiner Vermögensangelegenheiten einen Pfleger erhalten hat, soll nicht zum Vormund bestellt werden. Wird jemand trotz Vorliegens dieser Voraussetzungen zum Vormund bestellt, so ist die Bestellung, anders als bei bestehender Geschäftsunfähigkeit, dennoch wirksam. Wird ein Vormund bestellt, weil etwa die Eltern des Minderjährigen nicht sorgeberechtigt sind, so muss das Vormundschaftsgericht das Jugendamt anhören.

Ist ein Vormund oder der Inhaber der elterlichen Gewalt an der Besorgung einzelner Angelegenheiten für das Mündel oder Kind verhindert, kann eine **Pflegschaft** angeordnet werden (§ 1909 BGB).

> Während die Vormundschaft alle Angelegenheiten umfasst, ist die Pflegschaft eine gerichtlich angeordnete Fürsorgetätigkeit für einen vorgegebenen Aufgabenbereich.

Differenzierungen der Pflegschaft

Von der **Ergänzungspflegschaft** ist die **Abwesenheitspflegschaft** für die Vermögensverhältnisse eines abwesenden Volljährigen (§ 1911 BGB) und die **Pflegschaft für eine Leibesfrucht** (§ 1912 BGB) zu unterscheiden. Letztere kann vom Jugendamt oder der werdenden Mutter beantragt werden, wenn anzunehmen ist, dass das Kind nicht ehelich geboren wird. Diese Pflegschaft endet mit der Geburt des Kindes (§ 1918 Abs. 2 BGB). Ein bestellter Pfleger ist in der Regel nicht wie z. B. ein Vormund der gesetzliche Vertreter des Pfleglings.

Aufgaben des Jugendamtes bei Vormundschaft und Pflegschaft

Die Anordnung einer Vormundschaft oder Pflegschaft bedarf der Mitwirkung des Jugendamts. Das **Jugendamt** ist der örtliche Träger der öffentlichen Jugendhilfe. Seine Aufgaben sind im Sozialgesetzbuch (SGB VIII, ▶ 13.1) definiert. Es enthält die Regelungen über die Kinder- und Jugendhilfe. Die öffentlichen Träger der Jugendhilfe sollen mit den freien Trägern (Jugendverbände, Kirchen, Religionsgemeinschaften) zusammenarbeiten und deren Tätigkeit fördern. Ziel der Kinder- und Jugendhilfe ist die Unterstützung der elterlichen Erziehungsaufgabe. Dies soll die Erziehungssituation von Kindern und Jugendlichen verbessern. Im Sinne des Gesetzes ist

— Kind, wer noch nicht 14 Jahre alt ist (§ 7 Abs. 1 SGB VIII),
— Jugendlicher, wer 14, aber noch nicht 18 Jahre alt ist, und
— junger Volljähriger, wer 18, aber noch nicht 27 Jahre alt ist.

Zu den Leistungen und Aufgaben der Jugendhilfe zählen Angebote

— der Jugendarbeit (z. B. Bildungs- und Erholungsangebote),
— der Jugendsozialarbeit (z. B. sozialpädagogisch begleitete Ausbildungs- und Beschäftigungsmaßnahmen) und
— des erzieherischen Kinder- und Jugendschutzes.

Einzelheiten über die Leistungen sind landesrechtlich geregelt.

9.2.2 Deliktsfähigkeit

> Die Deliktsfähigkeit ist die Fähigkeit, durch unerlaubte Handlungen privatrechtlich verpflichtet werden zu können.

Ein Beispiel: Wer mit dem Ball absichtlich die Schaufensterscheibe eines Ladens einschießt, ist dem Ladenbesitzer zum Schadensersatz verpflichtet.

Auch für die Deliktsfähigkeit (Verantwortlichkeit für unerlaubtes Handeln) ist das Alter entscheidend:

— bis zum 7. Lebensjahr ist der Mensch **deliktsunfähig**,
— vom 7. bis zum 18. Lebensjahr **beschränkt deliktsfähig**, d. h. er ist nur dann verantwortlich, wenn die zur Erkenntnis der Verantwortlichkeit erforderliche Einsicht vorhanden war, und

- ab dem 18. Lebensjahr ist der Mensch **voll deliktsfähig** (§ 828 BGB).

Besondere Vorschriften gelten für die Verantwortlichkeit bei Unfällen mit Fahrzeugen (§ 828 Abs. 2 BGB).
Dem deliktsunfähigen Kind ist der Geisteskranke gleichgestellt. Trifft das Kind keine Haftung, so ist jedoch immer an eine mögliche Haftung der Aufsichtspflichtigen zu denken (▶ 10.7).

9.3 Strafmündigkeit

Von der Deliktsfähigkeit ist zu unterscheiden die Strafmündigkeit. Gemeint ist hiermit die strafrechtliche Verantwortlichkeit.

> Strafrechtlich ist nicht verantwortlich, wer zur Tatzeit noch nicht 14 Jahre alt ist (§ 1 Abs. 2 JGG, § 10 StGB).

- Mit dem 14. Lebensjahr beginnt die **bedingte Strafmündigkeit** als Jugendlicher, wenn er zurzeit der Tat nach seiner sittlichen und geistigen Entwicklung reif genug ist, das Unrecht der Tat einzusehen und nach dieser Einsicht zu handeln,
- mit dem 18. Lebensjahr die **Strafmündigkeit als Heranwachsender** und
- mit Vollendung des 21. Lebensjahres die **volle strafrechtliche Verantwortlichkeit als Erwachsener**.

Altersstufen und ihre rechtliche Bedeutung

6 Jahre: Beginn der Schulpflicht.
7 Jahre: beschränkte Geschäfts- (§§ 106 ff BGB) und Deliktsfähigkeit (§ 828 BGB).
14 Jahre: bedingte Straffähigkeit (§ 1 Abs. 2 JGG), volle Religionsmündigkeit.
16 Jahre: Personalausweispflicht, Fähigkeit zur Ablegung eines Zeugeneides (§§ 393, 455 Abs. 2 ZPO, § 60 Nr. 1 StPO), beschränkte Testierfähigkeit (§§ 2229 Abs. 1, 2247 Abs. 4 BGB), Ehefähigkeit (§ 1303 BGB).
18 Jahre: Wahlrecht zum Bundestag (aktives und passives Wahlrecht), Volljährigkeit mit voller Geschäfts- und Testierfähigkeit (§§ 2, 2229 BGB), Ehemündigkeit des Mannes und der Frau (§ 1303 BGB), volle Deliktsfähigkeit (§ 828 BGB), Straffähigkeit als Heranwachsender (§ 1, 105, 106 JGG), Beginn der Wehrpflicht.
21 Jahre: volle Straffähigkeit als Erwachsener (§ 1 Abs. 2 JGG).
40 Jahre: Befähigung zum Amt des Bundespräsidenten (Art. 54 GG).

9.4 Ehemündigkeit

Mit der Neuregelung des Volljährigkeitsalters geht die Bestimmung der Ehemündigkeit einher. Mit Wirkung vom 01.01.1975 ist das Ehemündigkeitsalter für Mann und Frau auf 18 Jahre herabgesetzt. In § 1303 BGB heißt es jetzt: »Eine Ehe soll nicht vor Eintritt der Volljährigkeit eingegangen werden«. Auf Antrag ist die Befreiung durch das Familiengericht möglich, wenn der Antragsteller das 16. Lebensjahr vollendet hat (Ehefähigkeit) und sein künftiger Ehegatte volljährig ist. Der gesetzliche Vertreter des Antragstellers kann dem Antrag widersprechen. Dann darf das Familiengericht die Befreiung nur erteilen, wenn der Widerspruch nicht auf triftigen Gründen beruht.

> Nach ständiger Rechtsprechung bezieht sich der Begriff »Ehe« auf Lebensgemeinschaften von Mann und Frau. Das Bundesverfassungsgericht hat daher auch in seinem Beschluss vom 04.10.1993 die Frage nach der Eheschließungsfreiheit von homosexuellen oder lesbischen Paaren als für »nicht klärungsbedürftig« gehalten. Offen gelassen hat das Gericht allerdings, ob der Gesetzgeber eventuell betroffene Grundrechte (Persönlichkeitsrecht, Gleichheitsgrundsatz) anders schützen könnte als durch Eröffnung »des Zugangs zur Ehe«.

Von dieser Möglichkeit hat der Gesetzgeber durch das **Lebenspartnergesetz** Gebrauch gemacht (▶ 6.2.1). Dieses Gesetz hat das Bundesverfassungsgericht als verfassungsgemäß angesehen und einen Verstoß gegen den besonderen Schutz der Ehe und Familie (Art. 6 GG) verneint (BVerfG, Az.: 1 BrF 1/61 und Az.: 1 BrF 2/61).

Der Eheschließung geht in der Regel die **Verlobung** voraus. Sie enthält das Versprechen, künftig die Ehe miteinander einzugehen. Die Verlobung ist nicht an eine bestimmte Form gebunden, es soll jedoch der ernstliche Wille von Mann und Frau auf Eingehung der Ehe nach außen in Erscheinung treten. Ein Rücktritt vom Verlöbnis ist jederzeit möglich, löst aber gegebenenfalls Ersatzansprüche aus. Auf Eingehung der Ehe kann aus dem Verlöbnis nicht geklagt werden (§ 1297 BGB).

Voraussetzungen der Eheschließung
Die Ehe wird vor einem Standesbeamten geschlossen. Die standesamtliche Eheschließung hat notwendig der kirchlichen Trauung vorauszugehen, anderenfalls liegt eine Ordnungswidrigkeit vor (§ 67 PStG). Der Eheschließung geht eine Anmeldung beim Standesbeamten voraus, mit dem Zweck, mögliche Eheverbote bekannt werden zu lassen, bei deren Vorliegen eine Ehe nicht geschlossen werden darf.

Wird die Ehe vor dem Standesbeamten geschlossen, so sind die Ehegatten einander zur ehelichen Lebensgemeinschaft verpflichtet (§ 1353 Abs. 1 BGB).

Namensrechtliche Folgen
Durch die Heirat wird der **Familienname** erworben; er ergibt sich mithin aus familienrechtlichen Vorgängen (§ 1355 BGB). Er entsteht als **Ehenamen** bei der Eheschließung durch Erklärung der zukünftigen Eheleute gegenüber dem Standesbeamten. Grundsätzlich sollen die Ehegatten einen gemeinsamen Familiennamen (Ehenamen) bestimmen; das kann der Geburtsname des Mannes oder der Frau sein. Nicht zum Ehenamen gewählt werden darf ein Name, den einer der Eheleute bereits bei einer früheren Eheschließung angenommen hatte. Erfolgt jedoch keine Bestimmung, so führen die Ehegatten ihren zur Zeit der Eheschließung geführten Namen auch nach der Eheschließung fort. Die Erklärung über die Bestimmung des Ehenamens kann nachgeholt werden.

Derjenige Ehegatte, dessen Geburtsname nicht Ehename wird, kann dem Ehenamen seinen Geburtsnamen oder den zur Zeit der Erklärung über die Bestimmung des Ehenamens geführten Namen voranstellen oder anfügen. Dies gilt nicht, wenn der Ehename aus mehreren Namen besteht. In diesem Fall kann nur einer dieser Namen hinzugefügt werden (§ 1355 Abs. 4 BGB).

Aufgaben in der Ehe
Mit der Neuregelung des Eherechts war auch die Aufhebung des gesetzlichen Leitbilds der Hausfrauenehe verbunden. War früher die Haushaltsführung allein Aufgabe der Ehefrau, so geht der Gesetzgeber heute davon aus, dass die Ehegatten die Haushaltsführung im gegenseitigen Einvernehmen regeln (§ 1356 BGB).

Ist die Haushaltsführung einem der Ehegatten überlassen, so leitet dieser den Haushalt in eigener Verantwortung. Beide Ehegatten sind berechtigt, erwerbstätig zu sein. Dabei ist jedoch auf die Belange des anderen Ehegatten und der Familie Rücksicht zu nehmen.

Jeder Ehegatte ist nun berechtigt, Geschäfte zur angemessenen Deckung des Lebensbedarfs der Familie mit Wirkung auch für den anderen Ehegatten zu besorgen (§ 1357 BGB). Durch solche Geschäfte werden grundsätzlich beide Ehegatten berechtigt und verpflichtet. Diese Regelung dehnt also die Verpflichtungsbefugnis – aber auch die Berechtigungsbefugnis – auf beide Ehegatten aus und stellt nicht mehr – wie früher – auf den häuslichen Wirkungskreis ab, sondern auf den angemessenen Lebensbedarf der Familie. Hierzu zählen in erster Linie die Haushaltsgeschäfte, aber auch sowohl die Zuziehung eines Arztes zur Behandlung etwa der Kinder, des Hauspersonals als auch die (Kosten-)Inanspruchnahme durch den haushaltsführenden Ehegatten selbst (strittig). Die Wirkung dieser gesetzlichen Regelung der **Schlüsselgewalt** besteht darin, dass durch Geschäfte, die in diesem Rahmen von einem Ehegatten abgeschlossen werden, grundsätzlich beide Ehegatten berechtigt und verpflichtet werden. Die Bestimmung des § 1357 BGB bedeutet dagegen nicht, dass ein Ehegatte automatisch den anderen vertreten darf.

Folge dieser gesetzlichen Regelung ist u. a., dass im Todesfall eines unversicherten Ehegatten nach einer ärztlichen Behandlung der hinterbliebene Partner prinzipiell zur Zahlung der Arztkosten verpflichtet ist. Nur wenn die Kosten unverhältnismäßig hoch sind und die finanziellen Möglichkeiten des Hinterbliebenen deutlich übersteigen, entfällt eine Haftung (BGH, NJW 1992, 989).

Nach einer Entscheidung des Landgerichts München (Az.: I 9, 9272/00) kann allerdings nicht einfach der Ehegatte für die Kosten einer Krankenhausbehandlung hinzugezogen werden. Wenn eine Klinik auch den Ehegatten eines Patienten zur Zahlung verpflichten wolle – so das Gericht – müsse sie sich von diesem den Behandlungsvertrag mit unterschreiben lassen.

Will ein Ehegatte beim Abschluss eines Arztvertrages im Namen des anderen handeln und damit die Eigenwirkung des § 1357 Abs. 1, S. 2 BGB ausschließen, muss er dies unmissverständlich und eindeutig zum Ausdruck bringen.

Personen- und Vermögensvorsorge
Gehen aus der Ehe Kinder hervor, so liegt die elterliche Gewalt bei den Eltern. Sie enthält die **Personen-** und **Vermögenssorge** zum Wohle des Kindes.

Die Personen- und Vermögenssorge umfasst ihrerseits neben der Erziehungs- und Beaufsichtigungspflicht das Vertretungsrecht, das in der Regel bei beiden Elternteilen gemeinsam liegt.

> Inwieweit ein Arzt, dem ein Elternteil die Zustimmung für einen Heileingriff bei einem minderjährigen Kind erteilt, auf dessen Ermächtigung zum Handeln auch für den anderen, nicht anwesenden Elternteil vertrauen darf, entscheiden die jeweiligen Umstände (BGH, NJW 1988, 2964).

- Für Eil- und Notmaßnahmen und für Geschäfte des Alltags und Besorgungen minderer Bedeutung kann auf Grund einer elterlichen Aufgabenverteilung die Entscheidungsbefugnis einem Elternteil allein zustehen.
- Bei schwierigen Entscheidungen über die Behandlung des Kindes, die mit erheblichen Risiken verbunden ist, darf der Arzt in der Regel nicht darauf vertrauen, dass der abwesende Elternteil die Einwilligung auf den anderen Elternteil delegiert hat. Der Arzt muss sich hier die Gewissheit verschaffen, dass der nicht erschienene Elternteil mit der vorgesehenen Behandlung des Kindes einverstanden ist.

Dies gilt umso mehr, wenn sich zuvor beide Elternteile um die Behandlung des Kindes bemüht hatten. Wird von einem Behandlungsplan, der mit beiden Elternteilen abgesprochen ist, erheblich abgewichen, so reicht die Einwilligung nur eines Elternteils jedenfalls nicht aus. In bestimmten Fällen kann die elterliche Gewalt beschränkt werden, insbesondere, wenn das Wohl des Kindes gefährdet ist.

Auflösung der Ehe
Neben der **Nichtigkeitserklärung** und **Aufhebung** einer Ehe durch richterliches Urteil bei Vorliegen bestimmter Voraussetzungen ist die **Ehescheidung** die übliche vorzeitige Lösung der ehelichen Lebensgemeinschaft. Die Voraussetzungen, unter denen eine Scheidung begehrt werden kann, ergeben sich aus den Vorschriften der §§ 1564 ff BGB. Danach gilt nicht mehr – wie früher – das Verschuldensprinzip, sondern das sog. **Zerrüttungsprinzip**. Danach kann eine Ehe geschieden werden, wenn sie gescheitert ist. Nach Annahme des Gesetzgebers ist eine Ehe gescheitert, wenn die Lebensgemeinschaft nicht mehr besteht und nicht erwartet werden kann, dass die Ehegatten sie wiederherstellen (§ 1565 Abs. 1 BGB).

- Als Indiz für Zerrüttungsursachen kann angesehen werden, wenn etwa der Mann gegen den Willen der Frau einen Abbruch der Schwangerschaft vornehmen lassen will oder eine ansteckende oder Ekel erregende Krankheit (z. B. Syphilis) besteht.
- Als unwiderlegbar wird ein Scheitern der Ehe vermutet, wenn die Ehegatten seit einem Jahr getrennt leben und beide Ehegatten die Scheidung beantragen oder der Antragsgegner der Scheidung zustimmt.

Trotz Zerrüttung soll eine Ehe nicht geschieden werden, wenn ihre Aufrechterhaltung im Interesse minderjähriger Kinder aus der Ehe besteht oder wenn die Scheidung für den ablehnenden Ehegatten eine besondere Härte darstellt.

9.5 Testierfähigkeit

> Testierfähigkeit ist die Fähigkeit, ein Testament wirksam errichten zu können.

Voll testierfähig ist der Volljährige – grundsätzlich auch der unter Betreuung Stehende (▶ 9.2.1). Die volle Testierfähigkeit liegt darin, dass die Wahl zwischen der Errichtung eines öffentlichen oder eines eigenhändigen Testaments besteht. **Testierunfähigkeit** kann bei Geistes- oder Bewusstseinsstörung (§ 2229 Abs. 4 BGB) bestehen. **Beschränkt testierfähig** ist der Minderjährige, wenn er das 16. Lebensjahr vollendet hat. Die Beschränkung zeigt sich darin, dass nur ein öffentliches Testament errichtet werden kann (§§ 2229, 2247 Abs. 4 BGB). Die Zustimmung des gesetzlichen Vertreters ist hierzu nicht erforderlich.

> Ein Testament kann vom Erblasser nur persönlich errichtet werden; Stellvertretung ist ausgeschlossen (§ 2064 BGB).

Gesetzliche Erbfolge
Nach dem Gesetz ist der Kreis der Erben in Ordnungen nach der **Stufe der Verwandtschaft** eingeteilt (gesetzliche Erbfolge).

Erbe kann nur werden, wer zur Zeit des Erbfalls lebt (Erbfähigkeit). Wer zu diesem Zeitpunkt noch nicht lebte, aber bereits erzeugt war, gilt als vor dem Erbfall geboren, ist also erbberechtigt (§ 1923 BGB).

> - Erben 1. Ordnung sind beispielsweise die Abkömmlinge des Erblassers, also Kinder, Enkel, Urenkel;
> - Erben 2. Ordnung sind die Eltern des Erblassers und deren Abkömmlinge;
> - Erben 3. Ordnung sind die Großeltern des Erblassers und deren Abkömmlinge.

Ist nur ein Verwandter einer vorhergehenden Ordnung vorhanden, scheiden alle nachfolgenden Ordnungen aus der Erbfolge aus.

Ehegatten haben, da sie nicht miteinander verwandt sind, ein **eigenes gesetzliches Erbrecht** (§§ 1931 ff BGB): Der überlebende Ehegatte des Erblassers ist neben den Verwandten der 1. Ordnung zu einem Vierteile, neben den Verwandten der 2. Ordnung oder neben den Großeltern zur Hälfte der Erbschaft als gesetzliche Erben berufen. Sind weder Verwandte der 1. oder 2. Ordnung noch Großeltern vorhanden, so erhält der überlebende Ehegatte die gesamte Erbschaft. Außer dem gesetzlichen Erbteil – neben Verwandten 1. Ordnung oder 2. Ordnung – steht dem überlebenden Ehegatten der sog. Voraus (§ 1932 BGB) zu. Das sind Gegenstände, die zum ehelichen Haushalt gehören, sowie Hochzeitsgeschenke.

Die Errichtung eines Testaments hat in der Regel den Zweck, von der im Bürgerlichen Gesetzbuch vorgesehenen Erbfolge abzuweichen.

9.5.1 Testamentserrichtung

Gewillkürte Erbfolge

Wer von der gesetzlichen Erbfolge abweichen und Streitereien unter den Erben vermeiden will, trifft zweckmäßigerweise eine letztwillige Verfügung in Form eines Testaments oder Erbvertrages (gewillkürte Erbfolge).

> Das **Testament** ist die einseitige, im allgemeinen jederzeit widerrufliche Erklärung des Erblassers, in der er über seinen Nachlass verfügt (§§ 2064 ff BGB).

Zu unterscheiden sind die **ordentlichen** von den **außerordentlichen Testamenten**.

Ordentliche Testamente

Hierzu zählen die **öffentlichen** und die **eigenhändigen** Testamente.

Das öffentliche Testament

Es wird zur Niederschrift eines Notars errichtet, indem der Erblasser dem Notar seinen letzten Willen mündlich erklärt oder ihm ein Schriftstück mit der Erklärung übergibt, dass dieses Schriftstück seinen letzten Willen enthält (§ 2232 BGB). Das Schriftstück braucht nicht vom Erblasser geschrieben sein. Nach einer Entscheidung des Bundesverfassungsgerichts aus dem Jahre 1999 können jedoch auch die testierfähigen Personen, die weder sprechen noch schreiben können, ein notarielles Testament errichten. Insoweit wurde die Vorschrift des § 2232 BGB als Verstoß gegen Art. 3 und 14 GG (▶ 6.2) angesehen.

Das eigenhändige Testament

Bedeutsamer als das öffentliche Testament ist für die Angehörigen der Fachberufe im Gesundheitswesen in der Regel die Kenntnis über die Errichtung eines **eigenhändigen Testaments**. Es ist nicht auszuschließen, dass etwa ein Schwerkranker in einem Krankenhaus oder Alten- oder Pflegeheim seinen letzten Willen in Form eines eigenhändigen Testaments bekannt geben möchte. In diesem Fall sollten mögliche Fragen – die Errichtung des Testaments betreffend – beantwortet werden können, damit der letzte Wille des Betroffenen auch wirksam wird. Ist nämlich unter pflichtwidriger Mitwirkung ein der Form nach unwirksames Testament errichtet worden, so kann das Personal verpflichtet sein, die dadurch geschaffene Gefahrenlage durch geeignete und zumutbare Maßnahmen wieder zu beseitigen (BGH, NJW 1989, 2945 ff). Sie können z. B. in der Einwirkung auf den Betroffenen, ein wirksames Testament zu errichten, bestehen.

> Die Einhaltung einer bestimmten Form ist das Wichtigste bei der Errichtung eines eigenhändigen Testaments. Und zwar schreibt das Gesetz vor, dass das eigenhändige Testament vom Erblasser **selbst geschrieben** und **unterschrieben** sein muss (§ 2247 BGB).

Entscheidend für die Wirksamkeit des eigenhändigen Testaments sind also die **eigenhändige Schrift und Unterschrift**. Für die Unterschrift ist ausreichend, dass auf Grund der Unterzeichnung die Urheberschaft des Erblassers festgestellt werden kann; die Unterschrift mit Vor- und Familienname ist lediglich eine **Sollvorschrift** (§ 2247 Abs. 3 BGB), ebenso wie die Angaben von Zeit und Ort der Niederschrift des letzten Willens.

Das eigenhändige Testament ist **unwirksam**, wenn beispielsweise die Krankenschwester den letzten Willen des Patienten auf Diktat geschrieben und etwa noch im Auftrage unterschrieben hat, weil dem Kranken dazu die Kraft fehlte.

Ein unwirksames Testament liegt auch dann vor, wenn der Patient einem bereits mit der Schreibmaschine geschriebenem Testament einen handschriftlichen Zusatz hinzufügen will, um das Testament wirksam zu machen. Hier sollte von Seiten des Krankenpflegepersonals darauf hingewiesen werden, dass das Testament zu seiner Wirksamkeit der schriftlichen Form und Unterschrift bedarf.

Ein Problem könnte für das Pflegepersonal auftauchen, wenn ein blinder Patient im Krankenhaus seinen letzten Willen bekannt geben und ihn in Blindenschrift niederschreiben möchte. Auch sollte das Pflegepersonal den Blinden darauf aufmerksam machen, dass ein solches Testament nicht wirksam sein würde, weil – wie bei einem schreibmaschinengeschriebenen Testament – kein Rückschluss auf den Schreiber (= Verfasser) möglich ist. In diesem Fall ist es angebracht, ein öffentliches Testament zu errichten.

Außerordentliche Testamente (Nottestamente)

In bestimmten Fällen lässt es sich auch nicht vermeiden, ein außerordentliches Testament zu errichten. Hierzu zählen die als Nottestamente anerkannten Bürgermeister-, Dreizeugen- und Seetestamente.

Das **Bürgermeistertestament** ist nur bei Besorgnis des vorzeitigen Ablebens des Erblassers zulässig. Es ist ein öffentliches Testament, wobei der Bürgermeister an die Stelle des Notars tritt. Er ist verpflichtet, bei Errichtung zwei Zeugen hinzuzuziehen (§ 2249 BGB).

Ähnlich, allerdings ohne Notwendigkeit des Vorliegens einer Notlage, verhält es sich beim sog. **Seetestament**: Wer sich während einer Seereise an Bord eines deutschen Schiffes außerhalb eines inländischen Hafens befindet, kann ein Testament errichten (§ 2251 BGB).

Für die Angehörigen der Gesundheitsberufe wiederum bedeutsamer ist das **Dreizeugentestament** (§ 2250 BGB; ◘ Abb. 9.1).

> Das Dreizeugentestament kann dann errichtet werden, wenn der Erblasser derart abgesperrt ist, dass ein öffentliches Testament vor dem Notar nicht oder nur mit erheblichen Schwierigkeiten errichtet werden kann, oder wenn er sich in so naher Todesgefahr befindet, dass auch ein Bürgermeistertestament nicht mehr möglich ist.

Liegt eine dieser Situationen vor, so kann der Erblasser das Testament durch mündliche Erklärung vor drei Zeugen errichten. In diesem Fall muss jedoch eine **Niederschrift** über die mündliche Erklärung aufgenommen werden. Ergibt sich für die Angehörigen der Berufe im Gesundheitswesen, v. a. die Kranken- und Altenpflegekräfte, die Notwendigkeit der Errichtung eines Dreizeugentestaments, so sollten in der Niederschrift folgende Punkte angesprochen sein:
- die Besorgnis naher Todesgefahr,
- die Feststellung der Testierfähigkeit des Erblassers, dass dieser in einer Bewusstseinslage ist, die die Errichtung eines Testaments nicht hindert,
- ein Hinweis auf die Verfasser sowie auf die Unterschriftsfähigkeit oder -unfähigkeit des Erblassers,
- dass es sich um den letzten Willen des Patienten handelt.

Ist die Niederschrift abgeschlossen, muss sie vorgelesen, genehmigt und vom Erblasser – soweit fähig – unterschrieben werden; zuletzt folgen die Unterschriften der drei Zeugen.

> Als **Zeugen** eines Dreizeugentestaments gelten nur solche Personen, die zur Mitwirkung ausdrücklich herangezogen worden sind.

Die nur zufällige Anwesenheit eines sonst unbeteiligten Dritten als Zeugen für die Wahrung der Form zur Gültigkeit des Dreizeugentestaments genügt nicht. Weiterhin müssen die drei Zeugen während des gesamten Vorganges der Testamentserrichtung anwesend sein, also nicht nur bei der Erklärung des Erblassers über seinen letzten Willen, sondern ebenfalls bei der Vorlesung der aufzunehmenden Niederschrift und bei der Genehmigung der Niederschrift durch den Erblasser. Verstöße gegen die genannten Voraussetzungen machen das Testament ungültig.

Ausschließungsgründe für Zeugen und Mitwirkungsverbote

Nicht jede Person kann Zeuge sein. Der Gesetzgeber hat für bestimmte Zeugen sog. **Ausschließungsgründe** und **Mitwirkungsverbote** aufgestellt.

Grundsätzlich ausgeschlossen ist der Ehegatte oder Lebenspartner des Erblassers sowie jede Person, die mit ihm in gerader Linie verwandt ist oder war. Eine Mitwirkung von Zeugen, bei denen diese Voraussetzungen vorliegen, machen die Beurkundung unwirksam (§ 6 BeurkG). Zur Teilunwirksamkeit führt die Mitwirkung eines Zeugen, der von dem Erblasser im Dreizeugentestament bedacht wird (§§ 7, 27 BeurkG).

Neben diesen Ausschließungsgründen sind die Mitwirkungsverbote zu nennen. Es sind jedoch nur **Sollvorschriften**, die bei Nichtbeachtung nicht zwangsläufig zur (Teil-)Unwirksamkeit des Nottestaments führen. So sollen z. B. als Zeugen nicht hinzugezogen werden Personen,
- die minderjährig sind,
- die nicht hinreichend hören, sprechen oder sehen können oder
- die nicht schreiben können (§ 26 Abs. 2 BeurkG).

Auch die Mitwirkung einer geistesschwachen Person an der Errichtung eines Nottestaments führt nicht zu dessen Unwirksamkeit, weil der entsprechende Ausschlussgrund (§ 26 Abs. 2, Nr. 3 BeurkG) lediglich als Sollvorschrift ausgestattet ist.

Wird das Testament eines Patienten von der Verwaltung des Krankenhauses oder auf Bitten des Patienten von einer Krankenpflegeperson aufbewahrt, so ist der Aufbewahrende verpflichtet, das Testament un-

9.5 · Testierfähigkeit

_____ , den _____

NIEDERSCHRIFT

Über die Errichtung eines Dreizeugen-Testaments gem. § 2250 BGB

Anwesend: 1. Herr/Frau/Frl. _____
(Vor- und Zuname des Patienten, bei Frauen auch Geburtsname)

geb. am _____ in _____

wohnhaft: _____

z.Z. (Name des Krankenhauses), Stat. _____

ausgewiesen durch Personalausweis Nr. _____
oder: den nachstehenden Zeugen persönlich bekannt

2. Die Zeugen:

1. _____
(Vor- und Zuname, ggf. Geburtsname, Geburtsdatum, Wohnanschrift)

2. _____

3. _____

Herr/Frau/Frl. _____ erklärt, daß er/sie ein Dreizeugen-Testament errichten wolle.

Gegen die anwesenden Zeugen liegen Ausschließungsgründe sowie Gründe für ein Mitwirkungsverbot gemäß § 6 Abs. 1 Nr.1 bis 3, §§ 7,26 Abs. 2 Nr. 2-5, § 27 Beurkundungsgesetz nicht vor.
  Nach der Erklärung des Arztes _____ ist die Besorgnis begründet, daß mit dem Ableben des/der _____ eher zu rechnen ist, als die Errichtung eines notariellen Testaments möglich sein wird. Gegen die Testierfähigkeit des Erblassers bestehen keine Bedenken.
  Der Erblasser ist von der Bestimmung des § 2252 BGB (Gültigkeitsdauer des Nottestaments) in Kenntnis gesetzt worden.

Herr/Frau/Frl. _____ gab als letzten Willen folgende mündliche Erklärung ab:
(Text)

*) Der Erblasser wünscht, daß dieses Testament beim Amtsgericht _____ verwahrt wird und der Hinterlegungsschein ihm (bzw. an:) _____ übersandt wird.
*) Der Eblasser wünscht, daß dieses Testament in der Verwaltung des Krankenhauses verwahrt wird.
  Vorstehende Niederschrift wurde dem Erblasser wörtlich vorgelesen, von ihm genehmigt und von ihm sowie den 3 Zeugen, die während der ganzen Verhandlung ununterbrochen zugegen waren, eigenhändig unterschrieben:

Unterschriften:

_____
Zeugen: (Vor- und Zuname des Erblassers)
_____
(Vor- und Zuname)

  Der Erblasser erklärt, daß er nicht mehr schreiben kann; die Zeugen sind von der Richtigkeit dieser Tatsache überzeugt.

Unterschriften:
_____
(Vor- und Zuname des Zeugen)
_____
_____

*) Nichtzutreffendes bitte streichen

Abb. 9.1. Muster eines Dreizeugentestaments

verzüglich nach Kenntnis vom Tode des Erblassers dem Nachlassgericht (Amtsgericht) abzuliefern (§ 2259 BGB).

> Für alle Nottestamente gilt, dass sie grundsätzlich unwirksam werden, wenn der Erblasser drei Monate nach Errichtung noch lebt (§ 2252 Abs. 1 BGB).

Beginn und Lauf dieser Dreimonatsfrist sind jedoch gehemmt, solange der Erblasser außerstande ist, ein Testament vor dem Notar zu errichten. Dies gilt insbesondere in den Fällen, in denen der Erblasser, der ein Dreizeugentestament errichtet hat, zwar nach Ablauf von drei Monaten noch lebt, aber ohne Bewusstsein ist. (Abb. 9.2 stellt die verschiedenen Arten der Testamente schematisch dar.)

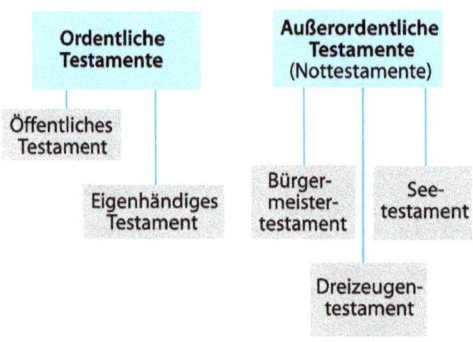

Abb. 9.2. Testamentsarten

9.5.2 Testamentarische Zuwendungen an Pflegekräfte

Problematisch kann die testamentarische Zuwendung von Patienten an Angehörige der Fachberufe im Gesundheitswesen, insbesondere an Pflegekräfte sein. Häufig liegt zwischen der rechtmäßigen Ausübung der Testierfähigkeit des Patienten und dem Vorwurf unrechtmäßiger Annahme eines geldwerten Vorteils nur ein kleiner Schritt.

Ausdrücklich verbietet z. B. § 14 Abs. 5 Heimgesetz (HeimG) in der Fassung vom 05.11.2001 dem Leiter, den Beschäftigten oder sonstigen Mitarbeitern eines Heimes, sich von oder zu Gunsten von Bewohnern Geld oder geldwerte Leistungen versprechen oder gewähren zu lassen; ausgenommen sind geringwertige Aufmerksamkeiten.

Diese gesetzliche Regelung soll verhindern, dass über die Gewährung von finanziellen Zusatzleistungen oder Zusatzversprechen eine unterschiedliche, privilegierende oder benachteiligende Behandlung von Heimbewohnern eintritt und der Heimfrieden dadurch gestört wird. Sie soll weiter verhindern, dass die Hilf- oder Arglosigkeit alter und pflegebedürftiger Menschen in finanzieller Hinsicht ausgenutzt wird. Schließlich soll sie die Testierfreiheit der Heimbewohner schützen. Ein Verstoß gegen das Annahmeverbot von Leistungen nach dem Heimgesetz macht eine letztwillige Verfügung des Heimbewohners nichtig, mit der der Altenheimträger als Erbe eingesetzt werden sollte (BayObLG, NJW 1993, 1143).

Fraglich könnte sein, ob die genannte Vorschrift ebenso auf ambulante Pflegedienste und Krankenhäuser entsprechend anzuwenden ist. Dies hat das Oberlandesgericht Düsseldorf (Az.: 3 Wx 350/00 und 366/00) ausgeschlossen. Zwar könne, so das Gericht, die Hilf- und Arglosigkeit eines in hohem Maße pflegebedürftigen Menschen auch bei Pflege im eigenen Haus in finanzieller Hinsicht ausgenutzt werden, eine benachteiligende Behandlung anderer »Heimbewohner« oder eine Störung des »Heimfriedens« scheide indessen von vornherein aus. Auch bei dem Erfordernis ständiger Pflege bestehe insoweit kein Abhängigkeitsverhältnis wie bei einer Heimunterbringung. Unter diesen Aspekten verbiete sich unter Berücksichtigung der unter dem Schutz der Erbrechtsgarantie (Art. 14 GG) stehenden Testierfreiheit eine über den vom Gesetzgeber verfolgten Zweck hinausgehende entsprechende Anwendung des § 14 HeimG auf andere Sachverhalte.

Legt man diese Rechtsprechung zu Grunde, sind Patiententestamente zu Gunsten von ambulanten Pflegediensten ebenso wirksam wie zu Gunsten des Pflegepersonals und anderer Fachberufe im Gesundheitswesen, solange nicht andere Unwirksamkeitsgründe vorliegen, wie Formfehler oder mangelnde Testierfähigkeit.

Trotz erbrechtlicher Wirksamkeit der Patientenverfügung bleibt jedoch die Frage nach der **Annahmeberechtigung** des Bedachten. Eine Antwort gibt das Arbeitsrecht bzw. Strafrecht.

Sowohl der Bundes-Angestellten-Tarifvertrag (BAT) sowie die »Richtlinien für Arbeitsverträge« (AVR) in den Einrichtungen des Deutschen Caritasverbandes bzw. der Diakonie enthalten Bestimmungen, wonach Belohnungen oder Geschenke in Bezug auf dienstliche Tätigkeiten nur mit Zustimmung des Arbeitgebers angenommen werden dürfen. Angebote dieser Art müssen dem Arbeitgeber unverzüglich und unaufgefordert mitgeteilt werden (z. B. § 10 BAT, § 3 AVR-Diakonie, § 5 AVR-Caritas).

9.5 · Testierfähigkeit

Nach einem Urteil des Bundesarbeitsgerichts beziehen sich die genannten Vorschriften auch auf ein Vermächtnis, das eine Pflegerin nach dem Versterben eines Patienten erhalten soll (BAG, AP Nr. 1 zu § 10 BAT).

Pflegepersonal, das gegen diese arbeitsvertraglichen Pflichten verstößt, muss mit einer Abmahnung (▶ 12.4.4), gegebenenfalls mit einer Kündigung rechnen.

Und schließlich sind strafrechtliche Konsequenzen nicht auszuschließen, da die Annahme geldwerter Vorteile den Vorwurf der Bestechlichkeit und Vorteilsnahme (§§ 331, 332 StGB, ▶ 11.6.13) erfüllen kann, jedenfalls wenn es sich nicht um nur geringfügige Zuwendungen handelt.

Überprüfen Sie Ihr Wissen

1. Wann beginnt die Rechtsfähigkeit?
   Antwort: ▶ 9.1
2. Wann liegt eine Lebendgeburt vor?
   Antwort: ▶ 9.1
3. Wem obliegt die Meldepflicht einer Lebendgeburt?
   Antwort: ▶ 9.1.2
4. Wann liegt eine Totgeburt vor?
   Antwort: ▶ 9.1.2
5. Wann spricht man von einer Frühgeburt?
   Antwort: ▶ 9.1
6. Wann liegt eine Fehlgeburt vor?
   Antwort: ▶ 9.1.2
7. Wodurch unterscheidet sich eine Totgeburt von einer Fehlgeburt?
   Antwort: ▶ 9.1.2
8. Welche Regelungen hat der Gesetzgeber für die Wirksamkeit einer Organentnahme bei Toten getroffen?
   Antwort: ▶ 9.1.1
9. Wann beginnt die volle Geschäftsfähigkeit?
   Antwort: ▶ 9.2.1
10. Was bedeutet Deliktsfähigkeit?
    Antwort: ▶ 9.2.2
11. Wann beginnt die Strafmündigkeit?
    Antwort: ▶ 9.3
12. Was bedeutet Testierfähigkeit?
    Antwort: ▶ 9.5
13. Sind Zuwendungen der Patienten durch Erbschaft an Pflegekräfte zulässig?
    Antwort: ▶ 9.5.2
14. Wer ordnet eine Betreuung an?
    Antwort: ▶ 9.2.1
15. Was muss bei der Fixierung eines Patienten beachtet werden?
    Antwort: ▶ 9.2.1

10.1 Die vertragliche Haftung – 96

10.2 Die deliktische Haftung – 100

10.3 Sorgfaltspflichten – 109

10.4 Standards – Richtlinien – Leitlinien – 113

10.5 Haftung wegen Organisationsverschuldens – 115

10.6 Die Organhaftung – 116

10.7 Die Haftung wegen Verletzung der Aufsichtspflicht – 117

10.8 Haftung wegen Verletzung der Verkehrssicherungspflicht – 118

10.9 Staatshaftung – 119

10.10 Die Haftung für Suizid-(versuch) im Krankenhaus – 121

10.11 Die Haftung bei Delegation ärztlicher Aufgaben – 122
10.11.1 Derzeitige Rechtslage (Krankenpflegegesetz 1985) – 123
10.11.2 Reformüberlegungen nach geltendem Recht – 128
10.11.3 Reformansätze für neues Recht – 130
10.11.4 Das neue Krankenpflegegesetz (2003) – 132

10.12 Die Dokumentation im Haftungsrecht – 133

10.13 Die Beweislast im haftungsrechtlichen Prozess – 137

Überprüfen Sie Ihr Wissen – 109, 139

Das Beziehungsgeflecht im Gesundheitswesen ist vielfältig.

> **Beteiligte des Gesundheitswesens**
> - Leistungsempfänger (Versicherter, z. B. Patient, Pflegebedürftige, Pflegeheimbewohner)
> - Sozialleistungsträger (Versicherungsträger, z. B. Krankenkassen, Pflegekassen)
> - Leistungserbringer (z. B. Ärzte, Krankenhäuser, ambulante/stationäre Pflegeeinrichtungen)
> - Mitarbeiter der Leistungserbringer (z. B. Angehörige der Fachberufe im Gesundheitswesen)
> - Staatliche Stellen (z. B. Gesundheitsämter)

Aus haftungsrechtlicher Sicht sind innerhalb dieses Beziehungsgeflechts die Rechtsbeziehungen zwischen dem Leistungsempfänger einerseits und dem Leistungserbringer sowie dessen Mitarbeiter andererseits von besonderer Bedeutung. (Leistungs-)Störungen, etwa fehlerhafte ärztliche/pflegerische Maßnahmen des Leistungserbringers bzw. dessen Mitarbeiters können zu Schäden an der Person des Leistungsempfängers führen. Derartige Schäden müssen ausgeglichen werden. Rechtsgrundlagen für einen solchen Schadensausgleich finden sich im zivilrechtlichen Haftungssystem.

> Die zivilrechtliche Haftung behandelt die Fragen, wer für den Eintritt eines Schadens Ersatz zu leisten hat und in welchem Umfang der Ersatz zu besorgen ist.

Die Verpflichtung zum Ersatz eines Schadens kann unterschiedliche **Ursachen** haben. In den weitaus häufigsten Fällen gründet sie sich
- auf Verletzungen der Vertragspflichten = **vertragliche Haftung** oder
- auf unerlaubte Handlungen = **deliktische Haftung**

> Der grundsätzliche Unterschied der beiden Haftungsarten besteht in der Bestimmung des Ersatzpflichtigen.

Im Rahmen der vertraglichen Haftung ist ausschließlich der für den Schaden verantwortliche Vertragspartner des geschädigten Leistungsempfängers ersatzpflichtig. Im Rahmen der deliktischen Haftung ist Ersatzpflichtiger der, der das schadenstiftende Ereignis zu vertreten hat nach dem Grundsatz: »Es haftet der, der es tut«. Darüber hinaus gelten für das Einstehenmüssen für Mitarbeiter unterschiedliche Regelungen.

Zivilrechtliche Haftungsstreitigkeiten gehören in der Regel verfahrensrechtlich vor die der ordentlichen Gerichtsbarkeit zu zuordnenden Zivilgerichte (▶ 1.7).

Anders kann es sich bei den Rechtsbeziehungen zwischen einem psychiatrischen Landeskrankenhaus und einem Patienten verhalten; sie gehören ihrer Natur nach dem öffentlichen Recht an. Dies gilt nicht nur für diejenigen Fälle, in denen eine behandlungsbedürftige Person auf Grund eines Unterbringungsgesetzes zwangsweise – also mit hoheitlichen Maßnahmen – in das Krankenhaus eingewiesen wird, sondern auch dann, wenn sie sich ohne behördliche Anordnung selbst mit der Aufnahme einverstanden erklärt hat (VGH Mannheim, NJW 1991, 2985). In diesem Fall ist verfahrensrechtlich die Verwaltungsgerichtsbarkeit zuständig (▶ 1.7).

Ein weiterer Unterschied zwischen vertraglicher und deliktischer Haftung besteht in den **Verjährungsfristen** für Ansprüche aus Körperverletzungsschäden. Im Rahmen der vertraglichen Haftung verjähren derartige Ansprüche in 30 Jahren, bei deliktischer Haftung in 3 Jahren ab Kenntnis von Schaden und Person des Ersatzpflichtigen. Auch hinsichtlich des Einstehenmüssens für schadensersatzpflichtige Handlungen durch Hilfspersonen gelten unterschiedliche Regeln.

10.1 Die vertragliche Haftung

Rechtgrundlage der vertraglichen Haftung ist seit In-Kraft-Treten des Schuldrechtsmodernisierungsgesetzes im Jahre 2002 die Vorschrift des § 280 BGB:

> » Verletzt der Schuldner eine Pflicht aus dem Schuldverhältnis, so kann der Gläubiger Ersatz des hierdurch entstehenden Schadens verlangen. Dies gilt nicht, wenn der Schuldner die Pflichtverletzung nicht zu vertreten hat.

Ebenso hat sich hinsichtlich des **Schadensumfangs** im Jahre 2002 gegenüber der früheren Gesetzeslage eine grundlegende Änderung ergeben, die aller Voraussicht nach auch verfahrensrechtlich Folgen haben wird.

Mit dem Schadensersatzrechtsänderungsgesetz wurde bestimmt, dass u. a. bei Körperverletzungs- und Gesundheitsschäden, die auf Vertragsverletzungen beruhen, Schadensersatz in Geld gefordert werden kann (§ 253 Abs. 2 BGB).

Bislang konnten derartige **Nicht-**Vermögensschäden ausschließlich über das Recht der unerlaubten Handlung, also aus deliktischer Haftung (§ 823 BGB) erreicht werden (▶ 10.2). Nun kann auch ein Arzt oder Krankenhausträger aus vertraglicher Haftung auf Schmerzensgeld in Anspruch genommen werden!

10.1 · Die vertragliche Haftung

Je nach Inhalt der Vereinbarungen können die vertragsschließenden Parteien – und damit die bzw. der Anspruchsgegner eines rechtswidrig geschädigten Patienten – jeweils unterschiedlich sein.

Im Krankenhaus ist deshalb bei vertraglich begründeten Ersatzansprüchen aus einer fehlerhaften Behandlung zu klären, wer Vertragspartner des Patienten ist.

Totaler Krankenhausaufnahmevertrag

Beim sog. totalen Krankenhausaufnahmevertrag schließen der Krankenhausträger auf der einen Seite und der Patient oder dessen Versicherung (zu Gunsten des Patienten, § 328 BGB; BGH, NJW 1992, 756) auf der anderen Seite einen Vertrag ab, der vorherrschend dienstvertragliche, aber auch miet- und werkvertragliche Elemente enthält (○ Abb. 10.1). Auf Grund dieses Vertrages schuldet der Krankenhausträger dem Patienten zumindest bei vollstationärer Aufnahme
– Versorgung mit Arznei-, Heil- und Hilfsmitteln,
– ärztliche Versorgung,
– pflegerische Betreuung und
– sonstige »administrative« Leistungen wie Unterbringung und Versorgung,

die unter Berücksichtigung der Leistungsfähigkeit der Anstalt im Einzelfall nach Art und Schwere der Erkrankung für die medizinisch zweckmäßige und ausreichende Betreuung des Patienten notwendig sind.

Die vor- und nachstationäre Behandlung bildet nur einen Ausschnitt der allgemeinen Krankenhausleistungen (Regelbehandlung) Als Vertragspartner des sozialversicherten Kranken begegnet ihm auch hier der Krankenhausträger.

Der Vertragspartner Krankenhausträger – in der Regel eine juristische Person – erbringt die vertraglich geschuldeten Leistungen jedoch nicht selbst.

Vielmehr bedient er sich zur Erfüllung seiner Leistung der bei ihm angestellten Ärzte, Pflegekräfte, technischen Assistenten in der Medizin, Diätassistenten, Desinfektoren, aber auch z. B. des Reinigungspersonals. Diesen Kreis zählt der Gesetzgeber zu den **Erfüllungsgehilfen** (§ 278 BGB).

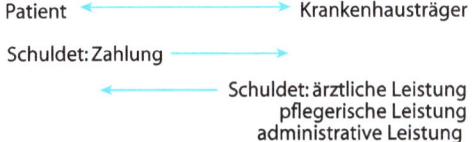

○ Abb. 10.1. Totaler Krankenhausaufnahmevertrag

> Unterläuft den Erfüllungsgehilfen ein schadensersatzpflichtiger Fehler, so müssen nicht sie – zumindest nicht vertraglich – haften.

Da sie selbst nicht Vertragspartner des Patienten sind, richten sich vertragliche Ersatzansprüche wegen Vertragsverletzungen nicht gegen sie, sondern ausschließlich gegen den Krankenhausträger als vertragsschließende Partei. Es gilt jedoch, dass der Träger des Krankenhauses, etwa die Kommune, der Kreis, das Land, karitative Organisationen, kirchliche Orden, gemeinnützige Vereine, Stiftungen oder Gesellschaften mit beschränkter Haftungen (GmbH) für ein Verschulden der Personen, deren er sich zur Erfüllung seiner Verbindlichkeiten bedient, in gleichem Umfang einzustehen hat wie für eigenes Verschulden (§ 278 BGB, **Haftung für Fremdverschulden**).

> Dies dürfte in gleicher Weise für vom Krankenhausträger ausgegliederte (»outgesourcete«) Abteilungen gelten, die rechtlich selbstständig arbeiten, etwa im Falle einer Sterilgutversorgungsabteilung. Für den Patienten ist eine derartige Outsourcing-Maßnahme nicht erkennbar. Zu seiner haftungsrechtlichen Sicherheit muss die Abteilung nach wie vor als Erfüllungsgehilfe im Sinne von § 278 BGB angesehen werden.

Aufgespaltener Krankenhausaufnahmevertrag

Gegenüber dem totalen Krankenhausaufnahmevertrag unterscheidet sich die Haftung insbesondere bei Fehlverhalten des im Krankenhaus tätigen Personals im Rahmen eines sog. aufgespaltenen Krankenhausaufnahmevertrages (○ Abb. 10.2).

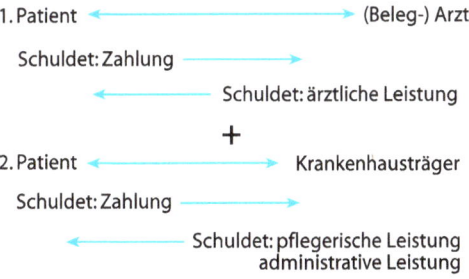

○ Abb. 10.2. Aufgespaltener Krankenhausaufnahmevertrag

Bei diesem Vertragstyp schließt der Patient zwei Verträge, nämlich zum einen mit dem behandelnden Arzt und zum anderen mit dem Krankenhausträger.

> Die vertraglich zu erbringenden Leistungen sind gespalten und folgender Natur: der Träger des Krankenhauses verpflichtet sich zur Gestellung der Unterkunft, der Verpflegung, der pflegerischen Betreuung; der Arzt dagegen übernimmt die volle ärztliche Behandlungspflicht (BGH, NJW 1990, 2317 f).

Derartige Verträge kommen in aller Regel dann in Betracht, wenn der Kranke bereits vor der Aufnahme ins Krankenhaus in der Behandlung eines **Belegarztes** stand, der die Therapie stationär im Krankenhaus fortsetzt.

In diesem Fall wird der Belegarzt in Erfüllung eigener vertraglicher Pflichten tätig und ist nicht Erfüllungsgehilfe des Krankenhausträgers (BGH, Az.: VI ZR 272/93) Er haftet persönlich für etwaige Schäden seines Patienten infolge eines Behandlungsfehlers.

Das Haftungsproblem für **Pflichtverletzungen des Erfüllungsgehilfen** ist bei diesem Typ des aufgespaltenen Krankenhausaufnahmevertrages je nach Situation unterschiedlich.

Wenn beispielsweise einer vom Krankenhausträger angestellten Krankenschwester im Rahmen ihrer pflegerischen Tätigkeit ein den Patienten schädigender Fehler infolge mangelnder Sorgfaltsbeachtung unterläuft, so gilt grundsätzlich das zum totalen Krankenhausaufnahmevertrag Ausgeführte: Eine vertragliche Eigenhaftung der Krankenschwester scheidet aus, da sie nicht Vertragspartner des Patienten ist. Vielmehr haftet für sie der Krankenhausträger, als dessen Erfüllungsgehilfin sie gehandelt hat. Das Verschulden der Krankenschwester hat der Krankenhausträger in gleichem Umfang zu vertreten wie ein Selbstverschulden. Problematisch kann die Feststellung des Ersatzpflichtigen werden, wenn einer vom Krankenhausträger angestellten Pflegeperson bei der Assistenz während der Operation des Belegarztes ein Fehler unterläuft.

Zunächst scheidet auch hier eine vertragliche Eigenhaftung der Pflegeperson aus. Es stellt sich demnach die Frage, als wessen Erfüllungsgehilfe die Pflegeperson gehandelt und wer demgemäss für ihr Fehlverhalten einzustehen hat (§ 278 BGB). Die Antworten sind unterschiedlich: Die einen wollen eine Haftung des Belegarztes bejahen, in dessen Pflichtenkreis die Pflegeperson tätig wurde (so OLG Düsseldorf, MedR 1993, 233 mit Hinweis auf § 2 BPflV, allerdings bezogen auf die Hinzuziehung ärztlichen Personals), die anderen ziehen das Einstehen des Krankenhausträgers als Anstellungskörperschaft der Pflegekraft vor (OLG Stuttgart, NJW 1993, 2384 ff); andere wiederum befürworten eine gemeinsame (= gesamtschuldnerische) Haftung des Arztes und des Krankenhausträgers.

> Richtig wird wohl sein, generell die Haftungsfrage daran zu orientieren, in welchem Pflichtenkreis die Pflegeperson tätig geworden ist. Hierfür spricht auch eine Entscheidung des Bundesgerichtshofes (BGH), die als Zuordnungskriterium auf »eine besondere ärztliche Weisungskompetenz« abstellt (BGH, MedR 2001, 197 ff). Eine solche steht sicherlich während des Operationsvorganges dem operierenden Belegarzt zu, mit der Folge, dass ihm die Ersatzpflicht für ein Fehlverhalten der ihm assistierenden Operationsschwester träfe.

Für das Tätigwerden einer Hebamme jedenfalls ist anerkannt, dass sie nach Hinzuziehung des Belegarztes dessen Aufgabenbereich zuzuordnen ist, unabhängig davon, ob sie als Angestellte des Belegkrankenhauses oder als Beleghebamme tätig ist (OLG Stuttgart, MedR 2001, 311). Gleiches gilt, wenn umgekehrt der Belegarzt nach Übernahme der Geburtsleitung die angestellte oder freiberuflich tätige **(Beleg-)Hebamme** hinzuzieht. Sie ist damit als Erfüllungsgehilfin des Belegarztes tätig und das Belegkrankenhaus haftet – vertraglich – insoweit nicht für ein Fehlverhalten der (Beleg-)Hebamme (OLG Koblenz, MedR 2001, 574).

Von der Haftungsproblematik für ein vorwerfbares Fehlverhalten der Pflegekraft im Rahmen eines gespaltenen Krankenhausaufnahmevertrages ist die Frage zu unterscheiden, wie weit die **Organisationspflicht** eines Belegkrankenhauses hinsichtlich der Bereitstellung von ärztlichem und nicht-ärztlichem Personal reicht.

> Zu den Verantwortlichkeiten eines Krankenhauses gehört die Sicherstellung einer ordnungsgemäßen Patientenversorgung. Dies gilt auch für eine Belegabteilung.

Der Krankenhausträger ist dafür verantwortlich, dass alle organisatorischen Maßnahmen im pflegerischen Bereich getroffen werden, um die ärztliche Versorgung der Patienten auch in seinen Belegarztabteilungen sicherzustellen (OLG Stuttgart, NJW 1993, 2384 ff). Eine ordnungsgemäße Patientenversorgung ist dann nicht gewährleistet, wenn z. B. eine Krankenschwester im Nachtdienst auf einer gynäkologischen Belegstation mangels fachlicher Ausbildung nicht zur Auswertung einer Kardiotokographie (CTG) in der Lage ist und damit auch nicht erkennen kann, ob und inwieweit der Belegarzt hinzugezogen werden muss. Aus diesem Grunde muss ein Belegkrankenhaus im Rahmen seiner **Organisationspflicht** gegen eine Handhabung einschreiten, durch die der Belegarzt dem Pflegepersonal des Belegkrankenhauses Aufgaben überlässt, die die pflegerische Kompetenz überschreiten (BGH, NJW 1996, 2429 ff).

Eine Haftung des Krankenhausträgers – nicht des Belegarztes – ist auch dann zu bejahen, wenn der nächtliche Dienst bzw. der Frühdienst vor Eintreffen des Belegarztes so organisiert ist, dass kein Belegarzt anwesend ist, sondern nicht-ärztliches Personal – gleichgültig ob Pflegekraft oder Hebamme – eine vor der Entbindung stehende Risikopatientin überwacht oder zu diesem Zwecke ein CTG anlegt. Dies gilt jedenfalls solange, als Fehler des Personals nicht wegen einer besonderen Weisungskompetenz oder bei Übernahme der Geburtsleitung dem Belegarzt zugerechnet werden können (BGH, MedR 2001, 197).

Totaler Krankenhausaufnahmevertrag mit Arztzusatzvertrag

Im Ausgangspunkt gelten hier die gleichen Haftungsgrundsätze wie beim totalen Krankenhausaufnahmevertrag. Jedoch bringt der Arztzusatzvertrag eine doppelte Verpflichtung hinsichtlich der ärztlichen Leistung mit sich. Zu Gunsten des geschädigten Patienten kommen damit Ansprüche sowohl gegenüber dem Träger als auch gegenüber dem Arzt in Frage, der im Übrigen auch für seine Assistenzpersonen haftet.

Ambulante Behandlung im Krankenhaus

Die ambulante Versorgung von **Kassenpatienten** ist nach geltendem Recht nicht in erster Linie Aufgabe des Krankenhausträgers, sondern der zugelassenen Kassenärzte (BGH, MedR 1989, 88 ff). Deshalb tritt im Bereich der ambulanten Versorgung in einem Krankenhaus dem Kassenpatienten in der Regel allein der zur Teilnahme an der vertragsärztlichen Versorgung ermächtige Krankenhausarzt als Vertragspartner gegenüber. Bei diesem liegt damit auch die Verantwortlichkeit für das in der Ambulanz eingesetzte nachgeordnete ärztliche wie nicht-ärztliche Personal (BGH, MedR 1994, 441 ff). Eine vertragliche und deliktische Haftung des Krankenhausträgers kommt nur in den Fällen in Betracht, in denen das Krankenhaus als Institution die ambulante Behandlung übernimmt. Hierzu gehören namentlich die Leistungen der zur Teilnahme an der vertragsärztlichen Versorgung ermächtigten ärztlich geleiteten Einrichtungen wie
— Polikliniken,
— psychiatrische Institutsambulanzen,
— sozialpädiatrische Zentren (§§ 116 ff SGB V) sowie die
— nichtstationäre Notfallversorgung und

— die ambulante Erbringung der in § 24 b SGB V aufgeführten Maßnahmen (Schwangerschaft und Sterilisation).

Ähnliches gilt für den **Privatpatienten**. Lässt sich dieser im Krankenhaus ambulant behandeln, so tritt er grundsätzlich in vertragliche Beziehungen zu dem Chefarzt, der die Ambulanz betreibt und der auf Grund der Abmachung mit dem Krankenhausträger liquidierungsberechtigt ist. Das soll auch dann gelten, wenn in Abwesenheit des Chefarztes nur der diensthabende nachgeordnete Krankenhausarzt tätig wird (BGH, MedR 1989, 88 f).

Ambulante Pflegeeinrichtungen (Pflegedienste)

Ambulante Pflegeleistungen können von privaten Leistungserbringern in Anspruch genommen werden, die entsprechende Versorgungsverträge mit den Pflegekassen abgeschlossen haben. Als Leistungserbringer sind auch **Sozialstationen** denkbar, deren Träger überwiegend Organisationen der freien Wohlfahrtspflege und Kirchen sind, daneben ebenso kommunale Gebietskörperschaften oder Vereine (▶ 13.1.4). Mit der Inanspruchnahme einer ambulanten **Pflegeeinrichtung** kommt ein privatrechtlicher Vertrag zwischen Einrichtung und Leistungsempfänger zustande, der sog. **Pflegevertrag**.

> Im Pflegevertrag sind insbesondere Art, Inhalt und Umfang der Leistungen einschließlich der dafür mit den Pflegekassen vereinbarten Vergütungen übersichtlich und verständlich zu beschreiben.

Vertragsinhalte nach dem Pflege-Qualitätssicherungsgesetz (▶ 13.1.4)

— Hinweis, dass es sich um einen Pflegevertrag nach § 120 SGB XI handelt,
— Nennung der Vertragsparteien mit Name und Anschrift, beiderseitigen Ansprechpartner, etwaiger Kooperationspartner des Pflegedienstes,
— Leistungsbeginn,
— Höhe des verbleibenden Eigenanteils des Pflegebedürftigen (=Leistungsempfängers),
— Haftungsregelungen (etwa wenn die Pflegekraft den Wohnungsschlüssel des Pflegehaushalts verliert oder bei vorsätzlich oder fahrlässig verursachten Schäden),
— Aussagen zur Abrechnung, z. B. zur Zahlungsfrist bei einem Eigenanteil des Pflegebedürftigen,

- (Kosten-)Regelungen des Pflegeeinsatzes, z. B. bei kurzfristiger Absage für den nächsten Einsatz oder bei kurzfristiger unvorhergesehener Krankenhauseinweisung,
- Informationspflicht des Pflegedienstes bei Preisänderungen,
- Hinweise zur Pflegedokumentation, z. B. Eigentum des Pflegedienstes,
- Aussagen zum Datenschutz und zur Schweigepflicht der Pflegekräfte,
- Beendigung bzw. Beendigungsgründe, etwa Kündigungsfristen,
- Unterschriften der Parteien bzw. Bevollmächtigten.

Vertragsverletzungen können zu Schadensersatzansprüchen aus dem Vertrag aber auch aus Fehlverhalten von Mitarbeitern als Erfüllungsgehilfen führen.

Stationäre Pflegeeinrichtungen (Pflegeheime)

Auf Grund des Heimgesetzes muss zwischen Bewohnern und Träger des Pflegeheimes ein **Heimvertrag** abgeschlossen werden. Der Heimvertrag verbindet unterschiedliche Vertragstypen des bürgerlichen Rechts. So stehen im Altenwohnheimvertrag mietvertragliche, beim Pflegeheimvertrag dienstvertragliche Elemente im Vordergrund. Jedenfalls aber können auch hier Vertragspflichtverletzungen, die zu Schadensfolgen führen, Ersatzansprüche des Geschädigten zur Folge haben. Mitarbeiter in der Pflegeeinrichtung sind regelmäßig Erfüllungsgehilfen im Sinne des § 278 BGB. Das Ausüben von Handreichungen und Hilfestellungen unter den Heimbewohnern begründet keine Eigenschaft als Erfüllungsgehilfe des Heimbewohners. Erst wenn das Heim durch konkrete an die Mitbewohner erteilte Aufträge die Vorteile einer Arbeitsteilung erwirbt – etwa eigene Arbeitskräfte bei der Beaufsichtigung einspart – kann eine Erfüllungsgehilfeneigenschaft begründet sein (LG Görlitz, Az.: 2 S 73/97).

10.2 Die deliktische Haftung

Während sich im Rahmen der vertraglichen Haftung ein Schadensersatzanspruch des Geschädigten ausschließlich gegen den Vertragspartner richtet, zielt bei der deliktischen Haftung der Anspruch unmittelbar gegen den Schädiger. Dieser muss nicht notwendigerweise der Vertragspartner sein. Im Mittelpunkt steht in der Regel Ersatz des sog. **immateriellen Schadens**, auch Nicht-Vermögensschaden, d. h. des **Schmerzensgeldes** (§ 847 BGB).

> Unter Schmerzensgeld versteht der Gesetzgeber eine Entschädigung in Geld für einen Schaden, der nicht Vermögensschaden ist und auf eine Verletzung des Körpers oder der Gesundheit zurückzuführen ist. Die Beeinträchtigung muss nicht notwendigerweise rein körperlich sein, sie kann auch geistig-seelischer Art (z. B. Schock) sein.

Rechtsgrundlage der deliktischen Haftung ist § 823 BGB:

> »Wer vorsätzlich oder fahrlässig das Leben, den Körper, die Gesundheit, die Freiheit, das Eigentum oder ein sonstiges Recht eines anderen widerrechtlich verletzt, ist dem Anderen zum Ersatz des daraus entstehenden Schadens verpflichtet«.

Vereinfacht ausgedrückt, wird eine deliktische Haftung begründet, wenn nachstehende Merkmale erfüllt sind.

Merkmale der deliktischen Haftung
- Schadensstiftendes Ereignis,
- Ursachenzusammenhang,
- Schadenseintritt,
- Widerrechtlichkeit,
- Schuld.

Schadensstiftendes Ereignis

Das schadenstiftende Ereignis ist in der Regel eine **Verletzungshandlung**, beispielsweise eine Körperverletzung, eine Eigentumsverletzung, Verletzung des Persönlichkeitsrechts sowie Gesundheitsbeeinträchtigung. In erster Linie sind Verletzungshandlungen **aktive Maßnahmen**, z. B. das Setzen einer Injektion, das zum Schaden führt oder eine Bluttransfusion gegen den Willen des Patienten (z. B. Zeuge Jehovas)

Eine Verletzungshandlung kann aber auch in einem **Unterlassen** bestehen, etwa einer fehlenden Desinfektion der Einstichstelle mit der Folge eines Injektionsabszesses oder in einer mangelhaften Prophylaxe mit Dekubitusfolge.

Ebenso ist als Verletzungshandlung ein unterbliebener Hausbesuch durch den Bereitschaftsarzt zu werten, wenn hierdurch das Leiden des Patienten verlängert wird (AG Jever, NJW 1991, 760). Hält ein Heimträger nicht einmal den im Personalschlüssel vorgesehenen Mitarbeiterstamm vor und ist hierauf eine Verletzung eines Heimbewohners zurückzuführen, liegt ein schadensstiftendes Ereignis durch Unterlassen vor (OLG Hamm, FamRZ 1993, 203)

Schadenseintritt

Jeder Schadensersatzanspruch setzt das Vorliegen eines Schadens voraus. Der eingetretene Schaden kann sein:
- ein Vermögensschaden – materieller Schaden
- ein Nicht-Vermögensschaden = immaterieller Schaden = Körperverletzungsschaden

Beide Schadensarten sind durch vertragliche und deliktische Haftung ersatzfähig.

Ursachenzusammenhang

Zwischen schadensstiftendem Ereignis und Eintritt des Schadens muss ein ursächlicher Zusammenhang bestehen. So muss etwa der Spritzenabszess (= Körperverletzungsschaden) unmittelbar (= ursächlich) auf die mangelnde Beachtung der Hygienekautelen (= schadensstiftendes Ereignis) zurückzuführen sein. Es ist für den Patienten nicht immer einfach, einen derartigen Kausalitätsnachweis zu führen. Im Einzelfall sind allerdings die Beweisregeln, die von der Rechtsprechung entwickelt wurden, hilfreich (▶ 10.13).

Neben einem schuldhaften Handeln oder Unterlassen setzt der deliktische Schadensersatzanspruch die **Widerrechtlichkeit** der Verletzungshandlung voraus.

Widerrechtlichkeit

Der Begriff der Widerrechtlichkeit – häufig ist von Rechtswidrigkeit die Rede – meint, dass die Widerrechtlichkeit (Rechtswidrigkeit) eines Handelns die Verletzung eines Rechts oder Rechtsgutes darstellt, ohne hierzu ein Recht in Anspruch nehmen zu können.

> Widerrechtlich oder rechtswidrig handelt, wer zu seinem Handeln kein Recht hat.

Die Rechtswidrigkeit des Handelns kann durch Rechtfertigungsgründe geheilt werden

Rechtfertigungsgründe

Das Vorliegen von Rechtfertigungsgründen schließt die Rechtswidrigkeit des Handelns aus, lässt es rechtmäßig werden.

Wichtige Rechtfertigungsgründe
- **Einwilligung** des Verletzten in die Verletzungshandlung,
- **Notwehr** (§ 32 StGB) sowie
- **rechtfertigender Notstand** (§ 34 StGB) (▶ 11.2).

Die Einwilligung

> Grundlage der Einwilligung ist das Selbstbestimmungsrecht des Patienten, das aus dem allgemeinen Persönlichkeitsrecht (Art. 2 GG) hergeleitet wird.

Für eine wirksame Einwilligung sind nachfolgende **Grundsätze** zu beachten:

Einwilligungsberechtigter

Die Einwilligung muss grundsätzlich von demjenigen erklärt werden, der Inhaber des verletzten Rechtsgutes und verfügungsberechtigt ist.

Diese Feststellung ist vor allem bei der Frage nach der Wirksamkeit der Einwilligung eines Minderjährigen schwierig zu treffen. Trotz unterschiedlicher Rechtsprechung und Kritik in der Literatur gilt (noch) herrschend, dass unter Berücksichtigung des Selbstbestimmungsrechts auch Minderjährige in den Heileingriff wirksam einwilligen können, soweit sie für den Einzelfall **einsichtsfähig** sind.

> Einsichtsfähigkeit ist die Fähigkeit (des Minderjährigen) nach seiner geistigen und sittlichen Reife die Bedeutung und Tragweite eines Eingriffs und seiner Gestattung zu ermessen (BGH, NJW 1981, 1321)

Für diese sog. **Einsichtsfähigkeit** lässt sich – im Gegensatz zur Volljährigkeit – keine feste Altersgrenze nennen. Noch nicht 14jährige dürften generell als nicht einsichtsfähig anzusehen sein. Je mehr sich der Minderjährige jedoch dem Volljährigkeitsalter nähert, umso eher kann von seiner Einwilligungsfähigkeit ausgegangen werden. Erhebliches Gewicht kommt dabei Art, Umfang und Risiken des geplanten Eingriffs zu.

Beispiel aus der Rechtsprechung

> So kann ein 17jähriger bei vorliegender Einsichtsfähigkeit und Urteilskraft selbst in die Vornahme einer Kniegelenkspunktion einwilligen (OLG Schleswig, Az.: 4 U 307/86).

Mangelt es an Einsicht, z. B. bei jüngeren Patienten, so ist die Einwilligungserklärung des Minderjährigen unbeachtlich. Es kommt auf die Einwilligung des gesetzlichen Vertreters, im Regelfall der Eltern, gegebenenfalls des Vormunds an. Da im Normalfall die **Personensorge** bei beiden Elternteilen liegt, müssen sie auch gemeinsam in den Heileingriff einwilligen. Von der ausdrücklichen Einwilligung durch beide anwesenden Elternteile werden allerdings weithin Ausnahmen zugelassen (▶ 9.4).

Inwieweit eine minderjährige Schwangere in einen Schwangerschaftsabbruch ohne Mitwirkung der Eltern auf Grund deren Personensorgerechts einwilligen kann, hängt von den Umständen des Einzelfalls, insbesondere der geistigen Entwicklung der Minderjährigen ab.

Beispiele aus der Rechtsprechung
- So hat etwa das Landgericht München entschieden, dass eine 16jährige nicht der Zustimmung ihrer gesetzlichen Vertreter zum Abbruch der Schwangerschaft aus sozialer Indikation bedarf, sofern sie die Tragweite ihrer Entscheidung erfasst (LG München NJW 1980, 646).
- In einem ähnlich gelagerten Fall urteilte das Amtsgericht Celle, dass eine 17jährige Schwangere im Regelfall nicht selbstständig in einen Schwangerschaftsabbruch einwilligen könne (AG Celle, NJW 1987, 2307).
- Diese Ansicht vertrat ebenso das Oberlandesgericht Hamm und entschied darüber hinaus, dass eine alleinige Einwilligung einer Minderjährigen in einen Schwangerschaftsabbruch schon gar nicht möglich sei (OLG Hamm, NJW 1998, 3424).
- Ein Alleinentscheidungsrecht der Minderjährigen bejaht schließlich der Bundesgerichtshof nur, wenn die ärztliche Vornahme des Abbruchs medizinisch dringend indiziert ist und die gesetzlichen Vertreter nicht erreichbar sind (BGH, NJW 1972, 335).

Andererseits braucht sie zum Abschluss des Behandlungsvertrages mit dem Arzt die Zustimmung des gesetzlichen Vertreters (§ 107 BGB). Obwohl damit der Minderjährigen eine eigene Entscheidungsbefugnis über den Schwangerschaftsabbruch auf Grund ihrer – strafrechtlich relevanten – Einsichtsfähigkeit zugestanden wird, ist sie – zivilrechtlich – im Ergebnis wieder von der Zustimmung des gesetzlichen Vertreters abhängig.

Form der Einwilligung
- Die Wirksamkeit der Einwilligung setzt **nicht** eine **Schriftform** voraus. Eine Einwilligung kann auch **mündlich** oder durch **schlüssiges** (= konkludentes) **Verhalten** wirksam erklärt werden.

Ein schlüssiges Verhalten liegt etwa dann vor, wenn ein Patient nach vorheriger Besprechung des Eingriffs die Operation widerspruchslos durchführen lässt (AG Frankfurt, Az.: 29 C 1638/99-73).

Wenn ein Patient zu einer wie auch immer gearteten Einwilligungserklärung nicht in der Lage ist – etwa der bewusstlose Patient – kann eine **mutmaßliche** (hypothetische) **Einwilligung** ausreichend sein.

Der Rückgriff auf eine mutmaßliche Einwilligung setzt voraus, dass der Heileingriff im Interesse des Patienten erfolgt. Der Arzt oder die Pflegeperson handelt in einem solchen Fall als Geschäftsführer ohne Auftrag (Argument aus § 677 BGB).

Bei medizinisch indizierten ärztlichen Eingriffen, insbesondere bei der **Operationserweiterung**, ist die Zulässigkeit ärztlichen Handelns auf der Grundlage mutmaßlicher Einwilligung des Patienten nicht auf Fälle vitaler Indikation beschränkt (BGH, NJW 1988, 2310). Ärztliche Eingriffe, in die der Patient zwar nicht ausdrücklich oder konkludent eingewilligt hat, die aber seinem mutmaßlichen Willen entsprechen, dürfen nicht nur zur Beseitigung einer gegenwärtigen Lebensgefahr vorgenommen werden. Der (mutmaßliche) Wille des Patienten ist auch dann zu berücksichtigen, wenn der Arzt vor der Frage steht, ob er eine mit Zustimmung des Patienten begonnene Operation erweitern oder sie abbrechen und den Patienten dem Risiko einer neuen, u. U. mit größeren Gefahren verbundenen, jedenfalls aber weitere körperliche und seelische Beeinträchtigungen mit sich bringenden Operation aussetzen soll. Der Rechtfertigungsgrund der mutmaßlichen Einwilligung entfällt nicht bereits dann, wenn der Arzt unterlassen hat, den Patienten über eine vorhersehbare, gebotene Operationserweiterung aufzuklären und dadurch die Möglichkeit, eine ausdrückliche Entscheidung des Patienten herbeizuführen, fahrlässig ungenutzt gelassen hat. Entscheidend ist allein, ob die Voraussetzungen der mutmaßlichen Einwilligung in dem Augenblick gegeben sind, in dem der Arzt vor der Frage steht, ob der von der ursprünglich erteilten Einwilligung nicht mehr gedeckte weitere Eingriff vorgenommen werden soll oder nicht.

> Im Hinblick auf den Vorrang des **Selbstbestimmungsrechts** des Patienten ist der Inhalt des mutmaßlichen Willens in erster Linie aus den persönlichen Umständen des Betroffenen, aus seinen individuellen Interessen, Wünschen, Bedürfnissen und Wertvorstellungen zu ermitteln.

Objektive Kriterien, insbesondere die Beurteilung einer Maßnahme als
- gemeinhin vernünftig und normal sowie
- den Interessen eines verständigen Patienten üblicherweise entsprechend,

haben keine eigenständige Bedeutung. Sie dienen lediglich der Ermittlung des individuellen hypothetischen Willens. Liegen keine Anhaltspunkte dafür vor, dass sich der Patient anders entschieden hätte, wird allerdings davon auszugehen sein, dass sein (hypothetischer) Wille mit dem übereinstimmt, was gemeinhin als normal und vernünftig angesehen wird (BGH, NJW 1988, 2310). Etwas anderes kann allerdings dann gelten, wenn der Patient zuvor einen entgegenstehenden Willen geäußert hat und der den Heileingriff Durchführende (Arzt oder Pflegeperson) diesen Willen kennt. Auch bei skeptischen Patienten ist ein Rückgriff auf den hypothetischen Willen ausgeschlossen, wenn plausibel dargestellt werden kann, dass sich der Patient bei entsprechender Aufklärung gegen den Eingriff entschieden hätte (BGH, Urteil vom 16.04.1994).

Zeitpunkt der Einwilligung
Die Einwilligung muss grundsätzlich **vor** dem Heileingriff erklärt werden. Unterzeichnet der Patient die ihm schon mehrere Tage vor der Operation überlassene Einwilligungserklärung erst auf dem Wege zum Operationssaal nach Verabreichung einer Beruhigungsspritze und dem Hinweis des Arztes, dass man die Operation andernfalls auch unterlassen könne, so ergibt sich hieraus keine wirksame Einwilligung in die Operation (BGH, MedR 1998, 516). Bei einem solchen Vorgehen wird das Selbstbestimmungsrecht des Patienten als Grundlage einer wirksamen Einwilligung nicht ausreichend gewahrt.

Aufklärung

Die Tatsache, dass von einer wirksamen Einwilligung des Patienten nur dann auszugehen ist, wenn er die Bedeutung und Tragweite des Heileingriffs und seiner Gestattung ermessen kann, setzt eine entsprechende Aufklärung seitens des Arztes voraus, es sei denn, der Patient verzichtet auf eine Aufklärung (BGH, NJW 1974, 604) oder der Patient ist bewusstlos.

Da die Aufklärung ausschließlich in den **ärztlichen Zuständigkeitsbereich** fällt, beschränkt sich die folgende Darstellung auf die Grundzüge der Aufklärungspflicht.

Zeitpunkt der Aufklärung
Nach ständiger Rechtsprechung muss der Arzt den Patienten **vor** einem Eingriff oder einer sonst invasiven Behandlung, d. h. auch beim Legen einer Verweilkanüle, über Wesen, Bedeutung und Tragweite des Eingriffs so aufklären, dass dieser anschließend weiß, worum es bei dem Eingriff geht und wie er die Erfolgsaussichten und Gefahren einschätzen muss (BGH, MedR 1990, 264).

Der Bundesgerichtshof hat hinsichtlich des Aufklärungszeitpunktes verschiedene Differenzierungskriterien entwickelt. Dabei wird ausdrücklich auf den Einzelfall abgestellt.

Beispiele aus der Rechtsprechung
Bei **kleineren** und **risikoarmen** Eingriffen
(= sog. »normale« Eingriffe) ist zu unterscheiden:

- § Wird der Eingriff im Rahmen einer stationären Behandlung vorgenommen, muss das Aufklärungsgespräch spätestens am Vortag des Eingriffs stattfinden. Ein Aufklärungsgespräch am Vorabend ist nicht rechtzeitig (BGH, NJW 1992, 2351).
- § Bei ambulanten Eingriffen kann der Arzt am Tag des Eingriffs das Aufklärungsgespräch führen. Dieses muss jedoch von der operativen Phase deutlich abgesetzt sein (BGH, NJW 1994, 3009). Auch bei **Routineimpfungen** genügt die Aufklärung – wie bei ambulanten Eingriffen – am Tage der Impfmaßnahme (BGH, NJW 2000, 1784).

Handelt es sich um **schwierige** und **risikoreiche** Eingriffe, gilt:

- § das Aufklärungsgespräch muss, gleichgültig, ob es sich um eine stationäre oder ambulante Behandlung handelt, bei Festlegung des Operationstermins erfolgen (BGH, wie vor).
Die Aufklärung über **Narkoserisiken** braucht erst am Vorabend der Operation zu erfolgen (BGH, NJW 1992; 2351).
- § Bei **diagnostischen Eingriffen** ist das Aufklärungsgespräch am Tag des Eingriffs ausreichend (BGH, NJW 1995, 2410).

Bei **intraoperativen Erweiterungen** ist zu unterscheiden:

- § Zeichnet sich bereits **vor dem Eingriff** die Möglichkeit einer intraoperativen Erweiterung ab, so ist der Patient vor dem Eingriff über Risiken, Erweiterungen u. ä. aufzuklären.
- § Zeigt sich die Notwendigkeit einer Operationserweiterung **überraschend** während des Eingriffs, muss der Patient – wenn dies möglich ist – aus der Narkose zurückgeholt und nach Abklingen der Narkosewirkung aufgeklärt werden. Erst danach kann die (erweiterte) Operation fortgesetzt werden.

§ Kann die Operation aus medizinischen Gründen nicht unterbrochen werden, darf der erweiterte Eingriff nur stattfinden, wenn er von der mutmaßlichen Einwilligung des Patienten gedeckt ist (BGH, NJW 1999, 885).

Bei **Notoperationen** kann ein Aufklärungsgespräch nur kurzfristig oder überhaupt nicht stattfinden; auch hier gilt in der Regel der mutmaßliche Patientenwille.

Eingriffs- und Sicherheitsaufklärung

Neben dem Zeitpunkt der Aufklärung differenziert die Rechtsprechung zwischen
— der **Eingriffsaufklärung** und
— der **Sicherheitsaufklärung**.

Eingriffsaufklärung

> Die Eingriffsaufklärung knüpft an der Forderung an, dass ein Patient nicht ohne seine Einwilligung behandelt werden darf und die Einwilligung nur wirksam ist, wenn der Patient weiß, in was er einwilligt.

Die Rechtsprechung sieht in dem Patienten nicht das Objekt, sondern das Subjekt der Behandlung. Medizinische Indikation und Patientenwille sind gemeinsam Voraussetzung der ärztlichen/pflegerischen Behandlung. Dabei willigt der Patient ausschließlich in das medizinisch richtige Vorgehen ein. Umfang und Grenzen sind vom Einzelfall abhängig. Die Eingriffsaufklärung lässt sich unterscheiden in
— Diagnose-,
— Verlaufs- und
— Risikoaufklärung.

Beispiele aus der Rechtsprechung

§ Sind mit dem Eingriff spezielle Risiken verbunden, von denen der Arzt nicht annehmen kann, dass der Patient mit ihnen rechnet, muss er den Patienten hierüber aufklären, damit dieser sie bei seiner Entscheidung mitberücksichtigen kann (BGH, MedR 1985, 173).

§ In der Geburtshilfe muss der Arzt über unterschiedliche Risiken aufklären, die sich aus verschiedenen Entbindungsmethoden für Mutter und Kind ergeben. Ist beispielsweise eine Spontangeburt für das Kind risikobehafteter als die Schnittentbindung, verhält es sich aber für die Mutter gerade umgekehrt, obliegt dem Arzt eine entsprechende Aufklärung, um der Mutter die Wahl zur vorzunehmenden Methode zu lassen (BGH, NJW 1992, 741).

§ Kommt es für den Arzt ernsthaft in Betracht, dass bei einem Patienten intra- oder postoperativ eine Bluttransfusion erforderlich werden kann, so ist der Patient infolge des HIV-Risikos bei einer Fremdblutübertragung auf eine Eigenblutspende hinzuweisen, soweit diese möglich ist (BGH, NJW 1992, 743).

§ Bieten sich dem Arzt Behandlungsalternativen, die erkennbar mit geringeren Risiken behaftet sind, sei es in der Therapie, in der Person des Therapeuten, der Krankenanstalt oder auch der Art der Betäubung, so ist der Patient hierüber zu informieren (BGH, NJW 1992, 755).

§ Dagegen ist ein Patient, der sich der Gefährlichkeit der bevorstehenden Operation bewusst ist, über das allgemeine Embolierisiko nach größeren Operationen, nicht aufzuklären (BGH, Az.: VI ZR 134/84)

§ Keine Aufklärungspflicht besteht auch über das allgemeine Risiko einer Wundinfektion (BGH, wie vor).

§ Haftet dagegen einer Operation die besondere Gefahr einer Wundheilungsstörung an, ist hierüber aufzuklären (OLG Düsseldorf, Az.: 8 U 102/96).

§ Eine Aufklärungspflicht besteht zudem für ein Piercinginstitut über mögliche Komplikationen beim Zungenpiercing (AG Neubrandenburg, NJW 2001, 126).

> Ist eine gebotene Eingriffsaufklärung unzureichend, führt dies zur Unwirksamkeit der Einwilligung. Der Eingriff ist damit rechtswidrig.

Sicherheitsaufklärung

Von der Eingriffsaufklärung unterscheidet sich die Sicherheitsaufklärung durch ihren Wesensgehalt.

> Die Sicherheitsaufklärung verfolgt den Zweck, den Patienten zu informieren und zu unterweisen, um ihn vor Schaden zu bewahren. Sie dient der Gewährleistung des Behandlungserfolges.

Die Pflicht zur Sicherheitsaufklärung besteht vor allem dann, wenn sich der Patient nicht den gebotenen diagnostischen oder therapeutischen Eingriffen unterziehen will. Zwar kann und darf der Arzt nicht gegen den Willen des Patienten in dessen körperliche Integrität eingreifen. Es gehört jedoch zu seiner (Berufs-)Pflicht, den Patienten nachhaltig auf die Notwendigkeit und Dringlichkeit einer Untersuchung hinzuweisen (BGH, MedR 1998, 26).

Der Verstoß gegen die Sicherheitsaufklärung stellt einen groben Behandlungsfehler dar.

Beispiele aus der Rechtsprechung

§ Der Arzt muss etwa die Mutter mit positivem Rhesusfaktor nach der Geburt eines Kindes mit negativem Rhesusfaktor über das Risiko von Antikörpern trotz sofortiger Injektion mit Immunglobin mit entsprechenden Gefahren für eine nachfolgende Schwangerschaft unterrichten (BGH, VersR 1982, 700).

- § Ebenso ist eine Aufklärung über die Notwendigkeit vorsichtiger Lebensweise bei kardialer Erkrankung zwingend (BGH, VersR 1992, 1231).
- § Die sofortige Notwendigkeit einer stationären Behandlung eines Patienten mit Spontanpneumothorax ist ebenfalls aufklärungspflichtig (BGH, VersR 1987, 1247).
- § Mittlerweile gilt als anerkannt, dass die ärztliche Pflicht zur Patientenaufklärung auch eine wirtschaftliche Aufklärungspflicht beinhaltet, wenn die Kostenübernahme durch die jeweilige Krankenversicherung unsicher erscheint (OLG Köln, Az.: 7 U 1947/86).

Form der Aufklärung

Die Aufklärung ist nicht an eine bestimmte Form gebunden.

> Als Grundsatz gilt: zum Zwecke der (Eingriffs-)Aufklärung bedarf es eines vertrauensvollen Gesprächs zwischen Arzt und Patient.

Merkblätter, die die notwendige Informationen zu dem beabsichtigten Eingriff einschließlich der Risiken schriftlich festhalten, dürfen verwendet werden. Fraglich ist, ob – insbesondere bei Routinemaßnahmen – die Verwendung von Merkblättern im Sinne eines **Aufklärungsformulars** als schriftliche Form der Aufklärung ausreicht. Dies hatte der Bundesgerichtshof im Falle einer Routineimpfung bejaht (BGH, NJW 2000, 1784). Ob das Gericht jedoch damit von seiner bisherigen Auffassung, dass auch bei Verwendung von Informationsblättern nicht von einem Aufklärungsgespräch abgesehen werden darf, abweichen wollte, muss bezweifelt werden. Jedenfalls fehlt der Entscheidung ein – ansonsten üblicher – Vermerk, mit dieser Entscheidung von der herrschenden Rechtsprechung abweichen zu wollen.

> Auch bei Verwendung von Informationsblättern/Aufklärungsformularen bleibt deshalb ein Aufklärungsgespräch angeraten, das auch dokumentiert werden sollte.

Eine **Delegation** der ärztlichen Aufklärungspflicht, insbesondere auf das nachgeordnete nicht-ärztliche Personal, ist auf keinen Fall zulässig (▶ Anlage C »Richtlinien zur Aufklärungspflicht«).

Wenn zu befürchten ist, dass ein Patient die ärztlichen Erläuterungen nicht richtig versteht, dann muss der Arzt eine kompetente Person hinzuziehen. Es muss gesichert sein, dass die Gefahr von Missverständnissen ausgeschlossen ist (OLG Düsseldorf, NJW 1990, 771).

So darf etwa die Aufklärung eines türkischen Patienten wegen Sprachschwierigkeiten nicht auf türkisch sprechendes Pflegepersonal übertragen werden (BGH, VersR 1988, 718). Ebenso wenig ist es zulässig, die Aufklärung auf eine Röntgenassistentin zu delegieren (BGH, VersR 1981, 1184).

Heimlicher Aids-Test

Im Zusammenhang mit der Aufklärung durch den Arzt ist nach wie vor die Frage in der Diskussion, ob der Patient vor einer Venenpunktion zum Zweck der Blutuntersuchung, die sich aus gegebener medizinischer Indikation auch auf eine Aids-Antikörperaustestung erstrecken soll, hierüber aufgeklärt werden soll, um eine rechtswirksame Einwilligung zu erlangen.

Grundsätzlich gilt, dass Blutentnahmen im Rahmen ärztlicher Untersuchungen keiner besonderen Einwilligung bedürfen, wenn ihnen der Patient durch schlüssiges Verhalten zustimmt. Mit dem Hinweis, dass ein positiver HIV-Test keine medizinischen Vorteile, sondern nur lebensverändernde Nachteile für den Patienten hätte und deshalb schließlich mit anderen Blutuntersuchungen nicht zu vergleichen wäre, wird jedoch abweichend vom vorstehenden Grundsatz teilweise die Ansicht vertreten, ein Patient müsse in jedem Falle vor einer beabsichtigten Aids-Austestung informiert werden. Die gegenteilige Meinung dagegen verweist einmal darauf, dass der einwilligungsrelevante Eingriff die Venenpunktion als solche sei, und zum anderen, dass beim Aids-Test ebenso wie bei anderen diagnostischen Maßnahmen und Blutuntersuchungen der Arzt verpflichtet sei, entsprechend seinen medizinischen Überlegungen alles zu tun, um seine diagnostischen Überlegungen zu verifizieren. Hingewiesen wird auch darauf, dass das indizierte und erforderliche ärztliche Vorgehen zur Erstellung der Diagnose im Rahmen eines bestehenden Behandlungsvertrages nicht Gegenstand des Selbstbestimmungsrechts des Patienten, sondern Sache der ärztlichen Verantwortung sei.

> Die Rechtsprechung hat sich bislang in dieser Frage nicht abschließend geäußert. Es scheint deshalb zweckmäßig, wenn sich der Arzt vom Patienten bescheinigen lässt, dass er neben anderen Untersuchungen des entnommenen Blutes auch mit einer Aids-Antikörperaustestung einverstanden ist.

Durch die Vornahme eines heimlichen Aids-Tests können zivilrechtliche **Schadensersatzansprüche** des

Patienten begründet werden. Dabei geht es um mögliche Schmerzensgeldansprüche (§§ 823, 847 BGB), die dann gegeben sind, wenn ein schwerwiegender Eingriff in Persönlichkeitsrechte des Anspruchstellers vorliegen. Das Recht des Einzelnen auf **informationelle Selbstbestimmung** ist als Konkretisierung des allgemeinen Persönlichkeitsrechts anerkannt (BVerfG, NJW 1984, 419). In dieses Recht greift der Arzt ein, wenn er sich Informationen über den Gesundheitszustand des Patienten ohne dessen Einwilligung verschafft.

> Unter diesem Aspekt ist die Vornahme wie das Veranlassen eines HIV-Antikörpertests ohne die Einwilligung des Betroffenen – wie jede andere diagnostische Maßnahme, die ohne Einwilligung des Patienten erfolgt – ein Verstoß gegen das Selbstbestimmungsrecht des Patienten.

Die Durchführung des »heimlichen« Tests wird auch nicht dadurch gerechtfertigt, dass er nach dem Krankheitsbild eines Patienten medizinisch indiziert ist; die Indikation kann die Einwilligung nicht ersetzen (LG Köln, MedR 1995, 409 ff). Auch kann es nicht auf das Ergebnis des Testes ankommen, so dass bei negativem Befund ebenfalls ein Eingriff in das allgemeine Persönlichkeitsrecht vorliegt (anders allerdings AG Mölln, MedR 1989, 42, bestätigt durch LG Lübeck, Urteil vom 22.06.1989, unveröffentlicht).

Im Falle eines HIV-Befundes muss die Diagnose in jedem Fall mit der gebotenen Schonung mitgeteilt werden (OLG Köln, NJW 1988, 2306).

> Jeder einzelne Heileingriff, sei es aus dem ärztlichen oder aus dem pflegerischen Bereich, ist mithin darauf zu überprüfen, ob er durch eine Einwilligung des Patienten nach vorausgegangener ärztlicher – grundsätzlich nicht durch das Pflegepersonal vorzunehmender – Aufklärung unterschiedlicher Intensität je nach Lage des Falles gedeckt ist.

Einwilligung und Aufklärung bei Unterbringung

Dies gilt auch für die Heilbehandlung des nach **bürgerlichem Recht untergebrachten psychisch Kranken**. Ist im Fall der Betreuung der Kranke in Bezug auf die anstehende Heilmaßnahme einwilligungsfähig, so kommt es allein auf seine Einwilligung an. Ist er nicht mehr einwilligungsfähig, so erteilt der Betreuer – vorausgesetzt, der vom Gericht bestimmte Aufgabenbereich umfasst die Heilbehandlung – die Einwilligung; für bestimmte schwerwiegende Eingriffe bedarf es der gerichtlichen Genehmigung (§ 1904 BGB, ▶ 9.2.1).

Für die Heilbehandlung der **strafgerichtlich** (§§ 63, 64 StGB) oder **öffentlich-rechtlich untergebrachten psychisch Kranken** (▶ 9.2.1) haben die hierfür zuständigen Landesgesetzgeber Sondervorschriften erlassen. Diese ländergesetzlichen Regelungen weichen inhaltlich vielfach voneinander ab, insbesondere was die **Heilbehandlung des untergebrachten psychisch Kranken** betrifft. Es können an dieser Stelle daher nur Grundtendenzen aufgezeigt werden.

Im Jahre 1972 hatte das Bundesverfassungsgericht entschieden, dass derjenige, der auf Grund eines richterlichen Beschlusses seine Freiheit verliert, damit nicht zugleich über das Freiheitsgrundrecht hinaus andere Grundrechte verliert, deren Einschränkung für den Vollzug der Entscheidung über den Freiheitsentzug notwendig oder zweckmäßig ist (BVerfG, NJW 1972, 811 ff). Ein solches, vom Freiheitsrecht unabhängiges weiteres Grundrecht ist beispielsweise das der körperlichen Unversehrtheit (Art. 2 Abs. 2 S. 2 GG).

In den Unterbringungs- und Psychisch-Kranken-Gesetzen der Länder musste folglich geregelt werden, ob und inwieweit der auf Grund richterlicher Entscheidung untergebrachte psychisch Kranke gegen oder ohne seinen Willen ärztlich behandelt werden kann.

Ganz überwiegend wird dem öffentlich-rechtlich untergebrachten psychisch Kranken ein Behandlungsanspruch eingeräumt, der – von Ausnahmen abgesehen (z. B. Berlin) – mit einer **Duldungspflicht** bei Zwangsbehandlung verbunden ist. In der Regel haben Behandlungsanspruch und Zwangsbehandlung diejenige psychische Erkrankung zum Gegenstand, die Anlass zur Unterbringung war (sog. Anlasserkrankung). Der psychisch Kranke kann während seiner Unterbringung aber außerdem noch an anderen – v. a. körperlichen – Krankheiten leiden, die behandelt werden müssen (sog. interkurrente Krankheiten).

> Damit stellt sich vielfach die Frage, ob sich die Befugnis zur Zwangsbehandlung auf die Anlasskrankheit beschränkt oder ob sie ebenso umfassend ist wie der Behandlungsanspruch.

Soweit ersichtlich, differenzieren die meisten Unterbringungsgesetze bei der Zwangsbehandlung zwischen Anlasskrankheit und anderen Erkrankungen und sehen eine Begrenzung der **Duldungspflicht** des Untergebrachten auf die Anlasskrankheit vor (z. B. Bayern, Hamburg, Schleswig-Holstein, Bremen, Nordrhein-Westfalen, Baden-Württemberg, anders wohl Niedersachsen). Soweit eine derartige Differenzierung durch den Landesgesetzgeber vorgenommen wurde, wird zu gelten haben, dass dort, wo die Zwangsbehandlung nur für die Anlasskrankheit zugelassen ist, grundsätzlich zur Behandlung anderer Erkrankungen des Untergebrachten bei dessen Behandlungsablehnung eine vormundschaftsgerichtliche Genehmigung herbeizuführen ist. Ist dagegen (wie in Niedersachsen) geregelt, dass zum Schutz der Gesundheit des Untergebrachten oder der Gesundheit anderer erforderlichenfalls ärztlich untersucht werden darf, besteht auch insoweit eine Duldungspflicht des Betroffenen. Dies kann zum Tragen kommen, wenn beispielsweise Mitpatienten oder Personal vor einer infektiösen Tuberkulose des Untergebrachten zu schützen sind.

Ist für die Anlasskrankheit eine Zwangsbehandlung vorgesehen, so setzt die Durchführung der Maßnahme in der Regel dennoch eine angemessene **Aufklärung** des Untergebrachten voraus. Hintergrund einer derartigen gesetzlichen Verpflichtung des Arztes ist die Überzeugung, dass auch ein wegen seiner psychischen Krankheit nicht einwilligungsfähiger Patient nicht als bloßes Objekt von Heilbehandlungsmaßnahmen dienen darf, sondern die Persönlichkeit insoweit zu berücksichtigen ist.

Die Duldungspflicht und damit eine Zwangsbehandlung stoßen immer dann an ihre Grenzen, wenn ein operativer Eingriff zu Untersuchungs- oder Behandlungszwecken erforderlich ist, der mit einer erheblichen Gefahr für Leben oder Gesundheit des psychisch Kranken verbunden ist. In derartigen Fällen wird regelmäßig die Einwilligung des Untergebrachten vorausgesetzt. Der Begriff des »operativen Eingriffs« ist im Sinne des allgemeinen Sprachgebrauchs zu verstehen. Mit seiner Verwendung ist klargestellt, dass nicht jeder Eingriff schlechthin, z. B. Blutentnahme oder Injektion eines Medikaments dem Einwilligungserfordernis unterliegt.

> Unter Eingriffen, die mit erheblicher Gefahr für die Gesundheit verbunden sind, werden z. B. die Entnahme von Mageninhalt und Galle, von Rückenmarks- und Gehirnflüssigkeit sowie alle Eingriffe mit allgemeiner Betäubung verstanden.

Der untergebrachte psychisch Kranke ist **einwilligungsunfähig** wenn er nicht in der Lage ist,
— Grund,
— Bedeutung und
— Tragweite des operativen Eingriffs einzusehen oder
— seinen Willen nach dieser Einsicht zu bestimmen.

In diesem Fall wird in den Unterbringungsgesetzen vielfach die **Einwilligung seines gesetzlichen Vertreters** gefordert (z. B. Baden-Württemberg, Niedersachsen). Ein Einwilligungsersatz ist demnach nicht erst dann erforderlich, wenn der Betroffene die Heilbehandlung ablehnt, sondern immer dann, wenn er einwilligungsunfähig ist. Als gesetzliche Vertreter in der Einwilligungserklärung kommen die personensorgeberechtigten Eltern, ein Vormund oder auch Betreuer mit entsprechendem Aufgabenkreis hauptsächlich in Frage. Ist die Einwilligung des gesetzlichen Vertreters nicht rechtzeitig zu erlangen, steht dem Arzt in Notfällen die Befugnis wie die Pflicht zu, zum Wohle des Patienten auch ohne oder gegen dessen Willen tätig zu werden. Einige der Ländergesetze haben dies ausdrücklich im Gesetzestext hervorgehoben (z. B. Bremen). Eine **Notbehandlungsbefugnis** und -pflicht des Arztes besteht etwa dann, wenn in einer akuten Notlage sofort gehandelt werden muss, ohne dass noch Zeit zu einer telefonischen Rückfrage beim gesetzlichen Vertreter des Betroffenen bleibt.

Ein Notfall kann sich zudem daraus ergeben, dass sich bei Nachsuchen der Einwilligung des für den Kranken handelnden Dritten ergibt, dass dieser nicht zu erreichen ist oder möglicherweise noch gar nicht vom Gericht – beispielsweise als Vormund oder Betreuer – eingesetzt ist. In diesem Fall kann das Vormundschaftsgericht allerdings gemäß § 1846 BGB »die im Interesse des Betroffenen erforderlichen Maßregeln« treffen. Die in ihrer praktischen Bedeutung häufig unterschätzte Vorschrift schränkt also das Vorliegen eines Notfalls, in dem der Arzt selbst ohne wirksame Einwilligung des Patienten oder eines Dritten die Heilbehandlung vornehmen kann oder muss, ein.

In manchen Fällen schließlich lässt sich eine Zwangsbehandlung nicht ohne körperlichen Zwang durchführen. Soweit in den Psychisch-Kranken-Gesetzen keine eigene Rechtsgrundlage für die Befugnis zu Zwangsmaßnahmen für Ärzte und Pflegepersonal enthalten ist (ausdrücklich geregelt in Niedersachsen), muss insoweit auf die **polizeirechtlichen** Bestimmungen der Länder über die Anwendung unmittelbaren Zwanges zurückgegriffen werden.

Notwehr

> Notwehr ist diejenige Verteidigung, die erforderlich ist, um einen gegenwärtigen rechtswidrigen Angriff von sich abzuwehren.

Auf eine Notwehrsituation kann sich möglicherweise das Pflegepersonal berufen, wenn die Schädigung eines Patienten durch die Abwehr eines Angriffs auf das Pflegepersonal hervorgerufen wurde. In einem derartigen Fall wäre die Widerrechtlichkeit der Verletzungshandlung durch den Rechtfertigungsgrund der Notwehr ausgeschlossen, eine Ersatzpflicht für den verursachten Schaden bestünde nicht. Die Beurteilung der **Notwehrsituation** ist aber nicht immer leicht zu treffen. In einer Anstalt für psychisch Kranke z. B.

muss das dort tätige Pflegepersonal durchaus Angriffe auf sich nehmen, weil es zum Aufgabenbereich gehört, gewisse Gefahren hinzunehmen. Nur in äußerster Not ist es in einem solchen Fall gestattet, sich gegenüber dem Angriff eines geistig Kranken auf den Rechtfertigungsgrund der Notwehr zu berufen. Als Rechtfertigungsgrund kommt schließlich noch der sog. **rechtfertigende Notstand** (§ 34 StGB) in Betracht (▶ 11.2).

Schuld

Weiterhin ist erforderlich, dass die Verletzungshandlung schuldhaft erfolgt. Der Begriff des **Verschuldens** ist im Bürgerlichen Gesetzbuch nicht definiert. Wohl aber wird von den beiden Schuldarten »**Vorsatz**« und »**Fahrlässigkeit**« gesprochen (z. B. § 276 BGB).

> Unter Vorsatz ist das bewusste und gewollte Verwirklichen des rechtswidrigen Erfolges zu verstehen.
> Fahrlässig handelt, wer die im Verkehr erforderliche Sorgfalt außer acht lässt (▶ 10.3).

Die Schuldformen Vorsatz und Fahrlässigkeit werden **zivilrechtlich** anders definiert als **strafrechtlich**. Die Begründung liegt darin, dass das Zivilrecht unter objektiven Maßstäben eine Schadenersatzzuordnung zum Ziel hat, während im Strafrecht die subjektive Vorwerfbarkeit einer strafbaren Handlung vorrangig ist.

Ausnahmsweise kann der Schuldvorwurf durch den Gesichtspunkt der **Unzumutbarkeit** entkräftet werden. Insoweit kann auch die **Gewissensnot** ein **Entschuldigungsgrund** sein, etwa dann, wenn ein nicht der Glaubensgemeinschaft der Zeugen Jehovas angehöriger Arzt im Falle einer nicht vorhersehbaren **Bluttransfusion** diese trotz ausdrücklichen und aktuellen Vetos eines Zeugen Jehovas in einer Patientenverfügung (▶ 11.6.9, am Ende) durchführt (OLG München, MedR 2003, 174 ff).

Sind die vorgenannten Voraussetzungen
- schadensstiftendes Ereignis (Verletzungshandlung),
- Schaden (Sachschaden und/oder Körperschaden),
- Ursachenzusammenhang zwischen Verletzungshandlung und eingetretenem Schaden,
- Rechtswidrigkeit und
- Schuld

erfüllt, tritt grundsätzlich eine **Eigenhaftung des Handelnden** ein.

Ist allerdings der Schadensverursacher als sog. **Verrichtungsgehilfe** (§ 831 Abs. 1 BGB) tätig geworden, so kann nach den Umständen des Einzelfalls wiederum eine **Eigenhaftung zu Lasten des Geschäftsherrn** ausgeschlossen sein.

> Als **Verrichtungsgehilfe** wird diejenige Person bezeichnet, der von einem anderen (Geschäftsherrn) eine Tätigkeit übertragen worden ist, in dessen Einflussbereich sie allgemein oder im konkreten Fall steht und zu dem eine gewisse Abhängigkeit gegeben ist.

Diese Definition trifft für einen großen Teil der Gesundheitsberufe zu, soweit sie nicht selbstständig ausgeübt werden. Gemäß § 831 Abs. 1 BGB ist derjenige (z. B. Krankenhausträger), der einen anderen (z. B. Pflegekraft, Hebamme, MTA etc.) zu einer Verrichtung bestellt, zum Ersatz des Schadens verpflichtet, den der andere in Ausführung der Verrichtung einem Dritten (z. B. Patient) widerrechtlich zufügt. Allerdings tritt die Ersatzpflicht nicht ein, wenn der Geschäftsherr (z. B. Krankenhausträger) bei der Auswahl der bestellten Person (z. B. Pflegekraft etc.) die im Verkehr erforderliche Sorgfalt beachtet hat oder wenn der Schaden auch bei Anwendung dieser Sorgfalt entstanden wäre (§ 831 Abs. 1 S. 2 BGB, sog. **Entlastungsbeweis**).

> An die Führung des Entlastungsbeweises hat die Rechtsprechung erhöhte Anforderungen gestellt.

Bis vor Jahren genügte der Beweis, dass die Anstellungskörperschaft sich bei der Einstellung von Verrichtungsgehilfen z. B. auf die Approbation oder sonstige Zeugnisse (Examina) verlassen konnte und dass die in Frage kommenden Personen ihre Tätigkeit über Jahre ohne Pflichtversäumnisse ausgeübt hatten. Heute erstreckt sich die Sorgfaltspflicht des Krankenhausträgers nicht nur auf die **ordnungsgemäße Auswahl** seiner Angestellten, sondern auch auf deren **ausreichende Überwachung**. So werden geschädigten Patienten von den Gerichten auch dann Schadensersatzansprüche zugesprochen, wenn den Krankenhausträgern bei der Auswahl des Personals keine Sorgfaltspflichtverletzung traf, aber entsprechende Kontroll- und Überwachungsmechanismen fehlten, also Organisationsmängel vorlagen oder Fehler bei der Anleitung des Personals unterliefen (BGH, NJW 1978, 1683).

Gelingt dem Krankenhausträger der Entlastungsbeweis, so bleibt dem Patienten in aller Regel der Schadensersatzanspruch gegen den Verrichtungsgehilfen, wobei zu prüfen ist, ob dieser über eine **Haftpflichtversicherung** verfügt. Der Verrichtungsgehilfe (z. B. die Pflegekraft) kann seinem Geschäftsherrn (z. B. Krankenhausträger) gegenüber allerdings auch einen Anspruch auf die **Freistellung** unter dem Gesichtspunkt der Fürsorgepflicht des Arbeitgebers haben (▶ 12.4.3).

Ist der Schädiger Beamter, so haftet dieser nicht nach § 823 BGB, sondern nach § 839 BGB. Bei lediglich fahrlässiger Schädigung haftet er dem Patienten gegenüber nur subsidiär (nachgeordnet), soweit dieser nicht auf andere Weise Ersatz verlangen kann (§ 839 Abs. 1 S. 2 BGB; ▶ 10.9).

1. Worin unterscheiden sich die vertragliche und die deliktische Haftung?
   Antwort: ▶ 10.1
2. Welche Leistungen schuldet der Krankenhausträger dem Patienten beim sog. totalen Krankenhausaufnahmevertrag?
   Antwort: ▶ 10.1
3. Was gehört zum Inhalt eines Pflegevertrages?
   Antwort: ▶ 10.1
4. Wann haftet der sog. »Erfüllungsgehilfe« persönlich?
   Antwort: ▶ 10.2
5. Unter welchen Voraussetzungen haftet das nicht-ärztliche Personal auch persönlich?
   Antwort: ▶ 10.2
6. Wann ist ein Eingriff in die körperliche Integrität des Patienten zulässig?
   Antwort: ▶ 10.2

10.3 Sorgfaltspflichten

Im Mittelpunkt sowohl vertraglicher als auch deliktischer Schadensersatzansprüche geschädigter Patienten steht die Frage nach dem Vorliegen einer **Sorgfaltspflichtverletzung**. Sorgfaltspflichten können vorsätzlich oder fahrlässig verletzt werden.

Vorsatz und **Fahrlässigkeit** sind Schuldformen.

Mit der zivilrechtlichen Formulierung des Fahrlässigkeitsbegriffs hat der Gesetzgeber zweierlei ausgedrückt: indem er für den Handelnden die »erforderliche« Sorgfalt fordert, stellt er objektive Anforderungen in der Weise auf, dass ohne Rücksicht auf Gewohnheiten oder etwa eingerissenen Schlendrian das Mögliche zu tun ist. Das Mögliche orientiert sich an dem, was faktisch dem gegenwärtigen Stand der Wissenschaft und Praxis des jeweiligen Berufszweiges entspricht. Dies erfordert **regelmäßige Informa-**

tion und **Fortbildung**. Andererseits wird mit den Worten »im Verkehr« ein Übermaß an Anforderungen ausgeschaltet und damit die Sorgfalt sozial bezogen gemacht, d. h. die Sorgfalt wird auf das erwartete Verhalten der männlichen und weiblichen Angehörigen der Gesundheitsberufe bezogen, welches ein optimaler Rechtsgüterschutz erfordert. Wer über besondere Kenntnisse und Fähigkeiten verfügt, muss diese einsetzen (BGH, NJW 1987, 1479).

Beispiele aus der Rechtsprechung

- Auf Grund ihrer Garantenstellung (▶ 11.1) kann von den Pflegekräften für die übernommene Behandlungsaufgabe erwartet werden, dass ein Sturz des Patienten bei einer Bewegungs- oder einer Transportmaßnahme in einer Klinik ausgeschlossen ist. Dies gilt beispielsweise beim Heben und Transportieren einer 60 Kilogramm schweren körperbehinderten Patientin vom Nachtstuhl auf die Bettkante durch eine Pflegeperson ohne weitere Hilfskräfte (BGH, NJW 1991, 1540).
- Zur Vermeidung von Stürzen zählt es zu den Sorgfaltspflichten des Pflegepersonals, dem Patienten die Sturzgefahr aus einem Duschstuhl nach dem Baden hinreichend deutlich zu machen (BGH, NJW 1991, 2960)
- Besteht im konkreten Einzelfall die Gefahr eines Sturzes aus dem Bett bei unterlegter Bettpfanne, so sind entsprechende Maßnahmen zur Vermeidung eines Sturzes zu treffen (OLG Köln, Az.: AHRS 3215/5).
- Gleiches kann bei einer Sturzgefahr von der Untersuchungsliege gelten. Eine 89-jährige Patientin darf nicht unbeaufsichtigt auf einem erhöhten Behandlungstisch zurückgelassen werden (LG Koblenz, Az: 3 S 476/86).
- Demgegenüber führt allein schon die Tatsache eines Sturzes während eines früheren Krankenhausaufenthaltes des Patienten nicht dazu, ein Bettgitter zum Schutz des Patienten vor einem neuerlichen Sturz anzubringen (OLG Stuttgart, MedR 2002, 153)
- Eine Sorgfaltspflichtverletzung des Pflegepersonals liegt ebenfalls nicht vor, wenn bei einem leichten Schlaganfall, bei dem der Patient zeitlich und örtlich orientiert und bewusstseinsklar ist, zur Vermeidung einer Sturzgefahr keine besonderen Sicherungsmaßnahmen wie Anbringung eines Bettgitters, eine ständige Beaufsichtigung oder eine Sitzwache getroffen werden (OLG Frankfurt, Urteil vom 28.06.1994).

Aus der Rechtsprechung zu **Sturzgefahren** lässt sich folgender Leitsatz formulieren:

> Ist die Vermeidung eines Sturzes vom Pflegepersonal **voll beherrschbar**, gehört es zu den Sorgfaltspflichten, die im Einzelfall erforderlichen Maßnahmen zum Schutze des Patienten zu ergreifen.

Die zu Stürzen in Krankenhäusern entwickelte Rechtsprechung gilt auch für **Pflegeheime**. Insoweit besteht keinerlei Unterschied zwischen der Pflege während eines Aufenthaltes im Krankenhaus und in einem Pflegeheim.

Beispiel aus der Rechtsprechung

- Leidet eine Pflegeheimpatientin unstrittig an Fallsucht, geht die vertragliche Nebenpflicht aus dem Pflegeheimvertrag insbesondere auch gerade dahin, die Patientin vor unerwarteten Stürzen zu bewahren. Es gehört zum vollbeherrschbaren Bereich des (Pflege-)Personals, entsprechende Vorsorgemaßnahmen zu ergreifen (OLG Dresden, Az.: 6 U 882/99).

Zu dem Bereich, der von der Behandlungsseite, d. h. dem ärztlichen und pflegerischen Bereich vollbeherrschbar ist, zählt das Auftreten und Behandeln von **Druckgeschwüren** (Dekubitus).

Beispiele aus der Rechtsprechung

- Auch bei Schwerstkrankheitsfällen sind Dekubiti im Regelfall vermeidbar, wenn die entsprechenden Pflegemaßnahmen sorgfältig ergriffen werden. Dazu zählen häufige Lageänderungen, Einsatz von Spezialbetten, sowie regelmäßiges Waschen und Eincremen. Werden derartige Maßnahmen nicht, nicht rechtzeitig oder nicht entsprechend dem Pflegestandard durchgeführt, stellt dies eine sträfliche Vernachlässigung der gebotenen Sorgfaltspflichten dar (OLG Köln, Az.: 5 U 19/99).
- Die Anforderungen der Dekubitusphrophylaxe an das Pflegepersonal gelten selbstverständlich auch in Pflegeheimen (OLG Oldenburg, Az.: 1 U 121/98). Dabei kann bereits in der nicht ausreichenden Betrachtung des Betroffenen – insbesondere bei inkontinenten Patienten – auf mögliche Dekubitusanzeichen, z. B. erste Hautrötungen, ein Sorgfaltsverstoß liegen; ebenfalls als Verletzung der Sorgfaltspflichten ist die nicht rechtzeitige Vorstellung beim Hausarzt zu bewerten.
- Zu häufigen Sorgfaltspflichtverletzungen zählen im Zusammenhang mit der Dekubitusprophylaxe mangelhafte oder gar unterlassene Dokumentationen (BGH, MedR 1986, 324)

Mangelnde Beachtung der **Sorgfaltspflichten** treten auch in weiteren – voll vom Pflegepersonal beherrschbaren Bereichen – auf.

Beispiele aus der Rechtsprechung

- So gehört die Beachtung hygienischer Standards, etwa die Haut- und Händedesinfektion vor Injektionen zu den ärztlichen/pflegerischen Sorgfaltspflichten (OLG Düsseldorf, NJW 1988, 2307).
- Der Vorwurf mangelnder Sorgfalt kann auch demjenigen Pflegepersonal gemacht werden, das entgegen der ihm bekannten Weisung der ärztlichen Leitung einen Patienten ohne vorherige schriftliche Anordnung des diensthabenden Arztes teilfixiert und es darüber hinaus unterlässt, den Arzt sofort von dieser Maßnahme zu unterrichten und dessen weitere Entschließung abzuwarten (OLG Köln, MedR 1993, 235).
- Ähnliches gilt für eine Pflegekraft im Nachtdienst, die nach Beginn der Wehen den (Beleg-)Arzt zu spät unterrichtet und stattdessen selbst eine Therapie versucht (OLG Stuttgart, NJW 1993, 2384 ff). Hierdurch handelt das Pflegepersonal pflichtwidrig, weil es nicht über die erforderliche Sachkompetenz verfügt, Behandlungsmaßnahmen im weitesten Sinn zu ergreifen, die im Interesse des Heilerfolgs und der Sicherheit des Patienten dem Arzt vorbehalten sind.
- Beim Eintreten von Komplikationen haben Angehörige des nachgeordneten nicht-ärztlichen Personals den zuständigen Arzt zu verständigen und bis zu seinem Eintreffen eigene weitere Bemühungen einzustellen, wenn der Patient nicht akut gefährdet ist (LG Dortmund, MedR 1985, 291).
- So ist die Pflegekraft auch verpflichtet, eine Thrombosegefährdung des Patienten zu beachten, einzuschätzen und gegebenenfalls dem Arzt mitzuteilen; letzteres gilt selbstverständlich beim Erkennen erster Anzeichen einer Thrombose.
- Eine Altenpflegerin verstößt gegen ihre Sorgfaltspflichten, wenn sie dem Patienten zuviel Beruhigungsmittel verabreicht (LAG Kiel, Az.: 1 Sa 780/01).

Wenn eingangs ausgeführt wurde, dass die Sorgfaltsanforderungen auf das erwartete Verhalten der Angehörigen der Gesundheitsberufe bezogen werden, so hat dies auch Auswirkungen auf die **Sorgfaltspflichten** der sog. Funktionsdienste.

Beispiele aus der Rechtsprechung

- § So wird etwa von einer Pflegekraft auf der Intensivstation zu erwarten sein, dass sie bei einem Risikopatienten ohne gesonderte Anweisungen aus eigener Verantwortung häufigere Kontrollen durchführt (LG Göttingen, VersR 1983, 1188). Zu den Sorgfaltspflichten einer Anästhesiepflegekraft zählt, den Arzt auf Veränderungen von Blutdruck und Kreislauf aufmerksam zu machen.
- § Ein Pflichtverstoß kann schließlich darin gesehen werden, dass die Anästhesieschwester nicht auf den Namen des Patienten achtet und deshalb die falschen Blutkonserven aus dem Kühlschrank entnimmt (BAG, NZA 1998, 310).
- § Ist eine Patientengefährdung, z. B. das Auftreten einer Synkope (plötzlicher spontan reversibler Bewusstseins- und Tonusverlust) mit der Folge eines Kollabierens, für das Röntgenpersonal nicht voraussehbar und damit nicht voll beherrschbar, liegt keine Sorgfaltspflichtverletzung vor, wenn eine Röntgenuntersuchung des Patienten nicht im Liegen oder Sitzen erfolgt, sondern – wie üblich – im Stehen. Wird der Patient im Rollstuhl zur Röntgenuntersuchung gebracht, spricht dies nicht dafür, dass der Patient zwangsläufig nicht in der Lage sein kann, die nur wenige Sekunden dauernde Röntgenaufnahme stehend hinter sich zu bringen (LG Essen, MedR 2002, 311).
- § Das Pflegepersonal im Operationsbereich hat für die ordnungsgemäße Bereitstellung der Instrumente und Hilfsmittel für eine Operation und deren komplette korrekte Entsorgung oder Aufbereitung zu sorgen. Wird ein Tupfer oder eine Kompresse oder ähnliches im Bauch eines Patienten vermisst, ist der Arzt darauf aufmerksam zu machen. Die reine Zählmethode zur Kontrolle ist nicht ausreichend. Es ist stets darauf zu achten, dass die jeweils bestmöglichen Sicherheitsmaßnahmen, wie Verwendung von Klemmen, Metallringen, Bleikugeln als Armierung der eingelegten Bauchtücher, Zählen der verwendeten Instrumente, Tücher, Tupfer und Kompressen vor und nach der Operation eingehalten werden. Insbesondere sind Mullkompressen bei Bauchoperationen auf geeignete Weise zu sichern (BGH, VersR 1981, 462).

Für den Bereich der **Psychiatrie** gelten in der Regel spezifische Überwachungspflichten.

Beispiele aus der Rechtsprechung

- § Allerdings besteht die Pflicht zur Überwachung und Sicherung suizidgefährdeter Patienten nur in den Grenzen des Erforderlichen und des für das Krankenhauspersonal und den Patienten Zumutbaren (BGH, NJW 1994, 794 f) Nach der Rechtsprechung erweist sich eine lückenlose Überwachung und Sicherung, die jede noch so entfernte Gefahrenquelle ausschließt, als nicht denkbar.
- § Ist bei einem psychisch Kranken allerdings dessen Hang zur Selbstbeschädigung und Fluchtdrang aus der psychiatrischen Behandlung offensichtlich, gehört es zu den Sicherungspflichten – auch des Pflegepersonals – ein Entweichen durch entsprechende Maßnahmen zu verhindern (OLG Köln, Az.: 5 U 204/94).

Besondere Sorgfaltspflichten gelten für **Hebammen** und **Entbindungspfleger**.

Beispiele aus der Rechtsprechung

- § Einer Hebamme obliegt im Rahmen ihrer Sorgfaltspflicht die eigenverantwortliche Prüfung, wenn die Weisung des Geburtshelfers nur telefonisch gegeben wird und überdies die Kontrolle des kindlichen Kreislaufs durch das CTG-Gerät (Kardiotokographie, kontinuierliche Aufnahme und elektronische Registrierung der Kontraktionen des Uterus und der kindlichen Herztöne) wegen dessen Ausfalls nicht möglich ist (OLG Frankfurt, MedR 1991, 207). Zwar ist nicht zu verkennen, dass eine Hebamme vom Zeitpunkt der Übernahme der Geburtsleitung durch den Arzt in der Regel »nur als eine Hilfskraft des Arztes angesehen werden kann, die die Anordnungen des Arztes grundsätzlich nicht in Frage zu stellen braucht« (OLG aaO). Dabei handelt es sich bei der Auswertung des CTG um eine grundsätzlich dem Arzt oder der Hebamme obliegende Aufgabe, die die pflegerische Kompetenz übersteigt (BGH, NJW 1996, 2429). In begründeten Zweifelsfällen muss die Hebamme dem Arzt entsprechende Vorhalte machen..
- § Aufgabe der Hebamme ist die Überwachung der Geburt; erfolgt diese unzureichend, liegt eine schwere Sorgfaltspflichtverletzung vor (OLG Celle, VersR 1993, 360).
- § Auch die Verkennung eines hochpathologischen CTG durch die Hebamme stellt einen schweren Verstoß gegen die Sorgfaltspflichten dar (OLG Celle, VersR 1999, 486; BGH, MedR 2001, 197)
- § Als schwerer Pflichtverstoß einer Hebamme ist zudem die unterlassene Registrierung der Kindlichen Herztöne in der Austreibungsphase zu bewerten (OLG Frankfurt, Az.: 8 U 30/94).
- § Ebenso liegt in der unterlassen Alarmierung des Arztes trotz lang anhaltender und eindeutiger fötaler Notsituation – z. B. bei abgehendem grün

gefärbten Fruchtwasser nach spontan eingetretenem Blasensprung – ein schwerwiegender Pflichtenverstoß (OLG Stuttgart, MedR 2001, 311).

Anwender von Medizinprodukten unterliegen ebenfalls besonderer Sorgfaltsanforderungen.

> Vor Anwendung des Gerätes hat sich der Anwender von der Funktionssicherheit und dem ordnungsgemäßen Zustand des Gerätes zu überzeugen. Dass dies durch eine beteiligte und zuverlässige Pflegekraft geschehen ist, davon kann in der Regel der behandelnde Anästhesiearzt ausgehen (BGH, VersR 1975, 952).

Und schließlich ist auf Sorgfaltsanforderungen hinzuweisen, die sich im Zusammenhang mit der **Aufbewahrung von Wertsachen** des Patienten ergeben können.

> Je nach den Umständen des Einzelfalls kann es zu den Sorgfaltspflichten des Pflegepersonals zählen, Patienten auf die Möglichkeit – oder gar Notwendigkeit – der Verwahrung von Wertsachen aufmerksam zu machen, selbst wenn es »durch seine hauptsächliche pflegerische Tätigkeit noch so belastet ist« (Hanseatisches OLG Hamburg, MedR 1991, 39; LG Bochum, MedR 1993, 147).

> Jedenfalls in dem Fall, in dem ein Patient bewusstlos eingeliefert wird und ersichtlich nicht in der Lage ist, selbst auf seine Wertsachen zu achten, ist von dem Krankenhausträger zu verlangen, im Rahmen seiner Obhutpflicht Wertgegenstände in Verwahrung zu nehmen (LG Hannover, KhuR 200, 114).

Die Obhutpflicht ist eine Nebenpflicht des zwischen Krankenhausträger und Patient geschlossenen Krankenhausaufnahmevertrages, deren Erfüllung der Krankenhausträger sich im Wesentlichen des Pflegepersonals bedient.

> Die auf Vermögenssorge gerichteten Sorgfaltsanforderungen sind jedoch abgestuft.

Wird ein Patient als Notfall eingeliefert, steht die Krankenversorgung im Vordergrund, die Vermögenssorge tritt zurück.

Liegt eine Notfallsituation nicht (mehr) vor, ist der Patient nicht mehr bewusstlos, muss die Sicherstellung der Wertsachen durch das Pflegepersonal betrieben werden.

Anders liegt es bei der Verwahrungspflicht und Beaufsichtigung abgelegter Kleidungsstücke in **Arztpraxen**.

> Im Rahmen eines Behandlungsvertrages zwischen Patient und Arzt bietet dieser dem Patienten allenfalls eine Gelegenheit zur Ablage von Sachen und Überkleidung; es wird keine Verwahrungspflicht des Arztes oder seines Personals mit entsprechenden Haftungsfolgen bei Verletzung einer dahingehenden Pflicht begründet (OLG Köln, MedR 1999, 143).

Ähnliches wird für die **ambulante Versorgung** im Krankenhaus zu gelten haben.

Maßstab zur Beurteilung von Sorgfaltspflichtverletzungen ist für die Rechtsprechung nicht eine Betrachtung im Nachhinein – ex post –, vielmehr ist die Feststellung, ob das Krankenhauspersonal Anlass zu entsprechenden – auf den Einzelfall bezogenen – vorbeugenden Schutzmaßnahmen aus ex ante Sicht, also vorhersehend, zu treffen hatte (OLG Düsseldorf, VersR 1990, 1278). Daraus resultiert, dass später bekannt gewordene Umstände oder nachträgliche wissenschaftliche Erkenntnisse und Forschungsergebnisse außer Betracht zu bleiben haben.

> Weil im Rahmen der Heilbehandlung höchste Güter wie Leben, körperliche Unversehrtheit, Selbstbestimmungsrecht und Intimsphäre betroffen sind, fordert die Rechtsprechung von der Behandlungsseite – Krankenhaus, Pflegeheim, Arzt, Angehörige der Gesundheitsberufe –, die größtmögliche Sorgfalt walten zu lassen und beste Vorkehrungen zum Schutz und zur Heilung des Patienten zu treffen.

Verhaltensmaßnahmen, die unterhalb eines anerkannten Standards liegen, können zum Vorwurf einer Sorgfaltspflichtverletzung führen.

Die Verletzung der Sorgfaltspflichten begründet in der Regel einen **Behandlungsfehler**. Ist der Vorwurf der Sorgfaltspflichtverletzung besonders schwer, spricht die Rechtsprechung von einem »**groben Behandlungsfehler**«.

> Ein grober Behandlungsfehler ist dann gegeben, wenn das fehlerhafte Verhalten (des Arztes/des Pflegepersonals) aus objektiver (ärztlicher/pflegerischer Sicht) nicht mehr verständlich und verantwortlich erscheint, weil ein solcher Fehler (dem Arzt/Pflegepersonal) schlechterdings nicht unterlaufen darf (BGH, NJW 1983, 2080).

Beispiele aus der Rechtsprechung

> Als groben Behandlungsfehler bewertet die Rechtsprechung beispielsweise das Unterlassen einer Desinfektion des Einstichfeldes vor einer Injektion ebenso wie die Nichtbeachtung der Einwirkzeit des Desinfektionsmittels.

> Als grob fehlerhaft ist ebenfalls zu werten, wenn Pflegekräfte eines Heimes eine Dekubituspatientin, deren Zustand sich trotz Behandlung nicht verbessert, nicht einem Arzt vorstellen (OLG Oldenburg, Az.: 1 U 121/98).
> Das Zurücklassen eines Tupfers bei einer vaginalen Hysterektomie reicht dagegen nicht aus zum Vorwurf eines groben Behandlungsfehlers für Arzt und assistierende Operationsschwester. Der Verlust des Tupfers – so das Oberlandesgericht Koblenz – könne, anders als bei einem geöffneten Operationsgebiet, während einer lang andauernden Operation durchaus unentdeckt bleiben. Damit sei nur ein einfacher, nicht jedoch grober Behandlungsfehler festzustellen, der eine Beweislastumkehr nicht rechtfertigt (OLG Koblenz, Az.: 10 U 926/97).

10.4 Standards – Richtlinien – Leitlinien

Standard

Der Begriff »Standard« umschreibt im medizinischen Haftungsrecht das, was der Gesetzgeber als Grundvoraussetzung der (ärztlichen/pflegerischen) Haftung mit der »Verletzung der im Verkehr erforderlichen Sorgfalt« (§ 276 BGB) bezeichnet.

> Als Standard kann in diesem Zusammenhang die »gute, verantwortungsbewusste ärztliche/pflegerische Übung« bezeichnet werden, »die auf einem gesicherten Kernbereich wissenschaftlicher Erkenntnisse ebenso basiert, wie auf praktischer Erfahrung und der Anerkennung der Fachangehörigen als zweifelsfrei richtig und zuverlässig«.

Was »Standard« in diesem Sinne bedeutet, obliegt mangels Sachkompetenz nicht der Feststellung durch die Rechtsprechung, sondern ist das Ergebnis medizinwissenschaftlicher, ärztlicher/pflegerischer Auseinandersetzung.

Auf der Basis von Konsensus-Konferenzen des Deutschen Netzwerkes für Qualitätsentwicklung in der Pflege (DNQP) wurden für die Pflege mittlerweile drei **Expertenstandards** verabschiedet.

Expertenstandards (bis 2003)
- Dekubitusprophylaxe (im Jahre 2000)
- Entlassungsmanagement (im Jahre 2001)
- Schmerzmanagement (im Jahre 2003/Herbst)

Die Gerichte prüfen erst in der Folge – sachverständig beraten – ob unter Zugrundelegung eines außerrechtlich gefundenen »Standards« die abstrakte Gesetzesvorgabe der »verkehrserforderlichen Sorgfalt« berufsspezifisch erfüllt wurde oder nicht. Die berufsspezifische Sorgfaltspflicht richtet sich daher an medizinischen und pflegerischen Maßstäben aus.

In diesem Zusammenhang sind die Ausführungen des Oberlandesgerichts Hamm (NJW 1999, 1801) beispielhaft. Es heißt dort:

> Die regelgerechte Behandlung wird nicht, jedenfalls nicht allein durch Richtlinien bestimmt. Vielmehr beurteilt sich die zu beachtende Sorgfalt nach dem Erkenntnisstand der medizinischen Wissenschaft zurzeit der Behandlung. Die Richtlinien – und für die Leitlinien gilt nichts anderes – können diesen Erkenntnisstand ... nur (deklaratorisch) erklärend wiedergeben, nicht aber konstitutiv begründen. Der Arzt muss, um den erforderlichen Erkenntnisstand zu erlangen, die einschlägigen Fachzeitschriften des entsprechenden Fachgebiets, in dem er tätig ist, regelmäßig lesen.

Aus dieser Entscheidung ergeben sich möglicherweise folgende wesentliche Schlussfolgerungen:
- Die Selbstregulierungskompetenz der Berufsangehörigen (= Profession) bindet nicht Gerichte (= Normanwendungsebene).
- Ein Verstoß gegen Leitlinien begründet nicht zwangsläufig eine grobe Verletzung berufsspezifischer Sorgfaltspflichten (grober Behandlungsfehler).
- Haftungsrechtlich macht es keinen Unterschied, in feiner Semantik zwischen Standard, Leitlinie und Richtlinie zu unterscheiden. Inhaltlich wie in ihrer Funktion sind sie Orientierungshilfen für den Richter und verdeutlichen (konkretisieren) den gesetzlichen Fachbegriff (Terminus) der »im Verkehr erforderlichen Sorgfalt«.

Die Beurteilung der verkehrserforderlichen Sorgfalt ist haftungsrechtlich jeweils im konkreten Einzelfall zu prüfen.

> Zutreffend wird daher höchstrichterlich formuliert, dass »in Grenzen ... der zu fordernde medizinische Standard je nach den personellen und sachlichen Möglichkeiten verschieden ist. Er kann in einem mittleren oder kleineren Krankenhaus gewahrt sein, wenn jedenfalls die Grundausstattung modernen medizinischen Anforderungen entspricht. Erst eine deutliche Unteraus-

stattung müsste zur Haftung führen, wenn es deswegen zu einer vermeidbaren Schädigung des Patienten kommt« (BGH, Az.: VI ZR 238/86).

Die aufgezeigten Schlussfolgerungen schließen jedoch nicht grundsätzlich mögliche Verbindlichkeitsgrade von Standards aus, wie sie national oder international für Richtlinien (Directives), Leitlinien (Guidelines) und Empfehlungen (Recommendations) angenommen werden.

Richtlinien

Die **Verbindlichkeit** z. B. für die Richtlinien der Bundesausschüsse für (Zahn-)Ärzte und Krankenkassen folgt aus dem Recht der gesetzlichen Krankenversicherung. (§§ 91, 92 SGB V, Soziagesetzbuch, Fünftes Buch).

> Bei diesen Richtlinien handelt es sich um Regelungen des Handelns oder Unterlassens, die von einer rechtlich legitimierten Institution konsensiert (übereinstimmend), schriftlich fixiert und veröffentlicht wurden, für den Rechtsraum dieser Institution verbindlich sind und deren Nichtbeachtung definierte Strafmaßnahmen (Sanktionen) nach sich zieht.

Ähnlich verhält es sich für bestimmte Vorgaben des Robert Koch-Instituts (= RKI) bezüglich nosokomialer Infektionen und (Multi-)Resistenzen nach dem Infektionsschutzgesetz (§§ 23 Abs. 1, 4 Abs. 2 Nr. 1 IfSG sowie § 4 Abs. 2 MPG).

Leitlinien

Demgegenüber haben Leitlinien **keine unmittelbare rechtliche Wirkung**, sind keine Rechtsnormen. Sie werden zum einem nicht von gesetzlich legitimierten Institutionen erlassen und ziehen zum anderen keine Sanktionen nach sich.

> — Leitlinien sind systematisch entwickelte Entscheidungshilfen über die angemessene ärztliche/pflegerische Vorgehensweise bei speziellen gesundheitlichen Problemen.
> — Leitlinien sind wissenschaftlich begründete und praxisorientierte Handlungsempfehlungen.
> — Leitlinien sind Orientierungshilfen im Sinne von »Handlungs- und Entscheidungskorridoren, von denen in begründeten Fällen abgewichen werden kann oder sogar muss«.

Im Regelfall geben Leitlinien den aktuellen Stand der medizinischen (ärztlichen/pflegerischen) Wissenschaft und Erkenntnis wieder. Unter dem Aspekt der Qualitätssicherung leisten sie demjenigen, an den sie sich richten – dem Adressaten – eine Hilfestellung, um dessen Handeln sicherer, messbarer und berechenbarer zu machen. Für den Adressaten haben nach derzeitiger Rechtslage ärztliche Leitlinien unbeschadet ihrer wissenschaftlichen Fundierung lediglich **Informationscharakter** (OLG Naumburg, MedR 2002, 471).

Weitere – nützliche – Nebeneffekte sind:
— mehr Transparenz bei der Krankenbehandlung,
— intensivere Kommunikation zwischen Patient und behandelnden Personen,
— ökonomische Einspareffekte,
— Erleichterung für den Juristen im »Sachverständigenprozess«.

Aus rechtlicher Sicht sind Leitlinien zwar eine Entscheidungshilfe für den Richter, der in eigener Verantwortung über das Vorliegen eines Behandlungsfehlers zu urteilen hat. Sie fließen in dessen Beweiswürdigungen ein, entbinden ihn aber nicht von der Verpflichtung, das ganze Meinungsspektrum der ärztlichen Wissenschaft in der Prüfung des Sorgfaltspflichtverstoßes einzubeziehen.

Leitlinien stellen eine Verlagerung der Entscheidung von der individuellen auf die kollektive Ebene dar, sind also auf eine »typisierte Problemlage« ausgerichtet. Im Haftungs- bzw. Strafverfahren sind aber die Besonderheiten des jeweiligen Einzelfalls, insbesondere auch die Eigenheiten und der Wille, also die Individualität des Patienten zu berücksichtigen. Daher bilden Leitlinien nur einen – mehr oder weniger gewichtigen – Mosaikstein zur näheren Bestimmung dessen, was der Gesetzgeber mit der »im Verkehr erforderlichen Sorgfalt« formuliert.

Unter dieser Voraussetzung kann – im Einzelfall – einer Leitlinie **mittelbare Bindungswirkung** nur dann zukommen, wenn sie eine gefestigte allgemein anerkannte ärztliche/pflegerische Überzeugung so wiedergibt, dass eine »Behandlungswahlfreiheit auf Null reduziert« ist.

> Konsequenzen für die »Behandlungsseite«
>
> Unter Zugrundelegung der zur Zeit geltenden Rechtsprechung hat für den Adressaten von Standards/Leitlinien zu gelten:
> — Die Befolgung der Standards/Leitlinien hat keine grundsätzlich haftungsbefreiende Wirkung.
> — Die Abweichung von Standards/Leitlinien führt zu einer Begründungspflicht.
> — Die Abweichungsbegründung ist dokumentationspflichtig.
> — Das Abweichen begründet nicht zwangsläufig einen groben Behandlungsfehler.

10.5 Haftung wegen Organisationsverschuldens

Im Rahmen der deliktischen Haftung wurde von der Rechtsprechung die Haftung wegen Organisationsverschuldens entwickelt. Sie beruht auf der grundsätzlichen Rechtspflicht, im allgemeinen Verkehr Rücksicht auf die Gefährdung anderer zu nehmen, und auf dem Gedanken, dass jeder, der eine Gefahrenquelle schafft, die notwendigen Vorkehrungen zum Schutz Dritter zu treffen hat. Hierzu gehört insbesondere, durch ausreichende Anordnungen dafür zu sorgen, dass Dritte durch die betrieblichen Vorgänge und Arbeitsabläufe nicht geschädigt werden. Werden diese Pflichten verletzt, ist eine Haftung wegen Organisationsverschuldens nach § 823 BGB nicht ausgeschlossen.

> An die Sorgfalt im organisatorischen Bereich eines Krankenhauses stellt die Rechtsprechung sehr hohe Anforderungen: Der Krankenhausträger hat in den von ihm voll beherrschbaren Bereichen alles Erforderliche zu tun, wodurch jede vermeidbare Gefährdung der Patienten ausgeschlossen ist.

Beispiele aus der Rechtsprechung
- Vom Krankenhausträger sind alle geeigneten organisatorischen Maßnahmen zu treffen, um zu verhindern, dass zur Krankenbehandlung bestimmte Chemikalien zufällig mit anderen, sie zersetzenden Stoffen vermischt werden (BGH, NJW 1978, 1683).
- Ist in einem Krankenhaus nicht durch entsprechende Regelungen gewährleistet, dass bakterielle Verseuchungen der Infusionslösungen ausgeschlossen sind, liegt ein Organisationsverschulden vor: Der Organisationsbereich, in dem die Verseuchung entsteht, wird von dem Krankenhaus beherrscht, so dass alle erforderlichen Maßnahmen zu treffen sind, um solche Fehler zu vermeiden (BGH, NJW 1982, 699).
- Im Übrigen muss der verantwortliche Klinikbetreiber, der nicht selbst die Desinfektion von Geräten, etwa von Darmrohren organisiert, eine Organisation aufstellen und überwachen, die den zu fordernden Hygienebedingungen entspricht (OLG München, Az.: 1 U 2287/88).
- Auch muss durch organisatorische Maßnahmen sichergestellt sein, dass bei Wärmflaschen aus Gummi, die zur Verwendung in Inkubatoren bestimmt sind, zumindest das Anschaffungsdatum erfasst wird, dass sie vor jedem Einsatz äußerlich geprüft und nach vergleichsweise kurzer Gebrauchsdauer ausgesondert werden (BGH, Urteil vom 01.02.1994).
- Ein Organisationsfehler kann auch darin liegen, dass die Krankenhausleitung nicht verhindert, dass dritte Personen Zutritt zu Räumen haben, die gerade desinfiziert wurden (BGH, NJW 1991, 97).
- Der Krankenhausträger soll weiterhin entsprechende Maßnahmen für den Fall einer Testamentserrichtung vorsehen (BGH, NJW 1989, 2945).
- Dies gilt auch für die Sicherung von Behandlungsunterlagen (BGH, NJW 1996, 779).
- Entspricht die Art und Weise der Nachtdienstorganisation den Anforderungen nicht, liegt gegebenenfalls ein haftungsbegründender Organisationsmangel vor (OLG Stuttgart, VersR 1977, 846).
- Ein Organisationsverschulden des Belegkrankenhauses ist auch dann anzunehmen, wenn nicht gegen eine Handhabung eingeschritten wird, die es dem Belegarzt gestattet, dem Pflegepersonal des Belegkrankenhauses Aufgaben zu überlassen, die die pflegerischen Kompetenzen, z. B. die Überwachung eines CTG durch die Nachtschwester, übersteigen (BGH, NJW 1996, 2429).
- Weiterhin gehört es zu den Pflichten des Krankenhausträgers, durch geeignete organisatorische Maßnahmen sicherzustellen, dass keine durch einen anstrengenden Nachtdienst übermüdeten Ärzte zur Operation eingeteilt werden (BGH, NJW 1986, 776).
- Durch geeignete organisatorische Maßnahmen muss der Krankenhausträger weiterhin Sorge dafür tragen, dass der Personalbestand auf einer Station gesichert ist. Als Maßnahmen, mit denen der Krankenhausträger den Personalbestand einer Station beeinflussen kann, kommen etwa eine sorgfältige Abstimmung des Urlaubsplanes, Personalverschiebungen, der Einsatz von Personalreserven oder einer Sitzwache in Frage. Unabhängig von etwaigen aus den Budget-Verhandlungen mit den Krankenkassen herrührenden finanziellen Zwängen hat der Patient Anspruch auf die Wahrung essentieller Grundvoraussetzungen für seine Sicherheit. Es muss ausgeschlossen sein, dass sich eine einzige Schwester um 35 psychisch Kranke kümmern muss (OLG Hamm, Urteil vom 16.09.1992).
- Ein Krankenhaus verletzt seine Organisationspflicht, wenn lediglich zwei, zudem nicht hinreichend sachkundige Nachtschwestern für 88 Betten in drei Abteilungen zur Verfügung stehen (OLG Stuttgart, NJW 1993, 2384)

§ Kann der Krankenhausträger eine anästhesiologische Betreuung nicht – auch nicht durch Hinzuziehung qualifizierten Pflegepersonals – gewährleisten, so muss er entweder anordnen, dass Patienten an andere Häuser zu verweisen sind oder aber klare Anweisungen geben, wie bei einem plötzlichen Engpass zu verfahren ist. Mangelt es hieran, liegt ein Organisationsverschulden vor (BGH, Az.: VI ZR 234/83).

Grundsätzlich wird zu gelten haben, dass der Krankenhausträger im Rahmen seiner Organisationspflicht dafür zu sorgen hat, dass das ärztliche wie nicht-ärztliche Personal körperlich und geistig in der Lage ist, mit der im Einzelfall erforderlichen Konzentration und Sorgfalt zu arbeiten. Sofern eine ausreichende personelle Besetzung nicht gewährleistet ist, muss der Krankenhausträger nach Ausschöpfung der jeweils vorhandenen Kapazität notfalls auf die Erbringung bestimmter Leistungen verzichten und die Patienten an andere Krankenhäuser verweisen (BGH, NJW 1985, 2189). Unterbleibt dies, so ist zumindest von einem Organisations-, u. U. aber auch von einem Übernahmeverschulden (▶ 10.11.1) auszugehen (BGH, NJW 1988, 763).

Träger der Organisationspflicht ist grundsätzlich das Krankenhaus. Dabei ist zu berücksichtigen, dass selbständig im Krankenhaus tätige Personen, etwa Belegärzte oder Hebammen, nur beschränkt der Organisation des Krankenhauses unterworfen sind.

❕ Neben dem Gesamt-Organisationsträger, also dem, der das Haus eingerichtet hat, es unterhält und betreibt, sind aber auch Leiter von Abteilungen organisationspflichtig.

Die dort vorgesehene Tätigkeit ist abstrakt durch Dienstanweisungen und konkret durch Anweisungen, Hinweise und Überwachungen zu erfüllen.

Im Pflegebereich kommt der Krankenhausträger seiner Organisationspflicht mit Hilfe der **Pflegedienstleitung** nach, die u. a. die Pflicht hat, den Krankenhausträger auf Unzulänglichkeiten in der personellen Ausstattung hinzuweisen und auf Abhilfe zu drängen.

Unterstützt wird die Pflegedienstleitung hierbei durch die **Stationsleitungen**, die diese über Gefahren zu informieren haben, die aus Mängeln in der sachlichen und personellen Ausstattung ihrer Stationen resultieren können. Zu Beweiszwecken empfiehlt es sich, auf die bestehenden Missstände, etwa auf einen Personalmangel während des Nachtdienstes, unter gleichzeitiger Forderung nach Abhilfe **schriftlich** hinzuweisen (sog. **Überlastungsanzeige**). Bleibt der Krankenhausträger hierauf untätig, so ist das Pflegepersonal von einer zivilrechtlichen Haftung und gegebenenfalls auch strafrechtlichen Verantwortlichkeit in der Regel freigestellt. Kommt es im Einzelfall dennoch zur Verurteilung einer Pflegekraft, ist diese im Innenverhältnis vom Krankenhausträger von der zivilrechtlichen Haftung freizustellen (§ 426 BGB).

❕ Im Interesse des Krankenhausträgers, der Ärzte wie des nicht-ärztlichen Personals muss es demnach liegen,
– auf klare Dienstanweisungen und eindeutige Verantwortungsbereiche zu achten,
– für ausreichende Anweisungs- und Anleitungsrichtlinien zu sorgen,
– den personellen Einsatz an den Fähigkeiten, Fertigkeiten und Kenntnissen der Betroffenen auszurichten und
– Sorge für entsprechende Kontroll- und Überwachungsmechanismen zu tragen.

10.6 Die Organhaftung

Von der Haftung des Krankenhausträgers für Organisationsmängel und Personalverschulden gemäß § 823 BGB ist seine Haftung für schuldhafte Pflichtverletzungen seiner Organe ohne Entlastungsmöglichkeit zu unterscheiden. Die sog. Organhaftung des Krankenhausträgers ist eine Haftung für eigenes Verschulden und folgt aus den §§ 31, 89 BGB. Nach § 31 BGB ist ein rechtsfähiger Verein für den Schaden verantwortlich, den ein **verfassungsgemäß berufener Vertreter** einem Dritten durch eine in Ausführung der ihm zustehenden Verrichtung begangene, zum Schadensersatz verpflichtende Handlung zufügt. Diese Vorschrift findet gemäß § 89 BGB auch auf Körperschaften, Stiftungen und Anstalten des öffentlichen Rechts und damit ebenfalls auf Krankenanstalten Anwendung.

Die genannten Vorschriften greifen jedoch nur ein, wenn ein verfassungsgemäß berufener Vertreter (Organ) eine zum Schadensersatz verpflichtende Handlung (Vertragspflichtverletzung oder unerlaubte Handlung) begangen hat. Nur in diesem Fall übernimmt der Anstaltsträger die Haftung.

Verfassungsmäßig berufene Vertreter sind Personen, deren Bestellung in der Satzung oder bei öffentlich-rechtlichen Körperschaften in der Organisationsgrundlage vorgesehen ist und die in der Regel selbstständige Verantwortungsträger sind. Dies trifft beispielsweise für den Leiter einer Landesklinik für Kinder- und Jugendpsychiatrie zu, so dass die Klinik für die schuldhafte Verletzung von Aufsichtspflichten (▶ 10.7) einzustehen hat (BGH, NJW 1985, 677).

Im Krankenhausbereich sind als solche »Organe«
— der leitende Krankenhausarzt (ärztlicher Direktor),
— der Verwaltungsleiter und
— die leitende Pflegekraft (Pflegedienstleitung) anzusehen.

Ein Chefarzt ist wie auch in der Regel der Belegarzt (OLG Koblenz, MedR 1990, 155) nicht notwendigerweise Organ im Sinne der §§ 31, 89 BGB, ebenso wenig wie ein Oberarzt oder gar ein Assistenzarzt oder das nicht-ärztliche Personal; für diesen Personenkreis greift also die sog. Organhaftung des Krankenhausträgers nicht ein.

Schließlich kann eine Haftung des Anstaltsträgers dann begründet sein, wenn für einen bestimmten Geschäfts- und Pflichtenkreis kein verfassungsmäßig berufener Vertreter bestellt ist, dieser aber hätte bestellt sein sollen oder müssen.

10.7 Die Haftung wegen Verletzung der Aufsichtspflicht

Eine Haftung des Anstaltsträgers kann unter dem Gesichtspunkt der Verletzung einer Aufsichts- und Verkehrssicherungspflicht dann begründet sein, wenn einem Dritten, beispielsweise einem Mitpatienten oder Besucher, ein Schaden zugefügt wird.

Aufsichtspflichtverletzung

> Nach § 832 BGB ist derjenige, der kraft Gesetzes zur Führung der Aufsicht über eine Person verpflichtet ist, die wegen Minderjährigkeit oder wegen ihres geistigen oder körperlichen Zustandes der Beaufsichtigung bedarf, zum Ersatz desjenigen Schadens verpflichtet, den diese Person einem Dritten widerrechtlich zufügt.

Eine solche Pflicht trifft auch denjenigen, der die Aufsichtspflicht durch **Vertrag** übernommen hat. Dies ist in aller Regel bei Kinderkrankenhäusern der Fall, wenn die Eltern ihrer Aufsichtspflicht nicht nachkommen können und das Krankenhaus die Aufsichtspflicht über das minderjährige Kind übernimmt.

Beispiele aus der Rechtsprechung

> Ein Krankenhausträger z. B. wurde wegen Verletzung der Aufsichtspflicht zum Schadensersatz verurteilt, weil er nicht verhindert hatte, dass ein siebenjähriger Junge auf der Kinderstation einem Säugling, der im Nachbarzimmer lag, erhebliche Verletzungen zufügte (BGH, NJW 1976, 1145 f). Mit der Aufnahme des siebenjährigen Patienten hat der Krankenhausträger die Führung der Aufsicht vertraglich übernommen. Die Erziehungsberechtigten haben im Regelfall keine Einwirkungsmöglichkeiten auf den Tagesablauf und die Betätigung des Kindes, so dass sie im Wesentlichen nichts unternehmen können, um die Schädigung Dritter durch ihr Kind zu verhindern. Dagegen hat der Krankenhausträger auf Grund der Haus- oder Anstaltsordnung und deren tatsächlicher Gestaltung, etwa durch Erlass von Anweisungen an das Pflegepersonal über die Durchführung von Aufsichtsmaßnahmen, eine solche Einwirkungsmöglichkeit auf die ihm anvertrauten Kinder, dass er Gefährdungen Dritter vermeiden kann.

> Zu den weitreichenden Aufsichts- und Verkehrssicherungspflichten können auch bauliche Maßnahmen zählen, um ein unkontrolliertes Verlassen der Station oder des Krankenhauses zu verhindern. Kann beispielsweise eine sechsjährige Patientin jederzeit unbemerkt ihr Krankenzimmer verlassen, den Stationsflur betreten und von dort aus durch ungesicherte Türen unkontrolliert ins Treppenhaus, auf andere Stationen oder gänzlich aus dem Krankenhaus gelangen, so haftet der Krankenhausträger, wenn die seiner Obhut unterliegende Patientin sich oder einem Dritten einen Schaden zufügt, wegen Verletzung der Aufsichtspflicht (OLG Köln, Urteil vom 22.12. 1993). Der aufsichtspflichtige Krankenhausträger hat – so das Gericht – durch bauliche Maßnahmen, wie erhöht angebrachte Türklinken, Überwachung durch Videoanlage oder eine personell gesicherte Schleuse, Vorkehrungen zu treffen, um die in Obhut des Klinikpersonals aufgenommene Patientin vor Schaden zu bewahren. Die Bitte des Pflegepersonals an die Eltern, die Beendigung des Besuches bei ihrer Tochter anzuzeigen, um anschließend auf das Kind besonders achten zu können, erachtete das Gericht im konkreten Fall nicht als ausreichend.

> Eine Pflicht zur Beaufsichtigung besteht gleichfalls denjenigen Patienten gegenüber, die sich freiwillig oder im Einverständnis ihrer gesetzlichen Vertreter in einer psychiatrischen Klinik be-

finden. Dabei richten sich die Anforderungen an den Aufsichtspflichtigen v. a. nach den körperlichen und geistigen Eigenarten der zu beaufsichtigenden Personen. So ist etwa in einer Klinik für Kinder- und Jugendpsychiatrie bei Minderjährigen, die zu üblen Streichen oder Straftaten neigen, eine erhöhte Aufsichtspflicht geboten. Andererseits sind der Überwachung etwa bei älteren Jugendlichen naturgemäß Grenzen gesetzt; wird die konkret zu fordernde Aufsichtspflicht schuldhaft verletzt, tritt eine Haftung nach § 832 BGB ein (BGH, NJW 1985, 677).

Grundsätzlich gilt, dass an die Aufsichtspflicht um so höhere Anforderungen zu stellen sind, je größer die drohenden Gefahren und das Schutzbedürfnis der anvertrauten Betroffenen sind.

Eng mit der Haftung wegen einer Aufsichtspflichtverletzung ist die Haftungsproblematik bei der Übertragung von Aufgaben auf eine **Begleitperson** verbunden.

Rooming-in

Im Rahmen einer stationären Behandlung minderjähriger Patienten besteht der Anspruch auf Mitaufnahme einer Begleitperson, wenn dies aus medizinischen Gründen angezeigt ist und das Kind das zwölfte Lebensjahr noch nicht vollendet hat (§ 11 Abs. 3 SGB V). Teilweise ist dies auch in den Landeskrankenhausgesetzen geregelt. Häufig übernehmen die Begleitpersonen einzelne Betreuungsaufgaben. Das kann in Konsequenz zu einer **Haftungsverlagerung** führen.

Die Übertragung von Aufgaben auf eine Begleitperson des Versicherten sollte sich daher von folgenden Überlegungen leiten lassen:
— Die Begleitperson muss zur Übernahme der Aufgabe körperlich und geistig in der Lage sein. Anhaltspunkte für das Vorliegen entsprechender Erfahrungen können darin liegen, dass die zu übertragenden Verrichtungen auch zu Hause durchgeführt werden.
— Stets muss eine auf den Einzelfall abgestellte umfassende Einweisung und Einübung erfolgen, verbunden mit Hinweisen auf mögliche Gefahren sowie das Verhalten bei Zwischenfällen.
— Je geringer die Gefährdungsmöglichkeit des Patienten ist, umso eher darf eine Verrichtung zur Durchführung einer Begleitperson übertragen werden. Eine Dienstanweisung des Krankenhausträgers sollte entsprechende Regeln aufstellen, v. a.

darüber, wer – Arzt oder Pflegekraft – welche Aufgaben übertragen darf.
— Überwachungs- und Kontrollpflichten bleiben bestehen. Je nach Eigenschaft der übertragenen Aufgabe fallen sie mehr oder weniger häufig an.
— Eine Dokumentation sollte Auskunft über die Entscheidungsfindung einschließlich der Einweisung und Beachtung der Aufsichts- und Kontrollpflichten geben.

10.8 Haftung wegen Verletzung der Verkehrssicherungspflicht

In aller Kürze soll noch das Haftungsproblem der Verkehrssicherungspflicht im Krankenhaus angesprochen werden. Für die allgemeine Verkehrssicherungspflicht gilt, dass jeder, der im Verkehr eine Gefahrenquelle schafft, diejenigen Vorkehrungen zu treffen hat, die Dritte vor möglichen Gefahren schützen.

Die Gefahrenquellen im Krankenhaus sind vielfältig. So kann beispielsweise der zu glatt gebohnerte Fußboden Unfallursache sein, nicht nur für Besucher, sondern auch für den Patienten. Den gefahrträchtigen Zustand eines Bodenbelages hat grundsätzlich der Krankenhausträger im Rahmen seiner Verkehrssicherungspflicht zu verantworten. Etwas anderes könnte allenfalls gelten, wenn die Bodenreinigung auf eine Reinigungsfirma übertragen wurde und im Reinigungsvertrag die Verantwortung der Verkehrssicherung ausdrücklich der Reinigungsfirma mit entsprechend klarer Absprache geregelt wurde. Ist das nicht der Fall, obliegt es dem Krankenhausträger, durch seine Organe in dem notwendigen Umfang sicherzustellen, dass der erhöhte Reinigungsbedarf in dem von ihm betriebenen Krankenhaus ohne Gefährdung des Publikums und des Personals durchgeführt werden kann. Dies kann – je nach Einzelfall – durch Teilabsperrung geschehen oder durch Anordnung, zu bestimmten Zeiten dort nicht zu gehen, wo und solange Böden von der Reinigung noch feucht sind. Ob das Aufstellen von Warnhinweisschildern ausreicht, kann zweifelhaft sein (OLG Düsseldorf, NJW 1992, 2972).

Ein Gefahrenausschluss kann ebenso in anderer Weise pflichtmäßig geboten sein.

Beispiel aus der Rechtsprechung
§ Bedient sich z. B. eine Klinik für Kinderneurologie und Sozialpädiatrie zur Therapie Minderjähriger eines sog. Air-Tramps und kommt ein Patient durch Hineingreifen in den ungesicherten Luftaustrittstutzen zu Schaden, haftet der Klinikträ-

ger auch aus dem Gesichtspunkt der Verletzung seiner Verkehrssicherungspflicht. Es obliegt dem Aufsichtspersonal, die Sicherheit des eingesetzten Gerätes vor dessen Einsatz zu prüfen, um mögliche Gefahren für die Kinder auszuschließen (OLG Stuttgart, Az.: 14 U 58/93).

Wird die Verkehrssicherungspflicht durch ein schuldhaftes Verhalten des nachgeordneten nicht-ärztlichen Dienstes verletzt, so gilt das bisher Gesagte.

Im Rahmen eines Vertrages haftet der Anstaltsträger für das Verschulden des Erfüllungsgehilfen (§ 278 BGB). Im Bereich der deliktischen Haftung übernimmt der Krankenhausträger die Ersatzpflicht für den Verrichtungsgehilfen nur, wenn er den Entlastungsbeweis nicht führen kann (§ 831 Abs. 1 BGB).

> Wer auch immer zum Schadensersatz verpflichtet ist, hat den Zustand wiederherzustellen, der ohne das zum Schadensersatz verpflichtende Ereignis bestehen würde. Bei Verletzungen einer Person oder wegen Beschädigungen an Sachen sowie in anderen Fällen, in denen eine Herstellung des früheren Zustandes nicht möglich oder ausreichend ist, kann der Geschädigte nach Billigkeitserwägungen eine Entschädigung in Geld fordern (§§ 249, 253 Abs. 2 BGB).

10.9 Staatshaftung

Das Rechtsinstitut der Staatshaftung ist privatrechtlichen wie aus verfassungs- und verwaltungsrechtlichen Wurzeln entstanden.

Nach geltendem Recht ergibt sich die Staats- oder auch **Amtshaftung** aus Art. 34 GG in Verbindung mit § 839 BGB. Es handelt sich um eine deliktische Schadensersatzhaftung des öffentlichen Rechts.

> Verletzt jemand in Ausübung eines öffentlichen Amtes die ihm gegenüber einem Dritten obliegende Amtspflicht schuldhaft, so hat er dem Dritten den daraus entstehenden Schaden zu ersetzen (§ 839 Abs. 1 S. 1 BGB in Verbindung mit Art. 34 GG).

Eine Amtshaftung setzt demnach voraus, dass
— ein Dritter geschädigt wurde und zwar
— in Ausübung eines öffentlichen Amtes
— durch Verletzung einer einem Dritten gegenüber obliegenden Amtspflicht (sog. Drittbezogenheit).

Beispiel: Rettungswesen
Vor allem im Bereich des Rettungswesens kann sich bei mangelhaften Rettungsdienstleistungen die Frage einer Schadensersatzhaftung nach den Grundsätzen der Amtshaftung stellen.

> Das Rettungswesen ist durch einen funktionierenden Rettungsdienst und Notarztdienst gekennzeichnet. Letzterer ist integraler Bestandteil des Rettungsdienstes, um einem Notfallpatienten unverzüglich medizinische Hilfe zukommen zu lassen (BGH, MedR 1993, 104 ff).

Der **Notarztdienst** ist vom **Notfalldienst** zu unterscheiden:
— Ziel des **Notfalldienstes** ist es, die ambulante ärztliche Versorgung auch in dringenden Fällen außerhalb der üblichen Sprechstunden zu gewährleisten.
— Gegenstand der ländergesetzlich geregelten **Notfallrettung** (Rettungs- und Notarztdienst) ist »bei Notfallpatienten Maßnahmen zur Erhaltung des Lebens oder zur Vermeidung gesundheitlicher Schäden einzuleiten, sie transportfähig zu machen und unter fachgerechter Betreuung in eine für die weitere Versorgung geeignete Einrichtung zu befördern«.

Notfallpatienten sind Kranke oder Verletzte, die sich in Lebensgefahr befinden oder bei denen schwere gesundheitliche Schäden zu befürchten sind, wenn sie nicht umgehend medizinische Hilfe erhalten (so § 1 Abs. 2 RDG Bad.-Württ.).

Auf Grund der Rettungsdienst- und Feuerwehrgesetze der Länder kann das Rettungswesen als öffentlich-rechtlich organisiert angesehen werden. Es besteht die staatliche Verpflichtung zur Sicherstellung einer ausreichenden Versorgung der Bevölkerung mit rettungsdienstlichen Leistungen.

Ein Amtshaftungsanspruch ist nur zu bejahen, wenn die Amtspflicht auch **drittschützenden** Charakter hat, also zumindest auch im Interesse der Geschädigten liegt. Nur wenn sich aus den die Amtspflicht begründenden und sie umreißenden Bestimmungen sowie aus der Natur des Amtsgeschäfts ergibt, dass der Geschädigte zu dem Personenkreis gehört, dessen Belange nach dem Zweck und der rechtlichen Bestimmung des Amtsgeschäfts geschützt und gefördert werden soll, besteht ihm gegenüber bei schuldhafter Pflichtverletzung eine Schadensersatzpflicht. Dabei kommt es jeweils auf die Umstände des Einzelfalls an.

Von der Rechtsprechung (BGH, MedR 1993, 1044 ff) wurde die Verpflichtung zur ausreichenden personellen Ausstattung eines flächendeckenden Notarztdienstes als drittbezogene Amtspflicht anerkannt. Ist aber der Notarztdienst – wie aufgezeigt – integraler Bestandteil des Rettungsdienstes, so ist der staatlichen

Sicherstellungsverpflichtung für das Rettungswesen als Ganzem erst recht drittschützender Charakter zuzumessen.

Erleidet also ein Notfallpatient durch verspäteten Behandlungsbeginn – sei es infolge unzureichender Fahrzeugvorhaltung oder mangelnder Flächendeckung des Rettungs-/Notarztdienstes – einen gesundheitlichen Schaden, so kann ihm auf Grund mangelhafter Organisation des öffentlichen Rettungsdienstes ein Amtshaftungsanspruch gegen den Träger des öffentlichen Rettungsdienstes – das sind in der Regel die Landkreise – zustehen.

Von der Fallgestaltung eines Schadenseintritts infolge organisatorischer Mängel ist die einer Schadensfolge durch persönliches Fehlverhalten, beispielsweise eines **Rettungsassistenten** am Einsatzort zu unterscheiden. Zur Beurteilung der Haftungsfrage wird es darauf ankommen, ob das Rettungsdienstpersonal einem Notfallpatienten einen Schaden durch Verletzung einer drittbezogenen Amtspflicht in Ausübung eines öffentlichen Amtes zugefügt hat.

Wird der Rettungsdienst von staatlichen Organen durchgeführt – etwa durch Angehörige der Berufsfeuerwehr –, so ist von der Ausübung eines öffentlichen Amtes auszugehen.

In einigen Bundesländern werden private Leistungsanbieter mit der Durchführung des Rettungsdienstes beliehen. Hierzu bedarf es in der Regel einer staatlichen Genehmigung (OLG München, Az.: 13 B 2251/97).

> Beliehene sind natürliche oder juristische Personen des privaten Rechts, denen die Befugnis eingeräumt ist, hoheitliche Aufgaben im eigenen Namen wahrzunehmen. Die Beleihung kann durch Gesetz, Verwaltungsrecht oder öffentlich-rechtlichen Vertrag erfolgen.

Den Beliehenen wird die selbstständige Erfüllung einer staatlichen Aufgabe übertragen. Daher werden sie in einem staatlichen Aufgabenbereich tätig, so dass auch hier von der Ausübung eines öffentlichen Amtes im Sinne des Amtshaftungsgrundsatzes ausgegangen werden kann. Demgegenüber sind rein private Rettungsdienstunternehmen, die Rettungsdienst außerhalb der staatlichen Sicherstellungsverpflichtung durchführen, nicht dem staatlichen Aufgabenbereich zuzuordnen. Sie bekleiden kein öffentliches Amt, so dass das Amtshaftungsrecht keine Anwendung findet.

In den aufgezeigten Fallgestaltungen der Übertragung des Rettungsdienstes an Private ist schließlich zu klären, ob der Ausübung der öffentlichen Amtspflicht auch in diesem Fall drittschützender Charakter beizumessen ist. Eine solche drittschützende Amtspflicht könnte sich beispielsweise aus den öffentlich-rechtlichen Verträgen zwischen den staatlichen Trägern des öffentlichen Rettungsdienstes und den privaten Leistungserbringern ergeben. Eine Beurteilung durch die Rechtsprechung in dem Sinne, dass auch Dritte in den Schutzbereich eines solchen öffentlich-rechtlichen Vertrages einbezogen sind, steht noch aus. Vieles spricht für die Annahme, dass öffentlich-rechtliche Rettungsdienstverträge auch Amtspflichten zu Gunsten Dritter begründen. Zu Recht wird darauf hingewiesen, dass sich anderenfalls der Staat – trotz Sicherstellungsverpflichtung – in die öffentliche Verwaltung durch Private »flüchten« und so die übernommene Verantwortung wieder ablegen könnten. Im Übrigen aber leite sich der Drittbezug der Amtspflicht auch unmittelbar aus der staatlichen Sicherstellungsverpflichtung ab. Zur Gewährleistung einer ausreichenden Rettungsdienstversorgung reiche es nämlich nicht aus, dass genügende Rettungsmittel vorgehalten würden; vielmehr müssten diese Rettungsmittel auch fachgerecht eingesetzt werden. Nur dann könne von einer Erfüllung der Sicherstellungsverpflichtung ausgegangen werden.

> Danach ist die konkrete Ausübung der Amtspflicht als Umsetzung des staatlichen Sicherstellungsauftrages des Rettungsdienstes anzusehen, mit der Folge, dass ihr drittschützende Wirkung zukommt und die Grundsätze der Amtshaftung im Rettungswesen Anwendung finden.

Weitere Beispiele

Auch in anderen Bereichen des Gesundheitswesens kann das Amtshaftungsrecht Bedeutung erlangen, etwa bei der Unterbringung psychisch Kranker (OLG Köln, Az.: 5 U 204/94), der Tätigkeit von Gesundheitsämtern (OLG Karlsruhe, NJW 1990, 2319), aber auch bei der Behandlung eines Patienten durch einen von der Berufsgenossenschaft bestellten Durchgangsarzt.

Die **Unterbringung** eines Patienten in einer fürsorgerischen, erzieherischen oder pflegerischen Anstalt begründet nicht notwendigerweise ein öffentlich-rechtliches Rechtsverhältnis. Etwas anderes gilt jedoch, wenn sich eine ärztliche Maßnahme als Zwangsbehandlung darstellt. Deshalb geschieht die Verwahrung und Behandlung der auf Grund der Unterbringungsgesetze eingewiesenen Insassen in einer geschlossenen Anstalt zwangsläufig öffentlich-rechtlich (VGH Mannheim, NJW 1991, 2985). Die Behandlung derart Untergebrachter erfolgt in Ausübung eines öffentlichen Amtes; im Schadensfall gelten die Amtshaftungsgrundsätze. Um in einem solchen Falle annehmen zu können, dass die Aufgaben der Anstalt im bürgerlich-rechtlichen Geschäftsbereich erfüllt werden, müssen besondere und eindeutige Anhaltspunkte vorliegen (BGH, NJW 1985, 677 ff).

In der Regel ist auch die Tätigkeit des **Amtsarztes** eines Gesundheitsamtes Ausübung eines öffentlichen Amtes im Sinne des §839 BGB (BGH, Az.: VI ZR 48/99)). Gleiches soll schließlich für den von der Berufsgenossenschaft bestellten **Durchgangsarzt** gelten, allerdings nur bei seiner Entscheidung, ob und in welcher Weise ein Verletzter in die berufsgenossenschaftliche Heilbehandlung zu übernehmen ist. Bei der ärztlichen Erstversorgung handelt er nicht in Ausübung eines öffentlichen Amtes (BGH, NJW 1975, 589 ff).

10.10 Die Haftung für Suizid-(versuch) im Krankenhaus

Kommt es im Krankenhaus zu einem Suizid oder Suizidversuch eines Patienten, so stellen sich im Rahmen möglicher zivilrechtlicher Ansprüche des Patienten oder seiner Angehörigen spezielle Probleme. Ein Schwerpunkt bei der möglichen Haftung der an der Behandlung des Patienten beteiligten Personen oder des Krankenhausträgers ist die Frage, ob ein **Behandlungsfehler** begangen wurde und/oder der Krankenhausträger die Abläufe im Krankenhaus nachlässig organisiert hat.

> Ein Behandlungsfehler bei Suizidgefährdeten kann zunächst in der fehlerhaften Einschätzung der Suizidalität durch den behandelnden Arzt gesehen werden, wenn sich die Gefährdung des Patienten doch durch eine Selbsttötungshandlung verwirklicht. Keinen Schuldvorwurf trifft allerdings den Arzt, wenn er zu der vertretbaren Ansicht gelangt, die Gefährdung sei abgeklungen und Schutzmaßnahmen zu Gunsten des Patienten nicht hätten ergriffen werden müssen. Die Frage der Vertretbarkeit ist nach den Erkenntnissen der medizinischen Wissenschaft zu beurteilen und zwar zum Zeitpunkt der Behandlung, also aus ex-ante Sicht.

In Fällen erkannter Suizidalität des Patienten kann ein Behandlungsfehler zu bejahen sein, wenn nicht gewährleistet wird, dass eine Selbsttötungshandlung unterbleibt, da insoweit die dem Patienten geschuldete Behandlung seines Grundleidens die Bewahrung vor der eigenen Selbstgefährdung mit umfasst. Den **Sicherungs- und Bewahrungspflichten** sind jedoch Grenzen gesetzt. Diese ergeben sich auf der einen Seite aus der Achtung der **Menschenwürde** (Art. 1 GG), dem **Persönlichkeitsrecht** (Art. 2 GG) des Patienten sowie der Rechtsgarantie bei Freiheitsentziehung (Art. 104 GG; ▶ 6.2.1, 9.2.1, 11.6.6), auf der anderen Seite aus dem ärztlichen Auftrag, der Erhaltung und Wiederherstellung der Gesundheit des Patienten zu dienen.

Damit besteht eine Pflicht zur Überwachung und Sicherung nicht absolut und uneingeschränkt, sondern nur bei Veranlassung und dann in den Grenzen des Erforderlichen und des für Krankenhauspersonal und Patienten Zumutbaren. Dabei gilt, dass eine lückenlose Überwachung und Sicherung in der Regel nicht möglich oder mit Rücksicht auf eine vertrauensvolle Zusammenarbeit zwischen Patient und Ärzten sowie Pflegepersonal nicht sinnvoll ist (BGH, NJW 1994, 794).

> ❗ Entwürdigende Überwachungs- und Sicherungsmaßnahmen, soweit sie überhaupt zulässig sind, sind regelmäßig weder der Behandlungs- noch der Patientenseite zumuten. Für Maßnahmen, die mit unmittelbarem Zwang oder Freiheitsentzug verbunden sind, bedarf es einer besonderen Rechtfertigung.

Beispiele aus der Rechtsprechung
- § Verschweigt ein Unfallpatient bei seiner Krankenhausaufnahme seine Alkoholabhängigkeit und treten dann am zweiten Krankenhaustag delirante Alkoholentzugserscheinungen auf, so genügt es bei einem unter dem Eindruck der ersten Medikamentengabe ruhig werdenden Patienten, dass dieser mit einer Leibbandage an sein Bett fixiert wird und Distraneurin® sowie Haldol® verabreicht erhält und sodann zur Kontrolle durch die Nachtschwester auf den Krankenhausflur gestellt wird. Gelingt es dem Patienten dann wegen seiner durch das Delirium freigesetzten »übermenschlichen« Kräfte, sich gleichwohl zu befreien, und springt er dann durch ein Fenster des Flures in die Tiefe, so handeln die Betroffenen nicht schuldhaft, wenn sie eine auch mögliche Vollfixierung des Patienten unterlassen haben (OLG Koblenz, MedR 1998, 421).
- § Auch wenn Unfälle während einer Suchtbehandlung mit ausreichender Sicherheit nur durch strengste Fixation im Bett verhindert werden können, sind derartige freiheitsentziehende Maßnahmen ohne eindeutige Anzeichen einer Selbstgefährdung bzw. Suizidalität unzulässig und unvertretbar (OLG München, MedR 1998, 366).

§ Ist dagegen bei einem Patienten der Hang zur Selbstbeschädigung und der Fluchtdrang aus der psychiatrischen Behandlung offensichtlich, beispielsweise durch mehrere Entweichungsversuche, und befindet sich der Patient in einem die freie Willensbildung ausschließenden Zustand krankhafter Störung der Geistestätigkeit, so muss sichergestellt sein, dass ein Entweichen ausgeschlossen ist. Wie diese Sicherungsmaßnahmen im Einzelnen beschaffen sein müssen, obliegt der Disposition des Behandelnden. Bei Fensteröffnungen sind beispielsweise Vergitterungen oder sonstige Maßnahmen denkbar, die ein Durchsteigen unmöglich machen (OLG Köln, Az.: 5 U 204/94).

§ Ist eine akute Selbstmordgefahr nicht erkennbar, muss die Klinik nicht unverzüglich nach einem Patienten fahnden, der nicht wie vereinbart nach einem unbegleiteten Ausgang auf dem Klinikgelände zurückkommt (OLG Stuttgart, MedR 2002, 198).

❓ Die Rechtsprechung zeigt, dass unter dem Aspekt des Grundsatzes der Verhältnismäßigkeit nur Maßnahmen derjenigen Sicherungsstufe angeordnet werden dürfen, deren Anwendung zum Schutz des Patienten erforderlich sind.

Drei Stufen können unterschieden werden:
- therapeutische Gespräche, regelmäßige Kontrolle;
- zusätzliche Verlegung in Zimmer im Erdgeschoss, Abschließen und Sichern von Fenstern und Türen, Sitzwachen, Entfernen von zur Strangulation geeigneter Mittel und
- zusätzliche räumliche Fixierung, lückenlose Überwachung, medikamentöse Herstellung der Handlungsunfähigkeit.

Derartige Maßnahmen zur Verhinderung der Selbsttötung dürfen immer nur als Teil der Gesamtbehandlung verstanden werden. Das heißt, es ist abzuwägen, inwieweit sie sich auf die Gesundheitssituation des Patienten auswirken. Je wahrscheinlicher und höher der negative Einfluss einer bestimmten Sicherungsmaßnahme ist, desto eher ist die Entscheidung eines Arztes, hiervon abzusehen und eine solche einer niedrigeren Stufe zu wählen, therapeutisch vertretbar und damit pflichtgemäß, auch wenn sich später herausstellt, dass die Therapieentscheidung den Suizid begünstigt hat.

❓ Anordnungen des Arztes, die sich auf vorstehende Voraussetzungen gründen, sind vom Pflegepersonal zu befolgen. Zu Beweiszwecken empfiehlt sich in jedem Fall eine minutiöse Dokumentation, um dem Einwand zu begegnen, das eine oder andere nicht berücksichtigt zu haben. Der Krankenhausträger ist gut beraten, im Wege einer allgemeinen Dienstanweisung generelle Regelungen für die Behandlung suizidgefährdeter Patienten aufzustellen.

Die organisatorischen Vorkehrungen sollten für den Fall geregelt sein, dass der Arzt eine Unterbringung auf einer geschlossenen Station anordnet, damit der Patient die Klinik nicht verlassen kann.

Gleiches gilt
- bei Anordnung einer Dauerbeobachtung des Patienten,
- für die Abstellung geeigneten Personals oder
- Vorhaltung eines Behandlungszimmers, dessen Fenster abschließbar und bruchsicher sind.

Wird ein Patient mit akuter Suizidgefährdung auf eine andere Station verlegt, müssen insbesondere die Pflegekräfte über die – gerade infolge der Verlegung noch erhöhte – Lebensgefahr informiert werden.

10.11 Die Haftung bei Delegation ärztlicher Aufgaben

Ein im Haftungsbereich immer wieder auftauchendes Problem ist die Haftung von Angehörigen der Berufe im Gesundheitswesen, v. a. des Pflegepersonals, bei fehlerhaften Injektionen. Schlussendlich geht es um die Fragen der Zulässigkeit von Delegationen ärztlicher Tätigkeiten auf das nachgeordnete nicht-ärztliche Personal. Die Problematik wird nicht nur in der medizinischen und juristischen Literatur erörtert; sie ist in der Vergangenheit ebenso Gegenstand gerichtlicher Entscheidungen gewesen und hat sowohl Berufsverbände der Krankenpflegepersonen als auch die Deutsche Krankenhausgesellschaft (DKG) zu Stellungnahmen und Empfehlungen bewogen. (Die gemeinsame Stellungnahme der Berufsverbände DBfK und ADS ist im Anhang A abgedruckt.)

❓ Kern der Diskussion ist die Frage nach der Zulässigkeit der Durchführung von Injektionen, Infusionen und Blutentnahmen durch Pflegekräfte, Arzthelferinnen, technische Assistenten in der Medizin und andere Berufsangehörige im Gesundheitswesen.

10.11.1 Derzeitige Rechtslage (Krankenpflegegesetz 1985)

Nach wie vor besteht in diesem Bereich eine gewisse Rechtsunsicherheit. Sie ist v. a. darauf zurückzuführen, dass es an einer abschließenden gesetzlichen Regelung der Kompetenzfrage ebenso fehlt wie an einer gefestigten höchstrichterlichen Rechtsprechung. Hinzu kommt, dass sich das Problem vielschichtig darstellt, sich also nicht auf die zivilrechtliche Haftung beschränkt, sondern Auswirkungen auch auf die strafrechtlichen und arbeitsrechtlichen Ebenen zeigt.

Sucht man zu der aufgeworfenen Frage nach **Abgrenzungskriterien** insbesondere zwischen ärztlicher und pflegerischer Leistung, so bietet sich aus der Sicht des Pflegepersonals zuerst das Krankenpflegegesetz an.

Nach § 4 KrPflG soll die Ausbildung in den Krankenpflegeberufen Kenntnisse, Fähigkeiten und Fertigkeiten zur verantwortlichen Mitwirkung bei der Verhütung, Erkennung und Heilung von Krankheiten vermitteln. Soweit es Maßnahmen der Diagnostik und Therapie betrifft, soll die Ausbildung auch auf die gewissenhafte **Vorbereitung**, **Assistenz** und **Nachbereitung** dieser Maßnahmen gerichtet sein. Im Kontext zu dieser Bestimmung ist der Anhang zur Ausbildungs- und Prüfungsverordnung für die Berufe in der Krankenpflege (KrPflAPrV) zu lesen. Dort sind im Rahmen des theoretischen und praktischen Unterrichts im Bereich der Pflegetechniken auch die Injektionen, Vorbereitungen von Venenpunktionen, Infusionen und Transfusionen (für die Krankenpflegehilfe die Mithilfe für Injektionen, Sondierungen und Spülungen) genannt.

Auch wenn damit erstmals in einer Ausbildungsverordnung die Unterrichtung in den Injektionstechniken vorgeschrieben ist, so kann daraus dennoch nicht zwingend der Schluss hergeleitet werden, dass die Durchführung von Injektionen dem Kompetenzbereich des Pflegepersonals zuzuordnen ist. Dieser Annahme steht wohl auch der Wortlaut des § 4 KrPflG entgegen, der von Vorbereitung, Assistenz und Nachbereitung therapeutischer Maßnahmen spricht. Darüber hinaus enthält das Krankenpflegegesetz von 1985 keine Ausführungen zur Berufsausübung, sondern zeigt lediglich die Voraussetzungen auf, die erfüllt werden müssen, um die Berufsbezeichnung des entsprechenden Krankenpflegeberufes zu erwerben. Nicht die Ausübung des Berufes der (Kinder-)Krankenschwester bzw. (Kinder-)Krankenpflegers wird durch das Gesetz geschützt, sondern die Berufsbezeichnung. Trotz Änderung des Krankenpflegegesetzes nebst Ausbildungs- und Prüfungsverordnung im Jahre 1985 bleibt festzuhalten, dass sich aus den gesetzlichen Bestimmungen zum Berufsrecht für Pflegepersonen einschließlich der (nicht mehr geltenden) Pflegepersonalregelung vom 21.12.1992 keinerlei Anhaltspunkte für eindeutige Abgrenzungen ergeben. Ähnliches gilt für das Berufsrecht anderer Berufe im Gesundheitswesen. Auch dem Heilpraktikergesetz ist keine abschließende Kompetenzverteilung zu entnehmen, wenngleich diese Auffassung teilweise im Schrifttum anzutreffen ist. Die Diskussion aller mit der Streitfrage Befassten läuft schließlich auf die Frage nach dem durch Aus- und Weiterbildung erworbenen Wissensstand des nachgeordneten nicht-ärztlichen Personals beispielsweise in der Injektions- und Infusionstechnik hinaus.

Ausgangspunkt dieser Entwicklung war der Beschluss der **Bundesärztekammer** vom 16.02.1974, in dem es wörtlich heißt:

> Injektionen, Infusionen und Blutentnahmen sind Eingriffe, die zum Verantwortungsbereich des Arztes gehören. Der Arzt kann mit der Durchführung dieser von ihm angeordneten Maßnahme sein medizinisches Assistenzpersonal beauftragen, soweit nicht die Art des Eingriffs sein persönliches Handeln erfordert. Da Injektionen, Infusionen und Blutentnahmen nicht zum üblichen Aufgabenbereich des ausgebildeten Assistenzpersonals gehören, bleibt der Arzt in jedem Fall für die Anordnung und ordnungsgemäße Durchführung der Eingriffe sowie für die Auswahl und Überwachung der Hilfskraft verantwortlich. Der Arzt darf daher die Durchführung nur solchen Hilfskräften übertragen, die in der Punktions- und Injektionstechnik besonders ausgebildet sind und von deren Können und Erfahrung er sich selbst überzeugt hat. Die Durchführung von Injektionen, Infusionen und Blutentnahmen außerhalb des ärztlichen Versorgungsbereichs ist nur in Notfällen vertretbar, in denen ein Arzt nicht erreichbar ist.

Dieser Beschluss wurde 1980 modifiziert (abgedruckt im Anhang A als Anmerkung 2 zur Stellungnahme der Arbeitsgemeinschaft Deutscher Schwesternverbände (ADS) und des Deutschen Berufsverbandes für Krankenpflege e.V. (DBfK) zur Vornahme von Injektionen, Infusionen, Transfusionen und Blutentnahmen durch das Krankenpflegepersonal).

Die Rechtsprechung hat sich dieser Ansicht – ohne sich ihr gänzlich anzuschließen, wozu bislang keine Notwendigkeit bestand – nicht unaufgeschlossen gezeigt.

Beispiele aus der Rechtsprechung

§ So hat bereits im Jahre 1959 der Bundesgerichtshof ausgesprochen, dass einer examinierten, also voll ausgebildeten und geprüften Krankenschwester intramuskuläre Injektionen nur überlassen werden dürfen, wenn sich der leitende Arzt vergewissert hat, dass sie ihren Aufgaben gewachsen ist, und wenn daneben für ihre Überwachung und Beaufsichtigung durch die vorhandenen Ärzte Sorge getragen wird.

§ Nach einer Entscheidung aus dem Jahre 1979 (BGH, NJW 1979, 1935) soll »vieles dafür sprechen, dass auch heute noch die Verabreichung von intramuskulären Injektionen von ausgebildeten Krankenpflegehelferinnen nicht geduldet werden darf, weil deren fehlerhafte Ausführung zu typischen schwerwiegenden Schäden führen kann«. Nach der Stellungnahme der Berufsverbände (▶ Anhang A) und der Bundesärztekammer dürfen Kinder-, Krankenpflegeschüler/ -innen nur zum Zwecke der Ausbildung unter unmittelbarer Aufsicht und Anleitung des Arztes oder einer entsprechend qualifizierten Krankenpflegeperson subkutane und intramuskuläre Injektionen vornehmen.

§ Famuli, also kurz vor der Abschlussprüfung stehende Medizinstudenten, die sowohl das Physikum als auch einen 2-monatigen Krankenpflegedienst hinter sich haben, dürfen mangels ausreichender Erfahrung und Qualifikation keine intramuskulären Injektionen verabfolgen (OLG Köln, MedR 1987, 192).

§ Verfügt eine Arzthelferin über die entsprechenden Fähigkeiten, Fertigkeiten und Kenntnisse, soll es nicht pflichtwidrig sein, ihr das Setzen einer Infusionsnadel zur Verabreichung eines Kontrastmittels zu überlassen (AG Karlsruhe, DMW 1998, 63).

§ Nach Auswahl der richtigen Lagerungsmethode durch den Operateur kann dieser die Durchführung einem erfahrenen Operationspfleger übertragen, wobei den Operateur die Verantwortung für Kontrolle und Überprüfung trifft (BGH, NJW 1984, 1403 f).

§ Keinesfalls zu den übertragbaren ärztlichen Tätigkeiten aus dem Operationsbereich zählt das Hakenhalten, das Absaugen von Wundsekret, das Abschneiden von Fäden, die Koagulation von Gefäßen oder gar die Beachtung von Nervenschädigungen (ArbG Koblenz, Urteil vom 24.08.1993).

§ Zu den nicht übertragbaren ärztlichen Tätigkeiten gehört das Aufklärungsgespräch mit dem Patienten (Beschluss der Bundesärztekammer 1992, ▶ Anhang C).

! Werden einer nach ihrem Ausbildungs- und Erfahrungsstand zur Vornahme bestimmter Eingriffe in die körperliche Integrität eines Patienten nicht befugten Person solche Eingriffe dennoch übertragen und von ihr ausgeführt, so liegt nach der Rechtsprechung ein Behandlungsfehler vor.

Tendenziell ergibt sich daher aus Stellungnahmen, insbesondere auch der Berufsverbände, zu Tätigkeitsmerkmalen für das Pflegepersonal, Hinweisen in der Literatur und der Rechtsprechung zu den Voraussetzungen einer zulässigen Delegation ärztlicher Tätigkeiten folgende Situation:

> Grundsätzlich ist davon auszugehen, dass Injektionen – intramuskuläre, subkutane und intravenöse – ebenso wie Infusionen und Blutentnahmen zum Aufgaben- und Verantwortungsbereich des Arztes gehören. Eine Delegation dieser Aufgaben auf das nachgeordnete nicht-ärztliche Personal wird jedoch herrschend als prinzipiell zulässig erachtet.

Dabei wird nicht zwischen den einzelnen Berufsgruppen wie Pflegekräften, Arzthelfer/-innen, technischen Assistenten in der Medizin und anderen unterschieden.

! An die Zulässigkeit der Übertragung werden allerdings in mehrfacher Hinsicht Vorbedingungen gestellt.

Voraussetzungen einer zulässigen Delegation

Wie bei jeder Heilbehandlung muss der Patient in die Maßnahme **einwilligen**. Des Weiteren hat der Arzt zu prüfen, ob die Maßnahme aus ärztlicher Sicht überhaupt delegierbar ist oder ob sie nicht von ihm persönlich durchgeführt werden muss. Im Rahmen dieser

Entscheidungsfindung spielt etwa der Umstand eine Rolle, dass das zu injizierende Medikament wegen schädigender Nebenwirkung besonders gefährlich oder möglicherweise mit **Komplikationen** beim Patienten zu rechnen ist. Diese erste Beurteilung kann bereits zu dem Ergebnis führen, dass eine Übertragung entweder gänzlich unzulässig ist, weil die eigenhändige Verabreichung des Medikaments durch den Arzt erforderlich oder zumindest dessen Anwesenheit angezeigt ist.

> Im Fall der Delegation hat ausnahmslos eine sorgfältige Prüfung dahingehend zu erfolgen, ob die Person, auf die die eigentlich ärztliche Maßnahme übertragen werden soll, über die entsprechende Qualifikation verfügt.

Je geringer die Qualifikation der beauftragten Person ist, um so höher sind die Anforderungen an die **Kontroll- und Überwachungspflichten** des Arztes. Dabei hat sich der Arzt grundsätzlich im Einzelfall – also nicht nur generell – über die Qualifikation des von ihm mit der Durchführung der ärztlichen Maßnahme Beauftragten zu vergewissern. Als **Qualifikationsnachweis** reicht die Erlaubnis zur Führung der Berufsbezeichnung allein nicht aus, wie umgekehrt bestimmten Angehörigen des nachgeordneten nichtärztlichen Dienstes eine qualifizierte Befähigung nicht von vorneherein abgesprochen werden kann. Entscheidend ist stets das Wissen und Können z. B. der mit der Injektion beauftragten Pflegekraft, Arzthelferin oder technischen Assistentin in der Medizin im jeweiligen Einzelfall. Im Rahmen dieser Prüfung ist etwa zu berücksichtigen, dass die Durchführung intravenöser Injektionen mit Punktion der Vene nach der Ausbildungs- und Prüfungsordnung für die Berufe in der Krankenpflege nicht zur Ausbildung gehört – im Gegensatz zu intramuskulärer und subkutaner Injektion; neben Injektionen wird lediglich die Vorbereitung von Venenpunktionen im Ausbildungskatalog genannt.

Häufig reicht zur Übertragung auch die Kenntnis nur der technischen Voraussetzungen nicht aus, beispielsweise
— für intravenöse Injektionen über liegende Verweilkanülen,
— über einen zentralen Zugang oder
— über einen intravenös liegenden Infusionsschlauch.

Es entfällt zwar die Gefährlichkeit des technischen Eingriffs; es bleibt jedoch das sich aus der schnelleren Wirksamkeit des Infusionsmittels für den Patienten ergebende Risiko, das durch nicht-ärztliche Mitarbeiter, deren Kenntnis- und Erfahrungsstand beispielsweise unter dem einer examinierten Krankenpflegekraft liegt, nicht genügend beherrscht werden kann.

> Andererseits können die Angehörigen der Berufe im Gesundheitswesen eine erforderliche besondere Qualifikation auf der Basis des durch die vorgeschriebene Ausbildung vermittelten Wissens durch Weiter- und Fortbildung unter ärztlicher Aufsicht und Anleitung erworben haben. Über das Vorliegen dieser Voraussetzungen muss sich der Arzt vor einer Delegation Klarheit verschaffen; auch muss er von Fall zu Fall die Befähigung überprüfen.

Überträgt der Arzt nach ordnungsgemäßer Vorprüfung im vorstehenden Sinn eine ärztliche Maßnahme auf das nachgeordnete nicht-ärztliche Personal, so trifft ihn die sog. **Anordnungsverantwortung**.

> Anordnungsverantwortung ist die Verantwortung für die fehlerfreie Auswahl des Mitarbeiters ebenso wie für die Richtigkeit des Anordnungsinhalts selbst und für eine gegebenenfalls notwendige Überwachung des Mitarbeiters.

Werden **telefonische Anweisungen** gegeben, beispielsweise durch den diensthabenden Arzt an eine Krankenschwester im Nachtdienst, die er persönlich nicht kennt, so sind die Sorgfaltsanordnungen im Rahmen der Anordnungsverantwortung deutlich höher.
In einem solchen Fall empfiehlt sich, dass
— die Krankenschwester die Anordnung schriftlich niederlegt,
— die Notiz dem Arzt zur Vermeidung von Übermittlungsfehlern vorliest,
— sie abzeichnet und
— bei nächster Gelegenheit vom Arzt gegenzeichnen lässt.

Grundsätzlich sollte die ärztliche **Anordnung schriftlich** festgehalten und vom Arzt abgezeichnet werden. Im Falle einer Injektion sollte der Patient namentlich benannt sowie das zu verabreichende Medikament, dessen Menge, Art und Zeitpunkt der Verabreichung bestimmt sein.

Problematisch ist die Anordnung des Arztes an das Pflegepersonal, ein Medikament »nach Bedarf« zu verabreichen. Eine **Bedarfsmedikation** zu verschreiben, ist nur in Ausnahmefällen zulässig – etwa um einen lebensbedrohlichen Zustand rechtzeitig behandeln zu können. Dabei muss der Arzt in der Dokumentation die Umstände, die eine derartige Verabreichung der Medikamente rechtfertigen, genau definieren.

> Jede Anwendung der Bedarfsmedikation muss von der verantwortlichen Pflegekraft ausführlich in der Dokumentation begründet werden.

Übernahme der angeordneten Maßnahmen

Mit der Übernahme der angeordneten Maßnahme übernimmt der Betroffene zugleich die Durchführungsverantwortung.

> Unter Durchführungsverantwortung ist die Verantwortung für die sachgerechte Ausführung der Anordnung zu verstehen.

Dies gilt ebenso im Bereich der **häuslichen Pflege**. Delegiert der behandelnde Arzt z. B. eine intravenöse Injektion an eine Pflegekraft, so trägt er die Verantwortung für die Durchführung (und die Vergütung gemäß der Richtlinie des Bundesausschusses der Ärzte und Krankenkassen über die Verordnung von »häuslicher Krankenpflege« nach § 92 Abs. 1 S. 2 Nr.6 und Abs. 7 SGB V).

> Anerkannt ist, dass auch in diesem Bereich der vertikalen Arbeitsteilung, der grundsätzlich von einem Über- und Unterordnungsverhalten geprägt ist, der **Vertrauensgrundsatz** gilt, wonach jeder in seinem Arbeitsbereich für die ihm anvertraute Aufgabe primär selbst verantwortlich ist. Im Gegensatz zur horizontalen Arbeitsteilung wird der Vertrauensgrundsatz jedoch durch Maßnahmen der Kontrolle und vorausschauenden Lenkung des eingesetzten Personals eingeschränkt.

Infolge der Pflichten des Delegierenden, nämlich sorgfältige Auswahl, Überwachung und Überprüfung der fachlichen und persönlichen Qualifikation des nichtärztlichen Mitarbeiters, sind die Grenzen naturgemäß für den Anweisenden enger gesteckt. Erfüllt allerdings der delegierende Arzt seine sog. **sekundären Sorgfaltspflichten**, so kann ihm ein Fehler seines nichtärztlichen Mitarbeiters in der Regel nicht angelastet werden.

Übernahmeverschulden

Überschätzt der Mitarbeiter dagegen mit der Übernahme der Aufgabe seine Fähigkeiten, so kann daraus der Vorwurf eines Übernahmeverschuldens resultieren.

> Das Übernahmeverschulden ist eine Sorgfaltspflichtverletzung. Sie besteht darin, dass jemand mit der Ausführung eines medizinischen Eingriffs beginnt, obwohl er nicht in der Lage ist, diesen kunstgerecht durchzuführen.

Dies ist etwa der Fall, wenn eine Krankenpflegeschülerin im 3. Ausbildungsjahr unter – auch für sie erkennbaren – unzulänglichen Sichtbedingungen, z. B. fast dunkler Röntgenraum, einen Kontrasteinlauf vornimmt und das Darmrohr versehentlich in die Scheide der Patientin einführt.

Ablehnung einer Anordnung

Dem Vorwurf des Übernahmeverschuldens kann dadurch entgangen werden, dass der Angewiesene die Übernahme ablehnt, weil er sich zu einer regelgerechten Durchführung der Tätigkeit subjektiv nicht in der Lage sieht. Dieser Auffassung entspricht eine Stellungnahme der Bundesärztekammer vom 27.04.1978. Dort heißt es: »..., dass Hilfspersonal die Befolgung von Anforderungen stets dann verweigern muss, wenn es fachlich nicht ausreichend qualifiziert ist oder sich fachlich nicht qualifiziert fühlt und die Durchführung von intravenösen Injektionen grundsätzlich ablehnen kann«.

Es ist deshalb den Angehörigen der Berufe im Gesundheitswesen anzuraten, den anweisenden Arzt auf eine möglicherweise vorhandene unzureichende Kenntnis zur Ausführung der angewiesenen Tätigkeit hinzuweisen.

> Dies gilt prinzipiell auch für Personal in den Funktionsdiensten, beispielsweise der Intensivpflege, im Dialysebereich oder der Endoskopie. Allerdings wird ein **Verweigerungsrecht** hier nur ausnahmsweise in besonderen Situationen in Frage kommen. So dürfte in der Regel das Personal, das über einen längeren Zeitraum unbeanstandet intravenöse Injektionen durchgeführt hat, etwa als Intensivpflegekraft, nicht ohne Weiteres diese Tätigkeit verweigern können, es sei denn, besondere Umstände lassen eine andere Beurteilung zu. Arbeitsrechtliche Konsequenzen, z. B. eine Kündigung, sind bei einer berechtigten Verweigerung ausgeschlossen (▶ 12.4.4).

Spritzenschein

Auf der Grundlage der geschilderten derzeitigen Haftungssituation ist abschließend noch auf Folgendes hinzuweisen: Wie immer man zur Frage der Zulässigkeit einer Injektion etc. durch nachgeordnetes nichtärztliches Pflegepersonal steht, so ist daran festzuhalten, dass ausnahmslos der Arzt zur Durchführung der Maßnahme verpflichtet ist, wenn dies der Patient verlangt. In einem solchen Fall ist das Pflegepersonal, die Arzthelferin oder auch die medizinisch-technische Assistentin nicht berechtigt, trotz des entgegenstehenden Patientenwillens zu injizieren. Die Erfüllung des rechtswidrigen Straftatbestandes der Körperverletzung (§ 223 StGB) wäre die Folge. Daran ändert auch der sog. »Spritzenschein« nichts, mit dem der jeweilige Arzt versucht, den Aufgabenbereich des Krankenpflegepersonals auf die Verabreichung von Injektionen zu erweitern; denn der staatliche Strafanspruch kann nicht einzelvertraglich abbedungen werden, er ist zwingend.

Zweifelhaft erscheint auch die Möglichkeit, mit dem sog. Spritzenschein zu Gunsten der Pflegekräfte die zivilrechtliche Haftung auszuschließen und auf den Arzt bzw. Krankenhausträger zu übertragen, wie dies vielfach in der Literatur vertreten wird. Die Aufsichtspflicht des Arztes besteht in jedem Einzelfall, der sich sehr unterschiedlich gestalten kann. Dementsprechend sind auch an die Qualifikation desjenigen, der als Beauftragter die Injektion durchführt, unterschiedliche Anforderungen zu stellen. Diesem Erfordernis steht der Spritzenschein als Globalnachweis entgegen.

Delegation im Rettungsdienst

Bedingt durch die in der Regel vorliegende Notfallsituation ist die Delegation ärztlicher Tätigkeiten auf den Rettungsassistenten besonders problematisch, zumal dann, wenn der Notarzt erst nach dem Rettungspersonal am Notfallort eintrifft.

Die Bundesärztekammer hat zur Delegation ärztlicher Leistungen im Rettungsdienst und zur **Notkompetenz** von Rettungsassistenten Stellung genommen (abgedruckt im Anhang B).

Defibrillation durch Rettungsassistenten

Im Rahmen der Übertragung notfallärztlicher Tätigkeiten wird insbesondere die Frage diskutiert, ob die Defibrillation eine eigene Aufgabe des Rettungsassistenten ist oder ob es sich um eine ärztliche Aufgabe handelt, die vom Notarzt auf den Rettungsassistenten zur Durchführung delegiert werden darf.

> Nach Auffassung der Bundesärztekammer zählt die (Früh-)Defibrillation zu den spezifischen ärztlichen Notfallmaßnahmen. Sie kann auf hierzu befähigtes nicht-ärztliches Personal zur Durchführung im Einzelfall oder auch auf Dauer delegiert werden. In jedem Fall aber ist eine wirksame Kontrolle der Durchführung durch den Arzt zu gewährleisten.

Weiterhin wird die Auffassung vertreten, dass bei gezielter Ausbildung auf die Defibrillation deren Delegation im Rettungsdienst den Normalfall darstellt. Nur ausnahmsweise kann die Defibrillation noch eine Maßnahme sein, die der Rettungsassistent in Ausübung seiner Notkompetenz durchführen muss, wenn andere Maßnahmen zur Lebensrettung nicht zur Verfügung stehen.

> Als Notkompetenz wird diejenige Situation definiert, in der der Rettungsassistent nach eigener Entscheidung, ohne ärztliche Delegation und Weisung und damit in voller eigener Verantwortung überbrückende Maßnahmen zur Lebenserhaltung und Abwendung schwerer gesundheitlicher Störungen durchführen muss, die ihrer Art nach ärztliche Maßnahmen sind.

Allerdings gilt auch hier, dass der Rettungsassistent – wie jedes nicht-ärztliche nachgeordnete Personal – nur solche medizinische Maßnahmen durchführen darf, die er sicher, d. h. entsprechend den ärztlichen Kunstregeln, beherrscht. Andernfalls liegt zivilrechtlich ein **Übernahmeverschulden** vor. Ob strafrechtlich ein Vorwurf zu machen ist, hängt von anderen – strafrechtlichen – Voraussetzungen ab (▶ 11.1 ff).

Organisatorische Defizite des Rettungswesens können nicht zur Begründung der Durchführung der Defibrillation als Maßnahme im Rahmen der Notkompetenz herangezogen werden und begründen nicht die Inanspruchnahme eines rechtfertigenden Notstandes.

Defibrillation durch Laien

Nach Auffassung der Bundesärztekammer (Empfehlung, Stand 26.02.2002) können auch medizinische Laien nach entsprechender Unterweisung im Rahmen der Reanimation eine **automatische externe Defibrillation** (AED) sicher und erfolgreich durchführen.

Zutreffend wird in diesem Zusammenhang aber daraufhingewiesen, »dass die Defibrillation durch Laien nicht die Aufgaben des Rettungsdienstes ersetzt«. Deshalb wird zugleich empfohlen, bei jedem Einsatz des AED zeitgleich den Rettungsdienst zu alarmieren.

Weiterhin ist zu beachten, dass es sich bei einem Defibrillator um ein Medizinprodukt handelt.

> Die Beachtung der entsprechenden Bestimmungen des Medizinproduktegesetzes ist also zwingend.

Danach ist für den **Anwender** z. B. eine entsprechende **Ausbildung** erforderlich (§§ 14, 37 Abs. 5 MPG i. V. m. §§ 2, 4 und 5 Abs. 2 MedPBetreibV). Der **Betreiber** ist zudem für die Überprüfung der ordnungsgemäßen Funktionsfähigkeit des Gerätes und seiner regelmäßigen Kontrollen verantwortlich (§§ 5, 6 MPBetreibV, ▶ 12.5.5).

10.11.2 Reformüberlegungen nach geltendem Recht

In jüngster Zeit hat es an Reformüberlegungen zu den aufgezeigten Grundsätzen der Delegation ärztlicher Tätigkeit auf das Pflegepersonal nicht gefehlt.

So wird vorgeschlagen, dass sich der ärztliche Dienst aus der sog. **Grundpflege** gänzlich heraushält und zur sog. **Behandlungspflege** zurückhaltend verhält.

Zur Begründung wird u. a. vorgetragen, dass in den Krankenhäusern ablauforganisatorisch der Krankenpflege verstärkt eine relative Autonomie eingeräumt wird. Hingewiesen wird in diesem Zusammenhang beispielsweise auf einen Erlass über die Gliederung der Krankenhausbetriebe der Freien Hansestadt Bremen: »Die Stationspflegeleitung ist für die Grundpflege und die Durchführung der Behandlungspflege verantwortlich«.

Nach dieser Formulierung ist die Pflegeleitung im Bereich der Grundpflege nicht nur durchführungsverantwortlich, sondern auch anordnungsverantwortlich. Diese Praxis wird mit Hinweis auf ein Urteil des Bundesgerichtshofs für rechtlich einwandfrei gehalten, das ausdrücklich bestätigt, dass das Pflegepersonal bei Transport- und Bewegungsmaßnahmen des Patienten im originären Aufgabenbereich tätig wird (BGH, NJW 1991, 1540).

Nun ist sicherlich nicht zu verkennen, dass der Pflege eine eigene Verantwortlichkeit zukommt. Auch ist der Rechtsprechung des Bundesgerichtshofs zuzustimmen, wenn sie darauf hinweist, »dass die Verwendung nicht ärztlicher Hilfspersonen aus der modernen Medizin und insbesondere aus dem heutigen Klinikwesen nicht wegzudenken und auch unvermeidlich ist, dass diesen Hilfspersonen im Einzelfall ein hohes Maß an Verantwortung zufällt« (BGH, Az.: VI ZR 72/74).

Trotzdem bleibt es bei einer ärztlichen Verantwortlichkeit etwa dergestalt, dass es zu den Sorgfaltspflichten des Arztes zählt, »die fachliche und charakterliche Zuverlässigkeit der betrauten Hilfskraft zu überwachen und zu gewährleisten, dass sie sich der mit ihrer Tätigkeit verbundenen hohen Verantwortung bewusst bleibt« (BGH, wie vor).

Behandlungspflege
Dies gilt umfassend für die sog. Behandlungspflege (§ 37 SGB V). Wie das Bundessozialgericht festgestellt hat, ist dieser Begriff von der Rechtsprechung nicht immer einheitlich verwendet worden.

» Vorausgesetzt wurde aber stets, dass es sich um Maßnahmen handelte, die Bestandteil der ärztlichen Heilbehandlung waren und in diese eingebunden, also vom behandelnden Arzt verordnet waren (BSG, Az.: B3 P3/97R).

Hierzu zählen beispielsweise
- die Tablettengabe,
- die Bedienung des Respirators in der Intensivmedizin,
- die Pflege eines Blasenkatheters,
- die Ernährung über eine Magensonde,
- die Überwachung einer Infusionsbehandlung,
- aber auch spezielle Dekubitusbehandlungen u. v. m.

Würde ein Arzt in diesem Bereich pflegerische Mängel zum Nachteil des Patienten übersehen, würde er sich dem Vorwurf eines ärztlichen Sorgfaltsmangels aussetzen.

Beispiele aus der Rechtsprechung
- **Das Unterlassen aus ärztlicher Sicht gebotener Pflegemaßnahmen ist ein Behandlungsfehler** (BGH, VersR 1986, 788)
- **Ebenso ist das Unterlassen der Anordnungen von Maßnahmen der Krankenpflege, die über die Grundpflege hinaus im besonderen Fall aus medizinischer Sicht für den Heilerfolg erforderlich sind, ein Behandlungsfehler** (BGH, Az.: VI ZR 268/97).
- **Handelt demgegenüber das Pflegepersonal entgegen der ihm bekannten Weisung der ärztlichen Leitung, trifft die Pflegekraft der Vorwurf mangelnder Sorgfalt.** So beispielsweise dann, wenn ein Patient ohne vorherige Anordnung des Dienst habenden Arztes teilfixiert wird und die Pflegekraft es unterlässt, den Arzt sofort von dieser Maßnahme zu unterrichten und dessen weitere Entschließung abzuwarten (OLG Köln, MedR 1993, 235).
- **Ähnliches gilt für eine Pflegekraft im Nachtdienst, die nach Beginn der Wehen den (Beleg-)Arzt zu spät unterrichtet und stattdessen selbst eine Therapie versucht** (OLG Stuttgart, NJW 1993, 2384).
- **Grundsätzlich ist zu beachten, dass beim Eintreten von Komplikationen Angehörige des nachgeordneten nicht-ärztlichen Dienstes den zuständigen Arzt zu verständigen und bis zu seinem Eintreffen eigene weitere Bemühungen einzustellen haben, wenn und solange der Patient nicht akut gefährdet ist** (LG Dortmund, MedR 1985, 291).

Soweit Reformüberlegungen empfehlen, dass sich der Arzt im Bereich der Behandlungspflege zurückhaltend zeigt, ist dies mit der aufgezeigten (noch) herrschenden Rechtsprechung nicht vereinbar.

Grundpflege
Hinsichtlich der Empfehlung, der ärztliche Dienst solle sich aus der Grundpflege gänzlich heraushalten, ist ebenfalls Vorsicht geboten.

> Unter Grundpflege (§ 37 SGB V) sind diejenigen Maßnahmen zu verstehen, die der unmittelbaren körperlichen Pflege und Versorgung des Patienten dienen, aber auch seine menschlich-psychologische Betreuung sowie die damit unmittelbar verbundene Patientenbeobachtung und -überwachung (BSG, wie vor).

Überwiegend im Rahmen der Beweislastverteilung sind der Rechtsprechung Ausführungen zur Zuständigkeit für Maßnahmen der Grundpflege zu entnehmen.

Beispiel aus der Rechtsprechung
> So hat der Bundesgerichtshof ausgeführt, dass etwa Bewegungs- und Transportmaßnahmen dem eigentlichen Aufgabenbereich des Pflegepersonals und nicht den Hilfsdiensten im Kernbereich des ärztlichen Handelns zuzurechnen sind. Dies gilt sowohl beim Heben und Transportieren einer 60 kg schweren körperbehinderten Patientin vom Nachtstuhl auf die Bettkante durch eine Pflegekraft ohne weitere Hilfskraft wie auch dann, wenn das Pflegepersonal dem Patienten die Sturzgefahr aus einem Duschstuhl nach dem Baden nicht hinreichend deutlich macht (BGH, NJW 1991, 2960).

Die angesprochenen pflegerischen Maßnahmen wurden dem vom Krankenhausträger durch den Pflegedienst **voll beherrschbaren Gefahrenbereich** zugeordnet.

Die Grundpflege war zudem Gegenstand zweier weiterer Urteile im Zusammenhang mit der Dokumentationspflicht bei Dekubitus-Risiko.

Beispiele aus der Rechtsprechung
> Die Dokumentation der »normalen Grundpflege« wurde in der früheren Entscheidung (BGH, MedR 1986, 324) nicht problematisiert, sondern festgestellt, dass es dem Arzt obliege, »ein besonderes Pflegebedürfnis und die aus diesem Anlass erforderlichen Maßnahmen zu dokumentieren«.

> Die spätere Entscheidung fordert dagegen, dass organisatorisch sichergestellt sein muss, dass die Dekubitus-Prophylaxe und -pflege ärztlich ausreichend überwacht und die Durchführung der allgemein – also die Grundpflege betreffend! – oder für den speziellen Fall angeordneten Maßnahmen in irgendeiner Weise schriftlich festgehalten wird. Wörtlich heißt es weiter: »Die Entscheidung über das, was zu tun ist, durfte nicht allein dem Pflegepersonal überlassen bleiben« (BGH, MedR 1988, 96).

> Dagegen wird bereits im Jahre 1975 vom Bundesgerichtshof (BGH, Az.: VI ZR 72/74) ausgeführt, dass ärztlichen Hilfspersonen im Einzelfall ein hohes Maß an Verantwortung zufällt – so im gesamten Bereich der Aseptik, bei hochentwickelten technischen Geräten, deren Funktion verlässlich oft nur von einem Techniker zu kontrollieren ist, oder bei der Bereitstellung von Medikamenten und anderer Chemikalien.« In all diesen Bereichen ist dem Arzt ein persönliches Tätigwerden im Einzelfall teils aus Gründen der wirtschaftlichen Arbeitsteilung nicht zumutbar, teils auch wegen der Grenzen seiner fachlichen Kenntnisse gar nicht möglich«. Deshalb sei – so der BGH weiter – »ein persönliches Eingreifen des Arztes grundsätzlich nur zu fordern, wo die betreffende Tätigkeit gerade dem Arzt eigene Kenntnisse und Kunstfertigkeiten voraussetzt.«

> Somit ist der derzeitigen Rechtsprechung zumindest nicht eindeutig zu entnehmen, dass es bei der Grundpflege keiner ärztlichen Führungs- und Anordnungsverantwortung bedarf, sich der Arzt also aus der Grundpflege gänzlich heraushalten kann.

Eine Eigenständigkeit ist allenfalls dort vorstellbar, wo ärztliches Fachwissen im Bereich Diagnose und Therapie nicht erforderlich ist, und nicht angeordnete Maßnahmen kein Risiko für den Patienten darstellen, z. B. die entlastende Lagerung eines Patienten zur **Thromboseprophylaxe**.

Dieser Rechtslage entsprechend verhält sich z. B. zutreffend ein Beschluss der Geschäftsführung für den Landesbetrieb der Krankenhäuser in Hamburg aus dem Jahre 1993. Danach sind Mitarbeiter nichtärztlicher Berufsgruppen, soweit sie in die medizinische Diagnostik und Behandlung eingebunden sind und zur Abteilung gehören, deren leitendem Arzt fachlich weisungsrechtlich unterstellt: »… für Mitarbeiter/innen des Pflegedienstes gilt dies für die Behandlungspflege und in Einzelfällen für die Grundpflege«.

Organisation im Krankenhaus
Die Ausgestaltung der Zusammenarbeit von ärztlichen und pflegerischen Diensten im Krankenhaus

kann und sollte – schon aus haftungsrechtlichem Eigeninteresse – maßgeblich vom Träger mitbeeinflusst werden.

> Durch Dienstanweisungen etwa können in Umsetzung der Rechtsprechung ärztliche Anordnungs- und pflegerische Durchführungsverantwortung generalisiert, konkretisiert und verlässlich gestaltet werden.

Wie an anderer Stelle (▶ 10.5.) aufgezeigt, ist der Krankenhausträger dafür verantwortlich, dass alle organisatorischen Maßnahmen im pflegerischen Bereich getroffen werden, um die medizinische Versorgung der Patienten sicherzustellen.

Dies trifft übrigens auch für Belegarztstationen zu. Hierzu hat der Bundesgerichtshof geurteilt, dass ein Belegkrankenhaus im Rahmen seiner Organisationspflicht gegen eine Handhabung einschreiten muss, durch die der Belegarzt dem Pflegepersonal – hier einer examinierten Krankenschwester – Aufgaben überlässt, die die pflegerische Kompetenz – hier die Auswertung einer Kardiotokographie – überschreiten (▶ 10.5.).

Die Zusammenarbeit von Arzt und nachgeordnetem nicht-ärztlichen Dienst bei Behandlung und Pflege des Patienten birgt Haftungsrisiken, die auch vor dem Krankenhausträger nicht Halt machen. Es gilt, diese Haftungsrisiken zu verringern. Hierzu bieten sich qualitätssichernde Maßnahmen an, die zudem vom Sozialrecht (§§ 135 ff SGB V) gefordert werden (▶ 13.2, 13.1.4).

Als Maßnahmen dieser Art empfehlen sich:
– Festlegung und Fortschreibung von Pflegestandards vor allem, aber nicht nur, in der Grundpflege sowie die
– Konkretisierung der Anforderungen an die Delegation vor allem in der Behandlungspflege durch Dienstanweisungen.

Die **Expertenstandards** des Deutschen Netzwerkes für Qualitätsentwicklung in der Pflege, die Stellungnahmen der Berufsverbände, Standesorganisationen und der Deutschen Krankenhausgesellschaft (DKG) können hierbei dienlich sein.

Für alle Beteiligten Ärzte, Pflegende und Krankenhausträger wäre damit ein Mehr an Rechtssicherheit gewonnen. Und auch der Patient, um den es in erster Linie geht, wäre der Nutznießer.

10.11.3 Reformansätze für neues Recht

> Das geltende Recht – Berufsausbildungsrecht, Sozialrecht, Heimrecht und Haftungsrecht – leistet keine klare Regelung, weder in der Abgrenzung zwischen den Verantwortlichkeiten der Pflegeberufe und des ärztlichen Berufs noch zwischen den Pflege- und Pflegehilfsberufen, insbesondere im Bereich der sog. Grundpflege, auch nicht zwischen den pflegerischen Professionen der Krankenpflege, der Kinderkrankenpflege und der Altenpflege.

Zutreffend wird darauf hingewiesen, dass die bisherige im Recht verankerte Aufteilung in Grund- und Behandlungspflege nicht den neuesten pflegewissenschaftlichen Erkenntnissen entspricht. Sie sei vielmehr finanzierungsrechtlichen Differenzierungen und einer medizinfokussierten Sicht der Pflegeverrichtungen geschuldet.

Die pflegewissenschaftliche und die internationale Diskussion in der WHO und EU fordert zunehmend
– die Neudefinition eines innerhalb seines Aufgabenbereiches voll verantwortlichen und emanzipierten Pflegeberufs,
– neue Pflegequalität und Arbeitsbedingungen zu verbessern und
– die Norm der sich entwickelnden Wirklichkeit moderner Pflegepraxis anzupassen.

Vorbehaltsaufgaben

Ob dieser Zielsetzung mit der vielfach diskutierten und geforderten gesetzlichen Festschreibung von **Vorbehaltsaufgaben** im Sinne einer ausschließlichen Zuordnung bestimmter Verrichtungen zu den Angehörigen der Pflegeberufe entsprochen werden kann, ist eher zweifelhaft. Zum einen erheben sich **verfassungsrechtliche Bedenken** infolge der Gesetzgebungszuständigkeiten, zum anderen scheint – ebenso wesentlich – eine derartige Festlegung der komplexen Realität arbeitsteiliger Organisation im Krankenhaus, Pflegeheim und ambulanten Pflegedienst nicht gerecht zu werden.

Andererseits ist nicht zu verkennen, dass das Recht der Ausbildung zu den Fachberufen im Gesundheitswesen in zwei Fällen vorbehaltene Tätigkeiten kennt. Sie betreffen die Berufe der technischen Assistenten in der Medizin (§ 9 Gesetz über technische Assistenten in der Medizin/MTAG) und der Hebammen und des Entbindungspfleger (§ 4 Gesetz über den Beruf der Hebamme und des Entbindungspflegers/HebG).

Hier bestimmt der Gesetzgeber, dass den Angehörigen der genannten Berufe bestimmte berufseigene Tätigkeiten vorbehalten sind, die grundsätzlich auch nur von ihnen eigenverantwortlich wahrgenommen werden dürfen. So ist beispielsweise die Geburtshilfe Aufgabe der Hebamme bzw. des Entbindungspflegers und fällt nicht – von Notfällen abgesehen – in das Tätigkeitsgebiet anderer Fachberufe im Gesundheitswesen, etwa des Krankenpflegepersonals.

> Die gesetzliche Regelung vorbehaltener Tätigkeiten besagt also inhaltlich, dass außer den angesprochenen Berufsangehörigen niemandem sonst die Ausübung dieser Tätigkeiten gestattet ist.

Jedoch gilt dies nicht uneingeschränkt. Zum einen gilt z. B. für die technischen Assistenten in der Medizin, dass sie ihre vorbehaltenen Tätigkeiten nur auf »ärztliche, zahnärztliche oder tierärztliche Anforderung oder auf Anforderung eines Heilpraktikers« ausüben dürfen (§ 9 Abs. 3 MTAG).

Zum anderen ergibt sich aus den gesetzlichen Bestimmungen (MTAG/HebG), dass die Vorbehaltsregelungen ausschließlich auf die anderen Berufe im Gesundheitswesen zielen, der Vorbehalt also nicht die ärztlichen Berufe einschließlich der Heilpraktiker ausschließt.

Es ist also zu folgern, dass die für die technischen Assistenten in der Medizin bzw. die Hebammen und Entbindungspfleger gesetzlich geregelten vorbehaltenen Tätigkeiten eine Abgrenzung zu den Aufgabenbereichen anderer nicht-ärztlicher Berufe im Gesundheitswesen enthalten, während dies nicht in gleicher Weise für ärztliche Berufe zutrifft.

Haftungsrechtlich führt die Übernahme einer vorbehaltenen Tätigkeit ohne entsprechende Qualifikation eines technischen Assistenten in der Medizin oder einer/eines Hebamme/Entbindungspflegers (z. B. durch eine Krankenpflegeperson) zu verschärften Konsequenzen: Schäden des Patienten, die auf eine Beschäftigung nicht qualifizierten Personals mit Vorbehaltsaufgaben zurückzuführen wären, machen den Verursacher schadensersatzpflichtig. Als »Verursacher« kommt der Arbeitgeber ebenso wie die nicht befugte Person, die die vorbehaltenen Tätigkeiten ausführt, in Frage.

> Im Gegensatz zum Berufsrecht der technischen Assistenten in der Medizin sowie der Hebammen und Entbindungspfleger kennt das deutsche Krankenpflegerechtsystem die vorbehaltenen Tätigkeiten nicht. Das Krankenpflegegesetz schützt das Recht zur Führung der Berufsbezeichnung und begründet (derzeit) kein Tätigkeitsmonopol der examinierten Pflegekräfte.

Bei Verabschiedung des Gesetzes über die Berufe in der Krankenpflege (KrPflG 1985) bestand mehrheitlich die Auffassung, dass eine Festschreibung spezifischer krankenpflegerischer Tätigkeiten – und damit auch bestimmter, dem Pflegepersonal vorbehaltener Tätigkeiten – nicht wünschenswert oder gar juristisch unmöglich sei. Getragen wurde diese Ansicht von der Überlegung, dass eine gesetzliche Festschreibung von Tätigkeiten der Organisation sowie einer sich ständig wandelnden Situation in den Krankenhäusern eher hinderlich sei. Darüber hinaus wurde argumentiert, dass durch den staatlichen Schutz der Berufsbezeichnung zugleich die Ausübung der Krankenpflege zumindest mittelbar ebenfalls einen gewissen Schutz dadurch erfahre, dass für eine qualifizierte Krankenpflege ausschließlich examinierte Pflegekräfte eingesetzt werden können.

> Unter diesem Aspekt wird deshalb zu Recht die Meinung vertreten, dass die Erlaubnis zur Führung der Berufsbezeichnung die Verpflichtung zur sach- und fachkundigen Ausübung der Pflege mit sich bringt und Pflegekräften in ihrem eigentlichen – wenngleich gesetzlich nicht definierten – Aufgabenbereich das Recht des fachlichen Vorbehalts zusteht, wenn es um die Ausübung sach- und fachgerechter Pflege geht.

Diese Schlussfolgerung lässt auch eine Entscheidung des Bundesgerichtshofs aus dem Jahre 1975 zu (BGH, Az.: VI-ZR 72/74). In den Entscheidungsgründen heißt es u. a.:

> Die Verwendung nichtärztlicher Hilfspersonen ist aus der modernen Medizin und insbesondere aus dem heutigen Klinikwesen nicht wegzudenken. Es ist auch unvermeidlich, dass diesen Hilfspersonen im Einzelfall ein hohes Maß an Verantwortung zufällt – so im gesamten Bereich der Aseptik, bei hochentwickelten technischen Geräten, deren Funktion verlässlich oft nur von einem Techniker zu kontrollieren ist, oder bei der Bereitstellung von Medikamenten und anderen Chemikalien. In all diesen Bereichen ist dem Arzt ein persönliches Tätigwerden im Einzelfall teils aus Gründen der wirtschaftlichen Arbeitsteilung nicht zumutbar, teils auch wegen der Grenzen seiner fachlichen Kenntnisse gar nicht möglich.

Damit kann sich eine Pflicht des Arztes, solche Tätigkeiten im Einzelfall persönlich auszuüben, nicht schon aus der Schwere der Gefahren ergeben, die eine unsachgemäße Ausführung mit sich bringen kann. Ein persönliches Eingreifen des Arztes ist vielmehr grundsätzlich nur zu fordern, wo die betreffende Tätigkeit gerade dem Arzt eigene Kenntnisse und Kunstfertigkeiten voraussetzt.

Eine Lösung unter dem Aspekt der Einführung von vorbehaltenen Tätigkeiten für Pflegekräfte scheint in Ansehung der gefestigten höchstrichterlichen Rechtsprechung zumindest problematisch zu sein. Und dies aus zwei Gründen:

Dort, wo im Berufsrecht der Fachberufe im Gesundheitswesen bestimmten Berufsangehörigen vorbehaltene Tätigkeiten zugeordnet sind, zielen diese Vorbehaltsregelungen ausschließlich auf eine Tätigkeitsabgrenzung zu anderen nicht-ärztlichen Berufen ab. Der Vorbehalt schließt die ärztlichen Berufe einschließlich der Heilpraktiker gerade nicht aus!

Schließlich wird in Rechtsprechung und Literatur (noch) herrschend die Auffassung vertreten, dass es im Krankenhaus keinen sog. »**arztfreien Raum**« gibt, also einen Bereich der Krankenversorgung, der der ärztlichen Aufsichts- und Weisungspflicht gänzlich entzogen wäre. Würde ein Arzt etwa pflegerische Mängel zum Nachteil des Patienten übersehen, würde er sich dem Vorwurf eines ärztlichen Sorgfaltsmangels aussetzen; er könnte sich nicht mit dem Einwand enthaften, die allgemein pflegerische Versorgung des Patienten falle nicht in seinen Verantwortungsbereich. Stationäre Krankenversorgung lässt sich zwar in verschiedene Arbeitsbereiche gliedern, dennoch stellt sie in ihrer Gesamtheit eine besonders intensive Art der ärztlichen Behandlung dar, die in allen ihren Teilen letztlich der ärztlichen Zuständigkeit und Verantwortung unterworfen ist. Dieser Auffassung entspricht im übrigen auch die Tatsache, dass die Vorbehaltstätigkeiten beispielsweise für technische Assistenten in der Medizin nur auf Anforderung des Arztes ausgeübt werden dürfen.

> Es stellt sich allerdings die Frage, inwieweit die Strukturreform des Gesundheitswesens die derzeitige Einstellung zu Vorbehaltsaufgaben in der Krankenpflege ändern könnte.

Die neuen **sozialgesetzlichen Versorgungsformen** des ambulanten Operierens sowie der vor- und nachstationären Behandlung etwa (§§ 115 a, b SGB V) bergen Haftungspotentiale, denen nur bei optimaler Kooperation – beispielsweise zwischen Hausarzt, Krankenhausarzt (etwa Operateur und Anästhesist) und Pflegedienst –, mündlicher wie schriftlicher Absprache sowie wechselseitiger Beratung wirksam begegnet werden kann. Der Dokumentation kommt in diesem Rahmen eine – auch prozessrechtlich – herausragende Bedeutung zu. Die gesplittete Verantwortlichkeit erfordert ein funktionierendes Management und beste Organisation, die unter haftungsrechtlichen Gesichtspunkten einer ständigen Überprüfung, eventuell Ergänzung und auch Anpassung an die Rechtsprechung bedarf.

Auf Pflegedokumentation, Pflegeplanung, Pflegebedarfsplanung, aber auch Pflegequalität zielende Vorbehaltsaufgaben könnten eine sachgerechte und ordnungsgemäß funktionierende Organisation des Krankenhausbetriebes wie auch des ganzheitlichen Behandlungsverlaufs erleichtern und – aus der Sicht des Krankenhausträgers – zu einer Haftungsminimierung führen, zumal nach heutiger Rechtsprechung »die ordnungsgemäße Erfüllung der Grund- und Funktionspflege Aufgabe des Krankenhauses und von ihm zu verantworten ist« (OLG Düsseldorf, Az.: 8 U 112/85).

Zu Recht wird weiterhin darauf hingewiesen, dass sich mit der Pflegeversicherung (SGB XI) das Angebot an Pflegeleistungen in erheblichen Maßen verändert habe; eine derartige Veränderung könne nicht ohne Einfluss auf die zukünftigen Ausbildungsanforderungen bleiben.

10.11.4 Das neue Krankenpflegegesetz (2003)

Dieser Einschätzung trägt der vom Gesetzgeber im **Entwurf eines neuen Krankenpflegegesetzes** aus dem Jahre 2002 gewählte Weg Rechnung. Nachdem der Bundesrat am 23.05.2003 dem Gesetzesentwurf in der Fassung vom 10.04.2003 zugestimmt hat, tritt das neue Gesetz nach Verkündung im Bundesgesetzblatt am 16.07.2003 zum 01.01.2004 in Kraft (▶ 21.1).

Das dann gültige neue Krankenpflegegesetz legt in § 3 Abs. 2 u. a. als **Ausbildungsziel** fest, dass die Ausbildung in der Pflege dazu beitragen soll:

- 1. die folgenden Aufgaben **eigenverantwortlich** auszuführen
  - Erhebung und Feststellung des Pflegebedarfs, Planung, Organisation, Durchführung und Dokumentation der Pflege.
  - Evaluation der Pflege, Sicherung und Entwicklung der Qualität der Pflege.
- 2. Die folgenden Aufgaben im Rahmen der **Mitwirkung** auszuführen

- **eigenständige** Durchführung ärztlich veranlasster Maßnahmen
- Maßnahmen der medizinischen Diagnostik, Therapie mit Rehabilitation

> Mit diesen Beschreibungen werden keine **Definitionen von Vorbehaltsaufgaben** für die professionelle Pflege ebenso wenig wie Bewertungen der rechtlichen Verantwortung der Pflegeberufe für die Durchführung der genannten Aufgaben vorgenommen.

Derartige Regelungen wären – so zutreffend die Gesetzesbegründung – nach Art. 74 Abs. 1 Nr. 19 GG auf Grund der fehlenden Gesetzgebungskompetenz des Bundes auch nicht möglich

Jedoch werden »**Kernbereiche**« der pflegerischen Tätigkeit dargestellt, die von den Berufsangehörigen eigenständig, ohne Beteiligung anderer Berufsgruppen, auch einer Ärztin oder eines Arztes, ausgeführt werden (§ 3 Abs. 1 Nr. 1 und 2 KrPflG 2003).

Mit dem neuen Gesetz ist zumindest ein berufsrechtlich gefordertes Teilergebnis festgeschrieben:

> Ein eigenständiger Aufgabenbereich der Pflegeberufe, in dem sie die Planungs-, Organisations- und Evaluationsverantwortung haben!

Das DRG-System

Im Kontext zum neuen Krankenpflegegesetz 2003 kann in diesem Zusammenhang die Einführung des sog. DRG-Systems gesehen werden, die ab dem 01.01.2003 begonnen hat.

> »DRG« steht für »diagnosis-related-group«-System (Diagnose relevante Gruppen).
> Das DRG-System ist ein durchgängiges, leistungsorientiertes und pauschalierendes Entgeltsystem.

Durch differenzierte und umfassende ärztliche Diagnosen, ergänzt um eine Reihe von Therapien sowie weiterer Daten (z. B. Gewicht und Alter), sollen homogene Gruppen von Patienten, sog. »DRG's«, gebildet werden, für deren Behandlung ein und derselbe (pauschale) Preis gerechtfertigt sein soll. Beabsichtigt ist, nach Möglichkeit alle Krankenhausleistungen – mit Ausnahme der Psychiatrie – mit ihrem ärztlichen und **pflegerischen** Aufwand zu erfassen und unter Vorgabe der gesetzlichen Kriterien die jeweilige Krankenhausleistung »für einen Behandlungsfall« (§ 17b Abs. 1 S.3 KHG) zu vergüten.

Die Einführung dieses neuen Entgeltsystems wird tiefgreifend, vor allem auch in **Organisationsstrukturen** der Krankenhäuser einwirken.

Absehbar ist insbesondere die Forderung nach verstärkter **interdisziplinärer Zusammenarbeit** sowie Kooperationsfähigkeit und -bereitschaft auf vertikaler wie horizontaler Arbeitsebene. Die zunehmende Notwendigkeit einer interdisziplinären Prozessorientierung und -optimierung erschließt hierbei potenziell auch ein neues Aufgabenspektrum für die Angehörigen der Pflegeberufe im Krankenhaus.

Potenzielle Aufgaben für die Angehörigen der Pflegeberufe im Krankenhaus

- Verzahnung der ärztlichen und pflegerischen **Dokumentation**
- Weiterentwicklung von **diagnoseorientierten Pflegestandards** und Ausdehnung auf weitere Bereiche
- Verstärkung des Prozesses der **individuellen Begleitung** eines Patienten und der Überwachung seines Gesundheitszustandes
- Erstellung von **Behandlungsleitlinien** (Clinical Pathways) zur Darstellung fallbezogener Kosten und zwar von der Diagnosestellung bis zur Entlassung des Patienten
- Neupositionierung der Pflegeüberleitung im Sinne eines **Entlassungsmanagements**.

Damit wird das DRG-System zu einer Neustrukturierung und Optimierung betriebsinterner Abläufe führen, was zu einer Umgestaltung der Organisations- und Führungsstrukturen innerhalb der einzelnen Berufsgruppen im Krankenhaus führt.

> Den Pflegeberufen wird als Folge der Neuordnung der Pflegeausbildung gemeinsam mit der Einführung des DRG-Systems eine Art pflegerische »Organisationshoheit« zukommen.

Zugleich wird damit die zivilrechtliche Haftungsverantwortung des Pflegedienstes erweitert.

Auf diese Entwicklung werden sich die **Alten-** und **Pflegeheime** ebenso frühzeitig einstellen müssen wie **ambulante Pflegedienste**.

10.12 Die Dokumentation im Haftungsrecht

Im zivilrechtlichen Haftungsprozess hat in den letzten Jahren die Problematik der Dokumentation – auch unter dem Aspekt der Beweislastverteilung (▶ 10.13) – eine zunehmende Bedeutung erfahren. Hinzu kommt, dass durch die mit dem Gesundheitsstrukturgesetz einhergehenden Veränderungen zur teil-, vor- und nachstationären Versorgung sowie des ambulanten Operierens auch der Dokumentation eine größere haftungsrechtlich relevante Bedeutung zuzumessen ist. Dies wird sich mit der Einführung des DRG-Systems mit In-Kraft-Tretens des neuen Krankenpflegegesetzes 2003 weiter verschärfen.

Entwicklung in der Rechtsprechung

Bis Mitte der siebziger Jahre bewertete die Rechtsprechung ärztliche Aufzeichnungen als **interne Gedächtnisstützen**, auf die der Patient keinerlei Recht auf Einsicht hatte. Eine endgültige Abkehr von dieser Auffassung erfolgte durch ein Urteil des Bundesgerichtshofs im Jahre 1978 (BGH, NJW 1978, 2337).

> Spätestens seit diesem Zeitpunkt ist anerkannt, dass die Dokumentation von Patientendaten zu den unselbstständigen **vertraglichen Nebenpflichten** aus dem Behandlungsvertrag bzw. dem Krankenhausaufnahmevertrag zählt. Im Übrigen ist die Dokumentation auch standesrechtlich durch die ärztliche Musterberufsordnung insoweit für den Arzt festgeschrieben, als es zu seinen Pflichten zählt, über die »in Ausübung seines Berufes gemachten Feststellungen und getroffenen Maßnahmen die erforderlichen Aufzeichnungen zu machen«.

In der Folgezeit haben die Gerichte häufig unter dem Gesichtspunkt der Beweislastverteilung (▶ 10.13) immer wieder Orientierungspunkte für die Dokumentationspflichten gesetzt, wobei sämtliche Entscheidungen durch ärztliche Sachverständige mitgeprägt wurden. Deren Anschauungen zur Dokumentation wurden und werden durch die Gerichte einer Prüfung unterzogen, die insbesondere den Schutzrechten des Patienten einerseits und den Alltagsbelastungen des Krankenhauspersonals andererseits Rechnung trägt.

> Als Grundsatz gilt: Was der Dokumentation unterliegt, bestimmt die Medizin, nicht das Recht!

Beispiele aus der Rechtsprechung

- Dokumentationspflichtig sind alle Maßnahmen, die Ärzte und nachgeordnetes nicht-ärztliches Personal über den Krankheitsverlauf und die bisherigen Schritte für die zukünftigen Entscheidungen ausreichend informieren. Der Umfang der Dokumentationspflicht bestimmt sich nach medizinischen Notwendigkeiten, nicht nach einer etwaigen nachlässigen Handhabung in einzelnen Krankenhäusern (BGH, NJW 1995, 1611) oder anderen Gesundheitseinrichtungen.
- Grundsätzlich sind die wichtigsten diagnostischen und therapeutischen Maßnahmen zu dokumentieren. Aus den Krankenhausunterlagen müssen sich alle bedeutsamen Punkte der Anamnese, Diagnose, Therapie und alle sonstigen Behandlungsmaßnahmen ergeben. Dabei reicht eine Beschreibung mit schlagwortartigen Abkürzungen oder zeichnerischen Darstellungen – etwa bei der Patientenlagerung auf dem Operationstisch – völlig aus (BGH, NJW 1984, 1403).
- Routinemaßnahmen müssen nicht dokumentiert werden (OLG Oldenburg, MedR 1991, 203), ebenso wenig nebensächliche und unerhebliche Sachverhalte (BGH, NJW 1972, 1520).
- Bei gesunden Säuglingen ist eine Kontrolle und Dokumentation von Körpertemperaturen sowie Atemfrequenz entbehrlich (OLG Karlsruhe, VersR 1986, 45).
- Keine Dokumentationspflicht besteht bei der Weigerung des Patienten, einen Aids-Test vornehmen zu lassen. Das Fehlen eines entsprechenden Vermerks bedeutet für den Patienten bei einem etwaigen Wechsel des behandelnden Arztes und der Übernahme der Behandlungsunterlagen durch diesen nicht etwa die Gefahr, dass seinetwegen gebotene diagnostische oder therapeutische Maßnahmen unterblieben (OLG Düsseldorf, MedR 1996, 79)
- Kontrollbefunde, die von früher erhobenen Befunden nicht abweichen, bedürfen aus medizinischer Sicht keiner Dokumentation; das gilt auch in der Psychiatrie (OLG Stuttgart, MedR 2002, 198

Bestehen für eine Vielzahl stets wiederkehrender Behandlungssituationen **schriftliche Dienstanweisungen**, so ist die Dokumentationspflicht ebenfalls eingeschränkt.

- So darf – etwa im Fall eines Dekubitusrisikos – von der Dokumentation einer angeordneten Pflegemaßnahme dann abgesehen werden, wenn eine allgemeine schriftliche Anweisung besteht, die deutlich aussagt, welche einzelnen prophylaktischen Maßnahmen in den Fällen des Dekubitusrisikos unbedingt durchzuführen sind (BGH, MedR 1986, 324).
- Fehlt dagegen bei einem (später eingetretenen) Dekubitus eine ärztliche Diagnose und Verordnung, sind alle Maßnahmen ebenso zu dokumentieren wie die Entwicklung des Dekubitus selbst (OLG Oldenburg, Az.: 1 U 121/98).

Auch kommt es nicht in erster Linie darauf an, dass der Patient selbst oder ein Jurist als medizinischer Laie die Aufzeichnungen verstehen kann.

- § Die Abfassung der Aufzeichnungen haben so zu erfolgen, dass der Aufzeichnende selbst oder ein nach ihm mit dem Fall befasster Fachmann (Arzt, Sachverständiger) die Dokumentation sinnvoll verwerten kann (BGH, NJW 1984, 1403).
- § Entscheidend ist die medizinische, am Wohl des Patienten orientierte Betrachtungsweise dahingehend, dass nachvollzogen werden kann, ob die Behandlung als vertretbar oder unvertretbar einzuschätzen ist (BGH, NJW 1985, 2193).
- § Eine weitere Grenze der Aufzeichnungspflicht ist auch dann anzunehmen, wenn – in der Nachbetrachtung – vom Arzt im Zeitpunkt der Behandlung eine Dokumentationsnotwendigkeit nicht erkennbar war (BGH, NJW 1973, 1520).
- § Der Dokumentation ist insbesondere auch bei Tätigkeiten von (ärztlichen) Berufsanfängern besondere Bedeutung beizumessen, weil ihr insoweit die Zweckrichtung einer Kontrolle »im Interesse der Ausbildung« beigemessen wird (BGH, MedR 1986, 39).
- § Für diagnostische Maßnahmen gilt, dass sie lückenlos zu dokumentieren sind (BGH, NJW 1986, 2365). So gehören in die Krankenakte Laborberichte, das EEG/EKG, etwaige Patientenfotos, Tonbandaufnahmen und die Ergebnisse bildgebender Verfahren.

In bestimmten Fällen besteht eine **gesetzliche Aufzeichnungspflicht**, beispielsweise nach der Röntgenverordnung, der Strahlenschutzverordnung, dem Medizinproduktegesetz oder dem Infektionsschutzgesetz.

> Die Dokumentation – und sei es auch nur ein kurzer handschriftlicher Vermerk – sollte unverzüglich erfolgen, also unmittelbar in einem zeitlich nahen Bezug zum Vorgang stehen.

Für fahrlässig erachtet wird in der Literatur in diesem Zusammenhang die »Reinschrift eines Entwurfs oder sonstiger persönlicher Kürzel innerhalb eines Zeitraums von etwa einer Woche«. Je nach Besonderheit des Falles – etwa bei Risikopatienten oder auch besonders schwierigen Patienten (sog. Querulanten) – empfiehlt es sich darüber hinaus, mit erhöhter Sorgfalt den Behandlungsverlauf zu dokumentieren.

Dokumentationspflicht des Pflegepersonals

Verschiedentlich ist die Auffassung anzutreffen, dass für die allgemeine Pflege (Grundpflege) das Pflegepersonal ausschließlich zuständig sei und für den Bereich der speziellen Pflege (Behandlungspflege) eine autonome Pflegedokumentation der ärztlichen Dokumentation gegenüberstehe.

Da es nach noch herrschender Auffassung keinen Bereich der Krankenversorgung gibt, der der ärztlichen Aufsichts- und Weisungspflicht gänzlich entzogen wäre (▶ 10.11.3), kann dieser Meinung nicht gefolgt werden. Würde eine Arzt pflegerische Mängel zum Nachteil des Patienten übersehen, dann würde er sich dem Vorwurf eines ärztlichen Sorgfaltsmangels aussetzen.

Er könnte sich nicht mit dem Einwand von der Haftung befreien (= enthaften), die allgemeine pflegerische Versorgung des Patienten falle nicht in seinen Versorgungsbereich. Stationäre Krankenversorgung lässt sich zwar in verschiedene Arbeitsbereiche gliedern. Sie stellt jedoch in ihrer Gesamtheit eine besonders intensive Art der ärztlichen Behandlung dar, die in allen ihren Teilen letztlich der ärztlichen Zuständigkeit und Verantwortung unterworfen ist. Jedenfalls geht die höchstrichterliche Rechtsprechung (BGH, MedR 1986, 324) von einer **ärztlichen Gesamtverantwortung** für die Patientenversorgung aus, wenn es heißt: »Die Entscheidung über das, was zu tun war, durfte nicht allein dem Pflegepersonal überlassen werden«. Dass dieser Grundsatz auch für die Dokumentation im Krankenhaus gilt, wird deshalb zu Recht vertreten. Soweit das Pflegepersonal Maßnahmen sowohl der allgemeinen wie speziellen Pflege durchführt, hat es die Pflicht zur damit verbundenen Dokumentation.

> Die Organisation der Pflegedokumentation obliegt der Pflegedienstleitung in enger Abstimmung mit dem ärztlichen Dienst.

Auch hier gilt: die Behandlungspflege muss lückenlos nachgewiesen werden.

Zu den Dokumentationsinhalten einer Krankenakte aus dem Bereich der **Behandlungspflege** gehören
- Medikation und deren Wirkung,
- Fieber-, Puls-, Blutdruck- und sonstige Kontrollen,
- Aufzeichnungen von besonderen Hygienemaßnahmen unmittelbar nach Erkennen von Auffälligkeiten auf der Station und beim Patienten,
- besondere Pflegebedürfnisse, gerade bei der Gefahr eines Dekubitus

ebenso wie aus dem Bereich der **allgemeinen Pflege**
- Ermahnungen an die Patienten, welche die ärztlichen Anweisungen wie Bettruhe, Diät etc. nicht einhalten.

Selbstverständlich ist jedes besondere Vorkommnis, z. B. der Sturz eines Patienten aus dem Bett und die getroffene Maßnahme zur Vermeidung einer Wiederholung (Bettgitter) sowie erforderlich gewordene Therapiemaßnahmen (z. B. Röntgen) zu dokumentieren. Nicht erforderlich ist es dagegen, ausdrücklich im Pflegebericht zu vermerken, dass der Patient nach einem Sturz nicht desorientiert war, es sei denn, es liegen Anzeichen für eine Verwirrtheit beim Patienten vor.

Soweit im Krankenhaus allgemeine schriftliche Anordnungen nicht vorhanden sind, müssen in jedem Fall die ärztlichen Anordnungen durchzuführender **besonderer Pflegemaßnahmen** im Krankenblatt enthalten sein. Hierzu gehören
- Medikation,
- Injektionen,
- Vorbereitung und Überwachung von Infusionen,
- Anlegen von Verbänden,
- Bestrahlungen und medizinische Bäder.

Wird ausnahmsweise eine **Bedarfsmedikation** durchgeführt, so muss diese von der verantwortlichen Pflegekraft ausführlich in der Dokumentation begründet werden. Bei der Delegation dieser oder ähnlicher Aufgaben muss der Arzt eine sorgfältige Auswahl der beauftragten Person treffen, seinen vorbeugenden Hinweis- und laufenden Kontrollpflichten nachkommen. Dies hat er zu dokumentieren bzw. die delegierte Dokumentation zu überwachen.

> Die vorgezeigten Grundsätze zur Dokumentation gelten nicht nur im Krankenhaus, sondern auch in anderen entsprechenden Einrichtungen des Gesundheitswesens z. B. im Pflegeheim.

Dokumentation als Maßnahme der Qualitätssicherung

Mit der vom Pflegepersonal geführten **Pflegedokumentation** steht ein kontinuierliches, den Krankheitsverlauf des Patienten begleitendes Kontrollverfahren zur Verfügung, mit dem der gesamte Krankenpflegeprozess nachvollziehbar und transparent wird. Ziel der Pflegedokumentation ist zum einen, den Ausgangszustand des Patienten bei der Einlieferung mit dem durch die Pflege erreichten Zustand vergleichen zu können; zum anderen können die getroffenen Behandlungsmaßnahmen besser beurteilt und überprüft werden. Des Weiteren kann sie dazu dienen, notwendig werdende Veränderungen von Pflegemaßnahmen im Pflegeprozess zu empfehlen, gegebenenfalls auch die Qualität des Pflegeprozesses zu erhöhen. Schließlich ist sie – unter Kostengesichtspunkten – ein Instrument, den notwendigen Pflegebedarf zu ermitteln sowie schlussendlich Pflegekraft und Patienten rechtlich abzusichern.

> Zutreffenderweise sollte deshalb die Dokumentation als willkommenes Kommunikationsmittel und als präventive Qualitätssicherung im Krankenhaus verstanden werden.

Nach Angaben der Versicherungswirtschaft sind etwa 50 v. H. der Schadensfälle im Krankenhaus auf mangelnde Aufklärung und unzureichende Dokumentation zurückzuführen. Demnach ließe sich ein großer Teil der Schadensfälle durch gewissenhafte (Pflege-) Dokumentation vermeiden.

Auch die sozialgesetzlichen Versorgungsformen des ambulanten Operierens, der vor- und nachstationären Behandlung sowie des integrierten Versorgungssystems bergen Haftungspotentiale, denen nur bei optimaler Kooperation – etwa zwischen Hausarzt, Krankenhausarzt und Pflegedienst –, mündlicher wie schriftlicher Absprache sowie wechselseitiger Beratung wirksam begegnet werden kann. Die gesplittete Verantwortlichkeit erfordert ein funktionierendes Management und beste Organisation, die unter haftungsrechtlichen Gesichtspunkten einer ständigen Überprüfung, möglicherweise auch Ergänzung und Anpassung an die Rechtsprechung bedarf.

Der Dokumentation kommt in diesem Rahmen eine – auch prozessrechtlich – herausragende Bedeutung zu.

> Die vorstehenden Ausführungen erhalten durch das neue **Krankenpflegegesetz 2003** zusätzliche Bedeutung, da nach den neuen Ausbildungszielen die Dokumentation der Pflege als eigenverantwortliche Aufgabe der Pflegeberufe ausdrücklich genannt wird.

Folgen der Dokumentation

Mit der vertraglich begründeten unselbständigen Nebenpflicht zur Dokumentation von Patientendaten geht die Notwendigkeit einer Aufbewahrung einher.

Aufbewahrung und Vertraulichkeit

Infolge der zivilrechtlichen **Verjährungsfristen** für Schadensersatzansprüche wegen Körperverletzung empfiehlt sich für den Krankenhausträger eine Aufbewahrungszeit von 30 Jahren, wie sie im Übrigen teilweise gesetzlich vorgeschrieben ist, z. B. durch die Strahlenschutz- und Röntgenverordnung – landesgesetzliche Vorschriften zur Aufbewahrung von Krankenakten (z. B. Berlin) sind zu berücksichtigen.

Des Weiteren sind die Dokumentationsunterlagen **vertraulich** zu behandeln. Das heißt: Unter Beachtung der Schweigepflicht nach § 203 StGB darf nur solchen Personen Einsicht gewährt werden, die mit der Patientenbehandlung befasst sind. Eine ordnungsgemäße digitale Dokumentation muss dem Zugriff Unbefugter verschlossen – also fälschungssicher – bleiben und den Zugriff – über die Indexierung der Dokumente – nur für Berechtigte gewährleisten.

Einsicht und Herausgabe

> Der Patient selbst hat nach der Rechtsprechung grundsätzlich den Anspruch, in seine Krankenunterlagen Einsicht zu nehmen.

Im Rahmen einer **psychiatrischen Behandlung** ist dieses Recht, abgesehen von bestimmten objektiven Befunden, jedoch eingeschränkt. So wird die Ansicht vertreten, die Verweigerung der von einem psychiatrischen Patienten begehrten uneingeschränkten Einsichtnahme in die ihn betreffenden Krankenunterlagen in Form von Kopien sei nicht unverhältnismäßig, wenn aus ärztlicher Sicht eine unkontrollierte Beschäftigung des Patienten mit seiner Krankheit nicht zu vertreten sei (BVerfG, MedR 1993, 232). Nach pflichtgemäßer Abwägung zwischen dem **Selbstbestimmungsrecht** einerseits und dem **therapeutischen Interesse** andererseits kann demnach die Einsichtnahme verweigert werden. In diesem Fall muss der Arzt die einer Einsichtnahme entgegenstehenden therapeutischen Gründe nach Art und Richtung näher bezeichnen, ohne allerdings ins Detail gehen zu müssen (BGH, MedR 1989, 145 ff).

> Liegen allerdings aus ärztlicher Sicht keine nennenswerten Gründe gegen die Vorenthaltung der Krankenunterlagen über die psychiatrische Behandlung vor, muss auch in sie volle Einsicht gewährt werden (BGH, MedR 1985, 164 ff).

Diese höchstrichterliche Rechtsprechung wird vom Bundesverfassungsgericht unter Hinweis auf das Recht auf **Selbstbestimmung** und die **personale Würde des Patienten** (Art. 1 Abs. 1 und Art. 2 Abs. 2 GG) bestätigt (BVerG, MedR 1999, 180). Dies gilt grundsätzlich auch für das Akteneinsichtsrecht eines aus psychiatrischen Gründen öffentlich-rechtlich Untergebrachten. Der Gesichtspunkt, dass durch die Einsichtnahme beim ehemaligen Untergebrachten der krankhafte Zustand wieder herbeigeführt wird, der zusammen mit anderen Umständen Anlass für die Unterbringung war (Selbstgefährdung), soll in diesem Fall nicht ausreichen, um die Einsicht zu verweigern (BVerwG, MedR 1989, 336 ff). Staatliche Behörden sollen nicht die Befugnis haben, dem Bürger vorzuschreiben, was er im Interesse seines Eigenschutzes zu tun hat. Insoweit weicht also die Wertung des öffentlich-rechtlichen Anspruchs auf Akteneinsicht von der des zivilrechtlichen Anspruchs ab. Gleichwohl wird für beide Ansprüche auf das Selbstbestimmungsrecht und die personale Würde des Betroffenen abgestellt.

Neben dem Recht auf Einsicht und Herausgabe besteht kein Rechtsanspruch des Patienten auf **Zusendung** der Krankenunterlagen. Der Patient kann lediglich verlangen, dass der Arzt oder das Krankenhaus entsprechende Kopien für ihn bereit hält (LG Dortmund, Az.: 17 T 31/00).

10.13 Die Beweislast im haftungsrechtlichen Prozess

Grundsätzlich gilt für zivilrechtliche Schadensersatzansprüche: Der Geschädigte hat in einem Verfahren nachzuweisen,
— dass ein Schaden vorliegt, der ursächlich auf eine bestimmte Handlung (ein bestimmtes Unterlassen) eines bestimmten Menschen zurückführbar ist,
— dass diese Handlung (dieses Unterlassen) eine Pflichtverletzung darstellt und
— dass diese Pflichtverletzung vom Schädiger zu vertreten ist.

> Der Anspruchsteller muss also die **anspruchsbegründenden Umstände** darlegen und beweisen.

Dieser Rechtsgrundsatz führt bei der Rechtsverfolgung durch einen geschädigten Patienten häufig zu erheblichen Erschwernissen.

Beweislastumkehr

Unter Berufung auf den Grundsatz der »**Waffengleichheit**« im Rechtsverhältnis zwischen Patient und Arzt (Krankenhaus) wurden deshalb Instrumentarien entwickelt, die gegebenenfalls der unterlegenen Position des Patienten Rechnung tragen. So muss der Patient einen Behandlungsfehler nicht in allen Einzelheiten darlegen, es genügt vielmehr die Aufführung von konkreten Verdachtsgründen. Das Gericht hat dann von Amts wegen ein Sachverständigengutachten einzuholen und die Krankenunterlagen beizuziehen. Ebenso reicht es aus, wenn der Patient den seiner Ansicht nach einschlägigen medizinischen Sachverhalt in den wesentlichen Grundzügen darlegen und unter Beweis stellen kann. An die **Substantiierungspflichten** des Patienten dürfen keine übertriebenen Anforderungen gestellt werden.

Angesichts des in der Regel größeren Informationsvorsprungs des Arztes haben sich weitere Modifizierungen des Beweisrechts zu Gunsten des Patienten entwickelt. Sie führen unter bestimmten Voraussetzungen zur **Beweiserleichterung** bis hin zur **Beweislastumkehr**.

Die Beweiserleichterung zu Gunsten des Patienten kann sowohl den Nachweis eines Behandlungsfehlers als auch den Nachweis des Ursachenzusammenhanges dieses Behandlungsfehlers für einen Gesundheitsschaden betreffen (BGH, NJW 1996, 779).

> Die Umkehr der Beweislast bedeutet: Nicht der geschädigte Patient muss nachweisen, dass ein ärztliches/pflegerisches Fehlverhalten ursächlich für die Schädigung war, sondern der Handelnde muss die fehlende Schadensursächlichkeit beweisen. Er muss zur Überzeugung des Gerichts darlegen, dass die Schädigung auch ohne das vorgeworfene Verhalten eingetreten wäre.

Diese von der Rechtsprechung zu ärztlichen Behandlungsfehlern entwickelten Grundsätze der Beweislastumkehr gelten ebenso für das nachgeordnete nichtärztliche Personal.

Eine Umkehr der Beweislast setzt vor allem dann ein, wenn ein **grober Behandlungsfehler** (▶ 10.3) oder **grober Organisationsfehler** festgestellt ist und wenn sich Schadensrisiken verwirklichen, die **voll beherrschbar** sind.

Grober Organisationsfehler

Hinsichtlich des Nachweises eines objektiven Pflichtenverstoßes im Organisationsbereich des Krankenhausträgers kann zu Gunsten des Patienten eine Beweiserleichterung in Frage kommen. Für Risiken des Krankenhausbetriebes, die vom Träger des Hauses und dem dort tätigen Personal voll beherrscht werden können, trifft in der Regel den Krankenhausträger die Beweislast. Dies gilt in Bezug auf die Organisation und Koordination des Behandlungsgeschehens ebenso wie auf den Zustand der dazu benötigten Geräte und Materialien und die Sicherung der Behandlungsunterlagen (BGH, NJW 1996, 779).

Auch die Risikosphäre des **Pflegedienstes** umfasst die Zuweisung der Beweislast an den Krankenhausträger, jedenfalls dann, wenn das Pflegepersonal in seinem eigentlichen Aufgabenbereich tätig wird und nicht Assistenzdienste im Kernbereich des ärztlichen Handelns leistet. Aus diesem Grund hat beispielsweise der Krankenhausträger aufzuzeigen und nachzuweisen, dass der Sturz eines Patienten bei einer Bewegungs- und Transportmaßnahme nicht auf einem pflichtwidrigen Verhalten der Krankenschwester beruht (BGH, NJW 1991, 1540).

Mangelhafte Dokumentation und Befundsicherung

Zur Beweiserleichterung bis hin zur Beweislastumkehr kann eine unrichtige, unzulässige oder unterlassene Dokumentation führen. Dies gilt jedoch nur, wenn im Einzelfall eine **Dokumentationspflicht** besteht (▶ 10.12).

Wird das Notwendige nicht dokumentiert, kann dem Patienten wegen des aus dem Verantwortungsbereich des Dokumentationspflichtigen stammenden Aufklärungshindernisses die Beweislast nicht mehr zugemutet werden.

> Aus der Nichtdokumentation einer aufzeichnungspflichtigen Maßnahme kann bis zum Beweis des Gegenteils durch die Behandlungsseite darauf geschlossen werden, dass die Maßnahme unterblieben ist.

Da aus medizinischen Gründen beispielsweise die Dokumentation der Weigerung des Patienten, einen Aids-Test vornehmen zu lassen, nicht zwingend ist, führt die unterbliebene Dokumentation nicht zur Beweiserleichterung (OLG Düsseldorf, MedR 1996, 76 f).

Vorstehende Grundsätze gelten auch für die Pflicht zur **Sicherung des medizinischen Befundes**.

> Mangelhafte oder fehlende Dokumentation erfüllt keinen eigenständigen Haftungstatbestand; sie hat ausschließlich verfahrensrechtliche Bedeutung.

Vollbeherrschbarer Bereich

Zur Beweislastumkehr kann schließlich auch die Verwirklichung eines vollbeherrschbaren Risikos führen. Hierbei geht es um gesundheitliche Einbußen, die sich u. a. aus der Organisation und Koordination des medizinischen Geschehens sowie aus dem technisch-apparativen Bereich ergeben.

> Arzt, nachgeordnetes nicht-ärztliches Personal sowie die Einrichtungen des Gesundheitswesens sind zur möglichst umfassenden Gefahrenausschaltung verpflichtet.

Soweit feststeht, dass der Schaden eines Patienten aus einem Bereich herrührt, dessen Gefahren medizinisch/organisatorisch voll beherrscht werden können oder müssen, etwa das Bedienen eines EKG-Gerätes oder der sturzfreie Patiententransport, muss sich Krankenhaus, Pflegeheim, Arzt oder nicht-ärztliches Personal von einem Verschuldens- oder Fehlervorwurf entlasten (BGH, VerR 1991, 467).

Andererseits ist anerkannt, dass sich Infektionsschäden trotz aller Beachtung hygienischer Sorgfalt nicht immer vermeiden lassen (BGH, Az.: VI ZR 102/90), z. B., weil mit der Kanüle Hautpartikel in den Wundkanal eingetragen werden können. Jedenfalls kann insoweit von einem voll beherrschbaren Risiko nicht gesprochen werden.

Anscheinsbeweis
Neben der Beweislastumkehr dient auch der sog. Anscheinsbeweis der Beweiserleichterung zu Gunsten des Patienten. Der Beweis des ersten Anscheins wird nur bei sog. **typischen Geschehensabläufen** angenommen, d. h., wenn ein Sachverhalt feststeht, der nach der Lebenserfahrung oder nach Erfahrungssätzen der medizinischen Wissenschaft auf einen bestimmten Geschehensablauf hinweist.

Führt eine falsch angewandte Injektionstechnik zu einem Spritzenabszess, so ist von einem typischen Geschehensablauf auszugehen, der einen Anscheinsbeweis rechtfertigt (OLG Düsseldorf, Az.: 8 U 145/84). Dagegen begründet der enge zeitliche Zusammenhang zwischen einer Injektion und einem Spritzenabszess keinen Anscheinsbeweis für mangelhafte Desinfektion, da ein Spritzenabszess auch unter Beachtung aller denkbaren Sorgfalt nicht immer vermeidbar ist. (OLG Köln, Az.: 5 U 144/97).

Schlussendlich ist die Umkehr der Beweislast nicht zu verwechseln mit dem sog. **Entlastungsbeweis** nach § 831 Abs. 1 S. 2 BGB (▶ 10.2).

Überprüfen Sie Ihr Wissen

1. Welchen Zweck erfüllen Standards?
   Antwort: ▶ 10.4
2. Welche Maßnahmen sind zum Schutz von Suizid-Patienten zulässig?
   Antwort: ▶ 10.10
3. Wann liegt ein »Übernahmeverschulden« vor?
   Antwort: ▶ 10.11.1
4. Unter welchen Voraussetzungen ist eine Delegation ärztlicher Maßnahmen auf nicht-ärztliches Personal zulässig?
   Antwort: ▶ 10.11.1
5. Was bedeutet »Anordnungsverantwortung« und »Durchführungsverantwortung«?
   Antwort: ▶ 10.11.1
6. Was ist bei einer »Bedarfsmedikation« zu beachten?
   Antwort: ▶ 10.11.1 und 10.12
7. Welche Maßnahmen unterliegen einer Dokumentationspflicht?
   Antwort: ▶ 10.12
8. Wann liegt ein »grober Behandlungs-/Pflegefehler« vor?
   Antwort: ▶ 10.3 und 10.13
9. Unter welchen Voraussetzungen ist eine »Beweislastumkehr« anerkannt?
   Antwort: ▶ 10.13

11.6.1 Körperverletzung (§ 223 StGB) – 147
11.6.2 Misshandlung von Schutzbefohlenen (§ 225 StGB) – 148
11.6.3 Schwere Körperverletzung (§ 226 StGB) – 148
11.6.4 Unterlassene Hilfeleistung (§ 323c StGB) – 148
11.6.5 Aussetzung (§ 221 StGB) – 149
11.6.6 Freiheitsberaubung (§ 239 StGB) – 150
11.6.7 Fahrlässige Tötung (§ 222 StGB) – 151
11.6.8 Abbruch einer Schwangerschaft (§ 218ff StGB) – 151
11.6.9 Sterbehilfe (Euthanasie) – 157
11.6.10 Schweigepflicht und Datenschutz – 168
11.6.11 Recht der Zeugnisverweigerung – 175
11.6.12 Entnahme von Blutproben – 176
11.6.13 Weitere Straftatbestände – 177

> Von der zivilrechtlichen Haftung ist die strafrechtliche Verantwortlichkeit zu trennen. Während im Haftungsprozess geregelt wird, wer für einen Schaden einzustehen hat, geht es im Strafprozess um die Frage, ob ein Strafanspruch des Staates begründet ist, weil jemand bestehende Strafvorschriften erfüllt und wegen eines begangenen Unrechts einzustehen hat.

Strafbare Handlung

Strafrechtsnormen, die sowohl für den Arzt als auch für den gesamten nachgeordneten nicht-ärztlichen Dienst von Bedeutung sein können, sind hauptsächlich im Strafgesetzbuch (StGB), aber auch in anderen Gesetzen enthalten. Drei Voraussetzungen müssen für die Beurteilung, ob eine strafbare Handlung gegeben ist, vorliegen.

Zu prüfen ist,
- ob ein Täter den vom Gesetzgeber aufgestellten Straftatbestand erfüllt hat (Frage nach der sog. **Tatbestandsmäßigkeit**),
- ob der Straftäter rechtswidrig gehandelt hat (Frage nach der sog. **Rechtswidrigkeit**) und
- ob er schließlich schuldhaft gehandelt hat (Frage nach der **Schuld**).

11.1 Tatbestandsmäßigkeit

> Von der Tatbestandsmäßigkeit wird gesprochen, wenn ein Täter die einzelnen Merkmale einer Vorschrift verwirklicht, mit der der Gesetzgeber ein bestimmtes Handeln unter Strafe gestellt hat.

Der Tatbestand des Diebstahls (§ 242 StGB) etwa wird dadurch verwirklicht, dass jemand einem anderen eine fremde bewegliche Sache in der Absicht rechtswidriger Zueignung wegnimmt.

> **Typische Merkmale bezeichnen den Tatbestand dieser Strafvorschrift**
> - Es muss eine **Sache** weggenommen worden sein. Diebstahl an einer Forderung (weil nicht gegenständlich) ist folglich ausgeschlossen.
> - Die Sache muss weiterhin **fremd** sein, darf also nicht im Eigentum des Diebstahltäters stehen.
> - Schließlich muss die Sache **beweglich** sein. Unbewegliche Sachen (z. B. Immobilien, Grundstücke) können nicht Gegenstand des Diebstahls werden.

Begehungs- und Unterlassungsdelikte

Strafbar kann immer nur ein menschliches Verhalten sein. Dies ist aber nur dann im strafrechtlichen Sinn vorwerfbar, wenn eine sog. **Handlung** vorliegt. Diese wiederum kann in einem **aktiven Tun**, aber auch in einem **Unterlassen** bestehen.

In aller Regel werden Strafvorschriften durch aktives Tun erfüllt, durch sog. **Begehungsdelikte**. Hierzu zählt z. B. die Körperverletzung. Sie wird dadurch begangen, dass der Täter eine andere Person körperlich misshandelt.

Es gibt aber auch sog. **Unterlassungsdelikte**. Sie werden dadurch erfüllt, dass der Täter ein von ihm gefordertes Handeln zur Abwendung des strafrechtlich missbilligten Erfolges unterlässt. Der typische Fall eines Unterlassungsdeliktes ist die **unterlassene Hilfeleistung**.

Belegt der Gesetzgeber ein Unterlassen mit Strafe, handelt es sich um ein **echtes** Unterlassungsdelikt.

Hiervon sind die sog. **unechten** Unterlassungsdelikte zu unterscheiden.

Unechte Unterlassungsdelikte zeichnen sich dadurch aus, dass der Gesetzgeber das Unterlassen dem aktiven Begehen der Tat gleich stellt (§ 13 StGB).

Allerdings ist in diesem Fall eine strafrechtliche Verantwortung nur dann gegeben, wenn derjenige, der es unterlässt, den strafrechtlichen Erfolg abzuwenden, hierfür rechtlich einzustehen hat (= **Garantenstellung**). Dies wäre etwa dann der Fall, wenn ein ausgebildeter Rettungsschwimmer im Einsatz einen anderen Menschen ertrinken lässt (Abb. 11.1).

Garantenstellung

> Die Garantenstellung kann sich aus der tatsächlichen Übernahme einer Schutzfunktion ergeben.

Auf die Wirksamkeit eines möglicherweise zugrunde liegenden Vertrages, beispielsweise eines Behandlungsvertrages, kommt es nicht an. Entscheidend sind vielmehr die tatsächliche Übernahme einer Vertrauensstellung sowie die Gewährung von Vertrauen.

Eine Garantenstellung gegenüber den schutzbefohlenen Patienten nehmen deshalb die in Einrichtungen des Gesundheitswesens Beschäftigen ein (▶ 11.6.1), jedenfalls dann, wenn sie zum Dienst eingeteilt sind und diesen angetreten haben (BGH, KhuR 2000, 191).

Eine Garantenstellung trifft ebenso Mitarbeiter von kommunalen **Jugendämtern** und **Sozialdiensten** sowie die von ihnen beauftragten Mitarbeiter von Trägern der freien **Jugendhilfe** Kraft Pflichtenübernahme bei den von ihnen betreuten Kindern (OLG Stuttgart, NJW 1998, 3131).

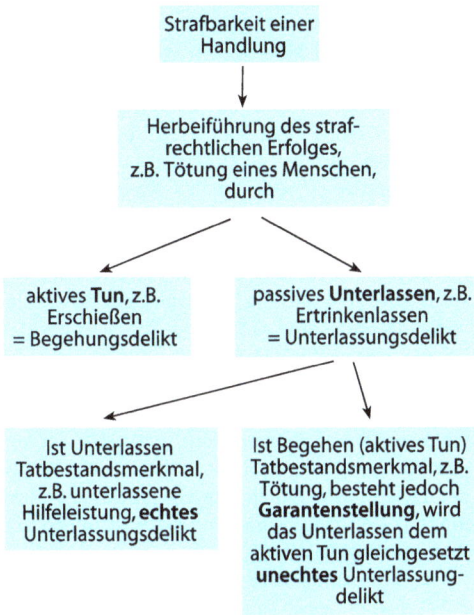

◨ Abb. 11.1. Begehungs- und Unterlassungsdelikte

❔ Eine Garantenstellung begründet die **Rechtspflicht zum Handeln**. Unterlässt der Verpflichtete dies trotzdem, und schädigt er dadurch einen anderen, so kann sich aus der Garantenstellung eine strafrechtliche Verantwortung ergeben.

Gleiches gilt für eine Hebamme, die auch als Urlaubsvertretung eine Garantenstellung gegenüber der von ihr betreuten Schwangeren hat (OLG Düsseldorf, NJW 1991, 2979).

Ein Handeln (aktives Tun oder Unterlassen) ist aber nur dann strafrechtlich von Bedeutung, wenn es für den Eintritt eines strafrechtlich relevanten Erfolges ursächlich (kausal) ist. Daraus folgt, dass bei Fehlen eines Kausalzusammenhanges zwischen Handlung und Erfolg in der Regel – von Ausnahmen abgesehen – das Handeln strafrechtlich irrelevant ist.

11.2 Rechtswidrigkeit

Der Gesetzgeber hat mit den Strafvorschriften zum Ausdruck gebracht, dass er bestimmte Handlungen missbilligt und belegt sie deshalb mit Strafe. Daher ist jedes tatbestandsmäßige Handeln regelmäßig rechtswidrig.

❔ Rechtswidrigkeit des Handelns bedeutet, dass der Täter zu seinem Handeln kein Recht hat.

Rechtfertigungsgründe

Etwas anderes gilt nur, wenn dem Täter ein sog. Rechtfertigungsgrund zur Seite steht. Das Vorliegen eines Rechtfertigungsgrundes (▶ 10.2 ausführlich: Rechtfertigungsgründe der **Einwilligung** und **Notwehr**) lässt die Rechtswidrigkeit entfallen. Die Ausführungen im Rahmen der deliktischen Haftung, also der zivilrechtlichen Haftung aus unerlaubter Handlung, gelten im gleichen Umfang wie im Strafrecht.

Daneben gibt es weitere Rechtfertigungsgründe, wie beispielsweise den rechtfertigenden (übergesetzlichen) **Notstand** oder auch gegebenenfalls das **Züchtigungsrecht**.

Der Rechtfertigungsgrund der **Einwilligung** spielt v. a. im täglichen medizinischen Bereich eine nicht zu unterschätzende Rolle. Dies hängt damit zusammen, dass auch bei einem ärztlichen oder pflegerischen Heileingriff am Patienten von der Realisierung eines Körperverletzungstatbestandes auszugehen ist (ständige Rechtsprechung; ▶ 11.6.1).

Die Einwilligung des Patienten rechtfertigt jedoch die Körperverletzung.

Notwehr

Ebenso wie die Einwilligung stellt die **Notwehr** einen Rechtfertigungsgrund dar.

❔ Notwehr ist diejenige Verteidigung, die erforderlich ist, um einen gegenwärtigen rechtswidrigen Angriff von sich oder einem anderen abzuwehren (§ 32 Abs. 2 StGB).

Demnach setzt das Vorliegen einer Notwehrsituation einen gegenwärtigen, rechtswidrigen **Angriff** voraus.
— Als **Angriff** ist die von einem Menschen drohende Verletzung rechtlich geschützter Interessen zu verstehen. Wird ein Mensch von einem Tier angegriffen, so ist das Töten des Tieres unter dem Aspekt des Notstandes gerechtfertigt, es sei denn, das Tier wird von einem Menschen als Werkzeug benutzt.
— **Gegenwärtig** ist ein Angriff, wenn er unmittelbar bevorsteht, so dass auch durch das Hinausschieben der Abwehrhandlung deren Erfolg gefährdet würde.
— **Rechtswidrig** ist jeder Angriff eines Menschen, der nicht durch die Rechtsordnung gedeckt ist. Ein rechtswidriger Angriff kann auch gegeben sein bei einer drohenden Verletzungshandlung durch einen psychisch Kranken oder Betrunkenen.

Diesem Personenkreis gegenüber besteht jedoch kein unbeschränktes Notwehrrecht.

> » Wo der Angegriffene die Rechtsverletzung auf andere Weise abwenden kann, ohne seiner eigenen Ehre etwas zu vergeben oder sonst seine Belange zu verletzen, entfällt das Recht zur Verteidigung. Die durch das Recht zur Notwehr geschaffene Selbsthilfe ist nicht erforderlich, wo der Angegriffene dem Angriff ausweichen kann und ihm das auch zuzumuten ist. Es besteht allerdings keine Verpflichtung, durch »schimpfliche« Flucht auszuweichen« (BGH, ständige Rechtsprechung.

Liegt nach dem Vorstehenden ein gegenwärtiger, rechtswidriger Angriff vor, so ist von dem Angegriffenen die zur Abwehr **erforderliche Verteidigung** zu wählen. Erforderlich ist nur das Mittel, das den Angreifenden am wenigsten beeinträchtigt. Soweit mehrere Abwehrmöglichkeiten in Betracht kommen, muss das am wenigsten schädliche Mittel gewählt werden.

Auf das Vorliegen einer Notwehrsituation vermag sich derjenige nicht berufen, der den Angriff selbst provoziert hat. Ihm fehlt als Provokateur der **Verteidigungswille**.

Nothilfe

Von der Notwehr ist die **Nothilfe** zu unterscheiden.

> Diese liegt vor, wenn der Verteidiger nicht einen Angriff von sich, sondern von einem anderen abwendet.

Grundsätzlich ist die Nothilfe im selben Umfang zulässig wie die Notwehr. Zu beachten ist nur, dass der Nothelfer nicht mehr Rechte geltend machen kann, als der Angegriffene selbst ausüben will. Will der Verletzte z. B. einen Angriff nicht abwehren, fehlt ihm also der Verteidigungswille, so steht auch einem anderen nicht das Recht zu, seine Hilfe aufzudrängen und den Angegriffenen zu verteidigen.

Rechtfertigender Notstand

Einen weiteren Rechtfertigungsgrund stellt der sog. **rechtfertigende Notstand** dar (§ 34 StGB). Danach handelt nicht rechtswidrig, »wer in einer gegenwärtigen, nicht anders abwendbaren Gefahr für Leben, Leib, Freiheit, Ehre, Eigentum oder ein anderes Rechtsgut eine Tat begeht, um die Gefahr von sich oder einem anderen abzuwenden, wenn bei Abwägung der widerstreitenden Interessen, namentlich der betroffenen Rechtsgüter und des Grades der ihm drohenden Gefahr, das geschützte Interesse das beeinträchtigte wesentlich überwiegt. Dies gilt jedoch nur, soweit die Tat ein angemessenes Mittel ist, die Gefahr abzuwenden.«

Mit der voraufgeführten Vorschrift sind durch die Gesetzgebung die von der Rechtsprechung entwickelten Grundsätze des sog. übergesetzlichen Notstandes konkretisiert worden. Gerechtfertigt ist nach dieser Strafvorschrift ein Verhalten des Täters, wenn durch Verletzung eines niederen Rechtsgutes ein höheres Rechtsgut bewahrt bleiben kann und die Abwendung der Gefahr nicht anders möglich war. So könnte beispielsweise der – auch im Zivilrecht geltende – Rechtfertigungsgrund des § 34 StGB eine Brechung der ärztlichen Schweigepflicht (= niedereres Rechtsgut) rechtfertigen, wenn andere z. B. über eine HIV-Infektion nicht Informierte – etwa Kollegen – unmittelbar in ihrer Gesundheit – (=höheres Rechtsgut) gefährdet würden. Vorraussetzung dafür ist aber, dass der Arzt keine andere Wahl hat, als die Schweigepflicht zu brechen, um die Gefährdung anderer auszuschließen (LG Braunschweig, NJW 1990, 770).

Diese Situation kann vorliegen, wenn ein Arzt die HIV-Infektion seines Patienten dessen Lebensgefährtin – gleichfalls Patientin des Arztes – mitteilt. In diesem Falle wurde sogar eine Pflicht des Arztes zur Mitteilung – also letztlich ein Bruch der ärztlichen Schweigepflicht – angenommen (OLG Frankfurt, NJW 2000, 875; ▶ 11.6.10).

Züchtigungsrecht

Schließlich kommt als Rechtfertigungsgrund noch das **Züchtigungsrecht** in Betracht.

Die körperliche Züchtigung verwirklicht in jedem Fall den Tatbestand der Körperverletzung. Sie kann allerdings durch das Bejahen eines Züchtigungsrechts gerechtfertigt sein.

> Das Züchtigungsrecht wird allgemein als Inhalt des elterlichen Personensorgerechts verstanden.

Die Ausübung darf aber nicht zu gesundheitlichen Schäden führen. Da dem Pflegepersonal, hier insbesondere den Kinderkrankenschwestern, nicht das Sorgerecht über die ihnen anvertrauten Kinder überantwortet ist, steht dem Pflegepersonal auch kein Züchtigungsrecht zu. Somit entfällt dieser Rechtfertigungsgrund für den genannten Personenkreis.

11.3 Schuld

Ist eine Strafrechtsvorschrift tatbestandsmäßig und rechtswidrig verwirklicht, so ist weiter zu prüfen, ob der Täter auch schuldhaft gehandelt hat.

11.3 · Schuld

> Schuldhaft ist eine Handlung dann, wenn sie strafrechtlich vorwerfbar ist.

Elemente des Schuldbegriffs
- die Schuldfähigkeit (Zurechnungsfähigkeit>),
- die Schuldformen »Vorsatz« und »Fahrlässigkeit«,
- das Unrechtsbewusstsein und
- das Nichtbestehen von Schuldausschließungsgründen.

Schuldfähigkeit

Die **Schuldfähigkeit** setzt voraus, dass zum einen der Täter in der Lage ist, das Unerlaubte seiner Tat einzusehen (**intellektueller Faktor**) und dass er zum anderen seinen Willen nach dieser Einsicht bestimmen kann (**voluntativer Faktor**). Daraus folgt, dass auf Grund intellektueller Gründe und bedingt durch Willensmangel die Schuldfähigkeit gemindert oder ganz ausgeschlossen sein kann.
- Schuldunfähig und damit strafrechtlich nicht verantwortlich ist, wer bei Begehung der Tat noch nicht 14 Jahre alt ist (§ 19 StGB).
- Schuldunfähig wegen seelischer Störungen ist, wer bei Begehung der Tat wegen krankhafter seelischer Störung, wegen einer tiefgreifenden Bewusstseinsstörung oder wegen Schwachsinns oder einer anderen schweren seelischen Abartigkeit unfähig ist, das Unrechte seiner Tat einzusehen oder nach dieser Einsicht zu handeln (§ 20 StGB).
- Verminderte Schuldfähigkeit (§ 21 StGB) beschreibt, dass die Fähigkeit des Täters, das Unrecht der Tat einzusehen oder nach dieser Einsicht zu handeln, aus einem der vorgenannten Grunde bei Tatbegehung erheblich vermindert ist. Die Minderung wirkt sich im Bereich der Strafzumessung aus.

Schuldformen

Ist der Täter schuldfähig, so ist weiterhin danach zu fragen, ob er vorsätzlich oder fahrlässig gehandelt hat (Schuldformen).

> Strafbar ist nur vorsätzliches Handeln, wenn nicht das Gesetz fahrlässiges Handeln ausdrücklich mit Strafe bedroht (§ 15 StGB).

Eine Sachbeschädigung (§ 303 StGB) beispielsweise ist nur als vorsätzliche Straftat strafbar, eine fahrlässige Sachbeschädigung ist nicht unter Strafe gestellt. Demgegenüber ist die Körperverletzung sowohl als vorsätzliche (§ 223 StGB) als auch als fahrlässige Tat (§ 229 StGB) strafbar.

> Vorsatz bezeichnet die bewusste und gewollte Verwirklichung des Tatbestandes.

Formen des Vorsatzes

Handelt der Täter in der Überzeugung, dass er die Tatbestandsmerkmale einer Strafvorschrift verwirklicht, spricht man von **direktem Vorsatz**. Hiervon unterscheidet sich der **bedingte Vorsatz**. Dieser ist zu bejahen, wenn der Täter zwar mit der Tatbestandsverwirklichung rechnet, aber nicht davon überzeugt ist, im Falle ihrer Verwirklichung jedoch den Erfolg billigt.

Grundsätzlich reicht das Vorhandensein des bedingten Vorsatzes aus. Nur ausnahmsweise ist der direkte Vorsatz erforderlich, z. B. wenn der Gesetzgeber eine Tatbegehung »wider besseres Wissen« verlangt (§ 187 StGB, Verleumdung) oder eine »absichtliche« Tat fordert (§ 288 StGB, Vereitelung der Zwangsvollstreckung).

Kennt der Täter bei Tatbegehung Umstände, die zum gesetzlichen Tatbestand gehören, nicht, handelt er nicht vorsätzlich (= **Tatbestandsirrtum**, § 16 Abs. 1 StGB). Zu derartigen Umständen zählen auch Merkmale, die nur mit Hilfe einer Wertung zu gewinnen sind, wie etwa die »nicht geringe Menge« im Sinne des Betäubungsmittelgesetzes. Der Ausschluss des Vorsatzes lässt in diesem Falle jedoch die Strafbarkeit wegen fahrlässiger Begehung unberührt (§ 16 Abs. 1 S. 2 StGB).

Fahrlässigkeit

> Fahrlässig handelt ein Täter, wenn er trotz Voraussehbarkeit einer Rechtsverletzung einen gesetzlichen Tatbestand in pflichtwidriger Weise verwirklicht.

Diese Definition weicht von der im Zivilrecht gebräuchlichen ab (▶ 10.2 am Ende).

Die Begründung liegt darin, dass es im Zivilrecht um die objektive Zurechnung eines Schadens, im Strafrecht dagegen um die subjektive Zurechnung der Schuld geht.

Unrechtsbewusstsein

Neben der Schuldfähigkeit und den Schuldformen des Vorsatzes bzw. der Fahrlässigkeit setzt eine strafbare Handlung im Bereich der Schuld überdies voraus, dass der Täter im Zeitpunkt der Tatbegehung im Bewusstsein handelt, Unrecht zu tun. Dieses sog. **Unrechtsbewusstsein** verlangt nicht, dass ein Täter notwendig Kenntnis von der Strafbarkeit oder gar Kenntnis von der das Verbot enthaltenden Strafvorschrift hat.

> Unrechtsbewusstsein bedeutet, dass der Täter nach den Umständen des Einzelfalls und nach seinem Lebens- und Berufskreis das Unrechtmäßige der Tat erkennt oder bei gehöriger Gewissensanspannung hätte erkennen können.

Fehlt dem Täter bei Begehung der Tat die Einsicht, Unrecht zu tun, und hätte er diesen Irrtum vermeiden können, handelt er ohne Schuld (= **Verbotsirrtum**, § 17 Abs. 1 StGB). Welchen Grund die Fehleinschätzung hat, ist unerheblich. Vermeidbar ist eine Fehlentscheidung, wenn die Möglichkeit einer vorherigen Information bestand. Bleiben Zweifel, so besteht eine **Erkundigungspflicht**.

Wer etwa Bedenken über die Zulässigkeit der Anweisung zur Übernahme eine Injektion hat, muss sich vorher aus strafrechtlicher Sicht – die Injektion ist tatbestandlich eine Körperverletzung – hierüber informieren. Tut er dies nicht, läge eine vermeidbare Fehleinschätzung vor. In diesem Fall bliebe es beim Schuldvorwurf, allerdings bestünde die Möglichkeit einer Strafmilderung.

Schuldausschließungsgründe

Wenn nach den genannten Merkmalen die Schuld eines Täters festgestellt ist, so steht damit nicht zugleich fest, dass er auch zu bestrafen ist. So wie im Bereich der Rechtswidrigkeit diese durch Rechtfertigungsgründe entfallen kann, können sog. **Schuldausschließungsgründe** die Schuld beseitigen.

> Ohne Schuld handelt, »wer in einer gegenwärtigen, nicht anders abwendbaren Gefahr für Leben, Leib oder Freiheit eine rechtswidrige Tat begeht, um die Gefahr von sich, einem Angehörigen oder einer anderen ihm nahestehenden Person abzuwenden« (entschuldigender Notstand, § 35 StGB).

Allerdings gilt dies nicht, soweit dem Täter nach den Umständen – namentlich weil er die Gefahr selbst verursacht hat oder weil er in einem besonderen Rechtsverhältnis stand – zugemutet werden konnte, die Gefahr hinzunehmen.

11.4 Täterschaft und Teilnahme

Als Straftäter, der eine Strafvorschrift tatbestandsmäßig, rechtswidrig und schuldhaft erfüllt, wird nicht nur derjenige bestraft, der die Tat selbst begeht.

Neben der Täterschaft – oder auch der Mittäterschaft, wenn mehrere eine Straftat gemeinschaftlich begehen – ist als Teilnahmehandlung auch die **Anstiftung**, **Beihilfe** und **mittelbare Täterschaft** strafbar.

Anstiftung

> Als Anstifter macht sich derjenige wie ein Täter strafbar, der vorsätzlich einen anderen zu dessen vorsätzlich begangener rechtswidriger Tat bestimmt (§ 26 StGB).

Aus dieser Formulierung des Gesetzgebers folgt, dass eine Anstiftung zu einer fahrlässigen Tat nicht möglich ist. Wohl aber ist jemand als Anstifter dann zu bestrafen, wenn der Täter zwar schuldunfähig ist – etwa mangels Zurechnungsfähigkeit – er aber bewusst und gewollt, d. h. vorsätzlich, eine Straftat begeht.

Beihilfe

Ähnlich ist die Situation bei der Beihilfe.

> Als Gehilfe wird bestraft, wer vorsätzlich einem anderen zu dessen vorsätzlich begangener rechtswidriger Tat Hilfe leistet (§ 27 StGB).

Auch hier erfordert der Gesetzgeber ein vorsätzliches Handeln des Täters, ohne dass er notwendig auch vorwerfbar (schuldhaft) handelt. Die Beihilfe kann durch Rat und Tat ausgeübt werden. Ebenso reicht die Bestärkung des Täters zu einem bereits gefassten Entschluss aus.

Als Anstifter oder Gehilfe kann – ohne Rücksicht auf die Lauterkeit der Motive – allerdings nicht bestraft werden, wer sich an einer **Selbsttötung** beteiligt. Nach geltendem Recht erfüllt die eigenverantwortlich gewollte und verwirklichte Selbsttötung nicht den Tatbestand eines Tötungsdeliktes. Dieses richtet sich grundsätzlich gegen **andere**.

Problematisch ist allerdings die Abgrenzung der straflosen Beihilfe zur Selbsttötung von der strafbaren **Tötung auf Verlangen** (§ 216 StGB). Zutreffenderweise wird darauf abgestellt, wer das zum Tode führende Geschehen tatsächlich beherrscht. Im Einzelfall ist dafür entscheidend die Art und Weise, wie der Tote über sein Schicksal verfügt hat. Hat er sich in die Hand des anderen begeben, weil er duldend von ihm den Tod entgegennehmen wollte, dann hatte dieser – der Helfer – die Tatherrschaft. Behielt der Tote dagegen bis zuletzt die freie Entscheidung über sein Schicksal, dann tötete er sich selbst, wenn auch mit fremder – nicht strafbarer – Hilfe (OLG München, NJW 1987, 2940 ff, Fall Hackethal).

Mittelbare Täterschaft

Von den beiden Teilnahmeformen der Anstiftung und Beihilfe ist die sog. mittelbare Täterschaft zu unterscheiden. Eine **mittelbare Täterschaft** ist ebenso wie die Mittäterschaft eine Form der Täterschaft. Sie liegt dann vor, wenn jemand zwar die Tat nicht selbst als Person begeht, sondern sich zur Begehung der Tat einer anderen Person bedient. Der mittelbare Täter wird – auch wenn er die Tat nicht selbst verwirklicht – wie ein Täter bestraft.

11.5 Versuchte Straftat

Der Strafgesetzgeber hat nicht nur solche Handlungen mit Strafe belegt, die vollendet werden, sondern auch solche, die im Versuchsstadium bleiben.

> Wegen einer versuchten Straftat ist strafbar, wer nach seiner Vorstellung von der Tat zur Verwirklichung eines Straftatbestandes unmittelbar ansetzt (§ 22 StGB).

Diese Regelung gilt ausnahmslos für **Verbrechen**, für **Vergehen** nur dann, wenn das Strafgesetzbuch es ausdrücklich bestimmt.

Verbrechen und Vergehen
Die Unterscheidung von Verbrechen und Vergehen trifft § 12 StGB: »Verbrechen sind rechtswidrige Taten, die im **Mindestmaß** mit Freiheitsstrafe von einem Jahr oder darüber bedroht sind. Vergehen sind rechtswidrige Taten, die im Mindestmaß mit einer geringeren Freiheitsstrafe oder mit Geldstrafe bedroht sind.«
- Der Totschlag (§ 212 StGB) ist ein Verbrechen, da der Gesetzgeber bestimmt, dass der Totschläger mit einer Freiheitsstrafe **nicht unter fünf Jahren** zu bestrafen ist, d. h. das Mindestmaß der Strafe beträgt fünf Jahre Freiheitsentzug. Daraus folgt, dass in jedem Fall auch der versuchte Totschlag strafbar ist.
- Der Diebstahl (§ 242 StGB) ist grundsätzlich ein Vergehen, da der Gesetzgeber als Strafe eine Freiheitsstrafe **bis zu fünf Jahren** (also auch unter einem Jahr) oder Geldstrafe verhängt hat. Um auch den Versuch strafbar zu gestalten, musste der versuchte Diebstahl ausdrücklich unter Strafe gestellt werden (§ 242 Abs. 2 StGB).

11.6 Ausgewählte Strafrechtsvorschriften

Nachfolgend sollen die wesentlichen strafgesetzlichen Bestimmungen für die Fachberufe im Gesundheitswesen dargestellt werden.

11.6.1 Körperverletzung (§ 223 StGB)

Eine Vorschrift, die in ihrer Anwendung auf den ärztlichen Eingriff in besonderem Maße zwischen Juristen und Medizinern diskutiert wird, ist die Körperverletzung.

> Eine Körperverletzung begeht, wer einen anderen körperlich misshandelt oder an dessen Gesundheit schädigt (§ 223 StGB).

Die körperlich Misshandlung ist ein übles, unangemessenes Behandeln, das entweder das körperliche Wohlbefinden oder die körperliche Unversehrtheit nicht ganz unerheblich beeinträchtigt.

Die Hervorrufung eines Schmerzempfindens setzt eine Körperverletzungshandlung nicht voraus. Auch der ärztliche Eingriff, der zu Heilzwecken kunstgerecht und mit Erfolg durchgeführt wird, erfüllt nach herrschender Rechtsprechung den Tatbestand einer Körperverletzung.

Der Arzt, der bei einem Kranken einen Eingriff, sei er chirurgischer, medikamentöser, elektrischer, thermischer, radioaktiver oder sonstiger Art vornimmt, begeht nach dieser Auffassung eine Körperverletzung. Diese Ansicht ist jedoch nicht unwidersprochen geblieben. Ein großer Teil des Schrifttums lehnt die Auffassung der Rechtsprechung ab, deren Ursprung darin liegt, dass das geltende Recht einen Tatbestand der eigenmächtigen Heilbehandlung nicht kennt.

Die bestehenden Meinungsverschiedenheiten in der Bewertung des ärztlichen Eingriffs als tatbestandsmäßige Körperverletzung wiegen jedoch letztlich in der Praxis nicht so schwer, da die Annahme einer strafbaren Körperverletzung in der Regel wegen der Einwilligung des Patienten ausscheidet, die die Rechtswidrigkeit der Handlung ausschließt.

> Injektionen, Infusionen oder Blutentnahmen stellen tatbestandsmäßig eine Körperverletzungshandlung dar. Sie findet ihre Rechtfertigung nur durch die Einwilligung des Patienten (▶ 10.2).

Explodiert der Herzschrittmacher eines Patienten bei Auslösen eines Defibrillators durch einen Rettungsassistenten, weil diesem das Vorhandensein des Herzschrittmachers mangels Untersuchung im Notfall unbemerkt blieb, liegt eine Körperverletzung – gegebenenfalls mit Todesfolge – vor. Die Frage nach der Strafbarkeit hängt auch hier vom Vorliegen der Rechtswidrigkeit, möglicher Rechtfertigungsgründe und eines Schuldvorwurfs ab.

In einer ersten und deshalb zugleich als Grundsatzurteil zu bewertenden Entscheidung hat der Bundesgerichtshof auch die Ansteckung eines anderen mit dem die Immunschwächekrankheit Aids hervorrufenden humanen Immunmangelvirus (HIV) als Erfüllung des objektiven Tatbestands einer Körperverletzung angesehen (BGH, NJW 1989, 781.).

Eine Körperverletzungshandlung kann schließlich auch durch **Unterlassen** begangen werden, wenn eine Pflicht zum Handeln begründet ist, also eine **Garantenstellung** besteht (▶ 11.1).

Beispiele aus der Rechtsprechung

- Führt eine mangelnde Beachtung des Hygienestandards zur Patientenschädigung, beispielsweise durch Hervorrufen eines Spritzenabszesses, liegt eine Körperverletzung durch Unterlassen vor (OLG Düsseldorf, HUR 84).
- Eine Hebamme, die ihrer Betreuungspflicht der Schwangeren gegenüber nicht nachkommt und dadurch der Schwangeren zusätzliche Schmerzen verursacht, macht sich der fahrlässigen Körperverletzung schuldig, wenn sie diese voraussehen konnte (OLG Düsseldorf, NJW 1991, 2979 ff).
- Gleiches gilt für den Arzt, der einem medizinisch angezeigten Hausbesuch nicht nachkommt (OLG Köln, NJW 1991, 764).
- Wegen einer Körperverletzung durch Unterlassung kann gegebenenfalls auch der bestraft werden, der im Rahmen einer indirekten Sterbehilfe eine dem leidenden Sterbenden entsprechende Medikation versagt (▶ 11.6.9).

Bei Körperverletzungen durch Unterlassen handelt es sich um sog. **unechte Unterlassungsdelikte** (▶ 11.1).

Die vorsätzliche Körperverletzung wird mit Freiheitsstrafe bis zu 5 Jahren oder mit Geldstrafe bestraft (§ 223 StGB), die fahrlässige Körperverletzung (§ 229 StGB) mit Freiheitsstrafe bis zu 3 Jahren oder mit Geldstrafe.

11.6.2 Misshandlung von Schutzbefohlenen (§ 225 StGB)

- Als Straftat gegen die körperliche Unversehrtheit wird die Misshandlung von Schutzbefohlenen mit Freiheitsstrafe von sechs Monaten bis zu zehn Jahren belegt (§ 225 Abs. 1 StGB).

Schutzbefohlene sind Personen, die entweder noch nicht 18 Jahre alt sind oder wegen Gebrechlichkeit oder Krankheit Wehrlose, und die der Fürsorge oder Obhut des Täters unterstehen, seinem Hausstand angehören, seiner Gewalt von dem Fürsorgepflichtigen überlassen wurden oder ihm im Rahmen eines Dienst- oder Arbeitsverhältnisses untergeordnet sind.

Zu diesem Personenkreis zählen insbesondere Patienten, aber auch Heimbewohner in Alten- und Pflegeheimen, sowie Kinder in Kinderkrankenhäusern, Kindergärten u.ä. Einrichtungen.

Täter ist diejenige Person, die einen Schutzbefohlenen quält, roh misshandelt oder ihn durch böswillige Vernachlässigung seiner Sorgfalt an der Gesundheit schädigt.

In besonders schweren Fällen, beispielsweise Todesfolge, ist die Misshandlung mit einer Freiheitsstrafe nicht unter einem Jahr zu ahnden (§ 225 Abs. 3 StGB).

11.6.3 Schwere Körperverletzung (§ 226 StGB)

- Hat eine Körperverletzung zur Folge, dass die körperliche Unversehrtheit in besonderem Maße betroffen ist, beispielsweise durch Verlust des Seh-, Hör-, Sprach- oder Fortpflanzungsvermögens, durch Verlust oder dauernder Beeinträchtigung wichtiger Körperglieder, durch dauerhafte Entstellung oder Verfall in Siechtum, Lähmung, geistige Krankheit oder Behinderung liegt die Strafe bei einer Freiheitsstrafe von 1 bis zu 10 Jahren (§ 226 Abs. 1 StGB).

Mit Freiheitsstrafe nicht unter 3 Jahren wird der Täter einer Körperverletzung bestraft, dessen Tat den Tod des Verletzten zur Folge hat (§ 227 Abs. 1 StGB).

11.6.4 Unterlassene Hilfeleistung (§ 323c StGB)

Neben dem Körperverletzungstatbestand ist die unterlassene Hilfeleistung für die Angehörigen der Fachberufe im Gesundheitswesen bedeutsam. Sie ist ein sog. **echtes Unterlassungsdelikt**.

- Wer bei Unglücksfällen oder gemeiner Gefahr oder Not nicht Hilfe leistet, obwohl dies erforderlich und ihm den Umständen nach zuzumuten, insbesondere ohne erhebliche eigene Gefahr und ohne Verletzung anderer wichtiger Pflichten möglich ist, wird bestraft (§ 323 c StGB).

Die Strafe ist Freiheitsstrafe bis zu einem Jahr oder Geldstrafe.

Unglücksfall

> Ein Unglücksfall im Sinne dieser Vorschrift ist ein plötzlich eintretendes Ereignis, das eine erhebliche Gefahr für Menschen oder Sachen mit sich bringt.

Wird das Ereignis vom Gefährdeten selbst verursacht, so ist ein Unglücksfall anzunehmen, nicht aber, wenn der Gefährdete – etwa bei einem Autounfall – das Ereignis absichtlich herbeiführt (BGH, NJW 1991, 1120).

Das Vorliegen einer schweren Krankheit ist kein Unglücksfall, so dass auch der Nichtbesuch eines Schwerkranken für den Arzt nicht notwendig eine Strafbarkeit nach § 323 c StGB zur Folge hat. Auch eine normal verlaufende Schwangerschaft stellt keinen Unglücksfall im gesetzlichen Sinn dar. Allerdings kann die plötzliche Wendung einer Krankheit ein Unglücksfall sein, der die Pflicht zur unaufschiebbaren Operation begründet. So hat beispielsweise der Bundesgerichtshof die Gefahr einer Ruptur des Eileiters bei einer Eileiterschwangerschaft mit der Folge eines baldigen Verblutens als Unglücksfall angesehen (BGH, MedR 1983, 29). Eine Pflicht wird auch für den diensthabenden Arzt begründet, den alsbald nach einem Unfall zu dem Krankenhaus Hingefahrenen auf die Hilfsbedürftigkeit und Transportfähigkeit zu untersuchen, und zwar auch dann, wenn kein Bett mehr frei ist. Auch die durch einen Selbsttötungsversuch verursachte Gefahrenlage soll einen Unglücksfall darstellen; teilweise wird jedoch gefordert, dass besondere Umstände hinzutreten, wie beispielsweise ein Sinneswandel des Selbstmörders.

Erforderlichkeit der Hilfeleistung

Voraussetzung für jede Hilfspflicht ist, dass die **Möglichkeit zur Hilfe** besteht und auch eine gewisse räumliche Nähe zum Unglücksfall gegeben ist. Darüber hinaus muss die Hilfe objektiv **erforderlich** sein. Besteht die Gewähr für sofortige anderweitige Hilfe, entfällt die Hilfspflicht.

> Die Vorschrift schafft keine Sonderpflicht für den Arzt und Angehörige der Fachberufe im Gesundheitswesen.

Angehörige dieser Berufe werden bei Unglücksfällen jedoch am ehesten zur Hilfeleistung geeignet und dazu auch verpflichtet sein; dies gilt v. a. für Angehörige des Rettungsdienstes. Ein Bereitschafts-/ Notdienstarzt muss deshalb bei einer plötzlichen Verschlimmerung einer Krankheit u. U. eine unaufschiebbare Operation vornehmen oder veranlassen. Gegebenenfalls muss er – soweit möglich – wirksame therapeutische Maßnahmen ergreifen oder dem Kranken wesentliche Erleichterung verschaffen und kann sich nicht damit begnügen, die Einweisung in ein Krankenhaus zu empfehlen (OLG Karlsruhe, NJW 1979, 2360).

Selbstbestimmungsrecht des Patienten

Verzichtet der durch den Unglücksfall Betroffene auf Hilfe, so beseitigt dieser Verzicht die Rechtswidrigkeit des Unterlassens, es sei denn, der Betroffene befindet sich in einer psychischen Ausnahmeverfassung von Krankheitswert. Im Verhältnis Arzt zu Patient wird in diesem Zusammenhang das **Selbstbestimmungsrecht** des Patienten bedeutsam. Zwar ist der Arzt verpflichtet, dem Kranken zu helfen, aber nicht gegen dessen Willen. Das Selbstbestimmungsrecht des Patienten ist stets zu achten. Das folgt aus Art. 2 Abs. 2 GG, der jedem das Recht auf körperliche Unversehrtheit gewährleistet. Selbst wenn der Patientenwille als »unverständlich« erscheint und bei Behandlungsverweigerung zum Tode führen könnte, ist er vom Arzt zu respektieren. Allerdings muss der Arzt infolge eines etwaigen Behandlungsvertrages oder auf Grund seiner Berufspflicht alles versuchen, um den Betroffenen von seiner Weigerung abzubringen. Jedoch darf er gegen den Willen des Kranken keinen körperlichen Eingriff vornehmen, ebenso wenig darf er ihm eine sonstige lebensrettende Maßnahme aufzwingen.

> Bleibt demnach ein Arzt oder ein Angehöriger der Gesundheitsfachberufe gegenüber einem behandlungsunwilligen Patienten untätig, kann eine unterlassene Hilfeleistung nicht vorliegen.

Zumutbarkeit der Hilfeleistung

Schließlich muss die Hilfeleistung zumutbar sein. Maßstab zur Beurteilung der Zumutbarkeit ist die Persönlichkeit des (Unterlassungs-)Täters, seine physischen und geistigen Kräfte im kritischen Augenblick – so dass etwa Trunkenheit die Zumutbarkeit ausschließen kann –, seine Lebenserfahrung und Vorbildung.

Eine Hilfeleistung ist nicht zumutbar, wenn mit ihr eine erhebliche eigene Gefahr oder die Verletzung anderer wichtiger Pflichten verbunden ist. In diesem Sinne kann die Frage der Zumutbarkeit v. a. bei einer Hilfeleistung für einen Aids-Infizierten problematisch sein.

11.6.5 Aussetzung (§ 221 StGB)

> Wer einen Menschen in eine hilflose Lage versetzt oder in einer hilflosen Lage im Stich lässt, obwohl er ihn in seiner Obhut hat oder ihm sonst

beizustehen verpflichtet ist und ihm dadurch der Gefahr des Todes oder einer schweren Gesundheitsschädigung aussetzt, wird bestraft (§ 221 StGB).

Das Strafmaß beträgt eine Freiheitsstrafe von drei bis fünf Jahre.

Täter kann im Fall des Versetzens in hilflose Lage jedermann sein, im Falle des im Stich Lassens nur, wer das Opfer in seiner Obhut hat oder sonst zum Beistand verpflichtet. ist.

Adressat der zweiten Tatbestandsalternative sind nicht nur Pflegekräfte, sondern alle Personen, denen ein Mensch anvertraut ist, z. B. Betreuer, Eltern, soweit eine **Obhuts-** oder **Beistandspflicht** besteht. Es muss also eine Rechtspflicht bestehen, für deren Begründung auch die Grundsätze über die Entstehung einer **Garantenstellung** heranzuziehen sind (▶ 11.1).

Die Verwirklichung des Tatbestandes »Versetzen in hilflose Lage« bedeutet, dass diese Lage durch das Handeln des Täters erst geschaffen wird. Demgegenüber existiert bei der Alternative des »im Stich Lassens« die hilflose Lage für den Schutzbefohlenen bereits.

Für beide Alternativen genügt, dass eine **Gefährdungslage** besteht bzw. geschaffen wird. Eine Verwirklichung der Gefahr zählt nicht zur Tatbestandshandlung.

Kümmert sich eine (Alten-)Pflegekraft beispielsweise nicht um einen Pflegeheimbewohner oder einen Patienten – der in ihrer Obhut steht –, kann je nach Umständen des Einzelfalls der Tatbestand der Aussetzung erfüllt sein.

Die Tat kann nur als vorsätzliche Tat begangen werden.

Strafverschärfend wirkt sich aus, wenn durch die Tat eine schwere Gesundheitsschädigung oder der Tod des Schutzbefohlenen verursacht wird (§ 221 Abs. 2, 3 StGB), sich also die geschaffene Gefährdungslage tatsächlich verwirklicht.

11.6.6 Freiheitsberaubung (§ 239 StGB)

> Wer einen Menschen einsperrt oder auf andere Weise der Freiheit beraubt, wird wegen Freiheitsberaubung bestraft (§ 239 StGB).

Das Strafmaß ist Freiheitsstrafe bis zu fünf Jahren oder Geldstrafe.

Diese Vorschrift dient dem Schutz der persönlichen Fortbewegungsfreiheit als Auswirkung der grundgesetzlich geschützten persönlichen **Freiheitsrechte** (Art. 2 GG) ebenso wie aus der grundgesetzlich geschützten »Rechtsgarantie« bei freiheitsentziehenden Maßnahmen (Art. 104 GG, ▶ 6.2.1).

Unter Strafe gestellt wird der Eingriff in die persönliche mögliche Freiheit zur Ortsveränderung. Es muss eine vollständige Aufhebung der persönlichen Freiheit stattfinden. Ob sich der Betroffene seines Zustandes bewusst ist, ist nicht entscheidend. Vielmehr kommt es auf den objektiven Zustand der Freiheitsberaubung an. Weiter setzt der Schutz der Fortbewegungsfreiheit voraus, dass das Opfer grundsätzlich fähig ist, über seinen Aufenthaltsort selbst zu bestimmen. Diese Selbstbestimmung fehlt etwa einem Kleinkind, einem Ohnmächtigen oder sinnlos Betrunkenen.

Der Tatbestand der Freiheitsberaubung kann erfüllt werden
— durch Einsperrung oder
— auf andere Weise.

Eine **Einsperrung** liegt vor, wenn der Betroffene in einem umschlossenen Raum durch äußere Vorrichtungen festgehalten wird, so dass er objektiv gehindert ist, sich von der Stelle zu bewegen.

Ob er das will oder nicht, ist ohne Bedeutung. Es können Ausgänge versperrt oder durch Bewachung verschlossen sein. Ist ein nicht geschlossener Ausgang vorhanden, den der Betroffene nicht kennt, liegt eine Einsperrung vor, desgleichen, wenn er die besondere Konstruktion des Schlosses nicht kennt oder die Benutzung eines Ausweges gefährlich ist. Auch die **Fixierung** eines Patienten erfüllt in der Regel den Tatbestand der Freiheitsberaubung durch Einsperrung (▶ 10.10).

Auf andere Weise kann die Freiheitsberaubung durch Drohung, Gewalt, List oder Betäubung erfüllt werden. Hierzu kann etwa eine entsprechende **Medikation** des Patienten zählen.

Eine Freiheitsberaubung kann auch durch **Unterlassen** begangen werden, falls der Unterlassende eine **Garantenstellung** hat (▶ 11.1). So muss jemand, der einen anderen, z. B. einen Patienten, versehentlich eingeschlossen hat, für seine Freilassung sorgen, sobald er vom Einschließen erfährt (unechtes Unterlassungsdelikt).

Die Einwilligung des Betroffenen schließt die Tatbestandserfüllung aus.

Die Widerrechtlichkeit des Handelns fehlt dagegen bei vormundschaftsgerichtlicher Genehmigung oder der Ingewahrnahme nach einem Selbsttötungsversuch.

Strafverschärfend wirkt sich aus, wenn die Freiheitsberaubung eine Woche überschreitet oder durch

11.6.7 Fahrlässige Tötung (§ 222 StGB)

> Mit Freiheitsstrafe bis zu 5 Jahren oder mit Geldstrafe wird bestraft, wer durch Fahrlässigkeit den Tod eines Menschen verursacht (§ 222 StGB).

Diese Strafvorschrift meint stets den Tod eines anderen Menschen. Die **Selbsttötung** bleibt danach straffrei.

Fahrlässig handelt derjenige, der trotz Voraussehbarkeit einer Rechtsverletzung einen gesetzlichen Straftatbestand in pflichtwidriger Weise verwirklicht.

Ob eine Handlung pflichtwidrig ist, richtet sich nach den objektiven Umständen, insbesondere dem Vorliegen einer Sorgfaltspflicht sowie nach persönlichen Fähigkeiten und Kenntnissen.

Eine besondere **Sorgfaltspflicht** ergibt sich für Arzt und nachgeordnetes nicht-ärztliches Personal aus der beruflichen Ausbildung.

Ein Arzt verletzt seine Sorgfaltspflicht und handelt in der Regel fahrlässig, wenn er gegen allgemein anerkannte Regeln der ärztlichen Wissenschaft verstößt. Fahrlässig handelt auch, wer Eingriffe ohne eigene Diagnose vornimmt oder die von ihm hinzugezogenen Hilfskräfte ungenügend überwacht. Die Rechtsprechung fordert, dass ein Arzt z. B. das Personal einer Badeabteilung genügend dahingehend kontrolliert, ob es die erforderlichen Vorsichtsmaßregeln gegen das Ertrinken von Epileptikern einhält oder gegebenenfalls die Operationsschwester anweist, das Zurückgleiten von Instrumenten in die Operationswunde zu vermeiden (BGH, NJW 1955, 1487).

In diesen Fällen handelt es sich um ärztliche Behandlungsfehler, die regelmäßig Fahrlässigkeit begründen, es sei denn, dass wegen eines außergewöhnlichen Geschehensablaufs die Voraussehbarkeit entfällt. Damit kann auch eine ärztliche Anordnung, die für den Arzt einen Behandlungsfehler darstellt, die Krankenschwester entlasten.

> Für die Anwendung des Fahrlässigkeitsbegriffs auf den nachgeordneten nicht-ärztlichen Dienst gilt, dass die bei bestandenem Examen und hierauf beruhender Berufsausbildung in diesem Beruf erforderlichen Mindestkenntnisse vorauszusetzen sind.

Aus diesem Grunde ist Fahrlässigkeit in dem Falle zu bejahen, in dem eine Krankenschwester auf Anordnung des Stationsarztes eine Koffeinlösung zu einer fraktionierten Magenaushebung im Labor besorgen sollte, sie aber eine Koffeinlösung zur Bilirubinbestimmung holt und dabei die Aufschrift »Äußerlich« außer Acht lässt, die ihr Hinweis gegeben hätte, dass die Flüssigkeit zur Gallenfarbstoffbestimmung, nicht zum innerkörperlichen Gebrauch verwendet und somit auch nicht in die Flasche umgefüllt werden durfte, die eine andere Aufschrift enthielt (OLG Köln, NJW 1969, 1586).

Im Übrigen können die im Rahmen der zivilrechtlichen Haftung dargestellten Sorgfaltspflichten (▶ 10.3), soweit deren Verletzung zum Tod eines Menschen, z. B. des Patienten, führen, im konkreten Einzelfall den Vorwurf einer fahrlässigen Tötung begründen.

11.6.8 Abbruch einer Schwangerschaft (§ 218 ff StGB)

Mit dem Einigungsvertrag wurde eine Neuregelung der mit dem Schwangerschaftsabbruch zusammenhängenden Fragen veranlasst.

Zum Zeitpunkt der Wiedervereinigung galt auf bundesdeutschem Gebiet die sog. **Indikationslösung** (§§ 218 ff StGB, alte Fassung), wonach der Abbruch einer Schwangerschaft bei vorhergehender Beratung in vier Fällen grundsätzlich zulässig war:

— während der gesamten Schwangerschaftszeit zur Abwendung einer Lebensgefahr oder einer schweren Gesundheitsschädigung der Schwangeren (**medizinische Indikation**),
— innerhalb von 22 Wochen seit der Empfängnis zur Verhütung erbkranken und daher unzumutbaren Nachwuchses (**eugenische oder embryopathische Indikation**),
— binnen zwölf Wochen seit Empfängnis nach erfolgter schwerer Sexualstraftat (**ethische oder kriminologische Indikation**),
— innerhalb von zwölf Wochen seit Empfängnis zur Abwendung einer sonst nicht zu beseitigenden, unzumutbaren Notlage der Schwangeren infolge außergewöhnlicher Belastung (**soziale oder Notlagenindikation**).

Demgegenüber enthielt das Strafgesetzbuch der ehemaligen DDR die sog. **Fristenlösung** (§§ 153 ff StGB-DDR), wonach eine Schwangere auch ohne Vorliegen eines Indikationsgrundes die Schwangerschaft innerhalb von zwölf Wochen nach Empfängnis ohne vorherige Beratung durch einen ärztlichen Eingriff unterbrechen lassen konnte.

Eine reine Fristenlösung hatte das Bundesverfassungsgericht bereits im Jahre 1975 (BVerG, NJW 1975, 573) unter Hinweis auf die Menschenwürde und persönlichen Freiheitsrechte (Art. 1, 2 GG) abgelehnt.

Es hatte damals u. a. ausgeführt, dass der Lebensschutz der Leibesfrucht grundsätzlich für die gesamte Dauer der Schwangerschaft den Vorrang vor dem Selbstbestimmungsrecht der Schwangeren genießt und nicht für eine bestimmte Frist in Frage gestellt werden darf.

In Ansehung dieser Entscheidung wurde dem gesamtdeutschen Gesetzgeber im Einigungsvertrag (Art. 31 Abs. 4 EVertr) die Aufgabe gestellt, »spätestens bis 31.12.1992 eine Regelung zu treffen, die den Schutz vorgeburtlichen Lebens und die verfassungskonforme Bewältigung von Konfliktsituationen schwangerer Frauen v. a. durch rechtlich gesicherte Ansprüche der Frauen, insbesondere auf Beratung und soziale Hilfen, besser gewährleistet, als dies in beiden Teilen Deutschlands derzeit der Fall ist«.

Schwangeren- und Familienhilfegesetz

Mit dem Gesetz zum Schutz des vorgeburtlichen/werdenden Lebens, zur Förderung einer kinderfreundlicheren Gesellschaft, für Hilfen im Schwangerschaftskonflikt und zur Regelung des Schwangerschaftsabbruchs (Schwangeren- und Familienhilfegesetz) wollte der Gesetzgeber dem Auftrag aus dem Einigungsvertrag nachkommen. Das Gesetz sah u. a. eine entsprechende Änderung der Strafrechtsvorschriften zum Schwangerschaftsabbruch vor. Danach sollte der Abbruch einer Schwangerschaft grundsätzlich strafbar bleiben.

Zur Rechtswidrigkeit des Schwangerschaftsabbruches sah das Gesetz (§ 218 a StGB) vor, dass diese nicht vorliegen soll, wenn die Schwangere, die den Abbruch verlangt, den Nachweis erbringt, dass sie sich mindestens drei Tage vor dem Eingriff einer Beratung in einer Not- und Konfliktlage unterzogen hat, der Schwangerschaftsabbruch von einem Arzt vorgenommen wird und seit der Empfängnis nicht mehr als zwölf Wochen vergangen sind.

> Mit dieser – im Einzelnen noch weiter konkretisierten – Neuregelung des Schwangerschaftsabbruchs ging der Gesetzgeber von der reinen Indikationslösung ab und wählte als ein neues Schutzkonzept zu Gunsten des werdenden Lebens den Weg einer Beratungsregelung in der Frühphase der Schwangerschaft.

Urteil des Bundesverfassungsgerichts

Mit der Neuregelung des Schwangerschaftsabbruchs infolge des Schwangeren- und Familienhilfegesetzes musste sich infolge mehrerer Beanstandungen das Bundesverfassungsgericht auseinandersetzen (BVerG, NJW 1993, 1751 ff). Grundsätzlich billigt das Gericht in seinen Entscheidungsgründen das vom Gesetzgeber gewählte Beratungskonzept. Es sei ihm nicht verwehrt – so das Gericht weiter – für den Schutz des ungeborenen Lebens zu einem Konzept überzugehen, das in der Frühphase der Schwangerschaft in Schwangerschaftskonflikten den Schwerpunkt »auf die Beratung der schwangeren Frau legt, um sie für das Austragen des Kindes zu gewinnen und dabei auf eine indikationsbestimmte Strafdrohung und die Feststellung von Indikationstatbeständen durch einen Dritten verzichtet«.

In Anknüpfung an das Urteil aus dem Jahre 1975 gegen die damalig geplante Fristenregelung bestätigte das Gericht die Pflicht des Staates, auch das ungeborene menschliche Leben zu schützen. Dieser Schutz gebühre dem Ungeborenen auch gegenüber seiner Mutter; er sei nur möglich, wenn der Gesetzgeber einen Schwangerschaftsabbruch grundsätzlich verbiete und der Mutter die grundsätzliche Rechtspflicht auferlege, das Kind auszutragen. Der Schwangerschaftsabbruch müsse für die gesamte Dauer der Schwangerschaft grundsätzlich als Unrecht angesehen und dem gemäß rechtlich verboten sein. Zur Erfüllung seiner Schutzpflicht müsse der Staat ausreichende Maßnahmen ergreifen, die dazu führen, dass – unter Berücksichtigung entgegenstehender Interessen – ein angemessener und als solches wirksamer Schutz erreicht wird (sog. **Untermaßverbot**). Das Untermaßverbot lasse es nicht zu, auf den Einsatz auch des Strafrechts und die davon ausgehende Schutzwirkung für das menschliche Leben frei zu verzichten.

Auch die Grundrechte der Frau tragen nach Meinung des Gerichts nicht so weit, dass die Rechtspflicht zum Austragen des Kindes – auch nur für eine bestimmte Zeit – generell aufgehoben wäre. Die Grundrechtspositionen der Frau können allerdings dazu führen, dass es in Ausnahmelagen zulässig, in manchen Fällen womöglich geboten ist, eine solche Rechtspflicht nicht aufzuerlegen. Solche Ausnahmetatbestände sind nach dem Kriterium der Unzumutbarkeit zu bestimmen. Es müssen Belastungen gegeben sein, die ein solches Maß an Aufopferung eigener Lebenswerte verlangen, dass dies von der Frau nicht erwartet werden kann. Unter diesem Aspekt kann im Einzelfall ein Schwangerschaftsabbruch rechtmäßig sein, der nach festgestellter »embryopathischer« Indikation vorgenommen wird, also dann, wenn mit hinreichender Sicherheit ein schwer geschädigtes Kind zur Welt kommt sowie bei der »klassischen medizinischen« und auch »kriminologischen« Indikation. In keinem Fall aber ist der Gesetzgeber frei – so das Gericht weiter – »den Schwangerschaftsabbruch über verfassungsrechtlich unbedenkliche Ausnahmetatbestände hinaus als nicht rechtswidrig, also erlaubt, anzusehen«.

> Aus diesem Grunde sei – so das Bundesverfassungsgericht – die Fristenabtreibung, die in § 218 a StGB für »nicht rechtswidrig« erklärt werde, verfassungswidrig und damit für nichtig zu erklären. Eine Nichtzuordnung zur Strafbarkeit hält das Gericht allerdings grundsätzlich für zulässig.

Unter dem Aspekt, dass der Gesetzgeber zwar den neuen Weg eines Beratungskonzepts in der Frühphase der Schwangerschaft wählen kann, die Rechtmäßigkeit der Fristenabtreibung verfassungswidrig ist, die Schaffung eines Tatbestandes der »Straflosigkeit« der Fristenabtreibung unter gleichzeitiger Verschärfung der Beratungsregelung jedoch verfassungsrechtlich unmöglich erscheint, ordnete das Bundesverfassungsgericht eine den vorstehenden Kriterien entsprechende Übergangsregelung mit Schwerpunktsetzung auf die Beratungsregelung bis zu einer gesetzlichen Neuregelung an.

> Hiernach galt die Fristenregelung, allerdings mit einem dogmatischen Vorbehalt: »Das grundsätzliche Verbot des Schwangerschaftsabbruchs bleibt auch in diesen Fällen unberührt«. Weiter hieß es: »Die Beratung vor einem Fristenabbruch hat eindeutig dem Schutz des ungeborenen Lebens zu dienen«. Der Frau muss erklärt werden, dass ein Schwangerschaftsabbruch nur in Frage kommt, wenn die Belastung durch die Schwangerschaft »so schwer und außergewöhnlich ist, dass sie die zumutbare Opfergrenze übersteigt«.

Der vollständige Wortlaut der Entscheidung und der Anordnung des Bundesverfassungsgerichts diente dem Gesetzgeber als Leitlinie für seine Neuregelung des Rechts des Schwangerschaftsabbruchs. Die im Juni 1995 verabschiedete Neuregelung des Rechts des Schwangerschaftsabbruchs erfüllt weitgehend die zwingenden Vorgaben des ungewöhnlich detaillierten Urteils des Bundesverfassungsgerichts.

Rechtslage seit 1995

Das Bundesverfassungsgericht hatte zum Ausdruck gebracht, dass das Strafrecht »regelmäßig der Ort ist, das grundsätzliche Verbot des Schwangerschaftsabbruchs und die darin enthaltene grundsätzliche Rechtspflicht der Frau zum Austragen des Kindes gesetzlich zu verankern.«

Dieser Forderung ist der Gesetzgeber mit dem Schwangeren- und Familienhilfeänderungsgesetz vom 21.08.1995, von dem auch die Strafvorschriften zum Schwangerschaftsabbruch betroffen sind, nachgekommen.

> Nach § 218 StGB bleibt der Schwangerschaftsabbruch grundsätzlich strafbar. Geschützt wird das ungeborene menschliche Leben, das wie das geborene Leben unter dem Schutz des Art. 1 Abs. 1 GG (Menschenwürde) und Art. 2 Abs. 2 S. 1 GG (Recht auf Leben) steht.

Handlungen, deren Wirkung vor Abschluss der Einnistung (**Nidation**) des befruchteten Eies in der Gebärmutter eintritt, gelten nicht als Schwangerschaftsabbruch im Sinne des Strafgesetzbuches (§ 218 Abs. 1 S. 2 StGB).

Mit dieser Formulierung (Fiktion: »gelten als«) hat der Gesetzgeber deutlich gemacht,
— dass der strafrechtliche Schutz des werdenden Lebens erst nach der Nidation einsetzt,
— dass er es offen lässt, ob vorbeugende Handlungen nicht doch medizinisch oder ethisch bereits einen Abbruch der Schwangerschaft darstellen.

Die **vornidative** Lebensphase, beginnend mit der – in utero wie in vitro – Befruchtung, endend mit dem Abschluss der Einnistung des befruchteten Eies, ist nicht nur nach dem Gesetz zum Schutz von Embryonen (Embryonenschutzgesetz – ESchG) (neben-)strafrechtlich, sondern nach herrschender Meinung auch verfassungsrechtlich geschützt. Allerdings ist die vorsätzliche oder leichtfertige Herbeiführung einer Gesundheitsbeschädigung des später Geborenen durch Einwirkung auf den Embryo oder Fötus außerhalb des Versuchs eines Schwangerschaftsabbruchs nicht strafbar.

> Unter dem Schwangerschaftsabbruch versteht der Gesetzgeber menschliche Eingriffe während der Schwangerschaft, durch die das werdende Leben getötet wird.

Im Schrifttum umstritten ist die Frage, ob auch die (noch lebende) Leibesfrucht einer hirntoten Frau (▶ 9.1) nach § 218 StGB geschützt ist. Vieles spricht für diese Auffassung. Die Leibesfrucht verliert durch den Hirntod der Schwangeren nicht ihre Eigenschaft als selbstständiges Schutzgut, und in verfassungskonformer Auslegung ist der Schwangerschaftsabbruch eine Tötungshandlung. Zweifelhaft kann diese Meinung nur sein, wenn man für die Tatbestandsverwirklichung des Schwangerschaftsabbruchs allein an den Begriff der Schwangerschaft anknüpft und eine lebende Mutter voraussetzt.

Unbestritten dagegen ist, dass der Anencephalus eine durch § 218 StGB geschützte Leibesfrucht ist (▶ 9.1.2).

Nidationshemmende Maßnahmen sind strafrechtlich unbedeutend, sie gelten nicht als Schwangerschaftsabbruchshandlungen. Hierunter fallen u. a.
- die Verwendung der »Pille danach«,
- der Gebrauch von Intrauterinpessaren,
- das Einsetzen der Spirale und
- die rein vorsorglich vor der Nidation vorgenommene Ausschabung, allerdings nur, wenn sie nicht in Wirklichkeit die bereits eingenistete Frucht zerstört.

> Das Abbrechen der Schwangerschaft ist danach jede nicht auf bloße Nidationshemmung angelegte Einwirkung auf die Schwangere oder die Frucht, die zweckgerichtet darauf abzielt, das Absterben der noch lebenden Frucht im Mutterleib oder den Abgang der Frucht in nicht lebensfähigem Zustand herbeizuführen, und diesen Erfolg erreicht.

Mit dem Beginn des Geburtsaktes, das ist in der Regel das Einsetzen der Eröffnungswehen, endet der Schutzbereich des § 218 StGB und beginnt der Strafbereich der Tötungshandlung nach §§ 211 ff StGB.

Schwangerschaftsabbrüche können mit Freiheitsstrafe bis zu drei Jahren (für den Handelnden, § 218 Abs. 1 StGB) und bis zu einem Jahr (für die Frau, § 218 Abs. 3 StGB) geahndet werden. In besonders schweren Fällen, wenn etwa der Täter gegen den Willen der Frau handelt oder leichtfertig die Gefahr des Todes oder einer schweren Gesundheitsschädigung der Schwangeren verursacht, kann die Strafe bis zu fünf Jahren Freiheitsentzug betragen (§ 218 Abs. 2 StGB).

Der Versuch eines Schwangerschaftsabbruchs ist grundsätzlich strafbar, mit Ausnahme für Schwangere (§ 218 Abs. 4 StGB).

Weiterhin hatte das Bundesverfassungsgericht die Schaffung eines Tatbestandes der »Straflosigkeit« einer Fristenabtreibung unter gleichzeitiger Verschärfung der Beratungsregeln für verfassungsrechtlich möglich gehalten.

Mit der Bestimmung des § 218a StGB hat der Gesetzgeber von dieser Möglichkeit Gebrauch gemacht.

> Danach ist der Tatbestand des Schwangerschaftsabbruchs nicht erfüllt,

a) wenn die Schwangere durch eine Bescheinigung nach § 219 StGB nachweist, dass sie sich mindestens drei Tage zuvor hat beraten lassen,
b) der Schwangerschaftsabbruch von einem Arzt vorgenommen wird und
c) seit der Empfängnis nicht mehr als zwölf Wochen vergangen sind.

Liegen die genannten Voraussetzungen vor, wird schon der Tatbestand der Strafvorschrift des § 218 StGB nicht erfüllt. Daher wird die Frage nach dem Vorliegen von Rechtfertigungsgründen – wie noch nach altem Recht – nicht mehr gestellt und die Schwangere und der Handelnde machen sich nicht strafbar.

Der Tatbestandsausschluss wirkt demnach auch für Dritte und nachgeordnetes nicht-ärztliches Personal.

Die vom Gesetz verlangte Bescheinigung über eine vorangegangene Beratung wird nach dem Schwangerschaftskonfliktgesetz von einer anerkannten **Konfliktberatungsstelle** ausgestellt (§ 219 Abs. 2 StGB).

> Die Beratung dient dem Schutz des ungeborenen Lebens. Sie hat sich von dem Bemühen leiten zu lassen, die Frau zur Fortsetzung der Schwangerschaft zu ermutigen und ihr Perspektiven für ein Leben mit dem Kind zu eröffnen; sie soll ihr helfen, eine verantwortliche und gewissenhafte Entscheidung zu treffen.

Dabei muss der Frau bewusst sein, dass das Neugeborene in jedem Stadium der Schwangerschaft auch ihr gegenüber ein eigenes Recht auf Leben hat und deshalb ein Schwangerschaftsabbruch nur in Ausnahmesituationen in Betracht kommen kann. Die Beratung soll durch Rat und Hilfe dazu beitragen, die in Zusammenhang mit der Schwangerschaft bestehende Konfliktsituation zu bewältigen und einer Notlage abzuhelfen. Dabei soll die Beratung »ergebnisoffen« geführt werden, sie soll ermutigen und Verständnis erwecken, nicht belehren oder bevormunden.

Eine Beratungsstelle kann nur anerkannt werden, wenn sie garantieren kann, dass sie die nach § 219 StGB nötige Beratung im vorstehenden Sinn leistet.

Die Bescheinigung muss mit dem Datum des letzten Beratungsgespräches und dem Namen der Schwangeren versehen sein. Als Berater ist der Arzt, der den Abbruch der Schwangerschaft vornimmt, ausgeschlossen (§ 218 Abs. 1 Ziff. 4 StGB).

> Von der Straflosigkeit des Schwangerschaftsabbruchs wegen Nichtverwirklichung des Tatbestandes des § 218 StGB ist die Straflosigkeit wegen Wegfalls der Rechtswidrigkeit zu unterscheiden.

Das Bundesverfassungsgericht hatte in diesem Zusammenhang in seiner Entscheidung betont, dass unter Beachtung der Grundrechtspositionen der Frau ihre Rechtspflicht zur Austragung der Leibesfrucht in Ausnahmesituationen durch verfassungsrechtlich unbedenkliche Regelungen eingeschränkt werden könne.

Zwei dieser Ausnahmesituationen hat der Gesetzgeber in § 218a Abs. 2 StGB (**medizinische Indikation**) und in § 218a Abs. 3 StGB (**kriminologische Indikation**) geregelt.

Medizinische Indikation

Danach ist der von einem Arzt vorgenommene Schwangerschaftsabbruch **nicht rechtswidrig**, wenn
– die Schwangere einwilligt,
– das Leben der Schwangeren bedroht ist oder die Gefahr einer schwerwiegenden medizinischen oder körperlichen Beeinträchtigung für die Schwangere besteht,
– die Gefahr nicht auf andere Weise als dem Abbruch der Schwangerschaft abgewendet werden kann und
– der Abbruch unter Berücksichtigung der gegenwärtigen und zukünftigen Lebensverhältnisse der Schwangeren
– nach ärztlicher Erkenntnis angezeigt ist (medizinische Indikation).

Die **Einwilligung** (▶ 10.2) kann grundsätzlich nur von der Schwangeren selbst erteilt werden. Bis zum Eingriff ist die Einwilligung frei widerruflich und die Weigerung für jeden Dritten verbindlich.

Weiterhin muss eine **Lebensgefahr** bestehen.

Das Leben der Schwangeren kann beispielsweise bei Existenz eines Gebärmutterkrebses bedroht sein, aber auch dann, wenn bei schweren Depressionen Selbsttötungsgefahr besteht.

Der Gefahr für das Leben der Schwangeren (sog. strenge medizinische Indikation) wird alternativ das Vorliegen einer schwerwiegenden seelischen oder körperlichen **Beeinträchtigung des Gesundheitszustandes** gleichgestellt.

Schwerwiegend ist eine Beeinträchtigung, wenn der Schwangeren das Austragen der Frucht auch zur Erhaltung des ungeborenen Lebens nicht zuzumuten ist. Bei dieser Beurteilung kann sich der Arzt an den Richtlinien des wissenschaftlichen Beirats der Bundesärztekammer orientieren.

Weiterhin darf die Gefahr nicht auf andere, der Schwangeren zumutbare Weise abwendbar sein.

Zumutbar wären medizinische Maßnahmen wie
– die Verabreichung von Psychopharmaka zur Beseitigung von Depressionen,
– die Einleitung einer Frühgeburt zu einem gefahrlosen Zeitpunkt oder
– die Gabe kreislaufstützender Medikamente.

Schlussendlich muss der Abbruch unter Berücksichtigung der gegenwärtigen und zukünftigen Lebensverhältnisse der Schwangeren ärztlich indiziert sein.

Infolge dieser Formulierung, die auch die zu erwartenden Lebensbedingungen der Schwangeren in die ärztliche Indikationsstellung mit einbezieht, ist zu vermuten, dass von der medizinischen Indikation die Fälle der bisherigen **embryopathischen Indikation** bei Schäden des noch ungeborenen Kindes ebenso »aufgefangen« werden wie die der ehemaligen sozialen oder auch **Notlagenindikation**. Zutreffend wird in diesem Zusammenhang darauf hingewiesen, dass sich das Beratungskonzept sachlich v. a. nicht mit der Notlagenindikation verträgt.

> Sind die Voraussetzungen der medizinischen Indikation gegeben, so sind dem ärztlichen Eingriff rechtlich keine zeitlichen Grenzen gesetzt.

Der Abbruch ist nicht rechtswidrig, die Schwangere und der Handelnde nicht strafbar.

Ähnliches gilt für die kriminologische Indikation, deren Voraussetzungen § 218 Abs. 3 StGB regelt.

Kriminologische Indikation

Danach ist der Abbruch einer Schwangerschaft **nicht rechtswidrig**, wenn
– die Schwangere einwilligt und
– nach ärztlicher Erkenntnis
– dringende Gründe für die Annahme sprechen, dass die Schwangerschaft auf einer rechtswidrigen Tat gegen die sexuelle Selbstbestimmung beruht und
– seit der Empfängnis nicht mehr als zwölf Wochen vergangen sind.

Als eine rechtswidrig, nicht notwendigerweise auch schuldhafte Tat gegen die sexuelle Selbstbestimmung kommt eine Vergewaltigung sowie eine sexuelle Nötigung (§ 177 StGB) und ein sexueller Missbrauch von Kindern (§ 176 StGB) in Betracht. Kinder sind nach der Legaldefinition (§ 176 Abs. 1 S. 1 StGB) Personen unter 14 Jahren.

Ein dringender Grund für die Annahme, dass die Schwangerschaft auf der Straftat beruht, setzt einen hohen Grad der Wahrscheinlichkeit voraus, dass der Täter auch der Schwängerer war. Von Bedeutung ist beispielsweise, ob die Dauer der Schwangerschaft mit dem Zeitpunkt der Tat übereinstimmt, wie oft und wann die Betroffene in der kritischen Zeit etwa anderweitig Geschlechtsverkehr hatte und ob der Täter oder andere Partner zeugungsfähig waren.

> Liegen die Voraussetzungen einer kriminologischen Indikation vor, dürfen seit der Empfängnis bis zum Eingriff nicht mehr als zwölf Wochen vergangen sein.

Von der Einhaltung der Frist wird abgesehen werden können, wenn durch Selbsttötungsgefahr für die Schwangere neben der kriminologischen Indikation zugleich eine medizinische Indikation gestellt wird.

Straffrei ist eine Schwangere, wenn der Schwangerschaftsabbruch
- nach einer Beratung
- von einem Arzt vorgenommen wurde und
- seit der Empfängnis **nicht mehr als 22 Wochen** verstrichen sind (§ 218 a Abs. 4 S. 1 StGB).

Befand sich die Schwangere zurzeit des Eingriffs in einer besonderen Bedrängnis, so kann das Gericht von einer Strafe nach § 218 StGB absehen (§ 218 a Abs. 4 S. 2 StGB). Bei dieser Vorschrift handelt es sich um einen **persönlichen Strafausschließungsgrund**. Nur die Schwangere wird von Strafe freigestellt, auch als etwaige Anstifterin, nicht aber sonstige Beteiligte wie der Schwängerer oder der abbrechende Arzt.

Ausgeschlossen wird jedoch nur eine Bestrafung wegen § 218 StGB, so dass andere mögliche Delikte der Frau wie etwa Erpressung oder Nötigung des abbrechenden Arztes strafbar bleiben. Schließlich betrifft die Vorschrift nur solche Fälle, die an sich nach § 218 StGB strafbar wären. Entfällt die Strafbarkeit nach § 218 StGB schon deshalb, weil eine **rechtfertigende medizinische** oder **kriminologische Indikation** gegeben ist, so findet die Vorschrift keine Anwendung.

Wer eine Schwangerschaft auf Grund einer medizinischen oder kriminologischen Indikation abbricht, ohne dass ihm die schriftliche Feststellung eines Arztes, der nicht selbst den Schwangerschaftsabbruch vornimmt, über die Indikationslage vorgelegen hat, wird mit Freiheitsstrafe bis zu einem Jahr oder mit Geldstrafe belegt, wenn die Tat nicht in § 218 StGB mit Strafe bedroht ist (§ 218 Abs. 1 StGB).

Unmittelbarer Täter im Sinne dieser Vorschrift kann nur ein **Arzt** sein, die Schwangere selbst scheidet als Täterin aus, da für sie die Strafbarkeit nach § 218 StGB gegeben ist.

Feststellung der Indikation und deren Rechtsfolgen

Die Feststellung einer der gesetzlichen Indikationslage kann grundsätzlich jeder Arzt treffen, der nicht an dem Schwangerschaftsabbruch beteiligt ist.

> Feststellender und abbrechender Arzt dürfen nicht identisch sein.

Die Feststellung muss eine Aussage darüber treffen, ob eine Indikation nach § 218 Abs. 2 oder 3 StGB vorliegt und ob die Fristen nach § 218 a Abs. 3 StGB (Beratungsfrist und Empfängnisfrist) gewahrt sind. Ob der abbrechende Arzt die ihm vorliegende Feststellung zur Kenntnis genommen haben muss oder auch an die in schriftlicher Form vorgelegte Feststellung gebunden ist, ist durch den Gesetzestext nicht sichergestellt. Letzteres ist auf Grund der Gesetzesmaterialien wohl zu verneinen. Dies hat zur Folge, dass der abbrechende Arzt nicht nach § 218 a Abs. 2 oder 3 StGB strafbar ist, wenn er erkennt, dass eine negative Feststellung falsch ist. Umgekehrt ist er nach § 218 StGB strafbar, wenn er erkennt, dass eine positive Feststellung falsch ist.

Nach dem Urteil des Bundesverfassungsgerichts ist es weiterhin Angelegenheit des Arztes, über die rein medizinischen Aspekte des Schwangerschaftsabbruchs hinaus den Schwangerschaftskonflikt »im Rahmen ärztlicher Erkenntnismöglichkeit zu erörtern.«

Diese Forderung hat der Gesetzgeber mit der Vorschrift des § 218c StGB umgesetzt, in dem er **ärztliche Pflichtverletzungen** bei einem Schwangerschaftsabbruch unter Strafe stellt.

Wer eine Schwangerschaft abbricht,
- ohne der Frau Gelegenheit gegeben zu haben, ihm die Gründe für ihr Verlangen nach Abbruch der Schwangerschaft darzulegen,
- ohne die Schwangere über die Bedeutung des Eingriffs, insbesondere über Ablauf, Folgen, Risiken, mögliche physische oder psychische Auswirkungen ärztlich beraten zu haben,
- ohne sich zuvor in den Fällen des § 218a Abs. 1 und 3 StGB auf Grund ärztlicher Untersuchung von der Dauer der Schwangerschaft überzeugt zu haben oder
- obwohl er die Frau in einem Fall des § 218a Abs. 1 StGB nach § 218 StGB beraten hat
- wird mit Freiheitsstrafe bis zu einem Jahr oder mit Geldstrafe bestraft.

Das Recht des Schwangerschaftsabbruchs wird strafrechtlich mit Bestimmungen über die Werbung für entsprechende Eingriffe (§ 219 a StGB) oder das z. B. in Verkehrbringen von Mitteln zum Abbruch der Schwangerschaft (§ 219 b StGB) abgeschlossen.

Finanzierung des Schwangerschaftsabbruchs

Neben der strafrechtlichen Beurteilung des Schwangerschaftsabbruchs hatte sich das Bundesverfassungsgericht letztlich zu dessen Finanzierung dahingehend geäußert, dass »der Rechtsstaat eine Tötungshandlung nur dann zum Gegenstand seiner Finanzierung machen darf, wenn sie rechtmäßig ist und der Staat sich der Rechtmäßigkeit mit rechtsstaatlicher Verlässlichkeit vergewissert hat«.

Dementsprechend sieht nunmehr flankierend das Sozialrecht krankenversicherungsrechtliche Leistungen vor, wobei jedoch differenziert wird zwischen nicht rechtswidrigen – also ärztlich indizierten – Schwangerschaftsabbrüchen (§ 24 b Abs. 1 und 2 SGB V) und solchen, die unter den Voraussetzungen des § 218 a Abs. 1 StGB vorgenommen wurden (§ 24 b Abs. 3 und 4 SGB V). Ergänzend hat eine Frau Anspruch auf Leistungen nach dem Gesetz zur Hilfe für Frauen bei Schwangerschaftsabbrüchen in besonderen Fällen, wenn ihr die Aufbringung der Mittel für den Eingriff nicht zuzumuten ist. Die Zumutbarkeit richtet sich nach dem persönlichen Einkommen. Bei den Leistungen handelt es sich um solche, die von der gesetzlichen Krankenversicherung nur bei einem nicht rechtswidrigen Abbruch der Schwangerschaft getragen werden (§ 24 b Abs. 4 SGB V). Gewährt werden die Leistungen auf Antrag durch die gesetzliche Krankenkasse, bei der die Frau krankenversichert ist. Die Kasse erhält die Kosten durch die Länder ersetzt.

Im Rahmen der Diskussion um ein sog. Gesundheitssystemmodernisierungsgesetz wird derzeit allerdings erörtert, ob die vorgenannten Leistungen als »versicherungsfremde« Leistungen krankenversicherungsrechtlich beibehalten werden sollen oder nicht.

Mitwirkungsverweigerung beim Schwangerschaftsabbruch

Grundsätzlich ist niemand verpflichtet, an einem Abbruch der Schwangerschaft mitzuwirken (§ 12 Abs. 1 SchKG).

Nach dem Schwangerschaftskonfliktgesetz (SchKG) besteht vor allem für Ärzte, aber auch für deren **Assistenzpersonal**, die Krankenhausleitung und den Krankenhausträger ein Weigerungsrecht an der Mitwirkung beim Schwangerschaftsabbruch. Daher besteht kein Anspruch auf Abbruch der Schwangerschaft gegenüber einem bestimmten Arzt oder Krankenhaus. Die Weigerung muss nicht auf Gewissensgründen beruhen, sondern gilt unabhängig von Motiv und Begründung, die ganz entfallen können. Weder aus dem Arztvertrag, noch aus der Teilnahme an der vertragsärztlichen Versorgung folgt für frei praktizierende Privat- und Vertragsärzte und deren Hilfspersonen eine Pflicht, bei rechtmäßigen Schwangerschaftsabbrüchen mitzuwirken. Die Ausübung des Weigerungsrechts ist vertraglich nicht abdingbar (OLG Zweibrücken, MedR 2002, 540).

Von diesem Grundsatz ist allerdings abzurücken, wenn die Mitwirkung notwendig ist, um von der Schwangeren eine anders nicht abwendbare Gefahr des Todes oder einer schweren Gesundheitsschädigung abzuwenden (§ 12 Abs. 2 SchKG).

Ob das Weigerungsrecht auch dann gilt, wenn sich der Arzt, Assistenzarzt oder Pflegepersonal zum Abbruch der Schwangerschaft vertraglich – z. B. dem Krankenhausträger gegenüber – verpflichtet hatte, ist u. a. eine arbeitsrechtliche Problematik (▶ 12.4).

11.6.9 Sterbehilfe (Euthanasie)

Über die Sterbehilfe ist in der Vergangenheit in allen Kreisen der Bevölkerung – nicht nur in der Bundesrepublik Deutschland – vermehrt nachgedacht und diskutiert worden. Hier ist v. a. auch auf die Deutsche Gesellschaft für Humanes Sterben hinzuweisen, die engagiert für ein menschenwürdiges Sterben durch »Tötung auf Verlangen« eintritt, wenn der Tod nach menschenmöglichem Ermessen eine Erlösung für den Kranken bedeutet.

Die Vielfalt der Meinungen aus medizinischer, theologischer und juristischer Sicht lässt ein einheitliches Bild nicht aufzeichnen. Einem derartigen Versuch soll auch hier widerstanden und nur ein Überblick über die **rechtlichen Aspekte** zur Sterbehilfe gegeben werden, die wiederum weder in Schrifttum noch Rechtsprechung einheitlich sind.

Wortbedeutung

Begrifflich besteht das Wort »Euthanasie« aus zwei altgriechischen Bestandteilen und wird wohl am besten mit »Sterbewohltat« oder »Sterbehilfe« übersetzt. Das Wort war bereits in der Antike bekannt, wenngleich in einem anderen als dem heutzutage damit verbundenen Sinn. Man verstand darunter die Erleichterung des Sterbens, etwa durch Zuspruch und Aufmunterung. Sicherlich wird auch dieser Sinngehalt, der mit dem Wort weit über die Antike hinaus verbunden blieb, von der Sprachlogik gedeckt. Dasselbe gilt aber leider auch für die Auslegung, die das Dritte Reich dem Begriff »Euthanasie« beigelegt hat und darunter die »Vernichtung lebensunwerten Lebens« verstanden wissen wollte.

> In Anlehnung an die »Grundsätze der Bundesärztekammer zur ärztlichen Sterbebegleitung« (abgedruckt im Anhang D) setzt der Begriff der Sterbehilfe auch nach höchstrichterlicher Rechtsprechung (BGH, NJW 1995, 204 ff) voraus, dass das Grundleiden eines Kranken nach ärztlicher Überzeugung unumkehrbar (irreversibel) ist, einen tödlichen Verlauf angenommen hat und der Tod in kurzer Zeit eintreten wird.

Ist eine derartige Prognose – insbesondere das Merkmal der unmittelbaren Todesnähe – gegeben, so hat der **Sterbevorgang** bereits eingesetzt. Erst in diesem Stadium ist es gerechtfertigt, von Hilfe für den Sterbenden und Hilfe beim Sterben, kurz: von Sterbehilfe zu sprechen (BGH, Beschluss vom 17.03.2002, Az.: XII ZB 2/03).

Im Rahmen der **Sterbebegleitung** ist auf die Zuwendung nicht nur des Arztes und der Pflegekräfte, sondern auch der Angehörigen des Patienten allergrößter Wert zu legen.

Die Hilfeleistungspflicht des Arztes sowie des Pflegepersonals besteht bis zum Tode des Patienten. Dessen Los muss durch die Hilfe erleichtert werden.

> Die allgemein pflegerischen und hygienischen Maßnahmen als Basispflege sind selbstverständlich bis zum Tod durchzuführen.

Ist der Patient nicht spontan dazu in der Lage, sind Blase und Mastdarm regelmäßig zu entleeren. Einem Dekubitusrisiko ist durch regelmäßiges Drehen und Bewegen des Patienten vorzubeugen. Möglichem Erbrechen oder Verdursten ist durch geeignete Maßnahmen zu begegnen.

Rechtliche Aspekte

> Im geltenden Strafrecht der Bundesrepublik Deutschland hat der Gesetzgeber zu der Frage der Sterbehilfe nicht ausdrücklich Stellung genommen.

Es existiert also keine spezielle strafrechtliche Vorschrift, die ein Verbot der Sterbehilfe ausspräche. Da mit dem Problem der Sterbehilfe die Frage nach der Straftätigkeit oder Strafbarkeit einer Lebensverkürzung einhergeht, ist in der rechtlichen Auseinandersetzung auf diejenigen Bestimmungen zurückzugreifen, die den Schutz des menschlichen Lebens zum Inhalt haben. Neben dem Grundgesetz ist hier v. a.. auf das Strafgesetzbuch zurückzugreifen, durch dessen Vorschriften (§§ 221 ff StGB) die vorsätzliche oder fahrlässige Tötung anderer Menschen grundsätzlich unter Strafe gestellt wird.

> Die Strafbarkeit besteht sogar dann, wenn ein Täter »durch das ausdrückliche und ernstliche Verlangen des Getöteten zur Tötung bestimmt worden ist« (§ 216 StGB).

Das Tötungsverlangen des Opfers ist für den Gesetzgeber lediglich ein mildernder Umstand zu Gunsten des Täters, beseitigt jedoch nicht dessen Strafbarkeit. Andererseits ist die **Selbsttötung** ebenso wie der misslungene Versuch der Selbsttötung straffrei. Dies ist zwar im Strafgesetzbuch nicht ausdrücklich klargestellt, ergibt sich aber daraus, dass es bei der durch § 212 StGB verbotenen Tötung eines »Menschen« nicht um die Selbsttötung, sondern die Tötung eines anderen geht (▶ 11.6.7).

Diese zunächst klar anmutende Regelung birgt allerdings im Bereich zwischen Leben und Tod zahlreiche, vielschichtige Komplikationen, die auch nach geltendem Recht häufig keine eindeutige Grenzziehung erfahren.

Zur Darstellung dieser Komplikationen im strafrechtlichen Raum soll von nachfolgender Einteilung ausgegangen werden, die sich nach Durchsicht der Literatur als (noch) üblich zeigt.

Formen der Sterbehilfe
- Sterbehilfe durch Schmerzlinderung ohne Lebensverkürzung (reine Sterbehilfe)
- Sterbehilfe durch Schmerzlinderung mit lebensverkürzender Nebenwirkung (indirekte Sterbehilfe)
- Sterbehilfe durch Verzicht auf lebensverlängernde Therapie (passive Sterbehilfe)
- Sterbehilfe durch gezielte Lebensverkürzung (aktive Sterbehilfe)

Sterbehilfe durch Schmerzlinderung ohne Lebensverkürzung (reine Sterbehilfe)

Juristisch gesehen ist die Sterbehilfe durch Schmerzlinderung ohne Lebensverkürzung, auch »reine Sterbehilfe« genannt, unter dem Aspekt des Tötungsdelikts letztlich ohne Bedeutung. Sie ist für den Tod des Patienten nicht ursächlich.

Dennoch wäre es falsch, diese Form der Sterbehilfe durch Schmerzlinderung als rechtlich unproblematisch anzusehen. Komplizierte Rechtsprobleme tauchen nämlich im Bereich der strafrechtlichen **Körperverletzungstatbestände** oder auch der **unterlassenen**

Hilfeleistung auf. Zu den Aufgaben eines Arztes – und damit zu den Rechtspflichten gegenüber dem Patienten – gehört nicht nur die Heilung, sondern auch die Schmerzlinderung. »Mit Übernahme der Behandlung«, so der Bundesgerichtshof, »entsteht die Verpflichtung des Arztes, dem Kranken nach Möglichkeit zu helfen. Ist die Wiederherstellung der Gesundheit unmöglich, so besteht jedenfalls die Pflicht, die Schmerzen des Patienten im Rahmen des Möglichen zu lindern.« Vernachlässigt ein Arzt – oder als sein Erfüllungsgehilfe die Pflegekraft – diese Pflicht, so kann die Folge eine Strafbarkeit wegen unterlassener Hilfeleistung, aber auch wegen Körperverletzung sein, weil diese auch am Kranken oder Todkranken anerkanntermaßen möglich ist.

Nun sind aber Maßnahmen zur Schmerzlinderung in aller Regel mit Eingriffen in die körperliche Integrität verbunden, sei es durch Injektionen oder Operationen oder auch nur durch orale Medikamentierung. Wie bereits früher dargestellt (▶ 10.2), bedarf ein derartiger Eingriff grundsätzlich der Einwilligung des Patienten und zwar wegen der Beachtung seines **Selbstbestimmungsrechts**. Fehlt diese, so liegt eine eigenmächtige Heilbehandlung vor, die als Körperverletzung anzusehen ist. Die Einwilligung als Zulässigkeitsvoraussetzung für schmerzlindernde Maßnahmen setzt aber wiederum eine entsprechende Aufklärung seitens des Arztes voraus. Wie aber soll diese Aufklärung gerade von Todkranken und Sterbenden aussehen? Häufig genug ist der Patient zur Erteilung einer rechtswirksamen Einwilligung in dem Stadium, in dem die Schmerzlinderung notwendig ist, nicht einmal fähig.

Teilweise wird für solche Situationen die Bestellung eines Betreuers gefordert. Richtiger dürfte jedoch die Auffassung sein, die auf die sog. **mutmaßliche Einwilligung** des Patienten abstellt und damit die Entscheidung dem Arzt überlässt, der sein Handeln am vermuteten Interesse des Patienten orientiert. Bei der Feststellung dieses Interesses wird sich der Arzt regelmäßig mit den Angehörigen des Patienten besprechen, deren Wünsche für ihn zwar ohne Rechtsverbindlichkeit sind – was vielfach übersehen wird, da die Angehörigen keine gesetzlichen Vertreter des Patienten darstellen – aber Hinweise auf den mutmaßlichen Willen des Patienten geben können.

Sterbehilfe durch Schmerzlinderung mit lebensverkürzender Nebenwirkung (indirekte Sterbehilfe)

Im Gegensatz zur Sterbehilfe ohne Lebensverkürzung stellt die Sterbehilfe durch Schmerzlinderung mit lebensverkürzender Nebenwirkung, bisweilen auch als »indirekte Sterbehilfe« bezeichnet, durchaus ein Problem aus dem Bereich der Tötungsdelikte dar. Denn letztlich geht es um die juristisch äußerst schwierige Frage, die Straflosigkeit einer Handlung zu begründen, bei der der Arzt in Kauf nimmt oder nicht ausschließen kann, dass sie – früher oder später – den Tod des Patienten herbeiführt. Der Arzt wäre also an und für sich wegen eines vorsätzlichen (bedingter Vorsatz ist ausreichend; ▶ 11.3) bzw. fahrlässigen Tötungsdelikts strafbar.

So wird auch die strenge Auffassung vertreten, jedwede Form der Schmerzlinderung, die ein Tötungsrisiko berge, sei unzulässig. Allerdings befindet sich diese Meinung in der Minderheit. Aber auch die überwiegende Ansicht der Literatur, die für eine Straffreiheit dieser Art der Sterbehilfe eintritt, ist in ihrer Begründung nicht einheitlich. So wird die Meinung vertreten, es sei bei der indirekten Sterbehilfe schon die Tatbestandsverwirklichung des Totschlags (§ 212 StGB) zu verneinen, »weil sich die Behandlung eines unheilbar Kranken zur Linderung von Schmerzen und zur Vermeidung unnötiger Todesqualen unter Inkaufnahme lebensverkürzender Nebenwirkungen ihrem sozialen Gesamtsinn nach nicht gegen das Leben richte und damit keine Tötungshandlung sei«. Die Rechtsprechung dagegen begründet die Straffreiheit damit, dass das ärztliche Handeln durch eine Notstandssituation – sei sie rechtfertigender oder schuldausschließender Art – zu billigen sei (▶ 11.2, 11.3).

Der Arzt befindet sich in einer »**Pflichtenkollision**«: Einerseits hat er alles zu tun, um das Leben des Patienten zu erhalten (»in dubio pro vita«), andererseits ist er verpflichtet, die Schmerzen zu lindern. In diesem Konflikt hat, wenn nicht der Wille des Patienten entgegensteht, die Schmerzlinderung jedenfalls dann den Vorrang, wenn dadurch unerträgliche Qualen von dem tödlich Erkrankten abgewendet werden können. Denn allein Schmerzlinderung ist es, mit deren Hilfe der Arzt dem Lebenden dann noch dienen kann. Die Ermöglichung eines Todes in Würde und Schmerzfreiheit gemäß dem erklärten oder mutmaßlichen Willen des Betroffenen – so der Bundesgerichtshof (NJW 1991, 2357) – ist ein höheres Rechtsgut als die Aussicht, unter schwersten, insbesondere sog. **Vernichtungsschmerzen** noch kurze Zeit länger leben zu müssen.

> Deshalb wird eine ärztlich gebotene schmerzlindernde Medikation bei einem sterbenden Patienten nicht dadurch unzulässig, dass sie als unbeabsichtigte, aber in Kauf genommene unvermeidbare Nebenfolge den Todeseintritt beschleunigen kann (BGH, NJW 1997, 807).

Um jedoch nicht in den Verdacht einer als **Schmerzbehandlung** »getarnten« aktiven Sterbehilfe zu geraten, sollte der behandelnde Arzt für Transparenz und Nachvollziehbarkeit seiner Medikationsentscheidung sorgen. Dazu gehört vor allem eine genaue **Dokumentation** des Therapieverlaufs, insbesondere des Zusammenhangs zwischen Schmerzempfinden und (zunehmender) Dosierung.

Welche Maßnahmen zu Leidenslinderung, insbesondere bei mehreren in Betracht kommenden und in jeder Hinsicht gleichermaßen erfolgversprechenden und mit einem gleich hohen Risiko behafteten Behandlungsalternativen in Frage kommen, unterliegt grundsätzlich der ärztlichen Entscheidung (**Therapiefreiheit**).

Auch wenn aus dem Gebot der Achtung der **Menschenwürde** (Art. 1 GG) folgt, dass der Patient nicht zum Objekt ärztlicher Fremdbestimmung bei der Heilbehandlung werden darf, folgt daraus noch nicht, dass dem Patienten unter allen Umständen die Wahl der Behandlungsmethode abschließend vorbehalten wäre und sich der Arzt hiernach zu richten hätte. Bei mehreren in Betracht kommenden und in jeder Hinsicht gleichermaßen erfolgversprechenden und mit einem gleich hohen Risiko behafteten Behandlungsalternativen ist die Wahl der Behandlungsmethode Sache des Arztes. Der Patient braucht sich zwar auch dann nicht der Behandlung unterziehen. Dies wäre mit der Menschenwürde des Patienten nicht vereinbar. Er kann vielmehr die beabsichtigte Behandlung – auch teilweise – ablehnen. Der Arzt hat sich dann dieser Entscheidung des Patienten zu beugen.

> Andererseits kann der Arzt jedoch nicht verpflichtet werden, allein auf Grund der Entscheidung des Patienten für eine bestimmte Behandlungsmethode diese auch anzuwenden, wenn er sie im konkreten Fall für ungeeignet hält.

Unter diesen Aspekten wurde der Anspruch eines im Sterben liegenden Patienten mit Bronchialkarzinom auf Anschließung an ein Beatmungsgerät verneint, nachdem sich der Arzt zu gleichermaßen erfolgversprechenden Maßnahmen entschlossen hatte, nämlich Absaugen von Flüssigkeit aus den Atemwegen und die Verabreichung von bewusstseinsdämpfenden Mitteln (LG Karlsruhe, NJW 1992, 756).

Auch in diesem Zusammenhang bleibt wiederum die **Einwilligung** des Patienten problematisch, wobei die Einwilligung in die Schmerzlinderung, nicht in die Tötung gemeint ist. Für den nicht mehr einwilligungsfähigen Patienten dürfte ebenso wie zuvor aufgezeigt auf den mutmaßlichen Willen des Patienten abzustellen sein.

Sterbehilfe durch Verzicht auf lebensverlängernde Therapie (passive Sterbehilfe)

In unmittelbarem Zusammenhang mit der Sterbehilfe durch Schmerzlinderung steht in der Praxis die Frage, ob eine lebensverlängernde Therapie abgebrochen werden darf oder überhaupt nicht mehr aufgenommen werden soll, weil eine durch sie bewirkte Lebensverlängerung »keinen Sinn mehr hat«. Noch problematischer wird die Beantwortung dieser Frage, wenn der Verzicht auf lebensverlängernde Maßnahmen wie Beatmung, Bluttransfusion oder künstliche Ernährung zu einem **Zeitpunkt** erfolgt, **in dem der Sterbevorgang noch nicht eingesetzt hat**, es sich also nicht um eine Hilfe beim Sterben handelt, sondern um eine Hilfe zum Sterben. Vielfach wird in der Literatur auch dieser Vorgang bereits als Sterbehilfe im weiteren Sinne bezeichnet. Die Rechtsprechung (BGH, NJW 1995, 204 ff) erachtet einen derartigen Behandlungsabbruch ausnahmsweise bei einem unheilbar erkrankten, nicht mehr entscheidungsfähigen Patienten für zulässig, »weil ein solcher Behandlungsabbruch bei entsprechendem Patientenwillen als Ausdruck seiner allgemeinen Entscheidungsfreiheit und des Rechts auf körperliche Unversehrtheit (Art. 2 Abs. 2 S. 1 GG) grundsätzlich anzuerkennen ist«.

In der juristischen Literatur wie auch in der Rechtsprechung wird – wenngleich mit unterschiedlicher Begründung – eine Straflosigkeit der »passiven Sterbehilfe« nicht ausgeschlossen, sowohl bei der Sterbehilfe im eigentlichen Sinne, d. h. wenn der Sterbevorgang bereits eingesetzt hat, als auch bei der Sterbehilfe im weiteren Sinne.

Dieses Ergebnis mag zunächst überraschen. Da der Gesetzgeber die »aktive Sterbehilfe« so eindeutig unter Strafe gestellt hat (§ 216 StGB, Tötung auf Verlangen), dürfte für den ersten Blick für die passive Sterbehilfe, also die Sterbehilfe durch Unterlassen der Lebensverlängerung, nichts anderes gelten. Diese Konsequenz müsste aus § 13 StGB gezogen werden, wonach derjenige strafbar ist, der es unterlässt, einen zum gesetzlichen Tatbestand gehörenden Erfolg abzuwenden, wenn er rechtlich dafür einzustehen hat (**Garantenstellung**), dass der Erfolg nicht eintritt. Das Problem, um das es geht, ist danach die Frage, ob die Pflicht des Arztes zur lebensverlängernden Behandlung in allen Fällen und als »Kampf bis zum letzten Atemzug« besteht. Teilweise wird die Ansicht vertreten, dem Arzt sei »die Anwendung analeptischer Mittel ebenso unerbittlich geboten, wie ihm die tödliche Injektion verboten ist«. Geht man andererseits von der ständigen Rechtsprechung der Zivil- und Strafsenate des Bundesgerichtshofes aus, so ist festzustellen, dass es verboten und strafbar ist, eine Behandlung ohne oder gar gegen den Willen des Patienten zu beginnen oder fortzuführen. Daraus resultiert:

> Fordert der noch einsichtsfähige Patient den Behandlungsabbruch oder verweigert er die Behandlung, so muss diesem Verlangen entsprochen werden, auch wenn die Erkenntnisse der Medizin eine (Weiter-)Behandlung durchaus sinnvoll erscheinen lassen.

Das eigentlich strafbarkeitsbegründende Merkmal, die aus der Garantenstellung resultierende Behandlungspflicht, wird hier zurückgedrängt durch eine stärkere, aus dem Grundrecht resultierende Pflicht: die Pflicht zur Respektierung des Patientenwillens.

Ein gleiches Ergebnis gilt, wenn der Patient nicht mehr einwilligungsfähig ist. Hier ist zur **mutmaßlichen Einwilligung** überzugehen. An die Voraussetzungen für die Annahme eines mutmaßlichen Willens des Patienten werden von der Rechtsprechung strenge Anforderungen gestellt. Beurteilungsmerkmale sind v. a.

- frühere mündliche oder schriftliche Äußerungen des Patienten,
- seine religiöse Überzeugung,
- seine sonstigen persönlichen Wertvorstellungen,
- seine altersbedingte Lebenserwartung oder
- das Erleiden von Schmerzen.

Lassen sich bei der gebotenen sorgfältigen Prüfung konkrete Umstände für die Feststellung des individuellen mutmaßlichen Willens des Kranken nicht finden, so kann und muss auf Kriterien zurückgegriffen werden, die allgemeinen Wertvorstellungen entsprechen. Dabei ist jedoch Zurückhaltung geboten, v. a. dann, wenn der Sterbevorgang noch nicht eingesetzt hat (Sterbehilfe im weiteren Sinn). Hier hat im Zweifel der Schutz des menschlichen Lebens Vorrang vor persönlichen Überlegungen des Arztes, eines Angehörigen oder einer anderen beteiligten Person. Mangels anderer Anhaltspunkte für den mutmaßlichen Willen des bewusstlosen, nicht einwilligungsfähigen Patienten kann insbesondere darauf abzustellen sein, ob die Lebensverlängerung nach den Erkenntnissen der medizinischen Wissenschaft sinnvoll erscheint oder nicht. Je weniger die Wiederherstellung eines nach allgemeinen Vorstellungen menschenwürdigen Lebens zu erwarten ist, und je kürzer der Tod bevorsteht, umso eher wird ein Behandlungsabbruch vertretbar erscheinen (BGH, NJW 1988, 2310 ff).

Nur so kann z. B. auch das Problem zur Pflicht der Verhinderung von **Selbsttötungen** einigermaßen beantwortet werden, das ansonsten für Ärzte zu ganz **unerträglichen Konflikten** führen muss. Auf der einen Seite etwa betont der Bundesgerichtshof ständig, dass der Arzt den Patientenwillen stets zu respektieren habe. Auf der anderen Seite aber legt der Bundesgerichtshof jedermann, also auch dem Arzt, die Verpflichtung auf, dem Willen zur Selbsttötung entgegenzutreten, jedenfalls spätestens ab dem Zeitpunkt, ab dem der Suizident die Tatherrschaft als die tatsächliche Möglichkeit der Geschehensbeeinflussung endgültig verloren hat, weil er infolge Bewusstlosigkeit nicht mehr von seinem Entschluss zurück treten kann. Für den Garanten besteht eine Rettungspflicht. Vertritt man den hier wiedergegebenen Standpunkt, ist aus den dargelegten Gründen der Patientenwille zu respektieren. Ein Arzt, der einen »Suizidpatienten«, der zu ihm gebracht wird und an seinem Todesverlangen festhält, sterben lässt, würde sich demnach nicht strafbar machen.

Diesem Gedanken folgte jedoch der Bundesgerichtshof in einer Entscheidung aus dem Jahre 1984 (BGH, MedR 1984, 2639) nicht. In der Urteilsbegründung wird einerseits – allen neueren Forderungen nach verstärkter Respektierung des Patientenwillens zum Trotz – der Sterbewille des Suizidenten pauschal für unbeachtlich erklärt und festgestellt, dass strafbare Tötung (auf Verlangen) durch Unterlassen vorliegt, wenn ein Garant (z. B. der Arzt) nichts zur Rettung eines Selbstmörders unternimmt. Andererseits taucht das Selbstbestimmungsrecht des Patienten zwar in anderem Zusammenhang wieder auf, dieses aber nur als einer unter anderen Abwägungsfaktoren innerhalb der eigenverantwortlichen ärztlichen Entscheidung. Über den entschiedenen Fall hinaus kann das Urteil für den Gesamtbereich der sog. »passiven Sterbehilfe« von weiterreichender Bedeutung sein.

> Der Bundesgerichtshof führt u. a. aus, dass es keine Rechtsverpflichtung zur Erhaltung eines erlöschenden Lebens um jeden Preis gibt, dass nicht alles technisch Mögliche zu geschehen hat, dass nicht die Effizienz der Apparatur die Grenze ärztlicher Behandlungspflicht bestimmt, sondern die an der Achtung des Lebens und der Menschenwürde ausgerichtete Entscheidung des Arztes im Einzelfall.

Da im vorliegenden Fall der Arzt davon ausging, dass die Patientin im Falle ihrer Rettung schwere Dauerschäden davontragen würde, und da er wusste, dass sie eine Einweisung in ein Pflegeheim, ein Krankenhaus, eine Intensivstation sowie die Anwendung lebensverlängernder Maßnahmen ablehnte, habe er sich – so der Bundesgerichtshof – in einem **Konflikt** zwischen seiner Hilfeleistungspflicht und dem Selbstbestimmungsrecht der Patientin befunden. Wenn er in dieser

Situation auf Rettungsmaßnahmen verzichtet habe, sei dies eine vertretbare Entscheidung.

Sterbehilfe durch gezielte Lebensverkürzung (aktive Sterbehilfe)

Die bewusste und gewollte Tötung eines Todkranken oder Sterbenden ist nach übereinstimmender Auffassung, nicht nur im juristischen, sondern auch im theologischen und medizinischen Schrifttum unter allen Umständen strafbar.

> Nach geltendem Recht ist die »aktive Sterbehilfe« ein strafbares Tötungsdelikt, das je nach den Umständen regelmäßig als Töten auf Verlangen (§ 216 StGB) oder als Totschlag (§§ 212, 213 StGB) zu ahnden ist.

Damit stellt sich das Abgrenzungsproblem zur Sterbehilfe durch Schmerzlinderung mit dem Risiko einer möglichen Lebensverkürzung. Hierzu Hanack: »Man muss erkennen, dass hier eine Einschränkung des Tötungsverbots vorliegt, die sich aus dem Erfordernis der notwendigen Schmerzlinderung ableitet und von daher auch ihre Begrenzung empfängt. Diese Begrenzung fordert, dass der Arzt nicht mehr tut als zur Schmerzlinderung erforderlich ist; und erforderlich im strengen Sinne ist die sofortige und unmittelbare Tötung zum Zwecke der Linderung von Schmerzen nie.«

> Deswegen ist der Arzt bzw. das nicht-ärztliche Pflegepersonal strafbar, der/das »gezielt« und »absichtlich« tötet, aber auch derjenige, der den Tod eines Patienten vorsätzlich oder fahrlässig durch eine Überdosis schmerzlindernder Mittel herbeiführt.

Demgegenüber hat das Landgericht Ravensburg den Ehemann freigesprochen, der auf Wunsch seiner an einer unheilbaren im Endstadium begriffenen Krankheit leidenden Frau das Beatmungsgerät abgeschaltet hat. Das Gericht hat sich in seiner Urteilsbegründung auf den Standpunkt gestellt, dass ein im Sterben liegender Mensch, der aus eigener Kraft nicht mehr weiterleben will und dessen Tod nur noch mit Hilfe technischer Geräte hinausgezögert werden kann, verlangen kann, dass solche Maßnahmen unterbleiben oder abgebrochen werden. Jemand, der diesem Verlangen nachkommt, gleichgültig, ob durch Unterlassen oder durch aktives Tun, tötet nicht (auf Verlangen, § 216 StGB), sondern leistet Beistand im Sterben (LG Ravensburg, MedR 1987, 196 f). Freispruch für aktive Sterbehilfe erfolgte auch in den Niederlanden für einen Arzt, der eine 95 Jahre alte Patientin auf deren ausdrücklichen, ernsthaften und wiederholt geäußerten Wunsch hin durch Injektionen von ihrem Leiden erlöste (FAZ vom 16.05.1983).

Patientenverfügung, Betreuungsverfügung, Vorsorgevollmacht

Aus dem Vorstehenden wird deutlich, dass auch juristisch die Diskussion um die Sterbehilfe nicht einheitlich verläuft und trotz zahlreicher höchstrichterlicher Rechtsprechung manche Fragen offen bleiben. An konkreten Versuchen, das **Recht auf einen menschenwürdigen Tod** durch Anwendung der verschiedenen Formen der Sterbehilfe zu verwirklichen, hat es nicht gefehlt.

Alle Lösungsansätze sind von dem Versuch geprägt, den (mutmaßlichen) Willen des (im Behandlungszeitpunkt) äußerungs- und entscheidungsunfähigen Patienten festzustellen.

Patientenverfügung

Einer dieser Lösungsvorschläge ist die Erstellung einer sog. Patientenverfügung (Abb. 11.2).

> Die Patientenverfügung ist die schriftliche Erklärung einer entscheidungsfähigen Person, mit der diese den Arzt zum Verzicht auf alle unnötigen lebensverlängernden Maßnahmen im Falle eines irreversiblen Gesundheitszustandes mit infauster Prognose ermächtigt.

Die in der Patientenverfügung niedergelegte Erklärung soll Ärzten und Pflegenden das Recht einräumen, von »heroischen« Wiederbelebungs- bzw. Lebenserhaltungsmaßnahmen bei unheilbarer Erkrankung Abstand zu nehmen, wenn der Patient einen entsprechenden Willen nicht mehr äußern kann.

In der Patientenverfügung äußert sich das Selbstbestimmungsrecht des Patienten. Auch wenn gesetzlich nicht verankert, rührt die rechtliche Bedeutung der Patientenverfügung letztlich daher, dass der Wille des urteils- und einsichtsfähigen Patienten gegenüber der ärztlichen/pflegerischen Hilfs- und Behandlungspflicht den Vorrang hat.

In einem als Grundsatzentscheidung zu bewertenden Beschluss hat nunmehr der Bundesgerichtshof entschieden (BGH, Beschluss vom 17.03.2003, Az.: XII ZB 2/03):

> Ist ein Patient einwilligungsunfähig und hat sein Grundleiden einen irreversiblen tödlichen Verlauf angenommen, so müssen lebenserhaltende – oder verlängernde – Maßnahmen unterbleiben, wenn dies seinem zuvor – etwa in Form einer sog. Patientenverfügung – geäußerten Willen entspricht.

Die folgt aus der **Würde des Menschen**, die es gebietet, sein in einwilligungsfähigem Zustand ausgeübtes **Selbstbestimmungsrecht** auch dann noch zu respek-

Patienten-Testament
(nach Prof. Dr. Wilhelm Uhlenbruck)

I. Personalien

Vor- und Zuname _____ Geb.Datum _____

Straße/Hausnr. _____ Telefon _____

PLZ/Wohnort _____

Wichtige Vorerkrankungen: _____

_____

_____

II. Vorinformation

Nachfolgende Erklärungen gebe ich nicht nur im Vollbesitz meiner geistigen Kräfte und bei voller Entscheidungsfähigkeit ab, sondern nach sorgfältiger Information zugleich in voller Kenntnis von Inhalt und Tragweite meines hier geäußerten Willens:

Das Leben ist für mich von hohem Wert. Es gibt aber Situationen, in denen das Leben nur noch ein Martyrium bzw. eine Folter darstellt und der Tod die ersehnte Erlösung von einem für mich unerträglichen Leiden bedeuten würde. In einem solchen Fall möchte ich **selbst entscheiden** dürfen, ob mein Leben mit den Mitteln der modernen Apparatemedizin künstlich aufrechterhalten und mein Leiden verlängert wird oder ob dem Krankheits- bzw. Sterbevorgang sein natürlicher Verlauf gelassen wird.

Über **Lebenmüssen** und **Sterbendürfen** entscheiden meine **eigenen Wertvorstellungen,** nicht dagegen die der Ärzte, Angehörigen oder sonstiger Personen. Auch ein etwa von mir Bevollmächtigter hat sich bei seinen Entscheidungen, die er für mich in Gesundheitsangelegenheiten trifft, an meinen Wertvorstellungen zu orientieren und nicht daran, was medizinisch und technisch machbar ist.

Ärzte, Pflegepersonal und **Angehörige** sowie sonstige mir **nahestehende Personen** sollen sich nicht danach richten, was sie selbst oder andere Menschen in einer solchen Situation wünschen würden, sondern sich ausschließlich an meinen in diesem Patienten-Testament niedergelegten Willen halten, gleichgültig, ob sie diesen vernünftig und medizinisch vertretbar finden oder nicht.

Ich bitte **natürlichen Vorgängen eines Sterbeprozesses** und unheilbaren, zum Tode führenden Erkrankungen absoluten Vorrang einzuräumen gegenüber den technischen Möglichkeiten einer zeitlich begrenzten Lebensverlängerung. Ich schätze die **Lebensqualität** in jedem Fall höher ein als die **Lebensquantität,** zumal wenn letztere mit Schmerzen, Qualen oder dauernder Bewußtlosigkeit verbunden ist. Ich möchte nach Möglichkeit meine letzten Wochen, Tage oder Stunden in einer mir vertrauten Umgebung verbringen.

Von lebensverlängernden und lebenserhaltenden Maßnahmen bitte ich nicht nur im Endstadium einer tödlich verlaufenden Erkrankung Abstand zu nehmen, sondern auch dann, wenn ich geistig so verwirrt sein sollte, daß ich meine Umgebung nicht mehr erkenne, wenn ich **längere Zeit ohne Bewußtsein** bin oder an **unerträglichen Schmerzen** leiden sollte, die auch mit den Mitteln moderner Schmerztherapie nicht beseitigt werden können.

Ich bin mir bewußt, daß ich bei **Einstellung der künstlichen Ernährung** oder der **Flüssigkeitszufuhr** verhungere oder verdurste. Diese Folge nehme ich für den Fall längerer Bewußtlosigkeit bzw. „Wachkoma" ausdrücklich in Kauf.

Abb. 11.2. Muster einer Patientenverfügung (mit freundlicher Genehmigung Verlag Klaus Vahle)

tieren, wenn er zu eigenverantwortlichen Entscheidungen nicht mehr in der Lage ist. Nur wenn sich ein solcher erklärter Wille des Patienten nicht feststellen lässt, beurteilt sich die Zulässigkeit solcher Maßnahmen nach dem mutmaßlichen Willen des Patienten, der dann individuell – also aus dessen Lebensentscheidungen, Wertvorstellungen und Überzeugungen – zu ermitteln ist.

III. Anweisung an meine Ärzte

1. Ich weiß, daß ich weder meinen Ärzten noch dem Pflegepersonal eine strafbare aktive Tötung zumuten kann, wenn mein Zustand nach allgemeiner Erfahrung die Wiederkehr der zwischenmenschlichen Kommunikation und das Wiedererstarken des Lebenswillens nicht erwarten läßt.
Hat mein Leiden oder haben meine Verletzungen mit infauster (hoffnungsloser) Prognose aber einen **irreversiblen Verlauf** genommen oder ist mein Zustand derart, daß ich kein bewußtes und umweltbezogenes Leben mit eigener Persönlichkeitsgestaltung mehr führen kann, wie z.B. bei schweren Hirnschäden oder bei länger andauerndem Wach-Koma, so **verlange ich den Verzicht auf weitere ärztliche Behandlung, Eingriffe und lebenserhaltende Maßnahmen.** Sollten solche Maßnahmen bereits eingeleitet worden sein, **bestehe ich auf dem Abbruch dieser Maßnahmen.** Mit einer **Intensivtherapie** bin ich nur einverstanden, wenn diese der **Leidensminderung** dient. **Maßnahmen der Wiederbelebung** verweigere ich auch dann, wenn im Endstadium einer tödlich verlaufenden Krankheit, bei dauernder Verwirrung oder Desorientiertheit sowie bei voraussichtlich dauerhafter Schädigung des Gehirns mit der Folge einer Hilflosigkeit und Kommunikationsunfähigkeit bei mir ein Herzstillstand oder Bewußtseinsverlust eintritt.

2. Meine behandelnden Ärzte und das Pflegepersonal bitte ich, ihre Bemühungen auf die **Hilfe beim Sterben**, also auf eine **Linderung von Beschwerden** bei gleichzeitigem **Verzicht auf lebensverlängernde Maßnahmen** zu beschränken. Hierunter verstehe ich nicht nur eine meinen menschlichen Grundbedürfnissen entsprechende ärztliche Betreuung, Unterbringung und Pflege, sondern auch die optimale Behandlung von Schmerz, Atemnot, Depression, Übelkeit und Erbrechen, Angst und Unruhe.
Ich bin mir dabei bewußt, daß bei manchen zum Tode führenden Erkrankungen die notwendige Leidensminderung so stark im Vordergrund stehen kann, daß zugleich die **Möglichkeit einer Lebensverkürzung** als ungewollte Nebenwirkung eintritt. Auch diese rechtlich wie theologisch zulässige „indirekte Sterbehilfe" wird von mir in Kauf genommen und soll für Ärzte und Pflegepersonal keine rechtlichen Folgen haben.

3. Ich bin mir darüber im klaren, daß auch bei einer **Bewußtlosigkeit ("Wach-Koma")**, die länger als 6 Monate andauert, die Möglichkeit nicht ausgeschlossen ist, daß ich irgendwann - mit oder ohne zerebrale Dauerschäden - aufwache. Ich möchte aber - nicht zuletzt auch angesichts meines Alters - trotzdem nicht künstlich am Leben gehalten werden, wie z. B. durch eine Magenfistel, Nasensonde oder parenterale Ernährung über die Vene. Ich erwarte, daß meine **Ärzte** in einem solchen Fall auf die **Anwendung lebenserhaltender Maßnahmen verzichten,** wie z. B. auf die Anwendung von Antibiotika. Dabei bin ich mir bewußt, daß zu den lebenserhaltenden Maßnahmen insbesondere die künstliche Nahrungszufuhr, Sauerstoffzufuhr, künstliche Beatmung, Medikation, Bluttransfusion und Dialyse gehören. Diese Maßnahmen sollen nur zulässig sein, wenn es zur Leidensminderung, vor allem Schmerzlinderung, unbedingt notwendig ist.

4. Die **Prognose,** ob mein Zustand oder meine Krankheit zum Tode führen und mir nach aller Voraussicht große Schmerzen oder Qualen bereiten wird, sollte von **zwei Ärzten** getroffen werden.

5. Zur eigenen Absicherung sei meinen Ärzten empfohlen, dieses Patiententestament **zu den Krankenunterlagen zu nehmen** und im Krankenblatt zu vermerken, daß eine Intensivtherapie, ein Eingriff, eine Behandlung oder Reanimation angesichts des Befundes nur noch einer sinnlosen Sterbensverlängerung gedient hätte. Ärzte, die vorstehenden Anordnungen Folge leisten, handeln im Sinne des geltenden Rechts.

6. Für den Fall des Hirntodes bin ich mit der **Entnahme von Organen** - nicht - einverstanden.

(Falls von der nachstehenden Vorsorgevollmacht kein Gebrauch gemacht wird, bitte hier unterschreiben.)

| Ort | Datum | Unterschrift |

Diese Willenserklärung wurde zur Bekräftigung erneut bestätigt:

| Ort | Datum | Unterschrift |

| Ort | Datum | Unterschrift |

Verlag Klaus Vahle · Eisenacher Str. 76 · 10823 Berlin - Alle Rechte beim Verlag, Nachdruck nur mit schriftlicher Genehmigung.
1. Auflage 8/97 - Formular-Set mit Erläuterungsbroschüre und Hinweiskarten für die Brieftasche - ISBN 3-926445-14-9

◻ Abb. 11.2. Muster einer Patientenverfügung (Fortsetzung)

Dennoch wird die grundsätzliche Gültigkeit einer »Patientenverfügung« durch folgende Überlegung stark eingeschränkt: Der Gesunde entscheidet in aller Regel anders als der Kranke. Und während der Krankheit wird häufig anders entschieden als in der Stunde des Todes.

Patientenverfügung gegen Bluttransfusion

Der Inhalt einer Patientenverfügung muss sich nicht notwendigerweise auf die Ablehnung lebensverlängernder Maßnahmen beschränken. Eine Patientenverfügung kann ebenso die ausdrückliche Weigerung einer Bluttransfusion zum Inhalt haben, etwa bei Angehörigen der Zeugen Jehovas.

Die Verbindlichkeit eines (antizipierten – vorweg – genommenen) Vetos eines Zeugen Jehovas gegen die Gabe einer Bluttransfusion und die haftungsrechtlichen Folgen bei Missachtung dieses Vetos durch den Arzt werden im Schrifttum schon lange diskutiert.

Soweit ersichtlich hat das Oberlandesgericht (OLG) München nunmehr erstmalig obergerichtlich hierzu Stellung genommen (OLG München, MedR 2003, 174 ff mit kritischer Anmerkung von A. W. Bender).

Das Gericht stellt als Grundsatz zutreffend fest:

> Bluttransfusionen gegen die ausdrückliche Weigerung (= Veto) des einwilligungsfähigen Patienten – z. B. in einer entsprechenden Patientenverfügung – sind aus rechtlicher Sicht grundsätzlich unzulässig, auch wenn der Patient sich ohne eine solche Transfusion in Lebensgefahr oder die Gefahr des sicheren Todes begibt.

Aus diesem Grundsatz folgt, dass der Arzt, der abredewidrig oder unter Täuschung seines Patienten – im konkreten Fall eine Angehörige der Zeugen Jehovas – im beratenden Gespräch intraoperativ zur Blutkonserve greift und Fremdblut infundiert, damit in der Regel zum einen seine Vertragspflichten verletzt (▶ 10.1); zum anderen kann er zugleich eine unerlaubte Handlung im Sinne von § 823 BGB durch Verletzung des Persönlichkeitsrechts (Art. 2 GG) begehen, die eine Schadensersatzforderung in Form von Schmerzensgeld nach sich ziehen kann (▶ 10.2).

Zu diesem haftungsrechtlichen Ergebnis kommt das Gericht jedoch nicht, weil es im konkreten Fall die Verbindlichkeit der Weigerung einschränkt.

Im Wesentlichen stellt es der eindeutigen Patientenverfügung den ärztlichen Eid, den Berufsethos zur Heilung und Behandlung sowie das ärztliche Gewissen gegenüber und folgert in der Art einer Interessenabwägung, dass der Arzt »nicht zum willenlosen Spielball der Patientenverfügung« werden dürfe und der Patient nicht davon ausgehen könne, dass sich der Arzt »in jedem deutbaren Fall unter Ausschaltung seines ärztlichen Gewissens gleichsam maschinenhaft daran halten und ihn im Falle des Falles auch sterben lassen würde«.

Dieser Entscheidung ist zumindest entgegenzuhalten, dass das Veto der bei Behandlungsbeginn einwilligungsfähigen Patientin im konkreten Fall verbindlich war. Sie hatte nicht nur während zweier Aufklärungsgespräche ihre Ablehnung gegen die Bluttransfusion deutlich gemacht, sondern den Ärzten auch das von ihr aktuell, nämlich am Aufnahmetag, unterschriebene »Dokument zur ärztlichen Versorgung« sowie eine Patientenverfügung und eine Vollmacht in Gesundheitsangelegenheiten übergeben. In dem zu entscheidenden Fall ging es also nicht – worauf zutreffend in der juristischen Kritik hingewiesen wird – um den aus rechtlicher Sicht viel problematischeren Sachverhalt der Einlieferung eines bereits bewusstlosen Patienten, der seinen Selbstbestimmungswillen nicht mehr aktuell artikulieren kann.

An der Verbindlichkeit des Vetos ändert auch nichts die Tatsache, dass die Bluttransfusion in einem Zeitpunkt erforderlich wurde, in dem die Patientin bewusstlos war.

Demgegenüber stellt das Gericht fest, dass der Arzt nicht in jedem Fall gehalten sei, der eindeutigen Patientenverfügung zu folgen, vor allem, wenn er bei Aufnahme der Behandlung nach gewissenhafter Prüfung annehmen konnte, die Gabe von Blut würde nicht erforderlich werden.

In diesem Falle stehe – so das Gericht – in der intra- oder postoperativen Notsituation, in der es um Leben oder Tod geht, Gewissensentscheidung gegen Gewissensentscheidung. Bei dieser Abwägung räumt das Gericht der Gewissensentscheidung des Arztes schlicht den Vorrang ein. Damit aber stünde eine Bluttransfusion in den meisten Fällen unter Nichtbeachtung des Selbstbestimmungsrechts des Patienten zur Disposition des Arztes – worauf die Kritik zutreffend hinweist.

> Die Annahme des Gerichts, aus einer Patientenverfügung gegen eine Bluttransfusion keine Bindungswirkung für den Arzt abzuleiten, wenn die Bewusstlosigkeit der Patientin erst im Verlauf einer bis dahin keinerlei Bluttransfusion erfordernden und erwarten lassenden, rechtmäßig aufgenommenen und durchgeführten Behandlung eingetreten ist und sich sodann die Frage einer Bluttransfusion zur Lebensrettung stellt, ist mehr als kritisch zu hinterfragen.

Vielmehr muss gelten:
- Ein Patient, der bei Aufnahme seine Behandlungsanweisung klar formuliert und in einer Patientenverfügung deutlich offenbart hat, muss auf deren Beachtung vertrauen dürfen.
- Lehnt ein Arzt in Kenntnis der besonderen Bedeutung der Blutfrage für den Patienten die Übernahme der Behandlung – Ausnahme: Notfall – nicht ab, darf er sich später auch nicht unter Hinweis auf sein Gewissen über das Selbstbestimmungsrecht des Patienten z. B. Zeugen Jehovas hinwegsetzen.

Keinerlei Hilfestellung für den Arzt ist – worauf das Gericht allerdings zutreffend hinweist – eine **Freizeichnungsklausel** des Patienten etwa des Inhalts: »Ich befreie hiermit die Ärzte, Anästhesisten, Krankenhäuser und deren Personal von jeglicher Verantwortung für Schäden, die bei kunstgerechter Versorgung auf meine Ablehnung von Bluttransfusionen zurückgeführt werden könnten«.

Betreuungsverfügung

Als eine weitere Lösungsmöglichkeit sieht die – wenngleich zum Teil aus rechtsdogmatischen Gründen kritisierte – Rechtsprechung die sog. Betreuungsverfügung an (▶ 9.2.1 am Ende).

> Die Betreuungsverfügung enthält den Willen des einsichtsfähigen Betreuten, mit dem er künstliche Lebens- und Leidensverlängerungen durch die Apparatemedizin oder Intensivtherapie ablehnt, wenn ein menschenwürdiges Leben nicht mehr möglich ist.

Die auf den Betreuungsfall beschränkte Betreuungsverfügung hat nach der Rechtsprechung ihre Rechtsgrundlage in § 1904 BGB. Danach ist eine Vertretung in Gesundheitsangelegenheiten zwar zulässig, sie bedarf allerdings der vormundschaftsgerichtlichen Genehmigung, wenn die Durchführung ärztlicher Maßnahmen eine Gefahr für Leib und Leben begründet.

Allerdings ist damit der Fall des **Behandlungsabbruchs** oder des Abbruchs sonstiger lebenserhaltender Maßnahmen, wie etwa einer künstlichen Ernährung, nicht geregelt. Die höchstrichterliche, strafrechtliche Rechtsprechung (BGH, NJW 1995, 408) hat jedoch angenommen, dass die Vorschrift, wonach der Betreuer zur Wirksamkeit seiner Einwilligung in bestimmte ärztliche Maßnahmen der vormundschaftsgerichtlichen Genehmigung bedarf, über den Wortlaut des Gesetzes hinaus, nach ihrem Sinn und Zweck auch auf die Fälle entsprechend anzuwenden sind, in denen die ärztliche Maßnahme in der Beendigung einer bisher durchgeführten lebenserhaltenden Maßnahme besteht und der Sterbevorgang noch nicht unmittelbar eingesetzt hat.

Dieser strafrechtlichen Rechtsprechung zur Sterbehilfe ist – zum Teil – die Rechtsprechung zum Betreuungsrecht gefolgt (OLG Frankfurt, NJW 1998, 2447).

Auch der Bundesgerichtshof (Beschluss vom 17.03.2003, Az.: XII ZB 2/03) hat sich unter betreuungsrechtlichen Gesichtspunkten im Ergebnis nunmehr für eine Mitwirkung des Vormundschaftsgerichts ausgesprochen und begründet diese mit einem »unabweisbaren Bedürfnis des Betreuungsrechts« (▶ 9.2.1).

Als Nachteil einer Betreuungsverfügung wird in der Literatur empfunden, dass letztlich über schwerwiegende Eingriffe, wie etwa einen Behandlungsabbruch oder den Abbruch lebenserhaltender Maßnahmen, immer ein mehr oder weniger erfahrener Vormundschaftsrichter entscheidet.

Dieser Auffassung hält der Bundesgerichtshof u. a. entgegen, dass ein vormundschaftliches Verfahren die Möglichkeit böte, verantwortlich zu prüfen, ob der rechtliche Rahmen für das Verlangen des Betreuers nach Unterlassen oder Einstellung lebensverlängernder Maßnahmen überhaupt eröffnet ist. »Dies wäre immer dann zu verneinen, wenn eine letzte Sicherheit, dass die Krankheit des Betroffenen einen irreversiblen und tödlichen Verlauf genommen habe, nicht zu gewinnen ist (BGH, Beschluss vom 17.03.2003, Az.: XII ZB 2/03).

Vorsorgevollmacht

Schließlich kommt die sog. Vorsorgevollmacht in Frage (▶ 9.2.1 am Ende).

Rechtsgrundlage der Vorsorgevollmacht sind die §§ 1904 Abs. 2 und 1896 Abs. 2 S. 2 BGB.

> Die Vorsorgevollmacht bevollmächtigt eine Person des Vertrauens, allgemein oder beschränkt auch im Bereich der Gesundheitsfürsorge im Interesse des Vollmachtgebers zu handeln.

Als Vorteil der Vorsorgevollmacht gegenüber der Betreuungsverfügung ist das vereinfachte Verfahren zu nennen. Es ist nur die **Schriftlichkeit** erforderlich, keine vormundschaftliche Bestellung des Bevollmächtigten. Andererseits bedarf es im Falle des Abbruchs ärztlicher Maßnahmen – wie bei der Betreuungsverfügung – einer Genehmigung durch das Vormundschaftsgericht.

Gesetzliche Regelungen der Sterbehilfe in anderen Ländern

In einigen Ländern ist die Sterbehilfe gesetzlich geregelt.

Kalifornien

Eine erste gesetzliche Regelung des Rechts auf einen natürlichen Tod wurde 1976 in Kalifornien getroffen, als Gouverneur Brown den »Natural Death Act« unterzeichnete. Das Gesetz regelt das Recht des Patienten, durch eine schriftliche Anweisung (Direktive) die Anwendung lebenserhaltender Therapie zu untersagen, sofern der Patient sich im letzten Stadium einer Krankheit oder Verletzung befindet, bei der alle Maßnahmen nur den Zeitpunkt des Todes des Patienten hinausschieben.

Die Anweisung kann nur von einer geistig gesunden Person über 18 Jahren ausgestellt werden. Es sind zwei erwachsene Zeugen hinzuziehen, die nicht mit dem Anweisenden verheiratet oder verwandt und ebenso wenig erbberechtigt sein dürfen.

Liegt der Anweisende im Krankenhaus, so ist das Personal als Zeuge ausgeschlossen. Befindet sich der Anweisende im Pflegeheim, so muss ein Zeuge ein »Patientenanwalt« oder ein Ombudsmann (Schiedsrichter) sein. Die Anweisung soll zu den Krankenpapieren genommen werden. Sie ist jederzeit widerruflich und fünf Jahre wirksam. Neben diesen formellen Voraussetzungen enthält das Gesetz Bestimmungen über die Wirkungen der Anweisungen auch auf die Haftbarkeit des Arztes, wenn er die Anweisung nicht befolgt. Als Motive nennt das »Kalifornische Gesetz« den Schutz der Individualautonomie, die Verhinderung eines mit der Lebensverlängerung unter diesen Umständen verbundenen Verlusts der Menschenwürde sowie das Vermeiden von weiteren Schmerzen und Leiden.

Niederlande

In den Niederlanden ist seit dem Jahre 2000 ein neues Gesetz über die Sterbehilfe in Kraft, das das erste Gesetz zur Sterbehilfe aus dem Jahr 1993 ersetzt.

Das neue Gesetz ist – trotz administrativer Erleichterungen – wesentlich restriktiver:
- Der Patient muss an einer unheilbaren, äußerst schmerzhaften Krankheit leiden.
- Der Arzt muss den schwer- oder todkranken Patienten über seine aussichtslose Lage, die ein zweiter (Fach-)Arzt bestätigen muss, informieren.
- Der Patient muss seinen Wunsch auf aktive Sterbehilfe aus eigener Überzeugung und wiederholt zum Ausdruck bringen.
- Die zuständigen Behörden sind zu informieren. Sie müssen im Zweifelsfall die Staatsanwaltschaft informieren.
- Die Staatsanwaltschaft kann von sich aus jeden Fall der Sterbehilfe überprüfen.

Weiter ist gesetzlich verankert, dass 16- und 17jährige ihren eigenen Willen darlegen und grundsätzlich durchsetzen können. Die Eltern müssen jedoch stets bei der Entscheidungsfindung mit einbezogen werden. Für Kinder und Jugendliche zwischen 12 und 16 Jahren ist die elterliche Zustimmung zwingend.

Belgien

Auch in Belgien gibt es seit dem Jahre 2002 ein »Gesetz die Euthanasie betreffend«. Danach begeht der Arzt »bei einem vorsätzlich ausgeübten Akt zur Beendigung des Lebens einer Person auf deren Verlangen hin« (=Euthanasie) dann keine strafbare Handlung, wenn
- der Patient volljährig, handlungsfähig und im Moment seines Verlangens bei Bewusstsein ist,
- er das Verlangen nach Euthanasie freiwillig, überlegt, wiederholt und ohne äußeren Druck formuliert,
- sich der Patient in einer medizinisch ausweglosen Situation befindet, wobei er an einem konstanten physischen oder psychischen Leiden, das nicht gelindert werden kann und das sich aus einer schweren und unheilbaren, unfallbedingten oder pathologischen Erkrankung ergibt, leiden muss und
- der Arzt die weitere, in dem Gesetz vorgeschriebene Vorgehensweise einhält.

Ähnlich der niederländischen Regelung muss der Arzt den Tod des Patienten einer **Bundeskommission für die Kontrolle und Evaluation** die Anwendung des Euthanasie-Gesetzes melden.

Sterbehilfe aus der Sicht des Europäischen Gerichtshofes

In einem Grundsatzurteil hat der Europäische Gerichtshof für Menschenrechte die Klage einer unheilbar Kranken aus Großbritannien zurückgewiesen, die mit Hilfe ihres Mannes sterben wollte. Ein britisches Gericht hatte entschieden, dass der Mann im Falle der aktiven Sterbehilfe strafrechtlich verfolgt werden müsse.

> Das Europäische Gericht verneinte einen Verstoß des nationalen Gerichts gegen die Europäische Konvention für Menschenrechte. Das Grundrecht auf Leben – so das Gericht – schließe nicht das Recht auf Selbsttötung ein.

Schon in früheren Entscheidungen hatte der Europäische Gerichtshof für Menschenrechte stets die Pflicht des Staates betont, das Leben zu schützen.

Resolutionen des Europarates
Mit der Regelung der Sterbehilfe hat sich weiterhin auch der Europarat auf seiner 27. außerordentlichen Sitzung befasst und bereits 1979 eine Resolution (Nr. 613) über die Rechte der Kranken und Sterbenden formuliert. Darin heißt es wie folgt:

Die Versammlung
- glaubt auf Grund ihrer Empfehlung über die Rechte der Kranken und des Berichts des Ausschusses für Sozial- und Gesundheitsfragen, dass den wahren Interessen der Kranken nicht immer am besten gedient ist durch eifrige Anwendung der modernen Techniken der Lebensverlängerung;
- ist überzeugt, dass der größte Wunsch sterbender Patienten ein Tod in Würde und Frieden ist, wenn möglich im angenehmen Rahmen und Beisein ihrer Familien und Freunde;
- ist beunruhigt, dass unnötige Sorge hervorgerufen werden könnte über die Auswahl der richtigen Kriterien zur Bestimmung des Todes;
- besteht darauf, dass keinen anderen Interessen Rechnung getragen wird in der Festsetzung des Todeszeitpunktes als denjenigen des Sterbenden;
- ermutigt die verantwortlichen Kapazitäten der Medizin in den Mitgliedsstaaten zur kritischen Prüfung der Kriterien, auf denen gegenwärtig Entscheidungen basieren, im Hinblick auf zu ergreifende Maßnahmen zur Einleitung von Wiederbelebungsmaßnahmen und die Einweisung von Patienten zur Langzeitpflege, die Maßnahmen zur künstlichen Lebenserhaltung erfordert;
- lädt das europäische Büro der Weltgesundheitsorganisation zur Prüfung der Kriterien zur Bestimmung des Todes ein, die in den verschiedenen europäischen Ländern gegenwärtig nach neuesten medizinischen Erkenntnissen angewandt werden, sowie Vorschläge zu machen zur Harmonisierung dieser Kriterien so, dass sie universell anwendbar sind, nicht nur in Krankenhäusern, sondern auch in genereller medizinischer Praxis.

Grundsätze der Bundesärztekammer
Abschließend bleibt noch hinzuweisen auf die »Grundsätze der Bundesärztekammer zur ärztlichen Sterbebegleitung« (▶ Anhang D). Die Grundsätze geben Hinweise für den Umgang mit Sterbenden und mit anderen von schwerster Krankheit betroffenen Patienten. Sie haben Bedeutung für das Handeln des Arztes und werden die Bewertung dieses Handelns durch Juristen beeinflussen. Den Patienten können die Grundsätze zur Orientierung bei der Frage dienen, ob und wie sie ihren Willen für die von den Grundsätzen aufgestellten Lebenssituationen einbringen möchten.

11.6.10 Schweigepflicht und Datenschutz

Medizinische Daten zählen zu den sensibelsten Daten schlechthin. Deshalb gilt für den Umgang mit Patientendaten eine Vielzahl gesetzlicher, sich ergänzender Vorschriften. Dazu gehören
- das Bundesdatenschutzgesetz,
- die Datenschutzgesetze der Länder,
- kirchliche Datenschutzbestimmungen,
- Krankenhausdatenschutzgesetze (wie etwa im Bundesland Bremen),
- Regelungen in den Krankenhausgesetzen der Länder ebenso wie im Bundessozialgesetzbuch,
- tarifvertragliche und arbeitsrechtliche Vorschriften zur Verschwiegenheitspflicht (▶ 12.4.3) und nicht zuletzt
- die strafrechtliche Schweigepflicht.

Verletzung von Privatgeheimnissen (§ 203 StGB)
Die Strafvorschrift ist in den hier interessierenden Teilen wie folgt formuliert: (§ 203 StGB Verletzung von Privatgeheimnissen)

(1) Wer unbefugt ein fremdes Geheimnis, namentlich ein zum persönlichen Lebensbereich gehörendes Geheimnis oder ein Betriebs- oder Geschäftsgeheimnis offenbart, das ihm als:
(2) Arzt, Zahnarzt, ... oder Angehörigen eines anderen Heilberufs, der für die Berufsausübung oder die Führung der Berufsbezeichnung eine staatlich geregelte Ausbildung erfordert ...
... anvertraut worden oder sonst bekannt geworden ist, wird mit Freiheitsstrafe bis zu einem Jahr oder mit Geldstrafe bestraft.
(3) Den in Abs. 1 Genannten stehen ihre berufsmäßig tätigen Gehilfen und die Personen gleich, die bei ihnen zur Vorbereitung auf

den Beruf tätig sind. Den in Abs. 1 und den in Satz 1 Genannten steht nach dem Tode des zur Wahrung des Geheimnisses Verpflichteten ferner gleich, wer das Geheimnis von dem Verstorbenen oder aus dessen Nachlass erlangt hat.
(4) Die Absätze 1 und 3 sind auch anzuwenden, wenn der Täter das fremde Geheimnis nach dem Tode des Betroffenen unbefugt offenbart.

Soweit auszugsweise der gesetzliche Wortlaut.

Von § 203 StGB geschütztes Rechtsgut

In der Vergangenheit wurde und auch teilweise heute noch wird die Auffassung vertreten, das von § 203 StGB geschützte Rechtsgut sei in erster Linie das **Individualinteresse** an der Geheimhaltung bestimmter Tatsachen. Das trifft insoweit zu, als die Pflicht zur Verschwiegenheit nicht die ungestörte Ausübung der in § 203 Abs. 1 StGB genannten Berufe zum Inhalt hat, sondern das allgemeine Persönlichkeitsrecht (Art. 2 Abs. 1 i. V. m. Art. 1 Abs. 1 GG). Diese Vorschrift schließt auch das verfassungsrechtlich gesicherte **Recht auf informationelle Selbstbestimmung** ein, grundsätzlich selbst zu entscheiden, wann und innerhalb welcher Grenzen persönliche Lebenssachverhalte offenbart werden dürfen. In Ansehung der Verabschiedung der Datenschutzgesetze liegt jedoch die Bedeutung der Strafvorschrift des § 203 StGB wohl ebenso in einer sozialrechtlichen Funktion.

> Schutzgut ist auch das allgemeine Vertrauen in die Verschwiegenheit der Angehörigen bestimmter Berufe, ohne dass diese ihre im Interesse der Allgemeinheit liegenden Aufgaben nicht oder nur unvollkommen erfüllen könnten.

So gilt z. B. der strafrechtliche Schutz des ärztlichen Berufsgeheimnisses letztlich dem allgemeinen Interesse an der funktionsfähigen ärztlichen Gesundheitspflege, die ohne ein vertrauensvolles Verhältnis zwischen Arzt und Patient nicht möglich ist. Hierfür spricht auch, dass mit der Neuregelung des Rechts des Schwangerschaftsabbruchs unter dem Aspekt des »Beratungskonzepts« Mitglieder oder Beauftragte einer anerkannten Beratungsstelle nach dem Schwangerschaftskonfliktgesetz gemäß § 203 Abs. 1 Ziff. 4 a StGB zur Verschwiegenheit verpflichtet sind.

> Wer sich in ärztliche Behandlung begibt, muss und darf erwarten, dass alles, was der Arzt im Rahmen seiner Berufsausübung über die gesundheitliche Verfassung des Patienten erfährt, geheim bleibt und nicht zur Kenntnis Unberufener gelangt. Nur so kann zwischen Patient und Arzt jenes Vertrauen entstehen, das zu den Grundvoraussetzungen ärztlichen Wirkens zählt, weil es die Chancen der Heilung vergrößert und damit – im Ganzen gesehen – der Aufrechterhaltung einer leistungsfähigen Gesundheitsfürsorge dient (BVerfG, NJW 1972, 1123).

Dieser Grundsatz gilt nicht allein für Ärzte, sondern ebenfalls für die Angehörigen der Fachberufe im Gesundheitswesen.

Von § 203 StGB erfasster Täterkreis

Nach § 203 Abs. 1 Ziff. 1 StGB unterliegen der Schweigepflicht Ärzte, Apotheker sowie **Angehörige eines anderen Heilberufs,** der für die Berufsausübung oder die Führung der Berufsbezeichnung eine staatlich geregelte Ausbildung erfordert. Hierzu zählen (Kinder-)Krankenschwestern, (Kinder-)Krankenpfleger, (Kinder-)Krankenpflegehelfer/in, Altenpfleger/in, Hebammen, Entbindungspfleger, Physiotherapeuten, technische Assistenten in der Medizin, Diätassistenten, Rettungsassistenten, pharmazeutisch-technische Assistenten, Arbeits- und Beschäftigungstherapeuten, Logopäden, Zahnmedizinische Fachangestellte, Arzthelfer sowie die übrigen Angehörigen der Fachberufe im Gesundheitswesen. Nicht erfasst werden Heilpraktiker, da für diese Berufsgruppe eine staatliche Berufsausbildung z. Z. noch nicht gefordert ist.

Darüber hinaus bezieht sich die Verpflichtung zur Verschwiegenheit nach § 203 Abs. 3 StGB auch auf die berufsmäßig tätigen **Gehilfen** der Angehörigen von Heilberufen und die Personen, die bei ihnen zur Vorbereitung auf den Beruf tätig sind.

Hierunter fallen z. B. Sprechstundenhilfen, Sekretärinnen, Zivildienstleistende sowie die in einer Ausbildung für einen Beruf im Gesundheitswesen stehenden Personen, nicht aber das Reinigungspersonal, wohl aber das Personal an der Pforte. Strittig ist, inwieweit zu den ärztlichen Gehilfen auch die mit der verwaltungstechnischen Abwicklung des Behandlungsgeschehens Befassten zählen, wie etwa der Verwaltungsdirektor (bejaht vom OLG Oldenburg, NJW 1992, 2615) oder die Mitarbeiter der Krankenhausverwaltung, die mit der Abrechnung der im Krankenhaus erbrachten Leistungen befasst sind (bejaht vom OVG Münster, Urteil vom 05.10.1982, unveröffentlicht).

Von § 203 StGB unter Strafe gestellte Tathandlung

Der vorgenannte Personenkreis kann sich nach § 203 StGB dann strafbar machen, wenn er
– ein fremdes **Geheimnis,**
– namentlich ein zum persönlichen Lebensbereich gehörendes Geheimnis oder
– ein Betriebs- oder Geschäftsgeheimnis,

das ihm in seiner beruflichen Eigenschaft **anvertraut** oder **sonst bekannt** geworden ist, **unbefugt offenbart**.

Geheimnisbegriff

> Nach der herrschenden Auffassung sind Geheimnisse im Sinne des § 203 StGB Tatsachen, die nur einem beschränkten Personenkreis bekannt sind und an deren Geheimhaltung der Betroffene ein schutzwürdiges Interesse hat.

Nach dieser Definition sind solche Tatsachen geheimnispflichtig, die zum persönlichen Lebensbereich gehören und solche, die dem persönlichen Geheimnisbereich eines Patienten zuzuordnen sind.

Bezogen auf den Personenkreis der aufgezählten Berufe im Gesundheitswesen wird man diejenigen geheimnisgeschützten Tatsachen unterscheiden können, die den **medizinischen** Bereich betreffen und diejenigen, die den **außermedizinischen** Bereich umfassen.

Bereits die Tatsache der Behandlung in einem Krankenhaus oder einer Arztpraxis stellt ein Geheimnis aus dem persönlichen Lebensbereich des Patienten dar (OLG Düsseldorf, AZ.: 2 o U 139/95).

Als Geheimnisse, an deren Verschweigung der Patient ein schutzwürdiges Interesse hat, sind beispielsweise weiter anzusehen
- die Aufzeichnungen des Arztes,
- schriftliche Mitteilungen des Patienten,
- Röntgenaufnahmen sowie
- sonstige Untersuchungsbefunde wie etwa Anästhesieprotokolle und Korrespondenzen.

Schließlich stellt auch ein bei einer Untersuchung zufällig festgestelltes Krankheitsbild ein Geheimnis dar. Arzt, Arzthelfer/in und Krankenpflegepersonal müssen also hierüber Verschwiegenheit bewahren. Dies gilt auch für die Diagnose »Aids« beim HIV-Infizierten (LG Braunschweig, NJW 1990, 770).

Das Gleiche gilt für Tatsachen, die dem Arzt bzw. seinen Gehilfen aus dem persönlichen, außermedizinischen Bereich bekannt bzw. anvertraut werden.

Hierzu zählen etwa die persönlichen und wirtschaftlichen Verhältnisse des Patienten. Es handelt sich insoweit um Tatsachen, die dem persönlichen Geheimnisbereich unterliegen. So ist der Arzt ebenso wie das gesamte nachgeordnete nicht-ärztliche Personal nicht berechtigt, die ihnen bekannt gewordene Tatsache weiterzugeben, dass der Patient als bekannter Unternehmer vor dem wirtschaftlichen Ruin steht.

> Nicht unter den Geheimnisbegriff allerdings fällt die Geheimniskrämerei mit Bagatellsachen.

Auskünfte zu Ermittlungszwecken

Zweifel bestanden bislang an der Zulässigkeit von Auskünften von Bediensteten der Krankenhäuser an Polizeibehörden zu Ermittlungszwecken. Das Oberlandesgericht Bremen hat klargestellt, dass auch die Tatsache einer ambulanten ärztlichen Behandlung im Krankenhaus wie auch die Personalien und die Anschrift des Patienten ein Geheimnis im Sinne des § 203 StGB darstellen (OLG Bremen, MedR 1984, 112 f.). Von der ambulanten Behandlung ist jedoch die stationäre Behandlung zu unterscheiden. Nach den einschlägigen Meldegesetzen der Länder ist der Krankenhausträger verpflichtet, ein Verzeichnis der stationär aufgenommenen Patienten zu führen. In dieses Verzeichnis haben Melde- und Polizeibehörden unter bestimmten, näheren Umständen das Recht auf Einsicht.

> Da die Schweigepflicht gegenüber jedem gilt, der nicht unmittelbar am Behandlungsgeschehen beteiligt ist, darf sich selbst die Geschäftsführung eines Krankenhauses keine Einsicht in ärztliche Unterlagen verschaffen, auch nicht mit dem Hinweis auf die eigene Schweigepflicht. Deshalb sind sämtliche ärztliche Krankenunterlagen getrennt von anderen Verwaltungsunterlagen aufzubewahren und geheim zu halten.

Datenschutz und Postverkehr

Auch im Postverkehr ist der Schutz von Patientendaten zu beachten. So sollte bei **(Arzt-)Briefen** an Ärzte in einem Krankenhaus sowohl der Arzt eindeutig als Empfänger angegeben sein als auch noch der Vermerk »persönlich – privat« benutzt werden. Ist nämlich in der Anschrift nach der Krankenhausadresse nur »zu Händen« angegeben, gefolgt von einem Arztnamen, so darf das Krankenhauspersonal den Brief öffnen. Die Angabe des Arztes bedeutet hier nur eine Erleichterung der Postverteilung für das Krankenhaus (LG Arnsberg, Az.: 1 O 367/89).

Datenschutz und Sozialgeheimnisse

Einem besonderen gesetzlichen Schutz unterliegt das **Sozialgeheimnis**.

Nach § 35 Abs. 1 S. 1 SGB I hat jeder den Anspruch darauf, dass die ihn betreffenden Sozialdaten von den Leistungsträgern nicht unbefugt erhoben, verarbeitet oder genutzt werden.

> Sozialdaten sind Einzelangaben über persönliche oder sachliche Verhältnisse einer bestimmten oder bestimmbaren natürlichen Person so-

wie alle betriebs- oder geschäftsbezogenen Daten auch von juristischen Personen, soweit sie Geheimnischarakter haben (§ 67 Abs. 1. SGB X).

Leistungsträger sind beispielsweise die Krankenkassen und sonstige sozialrechtliche Leistungen erbringende Körperschaften, Anstalten und Behörden wie Arbeitsämter, Versorgungsämter und Integrationsämter (§§ 12, 18 ff SGB I).

Anvertrauen und Bekanntwerden eines Geheimnisses

Das Geheimnis muss den Personen der Fachberufe im Gesundheitswesen in ihrer Berufseigenschaft anvertraut oder sonst bekannt geworden sein.

> Anvertrauen ist das Einweihen in ein Geheimnis unter Umständen, aus denen sich eine Pflicht zur Verschwiegenheit ergibt.

Dies ist beispielsweise dann der Fall, wenn das Geheimnis dem Arzt oder einem Gehilfen in innerem Zusammenhang mit der Ausübung des Berufs mündlich, schriftlich oder auf sonstigem Wege **bewusst** mitgeteilt wird. Es ist dabei nicht unbedingt erforderlich, dass die Mitteilung z. B. während der Sprechstunden erfolgt. Auch wer den Arzt bzw. seine Gehilfen bei anderer Gelegenheit – sei es auch gegen dessen Willen – in seiner beruflichen Eigenschaft in Anspruch nimmt, vertraut ihm etwas an.

Bekannt geworden in seiner Eigenschaft als Arzt oder Gehilfe ist dem Täter jedes Geheimnis, das er auf **sonstige Weise** erfährt.

Ein Bekannt werden ist etwa anzunehmen, wenn der Arzt eine dem Patienten unbekannte Krankheit diagnostiziert oder ein bewusstloses Unfallopfer untersucht. Auch Beobachtungen, die ein Arzt bei einem Hausbesuch macht sowie Gespräche der Familienangehörigen, die eine Pflegeperson in Ausübung ihres Berufes auf der Station im Altenheim oder Pflegeheim mit anhört, unterliegen der Schweigepflicht.

Unbefugtes Offenbaren

> Ein Geheimnis wird offenbart, wenn sowohl die geheime Tatsache als auch die Person des Geheimnisgeschützten einem Anderen mitgeteilt wird.

Allerdings erfüllen Mitteilungen, aus denen die Person des Betroffenen nicht ersichtlich ist, nicht den Tatbestand der Schweigepflichtverletzung.

Diese Feststellung ist bedeutsam etwa für die Anfertigung von **Pflegeberichten** der Lernenden in den Krankenpflegeberufen. Der Pflegebericht, der die Person, auf die sich der Bericht bezieht, nur mit dem Anfangsbuchstaben des Familiennamens erwähnt, stellt demnach keinen Verstoß gegen die Schweigepflicht dar.

Das Offenbaren kann weiterhin auch in einem Unterlassen liegen. So beispielsweise, wenn der Arzt oder sein Gehilfe (Garantenstellung) eine Einsichtnahme in die Krankenblätter oder gar deren Mitnahme nicht verhindert (unechtes Unterlassungsdelikt; ▶ 11.1).

Schließlich muss das Offenbaren des Geheimnisses in dem dargelegten Sinn »unbefugt« geschehen.

> Grundsätzlich geschieht ein Offenbaren dann unbefugt, wenn die Geheimnismitteilung ohne Zustimmung des Verfügungsberechtigten und ohne ein Recht zur Mitteilung erfolgt.

»Unbefugt« im Sinne der Strafvorschrift heißt letztlich soviel wie »ohne Rechtfertigung«, wobei eine entscheidende Rolle die Einstellung des Geheimnisgeschützten zur Mitteilung des Geheimnisses spielt.

Eine Rechtfertigung für eine Offenbarung ist demzufolge im Wesentlichen anzunehmen
- bei Vorliegen einer Einwilligung zum Offenbaren,
- bei gesetzlichen Anzeigepflichten
- sowie im Falle der Verteidigung eigener Rechte.

Einwilligung zum Offenbaren

Die Einwilligung in die Offenbarung liegt immer dann vor, wenn das Offenbaren mit Zustimmung des Verfügungsberechtigten erfolgt. Verfügungsberechtigt ist nur der Patient.

> Angehörige oder Erben können den Arzt nicht von seiner Schweigepflicht entbinden (LG Düsseldorf, NJW 1990, 2327). Die Entbindung von der Schweigepflicht ist ein höchstpersönliches, unvererbliches Recht.

Mit der Zustimmung entbindet der Patient den Arzt oder die Angehörigen der Berufe im Gesundheitswesen von ihrer Schweigepflicht, die Zustimmung des Verfügungsberechtigten führt also dann zu einem »befugten« Offenbaren. Soweit ein Patient volljährig ist, also das 18. Lebensjahr vollendet hat, ergeben sich hinsichtlich der Einwilligung des Verfügungsberechtigten in der Regel keinerlei Probleme (▶ 10.2).

Anders stellt sich die Situation bei **minderjährigen Patienten** dar. Hier kommt es auf deren Einwilligungsfähigkeit an. Zu berücksichtigen ist in diesem Zusammenhang, dass die Einwilligungserklärung nicht ohne weiteres gleichzusetzen ist mit der Wirksamkeit einer Willenserklärung im zivilrechtlichen Sinne. Abzustellen sein wird zum einen auf die **Einsichtsfähigkeit** des Minderjährigen, zum anderen auf die zu erwartenden Nachwirkungen der ärztlichen Behandlung. Ein kurz vor Vollendung des 18. Lebensjahrs stehender Patient wird eine Einwilligung wirksam geben bzw. verweigern können. Verweigert dieser Patient als Verfügungsberechtigter die Einwilligung in die Offenbarung, so gilt dies für den Arzt und seine Gehilfen auch gegenüber den Erziehungsberechtigten.

Bei Minderjährigen bis zum 14. Lebensjahr ist dagegen in aller Regel vom Fehlen der erforderlichen Einsichtsfähigkeit für die Einwilligung auszugehen mit der Folge, dass das **Personensorgerecht** der Erziehungsberechtigten dem Einwilligungsrecht des Minderjährigen vorgeht. Die Mitteilungen des Arztes bzw. der Angehörigen der Berufe im Gesundheitswesen an die Erziehungsberechtigten würden in einem solchen Fall den Tatbestand der Schweigepflichtverletzung ausschließen.

Kritisch ist häufig die Frage nach der Einwilligungsfähigkeit von Patienten zwischen dem 14. und 17. Lebensjahr. Ob eine Schweigepflichtverletzung bei entsprechender Offenbarung an die Erziehungsberechtigten vorliegt, wird aus dem Bestehen bzw. Nichtbestehen von Nachwirkungen der Behandlung zu entscheiden sein.

Diese Problematik stellt sich v. a. beim Schwangerschaftsabbruch bei minderjährigen Frauen (▶ 11.6.8).

Anzumerken ist schließlich noch, dass die Einwilligungserklärung jederzeit **widerrufen** oder auf bestimmte Tatsachen beschränkt werden kann. Unter diesem Gesichtspunkt ist auch die datenrechtlich relevante Einwilligung des Patienten zu beurteilen.

> Die datenrechtlich vom Patienten abgeforderte Einwilligung kann sich auch immer nur auf den jeweiligen datenrechtlichen Zweck erstrecken. Sie kann keinen Freibrief zur Umgehung der Schweigepflicht darstellen.

Problematisch ist – auch unter datenschutzrechtlichem Aspekt – die **Beschriftung** der Zimmertür oder des Krankenbettes mit dem Namen des Patienten.

Einerseits vermeidet eine Beschriftung der Zimmertür ein ständiges Nachfragen von Besuchern und erleichtert damit den Arbeitsablauf für die (nicht-)ärztlichen Mitarbeiter. Andererseits können dritte Personen auf diesem Wege Kenntnisse über den Patienten erlangen, u. U. in Verbindung mit der Abteilungsbezeichnung auch über die Art seiner Erkrankung, die der Patient nicht weiter verbreitet sehen möchte.

> Datenschutzrechtlich zu empfehlen ist die Beschriftung mit Einwilligung des Patienten, indem er seinen Namen entweder selbst auf genormte Türschildchen schreibt oder ihn schreiben lässt.

So ist auch strafrechtlich sichergestellt, dass mit dem Einverständnis für die Beschriftung der Zimmertür von einer Einwilligung zum Offenbaren auszugehen ist.

Ähnlich verhält es sich mit der Beschriftung des Krankenbettes. Der Grundsatz der Verhältnismäßigkeit erfordert es allerdings, die Namensschilder so diskret anzubringen, dass nicht jeder Besucher die Identität des jeweiligen Patienten erfährt.

Weiß der Patient von der Beschriftung, widerspricht ihr jedoch nicht, liegt eine **stillschweigende Zustimmung** vor.

Mutmaßliche Einwilligung zum Offenbaren

Wie vorstehend dargelegt, erfordert die Wirksamkeit der Zustimmung lediglich die **natürliche Einsichtsfähigkeit** des Verfügungsberechtigten in die Bedeutung und Tragweite der Entscheidung. Dabei muss der zustimmende Wille nicht ausdrücklich erklärt sein, er kann auch durch sog. »**schlüssiges Verhalten**« ausgedrückt werden. Ein derartig erteiltes Einverständnis zum Offenbaren wird z. B. in der Regel hinsichtlich derjenigen Mitteilungen vorliegen, die der Arzt üblicherweise seinem nachgeordneten nicht-ärztlichen Personal macht. Dies gilt v. a. für die Weitergabe von Kenntnissen über den Patienten, um eine möglichst wirkungsvolle Behandlung und Pflege zu gewährleisten. In der Regel ist von einer Einwilligung durch schlüssiges Verhalten auch beim Arzt-Patienten-Gespräch am Krankenbett in einem Mehrbettzimmer auszugehen, jedenfalls solange, als der Patient dem nicht ausdrücklich widerspricht. Anders kann die Beurteilung dagegen für Gespräche ausfallen, die von dritter Seite ohne Wissen des Patienten mitangehört werden, beispielsweise in der Ambulanz. In einem derartigen Fall ist das Vorliegen einer Einwilligung – auch durch schlüssiges Verhalten – in der Regel ausgeschlossen.

Nicht ohne weiteres ist von einer mutmaßlichen Einwilligung zur **Mitteilung bei Ehegatten oder Lebenspartner** auszugehen. Dies gilt wohl auch dann nicht, wenn z. B. Familienangehörige den Patienten regelmäßig besuchen. Aus dieser Tatsache ist nicht auf den mutmaßlichen Einwilligungswillen zum Offenbaren von Krankheitsbefunden des Patienten an die ihn besuchenden Familienangehörigen zu schließen. Es empfiehlt sich hier vielmehr, den Patienten nach seinem Willen zu fragen.

> Überhaupt gilt, dass der mutmaßliche Wille nur Geltung haben kann, wenn der wirkliche Wille des Patienten nicht erforschbar ist, wie etwa bei einem bewusstlosen Unfallverletzten.

Informiert der Arzt bzw. sein Gehilfe in diesem Fall die Angehörigen, so geschieht dies gerechtfertigt, weil dieses Verhalten in der Regel dem mutmaßlichen Willen des Unfallopfers entspricht. Teilweise enthalten die Krankenhausgesetze der Länder (z. B. Berlin, Hessen, Rheinland-Pfalz, Saarland) Regelungen, die eine Auskunftserteilung an Angehörige ausdrücklich zulassen, sofern der Patient keinen gegenteiligen Willen äußert.

Wird an der **Krankenhauspforte** oder telefonisch angefragt, ob sich eine bestimmte Person zur Behandlung im Krankenhaus befindet, so ist zu differenzieren.

> Grundsätzlich muss auch der Pförtner im Krankenhaus die Schweigepflicht beachten.

Eine Auskunft ist danach nur zulässig, wenn sie vom Zweck des Behandlungsvertrages gedeckt ist bzw. eine Rechtsvorschrift oder ein Rechtfertigungsgrund die Verletzung der Schweigepflicht erlaubt. Allgemein wird angenommen, dass der mit dem Patienten geschlossene Behandlungsvertrag eine »Auskunft« an der Pforte deckt, solange kein entgegenstehender Wille des Patienten zu erkennen ist. Das Krankenhaus kann davon ausgehen, dass der Patient die Auskunftspraxis stillschweigend akzeptiert. Ist allerdings für den an der Pforte Tätigen erkennbar, dass es dem Anfragenden nicht um eine gewöhnliche Kontaktaufnahme geht (etwa bei Vertreterbesuchen), so ist durch Anfrage beim Patienten zu klären, ob er den Besuch zu empfangen wünscht.

Inwieweit eine stillschweigende Einwilligung anzunehmen ist, hängt schließlich auch vom Grad des Schutzbedürfnisses des Patienten ab, beispielsweise bei Aufnahme in einer psychiatrischen Klinik.

Entbindung von der Schweigepflicht auf Grund gesetzlicher Vorschriften
Eine Rechtfertigung für eine Offenbarung ist neben dem Vorhandensein des erklärten oder mutmaßlichen Willens auch das Vorliegen gesetzlicher **Anzeige- bzw. Offenbarungspflichten**. Eine gesetzliche Offenbarungspflicht für den Arzt wie zum Teil für Pflegekräfte besteht etwa auf Grund von **Meldepflichten** nach dem Infektionsschutzgesetz (§§ 7, 9). Des weiteren hat ein Arzt nach § 5 der Berufskrankheitenverordnung der Berufsgenossenschaft und dem staatlichen Gewerbearzt Anzeige zu erstatten, wenn er bei der Untersuchung begründeten Verdacht auf das Bestehen einer **Berufskrankheit** schöpft. Darüber hinaus sehen auch landesgesetzliche Vorschriften Meldepflichten vor.

Eine Schweigepflicht besteht ferner auch in den Fällen nicht, in denen das Gesetz zur Anzeige **geplanter Verbrechen** verpflichtet (§ 138 StGB).

Hierunter fallen etwa Straftaten wie Mord, Totschlag, Raub, räuberische Erpressung und andere ähnliche strafbare Handlungen. Der Arzt bzw. der Angehörige der Gesundheitsberufe ist zur Anzeige dann verpflichtet, wenn er glaubhaft von der Straftat zu einer Zeit erfährt, zu der die Ausführung oder der Erfolg noch abgewendet werden kann. Ein bloßes Gerücht zwingt jedoch nicht zur Anzeige, so dass demgemäß bei Mitteilung eine Schweigepflichtverletzung anzunehmen wäre.

Für den Arzt entfällt andererseits gemäß § 139 Abs. 3 StGB eine Anzeigepflicht, abgesehen von Mord, Totschlag, Völkermord, Geiselnahme u. ä., wenn ihm der Patient das geplante Verbrechen anvertraut und sich der Arzt ernsthaft bemüht hat, den Patienten von der Tat abzuhalten oder den Erfolg abzuwenden.

> Für das Krankenpflegepersonal gilt allerdings diese Sonderregelung nicht.

Dieser Personenkreis muss in jedem Falle, also auch dann Anzeige erstatten, wenn der Patient ihm das geplante Verbrechen anvertraut hat.

Das Bestehen einer **Schweigepflicht** entfällt weiterhin bei Vorliegen eines **rechtfertigenden Notstandes**. So liegt ein unbefugtes Offenbaren fremder Geheimnisse in dem Fall nicht vor, in dem eigene berechtigte Interessen des zur Verschwiegenheit Verpflichteten diejenigen des Patienten übertreffen, wie etwa bei der Verteidigung in einem strafrechtlichen Verfahren oder bei Durchsetzung berechtigter Interessen im Zivilprozess. Die Wahrung eigener, erheblicher Interessen ist in der Regel höherwertig anzusehen als der Schutz des Geheimnisgeschützten, weil sich der Arzt bzw. der Angehörige des Gesundheitsberufes nur auf diese Weise sachgemäß verteidigen kann.

Problematisch ist die Frage nach dem Bestehen einer Schweigepflicht in denjenigen Fällen, in denen der Arzt oder sein Gehilfe Kenntnis von einer Straftat erhält, die nicht nach § 138 StGB anzeigepflichtig ist. Ausgangspunkt der Beantwortung dieser Frage ist die Bejahung bzw. Verneinung eines **rechtfertigenden Notstandes** gemäß § 34 StGB.

> Danach handelt nicht rechtswidrig, »wer in einer gegenwärtigen, nicht anders abwendbaren Gefahr für Leben, Leib, Freiheit, Ehre, Eigentum oder ein anderes Rechtsgut eine Tat begeht, um die Gefahr von sich oder einem anderen abzuwenden, wenn bei Abwägung der widerstreitenden Interessen, namentlich der betroffenen Rechtsgüter und des Grades der ihnen drohenden Gefahren, das geschützte Interesse das beeinträchtigte wesentlich überwiegt. Dies gilt jedoch nur, soweit die Tat ein angemessenes Mittel ist, die Gefahr abzuwenden.«

Ob ein unbefugtes oder befugtes Offenbaren vorliegt, ist demnach auf Grund einer Abwägung widerstreitender Pflichten oder Interessen zu beurteilen. Keinesfalls aber wird bei Bejahung eines rechtfertigenden Notstandes eine Anzeigepflicht zu folgern sein.

Eine Pflicht zum Bruch der ärztlichen Schweigepflicht wurde jedoch angenommen für den Arzt, der Kenntnis von der HIV-Infektion eines Patienten erlangt, gegenüber besonders gefährdeten, dem Infizierten nahe stehenden Dritten. Im Rahmen der vorzunehmenden Abwägung werden das Leben und die Gesundheit des von einer Infektion Bedrohten höher gewichtet als das Geheimhaltungsinteresse des schon Infizierten (OLG Frankfurt, NJW 2000, 875).

Aus dem vorstehend zum Thema »unbefugtes Offenbaren« Dargelegten wird schließlich deutlich, dass auch eine Mitteilung von Arzt zu Arzt oder vom Arzt zu einem sonstigen Angehörigen der Gesundheitsberufe im Grundsatz strafbar ist.

> Der Umstand, dass die unter Verschwiegenheit fallende Person einer anderen, ebenfalls der Verschwiegenheitspflicht unterliegenden Person eine Mitteilung macht, stellt keinen Rechtfertigungsgrund dar.

Dieser Grundsatz wird allerdings in dem Moment durchbrochen, in dem die Mitteilung **Therapie-, Heilungs- und Pflegezwecken** dient.

Hinzuweisen bleibt weiterhin darauf, dass eine Verletzung von Privatgeheimnissen grundsätzlich nur auf Antrag verfolgt wird (§ 205 Abs. 1 StGB). Stirbt der Verletzte, so geht das Antragsrecht auf die Angehörigen über.

Strafmaß bei Verletzung der Schweigepflicht

Wer den Tatbestand der Verletzung von Privatgeheimnissen rechtswidrig und schuldhaft verletzt, wird mit Freiheitsstrafe bis zu einem Jahr oder mit Geldstrafe bestraft.

Diese Strafzumessung erhöht sich auf bis zu zwei Jahre, wenn der Täter gegen Entgelt oder in der Absicht handelt, sich oder einen anderen zu bereichern oder einen anderen zu schädigen (§ 203 Abs. 5 StGB). Dasselbe Strafmaß spricht der Gesetzgeber für denjenigen aus, der unbefugt ein fremdes Geheimnis verwertet, obwohl er zu dessen Geheimhaltung nach den oben genannten Grundsätzen verpflichtet ist (§ 204 StGB).

> Jeder Angehörige der Berufe im Gesundheitswesen sollte im Umgang mit Daten und Angaben zur Person des Patienten besonders vorsichtig sein, nicht nur wegen der Höhe des Strafmaßes.

In erster Linie geht es um die selbstverständliche Achtung der Intimsphäre des Patienten, die auf Grund des Vertrauensverhältnisses im Arzt-Patienten-Verhältnis besonders schutzwürdig ist.

Datenschutzrechtliche Hinweise

Auch wenn die Verwendung von Patientendaten zur Umsetzung gesetzlicher Vorgaben unumgänglich ist, muss gewährleistet sein, dass mit personenbezogenen Daten des Patienten kein Missbrauch getrieben wird. Dies gilt auch für den Informationsfluss innerhalb des Krankenhauses, ebenso wie innerhalb der integrierten Versorgung bei Mitteilungen an den Hausarzt, die Pflegeeinrichtungen, Altenpflegeheime etc.

> Es ist Aufgabe des Datenschutzes, Verletzungen des Rechts auf informationelle Selbstbestimmung durch Handlungs- und Unterlassungspflichten zu verhindern,

Zu den personenbezogenen Daten gehören
- Namen,
- Personalnummern,
- Sozialversicherungsdaten,
- Personalausweisnummern,
- Einkommensverhältnisse,
- Familienstand,
- Geburtsdaten,
- Staatsangehörigkeit und
- Berufsbezeichnung.

Ebenso sind datenschutzrechtlich relevant
- Anamneseerhebungen,
- Untersuchungsbefunde und
- Aufzeichnungen über Behandlungsgespräche.

Deshalb dürfen Personen, die nicht in das Behandlungsgeschehen eingebunden sind, nicht über Art und Grund einer Erkrankung Kenntnis erlangen, ebenso wenig wie über Therapiemaßnahmen (zum Schutz des Sozialgeheimnisses ► Geheimnisbegriff).

Das Bundesdatenschutzgesetz (BDSG) vom 14.01.2003 stellt deshalb ein grundsätzliches **Datenverarbeitungsverbot** auf (§ 4 BDSG). Es enthält einen Verbotsgrundsatz mit Erlaubnisvorbehalten.

> Das heißt, die Erhebung, Verarbeitung und Nutzung personenbezogener Daten ist nur zulässig, soweit entsprechende Vorschriften dies erlauben sowie bei Einwilligung des Betroffenen.

Zu den **Erlaubnisvorbehalten** zählt die Datenverarbeitung, also das Erheben, Speichern, Übermitteln und Verändern im Rahmen der **Zweckbestimmung** eines Vertragsverhältnisses (§ 28 Abs. 1 Ziff. 1 BDSG), etwa eines Krankenhausaufnahmevertrages, worüber der Patient in der Regel in Kenntnis gesetzt wird.

Ist eine Datenverarbeitung vom Vertragszweck nicht mehr gedeckt und fehlt es an einer gesetzlichen Erlaubnis, so bedarf es einer **schriftlichen Einwilligung** des Betroffenen, soweit nicht wegen besonderer Umstände eine andere Form angemessen ist (§ 4 a Abs. 1 BDSG).

Die Einwilligung muss auf einer freien Entscheidung des Betroffenen beruhen, um wirksam zu sein (§ 4 a BDSG).

> Um den Umgang mit den zu seiner Person erhobenen Daten selbst zu kontrollieren, räumt das Bundesdatenschutzgesetz dem Betroffenen vier fundamentale Rechte ein, die nicht ausgeschlossen oder beschränkt werden können (§ 6 BDSG): das Recht auf
> — Auskunft,
> — Berichtigung,
> — Löschung und
> — Sperrung.

Das Recht auf Auskunft umfasst auch ein Recht auf Einsichtnahme. Darüber hinaus ist derjenige über eine Datenerhebung zu informieren, der von dieser keine Kenntnis hat (§ 19 a BDSG).

Um den Schutz personenbezogener Daten über die genannten individuellen Kontrollrechte hinaus noch effektiver zu gestalten, hat der Gesetzgeber zusätzlich externe **Überwachungseinrichtungen** geschaffen. Zu nennen sind hier insbesondere
— der Bundesbeauftragte für Datenschutz (§ 22 BDSG),
— die öffentlichen Stellen, die für die Kontrolle der Einhaltung der Vorschriften über den Datenschutz in den Ländern zuständig sind sowie
— der innerbetriebliche Datenschutzbeauftragte, der für die Sicherstellung der Ausführung des Bundesdatenschutzgesetzes und anderer Vorschriften des Datenschutzes verantwortlich ist (§ 4 f BDSG).

Schlussendlich räumt das Bundesdatenschutzgesetz demjenigen, der durch eine unzulässige oder unrichtige Erhebung, Verarbeitung und Nutzung seiner personenbezogenen Daten einen Schaden erlitten hat, einen **Schadensersatzanspruch** ein (§ 7 BDSG).

Ein derartiger Ersatzanspruch bezieht auch Nichtvermögensschäden (= immaterielle Schäden) mit ein. Richtet sich der Anspruch gegen eine öffentliche Stelle, z. B. ein kommunales Krankenhaus, Alten- oder Pflegeheim, so tritt die Schadensersatzpflicht unabhängig vom Verschulden ein.

Medizinische Dokumente werden zunehmend in digitalen Systemen und Netzen erfasst und kommuniziert. Für die Versorgung von Patienten von der stationären Behandlung bis hin in die Überleitung in die ambulante Pflege ist dies vorteilhaft. Es bedeutet aber zugleich eine noch stärkere Verantwortung im Umgang mit elektronischen Patientenakten.

> Der Grundsatz muss lauten: Der Patient ist Herr seiner Daten!

Schweigepflicht des Betriebsarztes und seiner Mitarbeiter

Für den Betriebsarzt und dessen nicht-ärztliches nachgeordnetes Personal gilt grundsätzlich das Vorstehende. Allerdings ist die besondere Stellung dieser Personengruppe im Verhältnis zu Arbeitgeber und Arbeitnehmer zu berücksichtigen (▶ 12.5.6). Inwieweit hieraus differenzierende Folgerungen hinsichtlich der Schweigepflicht entstehen, kann an dieser Stelle nicht erörtert werden. Insoweit ist auf das hierzu einschlägige Schrifttum zu verweisen.

11.6.11 Recht der Zeugnisverweigerung

Der Pflicht zur Verschwiegenheit entspricht ein Recht zur Zeugnisverweigerung.

> Dieses Zeugnisverweigerungsrecht geben die Verfahrensordnungen, in denen der Ablauf eines Verfahren geregelt ist.

Das Zeugnisverweigerungsrecht ist beispielsweise für Strafverfahren in den §§ 52 ff Strafprozessordnung (StPO) und für das Zivilverfahren in den §§ 338 ff Zivilprozessordnung (ZPO) enthalten.

Nach §§ 53, 53 a StPO steht das Zeugnisverweigerungsrecht u. a. Ärzten, Apothekern und Hebammen zu sowie deren Gehilfen und Personen, die zur Vorbereitung auf den Beruf an der berufsmäßigen Tätigkeit der Genannten teilnehmen. Gleiches gilt für Mitglieder oder Beauftragte einer nach dem Schwangerschaftskonfliktgesetzes anerkannten Beratungsstelle über das, was ihnen in dieser Eigenschaft anvertraut worden oder bekannt geworden ist (§ 53 Abs. 1 Ziff. 3 StPO).

Ob und in welchem Umfang (SG Frankfurt, MedR 1999, 577) ein geltend gemachtes Zeugnisverweigerungsrecht der Sachlage nach besteht, entscheidet das Gericht.

Es besteht beispielsweise nicht, wenn der Verweigerungsberechtigte von der Verpflichtung zur Verschwiegenheit entbunden ist, §§ 53 Abs. 2, 53 a Abs. 2 StPO.

Zeugnisverweigerungsrecht bei Todesfall
Eine solche Entbindung geht nicht mit dem Tod des Geheimnisträgers einher. So dauert die Schweigepflicht des Arztes auch nach dem Tod des Betroffenen an. Eine Entbindung durch Angehörige oder Erben ist nicht möglich (▶ 11.6.10). Er darf nur dann als Zeuge vernommen werden, wenn davon auszugehen ist, dass der Verstorbene die Aussagegenehmigung erteilt hätte. Es ist in diesem Falle also auf den – in der Regel – mutmaßlichen Willen des Verstorbenen, nicht auf den der Hinterbliebenen abzustellen (LG Düsseldorf, NJW 1990, 2327).

> **Richtschnur des Zeugnisverweigerungsrechts im Strafverfahren ((BGH, MedR 1997, 270)**
> - Bei fehlender Entbindung von der ärztlichen Schweigepflicht sind Ärzte zur Verweigerung des Zeugnisses gemäß § 53 Abs. 1 Ziff. 3 StPO berechtigt.
> - Bei Entbindung von der Verschwiegenheitspflicht dürfen sie das Zeugnis nicht verweigern (§ 53 Abs. 2 StPO).
> - Ein Patient, der den ihn behandelnden Arzt von der Schweigepflicht befreit hat, kann diese Erklärung jederzeit mit der Folge widerrufen, dass dem Arzt das Zeugnisverweigerungsrecht nach § 53 Abs. 1 StPO wieder zusteht.
> - Werden die Aussagen des behandelnden Arztes unter Verstoß gegen § 53 Abs. 1 Ziff. 3 StPO herbeigeführt, dürfen sie nicht zur Urteilsfindung herangezogen werden.
> - Steht dem Arzt das Zeugnisverweigerungsrecht nach § 53 Abs. 1 Ziff. 3 StPO zu, so obliegt es ausschließlich seiner freien Entscheidung, ob er sich nach Abwägung widerstreitender Interessen zur Aussage entschließt.
> - Der Patient hat keinen Anspruch darauf, dass der Arzt von seinem Zeugnisverweigerungsrecht Gebrauch macht.
> - Das Gericht hat sich jeder Einflussnahme auf die Entscheidung des zeugnisverweigerungsberechtigten Arztes zu enthalten.

Vertrauensbeziehung zwischen Arzt und Patient
Umstritten ist, ob allein die Berufsausübung als Voraussetzung des Zeugnisverweigerungsrechts ausreicht oder ob zusätzlich eine Vertrauensbeziehung oder eine typischerweise auf Vertrauen beruhende Sonderbeziehung zwischen Arzt oder berufsmäßig tätigem Gehilfen und Patienten erforderlich ist.

Jedenfalls steht der Bundesgerichtshof auf dem Standpunkt, dass sich die Vertrauensbeziehung zwischen Arzt und Patient auch schon auf die **Anbahnung** des Beratungs- und Behandlungsverhältnisses erstreckt und dass demzufolge die Befugnis des Arztes zur Zeugnisverweigerung nicht nur die Identität des Patienten, der ihn zum Zweck der Beratung und Behandlung aufgesucht hat, umfasst. Sie bezieht sich auch auf solche Einzelheiten und näheren Begleitumstände ärztlicher Inanspruchnahme, die Anhaltspunkte für die Identifizierung des Patienten sein könnten. Zu diesen geheimzuhaltenden Tatsachen gehört auch, mit welchem Personenkraftwagen und in wessen Begleitung der Patient im Krankenhaus erschienen ist, um sich behandeln zu lassen. Das Zeugnisverweigerungsrecht erstreckt sich folglich auch auf Personen, die an der Krankenhauseinlieferung nur als Dritte beteiligt waren, selbst aber keine ärztliche Beratung oder Behandlung in Anspruch nehmen (BGH, MedR 1985, 166 ff).

Für die Berufshelfer, also auch für die **Angehörigen der Berufe im Gesundheitswesen**, ist folgende Besonderheit zu beachten:

> Das Zeugnisverweigerungsrecht der Berufshelfer ist abgeleitet vom Recht des Hauptgeheimnisträgers. Dieser entscheidet daher allein darüber, ob der Gehilfe von seinem Zeugnisverweigerungsrecht Gebrauch machen darf.

Will also im Strafverfahren eine Pflegeperson das Zeugnis verweigern, so bedarf sie dazu der Zustimmung des Arztes. Kann dessen Entscheidung nicht in absehbarer Zeit herbeigeführt werden, etwa wegen längerer Abwesenheit, so muss die Pflegeperson allerdings selbstständig entscheiden.

11.6.12 Entnahme von Blutproben

Ebenso wie das Zeugnis verweigert werden darf, können vom Zeugen auch körperliche Untersuchungen und Entnahmen von Blutproben verweigert werden (§ 81 c Abs. 3 StPO). Wenn Minderjährige wegen mangelnder Verstandesreife oder Minderjährige oder Betreute wegen einer psychischen Krankheit oder einer geistigen oder seelischen Behinderung von der Bedeutung ihres Weigerungsrechts keine genügende Vorstellung haben, so entscheidet der gesetzliche Vertreter.

> Die Entnahme von Blutproben darf grundsätzlich nur von einem Arzt vorgenommen werden.

Wird jemand nach einem Verkehrsunfall von der Polizei mit dem Verdacht auf Trunkenheit ins Krankenhaus zur Entnahme einer Blutprobe gebracht, so darf nur der **approbierte Arzt** die Entnahme durchführen. Ein **Medizinalassistent**, der noch nicht Arzt ist, darf die Entnahme sowie jeden körperlichen Untersuchungseingriff nur unter Anleitung, Aufsicht und Verantwortung eines Arztes vornehmen. Auch eine **Krankenschwester** ist nicht befugt, die Blutprobe allein zu entnehmen, selbst wenn sie innerbetrieblich dazu befugt wäre.

11.6.13 Weitere Straftatbestände

Neben den vorstehenden sind noch folgende Strafrechtsnormen zu beachten:

Urkundenfälschung (§ 267 StGB)

> Wer zur Täuschung im Rechtsverkehr eine unechte Urkunde herstellt, ein echte Urkunde verfälscht oder eine unechte oder verfälschte Urkunde gebraucht, wird bestraft
> (§ 267 StGB).

Geschütztes Rechtsgut ist die Sicherheit und Zuverlässigkeit des Rechtsverkehrs.
Krankenakten sind Urkunden. Wer als Arzt die von seinem Laborpersonal ermittelten und in die Krankenakte eines Patienten eingetragenen Messwerte nachträglich verändert und dabei bewusst von den korrekten Messwerten abweicht, ist deshalb wegen Urkundenfälschung nach § 267 Abs. 1 StGB strafbar (OLG Koblenz, MedR 1995, 29). Aussteller der Urkunde ist der Arzt, weil ihm die Dokumentationspflicht obliegt (▶ 10.12), jedenfalls dann, wenn das Personal die Vornahme der Eintragung auf Weisung vornimmt.

Fälschung beweiserheblicher Daten (§ 269 StGB)

> Wer zur Täuschung im Rechtsverkehr beweiserhebliche Daten so speichert oder verändert, dass bei ihrer Wahrnehmung eine unechte oder verfälschte Urkunde vorliegen würde oder derart gespeicherte oder veränderte Daten gebraucht, wird bestraft (§ 269 StGB).

Diese Vorschrift dient der Bekämpfung der Computerkriminalität und soll Strafhoheitslücken im Bereich der Urkundendelikte schließen.
Geschütztes Rechtsgut ist die Sicherheit und Zuverlässigkeit des Rechts- und Beweisverkehrs, soweit es sich im Zusammenhang mit Datenverarbeitungsvorgängen beweiserheblicher Daten bedient.
Mit der Zunahme der Digitalisierung und Vernetzung von patientenorientierten Daten könnte diese Strafvorschrift Bedeutung auch im Gesundheitswesen erlangen.
Das Strafmaß für den Täter beträgt Freiheitsstrafe bis zu fünf Jahren oder Geldstrafe.

Personenstandsfälschung (§ 169 StGB)

> Mit Strafe wird belegt, wer ein Kind unterschiebt oder den Personenstand eines Anderen gegenüber einer zur Führung von Personenstandsbüchern oder zur Feststellung des Personenstandes zuständigen Behörde falsch angibt oder unterdrückt (§ 169 StGB).

Geschütztes Rechtsgut ist das Allgemeininteresse an der Feststellung des Personenstandes, d. h. des familienrechtlichen Verhältnisses eines Menschen zu anderen, etwa als der Grundlage von Unterhalts- oder Erbrechten.
Werden bei entsprechendem Vorsatz falsche Angaben über den Personenstand von einer zur Geburtsanzeige verpflichteten (Kranken-)Anstalt gegenüber dem Standesamt gemacht (▶ 9.1.2), kann der Tatbestand der zweiten Alternative der Strafvorschrift erfüllt sein. Das Strafmaß beträgt Freiheitsstrafe bis zu zwei Jahren oder Geldstrafe.

Vorteilsannahme (§ 331 StGB)

> Wer als Amtsträger oder ein für den öffentlichen Dienst besonders Verpflichteter für die Dienstausübung einen Vorteil für sich oder einen Dritten fordert, sich versprechen lässt oder annimmt, wird bestraft (§ 331 StGB).

Geschütztes Rechtsgut ist die Lauterkeit des öffentlichen Dienstes und das hierin gesetzte Vertrauen der Allgemeinheit.
Zum Adressatenkreis der Vorschrift zählen nach herrschender Meinung auch Beschäftigte an kommunalen und staatlichen Krankenhäusern. Damit kann die Annahme geldwerter Vorteile, etwa als **Zuwendung durch Erbschaft** (▶ 9.5.2), je nach Umständen des Einzelfalls den Vorwurf einer strafbaren Vorteilsannahme nach sich ziehen.
Das Strafmaß ist Freiheitsstrafe bis zu drei Jahren oder Geldstrafe.
Ähnliches gilt für den Vorwurf der Bestechlichkeit (§ 332 StGB).

Straftaten gegen die sexuelle Selbstbestimmung (§§ 174 StGB)

Die Strafvorschriften der §§ 174 bis 184 c StGB dienen sowohl dem Schutz von Rechtsgütern des Einzelnen, etwa dem aus Art. 2 GG herzuleitenden Recht der **Freiheit auf geschlechtliche Selbstbestimmung**, als auch dem Schutz von Rechtsgütern der Allgemeinheit, etwa dem in Art. 6 GG grundgesetzlich geschütztem **Recht von Ehe und Familie** sowie der Menschenwürde (Art 1 GG).

1. Worin unterscheidet sich die strafrechtliche Verantwortlichkeit von der zivilrechtlichen Haftung?
   Antwort: ▶ 11
2. Welche drei Voraussetzungen muss ein Täter erfüllen, um sich strafbar zu machen?
   Antwort: ▶ 11
3. Worin unterscheidet sich ein »echtes« Unterlassungsdelikt von einem »unechten« Unterlassungsdelikt?
   Antwort: ▶ 11.1
4. Wodurch wird eine »Garantenstellung« begründet?
   Antwort: ▶ 11.1
5. Welche Bedeutung haben Rechtfertigungsgründe und welche gibt es?
   Antwort: ▶ 11.2
6. Unter welchen Voraussetzungen ist die Einwilligung eines Patienten wirksam?
   Antwort: ▶ 11.2 und 10.2
7. Was setzt die »Schuldfähigkeit« voraus?
   Antwort: ▶ 11.3
8. Welche Schuldformen kennt das Strafrecht?
   Antwort: ▶ 11.3
9. Auf welchem Grundrecht fußt das informationelle Selbstbestimmungsrecht des Patienten?
   Antwort: ▶ 11.2 und 10.2
10. Worin unterscheidet sich der strafrechtliche vom zivilrechtlichen Fahrlässigkeitsbegriff?
    Antwort: ▶ 11.2 und 10.1
11. Welche Formen der Teilnahme an einer Straftat gibt es?
    Antwort: ▶ 11.4
12. Was unterscheidet ein »Vergehen« von einem »Verbrechen«?
    Antwort: ▶ 11.5
13. Ist der zu Heilzwecken vorgenommene Eingriff eine Körperverletzungshandlung?
    Antwort: ▶ 11.6.1
14. Unter welcher Voraussetzung kann eine Körperverletzung durch Unterlassen strafbar sein?
    Antwort: ▶ 11.6.1
15. Ist die »unterlassene Hilfeleistung« ein »echtes« oder »unechtes« Unterlassungsdelikt?
    Antwort: ▶ 11.6.4
16. Wann spricht der Gesetzgeber von einer »Aussetzung«?
    Antwort: ▶ 11.6.5
17. Auf welchen Grundrechten basiert die Strafvorschrift der Freiheitsberaubung?
    Antwort: ▶ 11.6.6
18. Wann ist eine Fixierung als Freiheitsentzug gerechtfertigt?
    Antwort: ▶ 11.6.6
19. Unter welchen Voraussetzungen ist der Abbruch einer Schwangerschaft nicht rechtswidrig?
    Antwort: ▶ 11.6.8
20. Welche Arten der Sterbehilfe gibt es und worin unterscheiden sie sich?
    Antwort: ▶ 11.6.9
21. Welche Maßnahmen können zu Lebzeiten ergriffen werden, damit der »Sterbewille« beachtet wird?
    Antwort: ▶ 11.6.9
22. Neben dem Strafrecht regeln weitere Vorschriften die Pflicht zur Verschwiegenheit. Welche?
    Antwort: ▶ 11.6.10
23. Wer kann Angehörige der Fachberufe im Gesundheitswesen von der Schweigepflicht befreien?
    Antwort: ▶ 11.6.10
24. Welche fundamentalen Rechte räumt das Bundesdatenschutzgesetz Betroffenen ein?
    Antwort: ▶ 11.6.10
25. Welche Strafvorschrift kann mit der Annahme von Zuwendungen des Patienten erfüllt werden?
    Antwort: ▶ 11.6.13

12

Arbeitsrechtliche Bestimmungen

12.1 Begriff des Arbeitsrechts – 180

12.2 Rechtsquellen des Arbeitsrechts – 180

12.3 Kollektives Arbeitsrecht – 181

12.4 Individuelles Arbeitsrecht – 182
12.4.1 Begründung eines Arbeitsverhältnisses – 183
12.4.2 Arten von Arbeitsverhältnissen – 185
12.4.3 Wesentliche Pflichten der Arbeitsvertragspartner – 187
12.4.4 Beendigung eines Arbeitsverhältnisses – 190

12.5 Arbeitsschutzrecht – 197
12.5.1 Arbeitsschutzgesetz – 198
12.5.2 Arbeitsschutzverordnungen – 200
12.5.3 Die Gewerbeordnung – 201
12.5.4 Die Arbeitsstättenverordnung – 201
12.5.5 Medizinproduktegesetz und Betreiberverordnung – 201
12.5.6 Gefahrstoffverordnung und Biostoffverordnung – 210
12.5.7 Strahlenschutzverordnung – 212
12.5.8 Röntgenverordnung – 214
12.5.9 Unfallverhütungsvorschriften – 216
12.5.10 Arbeitszeitschutz – 217
12.5.11 Schutz der erwerbstätigen Mutter – 224
12.5.12 Elternzeit und Erziehungsgeld – 229
12.5.13 Jugendarbeitsschutz – 233
12.5.14 Schwerbehindertenschutz – 235
12.5.15 Arbeitsplatzschutzgesetz – 236
12.5.16 Beschäftigtenschutzgesetz – 236

12.6 Durchführung und Überwachung des Arbeitsschutzes – 238

Überprüfen Sie Ihr Wissen – 197, 217, 239

Das Arbeitsrecht ist (noch) nicht in einem einheitlichen Gesetz niedergelegt, es gibt also kein Arbeitsgesetzbuch. Soweit gesetzliche Regelungen bestehen, befinden sie sich in einer Vielzahl von Einzelgesetzen.

Diese Einzelgesetze befassen sich u. a. mit dem
— Kollektiven Arbeitsrecht,
— Individuellen Arbeitsrecht,
— Arbeitsschutzrecht,
— Recht der Berufsausbildung.

12.1 Begriff des Arbeitsrechts

 Das Arbeitsrecht regelt als Sonderrecht die Rechtsverhältnisse der am Arbeitsverhältnis unmittelbar beteiligten Personen, insbesondere der Arbeitnehmer und Arbeitgeber.

Arbeitnehmer stehen auf Grund eines privatrechtlichen Vertrages oder eines ihm gleichgestellten Rechtsverhältnisses im Dienst eines anderen (des **Arbeitgebers**) und sind diesem durch die Eingliederung in einen fremden Produktions- oder Dienstleistungsbereich zur Arbeit nach bestimmten Weisungen verpflichtet. In aller Regel stehen sie auch in einem wirtschaftlichen und sozialen Abhängigkeitsverhältnis zum Arbeitgeber.

Demgegenüber sind zwar auch z. B. der niedergelassene Arzt oder Rechtsanwalt (= Selbstständige) in ihrer Arbeit in gewissem Umfang an die Weisungen, etwa den Auftrag des »Kunden«, gebunden. Dafür tragen sie aber auch das Risiko ihrer Arbeit, insbesondere dafür, dass sie Aufträge bekommen und arbeiten können, während dem Arbeitnehmer dieses Risiko abgenommen ist.

Während die rechtlichen Regeln der selbstständigen Arbeit beispielsweise im bürgerlichen Recht und Handelsrecht zu finden sind, betrifft das Arbeitsrecht dagegen nur die unselbstständige Arbeit.

Die überwiegende Zahl einzelgesetzlicher arbeitsrechtlicher Bestimmungen gehört dem **Zivilrecht** an. Das gilt v. a. für die Regeln, die das Verhältnis zwischen Arbeitnehmer und Arbeitgeber bestimmen. Es handelt sich um Rechtsbeziehungen zwischen grundsätzlich gleichgestellten Personen. Eine Reihe von Bestimmungen im Arbeitsrecht zählt auch zum **öffentlichen Recht**. Das sind v. a. solche Vorschriften, die dem Arbeitgeber besondere Pflichten auferlegen, deren Einhaltung von staatlichen Behörden (z. B. den Gewerbeaufsichtsämtern) überwacht wird. In aller Regel handelt es sich um Schutzbestimmungen zu Gunsten der Arbeitnehmer.

Dazu zählen etwa das
— Mutterschutzgesetz,
— Jugendarbeitsschutzgesetz,
— Schwerbehindertengesetz und das
— Arbeitszeitgesetz.

Die Gesamtheit dieser Vorschriften sind dem Arbeitsschutzrecht zuzuordnen. Dieses wurde mit der Verabschiedung des Arbeitsschutzgesetzes im Jahre 1996 (mit späteren Änderungen) wesentlich ergänzt, um die Sicherheit und den Gesundheitsschutz der Beschäftigten bei der Arbeit zu verbessern (▶ 12.5 ff).

12.2 Rechtsquellen des Arbeitsrechts

Wie angesprochen, ist das Arbeitsrecht nicht in einem Gesetzbuch niedergeschrieben, sondern es setzt sich aus einer Vielzahl einzelgesetzlicher Regelungen zusammen. Hinzu kommt, dass einige wenige Rechtssätze überhaupt nicht festgehalten, sondern »ungeschriebenes Recht« sind. Dazu treten dann noch die Bestimmungen, die durch Kollektivregelungen – Tarifverträge oder Betriebsvereinbarungen (▶ 12.3) – oder durch Einzelabmachungen zwischen Arbeitgeber und Arbeitnehmer vereinbart sind. Darüber hinaus beeinflussen Auslegungen bestehender Rechtssätze durch die Arbeitsgerichte und die Rechtslehre sowie zunehmend Richtlinien und Verordnungen der Europäischen Union die Entwicklung des Arbeitsrechts.

(Eine schematische Darstellung der Rechtsquellen zeigt Abb. 12.1.)

Unter den einzelnen arbeitsrechtlich relevanten Bestimmung besteht einen Rangfolge.

 Gesetzesrecht geht grundsätzlich Vertragsrecht vor, es sei denn, das Gesetz lässt eine andere Regelung zu.

Regelmäßig gilt dann, dass der Arbeitnehmer vertraglich zwar besser, nicht aber schlechter gestellt werden kann als es das Gesetz vorsieht. So kann z. B. für einen Arbeitnehmer der Urlaub nicht unter 24 Werktagen pro Jahr vereinbart werden. Diese Urlaubsdauer ist zwingend im Bundesurlaubsgesetz vorgeschrieben. Eine längere Urlaubsdauer kann dagegen abgesprochen werden.

Im Bereich des Gesetzesrechts geht das Verfassungsrecht den einfachen Gesetzen vor. Dabei geht Bundesrecht dem Landesrecht vor. Auf dem Gebiet des Arbeitsrechts steht dem Bund im Verhältnis zu den

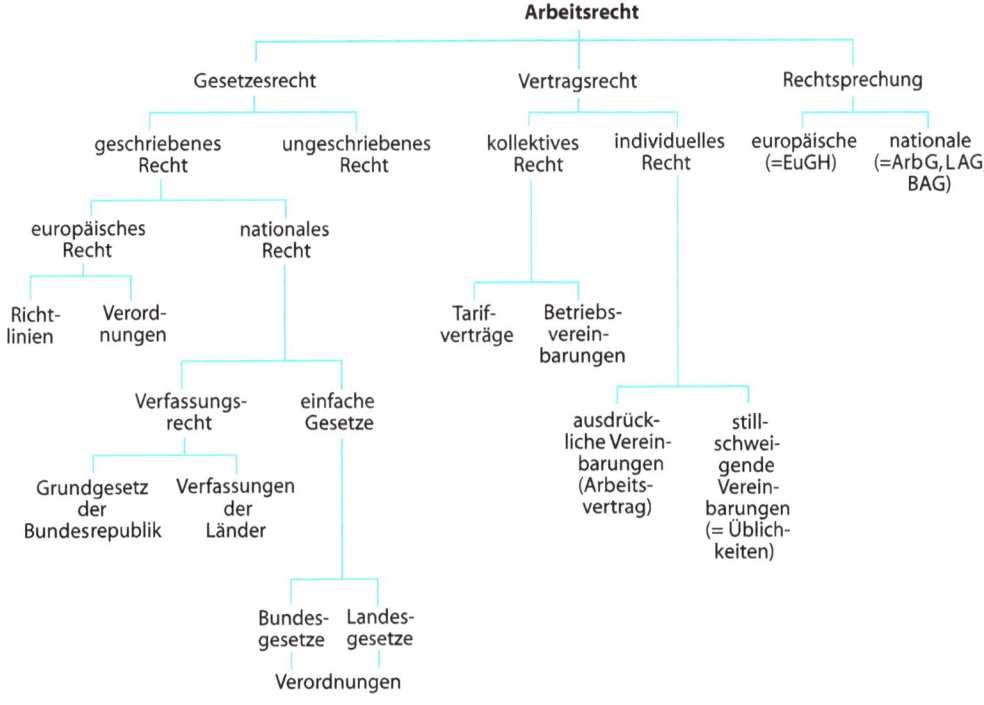

◻ Abb. 12.1. Rechtsquellen des Arbeitsrechts

Ländern die konkurrierende Gesetzgebung zu. Das bedeutet: Den Ländern steht die Befugnis zur arbeitsrechtlichen Gesetzgebung nur dann zu, solange und soweit der Bund von seinem Gesetzgebungsrecht keinen Gebrauch macht (Art. 72, 74 GG). Für die Verabschiedung eines bundeseinheitlichen Altenpflegegesetzes war dies in der Vergangenheit streitig, da (einzelne) Länder hierin einen Eingriff in ihre Kulturhoheit sahen. Das Bundesverfassungsgericht hat jedoch für den Beruf der Altenpflege eine Zuständigkeit des Bundes bejaht, nicht jedoch für die Altenpflegehilfe (▶ 6.1.6, 21.2).

12.3 Kollektives Arbeitsrecht

> Kollektives Arbeitsrecht ist derjenige Teil des Arbeitsrechts, der sich mit dem Recht der Sozial- und Betriebspartner im Beruf und im Betrieb befasst und die Gesamtvereinbarungen sowie das Arbeitskampfrecht regelt.

Sozialpartner sind die **Gewerkschaften** und **Arbeitgeberverbände** als Interessenvertretungen der Arbeitnehmer und Arbeitgeber. Ihnen kommen in unserem staatlichen Gemeinwesen eine aus Art. 9 GG abgeleitete bestimmte Ordnungsfunktion zu (▶ 6.2). Der Staat hat diesen Interessenverbänden einen Teil seiner Gesetzgebungsbefugnis delegiert.

Tarifverträge

Diese Befugnis nehmen die Sozialpartner mit dem Abschluss von Tarifverträgen wahr, die zu einem Teil mit Gesetzeskraft ausgestaltet sind. Insoweit spricht man von der normativen Wirkung eines Tarifvertrages.

Normativer Teil eines Tarifvertrages

Mit dem Tarifvertrag werden Rechtsnormen gesetzt, die
– den Inhalt,
– den Abschluss oder die Beendigung von Arbeitsverhältnissen oder
– betriebliche oder betriebsverfassungsrechtliche Fragen oder
– gemeinsame Einrichtungen

der Vertragspartner betreffen. So setzt z. B. ein Lohn-Gehalts-Tarifvertrag zwingend die Höhe der tariflichen Löhne/Gehälter, aber auch Zuschläge und Mehrarbeitsvergütungen fest; ein Manteltarifvertrag bestimmt z. B. die Dauer der Kündigungsfristen, im öffentlichen Dienst auch Tätigkeitsmerkmale und Urlaubsregelungen.

Obligatorischer Teil eines Tarifvertrages

Hier werden die Rechte und Pflichten der Sozialpartner untereinander festgelegt. Dazu gehören
— die Pflicht der Tarifparteien zur Durchführung eines Tarifvertrages,
— die sog. Friedenspflicht für die Laufdauer des Tarifvertrages, mit der in dieser Zeit Arbeitskampfmaßnahmen ausgeschlossen werden, und ferner
— die Regelungen über die Kündigung des Tarifvertrages.

Hinsichtlich der Inhalte kann unterschieden werden zwischen **Einzeltarifverträgen** und **Rahmen-** oder **Manteltarifverträgen**.

Für das Krankenpflegepersonal und Angehörige zahlreicher anderer Berufe im Gesundheitswesen gilt – etwa wenn sie in öffentlich-rechtlichen Krankenhäusern tätig sind – der Bundesangestelltentarifvertrag (BAT). Er regelt die Arbeitsbedingungen der Angestellten in Bund, Ländern und Gemeinden. In karitativen Häusern gelten in aller Regel die »Richtlinien für Arbeitsverträge in den Einrichtungen des Deutschen Caritasverbandes« (AVR). Die Vergütungen werden demgegenüber in gesonderten Tarifverträgen ausgehandelt.

Tarifverträge gelten nur zwischen den Mitgliedern der jeweiligen Tarifvertragspartner (= **Tarifbindung**), also zwischen Gewerkschaftsmitgliedern einerseits und Mitgliedern der Arbeitgeberverbände andererseits. Allerdings kann die Wirkung von Tarifverträgen auch einzelvertraglich zwischen Arbeitnehmer und Arbeitgeber vereinbart werden, z. B wenn sie nicht Mitglied einer Tarifvertragspartei sind.

> Die Regelungen des normativen Teils eines Tarifvertrages – im Rahmen der Tarifgebundenheit – sind unmittelbar und zwingend. Sie sind unabdingbar. Abweichende Vereinbarungen zwischen Arbeitgeber und Arbeitnehmer sind nur zu Gunsten des Arbeitnehmers zulässig. Dies folgt aus dem Tarifvertragsgesetz.

Betriebsvereinbarungen

Während die Sozialpartner überbetrieblich fungieren, wird das gemeinsame Interesse innerhalb des Betriebes von den Betriebspartnern verfolgt. **Betriebspartner** sind auf der einen Seite der Arbeitgeber, auf der anderen Seite der Betriebsrat, der Personalrat oder die Mitarbeitervertretung.

Bei den letztgenannten Gremien handelt es sich um die Interessenvertretung der Arbeitnehmer auf betrieblicher Ebene. Dies ist
— im gewerblichen, industriellen Bereich der **Betriebsrat**,
— im öffentlich-rechtlichen Bereich, in gemeindlichen Krankenhäusern oder Krankenanstalten des Landes, der **Personalrat** und
— häufig – in karitativen Einrichtungen – die **Mitarbeitervertretung**.

Rechtstellung und Rechte ergeben sich für den Betriebsrat ebenso wie für die Mitarbeitervertretung aus dem Betriebsverfassungsgesetz. Für den Personalrat ergeben sich Rechtstellung und Rechte aus dem Bundespersonalvertretungsgesetz sowie den Personalvertretungsgesetzen der Länder.

Allerdings ist das Betriebsverfassungsgesetz und Personalvertretungsgesetz für **Religionsgemeinschaften** sowie in den von Kirchen betriebenen karitativen Einrichtungen nur beschränkt anwendbar, beispielsweise im Falle der Mitbestimmung in Arbeitszeitfragen gemäß § 87 Abs. 1 Nr. 2 BetrVG (LAG Berlin, MedR 1990, 228).

> Zur Regelung bestimmter innerbetrieblicher Fragen können die Betriebspartner durch vertragliche Vereinbarungen, die sog. Betriebsvereinbarungen, in gewissem Rahmen »Betriebsgesetze« aufstellen, also Rechtsnormen, die für jedermann im Betrieb wie ein Gesetz gelten.

Dienstvereinbarungen

Sie können im Bereich der Personalvertretungsgesetze zwischen Personalrat und Dienststelle gemeinsam beschlossen werden. Das geschieht in der Regel bei Mitbestimmungstatbeständen wie
— Festlegung von Beginn und Ende der täglichen Arbeitszeit,
— Pausen sowie
— Verteilung der Arbeitszeit auf die einzelnen Wochentage.

Diese Betriebs-/Dienstvereinbarungen und Tarifverträge nennt man zusammengefasst »**Gesamtvereinbarungen**«.

12.4 Individuelles Arbeitsrecht

> Das individuelle Arbeitsrecht ist der Teil des Arbeitsrechts, der nicht dem kollektiven Arbeitsrecht zuzurechnen ist. Insbesondere gehört dazu der Einzelarbeitsvertrag sowie die sich aus ihm

ergebenden Rechte und Pflichten des Arbeitnehmers und Arbeitgebers, aber auch die Aufhebung des Arbeitsverhältnisses.

12.4.1 Begründung eines Arbeitsverhältnisses

Einstellungsgespräch

Dem Abschluss eines Arbeitsvertrages geht in der Regel ein Einstellungsgespräch voraus. Im Einzelfall kann kritisch sein, welche **Fragen des zukünftigen Arbeitgebers** zulässig sind.

Unter dem Aspekt des Diskriminierungsverbots ist z. B. die Frage nach dem **Vorliegen einer Schwangerschaft** vor Einstellung einer Arbeitnehmerin in der Regel unzulässig, gleichgültig, ob sich nur Frauen oder auch Männer um den Arbeitsplatz bewerben (BAG, DB 1986, 2287 ff.). Dient die Frage allerdings objektiv dem gesundheitlichen Schutz der Bewerberin und dem ungeborenen Kind, etwa bei der beabsichtigten Einstellung einer Arzthelferin in einer Praxis für Laboratoriumsmedizin, dann war sie nach früherer Rechtsprechung sachlich gerechtfertigt und damit ausnahmsweise zulässig (BAG, DB 1993 1978 ff.).

> Nach neuester Rechtsprechung ist die Frage nach einer bestehenden Schwangerschaft in Vorstellungsgesprächen und Vertragsverhandlungen generell unzulässig.

Dies gilt auch dann, wenn eine Arbeitnehmerin die fragliche Tätigkeit während der Schwangerschaft wegen eines mutterschutzrechtlichen Verbots nicht ausüben kann. Es hilft auch nicht, sich von der Arbeitnehmerin schriftlich das Nichtvorliegen einer Schwangerschaft versichern zu lassen: Für Arbeitnehmerinnen besteht insoweit ein **Recht zur Lüge** (BAG, Az.: 2 AZR 621/01). Das Bundesarbeitsgericht hat mit seiner Entscheidung vom 06.02.2003 eine entsprechende Rechtsprechung des Europäischen Gerichtshofes vollständig übernommen.

Zulässig ist die Frage des Arbeitgebers im Einstellungsgespräch nach dem **Vorliegen einer Schwerbehinderteneigenschaft** des Stellenbewerbers (BAG, NJW 1996, 2323). Ob diese Rechtsprechung unter Berücksichtigung der neuesten Entscheidung zur Unzulässigkeit der Frage nach einer Schwangerschaft Bestand hat, könnte indes fraglich sein.

Im Arzt-/Krankenhausbereich ist ebenso die Frage an den Bewerber nach einer **Hepatits-Infektion** zulässig, jedenfalls dann, wenn der zukünftige Arbeitgeber dafür ein berechtigtes Interesse hat. Die höchstrichterliche Rechtsprechung hält grundsätzlich **Fragen nach »ansteckenden Krankheiten«** für zulässig, wenn durch die Tätigkeit des Bewerbes andere Arbeitnehmer oder dritte Personen gefährdet werden können (BAG, EzA § 123 BGB, Nr. 24, 41). Die Frage nach einer **HIV-Infektion ohne akute Erkrankung** wird von der überwiegenden Literaturmeinung ebenfalls bejaht, wenn die Gefahr besteht, dass das Blut des Bewerbers in Kontakt mit Dritten kommen wird. Ist eine derartige Übertragungsgefahr am Arbeitsplatz nicht zu erwarten, geht der Schutz der Individualsphäre des Bewerbers vor, ein Fragerecht ist abzulehnen. Der Bewerber darf in diesem Falle lügen, ohne dass der Arbeitgeber zur Anfechtung des dann zustande gekommenen Arbeitsvertrages berechtigt ist.

Unter Umständen kann eine selbstständige **Offenbarungspflicht** bestehen, selbst wenn der Bewerber nicht nachgefragt wird, für ihn aber erkennbar ist, dass sein Gesundheitszustand für den zukünftigen Arbeitgeber von grundlegender Bedeutung ist, etwa bei ärztlichen Tätigkeiten.

> Nach heute herrschender Auffassung ist ein Arbeitsverhältnis ein Rechtsverhältnis, das zwischen dem einzelnen Arbeitnehmer und dem Arbeitgeber auf Grund eines Arbeitsvertrags entsteht.

Form des Arbeitsvertrages

Der Arbeitsvertrag kommt in der Regel durch Angebot und vorbehaltlose Annahme des Angebots zustande. Die Vereinbarung kann auch stillschweigend getroffen werden.

Der Abschluss eines Arbeitsvertrages ist grundsätzlich nicht an eine Form gebunden.

> Zweckmäßigerweise sollte jedoch stets auf einen schriftlich niedergelegten Arbeitsvertrag Wert gelegt werden. Zum Teil wird in Tarifverträgen Schriftlichkeit der Arbeitsverträge verlangt.

Schriftform wird auch vom sog. Nachweisgesetz gefordert.

Nachweisgesetz

Ist mit Arbeitsbeginn kein schriftlicher Vertrag geschlossen, so hat der Arbeitgeber nach dem Gesetz über den Nachweis der für ein Arbeitsverhältnis geltenden wesentlichen Bedingungen (Nachweisgesetz – NachwG vom 20.07.1995 mit späteren Änderungen) spätestens einen Monat nach dem vereinbarten Beginn des Arbeitsverhältnisses die wesentlichen Vertragsbedingungen schriftlich niederzulegen und die Niederschrift dem Arbeitnehmer unterzeichnet auszuhändigen (§ 2 Abs. 1 NachwG). Hierauf haben alle

Arbeitnehmer einen Rechtsanspruch. Eine Ausnahme bilden diejenigen, die nur zur Aushilfe von höchstens einem Monat eingestellt werden.

> **Gesetzlich verlangte Mindestinhalte der Niederschrift**
> - Namen und die Anschrift der Vertragsparteien,
> - Zeitpunkt des Beginns des Arbeitsverhältnisses,
> - bei befristeten Arbeitsverhältnissen: die vorhersehbare Dauer des Arbeitsverhältnisses,
> - Arbeitsort oder, falls unterschiedliche Arbeitsorte in Frage kommen, einen Hinweis darauf, dass der Arbeitnehmer an verschiedenen Orten beschäftigt werden kann,
> - eine kurze Charakterisierung oder Beschreibung der vom Arbeitnehmer zu leistenden Tätigkeit,
> - die Zusammensetzung und Höhe des Arbeitsentgelts einschließlich der Zuschläge und sonstiger Entgeltbestandteile und deren Fälligkeit,
> - die vereinbarte Arbeitszeit,
> - die Dauer des jährlichen Erholungsurlaubs,
> - Kündigungsfristen und
> - einen allgemeinen Hinweis auf Tarifverträge, Betriebs- oder Dienstvereinbarungen, die auf das Arbeitsverhältnis anzuwenden sind.

Sollen gesetzliche Regelungen oder einschlägige Tarifverträge gelten, so können die sonst erforderlichen Angaben in der Niederschrift durch entsprechende Hinweise ersetzt werden. Die Verpflichtung zur Aushändigung einer Niederschrift entfällt vollständig, wenn dem Arbeitnehmer ein Arbeitsvertrag ausgehändigt wurde, der die geforderten Mindestangaben enthält (§ 2 Abs. 4 NachwG). Von den Vorschriften des Nachweisgesetzes kann nicht zu Ungunsten des Arbeitnehmers abgewichen werden.

Bei Abschluss des Arbeitsvertrages gilt der **Grundsatz der Vertragsfreiheit**, der aus Art. 2 GG hergeleitet wird (freie Entfaltung der Persönlichkeit), wobei allerdings bestehende Gesetze sowie kollektivrechtliche Normen (Tarifvertrag und Betriebsvereinbarung) zu beachten sind.

Partner des Arbeitsvertrages sind der Arbeitnehmer und der Arbeitgeber.

> Arbeitgeber ist dabei entweder eine natürliche oder juristische Person, die einen anderen in abhängiger Arbeit beschäftigt und der somit das sog. Weisungsrecht zusteht.

> Arbeitnehmer ist jeder, der auf Grund seines Arbeitsvertrages abhängige Arbeit leistet, wobei die Entgeltlichkeit der Arbeitsleistung nicht entscheidend ist.

Herkömmlich wird die Gruppe der Arbeitnehmer unterschieden in **Arbeiter** und **Angestellte**. Nach der Verkehrsauffassung ist derjenige Angestellter, der kaufmännische, büromäßige oder sonst überwiegend geistige Arbeit verrichtet. Arbeiter ist derjenige, dessen Tätigkeit überwiegend durch körperliche Arbeit bestimmt ist.

Nach diesen Unterscheidungskriterien sind die Angehörigen der Gesundheitsberufe Angestellte.

Ob die oben beschriebene Einteilung noch zeitgemäß ist, ist zweifelhaft. Sie wird nicht ganz zu Unrecht mit Kritik bedacht. Zurzeit ist allerdings auch nach dem Sozialgesetzbuch noch von ihr auszugehen.

Mitglieder karitativer Einrichtungen

In diesem Zusammenhang bereitet die Einordnung derjenigen Personen Schwierigkeiten, die mit ihrer Berufsausübung vorwiegend karitative und religiöse Zwecke verfolgen. Hierzu zählen v. a. die Ordensschwestern, Diakonissen, Caritasschwestern und DRK-Schwester.

In ständiger Rechtsprechung steht das Bundesarbeitsgericht (BAG) hinsichtlich der Rechtstellung einer DRK-Schwester auf dem Standpunkt, dass zumindest diejenige Rot-Kreuz-Schwester, die in einem von ihrer Schwesternschaft selbst betriebenen Krankenhaus tätig ist, keine Arbeitnehmereigenschaft besitze, da sich die Rechtsbeziehung zwischen der Schwester und dem Verband ausschließlich nach vereinsrechtlichen Grundsätzen regelt. Gleiches wird man – auch ohne diesbezügliche Rechtsprechung – zur Rechtstellung von Ordensschwestern, Caritasschwestern und Diakonissen sagen müssen.

> Da kein besonderer Arbeitsvertrag zwischen Verband und Schwester geschlossen wird, liegt kein Arbeitsverhältnis vor.

Nach höchstrichterlicher Auffassung gibt es keinen Rechtssatz des Inhalts, dass Dienste in persönlicher Abhängigkeit ausschließlich auf Grund eines Arbeitsverhältnisses und nicht auf Grund vereinsrechtlicher Mitgliedschaft erbracht werden können.

> Allerdings darf die Begründung vereinsrechtlicher Arbeitspflichten nicht zur Umgehung zwingender arbeitsrechtlicher Schutzbestimmungen führen (BAG, DB 1995, 2612 f).

Häufig werden die genannten Schwestern auf Grund von sog. **Gestellungsverträgen** tätig. Darunter versteht man eine Art Leihverhältnis, in dem sich die Schwesternschaft gegenüber einem Krankenhausträger zur Leistungserbringung der Krankenpflege gegen Vergütung verpflichtet und zur Erfüllung dieser Pflicht dem Krankenhausträger Schwestern zur Verfügung stellt (ausleiht). Arbeitnehmereigenschaft erhalten die Schwestern allein auf Grund eines derartigen Gestellungsvertrages noch nicht (BAG, NJW 1986, 2906). Dies ist erst dann der Fall, wenn die Schwestern ihrerseits mit dem Krankenhausträger Arbeitsverträge abschließen – was heutzutage die Regel ist.

12.4.2 Arten von Arbeitsverhältnissen

Arbeitsverhältnisse können vertraglich
— unbefristet oder
— befristet
vereinbart werden.

Das unbefristete Arbeitsverhältnis

> Ein unbefristetes Arbeitsverhältnis liegt vor, wenn der Arbeitsvertrag auf eine unbestimmte Zeit abgeschlossen wird.

Auch wenn – wie in der Regel – ein Arbeitsvertrag seine Beendigung mit Erreichen des 65. Lebensjahres vorsieht – also zeitlich eine Befristung enthält – liegt dennoch ein unbefristeter Arbeitsvertrag vor (▶ 12.4.4).

Im Rahmen eines unbefristeten Arbeitsverhältnisses wird regelmäßig zu Beginn eine **Probezeit** vereinbart. Die Probezeit soll den Vertragspartnern die Feststellung ermöglichen, ob sich der Arbeitnehmer für die Arbeit eignet, für die er eingestellt wurde. Eine Probezeit kann längstens für sechs Monate vereinbart werden (§ 622 Abs. 3 BGB). Während dieser Zeit beträgt die beiderseitige Kündigungsfrist zwei Wochen. Durch Tarifverträge kann von dieser Frist abgewichen werden. Die Probezeit kann befristet ausgestaltet sein. Innerhalb des Laufs eines unbefristeten Arbeitsverhältnisses kann diese in der Regel nur durch Kündigung, Tod des Arbeitnehmers oder einvernehmlicher Aufhebung beendet werden (▶ 12.4.4).

Das befristete Arbeitsverhältnis

> Ein befristetes Arbeitsverhältnis liegt vor, wenn es auf eine bestimmte Zeit oder für einen bestimmten Zeitraum abgeschlossen wird.

Die Befristung kann sich sowohl aus einem bestimmten Endtermin als auch aus der Beschaffenheit und dem Zweck der Leistungen ergeben (§ 620 BGB). So werden beispielsweise Aushilfsarbeitsverhältnisse in der Regel als befristete Arbeitsverhältnisse vertraglich ausgestaltet.

Nach dem Teilzeit- und Befristungsgesetz (TzBfG) sind Befristungen zulässig, wenn sie durch einen sachlichen Grund gerechtfertigt sind (§ 4 TzBfG).

Als sachliche Gründe nennt das Gesetz u. a.:
— nur vorübergehender betrieblicher Bedarf an der Arbeitsleistung,
— Erleichterung des Übergangs in eine Anschlussbeschäftigung nach Ausbildung oder Studium,
— Vertretung eines anderen Mitarbeiters,
— in der Person des Arbeitnehmers liegende Gründe,
— Eigenart der Arbeitsleistung.

Auch ohne Vorliegen eines sachlichen Grundes kann ein befristetes Arbeitsverhältnis bis zur Höchstdauer von zwei Jahren abgeschlossen werden. Innerhalb der Höchstdauer ist eine dreimalige Verlängerung möglich; es sind also insgesamt vier Befristungen in zwei Jahren denkbar. Sonderregelungen gelten für befristete Arbeitsverträge für Ärzte in der Weiterbildung.

> Ein befristet abgeschlossenes Arbeitsverhältnis läuft automatisch, d. h. ohne Kündigung, zum vereinbarten Zeitpunkt ab.

Das Berufsausbildungsverhältnis

Das **Berufsausbildungsverhältnis** ist eine eigene Art des Arbeitsverhältnisses. Die Berufsausbildung basiert in Deutschland überwiegend auf dem sog. **dualen Bildungssystem**.

Die Berufsbildung im dualen System ist die älteste Form der Berufsausbildung. Der Begriff »duales System« wurde in den sechziger Jahren durch den Ausschuss für das Erziehungs- und Bildungswesen (1953–1965) für einen Sachverhalt festgelegt, den es allerdings schon lange vorher gab.

> Das »duale Bildungssystem« kennzeichnet die Zusammenarbeit von Betrieb und Berufsschule bei der beruflichen Erstausbildung. Die Ausbildung findet an zwei Lernorten statt: dem Betrieb und der Berufsschule.

Gesetzliche Grundlage der Berufsausbildung ist in der Regel das Berufsbildungsgesetz (BBiG), sofern für bestimmte Berufe nicht ausbildungsspezifische Sonderregelungen gelten wie etwa für zahlreiche Fachberufe im Gesundheitswesen (▶ 21, 21.1).

Ein Ausbildungsverhältnis wird nach diesem Gesetz durch den Abschluss eines schriftlichen Berufsausbildungsvertrages begründet (§ 3 BBiG). Das Berufsausbildungsverhältnis beginnt mit einer Probezeit, die mindestens einen Monat und höchstens drei Monate betragen darf (§ 13 BBiG). Während der Probezeit können sich beide Parteien jederzeit ohne Einhaltung einer Kündigungsfrist voneinander trennen (§ 15 BBiG). Nach der Probezeit kann der Ausbildende das Arbeitsverhältnis nur noch durch eine fristlose Kündigung beenden, wenn hierzu ein wichtiger Grund besteht. Der Auszubildende kann allerdings auch mit einer Kündigungsfrist von vier Wochen das Ausbildungsverhältnis beenden, wenn er die Berufsausbildung aufgeben will.

Ähnlich dem Nachweisgesetz (▶ 12.4.1) schreibt das Berufsbildungsgesetz vor, dass unverzüglich nach Abschluss des Berufsausbildungsvertrages, spätestens vor Beginn der Berufsausbildung der Ausbildende den wesentlichen Inhalt des Vertrages schriftlich niederzulegen hat.

> **Mindestanforderungen der Niederschrift**
> - Art, sachliche und zeitliche Gliederung sowie Ziel der Berufsausbildung,
> - Beginn und Dauer der Berufsausbildung,
> - Ausbildungsmaßnahmen außerhalb der Ausbildungsstätte,
> - Dauer der regelmäßigen täglichen Ausbildungszeit,
> - Dauer der Probezeit,
> - Zahlung und Höhe der Vergütung,
> - Kündigungsvoraussetzungen,
> - Hinweise auf Tarifverträge etc.

Die Niederschrift ist dem Auszubildenden und seinem gesetzlichen Vertreter unterschrieben auszuhändigen.

Während der Ausbildung hat der Ausbildende dafür zu sorgen, dass dem Auszubildenden die Fertigkeiten und Kenntnisse vermittelt werden, die zur Erreichung des Ausbildungsziels erforderlich sind (= **Ausbildungspflicht**). Auch hat der Ausbildende dem Auszubildenden die betrieblichen **Ausbildungsmittel** zur Verfügung zu stellen, die zur Berufsausbildung oder zum Ablegen der Prüfung notwendig sind.

Besteht ein Auszubildender die Prüfung nicht, so verlängert sich das Ausbildungsverhältnis auf sein Verlangen bis zur nächstmöglichen Wiederholungsprüfung, höchstens jedoch um ein Jahr (§ 14 Abs. 3 BBiG). Besteht der Auszubildende die erste Wiederholungsprüfung nicht und stellt er ein Verlängerungsverlangen, verlängert sich das Berufsausbildungsverhältnis bis zur zweiten Wiederholungsprüfung, wenn diese noch innerhalb der Höchstfrist von einem Jahr abgelegt wird. Spätestens nach einem Jahr tritt die Beendigungswirkung ein, unabhängig davon, ob die zweite Wiederholungsprüfung bestanden oder nicht bestanden wird (BAG, DB 2000, 1623).

> ❓ Besteht der Auszubildende die geforderte Prüfung bereits vor Ablauf der vorgesehenen Ausbildungszeit, so endet es nach dem Berufsbildungsgesetz mit bestandener Prüfung.

Hiervon weicht z. B. das Krankenpflegegesetz (1985) mit der Regelung ab, dass die Ausbildung unabhängig vom Zeitpunkt der bestandenen Prüfung drei Jahre dauert. Auch das neue Krankenpflegegesetz 2003 geht nach wie vor von diesem Grundsatz aus. Allerdings räumt es unter bestimmten Voraussetzungen auch ein früheres Ausbildungsende ein (▶ 21.1).

Übergang von Ausbildungsverhältnis in ein Arbeitsverhältnis

Soll im Anschluss an die Ausbildungszeit ein Arbeitsverhältnis begründet werden, so müssen hierüber rechtzeitig vor dem Ende des Ausbildungsverhältnisses klare und eindeutige Abmachungen getroffen werden, die häufig in entsprechenden Tarifverträgen zu finden sind. Ist keine ausdrückliche Vereinbarung getroffen und beschäftigt der Arbeitgeber den Auszubildenden im Anschluss an das Ausbildungsverhältnis tatsächlich weiter, so unterstellt das Gesetz, dass ein Arbeitsverhältnis auf unbestimmte Dauer begründet werden sollte (§ 17 BBiG).

> ❓ Nach altem Recht war umstritten, inwieweit das Berufsbildungsgesetz auf die Ausbildung in der (Kinder-)Krankenpflege Anwendung findet. Mit In-Kraft-Treten des Krankenpflegegesetzes am 01.09.1985 ist diese Streitfrage gesetzlich gelöst worden: gemäß § 26 KrPflG findet das Berufsbildungsgesetz für die Ausbildung zu den Berufen nach dem Krankenpflegegesetz keine Anwendung. Dies gilt auch für das neue Krankenpflegegesetz 2003 (▶ 21.1). Gleiches gilt für die Ausbildung zur Hebamme/zum Entbindungspfleger sowie zum Altenpfleger. Aus allerdings anderen Gründen gilt dies auch für die Ausbildung zum technischen Assistenten/Assistentin in der Medizin (▶ 21.4). Demgegenüber findet das Berufsbildungsgesetz Anwendung z. B. auf die Berufe der Arzt- und Apothekenhelfer sowie Zahnmedizinischen Fachangestellten (▶ 21.12).

Das Praktikantenverhältnis

> ❓ Praktikant ist, wer sich einer bestimmten Tätigkeit und Ausbildung in einem Betrieb unterzieht,

weil er diese im Rahmen einer Gesamtausbildung, etwa zur Erlangung der Zulassung zum Studium oder zur Hochschulprüfung, nachweisen muss.

Ist das Praktikantenverhältnis Bestandteil des Studiums, so findet das Arbeitsrecht keine Anwendung. Dies soll auch dann gelten, wenn das Praktikum vor Beginn des Studiums absolviert sein muss. Das Praktikantenverhältnis kann aber auch als Ausbildungsverhältnis ausgestaltet sein (§ 19 BBiG). In diesen Fällen hat der Praktikant Anspruch auf eine Vergütung und es gelten die allgemeinen Rechtsvorschriften des Arbeitsrechts (§ 3 Abs. 2 BBiG). Kennzeichnend für den Praktikant ist, dass der Arbeitgeber nur verpflichtet ist, ihm Gelegenheit zu geben, sich das erforderliche Wissen zu verschaffen. Ihn trifft keine Ausbildungspflicht.

12.4.3 Wesentliche Pflichten der Arbeitsvertragspartner

> Ein Arbeitsvertrag verpflichtet wie jeder andere gegenseitige Vertrag die Vertragspartner zur Erfüllung der sich aus dem Vertrag ergebenden Pflichten.

Aus der Besonderheit des Arbeitsvertrages, die v. a. durch die personenrechtliche Beziehung von Arbeitnehmer und Arbeitgeber geprägt ist, ergeben sich – im Gegensatz etwa zu anderen gesetzlichen Vertragstypen wie Kaufvertrag, Mietvertrag, Werkvertrag – neben den sog. Hauptpflichten der Vertragspartner auch spezifische Nebenpflichten.

Pflichten des Arbeitnehmers

> Die Hauptpflicht des Arbeitnehmers liegt in der Pflicht zur Erbringung seiner Arbeitsleistung, denn um ihretwillen wird das Arbeitsverhältnis seitens des Arbeitgebers geschlossen. Der Inhalt der Arbeitsleistung besteht darin, dass der Arbeitnehmer die Tätigkeiten auszuführen hat, die seiner vertraglich übernommenen Stellung im Betrieb entsprechen.

Neben den vertraglichen Einzelabreden gelten oftmals hinsichtlich der Arbeitsleistung gleichfalls tarifliche Bestimmungen. Es ist schon angesprochen worden, dass Angehörige der Gesundheitsberufe, soweit sie in einem gemeindlichen Krankenhaus oder in einer Krankenanstalt des Landes tätig sind, zum Krankenhausträger in aller Regel in einem Angestelltenverhältnis stehen. Dementsprechend gilt für diesen Personenkreis bei einer Beschäftigung beim Bund, bei den Ländern oder Kommunen der Bundesangestelltentarifvertrag. Er trägt den Eigenheiten dieses Bereiches mit Sonderregelungen für Angestellte in Kranken-, Heil-, Pflege- und Entbindungsanstalten hinsichtlich Arbeitszeit, Überstunden, Bereitschaftsdienst etc. Rechnung. Ähnliches gilt für die Schüler in der Krankenpflegeausbildung. Für diese Gruppe existiert ein entsprechender Tarifvertrag. Bei der Beschäftigung in karitativen Einrichtungen wird häufig auf die im öffentlichen Dienst geltenden Tarifverträge Bezug genommen.

> Im Zweifel ist jeder Arbeitnehmer verpflichtet, die versprochenen Tätigkeiten in Person zu erbringen (§ 613 BGB). Soweit also nicht ausdrücklich etwas anderes bestimmt ist, darf der Arbeitnehmer keinen »Ersatzmann« stellen; die Pflicht zur Arbeitsleistung ist »höchstpersönlich« (▶ 1.2).

Persönliche Leistungserbringung

Eine Stationsschwester, die zur Frühschicht eingeteilt ist, kann nicht mit einer Kollegin, die Spätschicht hat, die Schicht tauschen. Sie kann dies nur, wenn der Arbeitgeber oder dessen Beauftragter (Pflegedienstleitung) damit einverstanden ist. Dagegen kann sie dies nicht gegen den Willen des Arbeitgebers oder ohne diesen überhaupt zu fragen, tun, mit dem Hinweis, es sei sowohl in der Frühschicht als auch in der Spätschicht »jemand« für die Arbeit da gewesen. Denn die Stationsschwester ist höchstpersönlich zur Arbeitsleistung zur richtigen Zeit verpflichtet.

Die Pflicht der Leistungserbringung entfällt nur in wenigen Fällen, etwa
- in der Urlaubszeit,
- im Krankheitsfall des Arbeitnehmers,
- bei berechtigter Leistungsverweigerung, etwa im Falle unzulässiger Delegation ärztlicher Aufgaben auf das nachgeordnete nicht-ärztliche Personal (▶ 12.4.4) sowie
- offenstehender Vergütungsansprüche (BAG, DB 1996, 2337 ff)
- oder auch, wenn der Arbeitgeber gar nicht in der Lage ist, die angebotene Arbeitsleistung in Anspruch zu nehmen.

Nebenpflichten

Von der Erbringung der Arbeitsleistung als Hauptpflicht sind die vertraglichen Nebenpflichten des Arbeitnehmers zu unterscheiden. Zu diesen Nebenpflichten zählen etwa
- die Gehorsamspflicht,
- die Pflicht zur Unterlassung betriebsschädigender Handlungen,
- die Beachtung der Arbeitsschutzregeln,

- gegebenenfalls die Mitteilung einer Schwangerschaft sowie
- die Pflicht zur pfleglichen Behandlung der Arbeitsgegenstände.

Für Angestellte, die dem Bundesangestelltentarifvertrag (BAT) unterliegen, gilt in besonderem Maße die **Verschwiegenheitspflicht** (§ 9 BAT; ▶ auch 11.6.10), wobei für Angestellte in Krankenanstalten und Bundeswehrkrankenhäusern bezüglich der Schweigepflicht noch Sonderregeln gelten.

Die genannten Einzelverpflichtungen werden durch die **Treuepflicht** des Arbeitnehmers als Nebenverpflichtung aus dem Arbeitsverhältnis begründet.

Nebentätigkeit

Zu den Pflichten des Arbeitnehmers zählt schlussendlich auch die Information des Arbeitgebers über die beabsichtigte Aufnahme einer Nebentätigkeit. Diese Pflicht kann tarifvertraglich oder einzelvertraglich begründet sein.

> Grundsätzlich ist die Ausübung einer Nebentätigkeit zulässig. Dies folgt aus dem Recht auf freie Berufsausübung (Art. 12 Abs. 1 GG).

Unzulässig ist eine Nebentätigkeit jedoch, wenn durch sie die Arbeitskraft des Mitarbeiters oder berechtigte Interessen des Arbeitgebers erheblich beeinträchtigt werden. In diesen Fällen kann der Arbeitgeber die Nebentätigkeit entweder ganz untersagen oder aber deren Erlaubnis einschränken.

Der Begriff »berechtigte Interessen des Arbeitgebers« ist im weitesten Sinne zu verstehen. Von ihm werden alle Umstände erfasst, die für den Bestand und die Verwirklichung der Ziele des Arbeitgebers von Bedeutung sein können. Hierzu gehören nicht nur die dienstlichen Belange, die innerbetrieblich für einen störungsfreien Ablauf der zu erledigenden Arbeitsaufgaben erforderlich sind. Berechtigte Interessen des Arbeitgebers sind auch beeinträchtigt, wenn sich Nebentätigkeiten seiner Mitarbeiter negativ auf die Wahrnehmung des Arbeitgebers in der Öffentlichkeit auswirken. Ob solche Interessen des Dienstgebers gegenüber dem Interesse des Arbeitnehmers an der Ausübung der Nebentätigkeit Vorrang haben, ist nach den Umständen des Einzelfalls unter Berücksichtigung des Grundrechts der Berufsfreiheit zu entscheiden. Bei dieser Interessensabwägung ist zu beachten, dass die Beeinträchtigung erheblich sein muss. Dies jedenfalls ist dann gegeben, wenn eine Krankenpflegeperson eine Nebentätigkeit als Bestatter ausübt. Ein derartiger Nebenjob ist somit unzulässig (BAG, Az.: 6 AZR 357/01).

Haftung des Arbeitnehmers

Erfüllt der Arbeitnehmer seine Arbeitspflicht nicht oder nicht ordnungsgemäß oder kommt er seinen arbeitsvertraglichen Nebenpflichten nicht nach, so kann dies hauptsächlich die Kündigung nach sich ziehen (▶ 12.4.4).

Aber auch Gehaltskürzungen oder Schadensersatzleistungen sind im Einzelfall denkbar, wenn **dem Vermögen des Arbeitgebers oder einem Dritten** ein Schaden zugefügt wird und der Arbeitnehmer die Pflichtverletzung zu vertreten hat (§ 619 a BGB).

Grundsätzlich haftet der Arbeitnehmer für jeden Schaden, der dem Arbeitgeber durch schuldhaftes Verletzen arbeitsvertraglicher Pflichten entsteht. In Fällen sog. Schaden- oder **gefahrgeneigter Tätigkeit** hat die Rechtsprechung zunächst zu Gunsten des Arbeitnehmers wie auch des Auszubildenden eine Haftungsbeschränkung angenommen. Das Kriterium der »Gefahrgeneigtheit« als selbstständiger Voraussetzung für die Einschränkung der Arbeitnehmerhaftung wurde allerdings durch Beschluss des Gemeinsamen Senats der Obersten Gerichtshöfe des Bundes Ende des Jahres 1993 aufgegeben (GmS-OGB, DB 1994, 428 ff). Nach diesem Beschluss verbleibt es weiterhin bei der Dreiteilung der Schuld, wobei der Aspekt der »Gefahrgeneigtheit« bei der Bestimmung des Fahrlässigkeitsgrades jedoch nach wie vor zu berücksichtigen ist.

Danach haftet der Arbeitnehmer
- voll für **Vorsatz** und **grobe Fahrlässigkeit**,
- nicht jedoch für geringe Schuld, also **leichteste Fahrlässigkeit**,
- während bei **mittlerer** oder **normaler Fahrlässigkeit** der Schaden in der Regel quotenmäßig aufgeteilt wird.

Im Fall der mittleren oder normalen Fahrlässigkeit sind die Gesamtumstände von Schadensanlass und Schadensfolge nach **Billigkeitsgrundsätzen** und **Zumutbarkeitsaspekten** gegeneinander abzuwägen (BAG, BB 1988, 1601ff). Bei grober Fahrlässigkeit, die in der Regel zu einer vollen Arbeitnehmerhaftung führt, können allerdings auch besondere Umstände zu einer Haftungsbeschränkung führen (BAG, NJW 1990, 468ff), etwa bei vom Arbeitgeber gesetzten gefahrgeneigten Momenten. Dazu gehört z. B Übermüdung durch angeordnete permanente Arbeitszeitüberschreitung oder Überlastung angesichts dauernder personeller Unterbesetzung. Insofern kann eine Haftungsentlastung nach Maßgabe einer Abwägung des Verschuldens gegen das Betriebsrisiko im Rahmen des § 254 BGB (Mitverschulden) erfolgen.

> Unter dem Gesichtspunkt des Mitverschuldens (§ 254 BGB) kann es u. U. zu einer Alleinhaftung des Arbeitgebers kommen; deshalb ist insbesondere in Ausbildungsverhältnissen darauf zu achten, dass die Einweisungs- und Aufsichtspflichten genauestens erfüllt werden.

Fügt der Arbeitnehmer im Rahmen seines Arbeitsverhältnisses **einem Dritten**, beispielsweise einem Patienten, einen Schaden zu, so gelten auch hier die allgemeinen Haftungsgrundsätze. Auf eine Beschränkung der Haftung im Innenverhältnis zwischen Arbeitgeber und Arbeitnehmer kann sich letzterer gegenüber dem Dritten, z. B. dem Patienten, nicht berufen (BGH, NJW 1994, 852). Gegebenenfalls hat der Arbeitnehmer einen **Freistellungsanspruch** gegenüber seinem Arbeitgeber. Hat der Arbeitnehmer einen Schadensersatzanspruch des Dritten bereits erfüllt, so kann er vom Arbeitgeber u. U. entsprechenden Ersatz verlangen (**Rückgriffsanspruch**).

Pflichten des Arbeitgebers

Den aufgeführten Haupt- und Nebenpflichten des Arbeitnehmers stehen entsprechende Verpflichtungen des Arbeitgebers gegenüber. Der Verpflichtung zur Leistungserbringung durch den Arbeitnehmer entspricht dabei die **Pflicht zur Entgeltzahlung** auf Seiten des Arbeitgebers. Der Treuepflicht des Arbeitnehmers steht auf der Arbeitgeberseite als arbeitsvertragliche Nebenpflicht die sog. **Fürsorgepflicht** gegenüber. Hierzu zählt beispielsweise die Pflicht, vom Arbeitnehmer Gefahren abzuwenden, soweit sie im Arbeitsverhältnis begründet sind. Diese Pflicht findet ihre Grenze in der Zumutbarkeit für den Arbeitgeber. Unter anderem deshalb, aber auch wegen anderer Gründe ist die Forderung nach HIV-Testung aller Krankenhauspatienten zum Schutz vor Infektionen des Krankenhauspersonals unsachgemäß (strittig).

Zu den arbeitsvertraglichen Nebenpflichten des Arbeitgebers zählen ebenso die aus dem Arbeitnehmerschutzrecht herzuleitenden Pflichten (▶ 12.5 ff), etwa das zur Verfügungstellen von persönlicher Schutzausrüstung.

Wenn zuvor im Rahmen der Nebenpflichten des Arbeitnehmers von der Gehorsamspflicht gesprochen wurde, so entspricht dies einem Weisungsrecht des Arbeitgebers.

Weisungsrecht des Arbeitgebers

Für bestimmte Arbeitnehmergruppen ist die Pflicht, die Tätigkeit nach Weisung des Arbeitgebers auszuführen, gesetzlich ausdrücklich geregelt. Für alle anderen Arbeitnehmer ergibt sich die Weisungsgebundenheit oder Gehorsamspflicht aus allgemeinen arbeitsrechtlichen Grundsätzen. Das Gegenstück, die Weisungsbefugnis oder auch das Direktionsrecht des Arbeitgebers beinhaltet das Recht, dem Arbeitnehmer Weisungen zu erteilen, denen dieser nachkommen muss.

> Das Direktionsrecht des Arbeitgebers beruht auf dem Arbeitsverhältnis und berechtigt ihn, Inhalt, Art, Ort und Umfang der Tätigkeit des Arbeitnehmers im Einzelnen zu bestimmen sowie diejenigen Anordnungen zu treffen, die zur Aufrechterhaltung der Ordnung im Betrieb erforderlich sind (BAG, NZA 1995, 1088 f).

Im **öffentlichen Dienst** kann dem Arbeitnehmer grundsätzlich jede Tätigkeit zugewiesen werden, die den Merkmalen seiner Vergütungsgruppe entspricht. Es ist deshalb möglich, Arbeitnehmern, die Tätigkeiten einer bestimmten Fallgruppe einer Vergütungsgruppe verrichten, Aufgaben einer anderen Fallgruppe derselben Vergütungsgruppe zuzuweisen, vor allem, wenn einzelvertraglich nicht ein genau bezeichneter Arbeitsplatz vereinbart wurde. Unter diesen Voraussetzungen kann der Arbeitgeber beispielsweise eine Krankenschwester aus der Endoskopie-Abteilung Kraft Direktionsrechts auf die allgemeine Station umsetzen. Dieses Recht wird auch durch einen längeren Einsatz des Arbeitnehmers mit bestimmten Tätigkeiten nicht eingeschränkt (LAG Hamm, Az.: 17 S. 1279/96).

> Das Weisungsrecht des Arbeitgebers ist allerdings in dem Rahmen eingeschränkt, indem die Arbeitspflicht vertraglich auf bestimmte Tätigkeiten konkretisiert ist.

Seine Grenzen findet das Direktionsrecht weiterhin dort, wo durch Gesetz- oder kollektivvertragliche Vereinbarung die näheren Einzelheiten der Arbeitsleistung festgelegt sind. Daraus resultiert, dass sich der Arbeitgeber unter Berufung auf das »Direktionsrecht« weder über ein Gesetz noch über die tarifvertraglichen oder in Betriebsvereinbarungen getroffenen Regelungen hinwegsetzen kann. Gleiches gilt für vertragliche Abmachungen, die ebenfalls nicht durch einseitige Anordnung des Arbeitgebers beseitigt werden können. Dies wäre allenfalls durch eine **Änderungskündigung** möglich, da auch im Arbeitsrecht der Grundsatz gilt, dass sich jede Partei an die getroffenen Vereinbarungen halten muss.

> Im Übrigen gilt, dass der Arbeitgeber bei Ausübung seines Weisungsrechts den Maßstab des Zumutbaren beachten muss und das Direktions-

recht nur nach billigem, d. h. für angebracht erklärtem Ermessen gemäß § 315 BGB ausüben darf.

So ist der Arbeitgeber nicht berechtigt, einen Arbeitnehmer an einen Arbeitsplatz zu **versetzen**, der wesentlich anders als der bisherige ist und wesentlich geringer vergütet wird.

Auch können einer Stationshelferin nach rund 25-jähriger Tätigkeit, zu der zu einem Drittel die Essensausgabe an die Patienten zählte, nicht unter Bezugnahme auf das Direktionsrecht nur noch einfache Reinigungsaufgaben zugewiesen werden. Der Entzug wesentlicher Aufgaben ist nur durch Änderungskündigung möglich (LAG Hessen, Az.: 5 Sa 515/00). Demgegenüber kann der Arbeitgeber Kraft seines Direktionsrechts die Anzahl der in Folge zu leistenden Nachtschichten einer Pflegekraft festlegen, soweit durch Arbeitsvertrag, Betriebsvereinbarung oder Tarifvertrag keine Regelung getroffen ist. Hiergegen sprechen auch keine gesicherten arbeitsmedizinischen Erkenntnisse darüber, ob eine kurze oder längere Schichtfolge die Gesundheit der Arbeitnehmer stärker beeinträchtigt (BAG, DB 1998, 2325 ff).

Weiterhin kann der Arbeitgeber kraft seines Direktionsrechts Spannungen zwischen Arbeitnehmern durch **Umsetzung** eines der Arbeitnehmer begegnen. Als Reaktion auf Konfliktlagen ist der Arbeitgeber nicht gehalten, anstelle einer Umsetzung eine **Abmahnung** auszusprechen. Im Rahmen des billigen Ermessens ist eine Abmahnung gegenüber einer Umsetzung nicht notwendigerweise das »mildere Mittel« (BAG, NZA 1995, 1088 f).

Ob **Mitbestimmungsrechte** des Betriebs-/Personalrates oder der Mitarbeitervertretung zu beachten sind, ist Frage des Einzelfalls. Jedenfalls ist die Umsetzung einer Altenpflegekraft für mehr als einen Monat von einer Station auf eine andere in einem in mehrere Stationen gegliederten Seniorenheim dann eine mitbestimmungspflichtige **Versetzung** im Sinne des Betriebsverfassungsgesetzes (§ 93 Abs. 3 BetrVG), wenn die einzelnen Stationen eigenständig sind (BAG, Az.: 1 ABR 5/99).

12.4.4 Beendigung eines Arbeitsverhältnisses

Die Beendigung eines Arbeitsverhältnisses ist in den unterschiedlichsten Formen denkbar. Im Folgenden sollen nur die wichtigsten angesprochen werden.

Aufhebungsvertrag

Zunächst einmal kann das Arbeitsverhältnis dadurch beendet werden, dass der Arbeitsvertrag im gegenseitigen Einvernehmen aufgehoben wird Man spricht dann von einem sog. **Aufhebungsvertrag**, der zweckmäßigerweise, nicht notwendigerweise schriftlich niedergelegt werden sollte. Voraussetzung dafür ist, dass sich Arbeitgeber und Arbeitnehmer eindeutig darüber einig sind, dass das Arbeitsverhältnis mit sofortiger Wirkung oder von einem bestimmten Tag an beendet sein soll. Ein derartiger Vertrag stellt keine Kündigung dar, so dass auch Kündigungsvorschriften nicht zum Zuge kommen und demnach auch Kündigungsfristen nicht eingehalten werden müssen. Da es sich bei dem Aufhebungsvertrag um einen Vertrag handelt, können Minderjährige, also Personen unter 18 Jahren, eine Aufhebungsvereinbarung rechtswirksam nur dann treffen, wenn die Zustimmung der gesetzlichen Vertreter, das sind in der Regel die Eltern, vorliegt.

Befristung

Weiterhin endet ein Arbeitsverhältnis, wenn es nur für eine bestimmte Zeit eingegangen wurde (▶ 12.4.2), mit Ablauf dieser Zeit (§ 620 BGB). Voraussetzung hierfür ist, dass die Befristung ausdrücklich und eindeutig vereinbart und nicht rechtsmissbräuchlich war. Während der Befristung kann das Arbeitsverhältnis nur durch Kündigung beendet werden und dies auch nur dann, wenn eine solche Möglichkeit vereinbart war. Allerdings ist eine fristlose Kündigung nie ausgeschlossen.

Erreichung des Rentenalters

Entgegen einer weitverbreiteten Auffassung ist das Erreichen des Rentenalters grundsätzlich kein Beendigungsgrund (§ 41 Abs. 1 SGB VI). Selbst eine Vereinbarung, wonach ein Arbeitsverhältnis zu einem Zeitpunkt enden soll, in dem der Arbeitnehmer Anspruch auf eine vorgezogene Rente wegen Alters hat, ist nur wirksam, wenn die Vereinbarung innerhalb der letzten drei Jahre vor diesem Zeitpunkt geschlossen oder von dem Arbeitnehmer bestätigt worden ist (§ 41 Abs. 1 S. 2 SGB VI).

Unmöglichkeit der weiteren Erfüllung der Arbeitsleistung

Dieser Tatbestand allein ist ebenso wenig wie die Altersgrenze grundsätzlich kein Endigungsgrund im Sinne einer Befristung. Wird also ein Arbeitnehmer erwerbsgemindert und erhält eine Rente aus der Sozialversicherung, so endet damit nicht notwendigerweise das Arbeitsverhältnis. In der Regel ist dann eine

12.4 · Individuelles Arbeitsrecht

Kündigung nötig. Aber auch hier treffen Tarifverträge (z. B. BAT) teilweise eine abweichende Regelung.

Schließlich beendet auch der **Tod des Arbeitgebers** nicht ohne weiteres das Arbeitsverhältnis, es sei denn, es ist etwas Entsprechendes im Arbeitsvertrag geregelt. Demgegenüber löst **der Tod des Arbeitnehmers** das Arbeitsverhältnis auf, da ja die Arbeitsleistung vom Arbeitnehmer höchstpersönlich erbracht werden muss.

Nicht vereinbarungsfähig ist die sog. **Zölibatsklausel**, d. h. die Festlegung, dass ein Arbeitsverhältnis im Falle der Eheschließung eines Arbeitnehmers endet. Eine solche Vereinbarung verstößt gegen Art. 6 Abs. 1 GG und ist nichtig. Gleiches gilt, wenn im Sinne einer Befristung vereinbart wird, dass ein Arbeitsverhältnis mit Feststellung einer **Schwangerschaft** enden soll. Eine derartige Befristungsabrede ist rechtsmissbräuchlich.

Die vorstehend genannten Beendigungsgründe werden – gemessen an ihrer Häufigkeit – durch die Beendigung eines Arbeitsverhältnisses infolge einer Kündigung zurückgedrängt. Die Kündigung ist die häufigste Form der Beendigung des Arbeitsverhältnisses durch den Arbeitgeber oder den Arbeitnehmer.

Kündigung

> Begrifflich ist die Kündigung eine einseitige, empfangsbedürftige, aber nicht annahmebedürftige Willenserklärung, die wirksam wird, wenn sie dem Vertragsgegner zugeht.
> Zugegangen ist eine Kündigung, wenn der Empfänger die Möglichkeit der Kenntnisnahme hat.

An bestimmte gesetzliche **Formvorschriften** ist die Kündigung eines Arbeitsverhältnisses grundsätzlich nicht gebunden, so dass die mündliche Erklärung in aller Regel genügt.

Etwas anderes gilt allerdings, wenn **Schriftlichkeit** der Kündigungserklärung entweder einzelvertraglich vereinbart oder tariflich vorgesehen ist. Fehlt in einem solchen Fall die Schriftform, ist die Kündigung unwirksam. Gesetzlich vorgeschrieben ist die Schriftform bei einer Kündigung eines Berufsausbildungsverhältnisses. Unzulässig ist auch, die Kündigung unter eine Bedingung zu stellen, weil hiermit der Kündigungsempfänger in eine ungewisse Situation versetzt wird. Die Kündigungserklärung muss also unbedingt sein.

Es gibt verschiedene Arten der Kündigungen.

Kündigungsarten
- Änderungskündigung und
- Beendigungskündigung.

Beide Kündigungsarten sind möglich als
- ordentliche (fristgerechte) Kündigung und
- außerordentliche (fristlose) Kündigung.

Änderungskündigung

> Eine Änderungskündigung liegt vor, wenn nicht die Entlassung eines Arbeitnehmers, sondern nur die Änderung der Arbeitsbedingungen angestrebt wird.

Dem Arbeitnehmer wird im Zusammenhang mit der Kündigung zugleich die Fortsetzung des Arbeitsverhältnisses zu den beabsichtigten geänderten Bedingungen angeboten. Nimmt der Arbeitnehmer die angebotene Vertragsänderung an, gilt diese nach Ablauf der Kündigungsfrist. Wird das Angebot abgelehnt, endet das Arbeitsverhältnis mit Ablauf der Kündigungsfrist. Der Arbeitnehmer kann allerdings das Angebot auch zunächst annehmen, jedoch unter dem Vorbehalt, dass die Änderung der Arbeitsbedingungen nicht sozial gerechtfertigt ist. Diesen Vorbehalt muss der Arbeitnehmer dem Arbeitgeber gegenüber erklären und Kündigungsschutzklage vor dem Arbeitsgericht erheben. Stellt dann das Gericht fest, dass die Änderung der Arbeitsbedingungen sozial ungerechtfertigt ist, ist die Kündigung von Anfang an unwirksam. Erhebt der Arbeitnehmer innerhalb der gesetzlich vorgeschriebenen Frist von drei Wochen keine Kündigungsschutzklage, so bleibt es bei den geänderten Vertragsbedingungen.

Betriebsübergang

Änderungskündigungen erfolgen häufig aus betrieblichen Gründen bei Umstrukturierungsmaßnahmen, etwa bei sog. **Outsourcing**, wenn Betreibergesellschaften Krankenhausabteilungen übernehmen wie beispielsweise technische Abteilungen oder Zentralsterilgutversorgungsabteilungen. Das von einer Ausgliederung betroffene Personal steht jedoch unter dem Schutz von § 613 a BGB, wenn die Maßnahme einen Betriebsübergang darstellt.

Ein Betriebsübergang liegt in der Regel vor, wenn
- der Betriebsinhaber wechselt,
- ein Betrieb oder Betriebsteil übertragen wird und
- der Übergang durch ein Rechtsgeschäft erfolgt.

Weiterhin spricht für einen Betriebsübergang der Übergang der Betriebsmittel und des zur Leistungserbringung erforderlichen Wissens (= Know-hows).

Im Falle einer **Neuvergabe des Rettungsdienstes** durch Ausschreibung an einen anderen gemeinnützigen Träger durch einen Landkreis wurde jedoch ein Betriebsübergang verneint, obwohl der Landkreis für die Durchführung des Dienstes sämtliche materiellen Mittel (Fahrzeuge, Wasch-/Dienstgebäude etc.) zur Verfügung stellte (LAG, Sachsen-Anhalt, DB 2003, 563). Die Überlassung der Betriebsmittel allein kennzeichnet nicht die Identität des Betriebes. Dies wäre allenfalls gegeben, wenn der neue Träger des Rettungsdienstes nahezu vollständig das Personal des bisherigen Trägers übernimmt.

Eine bloße **Funktionsnachfolge** stellt nach nationaler und europäischer Rechtsprechung **keinen Betriebsübergang** dar (BAG, DB 1998, 885; EuGH, AP Nr. 28 zu EWG-Richtlinie 77 aus 187).

> Liegt allerdings ein Betriebsübergang vor, so muss der Arbeitnehmer zu den bestehenden arbeitsvertraglichen Konditionen übernommen werden.

Auch darf ihm wegen des Übergangs nicht gekündigt werden, wohl aber aus anderen Gründen (§ 613 a Abs. 4 BGB).

Erst nach Ablauf eines Jahres dürfen die Vertragsbedingungen geändert werden. Dies ist einvernehmlich möglich oder aber durch Änderungskündigung seitens des neuen Arbeitgebers.

Im Übrigen kann der Arbeitnehmer dem Übergang seines Arbeitsverhältnisses im Rahmen eines Betriebsüberganges widersprechen (§ 613 a Abs. 6 BGB). Das Widerspruchsrecht muss schriftlich innerhalb eines Monats nach Zugang der Unterrichtung vom Betriebsübergang dem bisherigen Arbeitgeber oder dem neuen Inhaber gegenüber ausgeübt werden. Die Ausübung des Widerspruchsrechts bedarf keines irgendwie gearteten sachlichen Grundes.

Der widersprechende Arbeitnehmer ist jedoch nicht ohne weiteres vor faktischen oder rechtlichen Nachteilen geschützt, die mit dem Widerspruch verbunden sein können.

Nachteilige Folgen ergeben sich regelmäßig daraus, dass der bisherige Arbeitgeber nach dem Betriebsübergang keine oder nur noch beschränkte Möglichkeiten der Beschäftigung hat. Derartige Nachteile muss der Arbeitnehmer grundsätzlich in Kauf nehmen.

> Rechtsfolge des wirksam erklärten Widerspruchs ist der Fortbestand des Arbeitsverhältnisses zum bisherigen Arbeitgeber.

Die in § 613 a Abs. 1 BGB angeordnete Rechtsfolge des Betriebsübergangs für das Arbeitsverhältnis tritt nicht ein. Dem Arbeitnehmer kann nach dem Gesetzeszweck gegen seinen Willen kein Arbeitgeberwechsel aufgezwungen werden (BAG, NJW 1998, 3138). In diesem Falle steht dem Arbeitgeber ein Kündigungsrecht zu. Liegt der Beendigungszeitpunkt infolge der einzuhaltenden Kündigungsfrist nach dem Zeitpunkt des Betriebsübergangs, stellt sich die Frage nach dem **Vergütungsanspruch** des Arbeitnehmers gegenüber seinem Arbeitgeber.

In der Regel befindet sich der (bisherige) Arbeitgeber mit der Annahme der Arbeitsleistung im Verzug, wenn er die Annahme der Leistung ablehnt und auf den Betriebserwerber verweist (§ 615 BGB). Infolge eines derartigen Annahmeverzuges kann der Arbeitnehmer trotz tatsächlich nicht geleisteter Arbeit die vereinbarte Vergütung verlangen, ohne zur Nachleistung verpflichtet zu sein. Er muss sich allerdings den Wert anrechnen lassen, den er infolge des Unterbleibens der Dienstleistung erspart oder zu erwerben böswillig unterlässt.

Ein böswilliges Unterlassen des Erwerbs kann selbst dann vorliegen, wenn der Arbeitnehmer trotz Widerspruchs eine Tätigkeit beim neuen Betriebsinhaber während der Kündigungsfrist ausschlägt.

Beendigungskündigung

Von der Änderungskündigung unterscheidet sich die **Beendigungskündigung** dadurch, dass mit ihr von vornherein die Entlassung des Arbeitnehmers bezweckt wird.

> Eine Beendigungskündigung zielt auf die Beendigung des Arbeitsverhältnisses als Ganzem.

Kündigungen sind als außerordentliche (fristlose) oder ordentliche (fristgemäße) Kündigungen zulässig.

Fristlose Kündigung

Die Zulässigkeit einer außerordentlichen, nicht an eine Frist gebundenen Kündigung folgt aus § 626 BGB.

> Danach kann ein Dienstverhältnis von jedem Vertragsteil aus wichtigem Grund ohne Einhaltung einer Kündigungsfrist gekündigt werden.

Es müssen Tatsachen vorliegen, auf Grund derer dem Kündigenden unter Berücksichtigung aller Umstände des Einzelfalles und unter Abwägung der Interessen beider Vertragsteile die Fortsetzung des Dienstverhältnisses bis zum Ablauf der Kündigungsfrist oder bis zu der vereinbarten Beendigung des Dienstverhältnisses nicht zugemutet werden kann.

Die Frage, ob im Einzelfall ein **wichtiger Grund** zu einer fristlosen Entlassung vorliegt, hängt von den jeweiligen tatsächlichen Umständen ab. Dementsprechend umfangreich ist auch die Rechtsprechung der Arbeitsgerichte.

> Generell gilt, dass eine schwere Verletzung der arbeitsvertraglichen Pflichten vorliegen muss, um einen wichtigen Grund für eine fristlose Kündigung anzunehmen.

Kündigungsrelevante Pflichtverletzungen
- Strafbare Handlungen wie etwa Diebstahl oder Betrug zu Lasten des Arbeitgebers ebenso wie der Verstoß gegen das Betäubungsmittelgesetz,
- der begründete Verdacht einer strafbaren Handlung,
- das wiederholt unentschuldigte Zu-spät-Kommen,
- die wiederholte Störung des Arbeitsfriedens durch Streit mit den Kollegen,
- Trunkenheit am Arbeitsplatz,
- die unberechtigte Arbeitsverweigerung.

Bleibt eine Mitarbeiterin bei Meinungsverschiedenheiten über den Umfang und die Gestaltung der Arbeitszeit – etwa bei einem gewünschten Wechsel von Vollzeit- in Teilzeitarbeit – trotz Aufforderung des Arbeitgebers dem Dienst fern, liegt eine unberechtigte beharrliche **Arbeitsverweigerung** vor (ArbG Frankfurt, Az.: 7 Ca 3865/97).

Ist eine Arbeitsverweigerung dagegen berechtigt, z. B. wegen offen stehender Vergütungsansprüchen, ist eine fristlose Kündigung unwirksam (BAG, DB 1996, 2337 ff). Schließlich kann eine fristlose Kündigung berechtigt sein, wenn ein Arbeitnehmer aus verwerflichen Gründen, etwa um sich zu rächen, seinen Arbeitgeber anzeigt. Erfolgt dagegen eine Anzeige aus berechtigten Gründen, etwa bei Verstößen des Arbeitgebers gegen Unfallverhütungsvorschriften, so ist eine (fristlose) Kündigung wegen der Anzeige unwirksam.

> Die außerordentliche fristlose Kündigung aus wichtigem Grund kann nur innerhalb von zwei Wochen erfolgen.

Die Frist beginnt mit dem Zeitpunkt, in dem der Kündigungsberechtigte von den für die Kündigung maßgebenden Tatsachen Kenntnis erlangt. Der Kündigende muss dem anderen Teil auf Verlangen den Kündigungsgrund unverzüglich mitteilen.

Abmahnung
In der Regel muss einer fristlosen Kündigung eine Abmahnung vorausgehen.

> Die Abmahnung dient dem Zweck, dem Arbeitnehmer deutlich zu machen, dass der Arbeitgeber den Pflichtverstoß nicht duldet und der Arbeitnehmer im Wiederholungsfall mit der Entlassung zu rechnen hat.

Die Wirksamkeit einer Abmahnung ist von folgenden Merkmalen abhängig:
- nach Art und Zeit genaue **Bezeichnung** des gerügten Fehlverhaltens,
- eindeutige und unmissverständliche **Aufforderung**, das gerügte Fehlverhalten für die Zukunft zu unterlassen und
- eindeutiger und unmissverständlicher **Hinweis**, dass im Falle der Wiederholung des geringsten Fehlverhaltens die Kündigung folgt.

Sind diese Merkmale erfüllt, ist beispielsweise die Abmahnung wegen Verstoßes gegen die Anordnung, während des Dienstes im Krankenhaus keinen Schmuck zu tragen, wirksam (LAG Kiel, Az.: 4 Sa 467/95).

Demgegenüber ist die Abmahnung eines erfahrenen Altenpflegers ungerechtfertigt, der das Beruhigungsmittel Ennerpan 25® nicht verabreicht hat, weil er es nicht vorgefunden hat und auch einen Notarzt nicht zu Rate gezogen hat (ArbG Frankfurt, Az.: 7 Ca 7390/00).

Fehlt der Hinweis auf Beendigungsfolgen, so liegt allerdings eine – arbeitsrechtlich unbedeutsame – Ermahnung vor.

> Aus Beweisgründen sollten Abmahnungen stets schriftlich erfolgen.

Abmahnungen unterliegen der arbeitsgerichtlichen Überprüfung.

Der Überprüfungsanspruch des Arbeitnehmers beruht darauf, dass er in seinem allgemeinen Persönlichkeitsrecht beeinträchtigt und rechtswidrig in seinem beruflichen Fortkommen behindert wird, wenn die Abmahnung ungerechtfertigt ist (BAG, Az.: 5 AZR 161/84). Hieraus resultiert auch der Anspruch, ungerechtfertigte Abmahnungen, die zur Personalakte genommen wurden, entfernen zu lassen. Der **Entfernungsanspruch** ist allerdings schon dann begründet, wenn der Betroffene vor Übernahme der Abmahnung in die Personalakte nicht angehört wurde (ArbG Frankfurt/Oder, DB 2000, 146).

Im öffentlichen Dienst gilt schließlich ein **Recht auf Gegendarstellung** gemäß § 3 BAT.

Bei Vorliegen besonders schwerer Pflichtverletzungen kann eine fristlose Kündigung auch ohne vorherige Abmahnung ausgesprochen werden und rechtens sein. Dies ist beispielsweise der Fall, wenn eine Altenpflegerin den Patienten zu viel Beruhigungsmittel verabreicht, was angesichts der Gefährlichkeit der Medikamente, des Alters der Patienten und der Tastsache, dass die oftmals hilflosen Patienten auf eine zuverlässige Versorgung angewiesen sind, nicht vorkommen darf. Dieses Verhalten stellt eine so schwere Pflichtverletzung dar, mit deren Hinnahme durch den Arbeitgeber die Arbeitnehmerin nicht rechnen durfte (LAG Kiel, Az.: 1 Sa 78e/01).

Fristgerechte Kündigung

Von der außerordentlichen fristlosen Kündigung unterscheidet sich die ordentliche fristgemäße Kündigung dadurch, dass sie die Innehaltung einer Kündigungsfrist voraussetzt.

> Nach § 622 Abs. 1 BGB kann das Arbeitsverhältnis eines Arbeiters oder eines Angestellten mit einer Frist von vier Wochen zum 15. oder zum Ende eines Kalendermonats gekündigt werden.

Kürzere Fristen können u. a. einzelvertraglich unter der Voraussetzung vereinbart werden, dass der Arbeitnehmer vorübergehend und nicht länger als drei Monate zur Aushilfe angestellt wird. Eine **Verlängerung der Fristen** ist einzelvertraglich jederzeit möglich. Je nach Beschäftigungsdauer verlängern sich die gesetzlichen Kündigungsfristen für den Arbeitgeber (§ 622 Abs. 2 BGB) bis zu sieben Monaten zum Ende eines Kalendermonats bei zwanzigjährigem Arbeitsverhältnis.

Abweichende Regelungen sind durch **Tarifvertrag** möglich. Jedoch darf die Kündigungsfrist für den Arbeitnehmer nicht länger sein als die Frist zur Kündigung durch den Arbeitgeber (§ 622 Abs. 6 BGB).

Zur Rechtfertigung einer ordentlichen fristgerechten Kündigung kommen die im **Kündigungsschutzgesetz** genannten Gründe in Betracht.

Danach ist eine Kündigung möglich durch Gründe, die in der Person oder in dem Verhalten eines Arbeitnehmers liegen oder die durch dringende betriebliche Erfordernisse bedingt sind, die einer Weiterbeschäftigung des Arbeitnehmers im Betrieb entgegenstehen.

> Dem gemäß werden die Kündigungsgründe als
> - personenbedingte
> - verhaltensbedingte und
> - betriebsbedingte
> Gründe bezeichnet.

Personenbedingte Kündigung

Personenbedingte Kündigungsgründe sind solche, die in der Person des Arbeitnehmers liegen. Hierzu zählen beispielsweise Gründe, die den Arbeitnehmer langfristig oder häufiger kurzfristig infolge **Krankheit** an der Leistungserbringung hindern oder zu einer Leistungsminderung führen. Krankheit schützt nicht vor Kündigung. Allerdings stellt die Rechtsprechung verschärfte Anforderungen an eine durch Krankheit hervorgerufene personenbedingte Kündigung.

Mit dem Auftreten der Aids-Erkrankungen wurden auch die Arbeitsgerichte mit der kündigungsrechtlichen Problematik dieses Themas konfrontiert. Zu unterscheiden ist dabei die Aids-**Infizierung** einerseits und die Aids-**Erkrankung** andererseits. Eine vom Arzt festgestellte Aids-Erkrankung kann arbeitsrechtlich erst dann bedeutsam werden, wenn sie den Arbeitnehmer hindert, die von ihm geschuldete Arbeitsleistung zu erbringen. Will der Arbeitgeber kündigen, so müssen die von der Rechtsprechung für krankheitsbedingte Kündigungen entwickelten Grundsätze beachtet werden, insbesondere nicht unerhebliche krankheitsbedingte Fehlzeiten in der Vergangenheit, eine ungünstige Zukunftsprognose und unzumutbare Störungen im Betriebsablauf.

> Die Tatsache einer Aids-Infizierung ist bislang nicht als Kündigungsgrund anerkannt, da nach dem bisherigen Wissensstand bei der Erfüllung arbeitsvertraglicher Pflichten in der Regel keine Gefahr der Ansteckung anderer besteht.

Sonderfälle sind allerdings denkbar, z. B. dass ein infizierter Arbeitnehmer anderen mit Ansteckung droht. Auch für Arbeitnehmer, deren Tätigkeit mit einer Infektionsgefahr für andere oder sich selbst verbunden ist (z. B. Krankenhauspersonal), ist nach herrschender Meinung eine Ansteckungsgefahr ausgeschlossen, wenn die erforderlichen Hygiene- und Schutzmaßnahmen beachtet werden

Verhaltensbedingte Kündigung

Den verhaltensbedingten Kündigungsgründen sind alle diejenigen zuzurechnen, die sich aus dem Handeln und Verhalten des Arbeitnehmers am Arbeitsplatz – teilweise auch außerhalb – ergeben. Dazu gehört z. B. Bummelei, Schlägerei im Betrieb, Beleidigung des Arbeitgebers oder Informationen an das Amt für Arbeitsschutz, ohne dass der innerbetriebliche Beschwerdeweg zur Abhilfe von Arbeitsplatzgefährdungen ausgeschöpft ist (LAG Bad.-Württ., NZA 1987, 756). Auch Brutalität zählt zu den verhaltensbedingten Kündigungsgründen. Wer als Pflegekraft eine (demente) Patientin durch Schläge »zur Ruhe« bringt, verletzt die arbeitsvertraglich geschuldete pflegerische Betreuung in schwerwiegender Weise und rechtfertigt mit ihrem Verhalten eine Kündigung (LAG Hessen, Az.: 5/8 Sa 1230/99).

Die Gründe einer verhaltensbedingten Kündigung gleichen denjenigen einer fristlosen Kündigung, wobei die Vertragsverletzung nicht so schwer wiegt, dass auf die Einhaltung der Frist verzichtet werden könnte. Schließlich ist in diesem Zusammenhang als Kündigungsgrund auch die **Arbeitsverweigerung** zu nennen. Dieser Kündigungsgrund verweist auf das im Rahmen des Schwangerschaftsabbruchs (▶ 11.6.8) wie auch der Durchführungsverantwortung bei Injektionen, Infusionen und Blutentnahmen Gesagte (▶ 10.11.1).

Verhaltensbedingte Kündigung und Arbeitsverweigerung
Gemäß § 12 Abs. 1 **Schwangerschaftskonfliktgesetz** (SchKG ist niemand verpflichtet, an einem Schwangerschaftsabbruch mitzuwirken. Eine Ausnahme gilt, wenn die Mitwirkung notwendig ist, um von der Frau eine anders nicht abwendbare Gefahr des Todes oder einer schweren Gesundheitsschädigung abzuwenden. Aus dieser Regelung folgt, dass grundsätzlich dem Pflegepersonal, das eine Mitwirkung beim Schwangerschaftsabbruch – gleich aus welchem Grund – verweigert, keinerlei Rechtsnachteile, insbesondere nicht durch eine Kündigung entstehen können, es sei denn, die Voraussetzungen zur Abwendung einer Todesgefahr oder Gesundheitsschädigung lägen vor. Selbst für den Fall, dass eine kleine Privatklinik sich ausschließlich auf Schwangerschaftsabbrüche spezialisieren wollte und darum tatsächlich für das nicht mitwirkungsbereite Personal keine Verwendung hat, wird die Möglichkeit einer Kündigung, zumindest aus wichtigem Grund, also eine fristlose Entlassung, auszuschließen sein. Eine ordentliche fristgemäße Kündigung wäre nur als letzte Alternative in Ausnahmefällen wirksam durchführbar (BAG, DB 1989, 1191). Hat sich dagegen beispielsweise eine Pflegekraft bei Einstellung bereit erklärt, an durchzuführenden Schwangerschaftsabbrüchen mitzuwirken, rückt sie aber hiervon im konkreten Fall durch Verweigerung ab, so wird man dem Krankenhausträger (Arbeitgeber) das Recht zur Kündigung wegen Vertragsverletzung in letzter Konsequenz, allerdings als äußerste Maßnahme, nicht versagen können.

Hinsichtlich der Verweigerung der Durchführung von Injektionen Infusionen oder Blutentnahmen oder anderer ärztlicher Tätigkeiten im Falle der Delegation ist bereits früher der Standpunkt vertreten worden (▶ 10.11.1), dass das nachgeordnete nicht-ärztliche Personal durchaus berechtigt ist, die Übernahme abzulehnen. Aus dieser Ansicht kann nur resultieren, dass die Verweigerung arbeitsrechtlich, v. a. im Hinblick auf Kündigung, ohne Folgen bleiben muss.

Ein Leistungsverweigerungsrecht besteht auch, wenn der Arbeitgeber nach erfolgter Rüge durch den Arbeitnehmer weiterhin darauf besteht, ein mangelhaftes Medizinprodukt anzuwenden (▶ 12.5.5).

Unstritig dagegen besteht ein Leistungsverweigerungsrecht des Arbeitnehmers, wenn der Arbeitgeber seinen Pflichten zum Arbeitsschutz nicht nachkommt (▶ 12.5.2).

Betriebsbedingte Kündigung
Schließlich ist noch auf den dritten Kündigungsgrund, den **betriebsbedingten**, einzugehen.

Dieser setzt ein dringendes betriebliches Erfordernis voraus, das einer Weiterbeschäftigung des Arbeitnehmers entgegensteht. Ein solches Erfordernis kann z. B. durch Umorganisation (▶ Betriebsübergang), Umstrukturierung oder Arbeitsmangel begründet sein. Im Krankenhausbereich ist etwa an die Reduzierung oder Aufgabe bestimmter Stationen oder Arbeitsbereiche zu denken. Ist hier eine sinnvolle Weiterbeschäftigung des Arbeitnehmers nicht möglich, kann eine betriebsbedingte Kündigung in Frage kommen.

Ein dringendes betriebliches Erfordernis ist allerdings zu verneinen, und eine Kündigung unwirksam, wenn ein unternehmerisches Konzept zur Kostenreduzierung gewählt wird, das faktisch nicht zu Änderungen in den betrieblichen Abläufen, jedoch bei allen Arbeitnehmern der betroffenen Abteilungen zum Verlust ihres Arbeitsplatzes führen sollte, obwohl nach wie vor ein – allenfalls möglicherweise reduzierter – Beschäftigungsbedarf bestand (BAG, DB, 2003, 946 ff). Beschließen z. B. die Gesellschafter einer Klinik, Bereiche wie Reinigung, Küche, Diätabteilung und Ernährungsberatung wegen hoher Verluste stillzulegen und kündigen den Mitarbeitern aus diesem Grund wegen Wegfalls ihres Aufgabenbereichs, übernimmt jedoch eine neue gegründete Service-GmbH, an der die Klinik mehrheitlich beteiligt ist, diese Aufgabenbereiche mit neu eingestellten – billigeren – Arbeitnehmern, ist eine solche Kündigung nicht gerechtfertigt.

Zwar ist die Gestaltung eines Betriebes, die Frage, ob und in welcher Weise sich jemand wirtschaftlich betätigen will, Bestandteil der grundrechtlich geschützten **unternehmerischen Freiheit** (Art. 2 Abs. 1, Art. 12, Art 14 GG). Die unternehmerische Freiheit gilt jedoch nicht schrankenlos. Das Grundrecht der **Berufsfreiheit** (Art. 12 Abs. 1 GG) gewährt auch einen

Mindestbestandschutz für den Arbeitnehmer. Dieser verfassungsrechtlich gebotene kündigungsrechtliche Mindestschutz ist dann nicht mehr gewährleistet, »würde man dem Arbeitgeber gestatten, Teilbereiche seines Betriebes »stillzulegen«, den betroffen Arbeitnehmern zu kündigen, um dann dieselben Arbeiten an derselben Betriebsstätte durch eine finanziell, wirtschaftlich und organisatorisch in sein Unternehmen voll eingegliederte Organgesellschaft mit jüngeren und preiswerteren Arbeitskräften weiter verrichten zu lassen« (BAG, wie vor). Zu prüfen wäre in diesem Falle die Vornahme einer Änderungskündigung.

Neben dem Vorliegen eines dringenden betrieblichen Erfordernisses setzt eine wirksame betriebsbedingte Kündigung weiterhin eine sorgfältige **Sozialauswahl** voraus.

Kriterien der Sozialauswahl
- Dauer der Betriebszugehörigkeit
- Lebensalter
- Unterhaltspflichten

Sozialgerechtfertigt ist eine betriebsbedingte Kündigung, wenn nach den vorgenannten Kriterien der gekündigte Arbeitnehmer im Verhältnis zu vergleichbaren Mitarbeitern am wenigsten schutzbedürftig ist.

In Betrieben mit Betriebs- oder Personalräten bzw. Mitarbeitervertretungen ist der Arbeitgeber verpflichtet, die **Mitwirkungsrechte** dieser Gremien nach dem Betriebsverfassungsgesetz oder Personalvertretungsrecht zu beachten.

Kündigungsschutz

Hält ein Arbeitnehmer die ihm ausgesprochene Kündigung für sozial ungerechtfertigt oder wurden Mitwirkungsrechte der betrieblichen Arbeitnehmervertretung nicht beachtet, hat er nach dem Kündigungsschutzgesetz (KSchG) die Möglichkeit, Kündigungsschutzklage vor dem Arbeitsgericht zu erheben und zwar innerhalb drei Wochen nach Zugang der Kündigung.

Dazu bedarf es keiner Vertretung durch einen Rechtsanwalt. Der Arbeitnehmer kann sich selbst vertreten oder, wenn er einer Gewerkschaft angehört, sich von dieser vertreten lassen. Ist nach Ablauf der dreiwöchigen Frist keine Klage eingereicht, ist die Kündigung im Regelfall wirksam. Der Kündigungsschutz beginnt jedoch erst nach sechsmonatiger Zugehörigkeit zum Betrieb (§ 1 KSchG). Die Vorschriften des Kündigungsschutzgesetzes gelten nicht für Betriebe, in denen in der Regel fünf oder weniger Arbeitnehmer ausschließlich der zu ihrer Berufsbildung Beschäftigten beschäftigt werden. Teilzeitbeschäftigte werden auf die Beschäftigtenzahl nach einem Stundenschlüssel gemäß § 23 KSchG angerechnet. Dennoch ist ein Arbeitnehmer in diesen sog. **Kleinbetrieben** nicht gänzlich ohne Kündigungsschutz.

Stützt sich beispielsweise der Arbeitgeber des Kleinbetriebes (z. B. Arztpraxis) auf betriebliche Umstände und kommt eine Auswahl zwischen mehreren Arbeitnehmern in Betracht, so ist die Kündigung rechtsmissbräuchlich und unwirksam, wenn schon auf den ersten Blick erkennbar ist, dass der Arbeitgeber ohne entgegenstehende betriebliche Interessen einem Arbeitnehmer kündigt, der erheblich schutzbedürftiger als vergleichbare nicht gekündigte Arbeitnehmer ist (BAG, Az.: 2 AZR 672/01).

Besonderheiten des Kündigungsschutzes gelten für Schwangere (▶ 12.5.11) und Schwerbehinderte (▶ 12.5.14).

Arbeitspapiere und Zeugnis

Ist ein Arbeitsverhältnis beendet worden, so sind dem Arbeitnehmer die von ihm bei der Einstellung übergebenen Arbeitspapiere sowie Lohnsteuerkarte des laufenden Jahres und Versicherungsnachweisheft zum Zeitpunkt des Ausscheidens zurückzugeben.

Darüber hinaus hat der Arbeitnehmer Anspruch auf Erteilung eines schriftlichen **Zeugnisses** über die Art und Dauer der Beschäftigung sowie – bei Verlangen – über Führung und Leistung. Die Formulierung des Zeugnisses ist Angelegenheit des Arbeitgebers. Er ist in seiner Entscheidung darüber frei, welche positiven oder negativen Leistungen und Eigenschaften des Arbeitnehmers er mehr hervorheben will als andere.

Der Inhalt des Zeugnisses muss jedoch in jedem Fall der Wahrheit entsprechen, anderenfalls läuft der Arbeitgeber Gefahr, sich schadensersatzpflichtig zu machen.

Die teilweise vorzufindende Ansicht, ein Zeugnis dürfte nur für den Arbeitnehmer günstige Aussagen enthalten, ist daher nicht richtig. Die Beurteilung muss allerdings über das Verhalten des Arbeitnehmers während der gesamten Vertragsdauer gehen. Einmalige und für das Verhalten des Arbeitnehmers nicht typische Verhaltensweisen dürfen nicht als Charakteristika herausgehoben werden.

Information- und Meldepflichten

Nach sozialrechtlichen Vorschriften obliegen den Arbeitsvertragsparteien im Zusammenhang mit der Beendigung eines Beschäftigungsverhältnisses Informations- und Meldepflichten. Der Arbeitgeber soll den Arbeitnehmer frühzeitig vor der Beendigung des Arbeitsverhältnisses u. a. über dessen Verpflichtung unverzüglicher Meldung beim Arbeitsamt informieren und ihn hierzu freistellen (§ 2 Abs. 2 Nr. 3 SGB III).

Unter Beendigung des Arbeitsverhältnisses im vorgenannten Sinne ist sowohl eine Kündigung, ein Aufhebungsvertrag als auch die Befristung zu verstehen.

Der Arbeitnehmer muss sich unverzüglich nach Kenntnis des Beendigungszeitpunktes persönlich beim Arbeitsamt arbeitsuchend melden (§ 376 SGB III). Kommt er dieser Pflicht nicht nach, können Minderungen des Arbeitslosengeldes die Folge sein.

Überprüfen Sie Ihr Wissen

1. Auf welchen Rechtsquellen beruht das Arbeitsrecht?
   Antwort: ▶ 12.2
2. Zu welcher Gesetzgebungskompetenz zählt das Arbeitsrecht?
   Antwort: ▶ 12.2 und 6.1.6
3. Wer schließt Tarifverträge ab?
   Antwort: ▶ 12.3
4. Was ist der Unterschied zwischen Sozialpartnern und Betriebspartnern?
   Antwort: ▶ 12.3
5. Was bedeutet »Kollektives Arbeitsrecht«?
   Antwort: ▶ 12.3
6. Was bedeutet »Individuelles Arbeitsrecht«?
   Antwort: ▶ 12.4
7. Wie kommt ein Arbeitsverhältnis zustande?
   Antwort: ▶ 12.4.1
8. In welchen Fällen besteht ein Fragerecht im Einstellungsgespräch nach persönlichen Umständen / Eigenschaften des Bewerbers?
   Antwort: ▶ 12.4.1
9. Was ist unter einem »Gestellungsvertrag« zu verstehen?
   Antwort: ▶ 12.4.1
10. Wodurch zeichnet sich ein befristetes Arbeitsverhältnis aus?
    Antwort: ▶ 12.4.2
11. Auf welche Berufsausbildungsverhältnisse findet das Berufsbildungsgesetz keine Anwendung?
    Antwort: ▶ 12.4.2

Überprüfen Sie Ihr Wissen

12. Welche Pflichten obliegen dem Arbeitnehmer?
    Antwort: ▶ 12.4.3
13. In welchen Fällen steht dem Arbeitnehmer ein Leistungsverweigerungsrecht zu?
    Antwort: ▶ 12.4.3 und 12.4.4
14. Welche Pflichten treffen den Arbeitgeber?
    Antwort: ▶ 12.4.3
15. Wodurch kann ein Arbeitsverhältnis beendet werden?
    Antwort: ▶ 12.4.4
16. Welche Merkmale muss eine wirksame Abmahnung enthalten?
    Antwort: ▶ 12.4.4
17. Welche Kündigungsgründe kennt das Kündigungsschutzgesetz?
    Antwort: ▶ 12.4.4

12.5 Arbeitsschutzrecht

Zum Arbeitsschutzrecht im engeren Sinne gehören der **gesetzliche** und der **autonome Arbeitsschutz**.

Der **gesetzliche** Arbeitsschutz ist unmittelbar durch das Gesetz bzw. durch auf Gesetz beruhenden Verordnungen und Verwaltungsakten geregelt.

Der **autonome** Arbeitsschutz beruht auf der Gestaltung der Selbstverwaltungsorgane des Arbeitslebens, insbesondere der Berufsgenossenschaften. Ergänzt wird er durch das Betriebsverfassungsgesetz bzw. die Personalvertretungsgesetze, Tarifverträge und Betriebsvereinbarungen.

Vermehrt nehmen europäische Rechtssetzungsakte Einfluss auf den Arbeitsschutz. So trat am 21.08.1996 das »Gesetz zur Umsetzung der EG-Rahmenrichtlinien Arbeitsschutz und weiterer Arbeitsschutz-Richtlinien« in Kraft. Artikel 1 dieses Gesetzes enthält das Arbeitsschutzgesetz (ArbSchG), auf dessen Grundlage am 04.12.1996 die Verordnung zur Umsetzung von EG-Einzelrichtlinien zur EG-Rahmenrichtlinie Arbeitsschutz erlassen wurde.

Teil des Arbeitsschutzes ist das **Arbeitnehmerschutzrecht**.

Dem Arbeitnehmer können infolge seiner Eingliederung in den Betrieb des Arbeitgebers und seiner Unterwerfung unter dessen Direktionsrecht unmittelbar Gefahren für Leib, Leben, Gesundheit und Eigentum erwachsen.

> Das Arbeitnehmerschutzrecht dient der Beseitigung oder Minderung der von der Arbeit ausgehenden Gefahren.

Grundsätzlich gehören die Vorschriften des Arbeitnehmerschutzes dem öffentlichen Recht an. Die sich aus ihm ergebenden Pflichten obliegen dem Arbeitgeber in erster Linie gegenüber dem Staat. Der Arbeitnehmer kann also regelmäßig nicht auf Erfüllung der dem Arbeitgeber obliegenden Pflichten klagen. Allerdings konkretisieren die Vorschriften des Arbeitnehmerschutzrechtes die allgemeine Fürsorgepflicht des Arbeitgebers. Je nach Einzelfall kann deshalb ein Arbeitnehmer seine Arbeitsleistung zurückhalten, wenn der Arbeitgeber die ihm obliegenden Arbeitsschutzvorschriften nicht erfüllt (▶ 12.4.4).

Der öffentlich-rechtliche Arbeitnehmerschutz ist unabdingbar. Der Arbeitnehmer kann auf seine Einhaltung nicht verzichten. Seine Verwirklichung wird durch öffentlich-rechtliche Maßnahmen gesichert.

> Vor allem durch die Gewerbeaufsicht, die Ämter für Arbeitsschutz und die Berufsgenossenschaften wird die Einhaltung und Durchführung der Schutzvorschriften überwacht.

Das Arbeitnehmerschutzrecht kann nach seinem Inhalt und nach dem Kreis der geschützten Personen gegliedert werden.

Nach dem Inhalt wird unterschieden in den
- Betriebs- oder Gefahrenschutz,
- sozialen Arbeitsschutz und
- Arbeitsvertragsschutz.

Nach dem persönlichen Geltungsbereich unterscheidet man den
- allgemeinen und
- besonderen Arbeitnehmerschutz.

Der allgemeine Arbeitnehmerschutz gilt für alle Arbeitnehmer schlechthin. Der besondere Arbeitnehmerschutz bezieht sich auf bestimmte Arbeitnehmergruppen z. B. Schwerbehinderte sowie auf Frauen und Jugendliche.

Seit Anfang der 90er-Jahre wurde der deutsche Arbeitsschutz schrittweise umgestaltet.

Änderungen betrafen z. B. das Gerätesicherheitsgesetz und die Gefahrstoffverordnung im Bereich des vorgreifenden, **produktbezogenen Arbeitsschutzes**. Dieser wendet sich mit sicherheitsrelevanten Beschaffenheitsanforderungen an technischen Arbeitsmitteln und chemischen Stoffen bereits im Vorfeld des betrieblichen Arbeitsschutzes an Hersteller, Importeure und Händler und dient nicht zuletzt auch dem allgemeinen Gesundheitsschutz, dem Verbraucher und z.T. dem Umweltschutz. Im weitesten Sinne gehört hierzu auch das Medizinproduktegesetz.

12.5.1 Arbeitsschutzgesetz

Demgegenüber betrifft das Arbeitsschutzgesetz (ArbSchG vom 07.08.1996) den Arbeitsschutz bei der Arbeit, also im betrieblichen Geschehen.

Ziele des betrieblichen Arbeitsschutzes
- Die präventive Verhütung von Gefahren für Leben und Gesundheit der Beschäftigten,
- die Organisation des Arbeitsschutzes im Betrieb,
- die Unterstützung des Arbeitgebers durch Betriebsärzte, Fachkräfte für Arbeitssicherheit und Sicherheitsbeauftragte,
- die arbeitsmedizinische Vorsorge,
- die Unterrichtung und Unterweisung der Beschäftigten, deren Rechte und Pflichten und
- das Zusammenwirken aller am betrieblichen Arbeitsschutz Beteiligten.

> Das Arbeitsschutzgesetz fasst die Grundvorschriften für die meisten vorstehenden Aufgaben des betrieblichen Arbeitsschutzes zusammen und kann am Treffendsten als »allgemeiner Teil« oder auch als »Grundgesetz« des deutschen Arbeitsschutzrechtes bezeichnet werden.

Adressaten des betrieblichen Arbeitsschutzrechtes sind:
- die Arbeitgeber,
- die sonst für den Arbeitsschutz im Betrieb Verantwortlichen (z. B. Arbeitssicherheitskräfte) und
- die Beschäftigten.

Das Arbeitsschutzgesetz lässt die nach anderen Gesetzen bestehenden arbeitsschutzrechtlichen Pflichten unberührt. Es gilt für alle Tätigkeitsbereiche (§ 1 Abs. 1 ArbSchG). Anders als die bisherige Grundvorschrift des Arbeitsschutzes, § 120 a Gewerbeordnung (GewO), betrifft es damit nicht nur die gewerbliche Wirtschaft, sondern auch
- den öffentlichen Dienst,
- die freien Berufe,
- die Religionsgemeinschaften und
- alle sonstigen Organisationen mit und ohne Erwerbscharakter.

> Geschützt werden alle Beschäftigten, also alle Personen, die auf Grund einer rechtlichen Beziehung zu einem Arbeitgeber Arbeitsleistungen erbringen. Das sind neben den Arbeitnehmern auch die zu ihrer Berufsausbildung Beschäftigten.

Die grundsätzliche Verantwortung für den Arbeitsschutz liegt gemäß der in § 3 Abs. 1 ArbSchG getroffenen Kernaussage beim Arbeitgeber.

Bei den Maßnahmen zum Arbeitsschutz hat der Arbeitgeber **acht Grundsätze** zu beachten.
- Gefährdungen möglichst zu vermeiden bzw. verbleibende Gefährdungen möglichst gering zu halten,
- Gefahren an der Quelle zu bekämpfen,
- Stand der Technik, Arbeitsmedizin usw. zu berücksichtigen,
- objektiven Maßnahmen Vorrang einzuräumen,
- geeignete Anweisungen zu erteilen,
- keine isolierten Maßnahmen zu treffen,
- besonders Schutzwürdige zu berücksichtigen und
- den Gleichbehandlungsgrundsatz zu beachten.

Die einzelnen Arbeitsschutzmaßnahmen sind auf Grund einer Beurteilung der mit der Arbeit verbundenen Gefährdung zu treffen (**Gefährdungsanalyse**). Je nach Art der Tätigkeit und der Zahl der Beschäftigten muss der Arbeitgeber eine **Dokumentation** erstellen, aus der
- das Ergebnis der Gefährdungsbeurteilung,
- die von ihm vorgelegten Maßnahmen des Arbeitsschutzes sowie
- die Ergebnisse der Überprüfung

ersichtlich sind.

Dem Arbeitgeber bleibt es überlassen, wie er dieser Dokumentationspflicht nachkommt (§ 6 ArbSchG). Ausreichend ist etwa eine zusammengefasste Dokumentation bei gleichartigen Gefährdungssituationen oder eine schematische Erfassung mehrerer Arbeitsplätze. Betriebe mit weniger als zehn Beschäftigten sind von der Dokumentationspflicht befreit. Bei besonderen Gefährdungssituationen, z. B. bei Laborpraxen, kann die zuständige Behörde auch in Kleinbetrieben eine Dokumentation anordnen. Die dem Arbeitgeber obliegenden Pflichten können auf verantwortliche, den Arbeitsablauf bestimmende Personen übertragen werden.

Erstmals im Bereich des Arbeitsschutzes wird auch die Rechtstellung von Beschäftigten systematisch geregelt (§§ 15 ff ArbSchG).

> Grundmaxime ist: Die Beschäftigten sind für ihre Arbeitssicherheit mitverantwortlich.

Zu ihren **Pflichten** zählen z. B.:
- die Beachtung der eigenen Sicherheit und Gesundheit gemäß (Unter-)Weisung des Arbeitgebers,
- die Beachtung der Sicherheit und Gesundheit Dritter, die von ihren Handlungen oder Unterlassungen bei der Arbeit betroffen sind,
- die bestimmungsgemäße Verwendung der vom Arbeitgeber zur Verfügung gestellten persönlichen Schutzausrüstung sowie
- die bestimmungsgemäße Verwendung von Geräten, Werkzeugen, Arbeitsstoffen und Transportmittel,
- die Unterstützung des Arbeitgebers bei seinen Schutzmaßnahmen, insbesondere
- die Meldung jeder festgestellten Gefahr für Sicherheit und Gesundheit an den Arbeitgeber.

Neben den vorgenannten Pflichten werden zwei **Rechte** der Beschäftigten besonders hervorgehoben (§ 17 ArbSchG):
- das **Vorschlagsrecht** zu allen Fragen der Sicherheit und des Gesundheitsschutzes und
- das **Informationsrecht** an die zuständige Stelle bei konkreten Anhaltspunkten, dass die vom Arbeitgeber getroffenen Arbeitsschutzmaßnahmen nicht ausreichen.

Die letztere Möglichkeit kommt jedoch nur in Betracht, wenn der innerbetriebliche Beschwerdeweg ausgeschöpft ist (Ultima-ratio-Prinzip). Die Arbeitsschutzbehörde hat ein entsprechendes Vorbringen so zu behandeln, als wenn sie auf jede andere Weise von einem Sicherheitsmangel im Betrieb Kenntnis erlangt hätte. Dem Beschäftigten dürfen keine Nachteile aus der Kommunikation mit der Arbeitsschutzbehörde entstehen (§ 17 Abs. 2 ArbSchG). Erfolgt eine Information allerdings ohne Ausschöpfung aller innerbetrieblichen Abhilfemöglichkeiten, so kann dies eine verhaltensbedingte oder gegebenenfalls sogar eine außerordentliche Kündigung rechtfertigen (▶ 12.4.4).

Für den Arbeitsschutz zuständige Behörden

Die Zuständigkeit der Behörden ist **Länderangelegenheit**. In der Regel sind auf der Grundlage des Ordnungsbehördengesetzes (OBG) der Länder die **staatlichen Ämter für Arbeitsschutz** auf dem Gebiet des Gesundheitsschutzes in der Arbeitswelt und des sonstigen technischen Gefahrenschutzes tätig (z. B. § 48 Abs. 5b OBG Nordrhein-Westfalen).

Damit ist der Vollzug des Arbeitsschutzgesetzes eine staatliche Aufgabe. Die Aufgaben und Befugnisse der Unfallversicherungsträger (▶ 13.1.3) richten sich nach den Vorschriften des Sozialversicherungsrechts (SGB VII).

> Das für Deutschland kennzeichnende dualistische System des Arbeitsschutzes – also das Nebeneinander von staatlichem Arbeitsschutz und autonomer unfallversicherungsrechtlicher Prävention – wird durch das Arbeitsschutzgesetz nicht in Frage gestellt.

Die Berufsgenossenschaften sind als Unfallversicherungsträger auch weiterhin grundsätzlich nur zum Vollzug ihres in Form von Unfallverhütungsvorschriften autonom gesetzten Rechts befugt (§ 21 Abs. 2 ArbSchG). Sie müssen jedoch eng mit den staatlichen Arbeitsschutzbehörden zusammenarbeiten. Es besteht eine **gegenseitige Unterrichtungspflicht** über durchgeführte Betriebsbesichtigungen und deren wesentliche Ergebnisse.

12.5.2 Arbeitsschutzverordnungen

Soweit zur Durchführung von Rechtsakten des Rates oder der Kommission der Europäischen Gemeinschaft Rechtsverordnungen erlassen werden müssen, wird die Bundesregierung hierzu mit Zustimmung des Bundesrates nach §§ 18, 19 ArbSchG ermächtigt.

Erste Vorschriften wurden mit der Verordnung zur Umsetzung von EG-Richtlinien zur EG-Rahmenrichtlinie Arbeitsschutz am 04.12.1996 erlassen.

Persönliche Schutzausrüstung

Sie betreffen u. a. die Benutzung **persönlicher Schutzausrüstungen** bei der Arbeit (PSA-Benutzungsverordnung – PSA-BV) sowie die Sicherheit und den Gesundheitsschutz bei manueller Handhabung von Lasten bei der Arbeit (Lastenhandhabungsverordnung – LasthandhabV).

> Eine persönliche Schutzausrüstung ist jede Ausrüstung, die dazu bestimmt ist, von den Beschäftigten benutzt oder getragen zu werden, um sich gegen eine Gefährdung für ihre Sicherheit und Gesundheit zu schützen, sowie jede mit demselben Ziel verwendete und mit der persönlichen Schutzausrüstung verbundenen Zusatzausrüstung.

Als persönliche Schutzausrüstung gelten beispielsweise nicht

— Arbeitskleidung, die nicht speziell der Sicherheit und dem Gesundheitsschutz der Beschäftigten dient sowie
— Ausrüstungen für Not- und Rettungsdienste.

Die Verordnung regelt u. a., unter welchen Voraussetzungen der Arbeitgeber die persönlichen Schutzausrüstungen auszuwählen und den Beschäftigten zur Verfügung zu stellen hat. Grundsätzlich sind Schutzausrüstungen nur für den Gebrauch durch eine Person bestimmt. Ist dies im Einzelfall nicht möglich, so ist dafür zu sorgen, dass keine Gesundheitsgefahren oder hygienischen Probleme auftreten. Ebenso muss durch entsprechende Maßnahmen (Wartung, Reparatur) die Funktionsfähigkeit und der hygienisch einwandfreie Zustand der Schutzausrüstung gewährleistet sein.

Lastenhandhabungsverordnung

Birgt die manuelle Handhabung von Lasten eine Gesundheitsgefährdung für den Beschäftigten, sind die Vorschriften der Lastenhandhabungsverordnung zu beachten.

> Manuelle Handhabung ist jedes Befördern oder Abstützen einer Last durch menschliche Kraft, u. a. das Heben, Absetzen, Schieben, Ziehen, Tragen oder Bewegen einer Last.

Der Arbeitgeber wird verpflichtet, geeignete organisatorische Maßnahmen oder geeignete Arbeitsmittel, insbesondere mechanische Ausrüstungen einzusetzen, um eine Gefährdung für Sicherheit und Gesundheit, v. a. der Lendenwirbelsäule, zu vermeiden. Merkmale, aus denen sich eine entsprechende Gefährdung ergeben kann, sind im Anhang der Verordnung ausgewiesen.

Eine grundlegende Vorschrift zum Gefahrenschutz zu Gunsten des Arbeitnehmers findet sich in § 618 BGB.

> Der Arbeitgeber ist verpflichtet, alles zu tun oder zu unterlassen, was geeignet ist, den Arbeitnehmer gegen Gefahren für Leben und Gesundheit zu schützen.

Erfüllt er diese Verpflichtung nicht, kann er im Schadensfall zum Schadensersatz verpflichtet sein (§ 618 Abs. 3 BGB). Weiter Haftungsvoraussetzungen regeln die Vorschriften des Sozialgesetzbuches (SGB VII – gesetzliche Unfallversicherung – §§ 104 ff.).

Konkretisiert wird der Gefahrenschutz durch spezielle Vorschriften in einzelnen Gesetzen und Verordnungen, wie etwa den folgend Angesprochenen.

12.5.3 Die Gewerbeordnung

Die Gewerbeordnung gilt für die Ausübung der ärztlichen und anderen Heilberufe nur beschränkt (§ 6 GewO). Anwendung finden aber diejenigen Vorschriften, die bestimmte Mindestanforderungen an Gemeinschaftsräume, sanitäre Anlagen, Küchenräume, Tagesunterkünfte stellen und zwar in Bezug auf ausreichende Grundfläche, lichte Höhe und geeignete Lage, ausreichende Beleuchtung und dergleichen mehr (§ 120 c GewO).

12.5.4 Die Arbeitsstättenverordnung

Weitere, den Gefahrenschutz betreffende Regeln befinden sich in der – auch für Krankenhäuser, Alten- und Pflegeheime geltenden – Arbeitsstättenverordnung, die verbindliche Anforderungen an die Beschaffenheit und Ausstattung von Arbeitsräumen, Pausen-, Bereitschafts- und Sanitärräumen aufstellt.

12.5.5 Medizinproduktegesetz und Betreiberverordnung

Das Medizinproduktegesetz (MPG vom 02.08.1994, neugefasst vom 07.08.2002) ist in wesentlichen Teilen am 01.01.1995 in Kraft getreten. Für die Adressaten, v. a. Hersteller, in Verkehrbringer, Anwender, Betreiber, aber auch Patienten und Dritte entstand vielfach juristisches Neuland.

Das Gesetz basiert auf europäischen Rechtssetzungsakten. Es setzt die Richtlinien des Rates über
- Medizinprodukte (93/42/EWG),
- aktive implantierbare medizinische Geräte (90/385/EWG) und
- In-vitro-Diagnostika (98/79 EG)

in nationales Recht um.

Aspekt der Verkehrsfähigkeit

Eine erste Zielsetzung des Gemeinschaftsrechts liegt in der Zulassung von Medizinprodukten zum freien Warenverkehr in allen EU-Mitgliedsstaaten und dem Europäischen Wirtschaftsraum.

> Diese Verkehrsfähigkeit ist dann gegeben, wenn die Produkte die »grundlegenden Anforderungen« der einschlägigen Richtlinien erfüllen.

Äußerlicher Ausdruck der Verkehrsfähigkeit ist die **CE-Kennzeichnung**.

Die »grundlegenden Anforderungen« an das Produkt erfüllt der Hersteller entweder auf eigenem Wege oder über die Anwendung von europäischen harmonisierten Normen. Diese Normen konkretisieren die gesetzlichen Anforderungen an Produkte, Verfahren (z. B. klinische Prüfung, Überwachung), Institutionen (benannte Stellen) und Personen (Prüfer).

> Die harmonisierten Normen sind nicht verbindlich. Sie behalten für den Hersteller freiwilligen Charakter und begründen ausschließlich eine Vermutung, die widerlegt werden kann (§ 8 MPG).

Demnach kann der Hersteller eines Produkts von den Vorgaben harmonisierter Normen abweichen, trägt aber das Risiko, nachweisen zu müssen, dass das Sicherheitsniveau seines Produkts ebenso hoch ist wie bei Zugrundelegung der harmonisierten Normen. Den harmonisierten Normen kommt demnach **Beweisfunktion** zu.

Aspekt der Produktsicherheit

Eine weitere Zielsetzung des Gemeinschaftsrechts ist die Sicherheit von Medizinprodukten, d. h. deren Übereinstimmung mit den »Grundlegenden Anforderungen« der EU-Richtlinie durch den Hersteller.

> Aus den Richtlinien folgt, dass ein EU-Mitgliedsstaat bei deren Umsetzung in nationales Recht alle erforderlichen Maßnahmen zu treffen hat, dass nur solche Medizinprodukte in den Verkehr gebracht und in Betrieb genommen werden dürfen, die die Gesundheit der Patienten, Anwender und Dritter bei bestimmungsgemäßer Anwendung bzw. Verwendung nicht gefährden.

Das Medizinproduktegesetz kommt dieser Forderung nach, indem es sich nicht auf die Voraussetzungen des »in Verkehrbringens« zum Zwecke des freien Warenverkehrs von Medizinprodukten durch den Hersteller beschränkt, sondern darüber hinaus auch Regelungen für die weiteren Handelsstufen trifft sowie Patienten, Anwender und Dritte in entsprechende Schutzregelungen des Gesetzes mit einbezieht.

Unter dem Gesichtspunkt der Produktsicherheit ist folglich festzustellen, dass das Medizinproduktegesetz dem allgemeinen Produktsicherheitsgesetz als speziellere Regelung vorgeht und dass schließlich das Medizinproduktegesetz in Teilbereichen auch dem Arbeitsschutzrecht im weiteren Sinne zuzurechnen ist.

Sozialrechtlicher Aspekt

Nicht zuletzt ist auch auf die Beziehung zwischen Medizinproduktegesetz und Sozialrecht hinzuweisen.

Das Medizinproduktegesetz stützt die Vorschriften des Fünften Sozialgesetzbuches (SGB V), das für

die gesetzliche Krankenversicherung besondere Anforderungen an die einzelnen Leistungen, auch an Medizinprodukte, vorsieht. Vieles spricht dafür, dass Medizinprodukte zu Lasten der gesetzlichen Krankenkassen nur noch mit einer CE-Kennzeichnung abgegeben werden können. Umgekehrt fällt jedoch nicht jedes Medizinprodukt, das die CE-Kennzeichnung trägt, in die Leistungspflicht der gesetzlichen Krankenversicherung. Nach den Vorschriften des Sozialgesetzbuches, Fünftes Buch, müssen die Leistungen
— ausreichend,
— zweckmäßig und wirtschaftlich (§ 12 SGB V) sowie
— diagnostisch und therapeutisch wirksam (§ 135 SGB V) sein.

Für die Aufnahme von **Hilfsmitteln** im Sinne des § 33 SGB V in das Hilfsmittelverzeichnis gemäß § 128 SGB V hat der Hersteller die Funktionstauglichkeit und den therapeutischen Nutzen des Hilfsmittels sowie seine Qualität nachzuweisen (§ 139 SGB V). Die Vorschriften des Sozialgesetzbuches bleiben somit von dem Medizinproduktegesetz unberührt.

> Der Anwendungsbereich des Gesetzes (§ 2 MPG) ist umfassend: Er reicht vom Herstellen über das in Verkehrbringen, die Inbetriebnahme und das Betreiben bis hin zum Anwenden der Medizinprodukte und deren Zubehör. Dabei spielt es keine Rolle, ob Arzneimittel bei der Anwendung des Medizinproduktegesetzes beteiligt sind.

Medizinprodukte

> Nach den gesetzlichen Bestimmungen (§ 3 MPG) sind Medizinprodukte:
> alle einzeln oder miteinander verbunden verwendete Instrumente, Apparate, Vorrichtungen, Stoffe und Zubereitungen aus Stoffen oder andere Gegenstände einschließlich der für ein einwandfreies Funktionieren des Medizinproduktes eingesetzten Software, die vom Hersteller zur Anwendung für Menschen mittels ihrer Funktion zum Zwecke:
> — der Erkennung, Verhütung, Überwachung, Behandlung oder Linderung von Krankheiten,
> — der Erkennung, Überwachung, Behandlung, Linderung oder Kompensierung von Verletzungen oder Behinderungen,
> — der Untersuchung, der Ersetzung oder der Veränderung des anatomischen Aufbaus oder eines physiologischen Vorgangs oder
> — der Empfängnisregelung
> zu dienen bestimmt sind und deren bestimmungsgemäße Hauptwirkung im oder am menschlichen Körper weder durch pharmakologische oder immunologische Mittel noch durch Metabolismus erreicht wird, deren Wirkungsweise aber auch durch solche Mittel unterstützt werden kann.

Für welche Produkte das Medizinproduktegesetz nicht oder nur eingeschränkt gilt, regelt § 3 Abs. 4 MPG: beispielsweise für
— Arzneimittel,
— Kosmetika,
— menschliches Blut,
— Transplantate und
— persönliche Schutzausrüstungen.

Unter welchen Voraussetzungen **Handschuhe** als Medizinprodukte dem Geltungsbereich des Medizinproduktegesetzes zuzuordnen sind, entscheidet sich nach deren Zweckbestimmung.
— Untersuchungshandschuhe im ärztlichen oder pflegerischen Bereich dürften unter das Medizinproduktegesetz fallen, da hier unter hygienischen Gesichtspunkten der Patientenschutz vor Infektionen durch den Anwender im Vordergrund steht.
— Handschuhe für den Gebrauch im Labor dagegen dienen hauptsächlich dem Träger und sind damit wohl der persönlichen Schutzausrüstung zuzuordnen mit dem Ergebnis, dass sie nicht dem Geltungsbereich des Medizinproduktegesetzes, sondern den Vorschriften des Arbeitsschutzes zuzuordnen sind.

Sobald ein Untersuchungshandschuh auch eine medizinische Zweckbestimmung erfüllt, gelten die Anforderungen des Medizinproduktegesetzes.

Medizinprodukte im Sinne des Gesetzes sind weiterhin alle **aktiven Medizinprodukte**, also solche, deren Betrieb auf eine elektrische Energiequelle angewiesen ist ebenso wie implantierbare Medizinprodukte und **In-vitro-Diagnostika**.

> **Medizinprodukte im Sinne des Gesetzes (nach G.H. Schorn, Medizinproduktegesetz)**
>
> — **Stoffe**
>   Zahnwerkstoffe, Knochenzemente, Pflegemittel, Gewebekleber, resorbierbare Knochennägel

- **Aktive Implantate**
  Herzschrittmacher, Medikamentenpumpe, künstliche Organe
- **Nichtaktive Implantate**
  Künstliche Gelenke, Nägel, Linsen, Venenprothesen
- **Ärztliche Instrumente**
  Spritzen, Klemmen, Katheter, Endoskope, Blutdruckmessgeräte
- **Chirurgische Instrumente**
  Bohrgeräte, Fräsen, Biopsiebesteck
- **In- und Transfusionsgeräte**
  für Dialyse, Blutinfusion und Bluttransfusion, Filter, Blutbeutel
- **Beatmungsgeräte**
  Manuelle und energetische Beatmungsgeräte, Atemschläuche
- **Inhalations-, Narkose- und Sauerstoffgeräte**
- **Ableitungssysteme**
- **Sehhilfen**
  Brillen, Brillengestelle, Kontaktlinsen
- **Hörhilfen**
- **Rehabilitationsprodukte, Hilfsmittel für Behinderte**
  Rollstühle, Laufhilfen, Greifhilfen
- **Prothesen, Orthesen, orthopädische Erzeugnisse**
- **Dentalmedizinische- und -technische Instrumente und Geräte**
  Bohrer, Brücken, Abdruckmassen, Sonden, Verankerungssysteme
- **Verbandmittel**
  Mullbinden, Fixierbinden, Bauchtücher, Verbandmittel mit Arzneistoffen
- **Chirurgisches Nahtmaterial**
- **Physiotherapieapparaturen und Hilfsmittel**
  Ergometer, Massagehilfen, Gelenktrainer, Spirometer
- **Strahlen oder Elektrizität abgebende Medizinprodukte**
  Röntgengeräte, Tomographen
- **Medizinische Textilien**
  Medizinische Kompressionsstrümpfe, Operationskleidung, Operationsabdeckung, Untersuchungshandschuhe, Gesichtsmasken
- **Medizinprodukte zur Empfängnisregelung einschließlich Schutz vor Infektionen**
  Diaphragma, Spiralen, Kondome, Pessare (soweit die Zweckbestimmun überwiegend nicht auf pharmakologischem Wege erreicht wird)
- **Medizinprodukte zur einmaligen Anwendung**
  Einmalspritzen
- **Labordiagnostika**
  Immunassays, mikrobiologische Diagnostika, Gewebetypisierung
- **Aktive Medizingeräte für die Diagnostik**
  Herz-, Kreislauf- und Gefäßdiagnostik, Lungendiagnostik, Ultraschalldiagnostik, Endoskopie, in der Ophthalmologie
- **Nichtaktive Medizinprodukte für die Diagnostik**
  Manometerblutdruckmessgeräte, Mikroskope, Thermometer, Operationstische, Untersuchungsstühle, Staumanschetten
- **Erste-Hilfe-Geräte und Notfallausrüstung**
  Wiederbelebungsgeräte, Verbandskästen, Notfallkoffer, Krankentransportgeräte
- **Informationstechnik im Bereich der Medizinprodukte**
  Software, Computer
- **Desinfektionsmittel, Reinigungsmittel, Pflegemittel, Sterilisationsgeräte, Zubehör**
  Sterilisationsgeräte für Kliniken oder Arztpraxen, Kontaktlinsenpflegemittel, Desinfektionsmittel für Medizinprodukte
- **Packmaterial für Medizinprodukte**
  (als Zubehör)
- **Mit arzneilich wirksamen Stoffen kombinierte Medizinprodukte**
  Mit Heparin oder Antibiotika beschichtete Katheter, mit Antibiotika kombinierte Knochenzemente, Antikoagulanzien enthaltende Blutbeutel, mit Spermiziden beschichtete Kondome, mit Steroiden beschichtete Elektroden, mit antimikrobiellen Agentien versetzte Verbandsstoffe.

Neben der Definition des Medizinproduktes enthält das Gesetz eine Vielzahl weiterer Begriffsbestimmungen (§ 3 Ziff. 1–17 MPG), etwa die
- des in Verkehrbringens (§ 3 Ziff. 11 MPG),
- der Inbetriebnahme (§ 3 Ziff. 12 MPG),
- des Herstellers (§ 3 Ziff. 15 MPG)
- als auch der sog. Fachkreise (§ 3 Ziff. 17 MPG).

Fachkreise

Fachkreise im Sinne des Gesetzes sind Angehörige der Heilberufe, des Heilgewebes oder von Einrichtungen, die der Gesundheit dienen, sowie sonstige Personen, soweit sie Medizinprodukte herstellen, prüfen, in der Ausübung ihres Berufes in den Verkehr bringen, implantieren, in Betrieb nehmen, betreiben oder anwenden.

Angehörige der Heilberufe sind die Ärzte und das nachgeordnete nicht-ärztliche Personal im Sinne der Fachberufe im Gesundheitswesen.

Zu den Personen, die Medizinprodukte in Ausübung ihres Berufes in den Verkehr bringen, zählen die Apotheker, der Sanitätsfachhandel und -nichtfachhandel.

Unter der Person, die in Ausübung ihres Berufes Medizinprodukte implantiert, in Betrieb nimmt, betreibt oder anwendet, ist die konkret handelnde medizinische Fachkraft zu verstehen. »Betreiber« hingegen ist das Krankenhaus, das Pflegeheim oder die Reha-Einrichtung als Anstellungskörperschaft bzw. »Geschäftsherr« des medizinischen Fachpersonals.

Verbote

Zum Schutz von Patienten, Anwendern und Dritten stellt das Gesetz bestimmte Verbote auf.

> Nach § 4 Abs. 1 MPG ist es verboten, Medizinprodukte in den Verkehr zu bringen, zu errichten, in Betrieb zu nehmen, zu betreiben oder anzuwenden, wenn
> — der begründete Verdacht besteht, dass sie die Sicherheit und Gesundheit der Patienten, der Anwender oder Dritter bei sachgemäßer Anwendung, Instandhaltung und ihrer Zweckbestimmung entsprechender Verwendung über ein nach den Erkenntnissen der medizinischen Wissenschaft vertretbares Maß hinaus gefährden oder
> — ihr Verfallsdatum abgelaufen ist.

Vor allem für den Hersteller und Handel gilt, dass Medizinprodukten keine Leistung beigelegt werden darf, die sie nicht haben. **Irreführende Bezeichnungen**, Angaben oder Aufmachungen sind also unzulässig (§ 4 Abs. 2 MPG).

Werden die Verbote überschritten, kann gemäß §§ 43 bis 45 MPG eine Freiheits- oder Geldstrafe die Folge sein.

> Der Verbotstatbestand des § 4 MPG ist ein sog. **abstraktes Gefährdungsdelikt**. Ausreichend für die Verwirklichung des Straftatbestandes ist bereits der begründete Verdacht einer abstrakten Gefährdung anderer. Auf den Erfolg (Körperverletzung beim Patienten, Anwender oder Dritten) kommt es nicht an. Fahrlässiges Handeln ist ausreichend.

Die Verbotsvorschrift des § 4 Abs. 1 MPG wendet sich richtigerweise nicht nur an den **Betreiber**, also den Krankenhausträger, den Träger des Rettungsdienstes oder den Praxisinhaber einer Arztpraxis, sondern an den professionellen **Anwender** des Medizinproduktes, also an das medizinische (ärztliche und nachgeordnete nicht-ärztliche) Fachpersonal in Krankenhäusern, Arztpraxen, Pflegeheimen, Reha-Einrichtungen und ähnliche Institutionen des Gesundheitswesens.

Bei jeder anderen Betrachtung wäre der Begriff des »Anwenders« in § 4 Abs. 1 MPG überflüssig, die Differenzierung zwischen »Betreibern« und »Anwendern« liefe ins Leere.

Errichten, Betreiben und Anwenden von Medizinprodukten

Neben den Vorschriften, die sich umfassend mit den Anforderungen an
— Medizinprodukte (§§ 4–14 MPG),
— die Benannten Stellen (§§ 19 und 24 MPG) sowie
— die klinische Prüfung (§§ 15–18 MPG)

befassen und sich schwerpunktmäßig an den Hersteller und In-Verkehrbringer richten, sind für den **Betreiber** und **Anwender** von Medizinprodukten, und damit für die Angehörigen der Berufe im Gesundheitswesen, die Vorschriften über das Errichten, Betreiben und Anwenden der Medizinprodukte von Bedeutung.

> Ausnahmslos gilt, dass Medizinprodukte nicht betrieben und angewendet werden dürfen, wenn sie Mängel aufweisen, durch die Patienten, Beschäftigte oder Dritte gefährdet werden können (§ 14 MPG).

Ist beispielsweise ein Defibrillator defekt, darf dieser nicht zum Einsatz kommen.

Medizinprodukte-Betreiberverordnung

Welche Voraussetzungen im Einzelnen für das Betreiben und Anwenden von Medizinprodukten zu beachten sind, regelt die entsprechende Betreiberverordnung in der Neufassung von 21.08.2002.

Die vom Verordnungsgeber gewählte Kurzbezeichnung könnte insofern irreführend sein, als sie ausschließlich den Betreiber von Medizinprodukten nennt. Adressat der Verordnung sind neben dem Betreiber aber auch der Errichter und Anwender von Medizinprodukten sowie Personen, die sicherheits- und messtechnische Kontrollen durchführen.

Betreiber

> Der Begriff des »Betreibers« eines Medizinproduktes ist gesetzlich nicht näher definiert. In der

> Literatur wird derjenige als Betreiber im Sinne des Medizinproduktegesetzes bezeichnet, der Besitzer des Medizinproduktes ist, also derjenige, der die tatsächliche Sachherrschaft und damit die Verfügungsgewalt über ein Medizinprodukt ausübt.

Der Betreiber muss nicht notwendig auch der Eigentümer sein. Überlässt er das Medizinprodukt einem Dritten (Besitzer), so ist dieser der Medizinproduktebetreiber. In diesem Zusammenhang wird auch diskutiert, ob beispielsweise Krankenkassen, die dem Patienten Medizinprodukte zur Anwendung zur Verfügung stellen, Betreiber im Sinne der MPBetreibV sind. Dies wird vom Niedersächsischen Oberverwaltungsgericht verneint (Az.: 11 LC 150/02).

Durch den Begriff des »Betreibens« werden alle Vorgänge bezeichnet, die sich auf den Gebrauch des Medizinproduktes beziehen. Aus der amtlichen Begründung zur Medizinprodukte-Betreiberverordnung folgt, dass unter »Betreiben« auch das Montieren, Instandhalten, Anpassen, Implantieren und Kontrollieren von Medizinprodukten fällt. Das Betreiben beginnt mit der erstmaligen Betriebsaufnahme durch den Besitzer zum vorgesehenen Zweck des Medizinproduktes und endet mit der endgültigen Betriebseinstellung. Vom Betreiben ist das »in Betriebnehmen« im Sinne von § 3 Nr. 12 MPG zu unterscheiden.

> Medizinproduktebetreiber sind in der Regel Krankenhäuser, niedergelassene (Zahn-) Ärzte, Reha-Zentren, selbstständige Pflegedienste und ähnliche Einrichtungen.

Anwender

Anwender ist derjenige, der das Medizinprodukt tatsächlich nutzt.

Auch hierunter fällt das Montieren, Instandhalten, Anpassen, Implantieren und Kontrollieren.

> Anwender von Medizinprodukten können sowohl Ärzte als auch Angehörige der Fachberufe im Gesundheitswesen sein.

Dem Betreiben und Anwenden von Medizinprodukten ist in der Regel das **Errichten** vorgeschaltet. Hierunter versteht man das Aufstellen oder den Einbau von Medizinprodukten beim Betreiber. Zum Errichten zählt nicht die Herstellung bzw. Montage des Medizinprodukts im Herstellerwerk, wohl aber der Zusammenbau eines in den Verkehr gebrachten Medizinprodukts beim Betreiber.

Sachlicher Geltungsbereich

Neben dem Adressatenkreis wird durch die Medizinprodukte-Betreiberverordnung auch der sachliche Geltungsbereich festgelegt und u. a. bestimmt, dass Medizinprodukte zur klinischen Prüfung oder zur Leistungsbewertungsprüfung nicht erfasst werden.

Im Übrigen gilt die Medizinprodukte-Betreiberverordnung nur für Medizinprodukte, die gewerblichen oder wirtschaftlichen (nicht: auf Gewinnerzielung gerichteten) Zwecken dienen oder in deren Gefahrenbereich Arbeitnehmer beschäftigt werden.

Da auch Tätigkeiten, die nicht auf Gewinnerzielung gerichtet sind, zu den wirtschaftlichen Unternehmungen zählen, gehören zu den von der Betreiberverordnung erfassten Tätigkeiten auch solche in Krankenhäusern und Arztpraxen.

Anforderungen an den Adressatenkreis

Die Anforderungen an die Adressaten der Medizinprodukte-Betreiberverordnung sind an dem Ziel des Medizinproduktegesetzes ausgerichtet. Sie verfolgen somit die auf die jeweilige Tätigkeit abgestellte Gewährleistung der Sicherheit von Patienten, Anwendern und dritten Personen. Eine Vernachlässigung der Pflichten kann sich als Straftat oder als Ordnungswidrigkeit darstellen.

Anforderungen an den Betreiber

Bereits beim **Einkauf** von Medizinprodukten sollte darauf geachtet werden, dass ein **Medizinprodukteberater** (§ 3 MPG) mit den geforderten Sachkenntnissen zur Verfügung steht. Unter Kostengesichtspunkten empfiehlt sich die Beachtung der Herstellervorschriften hinsichtlich der zukünftig durchzuführenden sicherheitstechnischen bzw. messtechnischen **Kontrollen**.

Hinsichtlich der **Lagerung** von Medizinprodukten gilt das Verbot, Medizinprodukte nach Ablauf ihres Verfalldatums u. a. nicht mehr in Betrieb zu nehmen, zu betreiben oder anzuwenden. (§ 4 Abs. 1 Nr. 2 MPG). Wer vorsätzlich oder fahrlässig gegen dieses Verbot verstößt, handelt ordnungswidrig und kann mit einer Geldbuße bis zu Euro 25.000,00 belegt werden.

Sicherheitstechnische Anforderungen

Beim Errichten, Betreiben und Instandhalten von Medizinprodukten sind **produkt-** und **personenbezogene Anforderungen** zu berücksichtigen.

Produktbezogene Anforderungen

Ihnen sind die sicherheitstechnischen Voraussetzungen zuzuordnen.

Zu den sicherheitstechnischen Voraussetzungen zählt generell, dass Medizinprodukte nur ihrer **Zweckbestimmung** entsprechend errichtet, betrieben und angewendet werden dürfen (§ 2 Abs. 1 MPBetreibV). Dabei sind die allgemein anerkannten Regeln der Technik sowie die Arbeitsschutz- und Unfallverhütungsvorschriften zu beachten. Dies gilt besonders für den Betrieb und die Anwendung miteinander verbundener Medizinprodukte, einschließlich der Verwendung von Zubehör, Software und Kombination mit anderen Gegenständen (§ 2 Abs. 3 MPBetreibV).

Die Zweckbestimmung eines Medizinprodukts erfolgt gemäß § 3 Ziff. 1 MPG maßgeblich durch den Hersteller. Die subjektive Zweckbestimmung allein reicht jedoch nicht aus. Sie muss weiterhin in objektiv nachvollziehbarer Weise schlüssig aufgezeigt und unter die Begriffsbestimmung nach § 3 Nr. 1 MPG einzuordnen sein, also auch hinsichtlich der medizinischen Zweckbestimmung, d. h. nach der bestimmungsgemäßen **Hauptwirkung** des Medizinprodukts.

Für miteinander verbundene Medizinprodukte hat der Betreiber zusätzlich zu beachten, dass sie zur Verwendung miteinander geeignet sind. Dies richtet sich nach den Angaben des Herstellers. Darüber hinaus muss der Betreiber sicherstellen, dass durch die Verbindung der Produkte miteinander die Sicherheit der Patienten, Anwender, Beschäftigten und Dritter gewährleistet ist.

Medizinprodukte, die messtechnischen Kontrollen unterliegen, dürfen nur betrieben und angewendet werden, wenn sie entsprechende Fehlergrenzen einhalten (§ 2 Abs. 6 MPBetreibV). Ein Verstoß hiergegen wird als Ordnungswidrigkeit mit einer Geldbuße geahndet. Besteht auf Grund örtlicher oder betrieblicher Gegebenheiten beim Errichten, Betreiben oder Anwenden von Medizinprodukten Explosionsgefahr, ist die Verordnung über elektrische Anlagen in explosionsgefährdeten Bereichen zu beachten (§ 2 Abs. 7 MPBetreibV).

Zu den sicherheitsbezogenen Anforderungen ist zudem auch das Verbot nach § 4 MPG zu zählen.

Vom Betreiber unter sicherheitsbezogenen Aspekten zu berücksichtigen sind weiterhin die Vorschriften des § 6 Abs. 1 S. 1 MPG sowie § 8 Abs. 2 MPG (Konformitätsbewertungsverfahren). Zuwiderhandlungen werden als Straftat geahndet

Personenbezogene Anforderungen

Um die sichere Handhabung und Anwendung von Medizinprodukten zu gewährleisten, werden an den Betreiber – neben der Beachtung sicherheitstechnischer Anforderungen – auch persönliche Anforderungen gestellt.

> So dürfen Medizinprodukte nur von Personen errichtet, betrieben, angewendet und in Standgehalten werden, die dafür die erforderliche Ausbildung oder Kenntnis und Erfahrung haben (§ 2 Abs. 2 MPBetreibV).

Diese Formulierung spricht dafür, dass auch der Betreiber die verlangten persönlichen Anforderungen erfüllen muss. Dies ist zu weitgehend. Der Betreiber, z. B. der Krankenhausträger oder sein Vertretungsberechtigter, ist für die ordnungsgemäße Errichtung und sichere Anwendung des Medizinprodukts verantwortlich. Zur Erfüllung dieser Aufgabe darf er nur Personen mit entsprechender Ausbildung oder Kenntnis und Erfahrung beauftragen, wie aus § 2 Abs. 4 MPBetreibV folgt. Kommt der Krankenhausträger oder sein Vertretungsberechtigter dieser Anforderung nach, genügt er seinen Schutzpflichten. Wird der Betreiber durch eigenes Handeln allerdings zugleich Anwender eines Medizinproduktes, z. B. der niedergelassene Arzt, der das Medizinprodukt selbst anwendet, so muss er selbstverständlich die geforderten persönlichen Voraussetzungen erfüllen.

Zu den persönlichen Anforderungen des Betreibers zählen auch **Meldepflichten** und **Kontrollmaßnahmen**.

Meldepflichten gegenüber dem Bundesinstitut für Arzneimittel und Medizinprodukte treffen den Betreiber nach § 3 MPBetreibV z. B. bei Funktionsstörungen oder Leistungsänderungen von Medizinprodukten, die zu einer schwerwiegenden Gesundheitsverschlechterung des Patienten bis hin zu seinem Tod geführt haben oder hätten führen können (Beinahe-Unfälle). Näheres hierzu regelt die Medizinprodukte-Sicherheitsplanverordnung.

Alternativ ist der Anwender meldepflichtig. Auch wenn der Verordnungsgeber dem Anwender von Medizinprodukten Prüfpflichten vor Einsatz eines Medizinproduktes auferlegt (§ 2 Abs. 5 MPBetreibV), so hat der Betreiber als Gesamtverantwortlicher für den ordnungsgemäßen und sicheren Einsatz eines Medizinproduktes durch entsprechende organisatorische Maßnahmen, z. B. Überwachungs- und Kontrollmaßnahmen sowie zur Beachtung und Einhaltung dieser Anwenderpflichten zu sorgen.

> Die Nichtbeachtung kann für den Krankenhausträger als Betreiber eines Medizinproduktes haftungsrechtliche Folgen aus dem Gesichtspunkt des Organisationsverschuldens haben.

Spezielle Pflichten treffen den Betreiber von aktiven Medizinprodukten, Medizinprodukten mit Messfunktion und Medizinprodukten, die nach den Vorschriften der Medizingeräte-Verordnung in Verkehr gebracht wurden. Verstöße hiergegen sind vielfach Ordnungswidrigkeiten im Sinne des Medizinproduktegesetzes und können mit einer Geldbuße bis zu Euro 25.000 geahndet werden.

Überdies treffen den Betreiber Pflichten im Rahmen der **Instandhaltung** von Medizinprodukten.

> Als sog. Klammerdefinition versteht der Verordnungsgeber unter Instandhaltung die Wartung einschließlich Aufbereitung, Inspektion und Instandsetzung (§ 4 Abs. 1 MPBetreibV).

Mit derartigen Tätigkeiten darf der Betreiber nur Personen, Betriebe oder Einrichtungen mit der erforderlichen **Sachkenntnis**, den notwendigen Voraussetzungen und Mitteln, die in § 4 Abs. 3 MPBetreibV konkretisiert werden, beauftragen. Ein Verstoß hiergegen stellt eine Ordnungswidrigkeit dar.

Selbstverständlich kann der Betreiber die Instandhaltung von Medizinprodukten auch selbst vornehmen. In diesem Fall müssen die in § 4 Abs. 3 MPBetreibV genannten persönlichen und sachlichen Voraussetzungen vom Betreiber erfüllt sein.

> Die geforderte Sachkunde muss sich auf das jeweils zu betreuende Medizinprodukt und auf die Art der Instandhaltung beziehen. Neben einer entsprechenden Ausbildung muss die Sachkunde durch eine praktische Tätigkeit erworben sein, eine Ausbildung allein genügt demnach nicht.

Nach einer durchgeführten Instandhaltungsmaßnahme werden vom Betreiber nicht generell Sicherheits- und Funktionstests verlangt, sondern nur unter den Voraussetzungen nach § 4 Abs. 4 MPBetreibV, wobei bereits die Möglichkeit einer Sicherheitsbeeinträchtigung zur Nachprüfung verpflichtet. Die zur Prüfung beauftragte Person muss die nach § 4 Abs. 3 MPBetreibV erforderlichen persönlichen und sachlichen Voraussetzungen erfüllen und fachlich weisungsunabhängig sein (§ 4 Abs. 5 MPBetreibV).

Zeigt die Nachprüfung eine sicherheits- und funktionsrelevante Beeinträchtigung des Medizinproduktes, so spricht für diesen Fall die Medizinproduktebetreiber-Verordnung kein Weiterverwendungsverbot aus. Der Betreiber hat allerdings bei seiner Entscheidung die Verbotsnormen der §§ 4, 14 MPG zu beachten.

Im Übrigen hat der Betreiber ein **Medizinproduktebuch** nach Maßgabe des § 7 MPBetreibV zu führen.

Anforderungen an den Anwender

Wie für den Betreiber gilt in gleichem Maße für den Anwender von Medizinprodukten, dass diese nur ihrer Zweckbestimmung entsprechend nach

- den Vorschriften der Medizinprodukte-Betreiberverordnung,
- den Regeln der Technik sowie
- den Arbeitsschutz- und Unfallverhütungsvorschriften

angewendet werden dürfen (§ 2 Abs. 1 MPBetreibV).

Die Anwendung von aktiven Medizinprodukten der in Anlage 1 Medizinprodukte-Betreiberverordnung aufgeführten Medizinprodukte darf nur von Personen erfolgen, die eine dafür erforderliche Ausbildung oder Kenntnis und Erfahrung besitzen und die in die sachgerechte Handhabung des Medizinprodukts eingewiesen wurden (§ 5 Abs. 2 MPBetreibV). Eine bestimmte Ausbildung wird nicht vorgeschrieben.

> Für eine sachgerechte Handhabung eines Medizinprodukts bietet eine Ausbildung nur dann Gewähr, wenn entsprechende Kenntnisse vermittelt wurden.

Diese Kenntnisse bzw. Erfahrungen sind umso vertiefter notwendig, je höher das Gefährdungspotential eines Medizinprodukts ist. Wer ohne diese Anforderungen ein Medizinprodukt anwendet, handelt ordnungswidrig.

Bei Medizinproduktkombinationen einschließlich Zubehör und Software muss der Anwender ebenso wie der Betreiber beachten, dass die miteinander verbundenen Medizinprodukte zur Kombination ihrer Zweckbestimmung nach und unter Berücksichtigung der Sicherheit Patienten, Anwendern, Beschäftigten oder Dritten geeignet sind (§ 2 Abs. 3 MPBetreibV). Die Eignung ergibt sich aus den Angaben des Herstellers.

Zweckmäßigerweise sollte sich der Anwender die Bescheinigung über die unbedenkliche Verwendungsfähigkeit (SUV-Bescheinigung) vorlegen lassen, die den Anforderungen an die Herstellererklärung für Medizinprodukte in Kombination mit anderen Gegenständen gemäß der Richtlinie für Medizinprodukte 93/42/EWG Anlage 1 Ziff. 9.1 entspricht.

> Vor Anwendung eines Medizinprodukts muss sich der Anwender von der Funktionstüchtigkeit und dem ordnungsgemäßen Zustand eines Medizinprodukts überzeugen.

Dabei hat er die Gebrauchsanweisung, sonstige sicherheitsbezogene Informationen und Instandhaltungshinweise zu beachten (§ 2 Abs. 5 MPBetreibV). Gleiches gilt für Gerätekombinationen. Die Anwendung eines Medizinprodukts, das messtechnischen Kontrollen unterliegt, stellt eine Ordnungswidrigkeit dar, wenn Fehlergrenzen überschritten werden.

Anwendungseinschränkungen und -verbote

Wie der Betreiber ist auch der Anwender verpflichtet, das **Verfalldatum** eines Medizinprodukts zu beachten. Die Anwendung eines Medizinprodukts nach Ablauf des Verfalldatums stellt eine Ordnungswidrigkeit dar

Ein Anwendungsverbot (und Betreibungsverbot) besteht nach § 14 MPG, wenn ein Medizinprodukt Mängel aufweist, durch die Patienten, Beschäftigte oder Dritte gefährdet werden können. Wer trotz Mängel der genannten Art ein Medizinprodukt anwendet, begeht eine Straftat, die je nach Verschuldensgrad mit einer Freiheitsstrafe von bis zu drei Jahren oder mit einer Geldstrafe geahndet wird

> Aus arbeitsrechtlicher Sicht folgt hieraus, dass ein Arbeitnehmer, der ein mangelhaftes Medizinprodukt anwenden soll, den Zustand des Medizinproduktes gegenüber dem Arbeitgeber (Krankenhausträger, Betreiber) zu rügen hat. Geht der Arbeitgeber nicht auf die Rüge ein, so hat der Arbeitnehmer grundsätzlich das Recht, die Arbeitsleistung zu verweigern (▶ 12.4.4).

Wiederverwendung aufbereiteter Medizinprodukte

Um zu verhindern, dass ungenügend aufbereitete Medizinprodukte zur Wiederverwendung am Patienten zum Einsatz kommen, hat der Gesetzgeber mit dem im Jahre 2002 in Kraft getretenen Zweiten Medizinprodukte-Änderungsgesetz und einer entsprechend novellierten Betreiberverordnung vorgebeugt.

Erstmals wird der Begriff der Aufbereitung gesetzlich definiert (§ 3 Nr. 14, 2. MPG-ÄndG):

>> Die Aufbereitung von bestimmungsgemäß keimarm oder steril zur Anwendung kommenden Medizinprodukten ist die nach deren Inbetriebnahme zum Zwecke der erneuten Anwendung durchgeführte Reinigung, Desinfektion und Sterilisation einschließlich der damit zusammenhängenden Arbeitsschritte sowie die Prüfung und Wiederherstellung der technisch-funktionellen Sicherheit.

Da das Medizinprodukterecht begrifflich nicht zwischen **Mehrwegartikeln** einerseits und **Einwegprodukten** andererseits unterscheidet, gilt diese Definition für beide Produktbereiche. Hinsichtlich der Aufbereitung wurde auch die Medizinprodukte-Betreiberverordnung entsprechend geändert. Ausdrücklich wird zunächst durch Ergänzung die Aufbereitung dem Oberbegriff »Instandhaltung« zugeordnet (§ 4 Abs. 1 MPBetreibV). Des Weiteren werden die Voraussetzungen einer zulässigen Aufbereitung festgelegt (§ 4 Abs. 2 MPBetreibV):

>> Die Aufbereitung von bestimmungsgemäß keimarm oder steril zur Anwendung kommenden Medizinprodukten ist unter Berücksichtigung der Angabe des Herstellers mit geeigneten validierten Verfahren so durchzuführen, dass der Erfolg dieser Verfahren nachvollziehbar gewährleistet ist und die Sicherheit und Gesundheit von Patienten, Anwendern oder Dritten, nicht gefährdet wird. Dies gilt auch für Medizinprodukte, die vor der erstmaligen Anwendung desinfiziert oder sterilisiert werden. Eine ordnungsgemäße Aufbereitung nach Satz 1 wird vermutet, wenn die gemeinsame Empfehlung der Kommission für Krankenhaushygiene und Infektionsprävention am Robert Koch-Institut und des Bundesinstitutes für Arzneimittel und Medizinprodukte zu den Anforderungen an die Hygiene bei der Aufbereitung von Medizinprodukten beachtet wird. Die Fundstelle wird vom Bundesministerium fit Gesundheit im Bundesanzeiger bekannt gemacht.

Die vorgenannten Änderungen der Medizinprodukte-Betreiberverordnung tragen in mehrfacher Weise zur Entschärfung der bislang geführten Diskussion um die Zulässigkeit der Wiederverwendung aufbereiteter medizinischer Einmalprodukte maßgeblich bei.

Angaben des Herstellers

Es wird nicht mehr gefordert, dass »Reinigung, Desinfektion und Sterilisation von Medizinprodukten unter Beachtung der Angaben des Herstellers mit geeigneten validierten Verfahren durchzuführen« sind (so § 4 Abs. 1 MPBetreibV a.F.). Aus dieser Formulierung wurde nach In-Kraft-Treten der MPBetreibV vom 29.06.1998 hergeleitet, dass bei fehlenden Angaben des Herstellers zur Aufbereitung eine solche nicht zulässig sei, da »Beachtung« im Sinne von »Befolgung« zu lesen sei.

Zutreffenderweise ist der Gesetzgeber von dem Begriff »Beachtung« nunmehr abgerückt und hat ihn durch den Begriff »Berücksichtigung« ersetzt (§ 4 Abs. 1 MPBetreibV n.F.).

Dies lässt den Betreiber von Medizinprodukten – gleichgültig, ob es sich um Mehrweg- oder Einwegartikel handelt – den notwendigen Freiraum, um jeweils diejenigen Maßnahmen durchzuführen, die eine höchstmögliche Sicherheit gewährleisten. Damit wird es möglich sein, dass ein Betreiber von Medizinprodukten auch ein anderes – aber ebenso sicheres! – validiertes Verfahren nutzen kann als vom Hersteller angegeben. Zu Recht hatte deshalb auch das Bundesministerium für Gesundheit zur früheren Gesetzeslage bereits darauf hingewiesen, dass der Begriff »Beachtung« im Sinne von »Berücksichtigung« gesehen werden solle: »Die Philosophie des MPG ist darauf abgestellt, dass es dem Hersteller oder auch den betroffenen Kreisen freigestellt ist, die Sicherheitsziele auch auf anderem Wege zu erfüllen«.

Empfehlung des Robert Koch-Instituts

Es wird weitgehend auch Klarheit zur Frage »validierter Verfahren« geschaffen.

Der Aufbereiter von Medizinprodukten – gleichgültig ob Mehrweg- oder Einwegprodukte – muss Aufbereitungsmaßnahmen durch ein »geeignetes validiertes Verfahren« durchführen, mit dem nachvollziehbar gewährleistet ist, dass die Sicherheit und Gesundheit von Patienten, Anwendern und Dritten nicht gefährdet wird. Dies galt schon nach früherer Rechtslage (§ 4 Abs. 2 MPBetreibV a.F.) ebenso, wie es nach jetziger Rechtslage gilt (§ 4 Abs. 2 S. 1 MPBetreibV).

Nach alter Rechtslage wurde dem Aufbereiter (in der Regel der Krankenhausträger) allerdings hinsichtlich des validierten Verfahrens – also eines dokumentiertem Verfahrens zum Erbringen, Aufzeichnen und Interpretieren der benötigten Ergebnisse, um zu zeigen, dass ein Verfahren ständig mit den vorgegebenen Spezifikationen durchgeführt wird, – kein geeigneter Weg aufgezeigt, der gesetzlichen Forderung nachzukommen.

Nach neuer Rechtslage jedoch wird dem Aufbereiter (auch Dienstleister, z. B. »Lohnsterilisierer«) durch eine **Vermutungsregel** aufgezeigt, wie er den Nachweis einer ordnungsgemäßen Aufbereitung erbringen kann.

> Der Nachweis erfolgt dadurch, dass er die gemeinsame Empfehlung der Kommission für Krankenhaushygiene und Infektionsprävention am Robert Koch-Institut und des Bundesinstituts für Arzneimittel und Medizinprodukte zu den Anforderungen an die Hygiene bei der Aufbereitung von Medizinprodukten beachtet (§ 4 Abs. 2 S. 2 MPBetreibV).

Die Empfehlung wurde Ende des Jahres 2001 im Bundesgesundheitsblatt veröffentlicht und gilt für alle Medizinprodukte, wobei u. a. zwischen »**unkritischen**« »**semikritischen**« und »**kritischen**« Medizinprodukten unterschieden wird, nicht jedoch nach Mehrweg- oder Einwegprodukten.

> Darüber hinaus führt die ausdrückliche Bezugnahme in der Betreiberverordnung auf die Empfehlung des Robert-Koch-Instituts zu einer Anhebung des Regelungsniveaus bei der Aufbereitung, da die RKI-Richtlinien sehr stringente Vorgaben enthalten.

Mit dem ausdrücklichen verordnungsrechtlichen Hinweis auf die Mitteilung der Kommission zu den Anforderungen an die Hygiene bei der Aufbereitung von Medizinprodukten wird – ähnlich dem Grundgedanken des Infektionsschutzgesetze – das Robert Koch-Institut in Fragen der Aufbereitung institutionalisiert. Im Übrigen entspricht diese Regelung der Forderung des Ausschusses für Gesundheit, der u. a. darauf hinweist, dass die Empfehlung des Robert Koch-Instituts durch die Neufassung von § 3 Abs. 2 MPBetreibV »ein stärkeres Gewicht« erhält. Die bisherigen Erfahrungen hätten gezeigt, so der Ausschuss, dass die Empfehlungen der Kommission für Krankenhaushygiene und Infektionsprävention am heutigen Robert-Koch-Institut und des Bundesinstituts für Arzneimittel und Medizinprodukte zu den »Anforderungen an die Hygiene« bei der »Aufbereitung von Medizinprodukten« zum Teil bei den Betreibern von Medizinprodukten nicht bekannt sind, zum Teil nicht mit der gebotenen Ernsthaftigkeit beachtet wurden.

Einziger Wermutstropfen ist die – noch nicht geklärte, wohl aber auch kaum klärbare – Problematik einer Validierung von nicht mechanischen, d. h. manuellen Reinigungsvorgängen!

Inverkehrbringen

Das Inverkehrbringen eines Medizinproduktes wird in § 3 Nr. 11 2. MPG-ÄndG – ähnlich der alten Fassung in § 3 Nr. 12 MPG – als jede entgeltliche oder unentgeltliche Abgabe an andere definiert.

Was als »Abgabe an andere« zu verstehen sei, wurde in der Vergangenheit gleichfalls kontrovers diskutiert. In der Literatur bedeutet »Abgabe an andere« wohl vorherrschend die Übertragung des unmittelbaren Besitzes im Sinne des § 854 BGB. Danach wird der Besitz einer Sache durch die Erlangung der tatsächlichen Gewalt über die Sache erworben, bedingt also schlussendlich die Vornahme eines **Besitzerwechsels**.

Im Hinblick auf aufbereitete (Mehrfach- oder Einmal-) Medizinprodukte stellt die jetzige Formulierung klar, »dass eine Abgabe an andere nicht vorliegt, wenn Medizinprodukte für einen anderen aufbereitet und an diesen zurückgegeben werden« (§ 3 Nr. 11 2. MPG-ÄndG). Diese Formulierung bedeutet zugleich, dass eine entsprechende **Dokumentation** gehandhabt wird, aufgrund derer nachgewiesen werden kann, dass vor allem bei Aufbereitung durch Dritte, z. B. Dienstleister (Lohnsterilisierer), das zur Aufbereitung abgegebene Medizinprodukt identisch zurückgeliefert wird. Unter diesen Voraussetzungen wird der Aufbereiter auch eines Einwegartikels nicht zum Hersteller, da der Herstellerbegriff gemäß § 3 Nr. 15 2. MPG-ÄndG wiederum ein Inverkehrbringen voraussetzt.

Zweckbestimmung und Aufklärung

Mit den neuen Vorschriften des Zweiten Medizinprodukte-Änderungsgesetzes und der Medizinprodukte-Betreiberverordnung sowie der RKI-Empfehlung zur Aufbereitung von Medizinprodukten wird auch die bislang geführte Diskussion um den Begriff der »Zweckbestimmung« eines Medizinproduktes zur einmaligen Anwendung sowie die Notwendigkeit einer Patientenaufklärung über den Einsatz aufbereiteter medizinischer Einwegartikel hinfällig.

Den Ausführungen des Ausschusses für Gesundheit ist zu entnehmen, dass mit dem Zweiten Medizinprodukte-Änderungsgesetz bestehende Rechtsunsicherheiten im Bereich der Aufbereitung von medizinischen Einwegprodukten beseitigt werden sollen. Dieses Ziel ist durch die dargestellten Änderungen des Medizinproduktegesetzes sowie der Medizinprodukte-Betreiberverordnung erreicht. Der Gesetzgeber erkennt die Aufbereitung von medizinischen Einwegprodukten unter bestimmten Voraussetzungen (§ 4 Abs. 2 MPBetreibV i. V. m. der RKI-Empfehlung) an. Folge ist, dass die Bestimmung eines Medizinproduktes zur »einmaligen Anwendung« nicht der Zweckbestimmung des Medizinproduktes zugehört und dass weiter bei ordnungsgemäßer Aufbereitung auch eine Aufklärung des Patienten über den Einsatz eines aufbereiteten Einmalproduktes nicht erfolgen muss. Die haftungsrechtlich strengen Sorgfaltsanforderungen bleiben selbstverständlich unberührt.

Kontrollmechanismen

Wer Medizinprodukte, die bestimmungsgemäß keimarm oder steril zur Anwendung kommen sollen, **für andere** aufbereitet, hat dies gemeinsam mit der Bezeichnung des Medizinproduktes der zuständigen Stelle anzuzeigen. Diese Anzeigepflicht wird also dadurch begründet, dass Betriebe (z. B. auch Lohnsterilisierer) oder Einrichtungen (z. B. Krankenhäuser oder rechtlich selbstständige Zentralsterilversorgungseinrichtungen) Medizinprodukte **für Dritte** aufbereiten (§ 25 Abs. 1 2. MPG-ÄndG).

Gemäß § 26 Abs. 1 2. MPG-ÄndG unterliegen derartige Betriebe und Einrichtungen einer Überwachung durch die zuständigen Behörden, deren Umfang ebenfalls in § 26 2. MPG-ÄndG geregelt wird.

12.5.6 Gefahrstoffverordnung und Biostoffverordnung

Dem Arbeitsschutz zuzurechnen sind weiterhin die Gefahrstoffverordnung (GefStoffV – vom 15.11.1999 mit späteren Änderungen), und die Biostoffverordnung (BioStoffV – vom 27.01.1999 mit späteren Änderungen). Ihre Rechtsgrundlagen finden sich im Arbeitsschutzgesetz (§ 18 ArbSchG) bzw. im Chemikaliengesetz (§ 19 ChemG). Mit den Verordnungen werden zum großen Teil EG-Richtlinien in nationales Recht umgesetzt.

 Im Mittelpunkt beider Verordnungen steht der Schutz der Beschäftigten im Umgang mit Gefahrstoffen und bei Tätigkeiten mit biologischen Arbeitsstoffen sowie bei Tätigkeiten in deren jeweiligen Gefahrenbereichen.

Arbeitgeberpflichten

Beim Umgang mit Gefahrstoffen oder biologischen Arbeitsstoffen hat der Arbeitgeber zahlreiche Pflichten.

Zu diesen zählen umfangreiche **Ermittlungspflichten**, bevor er Arbeitnehmer beim Umgang mit Gefahrstoffen beschäftigt (§ 16 GefStoffV).

Ähnlich sieht die Biostoffverordnung eine sog. **Gefährdungsbeurteilung** vor, die u. a. eine Einstufung biologischer Arbeitsstoffe entsprechend der von ihnen ausgehenden Infektionsrisiken in vier Risikogruppen erfordert (§§ 3 ff BioStoffV). Grundsätzlich sind bei den Ermittlungen bzw. Gefährdungsbeurteilungen
- der Arbeitnehmer oder
- Betriebsräte,
- Personalräte oder
- sonstige Mitarbeitervertretungen

zu hören (§ 21 GefStoffV) oder zu beteiligen (§ 8 BioStoffV). Nach der Biostoffverordnung sind im Rahmen der Gefährdungsbeurteilung auch der Betriebsarzt und die Fachkraft für Arbeitssicherheit zu beteiligen. Sie muss schriftlich festgehalten werden. Je nach Situation besteht eine **Aufbewahrungspflicht** der Unterlagen von 30 Jahren (§ 18 Abs. 3 GefStoffV) bzw. von bis zu 40 Jahren (§ 13 Abs. 4 BioStoffV).

Aus ihr resultieren allgemeine **Schutzpflichten** (§ 17 GefStoffV; § 10 BioStoffV). Diese nehmen Bezug auf die allgemein anerkannten sicherheitstechnischen, arbeitsmedizinischen und hygienischen Regeln sowie die gesicherten arbeitswissenschaftlichen Erkenntnisse einschließlich der in den jeweiligen Verordnungen in Bezug genommenen Einzelmaßnahmen. Ausdrücklich sind besondere **Hygienemaßnahmen** (§ 22 GefStoffV, § 11 BioStoffV) verpflichtend. Ebenso muss der Arbeitgeber dem Beschäftigten **persönliche Schutzausrüstungen** einschließlich **geeigneter Schutzkleidung** zur Verfügung stellen. In bestimmten Fällen steht dem Beschäftigen – nach Ausschöpfung innerbetrieblicher Möglichkeiten – das Recht zu, sich an die Überwachungsbehörde zu wenden. Besteht bei Außerachtlassung der Schutzpflichten eine unmittelbare Gefahr für Leben und Gesundheit des Arbeitnehmers, kann dies ein Leistungsverweigerungsrecht begründen (▶ 12.4.4).

Vorsorgeuntersuchungen

> Zum Schutze des Arbeitnehmers sehen beide Verordnungen arbeitsmedizinische Vorsorgemaßnahmen vor.

Dabei handelt es sich um **Vorsorgeuntersuchungen** durch einen von der zuständigen Behörde ermächtigten Arzt (§ 28 GefStoffV; § 5 BioStoffV).
Vorsorgeuntersuchungen sind
— arbeitsmedizinische **Erstuntersuchungen vor** Aufnahme der Beschäftigung und
— arbeitsmedizinische **Nachuntersuchungen während** der Beschäftigung.

Bei besonderer Gefährdung am Arbeitsplatz sind Vorsorgeuntersuchungen verpflichtend (§ 28 Abs. 2 GefStoffV; § 15 Abs. 1 BioStoffV); andernfalls sind sie anzubieten.
Einzelheiten, insbesondere über Fristeinhaltungen der Nachuntersuchungen, regeln die Verordnungen.
Der Arzt muss den Untersuchungsbefund schriftlich festhalten. Er muss den Untersuchten unterrichten und ihn arbeitsmedizinisch beraten (§ 31 GefStoffV; § 15 Abs. 6 BioStoffV). Unterschiedlich behandeln die Verordnungen die **Bescheinigung** des Arztes über das Untersuchungsergebnis.
Nach § 31 Abs. 1 GefStoffV hat der Arzt generell dem Arbeitgeber **und** dem untersuchten Arbeitnehmer eine Bescheinigung darüber auszustellen, ob der Arbeitnehmer zur Verwendung an dem Arbeitsplatz geeignet ist. Dem Arbeitgeber kann bei gesundheitlichen Bedenken eine Empfehlung zur Arbeitsplatzüberprüfung beigefügt werden.
Gemäß § 15 Abs. 6 BioStoffV ist die Bescheinigung, ob und inwieweit gegen die Ausübung der Tätigkeit gesundheitliche Bedenken bestehen, grundsätzlich nur der untersuchten Person auszustellen (§ 15 Abs. 6 S. 2 BioStoffV). Eine Bescheinigung über das Untersuchungsergebnis (nicht: Befund!) erhält der Arbeitgeber ausschließlich bei verpflichtenden Vorsorgeuntersuchungen (§ 15 Abs. 6 S. 3 BioStoffV).
Sind den Bescheinigungen über das Untersuchungsergebnis Empfehlungen an den Arbeitgeber zur Überprüfung des Arbeitsplatzes beigefügt, so muss der Arbeitgeber dem Betriebs- oder Personalrat Mitteilung machen. Im Falle eines **Beschäftigungsverbots** ist auch die zuständige Behörde zu unterrichten.
Neben den verordnungsseitig vorgeschriebenen Vorsorgeuntersuchungen bestehen derartige Verpflichtungen zudem auf Grund ähnlicher Regelungen der Berufsgenossenschaft (§ 2 a UVV Gesundheitsdienst) sowie des Bundesangestelltentarifvertrages (§ 7 Abs. 1 BAT), und der entsprechenden Richtlinien der kirchlichen/karitativen Krankenhäuser (§ 7 Abs. 3 AVR).

Patientenschutz

Die Vorsorgeuntersuchungen – verpflichtend oder freiwillig – zielen ausschließlich auf den Schutz des Arbeitnehmers.

> Bei einem Befund, der eine Gefährdung von Patienten begründet, etwa bei Feststellung einer HIV-, HBV- oder HCV-Infektion, stellt sich die Frage nach einer Vermeidung der Übertragung viraler Hepatitiden vom Personal auf den Patienten.

Hinsichtlich der »Befundmitteilung« an den Arbeitgeber bei bestehendem Arbeitsverhältnis ist der (Betriebs-)Arzt durch seine **Schweigepflicht** gebunden. In eine Befundmitteilung müsste der betroffene Mitarbeiter ausdrücklich einwilligen (▶ 11.6.10) Eine derartige Verpflichtung könnte auf Grund einer selbstständigen **Offenbarungspflicht** angenommen werden, wie sie herrschend vertreten wird. Unterstellt man dies als zutreffend, so besteht diese Pflicht jedoch nur gegenüber dem Arzt, nicht gegenüber dem Arbeitgeber. Auch andere Ausnahmen von der Schweigepflicht des Arztes sind nicht ersichtlich. Sie ergeben sich ebenso wenig aus der seuchenrechtlichen Meldepflicht an das Gesundheitsamt (§ 7 Abs. 1 Nr. 20, 21 Infektionsschutzgesetz) wie aus der Meldepflicht einer Berufskrankheit an den Unfallversicherungsträger nach § 202 S. 1 SGB VII.
Ein Bruch der Schweigepflicht kommt allenfalls in besonders gelagerten Einzelfällen unter dem Aspekt des **rechtfertigenden Notstandes** (§ 34 StGB, ▶ 11.6.10) in Betracht, etwa bei einer außerordentlich hohen In-

fektiosität des Mitarbeiters, wenn er dem (Betriebs-) Arzt zugleich zu erkennen gibt, dass er nicht beabsichtigt, künftig bei seiner Tätigkeit – etwa Operationen – besondere Schutzmaßnahmen zu ergreifen.

Der geschilderten Problematik kann wohl nur der Gesetzgeber abhelfen.

12.5.7 Strahlenschutzverordnung

Mit der Neufassung der Strahlenschutzverordnung (StrlSchV) vom 20.07.2001 wurde der frühere Regelungsbereich ausgeweitet.

> **Zielsetzung der Strahlenschutzverordnung**
> – Schutz von Mensch und Umwelt vor radioaktiven Stoffen oder ionisierender Strahlung aus der zielgerichteten Nutzung bei Tätigkeiten.
> – Schutz von Menschen und Umwelt vor natürlichen Strahlungsquellen bei Arbeiten.
> – Schutz des Verbrauchers beim Einsatz radioaktiver Stoffe als Produkte.

Ihre Regelungen beziehen sich u. a. auf
- **Tätigkeiten** wie den Umgang mit künstlich erzeugten und natürlich vorkommenden radioaktiven Stoffen, deren Erwerb, Abgabe an andere, deren Beförderung und grenzüberschreitende Verbringung sowie auf
- **Arbeiten**, durch die Personen natürlichen Strahlungsquellen so ausgesetzt werden können, dass die Strahlenexposition aus der Sicht des Strahlenschutzes nicht außer Acht gelassen werden darf (§ 2 Abs. 1 StrlSchV).

Den Regeln der Röntgenverordnung (▶ 12.5.8) ist die Errichtung und der Betrieb von Röntgeneinrichtungen und Störstrahlern zugeordnet (§ 2 Abs. 2 Nr. 3 StrlSchV).

Des weiteren formuliert der Verordnungsgeber **Strahlengrundsätze**, nennt Grundpflichten, und stellt allgemeine Grenzwerte für Tätigkeiten mit radioaktiven Stoffen auf (§§ 4 – 6 StrlSchV).

> Als Grundsatz gilt, dass jede unnötige Strahlenexposition oder Kontamination von Mensch und Umwelt vermieden wird.

Die Strahlenschutzverordnung muss in betroffenen Betrieben ständig zur Einsicht verfügbar sein, wenn regelmäßig mindestens eine Person beschäftigt oder unter Aufsicht eines anderen tätig ist (§ 35 StrlSchV).

Fachkunde

Die Nutzung radioaktiver Stoffe und ionisierender Strahlen setzt die erforderliche **Fachkunde** im Strahlenschutz voraus (§ 30 StrlSchV). Diese kann durch eine für eine den jeweiligen Anwendungsbereich geeignete Ausbildung, praktische Erfahrung **und** erfolgreiche Teilnahme an anerkannten Kursen erworben werden. Sie muss alle fünf Jahre durch entsprechende **Fortbildungsmaßnahmen** aktualisiert werden.

> Für Medizinisch-technische Radiologieassistenten gilt der Fachkundenachweis mit Erlaubnis zur Führung der Berufsbezeichnung als erbracht.

Strahlenschutzverantwortlicher und Strahlenschutzbeauftragter

Im Rahmen der betrieblichen Organisation ist für den Strahlenschutz derjenige verantwortlich, der mit entsprechender behördlicher Genehmigung mit radioaktiven Stoffen umgeht. Soweit notwendig, ist zur Leitung oder Beaufsichtigung der Tätigkeiten die erforderliche Anzahl von Strahlenschutzbeauftragten schriftlich zu bestellen (§ 31 Abs. 2 StrlSchV).

Die Aufgaben des **Strahlenschutzverantwortlichen** sind detailliert in § 33 StrlSchV bezeichnet und umfassen u. a.
- Schutz von Personen in Strahlenschutzbereichen sowie die physikalische Strahlenschutzkontrolle,
- Begrenzung der Strahlenexposition bei der Berufsausübung,
- Arbeitsmedizinische Vorsorge beruflich strahlenexponierter Personen.

Der Strahlenschutzbeauftragte hat dafür zu sorgen, dass die Schutzvorschriften eingehalten werden.

Beide sind dafür verantwortlich, dass bei Gefahr für Mensch und Umwelt unverzüglich geeignete Maßnahmen zur Gefahrenabwendung getroffen werden.

Strahlenschutzbereiche

Beim Umgang mit radioaktiven Stoffen sind gemäß § 36 StrlSchV sog. **Strahlenschutzbereiche** zu errichten.

Dabei wird – unter Berücksichtigung äußerer und innerer Strahlenexposition – je nach deren Ausmaß unterschieden zwischen
- Überwachungsbereichen
- Kontrollbereichen und
- Sperrbereichen als Teile der Kontrollbereiche.

Kontrollbereiche und Sperrbereiche sind abzugrenzen und deutlich sichtbar als »KONTROLLBEREICH« oder »SPERRBEREICH – KEIN ZUTRITT« zu kennzeichnen. Die Kennzeichnung tritt neben die Pflicht zur Kennzeichnung mit dem **Strahlenzeichen**, die für Räume, Geräte, Schutzbehälter, Verrichtungen und ähnliches gilt. So weit möglich, muss die Kennzeichnung die Worte »VORSICHT STRAHLUNG«, »RADIOAKTIV«, »KERNBRENNSTOFFE« oder »KONTAMINATION« enthalten.

Ausführlich wird der **Zutritt** zu Strahlenschutzbereichen geregelt (§ 37 StrlSchV). Auch hier wird die Berechtigung nach Überwachungs-, Kontroll- und Sperrbereichen differenziert. **Auszubildende** und Studierende haben zur Erreichung ihres Ausbildungszieles zu Überwachungs- und Kontrollbereichen Zutritt. **Schwangere** haben nur dann Zutritt zu Kontrollbereichen, wenn der Strahlenschutzverantwortliche oder -beauftragte dies gestattet. Zu Sperrbereichen besteht ein Betretungsrecht, wenn der Aufenthalt als **Patient** erforderlich ist. Für bestimmte Personen, denen der Zutritt zu Kontrollbereichen gestattet wird, sieht die Verordnung eine Unterweisung vor, die insbesondere für Frauen den Hinweis auf Schwangerschaftsrisiken enthalten muss (§ 38 StrlSchV).

Ermittlung der Strahlenexposition

In allen Strahlenschutzbereichen ist für die Ermittlung der Strahlenexposition jeweils einzeln oder in Kombination
- die Ortsdosis oder die Ortsdosisleistung,
- die Konzentration radioaktiver Stoffe in der Luft oder
- die Kontamination am Arbeitsplatz

zu messen.

An Personen, die sich im Kontrollbereich aufhalten, ist die **Körperdosis** zu messen. Die Ermittlungsergebnisse müssen spätestens neun Monate nach Aufenthalt im Kontrollbereich vorliegen.

> Der zur Messung der Personendosis erforderliche Dosimeter ist in der Regel an der Vorderseite des Rumpfes zu tragen (§ 41 Abs. 3 S. 2 StrlSchV).

Die Messergebnisse sind unverzüglich aufzuzeichnen und solange aufzubewahren, bis die überwachte Person das 75. Lebensjahr vollendet hat oder hätte, mindestens aber 30 Jahre nach Beendigung der jeweiligen Beschäftigung.

Spätestens 95 Jahre nach der Geburt der betroffenen Person sind die Aufzeichnungen zu löschen.

Beschäftigtenschutz

Zum Schutze von **Schwangeren** sind deren Arbeitsbedingungen so zu gestalten, dass eine innere berufliche Strahlenexposition ab dem Zeitpunkt der Information an den Arbeitgeber, dass sie schwanger ist oder stillt (§ 43 Abs. 2 StrlSchV) ausgeschlossen ist.

Für **Personen unter 18 Jahren** gilt ein **Beschäftigungsverbot** für den Umgang mit offenen radioaktiven Stoffen oberhalb von Frequenzen, die im Anhang der Verordnung festgelegt sind. Hiervon kann die zuständige Behörde Ausnahmen für **Auszubildende** und **Studierende** im Alter zwischen 16 und 18 Jahre zulassen, soweit dies zur Erreichung des Ausbildungszieles erforderlich ist und eine ständige Aufsicht und Anleitung durch einen Fachkundigen im Strahlenschutz gewährleistet ist. Soweit **Schüler** beim genehmigungsbedürftigen Umgang mit radioaktiven Stoffen mitwirken, ist dafür zu sorgen, dass dies nur in Anwesenheit und unter Aufsicht des zuständigen Strahlenschutzbeauftragten geschieht (§ 45 StrlSchV).

Verstöße hiergegen können als Ordnungswidrigkeit geahndet werden.

Personen, die einer beruflichen Strahlenexposition z. B. dem Umgang mit künstlich erzeugten radioaktiven Stoffen ausgesetzt sind, werden zum Zwecke der Kontrolle und arbeitsmedizinischen Vorsorge in Kategorien je nach Strahlenbelastung eingeteilt (§ 54 StrlSchV).

Besondere Anforderungen bei der medizinischen Anwendung

> Die Anwendung radioaktiver Stoffe und ionisierender Strahlen am Menschen ist grundsätzlich approbierten (Zahn-)Ärzten vorbehalten, die über die erforderliche Fachkunde im Strahlenschutz verfügen (§ 82 Abs. 1 Nr. 1 StrlSchV).

Medizinisch-technische Radiologieassistenten sind zur technischen Mitwirkung berechtigt. Gleiches gilt für medizinisch-technische Assistenten, wenn sie die erforderliche Fachkunde im Strahlenschutz besitzen und unter Verantwortung eines (Zahn-)Arztes tätig sind (§ 82 Abs. 2 Nr. 1, Nr. 2 StrlSchV).

Der Anwendung muss eine rechtfertigende Indikation durch den Arzt vorausgehen (§ 80 StrlSchV).

> Die Indikation ist gerechtfertigt, wenn der gesundheitliche Nutzen einer Anwendung radioaktiver Stoffe oder ionisierender Strahlen am Menschen gegenüber dem Strahlenrisiko überwiegt.

Des weiteren ist die Strahlenexposition für den Betroffenen so gering wie möglich zu halten. Dies gilt im besonderen Maße für Schwangere.

Bestrahlungsräume

Bestrahlungsräume müssen so bemessen sein, dass die erforderlichen Verrichtungen ohne Behinderung vorgenommen werden können. Die Bedienungsvorrichtungen müssen sich in einem Nebenraum außerhalb des Kontrollbereiches befinden. In Kontrollbereichen ist die **Ortsdosis** oder **Ortsdosisleistung** zu messen (§ 61 StrlSchV). An Personen, die sich im Kontrollbereich aufhalten, sind die Körperdosen zu ermitteln. Die Ermittlung der Körperdosen kann auf unterschiedlichste Art vorgenommen werden. Auf Verlangen jedoch ist der zu überwachenden Person ein Dosimeter zur Verfügung zu stellen, mit dem die Personendosis jederzeit festgestellt werden kann.

> Die Ermittlungsergebnisse sind 30 Jahre aufzubewahren, auf Verlangen der zuständigen Behörde vorzulegen oder bei einer von ihr zu bestimmenden Stelle zu hinterlegen (§ 68 StrlSchV).

Von der vorgenannten Aufbewahrungsfrist ist diejenige zu unterscheiden, die für **Aufzeichnungen** von **Untersuchungen** und **Behandlungen** über Patienten gilt. In Ausübung des ärztlichen oder zahnärztlichen Berufs dürfen radioaktive Stoffe oder ionisierende Stoffe unmittelbar am Menschen angewendet werden, wenn dies aus ärztlicher Indikation geboten ist (§ 80 StrlSchV). Die durch die ärztliche Untersuchung bedingte Strahlenexposition ist soweit wie möglich einzuschränken und muss den Erfordernissen der medizinischen Wissenschaft entsprechen. Bei einer Schwangerschaft sind alle Möglichkeiten der Herabsetzung der Strahlenexposition der Leibesfrucht auszuschöpfen (§ 81 Abs. 1 StrlSchV).

> Für die Aufzeichnung über die Untersuchung gilt eine Aufbewahrungsfrist von 10 Jahren. Die Aufzeichnung einer Behandlung ist 30 Jahre aufzubewahren, beginnend jeweils ab dem Zeitpunkt der letzten Untersuchung bzw. Behandlung (§ 85 Abs. 3 StrlSchV).

Geräte, Einrichtungen und Anlagen sind einer regelmäßigen **Qualitätsüberwachung** zu unterziehen. Die Aufzeichnungen hierüber müssen 10 Jahre aufbewahrt und auf Verlangen der zuständigen Behörde vorgelegt werden (§ 83 Abs. 5 StrlSchV). Die Patienten sind zuvor über frühere Anwendungen zu befragen (§ 43 StrlSchV). Über Befragung, Untersuchung und Behandlung des Patienten sind Aufzeichnungen anzufertigen. Auf Verlangen ist dem Patienten eine Abschrift zur Verfügung zu stellen.

12.5.8 Röntgenverordnung

Am 05.05.2003 wurde die neue Verordnung über den Schutz vor Schäden durch Röntgenstrahlung (Röntgenverordnung – RöV) im Bundesgesetzblatt veröffentlicht. Sie basiert im Wesentlichen auf den gleichen EU-Richtlinien wie die Novellierung der Strahlenschutzverordnung, so dass beide Verordnungen vor allem auch in den arbeitsschutzrelevanten Bereichen aufeinander abgestimmt sind. Zahlreiche Übergangsbestimmungen regeln die unterschiedlichen Zeitpunkte, ab denen die neuen Regelungen gelten (§ 45 RöV).

> Die Verordnung gilt für Röntgeneinrichtungen und Störstrahler, in denen Röntgenstrahlung mit einer Grenzenergie von mindestens fünf Kiloelektronvolt durch beschleunigte Elektronen erzeugt werden kann und bei denen die Beschleunigung der Elektronen auf eine Energie von einem Megaelektronvolt begrenzt ist (§ 1 RöV).

Entsprechend der Strahlenschutzverordnung wurden sog. **Strahlengrundsätze** (§§ 2 a–2 c RöV) formuliert. Neu eingefügt wurden Regelungen zur **Dosisbegrenzung** (§§ 31 a–31 c RöV). Einbezogen wurden weiterhin Vorschriften für die **medizinische Forschung** unter Strahlenschutzaspekten (§§ 28 a–28 g RöV), Bestimmungen zur Prüfung der **Qualitätssicherung** durch (zahn-)ärztliche Stellen (§ 17 a RöV) sowie Vorgaben für die sog. **Teleradiologie** (§ 2 Nr. 24 RöV).

Begriffsbestimmungen (§ 2 RöV)

Im Übrigen sind die Begriffsbestimmungen aus den früheren Anlagen in den Paragraphentext übernommen worden (§ 2 RöV). Definiert sind u. a. Begriffe wie Anwendung von Röntgenstrahlung am Menschen, Basisbild, Betrieb einer Röntgeneinrichtung, Teleradiologie, Bildqualität, Äquivalentdosis, effektive Dosis, Körperdosis, Organdosis, Ortsdosis, Ortsdosisleistung, Personendosis, Röntgenstrahlen, Röntgenpass, berufliche wie medizinische Strahlenexposition und Strahlenschutzbereiche.

Strahlengrundsätze (§§ 2 a–2 c RöV

Tätigkeiten, also der Betrieb, die Prüfung, Erprobung u. ä. (§ 2 Nr. 23 RöV) von Röntgeneinrichtungen oder Störstrahlern, mit denen Strahlenexpositionen verbunden sein können, dürfen nur nach einer **Güterabwägung** vorgenommen werden. Diese erfolgt zwischen wirtschaftlichen, sozialen oder sonstigen Nutzen einerseits und möglichen gesundheitlichen Beeinträchtigungen andererseits. Aus dem Ergebnis der Abwägung erfolgt die **Rechtfertigung** der Tätigkeit. Eine entsprechende Verordnung bestimmt, welche Arten von Tätigkeiten nicht gerechtfertigt sind.

Erstmals wird durch die Strahlengrundsätze die Umwelt in den Anwendungsbereich der Röntgenverordnung mit einbezogen (§ 2 a Abs. 1 RöV).

> Ziel der Strahlengrundsätze ist die Vermeidung unnötiger Strahlenexposition für Mensch und Umwelt durch Rechtfertigung, Dosisbegrenzung und Dosisreduzierung.

Dosisgrenzwert bei beruflicher Strahlenexposition (§§ 31 a–31 c RöV)

Wie die Strahlenschutzverordnung sieht auch die Röntgenverordnung eine **Kategorisierung** beruflich strahlenexponierter Personen nach deren Dosisgrenzwerten vor (§ 31 RöV). Als Grenzwerte werden neben der effektiven Dosis auch Organdosiswerte genannt.

Für Personen im Alter zwischen 16 und 18 Jahren kann die zuständige Behörde, soweit es für die Ausbildung erforderlich ist, die verordnungsgemäßen Grenzwerte erhöhen (§ 31 a Abs. 3 RöV). Für gebärfähige Frauen wurde der Grenzwert gesenkt; die Dosis darf an der Gebärmutter nur noch 2mSv/Monat (bisher 5mSv/M) betragen (§ 31 a Abs. 4 S. 1 RöV). Neu aufgenommen wurde ein Grenzwert für das ungeborene Kind (§ 31 a Abs. 4, S. 2 und 3 RöV).

> Grundsätzlich gilt, dass der Schutz beruflich strahlenexponierter Personen vor Strahlung vorrangig durch bauliche und technische Vorrichtungen oder durch geeignete Arbeitsverfahren sicherzustellen ist.

Darüber hinaus sind arbeitsmedizinische Erfordernisse, z. B. Vorsorge- und Wiederholungsuntersuchungen zu beachten (§ 37 RöV). Der für die Vorsorge ermächtigte Arzt hat für die Betroffenen eine **Gesundheitsakte** zu führen (§ 41 RöV).

Strahlenschutzbereiche (§ 19 RöV)

Den neuen Schwellenwerten für die Kategorisierung beruflich strahlenexponierter Personen entsprechend wurden auch die **Strahlenschutzbereiche** neu definiert. Je nach Höhe der Strahlenexposition wird unterschieden zwischen:
- Überwachungsbereichen und
- Kontrollbereichen

> Kontrollbereiche sind abzugrenzen und während der Einschaltzeit deutlich sichtbar mindestens mit den Worten »Kein Zutritt Röntgen« zu kennzeichnen.

Bei Personen, die sich im Kontrollbereich aufhalten, ist sicherzustellen, dass sie die erforderliche **Schutzkleidung** tragen (§ 21 RöV).

Den Zutritt zu den Strahlenschutzbereichen regelt § 22 RöV, insbesondere für Schwangere und in der Ausbildung befindliche Personen.

Personen, die im Kontrollbereich tätig sind, sind zu unterweisen. Die **Unterweisung** hat vor Aufnahme der Tätigkeit und anschließend einmal jährlich zu erfolgen. Im Rahmen der Unterweisung sind Frauen darauf hinzuweisen, eine Schwangerschaft so früh wie möglich mitzuteilen.

Röntgenräume und Bestrahlungsräume (§ 20 RöV)

Als **Röntgenraum** wird ein allseitig umschlossener Raum bezeichnet, in dem eine Röntgeneinrichtung betrieben wird (§ 20 Abs. 1 RöV), also eine Einrichtung zum Zwecke der Erzeugung von Röntgenstrahlung einschließlich der Anwendungsgeräte, Zusatzgeräte und Zubehör, der erforderlichen Software sowie Vorrichtungen zur medizinischen Befundung.

Nur ausnahmsweise – wenn der Zustand der zu untersuchenden Person oder des zu untersuchenden Tieres oder dessen Größe dies zwingend erfordert – darf eine Röntgeneinrichtung zur Untersuchung auch außerhalb eines Röntgenraumes betrieben werden. Wird die Röntgeneinrichtung für den **Unterricht an Schulen** betrieben, gelten ebenfalls Ausnahmen, wenn bestimmte Sicherheitsvoraussetzungen erfüllt sind (§ 2 Abs. 3 Nr. 2 RöV).

Als **Bestrahlungsraum** wird ein allseitig umschlossener Raum bezeichnet, in dem eine Röntgeneinrichtung zur Behandlung betrieben wird (§ 20 Abs. 5 RöV). Derartige Räume müssen so bemessen sein, dass die erforderlichen Verrichtungen ohne Behinderung vorgenommen werden können. Kann in einem Behandlungsraum die Ortsdosisleistung höher als 3 mSv/Stunde sein, so ist der Bestrahlungsraum darüber hinaus so abzusichern, dass Personen, auch mit einzelnen Körperteilen, nicht ungehindert hineingelangen können. Im Übrigen muss eine geeignete Ausstattung zur Überwachung des Patienten im Bestrahlungsraum vorhanden sein.

Strahlenschutzverantwortlicher und Strahlenschutzbeauftragter (§§ 13–15 a RöV)

Wer eine Röntgeneinrichtung oder einen Störstrahler, dessen Betrieb genehmigungspflichtig ist, unterhält, ist **Strahlenschutzverantwortlicher**. Als solcher hat er einen oder mehrere Strahlenschutzbeauftragte schriftlich zu bestellen. Deren Stellung und Pflichten werden im Einzelnen in den §§ 14 und 15 RöV beschrieben. Insbesondere sind Maßnahmen der **Qualitätssicherung** bei Röntgeneinrichtungen zur Untersuchung und Behandlung von Menschen zu beachten. Die erforderlichen Aufzeichnungen unterliegen unterschiedlichen **Aufbewahrungsfristen** (§ 16 Abs. 4, § 17 Abs. 3 RöV).

Anwendungsberechtigte (§ 24 RöV)

Zur **Anwendung der Röntgenstrahlung** in der (Zahn-)Heilkunde sind in der Regel der approbierte Arzt sowie verordnungsseitig näher bestimmte Personen berechtigt, die für das Gesamtgebiet der Röntgenuntersuchung oder Röntgenbehandlung die erforderliche **Fachkunde** im Strahlenschutz besitzen (§ 24 Abs. 1 RöV).

Neben diesem Personenkreis sind zur **technischen Durchführung** ausschließlich die in § 24 Abs. 2 RöV genannten Personen befugt. Dazu zählen diejenigen mit einer Erlaubnis nach dem MTA-Gesetz (▶ 21.4).

Aufbewahrungspflichten

Über jede Anwendung von Röntgenstrahlung am Menschen sind **Aufzeichnungen** zu fertigen.

> Die Aufzeichnungen über Röntgen**behandlungen** sind 30 Jahre lang nach der letzten Behandlung aufzubewahren. Röntgenbilder und Aufzeichnungen über Röntgen**untersuchungen** sind zehn Jahre nach der letzten Untersuchung aufzubewahren (§ 28 Abs. 3 RöV).

Aufzeichnungen von Röntgenuntersuchungen an einer Person, die das 18. Lebensjahr noch nicht vollendet hat, sind bis zur Vollendung des 28. Lebensjahr dieser Person aufzubewahren. Aufbewahrungsfristen für Gesundheitsakten regelt § 40 Abs. 3 RöV.

Strafvorschriften (§ 44 RöV)

In einem umfangreichen Katalog werden Zuwiderhandlungen gegen Pflichten nach der Röntgenverordnung als Ordnungswidrigkeit mit einer Geldbuße bis zu Euro 50.000,00 belegt (§ 44 i. V. m § 46 Abs. 1 Nr. 4 AtomG).

12.5.9 Unfallverhütungsvorschriften

Zu den Regeln des Gefahrenschutzes zählen ferner auch die Unfallverhütungsvorschriften. Diese werden zum Zwecke der Verhütung von
- Arbeitsunfällen,
- Berufskrankheiten,
- arbeitsbedingten Gesundheitsgefahren und
- für eine wirksame erste Hilfe

von den Trägern der gesetzlichen Unfallversicherung erlassen (§ 14 SGB VII).

In ihnen sind im Wesentlichen Bestimmungen über Einrichtungen und Verhalten am Arbeitsplatz enthalten. Sie wenden sich an den **Arbeitgeber** und die **Arbeitnehmer** als Versicherte. Träger der gesetzlichen Unfallversicherung sind im Wesentlichen die Berufsgenossenschaften.

> Die von den Berufsgenossenschaften und staatlichen Eigenunfallversicherungsträgern erlassenen Unfallverhütungsvorschriften haben im Rahmen des autonomen Arbeitsschutzes den Rechtscharakter einer Satzung, sie sind also – anders als die Richtlinien, Sicherheitsregeln und Merkblätter der Berufsgenossenschaften – autonome Rechtsnormen.

Beschlossen werden die Vorschriften gemäß § 33 SGB IV von der Vertreterversammlung der einzelnen Berufsgenossenschaften, die sich je zur Hälfte aus Vertretern der Arbeitgeber und der Versicherten zusammensetzt. Bevor eine Unfallverhütungsvorschrift wirksam werden kann, bedarf sie der Genehmigung durch das zuständige Bundesministerium (§ 115 SGB VII). Die Vorschriften zeigen typische Gefährdungsmöglichkeiten innerhalb eines Betriebes auf und verlangen vom Unternehmer (Arbeitgeber) und von den Versicherten (Arbeitnehmern), diese Gefahren durch die geforderten Sicherheitsmaßnahmen auszuschalten. Sie lassen für ein abweichendes Ermessen der Arbeitgeber und Arbeitnehmer grundsätzlich keinen Raum, vielmehr stellen die Unfallverhütungsvorschriften »den von der zuständigen Behörde kraft öffentlicher Gewalt festgelegten Niederschlag der in einem Gewerbe gemachten Berufserfahrungen dar und sind von dem Unternehmer zu beachten« (BAG, Urteil vom 11.02.1953).

Aber nicht nur für den Arbeitgeber sind die Unfallverhütungsvorschriften bindend. Sie konkretisieren zugleich arbeitsvertragliche Nebenpflichten des versicherten Arbeitnehmers.

> Nach den Unfallverhütungsvorschriften »Allgemeine Vorschriften« hat jeder Versicherte die

Pflicht, die Unfallverhütungsvorschriften zu befolgen und unter gewissenhafter Beachtung der ihm zur Verhütung von Unfällen und Berufskrankheiten gegebenen besonderen Anweisungen und Belehrungen für die eigene Sicherheit und die seiner Mitarbeiter zu sorgen.

Er hat namentlich die vorgeschriebenen Einrichtungen zu benutzen und die vom Arbeitgeber getroffenen Anordnungen zu befolgen. Dies gilt v. a. auch für die Nutzung der ihm vom Arbeitgeber zur Verfügung gestellten **persönlichen Schutzausrüstungen**.

Für die im Krankenhaus tätigen Personen hat der zuständige Träger der Unfallversicherung, die **Berufsgenossenschaft für Gesundheitsdienst und Wohlfahrtspflege**, außer den allgemein geltenden Unfallverhütungsvorschriften Sondervorschriften für besondere Tätigkeiten und Einrichtungen erarbeitet.

Beispielsweise enthalten die Unfallverhütungsvorschriften für einen Teil der Gesundheitsfachberufe Bestimmungen über
— Arbeitskleidung,
— Sauberkeit,
— Desinfektion,
— Betriebseinrichtungen und
— Gebrauchsgegenstände.

Besondere Vorschriften bestehen für den Einsatz in der Tuberkulose- und Hepatitispflege.

Im Krankenhaus ist immer wieder die Frage aktuell, ob vom Pflegepersonal Schmuck getragen werden darf. Die Unfallverhütungsvorschrift »Gesundheitsdienst« sagt dazu aus, dass »in Arbeitsbereichen mit erhöhter Infektionsgefährdung an Händen und Unterarmen keine Schmuckstücke, Uhren und Eheringe getragen werden dürfen«. Verstöße hiergegen sind Ordnungswidrigkeiten und können mit einem Bußgeld belegt werden. Nach Auffassung des Landesarbeitsgerichts Schleswig-Holstein (LAG, Urteil vom 26.10.1995) darf das Tragen von Schmuck unter Hinweis auf Arbeitsschutz- und Unfallverhütungsvorschriften verboten werden. Im konkreten Fall hatte sich ein Arzthelfer geweigert, diverse Ohr- und Nasenringe sowie Stecker an den Augenbrauen während der Dienstzeit abzulegen. Zur Begründung führt das Landesarbeitsgericht aus, durch die Schmuckstücke am Kopf könnten sowohl Patienten als auch der Helfer selbst verletzt werden, der sich schließlich häufig in engem körperlichen Kontakt mit den Patienten befinde.

Die Unfallverhütungsvorschriften müssen, da sie sich an Arbeitgeber und versicherte Arbeitnehmer richten, für jeden im Betrieb (Krankenhaus, Arztpraxis, Pflegeheim etc.) Beschäftigten sichtbar ausliegen, damit er sich mit ihnen bekannt machen kann.

> Die Einhaltung und Durchführung der Unfallverhütungsvorschriften werden von technischen Aufsichtsbeamten der Berufsgenossenschaften überwacht. Sie sind im Einzelfall berechtigt, Anordnungen zu treffen, wenn die Vorschriften missachtet werden. Mit den technischen Aufsichtsbeamten arbeitet häufig die Gewerbeaufsicht zusammen, die für die Durchführung der Bestimmungen über Mutterschutz, Arbeitszeit und Arbeitshygiene zuständig ist.

1. Welchem Ziel dient der Arbeitsschutz?
   Antwort: ▶ 12.5
2. Welche Pflichten obliegen dem Arbeitnehmer im Bereich der Arbeitssicherheit?
   Antwort: ▶ 12.5.1
3. Was versteht man unter persönlicher Schutzausrüstung?
   Antwort: ▶ 12.5.2
4. Wann dürfen Medizinprodukte nicht betrieben und angewendet werden?
   Antwort: ▶ 12.5.5
5. Welche Pflichten ergeben sich aus der Gefahrstoff- bzw. Biostoffverordnung?
   Antwort: ▶ 12.5.6
6. Welche Ziele verfolgt die Strahlenschutzverordnung?
   Antwort: ▶ 12.5.7
7. Wodurch unterscheiden sich die Strahlenschutzbereiche nach der Röntgenverordnung?
   Antwort: ▶ 12.5.8
8. Welche Pflichten ergeben sich aus den Unfallverhütungsvorschriften?
   Antwort: ▶ 12.5.9

12.5.10 Arbeitszeitschutz

Im Einigungsvertrag (Art. 30) wurde der gesamtdeutsche Gesetzgeber beauftragt, das öffentlich-rechtliche Arbeitszeitrecht einschließlich der Zulässigkeit von Sonn- und Feiertagsarbeit möglichst bald einheitlich neu zu regeln. Diesem Auftrag wurde mit der Verabschiedung des Gesetzes zur Vereinheitlichung und Flexibilisierung des Arbeitszeitschutzrechts vom 06.06. 1994 nachgekommen, das u. a. das **Arbeitszeitgesetz**

(ArbZG) umfasst und die EG-Arbeitszeitrichtlinie berücksichtigt.

> Ziele des Arbeitszeitgesetzes sind
> — die Verbesserungen des Gesundheitsschutzes der Arbeitnehmer,
> — die erweiterten Gestaltungsspielräume der Tarif- und Betriebspartner für eine flexiblere Arbeitszeitverteilung und
> — eine umfassende Regelung der Sonn- und Feiertagsruhe.

Das Arbeitszeitgesetz löst eine Vielzahl älterer Gesetze und Verordnungen ab, darunter auch die Verordnung über die Arbeitszeit in Krankenpflegeanstalten (KrAZO).

Spätestens ab dem 01.01.1996 gilt das Arbeitszeitgesetz für Ärzte und Pflegepersonal in Krankenhäusern und anderen Einrichtungen zur Behandlung, Pflege und Betreuung von Personen uneingeschränkt (§ 26 ArbZG). Im Hinblick auf die Gestaltung von Tarifverträgen und Betriebsvereinbarungen sind Übergangsregelungen zu berücksichtigen (§ 25 ArbZG).

Die acht Abschnitte des Arbeitszeitgesetzes

1. Allgemeine Vorschriften (Zweck des Gesetzes, Begriffsbestimmungen);
2. werktägliche Arbeitszeit und arbeitsfreie Zeiten;
3. Sonn- und Feiertagsruhe;
4. Ausnahmen in besonderen Fällen;
5. Durchführung des Gesetzes;
6. Sonderregelungen;
7. Straf- und Bußgeldvorschriften und
8. Schlussvorschriften.

Geltungsbereich

Mit Ausnahmen bestimmter Arbeitnehmergruppen, etwa leitende Angestellte im Sinne des Betriebsverfassungsgesetzes und Chefärzte (§ 18 ArbZG), gilt das Arbeitszeitgesetz **für alle Arbeitnehmer in allen Arbeitsbereichen.** Soweit das Arbeitszeitgesetz von Krankenhäusern und anderen Einrichtungen zur Behandlung, Pflege und Betreuung von Personen spricht, sind hiermit auch die
— Alten- und Jugendheime,
— Einrichtungen für Behinderte und ebenso
— ambulante Pflegedienste

zu verstehen. Arbeitnehmer im Sinne des Gesetzes sind Arbeiter und Angestellte sowie die zu ihrer Berufsbildung Beschäftigten (§ 2 Abs. 2 ArbZG).

Für die Beschäftigung von Personen unter 18 Jahren gemäß § 18 Abs. 2 ArbZG gilt an Stelle des Arbeitszeitgesetzes das Jugendarbeitsschutzgesetz (▶ 12.5.13).

Wenn tarifvertragliche Regelungen, etwa die des Bundesangestelltentarifvertrags (BAT), des Tarifvertrags für Schüler und Schülerinnen, des Manteltarifvertrages für Arzthelferinnen oder des Tarifvertrages über Arbeitsbedingungen für Angestellte, Arbeiter und Auszubildende des Deutschen Roten Kreuzes (DRK-TV) die Richtlinien für Arbeitsverträge in den Einrichtungen des Deutschen Caritasverbandes (AVR) gelten, finden sich in aller Regel vom Arbeitszeitgesetz abweichende, für den Arbeitnehmer **günstigere Vereinbarungen**, beispielsweise zur werktäglichen Arbeitszeit.

Begriffsbestimmungen

> Arbeitszeit ist nach § 2 Abs. 1 ArbZG die Zeit vom Beginn bis zum Ende der Arbeit ohne die Ruhepausen.

Beginn und Ende der Arbeitszeit werden in der Regel durch Tarifvertrag, Betriebsvereinbarung oder Einzelarbeitsvertrag festgelegt.

Arbeitsstelle

Gemäß § 15 Abs. 7 BAT sind Beginn und Ende der Arbeitszeit an die Arbeitsstelle gekoppelt.

> Nach der Rechtsprechung des Bundesarbeitsgerichts (BAG) ist die Arbeitsstelle im Sinne des Bundesangestelltentarifvertrags »eine durch Organisationsentscheidung des Arbeitgebers festgelegte räumliche Einheit, die nicht den ganzen Betrieb oder die ganze Dienststelle umfassen muss und auch nicht das ganze Gebäude oder den ganzen Gebäudeteil, in dem der Angestellte arbeitet«.

Demnach ist die Arbeitsstelle einer in einem Krankenhaus beschäftigten Pflegekraft regelmäßig die Station, auf der die Arbeitsleistung zu erbringen ist. Ob ein außerhalb der Station gelegener Raum zur Arbeitsstelle der Pflegekraft gehört, richtet sich nach den vom Arbeitgeber getroffenen organisatorischen Festlegungen. Schreibt der Arbeitgeber vor, dass eine Dienstkleidung, die von ihm unentgeltlich zur Verfügung gestellt und gereinigt wird und nicht mit nach Hause genommen werden darf, vor Dienstbeginn in einem bestimmten Raum im Betrieb anzulegen und nach Dienstende dort abzulegen ist, so gehört das Umkleidezimmer zur Arbeitsstelle. Dort beginnt und endet die Arbeitszeit (BAG, DB 1995, 434 ff).

Wegezeiten

Zeiten, die der Arbeitnehmer benötigt, um von seiner Wohnung zur Arbeitsstelle im Betrieb oder wieder zurück zu kommen, sind keine Arbeitszeit. Gleiches gilt für das Zurücklegen eines Weges innerhalb einer Anstalt, etwa von der Pforte bis zur Arbeitsstelle, die als solche vom Arbeitgeber aus organisatorischen Gründen festgelegt wurde (OVG Rheinland-Pfalz, Az: 2 A 110404/99).

Bereitschaftsdienst

Bereitschaftsdienst rechnet das (noch geltende) deutsche Arbeitszeitgesetz der **Ruhezeit** zu. Dies ist aus den Regeln des § 5 Abs. 3 sowie § 7 Abs. 2 Nr. 1 ArbZG zu folgern, wonach Kürzungen der Ruhezeit infolge von Inanspruchnahmen während des Bereitschaftsdienstes ausgeglichen werden können.

> Bereitschaftsdienst liegt vor, wenn sich der Arbeitnehmer außerhalb der regelmäßigen Arbeitszeit an einer vom Arbeitgeber bestimmten Stelle innerhalb oder außerhalb des Betriebes aufzuhalten hat, ohne dass von ihm wache Achtsamkeit gefordert wird, um im Bedarfsfall die volle Arbeitsleistung unverzüglich aufzunehmen (BAG, NZA 1996, 1164 ff).

Soweit tarifvertragliche Bestimmungen (z. B. § 15 Abs. 6, SR 2 a Nr. 6 BAT) Regelungen zu Bereitschaftsdiensten treffen, geschieht dies grundsätzlich nur »zum Zwecke der Vergütungsberechnung«.

Beim Bereitschaftsdienst soll nach der Rechtsprechung nicht »das Erbringen von Arbeit, sondern das sich Bereithalten« für eventuell anfallende Arbeit im Vordergrund stehen. Deshalb werden Bereitschaftsdienste in Form persönlicher Anwesenheit in der Rettungswache mit Ausnahme der tatsächlichen Inanspruchnahme nicht zur Arbeitszeit im Sinne des Arbeitszeitgesetzes gezählt (ArbG Kiel, NZA 2002, 980 ff). Anders verhält es sich es sich bei einer Pflegekraft im Nachtdienst. Deren Tätigkeit ist dadurch geprägt, dass sie während des gesamten Dienstes die arbeitsvertraglich geschuldete Leistung in vollem Umfang erbringt und sich nicht lediglich für eventuell anfallende Arbeiten bereit hält. Daher kann der Arbeitgeber nicht ohne weiteres einen Teil der Arbeitszeit als Bereitschaftsdienst einstufen und für diese Zeit eine geringere Vergütung zahlen (BAG, Az.: 6 AZR/96).).

Gegenüber der deutschen höchstrichterlichen Rechtsprechung, hat der Europäische Gerichtshof im Zusammenhang mit dem **Bereitschaftsdienst** spanischer Ärzte entschieden, dass **Bereitschaftsdienst**, während dessen der Arbeitnehmer in den Räumlichkeiten des Arbeitgebers anwesend sein muss in vollem zeitlichen Umfang **Arbeitszeit** im Sinne der EG-Arbeitszeitrichtlinie ist (EG-Richtlinie 93/104 vom 23.11. 1993; EuGH, NZA 2000, 1227).

Diese Rechtsprechung ist nach Auffassung des Bundesarbeitsgerichts (BAG) auf andere Berufsgruppen – also auch auf das nachgeordnete nichtärztliche Personal oder den Rettungsdienst – und auf alle anderen Mitgliedstaaten – somit auch Deutschland – übertragbar (BAG, Az.: 1 ABR 2/02).

> Weiter stellt das Gericht fest, dass das deutsche Arbeitszeitgesetz den Anforderungen der EG-Arbeitszeitrichtlinie nicht genügt.

An einer europarechtskonformen Auslegung sieht sich das Gericht jedoch aus Gründen des **Gewaltenteilungsprinzips** (▶ 6.1.1) gehindert.

Bei einer einschränkungslosen Behandlung des Bereitschaftsdienstes als Arbeitszeit hätten verschiedene Vorschriften des Gesetzes (etwa § 5 Abs. 3 und § 7 Abs. 2 Nr. 1, ArbZG) keinen Anwendungsbereich mehr. Sie würden nicht ausgelegt, sondern aufgehoben. Letzteres ist den Gerichten (= Judikative) verwehrt. Dies ist Aufgabe der Gesetzgebung (= Legislative).

> Trotz der Unvereinbarkeit mit den Vorgaben der Richtlinie sind die betreffenden Regelungen des Arbeitszeitgesetzes deshalb weiterhin anzuwenden, so dass bis zu einer Gesetzesänderung Bereitschaftsdienst – mit Ausnahme der Zeiten tatsächlicher Inanspruchnahme – zur Ruhezeit zählt.

Dies gilt zumindest im Verhältnis zwischen privaten Arbeitsvertragsparteien, weil insoweit die EG-Richtlinie trotz **Umsetzungspflicht** in den Mitgliedstaaten nicht unmittelbar anwendbar ist. Etwas anderes kommt allenfalls im Verhältnis zu staatlichen Arbeitgebern in Betracht.

Der politische, gesetzgeberische Handlungsbedarf wird durch zwei weitere beim Europäischen Gerichtshof anhängige Verfahren unterstrichen. Die Klagen wurden zum einen von einem deutschen Krankenhausarzt gegen seinen Arbeitgeber und zum anderen von Rettungsassistenten beim Deutschen Roten Kreuz erhoben.

Nach Ansicht des Generalanwalts beim Europäischen Gerichtshof können sich die Kläger auf die – EU Richtlinie zur Gestaltung der Arbeitszeit berufen; in dieser Richtlinie seien Wochenarbeitszeit, Ruhepausen und Urlaube genau geregelt. Mit dem Plädoyer des Generalanwalts zeichnet sich ab, dass die Luxemburger Richter den Klagen weitgehend folgen dürften, **Zeiten des Bereitschaftsdienstes als Arbeitszeit** zu werten.

Rufbereitschaft

🛈 Rufbereitschaft enthält die Verpflichtung des Arbeitnehmers, zu Hause oder an einem anderen Ort, den er dem Arbeitgeber anzuzeigen hat, aber frei wählen und wechseln kann, erreichbar zu sein, um auf Abruf die Arbeit alsbald aufnehmen zu können (BAG, BB 1988, 1046 ff.).

Die Rufbereitschaft gilt in der Regel nicht als Arbeitszeit. Ist im Rahmen des Rufbereitschaftsdienstes vorgesehen, die Tätigkeit »kurzfristig« aufzunehmen, darf der Arbeitgeber nicht »im Voraus und für alle Fälle« eine feste Zeitspanne vorgeben. Eine solche Zeitvorgabe widerspricht dem Wesen der »Rufbereitschaft« (BAG, Az.: 6 AZR 214/00). Ist beispielsweise ein Krankenhaus aus betrieblichen Gründen – etwa in Notfällen – darauf angewiesen, dass der Mitarbeiter nach spätestens 20 Minuten am Platz ist, muss es eine andere Arbeitszeitregelung wählen, sei es Schichtdienst oder Bereitschaftsdienst.

Die Zuordnung des Bereitschaftsdienstes und der Rufbereitschaft zur Arbeitszeit oder zur Ruhezeit lässt sich nicht einheitlich vornehmen, sondern hängt im Einzelfall davon ab, in welchem Maße dieser Dienst in seiner konkreten Ausprägung den Betroffenen belastet.

Arbeitsbereitschaft

🛈 Arbeitsbereitschaft liegt vor, wenn vom Arbeitnehmer eine wache Achtsamkeit, wenn auch im Zustande der Entspannung, verlangt wird, um im Bedarfsfall von sich aus und ohne Aufforderung durch Dritte die volle vertragliche Arbeitstätigkeit unverzüglich aufnehmen zu können.

Diese ist arbeitszeitrechtlich in die Arbeitszeit einzubeziehen, auch wenn sie den Arbeitnehmer erheblich weniger als die »Vollarbeit« beansprucht. Er hat ja die Möglichkeit der Entspannung.

Nachtarbeit

🛈 Nachtarbeit ist jede Arbeit, die mehr als zwei Stunden der Nachtzeit umfasst (§ 2 Abs. 4 ArbZG), wobei Nachtzeit die Zeit zwischen 23.00 und 6.00 Uhr ist (§ 2 Abs. 3 ArbZG).

Allerdings kann in einem Tarifvertrag oder auf Grund eines Tarifvertrages in einer Betriebsvereinbarung der Beginn des siebenstündigen Nachtzeitraumes auf die Zeit zwischen 22.00 und 24.00 Uhr festgelegt werden (§ 7 Abs. 1 Ziff. 5 ArbZG), also jeweils um eine Stunde vor- oder zurückverlegt.

Nachtarbeitnehmer (§ 2 Abs. 5 ArbZG) sind Arbeitnehmer, die
- auf Grund ihrer Arbeitszeitgestaltung normalerweise Nachtarbeit in Wechselschicht zu leisten haben oder
- Nachtarbeit an mindestens 48 Tagen im Kalenderjahr leisten.

Ein zur Nachtwache eingeteilter Mitarbeiter ist also nur dann Nachtarbeitnehmer, wenn die vorstehenden Voraussetzungen erfüllt werden.

Die Dauer der gesetzlichen Arbeitszeit

🛈 Die werktägliche gesetzliche Arbeitszeit der Arbeitnehmer darf in der Regel acht Stunden nicht überschreiten (§ 3 ArbZG).

Tarifverträge sehen häufig eine kürzere tarifvertragliche Arbeitszeit vor. Allerdings kann sie unter der Bedingung verlängert werden, dass der Durchschnitt von acht Stunden in einem Zeitraum von sechs Kalendermonaten oder 24 Wochen nicht überschritten wird. Bestimmte Anlässe und Begründungen verlangt das Gesetz nicht. In der Wahl des **Ausgleichszeitraumes**, also Kalendermonate oder Wochen, ist der Arbeitgeber unter Beachtung betriebsverfassungs-/personalvertretungsgesetzlicher Rechte des Betriebs-/Personalrates zudem frei.

Somit sind Arbeitszeitmodelle mit 48 Stunden wöchentlich (6 × 8 Stunden) bei einem Ausgleichszeitraum von 24 Wochen mit einer Gesamtarbeitszeit von 1152 Stunden möglich (48 Stunden pro Woche × 24 Wochen), was 144 Werktagen je acht Stunden entspricht. Die Gesamtarbeitszeit von 1152 Stunden kann gegebenenfalls auf 115 Werktage mit je zehn Stunden und einem Werktag von zwei Stunden verteilt werden (1152 : 10 = 115,2). Danach erfolgt die arbeitsfreie Zeit von 28,8 Werktagen (144−115,2).

Die umstrittene Frage, ob die Arbeitszeitmodelle die Verteilung der Arbeitszeit derart vorsehen können, dass ein Arbeitnehmer zunächst 115,2 Tage arbeitet, im Anschluss freigestellt wird und im nächsten Ausgleichszeitraum zuerst freigestellt wird, um dann in einer Sechstagewoche 60 Stunden zu arbeiten, ist dahingehend zu beantworten, dass dies möglich ist: Der Gesetzgeber wollte eine möglichst umfassende Flexibilität und nicht vorgeben, dass die Freistellung stets am Ende einer Arbeitsperiode liegt.

Die Tarifvertragsparteien können den **Ausgleichszeitraum** gemäß § 7 Abs. 1 Ziff. 11 b ArbZG unbegrenzt verlängern. Dies kann auch durch Betriebsvereinbarung geschehen, wenn entsprechendes im Tarifvertrag vorgesehen ist (Öffnungsklausel). Unter gleichen Voraussetzungen ist auch möglich, die Arbeitszeit ohne Ausgleich an höchstens 60 Tagen im Jahr auf bis zu zehn Stunden werktäglich ohne Ausgleichszeiten zu verlängern, wenn in die Arbeitszeit regelmäßig und in erheblichem Umfang Arbeitsbereitschaft fällt. Für bestehende oder nachwirkende Tarifverträge gelten die Übergangsvorschriften des § 25 ArbZG.

Die zeitliche Lage der Arbeitszeit

Abgesehen von den besonderen Schutzvorschriften bei Nacht- und Schichtarbeit (§ 6 ArbZG) ist die Lage der Arbeitszeit gesetzlich nicht geregelt; allerdings können sich aus Tarifverträgen und Einzelarbeitsverträgen Regelungen ergeben.

Im Bundesangestelltentarifvertrag (BAT) ist die Lage der täglichen Arbeitszeit nicht gesondert geregelt. Jedoch folgt aus § 15 Abs. 8 Unterabsatz 2 BAT, dass die Arbeit an den nach dem **Dienstplan** festgelegten Kalendertagen zu leisten ist.

> Die sog. dienstplanmäßige Arbeitszeit ist also die im Dienstplan erfolgte Aufteilung der regelmäßigen Arbeitszeit auf die Wochentage.

Bei der Festlegung von Beginn und Ende der täglichen Arbeitszeit steht dem Betriebs-/Personalrat ein **Mitbestimmungsrecht** zu. Dies gilt für Dienstpläne und deren Änderung auch in karitativen Einrichtungen (BAG, DB 1989, 1191 f) und Arbeitszeitregelungen in sog. Tendenzbetrieben (BAG, NZA 1990, 693 f).

Die Arbeitszeit der Nacht- und Schichtarbeitnehmer ist nach den gesicherten arbeitswissenschaftlichen Erkenntnissen über die menschengerechte Gestaltung der Arbeit festzulegen.

> Grundsätzlich darf die werktägliche Arbeitszeit des Nachtarbeitnehmers acht Stunden nicht überschreiten.

Sie kann jedoch bis zu zehn Stunden verlängert werden, wenn in einem Ausgleichszeitraum von einem Kalendermonat oder von vier Wochen der Durchschnitt von acht Stunden werktäglich nicht überschritten wird (§ 6 Abs. 3 ArbZG).

Von dieser **Regelung** kann allerdings gemäß § 7 Abs. 1 Ziff. 9 ArbZG durch Tarifvertrag oder Betriebsvereinbarung auf Grund eines Tarifvertrages **abgewichen** werden, in dem längere Arbeitszeiten oder andere Ausgleichszeiträume vereinbart sind.

> Als Ausgleichszeit können Krankheitstage als Tage der Genesung und Urlaubstage als Tage der Erholung von der Normalarbeitszeit keine Berücksichtigung finden.

Nach Auffassung des Länderausschusses für Arbeitsschutz und Sicherheitstechnik kann dieses Problem nur durch betriebliche organisatorische Maßnahmen gelöst werden. Hinsichtlich der Urlaubstage sollen allerdings nur solche im Rahmen des **gesetzlichen** Urlaubsanspruches (24 Werktage) nicht als Ausgleichszeiten in Betracht kommen, wohl aber der darüber hinausgehende **tarifliche** Urlaub sowie Sonderurlaub.

Soweit keine tarifvertraglichen Ausgleichsregelungen bestehen, hat der Arbeitgeber dem Nachtarbeitnehmer für die während der Nachtzeit (23.00 bis 6.00 Uhr) geleisteten Arbeitsstunden eine angemessene Zahl bezahlter freier Tage oder einen angemessenen Zuschlag auf das ihm hierfür zustehende Bruttoarbeitsentgelt zu gewähren (§ 6 Abs. 5 ArbZG).

Pausen und Ruhezeiten

Ebenso wie die Festlegung von Höchstarbeitszeiten dienen die arbeitszeitgesetzlichen Bestimmungen über Ruhepausen (§ 4 ArbZG) und Ruhezeiten (§ 5 ArbZG) dem Schutz des Beschäftigten vor Überanstrengungen. Auch hier können die Tarifvertragsparteien abweichende Regelungen treffen (§§ 7, 25 ArbZG).

> Weitere gesetzliche Regelungen finden sich unter anderem im Jugendarbeitsschutzgesetz und im Mutterschutzgesetz.

Gegenüber der früheren Gesetzeslage stellt das Arbeitszeitgesetz nunmehr Männer und Frauen in der Pausenregelung gleich.

Es wird bestimmt, dass die Arbeit durch Ruhepausen
- von mindestens 30 Minuten bei einer Arbeitszeit von mehr als sechs bis zu neun Stunden und
- von 15 Minuten bei einer Arbeitszeit von mehr als neun Stunden

insgesamt zu unterbrechen ist.

Die Ruhepausen können in Zeitabschnitte von jeweils 15 Minuten aufgeteilt werden. Bis zu sechs Stunden darf ohne Ruhepause gearbeitet werden, nicht jedoch darüber.

Jugendlichen Arbeitnehmern steht nach dem Jugendarbeitsschutzgesetz (▶ 12.5.13) bei einer Beschäftigung von mehr als 4.5 bis 6 Stunden eine Pause von mindestens 30 Minuten, bei einer Beschäftigung von mehr als 6 Stunden eine Pause von 60 Minuten zu (§ 11 JArbSchG).

Der Begriff der Ruhepause ist weder gesetzlich noch tariflich näher bestimmt. Das Arbeitszeitgesetz besagt lediglich, dass es sich bei der Ruhepause um eine im Voraus feststehende Arbeitsunterbrechung von bestimmter Dauer handelt.

Der Pausenbegriff wird unter Rückgriff auf den natürlichen Sprachgebrauch definiert.

> Danach sind Pausen im Voraus festgelegte Unterbrechungen der Arbeitszeit, in denen der Arbeitnehmer weder Arbeit zu leisten noch sich dafür bereit zu halten hat, sondern frei darüber entscheiden kann, wo und wie er diese Zeit verbringen will.

Keine Beeinträchtigung der Ruhepause stellt die Mitführung eines sog. Euro-Piper dar (LAG Niedersachsen, Urteil vom 09.10.1991).

Auch kann in Fällen unaufschiebbarer Vor- und Abschlussarbeiten sowie bei unaufschiebbaren Arbeiten zur Behandlung, Pflege und Betreuung von Personen oder zur Behandlung und Pflege von Tieren an einzelnen Tagen von der Pausenregelung abgewichen werden, wenn dem Arbeitgeber andere Vorkehrungen nicht zugemutet werden können (§ 14 Abs. 2 Ziff. 2 ArbZG). Gleiches gilt in Not- und sonstigen außergewöhnlichen Fällen.

> Der Arbeitgeber muss jedoch Sorge dafür tragen, dass Pausen für den Arbeitnehmer planbar sind, also angekündigt und innerhalb eines Pausenkorridors, d. h. in einem bestimmten Zeitrahmen, festgelegt werden.

Pausenregelungen im Nachtdienst

Auch hier muss Pausenzeit zur freien Verfügung stehen und organisatorisch sichergestellt sein, etwa durch gegenseitige Pausenvertretung der Nachtwachen oder durch – kostenintensiveren – Einsatz eines Nachtwachenspringers. Problematisch erscheint, diese Funktion durch einen Bereitschaftsdienst abzudecken. Jedenfalls begründet die Tatsache, dass im Laufe des Nachtdienstes verschieden lange Zeiten bestehen, in denen sich die Nachtschwester im Stationszimmer »ausruhen« kann, da kein Patient der Hilfe bedarf und es objektiv möglich ist, eine Pause einzulegen, dennoch nicht die Annahme einer Ruhepause. Denn entscheidend ist, dass auch in dieser Zeit Anspannung besteht, ob ein Patientenruf erfolgt oder nicht, sowie die fehlende Berechtigung der Nachtschwester, auf einer selbst angeordneten Pause zu bestehen (LAG Nürnberg, AZ.: 3 Sa 669/97).

Dauernachtarbeit wird durch das Arbeitszeitgesetz verboten. Durch den Verweis auf die »gesicherten arbeitswissenschaftlichen Erkenntnisse über die menschengerechte Gestaltung der Arbeit« findet jedoch eine erhebliche Einschränkung des Gestaltungsspielraums bei Nachtarbeit statt.

Von der Ruhepause nach § 4 ArbZG ist die Ruhezeit (§ 5 ArbZG) zu unterscheiden.

> Ruhezeit ist die Zeit zwischen dem Ende der Arbeit und ihrem Wiederbeginn. Es ist der Zeitraum zwischen zwei Arbeitsschichten, in der der Arbeitnehmer zu keiner Arbeit herangezogen werden darf.

Grundsätzlich muss zwischen dem Arbeitsende und der erneuten Arbeitsaufnahme eine ununterbrochene Ruhezeit von elf Stunden liegen (§ 5 Abs. 1 ArbZG).

Damit dürften die sog. »Schaukeldienste« der Vergangenheit angehören. Es ist nur eine Ruhezeit von 9,5 Stunden erfüllt, wenn ein Arbeitnehmer zum Spätdienst mit Dienstende um 20.30 Uhr eingeteilt ist, und sein Frühdienst am nächsten Morgen um 6.00 Uhr beginnt.

Ausnahmeregelungen für Krankenhäuser und ähnliche Einrichtungen des Gesundheitswesens

Hier kann die Dauer der Ruhezeit entweder
- um bis zu eine Stunde (also auf zehn Stunden) verkürzt werden, wenn jede Verkürzung innerhalb eines Kalendermonats oder innerhalb von vier Wochen durch Verlängerung einer anderen Ruhezeit auf mindestens zwölf Stunden ausgeglichen wird (§ 5 Abs. 2 ArbZG), oder
- es können Kürzungen der Ruhezeit durch in Anspruchnahmen während des Bereitschaftsdienstes oder der Rufbereitschaft, die nicht mehr als die Hälfte der Ruhezeit betragen, zu anderen Zeiten ausgeglichen werden (§ 5 Abs. 3 ArbZG).

Auf nachstehende Probleme dieser Alternativen soll besonders hingewiesen werden.

Wird im Rahmen des **§ 5 Abs. 2 ArbZG** die Ruhezeit verkürzt, so ist **jede** Verkürzung auszugleichen, d. h. auch eine solche, die nur 30 Minuten beträgt. Eine derartige Verkürzung bedingt die Verlängerung einer anderen Ruhezeit in jedem Fall auf zwölf Stunden, da es im Gesetz heißt, dass die Verlängerung auf mindestens zwölf Stunden ausgeglichen werden muss.

Unterschiedliche Interpretationsmöglichkeiten lässt **§ 5 Abs. 3 ArbZG** zu, da die Vorschrift nicht eindeutig formuliert ist.

Der Relativsatz »die nicht mehr als die Hälfte der Ruhezeit betragen« lässt sich rückbeziehen
- zum einen auf die Inanspruchnahme während des Bereitschaftsdienstes oder
- zum anderen auf die Kürzungen der Ruhezeit.

Ein Beispiel soll die jeweilige Interpretation und deren Folgen aufzeigen:

Während eines zwölfstündigen Bereitschaftsdienstes wird der Betroffene tatsächlich für 7,5 Stunden in Anspruch genommen.

a) Da die **Inanspruchnahme** (7,5 Stunden) mehr als die Hälfte der (nach § 5 Abs. 1 ArbZG gesetzlichen) Ruhezeit (11 Stunden : 2 = 5,5 Stunden) beträgt, ist eine anschließende dienstplanmäßige Tätigkeit nicht mehr möglich.
b) Da die **Kürzung** der (nach § 5 Abs. 1 ArbZG gesetzlichen) Ruhezeit nur 4,5 Stunden (12 Stunden – 7,5 Stunden) beträgt und damit nicht mehr als die Hälfte der Ruhezeit (11 Stunden : 2 = 5,5 Stunden) erreicht, kann ein Ausgleich zu anderen Zeiten erfolgen, der Betroffene darf demnach seiner dienstplanmäßigen Tätigkeit nachkommen.

Für die Geltung der ersten Interpretation (a) spricht die größere Berechnungssicherheit durch die einfache in Bezugnahme von »Inanspruchnahme« und »Ruhezeit«, während bei der zweiten Interpretation (b) durch die Bezugsgröße »Dauer des Bereitschaftsdienstes« Einflussnahmen möglich sind: Würde im genannten Beispiel die Zeit des Bereitschaftsdienstes nicht 12 Stunden, sondern 13,5 Stunden betragen, läge die Kürzung der Ruhezeit bei 6,0 Stunden (13,5 Stunden – 7,5 Stunden) und damit um 0,5 Stunden höher als die gesetzliche Ruhezeit. Der Betroffene dürfte keine dienstplanmäßige Tätigkeit ausüben. Demgegenüber bliebe das Ergebnis bei Anwendung der ersten Interpretation das Gleiche wie im Ausgangsbeispiel.

Abgesehen von dieser Problematik stellt sich die Frage, ob § 5 Abs. 3 ArbZG durch die Bezugnahme auf § 5 Abs. 1 ArbZG für den Betroffenen eine **ununterbrochene** Ruhezeit von mindestens 5,5 Stunden fordert, d. h., dass bei tatsächlicher Inanspruchnahme während des Bereitschaftsdienstes oder der Rufbereitschaft eine Ruhezeit von ununterbrochen 5,5 Stunden verbleiben muss. Eine soweit gehende Auslegung dürfte jedoch dem flexiblen Wesen von Bereitschaftsdienst und Rufbereitschaft, die überdies arbeitszeitrechtlich nicht – wie eingangs dargelegt – den Arbeitszeiten zuzurechnen sind, widersprechen.

Entschärft werden die aufgezeigten Problemstellungen durch § 7 Abs. 2 Ziff. 3 ArbZG. Danach dürfen die Bestimmungen der §§ 3 bis 5 Abs. 1 ArbZG bei der Behandlung, Pflege und Betreuung von Personen der Eigenart dieser Tätigkeit und dem Wohl dieser Personen entsprechend durch Tarifvertrag angepasst werden.

Solange dies nicht geschieht, dürfen bestehende tarifvertragliche Regelungen (z. B. BAT SR 2 a Nr. 6 B Abs. 7) angewandt werden (§ 25 ArbZG). Diese Bestimmung trifft auf Krankenhäuser zu, in denen der Bundesangestelltentarifvertrag oder die Allgemeinen Vertragsrichtlinien (AVR) gelten.

Wird also im Geltungsbereich des Bundesangestelltentarifvertrages ein Beschäftigter an einem Kalendertag, an dem er eine Arbeitszeit – ausschließlich der Pausen – von mindestens 7,5 Stunden abgeleistet hat, zu einem Bereitschaftsdienst der Stufe C oder D herangezogen, der mindestens zwölf Stunden dauert, so soll ihm nach diesem Bereitschaftsdienst eine Ruhe von mindestens acht Stunden gewährt werden. Dies gilt entsprechend nach einer mindestens 24stündigen ununterbrochenen Inanspruchnahme durch Arbeit und Bereitschaftsdienst zwischen 6.00 Uhr an einem Sonntag oder einem Wochenfeiertag und 9.00 Uhr am folgenden Tag. Unbeschadet hiervon ist dem Betroffenen, von Notfällen abgesehen, nach einem Bereitschaftsdienst von mindestens zwölf Stunden in einem erforderlichen Umfang Arbeitsbefreiung zu gewähren, wenn er nachweist, dass seine Inanspruchnahme während des Bereitschaftsdienstes über 50 v.H. hinausgegangen ist.

Sonn- und Feiertagsruhe

An Sonn- und gesetzlichen Feiertagen dürfen Arbeitnehmer von 0.00 bis 24.00 Uhr **nicht** beschäftigt werden (§ 9 ArbZG).

Davon abweichend dürfen Arbeitnehmer z. B.
– in Not- und Rettungsdiensten sowie
– in Krankenhäusern und anderen Einrichtungen zur Behandlung, Pflege und Betreuung von Personen

an Sonn- und Feiertagen beschäftigt werden, wenn die Arbeiten nicht an Werktagen vorgenommen werden können.

Ausnahmslos müssen 15 Sonntage im Jahr beschäftigungsfrei bleiben (§ 11 Abs. 1 ArbZG).

Im Fall der Sonn- und Feiertagsbeschäftigung gelten die Bestimmungen über Arbeitszeit, Ruhepausen, Ruhezeiten und Nachtarbeiten entsprechend, wobei die Höchstarbeitszeit von zehn Stunden und der Ausgleichszeitraum von sechs Monaten oder 24 Wochen nicht – im Gesundheitswesen auch nicht tarifvertraglich – überschritten werden darf (§ 11 Abs. 2 ArbZG).

Schließlich besteht für den Arbeitnehmer, der sonntags beschäftigt wird, ein Anspruch auf einen Ersatzruhetag. Dieser ist innerhalb von zwei Wochen zu gewähren.

Einem Arbeitnehmer, der an einem Feiertag beschäftigt wird, der auf einen Werktag fällt, ist der Ersatzruhetag innerhalb von acht Wochen zu gewähren (§ 11 Abs. 3 ArbZG).

Der Ersatzruhetag ist dem Arbeitnehmer ebenso wie die Sonn- und Feiertagsruhe unmittelbar in Verbindung mit einer Ruhezeit zu gewähren, soweit dem nicht technische oder arbeitsorganisatorische Gründe entgegenstehen. Damit ist eine ununterbrochene Ruhezeit von 35 Stunden grundsätzlich sichergestellt.

Verpflichtet ein Arbeitgeber einen Arbeitnehmer, über die Grenzen des Beschäftigungsverbotes zu arbeiten, so ist diese Verpflichtung nach § 134 BGB unwirksam. Der Arbeitnehmer hat an seiner Arbeitsleistung ein **Zurückbehaltungsrecht**. Die Einhaltung des Beschäftigungsverbotes ist durch Bußgeld und Strafe gegen den Arbeitgeber gesichert (§§ 22 ff ArbZG). Im Übrigen überwacht die nach Landesrecht zuständige Aufsichtsbehörde die Einhaltung der Vorschriften des Arbeitszeitgesetzes (§ 17 ArbZG). Diese ist auch für Ausnahmebewilligungen zuständig. Zuständige Behörde ist in der Regel das Staatliche Gewerbeaufsichtsamt/Staatliches Amt für Arbeitsschutz.

Und schließlich gilt:

> Im Rahmen des Organisationsverschuldens (▶ 10.5) untersteht die Umsetzung des Arbeitszeitgesetzes der vollen gerichtlichen Überprüfbarkeit. Es empfiehlt sich also eine am Arbeitszeitgesetz und tariflichen Vorgaben orientierte Einsatzplanung des Mitarbeiters ebenso wie eine hierzu lückenlos geführte Dokumentation.

12.5.11 Schutz der erwerbstätigen Mutter

Zum Schutz erwerbstätiger werdender und stillender Mütter hat der Gesetzgeber eine Vielzahl von Bestimmungen erlassen. Im Mittelpunkt dieser, dem besonderen Arbeitnehmerschutz zuzurechnenden Vorschriften steht das Mutterschutzgesetz (MuSchG vom 20.02.2002) sowie die Verordnung zum Schutz der Mütter am Arbeitsplatz (Mutterschutzrichtlinienverordnung, MuSchRiV vom 15.04.1997). Den Schutzvorschriften liegen umfangreiche europäische Gesetzgebungsakte zu Grunde, im Wesentlichen die so genannte Mutterschutzrichtlinie aus dem Jahre 1992. Arbeitsstättenverordnung, Röntgenverordnung, Biostoffverordnung und Gefahrstoffverordnung sowie Strahlenschutzverordnung enthalten zudem weitere Schutzvorschriften für Schwangere (▶ jeweils dort).

> Grundgedanke des Mutterschutzgesetzes ist, den Konflikt zwischen den mutterschaftlichen Aufgaben der erwerbstätigen Frau einerseits und ihrer Bindungen aus der Erwerbsarbeit und den daraus entstandenen etwaigen wirtschaftlichen und sozialen Problemen andererseits zu überbrücken.

So findet das Gesetz auch Anwendung auf ledige und verheiratete Frauen, die in einem Arbeitsverhältnis stehen sowie diejenigen, die sich in einem Ausbildungsverhältnis befinden.

> **Schutzbereiche des Mutterschutzes**
>
> Die gesetzlichen Bestimmungen des Mutterschutzes umfassen im Wesentlichen drei Schutzbereiche:
> - den **Gesundheitsschutz** durch Gebote zur Arbeitsplatzgestaltung und Verbote der Beschäftigung in bestimmten Zeiträumen und mit bestimmten Arbeiten sowie Gewährung von Stillzeiten;
> - die **Sicherung der wirtschaftlichen Versorgung** durch Verdienstsicherung und Gewährung eines Mutterschaftsgeldes und Mutterschaftsgeldzuschusses;
> - den **Kündigungsschutz** zur Sicherung des Arbeitsplatzes.

Das Mutterschutzgesetz hat sowohl öffentlich-rechtlichen als auch privatrechtlichen Charakter. Der **öffentlich-rechtliche Charakter** wird dadurch bestimmt, dass dem Arbeitgeber Pflichten auferlegt werden, deren Einhaltung vom Gewerbeaufsichtsamt überwacht und deren Verletzung unter Strafe gestellt wird. Auch die Bestimmungen über die Leistungen der Krankenkassen gehören dem öffentlichen Recht an, nämlich dem Sozialversicherungsrecht. Darüber hinaus enthält das Mutterschutzgesetz aber auch Regeln über die Rechtsbeziehungen zwischen Arbeitgeber und Arbeitnehmerin und ist insoweit **privatrechtlicher Natur**.

Damit der Arbeitgeber seinen Pflichten nachkommen kann, muss er von der Schwangeren **Mitteilung über die bestehende Schwangerschaft** erhalten. Deshalb bestimmt das Gesetz, dass Schwangere, sobald ihnen ihr Zustand bekannt ist, dem Arbeitgeber ihre Schwangerschaft und den mutmaßlichen Tag der Entbindung mitteilen sollen. Der Arbeitgeber kann die Vorlage eines Attests verlangen.

> Die Mitteilungspflicht (§ 5 Abs. 1 MuSchG) ist keine Rechtspflicht, sondern lediglich eine Empfehlung an die Schwangere im eigenen Interesse und dem ihres Kindes.

Im Rahmen eines bestehenden Arbeitsverhältnisses ist aus der arbeitsvertraglichen Treuepflicht (▶ 12.4.3) die Schwangere jedoch dann zur unverzüglichen Mitteilung verpflichtet, wenn berechtigte Arbeitgeberinteressen auf dem Spiel stehen. Dies kann der Fall sein, wenn – etwa in der Labormedizin – **Beschäftigungsverbote** zur Anwendung kommen und die Arbeitsvertretung der Schwangeren einer erheblichen Einarbeitungszeit bedarf. Erhält der Arbeitgeber Kenntnis von der Schwangerschaft, darf er diese Mitteilung nicht unbedingt an Dritte weitergeben. Der Aufsichtsbehörde (Staatliches Amt für Arbeitsschutz oder Gewerbeaufsichtsamt) ist jedoch unverzüglich Mitteilung zu machen (§ 5 Abs. 1 S. 2 MuSchG). Sobald der Arbeitgeber Kenntnis von der Schwangerschaft hat, sind die mutterschutzrechtlichen Vorschriften einzuhalten. Dies gilt selbst dann, wenn die Schwangere den Nachweis durch ein ärztliches Attest verzögert. Für die Berechnung der Schutzfrist vor der Entbindung (§ 3 Abs. 2 MuSchG) ist das vorgelegte Zeugnis des Arztes oder der Hebamme maßgeblich.

Gesundheitsschutz

Wer eine werdende oder stillende Mutter beschäftigt, hat als Arbeitgeber den Arbeitsplatz so einzurichten und ihre Beschäftigung so zu regeln, dass sie und das werdende Kind vor Schädigungen an Leib und Gesundheit geschützt sind (§ 2 MuSchG). Insbesondere ist der Arbeitgeber verpflichtet, Sitzgelegenheiten zum kurzen Ausruhen bereitzustellen, wenn die werdende oder stillende Mutter mit Arbeiten beschäftigt wird, bei denen sie ständig stehen oder gehen muss. Die Aufsichtsbehörde kann im Einzelfall besondere Schutzanordnungen veranlassen. Die Arbeitsstättenverordnung (§ 31) enthält das Gebot, werdenden oder stillenden Müttern zu ermöglichen, während der Pausen und u. U. auch während der Arbeitszeit in einem geeigneten Raum auf einer Liege auszuruhen.

Beschäftigungsverbote

 Die Beschäftigung werdender/stillender Mütter ist in einem bestimmten Umfang schlechthin verboten. Das Mutterschutzgesetz unterscheidet dabei generelle und individuelle Beschäftigungsverbote.

Generelle Beschäftigungsverbote

Zu den generellen Beschäftigungsverboten, die also für jede werdende/stillender Mutter ohne Rücksicht auf ihren persönlichen Gesundheitszustand oder ihre körperliche Verfassung gelten, zählt das **Beschäftigungsverbot vor sowie auch nach der Entbindung**. Sechs Wochen vor der Entbindung dürfen Schwangere nicht beschäftigt werden, es sei denn, dass sie sich zur Arbeitsleistung ausdrücklich bereit erklären. Diese Erklärung kann jedoch jederzeit widerrufen werden. Bis zum Ablauf der achten Woche nach der Entbindung, bei Früh- und Mehrlingsgeburten bis zum Ablauf von zwölf Wochen nach der Entbindung dürfen Wöchnerinnen nicht beschäftigt werden. Bei **Frühgeburten** und sonstigen vorzeitigen Entbindungen verlängert sich das Beschäftigungsverbot **nach** der Entbindung zusätzlich um bis zu sechs Wochen. Der konkrete Verlängerungszeitraum bemisst sich danach, welche Zeit des sechswöchigen allgemeinen Beschäftigungsverbots (§ 3 Abs. 2 MuSchG) die Mutter infolge der Frühgeburt oder sonstigen vorzeitigen Entbindungen **vor** der Entbindung nicht mehr in Anspruch nehmen konnte.

Hat etwa eine Frau bei einem errechneten Termin vom 25.8. bereit am 25.7., also 30 Tage vorher entbunden, dann verlängert sich die Schutzfrist von acht Wochen nach der Entbindung um weitere 30 Tage.

Keine Entbindung im Sinne des Mutterschutzgesetzes ist die **Fehlgeburt**. Demgegenüber wird zwischen Lebendgeburt und Totgeburt nicht unterschieden, beide Ereignisse begründen die Schutzfristen (▶ 9.1).

Beim **Tod des Kindes** kann die Mutter eine Beschäftigung vor Ablauf der Mutterschutzfristen verlangen, wenn nach ärztlichem Zeugnis nichts dagegen spricht (§ 6 Abs. 1 S. 3 MuSchG). Dieses Verlangen ist jederzeit widerruflich.

Für die Fristenberechnung ist das Zeugnis des Arztes oder der Hebamme maßgebend, das den mutmaßlichen Tag der Entbindung angeben soll. Irrt sich der Arzt oder die Hebamme über den Zeitpunkt der Entbindung, so verkürzt oder verlängert sich die Frist entsprechend.

Weiterhin zählt zu den generellen Beschäftigungsverboten das **Verbot der Beschäftigung mit bestimmten Tätigkeiten**.

Zu solchen Verrichtungen rechnet das Gesetz Arbeiten, bei denen regelmäßig Lasten von mehr als fünf Kilogramm Gewicht oder gelegentlich von mehr als zehn Kilogramm Gewicht ohne mechanische Hilfsmittel von Hand gehoben, bewegt oder befördert werden. Nach Ablauf des fünften Monats der Schwangerschaft gehören dazu Arbeiten, bei denen die Arbeitnehmerin ständig stehen muss, soweit die Beschäftigung täglich vier Stunden überschreitet. Weiterhin zählen dazu Arbeiten, bei denen sich die Schwangere häufig erheblich strecken oder beugen oder bei denen sie dauernd hocken oder sich gebückt halten muss, etwa beim Lagern von Patienten, beim Bettenmachen u. ä. und schließlich auch Arbeiten, bei denen sie infolge ihrer Schwangerschaft in besonderem Maße der Gefahr, an einer Berufskrankheit zu erkranken, ausgesetzt ist oder bei denen durch das Risiko einer Berufskrankheit eine erhöhte Gefährdung für die werdende Mutter oder eine Gefahr für die Leibesfrucht besteht.

Die Mutterschutzrichtlinienverordnung (MuSchRiV vom 15.04.1997) vertieft den Gesundheitsschutz für Mutter und Kind.

Bestimmt wird, dass bei Überschreitung der Grenzwerte werdende oder stillende Mütter nicht mit (sehr) giftigen, gesundheitsschädlichen oder in sonstiger Weise den Menschen chronisch schädigenden Gefahrstoffen beschäftigt werden dürfen (§ 5 Abs. 1 Nr. 1 MuSchRiV). Weiterhin wird dem Arbeitgeber untersagt, werdende oder stillende Mütter mit Stoffen, Zubereitungen oder Erzeugnissen, die ihrer Art nach erfahrungsgemäß Krankheitserreger übertragen können, zu beschäftigen, wenn sie den Krankheitserregern ausgesetzt sind (§ 4 Abs. 2 Nr. 6 MuSchG, § 5 Abs. 1 Nr. 2 MuSchRiV). Für ein derartiges mutterschutzrechtliches Beschäftigungsverbot soll nach der Rechtsprechung bereits eine sehr geringe Infektionswahrscheinlichkeit genügen (BVerwG, Hyg + Med 1994, 155), etwa bei Arbeiten einer Schwangeren, bei denen die Gefahr besteht, dass die Schutzfunktion der verwendeten persönlichen Schutzausrüstung (wie Mundschutz, Schutzhandschuhe) z. B. durch den Umgang mit möglicherweise infizierten spitzen, schneidenden, stechenden oder scharfen Gegenständen aufgehoben wird.

> Zum Schutz der Mütter am Arbeitsplatz muss der Arbeitgeber rechtzeitig für jede Tätigkeit, bei der werdende oder stillende Mütter durch chemische Gefahrstoffe, biologische Arbeitsstoffe und physikalische Schadfaktoren, die in einer Anlage zu § 1 MuSchRiV aufgeführt sind, gefährdet werden können, eine Beurteilung der Arbeitsbedingungen vornehmen (= Arbeitsplatzanalyse).

Aus dieser Beurteilung müssen Art, Ausmaß und Dauer der Gefährdung hervorgehen. Die werdenden oder stillenden Mütter, aber auch sonstige Arbeitnehmerinnen, müssen über das Ergebnis der Beurteilung und die zum Gesundheitsschutz zu ergreifenden Maßnahmen unterrichtet werden. Dies gilt auch – sofern vorhanden – für den Betriebs- oder Personalrat.

Grundsätzlich verboten ist die **Mehr-**, **Nacht-** und **Sonntagsarbeit** (§ 8 MuSchG), wobei jedoch für Berufe in der Krankenpflege und in Badeanstalten das Sonn- und Feiertagsbeschäftigungsverbot nicht gilt, wenn werdenden oder stillenden Müttern in jeder Woche einmal eine ununterbrochene Ruhezeit von mindestens 24 Stunden im Anschluss an eine Nachtruhe gewährt wird (§ 8 Abs. 4 MuSchG).

> Diese Vorschrift gilt nicht nur für das Pflegepersonal, sondern auch für solche Arbeitskräfte in Krankenanstalten, deren Einsatz erforderlich ist, um den ordnungsgemäßen Betrieb im Interesse der Krankenversorgung durchführen zu können (BAG, NZA 1991, 505).

Wird eine Arbeitnehmerin z. B. wegen eines Sonntagsbeschäftigungsverbots nicht beschäftigt, so hat der Arbeitgeber gemäß § 11 Abs. 1 MuSchG den in bestimmter Weise zu errechnenden Durchschnittsverdienst weiter zu gewähren.

Individuelles Beschäftigungsverbot

Als individuelles Beschäftigungsverbot ist das Verbot zu bezeichnen, werdende Mütter dann nicht zu beschäftigen, soweit nach ärztlichem Attest Leben oder Gesundheit von Mutter oder Kind bei Fortdauer der Beschäftigung gefährdet sind (§ 3 Abs. 1 MuSchG). Stellt der Arzt Beschwerden fest, die auf der Schwangerschaft beruhen, so muss er prüfen und aus ärztlicher Sicht entscheiden, ob die schwangere Frau wegen eingetretener Komplikationen arbeitsunfähig krank ist oder ob, ohne dass eine Krankheit vorliegt, zum Schutz des Lebens oder der Gesundheit von Mutter und Kind ein Beschäftigungsverbot geboten ist. Dabei steht dem Arzt ein Beurteilungsspielraum zu (BAG, NZA, 1996, 137).

> Anstelle einer generell oder individuell verbotenen Beschäftigung kann der Arbeitgeber der Arbeitnehmerin eine andere erlaubte Tätigkeit zuweisen. Die Arbeitnehmerin ist verpflichtet, diese Arbeiten zu verrichten, solange sie ihr zumutbar sind (BAG, Az.: 5 AZR 174/98).

Erklärt der Arbeitgeber während eines Beschäftigungsverbots, er könne der Arbeitnehmerin keine andere Arbeit anbieten, so liegt darin keine Urlaubserteilung, sondern nur ein Verzicht auf die Erbringung der Arbeitsleistung (BAG, NZA 1994, 652 ff). Hat der Arbeitgeber auf Antrag der Arbeitnehmerin zu Beginn des Urlaubsjahres den Urlaub festgelegt, so besteht kein Anspruch auf Neufestsetzung, wenn die Arbeitnehmerin inzwischen einem Beschäftigungsverbot unterliegt. Durch die Freistellung hat der Arbeitgeber seine Verpflichtung erfüllt. Damit erlischt der Urlaubsanspruch (BAG, Urteil vom 09.08.1994).

Stillenden Müttern ist auf ihr Verlangen die zum Stillen erforderliche Zeit, mindestens aber zweimal täglich eine halbe Stunde oder einmal täglich eine Stunde freizugeben. Bei einer zusammenhängenden Arbeitszeit von mehr als acht Stunden soll auf Verlangen zweimal eine Stillzeit von mindestens 45 Minuten oder wenn in der Nähe der Arbeitsstätte keine Stillgelegenheit vorhanden ist, einmal eine Stillzeit von 90 Minuten gewährt werden. Einen Verdienstausfall darf die Stillende hierdurch nicht erleiden. Auch darf die Stillzeit nicht auf die Ruhepausen angerechnet werden; sie ist ebenso wenig vor- oder nachzuarbeiten.

Sicherung der wirtschaftlichen Versorgung

Setzt eine Frau wegen eines generellen oder individuellen Beschäftigungsverbots vor Beginn und nach Beendigung der Schutzfristen ganz oder teilweise mit der Arbeit aus oder muss sie die Tätigkeit wechseln, so hat sie trotzdem keine finanziellen Nachteile zu befürchten.

Mutterschutzlohn

Sie erhält den ihr entstehenden Verdienstausfall ersetzt (Mutterschutzlohn).

 Der Mutterschutzlohn ist ein mutterschutzrechtlicher Lohnersatzanspruch.

Der Verdienstausgleich muss wenigstens der Höhe des Durchschnittsverdienstes der letzten 13 Wochen – oder bei monatlicher Entlohnung der letzten drei Monate – vor Eintritt der Schwangerschaft entsprechen. Der Arbeitgeber muss den Verdienstausgleich jedoch nicht gewähren, wenn er die Schwangere auf einen ihr zumutbaren Arbeitsplatz umsetzen kann. Ein Anspruch auf Mutterschutzlohn besteht weiterhin nicht, solange die Frau Mutterschaftsgeld nach den Vorschriften der Reichsversicherungsordnung (RVO) beziehen kann.

Mutterschaftsgeld

Alle erwerbstätigen Frauen erhalten **für die Dauer der Schutzfristen** (sechs Wochen vor, acht bis zwölf Wochen nach der Entbindung, bei Frühgeburten Verlängerung um den Zeitraum, der vor der Entbindung nicht voll in Anspruch genommen werden konnte) und für den Entbindungstag das sog. Mutterschaftsgeld (§ 13 Abs. 1 MuSchG, § 200 RVO). Der Anspruch setzt voraus, dass die Schwangere bei Beginn der Mutterschutzfrist vor der Entbindung in einem Arbeits- bzw. Ausbildungsverhältnis steht oder dass ihr Arbeitsverhältnis während der Schwangerschaft vom Arbeitgeber zulässig aufgelöst wurde.

Die Höhe des Mutterschaftsgeldes richtet sich nach den um die gesetzlichen Abzüge verminderten durchschnittlichen Arbeitsentgelten der letzten drei Monate vor dem Beginn der Schutzfrist vor der Entbindung. Es beträgt 13,00 Euro pro Kalendertag.

Frauen, die in keinem Arbeitsverhältnis stehen und bei einer Krankenkasse mit Anspruch auf Krankengeld versichert sind, erhalten für die Zeit der Schutzfristen das Mutterschaftsgeld in Höhe des Krankengeldes. Gleiches gilt für werdende Mütter, die Arbeitslosengeld oder Arbeitslosenhilfe vom Arbeitsamt beziehen. Versicherte, die keinen Anspruch auf Mutterschaftsgeld nach der Reichsversicherungsordnung (RVO) haben, erhalten ein einmaliges Entbindungsgeld von 77,00 Euro.

Das Mutterschaftsgeld wird den in der gesetzlichen Krankenversicherung (GKV) versicherten Frauen von ihrer Krankenkasse gezahlt und muss auch dort beantragt werden. Frauen, die nicht in einer Pflichtkrankenkasse oder Ersatzkasse versichert sind, erhalten das Geld von der Bundesversicherungsanstalt Berlin, wo auch der Antrag zu stellen ist.

Mutterschaftsgeldzuschuss

Übersteigt der durchschnittliche Nettolohn die Höchstsätze, so ist der Arbeitgeber verpflichtet, die Differenz als Zuschuss zum Mutterschaftsgeld zu zahlen (sog. **Mutterschaftsgeldzuschuss**, § 14 MuSchG). Der als Grundlage dienende Durchschnittsverdienst wird allerdings um den Betrag der gesetzlichen Abzüge vermindert. Der Anspruch auf den Mutterschaftsgeldzuschuss des Arbeitgebers besteht nur für die Zeit der Schutzfristen.

Bei der Berechnung des Zuschusses zum Mutterschaftsgeld sind in den Schutzfristen wirksam werdende allgemeine Entgelterhöhungen von ihrem jeweiligen Wirksamkeitszeitpunkt an zu berücksichtigen. Zu solchen Erhöhungen zählen Tarifentgelterhöhungen ebenso wie etwa höhere Stufen des Ortszuschlages, bedingt durch die Geburt des Kindes (BAG, DB 1996, 2340 f).

Weitere Leistungen der GKV

Neben dem Mutterschaftsgeld und Entbindungsgeld umfassen die Leistungen der Kassen bei Schwangerschaft und Mutterschaft ärztliche Betreuung und Hebammenhilfe, Versorgung mit Arznei-, Verband- und Heilmitteln, stationäre Entbindung, häusliche Pflege und Haushaltshilfe (§§ 15 MuSchG, § 195 RVO). Wird die Schwangere zur Entbindung in ein Krankenhaus aufgenommen, hat sie für sich und das Neugeborene Anspruch auf Unterkunft, Pflege und Verpflegung für die Zeit nach der Entbindung, jedoch für längstens sechs Tage. Anspruch auf häusliche Pflege und Haushaltshilfe besteht nur in erforderlichen Fällen.

Für die **Vorsorgeuntersuchungen** hat der Arbeitgeber die Schwangere ohne Verdienstausfall freizustellen. Die Untersuchung kann bei einem Arzt der eigenen Wahl erfolgen.

Kündigungsschutz Schwangerer

Die werdende Mutter unterliegt einem besonderen Kündigungsschutz. So ist die Kündigung durch den Arbeitgeber während der Schwangerschaft und in den ersten vier Monaten nach der Entbindung unzulässig, wenn dem Arbeitgeber die Schwangerschaft oder Entbindung bekannt war oder ihm innerhalb von zwei Wochen nach Zugang der Kündigung mitgeteilt wurde.

Das Verbot, werdende Mütter zu entlassen, erstreckt sich auf den Zeitraum von 280 Tagen vor dem ärztlich festgestellten voraussichtlichen Geburtstermin. Aus Gründen der Rechtssicherheit und im Interesse der Schwangeren wird höchstrichterlich mit dieser Art der Rückrechnung der Beginn der Schwangerschaft bestimmt. (BAG, Az.: 2 AZR 417/97). Wird die Rückrechnung bezweifelt, so ist der kündigende Arbeitgeber beweispflichtig dafür, dass die Berechnung zu einem falschen Ergebnis geführt hat.

> Hinsichtlich der Mitteilungspflicht über die Schwangerschaft gilt, dass ein Überschreiten der Mitteilungspflicht unschädlich, d. h. ohne nachteilige Auswirkungen ist, wenn sie auf einem von der Frau nicht zu vertretenden Grund beruht und die Mitteilung unverzüglich nachgeholt wird (§ 9 Abs. 1 MuSchG).

Zu vertreten hat die Arbeitnehmerin Vorsatz und Fahrlässigkeit (§ 276 BGB). Ein fahrlässiges Fristversäumnis liegt vor, wenn es auf einem gröblichen Verstoß gegen das von einem verständigen Menschen im eigenen Interesse billigerweise zu erwartendem Verhalten beruht (BGH, NJW 1984, 1418).

Dies ist beispielsweise der Fall, wenn die Arbeitnehmerin in Kenntnis der Schwangerschaft die Mitteilung unterlässt, ohne dass sie durch andere Umstände verhindert war oder wenn sie nach der Kündigung keine Untersuchung zur Feststellung der Schwangerschaft durchführen lässt, obwohl sie zwingende Anhaltspunkte für eine Schwangerschaft hat.

Erfährt die Arbeitnehmerin erst drei Wochen nach der Kündigung, dass sie in der siebten Woche schwanger ist und teilt dies am folgenden Tag dem Arbeitgeber per einfacher Briefpost mit, die allerdings den Adressaten nie erreicht, so hat die Schwangere eine verspätete Unterrichtung nicht zu vertreten. Vor allem konnte sie auf eine ordnungsgemäße Briefbeförderung vertrauen (BAG, Az.: 2 AZR 730/00).

Unverzügliche Mitteilung bedeutet, dass sie ohne schuldhaftes Verzögern (§ 121 BGB) nachgeholt wird. Geht einer schwangeren Arbeitnehmerin während ihres Urlaubs eine Kündigung zu und teilt sie dem Arbeitgeber unverzüglich nach Rückkehr aus dem Urlaub ihre Schwangerschaft mit, so ist die Überschreitung der Zweiwochenfrist nicht allein deshalb als verschuldet anzusehen, weil die Arbeitnehmerin es unterlassen hat, dem Arbeitgeber ihre Schwangerschaft vor Urlaubsantritt anzuzeigen (BAG, Urteil vom 13.01.1996). Im Übrigen gilt das Kündigungsverbot auch dann, wenn der Arbeitgeber das Arbeitsverhältnis einer Schwangeren vor Urlaubsbeginn fristgemäß kündigt (LAG Düsseldorf, NZA 1993, 1041).

Macht die Frau von der Möglichkeit der Inanspruchnahme der **Elternzeit** (▶ 12.5.12) Gebrauch, so darf der Arbeitgeber das Arbeitsverhältnis ab dem Zeitpunkt, von dem ab Elternzeit verlangt worden ist, höchstens jedoch acht Wochen vor Beginn und während der Elternzeit grundsätzlich nicht kündigen. Ausnahmen vom Kündigungsausschluss aufgrund der Schutzfristen oder der Inanspruchnahme der Elternzeit sind möglich (§ 9 Abs. 3 KSchG; § 18 Abs. 1 BErzGG). In diesen Fällen kann auf Antrag des Arbeitgebers mit Zustimmung der für den Arbeitsschutz zuständigen obersten Landesbehörde oder der von ihr bestimmten Stelle (in der Regel Gewerbeaufsichtsämter bzw. die staatlichen Ämter für Arbeitsschutz) gekündigt werden.

Die Behörde hat in einem solchen Fall die widerstreitenden Interessen der Arbeitnehmerin am Fortbestand des Arbeitsverhältnisses einerseits und des Arbeitgebers an dessen Beendigung andererseits zu prüfen. Unter welchen Umständen ein berechtigtes Interesse des Arbeitgebers an einer Kündigung vorliegen kann, regelt eine allgemeine Verwaltungsvorschrift zum Kündigungsschutz bei Elternzeit vom 02.01.1986. Zu derartigen Umständen zählt beispielsweise eine Existenzbedrohung des Betriebes des Arbeitgebers oder auch ein besonders schwerer Verstoß der Arbeitnehmerin gegen arbeitsvertragliche Pflichten. Dies gilt auch während des Berufsausbildungsverhältnisses (§ 8 der allgemeinen Verwaltungsvorschrift).

> Nur in wenigen gravierenden Fällen hat der Arbeitgeber das Recht zur außerordentlichen Kündigung; diese bedarf aber der vorherigen Zustimmung des Gewerbeaufsichtsamtes/Amtes für Arbeitsschutz. Die Kündigung bedarf in diesem Fall der Schriftform und der Angabe des zulässigen Kündigungsgrundes (§ 9 Abs. 3 MuSchG). Kündigt der Arbeitgeber in zulässiger Weise, erhalten Frauen während der Schutzfristen Mutterschaftsgeld.

Wird einer schwangeren Frau verbotswidrig gekündigt, so sollte sie sich an die zuständige Aufsichtsbehörde – Gewerbeaufsichtsamt/Amt für Arbeitsschutz – wenden und vorsorglich **Kündigungsschutzklage** erheben. Beschäftigt der Arbeitgeber die Frau im Falle einer verbotswidrigen Kündigung nicht, so muss er das Arbeitsentgelt – mit Ausnahme der Schutzfristen, wo nur der Zuschuss zu zahlen ist – weiterzahlen.

Ihrerseits kann jede Mutter frei entscheiden, ob sie das Arbeitsverhältnis beenden will.

> Sie hat das Recht, ihr Arbeitsverhältnis während der Schwangerschaft und während der Schutzfrist nach der Entbindung ohne Einhaltung einer Frist (fristlos) vom Ende der Schutzfrist an zu kündigen (§ 10 Abs. 1 KSchG).

Bei Inanspruchnahme der Elternzeit kann der/die Berechtigte das Arbeitsverhältnis unter Einhaltung einer Kündigungsfrist von drei Monaten zum Ende der Elternzeit kündigen (§ 19 BErzGG).

Wird eine Frau innerhalb eines Jahres nach der Entbindung in ihrem alten Betrieb wieder eingestellt, ohne dass sie zwischenzeitlich bei einem anderen Arbeitgeber beschäftigt war, gilt das Arbeitsverhältnis hinsichtlich der Betriebszugehörigkeit als nicht unterbrochen (§ 10 Abs. 2 MuSchG). Dies kann sich gegebenenfalls auf die betriebliche Altersversorgung auswirken.

12.5.12 Elternzeit und Erziehungsgeld

Seit 1986 gibt es in Deutschland den Erziehungsurlaub und Regelungen zum Erziehungsgeld. Ziel des Bundeserziehungsgeldgesetzes (BErzGG) aus dem Jahre 1985 war die Förderung der Betreuung und Erziehung des Kindes in der ersten Lebensphase. Mit der grundlegenden Novellierung des Gesetzes wurden ab dem 01.01.2001 die Rahmenbedingungen für partnerschaftliche Familienarbeit und Kindererziehung weiter verbessert. Dies hat einschneidende Änderungen beim Erziehungsurlaub (ab 2001: Elternzeit) zur Folge und erleichtert den Zugang zur Teilzeitarbeit. Im Übrigen wurden notwendige Anpassungen an das europäische Gemeinschaftsrecht vorgenommen.

> Das heutige Gesetz zum Erziehungsgeld und zur Elternzeit gilt für Kinder ab dem Geburtsjahrgang 2001 bzw. für Kinder, die ab diesem Zeitpunkt mit dem Ziel der Adoption in Obhut genommen werden. Für früher geborene Kinder gilt das alte Recht fort.

Erziehungsgeld

Anspruch auf Erziehungsgeld als Angestellter hat,
— wer seinen Wohnsitz oder seinen gewöhnlichen Aufenthalt in Deutschland hat oder
— im Rahmen seines in Deutschland bestehenden Beschäftigungsverhältnisses vorübergehend ins Ausland entsandt ist,

wenn er mit einem Kind in einem Haushalt lebt,
— für das ihm die Personensorge zusteht, also die leiblichen Eltern, Adoptiveltern oder sonstige Sorgeberechtigte,
— das er mit dem Ziel der Annahme in seine Obhut genommen hat,
— das ein Kind des Ehegatten oder Lebenspartners ist,
— das sein leibliches Kind ist, ohne dass ein Personensorgerecht besteht oder
— für das er als naher Verwandter in einem Härtefall die Betreuung übernommen hat.

Der Anspruch setzt weiter voraus, dass
— das Kind vom Antragsteller selbst betreut und erzogen wird und
— der Antragsteller keine oder keine volle Erwerbstätigkeit ausübt.

Keine volle Erwerbsfähigkeit liegt vor, wenn die wöchentliche Arbeitszeit 30 Stunden nicht übersteigt oder eine Beschäftigung zur Berufsbildung ausgeübt wird (§ 2 Abs. 1 BErzGG). Lohnersatzleistungen wie Krankengeld, Arbeitslosengeld oder Arbeitslosenhilfe können unter bestimmten Voraussetzungen den Anspruch auf Erziehungsgeld ausschließen (§ 2 Abs. 2 BErzGG).

> Das Erziehungsgeld wird vom Tag der Geburt – bei Mehrlingsgeburten für jedes Kind – bis zur Vollendung des zweiten Lebensjahres gewährt.

Für angenommene und in Obhut genommene Kinder wird Erziehungsgeld bis längstens zur Vollendung des achten Lebensjahres gezahlt (§ 4 Abs. 1 BErzGG).

Die Höhe des Erziehungsgeldes regelt § 5 BErzGG. Wird Erziehungsgeld über einen Zeitraum von 24 Monaten beantragt, beträgt es 307,00 Euro monatlich. Entscheidet sich der Antragsteller für eine verkürzte Bezugsdauer von zwölf Monaten, liegt es bei 460,00 Euro monatlich. Je nach Einkommen kann der Anspruch auf Erziehungsgeld jedoch ganz entfallen oder sich reduzieren.

Einige Bundesländer (z. B. Baden-Württemberg, Bayern, Berlin, Rheinland-Pfalz) gewähren im Anschluss an den Bezug von Erziehungsgeld weitere, einkommensunabhängige Leistungen wie Landeserziehungsgeld oder Familiengeld.

Bezugsberechtigter Leistungsempfänger

Der Antrag auf Erziehungsgeld ist **schriftlich** an die nach Landesrecht zuständigen Behörden zu richten (§ 4 Abs.2 BErzGG) und zwar jeweils für ein Lebensjahr.

Nach Antragstellung wird das Erziehungsgeld nur an eine Person gewährt. Das ist in der Regel diejenige, die die Elternteile oder Lebenspartner zum Berechtigten bestimmen, wenn beide die Anspruchsvoraussetzungen erfüllen. Wird die Bestimmung nicht im Antrag auf Erziehungsgeld getroffen, ist die Mutter die Berechtigte. Entsprechendes gilt für den Lebenspartner, der Elternteil ist. Die Bestimmung kann nur geändert werden, wenn die Betreuung und Erziehung des Kindes nicht mehr sichergestellt werden kann, etwa bei schwerer Erkrankung, nicht nur vorübergehender Abwesenheit (z. B. Haft) und natürlich bei Tod des Erziehungsberechtigten. Ein **Wechsel** in der Anspruchsberechtigung wird mit Beginn des folgenden Lebensjahres des Kindes wirksam (§ 3 Abs. 4 BErzGG).

Infolge der Anpassung an europäisches Gemeinschaftsrecht zählen zum Kreis der Bezugsberechtigten auch Ausländer mit der Staatsangehörigkeit eines EU-Mitgliedstaates oder eines der Vertragsstaaten des Europäischen Wirtschaftsraumes (EWR), die in Deutschland ihren Wohnsitz haben oder in Deutschland mehr als nur einer geringfügigen Beschäftigung nachgehen. Begründet ist der Anspruch zudem für anerkannte Asylberechtigte und Flüchtlinge.

Elternzeit

Der Anspruch auf Elternzeit setzt das Bestehen eines Arbeitsverhältnisses voraus. Sie steht also nur Arbeitnehmern zu, gleichgültig ob sie auf Dauer, befristet oder in Teilzeit beschäftigt sind. Als Arbeitnehmer gelten auch die zu ihrer Berufsbildung Beschäftigten (§ 20 Abs. 1 BErzGG). Zeiten der Elternzeit werden nicht auf Berufsbildungszeiten angerechnet. Die Elternzeit endet mit Beendigung des Arbeitsverhältnisses.

Anspruch auf Elternzeit (§ 15 BErzGG) bis zur Vollendung des dritten Lebensjahres des Kindes haben Arbeitnehmer, wenn sie

- mit einem Kind, für das ihnen die Personensorge zusteht,
- einem Kind des Ehegatten oder Lebenspartners,
- einem Kind, das sie mit dem Ziel der Annahme als Kind in ihre Obhut aufgenommen haben,
- einem Kind, für das sie in einem Härtefall Erziehungsgeld beziehen können oder
- als Nichtsorgeberechtigte mit ihrem leiblichen Kind in einem Haushalt leben und
- dieses Kind selbst betreuen und erziehen.

Danach sind anspruchsberechtigt u. a. die leiblichen Eltern, Adoptiveltern, Großeltern und sonstige Personen, denen durch das Vormundschaftsgericht die Personensorge übertragen ist. Auch Minderjährige, deren Sorgerecht rechtlich eingeschränkt ist, die das Kind jedoch tatsächlich betreuen, sind anspruchsberechtigt. Zu den Anspruchsberechtigten zählen weiter Arbeitnehmer bei einem Kind des Ehegatten oder Lebenspartners sowie die Arbeitnehmer, die – ohne Personensorgeberechtigung – wegen eines Härtefalls Erziehungsgeld beanspruchen können oder die mit ihrem leiblichen Kind in einem gemeinsamen Haushalt leben, etwa der Vater eines nichtehelichen Kindes.

Die Betreuung umfasst alle Verrichtungen, die bei der Pflege und Versorgung eines Kleinkindes anfallen. Betreuung und Erziehung werden nicht dadurch unterbrochen, dass der Berechtigte vorübergehend krank wird oder in Urlaub fährt. Auch bleibt der Anspruch bestehen, wenn aus einem wichtigen Grund die Betreuung und Erziehung des Kindes nicht sofort aufgenommen werden kann oder diese unterbrochen werden muss, so, wenn sich das Kind oder der Berechtigte in Krankenhausbehandlung befindet. Stirbt allerdings das Kind während der Elternzeit, endet diese spätestens drei Wochen nach dem Tode des Kindes (§ 16 Abs. 4 BErzGG).

Gestaltung der Elternzeit

Ein Anteil der Elternzeit von bis zu zwölf Monaten kann mit Zustimmung des Arbeitgebers auf die Zeit bis zur Vollendung des achten Lebensjahres übertragen werden (§ 15 Abs. 2 S. 1 BErzGG). Vereinbarungen, die diesen Anspruch auf Übertragung ausschließen, sind unwirksam. Im Falle eines zwischenzeitlichen Arbeitgeberwechsels ist der neue Arbeitgeber allerdings nicht an die Vereinbarung mit dem alten Arbeitgeber gebunden. Anders verhält es sich beim Betriebsübergang.

> Elternzeit kann – auch anteilig – von jedem Elternteil allein oder von beiden gemeinsam genommen werden. Sie bleibt jedoch auf bis zu drei Jahre für jedes Kind begrenzt.

Die von den Elternteilen allein oder gemeinsam in Anspruch genommene Elternzeit darf insgesamt auf bis zu vier Zeitabschnitte verteilt werden (§ 16 Abs. 1 S. 4 BErzGG). Bei gemeinsamer Inanspruchnahme kann allerdings nicht jeder Elternteil für sich genommen seine Elternzeit in vier Zeitabschnitte aufteilen. Vielmehr ist eine Untergliederung in maximal vier Zeitabschnitte möglich.

So kann die Mutter zunächst zwölf Monate Elternzeit nehmen, anschließend der Vater sechs Monate, dann die Mutter weitere sechs Monate und schließlich der Vater die restlichen zwölf Monate.

Anders als bisher kann die Elternzeit schon mit der Geburt des Kindes beginnen, nämlich dann, wenn der Vater zuerst Elternzeit verlangt. Die Elternzeit der Mutter beginnt jedoch nach wie vor erst nach Ablauf der Mutterschutzfrist nach der Entbindung (§ 6 MuSchG). Diese wird regelmäßig auf die Dauer von drei Jahren angerechnet, so dass die maximale Elternzeit der Mutter auch drei Jahre beträgt (§ 15 Abs. 3 S. 2 BErzGG).

Anmeldefristen

Soll die Elternzeit unmittelbar nach der Mutterschutzfrist beginnen, so ist sie dem Arbeitgeber spätestens sechs Wochen vor Beginn schriftlich anzuzeigen. In den übrigen Fällen gilt eine Frist von acht Wochen. Nur bei dringenden Gründen ist eine »angemessene kürzere Frist« zugelassen (§ 16 Abs. 1 S. 2 BErzGG). Denkbar ist der Fall einer Adoption, die sich nicht hinreichend vorher planen lässt. Die Dauer der angemessenen kürzeren Frist richtet sich nach den Umständen des Einzelfalls. Es müssen die Arbeitgeberinteressen ausreichend berücksichtigt werden.

> Bei der Geltendmachung der Elternzeit muss der Arbeitnehmer gegenüber dem Arbeitgeber erklären, für welche Zeiten innerhalb von zwei Jahren Elternzeit genommen wird (§ 16 Abs. 1 BErzGG).

An diese Erklärung ist der Anspruchsberechtigte gebunden. Daher können während der Elternzeit keine Änderungen vorgenommen werden. Dies gilt auch für einen geplanten Wechsel zwischen den Eltern. Dieser muss einschließlich der einzelnen Teilabschnitte dem Arbeitgeber gegenüber bei der Geltendmachung abschließend beantragt werden. Nur so ist dem Arbeitgeber möglich, entsprechende Vorkehrungen zu treffen.

> Die Bindungswirkung beträgt zwei Jahre und erstreckt sich somit nicht auf die gesamte Elternzeit.

Mit dieser Regelung hat der Gesetzgeber dem Umstand Rechnung getragen, dass es für die Berechtigten schwer ist, sich – auch infolge der Möglichkeit der Übertragung von bis zu zwölf Monaten bis zum achten Lebensjahr des Kindes – verbindlich für den gesamten Zeitraum der Elternzeit festzulegen.

Durch die zweijährige Bindungswirkung kann der Arbeitnehmer nach zwei Jahren erneut Elternzeit verlangen, um die maximale Dauer von drei Jahren auszuschöpfen. Dies muss dem Arbeitgeber gegenüber zuvor nicht kenntlich gemacht werden. Die Erklärungsfrist des Arbeitnehmers beträgt in diesem Fall acht Wochen.

> Hat der Arbeitnehmer beim Erstverlangen eine längere als zweijährige Elternzeit gegenüber dem Arbeitgeber geltend gemacht, ist er an die Erklärung, die über den Zweijahreszeitraum hinausgeht, nicht gebunden.

Der Arbeitgeber kann also nicht einwenden, er habe auf die Erklärung des Elternzeitberechtigten vertraut und entsprechende Dispositionen getroffen.

Erkrankt der Arbeitnehmer nach Verlangen der Elternzeit, aber vor dessen Antritt, so hemmt dies nicht den Beginn der Elternzeit. Der Arbeitnehmer ist an sein Begehren gebunden, so dass die Elternzeit zum gewünschten Zeitpunkt beginnt und dem Arbeitnehmer keine Entgeltfortzahlungsansprüche zustehen.

Vorzeitige Beendigung der Elternzeit

Gründe für eine vorzeitige Beendigung der Elternzeit
- Todesfall des Kindes
- Geburt eines weiteren Kindes
- Einvernehmen zwischen Berechtigtem und Arbeitgeber
- Vorliegen eines Härtefalles.

Die Geburt eines weiteren Kindes war bisher nicht als vorzeitiger Beendigungsgrund im Gesetz vorgesehen. Der Gesetzgeber geht nunmehr davon aus, dass bei der Geburt eines weiteren Kindes die Planung der Elternzeit überdacht werden und gegebenenfalls die Elternzeit neu aufgeteilt werden muss. Das Verlangen auf vorzeitige Beendigung kann der Arbeitgeber deshalb nur aus dringenden betrieblichen Gründen ablehnen. Die Ablehnung muss schriftlich innerhalb von vier Wochen erfolgen. Gleiches gilt im Falle eines vorzeitigen Beendigungsverlangens im Härtefall (§ 16 Abs. 3 BErzGG).

Elternzeit und Erwerbstätigkeit

Die weitergehenden Änderungen im Bundeserziehungsgeldgesetz gehen mit den Regelungen über die Erwerbstätigkeit während der Elternzeit einher.

> Ohne seinen Anspruch auf Erziehungsgeld oder Elternrecht zu verlieren, kann der Arbeitnehmer bis zu 30 Wochenstunden arbeiten.

Diese Möglichkeit steht beiden Elternteilen zu. Möchte der Arbeitnehmer während seiner Elternzeit arbeiten, muss er dies generell seinem Arbeitgeber anzeigen.

> Teilzeitarbeit bei einem anderen Arbeitgeber oder als Selbstständiger bedarf der Zustimmung des Arbeitgebers.

Allerdings kann dieser die Zustimmung nur aus dringenden betrieblichen Gründen schriftlich innerhalb von vier Wochen verweigern (§ 15 Abs. 4 BErzGG). Ein der Zustimmung entgegenstehendes dringendes betriebliches Interesse stellt u. a. die Möglichkeit des Arbeitgebers dar, dem Arbeitnehmer selbst eine eingeschränkte Arbeitszeit anzubieten.

Verlangt der Arbeitnehmer bei seinem Arbeitgeber eine Verringerung der Arbeitszeit, so sollen sich Arbeitnehmer und Arbeitgeber hierüber und über die Ausgestaltung der Teilzeitarbeit innerhalb von vier Wochen einigen (§ 15 Abs. 5 S. 1 BErzGG).

> Kommt eine Einigung nicht zustande, hat der Arbeitnehmer einen Rechtsanspruch auf Verringerung seiner Arbeitszeit unter bestimmten gesetzlichen Voraussetzungen.

Ein Anspruch auf Teilzeitarbeit besteht:
- wenn der Arbeitgeber in der Regel mehr als 15 Arbeitnehmer beschäftigt,
- das Arbeitsverhältnis länger als sechs Monate besteht,
- die Arbeitszeit für mindestens drei Monate auf einen Umfang zwischen 15 und 30 Stunden verringert wird,
- der Anspruch mindestens acht Wochen vorher schriftlich angemeldet wurde und
- dringende betriebliche Gründe nicht entgegenstehen.

Problematisch kann die Voraussetzung der sechsmonatigen Wartezeit sein, da der Gesetzgeber den Zeitpunkt für das Vorliegen dieser Voraussetzung nicht definiert. Maßgeblich dürfte jedoch der Tag sein, an dem die Arbeitszeitreduzierung erstmals realisiert werden soll. Dies hat zur Folge, dass auch Arbeitnehmer, die bei der Geburt des Kindes oder dem Ablauf der Mutterschutzfrist nach der Entbindung (§ 6 MuSchG) noch keine sechs Monate ununterbrochen beschäftigt waren, den Teilzeitanspruch geltend machen können, der dann frühestens nach Ablauf der sechsmonatigen Beschäftigungsdauer zu realisieren ist.

> Ferner gilt der Anspruch auch für Arbeitnehmer, die bereits vor der Elternzeit als Teilzeitkraft beschäftigt wurden.

Hinsichtlich der Arbeitszeitreduzierung gilt, dass der Arbeitnehmer nicht nur die Dauer der Arbeitszeit, sondern auch deren Lage bestimmen kann, soweit sie den betrieblichen Erfordernissen gerecht wird.

Das Begehren auf Teilzeitarbeit muss schriftlich, acht Wochen vor der gewünschten Verringerung der Arbeitszeit beim Arbeitgeber geltend gemacht werden.

> Das Verlangen darf sich nicht auf die Verringerung der Arbeitszeit beschränken. Es muss konkret angeben, wie die Arbeit künftig gestaltet sein soll.

Eine Ablehnung des Arbeitgebers ist nur aus dringenden betrieblichen Gründen berechtigt. Versäumt der Arbeitgeber die Ablehnung auf einen ordnungsgemäßen Antrag, gilt seine Zustimmung als erteilt.

Stimmt der Arbeitgeber nicht oder nicht rechtzeitig zu, so kann der Arbeitnehmer seinen Anspruch beim Arbeitsgericht einklagen.

Und schließlich kann der Arbeitnehmer während der Dauer seiner Elternzeit **zweimal** eine Verringerung der Arbeitszeit beanspruchen (§ 15 Abs. 6 BErzGG). So kann der Arbeitnehmer etwa für sechs Monate eine Tätigkeit von 20 Wochenstunden verlangen und danach unabhängig davon für weitere sechs Monate 15 Wochenstunden.

Leistet der Arbeitnehmer bei seinem Arbeitgeber Teilzeitarbeit, so ist eine Anrechnung der Elternzeit auf den Urlaub ausgeschlossen. Andernfalls kann der Arbeitgeber den Erholungsurlaub für jeden vollen Kalendermonat, für den der Arbeitnehmer Elternzeit nimmt, um ein Zwölftel kürzen (§ 17 Abs. 1 BErzGG).

Erwerbstätigkeit nach Elternzeit

Nach Ablauf der Elternzeit lebt grundsätzlich die Arbeitspflicht im alten, vor dem Beginn der Elternzeit bestehenden Umfang automatisch wieder auf. Der Arbeitnehmer hat einen Rechtsanspruch auf Rückkehr zu seiner vorherigen Arbeitszeit am alten Arbeitsplatz (§ 15 Abs. 5 BErzGG).

Allerdings kann er – wie jeder andere Beschäftigte auch – einen Anspruch auf Teilzeitarbeit nach dem Gesetz über Teilzeitarbeit und befristete Arbeitsverträge (TzBfG vom 21.12.2000) gelten machen.

Schlussendlich ist mit dem Verlangen auf Elternzeit ein **Sonderkündigungsschutz** (§ 18 BErzGG) verbunden.

12.5.13 Jugendarbeitsschutz

Im Zusammenhang mit dem Arbeitszeitschutz ist das Jugendarbeitsschutzgesetz (JArbSchG) schon mehrfach angesprochen worden. Das Jugendarbeitsschutzgesetz vom 12.04.1976 mit späteren Änderungen gilt nach seinem **persönlichen** Geltungsbereich für Personen, die noch nicht 18 Jahre alt sind.

> Nach den gesetzlichen Definitionen (§ 2 JArbSchG) sind Kinder entsprechend dem Zweiten Gesetz zur Änderung des Jugendarbeitsschutzgesetzes vom 24.02.1997 in entsprechender Umsetzung der Richtlinie des Rates über den Jugendarbeitsschutz Personen, die das 15. Lebensjahr noch nicht vollendet haben, Jugendliche dagegen solche, die das 15. aber noch nicht das 18. Lebensjahr vollendet haben.

Auf Jugendliche, die der **Vollzeitschulpflicht** unterliegen, finden die für Kinder geltenden Vorschriften Anwendung.

> Bezogen auf die Ausbildungsvorschriften in den Berufen des Gesundheitswesens kann das Jugendarbeitsschutzgesetz u. a. für folgende Personengruppen Anwendung finden:
> - Berufe in der (Kinder-)Krankenpflege (Ausbildungsbeginn mit Vollendung des 17. Lebensjahres möglich),
> - Berufe in der Gesundheits- und Krankenpflege sowie in der Gesundheits- und Kinderkrankenpflege (ab.01.01.2004 Ausbildungsbeginn wegen Realschulabschlusserfordernis in der Regel ab 17. Lebensjahr; grundsätzlich kein Mindestalter)
> - Berufe in der Altenpflege (Ausbildungsbeginn nach Hauptschulabschluss möglich; grundsätzlich kein Mindestalter),
> - Hebammen und Entbindungspfleger (Ausbildungsbeginn mit Vollendung des 17. Lebensjahres möglich),
> - Diätassistenten (Ausbildungsbeginn wegen Realschulabschlusserfordernis in der Regel ab 17. Lebensjahr; grundsätzlich kein Mindestalter),
> - Physiotherapeut (Ausbildungsbeginn mit Vollendung des 17. Lebensjahres möglich),
> - technische Assistenten in der Medizin (Ausbildungsbeginn wegen Realschulabschlusserfordernis in der Regel ab 17. Lebensjahr; grundsätzlich kein Mindestalter),
> - pharmazeutisch-technische Assistenten (Ausbildungsbeginn wegen Realschulabschlusserfordernis in der Regel ab 17. Lebensjahr; grundsätzlich kein Mindestalter),
> - Orthoptisten (Ausbildungsbeginn wegen Realabschlusserfordernis in der Regel ab 17. Lebensjahr; grundsätzlich kein Mindestalter),
> - Arbeits- und Beschäftigungstherapeut (Ausbildungsbeginn wegen Realschulabschlusserfordernis in der Regel ab 17. Lebensjahr; grundsätzlich kein Mindestalter),
> - Logopäde (Ausbildungsbeginn in der Regel mit Vollendung des 18. Lebensjahres, allerdings Ausnahmen möglich),
> - Beruf des Ergotherapeuten (Ausbildungsbeginn wegen Realschulabschlusserfordernis in der Regel ab dem 17. Lebensjahr; grundsätzlich kein Mindestalter),
> - Masseur und medizinischer Bademeister (Ausbildungsbeginn ab dem 16. Lebensjahr),
> - Beruf des Podologen (Ausbildungsbeginn in der Regel nach Realschulabschluss; grundsätzlich kein Mindestalter)
> - Apothekenhelfer/innen (Ausbildungsbeginn ab dem 14. bzw. 15. Lebensjahr möglich),
> - Arzthelfer/innen (Ausbildungsbeginn ab dem 14. bzw. 15. Lebensjahr möglich).

Vom persönlichen Geltungsbereich des Jugendarbeitsschutzgesetzes ist sein **sachlicher** Geltungsbereich zu unterscheiden. Danach gilt das Gesetz für jede Form der Beschäftigung von Jugendlichen und zwar in der **betrieblichen** Berufsausbildung (ausgenommen also der reine Schulunterricht), als Arbeitnehmer sowie in einem der Berufsausbildung ähnlichen Ausbildungsverhältnis.

> Unter Beschäftigung im Sinne des Gesetzes ist dabei jede Leistung abhängiger Arbeit zu verstehen.

Zur Berufsausbildung gehört insbesondere die Ausbildung in einem Berufsausbildungsverhältnis, das mit dem Ziel einer späteren Verwendung als Beamter begründet wird, aber auch die betriebliche Ausbildung in Heil- und Heilhilfsberufen (§ 107 Abs. 1 BBiG).

> Für Personen bis zur Vollendung des 15. Lebensjahres ist grundsätzlich eine Beschäftigung verboten (= Verbot der Kinderarbeit, § 5 Abs. 1 JArbSchG).

Problematisch könnte der ehrenamtliche Einsatz minderjähriger **Helfer im Rettungsdienst** als sog. »Dritter Mann« auf Krankenwagen sein. Deren Tätigkeit ist jedoch weder eine Tätigkeit in der Berufsausbildung im Sinne von § 1 Abs. 1 Nr. 1 JArbSchG noch erfüllt sie die anderen Alternativen der genannten Vorschrift (§ 1 Abs. 1 .Nr. 2, 3 JArbSchG).

> Bußgeld-Sanktionen nach dem Jugendarbeitsschutzgesetz sind daher bei der ehrenamtlichen Beschäftigung von Jugendlichen nicht zu befürchten.

Ausnahmen sieht das Gesetz vor bei Beschäftigungen zum Zwecke der Beschäftigungs- und Arbeitstherapie sowie im Rahmen eines **Betriebspraktikums** während der Vollzeitschulpflicht.

Eine weitere Ausnahme gilt für Kinder ab 13 Jahren. Diese dürfen mit Einwilligung der Personensorgeberechtigten leichten und für Kinder geeigneten Beschäftigungen nachgehen (§ 15 Abs. 3 JArbSchG).

> Einen abschließenden Tätigkeitskatalog enthält die Verordnung über den Kinderarbeitsschutz aus dem Jahre 1998.

Danach zählen zu den **erlaubten Tätigkeiten** für Kinder über 13 Jahren und vollzeitschulpflichtige Jugendliche u. a. das Austragen von Zeitschriften, Arbeiten in privaten und landwirtschaftlichen Haushalten, in Haus und Garten, Botengänge, Betreuung von Kindern und anderen zum Haushalt gehörenden Personen, Nachhilfeunterricht und Einkaufstätigkeiten, darüber hinaus auch Tätigkeiten bei Veranstaltungen der Kirche, Religionsgemeinschaften, Vereinen und Verbänden. Die zeitliche Grenze für derartige Tätigkeiten liegt für Kinder über 13 Jahren bei zwei Stunden täglich (§ 5 Abs. 3 JArbSchG). Die Beschäftigungszeit darf nicht zwischen 18 und 8 Uhr liegen.

Die Beschäftigung durch Personensorgeberechtigte im Familienhaushalt fällt nicht unter das Jugendarbeitsschutzgesetz (§ 1 Abs. 2 JArbSchG).

Kinder, die nicht mehr der Vollzeitschulpflicht unterliegen, dürfen in einem Berufsausbildungsverhältnis und außerhalb eines solchen mit leichten und für sie geeigneten Tätigkeiten bis zu sieben Stunden täglich und 35 Stunden wöchentlich beschäftigt werden (§ 7 JArbSchG).

Volljährige Berufsschüler können nach der Berufsschule sowie in Blockunterrichtswochen ohne weiteres im Betrieb beschäftigt werden. Eine Beschäftigung vor dem Berufsschulunterricht ist aber nur möglich, wenn dieser erst um neun Uhr oder später beginnt (§ 9 JArbSchG).

Beschäftigungsverbote und Beschränkungen für Jugendliche

Neben den arbeitszeitrechtlichen Beschränkungen, die bereits beim Arbeitszeitschutz aufgezeigt wurden (▶ 12.5.10), bestehen weitere **Beschäftigungsverbote** und Beschränkungen für Jugendliche. So ist die Beschäftigung mit bestimmten, im Gesetz aufgezählten gefährlichen Arbeiten untersagt (§ 22 JArbSchG). Bislang in der Gefahrstoffverordnung enthaltene Schutzvorschriften wurden mit Wirkung zum 01.03.1997 in das Jugendarbeitsschutzgesetz übernommen.

Gemäß § 22 Abs. 1 JArbSchG dürfen Jugendliche nicht beschäftigt werden
— mit Arbeiten, die ihre physische oder psychische Leistungsfähigkeit übersteigen,
— mit Arbeiten, bei denen sie sittlichen Gefahren ausgesetzt sind,
— mit Arbeiten, die mit Unfallgefahren verbunden sind, von denen anzunehmen ist, dass Jugendliche sie wegen mangelnden Sicherheitsbewusstseins oder mangelnder Erfahrung nicht erkennen oder nicht abwenden können,
— mit Arbeiten, bei denen ihre Gesundheit durch außergewöhnliche Hitze oder Kälte oder starke Nässe gefährdet wird,
— mit Arbeiten, bei denen sie schädlichen Einwirkungen von Lärm, Erschütterungen oder Strahlen ausgesetzt sind,
— mit Arbeiten, bei denen sie schädlichen Einwirkungen von Gefahrstoffen ausgesetzt sind und
— mit Arbeiten, bei denen sie schädlichen Einwirkungen von biologischen Arbeitsstoffen ausgesetzt sind.

Ausnahmen gelten, soweit
— dies zur Erreichung des Ausbildungszieles erforderlich ist und
— der Schutz durch die Aufsicht eines Fachkundigen gewährleistet ist.

Fürsorgepflichten des Arbeitgebers

Zum Schutze der Kinder und Jugendlichen treffen den Arbeitgeber eine Vielzahl von **Fürsorgepflichten**. Er muss beispielsweise bei der Einrichtung und Unterhaltung der Arbeitsstätte einschließlich der Arbeitsmittel und bei der Regelung der Beschäftigung die erforderlichen Maßnahmen zum Schutz von Leben, Gesundheit und Sittlichkeit treffen. Den Arbeitgeber trifft die Pflicht, die Jugendlichen vor der Aufnahme der Beschäftigung und in angemessenen Zeitabständen über Unfall- und Gesundheitsgefahren und die Vorkehrungsmaßnahmen zu belehren Des Weiteren muss er sie vor körperlicher Züchtigung, Misshandlung und sittlicher Gefährdung schützen. Der Arbeitgeber hat die Verabreichung alkoholischer Getränke und Tabakwaren an Jugendliche unter 16 Jahren sowie branntweinhaltiger Genussmittel an Jugendliche überhaupt zu verhindern. Schließlich ist das Jugendarbeitsschutzgesetz, ebenso wie die Aufzeichnung über Beginn und Ende der regelmäßigen Arbeitszeit und Ruhepausen, auszuhängen.

Verpflichtung zur gesundheitlichen Betreuung Jugendlicher

Diese kommt in zwingend vorgesehenen ärztlichen Untersuchungen zum Ausdruck. Zu unterscheiden sind:
- Erstuntersuchung,
- Nachuntersuchung und
- Ergänzungsuntersuchung.

Für die Erstuntersuchung (§ 32 JArbSchG) wird bestimmt, dass mit der tatsächlichen Beschäftigung eines Jugendlichen erst begonnen werden darf, wenn er innerhalb der letzten 14 Monate von einem Arzt untersucht worden ist und eine von diesem ausgestellte Bescheinigung seinem Arbeitgeber vorlegt. Wird die Bescheinigung nicht vorgelegt, besteht ein **absolutes Beschäftigungsverbot**. Für die ärztliche Untersuchung gilt die freie Arztwahl.

Für die erste Nachuntersuchung gilt, dass sich der Arbeitgeber vor Ablauf des ersten Beschäftigungsjahres (§ 33 JArbSchG) die Bescheinigung eines Arztes vorlegen lassen muss, dass der Jugendliche nachuntersucht wurde. Neun Monate nach Aufnahme der ersten Beschäftigung hat der Arbeitgeber den Arbeitnehmer nachdrücklich auf den Zeitpunkt hinzuweisen, bis zu dem die Bescheinigung der ersten Nachuntersuchung vorzuliegen hat, um den Jugendlichen dann zur Nachuntersuchung aufzufordern. Ein Jahr nach der Beschäftigungsaufnahme ist das Attest des Arztes vorzulegen.

Nach Ablauf jeden weiteren Jahres kann- in bestimmten Fällen muss – sich der Jugendliche erneut untersuchen lassen (sog. weitere Nachuntersuchungen).

Sinn der **Ergänzungsuntersuchungen** (§ 38 JArbSchG) ist, dass der untersuchende Arzt eine zusätzliche Untersuchung bei einem anderen (Zahn-)Arzt veranlassen kann, wenn nur so der Gesundheits- und Entwicklungszustand des Jugendlichen zu beurteilen ist.

Verstöße des Arbeitgebers gegen Vorschriften des Jugendarbeitsschutzgesetzes können als Ordnungswidrigkeiten mit einer Geldbuße geahndet werden (§§ 58 bis 60 JArbSchG).

Neben den dargestellten Gesetzen zum Schutze der Arbeitnehmer ist in aller Kürze hinzuweisen auf
- das Schwerbehindertenrecht,
- das Arbeitsplatzschutzgesetz (ArbplSchG) und
- das Gesetz zum Schutz der Beschäftigten vor sexueller Belästigung am Arbeitsplatz (Beschäftigtenschutzgesetz).

12.5.14 Schwerbehindertenschutz

Der Schutz der Schwerbehinderten im Arbeitsrecht war bislang im Schwerbehindertengesetz geregelt. Zum 1. Juli 2001 ist dieses Gesetz durch das Neunte Buch des Sozialgesetzbuches (SGB IX) abgelöst worden (▶ 13.1). Das bedeutet eine Umstellung auf eine völlig neue Rechtsgrundlage.

Das Schwerbehindertenrecht ist in den §§ 68 ff SGB IX geregelt. Diese Vorschriften finden Anwendung auf **schwerbehinderte** und diesen **gleichgestellte** behinderte Menschen (§ 68 Abs. 1 SGB IX).

> Menschen sind schwerbehindert im Sinne des Gesetzes, wenn bei ihnen ein Grad der Behinderung von wenigstens 50 v.H. vorliegt und sie ihren Wohnsitz, ihren gewöhnlichen Aufenthalt oder ihre Beschäftigung im Geltungsbereich dieses Gesetzes haben (§ 2 Abs. 2 SGB IX).

Für behinderte Menschen besteht die Möglichkeit der **Gleichstellung** durch die Arbeitsverwaltung.

> Die Gleichstellung setzt einen Grad der Behinderung von wenigstens 30 v.H. voraus.

Menschen sind behindert, wenn ihre körperliche Funktion, geistige Fähigkeit oder seelische Gesundheit mit hoher Wahrscheinlichkeit weniger als sechs Monate von dem für ihr Lebensalter typischen Zustand abweichen und daher ihre Teilhabe am Leben in der Gesellschaft beeinträchtigt ist (§ 2 Abs. 1 SGB IX).

Benachteiligungsverbot

> Arbeitgeber dürfen schwerbehinderte Beschäftigte nicht wegen ihrer Behinderung benachteiligen (§ 81 Abs. 2 SGB IX).

Die Einführung dieses arbeitsrechtlichen Grundsatzes folgt dem in Art. 3 Abs. 3 S. 2 GG (Gleichbehandlungsgrundsatz) aufgenommenen Verbot der Benachteiligung schwerbehinderten Menschen.

Wird gegen das Benachteiligungsverbot bei der Begründung eines Arbeits- oder sonstigen Beschäftigungsverhältnisses verstoßen, kann der hierdurch benachteiligte schwerbehinderte Bewerber eine angemessene Entschädigung in Geld verlangen (§ 82 Abs. 2 Nr. 2 SGB IX).

Prävention

> Bereits im Vorfeld einer Kündigung ist der Arbeitgeber verpflichtet, sich mit der **Schwerbehindertenvertretung** zu beraten, wie das gestörte Arbeitsverhältnis verbessert werden kann.

Zusätzlich ist jetzt bei diesen **Erörterungen** das **Integrationsamt** (früher: Hauptfürsorgestelle) beizuziehen (§ 84 Abs. 1 SGB IX).

Durch die Erweiterung der Präventionspflichten im Krankheitsfall (§ 84 Abs. 2 SGB IX) wird die Stellung der Schwerbehindertenvertretung als Helfer der behinderten Menschen gestärkt. Um frühzeitig möglichen Gefährdungen des Arbeitsverhältnisses aus gesundheitlichen Gründen begegnen zu können, soll nach einer dreimonatigen Krankheit eines schwerbehinderten Menschen der Arbeitgeber die Schwerbehindertenvertretung einschalten. Voraussetzung ist allerdings, dass die betroffene Person zustimmt.

Kündigungsschutz

Lässt sich eine Kündigung nicht vermeiden, bedarf es der vorherigen **Zustimmung** des **Integrationsamtes**.

In diesem Zustimmungsverfahren holt das Integrationsamt eine Stellungnahme des zuständigen Arbeitsamtes, des Betriebs- oder Personalrates und der Schwerbehindertenvertretung ein und hört den Betroffenen an. Dieses Verfahren gilt sowohl für die beabsichtigte fristgemäße als auch fristlose Kündigung.

Die gesetzliche Kündigungsfrist für eine fristgemäße Kündigung beträgt mindestens vier Wochen.

Neben dem Sonderkündigungsschutz sieht das Gesetz zudem einen erweiterten **Beendigungsschutz** für schwerbehinderte Menschen vor (§ 9 SGB IX). Er besteht darin, dass der Arbeitgeber auch ohne Ausspruch einer Kündigung im Falle des Eintritts
- einer teilweisen Erwerbsminderung,
- einer Erwerbsminderung auf Zeit,
- der Berufsunfähigkeit oder
- der Erwerbsunfähigkeit auf Zeit

vor Beendigung des Arbeitsverhältnisses die Zustimmung des Integrationsamtes einholen muss.

Schwerbehinderte – nicht Gleichgestellte – haben schließlich Anspruch auf einen bezahlten **zusätzlichen Urlaub** von fünf Arbeitstagen im Jahr (§ 125 SGB IX).

12.5.15 Arbeitsplatzschutzgesetz

Das Gesetz über den Schutz des Arbeitsplatzes bei Einberufung zum Wehrdienst (Arbeitsplatzschutzgesetz, ArbplSchG) ist hinsichtlich der Berufe im Gesundheitswesen v. a. für die männlichen Arbeitnehmer von Bedeutung. Inhalt dieses Gesetzes ist im Wesentlichen, dass ein Arbeitsverhältnis so lange ruht, wie ein Arbeitnehmer zum Grundwehrdienst oder zu einer Wehrübung einberufen ist. Der wehrpflichtleistende Arbeitnehmer hat folglich nach dem Grundwehrdienst bzw. nach einer Wehrübung Anspruch auf Weiterbeschäftigung an seinem alten Arbeitsplatz. Ebenso wenig darf der Arbeitgeber aus Anlass der Einberufung kündigen, wohl aber aus anderen Gründen. Ein **absolutes Kündigungsverbot** besteht in der Zeit zwischen der Zustellung des Einberufungsbescheids bis zur Beendigung des Grundwehrdienstes sowie während einer Wehrübung (§ 2 ArbplSchG). Auf Grund einer Gesetzesnovellierung im Jahre 1977 gilt das Vorstehende nicht nur für Wehrpflichtige, sondern gleichfalls für Soldaten auf Zeit, sofern deren freiwillige Zeit nicht zwei Jahre übersteigt (§ 16 a ArbplSchG).

12.5.16 Beschäftigtenschutzgesetz

Im Zuge des Zweiten Gleichberechtigungsgesetzes wurde am 24.06.1994 das Gesetz zum Schutz der Beschäftigten vor **sexueller Belästigung** am Arbeitsplatz (Beschäftigtenschutzgesetz – BeschSchG) verkündet.

> Ziel des Gesetzes ist die Wahrung der Würde von Frauen und Männern durch den Schutz vor sexueller Belästigung am Arbeitsplatz.

Dem Schutz des Gesetzes unterliegen u. a. alle Arbeitnehmerinnen und Arbeitnehmer in Betrieben und Verwaltungen des privaten und öffentlichen Rechts, zur Berufsausbildung Beschäftigte sowie arbeitnehmerähnliche Personen.

> Jedes vorsätzliche, sexuell bestimmte Verhalten, das die Würde von Beschäftigten am Arbeitsplatz verletzt, ist als sexuelle Belästigung zu verstehen (§ 2 BeschSchG) und stellt eine Verletzung arbeitsvertraglicher Pflichten dar (§ 2 Abs. 3 BeschSchG).

Nicht als vorsätzliche Verhaltensweise ist das zufällige Anrempeln zu beurteilen. Sexuell bestimmt ist das Verhalten vielmehr nur dann, wenn es sich geschlechtsbezogen auf die Person des anderen Geschlechts auswirkt. Dazu zählen auch verbale Äußerungen. Schließlich muss die Würde der Frau oder des Mannes beeinträchtigt sein.

Sexuelle Belästigung

> Die Menschenwürde ist dann betroffen, wenn der konkrete Mensch zum Objekt, zu einem bloßen Mittel, zur vertretbaren Größe herabgewürdigt wird (BVerfG, NJW 1977, 1040).

Allerdings kann diese Definition nach Meinung des Bundesverfassungsgerichts »nur die Richtung andeuten, in der Fälle von Verletzung der Menschenwürde gefunden werden können«.

Das Beschäftigtenschutzgesetz zählt dazu:
- sexuelle Handlungen und Verhaltensweisen, die nach den strafrechtlichen Vorschriften unter Strafe gestellt sind sowie
- sonstige sexuelle Handlungen und Aufforderungen zu diesen,
- sexuell bestimmte körperliche Berührungen,
- Bemerkungen sexuellen Inhalts sowie
- Zeigen und sichtbares Anbringen von pornographischen Darstellungen,

die von den Betroffenen erkennbar abgelehnt werden.

> Arbeitgeber und Dienstvorgesetzter haben die Beschäftigten vor sexueller Belästigung am Arbeitsplatz zu schützen, auch durch vorbeugende Maßnahmen.

Die Schutzpflicht ist eine arbeitsvertragliche Nebenverpflichtung des Arbeitgebers. Bei einer sexuellen Belästigung hat der Arbeitgeber die im Einzelfall angemessenen arbeitsrechtlichen Maßnahmen wie
- Abmahnung,
- Umsetzung,
- Versetzung oder
- Kündigung

zu ergreifen (§ 4 Abs. 1, Nr. 1 BeschSchG). Dabei hat er den Grundsatz der Verhältnismäßigkeit zu beachten. Die **Abmahnung** (▶ 12.4.4) ist dann das angemessene Reaktionsmittel, wenn damit die sexuelle Belästigung mit Sicherheit unterbunden werden kann. Ist dies nicht möglich, kann der Arbeitgeber mit einer **ordentlichen Kündigung** reagieren (LAG Hamm, BB 1997, 99 ff). Es ist also Sache des Arbeitgebers, aus dem abgestuften »Katalog« nach § 4 Abs. 1 Nr. 1 BeschSchG die Maßnahme zu ergreifen, die der Schwere und dem Umfang der sexuellen Belästigung entspricht. Bei entsprechendem Umfang und Intensität der sexuellen Belästigung und unter Abwägung der beiderseitigen Interessen kann im konkreten Einzelfall auch eine **fristlose Kündigung** gerechtfertigt sein.

> Der belästigte Beschäftigte kann keine konkreten Maßnahmen des Arbeitgebers klageweise verlangen. Er hat jedoch das Recht, sich bei den zuständigen Stellen des Betriebes oder der Dienststelle zu beschweren.

Die vom Arbeitgeber zu treffenden vorbeugenden Maßnahmen gegen sexuelle Belästigung am Arbeitsplatz (§ 2 BeschSchG) berechtigen allerdings nicht, den beschuldigten Arbeitnehmer zu entlassen, wenn ihm eine entsprechende Tat nicht nachgewiesen werden kann (BAG, DB 2000, 2127).

Zuständige Stelle ist der Arbeitgeber oder der Dienstvorgesetzte.

Zurückbehaltungsrecht der Arbeitsleistung

Die Beschwerde ist zu prüfen und die geeignete Maßnahme zu ergreifen. Ergreift der Arbeitgeber oder Dienstvorgesetzte keine oder offensichtlich ungeeignete Maßnahmen zur Unterbindung der sexuellen Belästigung, sind die belästigten Beschäftigten berechtigt, ihre Tätigkeit am betreffenden Arbeitsplatz ohne Verlust des Arbeitsentgelts und der Bezüge einzustellen, soweit dies zu ihrem Schutz erforderlich ist (§ 4 Abs. 2 BeschSchG).

> Dem Beschäftigen steht also ein Zurückbehaltungsrecht an seiner Arbeitsleistung zu.

Es ist allerdings darauf hinzuweisen, dass die Ausübung des Zurückbehaltungsrechts mit einigen Unsicherheiten belastet ist. So muss der Belästigte beurteilen, ob der Arbeitgeber keine Maßnahmen, beispielsweise auch keine Abmahnung, ergriffen hat. Seiner Beurteilung unterliegt es auch, ob eine ergriffene arbeitgeberseitige Maßnahme offensichtlich ungeeignet ist. Und im Übrigen darf das Zurückbehaltungsrecht nur ausgeübt werden, soweit dies zum Schutz des Belästigten erforderlich ist. Es bedarf also auch hier der Prüfung der Verhältnismäßigkeit durch den Belästigten.

Hat sich ein Beschäftigter gegen eine sexuelle Belästigung zur Wehr gesetzt und in zulässiger Weise seine Rechte ausgeübt, darf ihm daraus kein Nachteil entstehen (§ 4 Abs. 3 BeschSchG).

> Umsetzung, Versetzung des Belästigten, seine Kündigung oder sonstige Maßregelungen durch den Arbeitgeber sind unzulässig, vorausgesetzt, der Belästigte hat in zulässiger Weise von seinen Rechten Gebrauch gemacht.

Schlussendlich können sich Schadensersatzansprüche, etwa aus unerlaubter Handlung (§ 823 Abs. 1 und Abs. 2 BGB), gegen den Arbeitgeber ergeben.

12.6 Durchführung und Überwachung des Arbeitsschutzes

Das gesamte Arbeitschutzrecht wendet sich hauptsächlich an den **Arbeitgeber**. Demzufolge hat er
- die organisatorischen Voraussetzungen des gesetzlichen Arbeitsschutzes zu schaffen,
- die sachlichen Arbeitsschutzmittel bereitzustellen und
- die Durchführung des Arbeitsschutzes zu überwachen.

> Erfüllt der Arbeitgeber die Vorschriften des Arbeitsschutzes nicht, so kann er durch Verwaltungszwangsmaßnahmen angehalten werden. Außerdem begeht er Ordnungswidrigkeiten, gelegentlich sogar Straftaten.

Den **Arbeitnehmer** dagegen trifft die Beachtung der Arbeitsschutzregeln als arbeitsvertragliche Nebenpflicht. Dies gilt vornehmlich für die Beachtung der berufsgenossenschaftlichen Unfallverhütungsvorschriften.

> Verstößt der Arbeitnehmer gegen den betrieblichen Arbeitsschutz, so kann nach vorheriger Abmahnung eine Kündigung gerechtfertigt und der Arbeitnehmer zum Schadensersatz verpflichtet sein.

Überwachung durch Beauftragte des Arbeitgebers

In vielen Fällen ist dem Arbeitgeber in seiner Überwachungsfunktion aufgegeben, **Beauftragte** zu bestellen, so etwa für den Datenschutz den Datenschutzbeauftragten und für den Strahlenschutz den Strahlenschutzbeauftragten. Schließlich wird der Arbeitgeber unterstützt durch Sicherheitsfachkräfte und Sicherheitsbeauftragte nach dem Arbeitssicherheitsgesetz (ASiG) und der Reichsversicherungsordnung (RVO), aber auch durch Betriebsärzte und nicht zuletzt durch die Personalvertretung (Betriebs-/Personalrat), die ebenfalls die Einhaltung arbeitsschutzrechtlicher Vorschriften zu überwachen haben.

Überwachung durch staatliche Aufsichtsorgane

Staatliche Aufsichtsorgane sind die Gewerbeaufsicht, die staatlichen Gewerbeärzte, Ordnungs- und Polizeibehörden sowie Sonderaufsichtsbehörden.

Die **Gewerbeaufsicht** stellt eine technische Sonderverwaltung dar, deren Einrichtung von den Ländern geregelt wird. Unterste Aufsichtsbehörde ist das Gewerbeaufsichtsamt (der Terminus kann nicht mehr generell verwendet werden; in vielen Bundesländern ist an deren Stelle das staatliche **Amt für** Arbeitsschutz getreten), oberste Aufsichtsbehörde eines Landes ist in der Regel das Landesarbeitsministerium.

> Die Gewerbeaufsichtsämter/Ämter für Arbeitsschutz sind zuständig für den gesamten Arbeitsschutz. Ihre Aufgaben ergeben sich nicht nur aus der Gewerbeordnung, sondern auch aus den Bestimmungen des Gefahrenschutzes, der Gewerbehygiene, des Arbeitszeitschutzes, des Mutter- und Jugendarbeitsschutzes.

Die Tätigkeiten des Gewerbeaufsichtsamtes/Amtes für Arbeitsschutz bestehen in Kontrollen, Beratungen, Feststellungen von Mängeln und Verstößen sowie in Entscheidungen über Ausnahmeerteilungen auf dem Gebiet des Arbeitsschutzes.

Die staatlichen Gewerbeärzte sind in den Bundesländern zumeist nicht in die Gewerbeaufsichtsämter eingegliedert, vielmehr sind sie häufig bei besonderen Instituten oder auch den Ministerien angesiedelt (▶ 19.2.1). Ihre Aufgabe besteht in der Überwachung gesundheitsgefährdender Betriebe, sie beraten die Gewerbeaufsichtsämter und wirken bei der Durchführung des Mutter- und Jugendarbeitsschutzes mit.

Zu den oben erwähnten Sonderaufsichtsbehörden gehören neben anderen die Integrationsämter. Sie dienen dem Gefahrenschutz der Schwerbehinderten.

Überwachung durch die Berufsgenossenschaft

Neben der staatlichen Aufsicht besteht die **berufsgenossenschaftliche Aufsicht**. Als Träger der Gesetzlichen Unfallversicherung (= GUV) lässt die Berufsgenossenschaft aufsichtsführende Tätigkeit durch technische Aufsichtsbeamte wahrnehmen. Diese Beamten haben in erster Linie die Durchführung der Arbeitsschutzbestimmungen, insbesondere der Unfallverhütung zu überwachen sowie die Mitglieder zu beraten. Dabei arbeiten sie mit den Beamten der Gewerbeaufsicht zusammen (§ 21 Abs. 3 ArbSchG). Bei Verstößen gegen Unfallverhütungsvorschriften können die Berufsgenossenschaften gegen die Arbeitgeber Ordnungsstrafen verhängen (▶ 13.1.3).

Überprüfen Sie Ihr Wissen

1. Welche Schutzbereiche umfasst das Mutterschutzrecht?
   Antwort: ▶ 12.5.11
2. Welche Beschäftigungsverbote kennt das Mutterschutzrecht?
   Antwort: ▶ 12.5.11
3. Wer hat Anspruch auf Elternzeit und Erziehungsgeld?
   Antwort: ▶ 12.5.12
4. Welche Aufgaben dürfen Jugendlichen nicht übertragen werden?
   Antwort: ▶ 12.5.13
5. Wem obliegt die Überwachung des Arbeitsschutzes?
   Antwort: ▶ 12.6

13.1 Sozialgesetzbuch – 243

13.1.1 Krankenversicherung – 246
13.1.2 Rentenversicherung – 248
13.1.3 Unfallversicherung – 251
13.1.4 Pflegeversicherung – 253
13.1.5 Arbeitslosenversicherung – 258

13.2 Sozialrechtliche Aspekte der Qualitätssicherung – 260

Überprüfen Sie Ihr Wissen – 262

In Art. 20 Abs. 1 GG hat sich der Verfassungsgeber zum **Prinzip der Sozialstaatlichkeit** bekannt. Mit dieser Entscheidung ist die Verpflichtung der staatlichen Gewalten verknüpft, zu einer sozialen Gestaltung des öffentlichen Lebens beizutragen. Ein wesentlicher Beitrag ist die Ausgestaltung des Sozialversicherungswesens.

Entwicklung der deutschen Sozialversicherung

> Die deutsche Sozialversicherung entstand als erste umfassende Gesetzgebung der Welt zur Sicherung der Arbeitnehmer.

Bevor der Gesetzgeber tätig wurde, war die Fürsorge für die wirtschaftlich schwache Bevölkerung allein auf karitative Armenpflege und private Hilfe beschränkt. Im Laufe der fortschreitenden Industrialisierung sahen sich die Arbeitnehmer gezwungen, sich durch Hilfskassen gegen Notlagen zu schützen. Die Sozialversicherungsgesetzgebung wurde dann im Jahre 1881 durch eine kaiserliche Botschaft an den Reichstag eingeleitet und durch

- das Gesetz über die Krankenversicherung der Arbeiter (1883),
- das Unfallversicherungsgesetz (1884) und
- das Gesetz über die Invaliditäts- und Altersversicherung (1889)

begründet. Diese drei Gesetze wurden 1911 zu einem einheitlichen Gesetzeswerk, der auch heute noch teilweise geltenden Reichsversicherungsordnung (RVO), zusammengefasst. Im gleichen Jahr wurde das Angestelltenversicherungsgesetz erlassen. In dieser Gestalt hat die deutsche Sozialversicherung einen Einfluss auf die soziale Entwicklung in anderen Staaten ausüben können.

Nach dem 1. Weltkrieg folgten das Reichsknappschaftsgesetz (1923/1926) und das Gesetz über die Arbeitsvermittlung und Arbeitslosenversicherung (1927).

In den folgenden Jahren ist das Sozialversicherungswesen bis heute durch Neuregelungs- und Anpassungsgesetze, z. B. die Rentenanpassung betreffend, aber auch durch das Arbeitsförderungsgesetz, fortentwickelt und ausgebaut worden.

Hierzu zählen u. a.

- das Krankenversicherungs-Weiterentwicklungsgesetz vom 28.12.1976, das Änderungen im Kassenarztrecht mit sich brachte
- sowie das Gesetz zur Kostendämpfung in der Krankenversicherung, dessen Inhalt im Wesentlichen in einer beabsichtigten Strukturverbesserung zur Sicherung einer bedarfsgerechten kassenärztlichen Versorgung und einer ausgewogenen Lastenverteilung bestand.

Dem gleichen Ziel diente das zum gleichen Zeitpunkt verabschiedete

- Gesetz zur wirtschaftlichen Sicherung der Krankenhäuser und zur Regelung der Krankenhauspflegesätze vom 23.12.1985 sowie
- das Gesetz zur Strukturreform im Gesundheitswesen (Gesundheitsreformgesetz – GRG vom 20.12.1988) und schließlich
- das Gesetz zur Sicherung und Strukturverbesserung der gesetzlichen Krankenversicherung (Gesundheitsstrukturgesetz – GSG vom 21.12.1992).

Ab dem Jahre 1995 wurde das Sozialversicherungswesen um eine Pflegeversicherung erweitert.

Um die Beitragssätze der gesetzlichen Krankenkassen mit Wirkung vom 01.01.1997 zu reduzieren, wurde das Gesetz zur Entlastung der Beiträge in der gesetzlichen Krankenversicherung (Beitragsentlastungsgesetz vom 13.09.1996) verabschiedet.

Mit dem Ziel einer Stärkung der Selbstverwaltung, des weiteren Ausbaus der Eigenverantwortung der Versicherten und der Intensivierung des Wettbewerbs wurden die beiden Gesetze zur Neuordnung von Selbstverwaltung und Eigenverantwortung in der gesetzlichen Krankenversicherung am 30.06.1997 als weitere Stufe der Gesundheitsreform verkündet (1. und 2. GKV-Neuordnungsgesetz).

Im Jahre 1999 wurde das »Gesetz zur Reform der gesetzlichen Krankenversicherung ab dem Jahr 2000« beschlossen.

> **Neuregelungen der gesetzlichen Krankenversicherung ab 2000**
>
> - Die Verbesserung der Zusammenarbeit zwischen den Leistungserbringern im Gesundheitswesen, insbesondere zwischen ambulanter und stationärer Versorgung,
> - die Stärkung der Hausärzte im Sinne einer Lotsenfunktion im Medizinbetrieb (= Hausarztprinzip),
> - die Ausweitung von Patientenrechten,
> - der Ausbau von Gesundheitsförderung, Prävention und Selbsthilfe,
> - die Einführung eines Qualitäts- und Wirtschaftlichkeitssicherungssystems sowie
> - die Umsetzung eines einheitlichen Preissystems im Krankenhausbereich.

Letzteres wird seit dem 01.01.2003 stufenweise eingeführt und basiert auf sog. Diagnosis Related Groups (DRGs = Diagnose Relevante (Patienten-)Gruppen). Rechtsgrundlage für das Fallpauschalensystem ist die entsprechende Verordnung für Krankenhäuser vom 19.09.2002. Und schließlich wurde im Dezember 2002 zur Sicherung der Beitragssätze in der gesetzlichen Kranken- und Rentenversicherung das sog. Beitragssatzsicherungsgesetz verkündet, wonach Beitragssatzanhebungen im Jahre 2003 grundsätzlich unzulässig sind und der Beitragssatz für die gesetzliche Rentenversicherung fortgeschrieben wird. Das derzeit noch nicht verabschiedete Gesundheitssystemmodernisierungsgesetz (GMG) wird weitere Veränderungen im Krankenversicherungsrecht mit sich bringen.

Aufgaben der Sozialversicherung im Allgemeinen

Die Sozialversicherung diente ursprünglich der Fürsorge bestimmter Berufsgruppen, die nicht imstande waren, für Zeiten der Arbeitsunfähigkeiten oder für den Fall des Todes zu Gunsten der Hinterbliebenen genügend Mittel zurückzulegen. Die Sozialversicherung trat deshalb bei Minderung der Erwerbsfähigkeit infolge von Krankheit, Betriebsunfall, Berufs- und Erwerbsunfähigkeit sowie infolge Alters oder Todesfalls ein.

Über die ersten Bestrebungen, vor der nackten Not zu schützen, ist die Sozialversicherung hinausgewachsen. Sie beschränkt sich nach Art und Höhe der Leistungen nicht mehr auf das Ziel, die Not zu lindern, sondern will dem Versicherten und seinen Hinterbliebenen die erworbene Stellung im Sozialgefüge erhalten.

> Um möglichst alle in Betracht kommenden Bevölkerungsteile der Versicherung zuzuführen, wurde eine Versicherungspflicht eingeführt. Mit der Versicherungspflicht äußert sich als Hauptmerkmal der Zwangscharakter der Sozialversicherung.

Das bedeutet, dass gewisse gesetzlich bestimmte Personengruppen der Versicherung allein schon dadurch unterstehen, dass sie sich in einem bestimmten Arbeitsverhältnis befinden; auf den Willen des Pflichtversicherten kommt es nicht an.

> Die Versicherungspflicht erfasst allgemein die Arbeitnehmer, und zwar sowohl Arbeiter als auch Angestellte sowie Auszubildende.

13.1 Sozialgesetzbuch

Die Fülle der einzelgesetzlichen Regelungen im Sozialversicherungsrecht hat zu Überlegungen geführt, die sozialrechtlichen Vorschriften in einem Gesetzeswerk zusammenzufassen und zwar in Gestalt eines Sozialgesetzbuches. Für den Bürger, die Verwaltung und auch die Gerichte soll damit dieses umfassende Rechtsgebiet überschaubar werden.

Das Sozialgesetzbuch ist in einzelne Gesetzbücher gegliedert, die in sich abgeschlossen sind. Verabschiedet wurden bisher:

— Das Erste Buch des Sozialgesetzbuches – Allgemeiner Teil – (SGB I)

Es datiert vom 11.12.1975 (mit späteren Änderungen) und enthält **Grundsatz- und Rahmenvorschriften** über die sozialen Rechte auf Bildungs- und Arbeitsförderung, Sozialversicherung und soziale Entschädigung bei Gesundheitsschäden, Wohngeldzuschuss, Kinder- und Jugendhilfe, Sozialhilfe und Teilhabe Behinderter am Arbeits- und gesellschaftlichen Leben (§§ 2–10 SGB I). Weiterhin werden Verfahrensvorschriften über Pflichten der Leistungsträger, etwa über Beratung und Auskunft, Leistungsarten und -verfahren, Rechtsansprüche und deren Erfüllung, Verjährung und Pfändungsgrenzen ebenso bestimmt wie die Mitwirkungspflichten der Leistungsberechtigten.

— Das Dritte Buch des Sozialgesetzbuches – Arbeitsförderung – (SGB III)

Das Recht der Arbeitsförderung wurde durch das Gesetz zur **Reform der Arbeitsförderung** (vom 24.03.1997) im Wesentlichen ab dem 01.01.1998 in das Sozialgesetzbuch eingegliedert. Es wurde durch zahlreiche Gesetze den arbeitsmarktpolitischen Notwendigkeiten angepasst. Dazu zählen maßgeblich die im Dezember 2002 verkündeten Gesetze für moderne Dienstleistungen am Arbeitsmarkt.

Als Leistungen der Arbeitsförderung erhalten Arbeitnehmer durch die Arbeitsämter beispielsweise Berufsberatung, Ausbildungs- und Arbeitsvermittlung, Trainingsaufnahmen zur Verbesserung der Eingliederungsaussichten, Mobilitätshilfen und Arbeitnehmerhilfen zur Aufnahme einer Beschäftigung, Berufsausbildungsbeihilfen während einer beruflichen Ausbildung oder einer berufsvorbereitenden Bildungsmaßnahme, Übernahme der Weiterbildungskosten und Unterhaltsgeld während der Teilnahme an einer beruflichen Weiterbildung und ähnliches mehr sowie schließlich als Leistungen zum Ersatz des Arbeitsentgelts bei Arbeitslosigkeit, Arbeitslosengeld und Arbeitslosenhilfe (▶ 13.1.5).

Die Leistungen der Arbeitsförderung sollen dazu beitragen, einen hohen Beschäftigungsgrad zu erreichen und die Beschäftigtenstruktur ständig zu verbessern. Um dieses Ziel zu erreichen, sind Arbeitgeber und Arbeitnehmer zum Zusammenwirken mit den Arbeitsämtern gesetzlich aufgefordert.

— Das Vierte Buch des Sozialgesetzbuches – Gemeinsame Vorschriften für die Sozialversicherung – (SGB IV)

Es datiert vom 23.12.1976 (mit späteren Änderungen). Die **gemeinsamen Vorschriften** gelten für die gesetzliche Kranken-, Unfall-, Renten- und soziale Pflegeversicherung, sowie teilweise für die Arbeitsförderung. Sie beziehen sich auf Grundsätze und Begriffsbestimmungen, Leistungen und Beiträge sowie Mel- depflichten des Arbeitgebers und befassen sich mit der Trägerschaft der Sozialversicherung, der Zusammensetzung, Wahl und dem Verfahren der Selbstverwaltungsorgane sowie den Versicherungsbehörden.

— Das Fünfte Buch des Sozialgesetzbuches – Gesetzliche Krankenversicherung – (SGB V)

Dessen Vorschriften wurden mit dem **Gesundheitsreformgesetz** vom 20.12.1988 in das Sozialgesetzbuch eingefügt (▶ 13.1.1).

— Das Sechste Buch des Sozialgesetzbuches – Gesetzliche Rentenversicherung – (SGB VI)

Das im Wesentlichen am 01.01.1992 durch das Rentenreformgesetzes aus dem Jahr 1989 in Kraft getretene Sechste Buch gilt nunmehr in der Fassung vom 19.02.2002 (▶ 13.1.2).

— Das Siebte Buch des Sozialgesetzbuches – Gesetzliche Unfallversicherung – (SGB VII)

Die Regeln der **gesetzlichen Unfallversicherung**, die bislang in der Reichsversicherungsordnung (RVO) enthalten waren, wurden mit Gesetz vom 07.08.1996 Teil des Sozialgesetzbuches und traten am 01.01.1997 in Kraft (▶ 13.1.3).

— Das Achte Buch des Sozialgesetzbuches – Kinder- und Jugendhilfe – (SGB VIII)

Die früher im Gesetz für Jugendwohlfahrt (JWG) geregelte Jugendhilfe, die auf die körperliche, geistig-seelische und soziale Tüchtigkeit des Jugendlichen ausgerichtet war, ist mit neuer Zielsetzung in der Fassung vom 26.06.1990 (mit späteren Änderungen) Teil des Sozialgesetzbuches geworden.

> Nach dem Grundgedanken des jetzigen Rechts soll die öffentliche Jugendhilfe die Eltern bei der Erziehungsaufgabe unterstützen und dadurch die Erziehungssituation von Kindern und Jugendlichen verbessern und diesen das Hineinwachsen in die Gesellschaft erleichtern. Im Vordergrund steht deshalb ein System von beratenden und unterstützenden Leistungen.

Jeder junge Mensch hat ein Recht auf Förderung seiner Entwicklung und auf Erziehung zu einer eigenverantwortlichen und gemeinschaftsfähigen Persönlichkeit. Die Pflege und Erziehung der Kinder sind das natürliche Recht der Eltern und die in erster Linie ihnen zuzurechnende Pflicht.

Die Jugendhilfe soll zur Verwirklichung des Erziehungsrechts der jungen Menschen diese in ihrer individuellen und sozialen Entwicklung fördern, Benachteiligungen vermeiden oder abbauen sowie die Eltern bei der Erziehung beraten und unterstützen, positive Lebensbedingungen für junge Menschen und ihre Familien sowie eine entsprechende Umwelt schaffen.

> Zur Umsetzung dieser Ziele umfassen die Leistungen der Jugendhilfe Angebote der Jugendarbeit, der Jugendsozialarbeit und des erzieherischen Kinder- und Jugendschutzes.

Schwerpunkt der **Jugendarbeit** sind Bildungsangebote, Erholungs- und Freizeitangebote sowie Förderung der Jugendverbände. Die **Jugendsozialarbeit** bemüht sich um den Ausgleich sozialer und individueller Beeinträchtigungen. Maßnahmen des **erzieherischen Kinder- und Jugendschutzes** zielen darauf, dass sich die jungen Menschen vor gefährdenden Einflüssen schützen können und zu Kritik- und Entscheidungsfähigkeit, Eigenverantwortung sowie zur Verantwortung gegenüber ihren Mitmenschen befähigt werden. Einzelheiten über diese Leistungen der Jugendhilfe regelt das Landesrecht.

Weitere Leistungen der Jugendhilfe bestehen u. a. in dem Angebot zur Förderung der Erziehung in der Familie, insbesondere der Beratung und Unterstützung Alleinerziehender, um hierdurch bei schwangeren Frauen in Konfliktsituationen den Willen zum Kind zu stärken.

Die Jugendhilfe richtet sich an Kinder (bis 14 Jahre), Jugendliche (14–17 Jahre), junge Volljährige (18 bis 26 Jahre), Personensorgeberechtigte und sonstige Erziehungsberechtigte.

Die Leistungen der Jugendhilfe werden von Trägern der **freien** und der **öffentlichen Jugendhilfe** erbracht. Andere Aufgaben der Jugendhilfe werden grundsätzlich von Trägern der öffentlichen Jugendhilfe wahrgenommen.

> Träger der öffentlichen Jugendhilfe sind die örtlichen Träger, z. B. die Jugendämter der Kreise und kreisfreien Städte. Die überörtlichen Träger sind die Landesjugendämter.

Als Träger der freien Jugendhilfe kann anerkannt werden, wer auf dem Gebiet der Jugendhilfe tätig ist, gemeinnützige Ziele verfolgt, auf Grund der fachlichen und personellen Voraussetzungen erwarten lässt, dass er einen Beitrag zur Jugendhilfe leistet und wer die Gewähr für eine den Zielen des Sozialgesetzes förderliche Arbeit bietet (§ 75 SGB VIII).

Die Träger der öffentlichen Jugendhilfe sollen die freiwillige Tätigkeit auf dem Gebiet der Jugendhilfe anregen und fördern.

— Das Neunte Buch des Sozialgesetzbuches Rehabilitation und Teilhabe behinderter Menschen – (SGB IX)

Das im Wesentlichen am 01.07.2001 in Kraft getretene Gesetz fasst die bis dahin geltenden Einzelregelungen in einem überschaubaren Gesetzestext zusammen und verbessert insgesamt die rechtliche Situation behinderter Menschen.

Ziele des Gesetzes sind die Förderung der Selbstbestimmung behinderter Menschen, die verbesserte Teilhabe am gesellschaftlichen Leben sowie dem Arbeitsleben und schließlich die Vermeidung von Benachteiligungen.

Das Gesetz kennt unterschiedliche Grade der **Behinderung**. Menschen sind nach § 2 SGB IX behindert, wenn

— ihre körperliche Funktion,
— geistige Fähigkeit oder
— seelische Gesundheit

mit hoher Wahrscheinlichkeit länger als sechs Monate von dem für das Lebensalter typischen Zustand abweicht und daher ihre Teilhabe am Leben in der Gesellschaft beeinträchtigt ist.

Als schwerbehindert gelten Personen, deren Behinderung wenigstens 50 v. H. beträgt.

Sofern Personen in Folge ihrer Behinderung, deren Grad wenigstens 30 v. H. beträgt, keinen für sie geeigneten Arbeitsplatz erlangen können, sind die behinderten Menschen gleichgestellt.

> Das Gesetz widmet besondere Aufmerksamkeit der Prävention zur Vermeidung eines Behinderungseintritts.

Die Leistungen zur Teilhabe behinderter Menschen am gesellschaftlichen Leben umfassen alle erforderlichen Maßnahmen, die geeignet sind, eine Behinderung

— abzuwenden,
— zu beseitigen,
— zu mindern,
— deren Verschlimmerung zu verhüten und
— deren Folgen zu vermeiden.

Einschränkungen der Erwerbstätigkeit oder Eintritt der Pflegebedürftigkeit sollen vermieden, überwunden oder gemindert werden. Derartige Leistungen werden entsprechend dem Prinzip des Sozial- und Sozialhilferechts unabhängig von den Ursachen der Behinderung erbracht. Die jeweiligen Leistungsarten sind in ihrer konkreten Ausgestaltung einheitlich geregelt.

Für die jeweiligen Leistungen kommen die **Rehabilitationsträger** gemäß § 6 SGB IX in Frage.

Rehabilitationsträger gemäß § 6 SGB IX

— Gesetzliche Krankenkassen,
— die Bundesanstalt für Arbeit,
— die Träger der gesetzlichen Unfallversicherung,
— die Träger der gesetzlichen Rentenversicherung,
— die Träger der gesetzlichen Kriegsopferversorgung,
— die Träger der öffentlichen Jugendhilfe,
— die Träger der Sozialhilfe.

Alle Rehabilitationsträger sollten bis Ende 2002 gemeinsame **Servicestellen** eingerichtet haben. Zur Sicherung und Weiterentwicklung der Qualität der Leistung verpflichtet der Gesetzgeber alle Leistungserbringer zu einem effektiven **Qualitätsmanagement**.

Für Selbsthilfegruppen, -organisationen und -kontaktstellen, die sich der Prävention, Rehabilitation, Früherkennung, Behandlung und Bewilligung von Krankheiten und Behinderungen widmen, sieht das Gesetz Förderungen vor.

Der Teilhabe behinderter Menschen am Arbeitsleben widmet das Gesetz besondere Aufmerksamkeit. Die Integration in einen angemessenen Arbeitsprozess ist ein in jeder Phase der Rehabilitation anzustrebender Effekt. Insoweit werden die nach dem früheren Schwerbehindertengesetz einzuschaltenden Hauptfürsorgestellen in **Integrationsämter** umgewandelt. Hierbei handelt es sich nicht nur um eine begriffliche Änderung, vielmehr kommt auch in der neuen Bezeichnung dieser Stellen die inhaltliche Ausrichtung des Gesetzes zum Ausdruck (▶ 12.5.14). So haben die Integrationsämter beispielsweise **Leistungen der Arbeitsassistenz** zu erbringen. Hierbei handelt es sich um einen Ausgleich unvermeidbaren Verdienstausfalls des behinderten Menschen oder um Kosten einer erforderlichen Begleitperson wegen Fahrten der An- und Abreise zu einer Bildungsmaßnahme und zur Vorstellung bei einem Arbeitgeber. Soweit ein Rehabilitationsträger Kostenträger ist, erstattet er dem Integrationsamt dessen Aufwendungen.

— Das Zehnte Buch des Sozialgesetzbuches – Sozialverwaltungsverfahren und Sozialdatenschutz – (SGB X)

In diesem Buch (Gesetz vom 18.08.1980 und 04.11.1982, in der Neufassung vom 18.01.2001) sind die Zuständigkeiten, Verfahrensgrundsätze, Fristen, Rechtsbehelfe, Kosten und die Zusammenarbeit der Leistungsträger sowie ihre Beziehungen zu Dritten geregelt. Wesentlich ist der Schutz der Sozialdaten.

> Hiernach hat jedermann Anspruch darauf, dass seine Sozialdaten, d. h. Einzelangaben über persönliche oder sachliche Geheimnisse, nicht unbefugt erhoben, verarbeitet oder gemehrt werden (Sozialgeheimnis).

Einzelheiten regeln die (§§ 67 ff SGB X (▶ 11.6.10).

— Das Elfte Buch des Sozialgesetzbuches – Soziale Pflegeversicherung – (SGB XI)

Die **Pflegeversicherung** wurde mit Gesetz vom 26.05.1994 (mit späteren Änderungen) als Fünfte Säule der Sozialversicherung in das Sozialgesetzbuch eingefügt (▶ 13.1.4).

Weitere sozialversicherungsrechtliche Bestimmungen finden sich im Entgeltfortzahlungsgesetz, im Mutterschutzgesetz, im Bundeserziehungsgeldgesetz und einigen mehr.

13.1.1 Krankenversicherung

Die Rechtsgrundlagen der Krankenversicherung finden sich u. a. im Sozialgesetzbuch, Fünftes Buch (SGB V), in der Reichsversicherungsordnung, im Mutterschutzgesetz und Entgeltfortzahlungsgesetz. Die Aufgabenstellung der Krankenversicherung als **Solidargemeinschaft** wird in § 1 SGB V dahingehend beschrieben, »die Gesundheit der Versicherten zu erhalten, wiederherzustellen oder ihren Gesundheitszustand zu verbessern«.

> Grundsätzlich geht der Gesetzgeber von der Eigenverantwortung der Versicherten für ihre Gesundheit aus.

So sollen die Versicherten
— durch eine gesundheitsbewusste Lebensführung,
— durch frühzeitige Beteiligung an gesundheitlichen Vorsorgemaßnahmen sowie
— durch aktive Mitwirkung an Krankenbehandlung und Rehabilitation

dazu beitragen, den Krankheitseintritt und die Behinderung zu vermeiden oder ihre Folgen zu überwinden.

> Die Krankenkassen unterstützen den Versicherten dabei durch Aufklärung, Beratung und materielle Leistungen.

Für die zur Verfügung gestellten Leistungen gilt der **Grundsatz der Wirtschaftlichkeit** (§§ 2, 12 SGB V).

Finanzierung und Trägerschaft

Träger der Krankenversicherung sind die
— Allgemeinen Ortskrankenkassen,
— Betriebskrankenkassen,
— Innungskrankenkassen,
— Seekrankenkassen,
— Landwirtschaftlichen Krankenkassen,
— die Bundesknappschaft und
— die Ersatzkassen (§ 4 Abs. 2 SGB V).

Die Krankenversicherungsträger sind Körperschaften des öffentlichen Rechts mit Selbstverwaltung. Selbstverwaltung bedeutet, dass Entscheidungsgremien von Vertretern der Arbeitnehmer (= Versicherten), Arbeitgeber, sowie Vertreter der sog. öffentlichen Hand (Gemeinde, Städte etc.) drittelparitätisch besetzt sind, etwa die Vertretervollversammlung. Für die Versicherten besteht grundsätzlich ein Wahlrecht zwischen den Krankenkassen (§ 173 SGB V).

> Die Leistungen und sonstigen Ausgaben der Krankenkassen werden durch Beiträge finanziert, deren Höhe sich nach den beitragspflichtigen Einkommen der Versicherten richtet, und die – in der Regel – hälftig vom Arbeitnehmer und Arbeitgeber entrichtet werden.

Der freiwillig Versicherte zahlt grundsätzlich den Betrag allein. Für versicherte Familienangehörige werden Beiträge nicht erhoben.

Versicherungspflicht

Eine **Pflichtversicherung** besteht gemäß § 5 Abs. 1 Nr. 1 SGB V u. a. für Arbeiter, Angestellte und zur ihrer Berufsausbildung Beschäftigte, die gegen Arbeitsentgelt beschäftigt sind. Dazu zählen in der Regel auch diejenigen Personen, die für die Berufe im Gesundheitswesen ausgebildet werden. Zu den Pflichtversicherten gehören aber auch Personen, die eine in Studien- oder Prüfungsordnungen vorgeschriebene berufspraktische Tätigkeit verrichten, sowie zu ihrer Berufsausbildung ohne Arbeitentgelt Beschäftigte. Erhält der Praktikant kein Arbeitsentgelt, dann besteht eine besondere Praktikanten-Krankenversicherung.

Versicherungsfrei sind Arbeiter und Angestellte, deren Einkommen eine bestimmte Jahresarbeitsentgeltgrenze übersteigt (§ 6 Abs. 1 Nr. 1 SGB V). Frei von der Versicherungspflicht sind ebenfalls satzungsmäßige Mitglieder geistiger Genossenschaften, Diakonissen und ähnliche Personen, wenn sie sich aus überwiegend religiösen oder sittlichen Beweggründen mit Krankenpflege, Unterricht oder anderen gemeinnützigen Tätigkeiten beschäftigen und nicht mehr als freien Unterhalt oder ein geringes Entgelt beziehen (§ 6 Abs. 1 Nr. 7 SGB V). Unter gewissen Umständen besteht die Möglichkeit einer **freiwilligen** Versicherung (§ 9 SGB V). Ehegatten und Kinder, die über kein eigenes Einkommen verfügen, sind über den Versicherten mitversichert, wenn die Voraussetzungen nach § 10 SGB V vorliegen.

Leistungsanspruch des Versicherten

Der Versicherte hat Anspruch auf verschiedene Leistungen.

> **Leistungsanspruch der Versicherten**
> - Zur Verhütung von Krankheiten,
> - zur Empfängnisverhütung,
> - bei Sterilisation und
> - bei Schwangerschaftsabbruch (▶ 11.6.8),
> - zur Früherkennung von Krankheiten,
> - zur Behandlung einer Krankheit und
> - bei Schwerpflegebedürftigkeit (▶ 13.1.4).

Darüber hinaus besteht derzeit auch noch ein Anspruch auf Sterbegeld. Wird ein Versicherter stationär behandelt, so umfassen die Leistungen auch die Mitaufnahme einer Begleitperson, wenn dies aus medizinischen Gründen indiziert ist.

Zu den Leistungen gehören weiterhin medizinische und ergänzende Leistungen zur Rehabilitation, die notwendig sind, um eine Behinderung oder Pflegebedürftigkeit abzuwenden, sie nach Eintritt zu beseitigen, zu mindern, auszugleichen, ihre Verschlimmerung zu verhüten oder ihre Folgen zu mildern.

Leistungen einer aktivierenden Pflege nach Eintritt von Pflegebedürftigkeit werden von den Pflegekassen erbracht. Ausgeschlossen dagegen ist ein Leistungsanspruch gegen die Krankenkasse, wenn ein Arbeitsunfall oder eine Berufskrankheit die Leistungspflicht der Berufsgenossenschaft begründet (§ 11 SGB V).

Leistungen zur Krankheitsverhütung

Zu diesen gehört eine **Aufklärungs-** und **Beratungspflicht** der Krankenkassen. Dazu zählt auch die Mitwirkungsmöglichkeit bei Verhütung arbeitsbedingter Gesundheitsgefahren (§ 20 SGB V). Ebenso sind die medizinischen Vorsorgeleistungen diesem Bereich zuzuordnen, die dem Versicherten einen Anspruch auf ärztliche Behandlung und Versorgung mit Arznei-, Verband-, Heil- und Hilfsmitteln geben, wenn dadurch eine Schwächung der Gesundheit beseitigt werden kann, die in absehbarer Zeit voraussichtlich zu einer Krankheit führen würde oder wenn generell Pflegebedürftigkeit vermieden werden kann (§ 23 SGB V). Auch Vorsorgekuren für Mütter in einer Einrichtung des Müttergenesungswerkes fallen in diesen Aufgabenbereich (§ 24 SGB V).

Leistungen zur Krankheitsvorsorge

Auf Leistungen zur **Früherkennung** von Krankheiten, insbesondere Herz-, Kreislauf- und Nierenerkrankungen sowie Zuckerkrankheit, haben Versicherte Anspruch, die das 35. Lebensjahr vollendet haben, und zwar jedes zweites Jahr. Einmal jährlich hat der Versicherte Anspruch auf eine Untersuchung zur Früherkennung von Krebserkrankungen, Frauen vom Beginn des 20. Lebensjahr, Männer vom Beginn des 45. Lebensjahr an (§ 25 SGB V). Versicherte Kinder haben bis zur Vollendung des sechsten Lebensjahres sowie nach Vollendung des zehnten Lebensjahres Anspruch auf Untersuchungen zur Früherkennung von Krankheiten, die ihre körperliche oder geistige Entwicklung in nicht geringfügigem Maß gefährden (§ 26 SGB V). Weibliche Versicherte erhalten Leistungen bei Schwangerschaft und Mutterschaft (§§ 195 ff RVO), bestehend aus ärztlicher Betreuung und Hebammenhilfe, Versorgung mit Arznei-, Verband- und Heilmitteln, stationäre Entbindung, häusliche Pflege, Haushaltshilfe, Mutterschaftsgeld und Entbindungsgeld.

Leistungen zur Krankenbehandlung

Einen Anspruch auf **Krankenbehandlung** hat der Versicherte, wenn sie notwendig ist, um eine Krankheit zu erkennen, zu heilen, ihre Verschlimmerung zu verhüten oder Krankheitsbeschwerden zu lindern. Die Krankenbehandlung umfasst die (zahn-)ärztliche Behandlung, Versorgung mit Arznei-, Verband-, Heil- und Hilfsmitteln, die häusliche Krankenpflege und Haushaltshilfe, die Krankenhausbehandlung sowie Leistungen zur medizinischen Rehabilitation. (Zahn-)Ärztliche Behandlung wird von Ärzten oder Zahnärzten erbracht.

> Sind Hilfeleistungen anderer Personen erforderlich, dürfen sie nur erbracht werden, wenn sie vom (Zahn-)Arzt angeordnet und von ihm verantwortet werden (§ 15 SGB V).

Dem Grundsatz entsprechend, dass der Versicherte in erster Linie für seine Gesundheit selbstverantwortlich ist, sieht das Gesetz in vielen Fällen (etwa bei Zahnersatz, Arznei- und Verbandmittel, Krankenhausbehandlung) eine **Kostenbeteiligung** des Versicherten vor.

Leistungen zur Krankenhausbehandlung

Eine Krankenhausbehandlung kann
- **vollstationär**,
- **teilstationär**,
- **vor-** und **nachstationär** sowie
- **ambulant**

erbracht werden. Sie umfasst im Rahmen des Versorgungsauftrages des Krankenhauses alle Leistungen, die im Einzelfall für die medizinische Versorgung des Versicherten im Krankenhaus notwendig ist, insbesondere ärztliche Behandlung, Krankenpflege, Versorgung mit Arznei-, Heil- und Hilfsmitteln, Unterkunft und Verpflegung (§ 39 Abs. 1 SGB V). Unter **vorstationärer** Behandlung versteht der Gesetzgeber die Behandlung von Versicherten ohne Unterkunft und Verpflegung, um die Erforderlichkeit einer vollstationären Behandlung zu klären oder diese vorzubereiten. Eine **nachstationäre** Behandlung erfolgt im Anschluss an eine vollstationäre Behandlung zur Sicherstellung oder Festigung des Behandlungserfolges. Darüber hinaus wird Krankenhäusern auf Grund des Gesundheitsstrukturgesetzes auch das **ambulante Operieren** gestattet (§ 115 SGB V).

> Der Anspruch auf vollstationäre Krankenhausbehandlung geht den anderen Versorgungsformen nach.

Er besteht nur, wenn die Aufnahme nach Prüfung durch das (zugelassene, § 108 SGB V) Krankenhaus erforderlich ist, weil das Behandlungsziel nicht durch teilstationäre, vor- und nachstationäre oder ambulante Behandlung einschließlich häuslicher Krankenpflege erreicht werden kann (§ 39 Abs. 1 SGB V).

Leistungen bei Arbeitsunfähigkeit

Bei **Arbeitsunfähigkeit** infolge Krankheit haben Versicherte Anspruch auf Krankengeld (§ 44 SGB V). Der Anspruch entsteht von dem Tag an, der auf den Tag der ärztlichen Feststellung der Arbeitsunfähigkeit folgt. Dem Arbeitgeber ist die Arbeitsunfähigkeit unverzüglich zu melden und innerhalb von drei Tagen eine ärztliche **Arbeitsunfähigkeitsbescheinigung** vorzulegen, soweit Tarifverträge keine andere Regelung treffen.

In aller Regel tritt bei einem Beschäftigungsverhältnis zunächst eine **sechswöchige Entgeltfortzahlung durch den Arbeitgeber** ein, sei es nach den Bestimmungen des Bürgerlichen Gesetzbuches, des Gesetzes über die Fortzahlung des Arbeitsentgelts im Krankheitsfall (Entgeltfortzahlungsgesetz – EFZG) oder auf Grund tarifvertraglicher Regelungen (z. B. § 37 BAT). Erst danach tritt die Leistungspflicht der Kasse ein.

Die Höhe der Entgeltfortzahlung entspricht dem Arbeitsentgelt auf der Grundlage der für den Beschäftigten regelmäßigen Arbeitszeit, also ohne Überstunden (§ 4 EFZG).

Die Höhe des Krankengeldes beträgt 70 v.H. des erzielten regelmäßigen Arbeitsentgelts und wird ohne zeitliche Begrenzung gewährt, für den Fall der Arbeitsunfähigkeit wegen derselben Krankheit jedoch längstens 78 Wochen innerhalb von drei Jahren seit Beginn der Arbeitsunfähigkeit.

> Bei selbstverschuldeter Krankheit kann die Krankenkasse den Versicherten an den Kosten der Leistungen in angemessener Höhe beteiligen und das Krankengeld ganz oder teilweise versagen bzw. zurückfordern (§ 52 SGB V).

Beim Tod eines Versicherten zahlt die Krankenkasse (noch) einen Zuschuss zu den Bestattungskosten (Sterbegeld § 59 SGB V).

13.1.2 Rentenversicherung

Das Rentenrecht der Arbeiter, Angestellten und Knappschaftsversicherten ist seit dem 01.01.1992 im Sozialgesetzbuch, Sechstes Buch (SGB VI) geregelt. Die Neugestaltung der gesetzlichen Rentenversicherung sollte u. a. den geänderten ökonomischen, demographischen und sozialen Rahmenbedingungen Rechnung tragen, wobei auch die besonderen Gegebenheiten durch die Wiedervereinigung zu berücksichtigen waren. Am bisherigen Prinzip der Lohn- und Beitragsbezogenheit der Rente hält der Gesetzgeber fest. Des Weiteren wird in Einzelbestimmungen die Tendenz festgesetzt, den sozialen Schutz der Bevölkerung bei Beeinträchtigung der Erwerbstätigkeit oder bei Alter in der gesetzlichen Rentenversicherung zu verwirklichen.

Voraussetzung für die Leistungen der Rentenversicherung sind die Beiträge, die ein Versicherter zwangsweise als Pflichtversicherter oder freiwillig entrichtet.

Finanzierung und Trägerschaft

> Die Mittel zur Durchführung der Rentenversicherung werden durch Beiträge der Versicherten und der Arbeitgeber sowie durch Zuschüsse des Bundes aufgebracht.

Die Beitragshöhe wird zukünftig für jedes Jahr durch eine Rechtsverordnung der Bundesregierung mit Zustimmung des Bundesrates für das darauf folgende Jahr festgelegt. Der Beitragssatz in der gesetzlichen Rentenversicherung der Arbeiter und Angestellten wird in Prozenten ausgewiesen. Beitragsbemessungsgrundlage für Pflichtversicherte ist grundsätzlich das Arbeitsentgelt bzw. das Arbeitseinkommen, soweit es eine von der Bundesregierung im Verordnungswege festgelegte Beitragsbemessungsgrenze nicht überschreitet.

> Die Pflichtbeiträge der abhängig Beschäftigten sind im Allgemeinen von dem Versicherten und dem Arbeitgeber je zur Hälfte zu tragen (§ 168 Abs. 1 Nr. 1 SGB VI).

In bestimmten Fällen trägt allerdings der Arbeitgeber die Beiträge allein. Für Diakonissen und Angehörige ähnlicher Gemeinschaften, deren monatliches Arbeitsentgelt 40 v.H. der monatlichen Bezugsgröße nicht übersteigt, ist die Gemeinschaft beitragsverpflichtet (§ 168 Abs. 1 Nr. 4 SGB VI).

Die Beiträge zur Rentenversicherung sind vom Beitragsschuldner unmittelbar an den Träger der Rentenversicherung zu zahlen (§ 173 SGB VI). Dies erfolgt bei abhängig Beschäftigten im sog. **Lohnabzugsverfahren** oder – etwa bei freiwillig Versicherten – durch direkte Beitragszahlung.

Träger der Rentenversicherung sind/ist (§§ 127, 132 SGB VI):
— für Arbeiter die Landesversicherungsanstalten
— für Angestellte die Bundesversicherungsanstalt für Angestellte in Berlin.

Angestellte sind insbesondere die Beschäftigten in den Berufen der Erziehung, des Unterrichts, der Fürsorge, der Krankenpflege und Wohlfahrtspfleger, ebenso wie diejenigen, die zu diesen Berufen ausgebildet werden.

Für selbstständige Pflegepersonen, Hebammen und Entbindungspfleger ist ebenfalls die Bundesversicherungsanstalt für Angestellte zuständig (§ 134 SGB VI).

Bei den Trägern der Rentenversicherung handelt es sich um Körperschaften des öffentlichen Rechts, die unter staatlicher Aufsicht stehen. Sie sind für die Erfüllung der Aufgaben der Rentenversicherung zuständig.

Versicherungspflicht

Personen, die gegen Arbeitsentgelt oder zu ihrer Berufsausbildung beschäftigt sind (abhängig Beschäftigte), unterliegen der **Versicherungspflicht**. Die bisherige Unterscheidung zwischen Arbeitern und Angestellten betrifft lediglich die Zuordnung zum zuständigen Versicherungszweig, nicht aber die Pflichtversicherung als solche. Versicherungspflichtig sind grundsätzlich auch Mitglieder geistlicher Genossenschaften, Diakonissen und Angehörige ähnlicher Gemeinschaften während ihres Dienstes für die Gemeinschaft und während der Zeit der außerschulischen Ausbildung (§ 1 SGB VI).

Eine Versicherungspflicht kraft Gesetzes besteht für bestimmte selbstständig Tätige, beispielsweise für Lehrer, Erzieher und Pflegepersonen, die in der Kranken-, Wochen-, Säuglings- oder Kinderpflege tätig sind und im Zusammenhang mit ihrer selbstständigen Tätigkeit keinen versicherungspflichtigen Arbeitnehmer beschäftigen. Versicherungspflichtig sind auch selbstständige Hebammen und Entbindungshelfer (§ 2 SGB VI). Des weiteren besteht die Möglichkeit für Selbstständige, auf eigenen Antrag eine Pflichtversicherung aufzunehmen.

Von der Versicherungspflicht ausgenommen sind in der Regel solche Personen, die bereits eine ausreichend gesicherte Versorgung haben. Dazu zählen Beamte, aber auch Diakonissen und Angehörige ähnlicher Gemeinschaften, wenn ihnen eine Versorgung bei verminderter Erwerbstätigkeit und im Alter nach entsprechenden Regeln der Gemeinschaft gesichert ist (§ 5 SGB VI).

Nicht versicherungspflichtig sind auch Pflegepersonen, die für ihre Tätigkeit von dem Pflegebedürftigen ein Arbeitsentgelt erhalten, das das dem Umfang der Pflegetätigkeit entsprechende Pflegegeld nach der Pflegeversicherung nicht übersteigt (§ 3 Abs. 2 SGB VI). Versicherungsfrei sind zudem Studierende, die im Rahmen ihrer Studien- oder Prüfungsordnung ein vorgeschriebenes Praktikum absolvieren. Dies gilt ebenso, wenn das Entgelt für den Praktikanten regelmäßig im Monat 325,00 Euro nicht übersteigt (§ 5 Abs. 3 SGB VI). Unter bestimmten Voraussetzungen kann auf Antrag eine Befreiung von der Versicherungspflicht gewährt werden.

Leistungsumfang der Rentenversicherungsträger

Zu den vielfältigen Aufgaben zählen die medizinischen Leistungen zur Rehabilitation, Leistungen zur Teilhabe am Arbeitsleben sowie ergänzende Leistungen, die grundsätzlich Vorrang vor Rentenleistungen haben (§ 9 SGB VI). Sie werden v. a. Versicherten erbracht, deren Erwerbsfähigkeit wegen Krankheit erheblich gemindert ist und bei denen Aussicht auf Besserung durch die Maßnahmen besteht. Die versicherungsrechtlichen Voraussetzungen der Leistungen regelt das Gesetz ebenso wie deren Umfang.

> **Rentenarten der Versicherungsträger**
>
> Renten werden geleistet
> - **wegen Alters** z. B. als Regelaltersrente, als Altersrente für langjährig Versicherte und für schwerbehinderte Menschen sowie als Altersrente für Frauen,
> - **wegen verminderter Erwerbsfähigkeit** in Form der Rente, wegen teilweiser oder voller Erwerbsminderung sowie als Berufsunfähigkeitsrente oder Erwerbsunfähigkeitsrente und
> - **wegen Todes** als Witwen- oder Witwerrente, Erziehungsrente und Waisenrente (§§ 33 ff SGB VI).

Anspruchsberechtigte

Anspruch auf Regelaltersrente haben Versicherte, die das 65. Lebensjahr vollendet und die allgemeine Wartezeit (fünf Jahre) erfüllt haben (§ 35 SGB VI). Langjährig Versicherte können unter Hinnahme von Rentenabschlägen (0.3 v. H./Monat) eine Altersrente vorzeitig in Anspruch nehmen, wenn sie das 62. Lebensjahr vollendet und eine Wartezeit von 35 Jahren erfüllt haben. Die Altersrente wurde vom Jahr 2000 stufenweise auf das 65. Lebensjahr angehoben (§ 236 SGB VI, nebst Anlage).

Schwerbehinderte Menschen können Altersrente beanspruchen, wenn sie
- bei Rentenbeginn als schwerbehindert anerkannt sind,
- das 63. Lebensjahr und
- eine Wartezeit von 35 Jahren vollendet haben.

Für die Altersrente von Frauen gelten die Vorschriften des § 237 a SGB VI. Grundsätzlich gilt, dass versicherte Frauen Anspruch auf Altersrente haben, wenn sie vor dem 01.01.1952 geboren sind, das 60. Lebensjahr vollendet, nach Vollendung des 40. Lebensjahres mehr als zehn Jahre Pflichtbeiträge gezahlt und die Wartezeit von 15 Jahren erfüllt haben.

Rentenanspruch wegen verminderter Erwerbsfähigkeit

Durch das Gesetz zur Reform der Renten wegen verminderter Erwerbsfähigkeit wurde das Recht der Berufs- und Erwerbsminderung mit Wirkung vom 01.01.2001 grundlegend geändert.

 Die neuen Bestimmungen gelten für Versicherte, die am 01.01.2001 das 40. Lebensjahr noch nicht vollendet hatten. Für Versicherte, die zu diesem Zeitpunkt das 40. Lebensjahr bereits vollendet hatten, bleibt es bei der bisherigen Regelung (§ 302 SGB VI).

Nach neuem Recht sind die bisherigen Berufs- und Erwerbsunfähigkeitsrenten durch eine zweistufige Erwerbsminderungsrente ersetzt worden. Beschäftigte, die auf Grund einer Krankheit oder Behinderung ihrem Beruf nicht mehr nachgehen können, sind verpflichtet, auch andere Tätigkeiten des allgemeinen Arbeitsmarktes anzunehmen, sofern sie dazu in der Lage sind (§ 43 SGB VI).

Zu unterscheiden ist der Anspruch auf Rente wegen
- teilweiser Erwerbsminderung oder
- voller Erwerbsminderung.

Anspruch auf **teilweise Erwerbsminderungsrente** haben Versicherte, wenn die folgenden Voraussetzungen gleichzeitig erfüllt sind:
- Feststellung einer teilweisen Erwerbsminderung, die vorliegt, wenn der Versicherte wegen Krankheit oder Behinderung auf nicht absehbare Zeit außerstande ist, unter den üblichen Bedingungen des Arbeitsmarktes **mindestens sechs Stunden** täglich zu arbeiten,
- Zahlung der Pflichtbeiträge für drei Jahre in den vergangenen fünf Jahren vor Eintritt der Erwerbsminderung für eine versicherte Tätigkeit oder Beschäftigung,
- Erfüllung der allgemeinen Wartezeit von fünf Jahren vor Eintritt der Erwerbsminderung.

Anspruch auf **volle Erwerbsminderungsrente** haben die Versicherten, die nachstehende Voraussetzungen erfüllen:
- Feststellung einer vollen Erwerbsminderung, die vorliegt, wenn der Versicherte wegen Krankheit oder Behinderung auf nicht absehbare Zeit außer Stande ist, unter den üblichen Bedingungen des allgemeinen Arbeitsmarktes **mindestens drei Stunden** täglich erwerbsfähig zu sein,
- Zahlung der Pflichtbeiträge für drei Jahre in den letzten drei Jahren vor Eintritt der Erwerbsmin-

derung für eine versicherte Tätigkeit oder Beschäftigung,
- Erfüllung der allgemeinen Wartezeit von fünf Jahren vor Eintritt der Erwerbsminderung.

> Beschäftigte, die noch mindestens drei, nicht aber mehr als sechs Stunden täglich arbeiten könnten, jedoch keinen Arbeitsplatz finden, erhalten ebenfalls eine volle Erwerbsminderungsrente, wenn die drei vorgenannten Voraussetzungen erfüllt sind.

Die Leistungen werden bis zur Vollendung des 65. Lebensjahres gezahlt.

Nimmt ein Versicherter vor Erreichen der Regelaltersrente Rente in Anspruch, muss für jeden Monat der vorzeitigen Inanspruchnahme ein Abschlag von 0,3 v. H. in Kauf genommen werden. Damit verringert sich die laufende Rente – für die gesamte Dauer des Rentenbezuges – um 3,6 v. H. pro vorgezogenes Rentenjahr. Zur Vermeidung von Nachteilen, die bei vorzeitiger Inanspruchnahme einer vorgezogenen Rente entstehen, können nach § 187 a SGB VI Ausgleichsbeträge gezahlt werden.

Die Renten wegen Todes sind unter den Voraussetzungen der (§§ 46–49 SGB VI) zu erbringen.

13.1.3 Unfallversicherung

Rechtsgrundlagen der gesetzlichen Unfallversicherung (GUV) finden sich hauptsächlich im Sozialgesetzbuch, Siebtes Buch (SGB VII), in den verschiedenen Arbeitsschutzgesetzen sowie in den Unfallverhütungsvorschriften der Berufsgenossenschaften.

Finanzierung und Trägerschaft
Träger der gesetzlichen Unfallversicherung sind in der Regel die Berufsgenossenschaften.

Berufsgenossenschaften sind Zusammenschlüsse von Arbeitgebern, die zum Erlass von präventiven Unfallverhütungsvorschriften berechtigt sind und die anstelle des einzelnen Arbeitgebers nach Eintritt eines Versicherungsfalls Entschädigungen gewähren und die branchenmäßig für bestimmte Berufszweige gebildet werden.

So gibt es etwa die Berufsgenossenschaft für Gesundheitsdienst und Wohlfahrtspflege in Hamburg. Daneben bestehen Gemeindeunfallverbände, Feuerwehrunfallkassen sowie andere besondere Einrichtungen (= Eigenunfallversicherung).

Die Träger der Unfallversicherungen sind Selbstverwaltungskörperschaften des öffentlichen Rechts und stehen unter staatlicher Aufsicht. Sie beraten ihre Mitglieder und überwachen die Durchführung etwa der Unfallverhütungsvorschriften.

Die **Finanzierung** der Unfallversicherungen erfolgt im Wesentlichen durch die Beiträge, die **allein** von den Unternehmern im Umlageverfahren getragen werden (§§ 150 ff SGB VII). Die Höhe der Beiträge richtet sich nach dem Finanzbedarf, den Arbeitsentgelten der Versicherten und dem Grad der Unfallgefahr in dem Unternehmen (Gefahrklasse).

Versicherungspflicht
Der gesetzliche Unfallversicherungsschutz erstreckt sich auf verschiedene Personengruppen. Die größte Gruppe bilden die Arbeitnehmer und die ihnen gleichgestellten Personen (Beschäftigte).

> Kraft Gesetzes sind alle auf Grund eines Arbeits-, Dienst- oder Ausbildungsverhältnisses Beschäftigten ohne Rücksicht auf die Höhe des Arbeitseinkommens pflichtversichert.

Neben diesen schützt die Unfallversicherung auch diejenigen Personen, die im Interesse des Gemeinwohls tätig sind.

Hierzu gehören etwa die im Gesundheits- oder Veterinärwesen und in der Wohlfahrtspflege Beschäftigten sowie die Angehörigen des Deutschen Roten Kreuzes und des Technischen Hilfswerkes

Leistungen der gesetzlichen Unfallversicherungen
Die Aufgabe der Unfallversicherung besteht darin, Arbeitsunfälle, Berufskrankheiten sowie arbeitsbedingte Gesundheitsgefahren zu verhüten und nach Eintritt eines Arbeitsunfalls oder einer Berufskrankheit den Verletzten, seine Angehörigen und Hinterbliebenen durch Förderungsmaßnahmen und Geldleistungen zu entschädigen.

Zum Zwecke der Verhütung von Arbeitsunfällen und Berufskrankheiten können die Träger der Unfallversicherung **Unfallverhütungsvorschriften** erlassen (▶ 12.5.9). In ihnen sind Bestimmungen über Einrichtungen und Verhalten am Arbeitsplatz enthalten, die sich an die Betriebe und die dort Beschäftigten wenden.

> Für die Angehörigen der Fachberufe im Gesundheitswesen hat der zuständige Träger der Unfallversicherung, die Berufsgenossenschaft für Gesundheitsdienst und Wohlfahrtspflege, außer Unfallverhütungsvorschriften, die allgemein gelten, Sondervorschriften für besondere Tätigkeiten und Einrichtungen erarbeitet.

Leistungen bei Unfall und Berufskrankheit

Außer der **Verhütung** von Arbeitsunfällen bezweckt die Unfallversicherung den **Schadensausgleich** infolge von Arbeitsunfällen oder Berufskrankheiten.

> Unter einem Unfall ist ein plötzlich von außen auf den Körper wirkendes Ereignis zu verstehen, durch das unfreiwillig ein Gesundheitsschaden oder der Tod verursacht wird.

Zu den Arbeitsunfällen zählen nicht nur Unfälle, die den Versicherten bei der Ausübung der versicherten Tätigkeit treffen, sondern auch solche, die ihm auf dem Weg vom oder zum Ort seiner Tätigkeit zustoßen. Auch diejenigen Unfälle, die auf dem Weg von und zu einer Heilbehandlung oder zum Abheben des Arbeitsentgeltes bei einem Geldinstitut eintreten (Wegeunfall), sind Arbeitsunfälle ebenso wie Unfälle beim Umgang mit Arbeitsgerät.

Dem Unfall gleichgestellt ist die durch allmähliche Entwicklung gesundheitsschädlicher Einflüsse entstehende Berufskrankheit.

> Berufskrankheiten sind Krankheiten, die sich ein Versicherter bei den in der Reichsversicherungsordnung (§§ 539, 540, 543–545 RVO) genannten Tätigkeiten zuzieht und die in der Berufskrankheitenverordnung vom 20.06.1968 mit späteren Änderungen aufgeführt sind.

Unter diese Berufskrankheiten fallen beispielsweise Infektionskrankheiten, wenn sie bei Personen auftreten, die in Krankenhäusern, Heil- und Pflegeanstalten, Entbindungsheimen, in Einrichtungen des öffentlichen Gesundheitsdienstes oder in Laboratorien beschäftigt sind und sich dort bei der Berufsarbeit infiziert haben. Ferner werden als Berufskrankheiten Schädigungen und Erkrankungen durch Röntgenstrahlen und andere in der jeweils gültigen Berufskrankheitenverordnung bezeichneten Ursachen anerkannt.

Feststellung des Versicherungsfalles

Jeder Unfall ist vom Unternehmer (Krankenhausträger, Arzt, Träger einer Sozialstation) anzuzeigen. Es erfolgt eine Untersuchung, die nach Abschluss der Feststellungen mit dem Erlass eines Bescheides durch den Unfallversicherungsträger beendet ist, soweit gegen den Bescheid nicht beim **Sozialgericht** Rechtsmittel eingelegt wird. Ein Bescheid des Versicherungsträgers ist immer dann negativ, wenn der Unfall vorsätzlich herbeigeführt worden ist; in diesem Fall besteht kein Anspruch auf Versicherungsleistung.

Durch Fahrlässigkeit seitens des Verletzten wird dagegen der Versicherungsanspruch nicht ausgeschlossen. Versicherte haben nach Eintritt eines Versicherungsfalles (Arbeitsunfall, Berufskrankheit) Anspruch auf

- Heilbehandlung einschließlich Leistungen der medizinischen Rehabilitation,
- Leistungen zur Teilhabe am Arbeitsleben und am Leben in der Gemeinschaft,
- ergänzende Leistungen, auf Leistungen bei Pflegebedürftigkeit sowie
- Geldleistungen (§ 26 SGB VII).

Inhalt und Umfang der Einzelleistungen regeln die §§ 27 bis 52 SGB VII.

Hat der Verletzte seine Erwerbsfähigkeit als Folge eines Versicherungsfalls verloren, hat er einen Anspruch auf **Rente**. Die Höhe der Rente richtet sich nach dem Jahresarbeitsverdienst. Zu unterscheiden ist – je nach Grad der Minderung der Erwerbsfähigkeit – die **Vollrente** und die **Teilrente**. Die Vollrente beträgt 2/3 des Jahresarbeitsverdienstes (§ 56 Abs. 3 SGB VII).

Führt der Arbeitsunfall zum Tode des Versicherten, so wird für die Hinterbliebenen u. a. ein Anspruch auf Sterbegeld begründet.

> Neben der Pflicht zur Rehabilitation und Entschädigung ist der Unfallversicherungsträger zur Prävention verpflichtet.

Dazu zählt, mit allen geeigneten Mitteln für die Verhütung von Arbeitsunfällen, Berufskrankheiten und arbeitsbedingten Gesundheitsgefahren und für eine wirksame erste Hilfe zu sorgen. Auch soll den Ursachen von arbeitsbedingten Gefahren nachgegangen werden (§ 14 SGB VII).

Bestimmte Personengruppen sind hinsichtlich der Unfälle im Rahmen eines Dienst- oder Arbeitsverhältnisses versicherungsfrei.

Das sind z. B. die Beamten, für die beamtenrechtliche Unfallfürsorgevorschriften gelten, ferner Mutterhausschwestern und ähnliche Personen, soweit lebenslange Versorgung gewährleistet ist und auch gewisse freie Berufe im Gesundheitswesen.

Für bestimmte Personen besteht die Möglichkeit des freiwilligen Beitritts zur Unfallversicherung. Das trifft beispielsweise auf Unternehmer und deren im Unternehmen mittätigen Ehegatten zu.

Der Abschluss einer privaten Unfall- oder Haftpflichtversicherung entbindet nicht von der gesetzlichen Unfallversicherung, die eine Pflichtversicherung ist.

13.1.4 Pflegeversicherung

Angesichts der hohen Zahl pflegebedürftiger Menschen, die ganz überwiegend ambulant oder stationär versorgt werden, wurde die soziale Pflegeversicherung als Fünfte Säule der Sozialversicherung im Jahre 1994 eingeführt. Die Einführung der Versicherung erfolgte in drei Stufe.

> Einführungsstufen der Pflegeversicherung
> - Ab dem 01.01.1995 wurden Beiträge erhoben,
> - Leistungen bei häuslicher Pflege wurden ab dem 01.04.1995 erbracht,
> - Leistungen bei stationärer Pflege werden seit dem 01.07.1996 gewährt.

Die gesetzlichen Regelungen finden sich im Elften Buch des Sozialgesetzbuches (SGB XI).

> Aufgabe der Pflegeversicherung ist es, Pflegebedürftigen Hilfe zu leisten, die wegen der Schwere der Pflegebedürftigkeit auf solidarische Unterstützung angewiesen sind (§ 1 Abs. 4 SGB XI).

Ziele der Pflegeversicherung

Die Leistungen sollen den Pflegebedürftigen helfen, trotz ihres Hilfebedarfs ein möglichst selbstständiges und selbstbestimmtes Leben zu führen, das der Würde des Menschen entspricht. Es wird gefordert, dass die Hilfen darauf ausgerichtet sind, die körperlichen, geistigen und seelischen Kräfte des Pflegebedürftigen wiederzugewinnen oder zu erstellen. Damit sollen die Pflegeleistungen nicht nur funktionelle Defizite ersetzen, sondern rehabilitativ und aktivierend wirken. Diese gesetzliche Forderung (§ 2 Abs. 1 SGB XI) steht in engem Zusammenhang mit dem Vorrang von Prävention und medizinischer Rehabilitation (§ 5 SGB XI).

Im Übrigen geht der Gesetzgeber vom Vorrang der häuslichen Pflege aus (§ 3 SGB XI).

> Die Pflegeversicherung soll mit ihren Leistungen vorrangig die häusliche Pflege und Pflegebereitschaft der Angehörigen und Nachbarn unterstützen. Leistungen der teilstationären Pflege und der Kurzzeitpflege gehen den Leistungen der vollstationären Pflege vor.

Aus diesem Grundsatz lässt sich zwar für die Angehörigen der Pflegebedürftigen keine rechtliche Verpflichtung zur Pflegeübernahme herleiten, der Leistungsträger (Pflegekasse) ist jedoch verpflichtet, Möglichkeiten der teilstationären und der Kurzzeitpflege zu prüfen und gegebenenfalls einzusetzen.

Finanzierung und Trägerschaft

Träger der sozialen Pflegeversicherung sind die **Pflegekassen** als rechtsfähige Körperschaften des öffentlichen Rechts mit Selbstverwaltung. Die Pflegekassen sind bei den Krankenkassen errichtet und sind für die Sicherstellung der pflegerischen Versorgung ihrer Versicherten verantwortlich (§ 12 SGB XI).

In den Schutz der Pflegeversicherung sind Kraft Gesetzes alle einbezogen, die in der gesetzlichen Krankenversicherung versichert sind. Wer privat krankenversichert ist, muss eine private Pflegeversicherung abschließen.

> Es gilt der Grundsatz: »Die Pflegeversicherung folgt der Krankenversicherung.«

Die Mittel für die Pflegeversicherung werden im Wesentlichen durch Beiträge aufgebracht.

> Die Beiträge sind jeweils zur Hälfte von Arbeitnehmer und Arbeitgeber zu tragen.

Zum Ausgleich für den Arbeitgeberanteil wurde mit Einführung der Pflegeversicherung ein gesetzlicher Feiertag aufgehoben (mit Ausnahme Sachsen, hier ist der Beitrag in ganzer Höhe vom Arbeitnehmer aufzubringen).

Leistungen der Pflegeversicherung

Sie richten sich je nach Inanspruchnahme der Pflegeart sowie der Schwere der Pflegebedürftigkeit aus. Es handelt sich um Dienst- und Geldleistungen für den Bedarf an Grundpflege, hauswirtschaftlicher Betreuung und Kostenerstattung in den gesetzlich vorgesehenen Fällen (§§ 4, 23 Abs. 1, 91 SGB XI).

Die Erbringung der Leistungen steht unter dem Gebot der **Wirtschaftlichkeit** (§ 29 SGB XI). Unter diesem Aspekt ist auch das Verhältnis der Leistungen der Pflegeversicherung zu anderen Sozialleistungen zu sehen.

Pflegeleistungen sind in verschiedenen Sozialleistungsgesetzen enthalten, dementsprechend enthält das Elfte Buch Sozialgesetzbuch eine Vorrang- und Abgrenzungsregelung (§ 13 SGB XI).

> Alle Pflegeleistungen mit Entschädigungscharakter, etwa Leistungen aus der gesetzlichen Unfallversicherung, gehen den Leistungen der Pflegeversicherung vor.

Demgegenüber gehen ihrerseits Leistungen der Pflegeversicherung den Fürsorgeleistungen zur Pflege, beispielsweise nach dem Bundessozialhilfegesetz (BSHG, ▶ 14.), in der Regel vor. Die Leistungen der häuslichen Pflege nach § 37 SGB V bleiben von den Bestimmungen der sozialen Pflegeversicherung unberührt. Nach Eintritt der Pflegebedürftigkeit sind somit Leistungen der Grundpflege und der hauswirtschaftlichen Versorgung durch die Krankenkassen neben der Behandlungspflege, etwa das Katheterlegen, das Anziehen von Kompressionsstrümpfen in den ersten vier bis sechs Wochen nach einer akuten Thrombophlebitis, nicht mehr zulässig (§ 37 Abs. 2 S. 4 SGB V). Dies gilt jedoch nur für die häusliche Krankenpflege, die zur Sicherung der Ziele der ärztlichen Behandlung erforderlich ist, nicht für die häusliche Krankenpflege, die der Vermeidung einer Krankenhausbehandlung dient.

Pflegebedürftigkeit

Das leistungsauslösende Risiko ist die Pflegebedürftigkeit des Versicherten. Die gesetzliche Definition des Begriffs der Pflegebedürftigkeit (§ 14 Abs. 1 SGB XI) enthält gegenüber dem in anderen Sozialleistungsgesetzen herangezogenen Begriff bestimmte Einschränkungen.

> Pflegebedürftig im Sinne der Pflegeversicherung sind Personen, die wegen einer körperlichen, geistigen oder seelischen Krankheit oder Behinderung für die gewöhnlichen und regelmäßig wiederkehrenden Verrichtungen im Ablauf des täglichen Lebens auf Dauer, voraussichtlich für mindestens sechs Monate, in erheblichem oder höherem Maße der Hilfe bedürfen.

Die Begrenzung in der Leistungsberechtigung zeigt sich
- hinsichtlich der zu erwartenden Dauer der Pflegebedürftigkeit (»voraussichtlich mindestens sechs Monate«) und
- hinsichtlich des Grades der Pflegebedürftigkeit (»hilfsbedürftig in erheblichem oder höherem Maße«).

Weitere Präzisierungen ziehen weitere Einschränkungen nach sich.
Krankheiten oder Behinderungen sind
- Verluste, Lähmungen oder andere Funktionsstörungen am Stütz- und Bewegungsapparat,
- Funktionsstörungen der inneren Organe oder Sinnesorgane

- Störungen des Zentralnervensystems wie Antriebs-, Gedächtnis- oder Orientierungsstörungen sowie
- endogene Psychosen, Neurosen oder geistige Behinderungen.

Gleiches gilt für die Verrichtungen, die der Pflegebedürftige nicht ausführen kann.
Gewöhnliche und regelmäßig wiederkehrende Verrichtungen sind
- im Bereich der Körperpflege das Waschen, Duschen, Baden, die Zahnpflege, das Kämmen, Rasieren, die Darm- und Blasenentleerung,
- im Bereich der Ernährung das mundgerechte Zubereiten oder die Aufnahme der Nahrung,
- im Bereich der Mobilität das vollständige Aufstehen und Zubettgehen, An- und Auskleiden, Gehen, Stehen, Treppensteigen oder das Verlassen und Wiederauffinden der Wohnung,
- im Bereich der hauswirtschaftlichen Versorgung das Einkaufen, Kochen, Reinigen der Wohnung, Spülen, Wechseln und Waschen der Wäsche und Kleidung oder das Beheizen.

Einschränkungen ergeben sich schließlich beim Merkmal der Hilfe durch eine andere Person.
Die Hilfe besteht
- in der Unterstützung,
- in der teilweisen oder vollständigen Übernahme der Verrichtungen im Ablauf des täglichen Lebens oder
- in der Beaufsichtigung der eigenständigen Übernahme dieser Verrichtungen.

Zur weiteren Abgrenzung der in § 14 SGB XI genannten Merkmale der Pflegebedürftigkeit haben die Spitzenverbände der Pflegekassen die in § 17 SGB XI vorgesehenen Richtlinien erarbeitet: die **Pflegebedürftigkeits-Richtlinien** (PflRi – vom 07.11.1994).

> Diese Richtlinien, die der Genehmigung durch das Bundesministerium für Arbeit und Sozialordnung unterliegen, sind für die Pflegekassen und Medizinischen Dienste der Krankenversicherung (MDK) verbindlich.

Welchen Rechtscharakter sie gegenüber den Pflegebedürftigen besitzen, ist bislang nicht hinreichend geklärt.

Für die Gewährung von Leistungen der Pflegeversicherung werden die Pflegebedürftigen entsprechend der Häufigkeit des Hilfsbedarfs und des zeitlichen Mindestaufwands in drei Pflegestufen eingeteilt (§ 15 SGB VI):

Pflegestufen
- Pflegebedürftige der Pflegestufe I (erheblich Pflegebedürftige) sind Personen, die mindestens einmal täglich für zwei Verrichtungen der Hilfe bedürfen.
- Pflegebedürftige der Pflegestufe II (Schwerpflegebedürftige) sind Personen, die wenigstens dreimal täglich Hilfe zu verschiedenen Tageszeiten benötigen.
- Pflegebedürftige der Pflegestufe III (Schwerstpflegebedürftige) sind Personen, die täglich rund um die Uhr, auch nachts, hilfsbedürftig sind.

In allen Pflegestufen muss zumindest mehrfach in der Woche Hilfe bei der hauswirtschaftlichen Versorgung benötigt werden.

> Über die Einstufung der Pflegebedürftigkeit entscheidet der Medizinische Dienst der Krankenversicherung – MDK – (§ 18 SGB XI).

Die Medizinischen Dienste der Krankenversicherung

Organisation und Aufgaben des Medizinischen Dienstes sind im Sozialgesetzbuch, Fünftes Buch geregelt (§§ 275 ff SGB V). Er ist als Arbeitsgemeinschaft der Landesverbände der Orts-, Betriebs- und Innungskrankenkassen organisiert und stellt eine rechtsfähige Körperschaft des öffentlichen Rechts dar. Mithin ist er kein Organ oder Bestandteil einer Krankenkasse. Er untersteht nur der Aufsicht der für die Sozialversicherung zuständigen obersten Verwaltungsbehörde des Landes, in dem er seinen Sitz hat.

> Die fachliche Kompetenz des MDK wird im Rahmen der Begutachtung der Pflegebedürftigkeit nicht nur durch Ärzte, sondern in enger Zusammenarbeit mit diesen durch Pflegefachkräfte und andere geeignete Fachkräfte wahrgenommen (§ 18 Abs. 7 SGB XI):

Zusammenarbeit von MDK und Pflege

Die Verfahrensvorschriften zur Feststellung der Pflegebedürftigkeit sprechen nur von einer »engen Zusammenarbeit« der Ärzte mit Pflegefachkräften und anderen geeigneten Fachkräften. In welcher Form dies zu geschehen hat, lässt der Gesetzgeber offen. Auch wird nicht deutlich, ob bei jeder individuellen Begutachtung stets eine Pflegefachkraft oder eine sonstige geeignete Fachkraft zu beteiligen ist. In den Pflegebedürftigkeits-Richtlinien (Nr. 5.5) ist vorgesehen, dass in allen Phasen des gutachterlichen Verfahrens die beteiligten Fachkräfte im Einzelfall eng zusammenarbeiten.

> Der Arzt stellt die medizinischen Feststellungen fest, während es Aufgabe der Pflegefachkraft ist, alle für die Beurteilung der Pflege erforderlichen Feststellungen zu treffen, etwa die Beurteilung der Pflegesituation im häuslichen Umfeld.

In den Richtlinien wird damit von einer jedenfalls fachlich orientierten und damit auf das jeweilige Fach bezogenen gleichberechtigten Stellung des Arztes, der Pflegefachkraft und der anderen Fachkräfte ausgegangen. Die Pflegkraft ist keineswegs Hilfskraft des Arztes. Diese gleichberechtigte Stellung drückt sich auch im Begutachtungsverfahren aus. Die Verantwortlichkeit für das Gutachten bleibt zwar beim MDK. Die fachliche Verantwortlichkeit der Gutachter ist aber gegebenenfalls auf mehrere am Gutachten beteiligte Personen zu verteilen. Haben Arzt und Pflegekraft jeweils für sich den ihnen fachlich obliegenden Gutachtenanteil eigenständig zu verantworten, so muss dies auch in der Unterzeichnung des Gutachtens zum Ausdruck kommen.

Nach einer Entscheidung des Bundessozialgerichts (BSG, Urteil vom 30.09.1993 – zum damaligen § 53 SGB V) erstreckt sich das ärztliche Sachverständigengutachten auf die wesentliche Krankheits- und Behinderungsbedingtheit des Hilfebedarfs, nicht aber auf die weiteren Voraussetzungen der (Schwer-/Schwerst)Pflegebedürftigkeit. Zu deren Feststellung – so das Gericht – sei medizinisch-ärztlicher Sachverstand weder erforderlich noch vorrangig zuständig. Man könne hier etwa auch in der Altenpflege besonders erfahrene Pflegefachkräfte als Sachverständige befragen. Das Gericht lässt es jedoch zu, dass der Arzt die erforderlichen Beobachtungen über den Hilfebedarf und den Betreuungsaufwand zeugenschaftlich mitteilt.

Individueller Pflegeplan

Der MDK hat das Ergebnis seiner Prüfung der Pflegekasse mitzuteilen und Maßnahmen zur Rehabilitation, Art und Umfang von Pflegeleistungen sowie einen individuellen **Pflegeplan** zu empfehlen (§ 18 Abs. 6 SGB XI).

Aussagen über den Inhalt des Pflegeplans trifft das Gesetz nicht.

Die Pflegebedürftigkeits-Richtlinie versteht hierunter
- Aussagen über die im Bereich der pflegerischen Leistungen und im Einzelfall erforderlichen Hilfen,

- ebenso Vorschläge für Rehabilitations- und Präventionsmaßnahmen sowie
- Prognosen über die weitere Entwicklung der Pflegebedürftigkeit und Aussagen über die Notwendigkeit und die Zeitabschnitte von Wiederholungsbegutachtungen.

Unter Pflegeplan ist wohl eher nicht zu verstehen, dass beispielsweise einer Pflegeeinrichtung ein täglicher Ablaufplan für die Pflege der betroffenen Person vorgeschrieben wird.

Ist die Pflegebedürftigkeit festgestellt, gewährt die Pflegeversicherung folgende Leistungen (§ 28 Abs. 1 SGB XI).

Leistungen bei Pflegebedürftigkeit

- Pflegesachleistung,
- Pflegegeld für selbst beschaffte Pflegehilfe,
- Kombination von Geld- und Sachleistung,
- häusliche Pflege bei Verhinderung der Pflegeperson,
- Pflegehilfsmittel und technische Hilfen,
- Tages- und Nachtpflege,
- Kurzzeitpflege,
- vollstationäre Pflege,
- Pflege in vollstationären Einrichtungen der Hilfe für behinderte Menschen,
- Leistungen zur sozialen Sicherung der Pflegepersonen,
- Pflegekurse für Angehörige und ehrenamtliche Pflegepersonen.

Einzelheiten der Leistungserbringung enthalten die §§ 36 ff SGB XI.

Wirtschaftlichkeitsgebot

> Unter dem Wirtschaftlichkeitsgebot sind die Pflegekassen zur Gewährleistung einer bedarfsgerechten und gleichmäßigen, dem allgemein anerkannten Stand medizinisch-pflegerischer Erkenntnisse entsprechenden pflegerischen Versorgung der Versicherten verpflichtet (Sicherstellungsauftrag, § 69 SGB XI).

Hierzu schließen sie **Versorgungsverträge** und **Vergütungsvereinbarungen** mit den Trägern von Pflegeeinrichtungen und sonstigen Leistungserbringern. Die Beteiligten einer derartigen sozialrechtlichen Dreiecksbeziehung sind
- der Leistungsempfänger (Versicherter),
- der Sozialleistungsträger (Pflegekasse) und
- der Leistungserbringer (z. B. eine Pflegeeinrichtung; Abb. 13.1).

Die Rechtsbeziehungen zwischen Sozialleistungsträger einerseits und Leistungsempfänger bzw. Leistungserbringer andererseits sind öffentlich-rechtlicher Natur. Damit sind bei Leistungsstörungen die Sozialgerichte zuständig. Das Rechtsverhältnis von Leistungserbringer und Leistungsempfänger ist privatrechtlich geprägt (= **Pflegevertrag**), wobei im Einzelfall Bestimmungen der verschiedenen Vertragsarten des Bürgerlichen Gesetzbuches (BGB) als Vertragsinhalt einfließen können.

Die Beziehungen der Pflegekassen zu den Leistungserbringern, also Pflegeeinrichtungen und sonstigen Leistungserbringern (z. B. einzelne geeignete Pflegekräfte) regeln die §§ 71 ff SGB XI.

Pflegeeinrichtungen

> Unter Pflegeeinrichtungen versteht das Gesetz selbstständig wirtschaftende, ambulante, teilstationäre und stationäre Einrichtungen und Dienste.

Arten der Pflegeeinrichtungen

- Ambulante Pflegeeinrichtungen (Pflegedienste), die den Pflegebedürftigen in seiner Wohnung pflegen und hauswirtschaftlich versorgen.
- Stationäre Pflegeeinrichtungen (Pflegeheimen).

Diese Unterscheidung ist für die Finanzierung der Pflegeleistungen von Bedeutung.

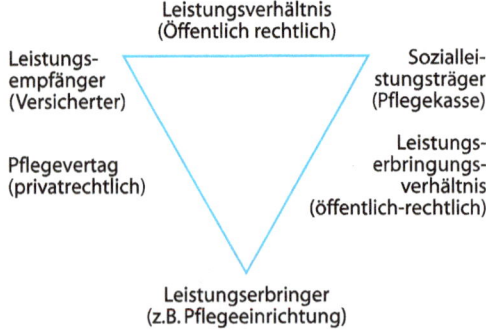

Abb. 13.1. Vertragssystem der Leistungserbringung

Voraussetzung einer Pflegeeinrichtung ist die auf Dauer angelegte organisatorische Zusammenfassung von Personen und Sachmitteln. In der Gesetzesbegründung wird für die Pflegedienste zusätzlich gefordert, dass die Einrichtung in der Lage sein muss, eine ausreichende, gleichmäßige und konstante pflegerische Versorgung eines wechselnden Kreises von Pflegebedürftigen in ihrem Einzugsgebiet »rund um die Uhr« zu gewährleisten. Dazu gehört auch die Sicherstellung eines ausreichenden Früh-, Spät-, Wochenend- und Feiertagsdienstes. Außerdem muss die Einrichtung geeignet sein, Pflege und hauswirtschaftliche Versorgung in der nach dem Gesetz geforderten Qualität zu erbringen.

Als selbstständig wirtschaftende Pflegedienste und Pflegeheime unterliegen die entsprechenden Einrichtungen der Pflege-Buchführungsverordnung (PBV vom 12.11.1995).

Gleichermaßen für ambulante und stationäre Pflegeeinrichtungen wird weiterhin die ständige Verantwortung einer ausgebildeten Pflegefachkraft gefordert.

> Ständige Verantwortung bedeutet eine – auch zeitlich – allumfassende Verantwortlichkeit für Pflegeorganisationen und Pflegeinhalte, meint jedoch nicht fortwährende Anwesenheit.

Unter ausgebildeten Pflegefachkräften sind zu verstehen (§ 71 Abs. 2 SGB XI):
- examinierte (Kinder-)Krankenschwestern/ -pfleger nach dem Krankenpflegegesetz sowie
- Altenpfleger/innen nach dem Altenpflegegesetz,
- die jeweils eine zweijährige praktische Berufserfahrung in dem erlernten Beruf innerhalb der letzten fünf Jahre nachgewiesen haben.

Bei ambulanten Pflegeeinrichtungen, die überwiegend behinderte Menschen pflegen und betreuen, gelten als ausgebildete Pflegefachkräfte auch nach Landesrecht ausgebildete
- Heilerziehungspfleger/innen und
- Heilerzieher/innen

mit einer praktischen Berufserfahrung von zwei Jahren innerhalb der letzten fünf Jahre.

> Damit sind die gesetzlichen Anforderungen an eine Pflegefachkraft, die in Pflegeeinrichtungen tätig ist (§ 71 SGB XI), höher als an diejenige, die im Rahmen der Begutachtung einer Pflegebedürftigkeit eingesetzt wird (§ 18 SGB XI).

Spezifisches Wissen muss darüber hinaus die Pflegekraft mitbringen, die bei sog. Beratungsbesuchen im Rahmen der häuslichen Pflege eingesetzt wird (§ 37 Abs. 2 SGB XI). Das Wissen soll sich hier nicht nur auf das individuelle Krankheits- und Behinderungsbild und dessen Hilfebedarf beziehen, die Pflegekraft soll darüber hinaus auch über eine besondere Beratungskompetenz verfügen.

Zu den Pflegeeinrichtungen, die Pflegeleistungen erbringen, gehören insbesondere die **Sozialstationen**. Diese werden in der Hauptsache von den Verbänden der freien Wohlfahrtspflege und den Kommunen getragen.

Neben den Sozialstationen können private ambulante Dienste ihre Pflegeleistungen anbieten, wenn entsprechende Versorgungsverträge mit den Pflegekassen abgeschlossen sind.

Zu den ergänzenden Hilfsdiensten der ambulanten Versorgung zählen Mahlzeitendienste, Angebote für hauswirtschaftliche Versorgung und Besuchsdienste.

Für die stationäre Pflege gibt es zahlreiche Einrichtungen der Gemeinden, der Wohlfahrtsverbände, der Kirchen sowie private Einrichtungen.

Pflegequalitätssicherung

Zur Verbesserung der Pflegequalität in stationären und ambulanten Pflegeeinrichtungen trat zum 01.01.2002 das Gesetz zur Qualitätssicherung und zur Stärkung des Verbraucherschutzes in der Pflege (Pflege-Qualitätssicherungsgesetz – PQsG) in Kraft. Als sog. Artikelgesetz ergänzt es die bisherigen Vorschriften des Sozialgesetzbuches, Elftes Buch (SGB XI), Soziale Pflegeversicherung. Zugleich wurde ein neues **Heimgesetz** beschlossen, das demselben Zweck dienen und die Zusammenarbeit von Kostenträgern und Heimaufsicht verbessern soll.

> Mit diesen gesetzlichen Änderungen verfolgt der Gesetzgeber die Sicherung und Weiterentwicklung der Pflegequalität mit den Schwerpunkten:
> - Stärkung der Eigenverantwortung der Pflegeselbstverwaltung,
> - Sicherung, Weiterentwicklung und Prüfung der Pflegequalität,
> - Zusammenarbeit mit der Heimaufsicht sowie
> - die Stärkung der Verbraucherrechte.

Mittel zur Qualitätssicherung

Das Pflege-Qualitätssicherungsgesetz fordert u. a. von den Pflegeeinrichtungen den Nachweis eines tragfähigen **Qualitätsmanagementkonzepts**, das auf stetige Sicherung und Weiterentwicklung ausgerichtet ist (§§ 80, 72 Abs. 3 SGB XI). Weitere, zusätzliche Pflichten bestehen in der Beteiligung an **Maßnahmen zur Qualitätssicherung** sowie in dem Nachweis der erbrachten Leistungen und deren Qualität (§ 112 SGB XI). Dabei werden Prüfungen auf die häusliche Pflege (§ 37 SGB V) erweitert.

Gegenüber den Landesverbänden der Pflegekassen ist ein regelmäßiger Nachweis der erbrachten Leistungen und deren Qualität durch Leistungs- und **Qualitätsnachweise** zu erbringen (§ 113 SGB XI). Konkretisiert wird das Verhältnis zwischen Pflegeeinrichtung und Leistungsträger z. B. durch Verfahren zur **Ermittlung des Personalbedarfs** oder zur **Bemessung der Pflegezeit** in stationären Einrichtungen (§ 75 Abs. 3 SGB XI). Der Pflegeheimträger ist weiter verpflichtet, mit dem in der **Leistungs- und Qualitätsvereinbarung** als notwendig anerkannten Personal die Versorgung der Heimbewohner jederzeit sicherzustellen (§ 80 a Abs. 4 SGB XI). Der Leistungsträger kann jederzeit einen Personalabgleich verlangen, aus dem hervorgeht, dass das als notwendig anerkannte und vereinbarte Personal auch tatsächlich bereitgestellt und bestimmungsgemäß eingesetzt ist.

Stationäre und ambulante Betreuung von Pflegebedürftigen

Im Verhältnis zwischen Pflegeeinrichtung und Pflegebedürftigen gelten die Vorschriften des Heimgesetzes über Heimverträge für alle zugelassenen Pflegeeinrichtungen, in denen pflegebedürftige Bewohner betreut werden (§ 119 Abs.1 SGB XI). Die **Zahlungspflicht** für das Heimentgelt endet am Tag der Entlassung aus dem Heim oder am Todestag (§ 87 a Abs. 1 SGB XI). Pflegebedürftige haben die Pflicht, nach Aufforderung des Heimträgers eine höhere Pflegestufe zu beantragen (§ 87 a Abs. 2 SGB XI).

Im Bereich der ambulanten Pflegeeinrichtungen legt das Gesetz die Mindestanforderungen an den **Pflegevertrag** fest (§ 120 Abs. 3 SGB XI, ▶ 10.1) und bestimmt, dass dieser dem Pflegebedürftigen unverzüglich auszuhändigen ist. Der Vertrag kann vom Pflegebedürftigen innerhalb der ersten zwei Wochen fristlos und ohne Angabe von Gründen gekündigt werden.

Weitere Bestimmungen befassen sich mit Prüfrechten des MDK oder von bestellten Sachverständigen, mit Inhalten und Umfang der Prüfrechte sowie mit Rechtsfolgen bei Pflichtverstößen, vor allem bei festgestellter mangelhafter Qualität der Versorgungseinrichtungen.

13.1.5 Arbeitslosenversicherung

Die Rechtsgrundlagen der Arbeitslosenversicherung finden sich heute im Sozialgesetzbuch, Drittes Buch, Arbeitsförderung (SGB III).

Finanzierung und Trägerschaft

Träger der Arbeitslosenversicherung ist die Bundesanstalt für Arbeit mit Sitz in Nürnberg.

Die Mittel zur Erfüllung der Aufgaben der Bundesanstalt und der einzelnen Arbeitsämter im Rahmen der aktiven Arbeitsförderung sowie der Entgeltersatzleistungen werden überwiegend durch **Beiträge** aufgebracht, die von den versicherungspflichtig Beschäftigten und den Arbeitgebern **je zur Hälfte** getragen werden (§ 340 SGB III). Stellt ein Arbeitgeber ältere Arbeitslose ein, kann er dadurch Befreiung vom Arbeitgeberbeitrag erreichen. Damit soll ein Beschäftigungsanreiz für Ältere geschaffen werden.

Versicherungspflicht

Versicherungspflichtig sind Personen, die gegen Arbeitsentgelt oder zu ihrer Berufsausbildung beschäftigt sind (§ 25 SGB III).

Den Kreis der **versicherungsfrei** Beschäftigten legt § 27 SGB III fest. Dazu zählen beispielsweise auch satzungsgemäße Mitglieder von geistlichen Genossenschaften, Diakonissen und ähnliche Personen, wenn sie sich aus überwiegend religiösen oder sittlichen Beweggründen mit Krankenpflege, Unterricht oder anderen gemeinnützigen Tätigkeiten beschäftigen und nicht mehr als freien Unterhalt oder ein geringes Entgelt beziehen. Schließlich sind versicherungsfrei auch Personen in einer geringfügigen Beschäftigung (also unter 15 Wochenstunden) wie auch Schüler/Studenten, die neben ihrer Ausbildung einer Beschäftigung nachgehen.

Leistungen der Arbeitsförderung

Die Arbeitsförderung hat neben
— der Beratung Arbeitssuchender,
— der Stellenvermittlung,
— der Förderung der Berufsausbildung und beruflichen Weiterbildung

die Aufgabe der **Hilfe für Arbeitslosigkeit**.

In diesem Zusammenhang bestehen die Leistungen der Arbeitslosenversicherung im Wesentlichen als
- Arbeitslosengeld und
- Arbeitslosenhilfe.

Arbeitslosengeld

Das **Arbeitslosengeld** ist die wichtigste Leistung der Arbeitslosenversicherung.

> Es ist eine Entgeltersatzleistung, die an die Stelle des während der Zeit der Arbeitslosigkeit ausfallenden Arbeitsentgelts tritt. Dem arbeitslosen Arbeitnehmer soll dadurch ermöglicht werden, seinen Lebensstandard in der Zeit der Arbeitslosigkeit in etwa beizubehalten.

Anspruch auf Arbeitslosengeld hat, wer
- arbeitslos ist,
- sich beim Arbeitsamt arbeitslos gemeldet hat und
- die Anwartschaftszeit erfüllt hat.

Arbeitslose, die das 65. Lebensjahr vollendet haben, unterliegen dem Schutzbereich der gesetzlichen Rentenversicherung. Sie haben daher von Beginn des Monats an, der auf die Vollendung des 65. Lebensjahr folgt, keinen Anspruch auf Arbeitslosengeld.
Arbeitslos ist, wer
- vorübergehend nicht in einem Beschäftigungsverhältnis steht (Beschäftigungslosigkeit) und
- eine versicherungspflichtige, mindestens 15 Stunden wöchentlich umfassende Beschäftigung sucht (Beschäftigungssuche).

Der Arbeitslose muss sich zur Verwirklichung seines Anspruchs **persönlich** beim zuständigen Arbeitsamt arbeitslos melden (§ 122 SGB III). Dies ist auch möglich, wenn die Arbeitslosigkeit zwar noch nicht eingetreten, aber innerhalb der nächsten zwei Monate zu erwarten ist (▶ 12.4.4 am Ende).

Als weitere Voraussetzung des Arbeitslosengeldanspruchs muss der Berechtigte eine **Anwartschaftszeit** erfüllt haben. Dies ist der Fall, wenn der Anspruchsteller in einer Rahmenfrist mindestens zwölf Monate in einem Versicherungspflichtverhältnis gestanden hat (§ 123 SGB III). Die **Rahmenfrist** beträgt drei Jahre und beginnt mit dem Tag vor der Erfüllung aller sonstigen Voraussetzungen für den Anspruch auf Arbeitslosengeld (§ 124 SGB III). Nicht in diese Rahmenfrist eingerechnet werden z. B. Zeiten der Pflege eines Angehörigen, der Anspruch auf Leistungen aus der Pflegeversicherung hat.

Besteht ein Anspruch auf Arbeitslosengeld, so ist die Leistung bei unverschuldeter Krankheit, die zur Arbeitsunfähigkeit führt, fortzuzahlen (§ 126 SGB III).

Als unverschuldet gilt auch eine Arbeitsunfähigkeit, die infolge einer nicht rechtswidrigen Sterilisation durch einen Arzt oder eines nicht rechtswidrigen Abbruches der Schwangerschaft eintritt.

Eine Leistungsfortzahlung erfolgt ebenso, wenn nach ärztlichem Zeugnis die Betreuung und Pflege eines erkrankten Kindes des Arbeitslosen erforderlich ist (§ 126 Abs. 2 SGB III).

Die **Anspruchsdauer** auf Arbeitslosengeld richtet sich nach der Dauer der Versicherungspflichtverhältnisse innerhalb der um vier Jahre erweiterten Rahmenfrist und dem Lebensalter, das der Arbeitslose bei Entstehen des Anspruchs vollendet hat. Danach kann Arbeitslosengeld zwischen 6 und 32 Monate gewährt werden (§ 127 SGB III). Die Fälle, in denen sich die Anspruchsdauer mindert, regelt § 128 SGB III.

Die **Höhe des Arbeitslosengeldes** (§ 129 SGB III) beträgt brutto entweder 67 v. H. (erhöhter Leistungssatz) bei (verheirateten) Arbeitslosen mit Kindern oder 60 v. H. (allgemeiner Leistungssatz) bei den übrigen Arbeitslosen bezogen auf das Leistungsentgelt (§ 136 SGB III), das der Arbeitslose in einem bestimmten Bemessungszeitraum (§ 130 SGB III) erzielt hat. Minderungen des Arbeitslosengeldes sind unter den Voraussetzungen nach § 140 SGB III möglich.

Der Anspruch auf Arbeitslosengeld kann ab vier Jahren nach seiner Entstehung nicht mehr geltend gemacht werden.

Arbeitslosenhilfe

Anspruch auf Arbeitslosenhilfe (§§ 190 ff SGB III) haben Arbeitnehmer, die
- arbeitslos sind,
- sich beim Arbeitsamt arbeitslos gemeldet haben,
- nicht einen Anspruch auf Arbeitslosengeld haben, weil sie die Anwartschaftszeit nicht erfüllt haben,
- in der Vorfrist (mindestens ein Jahr) Arbeitslosengeld bezogen haben,
- bedürftig sind.

Bedürftig ist ein Arbeitsloser, soweit er seinen Lebensunterhalt nicht auf andere Weise als durch Arbeitslosenhilfe bestreiten kann und das zu berücksichtigende Einkommen die Arbeitslosenhilfe nicht erreicht. Welche Einkommen zu berücksichtigen sind, regelt § 194 SGB III im Einzelnen.

Die **Höhe der Arbeitslosenhilfe** beträgt für Arbeitslose, die beim Arbeitslosengeld die Voraussetzungen für den erhöhten Leistungssatz erfüllt haben, 57 v. H., für die übrigen Arbeitslosen 53 v. H. des Leistungsentgelts. Sie vermindert sich um das im Rahmen der **Bedürftigkeitsprüfung** zu berücksichtigende Einkommen und Vermögen.

Die **Anspruchsdauer** beträgt längstens ein Jahr (§ 196 Abs. 1 Nr. 2 SGB III).

Grundsätzlich gilt, dass einem Arbeitslosen alle seiner Arbeitsfähigkeit entsprechenden Beschäftigungen **zumutbar** sind, soweit allgemeine oder personenbezogene Gründe der Zumutbarkeit einer Beschäftigung nicht entgegenstehen (§ 121 SGB III).

Ausblick

Derzeit wird die Zusammenführung von Arbeitslosen- und Sozialhilfe gesetzgeberisch diskutiert. Geplant ist, die Sozialleistungen für Erwerbsfähige neu zu ordnen. Neben einem »Arbeitslosengeld I«, einer beitragsfinanzierten Versicherungsleistung, soll es nur noch ein »Arbeitslosengeld II« geben, das aus Steuermitteln finanziert und nach Bedürftigkeit gezahlt wird. Darüber hinaus ist mit einer kürzeren Bezugsdauer des Arbeitslosengeldes zu rechnen.

13.2 Sozialrechtliche Aspekte der Qualitätssicherung

Mit dem Gesundheitsstrukturgesetz (GSG vom 21.12.1991) wurde der Qualität im medizinischen Versorgungssystem eine hervorgehobene Stellung eingeräumt, wenngleich nicht zu verkennen ist, dass qualitätssichernde Maßnahmen, ob nun so oder ursprünglich anders benannt, in der Medizin – einschließlich der Patientenpflege – seit jeher betrieben werden.

Die Vorstellungen des Gesetzgebers zur näheren Ausgestaltung seiner Zielsetzung »Qualität der medizinischen Versorgung« finden sich v. a. im 4. Kapitel des Sozialgesetzbuches, Fünftes Buch (SGB V), gesetzliche Krankenversicherung. Es regelt die Beziehungen der Krankenkassen zu den Leistungserbringern, beispielsweise den (Zahn-)Ärzten, Apothekern und Krankenhäusern.

Maßnahmen der Qualitätssicherung

Zur Sicherstellung der geforderten Qualität der medizinischen Versorgung verlangt das Sozialgesetzbuch, Fünftes Buch, (SGB V) entsprechende Maßnahmen. Dabei wird differenziert zwischen Qualitätssicherung einerseits und Qualitätsprüfung andererseits.

> Während Maßnahmen der Qualitätssicherung eher präventiven Charakter besitzen, beziehen sich Qualitätsprüfungen und Qualitätskontrollen in der Regel auf einen bereits abgeschlossenen Sachverhalt, beurteilen sozusagen das »Endprodukt« einschließlich der qualitätssichernden Maßnahmen.

Der Grundsatz der Qualitätssicherung findet sich in unterschiedlicher Ausprägung vielfach im Gesetz wieder, sei es für das ambulante Operieren, sei es im Rahmen der stationären Versorgung, aber auch für Heil- und Hilfsmittel oder die Versorgung mit häuslicher Krankenpflege – um nur einige Schwerpunkte zu nennen. Hinzu tritt, dass die Grundlagen für qualitätssichernde Maßnahmen durch das Sozialgesetzbuch durchaus differenziert ausgestaltet sind, z. B. durch Hinweis auf entsprechend auszuarbeitende Richtlinien, beispielsweise in der ambulanten vertragsärztlichen Versorgung oder unter Bezugnahme auf abzuschließende Verträge zwischen Krankenkassen und Interessenvertretungen der entsprechenden Leistungserbringer. Dies geschieht etwa in der stationären Versorgung, wobei insbesondere hier die **Berufsorganisationen der Krankenpflegeberufe** mit zu beteiligen sind (§ 137 SGB V).

Ähnliches gilt für die Grundsätze der Qualitätsprüfungen.

Maßnahmen der Qualitätsprüfung

Als Maßstab aller qualitätssichernden Maßnahmen dürfte als »Grundnorm« § 70 Abs. 1 in Verbindung mit § 12 Abs. 1 SGB V gelten.

> Danach haben »Krankenkassen und Leistungserbringer eine bedarfsgerechte und gleichmäßige, dem allgemein anerkannten Stand der medizinischen Erkenntnisse entsprechende Versorgung der Versicherten zu gewährleisten«.

Dabei ist sicherzustellen, dass die Versorgung ausreichend und zweckmäßig ist. Sie darf das Maß des Notwendigen nicht überschreiten und muss wirtschaftlich erbracht werden. Und schließlich »haben die Vertragspartner« (also z. B. Krankenkassen, Berufsorganisationen und Leistungserbringer) »durch geeignete Maßnahmen auf eine humane Krankenbehandlung ihrer Versicherten hinzuwirken« (§ 70 Abs. 2 SGB V).

Derartige Maßnahmen sind z. B. die
- Vereinbarungen über Qualitätssicherungsmaßnahmen in Krankenhäusern zwischen den in § 137 SGB V genannten Organisationen und Institutionen sowie
- die Vereinbarungen von Maßstäben für die Qualität und die Qualitätssicherung der ambulanten und stationären Pflege gemäß § 80 SGB XI.

Der Versicherte hat demnach Anspruch auf eine standardgemäße Versorgung. Eine Analyse der einzelnen Bestimmungen des Sozialgesetzbuches, Fünftes Buch, lässt die Schlussfolgerung zu:

> Durch entsprechende Qualitätssicherungsmaßnahmen und Qualitätsprüfungen oder -kontrollen soll die standardgemäße Versorgung gleichsam »garantiert« sein.

Nun ist nicht zu übersehen, dass alle diejenigen Vorschriften, die sich mit der Sicherstellung der Qualität im medizinischen Versorgungssystem befassen, zugleich auch den Bezug zur Wirtschaftlichkeit herstellen. Es liegt folglich die Annahme nahe, dass der Qualitätsbegriff und damit möglicherweise auch der medizinische Standard im Sinne des Sozialgesetzbuches vornehmlich von einem wertbezogenen Ansatz geprägt wird: Qualität soll mit Hilfe von Kosten und Preisen definiert werden; ein Qualitätsprodukt – hier die medizinische Versorgung – bietet eine bestimmte Leistung zu einem akzeptablen Preis bzw. erfüllt die Übereinstimmung mit Spezifikationen zu akzeptablen Kosten.

Mehrdimensionalität des Qualitätsbegriffs

Generell darf der wertbezogene Ansatz jedoch nur eine von mehreren Betrachtungsweisen des Qualitätsbegriffs sein.

> Um Qualität in der medizinischen Versorgung zu gewährleisten, ist vielmehr der Mehrdimensionalität des Qualitätsbegriffs Rechnung zu tragen, wie sie beispielsweise in Begriffen wie Strukturqualität, Prozessqualität und Ergebnisqualität auch in der medizinischen Literatur zum Ausdruck gebracht wird.

Dennoch ist nicht auszuschließen, dass infolge von Wirtschaftlichkeitserwägungen zu fordernde Qualitätsstandards nicht eingehalten werden (können).

Erleidet ein Patient nun einen Schaden infolge eines Substandards, der durch sozialrechtlich vorgegebene Wirtschaftlichkeitserwägungen bedingt ist, so stellt sich die grundsätzliche Frage, ob der Leistungserbringer, etwa der Arzt oder das Krankenhaus, sozusagen entschuldigend auf die Vorgaben des Sozialrechts hinweisen kann.

Das Zivilrecht, hier insbesondere das Haftungsrecht, sorgt bei Qualitätsmängeln in der Patientenbehandlung für einen in der Regel materiellen Ausgleich (▶ 10.).

Auch in Ansehung sozialrechtlicher Vorschriften bleibt es wohl bei den Haftungsgrundsätzen, die der Bundesgerichtshof (BGH) in der Vergangenheit v. a. zum sog. **Organisationsverschulden** des Krankenhausträgers aufgestellt hat.

Danach kann sich ein Krankenhausträger insbesondere auch nicht unter Kostengesichtspunkten darauf berufen, dass er auf Grund einer personellen oder apparativen Unterversorgung nicht in der Lage war, eine ordnungsgemäße Behandlung des Patienten zu gewährleisten.

> Mit dem sozialgesetzlichen Gebot zur Qualitätssicherung wird jedoch die Beurteilung der Behandlungssicherheit um eine auch haftungsrechtlich bedeutsame Facette erweitert.

Rechtspflichten der Leistungserbringer

Die Forderung des Gesetzgebers nach Qualitätssicherungsmaßnahmen im medizinischen Versorgungssystem (§ 135 ff SGB V) durch das Sozialrecht löst für Krankenkassen und Leistungserbringer konkrete Rechtspflichten aus. Diese Rechtspflichten wirken sich zunächst unmittelbar etwa auf die Krankenhausorganisation aus, wenn beispielsweise in der stationären Versorgung qualitätssichernde Maßnahmen in Bezug auf Behandlung, Versorgungsabläufe und Behandlungsergebnisse gefordert werden, an denen sich die Krankenhäuser zu beteiligen haben, und zwar im Bedarfsfall – wie schon eingangs bemerkt – unter Einbeziehung der Berufsorganisationen der Krankenpflegeberufe (§ 137 SGB V). Des weiteren resultiert aus der Rechtspflicht zu qualitätssichernden Maßnahmen zugleich eine Außenwirkung zum Patienten. So stellt sich unter Haftungsaspekten die Frage nach Art und Umfang der Organisationspflichten und etwaigen haftungsrechtlichen Folgen bei Organisationspflichtverletzungen des Krankenhausträgers.

> Die Qualitätssicherung dient auf Grund ihres präventiven Charakters insbesondere auch dazu, Gefährdungen des Patienten im Krankenhaus vorzubeugen.

Aus haftungsrechtlicher Sicht könnte ein entsprechend gestaltetes Qualitätssicherungssystem zumindest Indiz dafür sein, dass eine ärztliche/pflegerische Leistungserbringung nicht fehlerhaft ist, auch wenn bei Einhaltung aller Vorgaben ein Patient zu Schaden kommt. Unter diesem Gesichtspunkt ist nicht auszuschließen, dass zukünftig auch der Frage nachgegangen wird – oder werden muss –, ob das abverlangte Qualitätssicherungssystem selbst die fehlerhafte Leistung hervorgebracht hat. Damit könnte zugleich die Beurteilung und Bewertung eines sog. ärztlichen/pflegerischen Behandlungsfehlers tangiert sein, indem Qualitätssicherungssysteme, die vom Sozialgesetzgeber gefordert werden, durchaus Auswirkungen auf die Beschaffenheit der geschuldeten Leistung erlangen können.

Und nicht zuletzt könnten sich auch **Beweislastfragen** neu stellen, etwa – analog der Rechtsprechung zur Dokumentationspflicht – in der Weise, dass fehlende Qualitätssicherungssysteme in einem Krankenhaus zu einer Beweiserleichterung bis hin zur Beweislastumkehr zu Gunsten eines geschädigten Patienten führen.

Schlussfolgerungen

> Aus haftungsrechtlich begründetem Eigeninteresse sollten wegen der sozialrechtlichen Vorgaben nicht nur die Krankenhausträger (bzw. deren Interessenvertretungen, § 137 SGB V), sondern auch Ärztekammern und – soweit der Pflegebereich betroffen ist – die Berufsorganisationen der Krankenpflegeberufe, aber auch die Angehörigen der Berufe im Gesundheitswesen selbst, Sorge tragen für die Erarbeitung und Einführung von Qualitätssicherungssystemen und deren individuelle Umsetzung am Arbeitsplatz.

Dies gilt in gleicher Weise für die nach dem Sozialgesetzbuch, Elftes Buch, Soziale Pflegeversicherung (SGB XI) ebenso geforderten Qualitätsmanagementsysteme wie nach dem Pflege-Qualitätssicherungsgesetz (PQsG).

Überprüfen Sie Ihr Wissen

1. Durch welche drei Gesetze wurde die deutsche Sozialversicherungsgesetzgebung im 19. Jahrhundert begründet?
   Antwort: ▶ 13
2. Auf welchem Versorgungsprinzip beruht das Sozialversicherungsrecht?
   Antwort: ▶ 13
3. In welchem Gesetzbuch sind die sozialrechtlichen Vorschriften zusammengefasst?
   Antwort: ▶ 13.1
4. Wer ist Träger der Jugendhilfe?
   Antwort: ▶ 13.1
5. An wen richtet sich die Jugendhilfe?
   Antwort: ▶ 13.1
6. Wer ist Träger von Rehabilitationsmaßnahmen für behinderte Menschen?
   Antwort: ▶ 13.1
7. Welche Aufgaben haben Integrationsämter?
   Antwort: ▶ 13.1
8. Wer kommt für die Beiträge zur Krankenversicherung auf?
   Antwort: ▶ 13.1.1
9. Wer ist Träger der Krankenversicherung?
   Antwort: ▶ 13.1.1
10. Wie sind Familienangehörige krankenversichert?
    Antwort: ▶ 13.1.1
11. Welche Leistungen erbringt die Krankenversicherung?
    Antwort: ▶ 13.1.1
12. Wer kommt für die Beiträge zur Rentenversicherung auf?
    Antwort: ▶ 13.1.2
13. Wer ist Träger der Rentenversicherung?
    Antwort: ▶ 13.1.2
14. Welche Rentenarten kennt die Rentenversicherung?
    Antwort: ▶ 13.1.2
15. Welche Aufgaben hat die Unfallversicherung?
    Antwort: ▶ 13.1.3
16. Wer ist Träger der gesetzlichen Unfallversicherung?
    Antwort: ▶ 13.1.3
17. Wer kommt für die Beiträge der gesetzlichen Unfallversicherung auf?
    Antwort: ▶ 13.1.3
18. Wer ist Träger der sozialen Pflegeversicherung?
    Antwort: ▶ 13.1.4
19. Wer kommt für die Beiträge zur sozialen Pflegeversicherung auf?
    Antwort: ▶ 13.1.4
20. Wer entscheidet über die Einstufung der Pflegebedürftigkeit?
    Antwort: ▶ 13.1.4
21. Welche Ziele verfolgt der Gesetzgeber mit dem Pflege-Qualitätssicherungsgesetz?
    Antwort: ▶ 13.1.4
22. Wer ist Träger der Arbeitslosenversicherung?
    Antwort: ▶ 13.1.5
23. Wer kommt für die Beiträge zur Arbeitslosenversicherung auf?
    Antwort: ▶ 13.1.5
24. Welche Entgeltersatzleistungen kann der Arbeitslose aus der Arbeitslosenversicherung erwarten?
    Antwort: ▶ 13.1.5

14.2.1 Hilfe zum Lebensunterhalt – 264
14.2.2 Hilfe in besonderen Lebenslagen – 265

In das System der sozialen Sicherheit gehört neben dem Sozialversicherungswesen gleichfalls das **Sozialhilferecht**, wie es im Sozialgesetzbuch zum Ausdruck kommt (§ 9 SGB I).

> Danach hat derjenige, der nicht in der Lage ist, seinen Lebensunterhalt aus eigenen Kräften zu bestreiten oder in besonderen Lebenslagen sich selbst zu helfen und auch von anderer Seite keine ausreichende Hilfe erhält, ein Recht auf persönliche und wirtschaftliche Hilfe, die seinem besonderen Bedarf entspricht, ihn zur Selbsthilfe befähigt, die Teilnahme am Leben in der Gemeinschaft ermöglicht und die Führung eines menschenwürdigen Lebens sichert.

14.1 Allgemeines

In der vorstehenden Bestimmung des Sozialgesetzbuches wurde der Anspruch auf Sozialhilfe neu formuliert. Es ist jedoch festzuhalten, dass der Begriff der Sozialhilfe erstmals durch das Bundessozialhilfegesetz (BSHG) in der Fassung vom 23.03.1994 mit späteren Änderungen geprägt wurde. Er trat an die Stelle des Begriffs der »öffentlichen Fürsorge«. Das Grundgesetz ordnet die Regelungskompetenz im Bereich der »öffentlichen Fürsorge« der konkurrierenden Gesetzgebung zu (Art. 74 Nr. 7 GG).

> Mit dem Bundessozialhilfegesetz hat der Bund von seinem Gesetzgebungsrecht Gebrauch gemacht und damit zugleich die Sozialpflichtigkeit des Staates aus Art. 20 Abs. 1 GG konkretisiert.

Die im Bundessozialhilfegesetz und jetzt auch umfassend im Sozialgesetzbuch vorgenommene Formulierung des Sozialhilfebegriffs anstelle des Begriffs der öffentlichen Fürsorge verdeutlicht einen Wandel in der Aufgabenstellung der Fürsorge.

> Während die öffentliche Fürsorge früher lediglich die Aufgabe hatte, dem Hilfsbedürftigen den notwendigen Lebensbedarf zu gewähren, soll die Sozialhilfe darüber hinaus den Menschen in seiner ganzen sozialen Persönlichkeit erfassen. Sie knüpft daher in § 1 Abs. 2 BSHG ebenso wie in § 9 SGB I auch an das Grundrecht der Menschenwürde an.

Dieser Leitsatz von der Unantastbarkeit der Menschenwürde in Verbindung mit dem Grundgedanken des sozialen Rechtsstaats, Art. 20 GG, soll die Abwendung der Sozialhilfe, die z. T. als persönliche Hilfe unabhängig von den jeweiligen Einkommens- und Vermögensverhältnissen gewährt wird, von der früheren Armenfürsorge deutlich machen.

Zugleich aber wird im Bundessozialhilfegesetz auch der Grundsatz des **Nachrangs der Sozialhilfe** und der individuellen Bemessung der Hilfe nach Lage des Einzelfalls deutlich formuliert (§ 2 BSHG). So erhält derjenige keine Sozialhilfe, der sich selbst helfen kann oder der die erforderliche Hilfe von anderen, besonders von Angehörigen oder von Trägern anderer Sozialleistungen erhält.

14.2 Arten der Sozialhilfe

Die Sozialhilfe wird in erster Linie in Form einer **persönlichen Hilfe** gewährt, es folgen Geld- oder **Sachleistungen** (§ 8 BSHG). Die Vorrangstellung der persönlichen Hilfe soll zum Ausdruck bringen, dass sich der Sozialhilfeträger zu aller erst um den Menschen selbst kümmern soll. Dabei spielt meist eine Beratung über das zweckmäßige Verhalten in einer bestimmten Lebenssituation eine wichtige Rolle. Vielmals ist erst nach einer eingehenden Beratung mit dem Hilfesuchenden erkennbar, welche Form der Hilfe im Einzelfall vorzuziehen ist.

> Sind die Voraussetzungen, an die das Bundessozialhilfegesetz die Hilfegewährung knüpft, gegeben, so besteht ein Rechtsanspruch auf die Sozialhilfe (§ 4 BSHG, § 9 SGB I).

Dabei soll die Sozialhilfe vorbeugend gewährt werden, wenn eine drohende Notlage abgewendet werden kann, doch auch rückwirkend, wenn dies zur Sicherung der Wirksamkeit einer gewährten Hilfe geboten ist (§ 6 BSHG).

> Im Rahmen der Sozialhilfe ist die Hilfe zum Lebensunterhalt von der Hilfe in besonderen Lebenslagen (§ 1 Abs. 1 BSHG) zu unterscheiden.

14.2.1 Hilfe zum Lebensunterhalt

> Die Hilfe zum Lebensunterhalt ist dem zu gewähren, der seinen notwendigen Lebensunterhalt nicht oder nicht ausreichend aus eigenen Kräften und Mitteln, insbesondere aus seinem Einkommen und Vermögen, beschaffen kann (§ 11 Abs. 1 BSHG).

Der notwendige Lebensunterhalt umfasst nach § 12 Abs. 1 BSHG besonders Ernährung, Unterhalt, Kleidung, Körperpflege, Hausrat, Heizung und persönliche Bedürfnisse des täglichen Lebens, zu denen im vertretbaren Umfang auch Beziehungen zur Umwelt und eine Teilnahme am kulturellen Leben gehören.

Als Hilfeleistungen sieht das Bundessozialhilfegesetz vor:
- die Hilfe zur Arbeit (§§ 18 ff BSHG),
- laufende und einmalige Leistungen,
- und – bei einer Unterbringung in einer Anstalt oder einem Heim – ein Taschengeld (§§ 21 ff BSHG).

Die laufenden Leistungen zum Lebensunterhalt werden nach Regelsätzen gewährt. Diese sind durch Rechtsverordnungen im Einzelnen festgelegt. In bestimmten Sonderfällen ist über den Regelbedarf hinaus ein Mehrbedarf von 20 v. H. anzuerkennen. Das gilt beispielsweise:
- für Personen, die das 65. Lebensjahr vollendet haben,
- für Personen unter 65 Jahren, die erwerbsunfähig sind, wie auch
- für Schwangere vom Beginn des sechsten Schwangerschaftsmonats.

> Weigert sich der Hilfesuchende, zumutbare Arbeit zu leisten oder zumutbaren Maßnahmen im Rahmen von Arbeitsgelegenheiten (§§ 19, 20 BSHG) nachzukommen, so hat er keinen Anspruch auf Hilfe zum Lebensunterhalt (§ 25 Abs. 1 BSHG).

Mit dieser Bestimmung soll dem mangelnden Selbsthilfebestreben eines Hilfesuchenden begegnet werden.

14.2.2 Hilfe in besonderen Lebenslagen

Neben der Hilfe zum Lebensunterhalt enthält das Bundessozialhilfegesetz einen weitgefächerten Katalog von Hilfsmaßnahmen in besonderen Lebenslagen, von denen einige im Folgenden angeführt werden.

> **Hilfsmaßnahmen in besonderen Lebenslagen nach dem Bundessozialhilfegesetz**
> - Hilfe zur Familienplanung (§ 36 BSHG)
>   Sie umfasst ärztliche Beratung, erforderliche Unternehmung, Verordnung empfängnisregelnder Mittel sowie Kostenübernahme für empfängnisverhütende Mittel, soweit ärztlich verordnet. Die Höhe des Bedarfs an empfängnisverhütenden Mitteln ist nicht unter medizinischen Aspekten vom Arzt, sondern unter sozialhilferechtlichen Gesichtspunkten vom Sozialhilfeträger zu entscheiden (OLG Hamburg, NJW 1991, 941);
> - Hilfe bei Sterilisation (§ 36 a BSHG)
>   Gewährt werden ärztliche Untersuchung, Beratung und Begutachtung, ärztliche Behandlung, Versorgung mit Arznei-, Verband- und Heilmittel sowie Krankenhauspflege, allerdings ausschließlich bei einer nicht rechtswidrigen Sterilisation.
> - Hilfe bei Schwangerschaft und Mutterschaft (§ 36 b BSHG)
>   Zum Umfang der Hilfe zählen ärztliche Beratung und Betreuung sowie Hebammenhilfe, Versorgung mit Arznei-, Verband- und Heilmitteln, Pflege in einer Anstalt oder einem Heim, häusliche Pflege und Entbindungsgeld.
> - Hilfe bei Krankheit und vorbeugende Hilfe (§ 37 BSHG)
>   Gewährt werden medizinische Vorsorgeleistungen und Untersuchungen sowie Leistungen zur Krankenbehandlung.
> - Eingliederung für behinderte Menschen (§ 39 BSHG)
>   Der Anspruch geht einem möglichen Anspruch gegenüber einem Rehabilitationsträger nach. Eingliederungshilfen sollen dem behinderten Menschen die Teilnahme am Leben in der Gemeinschaft ermöglichen oder erleichtern sowie die Ausübung einer angemessenen Tätigkeit eröffnen. Dazu zählen Leistungen zur medizinischen Rehabilitation, Versorgung mit orthopädischen Hilfsmitteln, Hilfen zu einer angemessenen Schulbildung und ähnliches (§§ 40 ff BSHG). Die gesetzlich vorgesehenen Eingliederungshilfen für den genannten Personenkreis können zusammengefasst als medizinische, berufliche und soziale Maßnahmen bezeichnet werden. Alle Maßnahmen sind eng miteinander verflochten, wobei gewisse Schwerpunkte im Verlaufe des Rehabilitationsprozesses wechseln können. Zur Durchführung der einzelnen Maßnahmen stellt der Träger der Sozialhilfe einen Gesamtplan auf, wobei eine Mitwirkung nicht nur des Behinderten, sondern auch des behandelnden Arztes, des Gesundheitsamts, eines Landesarztes, des Jugendamts und der Dienststelle der Bundesanstalt für Arbeit vorgesehen ist (§ 46 BSHG).

- Hilfe zur Pflege (§ 68 BSHG)
  Kranken oder behinderten Menschen kann unter den gesetzlichen Voraussetzungen häusliche Pflege, teilstationäre Pflege, Kurzzeitpflege und vollstationäre Pflege zuteil werden. Bei der Entscheidung über die Hilfsmaßnahmen ist die Entscheidung der Pflegekasse über das Ausmaß der Pflegebedürftigkeit zu Grunde legen.

Abschließend sind als Hilfen in besonderen Lebenslagen
- die Blindenhilfe (§ 67 BSHG),
- die Altenhilfe (§ 75 BSHG),
- die Hilfe zur Weiterführung des Haushalts (§ 70 BSHG) und
- die Hilfe zur Überwindung besonderer sozialer Schwierigkeiten (§ 72 BSHG)

zu nennen.

Träger der Sozialhilfe

Die Sozialhilfe wird von örtlichen und überörtlichen Trägern gewährt. Örtliche Träger sind die kreisfreien Städte und Landkreise. Die überörtlichen Träger werden von den Ländern bestimmt. Zuständig für die Sozialhilfe ist das Sozialamt der Stadt oder des Landkreises.

Nach dem Grundsatz des Nachrangs der Sozialhilfe sollen die Sozialbehörden im Einzelfall keine Maßnahmen treffen oder Leistungen gewähren, wenn Hilfe durch **Einrichtungen der freien Wohlfahrtspflege** gewährleistet ist. Mit diesen sollen die Sozialhilfeträger zusammenarbeiten; sie können ihnen Aufgaben übertragen und ihre Einrichtungen, Heime, Pflegeanstalten usw. in Anspruch nehmen.

Die privaten Vereine, Stiftungen und Körperschaften, die sich der »öffentlichen Fürsorge« widmen, sind in den sechs **Spitzenverbänden der freien Wohlfahrtspflege** zusammengeschlossen.

Die sechs Spitzenverbände der freien Wohlfahrtspflege

- »Deutscher Caritasverband«,
- »Diakonisches Werk der Evangelischen Kirche in Deutschland«,
- »Zentralwohlfahrtsstelle der Juden in Deutschland«, sowie der
- »Bundesverband der Arbeiterwohlfahrt«,
- das »Deutsche Rote Kreuz« und
- der »Deutsche Paritätische Wohlfahrtsverband«.

Diese sechs Spitzenverbände sind ihrerseits in der »Bundesarbeitsgemeinschaft der Freien Wohlfahrtspflege Deutschlands« zusammengeschlossen.

Überprüfen Sie Ihr Wissen – 268

Zum 01.01.2003 wurde eine neue eigenständige soziale Leistung in Deutschland eingeführt: die bedarfsorientierte Grundsicherung (Gesetz über eine bedarfsorientierte Grundsicherung im Alter und bei Erwerbsminderung – GSiG – vom 26.01.2001).

> Ziel des Gesetzes ist die Verhinderung der sog. »verschämten Armut« von Menschen in Notlagen.

Die Grundsicherung ist weder eine »Mindestrente« noch eine »Ersatzrente«. Im Unterschied zur Sozialhilfe gibt es keinen Rückgriff auf das Einkommen unterhaltsverpflichteter Kinder.

Anspruchberechtigte

- Personen, die das 65. Lebensjahr vollendet haben,
- Personen, die das 18. Lebensjahr vollendet haben und unabhängig von der jeweiligen Arbeitsmarktlage aus gesundheitlichen Gründen dauerhaft voll erwerbsunfähig sind (d. h. über ein Leistungsvermögen von täglich weniger als drei Stunden auf dem allgemeinen Arbeitsmarkt verfügen).

Der Bezug einer Alters- oder Erwerbsminderungsrente (▶ 13.1.2) gehört nicht zu den Bezugsvoraussetzungen.

Die Bewilligung setzt **Bedürftigkeit** voraus.

Bedürftig ist, wer seinen Lebensunterhalt nicht oder nicht vollständig

- aus **eigenem Einkommen** z. B. aus Rente, Unterhalt, Wohngeld, Miet- und Pachteinnahmen)
- und **verwertbarem Vermögen** (z. B. aus Haus- und Grundvermögen, Wertpapieren, Bargeld über einem bestimmten Betrag).

bestreiten kann.

Hierfür gelten die Regelungen des Sozialhilferechts zum sog. **Existenzminimum** entsprechend.

> Keinen Anspruch auf Leistungen zur Grundsicherung haben Personen, die ihre Bedürftigkeit in den letzten zehn Jahren vorsätzlich oder grob fahrlässig herbeigeführt haben, etwa durch Verschleuderung oder Schenkung.

Damit soll einem Missbrauch der Grundsicherung vorgebeugt werden.

Die Leistungshöhe wird im Einzelfall durch den Träger der Grundsicherung auf Antrag festgestellt. Die Leistungen zur Grundsicherung entsprechen im Wesentlichen der laufenden Hilfe zum Lebensunterhalt nach dem Bundessozialhilfegesetz (▶ 14.2.1). Es soll möglichst vermieden werden, dass ergänzend zur Grundsicherung noch Sozialhilfe notwendig ist.

Finanziert werden die Leistungen aus Steuermitteln.

> Träger der Grundsicherung sind Kreise oder kreisfreie Städte.

Dafür können **Grundsicherungsämter** eingerichtet werden. Nach Möglichkeit sollen die Sozialämter die Aufgaben übernehmen.

Da die Grundsicherungsleistung keine Rente ist, wird sie auch nicht von den Rentenversicherungsträgern, die jedoch eng mit den Grundsicherungsämtern zusammenarbeiten sollen, verwaltet.

Überprüfen Sie Ihr Wissen

1. Welche zwei Arten der Sozialhilfe unterscheidet das Bundessozialhilfegesetz?
   Antwort: ▶ 14.2
2. Wer ist Träger der Sozialhilfe
   Antwort: ▶ 14.2.2
3. Welche Spitzenverbände der freien Wohlfahrtspflege gibt es?
   Antwort: ▶ 14.2.2
4. Welche Aufgaben haben die Verbände der freien Wohlfahrtspflege?
   Antwort: ▶ 14.2.2
5. Welche Ziele verfolgt das Grundsicherungsgesetz?
   Antwort: ▶ 15
6. Wann liegt Bedürftigkeit im Sinne des Grundsicherungsgesetzes vor?
   Antwort: ▶ 15
7. Wer ist Träger der Grundsicherung?
   Antwort: ▶ 15

16.1 Hygienerecht – 270
16.1.1 Hygienezwischenfälle – 271
16.1.2 Hygieneorganisation – 272

16.2 Infektionsschutzgesetz – 274
16.2.1 Struktur des Infektionsschutzgesetzes – 274
16.2.2 Präventionsgedanke – 275
16.2.3 Stärkung des öffentlichen Gesundheitsdienstes – 277
16.2.4 Stärkung der Eigenverantwortung – 281
16.2.5 Nosokomiale Infektionen und (Multi-) Resistenzen – 281

Überprüfen Sie Ihr Wissen – 284

Gesetzliche Maßnahmen gegen gemeingefährliche und übertragbare Krankheiten unterliegen der konkurrierenden Gesetzgebung (Art. 74 Nr. 19 GG, ▶ 6.1.6).

Für die Hygiene bedeutet dies, dass eine Vielzahl hygienerechtlicher Vorschriften existiert, die sowohl bundesgesetzlicher Art – wie etwa das Infektionsschutzgesetz (IfSG) – aber auch länderspezifischer Art – wie beispielsweise Krankenhaushygieneverordnungen – sind.

16.1 Hygienerecht

Hygienerechtliche Einzelbestimmungen finden sich in zahlreichen gesetzlichen Einzelbestimmungen, wie etwa im/in
- Infektionsschutzgesetz,
- Arbeitsschutzgesetz,
- Lebensmittel- und Bedarfsgegenständegesetz,
- Medizinproduktegesetz,
- den Landeskrankenhausgesetzen,
- den Vorschriften der Hygieneverordnungen der Länder sowie nicht zuletzt
- zahlreichen Unfallverhütungsvorschriften, Sicherheitsregeln und Merkblättern der Berufsgenossenschaften sowie
- europäischen Richtlinien und Normen.

> Die Aufzählung dieser bei weitem nicht abschließenden hygienerechtlich relevanten Einzelvorschriften zeigt, dass unsere Rechtsordnung kein bundeseinheitliches Hygienerecht kennt. Der Versuch einer Zuordnung einzelner, aus Teilbereichen der Bundes- bzw. Landesgesetzgebung gegriffener Hygienevorschriften lässt allenfalls die Feststellung zu, dass diese Regelungen überwiegend dem Recht der **Arbeitssicherheit** bzw. dem **Gesundheitsschutzrecht** im weiteren Sinne zuzurechnen sind.

Richtlinie für Krankenhaushygiene und Infektionsprävention

Dies gilt ohne Zweifel auch für die »Richtlinie für Krankenhaushygiene und Infektionsprävention«, herausgegeben und fortgeschrieben vom Robert Koch-Institut (RKI), Nachfolger des ehemaligen Bundesgesundheitsamtes (BGA). Diese **Richtlinie**, der eine Reihe von Anlagen für besondere Sachgebiete folgte – z. B. die Anforderungen der Hygiene an Schleusen im Krankenhaus, an die funktionelle und bauliche Gestaltung von OP-Abteilungen und die Richtlinie über die Anforderungen der Hygiene an die Aufbereitung von Medizinprodukten, um nur einige zu nennen –, enthält ihrem sachlichen Inhalt nach **Empfehlungen** an private und öffentliche Personen und Einrichtungen.

Bei der Richtlinie handelt es sich weder um ein Gesetz noch um eine Rechtsverordnung. Sie stellt weder einen Verwaltungsakt im Sinne des Verwaltungsverfahrensrechts dar, noch hat sie den Charakter einer Verwaltungsvorschrift. Durch die Richtlinie wird nicht von Staats wegen ein bestimmtes Verhalten ge- oder verboten. Die Richtlinie soll vielmehr in erster Linie durch ihre innere Überzeugungskraft und Richtigkeit – möglichst auf der Grundlage einer großen Akzeptanz in Fachkreisen – auf das Verhalten der Beteiligten einwirken. Insbesondere soll sie den im Krankenhaus Tätigen und Verantwortlichen sowie den zuständigen Landesbehörden und gegebenenfalls den Gerichten die Feststellung erleichtern, was in der Krankenhaushygiene getan bzw. unterlassen werden muss, welches Verhalten bedenklich ist und wann die Grenzen des sachlich und rechtlich Zulässigen überschritten sind. Sie umschreiben das, was der Gesetzgeber als Grundvoraussetzung ärztlicher Haftung als Verletzung »der im Verkehr erforderlichen Sorgfalt« formuliert hat (▶ 10.4).

So kann die Überschreitung der Grenzen des Zulässigen Schadensersatzforderungen von Geschädigten, strafrechtliche Maßnahmen und verwaltungsmäßige Eingriffe bis hin zur Schließung des Krankenhauses, gegebenenfalls auch den Entzug der Approbation des verantwortlichen Arztes zur Folge haben.

Unfallverhütungsvorschriften

Anders als die RKI-Richtlinie sind die **Unfallverhütungsvorschriften** für Arbeitgeber und Arbeitnehmer verbindlich (▶ 12.5.9).

Dies gilt für die Zurverfügungstellung und Benutzung von Materialien zur Händedesinfektion ebenso wie für die Schutzkleidung. Zusätzliche Bestimmungen gelten bei erhöhter Infektionsgefährdung in Arbeitsbereichen, von denen in besonderem Maße Infektionsgefahren ausgehen können. Nach der Unfallverhütungsvorschrift (Gesundheitsdienst, VBG 103) besteht etwa in folgenden Arbeitsbereichen eine erhöhte Infektionsgefährdung:
- Infektionskrankenhäuser,
- Infektionseinheiten,
- Operationseinheiten,
- Einheiten für Intensivmedizin,
- Endoskopieeinheiten.

Für diese Arbeitsbereiche gilt, dass
— an Händewaschplätzen für die Beschäftigten Wasserarmaturen installiert sind, die ohne Berührung mit der Hand benutzt werden können,
— an Händen und Unterarmen keine Schmuckstücke, Uhren und Ringe getragen werden dürfen und
— den Beschäftigten ein leicht erreichbarer Raum zur Einnahme von Lebensmitteln zur Verfügung zu stellen ist, da in Arbeitsbereichen mit erhöhter Infektionsgefährdung Essen, Trinken und Rauchen nicht erlaubt ist.

Hinsichtlich des Tragens von Schmuck ist die Vorschrift ihrem Sinngehalt nach auch dahingehend auszulegen, dass ebenso Gesichtsschmuck wie Nasenstecker, Ohrstecker und ähnliches betroffen ist. Besondere Vorgaben gelten schließlich nach der Unfallverhütungsvorschrift für Wäschereien.
Neben der Zuordnung der Hygienevorschriften zum Arbeitssicherheitsrecht einerseits und zum Gesundheitsschutzrecht andererseits lässt sich eine weitere Feststellung treffen:

> Die einzelnen Hygienevorschriften befassen sich grundsätzlich nicht mit Rechtsfolgeaussagen im Falle eines Hygienezwischenfalls, d. h. sie besitzen keinen etwa für die zivilrechtliche Beurteilung eines Haftungsanspruches spezifischen Aussagewert.

Dies ist auch nicht erforderlich, da die im Bürgerlichen Gesetzbuch (BGB) niedergelegten allgemeinen Haftungsregeln ausreichen (▶ 10). Ähnliches gilt für die strafrechtliche Beurteilung von Hygienezwischenfällen, in welchen Bereichen des Krankenhauses oder der Arztpraxis sie auch immer vorkommen mögen (▶ 11).

16.1.1 Hygienezwischenfälle

In den letzten Jahren ist die Rechtsprechung zu **Hygienezwischenfällen** im Krankenhaus und in der ärztlichen Praxis zahlreicher geworden. Sie zeigt, dass bislang Pflege- und Behandlungsfehler, Organisationsfehler und -mängel, Aufklärungsmängel, aber auch baulich-funktionelle Mängel sowie – im Zusammenhang mit Blutkonserven – Produktfehler als Schadensersatz begründende Hauptursachen in Erscheinung getreten sind.

> Abgesehen von der Haftung wegen fehlender Risikoaufklärung und der Produktfehlerhaftung wendet die Rechtsprechung bei mangelnder oder fehlender Hygienebeachtung die für ärztliche Behandlungsfehler entwickelten Haftungs- und Beweisgrundsätze an.

Beispiele aus der Rechtsprechung
- Die Nichtbeachtung der Einwirkzeit eines Desinfektionsmittels vor Verabreichung einer intramuskulären Injektion stellt einen schwerwiegenden Verstoß gegen die Infektionsprophylaxe dar (OLG Stuttgart, Az.: 14 U 21/88).
- Bei Vornahme von Injektionen ist den Anforderungen an die Händedesinfektion mit äußerster Sorgfalt nachzukommen, da andernfalls eine Haftung für eingetretene Schäden nicht ausgeschlossen ist (OLG Düsseldorf, Az.: 8 U 113/85).
- Zur Beachtung der aseptischen Kautelen gehört nicht nur die Händedesinfektion, sondern auch die Desinfektion der Einstichstelle (OLG Hamburg, Az.: 1 U 123/88).
- Je nach den Umständen ist das Tragen von Handschuhen und Schutzkleidung erforderlich (OLG Karlsruhe, Az.: 7 U 36/88).
- Behandlungsfehlerhaft ist zudem die Ablage einer aufgezogenen Spritze samt Kanüle auf der nicht sterilen Nierenschale (OLG Schleswig, Az.: 4 U 120/88).
- Dass zur Krankenbehandlung bestimmte Chemikalien »zufällig« mit anderen, sie zersetzenden Stoffen vermischt werden, darf im Krankenhaus nicht vorkommen und stellt einen schweren Organisationsmangel dar (BGH, Az.: VI ZR 81/77).
- Wegen eines Organisationsverschuldens haftet der Krankenhausträger, wenn ein Patient wegen Verabreichung einer insterilen Infusionsflüssigkeit zu Schaden kommt (BGH, Az.: VI ZR 119/80).
- Kann der Krankenhausträger aus sachlichen Gründen dem vertraglich geschuldeten Hygienestandard nicht nachkommen, ist er grundsätzlich verpflichtet, hierauf hinzuweisen (OLG Köln, Az.: 18 U 198/77), es sei denn, durch entsprechende Maßnahmen wird der Mangel kompensiert (OLG Saarbrücken, Az.: 1 U 145/86).
- Kommt es jedoch trotz Beachtung der gebotenen Sorgfalt zu einer Keimübertragung, die aus einem hygienisch nicht beherrschbaren Bereich resultiert, ist eine vertrags- und rechtswidrige Gesundheitsverletzung zu verneinen. In einem solchen Fall, beispielsweise bei einer Infizierung der Operationswunde durch einen Keimträger aus dem Operationsteam, zählt die Wundinfektion zu den Krankheitsrisiken des Patienten. Da dies dem Laien vertraut ist, besteht auch keine Aufklärungspflicht über ein allgemeines Wundinfektionsrisiko (BGH, NJW 1991, 1541).

> Grundsätzlich gilt, dass den erhöhten Sorgfaltsanforderungen in der Hygiene nur dann Genüge getan ist, wenn Maßnahmen zur Keimfreiheit nicht nur eben ausreichen, sondern »die Pflegebedingungen nach dem Stand der Hygiene in jeder Hinsicht befriedigen« (BGH, NJW 1971, 241).

Empfehlung

Um einer haftungsrechtlichen Inanspruchnahme wegen eines hygienerelevanten Fehlverhaltens vorzubeugen, ist deshalb erforderlich:
- Aufstellung klarer Dienstanweisungen und Kompetenzregeln,
- Einhaltung von Hygieneregeln, die Bestandteil der ärztlichen bzw. gesundheitsfachberuflichen Aus- und Weiterbildung sind,
- Einhaltung des Desinfektions- und Hygieneplans für Räume und Geräte,
- Beachtung der neuesten gesicherten Erkenntnisse von Wissenschaft und Technik,
- Einhaltung der verschiedenen Arten der Desinfektionen, wie etwa Hände-, Flächen- und Instrumentendesinfektion,
- Beachtung der Anweisungen des verantwortlichen Arztes bzw. der verantwortlichen Hygienefachkraft.

Vor allem im letzteren Bereich dürfte das Bestehen der bereits erwähnten Hygienerichtlinien des Robert-Koch-Instituts von entscheidender Bedeutung sein.

Beweislastumkehr bei Hygienemängeln

Handelt es sich bei der Missachtung hygienischer Kautelen im Einzelfall um einen **groben Behandlungsfehler**, lassen die Gerichte eine Umkehr der Beweislast zu.

Dies führt im Haftungsverfahren dazu, dass nicht der Patient nachweisen muss, dass ein ärztliches/pflegerisches Fehlverhalten zu einer Schädigung geführt hat; vielmehr muss der auf Schadensersatz in Anspruch Genommene nachweisen, dass ein ihm unterlaufener Hygienefehler nicht für die Gesundheitsbeeinträchtigung ursächlich war (▶ 10.13).

Grobe Behandlungsfehler im Bereich der Hygiene

Als Grobe Behandlungsfehler im Bereich der Hygiene die nicht nur zivilrechtlich, sondern auch strafrechtlich bedeutsam sein können, dürften anzusehen sein:

- Unterlassen der Händedesinfektion,
- Unterlassen der Hautdesinfektion,
- Vertauschen von Desinfektionsmitteln,
- Verwechseln der Indikation,
- Tränken der Desinfektionsmatte der Intensivstation bzw. des OP mit reinem Wasser,
- Unterlassen einer Zwischendesinfektion bei Patientenwechsel,
- mangelnde oder unterlassene Desinfektion des Narkosegerätes,
- Unterlassen des Handschuhwechsels bei verschiedenen Operationen,
- Kein Handschuhwechsel trotz Perforation,
- unterlassene Desinfektion der Klimaanlage,
- Verzicht auf bisherige erfolgreiche Desinfektionsmaßnahmen, ohne vorhandene zwingende Gründe,
- Nichteinhaltung eines Desinfektionsplanes,
- Nichtbeachtung von Rezeptur- und Einnahmevorschriften,
- Missachtung von Bedienungsanweisungen,
- Vernachlässigung von Wartungs- und Pflegevorschriften.

> Der Vorwurf eines groben Hygienefehlers kann bei entsprechender Sorgfalt vermieden werden.

16.1.2 Hygieneorganisation

> Die Verpflichtung dafür, dass es im Krankenhaus nicht zu Infektionen mit einer übertragbaren Krankheit kommt, trifft zunächst den Krankenhausträger.

Dieser hat im Rahmen seiner **Verkehrssicherungspflichten** dafür zu sorgen, dass die Hygiene ausreichend beachtet wird. Als beratendes Gremium steht ihm die in den RKI-Richtlinien vorgesehene **Hygienekommission** zur Verfügung. Deren Vorsitzender ist der ärztliche Leiter des Krankenhauses. Dieser Kommission sollen nach den Richtlinien u. a. angehören:
- der Krankenhaushygieniker,
- der Hygienebeauftragte,
- die Hygienefachkräfte.

Die Funktion eines derartigen Gremiums als beratendes Organ lässt jedoch die letzte Entscheidungskompetenz beim Krankenhausträger. Dies folgt u. a. auch aus § 137 SGB XI, wonach Krankenhäuser sowie Vorsorge- und Rehabilitationseinrichtungen zu **Maßnahmen der Qualitätssicherung** in der stationären Versorgung verpflichtet sind. Gegenstand der Qualitätssicherung ist ohne Zweifel auch die Krankenhaushygiene.

> Neben dem Patienteninteresse gebietet es deshalb ebenso das wohlverstandene Eigeninteresse des Krankenhausträgers, dass die Aufgabenverteilung, d. h. Organisation und Durchführung der Krankenhaushygiene klar geregelt und belegbar ist.

So wird zutreffend die Auffassung vertreten, dass sich der Verantwortungsbereich des ärztlichen Leiters
— von der organisatorischen Einteilung verschiedener Krankenhausbereiche nach hygienischen Gesichtspunkten,
— über konkrete Maßnahmen zur Desinfektion der OP-Räume
— bis zur hygienisch einwandfreien Wäscheversorgung

erstreckt. Dies geschieht auf der Basis der Festlegung personeller Verantwortungsbereiche nach dem Prinzip der Delegation. Mit dieser **Delegation** geht jedoch keine Enthaftung einher. Es ist anerkannt, dass fahrlässig im strafrechtlichen Sinne auch der handelt, der das fehlerhafte Handeln eines anderen nicht verhindert, obwohl ihm dies bei Beachtung der von ihm zu verlangenden Sorgfalt möglich gewesen wäre. Dem gemäß liegt ein für eine Körperverletzung oder den Tod eines Patienten ursächliches Verschulden bereits dann vor, wenn die betreffende Person die ihr obliegende Organisations-, Aufsichts- und Überwachungspflichten nicht erfüllt, obwohl ihr diese Verpflichtung bekannt war und sie zu deren Ausübung auch nach den äußeren Umständen und ihrer Persönlichkeit imstande gewesen wäre.

Position des Krankenhaushygienikers

Problematisch ist in diesem Zusammenhang die Stellung des Krankenhaushygienikers. Nach den Richtlinien des Robert Koch-Instituts hat er neben der Beratung der Ärzte Maßnahmen zur Erkennung, Verhütung und Bekämpfung von Krankenhausinfektionen vorzuschlagen bzw. durchzuführen sowie die Fortbildung des Personals in Fragen der Krankenhaushygiene zu übernehmen.

Des weiteren soll der Hygieniker gegenüber dem ihm unterstellten Personal, insbesondere den Hygieneschwestern/-pflegern, Desinfektoren etc. weisungsbefugt sein. Nicht so eindeutig ist die **Weisungsbefugnis** gegenüber den Ärzten und dem Pflegepersonal geregelt, obwohl er verpflichtet ist, »Anweisungen zur Verhütung von Krankenhausinfektionen für den Pflege- und ärztlichen Bereich« zu erteilen und gegebenenfalls auch durchzusetzen.

Aus dieser Regelung folgt, dass der Hygieniker jedenfalls für fahrlässiges Verhalten sowohl bei der Beratung als auch bei der Durchführung von Verhütungs- und Bekämpfungsmaßnahmen haftet. Er haftet auch insoweit, als seine fehlerhaften Anweisungen von Ärzten und Pflegekräften durchgeführt werden. Waren die Anweisungen korrekt, handelt jedoch der Angewiesene schuldhaft fehlerhaft, so gilt für dessen strafrechtliche Verantwortlichkeit bzw. zivilrechtliche Haftung das dort Gesagte (▶ 10, 11). Fehlerhaftes Verhalten ist dabei dann anzunehmen, wenn die Maßnahmen im Bereich der Krankenhaushygiene nicht nach bestem Wissen und Können gemäß dem neuesten Stand der Regeln der Wissenschaft vorgenommen werden.

Position des Hygienebeauftragten

Soweit ein Krankenhaushygieniker nicht hauptamtlich beschäftigt wird, soll nach den RKI-Richtlinien in jedem Krankenhaus oder in jeder selbstständigen Abteilung mindestens ein Hygienebeauftragter bestimmt werden. Dieser Beauftragte sollte dann in einem umschriebenen, ihm zugewiesenen Krankenhausbereich für die Erkennung, Verhütung und Bekämpfung von Krankenhausinfektionen zuständig sein, weitgehend ähnlich ausgestattet mit den gleichen Befugnissen wie der Krankenhaushygieniker.

Externe Beratung

Denkbar ist weiterhin die Inanspruchnahme fachlicher Beratung durch externe Hygieneinstitute anstelle eines hauptamtlich beschäftigten Krankenhaushygienikers. Deren Aufgabenstellung, ebenso wie die daraus resultierenden Rechte und Pflichten, ergeben sich in erster Linie aus der vertraglichen Gestaltung des Beratungs- und Geschäftsbesorgungsvertrages.

Einige Bundesländer (Berlin, Bremen, Nordrhein-Westfalen) haben in den letzten Jahren **Krankenhaushygieneverordnungen** erlassen, andere (Hessen, Saarland) sind auf dem Wege dazu. Ermächtigungsgrundlage sind entsprechende Vorschriften der Landeskrankenhausgesetze. Mit den Verordnungen wurde landesspezifisch der Wesensgehalt der RKI-Richtlinie in verbindliches Recht umgesetzt. Weitere Ermächtigungsgrundlagen finden sich im Infektionsschutzgesetz.

16.2 Infektionsschutzgesetz

Im Juli 2000 wurde als so genanntes Artikelgesetz das Gesetz zur Neuordnung seuchenrechtlicher Vorschriften im Bundesgesetzblatt veröffentlicht.

Im Mittelpunkt der Reform steht das Gesetz zur Verhütung und Bekämpfung von Infektionskrankheiten beim Menschen (Infektionsschutzgesetz – IfSG). Inhaltliche Änderungen ergeben sich durch das Artikelgesetz u. a. aber auch für das Arzneimittelrecht und die lebensmittelrechtlichen Vorschriften. Die Bestimmungen sind überwiegend am 01.01.2001 in Kraft getreten.

Mit der Novellierung des im wesentlichen aus den fünfziger und sechziger Jahren stammenden Seuchenrechts will der Gesetzgeber den **Schutz der Bevölkerung vor Infektionskrankheiten** verbessern. Die bisher im Bundes-Seuchengesetz, im Geschlechtskrankheitengesetz, in der Laborberichtsverordnung für positive HIV-Bestätigungstests und weiteren melderechtlichen Verordnungen enthaltenen Regelungsbereiche werden im neuen Infektionsschutzgesetz vereinheitlicht und neu strukturiert zusammengefasst.

16.2.1 Struktur des Infektionsschutzgesetzes

Das Infektionsschutzgesetz gliedert sich in 16 Abschnitte. Die **Allgemeinen Vorschriften** (erster Abschnitt, § 1-3) befassen sich mit dem Gesetzeszweck, Begriffsbestimmungen und Präventionsaufgaben. **Vorschriften zur Koordinierung und Früherkennung** (**zweiter** Abschnitt, §§ 4, 5) widmen sich den Aufgaben des Robert Koch-Instituts und der Aufstellung eines Informationsplans für das Vorgehen beim Auftreten solcher Infektionsgefahren, bei denen eine besondere Planung und Koordinierung erforderlich ist.

Das **Meldewesen** ist im dritten Abschnitt (§§ 6-15) geregelt. **Maßnahmen zur Verhütung übertragbarer Krankheiten** (vierter Abschnitt, §§ 16-23) sowie Maßnahmen zur Bekämpfung übertragbarer Krankheiten (fünfter Abschnitt, §§ 24-32) schließen sich an. Zusätzliche **Vorschriften für Schulen und sonstige Gemeinschaftseinrichtungen** enthält der sechste Abschnitt (§§ 33-36). Bestimmungen zur **Wasserbeschaffenheit** sind im siebten Abschnitt (§§ 37-41) enthalten. **Gesundheitliche Anforderungen an das Personal** beim Umgang mit Lebensmitteln stellt der achte Abschnitt (§§ 42, 43) auf. Der neunte Abschnitt (§§ 44-53) regelt die **Tätigkeiten mit Krankheitserregern. Zuständigkeitsbestimmungen** werden im zehnten Abschnitt (§ 54) angesprochen. Angleichungen an das **Gemeinschaftsrecht** sieht der elfte Abschnitt (§ 55) vor. Der zwölfte Abschnitt (§§ 56-68) befasst sich mit **Entschädigungen** in besonderen Fällen. **Kostenregelungen** enthält der 13. Abschnitt (§ 69). Sondervorschriften für **Aufgaben der Bundeswehr** und des **Gesundheitsamtes** spricht der 14. Abschnitt (§§ 70-72) an. **Straf- und Bußgeldvorschriften** (15. Abschnitt, §§ 73-76) sowie **Übergangsvorschriften** (16. Abschnitt, § 77) schließen die gesetzlichen Vorschriften.

Anlass zur Reform des Seuchenrechts

Das bisherige Seuchenrecht bot sowohl gesundheitspolitisch als auch nach Meinung der Fachleute keine ausreichende Grundlage mehr für die allgemein als dringend angesehene Verbesserung der Erkennung, Verhütung und Bekämpfung der übertragbaren Krankheiten. Der Gesetzgeber sah daher die Notwendigkeit, mit einem Infektionsschutzgesetz den **neuen Erkenntnissen und Entwicklungen** Rechnung zu tragen.

Darüber hinaus war Deutschland verpflichtet, die Richtlinie des Rates der Europäischen Gemeinschaft über die Qualität von Wasser für den menschlichen Gebrauch bis Ende des Jahres 2000 und die bereits am 03.01.1999 in Kraft getretene Entscheidung des Europäischen Parlaments und des Rates über die Schaffung eines Netzes für die epidemiologische Überwachung und die Kontrolle übertragbarer Krankheiten in der Gemeinschaft umzusetzen.

Ausweislich der Gesetzesmaterialien zielt das Infektionsschutzgesetz auf eine **Verbesserung des Schutzes der Bevölkerung vor Infektionskrankheiten** ab. Diese Verbesserung soll durch eine frühzeitigere Erkennung bekannter und neuer Infektionskrankheiten – wie beispielsweise das im Jahre 2003 erstmals aufgetretene Schwere Akute Respiratorische Syndrom (SARS) – erfolgen. Die **verbesserte Infektionsepidemiologie** dient einer schnelleren und zielgerichteteren Einleitung von Bekämpfungsmaßnahmen.

Das Robert Koch-Institut (RKI) wurde als epidemiologisches Zentrum institutionalisiert. Mit dem gegenüber der früheren Gesetzeslage **vereinheitlichten Meldesystem** ist bundesweit eine schnellere Erkennung des Auftretens und Verbreitens von Infektionskrankheiten gewährleistet.

> Die beim Robert Koch-Institut zusammenlaufenden Fäden erleichtern dessen Aufgabe, Konzeptionen zur Vorbeugung übertragbarer Krankheiten sowie zur frühzeitigen Erkennung und Ver-

hinderung der Weiterverbreitung von Infektionen zu entwickeln und noch intensiver als bisher als Partner zur Beratung des öffentlichen Gesundheitsdienstes zur Verfügung zu stehen.

Die Gesetzesbegründung zur Neuordnung der seuchenrechtlichen Vorschriften lässt folgende Leitgedanken des Gesetzgebers erkennen:
— Die Prävention übertragbarer Krankheiten, insbesondere durch Verbesserung der Infektionsepidemiologie.
— Eine Wiederbelebung der klassischen Aufgabenfelder des öffentlichen Gesundheitsdienstes (ÖGD).
— Die Stärkung der Eigenverantwortlichkeit von Personen in infektionsgefährdeten Bereichen.
— Eine Verminderung nosokomialer Infektionen und (Multi-) Resistenzen.

16.2.2 Präventionsgedanke

Der zentrale gesetzliche Leitgedanke der Prävention übertragbarer Krankheiten ist in § 3 IfSG formuliert. Maßnahmen der Prävention sind danach **Aufklärung und Information der Allgemeinheit** über Gefahren und Möglichkeiten der Verhütung übertragbarer Krankheiten, auch zur Durchführung von **Vorsorgemaßnahmen**. Hierbei handelt es sich um sogenannte Maßnahmen der **Primärprävention**. Aufklärung und Information der Allgemeinheit sind öffentliche, vor allem in **Länderzuständigkeit** liegende Aufgaben. Gleiches gilt für Maßnahmen der **Sekundärprävention** in Form von **Früherkennungs-** und **Bekämpfungsmaßnahmen**.

Infektionsepidemiologisches Informationssystem

Der **frühzeitigen Erkennung** übertragbarer Krankheiten und Krankheitserreger hat der Gesetzgeber durch ein neues infektionsepidemiologisches **Informationssystem** besondere Bedeutung beigemessen. Im Rahmen dieses Informationssystems zählen die **Ärzte** (für übertragbare Krankheiten) und die **Laboratorien** (für Krankheitserreger) zu den wichtigsten Informationsquellen.

Meldepflichten

Entsprechend dem zentralen Leitgedanken der Prävention wurden die bisherigen Meldemodalitäten nach dem Bundesseuchengesetz (im Wesentlichen: namentliche Meldung), dem Geschlechtskrankheitengesetz (in der Regel: nichtnamentliche Meldung) und der Laborberichtspflicht (nichtnamentliche Meldung) zusammengefasst und neu strukturiert.

> Das Infektionsschutzgesetz sieht eine Trennung der Meldepflichten für übertragbare Krankheiten (§ 6 IfSG)) einerseits und der Meldepflicht des Nachweises von Krankheitserregern (§ 7 IfSG) andererseits vor.

Dies hat zu einer Kürzung des Katalogs der zu meldenden Krankheiten und damit zur Entlastung des meldepflichtigen Arztes geführt. Zudem erhofft sich der Gesetzgeber durch intensivere Einbeziehung der Labordiagnostik eine genauere Erkenntnis über Krankheitserreger, um damit zu ergreifende Maßnahmen zielgerichteter einzusetzen.

Mitteilungspflichten

Von den gesetzlichen namentlichen Meldungen (§ 9 IfSG) und den nichtnamentlichen Meldungen (§ 10 IfSG) sind die so genannten Mitteilungspflichten zu unterscheiden. Eine derartige Mitteilungspflicht besteht für den Arzt beispielsweise im Falle einer **Behandlungsverweigerung** oder eines **Behandlungsabbruchs** einer behandlungsbedürftigen Lungentuberkulose (§ 6 Abs. 2 IfSG). Auch in Gemeinschaftseinrichtungen tätige Personen trifft eine Mitteilungspflicht an den Einrichtungsträger im Falle des Fehlens der gesundheitlichen Anforderungen (§ 34 Abs. 5, 6 IfSG).

Ausbruch

Und schließlich besteht eine (nicht namentliche) Meldepflicht im Falle des **gehäuften Auftretens nosokomialer Infektionen**, bei denen ein epidemischer Zusammenhang wahrscheinlich ist oder vermutet wird (Ausbruch, § 6 Abs. 3 IfSG). Die Pflicht zur Meldung eines Ausbruchs trifft in erster Linie für **Krankenhäuser** zu, findet jedoch auch auf andere Einrichtungen Anwendung, in denen medizinische Maßnahmen durchgeführt werden, beispielsweise in **Arztpraxen** oder **Pflegeheimen**.

Wann ein gehäuftes Auftreten nosokomialer Infektionen vorliegt, kann nicht generell in absoluten Zahlen festgelegt werden, auch wenn es nahe läge, insoweit auf § 6 Abs. 1 Ziff. 5 b IfSG zurückzugreifen, wonach das Auftreten von zwei oder mehr gleichartigen Erkrankungen, bei denen ein epidemischer Zusammenhang wahrscheinlich ist oder vermutet wird, meldepflichtig ist.

> In der Wissenschaft gilt als Kriterium für einen Ausbruch bzw. eine Häufung ein signifikanter

Anstieg der Anzahl bestimmter Infektionen gegenüber der Grundrate.

Diese schwankt aber erheblich von Krankenhaus zu Krankenhaus und hängt von der jeweiligen Situation ab. Für die Fälle des Auftretens bislang unbekannter übertragbarer Krankheiten sowie des Auftretens gefährlicher bekannter Infektionskrankheiten, die derzeit jedoch keine Rolle spielen, hat der Gesetzgeber mit § 6 Abs. 1 Ziff. 5 IfSG einen sogenannten **Auffangtatbestand** für die namentliche Meldung geschaffen. Gleiches gilt für meldepflichtige Nachweise von Krankheitserregern gemäß § 7 Abs. 2 IfSG.

Beide genannten Vorschriften dienen der Ergänzung der im Einzelnen gesetzlich aufgeführten meldepflichtigen Krankheiten bzw. Krankheitserreger.

> Es soll sichergestellt werden, dass sämtliche übertragbaren Krankheiten bzw. Krankheitserreger, die eine besondere Gefahr für die Bevölkerung darstellen, gemeldet werden.

Meldepflichtige

Die Adressaten der Melde-/Mitteilungspflicht werden in § 8 IfSG genannt. Meldepflichtige Krankheiten (§ 6 IfSG) sind grundsätzlich vom **feststellenden Arzt** zu melden. In Krankenhäusern trifft diese Pflicht den **leitenden Arzt**. Bei meldepflichtigen Krankheitserregern (§ 7 IfSG) trifft die Meldepflicht den **Leiter der Untersuchungsstelle**. In bestimmten Fällen des § 6 Abs. 7 IfSG können meldepflichtig auch **Angehörige der Fachberufe im Gesundheitswesen** und **Leiter von Pflegeeinrichtungen** jedenfalls dann sein, wenn ein Arzt nicht hinzugezogen wurde. Auch **Heilpraktiker** sind Adressat der Meldepflicht. Für bestimmte meldepflichtige Personen (z. B. Tierarzt, Angehörige der Fachberufe im Gesundheitswesen, Leiter von Pflegeeinrichtungen) beschränkt sich die Meldepflicht auf die ihnen vorliegenden Angaben (§ 9 Abs. 1 letzter Satz IfSG), so dass insoweit für diesen Personenkreis keine weitere Nachforschungspflicht und damit für den Patienten keine Offenbarungspflicht besteht.

Meldefristen – Meldeort

Namentliche Meldungen (§§ 6, 7 IfSG) sind unverzüglich, spätestens jedoch innerhalb von 24 Stunden nach erlangter Kenntnis dem zuständigen Gesundheitsamt zu melden (§ 9 Abs. 3 IfSG). Gleiches gilt für die nichtnamentliche Meldung eines Ausbruchs einer nosokomialen Infektion (§ 10 Abs. 4 IfSG). Nichtnamentliche Meldungen bei den in § 7 Abs. 3 IfSG genannten Krankheitserregern, z. B. HIV, haben **innerhalb von zwei Wochen** zu erfolgen.

Für die Meldung zuständig ist in der Regel das für den Aufenthaltsort des Betroffenen zuständige Gesundheitsamt. Das **Gesundheitsamt am Aufenthaltsort des Betroffenen** (etwa bei Auftreten der Krankheit am Urlaubsort oder bei Arbeitnehmern, die auf Montage/im Außendienst tätig sind) hat unverzüglich andere betroffene Gesundheitsämter zu benachrichtigen. Hierzu gehört auch das Gesundheitsamt des Hauptwohnsitzes (§ 9 Abs. 3 IfSG).

Nichtnamentliche Meldungen nach § 7 Abs. 3 IfSG (z. B. HIV) erfolgen an das **Robert Koch-Institut**.

Strafvorschriften

Der Verstoß gegen Meldevorschriften ist eine **Ordnungswidrigkeit** und kann mit einer **Geldbuße** bis maximal 25.000,00 Euro belegt werden (§ 73 Abs. 1 IfSG). Allerdings ist das Unterlassen der nichtnamentlichen Meldung eines Ausbruchs nicht unter Strafe gestellt.

Übermittlungen an das Robert Koch-Institut

Namentliche Meldungen von **Erkrankungen, Todesfällen und Nachweisen von Krankheitserregern** sind über die zuständigen Landesbehörden an das Robert Koch-Institut zu melden. Die Meldung hat seitens des Gesundheitsamtes spätestens am **dritten Arbeitstag der folgenden Arbeitswoche** an die Landesbehörde zu erfolgen und muss von dort **innerhalb einer Woche** an das Robert Koch-Institut übermittelt werden.

Bei Verdacht einer über das übliche Ausmaß einer **Impfreaktion** hinaus gehenden gesundheitlichen Schädigung sowie auf Verdacht auf ein **infektionsauslösendes Arzneimittel** erfolgt unverzüglich eine Meldung des Gesundheitsamtes an die zuständige Landesbehörde bzw. Bundesoberbehörde (§ 77 Arzneimittelgesetz – AMG). Von dort erfolgt eine Weiterleitung an das Robert Koch-Institut innerhalb einer Woche zur infektionsepidemiologischen Auswertung.

Das gesetzliche infektionsepidemiologische Informationssystem ist so ausgelegt, dass beim Robert Koch-Institut »die Fäden zusammen laufen«.

> Das Informations- und Meldesystem führt damit zu einer Institutionalisierung des Robert Koch-Instituts und löst dort insbesondere die Aufgaben nach § 4 IfSG aus.

Hierbei handelt es sich im Wesentlichen um die **Entwicklung von Konzeptionen** zur Vorbeugung übertragbarer Krankheiten sowie zur **frühzeitigen Erkennung und Verhinderung der Weiterverbreitung** von Infektionskrankheiten. Diese sind den Fachkreisen zugänglich zu machen, damit sie möglichst zeitnah in der Prävention, Diagnostik und Therapie berücksichtigt und nutzbar gemacht werden.

> Hierzu erstellt das Robert Koch-Institut Richtlinien, Empfehlungen, Merkblätter und Informationsschriften.

Darüber hinaus ist das Robert Koch-Institut in bestimmten Fällen zur Meldung an die Weltgesundheitsorganisation (WHO) verpflichtet und übernimmt Aufgaben im Hinblick auf das europäische Netzwerk.

Anpassung der Meldepflichten

Um auf epidemiologische Veränderungen schnellstmöglich reagieren zu können, wird das Bundesministerium für Gesundheit und soziale Sicherung ermächtigt, durch Rechtsverordnungen die Meldepflicht für die in § 6 IfSG aufgeführten **Krankheiten** oder die in § 7 IfSG aufgeführten **Krankheitserreger** aufzuheben, einzuschränken oder zu erweitern (§ 15 Abs. 1 IfSG). Hierfür bedarf es aufgrund der grundsätzlichen Zuständigkeit der Länder (Art. 72, 74 Abs. 1 Nr. 19 GG) der Zustimmung des Bundesrates. In dringenden Fällen jedoch kann eine entsprechende Rechtsverordnung zum Schutz der Bevölkerung auch ohne Zustimmung des Bundesrates erlassen werden. Eine derartige Verordnung hat jedoch ausschließlich eine Geltungsdauer von einem Jahr, es sei denn die Verordnung wird mit Zustimmung des Bundesrates verlängert (§ 15 Abs. 2 IfSG).

16.2.3 Stärkung des öffentlichen Gesundheitsdienstes

Im Rahmen der Primär- und Sekundärprävention stärkt das Infektionsschutzgesetz die klassischen Aufgaben des öffentlichen Gesundheitsdienstes (▶ 19.2).

Verhütungsmaßnahmen

Wie schon das frühere Bundesseuchengesetz unterscheidet auch das Infektionsschutzgesetz grundsätzlich zwischen **Maßnahmen der Verhütung** (§§ 16 ff IfSG) und **Maßnahmen der Bekämpfung** (§§ 24 ff IfSG) übertragbarer Krankheiten.

> Immer dann, wenn anzunehmen ist, dass Tatsachen vorliegen, die zum Auftreten einer übertragbaren Krankheit führen können, und wenn solche Tatsachen festgestellt werden, verlangt das Gesetz ein Tätigwerden der zuständigen Behörde zur Abwendung der dem Einzelnen oder der Allgemeinheit drohenden Gefahren.

Hierzu können – wie schon nach dem alten Bundesseuchengesetz – **Grundrechte** eingeschränkt werden (z. B. Art. 13 Abs. 1 GG, Unverletzlichkeit der Wohnung). Neu ist das Recht des Gesundheitsamtes und der Beauftragten der zuständigen Behörde, Bücher oder sonstige Unterlagen einzusehen und hieraus **Abschriften, Ablichtungen oder Auszüge anzufertigen** (§ 16 Abs. 2 IfSG). Auch wird der zuständigen Behörde, soweit es die Aufklärung der epidemischen Lage erfordert, das Recht eingeräumt, **Anordnungen zum Zwecke der Untersuchung und Verwahrung von Untersuchungsmaterial** zu treffen (§ 16 Abs. 3 IfSG). Die zuständige Behörde ist in der Regel das **Ordnungsamt**.

> Ist Gefahr im Verzuge, kann das Gesundheitsamt allerdings auch selbstständig die erforderlichen Maßnahmen anordnen, muss jedoch die zuständige Behörde unverzüglich hierüber unterrichten (§ 16 Abs. 7 IfSG).

Entseuchung, Entwesung

Im Falle der Entseuchung von Gegenständen, deren Befreiung von Gesundheitsschädlingen oder Vernichtung sieht auch das neue Infektionsschutzgesetz die **Einschränkung von Grundrechten** vor. Eingeschränkt werden die Grundrechte
- der persönlichen Freiheit (Art. 2 Abs. 2 S. 2 GG),
- der Freizügigkeit (Art. 11 Abs. 1 GG),
- der Versammlungsfreiheit (Art. 8 GG) und
- der Unverletzlichkeit der Wohnung (Art. 13 Abs. 1 GG).

Müssen Gesundheitsschädlinge bekämpft werden und erfordert die Durchführung einer Maßnahme **besondere Sachkunde**, so kann die zuständige Behörde anordnen, dass der Verpflichtete damit geeignete **Fachkräfte** beauftragt oder die Durchführung selbst mit geeigneten Fachkräften vornimmt (§ 17 Abs. 3 IfSG).

Bei **behördlich angeordneten** Entseuchungen, Entwesungen und der Bekämpfung von Krankheitserregern übertragenden Wirbeltieren, z. B. Ratten, dürfen nur Mittel und Verfahren verwendet werden, die von der zuständigen Bundesoberbehörde in einer Liste im Bundesgesundheitsblatt bekannt gemacht worden sind (§ 18 Abs. 1 IfSG). Soweit es um die Prüfung der **Wirksamkeit von Mitteln und Verfahren** zur Entwesung und zur Bekämpfung von Wirbeltieren geht (§ 18 Abs. 2 Nr. 2 IfSG), betrifft diese nicht die vom Hersteller angegebene Zweckbestimmung, sondern die Eignung für die Anwendung in dem speziellen Fall, in dem Entseuchungen, Entwesungen oder Maßnahmen zur Bekämpfung von Wirbeltieren, durch die

Krankheitserreger verbreitet werden können, behördlich angeordnet werden.

Anders als das frühere Geschlechtskrankheitengesetz weist das Infektionsschutzgesetz den Gesundheitsämtern Beratung, Untersuchung und im Einzelfall **auch ambulante Behandlung** durch einen Arzt des Gesundheitsamtes bei sexuell übertragbaren Krankheiten und Tuberkulose zu (§ 19 Abs. 1 IfSG). Diese Vorschrift konkretisiert den Präventionsgedanken und erweitert die im früheren Geschlechtskrankheitengesetz genannten Krankheiten auf **alle sexuell übertragbaren Krankheiten**.

Schutzimpfung

Eine Konkretisierung des Präventionsgedankens stellen auch die Vorschriften zur Schutzimpfung und anderen Maßnahmen der spezifischen Prophylaxe (§§ 20 ff IfSG) dar.

Hervorzuheben ist in diesem Zusammenhang insbesondere die Einführung eines **bundeseinheitlichen Impfbuches** (§ 22 IfSG). Gesetzlich verankert wurde zudem die vor mehr als 20 Jahren eingerichtete **Ständige Impfkommission** (STIKO).

> Die Empfehlungen der STIKO geben nach der höchstrichterlichen Rechtsprechung den medizinischen Standard wieder.

Bekämpfungsmaßnahmen

Weitgehender als bei den Verhütungsmaßnahmen sind die **Eingriffsbefugnisse** des Gesundheitsamtes und die **Duldungspflichten** der Betroffenen bei den Bekämpfungsmaßnahmen, d. h. bei Maßnahmen zur Verhinderung der Verbreitung bereits aufgetretener Krankheiten (§§ 24 ff IfSG).

Im Zusammenhang mit Bekämpfungsmaßnahmen liegt die **Ermittlungskompetenz** beim Gesundheitsamt gemeinsam mit Beauftragten der zuständigen Behörde (§§ 26, i. V. m. 16 IfSG). Das Gesundheitsamt hat ein **Vorladungsrecht** bei
- **Kranken,**
- **Krankheitsverdächtigen,**
- **Ansteckungsverdächtigen** und
- **Ausscheidern**.

Das Gesundheitsamt kann Untersuchungen anordnen, deren Vornahme durch den Betroffenen zu dulden ist (§ 26 Abs. 2 IfSG). Insoweit geht diese Bestimmung über die frühere Vorschrift des Bundesseuchengesetzes (§ 32 Abs. 2 BseuchG) hinaus, die lediglich eine Mitwirkungspflicht des Betroffenen vorsah. Das **Anordnungsrecht** des Gesundheitsamtes hat zur Folge die **Einschränkung der Grundrechte**

- der körperlichen Unversehrtheit (Art. 2 Abs. 2 S. 1 GG),
- der Freiheit der Person (Art. 2 Abs. 2 S. 2 GG) und
- der Unverletzlichkeit der Wohnung (Art. 13 Abs. 1 GG)

Schutzmaßnahmen

Werden **Kranke, Krankheitsverdächtige, Ansteckungsverdächtige oder Ausscheider** festgestellt, so sind von der zuständigen Behörde entsprechende **Schutzmaßnahmen** zu treffen (§ 28 Abs. 1 IfSG). Diese Vorschrift des Infektionsschutzgesetzes weicht von der früheren Bestimmung des Bundesseuchengesetzes (§ 34 BSeuchG) insoweit ab, als die Entscheidung über die Schutzmaßnahme nicht mehr ins Ermessen der zuständigen Behörde gestellt wird.

> Aufgrund der Formulierung »ist zu treffen« handelt es sich um eine sog. »gebundene Entscheidung«, d. h. es besteht eine Handlungsverpflichtung.

Als Schutzmaßnahmen kommen in Frage z. B. die **Beobachtung**, die **Quarantäne** sowie ein berufliches **Tätigkeitsverbot**.

Beobachtung

Hier wurde zusätzlich die Auskunftspflicht zum Wohnungswechsel (wie bisher) um jeden **Wechsel der Tätigkeiten im Lebensmittelbereich** oder in den in dieser Vorschrift genannten Einrichtungen sowie den **Wechsel einer Gemeinschaftseinrichtung** ergänzt (§ 29 IfSG).

Quarantäne

Deren Anordnung wurde auf solche Krankheiten beschränkt, die sich bereits im üblichen sozialen Kontakt als eine tödliche Gefahr ausbreiten können. Die **Pocken** wurden wegen Ausrottung gestrichen. Ebenso wurde die Cholera nicht mehr aufgenommen. Wegen der besonderen Gefährlichkeit der quarantänepflichtigen Krankheiten soll eine **Absonderung bereits bei Verdacht** erfolgen. Im übrigen wurde die **Geeignetheit einer Einrichtung** neu durch das Infektionsschutzgesetz aufgenommen (§30 IfSG).

Berufliches Tätigkeitsverbot

Wie schon nach dem alten Bundesseuchengesetz kann die zustände Behörde **Kranken, Krankheitsverdächtigen, Ansteckungsverdächtigen und Ausscheidern** (nicht mehr: Ausscheidungsverdächtigen) die Ausübung bestimmter beruflicher Tätigkeiten ganz oder teilweise untersagen (§ 31 S. 1 IfSG).

> Neu ist jedoch die Bestimmung, dass ein berufliches Tätigkeitsverbot auch für solche Personen ausgesprochen werden kann, die Krankheitserreger so in oder an sich tragen, dass im Einzelfall die Gefahr einer Weiterverbreitung besteht (sog. Carrier, § 31 S. 2 IfSG).

Dieser Vorschrift kommt besondere arbeitsrechtliche Bedeutung für **HIV-, HBV- und HCV-Carrier** zu, und zwar sowohl im Gesundheitswesen als auch im lebensmittelverarbeitenden Gewerbe. Die in diesem Zusammenhang bislang vorliegenden Empfehlungen für Verhaltensmaßnahmen können im Einzelfall durch ein behördlich angeordnetes Tätigkeitsverbot oder eine Tätigkeitseinschränkung »überdeckt« werden. Der zwangsweise Wechsel – z. B. eines Chirurgen – in ein anderes Tätigkeitsfeld wäre die Folge.

> Die Entscheidung über ein Tätigkeitsverbot (»Kann«-Entscheidung) liegt im Ermessen der zuständigen Behörde, sie muss also im Einzelfall notwendig, geeignet und verhältnismäßig sein.

Es ist insoweit eine Beachtung der Empfehlungen vorliegender Verhaltensmaßnahmen angezeigt, die weitgehend auf einen konsensierten Interessenausgleich der Betroffenen – z. B. Krankenhausträger, Patient, Arzt/nachgeordnetes nicht-ärztliches Personal – abzielen. Wer aufgrund eines nach § 31 IfSG angeordneten beruflichen Tätigkeitsverbots einen Verdienstausfall erleidet, hat einen **Anspruch auf Entschädigung**. Einzelheiten regelt § 56 IfSG.

Zusätzliche Vorschriften für Gemeinschaftseinrichtungen

Neben den sonstigen Vorschriften des Infektionsschutzgesetzes gelten für Gemeinschaftseinrichtungen (§ 33 IfSG) zusätzliche Bestimmungen.

> Adressaten der Vorschriften dieses sechsten Abschnitts sind zum einen die Gemeinschaftseinrichtungen selbst, die dort Tätigen, die Betreuten sowie das zuständige Gesundheitsamt.

Was die **Befugnisse des Gesundheitsamtes** angeht, sind diese gegenüber der alten Rechtslage nach dem Bundesseuchengesetz erweitert worden. Dies betrifft beispielsweise das **Anordnungsrecht** des Gesundheitsamtes, dass das Auftreten einer Erkrankung oder eines hierauf gerichteten Verdachts ohne Hinweise auf die Person in der Gemeinschaftseinrichtung bekannt gegeben wird (§ 34 Abs. 8 IfSG). Neu ist auch das Anordnungsrecht des Gesundheitsamtes für Schutzmaßnahmen, wenn in einer Gemeinschaftseinrichtung betreute Personen sog. **Carrier** sind (§ 34 Abs. 9 IfSG).

Aufklärungspflicht

Keine Parallele im früheren Bundesseuchengesetz hat die **Verpflichtung der Gesundheitsämter** – zusammen mit den Gemeinschaftseinrichtungen – zur Aufklärung gegenüber betreuten Personen, z. B. über **Impfmaßnahmen** (§ 34 Abs. 10 IfSG).

> Bei dieser Bestimmung handelt es sich wiederum um eine Konkretisierung des Präventionsgedankens, der sich durch das gesamte Infektionsschutzgesetz zieht.

Zudem hat das Gesundheitsamt die Aufgabe, bei Erstaufnahme in die erste Klasse einer allgemeinbildenden Schule den **Impfstatus** zu erheben und die Daten anonymisiert über die oberste Landesgesundheitsbehörde dem Robert Koch-Institut zu übermitteln.

Überwachungsrechte

Neu strukturiert wurde des weiteren das Überwachungsrecht der **Infektionshygiene** durch das Gesundheitsamt (§ 36 IfSG). Entgegen dem früheren Bundesseuchengesetz (§ 48 a BSeuchG) spricht das Infektionsschutzgesetz nicht mehr von einer »seuchenhygienischen Überwachung«, sondern wählt den Begriff der »**infektionshygienischen Überwachung**«.

> Mit dieser Formulierung soll klargestellt werden, dass sämtliche Infektionen bei der Überwachung durch das Gesundheitsamt zu berücksichtigen sind und damit nicht nur die Erfassung schwerster sich epidemisch ausbreitender Krankheiten gemeint ist.

Das Überwachungsrecht des Gesundheitsamtes unterscheidet die obligatorische (§ 36 Abs. 1 IfSG) von der fakultativen (§ 36 Abs. 2 IfSG) Überwachung. Die **obligatorische, d. h. also verpflichtende Überwachung durch das Gesundheitsamt** betrifft Gemeinschaftseinrichtungen, Krankenhäuser, Vorsorge- und Rehabilitationseinrichtungen, Einrichtungen für ambulantes Operieren, Dialyse-Einrichtungen, Tageskliniken, Entbindungseinrichtungen, Einrichtungen nach dem Heimgesetz, vergleichbare Behandlungs-, Betreuungs- oder Versorgungseinrichtungen sowie Obdachlosenunterkünfte, Gemeinschaftsunterkünfte für Asylbewerber, Spätaussiedler und Flüchtlinge sowie sonstige Massenunterkünfte und Justizvollzugsanstalten.

Hygienepläne

Die genannten Einrichtungen sind verpflichtet, **Hygienepläne für innerbetriebliche Verfahrensweisen zur Infektionshygiene** auszustellen.

> Mit dieser Verpflichtung durch das Infektionsschutzgesetz wird dem Gedanken der infektionshygienischen Qualitätssicherung, wie er bereits im Sozialgesetzbuch, Fünftes Buch (SGB V), zum Ausdruck kommt, Rechnung getragen.

Auch dehnt diese gesetzliche Vorschrift die **Verpflichtung zur Aufstellung von Hygieneplänen** durch die Berufsgenossenschaft in geltenden **Unfallverhütungsvorschriften** auf die in § 36 IfSG genannten Einrichtungen aus.

Als Grundlage zur Erstellung von Hygieneplänen bieten sich die **Empfehlungen der Kommission für Krankenhaushygiene und Infektionsprävention** (KRINKO, § 23 Abs. 2 IfSG) an.

> Hygienepläne sind auf die Gegebenheiten vor Ort abzustellen, so dass sich generelle, allgemeingültige Hygienepläne verbieten.

Hygienepläne

Jeder einzelne Hygieneplan sollte
- der Analyse von Infektionsgefahren dienen,
- eine Bewertung der Risiken enthalten mit dem Ziel
- einer Risikominimierung,
- Überwachungsverfahren festlegen,
- eine regelmäßige Überprüfung zum Inhalt haben,
- Dokumentationen beschreiben und
- Schulungsmaßnahmen vorschreiben.

Auf Grund der infektionshygienischen Überwachungspflichten/-rechte des Gesundheitsamtes empfiehlt sich eine enge Abstimmung und Zusammenarbeit mit dem zuständigen Gesundheitsamt.

Neben der verpflichtenden infektionshygienischen Überwachung wird den Gesundheitsämtern nach dem Infektionsschutzgesetz die Möglichkeit einer fakultativen Überwachung in **(Zahn-)Arztpraxen, Praxen sonstiger Heilberufe**, in denen **invasive Eingriffe** vorgenommen werden ebenso eingeräumt wie für sonstige Einrichtungen, in denen durch entsprechende Tätigkeiten Infektionsrisiken bestehen (§ 36 Abs. 2 IfSG).

> Damit können ab dem 01.01.2001 auch sog. Tätowierungs- und Piercing-Studios von den Gesundheitsämtern überwacht werden.

Auch wenn in einzelnen Bundesländern bereits Regelungen für Maßnahmen der Gesundheitsämter zur Überwachung von sog. Tätowierungs- und Piercing-Studios existieren, kann erwartet werden, dass es auf Grund dieser Vorschrift in allen Bundesländern bundeseinheitliche Handhabungsregeln geben wird.

Verbraucherschutz

Mit den Vorschriften der §§ 42 ff IfSG ist das Gesundheitsamt auch in den Verbraucherschutz im **Lebensmittelbereich** eingebunden.

Die Vorschriften zielen auf ein enges Zusammenwirken von beteiligten Behörden, Lebensmittelunternehmen und den darin Beschäftigten ab.

> Betroffen von den gesetzlichen Regelungen können insbesondere auch die Krankenhausküchen bzw. die dort Beschäftigten sein.

Liegen z. B. die in § 42 IfSG formulierten Tatumstände vor, begründen diese ein **Tätigkeits- oder Beschäftigungsverbot**. Ausnahmen von derartigen Verboten kann das Gesundheitsamt zulassen, wenn Maßnahmen durchgeführt werden, mit denen eine Übertragung bestimmter Erkrankungen und Krankheitserreger verhütet werden können.

> Mit seinen Vorschriften zu Tätigkeits- bzw. Beschäftigungsverboten trifft das Infektionsschutzgesetz keine Regelungen zur generellen Arbeitsunfähigkeit der betroffenen Personen.

Dem Arbeitgeber ist es nicht verwehrt, den Erkrankten oder Ausscheider mit einer anderen Tätigkeit zu beschäftigen, soweit dies die Erkrankung und die betrieblichen Voraussetzungen zulassen!

Belehrung statt Untersuchung

Abweichend von der bisherigen Rechtslage regelt das Infektionsschutzgesetz die Voraussetzungen der erstmaligen gewerbsmäßigen Tätigkeit im Lebensmittelbereich (§ 43 IfSG).

An die Stelle der früheren Untersuchung zum Ausschluss von Hinderungsgründen zur Aufnahme der Tätigkeit tritt nunmehr eine sog. **Erst-Belehrung**. Diese Belehrung erfolgt mündlich und schriftlich durch das Gesundheitsamt oder einen von ihm beauftragten Arzt (§ 43 Abs. 1 Nr. 1 IfSG). Über die Belehrung ist eine Bescheinigung auszustellen, die nicht älter als drei Monate sein darf. **Wiederholungsbelehrungen** sind jährlich durch den Arbeitgeber vorzunehmen und zu dokumentieren. Werden Personen nach Aufnahme ihrer Tätigkeit Hinderungsgründe für die Weiterführung ihrer Tätigkeit bekannt, sind sie verpflichtet, dies ihrem Arbeitgeber oder Dienstherrn unverzüglich mitzuteilen. Werden dem Arbeitgeber Umstände bekannt, die ein Tätigkeitsverbot begründen, wird er meldepflichtig.

Strafvorschriften

Verstöße gegen die Beschäftigung ohne Erst-Belehrungsbescheinigung sowie die entsprechende Dokumentation bzw. Vorlage von Wiederholungsbelehrungen auf Verlangen der zuständigen Behörde werden mit Bußgeld belegt (§ 73 Abs. 1 Ziff. 20 und 21 IfSG). Bei vorsätzlicher Tatbegehung kann Geldstrafe oder Freiheitsstrafe bis zu fünf Jahren die Folge sein (§ 74 IfSG).

16.2.4 Stärkung der Eigenverantwortung

Auch wenn das Infektionsschutzgesetz umfänglich Bußgeld- und Strafvorschriften enthält, gilt das früher herrschende Kontrollprinzip nur noch bedingt.

Information, Aufklärung und Belehrung

> Im Mittelpunkt der seuchenrechtlichen Neuregelungen steht vielmehr die Stärkung der Eigenverantwortung von Personen in infektionsgefährdeten Bereichen durch Information und Aufklärung.

Diesem neuen Ansatz entspricht beispielsweise der Verzicht auf bislang gesetzlich geforderte Erstuntersuchungen für Personen, die Tätigkeiten in Schulen, sonstigen Gemeinschaftseinrichtungen oder im Lebensmittelbereich ausüben zu Gunsten einer **zweckgerichteten Belehrung**.

Das vom Gesetzgeber verfolgte Ziel der **Stärkung und Förderung der Sachkunde** des Einzelnen und damit der Verzicht auf ineffiziente Gesundheitsuntersuchungen in Wirtschaft und Verwaltung korrespondiert mit entsprechenden **Mitwirkungs- und Mitteilungspflichten** der gesetzlichen Adressaten. Die Straf- und Bußgeldvorschriften verdeutlichen die zu übernehmende Verantwortung.

Tätigkeiten mit Krankheitserregern

Einer nach wie vor **staatlichen Aufsicht** unterliegen jedoch die Tätigkeiten mit Krankheitserregern (§§ 44–53 IfSG). So sind Tätigkeiten mit Krankheitserregern grundsätzlich erlaubnispflichtig. Ausnahmen von dieser **Erlaubnispflicht** sind nur in den Fällen zulässig, die das Infektionsschutzgesetz ausdrücklich regelt (§§ 45, 46 IfSG). Die Erlaubnis erhält nur eine sog. **natürliche Person**, die bestimmte persönliche Voraussetzungen hierfür erfüllt (erforderliche Sachkenntnis und Zuverlässigkeit). Von diesen **personenbezogenen Anforderungen**, die im Wesentlichen der alten Gesetzeslage (§ 22 BSeuchG) entsprechen, sind die sog. **tätigkeitsbezogenen Anforderungen** zu unterscheiden. Danach müssen alle Tätigkeiten mit Krankheitserregern der zuständigen Behörde angezeigt werden, unabhängig davon, ob sie erlaubnisfrei oder erlaubnispflichtig sind.

> Für Tätigkeiten mit Krankheitserregern gelten neben den Vorschriften des Infektionsschutzgesetzes auch die anderer einschlägiger Vorschriften, wie insbesondere die der Biostoffverordnung, Transportvorschriften oder Vorschriften des Tierseuchenrechts.

Soweit nach alter Rechtslage **juristischen Personen** (z. B. Laboratorien, Institute) die Erlaubnis für das Arbeiten und den Verkehr mit Krankheitserregern erteilt war, gelten Übergangsvorschriften (§ 77 IfSG).

16.2.5 Nosokomiale Infektionen und (Multi-) Resistenzen

Einen besonderen infektionshygienischen Regelungsbedarf sah der Gesetzgeber auf dem Gebiet der nosokomialen Infektionen im Rahmen medizinischer Behandlungsmaßnahmen. Er wird auf eine 1995 veröffentlichte **Prävalenzstudie** zurückgeführt, nach deren Ergebnis bei rund 3,5 v. H. aller im Krankenhaus behandelten Patienten eine nosokomiale Infektion zu beobachten ist. Da jährlich ca. 15 Mio. Menschen in Krankenhäusern behandelt werden, wurde hochgerechnet, dass mehr als 525.000 Patienten pro Jahr von einer nosokomialen Infektion betroffen sein können. Ein Drittel der Infektionen könnte nach Ansicht der Wissenschaft vermieden werden. Hinsichtlich der **Kosten** wurde für das Jahr 1995 geschätzt, dass nosokomiale Infektionen jährlich Kosten in Höhe von ca. DM 2,5 bis 3 Mrd. verursachen, wobei die sozialen **Folgekosten**, z. B. durch Verdienstausfall infolge verlängerter Liegezeiten, nicht eingerechnet sind.

> Um der geschilderten Entwicklung vorzubeugen, werden Krankenhäuser und Einrichtungen für ambulantes Operieren seit dem 01.01.2001 verpflichtet, dort erworbene nosokomiale Infektionen sowie bestimmte Resistenzen von Erregern zu erfassen.

Gesetzliche Anforderungen

Zur frühzeitigen und konsequenten Erfassung nosokomialer Infektionen und (Multi-) Resistenzen bestimmt das Infektionsschutzgesetz (§ 23):

- (1) »Leiter von Krankenhäusern und von Einrichtungen für ambulantes Operieren sind verpflichtet, die vom Robert Koch-Institut nach § 4 Abs. 2 Nr. 2 b IfSG festgelegten nosokomialen Infektionen und das Auftreten von Krankheitserregern mit speziellen resistenten und multiresistenten fortlaufend in einer gesonderten Niederschrift aufzuzeichnen und zu bewerten. Die Aufzeichnungen nach Satz 2 sind 10 Jahre aufzubewahren. Dem zuständigen Gesundheitsamt ist auf Verlangen Einsicht in die Aufzeichnungen zu gewähren«.
- (2) »Beim Robert Koch-Institut wird eine Kommission für Krankenhaushygiene und Infektionsprävention eingerichtet. Die Kommission gibt sich eine Geschäftsordnung, die der Zustimmung des Bundesministeriums für Gesundheit bedarf. Die Kommission erstellt Empfehlungen zur Prävention nosokomialer Infektionen sowie zu betrieblich-organisatorischen und baulich-funktionellen Maßnahmen der Hygiene in Krankenhäusern und anderen medizinischen Einrichtungen. Die Empfehlungen der Kommission werden von dem Robert Koch-Institut veröffentlicht. Die Mitglieder der Kommission werden vom Bundesministerium für Gesundheit im Benehmen mit den obersten Landesgesundheitsbehörden berufen. Vertreter des Bundesministeriums für Gesundheit, der obersten Landesgesundheitsbehörden und des Robert Koch-Instituts nehmen mit beratender Stimme an den Sitzungen teil«.

Normadressat

Die Vorschrift richtet sich in erster Linie an den **Leiter** von Krankenhäusern und Einrichtungen für ambulantes Operieren.

> Da der Begriff »Leiter« der genannten Einrichtungen nicht gesetzlich definiert ist, muss er von der Einrichtung selbst festgelegt werden.

Dabei kann es sich – vorzugsweise – um den ärztlichen Leiter, aber auch um den Verwaltungsleiter handeln. In der Regel wird die Festlegung der Eigenschaft als »Leiter« eine zulässige **Delegation** der Aufgaben nach § 23 Abs. 1 IfSG zur Folge haben. Die Delegation darf jedoch nur auf andere **qualifizierte Mitarbeiter** (z. B. Hygienebeauftragte(r)) erfolgen. Mit der Delegation geht keine Enthaftung einher. Der organisatorisch festgelegte Leiter im Sinne des § 23 Abs. 1 IfSG bleibt letztendlich verantwortlich dafür, dass die entsprechenden Aufzeichnungen und Bewertungen vorgenommen werden.

Verpflichtung des Normadressaten

Das Gesetz verpflichtet den Normadressat (= Leiter), bestimmte **nosokomiale Infektionen** und Krankheitserreger mit speziellen **(Multi-)Resistenzen aufzuzeichnen und zu bewerten**.

Die Aufzeichnungen müssen in einer **gesonderten Niederschrift** erfolgen.

> Den Anforderungen an eine gesonderte Niederschrift wird nur eine Aufzeichnung als eigenständige Dokumentation gerecht. Eine Aufzeichnung nur in den jeweiligen Krankenakten des Patienten reicht ist nicht ausreichend!

Das Gesetz schreibt nicht ausdrücklich vor, wie die gesonderte Niederschrift zu erfolgen hat. Aus der Art und Weise der Niederschrift muss sich jedoch die Entwicklung der vom RKI festgelegten nosokomialen Infektionen bzw. das Auftreten der vom RKI festgelegten (Multi-)Resistenzen herleiten lassen.

Neben der Aufzeichnungspflicht besteht eine gesonderte **Bewertungspflicht**.

> Eine Bewertungspflicht setzt die Erfassung relevanter einrichtungsinterner Bezugsdaten sowie die Schaffung einrichtungsübergreifender Referenzdaten voraus, z. B. angelehnt an »KISS« = Krankenhaus-Infektions-Surveillance-System.

Die vom Gesetzgeber geforderte Aufzeichnung und Bewertung wird in den Gesetzesmaterialien als »**Erfassung**« nosokomialer Infektionen und (Multi-)Resistenzen bezeichnet.

> Das Erfassen ist Teil eines eigenverantwortlichen Qualitätsmanagements, das eine erhöhte Beachtung bestehender Hygieneanforderungen ebenso zum Ziel hat, wie die notwendige Intensivierung der Kommunikation hausintern wie hausübergreifend, beispielsweise im Falle einer Verlegung zwischen verlegender und aufnehmender Einrichtung.

Damit wird zugleich aus infektionshygienischer Sicht die sozialgesetzliche **Forderung zur Qualitätssicherung** in der medizinischen Versorgung konkretisiert.

Nach dem Sozialgesetzbuch, Fünftes Buch (SGB V) sind u. a. Vertragsärzte und die von den Krankenkassen zugelassenen Krankenhäuser (§ 108 SGB V) verpflichtet, sich an Maßnahmen zu Qualitätssicherung zu beteiligen (§ 135 a SBG V). Für den Krankenhausbereich sieht das **Sozialrecht** vor (§ 137 SGB V), dass die Spitzenverbände der Krankenkassen und der Verband der Privaten Krankenversicherung mit der Deutschen Krankenhausgesellschaft unter Beteiligung der Bundesärztekammer sowie der Berufsorganisationen der Krankenpflegeberufe **Maßnahmen der Qualitätssicherung** vereinbaren, die für die nach § 108 SGB V zugelassenen Krankenhäuser gelten. Inhalt der Vereinbarungen sind insbesondere die grundsätzlichen Anforderungen für die zugelassenen Krankenhäuser hinsichtlich des einrichtungsinternen Qualitätsmanagements sowie die verpflichtenden Maßnahmen der Qualitätssicherung. Ziel ist dabei, ebenso wie im ambulanten Bereich, im Interesse der Patienten stets ein gutes Behandlungsergebnis zu gewährleisten (▶ 13.2).

Die Erfassung, also das Aufzeichnen **und** Bewerten,
- führt schlussendlich zu einer **surveillance-basierten Selbstkontrolle**,
- dient der **Verbesserung des Hygienemanagements**,
- hat gegebenenfalls eine **Änderung des Antibiotika-Einsatzes** (Kosten !) zur Folge,
- kann dazu beitragen, **arbeitsmedizinische Erkenntnisse** und Maßnahmen zu verbessern und wird – eine entsprechende einrichtungsinterne Organisation vorausgesetzt – zur **Haftungsbegrenzung** wegen Organisationsverschuldens bei Infektionsschäden beitragen.

Inhalt der Aufzeichnung und Bewertung

Die Aufzeichnungs- und Bewertungspflicht betrifft nosokomiale Infektionen gemäß § 2 Nr. 8 IfSG. Allerdings sind nicht alle nosokomialen Infektionen und Krankheitserreger mit speziellen (Multi-)Resistenzen zu erfassen, sondern nur diejenigen, die das Robert Koch-Institut entsprechend den jeweiligen epidemiologischen Erfordernissen festgelegt hat und die im Bundesgesundheitsblatt veröffentlicht wurden. Hierzu zählen z. B. device-assoziierte Infektionen, z. B. Katheter und postoperative Wundinfektionen.

> Die Vorgaben des Robert Koch-Instituts sind für die Aufzeichnung und Bewertung verbindlich!

Die organisatorisch festgelegten Leiter der Krankenhäuser und Einrichtungen für ambulantes Operieren sind demnach verpflichtet, zumindest eine der vorgegebenen nosokomialen Infektionen – vorzugsweise unter Berücksichtigung der einrichtungsspezifischen Gegebenheiten – zu erfassen.

Gegenüber den verpflichtenden Vorgaben zur Aufzeichnung haben Hinweise des Robert Koch-Instituts zur **Prävention** nosokomialer Infektionen sowie zu **betrieblich-organisatorischen** und **baulich-funktionellen Maßnahmen** der Hygiene in Krankenhäusern und anderen medizinischen Einrichtungen **empfehlenden Charakter** (§ 23 Abs. 2 IfSG).

Aufbewahrung und Einsichtnahme

Die in gesonderten Niederschriften zu fertigenden Aufzeichnungen sind **zehn Jahre** aufzubewahren. Auf Verlangen ist dem zuständigen Gesundheitsamt **jederzeit Einsicht** in diese Aufzeichnungen zu gewähren (§ 23 Abs. 1 IfSG). Diese Pflicht zur Einsichtsgewährung dient ausschließlich der Kontrolle der Aufzeichnungspflicht.

> Dem Gesundheitsamt wird mit dem Einsichtsrecht nicht eine inhaltliche Interpretation und Überprüfung der internen Bewertungen übertragen.

Neben der Erfassung nosokomialer Infektionen und (Multi-)Resistenzen bleibt die **Meldepflicht bei gehäuftem Auftreten aller** (nicht nur der vom RKI festgelegten) **nosokomialen Infektionen** im Sinne von § 2 Nr. 8 IfSG bestehen, bei denen ein epidemiologischer Zusammenhang wahrscheinlich ist oder vermutet wird. Ein entsprechender Ausbruch ist dem Gesundheitsamt **unverzüglich** zu melden.

Strafvorschriften

Erfolgt eine nach § 23 Abs. 1 IfSG geforderte **Aufzeichnung** nicht, nicht richtig oder unvollständig, so handelt es sich ebenso wie bei einem Verstoß gegen die zehnjährige **Aufbewahrungspflicht** (§ 73 Abs. 1 Nr. 9 IfSG) um eine Ordnungswidrigkeit. Gleiches gilt bei Nichtgewährung des **Einsichtsrechts** (§ 7 Abs. 1 Nr. 10 IfSG). Die jeweilige Ordnungswidrigkeit kann mit einer Geldbuße bis 25.000,00 Euro belegt werden.

> Nicht bußgeldbewehrt, d. h. ohne Strafe in Form eines Bußgeldes, ist dagegen ein Verstoß gegen die Bewertungspflicht nach § 23 Abs. 1 IfSG.

Nicht ausschließbar ist jedoch, dass im Falle eines zivilrechtlichen **Schadensersatzanspruches** eines Patienten einer unterlassenen Bewertung besondere Bedeutung zugemessen wird.

> Die Bewertungspflicht – wenngleich nicht sanktioniert – dürfte als vertragliche Nebenpflicht des Behandlungsvertrages anzusehen sein.

Nosokomiale Infektionen und Arbeitsmedizin

Im Zusammenhang mit nosokomialen Infektionen stehen auch arbeitsmedizinische Fragen. Der Personenkreis, der eine nosokomiale Infektion erwerben kann, wird in § 2 Nr. 8 IfSG nicht definiert. Sicherlich zählen hierzu in erster Linie **Patienten im engeren Sinne**, d. h. also Kranke. Mit erfasst sind nach dem Wortlaut der Vorschrift aber auch **Beschäftigte**, die sich im Zusammenhang mit stationären oder ambulanten Maßnahmen infiziert haben. Auch wenn von einer Infektion die Rede ist, »die im zeitlichen Zusammenhang mit einer stationären oder ambulanten medizinischen Maßnahme steht«, so bedeutet dies nicht, dass bei dem Infizierten selbst eine medizinische Maßnahme durchgeführt wurde.

> Eine Erregerübertragung ist möglich von Patient zu Patient, von Patient zu Personal, von Personal zu Patient ebenso wie über Instrumente oder durch ungenügende Lebensmittel-/Wasserhygiene.

Damit kommen grundsätzlich alle Personen für eine nosokomiale Infektion in Betracht, die im zeitlichen Zusammenhang mit einer stationären oder einer ambulanten medizinischen Maßnahme eine entsprechende Infektion im Krankenhaus erwerben können. Schon § 8 a des früheren Bundesseuchengesetzes erfasste das Krankenhauspersonal. Unter Präventionsgedanken wäre deshalb eine Eingrenzung nosokomialer Infektionen im Sinne des heutigen Infektionsschutzgesetzes ausschließlich auf den Patienten nicht sachgerecht, zumal Infektionen beim Krankenhauspersonal auch auf **Hygieneprobleme in der jeweiligen Gesundheitseinrichtung** hinweisen können.

> Zu Recht wird deshalb darauf hingewiesen, dass medizinischer Arbeitsschutz und allgemeiner Infektionsschutz untrennbar miteinander verbundene Rechtsbereiche sind.

Dies wiederum bedeutet eine enge Zusammenarbeit im Krankenhaus und in Einrichtungen für ambulantes Operieren zwischen Hygienebeauftragten und Hygienefachkräften einerseits und den Arbeitsmedizinern andererseits, gegebenenfalls unter Einbeziehung der Beschäftigtenvertretung (Personalrat/Mitarbeitervertretung) nach den Personalvertretungsgesetzen der Länder.

Überprüfen Sie Ihr Wissen

1. Gibt es ein bundeseinheitliches Hygienegesetz?
   Antwort: ▶ 16
2. Bei wem liegt die Gesetzgebungskompetenz für Maßnahmen gegen gemeingefährliche und übertragbare Krankheiten?
   Antwort: ▶ 16
3. Welchen Charakter hat die »Richtlinie für Krankenhaushygiene und Infektionsprävention des Robert-Koch-Institutes?
   Antwort: ▶ 16.1
4. Welche Pflegebedingungen sind aus hygienischer Sicht gefordert?
   Antwort: ▶ 16.1.1
5. Wem obliegt im Krankenhaus in erster Linie die organisatorische Verantwortung für die Einhaltung der Hygienestandards?
   Antwort: ▶ 16.1.2
6. Welche Ziele verfolgt das Infektionsschutzgesetz?
   Antwort: ▶ 16.2.1
7. Welche Leitgedanken prägen das Infektionsschutzgesetz?
   Antwort: ▶ 16.2.1
8. Welche Rolle kommt dem Robert Koch-Institut nach dem Infektionsschutzgesetz zu?
   Antwort: ▶ 16.2.1
9. Welche Grundrechte schränkt das Infektionsschutzgesetz ein?
   Antwort: ▶ 16.2.3
10. Welche Schutzmaßnahmen sieht das Infektionsschutzgesetz bei Feststellung von Kranken, Krankheitsverdächtigen, Ansteckungsverdächtigen oder Ausscheidern vor?
    Antwort: ▶ 16.2.3
11. Was sollte ein Hygieneplan beinhalten?
    Antwort: ▶ 16.2.3
12. Welche Maßnahmen sieht das Infektionsschutzgesetz zur Prävention nosokomialer Infektionen und (Multi-)Resistenzen vor?
    Antwort: ▶ 16.2.5

17

Arznei- und Betäubungsmittelrecht

17.1 Arzneimittelgesetz – 286

17.1.1 Begriffsbestimmungen – 286
17.1.2 Anforderungen an die Arzneimittel – 287
17.1.3 Herstellung von Arzneimitteln (Erlaubniszwang) – 288
17.1.4 Zulassung der Arzneimittel (Zulassungspflicht) – 289
17.1.5 Homöopathische Arzneimittel (Registrierpflicht) – 289
17.1.6 Schutz des Menschen bei der klinischen Prüfung – 290
17.1.7 Abgabe von Arzneimitteln – 290
17.1.8 Sicherung, Qualitätskontrolle und Überwachung – 291
17.1.9 Beobachtung, Sammlung und Auswertung von Arzneimittelrisiken – 292
17.1.10 Haftung für Arzneimittelschäden – 292
17.1.11 Arzneimittel-Warnhinweisverordnung – 293

17.2 Betäubungsmittelgesetz nebst Rechtsverordnungen – 293

17.2.1 Begriffsbestimmungen – 293
17.2.2 Erlaubnispflicht – 294
17.2.3 Melde- und Empfangsbestätigungspflicht – 294
17.2.4 Verschreibungspflicht – 295
17.2.5 Betäubungsmittelrezept – 296
17.2.6 Abgabe von Betäubungsmitteln – 296
17.2.7 Nachweis über den Verbleib und Bestand der Betäubungsmittel – 296

17.3 Gesetz über das Apothekenwesen – 297

Überprüfen Sie Ihr Wissen – 298

Das Arznei- und Betäubungsmittelrecht zählt ebenso wie das Hygiene- und Infektionsschutzrecht zur konkurrierenden Gesetzgebung (Art. 74 Nr. 19 GG).

> Der Bund hat mit seinen Gesetzen für den Verkehr mit Arzneien, Heil- und Betäubungsmitteln vor allem auch im Interesse eines bundeseinheitlichen Verbraucherschutzes von seiner Gesetzgebungskompetenz Gebrauch gemacht (Art. 72 Abs. 2 GG).

17.1 Arzneimittelgesetz

Das Gesetz über den Verkehr mit Arzneimitteln vom 11.12.1998 mit späteren Änderungen (Arzneimittelgesetz – AMG) ist in 18 Abschnitte gegliedert. Die wesentlichen Vorschriften befassen sich mit den **Anforderungen** an Arzneimittel, den Voraussetzungen zur **Herstellererlaubnis**, der **Zulassung** von Arzneimitteln, der **Registrierung** homöopathischer Arzneimittel, dem Schutz des Menschen bei der **klinischen Prüfung**, der **Abgabebedingungen** von Arzneimitteln, der Sicherung und **Qualitätskontrolle**, der Beobachtung, Sammlung und Auswertung von **Arzneimittelrisiken**, der Überwachung wie auch der **Haftung** für Arzneimittelschäden.

> Das Gesetz verfolgt den Zweck im Interesse einer ordnungsgemäßen Arzneimittelversorgung von Mensch und Tier für die Sicherheit im Verkehr mit Arzneimitteln, insbesondere für die Qualität, Wirksamkeit und Unbedenklichkeit der Arzneimittel zu sorgen (§ 1 AMG).

17.1.1 Begriffsbestimmungen

Das Gesetz unterscheidet die **echten** Arzneimittel von den sog. **fiktiven** Arzneimitteln.

Echte Arzneimittel sind nach § 2 Abs. 1 AMG Stoffe und Zubereitungen aus Stoffen, die dazu bestimmt sind, durch Anwendung am oder im menschlichen oder tierischen Körper:
1. Krankheiten, Leiden, Körperschäden oder krankhafte Beschwerden zu heilen, lindern, verhüten oder zu erkennen;
2. die Beschaffenheit, den Zustand oder die Funktionen des Körpers oder seelische Zustände erkennen zu lassen;
3. vom menschlichen oder tierischen Körper erzeugte Wirkstoffe oder Körperflüssigkeiten zu ersetzen;
4. Krankheitserreger, Parasiten oder körperfremde Stoffe abzuwehren, zu beseitigen oder unschädlich zu machen oder
5. die Beschaffenheit, den Zustand oder die Funktion des Körpers oder seelische Zustände zu beeinflussen.

Fiktive Arzneimittel sind bestimmte Gegenstände, die keine echten Arzneimittel sind, jedoch nach § 2 Abs. 2 AMG als solche gelten.
1. Gegenstände, die ein Arzneimittel nach Abs. 1 enthalten oder auf die ein Arzneimittel nach Abs. 1 aufgebracht ist und die dazu bestimmt sind, dauernd oder vorübergehend mit dem menschlichen oder tierischen Körper in Berührung gebracht zu werden.
    a) Tierärztliche Instrumente, soweit sie zur einmaligen Anwendung bestimmt sind und aus deren Kennzeichnung hervorgeht, dass sie einem Verfahren zur Verminderung der Keimzahl unterzogen worden sind.
2. Gegenstände, die, ohne Gegenstände nach Nummer 1 oder 1 a zu sein, dazu bestimmt sind, zu den in Abs. 1 Nr. 2 oder 5 bezeichneten Zwecken in den tierischen Körper dauernd oder vorübergehend eingebracht zu werden, ausgenommen tierärztliche Instrumente.
3. Verbandstoffe und chirurgische Nahtmaterialien, soweit sie zur Anwendung am oder im tierischen Körper bestimmt sind und nicht Gegenstände der Nummern 1, 1 a oder 2 sind.
4. Stoffe und Zubereitungen aus Stoffen, die, auch im Zusammenwirken mit anderen Stoffen oder Zubereitungen aus Stoffen, dazu bestimmt sind, ohne am oder im menschlichen oder tierischen Körper angewendet werden:
    a) die Beschaffenheit, den Zustand oder die Funktionen des Körpers erkennen zu lassen oder der Erkennung von Krankheitserregern bei Tieren zu dienen;
    b) Krankheitserreger oder Parasiten zu bekämpfen, ausgenommen solche, die dazu bestimmt sind, der Bekämpfung von Mikroorganismen einschließlich Viren bei Bedarfsgegenständen im Sinne des § 5 Abs. 1 Nr. 1 des Lebensmittel- und Bedarfsgegenständegesetzes (LMBG) oder bei Medizinprodukten im Sinne des § 3 des Medizinproduktegesetzes (MPG) und ihrem Zubehör zu dienen.

Von den echten und fiktiven Arzneimitteln grenzt das Gesetz dann weiter solche Erzeugnisse ab, die **keine**

Arzneimittel sind. Nach § 2 Abs. 3 AMG gehören hierzu:
- Lebensmittel im Sinne des § 1 des Lebensmittel- und Bedarfsgegenständegesetzes (LMBG);
- Tabakerzeugnisse im Sinne des § 3 LMBG;
- kosmetische Mittel im Sinne des § 4 LMBG;
- Stoffe und Zubereitungen aus Stoffen, die ausschließlich dazu bestimmt sind, äußerlich am Tier zur Reinigung oder Pflege oder zur Beeinflussung des Aussehens oder des Körpergeruchs angewendet zu werden, soweit ihnen keine Stoffe oder Zubereitungen aus Stoffen zugesetzt sind, die vom Verkehr außerhalb der Apotheke ausgeschlossen sind;
- (aufgehoben)
- Futtermittel, Zusatzstoffe und Vormischungen im Sinne des § 2 Abs. 1 Nr. 1 bis 3 des Futtermittelgesetzes;
- Medizinprodukte und Zubehör für Medizinprodukte im Sinne des § 3 MPG
- die in § 9 S. 1 des Transplantationsgesetzes genannten Organe und Augenhornhäute, wenn sie zur Übertragung auf andere Menschen bestimmt sind.

Neben dem Arzneimittelbegriff in § 2 AMG enthält das Gesetz die Definition des Stoffbegriffs (§ 3 AMG) und sonstige Begriffsbestimmungen (§ 4 AMG).

Stoffe im Sinne des Arzneimittelgesetzes sind (§ 3 AMG):
- chemische Elemente und Verbindungen sowie deren natürlich vorkommende Gemische und Lösungen,
- Pflanzen, Pflanzenteile und Pflanzenbestandteile in bearbeitetem oder unbearbeitetem Zustand,
- Tierkörper, auch lebender Tiere, sowie Körperteile, -bestandteile und Stoffwechselprodukte von Mensch oder Tier in bearbeitetem oder unbearbeitetem Zustand,
- Mikroorganismen einschließlich Viren sowie deren Bestandteile oder Stoffwechselprodukte.

Aus der Vielzahl der sonstigen – insgesamt 18 – Begriffsbestimmungen sollen nur folgende weitere herausgegriffen werden (§ 4 AMG):
- **Fertigarzneimittel** sind Arzneimittel, die im Voraus hergestellt und in einer zur Abgabe an den Verbraucher bestimmten Packung in den Verkehr gebracht werden.
- **Sera** sind Arzneimittel im Sinne des § 2 Abs. 1 AMG, die aus Blut, Organen, Organteilen oder Organsekreten gesunder, kranker, krankgewesener oder immunisatorisch vorbehandelter Lebewesen gewonnen werden, spezifische Antikörper enthalten und dazu bestimmt sind, wegen dieser Antikörper angewendet zu werden. Sera gelten nicht als Blutzubereitungen im Sinne des Arzneimittelgesetzes.
- **Impfstoffe** sind Arzneimittel im Sinne des § 2 Abs. 1 AMG, die Antigene enthalten und die dazu bestimmt sind, bei Mensch oder Tier zur Erzeugung von spezifischen Abwehr- und Schutzstoffen angewendet zu werden.

Weiterhin sind u. a. definiert: Blutzubereitungen, Testallergene, Testsera, Testantigene, radioaktive Arzneimittel, Arzneimittelvormischungen (§ 4 AMG).

Ausnahmen vom Anwendungsbereich des Gesetzes regelt § 4 AMG, etwa für menschliche Organe zu Transplantationszwecken.

17.1.2 Anforderungen an die Arzneimittel

In den Vorschriften der §§ 5–12 AMG befasst sich der Gesetzgeber mit den Anforderungen an die Arzneimittel.

Verbote

Hier werden insbesondere **Verbote** für ganz bestimmte Arzneimittel angesprochen. So ist es etwa nach § 5 AMG verboten, **bedenkliche Arzneimittel** in den Verkehr zu bringen.

> Bedenklich sind Arzneimittel, bei denen nach dem jeweiligen Stand der wissenschaftlichen Erkenntnis der begründete Verdacht besteht, dass sie bei bestimmungsgemäßen Gebrauch schädliche Wirkungen haben, die über ein den Erkenntnissen der medizinischen Wissenschaft vertretbares Maß hinausgehen.

Grundsätzlich spricht der Gesetzgeber weiterhin ein Verbot von Arzneimitteln zu **Dopingzwecken** im Sport aus (§ 6a AMG).

Darüber hinaus ist es verboten, **radioaktive Arzneimittel** oder solche, bei deren Herstellung ionisierende Strahlen verwendet worden sind, in den Verkehr zu bringen, es sei denn, dass dies durch eine Rechtsverordnung zugelassen ist.

Schließlich bestehen weitere Verbote, v. a. zum **Schutze vor Täuschung** (§ 8 AMG). Es dürfen beispielsweise keine Arzneimittel hergestellt oder in den Verkehr gebracht werden, die

- durch Abweichung von anerkannten pharmazeutischen Regeln in ihrer Qualität nicht unerheblich gemindert sind oder
- mit irreführender Bezeichnung, Angabe oder Aufmachung versehen sind.

Auch ist es verboten, Arzneimittel in den Verkehr zu bringen, deren **Verfallsdatum** abgelaufen ist.

> Zum Schutze des Verbrauchers sind an die Kennzeichnung der Fertigarzneimittel erhöhte Anforderungen gestellt (§ 10 AMG).

Sie dürfen z. B. nur in den Verkehr gebracht werden, wenn auf den Behältnissen oder auf den äußeren Umhüllungen in gut lesbarer Schrift, allgemeinverständlich in deutscher Sprache und auf dauerhafte Weise angegeben sind:
1. Name oder Firma und Anschrift des pharmazeutischen Unternehmens,
2. Bezeichnung des Arzneimittels,
3. Zulassungsnummer (Abkürzung »Zul.-Nr.«),
4. Chargenbezeichnung (Abkürzung: »Ch.-B.«),
5. Darreichungsform,
6. Inhalt nach Gewicht, Rauminhalt oder Stückzahl,
7. Art der Anwendung,
8. wirksame Bestandteile nach Art und Menge,
9. bei gentechnologisch gewonnenen Arzneimitteln der Wirtschaft und die Bezeichnung der bei der Herstellung verwendeten gentechnisch veränderten Mikroorganismen,
10. Verfallsdatum mit dem Hinweis »verwendbar bis«,
11. Hinweis auf Verschreibungspflicht und Apothekenpflicht,
12. bei Mustern der Hinweis »Unverkäufliches Muster«,
13. Hinweis für Kinder zur unzugänglichen Aufbewahrung,
14. gegebenenfalls Hinweis auf besondere Vorsichtsmaßnahmen.

Bei **Sera** ist auch die Art des Lebewesens, aus dem sie gewonnen sind, bei **Virusimpfstoffen** das Wirtssystem, das zur Virenvermehrung gedient hat, anzugeben.

Zusätzliche Kennzeichnungen erfordern Arzneimittel, die in das Register für **homöopathische Arzneimittel** eingetragen werden sowie solche, die zur Anwendung bei Tieren bestimmt sind (§ 10 Abs. 3, 4 AMG).

Neben der Kennzeichnung, gegebenenfalls auch den **Warnhinweisen**, für die Verbraucher bestimmten **Aufbewahrungshinweisen** und für die Fachkreise bestimmten **Lagerhinweisen** muss auch die **Packungsbeilage** von Fertigarzneimitteln verschärften Erfordernissen Rechnung tragen:

> Es muss eine umfassende, in deutscher Sprache abgefasste und deutlich lesbare »Gebrauchsinformation« beigefügt sein (§ 11 AMG).

Sie muss u. a. auf Darreichungsform, Anwendungsgebiete, Gegenanzeigen, Wechselwirkungen mit anderen Mitteln, Dosierungsanleitung, Nebenwirkungen, Haltbarkeit, auch Datum der Fassung der Packungsbeilage hinweisen.

Für den (Zahn-, Tier-)Arzt, Apotheker und bei nicht verschreibungspflichtigen Arzneimitteln auch für Personen, die die (Zahn-)Heilkunde berufsmäßig ausüben, muss der pharmazeutische Unternehmer eine sog. **Fachinformation** zur Verfügung stellen (§ 11 AMG).

17.1.3 Herstellung von Arzneimitteln (Erlaubniszwang)

Der dritte Abschnitt des Arzneimittelgesetzes (§§ 13–20 AMG) befasst sich eingehend mit den Voraussetzungen für die Herstellung von Arzneimitteln.

> Erfolgt die Herstellung von Arzneimitteln, Testsera, Testantigenen oder Wirkstoffen, die menschlicher oder tierischer Herkunft sind oder auf gentechnischem Wege hergestellt werden, gewerbs- oder berufsmäßig, ist eine Erlaubnis der zuständigen Behörde erforderlich.

Von dieser **Erlaubnispflicht** sind einige Berufsgruppen ausgenommen, wie beispielsweise der Inhaber einer Apotheke für die Herstellung von Arzneimitteln im Rahmen des üblichen Apothekenbetriebes, der Träger eines Krankenhauses, soweit er nach dem Apothekengesetz Arzneimittel abgeben darf sowie in gewissem Umfang der Groß- und Einzelhändler (§ 13 AMG).

> Die Erlaubniserteilung zur Arzneimittelherstellung ist an enge, vom Gesetzgeber aufgestellte Anforderungen gebunden; sie sind im einzelnen in § 15 AMG aufgeführt und gehen in erster Linie von dem Erfordernis einer entsprechenden Sachkenntnis aus.

Die Entscheidung über die Erlaubniserteilung trifft die zuständige Behörde des Landes, in dem die Betriebsstätte des Herstellers liegt oder liegen soll. Bei Sera, Impfstoffen, Testallergenen, Testsera und Testantigenen ergeht die Entscheidung im Benehmen mit der zuständigen Bundesoberbehörde (das ist das Paul-Ehrlich-Institut, § 13 Abs. 4, § 77 Abs. 2 AMG). Die Herstellungserlaubnis kann beschränkt ergehen (§ 16 AMG) und ist zurückzunehmen, wenn nachträglich ein Grund zur Versagung der Erlaubniserteilung bekannt wird (§ 18 AMG). Der Inhaber der Erlaubnis muss jeden Wechsel in der Person des Herstellungs-, Kontroll- oder Vertriebsleiters sowie jede wesentliche Änderung der Räume und Einrichtungen der in der Erlaubnis bestimmten Betriebsstätten vorher anzeigen (§ 20 AMG).

17.1.4 Zulassung der Arzneimittel (Zulassungspflicht)

Die Vorschriften über die Zulassung von Arzneimitteln stellen das Kernstück des Arzneimittelgesetzes dar. Es ist im vierten Abschnitt (§§ 21 ff AMG) geregelt und ersetzt das frühere mehr formelle Registrierungsverfahren. Zu dieser Neuregelung zwang insbesondere die Normengebung der Europäischen Union.

Der Zulassung sind Fertigarzneimittel und in gewissem Umfang Tierarzneimittel unterworfen. Das Zulassungsverfahren ist detailliert in den §§ 22 ff AMG geregelt. Danach muss der Antragsteller u. a. darlegen:
- die Bezeichnung des Arzneimittels,
- dessen Bestandteile nach Art und Menge,
- die Darreichungsform,
- die Wirkungen,
- Anwendungsgebiete,
- Gegenanzeigen,
- Nebenwirkungen,
- Wechselwirkungen mit anderen Mitteln,
- die Dauer der Anwendung und auch
- die Methoden zur Qualitätskontrolle.

Weiter sind dem Antrag in der Regel beizufügen Ergebnisse analytischer Prüfungen, pharmakologisch-toxischer Prüfungen und klinischer Prüfungen und in bestimmten Fällen auch Sachverständigengutachten (§ 24 AMG).

Der Antrag auf Zulassung darf nur unter den in § 24 Abs. 2 AMG genannten Voraussetzungen abgelehnt werden. Versagungsgründe liegen z. B. vor, wenn
- die vorgelegten Unterlagen unvollständig sind,
- das Arzneimittel nicht nach dem jeweiligen gesicherten Stand der wissenschaftlichen Erkenntnis ausreichend geprüft worden ist,
- das Arzneimittel nicht die nach den anerkannten pharmazeutischen Regeln angemessene Qualität aufweist,
- dem Arzneimittel die vom Antragsteller angegebene therapeutische Wirksamkeit fehlt oder diese nach dem jeweiligen gesicherten Stand der wissenschaftlichen Erkenntnis vom Antragsteller unzureichend begründet ist,
- der Verdacht besteht, dass das Arzneimittel bei bestimmungsgemäßem Gebrauch schädliche, nicht vertretbare Wirkungen entfaltet,
- die angegebene Wartezeit (Definition in § 4 Abs. 12 AMG) nicht ausreicht oder wenn
- das in Verkehrbringen des Arzneimittels gegen gesetzliche Vorschriften oder europäisches Recht verstoßen würde (§ 25 Abs. 2 AMG).

Die zuständige Bundesoberbehörde (in der Regel das Bundesinstitut für Arzneimittel und Medizinprodukte, § 77 Abs. 1 AMG) kann die Zulassung mit Auflagen verbinden, solche aber auch nachträglich anordnen (§ 28 AMG). Unter bestimmten Voraussetzungen ist die Zulassung zurückzunehmen bzw. zu widerrufen, v. a. wenn sich herausstellt, dass dem Arzneimittel die therapeutische Wirkung fehlt (§ 30 AMG). Vorschriften über Erlöschen der Erlaubnis, Kosten und Bekanntmachungen runden das Zulassungsverfahren ab.

Entsprechend den Arzneimittelrichtlinien der Europäischen Union kann die Zulassung für genetisch hergestellte Arzneimittel, also Präparate, die Humaninsulin, Interferon oder Blutgerinnungsfaktoren enthalten, nicht allein beim Bundesinstitut für Arzneimittel und Medizinprodukte beantragt werden. Der Antrag muss vielmehr in allen Mitgliedsstaaten gleichzeitig gestellt und der Kommission der Europäischen Union gemeldet werden. Die Zulassungsbehörde eines der Mitgliedsstaaten übernimmt die Rolle des Berichterstatters und Koordinators des Zulassungsverfahrens.

17.1.5 Homöopathische Arzneimittel (Registrierpflicht)

Eine Sonderregelung haben homöopathische Arzneimittel erfahren, die nicht verschreibungspflichtig sind (Fünfter Abschnitt, §§ 38, 39 AMG).

> Homöopathische Arzneimittel unterliegen nicht der Zulassungs-, sondern lediglich einer Registrierpflicht.

Jedoch ist das Verfahren weitgehend dem Zulassungsverfahren angeglichen, wenngleich auf Angaben über Wirkungen und Anwendungsgebiete sowie auf Unterlagen und Gutachten über die pharmakologisch-toxikologische und klinische Prüfung verzichtet wird. Andererseits dürfen registrierte homöopathische Arzneimittel auf den Behältnissen oder äußeren Umhüllungen keine Angaben über Anwendungsgebiete tragen (§ 10 Abs. 4 AMG). Das Recht des pharmazeutischen Unternehmens, statt der Registrierung die Zulassung zu beantragen, bleibt unberührt.

17.1.6 Schutz des Menschen bei der klinischen Prüfung

Nachdem der Gesetzgeber als Voraussetzung für die Zulassung eines Arzneimittels neben der pharmakologisch-toxikologischen Prüfung auch eine klinische Prüfung aufgestellt hat, geht er ersichtlich davon aus, dass die Unbedenklichkeit und Wirksamkeit von Arzneimitteln, die zur Anwendung am Menschen bestimmt sind, nicht nur in Laboratorien, sondern auch unmittelbar am Menschen erprobt werden. Dementsprechend ist es nur konsequent, dass Vorsorge für den Schutz der Menschen getroffen wird, die sich zum klinischen Versuch zur Verfügung stellen (Sechster Abschnitt, §§ 40–42 AMG). Dabei hat der Gesetzgeber unterschiedliche Interessenssphären beachtet. Einerseits musste der Schutz des Probanden so wirksam sein, dass Schäden, gleich welcher Art, nicht auftreten können, andererseits musste er den Anforderungen an die Bedingungen der klinischen Prüfung entsprechen, die ohne ein gewisses Risiko für den Probanden nicht durchführbar ist. In Abwägung der Interessen des Einzelnen an seinem Schutz bei der freiwillig übernommenen Rolle der Versuchsperson und den Interessen der Allgemeinheit an der Entwicklung wirksamer Arzneimittel hat der Gesetzgeber ein gewisses noch vertretbares Risiko des Probanden in Kauf genommen und dessen Schutz entsprechend gestaltet. Dabei sind sowohl die gesundheitlichen als auch die materiellen Belange berücksichtigt worden.

> Grundsätzlich gilt, dass die klinische Prüfung eines Arzneimittels bei Menschen nur begonnen werden darf, wenn diese zuvor von einer nach Landesrecht gebildeten unabhängigen **Ethikkommission** zustimmend bewertet wurde.

In gesundheitlicher Hinsicht unterscheidet der Gesetzgeber zwischen der klinischen Erprobung an Personen, die nicht an einer Krankheit leiden, zu deren Behebung das zu prüfende Arzneimittel angewendet zu werden bestimmt ist (für Minderjährige gelten zusätzliche Vorschriften), und deren Prüfung an kranken Menschen, deren Krankheit zu beheben das in Prüfung stehende Arzneimittel dienen soll (§§ 40, 41 AMG).

Wegen des Umfangs der einzelnen Zulässigkeitsvoraussetzungen soll an dieser Stelle auf die gesetzlichen Vorschriften im Einzelnen verwiesen werden.

17.1.7 Abgabe von Arzneimitteln

Im siebten Abschnitt (§§ 43–53 AMG) regelt das Arzneimittelgesetz die Abgabe von Arzneimitteln. Teilweise geben die dort zu findenden Bestimmungen allerdings nur einen Rahmen, der durch Rechtsverordnungen ausgefüllt werden kann und auch schon wurde.

Danach ist zu unterscheiden zwischen:
- Arzneimitteln, die **apothekenpflichtig** sind (§ 43 AMG),
- Arzneimitteln, die **verschreibungspflichtig** sind (§ 48 AMG),
- Arzneimitteln, die **frei verkäuflich** sind (§ 44 AMG).

(Besondere Vorschriften gelten für Betäubungsmittel nach dem Betäubungsmittelgesetz, ▶ 17.2).

> Grundsätzlich sind die Apotheken diejenigen Stellen, an denen Arzneimittel für Patienten bereitgehalten und vertrieben werden.

Ausnahmen von der Apothekenpflicht bestimmt § 44 AMG, wonach für den Verkehr außerhalb der Apotheken z. B. freigegeben sind:
- Arzneimittel, die zu anderem Zweck als zur Beseitigung oder Linderung von Krankheiten, Leiden, Körperschäden oder krankhaften Beschwerden zu dienen bestimmt sind,
- weiterhin natürliche und künstliche Heilwasser sowie deren Salze sowie
- Tabletten und Pastillen, Heilerde, Bademoore, Mund- und Rachendesinfektionsmittel.

Weitere Einzelheiten regelt die Verordnung über apothekenpflichtige und freiverkäufliche Arzneimittel vom 24.11.1988 mit späteren Änderungen (Rechtsgrundlage: § 45 AMG).

Mit dieser Rechtsverordnung korrespondiert die Verordnung über den Ausschluss von Arzneimitteln vom Verkehr außerhalb der Apotheke vom 19.09.1969 mit späteren Änderungen. Diese Verordnung soll Arzneimittel vom freien Verkehr außerhalb der Apotheke ausschließen, soweit auch bei bestimmungsgemäßem oder gewohnheitsgemäßem Gebrauch eine unmittelbare oder mittelbare Gefährdung der Gesundheit von Mensch und Tier zu befürchten ist.

Verschreibungspflichtige Medikamente

Ist die Abgabe von Arzneimitteln auf Grund des Arzneimittelgesetzes oder der vorstehend genannten Rechtsverordnung Apotheken vorbehalten, so bestehen für den Apotheker einschränkende Verpflichtungen z. B. dadurch, dass er Arzneimittel nur nach Vorlage einer ärztlichen, zahnärztlichen oder tierärztlichen Verschreibung an den Verbraucher abgeben darf (verschreibungspflichtige Arzneimittel, § 48 AMG). Welche Arzneimittel im Einzelnen verschreibungspflichtig sind, regelt sich nach der Verordnung über verschreibungspflichtige Arzneimittel vom 30.08.1990 mit späteren Änderungen.

Daneben gibt es eine automatische Verschreibungspflicht für Arzneimittel, die Stoffe in der medizinischen Wissenschaft nicht allgemein bekannter Wirkungen oder Zubereitungen enthalten (§ 49 AMG). Näheres regelt auch hier eine Rechtsverordnung.

Erforderliche Angaben bei der Verschreibung von Arzneimitteln

- Name, Berufsbezeichnung und Anschrift des verschreibenden Arztes, Zahn- oder Tierarztes,
- Datum der Ausfertigung,
- Name der Person, für die das Arzneimittel bestimmt ist (bei Tierarzneimittel: Name des Tierhalters und Tierart),
- Indikation, Arzneimittelbezeichnung,
- abzugebende Menge des verschriebenen Arzneimittels,
- Gebrauchsanweisung bei Arzneimitteln, die in der Apotheke hergestellt werden,
- Gültigkeit der Verschreibung (ohne Vermerk: längstens sechs Monate),
- eigenhändige Unterschrift des Verschreibenden.

Verschreibungspflichtige Arzneimittel dürfen in dringenden Fällen ausnahmsweise auf fernmündliche Bestellung des Arztes abgegeben werden, wenn sich der Apotheker Gewissheit über den Besteller verschafft hat, etwa durch Gegenruf.

Die wiederholte Abgabe verschreibungspflichtiger Arzneimittel ist nur bei entsprechendem Vermerk zulässig. Ergibt sich aus diesem nicht eindeutig die Zahl der Wiederholungen, so darf nur einmal wiederholt abgegeben werden.

Enthält die Verschreibung keine Angabe über die Menge, so gilt die kleinste Packung als verschrieben.

Fehlen Angaben über Ausfertigungsdatum oder Gebrauchsanweisung für Arzneimittel, die in der Apotheke hergestellt werden sollen, so kann der Apotheker die Verschreibung sachgerecht ergänzen, wenn ein dringender Fall vorliegt und eine Rücksprache mit dem Arzt nicht möglich ist. Ist die Verschreibung für den Bedarf einer Krankenanstalt, den Praxisbedarf oder zu Händen eines Arztes, Zahn- oder Tierarztes ausgeschrieben, so genügt an Stelle der Benennung der Person, für die das Arzneimittel bestimmt ist, ein Hinweis auf den allgemeinen Verwendungszweck.

Abschließend ist noch auf das **Verbot der Selbstbedienung** (§ 52 AMG) hinzuweisen, das für Arzneimittel grundsätzlich gilt. Ausnahmen bestehen jedoch für

- Fertigarzneimittel, die im Reisegewerbe abgegeben werden dürfen,
- die zur Verhütung der Schwangerschaft oder von Geschlechtskrankheiten beim Menschen bestimmt und zum Verkehr außerhalb der Apotheken freigegeben sind und
- die ausschließlich zum äußeren Gebrauch bestimmten Desinfektionsmittel.

17.1.8 Sicherung, Qualitätskontrolle und Überwachung

Als Maßnahmen zur Sicherung und Qualitätskontrolle der Arzneimittel sieht das Arzneimittelgesetz (Achter Abschnitt, §§ 54 bis 55a AMG) den Erlass von **Betriebsverordnungen** für Betriebe und Einrichtungen vor, die Arzneimittel gewerbsmäßig herstellen oder in den Verkehr bringen. Deren Inhalt kann sich u. a. auf Anforderungen an das Personal, auf Beschaffenheit, Größe und Einrichtung der Räume, auf die Beschaffenheit der Behältnisse beziehen, aber auch auf Anforderungen an die Hygiene. Es gilt insoweit die **Betriebsverordnung für pharmazeutische Unternehmer** (PharmBetrV) vom 08.03.1985 mit späteren Änderungen.

Aus Sicherungs- und Qualitätsgründen dürfen Arzneimittel schließlich nur hergestellt und an den Verbraucher in den Verkehr gegeben werden, wenn die in ihnen enthaltenen Stoffe und ihre Darreichungsformen den anerkannten pharmazeutischen Regeln entsprechen (§ 55 Abs. 8 AMG). Diese sind im **Arzneibuch** festgelegt.

> Das Arzneibuch ist eine Sammlung anerkannter pharmazeutischer Regeln über die Qualität, Prüfung, Lagerung, Abgabe und Bezeichnung von Arzneimitteln; darüber hinaus enthält es Anforderungen an die Beschaffenheit von Behältnissen und Umhüllungen (§ 55 Abs. 1 AMG).

Überwachungsvorschriften

Sie bestimmen u. a., dass Betriebe und Einrichtungen, in denen Arzneimittel hergestellt, geprüft, gelagert, verpackt und in den Verkehr gebracht werden, der Überwachung durch die zuständige Behörde unterliegen. Diese kann Sachverständige hinzuziehen. Soweit es sich um Sera, Impfstoffe, Testallergene, Testsera und Testantigene handelt, soll der Sachverständige Angehöriger der Bundesoberbehörde (Paul-Ehrlich-Institut) sein. Überwacht werden sollen die Einhaltung der Vorschriften des Arzneimittelgesetzes sowie der Werbung auf dem Gebiet des Heilwesens und des Apothekenwesens. Die mit der Überwachung Beauftragten haben Zutrittsrecht zu Räumen und Grundstücken, Einsichtsrecht in Unterlagen, ein Auskunftsrecht und das Recht, Proben zu nehmen, soweit erforderlich. Derjenige, der der Überwachung unterliegt, ist zur Duldung und Mitwirkung verpflichtet (§ 66 AMG).

Zuständig für die Überwachungsdurchführung sind in aller Regel die Länder, soweit nicht im Einzelfall der nach § 77 AMG zuständigen Bundesoberbehörde die Überwachung übertragen ist. Die zuständigen Behörden haben bei festgestellten Verstößen Anordnungen zur Beseitigung zu treffen, sie können in bestimmten Fällen auch das in Verkehrbringen von Arzneimitteln untersagen, deren Rückruf anordnen und diese sicherstellen (§ 69 AMG).

17.1.9 Beobachtung, Sammlung und Auswertung von Arzneimittelrisiken

Zur Verhütung einer unmittelbaren oder mittelbaren Gefährdung der Gesundheit von Mensch und Tier hat die zuständige Bundesoberbehörde die bei der Anwendung von Arzneimitteln auftretenden Risiken, insbesondere Nebenwirkungen, Wechselwirkungen mit anderen Mitteln, Gegenanzeigen und Verfälschungen zentral zu erfassen, auszuwerten und die zu ergreifenden Maßnahmen zu koordinieren. Dabei wirkt sie mit den Dienststellen der **Weltgesundheitsorganisation** (WHO), den Arzneimittelbehörden anderer Länder, den Gesundheits- und Veterinärbehörden der Länder sowie mit anderen Stellen zusammen, die bei der Durchführung ihrer Aufgaben Arzneimittelrisiken erfassen (§ 62 AMG).

In einem sog. **Stufenplan** wird die Zusammenarbeit der beteiligten Behörden und Stellen auf den verschiedenen Gefahrenstufen und die Einschaltung der pharmazeutischen Unternehmer näher geregelt (§ 63 AMG). In diesem Rahmen ist es die Aufgabe des pharmazeutischen Unternehmens, einen **Stufenplanbeauftragten** zu bestellen (§ 63 a AMG).

17.1.10 Haftung für Arzneimittelschäden

Mit dem materiellen Zulassungsverfahren und gleichfalls mit der Anordnung über die Beobachtung, Sammlung und Auswertung von Arzneimittelrisiken hat der Gesetzgeber eine doppelte Kontrolle geschaffen, um Zahl und Schwere von Arzneimittelschäden herabzusetzen. Dennoch war er sich bewusst, dass solche Schäden nicht unvermeidbar sind.

Aus diesen Gründen gibt das Gesetz (16. Abschnitt, §§ 84–94 AMG) den durch Arzneimittelgebrauch Geschädigten unter gewissen Umständen **Schadensersatzansprüche** auch in den Fällen, in denen ein **Verschulden** des pharmazeutischen Unternehmers, der das Arzneimittel in den Verkehr gebracht hat, nicht festgestellt werden kann (sog. **Gefährdungshaftung**). Andererseits besteht ein öffentliches Interesse daran, dass durch eine solche Gefährdungshaftung pharmazeutische Betriebe nicht in ihrer Existenz bedroht oder gar vernichtet werden, wodurch die Arzneimittelversorgung gefährdet wäre. Zu Abwendung derartiger Gefahren wird den pharmazeutischen Unternehmen eine **Deckungsvorsorge** vorgeschrieben, die nur durch eine Haftpflichtversicherung oder Gewährleistungsverpflichtung eines Kreditinstitutes erbracht werden kann (§ 94 AMG).

Geltungsbereich der Gefährdungshaftung

Die Gefährdungshaftung umfasst nach § 84 AMG alle Fälle, in denen infolge der Anwendung eines zum Gebrauch bei Menschen bestimmten Arzneimittels, das im Geltungsbereich des Gesetzes an den Verbraucher abgegeben wurde und der Pflicht zur Zulassung unterliegt oder durch Rechtsverordnung von der Zulassung befreit wurde, ein Mensch getötet oder der Körper oder die Gesundheit eines Menschen nicht unerheblich verletzt worden ist. Die Haftung löst eine Schadensersatzpflicht des pharmazeutischen Unternehmers aus, der das Arzneimittel in den Verkehr gebracht hat. Voraussetzung für den Eintritt der Ersatzpflicht ist, dass das Arzneimittel bei bestimmungsgemäßen Gebrauch medizinisch nicht vertretbare schädliche Wirkungen hat, die ihre Ursache im Bereich der Entwicklung oder Herstellung haben oder dass der Schaden infolge einer nicht den Erkenntnissen der medizinischen Wissenschaft entsprechenden Kennzeichnung, Fach- oder Gebrauchsinformation eingetreten ist.

Bei Mitverschulden des Verbrauchers mindert sich die Ersatzpflicht (§ 254 BGB).
Weitere Vorschriften
- bestimmen den Umfang der Ersatzpflicht bei Tötung (§ 86 AMG) und bei Körperverletzung (§ 87 AMG),
- setzen Höchstbeträge für die Haftpflicht fest und
- treffen Regelungen für die Ersatzleistungen in Form von Geldrenten (§ 89 AMG).

Der Schadensersatzanspruch verjährt in drei Jahren (§ 90 AMG).

> Von der vorstehenden Haftungsproblematik zu unterscheiden ist die Frage der zivil- und strafrechtlichen Verantwortlichkeit für Arzneimittelschäden, die im Zusammenhang mit dem Zulassungsverfahren entstanden sind.

Hierzu begnügt sich das Gesetz an etwas versteckter Stelle (§ 25 Abs. 10 AMG) mit der Feststellung, dass die Zulassung die zivil- und strafrechtliche Verantwortlichkeit des pharmazeutischen Unternehmers unberührt lässt. Grund und Umfang einer möglichen Haftung regeln sich jedoch wieder nach den §§ 84 ff AMG.

Abschließend enthält das Arzneimittelgesetz einen umfangreichen Katalog an Straf- und Bußgeldvorschriften (§§ 95–98 AMG). Ordnungswidrigkeiten können mit einer Geldbuße bis zu 25.000,00 Euro geahndet werden.

17.1.11 Arzneimittel-Warnhinweisverordnung

Für Arzneimittel im Sinne des § 2 Abs. 1 und Abs. 2 Nr. 1 AMG (▶ 17.1.1), die dazu bestimmt sind, in einer zur Abgabe an den Verbraucher bestimmten Packung gegeben zu werden und die Äthanol zur inneren Anwendung beim Menschen enthalten, sofern sie beispielsweise Injektionslösungen, Infusionslösungen, Munddesinfektionsmittel oder Rachendesinfektionsmittel sind, oder die den gelben Farbstoff Tartrazin, der ggf. Asthmaanfälle auslösen kann, zur Anwendung beim Menschen enthalten, gilt die Arzneimittel-Warnhinweisverordnung vom 21.12.1984 mit späteren Änderungen.

Derartige Arzneimittel müssen auf den Behältnissen und äußeren Umhüllungen dauerhaft und in leicht lesbarer Schrift Warnhinweise auf Äthanol oder Tartrazin enthalten. Bei Äthanol ist in jedem Fall eine Information über den Alkoholpromilleanteil erforderlich, je nach Höhe dieses Anteils auch ein Hinweis, die Packungsbeilage zu beachten. Ähnliches gilt für Arzneimittel mit Tartrazin.

Wer gegen diese Verordnung verstößt, begeht eine Ordnungswidrigkeit und kann mit einer Geldbuße belegt werden.

17.2 Betäubungsmittelgesetz nebst Rechtsverordnungen

Das Betäubungsmittelrecht ist im Wesentlichen durch das Gesetz über den Verkehr mit Betäubungsmitteln (Betäubungsmittelgesetz – BtMG vom 01.03.1994) sowie die Verordnung über das Verschreiben, die Abgabe und den Nachweis des Verbleibs von Betäubungsmitteln (Betäubungsmittel-Verschreibungsverordnung – BtMVV vom 20.01.1998), jeweils mit späteren Änderungen, geprägt.

Die nachstehenden Ausführungen geben im Wesentlichen einen Überblick derjenigen Vorschriften, die sich auf den verwaltungsrechtlichen Teil des Betäubungsmittelgesetzes sowie auf die Verschreibung von Betäubungsmitteln beziehen.

17.2.1 Begriffsbestimmungen

Das Betäubungsmittelgesetz unterscheidet zwischen
- Stoffen,
- Zubereitungen und
- ausgenommenen Zubereitungen.

Die Begriffsdefinition enthält § 2 BtMG.
Gemäß § 1 BtMG sind Betäubungsmittel im Sinne des Betäubungsmittelgesetzes Stoffe und Zubereitun-

gen, die in den Anlagen I–III zum Betäubungsmittelgesetz aufgeführt sind.

> **Unterscheidung der Betäubungsmittel**
> - Nicht verkehrsfähige Betäubungsmittel (Anlage I),
> - verkehrsfähige, aber nicht verschreibungsfähige Betäubungsmittel (Anlage II),
> - verkehrsfähige und verschreibungsfähige Betäubungsmittel (Anlage III).

Die Aufteilung der Stoffe und Zubereitungen legt in erster Linie die Bedeutung der erfassten Drogen für die medizinische Nutzanwendung fest.

Durch Rechtsverordnung können die Anlagen ergänzt werden, wenn sich bei einzelnen Betäubungsmitteln eine **besondere Gefährlichkeit** oder ein **Suchtpotential** ergibt, v. a. durch missbräuchliche Verwendung.

17.2.2 Erlaubnispflicht

 Grundsätzlich, d. h. von Ausnahmen abgesehen, besteht eine Erlaubnispflicht für den Verkehr mit Betäubungsmitteln.

Diese Pflicht besagt, dass derjenige, der Betäubungsmittel anbauen, herstellen, mit ihnen Handel treiben, sie einführen, ausführen, abgeben, veräußern, sonst in den Verkehr bringen, erwerben oder ausgenommene Zubereitungen herstellen will, der Erlaubnis des Bundesinstituts für Arzneimittel und Medizinprodukte bedarf. Einer Erlaubnis bedarf nicht, wer im Rahmen des Betriebs einer öffentlichen Apotheke oder einer Krankenhausapotheke in den Anlagen II oder III bezeichnete Betäubungsmittel herstellt oder erwirbt oder in Anlage III bezeichnete Betäubungsmittel auf Grund (tier-, zahn-)ärztlicher Verschreibung abgibt. Ähnliches gilt für den Betrieb einer tierärztlichen Hausapotheke. Im Übrigen werden weitere Ausnahmen von der Erlaubnispflicht durch § 4 BtMG geregelt.

Ausnahmeregelungen

Wer keiner Erlaubnis bedarf, aber am Betäubungsmittelverkehr teilnehmen will, muss dies dem **Bundesinstitut für Arzneimittel und Medizinprodukte** zuvor anzeigen. Die Anzeigevoraussetzungen bestimmt § 4 Abs. 3 BtMG. Unter bestimmten Voraussetzungen, etwa Bedenken hinsichtlich der Person des Antrag-

stellers, der Räumlichkeiten seiner Betriebsstätten oder ähnliches, kann die Erlaubnis versagt werden.

Einer Erlaubnispflicht unterliegen auch sog. **Drogenkonsumräume**.

Drogenkonsumräume sind Einrichtungen, in deren Räumlichkeiten Betäubungsmittelabhängigen eine Gelegenheit zum Verbrauch von mitgeführten, ärztlich nicht verschriebenen Betäubungsmitteln verschafft oder gewährt wird.

Für die Erlaubniserteilung sind die Länder zuständig (§ 10 a BtMG).

17.2.3 Melde- und Empfangsbestätigungspflicht

Im dritten Abschnitt des Betäubungsmittelgesetzes sind u. a. Einfuhr, Ausfuhr, Durchfuhr sowie Abgabe und Erwerb von Betäubungsmitteln geregelt (§§ 11, 12 BtMG). Einzelheiten beschreibt die Betäubungsmittel-Außenhandelsverordnung.

 Zur Abgabe von Betäubungsmitteln wird bestimmt, dass sie nur an Personen und Personenvereinigungen erfolgen darf, die im Besitz einer Erwerbserlaubnis oder Betreiber einer Apotheke oder tierärztlichen Hausapotheke sind.

Der Abgebende hat dem Bundesinstitut für Arzneimittel und Medizinprodukte unverzüglich (d. h. ohne schuldhaftes Zögern) jede einzelne Abgabe unter Angabe des Erwerbers und der Art und Menge des Betäubungsmittels zu melden. Der Erwerber muss dem Abgebenden den Empfang des Betäubungsmittels bestätigen. Gewisse Ausnahmen, z. B. bei der Abgabe auf Grund ärztlicher, zahnärztlicher oder tierärztlicher Verschreibung im Rahmen des Apothekenbetriebes lässt der Gesetzgeber für verkehrs- und verschreibungsfähige Betäubungsmittel zu (§ 12 Abs. 3 BtMG).

Durch Rechtsverordnung kann das Melde- und Empfangsbestätigungsverfahren, insbesondere hinsichtlich Form, Inhalt, Abgabe und Aufbewahrung der zu verwendenden Formblätter, geregelt werden.

Mit diesen Bestimmungen wird die Regelung der früheren Lagerbuchführung ersetzt durch eine **Melde- und Empfangsbestätigungspflicht**.

Maßnahmen gegen unbefugte Entnahmen

Wer am Betäubungsmittelverkehr teilnimmt, muss außerdem besondere **Sicherungsvorkehrungen** treffen, um unbefugte Entnahmen zu verhindern, z. B. durch Aufbewahrung in einem speziell abschließbaren **Betäubungsmittelschrank** (§ 15 BtMG). Soweit erforderlich, kann das Bundesinstitut für Arzneimittel und Medizinprodukte bestimmte Sicherungsmaßnahmen anordnen.

Der Eigentümer von nicht mehr verkehrsfähigen Betäubungsmitteln hat diese auf eigene Kosten zu vernichten. Der Vernichtungsvorgang muss von zwei anwesenden Zeugen bestätigt werden können (§ 16 BtMG). Über jeden Zugang und Abgang muss der Erlaubnisinhaber für jede Betriebsstätte und jedes Betäubungsmittel fortlaufende **Aufzeichnungen** führen. Deren Inhalt regelt § 17 BtMG.

> Diese Aufzeichnungen oder Rechnungsdurchschriften sind drei Jahre lang gesondert aufzubewahren.

Schließlich müssen **Überwachungsmaßnahmen** (§ 22 BtMG) sowie **Probenahmen** (§ 23 BtMG) geduldet werden. Darüber hinaus bestehen bestimmte **Mitwirkungspflichten** (§ 24 BtMG), etwa in Form von Auskunftserteilungen, Gestattung der Einsichtnahme in Unterlagen sowie des Zutritts in Gebäude oder Räume oder ähnliches.

17.2.4 Verschreibungspflicht

Die Verschreibung und Abgabe von Betäubungsmitteln auf Verschreibung regelt § 13 BtMG in Verbindung mit der Betäubungsmittel-Verschreibungsverordnung.

Verkehrs- und verschreibungsfähige Betäubungsmittel (Anlage III zu § 1 Abs. 1 BtMG) dürfen nur von Ärzten, Zahnärzten und Tierärzten verschrieben werden. Die Verschreibung ist nur gestattet, wenn die Anwendung des Betäubungsmittels am oder im menschlichen oder tierischen Körper begründet ist. Nicht begründet ist die Anwendung insbesondere dann, wenn der beabsichtigte Zweck auf andere Weise erreicht werden kann. Gleiches gilt für die Verabreichung im Rahmen einer ärztlichen, zahnärztlichen oder tierärztlichen Behandlung sowie für die Überlassung an einen anderen zum unmittelbaren Verbrauch.

> Die verschriebenen Betäubungsmittel dürfen nur im Rahmen des Betriebes einer Apotheke und gegen Vorlage der Verschreibung (des Betäubungsmittelrezepts) abgegeben werden.

Einzelheiten der Verschreibung sind auf Grundlage des § 13 Abs. 3 BtMG in der Betäubungsmittel-Verschreibungsverordnung geregelt. Als Verschreibungsgrundsatz (§ 1 BtMVV) gilt: Die verkehrs- und verschreibungsfähigen Betäubungsmittel (Anlage III BtMG) dürfen nur als Zubereitungen verschrieben werden. Die Betäubungsmittel-Verschreibungsverordnung gilt auch für Salze und Molekülverbindungen der Betäubungsmittel.

Verschreibungsgrundsatz

Er findet seine Konkretisierung und Modifizierung durch die Festlegung der zu verschreibenden Höchstmengen sowie die Verschreibungsbeschränkung auf Bestimmungszwecke, Gehalt und Darreichungsform einzelner Betäubungsmittel.

Es wird unterschieden zwischen der Verschreibung
— des Arztes für seinen Patienten (§ 2 Abs. 1, 2 BtMVV),
— des Arztes für seinen Praxisbedarf (§ 2 Abs. 3 BtMVV),
— des Stationsarztes für den Stationsbedarf, soweit er ein Krankenhaus oder eine Teileinheit des Krankenhauses leitet (§ 2 Abs. 4 BtMVV),
— des Belegarztes, soweit die ihm zugeteilten Betten räumlich und organisatorisch von anderen Teileinheiten abgegrenzt sind (§ 2 Abs. 4 BtMVV).

Für das Verschreiben des Bedarfs an Betäubungsmitteln für **Einrichtungen des Rettungsdienstes** gelten die Vorschriften für das Verschreiben zum Stationsbedarf entsprechend (§ 6 BtMVV).

Werden Betäubungsmittel für den Bewohner eines **Alten-** und **Pflegeheimes** oder eines **Hospizes** verschrieben, kann vom Arzt bestimmt werden, dass die Verschreibung nicht dem Patienten ausgehändigt wird. In diesem Fall darf die Verschreibung nur von bestimmten Personen vorgelegt werden, z. B. vom beauftragten und angewiesenen Personal der Praxis oder des Alten- und Pflegeheimes (§ 5 h BtMVV).

Maßnahmen bei Betäubungsmittelabhängigkeit

Unter Beachtung der gesetzlich beschriebenen Voraussetzungen darf der Arzt auch zur **Substitution** zugelassene Betäubungsmittel zur Behandlung von Betäubungsmittelabhängigkeit verschreiben (§ 5 BtMVV). Die Daten über das Verschreiben von Substitutionsmitteln sind in einem **Substitutionsregister** zu führen (§ 5a BtMVV). Die erforderlichen Angaben ergeben sich aus § 5 a Abs. 2 BtMVV.

In begründeten Einzelfällen und unter Wahrung der erforderlichen Sicherheit des Betäubungsmittelverkehrs darf der Arzt für einen Patienten in Dauerbehandlung sowohl Höchstmengen für bestimmte Betäubungsmittel überschreiten als auch mehr als ein Betäubungsmittel am Tag verschreiben (§ 2 Abs. 2

BtMVV). Eine derartige Verschreibung ist mit dem Buchstaben «A« zu kennzeichnen.

Vorschriften ähnlich formulierten Inhalts regeln die Verschreibungsinhalte für den Zahnarzt einschließlich seiner Tätigkeit als leitender Stations- oder Belegarzt (§ 3 BtMVV) sowie für den Tierarzt (auch als leitender Stationsarzt, § 4 BtMVV).

17.2.5 Betäubungsmittelrezept

Betäubungsmittel dürfen ausschließlich auf einem dreiteiligen amtlichen Formblatt (Betäubungsmittelrezept) verschrieben werden (§ 8 BtMVV). Die Formblätter werden auf Anforderung vom Bundesinstitut für Arzneimittel und Medizinprodukte an den einzelnen Arzt (Zahnarzt oder Tierarzt) ausgegeben. Sie sind nur für den Beantragenden bestimmt und dürfen nur im Vertretungsfall übertragen werden. Nicht verwendete Betäubungsmittelrezepte sind bei der Aufgabe der ärztlichen Tätigkeit an das Bundesinstitut für Arzneimittel und Medizinprodukte zurückzugeben.

> Die Rezepte sind vom Arzt gegen Entwendung zu sichern. Verluste sind unter Angabe der Rezeptnummer dem Bundesinstitut für Arzneimittel und Medizinprodukte unverzüglich anzuzeigen.

Das dreiteilige Formblatt ist wie folgt zu verwenden:
- Teil I und II des auszufertigenden Betäubungsmittelrezepts ist zur Vorlage in einer Apotheke bestimmt,
- Teil III verbleibt beim Arzt, Zahn- oder Tierarzt, an den das Betäubungsmittelrezept ausgegeben wurde.

Der beim Arzt verbleibende Teil III ist, nach Ausstellungsdaten geordnet, **drei Jahre aufzubewahren**. Gleiches gilt für die Teile I und II bei fehlerhaft ausgefertigten Rezepten (§ 8 BtMVV).

Die erforderlichen Angaben auf dem Betäubungsmittelrezept richten sich nach § 9 BtMVV.

Ähnliche Regelungen gelten für den Betäubungsmittelanforderungsschein bei Verschreibungen von Betäubungsmitteln für den Stationsbedarf (§ 10 BtMVV).

17.2.6 Abgabe von Betäubungsmitteln

Nach § 2 BtMVV dürfen Betäubungsmittel u. a. nicht abgegeben werden, wenn das Rezept in der vorliegenden Form für den Abgebenden erkennbar nicht ausgestellt werden durfte oder wenn das Rezept älter als sieben Tage ist.

Der Abgebende hat auf der Rückseite des Teiles I der (Stations-)Verschreibung anzugeben:
1. Namen und Anschrift der Apotheke,
2. Abgabedatum und
3. Namenszeichen des Abgebenden.

Teil I der (Stations-)Verschreibungen ist vom Apothekenleiter nach Abgabedatum geordnet **drei Jahre aufzubewahren**. Teil II ist zur Verrechnung bestimmt.

17.2.7 Nachweis über den Verbleib und Bestand der Betäubungsmittel

Die Führung von Karteikarten, Betäubungsmittelbüchern und Aufzeichnungen mittels elektronischer Datenverarbeitung nach amtlichen Formblättern zum Nachweis über Verbleib und Bestand von Betäubungsmitteln regelt § 13 BtMVV. So sind z. B. auf den Karteikarten oder in den Betäubungsmittelbüchern über jeden Zu- und Abgang dauerhaft anzugeben:
1. Datum des Zugangs oder des Abgangs,
2. zugegangene oder abgegangene Menge und der sich daraus ergebende Bestand; bei Stoffen und nicht abgeteilten Zubereitungen die Gewichtsmenge in Gramm oder Milligramm, bei abgeteilten Zubereitungen die Stückzahl; bei flüssigen Zubereitungen, die im Rahmen einer Behandlung angewendet werden, die Menge auch in Millilitern,
3. Name oder Firma und Anschrift des Lieferers oder des Empfängers oder die sonstige Herkunft oder der sonstige Verbleib,
4. in Apotheken im Falle der Abgabe auf Verschreibung in Krankenhäusern und Tierkliniken im Falle des Erwerbs auf Verschreibung, der Name und die Anschrift des verschreibenden Arztes, Zahnarztes oder Tierarztes und die Nummer des Betäubungsmittelrezeptes oder Betäubungsmittelanforderungsscheines.

Die Eintragungen über Zugänge, Abgänge und Bestände der Betäubungsmittel sowie die Übereinstimmung der Bestände mit den geführten Nachweisen sind:
- von dem Apotheker für die von ihm geleitete Apotheke,
- von dem verschreibungsberechtigten Arzt, Zahnarzt oder Tierarzt für den Praxis- oder Stationsbedarf,

- von dem beauftragten Arzt für die Einrichtungen des Rettungsdienstes

am Ende eines jeden Kalendermonats zu prüfen. Sofern sich der Bestand geändert hat, sind das Namenszeichen und das Prüfdatum anzubringen.

Karteikarten und Betäubungsmittelbücher sind **drei Jahre**, von der letzten Eintragung an gerechnet, **aufzubewahren**. Bei einem Wechsel in der Leitung einer Krankenhausapotheke, einer Einrichtung eines Krankenhauses, einer Tierklinik oder eines Rettungsdienstes haben die betreffenden Personen das Datum der Übergabe sowie den übergebenen Bestand zu vermerken und durch ihre Unterschrift zu bestätigen (§ 13 Abs. 3 BtMVV).

Bestimmungen über Straftaten (§ 16 BtMVV), Ordnungswidrigkeiten (§ 17 BtMVV) und Übergangsbestimmungen beschließen die Betäubungsmittelverschreibungsverordnung.

17.3 Gesetz über das Apothekenwesen

Der Betrieb einer Apotheke ist nach dem Gesetz über das Apothekenwesen (ApwesenG) vom 15.10.1980 mit späteren Änderungen von der Erteilung einer Erlaubnis abhängig.

Erlaubniserteilung

Die **Erlaubnis** ist auf Antrag zu erteilen, wenn der Antragsteller gesetzlich vorgeschriebene Voraussetzungen in seiner Person erfüllt. Er muss u. a.
- Deutscher und voll geschäftsfähig sein,
- die deutsche Approbation als Apotheker sowie
- die für den Betrieb einer Apotheke erforderliche Zuverlässigkeit besitzen (§ 2 ApwesenG).

Ist die Erlaubnis erteilt, darf die Apotheke erst in Betrieb genommen werden, wenn die Räumlichkeiten von der zuständigen Behörde abgenommen worden sind.

Die Erlaubnis verpflichtet den Apotheker zur persönlichen Leitung in eigener Verantwortung. Die persönliche Leitung einer Krankenhausapotheke obliegt dem angestellten Apotheker.

Eine Apothekenverpachtung ist nur in einigen gesetzlich bestimmten Ausnahmefällen zulässig. Nach dem Tode eines Erlaubnisinhabers dürfen die Erben die Apotheke längstens zwölf Monate durch einen Apotheker verwalten lassen.

Betriebserlaubnis für eine Krankenhausapotheke

Zum Betrieb einer **Krankenhausapotheke** ist dem Träger der Krankenanstalt auf Antrag die Erlaubnis zu erteilen, wenn der Krankenhausträger einen Apotheker angestellt hat, der die persönlichen Voraussetzungen erfüllt, die eine Erlaubniserteilung erfordert. Außerdem sind vom Träger der Krankenanstalt die nach der **Apothekenbetriebsordnung** (ApBetrO vom 26.09.1995 mit späteren Änderungen) für eine Krankenhausapotheke vorgesehenen Räumlichkeiten nachzuweisen.

Die Erlaubnis zum Betrieb einer Krankenhausapotheke berechtigt zur Abgabe von Arzneimitteln an Stationen oder andere Teileinheiten des Krankenhauses nur auf Grund einer Verschreibung im Einzelfall oder auf Grund einer schriftlichen Anforderung. Bei einer derartigen Abgabe sind die Arzneimittel vor dem Zugriff Unbefugter zu schützen.

Sollen weitere Krankenhäuser mit Arzneimitteln versorgt werden, bedarf es entsprechender Verträge oder einer Genehmigung. Auch dürfen Arzneimittel nur zur Versorgung bestimmter Personen von der Krankenhausapotheke abgegeben werden, etwa solcher, die voll-, teil-, vor- oder nachstationär behandelt, ambulant operiert oder im Rahmen sonstiger stationsersetzender Eingriffe versorgt werden. Weitere Einzelheiten regelt § 14 Abs. 4 ApwesenG.

Behördliche Aufsicht

Alle Apotheken – auch die Krankenhausapotheke – unterstehen der behördlichen Aufsicht. Die mit der Überwachung beauftragten Personen sind berechtigt:
- die dem Apothekenbetrieb dienenden Räume zu betreten,
- Besichtigungen vorzunehmen,
- Proben zu entnehmen und
- vorläufige Anordnungen zur Gewährleistung eines ordnungsgemäßen Apothekenbetriebes zu erteilen.

Die Befolgung der getroffenen Anordnungen kann erforderlichenfalls mit Zwangsmitteln durchgesetzt werden.

Die Erlaubnisinhaber und die in Krankenhausapotheken angestellten Apotheker sind verpflichtet, die mit der Aufsicht beauftragten Personen nach Kräften in ihrer Arbeit zu unterstützen.

Zum Zwecke der einwandfreien Herstellung, Prüfung, Aufbewahrung und Abgabe von Arzneimitteln und Gewährleistung eines ordnungsgemäßen Apothekenbetriebes ist auf Grund der in § 21 des Apothekengesetzes ausgesprochenen Ermächtigung die bereits angeführte Apothekenbetriebsordnung erlassen worden.

Im Wesentlichen enthält sie Bestimmungen über Personal, Räume und Einrichtungen.

Pharmazeutische Tätigkeiten dürfen nur vom pharmazeutischen Personal ausgeübt werden; das sind Apotheker, Personen in der Ausbildung zum Apotheker, pharmazeutisch-technische Assistenten und Personen, die sich in dieser Ausbildung befinden.

Betriebsräume müssen nach Lage, Größe und Einrichtungen so beschaffen sein, dass ein ordnungsgemäßer Apothekenbetrieb gewährleistet ist. Die Grundfläche der Betriebsräume muss insgesamt 110 qm betragen, wobei die Räume so angeordnet sein sollen, dass jeder Raum ohne Verlassen der Apotheke zugänglich ist. Eine Apotheke muss wenigstens aus einer Offizin (= Arbeitsraum in einer Apotheke), einem Laboratorium, ausreichendem Lagerraum und einem Nachtdienstzimmer bestehen.

Besondere Vorschriften (§§ 26 ff ApBetrO) gelten für den Betrieb von Krankenhausapotheken.

Überprüfen Sie Ihr Wissen

1. Was sind sog. fiktive Arzneimittel?
   Antwort: ▶ 17.1.1
2. Welche Arzneimittel dürfen nicht in den Verkehr gebracht werden?
   Antwort: ▶ 17.1.2
3. Welche Voraussetzungen gelten für die Herstellung von Arzneimitteln?
   Antwort: ▶ 17.1.3
4. Was versteht das Arzneimittelgesetz unter dem Arzneibuch?
   Antwort: ▶ 17.1.8
5. Was regelt die Arzneimittel-Warnhinweisverordnung im Einzelnen?
   Antwort: ▶ 17.1.11
6. Welche Betäubungsmittel unterscheidet das Betäubungsmittelgesetz?
   Antwort: ▶ 17.2.1
7. An wen dürfen Betäubungsmittel nur abgegeben werden?
   Antwort: ▶ 17.2.3
8. Welche Sicherungsmaßnahmen sind gegen unbefugter Entnahmen von Betäubungsmitteln vorgesehen?
   Antwort: ▶ 17.2.3
9. Welche Maßnahmen sind bei der Betäubungsmittel-Verschreibung für Bewohner von Alten- und Pflegeheimen vorgesehen?
   Antwort: ▶ 17.2.4
10. Wie wird der Nachweis über Verbleib und Bestand von Betäubungsmitteln nach dem Gesetz geregelt?
    Antwort: ▶ 17.2.7
11. Welche Voraussetzungen gelten für den Betrieb einer Krankenhausapotheke?
    Antwort: ▶ 17.3
12. Was regelt die Apothekenbetriebsordnung?
    Antwort: ▶ 17.3

- 18.1 Begriffsbestimmungen – 300
- 18.2 Verkehr mit Lebensmitteln – 301
- 18.3 Verkehr mit Tabakerzeugnissen – 302
- 18.4 Verkehr mit Kosmetika – 302
- 18.5 Verkehr mit Bedarfsgegenständen – 303
- 18.6 Behördliche Überwachung – 303

  Überprüfen Sie Ihr Wissen – 303

Das Lebensmittelrecht wird durch zahlreiche Gesetze und Verordnungen bestimmt.

Dazu gehören beispielsweise
- das Fleischbeschaugesetz mit Durchführungsverordnungen,
- das Brotgesetz,
- die Gesetze und Verordnungen für Milch und Milcherzeugnisse,
- die Lebensmittel- und Bedarfsgegenständeverordnung,
- das Weingesetz nebst Verordnungen,

um nur einige Regelungen aufzuzählen.

> Als zentrales Dachgesetz gilt das Gesetz über den Verkehr mit Lebensmitteln, Tabakerzeugnissen, kosmetischen Mitteln und sonstigen Bedarfsgegenständen, das seinerseits den entsprechenden Richtlinien der Europäischen Union Rechnung trägt und deren Anforderungen in nationales Recht umsetzt. Das Lebensmittel- und Bedarfsgegenständegesetz (LMBG) gilt in der Fassung vom 09.09.1997 mit späteren Änderungen.

Es enthält allgemeine Gebote und Verbote, Vorschriften über die Überwachung sowie Straf- und Bußgeldvorschriften. Zahlreiche Ermächtigungen sollen es dem Verordnungsgeber ermöglichen, ausgedehnte Spezialregelungen zu treffen. Trotz mannigfacher Neuerungen bleibt aber der Grundgedanke des Gesetzes der Schutz der menschlichen Gesundheit und Sicherung vor Täuschung der Verbraucher.

18.1 Begriffsbestimmungen

Das Gesetz legt durch entsprechende Begriffsbestimmungen fest, für welche Produkte/Waren die Vorschriften gelten.

Lebensmittel

Das frühere Lebensmittelgesetz (LMG) definierte alle Stoffe, die zum Essen, Trinken und Kauen bestimmt sind, als Lebensmittel und nahm hiervon nur Stoffe aus, die überwiegend zur Beseitigung, Linderung oder Verhütung von Krankheiten bestimmt sind. Das neue Gesetz geht zwar nach wie vor von der Zweckbestimmung zum Verzehr aus, nimmt aber – weitergehend – alle Stoffe aus, die überwiegend dazu bestimmt sind, zu anderen Zwecken als zur Ernährung und zum Genuss verzehrt zu werden.

> Lebensmittel im Sinne des Gesetzes sind alle Stoffe, die dazu bestimmt sind, in unverändertem, zubereitetem oder verarbeitetem Zustand von Menschen verzehrt zu werden; ausgenommen sind Stoffe, die überwiegend dazu bestimmt sind, zu anderen Zwecken als zur Ernährung oder zum Genuss verzehrt zu werden (§ 1 Abs. 1 LMBG).

Den Lebensmitteln gleich stehen ihre Umhüllungen, Überzüge oder sonstige Umschließungen, die dazu bestimmt sind, mitverzehrt zu werden oder bei denen der Mitverzehr vorauszusehen ist.

Mit dieser Formulierung übernimmt das Gesetz im Wesentlichen die bisherige im Arzneimittelgesetz (§ 2 Abs. 3 AMG), vorgenommene Abgrenzung.

> Für die Abgrenzung von Lebensmitteln und Arzneimitteln kommt es nur noch auf den Lebensmittelbegriff des Lebensmittel- und Bedarfsgegenständegesetzes an.

Die Änderung der Begriffsbestimmung bezweckt, dass die Erzeugnisse der sog. grauen Zone wie z. B. Tonika, Schlankheits- und Entwöhnungsmittel oder Ovulationshemmer Arzneimittel sind, wenn im Übrigen die Voraussetzungen des Arzneimittelbegriffs vorliegen.

Tabakerzeugnisse

Nicht den Lebensmitteln gleichgestellt sind die Tabakerzeugnisse. Diese unterliegen einer Sonderregelung.

> Tabakerzeugnisse sind aus Rohtabak oder unter Verwendung von Rohtabak hergestellte Erzeugnisse, die zum Rauchen, Kauen oder anderweitigem oralen Gebrauch oder zum Schnupfen bestimmt sind (§ 3 Abs. 1 LMBG).

Den Tabakerzeugnissen stehen nach § 3 Abs. 2 LMBG gewisse Waren gleich, etwa Zigarettenpapier, Kunstumblätter oder sonstige mit dem Tabakerzeugnis fest verbundene Bestandteile mit Ausnahme von Zigarrenmundstücken sowie Rauchfiltern, aber auch dem Rohtabak oder Tabakerzeugnissen ähnliche Waren, soweit sie zum Rauchen, Kauen oder Schnupfen bestimmt sind. Auch gelten Erzeugnisse zur Linderung von Asthmabeschwerden nicht als Tabakerzeugnisse.

Kosmetika

Früher wurden kosmetische Mittel den Bedarfsgegenständen zugerechnet. Im jetzt geltenden Recht sind die kosmetischen Mittel gesondert geregelt. Begrifflich besteht folgender Unterschied: Es wird allein auf die Zweckbestimmung zur Reinigung, Pflege oder zur Beeinflussung des Aussehens oder des Körpergeruchs abgestellt, soweit die Mittel **äußerlich** oder in der Mundhöhle angewendet werden; **innerlich** anzuwendende Mittel sind keine Kosmetika. Die überwiegende Bestimmung zur Linderung oder Beseitigung von Krankheiten, Leiden oder Beschwerden weist das »kosmetische« Mittel dem Arzneimittelrecht zu.

> Kosmetische Mittel sind Stoffe oder Zubereitungen aus Stoffen, die dazu bestimmt sind, äußerlich am Menschen oder in seiner Mundhöhle zur Reinigung, Pflege oder zur Beeinflussung des Aussehens oder des Körpergeruchs oder zur Vermittlung von Geruchseindrücken angewendet werden, es sei denn, dass sie überwiegend dazu bestimmt sind, Krankheiten, Leiden, Körperschäden oder krankhafte Beschwerden zu lindern oder zu beseitigen.

Den kosmetischen Mitteln stehen Stoffe oder Zubereitungen aus Stoffen zur Reinigung oder Pflege von Zahnersatz gleich.

Stoffe oder Zubereitungen aus Stoffen, die zur Beeinflussung der Körperformen bestimmt sind, gelten nicht als kosmetische Mittel.

Bedarfsgegenstände

Die Vorschriften des Lebensmittel- und Bedarfsgegenständegesetzes treffen auch Regelungen über Bedarfsgegenstände. Zur Frage, welche Gegenstände im Einzelnen zu den Bedarfsgegenständen zählen, gibt ein Katalog Auskunft (§ 5 Abs. 1 Ziff. 1–9 LMBG).

> Bedarfsgegenstände sind z. B.:
> - Gegenstände, die dazu bestimmt sind, beim Herstellen, Behandeln, in Verkehrbringen oder beim Verzehr von Lebensmitteln verwendet zu werden und dabei mit Lebensmitteln in Berührung zu kommen oder auf diese einzuwirken,
> - Reinigungs-, Pflege- und Imprägnierungsmittel, die für den häuslichen Bedarf bestimmt sind,
> - Mittel zur Insektenvertilgung in Räumen, ausschließlich Pflanzenschutzmittel im Sinne des Pflanzenschutzgesetzes, weiterhin
> - Spielwaren und Scherzartikel,
> - Gegenstände, die zur Körperpflege bestimmt sind.

Keine Bedarfsgegenstände im Sinne des Lebensmittel- und Bedarfsgegenständegesetzes sind diejenigen Gegenstände, die nach dem Arzneimittelgesetz als **Arzneimittel** gelten oder die nach dem Medizinproduktegesetz **Medizinprodukte** oder Zubehör für Medizinprodukte sind (§ 5 Abs. 2 LMBG).

Für alle bisher genannten Mittel, Stoffe oder Gegenstände hat das Lebensmittel- und Bedarfsgegenständegesetz Vorschriften aufgestellt, die dem menschlichen Gesundheitsschutz dienen.

Zusatzstoffe

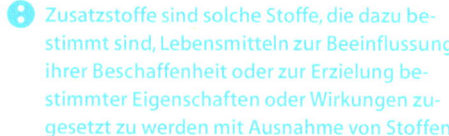

> Zusatzstoffe sind solche Stoffe, die dazu bestimmt sind, Lebensmitteln zur Beeinflussung ihrer Beschaffenheit oder zur Erzielung bestimmter Eigenschaften oder Wirkungen zugesetzt zu werden mit Ausnahme von Stoffen natürlicher Herkunft (§ 2 LMBG).

Gewisse Stoffe, wie beispielsweise Mineralstoffe und Spurenelemente, Aminosäuren und einiges mehr stellt der Gesetzgeber Zusatzstoffen gleich.

Einzelheiten regeln entsprechende Rechtsverordnungen, wie etwa die Zusatzstoff-Zulassungsverordnung, die zunehmend der Umsetzung von Gemeinschaftsrecht dienen.

18.2 Verkehr mit Lebensmitteln

Den Verkehr mit Lebensmitteln regeln die §§ 8–19 LMBG.

> Aus Gründen des Verbraucherschutzes stellt der Gesetzgeber verschiedenen Verbotsnormen für den Lebensmittelverkehr auf. Diese können durch Rechtsverordnungen weiter konkretisiert werden oder im Einzelfall auch Ausnahmen zulassen.

So gilt etwa das Verbot, Lebensmittel für andere derart herzustellen oder zu behandeln, dass ihr Verzehr geeignet ist, die Gesundheit zu schädigen (§ 8 LMBG).

In diesem Zusammenhang ist auf die Verbotsbestimmungen zu achten, die für die Verwendung von Zusatzstoffen aufgestellt sind. Unter gewissen Voraussetzungen, insbesondere bei **diätetischen** Erfordernissen, kann die Verwendung von Zusatzstoffen jedoch zugelassen werden.

Über die bereits in § 8 LMBG genannten Verbote hinaus ist auf Grund einer Ermächtigung die Möglichkeit gegeben, im Verordnungswege vorbeugend gegen mögliche Gesundheitsschädigungen tätig zu werden (§ 9 LMBG). Entsprechend dieser Zielsetzung kann die Verwendung bestimmter Stoffe verboten oder beschränkt und die Anwendung bestimmter Herstellungsverfahren vorgeschrieben werden. Die

Herstellung, das Behandeln und in Verkehrbringen bestimmter Lebensmittel kann überhaupt verboten oder von einer Genehmigung abhängig gemacht werden. Besonders erwähnenswert ist die Ermächtigung, nach der das in Verkehrbringen von Lebensmitteln verboten oder beschränkt werden kann, die einer Einwirkung durch Verunreinigung der Luft, des Wassers oder des Bodens ausgesetzt werden.

Eine bedeutsame Vorschrift zum Schutze der Gesundheit ist die Ermächtigung für **Hygienevorschriften** (§ 10 LMBG). Soweit es erforderlich ist, um der Gefahr einer ekelerregenden oder sonst nachteiligen Beeinflussung von Lebensmitteln durch Mikroorganismen, Verunreinigungen, Gerüche, Temperaturen, Witterungseinflüsse oder Behandlungs- oder Zubereitungsverfahren vorzubeugen, sollen Bestimmungen erlassen werden, die eine einwandfreie Beschaffenheit der Lebensmittel von ihrer Herstellung bis zur Abgabe an den Verbraucher sicherstellen.

Des weiteren dürfen Lebensmittel grundsätzlich nicht bestrahlt werden, es sei denn, es liegt eine entsprechende Zulassungsermächtigung vor (§ 13 LMBG).

Dem Schutz der Gesundheit dient schließlich auch das Verbot, zum Verzehr nicht geeigneter Lebensmittel ohne ausreichende Kenntlichmachung in den Verkehr zu bringen. Dem steht das Verbot gleich, Lebensmittel unter irreführender Bezeichnung, Angabe oder Aufmachung in den Verkehr zu bringen. Auch ist eine gesundheitsbezogene Werbung untersagt (§ 18 LMBG), etwa mit Aussagen, die sich auf die Beseitigung, Linderung oder Verhütung von Krankheiten beziehen oder Hinweise auf ärztliche Empfehlungen oder Gutachten enthalten.

Um derartigen Täuschungen vorzubeugen, können ebenfalls Rechtsverordnungen erlassen werden.

> Leitsätze, die die Herstellung, Beschaffenheit oder sonstige Merkmale von Lebensmitteln beschreiben, sind im sog. Deutschen Lebensmittelbuch gesammelt.

Diese Leitsätze werden von der Deutschen Lebensmittelbuch-Kommission unter Berücksichtigung der von der Bundesregierung anerkannten internationalen Lebensmittelstandards beschlossen.

18.3 Verkehr mit Tabakerzeugnissen

Rechtsgrundlage für den Verkehr mit Tabakerzeugnissen sind die §§ 20–23 LMBG.

> Wie im Verkehr mit Lebensmitteln gilt der Grundgedanke des Gesundheitsschutzes zu Gunsten des Verbrauchers auch für den Verkehr mit Tabakerzeugnissen.

Der Gesundheitsschutz erstreckt sich hier
- auf ein Verwendungsverbot nicht zugelassener Stoffe,
- auf die Festsetzung von Höchstmengen für den Gehalt an bestimmten Rauchinhaltsstoffen
- sowie auf die Anordnung von Warnhinweisen.

Wesentlich sind die Werbebeschränkungen und insbesondere das generelle Verbot der Werbung in Rundfunk und Fernsehen. Dieses generelle Verbot gilt jedoch nicht für eine Werbung auf Plakaten, obwohl diese Art der Werbung nicht weniger wirksam ist und deshalb seitens der Europäischen Union untersagt werden soll.

18.4 Verkehr mit Kosmetika

> Die kosmetischen Mittel unterliegen ebenfalls zum Schutz der Gesundheit bestimmten Herstellungs- und Verkehrsverboten (§§ 24 – 29 LMBG).

Verboten ist insbesondere, bei der Herstellung und Behandlung von kosmetischen Mitteln nicht ausdrücklich zugelassene Stoffe zu verwenden, die der Verschreibungspflicht nach dem Arzneimittelgesetz unterliegen, und so hergestellte und behandelte kosmetische Artikel in den Verkehr zu bringen.

Das für kosmetische Mittel ebenfalls geltende **Irreführungsverbot** besagt, dass irreführende Bezeichnungen, Angaben, Aufmachungen und Darstellungen untersagt sind.

> Beispiele einer Irreführung
> - Die Behauptung nicht zutreffender oder wissenschaftlich nicht hinreichend gesicherter Wirkungen,
> - das Hervorrufen des Eindrucks, dass ein Erfolg mit Sicherheit erwartet werden kann,
> - zur Täuschung geeignete Angaben über die Vorbildung, Befähigung oder Erfolge des Herstellers,
> - zur Irreführung geeigneter Maßnahmen über sonstige wertbestimmende Umstände.

Auch hier ist der Verordnungsgeber ermächtigt, weitere Angaben vorzugeben. Insbesondere können Gebrauchsanweisungen vorgeschrieben werden.

18.5 Verkehr mit Bedarfsgegenständen

Die Verbote, die im Verkehr mit Bedarfsgegenständen zum Schutze der Gesundheit aufgestellt sind (§§ 30–32 LMBG), sollen verhindern, dass beim bestimmungsgemäßen oder vorauszusehenden Gebrauch der Gegenstände durch deren stoffliche Zusammensetzung, insbesondere durch toxikologisch wirksame Stoffe oder durch Verunreinigung die Gesundheit geschädigt wird.

Weiterhin dürfen Bedarfsgegenstände bei dem gewerbsmäßigen Herstellen und Behandeln von Lebensmitteln nicht so verwendet werden, dass sie beim Verzehr von Lebensmitteln die Gesundheit schädigen können. Und schließlich ist es verboten, Bedarfsgegenstände, die mit Lebensmitteln in Berührung kommen, gewerbsmäßig so zu verwenden, dass von ihnen Stoffe auf Lebensmittel oder deren Oberfläche übergehen, ausgenommen gesundheitlich, geruchlich oder geschmacklich unbedenkliche Anteile, die technisch unvermeidbar sind.

Hier ist z. B. zu denken an die Verwendung von Holz- oder Bambusstäben, Drähten oder Metallstiften, die bei der Herstellung von Schaschlik oder ähnlichen Gerichten benutzt werden, oder aber auch an das Einarbeiten derartiger Gegenstände in Eis- oder Bonbonlutscher, Marzipanfiguren und andere Süßwaren.

Um anderen Gefährdungen der Gesundheit durch Bedarfsgegenstände vorzubeugen, ist auch hier der Verordnungsgeber ermächtigt, Rechtsverordnungen zu erlassen. Auf diesen Ermächtigungen beruht z. B. die Bedarfsgegenständeverordnung aus dem Jahre 1992 (mit späteren Änderungen), die ihrerseits wiederum entsprechende EU-Richtlinien zum Gesundheitsschutz umsetzt.

> Damit gewährleistet ist, dass die Verbote zum Schutze der Gesundheit und zur Sicherung der Verbraucher vor Täuschungen beachtet werden, ist eine behördliche Überwachung und ein Lebensmittel-Monitoring vorgesehen (§§ 40–46 e LMBG).

18.6 Behördliche Überwachung

Die Zuständigkeit für die Überwachung und das Monotoring sowie die Durchführung der Maßnahmen richtet sich nach Landesrecht.

> Landesrechtlich zuständig sind in der Regel die Ordnungsämter, Gesundheitsämter, Lebensmittel-, Veterinär- und Medizinaluntersuchungsanstalten.

Diese haben sich durch regelmäßige Überprüfungen und Probenahmen davon zu überzeugen, dass die Vorschriften über den Verkehr mit Lebensmitteln, Tabakerzeugnissen, kosmetischen Mitteln und Bedarfsgegenständen eingehalten werden.

Die Überwachung und das Monotoring sind durch **fachlich ausgebildete Personen** durchzuführen. Erforderlichenfalls sind Beauftragte der Behörden oder – bei Gefahr im Verzug – auch Beamte der Polizei berechtigt, Grundstücke und Betriebsräume zu betreten. Das Grundrecht der Unverletzlichkeit der Wohnung (Art. 13 GG) ist insoweit eingeschränkt.

Durch entsprechende Maßnahmen Betroffene unterliegen einer **Duldungs-** und **Mitwirkungspflicht** (§ 43 LMBG).

Die handelnden Behörden/Ämter sind zur Zusammenarbeit im gesamten europäischen Wirtschaftsraum verpflichtet.

Verstöße gegen die Verbote des Lebensmittel- und Bedarfsgegenständegesetzes sowie gegen unmittelbar geltende Rechtsakte der Europäischen Gemeinschaft können mit Freiheitsstrafe bis zu drei Jahren oder mit Geldbußen geahndet werden (§§ 51–61 LMBG).

Überprüfen Sie Ihr Wissen

1. Auf welche Produktgruppen ist das Lebensmittel- und Bedarfsgegenständegesetz anwendbar?
   Antwort: ▶ 18
2. Welche Verbote gelten für den Verkehr mit Lebensmitteln?
   Antwort: ▶ 18.2
3. Was versteht das Gesetz unter dem »Deutschen Lebensmittelbuch«?
   Antwort: ▶ 18.2
4. Was bedeutet das Irreführungsverbot im Verkehr mit Kosmetika?
   Antwort: ▶ 18.4
5. Wer ist für die Überwachung des Verkehrs mit Lebensmitteln zuständig?
   Antwort: ▶ 18.6

19.1 Gesundheitsrecht – 306
19.1.1 Rechtsgrundlagen – 306
19.1.2 Patientenrechte – 306
19.1.3 Patientencharta – 307

19.2 Gesundheitsdienst – 307
19.2.1 Gesundheitsdienst auf kommunaler Ebene – 307
19.2.2 Gesundheitsdienst auf Landesebene – 309
19.2.3 Gesundheitsdienst auf Bundesebene – 309
19.2.4 Gesundheitsdienst auf internationaler Ebene – 311

Überprüfen Sie Ihr Wissen – 312

> Das Gesundheitswesen umfasst alle Einrichtungen und Personen, die die Gesundheit der Bevölkerung erhalten, fördern und wiederherstellen.

Es baut auf staatlichen und nichtstaatlichen Institutionen und Organisationen auf, wie etwa auf Einrichtungen des Bundes und der Länder, bezieht die Kranken- und Pflegekassen mit ein, ebenso die Wohlfahrtsverbände und wird geprägt durch ärztliche Praxen, Krankenhäuser, Kliniken, Alten- und Pflegeheime, den öffentlichen Gesundheitsdienst, insbesondere die Gesundheitsämter sowie durch Leistungen gesundheits- und sozialpflegerischer Berufe, vornehmlich der Angehörigen der Gesundheitsberufe. Im deutschen Gesundheitswesen sind direkt etwa zwei Millionen Menschen tätig.

19.1 Gesundheitsrecht

Die rechtlichen Grundlagen des Gesundheitswesens sind vielfältig. Sie leiten sich vor allem aus dem Gegenstandskatalog der konkurrierenden Gesetzgebungskompetenz her (Art. 72, 74 GG, ▶ 6.1.6).

19.1.1 Rechtsgrundlagen

Danach sind dem Gesundheitsrecht zuzuordnen:
- die öffentliche Fürsorge, Art. 74 Nr. 7 GG,
- die Maßnahmen gegen gemeingefährliche und übertragbare Krankheiten bei Menschen und Tieren, Art. 74 Nr. 19 GG,
- die Zulassung zu ärztlichen und anderen Heilberufen und zum Heilgewerbe, Art. 74 Nr. 19 GG,
- der Verkehr mit Arzneien, Heil- und Betäubungsmitteln und Giften, Art. 74 Nr. 19 GG,
- die wirtschaftliche Sicherung der Krankenhäuser und die Regelung der Krankenhauspflegesätze, Art. 74 Nr. 19 a GG;
- der Schutz beim Verkehr mit Lebens- und Genussmitteln, Bedarfsgegenständen, Futtermitteln, sowie der Pflanzen- und Tierschutz, Art. 74 Nr. 20 GG.

Außerdem gehören in diesen Bereich wegen der engen Verflechtung mit dem Gesundheitsrecht die Maßnahmen auf dem Gebiet
- des Schutzes gegen Gefahren, die bei Freiwerden von Kernenergie oder durch ionisierende Strahlen entstehen, Art. 74 Nr. 11 a GG, sowie
- des Arbeitsrechts, insbesondere des Arbeitsschutzes und der Sozialversicherungen, Art. 74 Nr. 12 GG.

Die Zuweisung dieser Gegenstände zur konkurrierenden Gesetzgebung erklärt, dass sowohl **bundes- als auch landesrechtliche Regelungen** im Bereich des Gesundheitswesen zu beachten sind. Denn solange und soweit der Bund von seinem Gesetzgebungsrecht keinen Gebrauch gemacht hat, gelten die auf diesem Gebiet erlassenen Gesetze der Länder, da dort im Rahmen der konkurrierenden Gesetzgebung ja die vorrangige Zuständigkeit liegt.

> Das Gesundheitsrecht umfasst alle bundes- und landesrechtlichen Regelungen, die der Prävention sowie dem Erhalt, der Förderung und Wiederherstellung der Gesundheit der Bevölkerung dienen.

19.1.2 Patientenrechte

Dem Gesundheitsrecht im weitesten Sinne sind zudem die **Patientenrechte** zuzuordnen.

> Patientenrechte können als Recht des gesundheitlichen Verbraucherschutzes verstanden werden.

Sie erwachsen aus allen Regelungen, die dem Patientenschutz, der Patientenversorgung, Patientenbeteiligung und dem Selbstbestimmungsrecht im Gesundheitswesen dienen.

Patientenrechte folgen in Deutschland aus verschiedenen Rechtsgebieten. Sie ergeben sich z. B.
- als **Sicherheitsrechte** aus dem Arzneimittelgesetz (▶ 17.1) und dem Medizinproduktegesetz (▶ 12.5.5),
- als **Leistungsrechte** aus dem Recht der gesetzlichen Krankenversicherung (▶ 13.1.1), und der sozialen Pflegeversicherung (▶ 13.1.4) und
- als **Schadensersatzansprüche** aus Regeln zur zivilrechtlichen Haftung (▶ 10.1 ff und 11.).

Konkrete Patientenrechte
- Das Recht auf Versorgung nach dem Gebot der Qualität, Humanität und Wirtschaftlichkeit (§ 70 SGB V),
- das Recht auf Aufklärung (Art. 1 und 2 GG),
- das Recht auf Arzneimittelinformation (§ 11 AMG),
- das Recht auf einen Patientenfürsprecher/Ombudsmann nach Landesrecht

(z. B. § 26 Landeskrankenhausgesetz Berlin),
- das Recht auf soziale Beratung und Betreuung nach Landesrecht (z. B. § 6 hamburgisches Krankenhausgesetz)

19.1.3 Patientencharta

Die Stärkung der Patientenrechte durch ihre Zusammenfassung in einer Patientencharta ist ein zentrales Anliegen der Weltgesundheitsorganisation (WHO). In einigen europäischen Staaten bestehen solche Kodifizierungen bereits.

In Deutschland wurde unter der Federführung der Gesundheitsministerkonferenz der Länder (GMK) der Entwurf einer Patientencharta unter Beteiligung der Krankenkassen, der Bundesärztekammer, der kassenärztlichen Bundesvereinigung, der Deutschen Krankenhausgesellschaft, des Bundesministerium für Gesundheit, des Deutschen Pflegerates und der Arbeitsgemeinschaft der Verbraucherverbände verabschiedet. Die Charta führt die in verschiedenen Gesetzen verankerten Patientenrechte zusammen. Bislang wurde der Entwurf nicht Gesetz.

19.2 Gesundheitsdienst

Im Rahmen des Gesundheitswesens fällt dem öffentlichen Gesundheitsdienst die Aufgabe zu, die erlassenen Rechtsnormen durch die zuständigen Behörden und deren verwaltungsrechtlichen und – technischen Organisationen umzusetzen.

Bezogen auf das jeweilige Landesgebiet ist der Bereich des öffentlichen Gesundheitswesens uneingeschränkt – als Ausfluss des föderalistischen Prinzips – dem Landesrecht vorbehalten.

Der öffentliche Gesundheitsdienst umfasst das Handeln (Organisation und Aufgaben) der Verwaltung der kreisfreien Städte und Landkreise sowie der Länder mit ihren Untergliederungen, das dem gesundheitlichen Schutz der Gemeinschaft und des einzelnen Bürgers dient bzw. dienen soll.

19.2.1 Gesundheitsdienst auf kommunaler Ebene

Als öffentlicher Gesundheitsdienst (ÖGD) werden alle Einrichtungen des öffentlichen Dienstes bezeichnet, die für die Aufgabenbereiche Gesundheitsschutz, Gesundheitshilfe und Aufsicht über Berufe und Einrichtungen des Gesundheitswesens zuständig sind.

Zur Erfüllung dieser Aufgaben zählen im Allgemeinen:
- die (gesundheitspolizeilichen) Maßnahmen zur Erkennung und Beseitigung von Gesundheitsgefährdungen und Gesundheitsschäden,
- die Überwachung der Hygiene, um gesundheitliche Gefahren abzuwenden, etwa nach dem Infektionsschutzgesetz,
- die Gesundheitsförderung, -vorsorge, -hilfe und -erzeugung, z. B. durch Schulgesundheitspflege sowie Gesundheits- und Umwelthygiene,
- die epidemiologische Erfassung und Bewertung von Krankheiten,
- die Erstellung von Gesundheitsberichten,
- die ärztliche Aufsicht übe die Berufe und Einrichtungen des Gesundheitswesens, sofern sie nicht den jeweiligen (Berufs-)Kammern übertragen wurde,
- die Beratung anderer öffentlicher Institutionen in Fachfragen.

In den Bundesländern sind überwiegend die Organisationen, Zuständigkeiten und Aufgaben des Gesundheitsdienstes in den Gesetzen über den öffentlichen Gesundheitsdienst (**Gesundheitsdienstgesetze** – ÖGDG) geregelt.

Deren Inhalte orientieren sich vielfach an dem Gesetz über die Vereinheitlichung des Gesundheitswesens vom 03.07.1934 mit seinen drei **Durchführungsverordnungen** aus dem Jahre 1935, mit dem eine grundlegende organisatorische Ordnung des öffentlichen Gesundheitswesens geschaffen wurde. In einigen Bundesländern gilt das ehemalige Reichsgesetz als landesrechtliche Regelung fort.

Organisation und Aufgaben

Je nach landesgesetzlicher Infrastruktur ist der öffentliche Gesundheitsdienst den Gesundheitsabteilungen der Länderministerien, den Medizinaldezernaten in den Ländern mit Regierungsbezirken und den örtlichen Gesundheitsämtern zugeordnet.

In der Regel sind die Gesundheitsämter auf kommunaler Ebene als **untere Gesundheitsbehörden** fachlich zuständig. Sie stehen unter der fachlichen Leitung eines Amtsarztes.

Die einzelnen Aufgaben und Befugnisse der Gesundheitsämter sind ländergesetzlich unterschiedlich ausgeprägt. Im Wesentlichen betreffen sie nachstehende Bereiche:

Aufgaben und Befugnisse der Gesundheitsämter

- **Gesundheitliche Prävention und Gesundheitsförderung**
  Hierzu zählen vor allem die Information und Beratung über gesunde Lebensweise, Gesundheitsgefährdungen und Verhütung von Krankheiten. Die Gesundheitsämter weisen auf andere bestehende Hilfemöglichkeiten, Beratungs-, Betreuungs- und Versorgungsangebote hin. Sie koordinieren die Angebote und Maßnahmen und wirken auf eine enge Zusammenarbeit hin. Dies gilt auch für die Aufgaben nach dem Heimgesetz. Eine teilweise Beratung wird den Gesundheitsämtern bei der Familienplanung einschließlich der Beratung Schwangerer und Suchtberatung zugewiesen.
- **Hygienische Überwachung von Einrichtungen**
  Die Gesundheitsämter überwachen die Einhaltung der Hygieneanforderungen z. B. in Krankenhäusern, Pflegeheimen, Schulen, Kindertagesstellen, in Einrichtungen des Kur- und Badewesens sowie des Rettungswesens und der Körperpflege. Auch Anlagen zur Trinkwasserversorgung sowie zur Abwasser- und Abfallbeseitigung unterliegen der Hygieneüberwachung.
  Gestärkt wurden vor allem in diesem Bereich die Stellung der Gesundheitsämter durch das im Jahre 2001 in Kraft getretene Infektionsschutzgesetz (▶ 16.2). Der Überwachung unterliegen zudem Arztpraxen und Praxen von freiberuflichen Angehörigen der Gesundheitsfachberufe, soweit Anhaltspunkte dafür vorliegen, dass die Hygieneanforderungen nicht eingehalten werden.
- **Umwelthygiene**
  Den Gesundheitsämtern kann ländergesetzlich die Beobachtung, Beurteilung und Bewertung von Einwirkungen aus der Umwelt auf die menschliche Gesundheit übertragen sein. In diesem Fall informieren und beraten sie die Bevölkerung und Behörden in Fragen des umweltbezogenen Gesundheitsschutzes.
- **Schulgesundheitspflege**
  Ländergesetzlich sind den Gesundheitsämtern vielfach Einschulungsuntersuchungen übertragen. Ihnen obliegt zudem die Beratung der Schüler/innen, der Sorgeberechtigten und der Schulen zu gesundheitlichen Fragen, die den Schulbesuch betreffen. Auch Maßnahmen zur Erkennung und Verhütung von Zahnerkrankungen (Gruppenprophylaxe) sind häufig Gesundheitsämtern zugewiesen.
- **Krankenpflegerische Tätigkeiten**
  Zum Teil ist ländergesetzlich geregelt, dass entgeltliche Anbieter von krankenpflegerischen Tätigkeiten einer Anzeigepflicht beim Gesundheitsamt unterliegen. Gleiches gilt für denjenigen, der bei einer derartigen Tätigkeit Pflegekräfte beschäftigt.

Zu den weiteren Aufgaben der Gesundheitsämter zählen – je nach Landesgesetz – die Gesundheitsberichterstattung, gerichtsärztliche und gutachterliche Tätigkeiten sowie die Überprüfung von Heilpraktikern.

Im Bereich der Arbeits- und Gewerbehygiene arbeiten die Gesundheitsämter mit den zuständigen Behörden eng zusammen. Und schließlich wirken die Gesundheitsämter in Person eines Medizinalbeamten maßgeblich im Prüfungsausschuss nach der Ausbildungs- und Prüfungsverordnung u. a. für die Berufe in der Krankenpflege wie für Hebammen und Entbindungspfleger mit.

Befugnisse der Gesundheitsämter

Um ihren Aufgaben ordnungsgemäß nachkommen zu können, sind die Gesundheitsämter insbesondere bei der Hygieneüberwachung befugt, alle erforderlichen Auskünfte zu verlangen. Unter **Einschränkung des Grundrechts** der Unverletzlichkeit der Wohnung (Art. 13 GG) sind sie insbesondere befugt, Grundstücke, Räume, Anlagen und Einrichtungen, die der Überwachung unterliegen, zu betreten, Gegenstände zu untersuchen, Proben zu fordern oder zu entnehmen, Bücher und sonstige Unterlagen einzusehen, Abschriften oder Ablichtungen zu fertigen.

Werden hygienische Mängel festgestellt, wirkt das Gesundheitsamt darauf hin, dass die zuständige

Behörde – je nach Landesrecht häufig das **Ordnungsamt** – die erforderlichen Maßnahmen trifft. Bei Gefahr im Verzug kann das Gesundheitsamt selbst tätig werden, muss die zuständige Behörde jedoch unverzüglich über die getroffene Anordnung unterrichten.

19.2.2 Gesundheitsdienst auf Landesebene

Während in der Regel auf der unteren Verwaltungsebene – in den Kommunen, Landkreisen und kreisfreien Städten – die Durchführung des Gesundheitsdienstes den Gesundheitsämtern obliegt, sind die Aufgaben des Gesundheitswesens auf Landesebene – je nach Landesrecht – den Regierungspräsidien oder Bezirksregierungen als höhere Gesundheitsbehörde und den (Sozial)Ministerien als oberste Gesundheitsbehörde übertragen.

Aufgabenbereiche der Ministerien

Bei den Ministerien sind die Aufgaben regelmäßig in einer Abteilung mit der Bezeichnung »Gesundheit« unter Leitung eines Ministerialdirigenten zusammengefasst. Die Aufgabentätigkeit dieser Ministerien, unterstützt durch Einrichtungen wie **Landeshygieneinstitute** und **Landesinstitute für Rechtsmedizin**, besteht zum einen in der Beobachtung der gesundheitlichen Situation der Bevölkerung sowie darin, rechtzeitig die notwendigen Maßnahmen zur Anwendung gesundheitlicher Gefahren zu ergreifen. Hierzu können die Ministerien u. a. Gesetzesentwürfe erarbeiten. Diese werden von der Landesregierung in den Landtag eingebracht und können von ihm als Landesgesetze beschlossen werden, um allen Landesbürgern den erforderlichen gesetzlichen Gesundheitsschutz und die notwendige Gesundheitssicherung zu geben. Häufig gehören zum Geschäftsbereich der Ministerien auch **Landesgesundheitsämter**, die das Ministerium wie die Gesundheitsämter beraten oder fachbezogene Untersuchungen wahrnehmen.

Zum anderen obliegt den Ministerien als oberster Aufsichtsbehörde aber auch die Fachaufsicht über die zum Gesundheitsdienst gehörenden Einrichtungen. Hier sind etwa zu nennen: Gesundheitsämter, Medizinaluntersuchungsämter, chemische Untersuchungsämter, Heilberufskammern und alle Vereinigungen, die sich mit gesundheitlichen Aufgaben befassen, sowie Angelegenheiten aller Heilberufe, Medizinalstatistik, Krankenhauswesen, Infektionsverhütung, allgemeine und soziale Hygiene, Gesundheitsfürsorge, Gifte, Arzneimittel-, Apothekenwesen, Lebensmittelwesen und ziviler Bevölkerungsschutz. (Ergänzend sei hier angemerkt, dass die Fachaufsicht in den einzelnen Ländern anderen als den oben genannten Ministerien zustehen kann.)

Im Wesentlichen üben auch die bei den Regierungspräsidenten bzw. in den Bezirksregierungen der Länder eingerichteten Medizinaldezernate **Gesundheitsaufsicht** aus.

Gesundheitsaufsicht

Der Aufsicht unterliegen z. B. die gesamten Einrichtungen des öffentlichen Gesundheitsdienstes auf der unteren Verwaltungsebene, insbesondere die Gesundheitsämter, Veterinärämter und Medizinaluntersuchungsämter. Darüber hinaus überwacht das Medizinaldezernat mit Unterstützung der Gesundheitsämter den Verkehr mit Arzneimitteln und Giftstoffen, v. a. in Form regelmäßiger Besichtigungen der Apotheken. Ebenso unterliegen die kommunalen Krankenhäuser der Gesundheitsaufsicht durch das Medizinaldezernat.

Schließlich ist noch die Wahrnehmung des **Prüfungswesens** u. a. der Krankenschwestern, Kinderkrankenschwestern, Krankenpfleger, (noch) Krankenpflegehelfer(-innen), Hebammen, Entbindungspfleger, Altenpflegeberufe, technischen Assistenten in der Medizin, Masseure, medizinischen Bademeister, Sozialarbeiter/innen und Desinfektoren zu nennen.

(Auch an dieser Stelle ist darauf hinzuweisen, dass die Zuständigkeiten landesrechtlich abweichend geregelt sein können.)

19.2.3 Gesundheitsdienst auf Bundesebene

Auf Bundesebene ist für das Gesundheitswesen das Bundesministerium für Gesundheit und soziale Sicherung (BMGS) zuständig.

Aufgaben

Die Aufgaben des Ministeriums sind im Wesentlichen **gesundheitspolitisch** bestimmt.

> Ziel der Gesundheitspolitik muss die Schaffung der Voraussetzungen dafür sein, dass alle Bürger, unabhängig von ihrer wirtschaftlichen und sozialen Lage, die gleichen Chancen zur Erhaltung und Wiederherstellung der Gesundheit erhalten, durch Ausbau der Vorsorge, Früherkennung, Behandlung und Rehabilitation, entsprechend dem jeweiligen Erkenntnisstand der Wissenschaft.

Zur Realisierung dieser Forderungen konzentriert sich die Tätigkeit auf die Erarbeitung von Gesetzesentwürfen, Rechtsverordnungen und Verwaltungsvorschriften.

Diese beziehen sich schwerpunktmäßig auf die gesetzliche Krankenversicherung, die soziale Pflegeversicherung, die Sozialhilfe, die Infektionsverhütung sowie die Prävention der Drogen- und Suchtgefahren im Rahmen der **Krankheitsbekämpfung**.

Auch die Gestaltung von Rahmenvorschriften für die Herstellung, klinische Prüfungszulassung, Vertriebswege und Überwachung von **Arzneimitteln** und **Medizinprodukten** zählt zum Aufgabenbereich des Ministeriums.

Darüber hinaus unterstützt das Ministerium die **Forschung** und ermöglicht neue Versorgungsstrukturen z. B. für die psychiatrische Vorsorgung, die Hilfen für chronisch Kranke, ebenso wie für die Beratung und Betreuung von HIV-Infizierten und an Aids Erkrankten.

Prävention, Rehabilitation und **Behindertenpolitik** sind weitere Aufgabenfelder des Ministeriums.

Dem Ministerium sind u. a. der Drogenbeauftragte der Bundesregierung und der Beauftragte der Bundesregierung für die Belange der Behinderten zugeordnet.

> Nicht zuletzt fallen in den Aufgabenbereich des Ministeriums die Berufsgesetze für die Ausbildung in den Heilberufen.

Und schließlich gehört zu den Aufgaben des Bundesministeriums neben der nationalen Gesundheits- und Sozialpolitik auch die europäische und internationale Gesundheits- und Sozialpolitik.

Geschäftsbereiche

Zum Geschäftsbereich des Ministeriums gehören weiterhin als Nachfolgeeinrichtungen des im Jahre 1994 aufgelösten Bundesgesundheitsamtes (BGA) die nachstehend mit dem Gesetz über die Neuordnung zentraler Einrichtungen des Gesundheitswesens vom 24.06.1994 errichteten selbstständigen **Bundesoberbehörden**:

Aufgaben des Bundesinstituts für Arzneimittel und Medizinprodukte (BfArM, Bonn) z. B.

- Bewertung und Zulassung von Arzneimitteln auf Grundlage analytischer, pharmakologischer und klinischer Prüfungen,
- Registrierung von homöopathischen Arzneimitteln,
- Überwachung des legalen Verkehrs mit Betäubungsmitteln und Grundstoffen,
- Risikobewertung von Arzneimitteln und Medizinprodukten.

Aufgaben des Bundesinstitut für Infektionskrankheiten und nicht übertragbare Krankheiten (Robert Koch-Institut, RKI, Berlin) z. B.

- Erkennung, Verhütung und Bekämpfung von übertragbaren und nicht übertragbaren Krankheiten,
- Aids-Zentrum,
- epidemiologische Untersuchungen von Krankheiten sowie Dokumentation und Information,
- Risikoerfassung und -bewertung bei gentechnisch veränderten Organismen und Produkten, Durchführung des Gentechnikgesetzes, Humangenetik.

Beim RKI ist die ständige **Impfkommission** (STIKO) angesiedelt, die **Impfempfehlungen** erarbeitet. Außerdem ist das Institut verantwortlich für die inhaltliche Bearbeitung und Koordinierung der Gesundheitsberichterstattung des Bundes.

Zur Umsetzung der Vorschriften des Infektionsschutzgesetzes werden von der **Kommission für Krankenhaushygiene und Infektionsprävention** (KRINKO) beim RKI Empfehlungen zur Erfassung und Bewertung (=Surveillance) von nosokomialen Infektionen erarbeitet (▶ 16.2).

Das früher dem Bundesgesundheitsministerium zugeordnete Bundesinstitut für gesundheitlichen Verbraucherschutz und Veterinärmedizin wurde im Jahre 2002 als **Bundesamt für gesundheitlichen Verbraucherschutz und Lebensmittelsicherheit** (BVL) dem Bundesministerium für Verbraucherschutz, Ernährung und Landwirtschaft angegliedert.

Des weiteren gehören folgende Behörden zum Geschäftsbereich des Bundesministeriums für Gesundheit und soziale Sicherung:

Bundeszentrale für gesundheitliche Aufklärung (BzgA, Köln) als nichtrechtsfähige Bundesanstalt.

Im Interesse der Erhaltung und Förderung der menschlichen Gesundheit entwickelt die Zentrale gemeinsam mit Kooperationspartnern Strategien zur gesundheitlichen Aufklärung und Prävention und setzt sie in Kampagnen und Projekten um. Zu den zentralen Aufgabenfeldern gehört die Aids-Aufklärung.

Weitere Aktionen sind die Organspende-Kampagne sowie die Blut- und Plasmaspende-Kampagne.

Deutsches Institut für medizinische Dokumentation und Information (DIMDI, Köln) als nichtrechtsfähige Bundesanstalt.

Es hat die Aufgabe, in- und ausländische Literatur und sonstige Informationen auf dem Gebiet der (Bio-)Medizin und ihrer Randgebiete zu erfassen, auszuwerten, zu speichern und der fachlich interessierten Öffentlichkeit bekannt zu machen. Zugleich fördert es die Aus- und Fortbildung von Personal für die medizinische Dokumentation und Information insbesondere in der Anwendung moderner Techniken unter Berücksichtigung ethischer, juristischer und sozialwissenschaftlicher Gesichtspunkte.

Bundesamt für Sera und Impfstoffe (Paul-Ehrlich-Institut, PEI, Langen bei Frankfurt) als selbstständige Bundesoberbehörde.

Das Institut ist verantwortlich für die Arzneimittelsicherheit (immun-)biologischer Präparate im Human- und Veterinärbereich. Diese Aufgabe umfasst die Zulassung und regelmäßige Überprüfung von Impfstoffen, Sera, bestimmter In-vitro-Diagnostika mit hohem Risikopotential, Immundiagnostika und Blutprodukten sowie die damit verbundenen prüfungsbegleitende Forschung. In einigen Aufgabengebieten des Instituts wird vertieft Forschung betrieben, etwa im Bereich der angewandten Virologie der Gentherapie, der DNA-Vakzine oder der Entwicklung von Alternativen zum Tierversuch.

19.2.4 Gesundheitsdienst auf internationaler Ebene

Fragen des Gesundheitswesens, die von internationaler Bedeutung sind, werden von der **Weltgesundheitsorganisation** (WHO = World Health Organization, Genf) bearbeitet. Die WHO ist eine der Sonderorganisationen der Vereinten Nationen (=UN, ▶ 8.) und konstituierte sich am 07.04.1948 als Nachfolgeorganisation des 1907 gegründeten Internationalen Gesundheitsamtes in Paris und der 1921 entstandenen Hygienekommission des Völkerbundes. Ziel der WHO ist der Schutz und die Förderung der Gesundheit der Völker aller Länder.

> Dabei ist »die Gesundheit ein Zustand des vollständigen körperlichen, geistigen und sozialen Wohlergehens und nicht nur das Fehlen von Krankheit oder Pflegebedürftigkeit«.

Ebenso wie die Hygienekommission des Völkerbundes befindet sich das Hauptquartier der WHO in Genf. Daneben bestehen Regionalbüros für Afrika in Brazzaville, für Amerika in Washington, für Europa in Kopenhagen, für den Ost-Mittelmeerraum in Alexandria, für Südostasien in Neu-Delhi und für den Westlichen Pazifik in Manila. Der Weltgesundheitsorganisation gehören 191 Staaten als Mitglieder an.

Die internationale Zusammenarbeit der in der WHO zusammengeschlossenen Staaten erfolgt insbesondere auf dem Gebiet der Organisation des Gesundheitsschutzes, der Seuchenbekämpfung und der Impfstoffherstellung. Darüber hinaus koordiniert die WHO soweit wie möglich Gesundheitsforschungen und trägt zur Weiterentwicklung einer dazu notwendigen internationalen Zusammenstellung von Fachausdrücken der Krankheiten und Todesursachen bei. Weiterhin unterstützt die WHO die jungen Staaten beim Aufbau nationaler Gesundheitsdienste, insbesondere durch die Ausbildung medizinischen Personals. Hierzu stellt sie Stipendien und Lehrkräfte zur Verfügung und unterstützt Ausbildungs- und Fortbildungslehrgänge sowie Unterrichtsstätten.

Die Unterstützung hinsichtlich des Aufbaus und der Weiterentwicklung des Gesundheitswesens beschränkt sich allerdings nicht nur auf die sog. Entwicklungsländer, sondern erstreckt sich auf alle Länder, die um den Rat der WHO nachsuchen.

> Die WHO ist damit die leitende und koordinierende Behörde des internationalen Gesundheitswesens, zu deren Tätigkeitsbereich u. a. die Verbesserung der Gesundheitsversorgung sowie die Bekämpfung von Epidemien und Seuchen gehört.

Dieser Aufgabe kam zuletzt die WHO erfolgreich im Jahre 2003 mit der Bekämpfung des Schweren Akuten Respiratorischen Syndroms (SARS) nach.

Die Weltgesundheitsorganisation steht in ihrem Bestreben, den bestmöglichen Gesundheitszustand aller Völker herbeizuführen, nicht allein. Mit Fragen des Gesundheitswesens, die von internationaler Bedeutung und Tragweite sind, beschäftigt sich auf supranationaler Ebene auch der **Europarat** ebenso wie der **Ausschuss für Umweltfragen, Volksgesundheit und Verbraucherschutz** und der **Ausschuss der Regionen beim Europäischen Parlament**, die insbesondere zu dem Bereich Gesundheitswesen im europäischen Gesetzgebungsverfahren gehört werden müssen.

Überprüfen Sie Ihr Wissen

1. Worauf baut das deutsche Gesundheitswesen auf?
   Antwort: ▶ 19
2. Wem weist das Grundgesetz die Gesetzgebungskompetenz im Gesundheitsrecht zu?
   Antwort: ▶ 19.1
3. Was umfassen die Patientenrechte?
   Antwort: ▶ 19.1.2
4. Kennt die Bundesrepublik Deutschland eine sog. Patientencharta?
   Antwort: ▶ 19.1.3
5. Was versteht man unter dem öffentlichen Gesundheitsdienst?
   Antwort: ▶ 19.2
6. Welche Aufgaben zählen zum Gesundheitsdienst auf kommunaler Ebene?
   Antwort: ▶ 19.2.1
7. Welche Aufgaben/Befugnisse haben Gesundheitsämter im Wesentlichen?
   Antwort: ▶ 19.2.1
8. Wer ist für den Gesundheitsdienst auf Landesebene zuständig?
   Antwort: ▶ 19.2.2
9. Welche Aufgaben fallen unter anderem in den gesundheitspolitischen Bereich des Bundesministeriums für Gesundheit und soziale Sicherung (BMGS)?
   Antwort: ▶ 19.2.3
10. Welche (Bundesober-)Behörden gehören zum Geschäftsbereich des BMGS?
    Antwort: ▶ 19.2.3
11. Welche Hauptaufgaben sind dem Robert Koch-Institut und dem Bundesinstitut für Arzneimittel und Medizinprodukte zugewiesen?
    Antwort: ▶ 19.2.3
12. Wann wurde die World Health Organization (WHO) gegründet?
    Antwort: ▶ 19.2.4
13. Wo liegt das Hauptquartier der WHO?
    Antwort: ▶ 19.2.4
14. Welche Hauptaufgaben verfolgt die WHO?
    Antwort: ▶ 19.2.4
15. Wie definiert die WHO den Begriff der Gesundheit?
    Antwort: ▶ 19.2.4

Berufskunde

20 Geschichtliche Entwicklung
der Krankenpflege – 315

21 Rechtsgrundlagen
der Berufsausbildung – 341

# Geschichtliche Entwicklung der Krankenpflege

20.1	**Pflege in Hospitälern und Klöstern**	**– 317**
20.1.1	Pflege in einem Hospiz	– 317
20.1.2	Vinzenz von Paul und die Vinzentinerinnen	– 318
20.1.3	Der Beginn einer systematischen Pflegeausbildung	– 320
20.2	**Der Wunsch nach Bildung für Frauen aus gesellschaftspolitischer Sicht**	**– 323**
20.2.1	Frauen- und Familienleitbild im 19. Jahrhundert	– 323
20.2.2	Voraussetzungen zur Entwicklung der Gesundheitspflege	– 323
20.2.3	Die Frauenvereine und ihre Auswirkungen auf Bildung	– 324
20.3	**Persönlichkeiten und ihre Bemühungen um eine professionelle Pflege**	**– 324**
20.3.1	Theodor Fliedner und der Kaiserswerther Diakonieverband	– 325
20.3.2	Florence Nightingale und die Entwicklung der Ausbildung in England	– 328
20.3.3	Agnes Karll und ihre Bemühungen um eine deutsche Krankenpflegeausbildung	– 329
20.4	**Henri Dunant und das Rote Kreuz**	**– 331**
20.4.1	Die Genfer Konventionen	– 332
20.4.2	Rotes Kreuz und die Bemühungen um den Krankenpflegeberuf	– 332
20.4.3	Das Deutsche Rote Kreuz als nationale Gesellschaft	– 334
20.4.4	Das Deutsche Rote Kreuz als Wohlfahrtsverband	– 334
20.4.4	Das Internationale Komitee vom Roten Kreuz (IKRK)	– 335
20.4.6	Internationale Förderation der Rotkreuz- und Rothalbmondbewegung (IFRC)	– 336
20.5	**Vereinheitlichung der Krankenpflegeausbildung in Deutschland und Europa**	**– 336**
20.5.1	Beginn der Krankenpflegeausbildung in Deutschland	– 336
20.5.2	Europäische Regelungen	– 338
20.5.3	Zukunftsvisionen im deutschen System der Pflegeausbildung	– 339
	Überprüfen Sie Ihr Wissen	**– 331, 336**

> Im Rahmen der Berufskunde sollen nach einem geschichtlichen Überblick vornehmlich die rechtlichen Grundlagen der Fachberufe im Gesundheitswesen dargestellt werden. Dabei werden die Besonderheiten der Ausbildungssysteme der Berufe im Gesundheitswesen gegenüber der dualen Berufsausbildung nach dem Berufsbildungsgesetz verdeutlicht, indem Gemeinsamkeiten und Unterschiede beschrieben werden, die u. a. auf die Gesetzgebungskompetenzen des föderalen Systems der Bundesrepublik Deutschland zurückzuführen sind.

Die Geschichte der Krankenpflege ist eng verbunden mit dem Gedanken der Nächstenliebe und Barmherzigkeit zur Pflege von Kranken und Hilfsbedürftigen, die sonst keine Hilfe fanden. Diese Pflege fand neben der häuslichen Pflege auch in Ordenseinrichtungen statt. Eine systematische Ausbildung entwickelte sich erst im Laufe der Zeit.

Bildungsziele Früher – Gestern – Heute

Schon zu Zeiten der Ordensgründungen im Mittelalter war Bildung ein männliches Privileg. Erwähnenswerte Ausnahmen für Frauen gab es nur wenige wie z. B. Hildegard von Bingen oder Roswitha von Gandersheim. Wenn Mädchen überhaupt unterrichtet wurden, dann waren ihre Lehrerinnen Ordensfrauen, ihr Lehrbuch die Bibel und ihr Lernstoff religiöse Grundwahrheiten.

Erst zu Beginn des 19. Jahrhunderts gab es auch für Mädchen und Frauen die Möglichkeit einer Berufsausbildung, die sich jedoch nahezu ausschließlich auf die Berufsfelder Gesundheit, Soziales und Erziehung sowie die Hauswirtschaft beschränkte. Und auch heute noch zählen diese Berufe zu den »spezifisch weiblichen Berufen«.

> Anfang des 21. Jahrhunderts sind von den 243.000 Examinierten in der Altenpflege 211.000 Frauen und gerade einmal 40.000 der 303.453 im Krankenhaus tätigen examinierten Krankenpflegekräfte Männer (Statistisches Bundesamt 2000).

Es waren die vielfältigen Bestrebungen zur Erziehung und Bildung, aber auch andere Einflussfaktoren wie z. B. die Industrialisierung, die in den letzten 150 Jahren das Bildungs- und Ausbildungsverhalten von Mädchen und Frauen geprägt bzw. beeinflusst haben. Bildung war lange Zeit u. a. abhängig von der sozialen Herkunft der Mädchen und sie sollte zunächst nicht dazu dienen, sie auf eine spezifische, außerhäusliche Berufsrolle, sondern auf die Rolle als Frau und Mutter vorzubereiten. Diese Rollenzuschreibung führte daher zu typischen geschlechtsspezifischen Bildungsgängen. Es sind vor allem Berufe wie Lehrerin, Krankenschwester, Säuglingsschwester, Kindergärtnerin, Fürsorgerin, die für Frauen eine große Bedeutung erhielten und schon zum Ende des 19. Jahrhunderts mit gezielten Anforderungen an die schulische und berufliche Bildung einhergingen. Einheitliche Regelungen zur schulischen Bildung auf Länderebene erfolgten allerdings erst zu Beginn des 20. Jahrhunderts durch die Neuordnung des Mittelschulwesens im Jahre 1908. Diese Neuordnung galt als Voraussetzung der beruflichen Qualifikation für Krankenschwestern, Säuglingsschwestern und andere Frauenberufe wie der Beruf der Stenotypistin oder der Verkäuferin. Während der Beruf der **Hebamme** schon immer als eigenständiges Aufgabenfeld galt, entwickelten sich viele soziale Berufe wie der Beruf der **medizinisch-technischen Assistentin**, der **Diätassistentin** oder der Haus- und Familienpflegerin aus dem Feld der Krankenpflege. Andere berufliche Entwicklungen wie die Ausbildung zur **Krankengymnastin** (heute **Physiotherapeutin**) oder **Logopädin** folgten mit fortschreitender medizinischer Entwicklung ab der zweiten Hälfte des 20. Jahrhunderts.

Als eine der ersten beruflichen Ausbildungen soll die Krankenpflegeausbildung hier für die Berufe im Gesundheitswesen exemplarisch näher beleuchtet werden. Denn auch wenn es die Pflege der Kranken immer schon gab, führten erst Bildungsbemühungen zu Beginn des 20. Jahrhunderts in eine erste gesetzlich verankerte Krankenpflegeausbildung. Daran anschließende Möglichkeiten zur Weiterqualifizierung erfolgten ebenfalls erst um 1910, z. B. durch die Bemühungen von Agnes Karll und Clementine von Wallmenich. So gründete Agnes Karll 1911 eine Krankenpflegehochschule, um bessere Bildungsmöglichkeiten für **freiberufliche** Krankenschwestern mit Unterrichtsaufgaben und Leitungsfunktionen zu schaffen. Diese auch heute teils noch üblichen Weiterbildungsangebote führten fast 100 Jahre später zu einer Änderung der Studienzugangsberechtigungen, so dass nun ein Studium auch ohne Hochschulzugangsberechtigung zu entsprechenden Qualifizierungen führen kann.

Neben der Vorstellung von einigen, für die Entwicklung des Pflegeberufes in Deutschland maßgeblichen Persönlichkeiten, soll auch die Entwicklung sozialer Berufsfelder am Beispiel der Krankenpflege dargestellt werden.

> Ziel dieser Ausführungen ist es, den Schülern und Schülerinnen der Berufe im Gesundheitswesen die professionelle Entwicklung und Veror-

tung des Berufes im Bildungssystem zu verdeutlichen, denn nur mit entsprechenden Kenntnissen der geschichtlichen Entwicklung kann das berufliche Selbstverständnis und die Entwicklung einer Profession gefördert werden.

20.1 Pflege in Hospitälern und Klöstern

Die Pflege von Kranken und Hilfsbedürftigen war in früherer Zeit in erster Linie Aufgabe der Familienangehörigen, da die Behandlung Kranker hauptsächlich zu Hause erfolgte. Wenn die Kranken aus besonderen Gründen allerdings nicht in ihrer Unterbringung gepflegt und behandelt werden konnten, erfolgte ihre Pflege durch fremde Personen in einer Herberge, dem **Xenodocheion** (griech.) oder dem **Hospitium** (lat.). Die Hospitäler waren zunächst Einrichtungen für Reisende und Pflegebedürftige in Klöstern. In ihnen führte der auf der christlichen Religion basierende Gedanke der Nächstenliebe und Barmherzigkeit zur Pflege der Kranken und Hilfsbedürftigen, die sonst keine Hilfe fanden.

Für das westliche Klosterleben ist **Benedikt von Nursia (480–543)** von besonderer Bedeutung. Als Abt sammelte er im Laufe der Jahre viele Gleichgesinnte um sich und er sorgte für die Errichtung eines Klosters auf dem Monte Cassino bei Rom. Die Lebensordnung dort richtete sich nach der von ihm entworfenen Regel **»Ora et labora«** – »Bete und Arbeite«. Diese Lebensregel fand weite Verbreitung und wurde auch von anderen Klostergemeinschaften übernommen.

> 🔒 Die Lebensregel »Ora et labora« galt nicht nur in Klostergemeinschaften, sondern sie wurde prägend für die Ausübung der Krankenpflege durch Ordensfrauen.

Die Pflege und Behandlung von Kranken in dieser frühen Zeit des Christentums fand in gesonderten Krankenpflegeräumen, den **Infirmarien**, statt. Besondere Bauvorschriften sahen ein separates Badehaus für Kranke, eine Küche, einen Heilkräutergarten, ein Wohnhaus für den behandelnden Infirmarius, aber auch einen Aderlassraum als speziellen Behandlungsraum vor. In den Infirmarien fand die ärztliche und pflegerische Versorgung der Ordensmitglieder statt. Für Durchreisende und Bedürftige wurden **Hospize** zur karitativen Fürsorge angegliedert.

Die Bewohner der Klöster besaßen oftmals in erstaunlichem Umfang Kenntnis von der Heilkunde, weil sie nicht nur theologisch, sondern – soweit in der damaligen Zeit möglich – auch medizinisch gebildet waren. Der **Klosterarzt** war somit Arzt und Lehrer, Chirurg und Apotheker. Klostermediziner sammelten, angeregt durch alte Überlieferungen, Heilkräuter, legten selbst Kräutergärten an und stellten Medikamente zusammen. Die medizinische Behandlung und »pflegerische« Versorgung oblag oft den Mönchen oder weiblichen Ordensfrauen einer Klostergemeinschaft. Es war gleichzeitig der Personenkreis, der des Lesens und Schreibens kundig war.

Unterstützt wurden die Mönche und Ordensfrauen durch Laienbrüder und -schwestern, die für die Arbeiten in der Küche und im Garten zuständig waren. Oft fanden sich für die weibliche Ordenskrankenpflege unverheiratete Frauen oder auch Witwen aus begüterten Häusern, die diesen Dienst aus Liebe zu Gott ausüben wollten. Eine der herausragenden Persönlichkeiten dieser Zeit ist neben Benedikt v. Nursia **Hildegard von Bingen (1098–1179)**. Sie war eine der ersten medizinisch-heilkundlerisch und pflegerisch tätigen Frauen, die sich u. a. ausführlich mit der pflegerisch-diätetischen Führung des menschlichen Lebensrhythmus befasste. Sowohl ihre Kenntnisse über die Wirkung von Heilkräutern als auch ihre schriftlichen Kommentare zur Benediktinerregel haben die Ausübung der weiblichen Krankenpflege später maßgeblich beeinflusst.

Neben den religiös geprägten Vereinigungen entstanden auch weltliche Hospitalgemeinschaften, die sich ebenso wie die im Anschluss an die Kreuzzüge gebildeten ritterlichen und weltlichen Orden aus Barmherzigkeit der Krankenpflege annahmen. Allerdings bestand die Pflege nicht so sehr in einer medizinischen Versorgung, als vielmehr in der Unterstützung mit materiellen Gütern und in geistlichem Beistand. Krankenpflege wurde dabei von Vereinigungen von Mädchen und Frauen ausgeübt. Die zu versorgenden Männer und Frauen wurden in großen Sälen untergebracht, wobei sich mehrere Menschen oft eine Schlafstatt teilen mussten. Meist war in der Mitte des Raumes noch ein Altar untergebracht, denn die Versorgung durch die Hospitalgemeinschaften orientierte sich an christlichen Idealen der **Caritas** und **Diakonie**, der Nächstenliebe und des Dienens.

So wurde der Pflegeberuf durch Jahrhunderte ausgeübt, ohne jedoch wirklich ein erlernter Beruf zu sein.

20.1.1 Pflege in einem Hospiz

Von dieser mittelalterlichen Tradition der Krankenversorgung in einem Hospital oder Hospiz ist die neuzeitliche **Hospizbewegung** zu unterscheiden. Während früher der Begriff »**Hospiz**« für die Fürsorge in einem Krankensaal verwendet wurde, steht heute ein umfassendes **Konzept** medizinischer, pflegerischer und spiritueller Fürsorge, eine bestimmte Einstellung zum Tod und die Fürsorge für den Sterbenden im Mittelpunkt.

In Deutschland hat sich die Hospizbewegung seit 1983 entwickelt. Ihr Angebot richtet sich an sterbenskranke Menschen, die vornehmlich an Krebs oder Aids leiden und die eine durchschnittliche Lebenserwartung von höchstens 6 Monaten haben. In den Hospizen zentrieren sich die Dienste ganz um die Wünsche des Sterbenden und seiner Angehörigen; ihnen steht ein interdisziplinär arbeitendes Team von Fachleuten zur Verfügung, mit einem ärztlichen Dienst (häufig der Hausarzt), Krankenpflegepersonal, Sozialarbeitern und Seelsorgern. Auch freiwillige Helfer werden in die Hospizarbeit einbezogen.

Es werden vier Haupttypen von Hospizen unterschieden:
— das Hospiz als unabhängige stationäre und ambulante Einheit,
— das Hospiz als abhängige stationäre und ambulante, in eine Klinik eingebundene Einheit,
— das Hospiz als rein ambulant arbeitendes Team (Support) und
— das Beratungsteam, das nach den Grundsätzen der Hospizbewegung arbeitet und hauptsächlich Institutionen bei der Fürsorge für betroffene Familien unterstützt.

> **Leitlinien der Hospizarbeit**
> — Im Mittelpunkt der Hospizpflege steht der Sterbende mit seinen Bedürfnissen.
> — Der Sterbende und seine Angehörigen benötigen Aufmerksamkeit, Fürsorge und Wahrhaftigkeit.
> — Die Hospizbewegung sieht menschliches Leben als Ganzes vom Beginn bis zum Tod.
> — Hospizarbeit beinhaltet lindernde Pflege und Fürsorge – nicht lebensverlängernde Therapie.
> — Hospizarbeit lebt von ehrenamtlichem Engagement.
> — Das Hospizteam arbeitet multiprofessionell und erhält Supervision und Freiräume für eine persönliche Auseinandersetzung mit Sterben, Tod und Trauer.
> — Das Hospizteam verfügt über spezielle Kenntnisse und Erfahrungen in der medizinischen, pflegerischen, psychischen, sozialen und spirituellen Beeinflussung belastender Symptome (Schmerztherapie).
> — Das Hospizteam gewährleistet in Zusammenarbeit mit anderen bestehenden Diensten eine kontinuierliche Versorgung sterbender Menschen.
> — Die Aufnahme in ein Hospiz wird nicht von Kosten abhängig gemacht, Spenden erleichtern die Arbeit in einem Hospiz.

20.1.2 Vinzenz von Paul und die Vinzentinerinnen

Um die Versorgung von Kranken durch Warte- und Pflegepersonal in dieser Zeit verstehen zu können, muss die geschichtliche Entwicklung erster fester Aufgabenfelder für die Pflege kurz skizziert werden.

Erste Aufgabenfelder der Pflege

Über Jahrhunderte hinweg wurden Arme, Kranke, Verwundete und Findelkinder in Heimen und Lazaretten versorgt. Klöster waren oft zweckentfremdet und dienten als Irrenhaus, Armenhaus oder Gefängnisunterkunft. Von pflegerischer Versorgung – entsprechend der heutigen Auffassung – konnte nicht die Rede sein, denn es handelte sich vorwiegend um Beköstigung, Bekleidung und die Gewährung von Unterkunft für Hilfsbedürftige jeglicher Art.

> Krankenpflege verstand sich in damaliger Zeit als »edelgesinnte Wohltätigkeit«, die von Geistlichen, unterstützt durch Laien, ausgeübt wurde.

Pflege wurde aber auch vom sogenannten »**Lohnwartpersonal**« ausgeübt. Dieses gehörte zur unteren Bevölkerungsschicht und zeichnete sich durch fehlende Bildung, Unzuverlässigkeit, Habgier und Trunksucht aus. Obwohl es ein eigenes »Lohnwartsystem« gab, das die Versorgung der Lohnwärter mit Kost, Kleidung und Unterkunft beinhaltete, zwang die mangelhafte Versorgung die Lohnwärter dennoch oft zu Diebstahl und Unehrlichkeit.

Auch das jeweilige Herrscherhaus, die Zünfte und Bruderschaften machten sich »Pflege« zur karitativen Aufgabe. Die pflegerische Versorgung – ursprünglich aus dem Gedanken der Nächstenliebe entstanden – geschah oft jedoch nicht nur aus humanitären Gründen, sondern sollte helfen, dem Herrscherhaus Arbeitskräfte zu sichern oder Besitzansprüche zu wahren.

Der Orden der Barmherzigen Schwestern

Eine Ausbildung in der Krankenpflege, die den früheren Ordensgemeinschaften fehlte, ist erstmalig in Frankreich im **Orden der Barmherzigen Schwestern** zu finden. Sie wurden nach **Vinzenz von Paul (1581–1660) Vinzentinerinnen** genannt (Abb. 20.1).

Vinzenz von Paul systematisierte im 17. Jahrhundert die Versorgung der Hilfsbedürftigen und gründete dazu eine religiöse Gemeinschaft mit einfachen Regeln wie Keuschheit und Armut. Für diese **Kongregation** mit »dienstwilligen, kräftigen und frommen Mädchen« bildete er mit Hilfe von Madame Le Gras ein **Mutterhaus** für Krankenpflegerinnen. Die Aufgabe der Mädchen bestand in der Versorgung von Kranken in den privaten Häusern mit Speisen und Getränken. Geistlichen Beistand sollten sie aber nicht leisten können. Die von ihm aufgenommenen »Töchter der Barmherzigkeit« lernten lesen, schreiben und rechnen und wurden überdies in den Grundregeln der Krankenpflege ausgebildet. Auch die wichtigsten Heilmittel und Heilmethoden lernten sie kennen. Angeleitet wurden sie von **Madame Le Gras (1591–1660)**, einer Oberin, die sich speziell dieser Schulungsaufgabe der Mädchen annahm (Abb. 20.2). Man wohnte gemeinsam unter einem Dach und lebte nach den strengen Regeln eines Ordens. Dabei wurde allerdings auf die religiöse Weihe einer Ordensfrau verzichtet, um auch außerhalb der Kongregation ungehindert arbeiten zu können. Auch die Kleidung wurde der Ausgehtracht einer bürgerlichen Frau angepasst, um die Schwestern in der Öffentlichkeit nicht zu diskriminieren. Als Kopfbedeckung trugen sie eine Haube (Abb. 20.3). Bald schon konnte die Schwesternschaft erste Niederlassungen gründen, so dass die Einrichtung eines Mutterhauses für die »Töchter der Barmherzigkeit« notwendig wurde.

Mutterhausverträge

Madame le Gras schloss schon nach kurzer Zeit mit einer in der Nähe der Ausbildungsstätte liegenden Stadtverwaltung einen Vertrag ab. In diesem Abkommen verpflichtete sie sich, ausgebildete Pflegerinnen auf Anforderung zur Verfügung zu stellen. Unterkunft und Verpflegung erhielten die Pflegerinnen in den Anstalten (Entlohnungspflicht). Eine Klausel regelte den

 Abb. 20.1. Vinzenz von Paul. Ordensgründer der Vinzentinerinnen

 Abb. 20.2. Madame le Gras. Die erste Oberin der Vinzentinerinnen

◨ Abb. 20.3. Vinzentinerin bei der Pflege eines Patienten. Auffällig ist die große Haube. Sie sollte eine Schwester in die Nähe der bürgerlichen Frau rücken, da die Ausübung der Pflege als eine »dienende Liebestätigkeit« ähnlich einer Frau und Mutter in der Familie angesehen werden sollte

Gehorsam der Pflegerinnen gegenüber ärztlichen Anordnungen und unterstellte sie der Leitung der Anstalt. Die Anstaltsleitung durfte die Würde der ihr unterstellten Schwestern nicht verletzen und hatte entsprechende Pflichten zu erfüllen (Fürsorgepflicht). So musste sie z. B. für ausreichende Erholung und die regelmäßige Teilnahme an Gottesdiensten sorgen. Alle administrativen Belange waren über das Mutterhaus zu regeln. Dieser **Zusammenschluss von Ausbildung und Arbeitsvermittlung** wurde schnell ausgeweitet und erfreute sich großer Nachfrage. Durch diese **Mutterhausverträge** konnte eine Stadtverwaltung ausgebildete Pflegerinnen in Armenhäusern, Lazaretten und in Häusern für Kranke einsetzen.

> Damit erhielten Schwesternschaft, Mutterhaus und Mutterhausverträge für die Entwicklung der Krankenpflege eine maßgebliche Bedeutung.

Die Entstehung der Pflegegemeinschaften nach dem Vorbild der Vinzentinerinnen beeinflusste die weitere Entwicklung von Pflege- gemeinschaften sowie den Beruf der Krankenpflege.

20.1.3 Der Beginn einer systematischen Pflegeausbildung

Der Beginn einer systematischen Pflegeausbildung ist mit der Gründung der ersten Krankenpflegeschule verbunden.

Die ersten Krankenpflegeschulen und Lehrbücher

Neben der Entwicklung des Ordens der Vinzentinerinnen ist auch die **Eröffnung der ersten Krankenwärterschule in Mannheim** für die Entwicklung des Krankenpflegeberufes von Bedeutung. Hier wurde **1781** von dem **Mediziner Franz Anton Mai** eine der ersten Krankenpflegeschulen im deutschsprachigen Raum gegründet. Mai verfasste auch das erste Lehrbuch für Krankenwärter und entließ diese nach der Ausbildung mit einer Tätigkeitsbeschreibung und einem Gelöbnis in die Haus- und Hospitalpflege.

In dieser Tätigkeitsbeschreibung hieß es u. a.:

>> Ihr, N.N., sollt geloben und schwören, dass ihr nach der in der Krankenwärterlehre erhaltenen Anleitung
– die Luft in den Krankenzimmern nach Verschiedenheit der Jahreszeiten und Krankheiten reinigen, abkühlen oder erwärmen,
– die Speisen, Getränke und Arzneien nach der Vorschrift des Arztes pünktlich verabreichen,
– die Reinlichkeit des Kranken in Bettung und Weißzeug besorgen,
– die Klistiere, Umschläge und Bäder nach der Angabe des Arztes zubereiten und beibringen,
– die Zufälle der Krankheiten sowohl bei Tag als auch nachts fleißig beobachten,
– jählinge und ungewöhnliche Erscheinungen dem Arzt ohne Verzögerung anzeigen (werdet) (Wolff und Wolff, 1994, S. 88).

Neben den aufgelisteten Aufgaben des Pflegepersonals werden von Mai bereits die ersten Notfallmaßnahmen in einen **Tätigkeitskatalog** aufgenommen und **ethische Grundregeln** postuliert, in denen sich bereits Analogien zum späteren § 4 des Krankenpflegegesetzes von 1985 finden lassen. So heißt es weiter:

>> … dabei in jähen Zufällen bei Scheintoten die allgemeinen Rettungsmittel bis zur Ankunft des Arztes oder Wundarztes mit Unerschrockenheit und Standhaftigkeit anwenden,
– dabei nüchtern, wachsam, verschwiegen, vorsichtig, liebreich, gefällig, geduldig, unverdrossen, mitleidig, unbestechlich und herzhaft,
– sowohl in hitzigen als langwierigen Krankheiten sein,

- die Armen wie die Reichen mit gleicher Liebe und Sorgfalt bedienen,
- überhaupt alles nach bestem Wissen und Gewissen besorgen wollt, was wahre Nächstenliebe und Krankenwärterpflicht von euch fordern und ihr zu leisten imstande seid (Wolff, 1994, S. 54).

Die Krankenwärterschule wurde zwar nach kurzer Zeit aufgrund eines mangelnden Nachfolgers wieder geschlossen, doch das Lehrbuch und Mais Vorstellungen von der Berufsausübung sind für den Krankenpflegeberuf richtungsweisend geworden.

Da Ärzte in den sich rasch entwickelnden Krankenhäusern immer mehr Personal zur »korrekten Ausführung ärztlicher Anordnungen« benötigten, wurden in den folgenden Jahrzehnten häufig regionale Lohnwärterschulen oder Hospitalsschulen gegründet. Diese Institutionen blieben der Initiative einzelner Mediziner wie z. B. dem Hospitalarzt oder dem Stadtphysicus überlassen.

> Als Stadtphysicus bezeichnete man den bei einer städtischen Gemeinde tätigen Arzt. Seine Aufgaben sind heute in etwa vergleichbar mit dem eines Medizinalbeamten im öffentlichen Gesundheitswesen.

Im Vorwort zur 3. Auflage eines Lehrbuchs für Krankenwärterinnen des Göttinger Stadtphysicus Ruhstrat ist zu lesen:

>> [...] an diesem Unterrichte [...] zwar nur meistens solche Personen Theil, die sich dem Krankenwärterdienste vorzugsweise widmen wollten; allein sehr gern sah ich auch Damen aus dem höheren Stande, die nur zum Nutzen ihrer Familie sich zu belehren wünschten (Ruhstrat, 1865).

In diesem Werk gibt der Stadtphysicus detaillierte Anweisungen und Beschreibungen zu verschiedensten medizinischen und pflegerischen Themen. Er beschreibt im ersten Kapitel genau die Lage und Einrichtung des Krankenzimmers:

>> Ein Krankenzimmer muss folgende Beschaffenheit haben; die Luft in demselben muss rein, es muss eine ruhige Lage haben und im Sommer nach Norden, im Winter nach Süden liegen, es muss geräumig, hoch, gedielt und trocken sein und darf nicht im Erdgeschosse liegen ... In dem Krankenzimmer müssen diejenigen Sachen, von welchen der Kranke Gebrauch machen muss, befindlich sein nämlich: Ein Nachtgeschirr, ein Uringlas, ein Nachtstuhl, ein Speibecken, ein Speikasten, ein Waschbecken, eine Spritze, Gläser, Tassen, Löffel, eine Uhr, ein Schemel, reines Wasser, Taschentücher, Halstücher, Hand- und Bettücher, Hemden und Servietten, ein Bettwärmer, und ein Thermometer. Der Tisch muss so gestellt sein, dass der Kranke die darauf befindlichen Sachen nicht sieht, er enthält die Arznei, Gläser, auch Papier, Feder und Dinte; auf ihn stellt man auch, als im Rücken des Kranken, das Licht und schwächt den Schein durch einen Lichtschirm (Ruhstrat 1849 S. 3).

Pflegeanleitungen wurden auf der Basis der inzwischen weitreichenden physiologischen Kenntnisse, wie z. B. über das Herz-Kreislaufsystem, vermittelt. So diente das Buch nicht nur als Lehrbuch für Pflege, sondern gleichzeitig auch als Lehrbuch für Anatomie und Physiologie.

In der Abhandlung über die **Beobachtung** und **Untersuchung** der Kranken gibt der Stadtphysicus u. a. Ratschläge zur Verbesserung der verbrauchten Luft und nimmt eine »Eintheilung der gebräuchlichsten Speisen und Getränke nach ihren Wirkungen« vor. Den Wärtern wird die Empfehlung gegeben, den Kranken das Essen nicht aufzuzwingen und erst eine halbe Stunde nach der Mahlzeit die Arznei zu verabreichen. Gleichfalls soll das Wartepersonal das Frühstück erst nach der morgendlichen Zimmerreinigung und dem Reinigen des Mundes austeilen. Im Umgang mit psychisch Kranken schlägt er als Schutz gegen »Leidenschaften und Gemüthsbewegungen« vor, dass dem Patienten nur Nachrichten mitgeteilt werden, die sein Zutrauen und seine Hoffnungen stärken.

Ein weiteres Kapitel widmet Ruhstrat der **Krankenbeobachtung**. Zu beachten seien Schmerz, Fieber, Hautbeschaffenheit, die Störungen der Verdauungsorgane, die Urinausscheidung, die Beschaffenheit der Brust (mit Störungen der Atmung und der Beobachtung von Auswurf), Puls und Herzschlag, die monatliche Reinigung, Schlaf, Sinnestäuschung und Phantasieren. Im Bereich der Krankenbeobachtung nimmt der Stadtphysicus auch eine genaue Unterteilung in **ärztliche** und **pflegerische** Aufgaben vor. So schreibt er zu Puls und Herzschlag:

>> Es kann von den Wärtern nicht gefordert werden, den Pulsschlag gehörig zu beurtheilen, ich warne sie daher, eine Miene anzunehmen, als wenn sie etwas vom Pulse verständen, ein solches Benehmen könnte ihnen in den Augen der Verständigen mehr

schaden als Nutzen bringen. Da es in einzelnen Fällen doch Nutzen haben könnte, daß sie zu bestimmen wüßten, ob ein Puls schnell oder langsam, hart oder weich, regelmäßig oder unregelmäßig ist, ob mit Herzklopfen verbunden, so hat der Wärter seinen eigenen Puls oft zu untersuchen und damit den Puls des Kranken zu vergleichen (Ruhstrat, 1894, S. 5).

Im Abschnitt über die Behandlung von Krankheiten werden vor allem Behandlungs- und Pflegemethoden zu Fieber, Entzündungen, rheumatischen und katarrhalischen Krankheiten, Hautkrankheiten, Blut und anderen serösen Ausflüssen, Nervenkrankheiten, Auszehrungen, der Behandlung der schwangeren, kreißenden und entbundenen Frauen, Behandlung neugeborener Kinder, dem Zahnen der Kinder, der »hitzigen Kopfwassersucht«, Wurmkrankheit, »Darrsucht«, Rekonvaleszenten und der Versorgung von »Sterbenden und Todten« beschrieben. Auch mit der Verabreichung von Arzneimitteln und der Zubereitung von Bädern, Klistieren und Umschlägen beschäftigt sich Ruhstrat. Hier stehen vor allem die Tee-, Brühe- und Suppenzubereitung im Mittelpunkt seiner Anleitung.

Einige Seiten des Pflegelehrbuches sind auch dem berufskundlichen Aspekt der **Schulung** und der Wiedergabe von Wissen gewidmet. So formuliert der Stadtphysicus als wünschenswerte Eigenschaften des Personals:

> Krankenwärter müssen einen gesunden, kräftigen, nicht ungestalteten reinlichen Körper haben; sie dürfen nicht zu jung und zu alt sein; sie müssen treu und redlich, nüchtern, menschenliebend und aufmerksam sein, sie müssen die Vorschriften des Arztes genau befolgen, Geduld und Verschwiegenheit besitzen, Reinlichkeit lieben ohne Ekel zu haben, nicht abergläubisch sein und außerdem lesen und schreiben können (Ruhstrat, 1894, S. 5).

Zieht man eine Verbindung zum heutigen gesetzlichen Rahmen der Krankenpflegeausbildung, so finden viele der von Ruhstrat und anderen Medizinern im 19. Jahrhundert vermittelten Unterrichtsinhalte ihre Berücksichtigung auch noch im theoretischen Fächerkanon des Krankenpflegegesetzes von 1985.

> Die angeführten Inhalte der Krankenpflege(ausbildung) weisen darauf hin, dass der Pflegeberuf schon im frühen 19. Jahrhundert sehr eng mit anatomisch-physiologischen Kenntnissen und dem Wissen über Krankenbeobachtung in Verbindung gebracht wurde. Zugleich finden sich bereits in diesen frühen Ausführungen auch Anhaltspunkte zur Delegation ärztlicher Tätigkeiten. Sie werden verständlich in dem Wissen um fehlende Bildung für Mädchen und dem damit verbundenen Ausschluss von Abitur und Medizinstudium und der dadurch implizierten Hinwendung zur »Berufung Pflege.«

Arbeitsbedingungen um 1900

Dass trotz der beschriebenen Entwicklung bis zum Ende des 19. Jahrhunderts **keine wirkungsvolle Krankenpflege** aufgebaut werden konnte, hat mehrere Gründe. Zum einen spielen die sozialen Vorurteile eine Rolle, aufgrund derer das Krankenpflegepersonal als sozial deklassiert angesehen wurde, und zum anderen die **schlechten Arbeitsbedingungen** in der pflegerischen Tätigkeit. Trotz vielfacher Bemühungen der Mediziner, Männer und Frauen für den Pflegedienst auszubilden, wurden immer wieder Klagen über ungeeignetes Personal laut. In einem von dem Berliner Arzt Dieffenbach herausgegebenen Lehrbuch heißt es:

> Es ist ein wahrer Jammer anzusehen, welche Menschen man als Krankenwärter und Wärterinnen anstellt. Jeder Alte, Versoffene, Triefäugige, Blinde, Taube, Lahme, Krumme, Abgelebte, jeder, der zu nichts in der Welt mehr taugt, ist dennoch nach der Meinung der Leute zum Wärter gut genug. Menschen, die ein unehrliches Gewerbe getrieben haben, Faulenzer, Taugenichtse, alle die scheinen vielen noch außerordentlich brauchbar als Krankenwärter (Kruse, 1987, S. 13).

Wartepersonal musste in dunklen Ecken der Krankensäle schlafen, wurde schlecht beköstigt, war überarbeitet, schlecht bezahlt, unwissend, ungeschult und unorganisiert. Die Arbeitszeit betrug zwischen 24 und 48 Stunden, lediglich unterbrochen durch kurze Pausen zur eigenen Nahrungsaufnahme, die oft genug aus den von den Kranken übrig gelassenen Resten bestand.

Neben den Vorurteilen gegenüber Pflegenden und den schlechten Arbeitsbedingungen in der Pflege trugen auch die typischen **Rollenzuschreibungen** wie Mütterlichkeit, Weiblichkeit und geringere Bildungschancen zu der langsamen Entwicklung in der Pflege bei. Von den ersten Bemühungen Franz Anton Mais bis zum Aufbau von Krankenpflegeschulen und einer organisierten Krankenpflege mussten noch mehr als 100 Jahre vergehen bis **1906 in Preußen das erste Krankenpflegegesetz** erlassen werden konnte. Es waren die Vinzentinerinnen, die – wenn auch sehr viel früher – durch ihr Wirken entscheidende Impulse im Hinblick auf eine geordnete Krankenpflege in Deutschland gaben. Durch die Vermittlung von Kulturtechniken wie Lesen, Rechnen, Schreiben, aber auch durch die Kleidung und das Tragen einer Haube setzten sie eine Zugehörigkeit zum Bürgertum und eine damit verbundene Bildung voraus.

20.2 Der Wunsch nach Bildung für Frauen aus gesellschaftspolitischer Sicht

Um die Entwicklung der sozialen Berufe besser verstehen zu können, ist ein kurzer Rückblick auf die gesamtgesellschaftliche Situation im 19. Jahrhundert notwendig.

20.2.1 Frauen- und Familienleitbild im 19. Jahrhundert

Das notwendige Streben der bürgerlichen und proletarischen Frauen nach Bildung ist erst vor dem Hintergrund der wachsenden **Industrialisierung** und **Urbanisierung** sowie der damit verbundenen Lohnarbeitsverhältnisse zu verstehen. Je mehr die ökonomische Grundlage der kleinen Beamten, Bauern und Handwerker zerstört wurde, desto bedeutender wurde der **freie Zugang für Frauen zum Arbeitsmarkt und zum Ausbildungssystem**. Als Folge der sich verändernden Produktionsweise kam es mehr und mehr zu einer Veränderung der sozialen, kulturellen und ökonomischen Lebenszusammenhänge innerhalb einer Familie. Ausgehend von einer schleichenden Veränderung des bürgerlichen Frauen- und Familienleitbildes begann mit Anfang der zweiten Hälfte des 19. Jahrhunderts eine aufkeimende Frauenbewegung langsam eine systematische Bildung für Mädchen einzufordern. Denn nach wie vor wurden die weibliche Bestimmung und die damit zugeschriebene innerfamiliäre Rolle der Frau von den Interessen des Mannes bestimmt. So wurden den Frauen bestimmte Charaktereigenschaften zugeschrieben, die eine Aufspaltung der Tätigkeitsbereiche in »typische weibliche« und »typisch männliche« Aufgaben legitimieren sollte. Dem Mann wurde Erwerb, Lebenskampf, Öffentlichkeit, Staat und Politik zugewiesen, den Frauen blieb dagegen die Zuordnung von Familie, Erziehung, Haus und Privatleben. Die mit dem weiblichen Geschlecht verbundene Rollenzuweisung der »Hausarbeit« bedeutete gleichzeitig den Ausschluss von bezahlter Arbeit, Eigentum, Bildung und politischen Rechten. Auch das Sammeln von Erfahrung und der Erwerb von Selbstständigkeit in der Schule war für Mädchen und Frauen nicht möglich. Die Lebensperspektive der bürgerlichen Frau wurde allein gesteuert durch das Ziel der Verheiratung. Durch die Unterordnung unter die Dominanz des Mannes bildete sich damit ein aufopfernder, allseits verzichtender Sozialcharakter der Frauen heraus.

Durch die Rollenverteilung und durch die damit verbundene soziale Lage der Frauen in der bürgerlichen Gesellschaft blieb den Frauen auch der Zugang zu beruflichen Berechtigungen und Qualifikationen vorerst versperrt. Damit fehlte Frauen auch die Möglichkeit, ein Medizinstudium zu beginnen, wodurch einerseits der Beruf des Mediziners entscheidend geprägt wurde und andererseits die Entwicklung des Krankenpflegeberufes und anderer sozialer Berufsfelder als »typischer« Frauenberuf gefördert wurde – zumal die Krankenpflege in der industrialisierten Gesellschaft eine immer größere Bedeutung erhielt.

20.2.2 Voraussetzungen zur Entwicklung der Gesundheitspflege

Aufgrund von Industrialisierung und städtischer Lebensweise kam es immer wieder zur Ausbreitung von Seuchen, so dass sozialpolitische Maßnahmen und vor allem der **Aufbau der Gesundheitspflege** und Armenfürsorge notwendig wurden. Hier konnte nur durch gezielte Hilfsmaßnahmen Abhilfe geschaffen werden. So wurden im ausgehenden 18. und beginnenden 19. Jahrhundert vielfältige Informationsschriften zur öffentlichen Gesundheitsbelehrung verfasst und eine medizinische Polizei zur sozialhygienischen Volksaufklärung eingerichtet. Der wichtigste Vertreter der medizinischen Polizei war **Johann Peter Frank (1745 – 1821)**. Die Einführung hygienischer Maßnahmen veränderte das Gesundheitsbewusstsein der Bevölkerung. So lag in der zweiten Hälfte des 19. Jahrhunderts die Säuglingssterblichkeit noch etwa bei 20 v. H. Diesem Problem versuchte man durch die Einrichtung von Säuglingsfürsorgestellen und Mütterberatungsstellen zu begegnen.

Ein weiterer Grund für den Ausbau der Gesundheitspflege lag in der raschen Entwicklung der Medizin mit all den unterschiedlichen Einflüssen, durch die es zu einem veränderten Krankheitsverständnis kam. Auch die Einführung hygienischer Maßnahmen veränderte das Gesundheitsbewusstsein der Bevölkerung.

> Die Einführung der Sozialversicherungspflicht und die erweiterte Behandlung von Krankheiten machte schließlich den Bau von Krankenanstalten notwendig, für die man in der Pflege qualifizierteres Personal mit einer besseren Bildung benötigte.

Dem gesellschaftspolitischen Umbruch und den damit einhergehenden Veränderungen in der Erziehung und Bildung versuchte der Staat durch die Etablierung besonderer Bildungsinstitutionen und Qualifikationen zu entsprechen. Hauptziel der schulischen Sozialisation sollte u. a. die Fähigkeit zur Selbstständigkeit auf dem Arbeitsmarkt sein, wobei jetzt auch den Mädchen, durch den Fortfall des sozialen Schutzraumes »Familie«, eine Einordnung in den Arbeitsprozess ermöglicht werden musste.

Sowohl in den **Bildungsbemühungen** als auch in einer verbesserten sozialen Fürsorge für die Bevölkerung setzten die **Frauenvereine** entscheidende Impulse für die Ausbildung in der Krankenpflege.

20.2.3 Die Frauenvereine und ihre Auswirkungen auf Bildung

Angeregt durch die Frauenbewegung und ausgelöst durch die schlechte soziale Lage vieler Familien kam es in der Mitte des 19. Jahrhunderts zur Bildung von regional tätigen Frauenvereinen. Dabei handelte es sich um Wohltätigkeitsvereine, entsprechend dem Hamburger **Verein für Armen- und Krankenpflege** nach dem Vorbild von **Amalie Sieveking**, (1794–1859). Amalie Sieveking hatte sich im Rahmen der Choleraepidemie in Hamburg 1831 an der Pflege der Choleraerkrankten beteiligt und durch die Gründung eines »weiblichen Vereins für Armen- und Krankenpflege« sich die Achtung der Umwelt erworben.

> Aufgaben der Frauenvereine
> - Familien- und Erwachsenenfürsorge mit Armenspeisung,
> - Krankenpflege,
> - Arbeitsbeschaffung,
> - Kinder- und Mädchenfürsorge mit Unterhaltung eines Kindergartens,
> - Tätigkeit in einer Arbeitsschule,
> - Führung einer Dienstbotenschule.

Die Erziehung, Bildung und Ausbildung von Mädchen der unteren sozialen Schicht zu verbessern war das erklärte Ziel der sich entwickelnden Frauenvereine. Ähnlich wie bei Vinzenz von Paul und Madame Le Gras wollten diese Vereine vor allem gebildete Frauen für die Hauspflege gewinnen und notleidenden Familien helfen.

> Die Tätigkeit durch Amalie Sieveking gehörte zu den Vorstufen des Diakoniegedankens und war ein Bestandteil der späteren neuzeitlichen Krankenpflegereform.

Bürgerlichen Frauen war es zur Mitte des 19. Jahrhunderts fast nicht möglich, einer erwerbsmäßigen Tätigkeit nachzugehen. Der Aufgabenkreis der bürgerlichen Frauen war auf die Versorgung von Haus und Familie gerichtet und die Tätigkeit außerhalb der Familie fand vor allem in sozialen Aufgabenfeldern statt. Die Versorgung von Kranken im häuslichen Bereich wurde vielfach von **Familienpflegerinnen** vorgenommen. Dies waren u. a. Frauen aus den Frauenvereinen, deren Aufgabe sich auf die Organisation von Krankenkost, Besuchsdiensten, Organisation von Kranken- und Bettwäsche, Regelung des Tagesablaufs für die gesunden Familienmitglieder erstreckte. Außerdem trugen sie Sorge für den Schulbesuch der Kinder. In den durch die Frauenbewegung ins Leben gerufenen Frauenvereinen zeigen sich somit auch Verbindungen zu den heute der Pflege nahestehenden Berufsbildern wie z. B. der Haus- und Familienpflegerin.

20.3 Persönlichkeiten und ihre Bemühungen um eine professionelle Pflege

Der Aufbau von Schulen für Mädchen in der Mitte des 19. Jahrhunderts begründet sich in einem besseren Bildungsbegehren und in der Vorbereitung der Mädchen auf eine sich anbahnende, häufig soziale Berufstätigkeit. Das Bedürfnis nach einer Ausbildung innerhalb der sozialen Wohlfahrtspflege stieg überall an, mit dem Ziel, fachliche und berufliche Kenntnisse zu vermitteln. Unter fachlicher Ausbildung verstand man dabei die Vermittlung von Kenntnissen, die auch »ehrenamtlich Tätige« benötigten. Die berufliche Ausbildung zielte auf eine bezahlte Tätigkeit für Frauen ab, auch wenn die Bildung meist unzureichend war.

> Soziale Wohltätigkeit war für bürgerliche Frauen die Normalität und daran sollte auch nichts verändert werden.

Urbanisierung und Industrialisierung öffneten die **soziale Schere**, so dass es immer mehr Reichtum auf der einen und immer mehr Armut auf der anderen Seite gab. Herkömmliche Organisationsformen der Armen- und Waisenpflege reichten zur Versorgung der Menschen nicht mehr aus und bürgerliche Frauen waren zunehmend gezwungen, zum Lebensunterhalt der Familie beizutragen. So entwickelten sich, von Amerika ausgehend, **nationale Frauenvereinigungen**, die sich für größere soziale Rechte von Frauen einsetzten. Die Mitglieder arbeiteten ehrenamtlich in Blindenanstalten, Kindergärten, privaten Wohlfahrtsvereinen oder der Krankenhausfürsorge. Wie auch schon zu Zeiten Vinzenz von Pauls wurde unter sozialer Fürsorge die für eine Gesellschaft notwendige moderne Wohlfahrt verstanden.

20.3.1 Theodor Fliedner und der Kaiserswerther Diakonieverband

Während zu Beginn des 19. Jahrhunderts Krankenpflege vorwiegend von katholischen Pflegeorden, z. B. nach dem Vorbild der Vinzentinerinnen, ausgeübt wurde, gab es immer wieder auch vereinzelte Bestrebungen, den Pflegeberuf für **Frauen ohne Ordenszugehörigkeit** zugänglich zu machen. Ein bedeutendes Jahr für die neuzeitliche Krankenpflege ist daher **1836 mit der Gründung der Kaiserswerther Pflegerinnenanstalt**. Begründer dieser Anstalt ist der Pfarrer **Theodor Fliedner (1800–1864)** in Kaiserswerth, dem damit für den Fortgang in der Pflege eine besondere Bedeutung zukommt (Abb. 20.4).

Neben seiner langjährigen Tätigkeit als Gemeindepfarrer gründete er sowohl einen Verein für Gefangenenfürsorge und Kinderbetreuung als auch das erste **Diakonissenhaus**. Bei dieser Arbeit lernte Fliedner Vereine und Anstalten christlicher Liebesarbeit kennen. Persönlichkeiten wie Elizabeth Fry, die sich besonders um die weibliche Gefangenenfürsorge in England verdient gemacht hatte oder Florence Nightingale, die sich der Verbesserung der Kriegskrankenpflege verschrieben hatte, gehörten zu seinen Anhängerinnen. Angeregt durch das Wirken von Elizabeth Fry begann Fliedner mit seinen Bestrebungen der Verbesserung innerhalb der Gefangenenfürsorge. Durch die Gründung der Rheinisch-Westfälischen Gefängnisgesellschaft sorgte er für eine geregelte Arbeit und Aufsicht der Gefangenen, wobei Unterricht und Seelsorge zusätzlich erzieherisch auf die Gefangenen einwirken sollten.

Abb. 20.4. Pastor Theodor Fliedner. Der Begründer des Diakonieverbandes

Der Rheinisch-Westfälische Diakonissenverein

Fliedners Bedeutung liegt jedoch auf dem Gebiet der **weiblichen Diakonie**. Durch seine Hausbesuche und Reisen kannte er die Not der Kranken, denn in vielen Städten gab es keine Krankenhäuser und nur eine sehr ungenügende Pflege der Kranken. Und so hatte Fliedner die Idee, junge Mädchen für die Pflege der Kranken **auszubilden**. Die jungen Frauen sollten sich der Armen und Kranken in dienender Liebe annehmen, wie es einst die Diakonissen der frühen Christenheit getan hatten.

Mit Unterstützung seiner Frau Friederike, geb. Münster, suchte er in Kaiserswerth nach einem für ein Hospital geeignetem Haus, um den **Rheinisch-Westfälischen Diakonissenverein** zu gründen, dessen Statuten am 30.5.1836 in Düsseldorf unterzeichnet wurden. Er fand nicht nur wenig Verständnis und Unterstützung, sondern er stieß seitens der Bevölkerung sogar auf Widerstand gegen sein Vorhaben. Die größte Schwierigkeit jedoch war es, geeignete Kräfte für die Ausbildung zur Diakonisse zu gewinnen. Mit dem Kauf eines Hauses in Kaiserswerth schuf er eine Samariterherberge für aufgenommene Kranke, die nicht genügend Geld hatten, eine ärztliche und pflegerische Versorgung zu bezahlen. Zugleich setzte er sich zum Ziel, diese Krankenanstalt als Ausbildungsstätte für christliche Pflegerinnen zu nutzen. In seinem ersten Bericht über die Diakonissenanstalt schreibt er:

> Je mehr Pflegerinnen, besonders Krankenpflegerinnen, sich durch Gottes Gnade finden, desto mehr werden wir die Anstalt in weiteren Kreisen nutzbar machen können durch Aussendung derselben in Privatfamilien, Krankenanstalten und evangelische Gemeinden, wo solches Bedürfnis sich fühlbar macht (Kruse, 1987, S. 33).

Die Funktion der Krankenanstalt als Ausbildungsstätte beschreibt Fliedner folgendermaßen:

> Die Zahl der bereits aufgenommenen Kranken und die mannigfaltigen Arten ihrer Krankheiten möchten manche vielleicht zu dem Schluss verleiten, als ob dieses mit der Diakonissenanstalt verbundene Krankenhaus für den ganzen Regierungsbezirk sein solle. Dem ist nicht so. Es ist zunächst zur Übung und Ausbildung der Krankenpflegerinnen bestimmt (Kruse, 1987, S. 34).

In seinem dritten Jahresbericht 1839 schreibt Fliedner:

> Diesem Zweck gemäß soll das mit ihr verbundene Krankenhaus zur Übung und Ausbildung der Krankenpflegerinnen dienen, nicht aber ein allgemeines Kranken- und Siechenhaus für einen Regierungsbezirk oder gar für eine ganze Provinz sein, die öfter irrig gemeint worden ist. So weitherzig daher die Anstalt in dem Wunsch ist, möglichst vielen Kranken Hilfe darzubieten, so muss diese Weitherzigkeit doch dem genannten Hauptzweck untergeordnet sein (Kruse, 1987, S. 34).

In diesen Ausführungen Fliedners liegen wesentliche Kennzeichen der beruflichen Krankenpflegeausbildung.
Krankenpflege stellte sich dar als
- praktische Anleitung vor Ort und als
- theoretische Unterweisung durch den Arzt.

Das Mutterhausprinzip

Die **Ausbildung** der Schwestern in der Krankenpflege übertrug Fliedner einem Arzt, doch ansonsten orientierte er sich am Vorbild der Vinzentinerinnen. So ähnelte die Versorgung mit Kost und Logis, die Altersvorsorge, aber auch die Verbindung der Schwestern untereinander dem **Mutterhausprinzip** der Vinzentinerinnen. Unterstellt waren die Diakonissen einer erfahrenen Pflegerin, die die Funktion einer Vorsteherin (Mutter) ausübte. Sie hatte die Probediakonissen während der Probe- und Unterrichtszeit in ihren Verrichtungen anzuleiten. Ihre Aufgabe war es, die Diakonissen zu »einer geordneten, gewissenhaften, raschen Tätigkeit zu ermuntern, daher darauf zu achten, dass sie weibliche Handarbeiten verrichten und neu lernen, sooft die Zeit es ihnen erlaubt; namentlich das Nähen, Kleiderzuschneiden, Bügeln, Waschen, Stricken gründlich zu verstehen, dass sie die Kranken in leichten körperlichen Arbeiten unterrichten und damit beschäftigen können« (Kruse, 1987, S. 35).

Die **Ausbildung** fand also durch einen Arzt am Krankenbett statt und sie wurde begleitet von den Instruktionen der Vorsteherin. Als erste Vorsteherin setzte Fliedner seine Frau Friederike ein, die somit Mitgründerin des Diakonissenwerkes wurde. Schon bald nach der Gründung in Kaiserswerth entstanden eine Reihe selbstständiger Mutterhäuser und Tochtergründungen an anderen Orten Deutschlands. Hierzu wurden in Kaiserswerth ausgebildete Diakonissen an andere Krankenhäuser entsandt und per **Gestellungsvertrag** oder **Mutterhausvertrag** der Leitung eines Krankenhauses unterstellt. Dort erhielten sie für ihre Arbeit Unterkunft und Verpflegung. Während die Pflege in ihren Händen lag, waren sie den Ärzten gegenüber zum Gehorsam verpflichtet und unterstanden in allen disziplinären und religiösen Angelegenheiten der Oberin. Nach 14-jähriger Ehe starb Friederike Fliedner 1842. Auch Fliedners zweite Frau, Caroline Bertheau unterstützte ihn im weiteren Aufbau des Diakonissenhauses.

> Neben der pflegerischen Versorgung der Kranken durch Diakonissen sah Fliedner die Krankenpflege auch als missionarische Aufgabe an. Diakonissen sollten Dienerinnen Jesu, Dienerinnen der Kranken und Dienerinnen untereinander sein.

Diese missionarischen Gebote galten schon im mittelalterlichen Hospitalwesen, in dem Krankenpflege als karitatives Dienen ausgeübt wurde. Neben der Pflege des Körpers legte Fliedner besonderen Wert auf die geistliche Pflege des Kranken durch religiöse Gespräche und Vorlesen geistlicher Schriften. Diese Unterweisung übernahm er selbst und unterrichte die Diakonissen in Bibelkunde, Glaubenslehre und Ethik. Die Ausübung der Handarbeit rechnete Fliedner ebenfalls zur geistlichen Krankenpflege. Damit sollten die für diese Zeit durchaus üblichen weiblichen Bildungs-

und Erziehungsideale wie Sanftmut, Geduld und Ausdauer gefördert werden. Waren Pflegegemeinschaften und Pflegestrukturen schon seit Vinzenz von Paul vorhanden, so liegt die Bedeutung Fliedners für die Krankenpflege in der Gründung der **Diakonissenpflege**.

> **Wirkung der Arbeit Fliedners für die Krankenpflege**
> - Zusammenleben für nicht ordensmäßig gebundene Frauen in einem Mutterhaus,
> - Gründung der ersten organisierten und geschlossenen Pflegegemeinschaft innerhalb des evangelischen Christentums,
> - Schaffung eines Unterrichtstyps zwischen praktischer Unterweisung und theoretischer Vermittlung.

Bereits 25 Jahre nach der Gründung des Diakonissenhauses in Kaiserswerth durch Theodor Fliedner gab es 28 Mutterhäuser mit 1 207 Diakonissen in aller Welt. Allein Kaiserswerth zählte bereits 380 Diakonissen. Um sich dem wachsenden Diakonissenwerk ganz widmen zu können, legte Theodor Fliedner 1849 sein Pfarramt nieder. Er reiste nach Nordamerika, Jerusalem und Konstantinopel, nach England, Frankreich und in die Schweiz und gründete Stationen des Kaiserswerther Mutterhauses oder regte die Gründung neuer Diakonissenhäuser an. Zum Zeitpunkt seines Todes gab es 30 Diakonissenhäuser mit 1 600 Diakonissen. 425 davon gehörten dem Kaiserswerther Mutterhaus an und arbeiteten auf mehr als 100 Stationen in vier Weltteilen.

Gestellungs-/Mutterhausverträge

Gestellungs- bzw. Mutterhausverträge sind auf die Bemühungen von Vinzenz von Paul und Theodor Fliedner zurückzuführen. Sie erhielten mit der Entwicklung der Schwesternschaften vom Roten Kreuz weitere maßgebliche Bedeutung für die Ausübung der Krankenpflege, haben heute noch für die Krankenpflege einen erheblichen Einfluss und bieten vielen Auszubildenden den Start in das Berufsleben.

> In einem Gestellungsvertrag zwischen Krankenhaus und Schwesternschaft werden seit der Zeit Fliedners Arbeitsbedingungen, Arbeitszeiten und soziale Vergütungen für die Schwestern geregelt.

Der folgende Auszug aus einem Gestellungsvertrag von 1838 gibt einen kleinen Einblick.

>> Gestellungsvertrag zwischen Diakonissen Mutterhaus Kaiserswerth und dem Bürgerhospital Elberfeld 1838 (auszugsweise), Kaiserswerth, 11. Dezember 1838
> Die beiden Diakonissen, Eva Theissen und Katharine Weintraut, werden von der Direktion der hiesigen Diakonissenanstalt zur Krankenpflege in das Bürgerhaus zu Elberfeld gesandt unter folgenden Bedingungen:
> Die verehrliche Verwaltung trägt die Kosten der Hinreise der Diakonissen.
> Jede Diakonisse erhält das angebotene fixe Gehalt von 40 Talern pr. Kurant nebst freier Station, worunter freie Wohnung, Kost, Feuerung, Licht, Wäsche, ärztliche Behandlung und Arznei inbegriffen sind. Beide verzichten auf die angebotenen Trinkgelder, die wenigstens 20 Taler betragen sollen; bedingen sich aber zugleich aus, dass sie diese Trinkgelder, die die Genesenden bei ihrer Entlassung geben, nicht in Empfang zu nehmen haben. Die Genesenen mögen sie auf dem Büro des Verwalters oder auf andere Art abgeben. Ebenso verzichten die Diakonissen darauf, die Kleider, die die im Krankenhaus Sterbenden daselbst gehabt haben, zu erben, da sie das Vertrauen der Kranken nicht erlangen noch behalten können, wenn sie vor denselben nicht als uneigennützig dastehen. Auch dürfen sie daher weder von den Kranken noch von jemand Geschenke annehmen.
> Beide Pflegerinnen erhalten zusammen eine Stube mit zwei Betten für sich zum Schlafen, Wohnen und Essen und eine Kommode oder Schrank zum Aufbewahren ihrer Kleidung.
> Die erstere, Eva, übernimmt die Pflege der männlichen und Katharine die der weiblichen Kranken, jedoch so, dass diejenige, die auf ihrer Station am meisten zutun hat, von der anderen unterstützt wird, sofern die Pflege auf der eigenen Station dazu Zeit lässt. … Die Diakonissen haben ihre Krankenstuben zu schrubben, jedoch auf die Hilfe der Hausmägde hierbei Anspruch zu machen, wenn die Krankenpflege ihre Kräfte zu sehr erfordert. Auch haben sie die Lappen und Binden für ihre Kranken in der Regel selbst zu waschen. Wenn anhaltende Nachtwachen nötig sind, so hat jede um die dritte Nacht zu wachen.

Die Diakonissen haben die Erlaubnis, in der Regel sonntags wenigstens einmal den öffentlichen Gottesdienst zu besuchen, jedoch so, daß während der Zeit die eine in die Kirche geht, die andere zu Hause bleibt. Für den Fall, daß viele gefährliche Kranke die ununterbrochene Anwesenheit beider nötig machen, haben sie auch auf den Sonntag hin zu Hause zu bleiben und können dafür einen Wochengottesdienst besuchen.

Auch ist ihnen erlaubt, ein oder mehrere Male in der Woche zu einem Spaziergang auszugehen, je nachdem ihre Gesundheit dies erfordert und die Beschaffenheit ihrer Kranken dies gestattet. Doch kann dies auch von beiden nur abwechselnd, nicht zu gleicher Zeit geschehen.

Da eine kleine Anspannung von ihrer schweren Dienstarbeit zu neuer Stärkung derselben und somit auch zum Wohl des Krankenhauses dient, so erhält jede jährlich von der Verwaltung zu einer von dieser zu bestimmenden Zeit, wenn es am wenigsten störend für das Haus ist, auf einige Tage Urlaub zu einer Reise in das hiesige Mutterhaus. Doch können nicht beide zu gleicher Zeit reisen, sondern nur eine um die andere.
Namens der Direktion
gez. Fliedner (Nds. Ärzteblatt 24/1980)

20.3.2 Florence Nightingale und die Entwicklung der Ausbildung in England

Während in Deutschland die Entwicklung der Krankenpflege noch sehr eng als konfessionelle Tätigkeit im Sinne des Dienens und der Nächstenliebe verstanden wurde, entwickelte sich im England des 19. Jahrhunderts die pflegerische Tätigkeit außerhalb einer Konfessions- bzw. Ordenszugehörigkeit. Wie auch in Deutschland nahm die Entwicklung der Medizin und die damit verbundenen Gründungen von Krankenanstalten einen rapiden Aufschwung. Das hatte zur Folge, dass **1848 der erste Krankenpflegeorden der anglikanischen Kirche**, der Orden von St. John, das »Ausbildungsinstitut für Krankenpflegerinnen in Krankenhäusern, Familien und für die Armen« gegründet und zwei Gruppen von Pflegerinnen aufgenommen wurden. Die Schülerinnen rückten nach zweijähriger Tätigkeit in die Gruppe der »Nurses« auf und erhielten nach Abschluss der Ausbildung ein Gehalt, freie Kost und Logis. Die »Sisters« kamen dagegen aus gehobenen Gesellschaftsschichten. Sie beschäftigten sich ähnlich wie die Damen »Filles de la Charite« der Madame le Gras mit karitativen Aufgaben, wohnten aber weiterhin zu Hause.

Ausgehend vom sog. **Krimkrieg** im Jahre **1854** sah sich der englische Kriegsminister gezwungen, für eine Verbesserung der Versorgung der Soldaten zu sorgen. Er bat eine Bekannte, Florence Nightingale, die Organisation der Pflege in der Türkei zu übernehmen. **Florence Nightingale (1820–1910)** hatte u. a. in Kaiserswerth bei Fliedner hospitiert und sich umfassende Kenntnisse über das Krankenhauswesen angeeignet. Sie kam aus einem wohlhabenden Elternhaus und hatte durch Reisen nach Italien, Ägypten, Deutschland viel gesehen und erlebt. Sie lebte entsprechend der geistigen Haltung der Diakonissen in Kaiserswerth und hatte die praktische Ausbildung in der Krankenpflege bei den barmherzigen Schwestern in Frankreich absolviert. Daher nahm sie die Bitte des englischen Kriegsministers, sich um die Versorgung der Soldaten im Krimkrieg zu kümmern, mit Interesse an.

Mit einer Gruppe von 38 Schwestern, darunter katholischen Ordensfrauen und einigen Schwestern von St. John, fuhr Miss Nightingale nach Russland, um die verwundeten Soldaten zu versorgen (Abb. 20.5). Sie kümmerte sich um Ordnung und Sauberkeit, gesunde Ernährung und ausreichende Zuteilung von Wäsche und Kleidung in den Lazaretten. Durch ihren Einsatz gelang es, die Sterblichkeitsrate in den Lazaretten um 40 v. H. auf 2.2 v. H. zu senken. Ihre Erfahrungen wurden niedergeschrieben und das **Militärsanitätswesen** entsprechend neu organisiert. **1856** erhielt sie den Titel einer **Generaloberin** und ging nach London zurück. Hier arbeitete sie zunächst im Heeressanitätswesen, um schließlich ihre Vorstellungen von gut ausgebildeten und öffentlich anerkannten Krankenpflegerinnen durch die **Gründung einer Krankenpflegeschule** zu verwirklichen.

Die Gründung der ersten Krankenpflegeschule in London

Am **4. Juni 1860** eröffnete sie am St. Thomas – Hospital in London die erste Krankenpflegeschule nach ihren Vorstellungen. Die Ausbildung dauerte ein Jahr, in dem die Schülerinnen als Hilfspflegerinnen im Krankenhaus arbeiteten. Anschließend wurden sie für zwei weitere Fortbildungsjahre verpflichtet. Die theoretischen Kenntnisse vermittelten Ärzte und Oberpflegerinnen.

◘ Abb. 20.5. Florence Nightingale mit einer Kerze. Sie wurde von Soldaten als »Lady with the lamp« bezeichnet, wenn sie spät am Abend die verwundeten Soldaten auf der Krim versorgte

Mit dem Schritt einer systematischen Ausbildung wurden drei wesentliche Aspekte der Reform der Berufsausübung in die Wege geleitet:

– Krankenpflege wurde auf den sozialen Stand eines erlernten Berufes gehoben,
– die Frau erhielt innerhalb der Gesellschaft die Möglichkeit, einer öffentlich anerkannten Berufsausbildung und
– die Krankenpflegeschule war unabhängig und dem Krankenhaus nur zu Ausbildungszwecken angegliedert.

Florence Nightingale übernahm nicht selbst die Leitung der Schule, sondern überließ diese einer Oberin. Sie selbst arbeitete weiterhin an verschiedenen Problemen des Gesundheitswesens und schrieb u. a. ihre Bemerkungen über Krankenpflege. Gemeinsam mit **Agnes Karll**, die 1903 die erste Berufsorganisation der Krankenpflegerinnen in Deutschland gründete, rief sie das **International Council of Nurses** (ICN) ins Le-

ben. So gelang es ihr, dem Krankenpflegeberuf in England auch außerhalb konfessioneller Vereinigungen zu einer geachteten Existenz mit einer geordneter Ausbildung zu verhelfen.

Von der von Florence Nightingale gegründeten Ausbildungsstätte für Krankenschwestern ging Pflegepersonal auch ins damalige Preußen. Auf diese Weise entstanden hier neben den vorhandenen Diakonissenhäusern Krankenpflegeschulen nach englischem Vorbild, in denen Pflegepersonal ohne Zugehörigkeit zu einer bestimmten Konfession ausgebildet wurde.

20.3.3 Agnes Karll und ihre Bemühungen um eine deutsche Krankenpflegeausbildung

Während Frauen wie **Alice Salomon (1872–1948)** sich für die Ausbildung in sozialer Wohlfahrtspflege einsetzten, trat **Agnes Karll (1868–1927)** etwa zur gleichen Zeit für eine **staatlich reglementierte Ausbildung** für Frauen in der Krankenpflege ein (◘ Abb. 20.6).

◘ Abb. 20.6. Agnes Karll. Die Begründerin der freiberuflichen Krankenpflege in Deutschland

Aufgrund der **eingeführten sozialen Sicherungssysteme** (▶ 13.) und der damit verbundenen Inanspruchnahme medizinischer Leistungen wurden sowohl immer mehr Krankenhausbetten als auch immer mehr Pflegepersonen benötigt. Doch noch schickte es sich für bürgerliche Mädchen und Frauen nicht, einer bezahlten Lohnarbeit in der Pflege nachzugehen. Ihre Väter waren häufig Akademiker, höhere oder mittlere Beamte oder dem unteren Adel zuzuordnen. Pflege galt weiterhin als karitativer Dienst, der keiner Bezahlung bedurfte. Daher konnten Mädchen und Frauen nur durch den Eintritt in eine Schwesternschaft vom Roten Kreuz oder in eine konfessionelle Ordensgemeinschaft der Pflege als einer beruflichen Tätigkeit nachgehen. Kost und Logis waren frei, die Tracht als Arbeitskleidung wurde gestellt, Urlaubs und Freizeitregelungen getroffen und nach mehrjähriger Zugehörigkeit erfolgte eine geringe soziale Absicherung.

Agnes Karll wurde 1868 als Tochter eines Gutsbesitzers geboren. Mit 19 Jahren trat sie 1887 in die Clementinenschwesternschaft vom Deutschen Roten Kreuz in Hannover ein und war dort bis 1891 als Rotkreuzschwester tätig. Sie trat aus der Schwesternschaft aus, ging nach Berlin und engagierte sich dort in der **freiberuflichen Krankenpflege** als Privatpflegerin. Damit gehörte Agnes Karll zum Kreis der sogenannten »wilden Schwestern«. Dies war eine Gruppe von Frauen, die konfessionell ungebunden waren und überwiegend in der häuslichen und privaten Pflege arbeiteten und deren Berufstätigkeit in der Pflege von Medizinern und anderen gesellschaftlichen Gruppen als ethisch verwerflich und unehrenhaft angesehen wurde.

Gründung der Berufsorganisation

In Berlin knüpfte Agnes Karll Kontakt zu Marie Cauer und Alice Salomon. Ihr Ziel war die »Schaffung einer Berufsgenossenschaft sämtlicher Krankenpflegerinnen, durch die es den einzelnen Vereinen möglich würde, die unerschwinglichen Lasten der Versorgung für den Krankheits- oder Invaliditätsfall und für das Alter zu erreichen« (Wolff und Wolff, 1994 S 188). Dieser Verein sollte vor allem eine Versicherung für seine Mitglieder bieten, gleichzeitig aber auch helfen, die soziale Stellung der Krankenpflegerinnen zu verbessern. Agnes Karll forderte
- die Arbeitsplatzvermittlung für Krankenpflegerinnen,
- die Verstaatlichung der Krankenpflegeausbildung und
- die Verstaatlichung des Angestelltenverhältnisses.

Auf der Generalversammlung des »Bundes Deutscher Frauenvereine« 1902 legten vier Frauen ein Konzept für eine verbesserte Krankenpflege und Hauskrankenpflege vor. Gemeinsam mit den **Frauenrechtlerinnen** Elisabeth Storp, Marie Cauer und Helene Mayer setzte Agnes Karll sich dafür ein, dass der Staat die »weltlichen Vereine, die unter einer hohen Fluktuation ihrer Mitglieder zu leiden hatten, als Krankenpflegeschulen konzessionieren, die Pflegerinnen nach einem einheitlichen Lehrplan ausbilden und prüfen solle, um ihnen dann die freie Wahl des Arbeitsplatzes zuzugestehen« (Wolff und Wolff, S. 190). Außerdem wurde die Preußische Regierung aufgefordert, den Krankenpflegerinnen die Möglichkeit zu bieten, nach einer staatlich vorgeschriebenen dreijährigen Ausbildung eine Prüfung abzulegen und ihnen nach Bestehen ein Zeugnis auszustellen. Die bestandene Prüfung sollte dazu berechtigen, ein staatlich geschütztes Abzeichen tragen zu können, das gegebenenfalls wieder entzogen werden könnte. Darüber hinaus sollten nur solche Krankenhäuser konzessioniert werden, die eine ausreichende soziale Fürsorge für ihre Schwestern geltend machen konnten. Die **Arbeitszeitbeschränkung** sollte elf Stunden betragen, eine **Alterssicherung** und **Invaliditätssicherung** sollte geboten werden. Die **Schaffung einer Krankenpflegeorganisation** sollte eine Zusammenarbeit von Verwaltung, ärztlichem und pflegerischem Personal gewährleisten und ideelle und materielle Sicherstellung für männliches und weibliches Pflegepersonal fördern.

1903 gründete Agnes Karll die **Berufsorganisation der Krankenpflegerinnen** Deutschlands. Dieser Fachverband hatte folgende Aufgaben:
- Arbeitsplatzvermittlung
- Beratung in Rechtsfragen
- Beratung in Arbeitsfragen

Jedes Mitglied zahlte dem Jahresverdienst entsprechend einen Mitgliedsbeitrag und konnte eine Versicherung zur Altersversorgung abschließen. Schon wenige Monate nach seiner Gründung bereitete die Berufsorganisation der Krankenpflegerinnen Deutschlands die Versammlung des International Council of women vor und schloss sich der folgenden **Gründung des International Council of Nurses (ICN)** an. Von 1909 bis 1912 war Agnes Karll Präsidentin des ICN (▶ 6.1.3).

Im Februar 1927 starb Agnes Karll. Durch den ersten Weltkrieg und die Zeit des Nationalsozialismus wurde die Arbeit des Berufsverbandes unterbrochen. Unmittelbar nach Kriegsende 1945 schlossen sich einige ehemalige Mitglieder erneut zusammen und gründeten den **Agnes Karll Verband**, aus dem **1973** der **Deutsche Berufsverband für Krankenpflege (DBfK)** entstanden ist (▶ 6.1.3).

Zusammenfassend kann festgehalten werden, dass Agnes Karll den Krankenpflegeberuf zu einem gesellschaftlich anerkannten und bezahlten Beruf ohne Vereinszugehörigkeit gemacht hat und damit den Frauen den Weg in die Berufsausbildung geebnet hat.

Überprüfen Sie Ihr Wissen

1. Welche Bedeutung hat Benedikt von Nursia für die Pflege?
   Antwort: ▶ 20.1
2. Was versteht man heute unter dem Begriff »Hospiz«
   Antwort: ▶ 20.1.1
3. Aus welchen Gründen wurde der Aufbau des Gesundheitswesens im 19. Jahrhundert notwendig?
   Antwort: ▶ 20.2.1
4. Welche Aufgaben übernahmen die Frauenvereine im 19. Jahrhundert?
   Antwort: ▶ 20.2.2
5. Was versteht man unter den Begriffen »Mutterhaus« bzw. »Gestellungsvertrag«?
   Antwort: ▶ 20.3.1
6. Welches sind nach Theodor Fliedner die Aufgaben der Diakonissen?
   Antwort: ▶ 20.3.1
7. Woran orientiert sich Ausbildung und Entlohnung der Diakonissen?
   Antwort: ▶ 20.3.1
8. Was erreichte Florence Nightingale für die Pflege?
   Antwort: ▶ 20.3.2
9. Welche Forderungen sind mit dem Namen Agnes Karll verbunden?
   Antwort: ▶ 20.3.4

20.4 Henri Dunant und das Rote Kreuz

Die berufliche Entwicklung der Krankenpflege war in ihren Anfängen u. a. gekennzeichnet durch
- Emanzipationsbestrebungen der Frauen,
- Veränderung der sozialen Verhältnisse für Frauen,
- Fortschritte in der medizinischen Entwicklung,
- den Aufbau des Hospitalwesens und
- durch einen wachsenden Bedarf an Schwestern, auch aufgrund kriegerischer Auseinandersetzungen.

Während sich Florence Nightingale in England um den Aufbau einer Krankenpflegeausbildung bemühte, brach der Krieg Frankreich und Sardinien gegen Österreich aus. Unter dem Eindruck der **Schlacht von Solferino (1859)** lud der Schweizer **Henri Dunant (1828–1920)**, ◨ Abb. 20.7) die Schweizerische Gemeinnützige Gesellschaft ein, um mit Hilfe dieser Organisation die Versorgung der Verwundeten zu verbessern. Der Initiative von Dunant schlossen sich einflussreiche Genfer Bürger an, um als »**Komitee der Fünf**« die Gründung von Zentralvereinen für jeden Staat anzuregen. Sie wollten dazu beitragen, im Frieden für die Ausbildung geeigneter Hilfskräfte zu sorgen und für die Bereitstellung von Hilfsmitteln zur Verwundetenpflege im Kriegsfalle gerüstet zu sein. Es sollte ein »Internationales Komitee der Hilfsgesellschaften für die Verwundetenpflege« (später als Internationales Komitee vom Roten Kreuz benannt) zur Sicherstellung der Hilfeleistungen aufgebaut werden. Die Verbände sollten dabei durch einen freiwilligen internationalen Zusammenschluss miteinander verbunden werden, ein gemeinsames Kennzeichen tragen und **Neutralitätsschutz** genießen. Sitz des Inter-

◨ Abb. 20.7. Henri Dunant. Begründer des Roten Kreuzes und Nobelpreisträger

nationalen Komitees wurde Genf und der erste Präsident war Gustave Moynier.

Henri Dunant erhielt für seine Bemühungen um das Rote Kreuz **1901 den Nobelpreis**.

20.4.1 Die Genfer Konventionen

1863 trat die erste internationale Konferenz zusammen, zu der vierzehn Staaten ihre Vertreter entsandten. Die Beschlüsse dieser internationalen Versammlung wurden in der **1. Genfer Konvention** »Abkommen zur Verbesserung des Loses der Verwundeten und Kranken der Streitkräfte im Felde« von **1864** festgelegt, die von 12 Staaten unterzeichnet wurde.

> Die 1. Genfer Konvention bedeutete ein Minimum an Menschlichkeit in Kriegszeiten und einen Neutralitätsschutz für Ärzte, Lazarette, Hilfsorganisationen, Soldaten, Verwundete, Feldprediger. Es handelt sich dabei um einen geschützten, sehr eng gefassten Personenkreis.
> Das Abkommen von 1864 wurde 1907 erweitert. Es galt vor allem für Verwundete und Kranke, aber auch das zu ihrer Hilfe eingesetzte Sanitätspersonal sollte von allen Kampfhandlungen ausgenommen werden.
> Das 2. Genfer Abkommen wurde beschlossen zur »Verbesserung des Loses der Verwundeten, Kranken und Schiffbrüchigen, der Streitkräfte zur See«. Eine weitere Abkommenserweiterung erfolgte 1929 mit dem 3. Genfer Abkommen »Abkommen über die Behandlung der Kriegsgefangenen.« Seit 1949 regelt das 4. Genfer Abkommen »zum Schutz von Zivilpersonen« den Schutz von Zivilpersonen in Kriegszeiten.

> Die Genfer Abkommen gelten in mehr als 180 Staaten, die sich durch Unterschrift verpflichten, die Abkommen einzuhalten und zu verbreiten. 1956 ist auch die BRD den völkerrechtlichen Vereinbarungen beigetreten.

Im Laufe der Zeit vergrößerte sich das Aufgabengebiet des Roten Kreuzes über den Einsatz in Kriegszeiten hinaus. Heute umfasst der Aufgabenkreis neben den ursprünglichen Bestimmungen auch die Pflege und Betreuung besonders Hilfebedürftiger, Kinder und alter Menschen, den Krankentransport und das Rettungswesen zu Lande, zu Wasser und in der Luft in Kriegs- und Friedenszeiten. Überdies bietet das Rote Kreuz u. a. Ausbildungen in der Krankenpflege, der Kinderkrankenpflege und der Altenpflege, im Rettungswesen sowie Kurse in Erster Hilfe bei Unfällen und Katastrophen an.

20.4.2 Rotes Kreuz und die Bemühungen um den Krankenpflegeberuf

Die sich rasch ausbreitenden regionalen Rotkreuz-Gesellschaften erhielten schon bald eine nicht unwesentliche Bedeutung für die Reform der Friedenskrankenpflege. Unterstützt von entstehenden Frauenvereinigungen kam es zur Gründung der vaterländischen Frauenvereine, die zum Ziel hatten, sich vornehmlich der Krankenpflege zu widmen.

Frauenvereine vom Roten Kreuz

Als erster Frauenverein trat besonders der »**Badische Frauenverein vom Roten Kreuz**« hervor, der bereits 1859 gegründet und als Rotkreuzorganisation anerkannt wurde. Die Organisationsstruktur war ähnlich dem historischen Beispiel eines Mutterhauses des Vinzenz von Paul aufgebaut. Man organisierte die Ausbildung und die Bereitstellung der Krankenpflegerinnen als Schwesternschaft nach dem Mutterhausprinzip. Für die Ausbildung sollte es ein Lehrhaus und ein eigenes Krankenhaus geben. Ein Wohnhaus sollte den kranken und alten Pflegerinnen ohne Familie als Zufluchtsstätte dienen. Die Schwestern trugen eine Tracht und es wurde ein Gehalt festgelegt.

> Ziel der Organisation war es, professionelle und zugleich wahrhaft christliche Krankenpflegerinnen auszubilden, die in Zeiten ungewöhnlich vieler Krankheitsfälle oder in Kriegszeiten zur Pflege der verwundeten Soldaten eingesetzt werden konnten.

Ein Beispiel für die Voraussetzungen zur Aufnahme in eine Schwesternschaft geben z. B. die Aufnahmebedingungen der Clementinenschwesternschaft in Hannover von 1909 wieder: »Christliche Jungfrau oder Witwe, gute Erziehung, höhere Bildung, Alter von 20–40 Jahren«. Die Ausbildung erfolgte danach kostenlos bei freier Station und Taschengeld, dauerte ein Jahr und schloss mit einem Staatsexamen ab. Die Probezeit betrug sechs Monate, danach wurde die Anwärterin in die Schwesternschaft aufgenommen und erhielt eine Tracht ähnlich der Diakonissentracht. Die Tracht, bestehend aus Kleid, Brosche und Haube, sollte Standesunterschiede ausgleichen, der Schwester Respekt im Dienst und in der Öffentlichkeit verschaffen und ihr das Gefühl der Zugehörigkeit zu einem besonders angesehenen Berufsstand vermitteln. Die Haube entsprach der Kopfbedeckung der bürgerlichen Frau und ähnelte der Tracht der Vinzentinerinnen. Kost und Logis waren frei und nach 10 Jahren Dienstzugehörigkeit hatte die Schwester Anspruch auf eine Altersversorgung. Als Lehrgeld waren 100 Mark Kaution zu hinterlegen, die auf Wunsch nach fünf Jahren Schwesternschaftszugehörigkeit wieder ausgezahlt wurden. Arbeitsgebiete des »**Frauenvereins vom Roten Kreuz**« und weiterer sich gründender Schwesternschaften waren sowohl die Armenpflege als auch die Privat-, Wochen- und Kleinkindpflege.

> Der »Badische Frauenverein« wurde als erste nationale Rotkreuzorganisation vom internationalen Komitee vom Roten Kreuz anerkannt und übernahm 1866 als »Badischer Frauenverein vom Roten Kreuz« die Pflege der Cholerakranken und 1870/71 die Pflege der Verwundeten im Kriegsdienst und in der Heimat.

Schwesternausbildung des Roten Kreuzes

Schon mit Gründung der Schwesternschaften begann das Rote Kreuz, sich an der Ausbildung von Schwestern zu beteiligen. So wurden z. B. Schwestern der Clementinenschwesternschaft aus Hannover ab 1887 zur Ausbildung und Pflege an die Universitätskliniken Göttingen entsandt, u. a. war auch Agnes Karll dort bis 1891 tätig. Als Gründerin der »Oberinnenschule« vom Roten Kreuz gilt Clementine Wallmenich ( Abb. 20.8). Die Oberinnenschule war die Vorläuferin der »**Wernerschule**« vom Roten Kreuz. So wie Agnes Karll sich für eine zusätzliche Qualifikation an der Frauenhochschule in Leipzig einsetzte, so vertrat Oberin von Wallmenich die Auffassung, dass **leitende Schwestern** einer besonderen Ausbildung bedürfen und legte damit den Grundstein für die **Weiterbildungen** in der Krankenpflege. Die Wernerschule wurde somit zur ältesten und wichtigsten Bildungsstätte für Krankenschwestern bis heute.

Somit ist die Weiterentwicklung des Krankenpflegewesens ohne die Gründung des Roten Kreuzes durch Henri Dunant und seiner Tätigkeit nicht denkbar.

Die Berufsausübung einer Schwester galt dennoch weiterhin als »Nächstenliebe und selbstlose Tat«. Sie unterstand weiterhin dem Arzt, dessen Anweisungen sie zu befolgen hatte. Die Bezeichnung »Schwester« für die Ausübung der pflegerischen Tätigkeit war entsprechend der weiblichen und mütterlichen Rolle an das Zusammenleben innerhalb einer Familie angelehnt. Diese Rollenzuschreibung fand sich auch im Mutterhausgedanken wieder. 1917 kam es beim Roten Kreuz – wie in anderen Schwesternschaften und Verbänden ebenfalls üblich – zur Einrichtung von **Ausbildungsstätten für Säuglings- und Kinderpflegerinnen**. Aus diesem Berufsfeld ging mit dem Krankenpflegegesetz von 1957 die Kinderkrankenschwester als Beruf hervor.

> Durch die Bemühungen von Vinzenz von Paul, Theodor Fliedner, Agnes Karll, Florence Nightingale, Henri Dunant durch und die Einrichtung der Kriegskrankenpflege kann die Krankenpflege heute als
> – ordensgebundener Beruf,
> – als freiberufliche Tätigkeit,
> – in Zugehörigkeit zu einer Schwesternschaft ausgeübt werden.

Abb. 20.8. Clementine v. Wallmenich mit Schwesternhaube und Schleife. Die Brosche zeigt die Zugehörigkeit zum Roten Kreuz

20.4.3 Das Deutsche Rote Kreuz als nationale Gesellschaft

Mit der Idee, Menschen, die unverschuldet in Not geraten waren, Hilfe anzubieten und durch die Gründung eines Frauenvereins kam es 1860 zum Aufbau der ersten Schwesternschaft. Ihr folgten weitere Gründungen von Frauenvereinen zur Pflege der im Feld verwundeten und erkrankten Soldaten. 1921 kam es zum Zusammenschluss der verschiedenen Vereine zum »**Deutschen Roten Kreuz**«, dem **DRK**. 1922 folgte die Anerkennung des DRK durch das **Internationale Komitee vom Roten Kreuz (IKRK)** und durch die **Liga vom Roten Kreuz** (heute: »Internationale Föderation der Rotkreuz- und Rothalbmondbewegung«). Im zweiten Weltkrieg erfolgte eine teilweise Auflösung der Schwesternschaften durch die Besatzungsmächte, aus denen sich nach 1945 neue Landesverbände entwickelten. Der Gründung des jetzigen DRK als Bundesorganisation im Jahre 1950 folgte kurze Zeit später die Anerkennung des DRK durch die Bundesregierung. Heute gibt es mehr als 180 nationale Gesellschaften mit dem Schutzzeichen des Rotes Kreuzes auf weißem Untergrund. Die Beitrittsvoraussetzung einer Rotkreuzgesellschaft setzt die Anerkennung durch das IKRK und durch die jeweilige Landesregierung voraus, die ein Signaturstaat der Genfer Abkommen sein muss. Die Tätigkeit der Gesellschaft muss den Grundsätzen des RK folgen und sie muss ein RK-Zeichen führen. Die Tätigkeit erstreckt sich dann auf das ganze Land, die Selbstverwaltung richtet sich nach den Richtlinien der RK-Konferenz.

> **Aufgaben einer nationalen Rot-Kreuz-Gesellschaft**
> - Suchdienst,
> - Rettungsdienst und Erste Hilfe,
> - Tätigkeiten zugunsten von Kriegsopfern,
> - Verbreitung der Genfer Abkommen,
> - Krankenpflege,
> - Blutspendedienst,
> - Hilfe bei Katastrophen und Unfällen,
> - Soziale Dienste und Gesundheitsdienste.

Das Deutsche Rote Kreuz als nationale Gesellschaft umfasst verschiedene Einrichtungen mit unterschiedlichen Aufgabenstellungen innerhalb einer Organisation.

20.4.4 Das Deutsche Rote Kreuz als Wohlfahrtsverband

Das Deutsche Rote Kreuz als Wohlfahrtsverband gehört zu den Spitzenverbänden der freien Wohlfahrtspflege. Die Gründung von Wohlfahrtsverbänden (▶ 14.2.2) begann Mitte des 19. Jahrhunderts als Zusammenschluss verschiedener Organisationen, deren Ziel es war, der notleidenden Bevölkerung Hilfsangebote, die auf freigemeinnütziger Grundlage und in organisierter Form geleistet werden konnten, anzubieten. Auch heute noch gestalten soziale Dienste und Einrichtungen die Gesellschaft. Dabei dient der Zusammenschluss verschiedener Organisationen einer gemeinsamen Interessenvertretung durch Beratung, Mitwirkung an der Gesetzgebung, der Zusammenarbeit mit Bund, Ländern und Gemeinden.

Der Zusammenschluss ist gekennzeichnet durch:
- Hilfswillen und Solidarität der Bevölkerung,
- Prägung unterschiedlicher, weltanschaulicher oder religiöser Motivation und die damit verbundenen Zielvorstellungen ermöglichen ein unterschiedliches soziales Engagement sowie
- freie und flexible Handhabung von Bestimmungen.

Die Zusammenarbeit zwischen freiwilliger und öffentlicher Wohlfahrtspflege ist durch das **Subsidiaritätsprinzip** gekennzeichnet. Die Subsidiaritätsregeln sind in der Sozialgesetzgebung festgelegt. Dabei haben freie Träger Vorrang vor öffentlicher Trägerschaft und die Förderung von Institutionen wie Familie, Verbänden und Körperschaften steht im Vordergrund. Dieses soll durch die Nutzung von Kompetenz und Verantwortung des personennäheren Lebenskreises geschehen. Eine Finanzierung der freien Wohlfahrtspflege erfolgt über Eigenmittel, staatliche Förderung und Kostenerstattungen.

Das Prinzip der Subsidiarität hat auch für das Deutsche Rote Kreuz Gültigkeit und kann folgendermaßen beschrieben werden.

> » Kein Sozialgebilde soll Aufgaben nach sich ziehen, die der Einzelne oder ein kleineres Sozialgebilde wie die Familie, aus eigener Kraft und Verantwortung mindestens genauso gut leisten können. Größere Sozialgebilde sollen den kleineren Sozialgebilden Hilfe und Förderung ermöglichen, Selbsthilfe soll vor Fremdhilfe gehen. Kinder sorgen für die Eltern und erst dann sorgt die Gesellschaft. Selbstbestimmung und Selbstverantwortung

als Prinzip des Sozialstaates sollen gefördert und die materiellen Voraussetzungen dafür geschaffen werden (Lampert, 1993 S. 402).

Angebote der freien Wohlfahrtspflege sowohl in den angeschlossenen Wohlfahrtsverbänden als auch im Wohlfahrtsverband vom Deutschen Roten Kreuz

- Hilfe bei sozialen und akuten gesundheitlichen Nöten,
- vorbeugende und nachsorgende Hilfe,
- Erkennen und Beseitigen gesellschaftlicher Ursachen individueller Not,
- Öffentlichkeitsarbeit, Ausbildung, Fortbildung sowie Motivierung.

Dabei ist die Bedeutung der freien Wohlfahrtspflege für die Volkswirtschaft nicht zu unterschätzen, denn ein großer Teil des Krankenpflegepersonals findet hier einen Arbeitsplatz (▶ 20.).

Aufgaben des Roten Kreuzes als Wohlfahrtsverband

- Maßnahmen der Sozialhilfe und Jugendhilfe wie Erziehung und Betreuung in Kinderheimen, Kindergärten, Jugend- und Freizeitheimen,
- Hilfe in besonderen Lebenslagen wie Bereitstellung einer Wohnung für alte Menschen, Strafgefangene, Nichtsesshafte,
- Jugendpflege, Jugendsozialarbeit wie Mitarbeit in Vorsorgeeinrichtungen,
- Hilfe für Kinder, Jugendliche, Mütter wie Heilung und Pflege in Krankenhäusern, Spezialkliniken, Müttergenesungsheimen, Kureinrichtungen,
- Hilfe für alte Menschen, in Not geratene Menschen, Flüchtlinge wie Beratungsangebote für Erziehung, Ehe, Finanzen und Telefonseelsorge,
- Hilfe für Behinderte und Vertriebene, Hausbesuchsdienste,
- Ausbildungsprogramme für im Gesundheitswesen tätige Personen,
- Katastrophenschutz und Katastrophenhilfe.

Die Finanzierung der freien Wohlfahrtspflege vom Deutschen Roten Kreuz erfolgt u. a. durch staatliche Zuschüsse, Spenden, Straßen- und Haussammlungen, Lotterien, Tombolas oder Bazarveranstaltungen. Diese Finanzierungsmöglichkeiten gelten auch für die anderen Wohlfahrtsverbände (▶ 14.2.2).

20.4.4 Das Internationale Komitee vom Roten Kreuz (IKRK)

1863 entstand aus dem sogenannten Fünferkomitee in Genf eine Vereinigung aus 25 Schweizer Bürgern. Diese Vereinigung gilt als Keimzelle des Roten Kreuzes und ist noch heute eine Beratungsinstanz des Internationalen Roten Kreuzes (IRK). Sie tritt seit 1863 alle vier Jahre zusammen und umfasst Delegierte des IKRK, der Liga der Rotkreuzgesellschaften, Delegierte aller nationalen Gesellschaften sowie aller Staaten, die die Genfer Konventionen unterzeichnet haben. Die Hauptaufgabe des IKRK liegt auch heute noch in der neutralen Vermittlung bei Konfliktsituationen.
Das IKRK leistet Unterstützung bei

- Konflikten in Kriegs- und Friedenszeiten durch Sicherstellung von Hilfeleistungen,
- der zentralen Auskunft für Kriegsgefangene und Zivilinternierte,
- der Überwachung der Grundsätze des Roten Kreuzes und des Rotes Halbmondes,
- der Erarbeitung von Vorschlägen zur Vervollständigung des humanitären Völkerrechts,
- der Hilfe für bedürftige Menschen in der Zivilbevölkerung durch Delegation von Personal wie Ärzten, Pflegekräfte oder Technikern,
- der Überwachung, Einhaltung und ständigen Verbesserung der vier Genfer Abkommen,
- der Anerkennung neu gegründeter Rotkreuzgesellschaften und die Sorge um die Aufrechterhaltung der Grundsätze des Roten Kreuzes.

1965 wurden auf der 20. Internationalen Konferenz die Grundsätze des Roten Kreuzes verkündet.
Die **Leitidee** des Internationalen Komitees vom Roten Kreuz ist die Ausübung

- unbedingter Menschlichkeit,
- des Schutzes von Leben und Gesundheit,
- keiner Benachteiligung durch Rasse, Nationalität, Religion oder politischer Überzeugung.

Die Grundsätze des Komitees

- **Menschlichkeit**
 Der Auftrag heißt, überall auf der Welt das Leben und die Gesundheit von Menschen zu

schützen, menschliches Leiden unter allen Umständen zu verhindern oder zumindest zu lindern.
- **Unparteilichkeit**
Es werden keine Unterschiede zwischen Staatsangehörigkeit, Rasse, Religion, sozialer Stellung und politischer Zugehörigkeit gemacht. Ausschlaggebend für die Hilfe ist das Ausmaß an Not.
- **Neutralität**
Das Rote Kreuz ist für jeden Menschen da und steht als Symbol der Menschlichkeit über allen Parteien. Eine Teilnahme an Feindseligkeiten oder politischen, rassischen, religiösen oder weltanschaulichen Auseinandersetzungen findet nicht statt.
- **Unabhängigkeit**
Die nationalen Gesellschaften unterstehen zwar den Landesgesetzen, sie bewahren trotzdem ihre Eigenständigkeit und stellen die menschlichen Grundsätze der Bewegung vor die Vorschriften eines Systems.
- **Freiwilligkeit**
Das Hilfsangebot geschieht auf freiwilliger Basis und ist uneigennützig. Es wird überall dort angeboten, wo Menschen in Not geraten sind.
- **Einheit**
In jedem Mitgliedsstaat gibt es jeweils nur eine nationale Rotkreuzgesellschaft.
- **Universalität**
Die internationale Rotkreuzbewegung ist eine weltumfassende Institution, alle Mitgliedsgesellschaften haben gleiche Rechte und verpflichten sich zur gegenseitigen Hilfe.

20.4.6 Internationale Förderation der Rotkreuz- und Rothalbmondbewegung (IFRC)

Die **Internationale Förderation der Rotkreuz und Rothalbmondbewegung** wurde bis 1991 als Liga der Rotkreuzgesellschaften bezeichnet und ist die Dachorganisation aller nationalen Gesellschaften mit Sitz in Genf. Sie tritt alle zwei Jahre zusammen und dient der Förderung und Entwicklung nationaler Gesellschaften.

Ihre Aufgabe ist die Vorbereitung und Koordinierung der Zusammenarbeit nationaler Gesellschaften. Die Aufgaben beziehen sich auf Notstände und Katastrophen, auf Gesundheitsdienst und Sozialarbeit, Wohlfahrtsarbeit, auf die Vertretung der humanitären Grundsätze, den Blutspendedienst oder die Förderung des Jugend-Rotkreuz. Die Vertretung der humanitären Grundsätze werden abgeleitet von den humanitären Prinzipien des Völkerrechts und sie beschäftigen sich mit dem Schutz des Menschen gegen die Folgen des Krieges, wobei die Leiden der Opfer bewaffneter Konflikte gelindert werden sollen. Es ist dabei unerheblich, ob es sich um Verwundete, Kranke, Schiffbrüchige, Kriegsgefangene oder Zivilisten handelt.

> **Überprüfen Sie Ihr Wissen**
>
> 1. Welches sind die wesentlichen Inhalte der vier Genfer Abkommen?
>   Antwort: ▶ 20.4.1
> 2. Welche Aufgaben gehören zu einem Wohlfahrtsverband?
>   Antwort: ▶ 20.4.4
> 3. Was ist unter dem Begriff »freie Wohlfahrtspflege« zu verstehen?
>   Antwort: ▶ 20.4.4
> 4. Wie lauten die Grundsätze vom Roten Kreuz?
>   Antwort: ▶ 20.4.5

20.5 Vereinheitlichung der Krankenpflegeausbildung in Deutschland und Europa

Jeder Verband und jede Schwesternschaft hatte zunächst eigene Ausbildungsstätten, so dass die Vielzahl der bestehenden Schulen zur Ausbildung des Krankenpflegepersonals es erforderten, die Ausbildung in der Krankenpflege der privaten Initiative zu entziehen, zumal auch die infolge des medizinischen Fortschritts steigenden Anforderungen an den Krankenpflegeberuf eine einheitliche Ausbildung notwendig erscheinen ließen. Nur durch eine einheitliche Ausbildung und Prüfung konnten die Voraussetzungen für eine ordnungsgemäße Ausbildung in der Krankenpflege geschaffen werden.

20.5.1 Beginn der Krankenpflegeausbildung in Deutschland

Einen ersten Schritt auf diesem Wege machte Agnes Karll, die mit Hilfe der immer einflussreicheren Frauenverbände sowie mit Unterstützung wichtiger Persönlichkeiten bei der Reichsregierung im Jahre **1907** in Preußen die Verabschiedung **der ersten einheitlichen Ausbildungs- und Prüfungsvorschriften** erwirkte. So wurde z. B. in Preußen nach einer einjährigen Ausbildungszeit – Agnes Karll hatte eine dreijährige Ausbildung gefordert – die Ablegung einer staatlichen Prüfung eingeführt. Andere Bundesstaaten folgten dem Beispiel Preußens.

Die Ausbildungsregelung von 1906

Die ersten Ausbildungsregelungen in Preußen als Beschluss des Bundesrates von 1906 legten u. a. als Nachweis zur Zugangsvoraussetzung zur Prüfung fest:
— erfolgreich zum Abschluss gebrachte Volksschulbildung oder eine andere gleichwertige Bildung,
— Vollendung des 21. Lebensjahres,
— die körperliche und geistige Tauglichkeit zum Krankenpflegeberuf,
— ein behördliches Leumundszeugnis (Kruse, 1987, S. 156).

Zwar gab es keine differenzierten Angaben für das Lehrpersonal, doch es bestanden zumindest Vorstellungen über die Ausbildungsstätten:

> Die theoretischen und praktische Ausbildung soll in einer staatlichen oder staatlich anerkannten Krankenpflegeschule erfolgen. Eine solche Schule braucht aber nicht eine besondere, für sich bestehende Lehranstalt für Krankenpfleger oder Krankenpflegerinnen zu sein, sie wird vielmehr zweckmäßig in Verbindung mit einer Krankenanstalt errichtet werden können; vielfach wird es nur einer Erweiterung oder Anpassung bereits bestehender Einrichtungen in den Krankenhäusern bedürfen (Kruse, 1987, S. 157).

Die Landeszentralbehörde bestellte die **Prüfungskommission**, die sich nach den ersten Ausführungen von 1906 aus drei Ärzten, von denen einer beamtet sein musste, und einem Lehrer der Krankenpflegeschule zusammensetzte. Jeder Prüfende hatte ein Urteil über die Kenntnisse und Fertigkeiten der Geprüften abzugeben. Bei der Benotung »schlecht« (5) durch einen Prüfer oder die Benotung »ungenügend« (4) durch zwei Prüfer galt die Prüfung als nicht bestanden.

> Der Lehrplan im ersten Krankenpflegegesetz weist auf die Entwicklung der Krankenpflegeausbildung als »Berufsfachschule besonderer Art« und ihre Nähe zum Lernort Krankenhaus hin.

Dieses zeigt sich insbesondere durch Fächer wie »Arbeitsstunde« oder »abteilungsweise helfen auf den Stationen«. Durch die direkte Anbindung der Schule an ein Krankenhaus wurden einerseits berufliches Wissen und Fertigkeiten vermittelt, andererseits lernten die Schüler gleichzeitig die Wirksamkeit der betrieblichen Arbeit kennen. Dieses Prinzip entsprach einer Berufsausbildung, die als alleinige Bildungsaufgabe eines Betriebes gedacht war. Der Arzt als Leiter eines Krankenhauses fungierte gleichzeitig als Lehrherr und konnte bestimmend in die Ausbildung eingreifen.

Die Entwicklung des Krankenpflegegesetzes

Der ersten gesetzlichen Ausbildung von 1906 folgten weitere Gesetzesänderungen. Ab 1921 gab es fast überall eine zweijährige Ausbildung. Der rechtliche Rahmen von **1938** als »**Gesetz zur Ordnung der Krankenpflege**« stellte die nationalsozialistische Zielsetzung in den Mittelpunkt. Es kam zu einer Vereinheitlichung der Schwesternverbände und Bündelung der einzelnen Berufsverbände. Ziel sollte dabei vor allem eine Tätigkeit in der Gemeindekrankenpflege sein. Man erhoffte sich durch diese berufliche Tätigkeit vor allem eine ideologische Beeinflussung der zu Pflegenden und ihrer Familien.

Wegen des Schwesternmangels in den Kriegsjahren wurde die Ausbildungszeit auf 18 Monate verkürzt und erst nach Kriegsende wieder auf zwei Jahre erhöht. Weitere Änderungen und Ergänzungen des Krankenpflegegesetzes fanden 1957, 1965 und 1985 statt. 1957 wurde die erste bundeseinheitliche Ausbildung mit einer Ausbildungsdauer von zwei Jahren und einem Anerkennungsjahr beschlossen. 1965 wurde die Ausbildungszeit auf drei Jahre erhöht und die Anzahl der theoretischen Stunden auf 1200 angehoben.

Auch heute noch wird die Krankenpflegeausbildung von Seiten der Medizin beeinflusst. Dies hat nicht nur direkte Auswirkungen auf die Ausbildung, sondern hat bis zum heutigen Tage weitreichende Folgen auch z. B. für die Professionalisierungsbemühungen der Krankenpflege. So findet Pflege immer noch im direkten Abhängigkeitsverhältnis zur medizinischen Profession statt und die eigenständige Berufsausübung wird von Seiten der Mediziner immer noch in Frage gestellt.

Dies verdeutlicht beispielsweise ein Vergleich zwischen Abs. 2 des Gesetzes von 1906 und dem § 5 des Krankenpflegegesetzes von 1985. Denn wie 1906 beinhaltet auch heute die Anbindung der Ausbildung an ein Krankenhaus und die Unterstellung unter die Anweisungen eines Arztes den Ausschluss aus dem allgemeinen Berufsbildungssystem mit all seinen Konsequenzen. Sowohl die nicht vorhandene Durchlässigkeit in den einzelnen Bildungsstufen, als auch die formale fehlende Anerkennung als Lehrer oder Lehrerin für Pflegeberufe (nach dem KrPflG 1985) geben dabei einen Einblick in die mit der Zuordnung zum Krankenhaus verbundene Problematik.

20.5.2 Europäische Regelungen

Das Gesetz für die Berufe in der Krankenpflege vom 04. Juni 1985, welches das Krankenpflegegesetz von 1965 abgelöst hat, ist im Wesentlichen auf der Grundlage der Ausbildungsrichtlinien der Europäischen Gemeinschaft zu verstehen.

> Der Krankenpflegeberuf gehört neben dem Beruf der Hebamme, des Arztes und des Apotheker zu einer Berufsgruppe, die durch spezielle Richtlinien z. B. die Niederlassungs- und die freie Berufsausübung gestattet.

Am 25. Oktober 1967 unterzeichnete die Bundesrepublik Deutschland in Straßburg gemeinsam mit den Mitgliedsstaaten des Europarats das europäische Übereinkommen über die theoretische und praktische Ausbildung von Krankenschwestern und Krankenpflegern. Die Ratifizierung geschah in der Überzeugung – so die Präambel –, »dass der Abschluss eines regionalen Übereinkommens zur Harmonisierung der theoretischen und praktischen Ausbildung von Krankenschwestern und Krankenpflegern den sozialen Fortschritt fördern und eine hohe Qualifikation dieser Personen gewährleisten kann, die es ihnen ermöglicht, sich im Hoheitsgebiet der anderen Vertragsparteien gleichberechtigt mit deren Staatsangehörigen niederzulassen«.

Mit dem Gesetz vom 13.06.1972 hatte der Bundestag mit Einvernehmen des Bundesrats dem **europäischen Übereinkommen** von 1967 zugestimmt. Die Aktionen im Bereich der Berufe des öffentlichen Gesundheitswesens hat der Rat der Europäischen Gemeinschaft daraufhin weiter fortgeführt und auf Vorschlag der EG-Kommission zwei Richtlinien erlassen:

Richtlinien der EU-Kommission für Berufe im Gesundheitswesen
- Richtlinie zur gegenseitige Anerkennung der Diplome, Prüfungszeugnisse und sonstigen Befähigungsnachweise der Krankenschwester und des Krankenpflegers, die für die allgemeine Pflege verantwortlich sind, und über Maßnahmen zur Erleichterung der tatsächlichen Ausübung des Niederlassungsrechts und des Rechts auf freien Dienstleistungsverkehr;
- Richtlinie zur Koordinierung der Rechts- und Verwaltungsvorschriften für die Tätigkeiten der Krankenschwester und des Krankenpflegers, die für die allgemeine Pflege verantwortlich sind.

Die genannten Richtlinien gelten sowohl für abhängig Beschäftigte als auch für freiberuflich Tätige, wobei die Kenntnis der Sprache des Aufnahmelandes keine – gesetzliche – Voraussetzung für die Zuwanderung bzw. die Ausübung des Berufes ist. In der Praxis ist es jedoch selbstverständlich, dass die Mitgliedsstaaten im Interesse des Berufsstandes und der Patienten gegebenenfalls darauf hinwirken können, dass die erforderlichen Sprachkenntnisse erworben werden.

Neben dem Grundsatz der gegenseitigen Anerkennung der Diplome werden in den Richtlinien auch die **Voraussetzungen für die Ausübung** des Berufes in den Mitgliedsstaaten festgelegt, die für die Ausstellung der Diplome, Prüfungszeugnisse und sonstigen Befähigungsnachweise für in der allgemeinen Krankenpflege tätige Krankenschwestern und Krankenpfleger maßgebend sind. Dies ist Gegenstand der »Koordinierungsrichtlinie«, in der unter Zugrundelegung qualitativer Kriterien die gemeinsame Mindestausbildung bestimmt wird, die in den einzelnen Mitgliedsstaaten sichergestellt sein muss. Diese gemeinsame **Mindestausbildung** umfasst eine zehnjährige allgemeine Schulbildung und eine spezielle Berufsausbildung von etwa drei Jahren bzw. 4.600 Unterrichtsstunden. Generell wird zwar den Mitgliedsstaaten die Organisation der Ausbildung überlassen, es müssen jedoch gemeinsame **Mindestnormen** bei der Ausbildung beachtet werden. So muss sich die theoretische und praktische Ausbildung von drei Jahren bzw. 4.600 Stunden auf die Fächer erstrecken, die im Anhang zu der Richtlinie enthalten sind.

Außerdem muss die theoretische und praktische Ausbildung in einem ausgewogenen Verhältnis zu der klinischen Krankenpflegeausbildung stehen und mit ihr koordiniert sein. Zur Gewährleistung eines vergleichbar anspruchsvollen Ausbildungsniveaus und daher zur Förderung qualitativer Kriterien wurde ein beratender Ausschuss für die Ausbildung in der Krankenpflege eingesetzt, um u. a. die Ausbildung von Krankenschwestern und Krankenpflegern durch ständige Anpassung an die Fortschritte in diesem Bereich weiterzuentwickeln.

> Alle Mitgliedsstaaten der Europäischen Union haben sich verpflichtet, den Diplomen, Prüfungszeugnissen und sonstigen Befähigungsnachweisen, für die die Richtlinie eine gegenseitige Anerkennung vorsieht, zuzustimmen.

Den EU-Richtlinien trägt das Krankenpflegegesetz von 1985 und das ab dem 01.01.2004 geltende Gesetz nebst der entsprechenden Ausbildungs- und Prüfungsverordnung Rechnung. Eine Vergleichbarkeit der Ausbildungen ist dennoch nur schwer zu erreichen, denn neben den Ausbildungsbedingungen wurden die Pflegeausbildungen in manchen Ländern in den tertiären Bildungssektor, d. h. in die weiterführende Bildung nach der Grundbildung, verlagert und Ausbildungsgänge mit niedrigerem Qualifikationsniveau eingerichtet.

Unterschiede bestehen dennoch in:
— Ausbildungsdauer,
— Zugangsvoraussetzungen sowie
— angestrebten Abschlüssen.

Auch die Bedingungen innerhalb der Ausbildungsrichtlinien sind in den einzelnen Mitgliedsstaaten uneinheitlich, denn ausgehend von einer unterschiedlichen Dauer und Qualifizierung im allgemeinbildenden Schulsystem und der Dauer einer einzelnen Unterrichtsstunde (40–60 Minuten) bis hin zum Umfang der Tätigkeiten gibt es noch viele auszugleichende Merkmale, die zukünftig zu berücksichtigen sind. Eine Angleichung von Ausbildung und Anforderungsprofilen der Berufe gestaltet sich aber zunehmend schwierig, da soziale Sicherungssysteme ebenso wie Berufsordnungen, Tätigkeitsfelder, Bildungsmaßnahmen in einzelnen Ländern einem ständigen Wandel unterliegen.

Zum jetzigen Zeitpunkt können Bildungsabschlüsse im Pflegeberuf in vielen europäischen Ländern auch zu unterschiedlichen akademischen Abschlüssen führen. Sowohl ein »Diploma« (nicht gleichzusetzen mit dem universitären Diplom in Deutschland) als auch ein »bachelor degree« berechtigen zur Zulassung einer Registrierung als Krankenpflegeperson, ein »master degree« setzt dagegen eine Pflegefortbildung voraus. Auch für Deutschland sind im Rahmen der europäischen Bemühungen nun Pflegestudiengänge mit dem Abschluss eines »Bachelor of Science« möglich.

20.5.3 Zukunftsvisionen im deutschen System der Pflegeausbildung

Ausgehend von der derzeitigen Ausbildungssituation mit einer kurzen beruflichen Verweildauer im erlernten Beruf, aber auch mit spezifischen Anforderungen an alle im Gesundheitswesen tätigen Pflegepersonen, ist es notwendig, eine Veränderung der qualitativen und quantitativen Anforderungsprofile zu fördern. Mehr als 1 Million Pflegefachkräfte sind in pflegerischen Arbeitsfeldern tätig, etwa 10 v. H. befinden sich dabei in der Ausbildung. Als Kosten werden pro Ausbildungsplatz in der dreijährigen Pflegeausbildung pro Ausbildungsjahr etwa 15.000 Euro veranschlagt. Betrachtet man Anforderungsprofile und die Verweildauer im Beruf, so wird schnell offensichtlich, dass hier Veränderungen notwendig werden. Gründe für ein neues Anforderungsprofil an Pflegeberufe sind u. a.:
— Eine verkürzte Verweildauer von Patienten mit immer schwerwiegenderen Krankheitsbildern,
— der Anstieg alter und hochbetagter Menschen im Krankenhaus,
— der Anstieg an unfallverletzten Menschen sowie
— der Anstieg von auf technische Hilfe angewiesenen Menschen.

Diese Faktoren führen zu einem komplexeren Aufgabenbereich für Pflegende, die entsprechende Kompetenzen verlangen. Hierzu gehören insbesondere Kompetenzen wie
— pflegerisch kurative Kompetenzen,
— pflegerisch begleitende Kompetenzen,
— anleitend beratende Kompetenzen,
— präventive und rehabilitative Kompetenzen,
— arbeitsorganisatorische Kompetenzen,
— kommunikative und kooperative Kompetenzen.

Diesen Anforderungen kann nur durch eine entsprechend veränderte Ausbildung entgegengewirkt werden. Die Ausbildung muss sich an den zu erwartenden Bedingungen im Gesundheitswesen ebenso orientieren wie an didaktischen Erkenntnissen in der Erwachsenenbildung. Es gehört eine Zuordnung zum schulischen Bildungswesen ebenso dazu wie eine eigenständige Berufsausübung neben dem medizinischen Dienst.

Zumindest wird das neue Krankenpflegegesetz 2003 einem Teil der vorgenannten Anforderungen gerecht (▶ 10.11.3, 21.1 ff).

21 Rechtsgrundlagen der Berufsausbildung

21.1 Gesetz über die Berufe in der Krankenpflege 1985/2003 – 342
21.1.1 Ausbildungs- und Prüfungsverordnung für die Berufe der Krankenpflege – 354
21.1.2 Kosten und Finanzierung – 364
21.1.3 Weiterentwicklung der Ausbildungssysteme – 365

21.2 Gesetz über die Berufe in der Altenpflege – 365
21.2.1 Ausbildungs- und Prüfungsverordnung für den Beruf der Altenpflegerin und des Altenpflegers – 369

21.3 Gesetz über den Beruf der Hebamme und des Entbindungspflegers – 372
21.3.1 Ausbildungs- und Prüfungsverordnung für Hebammen und Entbindungspfleger – 376

21.4 Gesetz über technische Assistenten in der Medizin – 378
21.4.1 Ausbildungs- und Prüfungsverordnung für technische Assistenten in der Medizin – 381

21.5 Gesetz über den Beruf des pharmazeutisch-technischen Assistenten – 386
21.5.1 Ausbildungs- und Prüfungsverordnung für pharmazeutisch-technische Assistenten – 386

21.6 Gesetz über den Beruf der Diätassistentin und des Diätassistenten – 388
21.6.1 Ausbildungs- und Prüfungsverordnung für Diätassistenten – 389

21.7 Gesetz über den Beruf der Rettungsassistentin und des Rettungsassistenten – 391
21.7.1 Ausbildungs- und Prüfungsverordnung für Rettungsassistenten – 392

21.8 Gesetz über den Beruf der Orthoptistin und des Orthoptisten – 393
21.8.1 Ausbildungs- und Prüfungsverordnung für Orthoptisten – 394

21.9 Gesetz über den Beruf der Ergotherapeutin und des Ergotherapeuten – 395
21.9.1 Ausbildungs- und Prüfungsverordnung für Ergotherapeutinnen und Ergotherapeuten – 395

21.10 Gesetz über die Berufe in der Physiotherapie – 398
21.10.1 Ausbildungs- und Prüfungsverordnung für Masseure und medizinische Bademeister – 399
21.10.2 Ausbildungs- und Prüfungsverordnung für Physiotherapeuten – 402

21.11 Gesetz über den Beruf des Logopäden und der Logopädin – 404
21.11.1 Ausbildungs- und Prüfungsordnung für Logopäden – 404

21.12 Weitere Berufe im Gesundheitswesen – 406

Überprüfen Sie Ihr Wissen – 406, 407

Die Aus- und Fortbildung, Umschulung in Betrieben der Wirtschaft sowie vergleichbaren Einrichtungen außerhalb der Wirtschaft, insbesondere des öffentlichen Dienstes, der Angehörigen freier Berufe und der privaten Haushalte unterliegt in der Regel den Vorschriften des Berufsbildungsgesetzes (BBiG, ▶ 12.4.2). Ausnahmen sieht das Gesetz u. a. für die »Heil- und Heilhilfsberufe« vor (§ 107 BBiG). Früher wurden die für dieses Berufsfeld geltenden arbeitsrechtlichen Sondervorschriften in Folge der Rechtsprechung durch das Berufsbildungsgesetz ergänzt, beispielsweise in der damals strittigen Frage nach dem Ende der Ausbildungszeit einer Krankenschwester (Gemeinsamer Senat der Oberen Gerichtshöfe, GmSOGB, NJW 1983, 2070).

> Zwischenzeitlich haben sich in den Berufen des Gesundheitswesens – nicht zuletzt in Folge europäischer Harmonisierungsbestrebungen – eigenständige Bildungssysteme herausgebildet, die aus praktischen Gründen nicht in das Berufsbildungsgesetz integriert wurden.

Vielmehr sehen eine Vielzahl von Ausbildungsregelungen in den Gesundheits-(fach-)berufen ausdrücklich den Ausschluss der Anwendung des Berufsbildungsgesetzes vor.

Darüber hinaus unterscheiden sich die Ausbildungssysteme im Gesundheitswesen von den Ausbildungen nach dem Berufsbildungsgesetz in Teilbereichen dadurch, dass die Ausübung der Tätigkeit der Führung einer bestimmten Berufsbezeichnung bedarf.

> Die Führung der Berufsbezeichnung, etwa die der (Kinder-)Krankenschwester (zukünftig: Gesundheits- und (Kinder-)Krankenpfleger), des Altenpflegers, der Hebamme oder des Entbindungspflegers und weiterer Fachberufe im Gesundheitswesen, wird von der Absolvierung bestimmter Ausbildungslehrgänge und dem Bestehen einer Prüfung vor staatlichen Prüfungsausschüssen einschließlich der Erlaubniserteilung abhängig gemacht.

Die Berufsbezeichnung ist damit gesetzlich geschützt. Ihre rechtsmissbräuchliche Verwendung kann als **Ordnungswidrigkeit** mit einer Geldbuße bestraft werden.

Im Folgenden sollen die im Gesundheitswesen bestehenden **bundesgesetzlichen Ausbildungssysteme für Fachberufe im Gesundheitswesen** (Tabelle 21.1) schwerpunktmäßig dargestellt werden.

21.1 Gesetz über die Berufe in der Krankenpflege 1985/2003

Rechtsgrundlage der Ausbildung in der Krankenpflege ist bis zum Inkrafttreten des neuen Krankenpflegegesetzes (01.01.2004) noch das Gesetz über die Berufe in der Krankenpflege (Krankenpflegegesetz – KrPflG – vom 04.06.1985 mit späteren Änderungen) sowie die entsprechende Ausbildungs- und Prüfungsverordnung (KrPflAPrV) vom 16.10.1985.

Ausbildungen, die noch im Jahre 2003 begonnen werden, richten sich für die Zeit der Ausbildung nach dem Krankenpflegegesetz 1985.

Neuregelungen der Krankenpflegeausbildung

> Zum 01.01.2004 wird die Ausbildung in den Berufen der Krankenpflege auf eine neue gesetzliche Grundlage gestellt.

Hierzu legte die Bundesregierung im Jahre 2002 den Entwurf eines Gesetzes über die Berufe in der Krankenpflege ((E) KrPflG) vor, der nach Beschlussfassung im Bundestag am 10.04.2003, Beratung und Zustimmung im Bundesrat am 23.05.2003 und anschließender Verkündung im Bundesgesetzblatt am 16.07.2003 wie geplant in Kraft treten kann.

> Nach der amtlichen Begründung (BT-Drucksache 15/13 vom 25.10.02) ist vor dem Hintergrund veränderter Rahmenbedingungen in der Pflege zur Sicherstellung der pflegerischen Versorgung eine Neuorientierung der Pflegeausbildung erforderlich.

Anlass und Zielsetzung der Neuregelung

Die Neuregelung soll den zum Teil erheblichen Veränderungen
- der sozialrechtlichen, insbesondere den pflegeversicherungsgesetzlichen Vorschriften,
- der Entwicklung der Pflegewissenschaften sowie
- den gesellschaftlichen, vor allem demographischen Veränderungen

Rechnung tragen.

> Die Pflegeausbildung wird zukünftig neben dem kurativen Aspekt vermehrt präventive, gesundheitsfördernde, rehabilitative und palliative Elemente berücksichtigen, da entsprechende Maßnahmen für die Wiedererlangung, die Verbesserung, die Förderung und die Erhaltung der

Tabelle 21.1. Ausbildungen in den Gesundheitsfachberufen durch Bundesgesetz

Gesetz	Berufsbezeichnung
Krankenpflegegesetz (1985)*	(Kinder-)Krankenschwester (Kinder-)Krankenpfleger (Kinder-)Krankenpflegehelfer/in
Krankenpflegegesetz (2003)*	Gesundheits- und Krankenpfleger/in Gesundheits- und Kinderkrankenpfleger/in
Altenpflegegesetz (2000)*	Altenpfleger/in
Hebammengesetz (1985)*	Hebamme/Entbindungspfleger
Rettungsassistentengesetz (1989)*	Rettungsassistent/in
MTA-Gesetz (1993)*	medizinisch-technische(r) Laboratoriumsassistent/in medizinisch-technische(r) Radiologieassistent/in medizinisch-technische(r) Assistent/in für Funktionsdiagnostik veterinärmedizinisch-technische(r) Assistent/in
PTA Gesetz (1997)*	Pharmazeutisch-technische(r) Assistent/in
Diätassistentengesetz (1994)*	Diätassistent/in
Orthoptistengesetz (1989)*	Orthoptist/in
Ergotherapeutengesetz (1976)*	Ergotherapeut/in
Masseur- und Physiotherapeutengesetz (1999)*	Masseur und medizinische(r) Bademeister/in
Logopädengesetz (1980)*	Logopäde/in
Podologengesetz (2001)*	Podologe/in
* mit späteren Änderungen	Das zukünftig im Text gewählte Geschlecht gilt auch für das Gegengeschlecht

Gesundheit der zu pflegenden Menschen auch sozialrechtlich vermehrt in den Vordergrund getreten sind.

In diesem Zusammenhang weist die Gesetzesbegründung ausdrücklich auf die **Kooperation** der Berufe in der **Krankenpflege** einerseits und der **Altenpflege** andererseits hin.

Allerdings wird es ab dem 01.01.2004 für die allgemeine Krankenpflege und die Kinderkrankenpflege bei **zwei Berufsbildern** mit unterschiedlichen Berufsbezeichnungen bleiben. Als Folge der Entscheidung des Bundesverfassungsgerichts zum Altenpflegegesetz entfällt zukünftig eine bundeseinheitliche Regelung zur Ausbildung in den Berufen der (Kinder-)Krankenpflegehilfe. Aus Gründen der Gesetzgebungskompetenz wird dieser Ausbildungsbereich den Bundesländern zur landesrechtlichen Regelung überantwortet (► 6.1.6, 21.2). Der langfristigen Zielsetzung, die Ausbildung in den Pflegeberufen auf eine gemeinsame Grundlage zu stellen und durch das Schaffen gleicher Voraussetzungen und Rahmenbedingungen für alle Pflegeberufe weiter zu entwickeln, dienen zwei gesetzgeberische Maßnahmen.

— Zum einen beinhaltet die Ausbildung entsprechend den dazu in der Ausbildungs- und Prüfungsverordnung erfolgenden Regelungen jeweils einen gemeinsamen Teil mit einer **Differenzierungsphase** im Unterricht und in der praktischen Ausbildung, die nicht mehr nur in Krankenhäusern, sondern auch in geeigneten ambulanten oder stationären Pflege- oder Reha-Einrichtungen stattfindet.

- Zum anderen wird durch die in das Gesetz übernommene **Modellklausel** (§ 5 Abs. 3 KrPflG, 1985, entspricht § 4 Abs. 6 KrPflG 2003) den Ländern ermöglicht, gemeinsame Ausbildungsstrukturen in der Altenpflege- und (Kinder-)Krankenpflegeausbildung zu erproben.

Instrumente zur Zielsetzung

Neben der Einführung einer Differenzierungsphase in der Ausbildung und der Ermöglichung von Modellversuchen auf Länderebene wird den neuen Berufsanforderungen in der Pflege sowie der Verbesserung der Qualität der Ausbildung insbesondere durch folgende Regelungen Rechnung getragen:

- **Neue Berufsbezeichnungen**
  Entsprechend dem neuen Ansatz in der Pflege, wonach im Zusammenhang mit der kurativen Pflege auch Maßnahmen der Gesundheitsförderung, der Prävention und der Rehabilitation erbracht werden, kommt dies auch sprachlich durch **neue Berufsbezeichnungen** zum Ausdruck (§ 1 KrPflG 2003): **Gesundheits- und Krankenpfleger(in)** und **Gesundheits- und Kinderkrankenpfleger(in)**.
  Sie entsprechen den im deutschsprachigen Raum, in Österreich und der Schweiz verwendeten Begriffen. Für die Weitergeltung der Erlaubnis zur Führung der Berufsbezeichnungen nach den noch geltenden Rechtsvorschriften sind Übergangsbestimmungen vorgesehen (§ 24 KrPflG 2003).
- **Neuformulierung des Ausbildungsziels**
  Den Berufsbezeichnungen entsprechend werden die Ausbildungsziele neu formuliert. Sie beziehen sich auf eigenverantwortliche, mitwirkende und interdisziplinäre Aufgabenbereiche.
- **Gesamtverantwortung der Schule**
  Ausdrücklich wird den Schulen die Gesamtverantwortung für die Ausbildung – den theoretischen wie praktischen Teil – überantwortet.
- **Praxisanleitung und Praxisbegleitung**
  Durch Praxisbegleitung und Praxisanleitung werden die Schulen verpflichtet, die praktische Ausbildung zu unterstützen. Dadurch findet eine Vernetzung von theoretischer und praktischer Ausbildung statt.

Grundzüge der Ausbildung in den Berufen der Krankenpflege

Nachfolgend werden die Grundzüge der Ausbildung nach dem Krankenpflegegesetz 1985 einerseits und dem ab dem 01.01.2004 geltenden Krankenpflegegesetz (2003) andererseits im Vergleich dargestellt.

Zugang zur Ausbildung (§§ 6, 10 Abs. 3 KrPflG 1985)

Wie seine Vorgänger sieht das Krankenpflegegesetz von 1985 ein **Mindestalter** von 17 Jahren für den Zugang zu den Ausbildungen in den Krankenpflegeberufen vor (§ 6).

Die **gesundheitliche Eignung** zur Berufsausbildung ist ebenso erforderlich. Neben Mindestalter und gesundheitlicher Eignung tritt als Zugangsvoraussetzung für die (Kinder-)Krankenpflegeberufe eine **abgeschlossene Schulausbildung**. Diese kann alternativ in einem Realschulabschluss oder einer gleichwertigen Schulbildung bestehen (etwa 10. Schuljahr Gymnasium). Dem Realschulabschluss ist eine andere abgeschlossene zehnjährige Schulbildung gleichgestellt.

Ein Hauptschulabschluss oder eine gleichwertige Schulbildung genügt den schulischen Zulassungsvoraussetzungen ebenfalls, wenn entweder der erfolgreiche Besuch einer zweijährigen Pflegevorschule oder der erfolgreiche Abschluss einer mindestens zweijährigen Berufsausbildung nachgewiesen werden kann.

Die vorstehenden schulischen Zulassungserfordernisse können eine Erlaubnis zur Ausbildung als Krankenpflegehelfer(in) ersetzen. Zwar setzt die Zulassung für diese Ausbildung in aller Regel auch einen Hauptschulabschluss oder eine gleichwertige Schulbildung oder eine abgeschlossene Berufsausbildung voraus, jedoch kann die zuständige Behörde hiervon Ausnahmen zulassen (§ 10 Abs. 3 Ziff. 2).

▪▪▪ Neue Gesetzeslage (§ 5 KrPflG 2003

> Im Gegensatz zum Krankenpflegegesetz 1985 verzichtet das neue Gesetzes auf die Feststellung eines Mindestalters des Bewerbers als Zulassungsvoraussetzung zur Ausbildung.

Begründet wird dies mit der Gesamtverantwortung der Schule für die Koordinierung der Ausbildung, die bei der Auswahl der Einrichtungen für die Durchführung der praktischen Ausbildung neben dem fachlich bezogenen Ausbildungsstand auch das Alter der Bewerber zu berücksichtigen habe. Dadurch sei sichergestellt, dass psychische Belastungen der Schüler, insbesondere zu Beginn der Ausbildung, möglichst vermieden werden.

Zugangsvoraussetzungen

- Realschulabschluss oder eine andere gleichwertige, abgeschlossene Schulbildung oder
- Hauptschulabschluss oder
- eine dem Hauptschulabschluss gleichwertige Schulbildung mit nachfolgender erfolgreich abgeschlossener zweijähriger Ausbildung oder mit einer Erlaubnis als Krankenpflegehelfer/in oder einer erfolgreich abgeschlossenen Ausbildung von mindestens einjähriger Dauer in der Kranken- oder Altenpflegehilfe nach Landesrecht.

Im Übrigen darf die Bewerberin zur Ausbildung des Berufes nicht in gesundheitlicher Sicht ungeeignet sein.

Ausbildungsziel (§ 4 KrPflG 1985)

Im Gegensatz zum Vorgänger des Krankenpflegesetzes aus dem Jahre 19985 formuliert das Gesetz erstmalig sowohl für (Kinder-)Krankenschwestern und -pfleger als auch für Krankenpflegehelfer(innen) sog. Ausbildungsziele. Ein nicht abschließender Katalog listet besondere Ausbildungsinhalte auf.

(Tätigkeitsinhalte fanden sich schon in der zweiten Verordnung über die berufsmäßige Ausübung der Krankenpflege und die Errichtung von Krankenpflegeschulen vom 28.09.1938 sowie der Säuglings- und Kinderpflegeverordnung vom 25.10. 1967. Hinzuweisen ist in diesem Zusammenhang ebenfalls auf die Pflegepersonalregelung und Personalbedarfsverordnung Psychiatrie. Schließlich sind die Tätigkeitskataloge zu erwähnen, die von den Berufsverbänden erstellt wurden, etwa für die Pflege in der Psychiatrie, im Operationsdienst etc.).

> Für das (Kinder-)Krankenpflegepersonal besteht das Ausbildungsziel in der Erlangung von Kenntnissen, Fähigkeiten und Fertigkeiten zur verantwortlichen Mitwirkung bei der Verhütung, Erkennung und Heilung von Krankheiten.
> Für das Krankenpflegehelferpersonal ist als Ausbildungsziel die Erlangung von Kenntnissen, Fähigkeiten und Fertigkeiten für die Versorgung der Kranken sowie die damit verbundenen hauswirtschaftlichen und sonstigen Assistenzaufgaben in Stations-, Funktions- und sonstigen Bereichen des Gesundheitswesens genannt.

Insbesondere die beispielhaft aufgeführten Ausbildungsinhalte (§ 4 Abs. 1 Ziff. 1–6 KrPflG 1985), hier v. a. die Aussage, die Ausbildung solle v. a. gerichtet sein »auf die gewissenhafte Vorbereitung, Assistenz und Nachbereitung bei Maßnahmen der Diagnostik und Therapie« (§ 4 Abs. 1 Ziff. 2 KrPflG 1985), führt zur Frage, ob hiermit eine Aussage zur **Abgrenzung zwischen pflegerischer und ärztlicher Tätigkeit** getroffen wurde. Diese Bedeutung ist der Formulierung des Ausbildungsziels sowie der Ausbildungsinhalte jedoch nicht zu Grunde zu legen. Es fällt auf, dass neben der Vorbereitung, Assistenz und Nachbereitung die Durchführung von Maßnahmen der Diagnostik und Therapie nicht genannt ist. Demnach ist bzw. bleibt beispielsweise die Therapiemaßnahme als solche ausschließlich dem Arzt zugeordnet. Andererseits ist die Mitwirkung bei der Heilung von Kranken als Ausbildungsziel genannt. Daraus kann geschlossen werden, dass Einzelmaßnahmen, auch wenn sie in den eigentlichen Aufgabenbereich des Arztes fallen, durch diesen delegiert werden können, selbst wenn es sich nicht um eine Vorbereitungs-, Assistenz- oder Nachbereitungsmaßnahme handelt. In welchem Umfang allerdings derartige **Delegationen** möglich sind, ist dem Krankenpflegegesetz jedenfalls nicht zu entnehmen. Diese Problematik bleibt bestehen, wobei sich Lösungsmöglichkeiten nach dem **Prinzip der Komplikationsschwere** durchaus anbieten (▶ 10.11).

Dies dürfte auch für die Übertragung von Injektionen auf das Pflegepersonal zutreffen. Erstmals nämlich sind in einer Ausbildungs- und Prüfungsverordnung für die Berufe in der Krankenpflege im Rahmen der praktischen Ausbildung unter dem Stichwort »Pflegetechniken« die Injektionen genannt (Anlage I § 1 Abs. 1 Ziff. 8.7.3 KrPflAPrV 1985).

Nicht genannt ist dagegen die Blutentnahme. Daraus ist zu schließen, dass eine entsprechend praktische Unterweisung nicht erfolgen muss und damit eine Delegationsmöglichkeit durch den Arzt auf die Pflegeperson entfällt.

■■■ Neue Gesetzeslage (§ 3 KrPflG 2003)

> Die Novellierung des Krankenpflegegesetzes formuliert das Ausbildungsziel neu.

Die Definition des Ausbildungsziels für Gesundheits- und Krankenpflegepersonen bzw. Gesundheits- und Kinderkrankenpflegepersonen berücksichtigt die einschlägigen europäischen Vorgaben ebenso wie Empfehlungen der WHO.

Ausführlich werden hier diejenigen Aufgaben beschrieben, die die Krankenpflegeberufe kennzeichnen und in denen während der Ausbildung die erforderlichen Kompetenzen zu entwickeln und zu erreichen sind. Betont wird dabei der **ganzheitliche Ansatz** der **kurativen** Pflege unter Einbeziehung von **Prävention** und **Gesundheitsförderung.**

Neben dem allgemein umrissenen Ausbildungsziel soll die Ausbildung im Besonderen darin befähigen (§ 3 Abs. 2 KrPflG 2003)
— bestimmte – vorzugsweise verwaltungsmäßige – Aufgaben **eigenverantwortlich** auszuführen,
— bestimmte – vorzugsweise ärztlich veranlasste Maßnahmen – **im Rahmen der Mitwirkung eigenständig** durchzuführen und
— **interdisziplinär** mit anderen Berufsgruppen zusammen zu arbeiten.

Zu den **eigenverantwortlichen Aufgaben** als Ausbildungsziel – und damit auch als spätere **eigenverantwortliche Tätigkeit** im Berufsleben – zählen
— Erhebung und Feststellung des Pflegebedarfs, Planung, Organisation, Durchführung und Dokumentation der Pflege,
— Evaluation der Pflege, Sicherung und Entwicklung der Pflegequalität,
— Beratung, Anleitung und Unterstützung von zu pflegenden Menschen und ihrer Bezugspersonen in der individuellen Auseinandersetzung mit Gesundheit und Krankheit,
— Einleitung lebenserhaltender Sofortmaßnahmen bis zum Eintreffen der Ärztin oder des Arztes.

Zu den **mitwirkenden Aufgaben** gehören
— Eigenständige Durchführung ärztlich veranlasster Maßnahmen,
— Maßnahmen der medizinischen Diagnostik, Therapie oder Rehabilitation,
— Maßnahmen in Krisen- und Katastrophensituationen.

Die **interdisziplinäre Zusammenarbeit** mit anderen Berufsgruppen – etwa im Bereich der ambulanten Pflegeeinrichtungen wie überhaupt im integrierten Versorgungssystem auch mit Hausärzten, mit (Alten-)Pflegeheimen und anderen Einrichtungen des Gesundheitswesens – zielt auf die Entwicklung berufsübergreifender Lösungen von Gesundheitsproblemen ab.

> Entsprechend den gesetzlichen Ausbildungszielen erstreckt sich die professionelle Pflege in unterschiedlichen Versorgungsgebieten auf eigenverantwortliche, mitwirkende und interdisziplinäre Aufgabenbereiche.

Entgegen der Forderungen einzelner Krankenpflegeverbände enthalten die Aufgabenbeschreibungen im Ausbildungsziel **keine Definition von Vorbehaltsaufgaben** für die professionelle Pflege und auch keine rechtliche Bewertung von Verantwortlichkeitsbereichen der beteiligten Berufsgruppen. Die amtliche Begründung verweist in diesem Zusammenhang auf die fehlende Gesetzgebungskompetenz des Bundes und macht deutlich, dass – wie in anderen Berufszulassungsgesetzen – **staatlich geschützt** nur die im Gesetz genannten **Berufsbezeichnungen** sind und nicht die Ausübungen einzelner krankenpflegerischer Tätigkeiten (▶ 10.11.3, 21.).

Aus verfassungsrechtlichen Erwägungen folgt der Gesetzesentwurf nicht den Beispielen von Österreich und Frankreich, die die Tätigkeiten des Pflegepersonals als vorbehaltene Aufgaben gesetzlich ausgestaltet haben.

Ausbildungsstätte (§§ 5, 10 KrPflG 1985)

Die Ausbildung zu den Berufen in der Krankenpflege erfolgt an staatlich anerkannten **Krankenpflege- und Kinderkrankenpflegeschulen** (§ 5 KrPflG 1985) bzw. an staatlich anerkannten Schulen für die Krankenpflegehilfe (§ 10 KrPflG 1985).

In den (Kinder-)Krankenpflegeschulen sind **Unterricht** und **praktische Ausbildung** zu vermitteln (§ 5 Abs. 1 Satz 3 KrPflG 1985).

Im Rahmen des Unterrichts differenziert der Gesetzgeber zwischen theoretischem und praktischem Unterricht (§ 5 Abs. 1 Satz 2 KrPflG 1985). Die Schule muss mit einem Krankenhaus verbunden sein, das die Durchführung der praktischen Ausbildung durch Krankenschwestern/-pfleger gewährleistet und darüber hinaus über bestimmte Abteilungen verfügt (§ 5 Abs. 2 Ziff. 4 a, b KrPflG 1985).

> Wenn der Gesetzgeber bestimmt, dass neben der theoretischen und praktischen Unterweisung auch die praktische Ausbildung an den Schulen zu vermitteln ist und erst bei den Voraussetzungen der Anerkennung einer Schule als für die Ausbildung geeignet auf die innerbetriebliche Organisation der praktischen Ausbildung eingeht, so bringt er damit zum Ausdruck, dass die Schule auch für die unmittelbar praktische Ausbildung auf Station erstverantwortlich ist.

Diese Feststellung wirkt sich u. a. auf den Umfang der **Sorgfalts-, Aufsichts-** und **Anleitungspflichten** der Schule aus und wirft damit zugleich Fragen der **Haftung** bei Nichtbeachtung dieser genannten Pflichten auf.

Stellung der Mentoren

Im Rahmen der praktischen Ausbildung werden vielfach sog. **Mentoren** eingesetzt. Diesen fällt die Aufgabe zu, anhand eines Ausbildungsrahmenplanes die Planung und Durchführung der praktischen Ausbildung für die ihnen zugeordneten Schüler zu übernehmen. Obwohl strukturell dem allgemeinen Pflegedienst zugeordnet, unterliegen sie den Weisungen der Krankenpflegeschule insoweit, als es sich um Fragen der Ausbildungstätigkeit handelt. Für die Anleitung und Begleitung der Schüler auf Station müssen sie partiell von ihrer pflegerischen Tätigkeit freigestellt werden. Neben der gezielten Anleitung und Begleitung kommt den Mentoren v. a. die Funktion der Ausbildungskontrolle und -überwachung im Rahmen der bei der Schule liegenden **Gesamtverantwortung** für die Ausbildung zu.

Stellung der Unterrichtsschwester

Bedeutsam für die Anerkennung als Ausbildungsstätte ist schließlich, dass in jedem Fall eine Unterrichtsschwester bzw. ein Unterrichtspfleger in der Schulleitung vertreten sein muss bzw. die Schule allein verantwortlich leiten kann (§ 5 Abs. 2 Ziff. 1 KrPflG 1985).

> Aus der gesetzlichen Regelung folgt, dass ein Krankenhausträger nicht berechtigt ist, der Pflegedienstleitung Weisungsbefugnis über die leitende Unterrichtsschwester der Krankenpflegeschule zu erteilen (ArbG Frankfurt, Urteil vom 16.01.1990, unveröffentlicht).

Dies gilt auch, wenn die Schulleitung einer Unterrichtsschwester **gemeinsam** mit einer leitenden Schwester obliegt. Das schließt denknotwendig aus, dass einer dem anderen übergeordnet wird. Zwar ist die Betriebsleitung der Schulleitung übergeordnet und weisungsbefugt. Insofern kann sie einem ihrer Mitglieder, etwa der Pflegedienstleitung, bestimmte Aufgaben übertragen, welche ihren Bereich berühren. Dabei ist sie jedoch nicht autonom, sondern an höherrangiges Recht gebunden. Sie hat zu beachten, dass mit der Delegation keine Kompetenzkumulation eintritt, die anderen Vorschriften, in diesem Fall § 5 Abs. 2 Nr. 1 KrPflG 1985, widerspricht.

Teile der praktischen Ausbildung können auch in einer anderen ausbildungsberechtigten Einrichtung durchgeführt werden, soweit das Ausbildungsziel dies zulässt (§ 5 Abs. 2 Satz 2 KrPflG 1985). Insoweit kommen insbesondere
- psychiatrische Einrichtungen,
- Kinderkrankenhäuser,
- Sozialstationen oder
- Altenpflegeeinrichtungen in Frage.

> Verantwortlich für die Gesamtausbildung bleibt dem Schüler gegenüber stets der Träger der entsendenden Schule als Ausbildender.

Die Verantwortung im Innenverhältnis trägt gegenüber der entsendenden Schule die empfangende Schule oder Einrichtung für den Teil der Ausbildung, der bei ihr absolviert wird.

Problematisch ist die Einordnung der (Kinder-)Krankenpflegeschulen und Schulen für Krankenpflegehilfe in das **Schulrecht der Länder**. Aus verfassungsrechtlichen Erwägungen wird gefolgert, dass sich die Regelungskompetenz des Bundes aus Art. 74 Nr. 12 GG nur auf die praktische Ausbildung gemäß §§ 12 ff KrPflG 1985, nicht aber auf den schulrechtlichen Teil des § 5 Abs. 1 Satz 2 KrPflG 1985 erstrecke, der dem hierfür allein kompetenten Landesgesetzgeber offen zu stehen hätte (BayVwGH, Urteil vom 08.04.1992; jetzt auch BVerfG, Az.: 2 BvF 1/61)). So sind die (Kinder-)Krankenpflegeschulen in einigen Bundesländern, z. B. in Bayern, als Berufsfachschulen besonderer Art anerkannt.

▪▪▪ Neue Gesetzeslage (§ 4 KrPflG 2003)

> Die Ausbildung in den Pflegeberufen bleibt eine Ausbildung, die auf theoretischem und praktischem Unterricht einerseits und praktischer Ausbildung andererseits basiert, jedoch – wie bisher – eine Ausbildung »eigener Art«, d. h. keine Ausbildung nach dem Berufsbildungsgesetz ist.

Der **praktische Ausbildungsteil** – bislang weitgehend an Krankenhäusern vermittelt – kann zukünftig auch in weiteren geeigneten Einrichtungen, insbesondere in ambulanten oder stationären Pflegeeinrichtungen oder Rehabilitationseinrichtungen durchgeführt werden. Mit dieser Regelung entspricht das neue Krankenpflegegesetz dem gesundheitspolitischen Leitsatz »**ambulant vor stationär**« und berücksichtigt, dass die professionelle Pflege zunehmend außerhalb des Krankenhauses erbracht wird. Im Übrigen wird mit der neuen Ausbildungsstruktur der Forderung nach einer besseren Vernetzung der Versorgungsbereiche Rechnung getragen.

Der **theoretische** und **praktische Unterricht** erfolgt an staatlich anerkannten Schulen an Krankenhäusern.

> Neu ist die Möglichkeit, dass auch Verbundschulen und Schulzentren, die organisatorisch und räumlich nicht unmittelbar »an Krankenhäusern« angesiedelt sind, die Voraussetzungen für eine staatliche Anerkennung erfüllen.

Gesamtverantwortung der Schule
Die nach dem Krankenpflegegesetz 1985 bislang zum Teil bezweifelte Gesamtverantwortung der Krankenpflegeschule für die Ausbildung wird nunmehr gesetzlich geklärt.

> Den Schulen wird ausdrücklich die Gesamtverantwortung für die Organisation und Koordination des theoretischen und praktischen Unterrichts sowie der praktischen Ausbildung übertragen (§ 4 Abs. 5 KrPflG 2003).

Die Festschreibung der Gesamtverantwortung der Schule für die Ausbildung ist nicht nur formal-rechtlich bedeutsam. Sie ist vielmehr inhaltlich auch für Folgen von Pflichtverletzungen innerhalb des Ausbildungsverhältnisses entscheidend.

Die Schulleitung ist dem Träger der Ausbildung gegenüber für die Organisation der Schule insgesamt verantwortlich. Dem Schüler gegenüber besteht die Verantwortung in der Pflicht zur umfassenden Ausbildung. Hierzu zählt z. B. die Umsetzung der Ausbildungs- und Prüfungsverordnung in Verantwortung gegenüber dem Träger der Ausbildung (in der Regel dem Krankenhausträger) wie aber auch den Schülern gegenüber.

Zu berücksichtigen ist vor allem die planmäßige, zeitliche und sachliche Gliederung der gesetzlich vorgegebenen Ausbildungsinhalte, beispielsweise durch die Aufstellung eines Lehrplanes sowie für den praktischen Einsatz. Die Schule, namentlich die Schulleitung, trägt die Überwachung der Ausbildung und ist verantwortlich für den ordnungsgemäßen Prüfungsablauf. Insoweit obliegt der Schule auch ein eigenes **Weisungsrecht** gegenüber den Schülern sowie den Praxisanleitern.

Haftung des Ausbildungsträgers
Der für die Ausbildung verantwortliche Träger muss die rechtlichen Folgen sowohl von Fehlleistungen seiner Mitarbeiter in der Schule als auch von den Schülern tragen. Bildet z. B. der für die Ausbildung Verantwortliche (Schule) nicht umfassend aus und erleidet der Schüler hierdurch einen Schaden, indem etwa die Abschlussprüfung nicht bestanden wird, so kann der für die Ausbildung verantwortliche Träger schadensersatzpflichtig gemacht werden. Beweispflichtig für eine ordnungsgemäße Ausbildung ist stets der Träger der Ausbildung.

Die Haftung des Ausbildungsträgers kann auch dann begründet sein, wenn er einen Dritten (z. B. die Schule) mit der Durchführung der Ausbildung beauftragt und dieser Dritte dem Schüler schuldhaft einen Schaden zufügt.

> Es ist also notwendig, die Ausbildung nicht nur ordnungsgemäß durchzuführen, sondern auch beweiskräftig zu dokumentieren.

Auch gegenüber Dritten (z. B. Patienten) kann sich eine Schadensersatzpflicht des Ausbildungsträgers daraus ergeben, dass er seine Pflicht zur Beaufsichtigung verletzt. Die **Aufsichtspflicht** ist **der Schule** im Rahmen ihrer Gesamtverantwortung übertragen. Sie beschränkt sich auf den Bereich der Ausbildungsstätte und der Ausbildungszeit, soweit nicht der Schüler auf Anordnung weisungsberechtigter Personen darüber hinaus tätig geworden ist. Ferner kann eine Schadensersatzpflicht entstehen, wenn der Schüler in Erfüllung einer vertraglichen Verpflichtung des Ausbildungsträgers einem Dritten (z. B. Patienten) gegenüber eingesetzt wird und diesem einen Schaden zufügt. Schließlich kann Patienten gegenüber eine Haftungspflicht des Ausbildungsträgers auch entstehen, wenn er den Schüler zu einer Verrichtung bestellt und dieser in Ausführung der Verrichtung einem Dritten (hier Patienten) widerrechtlich Schaden zufügt, z. B. bei nicht sachgerechter Verabreichung einer Injektion im dritten Ausbildungsjahr (▶ 10.11). Hier spielt das Schulrecht der Länder keine Rolle.

Im Rahmen der Gesamtverantwortung der Schule wird gleichzeitig verbindlich festgeschrieben, dass die praktische Ausbildung von den Schulen durch **Praxisbegleitung** und **Praxisanleitung** zu unterstützen ist. Einzelheiten hierzu regeln die neuen Vorschriften der Ausbildungs- und Prüfungsverordnung (▶ 21.1.1).

Die gesetzlich verdeutlichte Vernetzung der schulischen und praktischen Ausbildung soll zur Verringerung bisher bestehender zum Teil erheblicher Unterschiede zwischen dem Unterricht in der Schule und der Ausbildung in den Einrichtungen und somit zu einer wesentlichen Verbesserung der Qualität der Ausbildung beitragen.

> Die staatliche Anerkennung einer Schule wird von der Erfüllung bestimmter gesetzlicher Mindestanforderungen abhängig gemacht.

Dazu zählt u. a. die **Hochschulqualifikation** für die Schulleitungen und die Lehrkräfte. Im Gegensatz zu der nach geltendem Recht erforderlichen Weiterbildung ist damit nicht nur eine fachliche Qualifikation gesichert, vielmehr wird hierdurch die besonders für die Lehrkräfte erforderliche **pädagogische Qualifikation** erheblich gesteigert. Auch dies trägt zu einer Verbesserung der Ausbildungsqualifikation bei.

Dem gleichen Ziel dient im Übrigen ebenso der Nachweis einer im Verhältnis zur Zahl der Ausbildungsplätze ausreichende Zahl der entsprechenden

Lehrkräfte für den theoretischen und praktischen Unterricht.

Einen Bestandsschutz für nach geltendem Recht anerkannte Schulen sowie für Schulleitungen und Lehrkräfte regelt § 24 KrPflG 2003.

Angesichts der grundgesetzlichen **Länderhoheit im Schulwesen** verdeutlicht das Krankenpflegegesetz 2003, dass durch Landesrecht sowohl über die Mindestanforderungen hinausgehende Anforderungen, z. B. durch **Schulrecht**, als auch das Nähere zu diesen Mindestanforderungen bestimmt werden kann. Im Hinblick auf die Hochschulqualifikation für die Schulleitungen und Lehrkräfte werden die Länder zudem ermächtigt, durch Rechtsverordnung Regelungen zur Beschränkung der Hochschulausbildung auf bestimmte Hochschularten, z. B. Fachhochschulen oder Universität, und bestimmte Studiengänge zu treffen.

Im Übrigen sieht – wie schon das Gesetz 1985 – auch das Krankenpflegegesetz 2003 eine **Modellklausel** vor (§ 4 Abs. 6 KrPflG 2003), die den Ländern ermöglicht, gemeinsame Ausbildungsstrukturen in der Altenpflege-, Kinderkrankenpflege- und Krankenpflegeausbildung zu erproben.

Ausbildungsdauer (§ 5 Abs. 1 Satz 2, § 10 Abs. 1 Satz 1 KrPflG 1985)

Die Ausbildung dauert – unabhängig vom Zeitpunkt der Prüfung – drei Jahre bzw. bei Krankenpflegehelferinnen ein Jahr.

Mit dieser Regelung wollte der Gesetzgeber die nach alter Rechtslage bestehende Rechtsunsicherheit ausräumen.

Dennoch bleiben verfassungsrechtliche Bedenken, die sich aus dem Grundsatz der Gleichbehandlung (Art. 3 GG) in Ansehung des § 14 Abs. 2 BBiG ergeben, wonach für auszubildende Jugendliche in der privaten Wirtschaft die Ausbildung mit dem Zeitpunkt der erfolgreichen Prüfung abschließt. Sachlich gerechtfertigte Gründe sind für eine durch das Krankenpflegegesetz 1985 von § 14 Abs. 2 BBiG abweichende Regelung nicht ersichtlich. Wer eine Prüfung bestanden hat, erbringt damit den Nachweis der erfolgreichen Ausbildung. Eine Ausbildung oder zumindest die Beibehaltung des Schülerstatus über den Prüfungszeitraum hinaus, wie dies in der Konsequenz des Krankenpflegegesetzes liegt, ist auch denkgesetzlich ausgeschlossen.

Schließlich zwingt auch das europäische Recht nicht notwendig zu der im Krankenpflegegesetz 1985 vorgesehenen Ausbildungsdauer. Die EG-Richtlinie 77/453 EWG verlangt entweder eine nach Jahren bestimmte oder eine nach Mindeststunden (4.600) umrissene Ausbildungszeit, lässt also selbst eine Alternative zu. Die Mindeststundenzahl von 4.600 Stunden schreibt der Gesetzgeber in seiner Ermächtigungsgrundlage für die Ausbildungs- und Prüfungsverordnung vor. Damit ist den EG-Richtlinien Genüge getan, so dass auch unter dem Gesichtspunkt der Harmonisierung keine sachlichen Gründe für die jetzige Regelung der Ausbildungsdauer angeführt werden können.

▪▪▪ Neue Gesetzeslage (§ 4 Abs. 1, 14 Abs. 1 KrPflG 2003)

Zukünftig kann der Bewerber zwischen zwei Formen der Ausbildung wählen:
- Vollzeitform und
- Teilzeitform

In **Vollzeitform** dauert die Ausbildung unverändert **drei Jahre**, in **Teilzeitform** höchstens **fünf Jahre**.

In der Regel endet die Ausbildung mit dem Ablauf der Ausbildungszeit – unabhängig vom Zeitpunkt der Prüfung.

Allerdings hat sich der Gesetzgeber nunmehr entschlossen, ähnlich dem Berufsbildungsgesetz einen früheren Zeitpunkt einzuräumen.

> Zukünftig endet das Ausbildungsverhältnis mit erfolgreicher Ablegung der Prüfung, sofern die vorgeschriebenen 4.600 Ausbildungsstunden vollständig erbracht wurden.

Der Gesetzgeber begründet dies mit der angespannten Personal- und Ausbildungssituation im Bereich der Pflegefachkräfte und dem Interesse der Schüler an einem frühzeitigen Übergang in eine Fachkraftstelle.

Angemessener wäre es gewesen, auf die vorstehend aufgeführten verfassungs- und europarechtlichen Vorgaben abzustellen.

Eindeutig ist nach dem Gesetzeswortlaut, dass es für die vorzeitige Beendigung der Ausbildung keines ausdrücklichen Antrages der Schüler oder der Schule bedarf.

> Sind die vorgeschriebenen 4.600 Stunden bei erfolgreicher Prüfung absolviert, dann ist die Ausbildung von Gesetzes wegen abgeschlossen und die Erlaubnis zur Führung der Berufsbezeichnung zu erteilen.

Besteht der Schüler die staatliche Prüfung nicht oder kann er ohne eigenes Verschulden die Prüfung vor Ablauf der Ausbildungszeit nicht ablegen, so verlängert sich das Ausbildungsverhältnis auf schriftlichen Antrag bis zur nächstmöglichen Wiederholungsprüfung, höchstens jedoch um ein Jahr (§ 15 Abs. 2 KrPflG 2003).

Durch diese Regelung soll auch für diejenigen Schüler eine Verlängerung der Ausbildungszeit gesichert werden, die wegen Überschreitens der Fehlzeiten oder aus Leistungsgründen nicht zur staatlichen Prüfung zugelassen werden können.

Ausbildungsverkürzung (§§ 7, 8, 10 Abs. 4, 28 KrPflG 1985)

Eine Krankenschwester kann eine Verkürzung um 18 Monate bei der Ausbildung zur Kinderkrankenschwester beantragen (§ 7 Ziff. 1 KrPflG 1985); dies gilt auch umgekehrt. Entschließt sich eine Hebamme oder ein Entbindungspfleger zur Ausbildung als (Kinder-)Krankenschwester/-pfleger, so wird diese Ausbildung auf Antrag um zwölf Monate gekürzt (§ 7 Ziff. 2 KrPflG 1985).

Eine Verkürzung der Ausbildung einer Krankenpflegehelferin zur (Kinder-)Krankenschwester um sechs Monate kommt nur dann in Betracht, wenn die Antragstellerin mindestens ein Jahr Tätigkeit in ihrem Beruf nachweisen kann. Hat sie bereits 1 _ Jahre in ihrem Beruf gearbeitet, verkürzt sich die Ausbildung um zwölf Monate (§ 7 Ziff. 3 KrPflG 1985). Auf die Ausbildung zum (Kinder-)Krankenpfleger ist auch die Sanitätsausbildung bei der Bundeswehr (Bundesgrenzschutz, Polizei) um höchstens ein Jahr anrechenbar, vorausgesetzt, die entsprechenden Prüfungen wurden mit Erfolg abgelegt (§ 8 KrPflG 1985). Für die Ausbildung zum Krankenpfleger kann der vorstehend genannte Personenkreis eine Anrechnung bis zur vollen Ausbildungsdauer von einem Jahr beantragen (§ 10 Abs. 4 Satz 2 KrPflG 1985).

▪▪▪ Neue Gesetzeslage (§ 6 KrPflG 2003)

Auf Antrag kann die zuständige Behörde eine andere Ausbildung im Umfang ihrer **Gleichwertigkeit** bis zu zwei Drittel der Gesamtstunden der Ausbildung für Berufe in der Krankenpflege auf die Gesamtdauer der Ausbildung anrechnen.

Mit dieser Vorschrift wird der Behörde ein **Ermessensspielraum** eingeräumt, der – sachgemäß und rechtlich überprüfbar ausgeübt – die Anrechnung einer anderen Ausbildung ermöglicht. Dabei wird wegen der unterschiedlichen Ausbildungsmöglichkeiten in Voll- bzw. Teilzeitform auf Ausbildungsstunden und nicht mehr auf Monate abgestellt. Zwei Drittel der Stunden entsprechen 24 Monaten, so dass im Höchstfall zwei Jahre einer früheren gleichwertigen Ausbildung angerechnet werden können.

Anrechnung von Ausbildungsunterbrechungen (§§ 9, 10 Abs. 5 KrPflG 1985)

Unterbrechungen durch Urlaub oder Ferien werden bis zu sechs Wochen jährlich angerechnet (§ 9 Ziff. 1, § 10 Abs. 5 Ziff. 1 KrPflG 1985). Hiermit wird v. a. den tariflichen Urlaubsregelungen Rechnung getragen, wobei jedoch noch einige Tage Spielraum bleiben.

Eine Anrechnung in der Ausbildung zur (Kinder-)Krankenschwester ist bis zur Gesamtdauer von zwölf Wochen, bei verkürzter Ausbildung (▶ vorstehend) bis zu höchstens vier Wochen je Ausbildungsjahr, bei Schwangerschaft und Krankheit möglich. Gleiches gilt aber auch bei Gründen, die von dem Schüler nicht zu vertreten sind, wie z. B. notwendig werdende Kinderbetreuung, Tod eines nahen Familienangehörigen o. ä. Bei Inanspruchnahme eines Erziehungsurlaubs nach Schwangerschaft verlängert sich das Ausbildungsverhältnis automatisch um die in Anspruch genommene Zeit.

Eine »**Härteklausel**« sieht die Möglichkeit vor, auch weitere Fehlzeiten auf Antrag anrechenbar zu berücksichtigen (§§ 9, 10 Ziff. 5 KrPflG 1985).

Für Krankenpflegehelferinnen gilt als anrechenbare Unterbrechungszeit aus den vorstehenden Gründen eine Gesamtdauer von vier Wochen (§ 10 Abs. 5 Ziff. 2 KrPflG 1985).

▪▪▪ Neue Gesetzeslage (§ 7 KrPflG 2003)

Zukünftig sind neben **Urlaub**- und **Ferienzeiten** auch Zeiten eines – nach Landesrecht gewährten – **Bildungsurlaubs** auf die Ausbildungszeit anrechenbar.

Krankheitsbedingte Unterbrechungen sowie solche, die der Schüler nicht zu vertreten hatte – etwa Kinderbetreuungszeiten nach dem Sozialrecht – sind ebenfalls anzurechnen. Die Anrechnungszeiten werden nicht mehr in Wochen gerechnet. Vielmehr werden die zulässigen **Fehlzeiten** in Prozent – nämlich maximal 10 v. H. – der Stunden des Unterrichts und der praktischen Ausbildung ausgewiesen und anerkannt.

Einschließlich der prozentual zu errechnenden Fehlzeiten werden bei **Schwangerschaft** einer Schülerin Unterbrechungen bis zu einer Gesamtdauer von 14 Wochen anerkannt.

Weitere Zeiten der Unterbrechung können auf Antrag durch die zuständige Behörde berücksichtigt werden, wenn dadurch das Erreichen des Ausbildungsziels nicht gefährdet ist (»**Härteklausel**«).

> ℹ Klar gestellt wird darüber hinaus, dass die gesetzlich geregelten Freistellungsansprüche nach dem Betriebsverfassungsgesetz, dem Bundespersonalvertretungsgesetz nicht als Fehlzeiten im Sinne des § 7 KrPflG 2003 gelten.

Neben dieser auf Fehlzeiten abzielenden Klarstellung macht die Regelung deutlich, dass **Schüler** in der Krankenpflegeausbildung auf Grund ihrer betrieblichen Eingliederung in den Krankenhausbetrieb während der praktischen Ausbildung einen gleichsam **ähnlichen Rechtsstatus wie Auszubildende** nach dem Berufsbildungsgesetz haben. Somit können sie z. B. ein Amt als **Jugendvertreter** nach den genannten Gesetzen ausüben (▶ auch folgend: Ausschluss des Berufsbildungsgesetzes).

Sachliche Inhalte des Ausbildungsverhältnisses (§§ 12 ff KrPflG 1985)

Die sachlichen Inhalte des Ausbildungsverhältnisses regeln die Vorschriften des III. Abschnittes (§§ 12–22 KrPflG 1985). Sie sind weitgehend den entsprechenden Bestimmungen des Berufsbildungsgesetzes entlehnt.

Keine Anwendung finden die Vorschriften allerdings auf Schüler, die Mitglied geistlicher Gemeinschaften oder Diakonissen oder Diakonieschwestern sind (§ 22 KrPflG 1985).

▪▪▪ Neue Gesetzeslage (§§ 9 ff KrPflG 2003)

Die Bestimmungen über das Ausbildungsverhältnis bleiben weiterhin den entsprechenden Vorschriften des Berufsbildungsgesetzes angelehnt.

Schriftlicher Ausbildungsvertrag (§ 12 KrPflG 1985)

Gemäß § 12 KrPflG 1985 ist zwischen dem Träger der Ausbildung und demjenigen, der zur Ausbildung eingestellt wird, ein schriftlicher Ausbildungsvertrag abzuschließen.

Den Mindestinhalt des Ausbildungsvertrages bestimmt § 12 Abs. 2 KrPflG 1985. Dazu gehört neben der **Berufsbezeichnung**, zu der ausgebildet wird, u. a.:
— der Beginn und die **Dauer der Ausbildung**,
— die Dauer der regelmäßigen täglichen oder wöchentlichen **Ausbildungszeit**,
— die Dauer der **Probezeit**,
— die **Urlaubsdauer** sowie Angaben über Zahlung und Höhe der Ausbildungsvergütung und
— die Voraussetzungen einer **Kündigung** des Ausbildungsverhältnisses.

Auf die Ausbildungsverhältnisse findet in der Regel kraft Tarifbindung oder durch einzelvertragliche Bezugnahme der Tarifvertrag zur Regelung der Rechtsverhältnisse der Schüler Anwendung, die nach Maßgabe des Krankenpflegegesetzes oder des Hebammengesetzes ausgebildet werden.

▪▪▪ Neue Gesetzeslage (§ 10 KrPflG 2003)

Der Ausbildungsvertrag unterliegt der **Schriftlichkeit** und wird zwischen dem Träger der Ausbildung einerseits, i. d. R. dem Träger der »Krankenpflegeschule« und dem Schüler andererseits geschlossen.

Inhaltliche Änderungen zum Krankenpflegegesetz 1985 sind nicht zu erkennen; es gelten die hierzu gemachten Ausführungen.

Pflichten der Vertragsparteien (§§ 14, 15 KrPflG 1985)

Die Pflichten der Vertragsparteien orientieren sich vornehmlich am Ausbildungsziel.

So liegt bei dem **Ausbildungsträger** organisatorisch die Verantwortung, dass das Ausbildungsziel in der vorgesehenen Ausbildungszeit erreicht werden kann (§ 14 Abs. 1 Ziff. 1 KrPflG 1985). Der **Schüler** hat sich zu bemühen, diejenigen Kenntnisse, Fähigkeiten und Fertigkeiten zu erwerben, die erforderlich sind, um das Ausbildungsziel zu erreichen (§ 15 KrPflG 1985). Hierzu wiederum muss der Ausbildungsträger dem Schüler kostenlos die Ausbildungsmittel, Instrumente und Apparate zur Verfügung stellen (§ 14 Abs. 1 Ziff. 2 KrPflG 1985). Kostenlos bedeutet in diesem Zusammenhang leihweise, d. h., die **Ausbildungsmittel** sind nach der Ausbildung zurückzugeben. Ob zu den Ausbildungsmitteln auch die zum Schulbesuch notwendigen Bücher gehören, ist umstritten. Für die Krankenpflegeausbildung ist dies vom Bundesarbeitsgericht allerdings bejaht worden, wobei diese Rechtsprechung jedoch nicht kritiklos blieb.

> ℹ Bei Pflichtverstößen gegen die Erreichung des Ausbildungszieles durch den Ausbildungsträger sind Schadensersatzansprüche des Schülers nicht ausgeschlossen. Umgekehrt kann bei schwerwiegenden Pflichtverletzungen durch den Schüler nach vorheriger Abmahnung eine außerordentliche Kündigung gerechtfertigt sein; dies insbesondere dann, wenn das Ausbildungsziel nicht mehr erreicht werden kann.

▪▪▪ Neue Gesetzeslage (§§ 11, 12 KrPflG 2003)

Gegenüber dem Krankenpflegegesetz wird die umstrittene Frage der kostenlos zur Verfügung zu stellenden Schulbücher klargestellt.

> Zu den Ausbildungsmitteln, die den Schülern kostenlos zur Verfügung zu stellen sind, zählen zukünftig auch die Fachbücher, die zur Ausbildung und zum Ablegen der staatlichen Prüfung erforderlich sind (§ 10 Abs. 1 Nr. 2 KrPflG 2003).

Kostenlos bedeutet in diesem Zusammenhang leihweise, d. h. dass die Ausbildungsmittel nach der Ausbildung zurückzugeben sind.

Neu ist des Weiteren, dass Verrichtungen, die den Schülern übertragen werden, »ihren physischen und **psychischen** Kräften angemessen sein **sollen**« (§ 10 Abs. 2 KrPflG 2003). Diese »Soll«-Regelung trägt der Tatsache Rechnung, dass es – im Gegensatz zu physischen Belastbarkeitsgrenzen, die auch in der Ausbildung eingehalten werden müssen – bezüglich der Zumutbarkeit psychischer Belastungen keine entsprechenden konkreten Vorschriften gibt, etwa in Arbeitsschutzregeln. Die Frage der Zumutbarkeit praktischer Einsätze kann daher von der Schule nur schwer im Voraus beurteilt werden, so dass nicht gewährleistet werden kann, dass Schüler stets nur Verrichtungen übertragen bekommen, die ihren physischen und psychischen Kräften gleichermaßen angemessen sind (BT-Drucksache 15/804 vom 08.04.2003).

Probezeit (§ 17 KrPflG 1985)

Gemäß § 12 Ziff. 1 KrPflG 1985 beträgt die Probezeit für (Kinder-)Krankenschwestern sechs Monate und für Krankenpflegehelferinnen drei Monate (§ 17 KrPflG 1985).

Mit dieser Regelung geht das Krankenpflegegesetz über den im Berufsbildungsgesetz (§ 13 BBiG) festgelegten Zeitraum von höchstens drei Monaten hinaus.

Für die Probezeit nach dem Berufsbildungsgesetz ist anerkannt, dass sich diese – nicht das Ausbildungsverhältnis insgesamt – verlängern kann, wenn die Ausbildung während der Probezeit für eine nicht unverhältnismäßige Zeit, z. B. durch Erkrankung des Auszubildenden, unterbrochen wird, und zwar um die Zeit der Unterbrechung.

Es erscheint fraglich, ob entsprechende Vertragsklauseln im Ausbildungsvertrag nach dem Krankenpflegegesetz bei einer gesetzlich vorgeschriebenen Probezeit von sechs Monaten noch statthaft sind.

Eine Befristung des Probezeitverhältnisses allerdings ist unzulässig. Dies folgt daraus, dass der Gesetzgeber in § 19 Abs. 1 KrPflG 1985 bestimmt, dass während der Probezeit das Ausbildungsverhältnis ohne Einhaltung einer Kündigungsfrist jederzeit – also bis zum letzten Tag der Probezeit – gekündigt werden kann, sowie weiterhin daraus, dass gemäß § 21 KrPflG 1985 zu Ungunsten des Schülers hiervon nicht abgewichen werden darf. Somit ist ausnahmslos der Ausspruch einer Kündigung auch während der Probezeit notwendig, wenn das Ausbildungsverhältnis nicht über die Probezeit hinaus fortgesetzt werden soll.

▪▪▪ Neue Gesetzeslage (§ 13 KrPflG 2003)

Es bleibt bei einer Probezeit von sechs Monaten. Die Ausführungen zum Krankenpflegegesetz 1985 gelten weiter.

Ausschluss des Berufsbildungsgesetzes (§ 26 KrPflG 1985)

Für die Ausbildung zu den im Krankenpflegegesetz geregelten Berufen soll das Berufsbildungsgesetz keine Anwendung finden. In den Materialien zum Krankenpflegegesetz heißt es zur Begründung:

> Die Ausbildung für die Berufe in der Krankenpflege wird durch das Gesetz im Rahmen der Gesetzgebungskompetenz des Bundes abschließend geregelt. Damit werden diese Ausbildungen als eigenständige Ausbildungen festgelegt.

Mit der Bestimmung des § 26 KrPflG 1985 sollte die über § 107 Abs. 1 BBiG bisher geltende subsidiäre (= ergänzende) Anwendung des Berufsbildungsgesetzes mit den sich daraus ergebenden ständigen Rechtsunsicherheiten ausgeräumt werden (▶ 21.).

Folgerichtig spricht der Gesetzgeber deshalb auch nicht von Auszubildenden in den Krankenpflegeberufen, sondern von Schülern bzw. Schülerinnen. Andererseits handelt es sich – wie insbesondere die Abschnitte II und III KrPflG 1985 darlegen – bei den Schülern um Personen, die zur Ausbildung eingestellt sind.

Damit stellt sich die Frage nach dem **rechtlichen Status des Schülers** jedenfalls insoweit, als er für Mitwirkungs- bzw. Mitbestimmungsrechte des Personal-/Betriebsrats von Bedeutung ist und damit auch den Ausbildungsträger tangiert, etwa bei Einstellungen, Kündigungen oder auch der Vergabe und Festlegung allgemeiner Nutzungsbedingungen von Wohnungen, die dem Schüler vom Arbeitgeber zur Verfügung gestellt werden.

Die Verwendung des Begriffs »Schüler« sowie die Bestimmung der Nichtanwendung des Berufsbildungsgesetzes könnten den Schluss nahe legen, dass der »Schüler« aus dem betriebsverfassungsrechtlichen/personalvertretungsrechtlichen Bereich auszunehmen sei. Auch wenn für die Krankenpflegeausbildung nicht unmittelbar zu übertragen, könnte zur

Stützung dieser Annahme eine Vorschrift aus dem Bundespersonalvertretungsgesetz (§ 9) herangezogen werden, wonach Auszubildende als Beschäftigte, die in einem Berufsausbildungsverhältnis nach dem Berufsbildungsgesetz stehen, definiert werden. Das aber ist gerade nach § 26 KrPflG 1985 ausgeschlossen.

Unabhängig von der Begriffsverwendung »Schüler« steht dieser jedoch zweifelsfrei in einer – auch betrieblich ausgestalteten – Ausbildung zu einem Krankenpflegeberuf. Damit erfüllt der Schüler materiell die Voraussetzung, die ihn als Beschäftigten/Arbeitnehmer im Sinne des Betriebsverfassungsgesetzes als auch der Personalvertretungsgesetze der Länder einzuordnen haben (BAG, DB 1993, 741). Danach nämlich sind Arbeitnehmer/Beschäftigte »Personen, die sich in der Berufsausbildung befinden«, und zwar ohne Rücksicht auf die Anwendbarkeit des Berufsbildungsgesetzes.

> Daraus resultiert, dass sich trotz der Bezeichnung »Schüler« die Mitwirkungs- bzw. Mitbestimmungsrechte einer Personalvertretung auch auf ihn beziehen; dies ist zu beachten bei allen personellen und sozialen Angelegenheiten wie etwa bei Einstellungen (BAG, DB 1990, 1190), Kündigungen sowie dem Festlegen von materiellen Arbeitsbedingungen.

An dieser rechtlichen Einordnung der Ausbildung ändert auch nichts die nach **Landesrecht** mögliche Einordnung der (Kinder-)Krankenpflegeschulen sowie Schulen für Krankenpflegehilfe in das Schulrecht der Länder.

▪▪▪ Neue Gesetzeslage (§ 22 KrPflG 2003)

Die zum Krankenpflegegesetz 1985 gemachten Ausführungen gelten auch für das neue Krankenpflegegesetz, wenngleich die Stundenzahl für die praktische Ausbildung von 3.000 auf 2.500 reduziert wurde. Sie werden vielmehr durch die gesetzliche Klarstellung einer Nichtanrechnung von Freistellungsansprüchen z. B. als Jugendvertretung auf Unterbrechungszeiten (▶ vorstehend: neue Gesetzeslage zu Anrechnungen von Ausbildungsunterbrechungen) bekräftigt.

Erlaubnisverfahren (§§ 1–3 KrPflG 1985)

Das Krankenpflegegesetz 1985 folgt dem bei den übrigen bundesgesetzlichen Regelungen für Berufe im Gesundheitswesen bestehenden System, wonach der Zugang zum Beruf durch die Erteilung einer Erlaubnis der Führung der Berufsbezeichnung geregelt wird, deren Voraussetzungen im Einzelnen festgelegt werden. Bei allen durch das Gesetz erfassten Berufen werden neben der Erfüllung der Ausbildungsvoraussetzungen persönliche Zuverlässigkeit sowie geistige und körperliche Eignung für die Ausübung des Berufs verlangt.

Danach besteht ein **Rechtsanspruch** auf Erteilung der Erlaubnis zur Führung der Berufsbezeichnung, wenn die entsprechende Ausbildungszeit absolviert und die staatliche Prüfung bestanden wurde sowie die persönlichen Voraussetzungen des § 2 Abs. 1 Ziff 2, 3 KrPflG 1985 erfüllt sind. Als Berufsbezeichnung in den Katalog des § 1 Abs. 1 KrPflG 1985 neu aufgenommen worden ist der »Kinderkrankenpfleger«. Verzichtet wurde dagegen auf die Einführung des Berufes einer Krankenschwester/eines Krankenpflegers für die Psychiatrie.

Die Voraussetzungen für eine Erlaubniserteilung an Angehörige im Sanitätsdienst der Bundeswehr, des Bundesgrenzschutzes oder einer Landespolizei regelt § 2 Abs. 2 KrPflG 1985.

Anerkennung der Ausbildung nach EU-Recht

Weiterhin sieht das Gesetz im Hinblick auf die EG-Richtlinien die nach deutschem Recht geforderte Ableistung der vorgeschriebenen Ausbildungszeit sowie das Bestehen der staatlichen Prüfung als erfüllt an, »wenn ein Antragsteller, der Staatsangehöriger eines Mitgliedstaates der Europäischen Wirtschaftsgemeinschaft oder eines anderen Vertragsstaates des Abkommens über den Europäischen Wirtschaftsraum (EWR) ist, in einem anderen Staat der Europäischen Union

– eine Ausbildung als Krankenschwester oder Krankenpfleger, die für die allgemeine Pflege verantwortlich sind, abgeschlossen hat und
– dies durch Vorlage eines nach dem 28.06.1979 ausgestellten, in der Anlage zu diesem Gesetz aufgeführten Diploms, Prüfungszeugnisses oder sonstigen Befähigungsnachweises des betreffenden Mitgliedstaates nachweist«.

Mit dieser Regelung soll die **gegenseitige Anerkennung** der Diplome, Prüfungszeugnisse und Befähigungsnachweise im EU- bzw. EWR-Bereich verwirklicht werden. Auskunft über die anzuerkennden Befähigungsnachweise gibt eine Gesetzesanlage, die bei Bedarf durch Rechtsverordnung geändert und den jeweiligen Verhältnissen neu angepasst werden kann.

Rücknahme der Erlaubniserteilung

Die Rücknahme bzw. den Widerruf einer Erlaubniserteilung regelt § 3 KrPflG 1985, wobei von einer **Rücknahme** verwaltungsrechtlich dann gesprochen wird, wenn es sich um die Aufhebung eines – bei Erteilung – fehlerhaften Verwaltungsaktes (hier: Erlaubniserteilung) handelt, während unter einem **Widerruf** die Aufhebung eines – bei Erteilung – fehlerfreien Verwaltungsakts verstanden wird.

Als **Ordnungswidrigkeit** kann das Führen einer Berufsbezeichnung ohne Erlaubnis mit einer Geldbuße geahndet werden (§ 25 KrPflG 1985).

Ausnahmeregelungen
Eine Ausnahme von der Erlaubnispflicht enthält jedoch § 1 Abs. 2 KrPflG 1985 im Falle der Dienstleistungen von Krankenschwestern und Krankenpfleger, die für die allgemeine Pflege verantwortlich sind, soweit sie die Staatsangehörigkeit eines EU-Mitgliedstaates besitzen. Allerdings muss dieser Personenkreis ein entsprechendes Diplomprüfungszeugnis oder einen sonstigen Befähigungsnachweis besitzen. Die Ausübung der Dienstleistung ist anzeigepflichtig und darf nur vorübergehender Natur sein.

■■■ Neue Gesetzeslage (§§ 1, 2 KrPflG 2003)
Die Vorschriften des Krankenpflegegesetzes 2003 entsprechen im Wesentlichen denjenigen des Vorgängergesetzes von 1985.

Neu sind die **Berufsbezeichnungen**, die der Erlaubnis zum Führen bedürfen
– Gesundheits- und Krankenpfleger/in,
– Gesundheits- und Kinderkrankenpfleger/in.

❶ Aus verfassungsrechtlichen Gründen sind die bisherigen Bezeichnungen der (Kinder-)Krankenpflegerhelferin nunmehr der ländergesetzlichen Zuständigkeit übertragen.

Ein **Rechtsanspruch** auf Erteilung der Erlaubnis besteht für den Antragsteller, wenn er
– die gesetzliche Ausbildungszeit abgeleistet und
– die staatliche Prüfung bestanden hat sowie
– sich nicht eines Verhaltens schuldig gemacht hat, aus dem sich die Unzuverlässigkeit zur Berufsausübung ergibt und
– nicht in gesundheitlicher Hinsicht zur Ausübung des Berufs ungeeignet ist.

Lag eine der vorgenannten Voraussetzungen zum Zeitpunkt der Prüfung nicht vor, ist die Erlaubnis zurückzunehmen (= **rücknehmender Verwaltungsakt**). Entfallen nachträglich Voraussetzungen, muss bzw. kann – im Falle nachträglicher Ungeeignetheit aus gesundheitlichen Gründen – die Erlaubnis widerrufen werden (= **widerrufender Verwaltungsakt**).

Keine detaillierten Regelungen enthält das Gesetz mehr u. a. für Angehörige im Sanitätsdienst der Bundeswehr, da an anderer Stelle auf die **Gleichwertigkeit** der Ausbildung abgestellt wird.

Ausführliche verwaltungstechnische Bestimmungen dienen der **Anerkennung von Diplomen**, Befähigungsnachweisen und Prüfungszeugnissen bei abgeleisteten – gleichwertigen – Ausbildungen in einem Vertragsstaat des Europäischen Wirtschaftsraumes oder in einem Drittstaat, dessen Ausbildungseinrichtungen eine Ausbildung gemäß den Rechts- und Verwaltungsvorschriften eines Mitgliedsstaates vermitteln.

Gegebenenfalls müssen ein **Anpassungslehrgang** und eine **Eignungsprüfung** absolviert werden. Im Übrigen gelten die Ausführungen wie zum Krankenpflegegesetz 1985.

21.1.1 Ausbildungs- und Prüfungsverordnung für die Berufe der Krankenpflege

Auf der Grundlage des § 11 KrPflG 1985 wurde am 16.10.1985 die Ausbildungs- und Prüfungsverordnung für die Berufe in der Krankenpflege (KrPflAPrV) erlassen.

❶ Diese Rechtsverordnung regelt die Mindestanforderungen an die dreijährige Ausbildung der (Kinder-)Krankenschwestern und (Kinder-)Krankenpfleger, an die einjährige Ausbildung der Krankenpflegehelfer(innen), das jeweilige Verfahren der staatlichen Prüfungen, die amtlichen Muster für das Prüfungszeugnis sowie für die Urkunden über die Teilnahmebescheinigungen an Ausbildungsveranstaltungen und über die Erlaubniserteilung zur Führung der jeweiligen Berufsbezeichnung.

Sie steht im Einklang mit den Forderungen des Europäischen Übereinkommens vom 25.02.1967 und der EG-Richtlinie vom 27.07.1977 zur Koordinierung der Rechts- und Verwaltungsvorschriften für die Tätigkeiten der Krankenschwestern in der allgemeinen Pflege und hat – aus Gründen der Rechtseinheitlichkeit – auch die Kinderkrankenschwestern mit in ihren nationalen Geltungsbereich einbezogen, wenngleich dieser Personenkreis von den EG-Richtlinien ebenso wenig erfasst wurde wie die Krankenpflegehelferinnen. Letzteres hat zur Folge, dass Kinderkrankenschwestern im Europäischen Wirtschaftsraum nur bedingt Niederlassungsfreiheit genießen, weil der Berufsabschluss nur in den Ländern anerkannt wird, die gleichfalls über eine grundständige Ausbildung in der Kinderkrankenpflege verfügen oder die Berufsausübung von einer zusätzlichen Prüfung abhängig machen.

■■■ Geplante Ausbildungs- und Prüfungsverordnung (Verordnungsentwurf)

Mit der Novellierung des Krankenpflegegesetzes geht folgerichtig eine Änderung der bisherigen Ausbildungs- und Prüfungsverordnung einher.

Die (zum Zeitpunkt der Manuskriptenerstellung – Stand Juli 2003 – noch diskutierte) Ausbildungs- und Prüfungsverordnung für die Berufe der Krankenpflege (KrPflAPrV) findet ihre Ermächtigungsgrundlage in § 8 KrPflG 2003.

Über die europarechtlichen Vorgaben hinaus legt der Verordnungsentwurf (VE) den Bericht und die Empfehlungen zur Ausbildung der für die **allgemeine Pflege** verantwortlichen Krankenschwestern und Krankenpfleger in der Europäischen Union sowie den Bericht und die Empfehlungen zur verlangten **Fachkompetenz** der für die allgemeine Pflege verantwortlichen Krankenschwestern und Krankenpfleger in der Europäischen Union des **Beratenden Ausschusses** für die Ausbildung in der Krankenpflege der Europäischen Union zu Grunde.

Dies gilt für die Ausbildung in der Gesundheits- und Krankenpflege.

> Aus Gründen der Rechtseinheitlichkeit hat der Verordnungsgeber – wie schon nach dem Krankenpflegegesetz 1985 – die Bestimmungen entsprechend für die Gesundheits- und Kinderkrankenpflege umgesetzt, wenngleich ein Umsetzungszwang nicht besteht.

Demgemäß bleibt in der **Kinderkrankenpflege** wie bisher eine eigenständige Ausbildung beibehalten.

Die geplanten Veränderungen in der Ausbildungs- und Prüfungsverordnung, die zeitgleich mit dem neuen Krankenpflegegesetz zum 01.01.2004 in Kraft treten soll, beziehen sich im Wesentlichen auf:
- eine veränderte Verteilung der **Stundenzahl**,
- die Einführung einer sog. **Differenzierungsphase** bzw. eines **Differenzierungsbereichs**,
- eine inhaltliche **Neustrukturierung** des Unterrichts und der praktischen Ausbildung,
- eine verstärkte Berücksichtigung **präventiver, rehabilitativer** und **palliativer Pflege** vor allem in der praktischen Ausbildungsphase,
- einen verstärkten **Ausbildungseinsatz** in Einrichtungen der **ambulanten** und **teilstationären** Versorgung sowie
- eine Betreuung durch **Praxisanleitung** und **Praxisbegleitung**.

Geringfügige, wenngleich nicht unwesentliche Veränderungen sind zudem im **Prüfungswesen** vorgesehen.

Ausbildungsinhalte

Nachstehend sollen die wichtigsten Inhalte der Ausbildung und Prüfung nach altem und neuem Recht aufgezeigt und gegenüber gestellt werden.

Ausbildung in der (Kinder-)Krankenpflege (§ 1 KrPflAPrV 1985)

Die dreijährige Ausbildung in der (Kinder-)Krankenpflege gliedert sich nach der Ausbildungs- und Prüfungsverordnung 1985 in eine **praktische Ausbildung** von 3.000 Stunden sowie in einen **theoretischen und praktischen Unterricht** von 1.600 Stunden (§ 1 KrPflAPrV).

Eine Anlage zu § 1 Abs. 1 KrPflAPrV 1985 enthält die Aufgliederung der Stundenzahl auf den Unterricht und die praktische Ausbildung (**Tabelle 21.2**).

Tabelle 21.2. Aufteilung der Stundenzahl

So entfallen im Unterrichtsteil auf	Stundenzahl
1. Berufs-, Gesetzes- und Staatsbürgerkunde	120
2. Hygiene und medizinische Mikrobiologie	120
3. Biologie, Anatomie und Physiologie	120
4. Fachbezogene Physik und Chemie	40
5. Arzneimittellehre	60
6. Allgemeine und spezielle Krankheitslehre einschließlich Vorsorge, Diagnostik, Therapie und Epidemiologie	360
7. Grundlagen der Psychologie, Soziologie und Pädagogik	100
8. Krankenpflege bzw. Kinderkrankenpflege	480
9. Grundlagen der Rehabilitation	20
10. Einführung in die Organisation und Dokumentation im Krankenhaus	30
11. Sprache und Schrifttum	20
12. Erste Hilfe	30
zur Verteilung auf die Fächer 1 bis 12	100
Insgesamt	1.600

Die praktische Ausbildung ist sowohl in der allgemeinen Krankenpflege wie in der Kinderkrankenpflege in vier Bereiche gegliedert (Tabelle 21.3 u. 21.4).

In den jeweils vierten Bereichen der praktischen Ausbildung sind bei der Verteilung der Gesamtstundenzahlen (400/350) die einzelnen Bereiche entsprechend ihrer Bedeutung und der organisatorischen Möglichkeiten der (Kinder-)Krankenpflegeschulen angemessen zu berücksichtigen.

Während der Ausbildung zur (Kinder-)Krankenschwester ist im zweiten und dritten Ausbildungsjahr **Nachtdienst** im Rahmen von 120 bis höchstens 160 Stunden **unter Aufsicht** einer examinierten Pflegekraft zu leisten (§ 1 Abs. 4 KrPflAPrV 1985).

> Der Einsatz eines Schülers als alleinige Nachtwache ist vom Ausbildungszweck nicht gedeckt. Dies verstößt gegen den eindeutigen Gesetzeswortlaut und ist folglich unzulässig.

Nehmen Schüler während der praktischen Ausbildung auf den Krankenstationen an der Früh- oder Spätschicht teil, die innerhalb einer Zeitspanne von mindestens dreizehn Stunden geleistet wurde (§ 33 a Abs. 2 BAT), so besteht für die Zeit des theoretischen Unterrichts in Form des Blockunterrichts an der Krankenpflegeschule kein Anspruch auf Zahlung der Schichtzulage (BAG, Urteil vom 28.08.1996), weil sie an den Unterrichtstagen nicht den Erschwernissen des

Tabelle 21.3. Ausbildungsbereiche der Krankenpflegeausbildung

Krankenpflege, praktische Ausbildung in	Stundenzahl
1. Allgemeiner Medizin und medizinischen Fachgebieten einschließlich Pflege alter Menschen und Alterskrankheiten	900
2. Allgemeiner Chirurgie und chirurgischen Fachgebieten	750
3. Gynäkologie oder Urologie, Wochen- und Neugeborenenpflege	350
4. Psychiatrie, Kinderkrankenpflege und Kinderheilkunde sowie Gemeindekrankenpflege (Hauskrankenpflege) oder entsprechenden Einrichtungen des Gesundheitswesens	400
zur Verteilung auf die einzelnen Bereiche	600
Insgesamt	3.000

Tabelle 21.4. Ausbildungsbereiche der Kinderkrankenpflegeausbildung

Kinderkrankenpflege, praktische Ausbildung in	Stundenzahl
1. Allgemeiner Pädiatrie einschließlich Infektionskrankheiten unter Berücksichtigung der verschiedenen Altersstufen einschließlich Frühgeborene und Neonatologie	1.230
2. Chirurgie und chirurgischen Fachgebiete	600
3. Neugeborenen- und Wochenpflege	220
4. Neuropädiatrie oder Kinder- und Jugendpsychiatrie, Gemeindekrankenpflege (Hauskrankenpflege) oder entsprechenden Einrichtungen des Gesundheitswesens	350
zur Verteilung auf die einzelnen Bereiche	600
Ingesamt	3.000

Schichtdienstes ausgesetzt sind. Gleiches gilt für die Gewährung einer Psychiatrie-Zulage, wenn eine Auszubildende für den Beruf der Krankenschwester in einem Nervenkrankenhaus am Blockunterricht teilnimmt (BAG, Urteil vom 22.08.1990).

> ▪▪▪ **Neue Verordnungslage: Ausbildungen in der Gesundheits- und (Kinder-)Krankenpflege (§ 1 VE)**

Zukünftig soll die Ausbildung – in Vollzeitform drei Jahre, in Teilzeitform höchstens fünf Jahre – in der Gesundheits- und (Kinder-)Krankenpflege gegliedert sein in

- 2.100 Stunden für den **theoretischen** und **praktischen Unterricht** (bisher 1.600 Stunden) und
- 2.500 Stunden für die **praktische Ausbildung** (bisher 3.000 Stunden).

Unter Beibehaltung der durch das EU-Recht vorgeschriebenen 4.600 Stunden sollen insgesamt 1.000 Stunden auf eine sog. **Differenzierungsphase** in Unterricht (300 Stunden) und praktischer Ausbildung (700 Stunden) enthalten sein (§ 1 VE).

> Bei grundsätzlich gleichen Ausbildungsinhalten für die zwei Berufsbilder der Kranken- und Kinderkrankenpflege trägt die Differenzierungsphase der jeweils angestrebten Berufsbezeichnung Rechnung.

Damit könnte die bislang strittige Frage nach der Einsetzbarkeit einer Gesundheits- und Kinderkrankenpflegerin in der allgemeinen Krankenpflege ebenso wie die Frage nach dem Einsatz einer Gesundheits- und Krankenpflegerin in der Kinderkrankenpflege dahingehend zu beantworten sein, dass ein dementsprechender Einsatz zukünftig zulässig ist.

In stärkerem Maße als bisher werden die Ausbildungsinhalte auf die Entwicklung der im Ausbildungsziel (§ 3 KrPflG 2003) vorgegebenen Kompetenzen ausgerichtet.

> **Ziele der Ausbildung**
> - Eigenverantwortliches Handeln,
> - Mitwirken bei Maßnahmen der medizinischen Diagnostik und Therapie sowie
> - interdisziplinäre Zusammenarbeit.

Statt des traditionellen Fächerkataloges werden **Themenbereiche** für den theoretischen und praktischen Unterricht vorgegeben (Anlage 1 zu § 1 Abs. 1 VE), die einen übergreifenden Charakter haben und auf eine stärkere **handlungsorientierte Ausbildung** ausgerichtet sind. Die Folge ist eine intensivere Verzahnung von Theorie und Praxis.

Unterricht
Der **theoretische und praktische** Unterricht umfasst folgende Themenbereiche, die im Einzelnen weiter untergliedert werden und zu denen die Schüler zu befähigen sind:

> **Themenbereiche des Unterrichts**
> - Pflegesituationen bei Menschen aller Altersgruppen erkennen, erfassen und bewerten,
> - Pflegemaßnahmen auswählen, durchführen und auswerten,
> - Unterstützung, Beratung und Anleitung in gesundheits- und pflegerelevanten Fragen fachkundig gewährleisten,
> - bei der Entwicklung und Umsetzung von Rehabilitationskonzepten mitwirken und diese in das Pflegehandeln integrieren,
> - Pflegehandeln personenbezogen ausrichten,
> - Pflegehandeln an pflegewissenschaftlichen Erkenntnissen ausrichten,
> - Pflegehandeln an Qualitätskriterien, rechtlichen Rahmenbestimmungen sowie wirtschaftlichen und ökologischen Prinzipien ausrichten,
> - bei der medizinischen Diagnostik und Therapie mitwirken,
> - lebenserhaltende Sofortmaßnahmen bis zum Eintreffen der Ärztin oder des Arztes einleiten,
> - berufliches Selbstverständnis entwickeln und lernen, berufliche Anforderungen zu bewältigen,
> - auf die Entwicklung des Pflegeberufs im gesellschaftlichen Kontext Einfluss nehmen und
> - in Gruppen und Teams zusammenarbeiten.

Innerhalb vorstehender Themenbereiche sind jeweils verschiedene fachliche **Wissensgrundlagen** zu vermitteln. Diese sind den einzelnen Themenbereichen bei der Unterrichtsplanung zuzuordnen (◘ Tabelle 21.5).

Im Rahmen des Unterrichts entfallen 300 Stunden auf die **Differenzierungsphase** in Gesundheits- und Krankenpflege oder Gesundheits- und Kinderkrankenpflege.

Die Wahl der Themenbereiche soll nach der Vorstellung des Verordnungsgebers eine stärkere Verbin-

Tabelle 21.5. Wissensgrundlagen der Ausbildung

Die Wissensgrundlagen umfassen	Stunden
1. Kenntnisse der Gesundheits- und Krankenpflege, der Gesundheits- und Kinderkrankenpflege sowie der Pflege- und Gesundheitswissenschaften	950
2. Pflegerelevante Kenntnisse der Naturwissenschaften und der Medizin	500
3. Pflegerelevante Kenntnisse der Geistes- und Sozialwissenschaften	300
4. Pflegerelevante Kenntnisse aus Recht, Politik und Wirtschaft	150
zur Verteilung	200
insgesamt	2.100

dung zwischen Theorie und Praxis ermöglichen und den Schulen darüber hinaus einen größeren Organisationsspielraum zur Durchführung eines integrierten Unterrichts geben.

> Im Übrigen empfiehlt der Verordnungsgeber den Bundesländern, »in Zusammenarbeit mit den Schulen einheitliche Rahmenlehrpläne für die Ausbildung in der Gesundheits- und (Kinder-)Krankenpflege zu erstellen« (BT-Drucksache a. a. O.).

Praktische Ausbildung

Die praktische Ausbildung, die neben Einsätzen in der (teil)stationären Versorgung auch Einsätze in Einrichtungen der ambulanten Versorgung vorsieht, gliedert sich in einen allgemeinen und einen **Differenzierungsbereich** (Tabelle 21.6).

Nachtwacheneinsatz

Die Nachtwacheneinsätze (§ 1 Abs. 3 VE) werden gegenüber dem Krankenpflegegesetz 1985 »zum Schutz

Tabelle 21.6. Allgemeiner und Differenzierungsbereich der Ausbildung

I. Allgemeiner Bereich	Stunden
1. Gesundheits- und Krankenpflege von Menschen aller Altersgruppen in der stationären Versorgung in kurativen, rehabilitativen und palliativen Gebieten in den Fächern Innere Medizin, Geriatrie, Neurologie, Chirurgie, Gynäkologie, Pädiatrie, Wochen- und Neugeborenenpflege	800
2. Gesundheits- und Krankenpflege von Menschen aller Altersgruppen in der ambulanten Versorgung in präventiven, kurativen, rehabilitativen und palliativen Gebieten	500
II. Differenzierungsbereich	
1. Gesundheits- und Krankenpflege Stationäre Pflege in den Fachgebieten Innere Medizin, Chirurgie, Psychiatrie **oder**	700
2. Gesundheits- und Kinderkrankenpflege Stationäre Pflege in den Fachgebieten Pädiatrie, Neonatologie, Kinderchirurgie, Neuropädiatrie, Kinder- und Jugendpsychiatrie	700
III. Zur Verteilung auf die Bereiche I. und II.	500
Stunden insgesamt	2.500

der Schüler/innen vor körperlicher und geistiger Überanspruchung« (BT-Drucksache a. a. O.) um 40 Stunden auf mindestens 80, höchstens 120 Stunden begrenzt. Es bleibt sichergestellt, dass diese unter fachkundiger Aufsicht abzuleisten sind, allerdings erst ab der zweiten Hälfte der Ausbildungszeit.

Praxisanleitung und Praxisbegleitung

Die **Einrichtungen**, in denen die praktische Ausbildung erfolgt, müssen zukünftig eine **Praxisanleitung** sicherstellen (§ 2 Abs. 2 VE).

Die Praxisanleitung erfolgt durch **geeignete Fachkräfte**, die von der Einrichtung zu stellen sind.

> Zur Praxisanleitung geeignet sind examinierte Pflegekräfte, die über eine mindestens einjährige Berufserfahrung sowie eine berufspädagogische Zusatzqualifikation von mindestens 300 Stunden verfügen.

Aufgaben der Praxisanleitung
- Schrittweise Heranführung der Schüler an die eigenverantwortliche Wahrnehmung der beruflichen Aufgaben und
- Verbindung mit der Schule zu gewährleisten.

Mit dieser Aufgabenstellung wird der jetzige sog. »Mentor« rechtlich verankert.

Die **Schulen** werden verpflichtet, eine **Praxisbegleitung** sicherzustellen (§ 2 Abs. 3 VE).

Die Praxisbegleitung leitet sich aus der Gesamtverantwortung der Schule für die theoretische und praktische Ausbildung ab.

Aufgaben der Praxisbegleitung
- Betreuung der Schüler während der praktischen Ausbildung in den Einrichtungen,
- Beratung der für die Praxisanleitung zuständigen Fachkräfte.

Durch die geforderte persönliche Anwesenheit der praxisbegleitenden Lehrkräfte soll der Schüler erfahren, dass Theorie und Praxis in der Ausbildung nicht nebeneinander laufen, sondern miteinander verknüpft sind.

> Darüber hinaus werden mit der Praxisanleitung und der Praxisbegleitung die Vernetzungsstrukturen von schulischer und praktischer Ausbildung verdeutlicht, die damit zugleich zu einer wesentlichen Verbesserung der Ausbildungsqualität beitragen können.

Ausbildung in der Krankenpflegehilfe (§ 1 KrPflAPrV 1985)

Die einjährige Ausbildung in der Krankenpflegehilfe umfasst ebenfalls theoretischen und praktischen **Unterricht** (500 Stunden) und eine **praktische Ausbildung** (1.100 Stunden). Auch hier schlüsselt eine Anlage die Verteilung auf die einzelnen Unterrichtsfächer auf.

Die regelmäßige und erfolgreiche Teilnahme an den Ausbildungsveranstaltungen ist durch eine entsprechende Bescheinigung nachzuweisen (§ 1 Abs. 5 KrPflAPrV 1985).

■ ■ ■ **Neue Verordnungslage (2003)**

Eine Ausbildung in der Krankenpflegehilfe entfällt zukünftig bundeseinheitlich; sie kann länderrechtlich aufgegriffen werden.

Prüfungsverfahren (§§ 2 ff KrPflAPrV 1985)

Die Zulassung zur staatlichen Prüfung setzt zunächst einen **Antrag** des Prüflings voraus. Über diesen Antrag entscheidet der Vorsitzende des Prüfungsausschusses, der bei jeder (Kinder-)Krankenpflegeschule gebildet ist.

Die Zusammensetzung des Prüfungsausschusses regelt § 3 KrPflAPrV 1985. Die Zulassung zur Prüfung ist zu erteilen, wenn die Geburtsurkunde oder ein Auszug aus dem elterlichen Familienbuch, bei Verheirateten die Heiratsurkunde oder ein Auszug aus dem für die Ehe geführten Familienbuch und die Bescheinigung über die regelmäßige und erfolgreiche Teilnahme an den Ausbildungsveranstaltungen nachgewiesen sind.

Die Zulassung sowie die Prüfungstermine sollen dem Prüfling spätestens vier Wochen vor Prüfungsbeginn schriftlich mitgeteilt werden (§ 4 Abs. 3 KrPflAPrV 1985).

Die staatliche Prüfung selbst gliedert sich für die (Kinder-)Krankenschwestern und die (Kinder-)Krankenpfleger in drei Abschnitte:
- einen schriftlichen,
- mündlichen und
- praktischen Teil.

Die Prüflinge für die Krankenpflegehilfe haben
- einen mündlichen und
- einen praktischen Prüfungsteil

zu absolvieren (§ 2 KrPflAPrV 1985).

■ ■ ■ Neue Verordnungslage (§§ 3 ff VE)

Einzelheiten der Zusammensetzung des Prüfungsausschusses sind in § 4 VE geregelt. Die **Schulleitung** ist zwar – wie bisher – im Ausschuss vertreten, den Vorsitz führt jedoch – ebenfalls wie bisher – ein fachlich geeigneter Vertreter der zuständigen Behörde oder eine von dieser beauftragte, geeignete Person. **Lehrkräfte** und **Praxisanleiter** können Mitglieder des Prüfungsausschusses sein. Anhörungs- und Vorschlagsrechte der Schulleitung bleiben unverändert.

Ähnliches gilt für die Voraussetzungen der Zulassung zur Prüfung (§ 5 VE).

Hinsichtlich der **Bescheinigung über die regelmäßige und erfolgreiche Teilnahme** an den Ausbildungsveranstaltungen wird in der Begründung zum Verordnungsentwurf ausdrücklich bestätigt, dass es sich bei den Begriffen »regelmäßig« und »erfolgreich« um **unbestimmte Rechtsbegriffe** handelt, die auslegungsfähig sind und der Schule einen – wenngleich justitiablen – Beurteilungsspielraum einräumen.

> Die Voraussetzung der Regelmäßigkeit wird im Allgemeinen erfüllt, wenn normale Fehlzeiten nicht oder unwesentlich überschritten sind. Erfolgreich ist die Teilnahme in der Regel, wenn die zu beobachtenden Leistungen des Schülers seine grundsätzliche Eignung für den angestrebten Beruf erkennen und das Bestehen der Prüfung erwarten lassen.

Liegen diese Erwartungen im Einzelfall nicht vor oder bestehen begründete – und nachvollziehbare – Zweifel, ist die Bescheinigung zu versagen.

> Der Schule ist die Art und Weise der Feststellung einer erfolgreichen Teilnahme selbst überlassen.

Sie kann zu diesem Zwecke bestimmte **Leistungskontrollen** durchführen oder das Erreichen bestimmter **Noten in Nichtprüfungsfächern** als Voraussetzung für die Erteilung der Bescheinigung festschreiben.

> Eine allgemeine Grundlage für die Beurteilung einer erfolgreichen und regelmäßigen Teilnahme an den vorgeschriebenen Ausbildungsveranstaltungen bilden aber insbesondere die Aufzeichnungen, die die Schule während der Ausbildung über jeden Schüler führt (Begründung zum VE).

Mit den Hinweisen in der Begründung zum Verordnungsentwurf wird die Rechtsprechung aufgegriffen. Diese hatte bereits zur Ausbildungs- und Prüfungsverordnung 1985 ausgeführt, dass es sich bei den Begriffen »regelmäßig« und »erfolgreich« um unbestimmte Rechtsbegriffe handelt, die trotz des der Behörde eingeräumten prüfungsrechtlichen Beurteilungsspielraumes gerichtlich voll nachprüfbar sind (VG Gießen, Az.: 8 G 1545/98).

Eine geringfügige Überschreitung der höchstzulässigen Fehlzeiten im Sinne von § 9 KrPflG 1985 berechtige grundsätzlich nicht dazu, die Zulassung zur Krankenpflegeprüfung zu versagen. Bei der Frage der Prüfungszulassung seien in der Regel die gesamten Leistungsnachweise zu berücksichtigen. Aus diesen sei dann, wenn keine gesetzliche Wertung vorgegeben wird, das **arithmetische Mittel** zu bilden. Ein mit der Note »mangelhaft« absolviertes praktisches **Zwischenexamen** könne nicht alleinige Grundlage für die Versagung der Zulassung zur Abschlussprüfung sein, da es weder im Krankenpflegegesetz noch in der Ausbildungs- und Prüfungsverordnung vorgesehen sei. Ein Zwischenexamen habe insoweit lediglich den gleichen Stellenwert wie die üblicherweise zu erbringenden Leistungsnachweise.

Zulassung und Prüfungstermin sollen dem Prüfling spätestens **zwei** Wochen (nicht mehr vier Wochen) vor Prüfungsbeginn mitgeteilt werden.

Schriftliche Prüfung (§§ 12, 15 KrPflAPrV 1985)

Der schriftliche Teil der Prüfung erstreckt sich in der **Krankenpflege** auf folgende Fächer (§ 12 KrPflAPrV):
1. Krankenpflege in
    a) Innere Medizin und medizinische Fachgebiete,
    b) Chirurgie und chirurgische Fachgebiete,
    c) Gynäkologie und Geburtshilfe,
    d) Psychiatrie.
2. Krankheitslehre in
    a) Innere Medizin und medizinische Fachgebiete,
    b) Chirurgie und chirurgische Fachgebiete,
    c) Gynäkologie und Geburtshilfe,
    d) Psychiatrie.
3. Anatomie und Physiologie
4. Berufs-, Gesetzes- und Staatsbürgerkunde

In jedem dieser Fächer hat der Prüfling in je einer **Aufsichtsarbeit** schriftlich gestellte Fragen zu beantworten. Die Aufsichtsarbeit in den Fächern 1 und 2 dauert jeweils zwei Stunden, in den Fächern 3 und 4 je eine Stunde, und zwar an zwei aufeinanderfolgenden Tagen.

Die Aufgaben der Aufsichtsarbeit bestimmt der Vorsitzende des Prüfungsausschusses. Die **Benotung** jeder Aufsichtsarbeit ist von mindestens zwei Fachprüfern vorzunehmen.

Im Benehmen – nicht notwendigerweise Einvernehmen – mit den Fachprüfern bildet der Vorsitzende die Prüfungsnote für die einzelne Arbeit. Bei der Bildung der **Gesamtprüfungsnote** für den schriftlichen Teil erfolgt eine in § 12 Abs. 3 KrPflAPrV bestimmte **Gewichtung** der einzelnen Prüfungsfächer.

Gleiches gilt für den schriftlichen Teil in der **Kinderkrankenpflege**, der sich auf nachstehende Fächer erstreckt (§ 15 KrPflAPrV):
1. Kinderkrankenpflege in
   a) Pädiatrie,
   b) Kinderchirurgie, Chirurgie und chirurgische Fachgebiete,
   c) Kinder- und Jugendpsychiatrie,
   d) Neugeborenen- und Wochenpflege.
2. Krankheitslehre in
   a) Pädiatrie,
   b) Kinderchirurgie, Chirurgie und chirurgische Fachgebiete,
   c) Kinder- und Jugendpsychiatrie,
   d) Neugeborenen- und Wochenpflege.
3. Anatomie und Physiologie
4. Berufs-, Gesetzes- und Staatsbürgerkunde

▪▪▪ Neue Verordnungslage (§§ 13, 16 VE)

Der schriftliche Teil der Prüfung in der **Gesundheits- und Krankenpflege** erstreckt sich zukünftig nicht mehr auf Fächer, sondern auf **Themenbereiche**.
1. Pflegesituationen bei Menschen aller Altersgruppen erkennen, erfassen und bewerten,
2. Pflegemaßnahmen auswählen, durchführen und auswerten,
3. Pflegehandeln an pflegewissenschaftlichen Erkenntnissen, Qualitätskriterien, rechtlichen Rahmenbestimmungen sowie wirtschaftlichen und ökologischen Prinzipien ausrichten.

Zu diesen Themenbereichen sind in jeweils einer **Aufsichtsarbeit** Aufgaben schriftlich zu bearbeiten. Hierfür stehen dem Prüfling jeweils 120 Minuten zur Verfügung. Die schriftliche Prüfung ist an drei Tagen durchzuführen.

Die Schulleitung bestellt die Aufsichtführenden.

Die **Benotung** der Aufsichtarbeiten erfolgt in der Weise, dass aus den Noten der jeweiligen zwei Fachprüfer mit deren Benehmen der Ausschussvorsitzende die **Einzelnote** für jede Aufsichtsarbeit bildet.

Aus den Einzelnoten bildet der Vorsitzende dann die **Prüfungsnote** für den schriftlichen Prüfungsteil.

> ❶ Eine Gewichtung der Noten findet für die Ermittlung der Prüfungsnote zukünftig nicht mehr statt.

Mündliche Prüfung (§§ 13, 16 KrPflAPrV 1985)

Der mündliche Teil der Prüfung bezieht sich auf Krankenpflege bzw. Kinderkrankenpflege, Krankheitslehre bzw. Kinderkrankheitslehre, Psychologie, Sozialmedizin, Rehabilitation und Hygiene.

Die Prüflinge können entweder einzeln oder in Gruppen bis zu fünf Personen geprüft werden. Die Prüfung soll in den einzelnen Fächern nicht länger als zehn Minuten dauern.

Die Abnahme und Benotung der mündlichen Prüfung erfolgt durch einen Fachprüfer, wobei sich der Vorsitzende nicht nur in die Prüfung einschalten, sondern auch selbst prüfen kann. Die Gesamtnote bildet wiederum der Vorsitzende aus allen Einzelnoten der Fachprüfer mit deren Benehmen – nicht notwendigerweise Einvernehmen.

Die Benotung der einzelnen Fächer unterliegt – anders als im schriftlichen Prüfungsteil – **keiner Gewichtung**. Auch berechnet sich die Gesamtprüfungsnote nicht entsprechend dem Notenschlüssel nach § 12 Abs. 3 Satz 2 KrPflG 1985 (◘ Tabellen 21.7 u. 21.8).

▪▪▪ Neue Verordnungslage (§§ 14, 17 VE)

Der mündliche Teil der Prüfung in der **Gesundheits- und Krankenpflege** erstreckt sich auf die **Themenbereiche**:
1. Unterstützung, Beratung und Anleitung in gesundheits- und pflegerelevanten Fragen fachkundig gewährleisten.
2. Berufliches Selbstverständnis entwickeln und lernen, berufliche Anforderungen zu bewältigen.
3. Bei der medizinischen Diagnostik und Therapie mitwirken und in Gruppen und Teams zusammenarbeiten.

Der Prüfling hat anwendungsbereite berufliche Kompetenzen nachzuweisen. In die Prüfung sind die Differenzierungsphase sowie die den Themenbereichen zugeordneten fachlichen Wissensgrundlagen mit einzubeziehen.

Die Prüfung kann als **Einzelprüfung** oder als **Gruppenprüfung** mit bis zu vier Prüflingen (früher: fünf) durchgeführt werden. Sie soll mindestens zehn Minuten, aber nicht länger als 15 Minuten (neu!) für jeden einzelnen Prüfling zu jedem einzelnen Themenbereich dauern. Die maximale Prüfungsdauer beträgt danach pro Prüfung 45 Minuten für den Prüfling.

Das **Notengebungsverfahren** gleicht inhaltlich im Wesentlichen der (zum Zeitpunkt der Drucklegung noch) geltenden Regelung. Es wird für jeden Themenbereich eine **Einzelnote** gebildet und zwar vom jeweiligen Fachprüfer **im Benehmen** – nicht: Einvernehmen – mit dem Ausschussvorsitzenden. Unter Fachprüfer sind die in § 4 Abs. 1 Nr. 3 und 4 (VE) genannten Personen zu verstehen. Dazu gehören auch **Lehrkräfte** und **Praxisanleiter**.

◻ **Tabelle 21.7.** Berechnung der Gesamtprüfungsnote, schriftlicher Teil

1. Schriftlicher Teil (§ 12)

Fächer	Prüfungsnote	Faktor	Gewichtete Note
Krankenpflege	4	3	12
Krankheitslehre	4	2	8
Anatomie/Physiologie	5	2	10
Berufs-/Gesetzes-/Staatsbürgerkunde	4	1	4
Summe der gewichteten Noten			34
Geteilt durch Summe der Faktoren		8	
Ergibt die Gesamtnote gemäß § 12 Abs. 3 Satz 2		4.25 = Mangelhaft	

◻ **Tabelle 21.8.** Berechnung der Gesamtprüfungsnote, mündlicher Teil

2. Mündlicher Teil (§ 13)

Fächer	Prüfungsnote	Faktor	Gewichtete Note
Krankenpflege	4	Keinen	Keine
Krankheitslehre	4	Keinen	Keine
Psychologie/Sozialmedizin/Rehabilitation	5	Keinen	Keine
Hygiene	4	Keinen	Keine
Summe der ungewichteten Noten	17		
Geteilt durch die Anzahl der Fächer	4		
Ergibt die Gesamtnote gemäß § 13 Abs. 2		4.25 = Ausreichend	

> Die Prüfungsnote wird vom Vorsitzenden des Prüfungsausschusses aus den Noten der Themenbereiche gebildet.

Ein Benehmen mit den Fachprüfern ist nach derzeitigem Stand (Juli 2003) hierbei nicht mehr vorgesehen (§ 14 Abs. 3 VE).

Der mündliche Prüfungsteil in der **Gesundheits- und Kinderkrankenpflege** verläuft entsprechend (§ 17 VE).

Praktische Prüfung (§§ 14, 17 KrPflAPrV 1985)

Der praktische Teil der Prüfung erstreckt sich auf die Krankenpflege bzw. Kinderkrankenpflege bei einer Patientengruppe von höchstens vier Patienten (§§ 14, 17 KrPflAPrV). Die Aufgabe in diesem dritten Prüfungsabschnitt besteht in der Übernahme der pflegerischen Versorgung der Patienten im Stationsablauf (einschließlich der Pflegeplanung, der verwaltungsmäßigen Abwicklung und der zur Durchführung der Pflege erforderlichen Übergabe).

Auswahl der Patienten durch
- die Patienten selbst (ihr Einvernehmen muss vorliegen),
- den für den Patienten verantwortlichen Arzt,
- die Fachprüfer und
- die am Prüfungstag verantwortliche Pflegekraft.

Nur ausnahmsweise ist ein simulierter Stationsablauf zugelassen (§ 14 Abs. 3, § 17 KrPflAPrV).

Die Abnahme und Benotung der Prüfung erfolgt durch zwei Fachprüfer. Die Endnote wird wiederum vom Vorsitzenden gebildet.

▪▪▪ Neue Verordnungslage (§§ 15, 18 VE)

Der Ablauf des praktischen Teils der Prüfung ergibt sich aus § 15 VE für die Gesundheits- und Krankenpfleger bzw. aus § 18 VE für die Gesundheits- und Kinderkrankenpflege. Die Prüfung umfasst die **Übernahme aller anfallenden Aufgaben einer prozessorientierten Pflege** bei einer Patientengruppe von vier Personen in dem Fachgebiet des Differenzierungsbereiches, in dem der Prüfling zur Zeit der praktischen Prüfung an der praktischen Ausbildung teilnimmt. Voraussetzung für die ordnungsgemäße Erledigung der Prüfungsaufgaben sind die während der Ausbildung erworbenen Kompetenzen, auf die es bei der späteren Berufsausbildung ankommt. Neben der Erledigung der Aufgaben hat der Prüfling in einem daran anschließenden **Prüfungsgespräch** Erläuterungen und Begründungen zu dem von ihm ausgeführten pflegerischen Handeln abzugeben und sich mit der Pflegesituation auseinander zu setzen.

Nach der Begründung zum Verordnungsentwurf soll durch diese Ergänzung der praktischen Prüfung der Prüfling die Gelegenheit zum Nachweis erhalten, dass er nicht nur die Prüfungsaufgaben sachgerecht erledigen kann, sondern auch, dass er in der Lage ist, sein Handeln auf andere Pflegesituationen zu übertragen. Mit dem Beleg für ein begründetes pflegerisches Handeln und der Aufforderung, das eigene pflegerische Handeln kritisch zu hinterfragen, soll im Rahmen der praktischen Prüfung eine wichtige Grundlage für die **selbstständige Gestaltung des Pflegeprozesses** während der späteren Tätigkeit in der Gesundheits- und (Kinder-)Krankenpflege gelegt werden.

❶ Das Prüfungsgeschehen soll im Kontext mit der neuen handlungsorientierten Ausrichtung des stundenmäßig erhöhten Unterrichts und der praktischen Ausbildung zukünftig eine Einheit darstellen und damit den Kreis zur Erreichung des im Krankenpflegegesetzes formulierten Ausbildungsziels schließen.

Die während der Ausbildung zu praktizierende Verknüpfung von Theorie und Praxis spiegelt sich schließlich auch in den Anforderungen an die Fachprüfer in der praktischen Ausbildung wider. Von diesen müssen zwei Personen **Lehrkräfte** und eine Person **Praxisanleiter** sein (§ 15 Abs. 3 Satz 1 VE).

Die **Prüfungsnote** bildet der Vorsitzende des Prüfungsausschusses im Benehmen mit den Fachprüfern.

Prüfung in der Krankenpflegehilfe (§§ 18, 19 KrPflAPrV 1985)

In der Krankenpflegehilfe beschränkt sich die Prüfung auf
- einen mündlichen und
- einen praktischen Teil.

Es entfällt also der schriftliche Prüfungsteil.

Der **mündliche Teil** der Prüfung erstreckt sich auf nachstehende Fächer gemäß § 18 KrPflAPrV 1985:
1. Krankenpflege im Rahmen der Krankenpflegehilfe unter Einbeziehung der Krankheitslehre,
2. Anatomie, Physiologie und Hygiene,
3. Berufs-, Gesetzes- und Staatsbürgerkunde.

Der **praktische Teil** der Prüfung hat die grundpflegerische Versorgung des Patienten zum Inhalt (§ 19 KrPflAPrV 1985).

▪▪▪ Neue Verordnungslage

Da eine bundeseinheitliche Ausbildung in der (Kinder-)Krankenpflegehilfe **nicht mehr** vorgesehen ist, entfallen entsprechende Prüfungsvorschriften.

Benotung (§ 6 KrPflAPrV 1985)

Die Benotung der gesamten Prüfungsabschnitte erfolgt gemäß § 6 KrPflAPrV 1985 mit der Note »sehr gut« (1), wenn die Leistung den Anforderungen in besonderem Maße entspricht, über die Noten »gut« (2), »befriedigend« (3), »ausreichend« (4), »mangelhaft« (5) bis zu »ungenügend« (6), wenn die Leistung den Anforderungen nicht entspricht und selbst Grundkenntnisse so lückenhaft sind, dass die Mängel in absehbarer Zeit nicht behoben werden können.

▪▪▪ Neue Verordnungslage (§ 7 VE)

Die Benotung der einzelnen Prüfungsleistungen erfolgt nach dem bestehenden, auch an den allgemeinbildenden Schulen üblichen **Notensystem**, das ebenfalls in anderen vorhandenen Ausbildungs- und Prüfungsverordnungen existiert.

Problematisch könnte die Findung einer aus **Einzelnoten** resultierenden **Gesamtnote** werden, etwa bei der Beurteilung der schriftlichen Aufsichtsarbeiten. Werden beispielsweise die drei Aufsichtsarbeiten im schriftlichen Prüfungsteil vom Vorsitzenden im Benehmen mit den jeweiligen Fachprüfern mit der Einzelnote »zwei« für den ersten Themenbereich und jeweils den Einzelnoten »drei« für den zweiten und dritten Themenbereich bewertet, so ergibt sich rechnerisch für die Prüfungsnote ein **arithmetisches Mittel** von 2.6 (= 8 : 3 = 2.666). Ob die endgültige Note nach den Grundsätzen der mathematischen **Auf- oder Abrundung** vergeben wird (so etwa im Altenpflegesetz) oder – wie bei allgemeinbildenden Schulen – unter der **Berücksichtigung der Gesamtleistung** des Schülers in das Ermessen des Beurteilenden gestellt wird, bleibt offen.

Bestehen und Wiederholen der Prüfung (§ 7 KrPflAPrV 1985)

Bestanden ist die Prüfung, wenn jeder der drei (bzw. zwei in der Krankenpflegehilfe) Prüfungsteile mit »ausreichend« benotet wurde. Erhält ein Prüfling die Note »mangelhaft« oder »ungenügend«, kann jeder Teil der Prüfung einmal wiederholt werden. Hat der Prüfling jedoch alle Teile oder den praktischen Teil der Prüfung zu wiederholen, so muss er vor einer Wiederholungsprüfung an einer weiteren Ausbildung teilnehmen, deren Dauer und Inhalt der Vorsitzende des Prüfungsausschusses bestimmt. Die weitere Ausbildung einschließlich der Prüfungszeit darf ein Jahr nicht überschreiten. Die Wiederholungsprüfung muss spätestens zwölf Monate nach der letzten Prüfung abgeschlossen sein (§ 7 KrPflAPrV 1985).

■ ■ ■ Neue Verordnungslage (§ 8 VE)

Die neue Vorschrift entspricht inhaltlich der Regelung aus dem Jahre 1985, ist jedoch redaktionell auf die zukünftigen Anforderungen in den einzelnen Prüfungsteilen abgestimmt.

Bestanden ist die Prüfung, wenn jeder einzelne Prüfungsteil – schriftlich, mündlich, praktisch – bestanden ist. Das ist der Fall, wenn die jeweilige Prüfungsnote mindestens mit »ausreichend« gebildet wurde (§§ 13 Abs. 2, 14 Abs. 3, 15 Abs. 3, 16 Abs. 2, 17 Abs. 2, 18 Abs. 2 VE).

Wiederholt werden können jeweils **einmal**
- jede Aufsichtsarbeit der schriftlichen Prüfung,
- jeder Themenbereich der mündlichen Prüfung und
- die praktische Prüfung,

wenn der Prüfling die Werte »mangelhaft« oder »ungenügend« erhalten hat (§ 8 Abs. 2 VE).

Erlaubniserteilung (KrPflAPrV 1985)

Über die bestandene staatliche Prüfung wird ein **Zeugnis** erteilt. Liegen die Voraussetzungen zur Erlaubniserteilung für die Führung der Berufsbezeichnung nach dem Krankenpflegegesetz vor, so stellt die zuständige Behörde die **Erlaubnisurkunde** aus.

■ ■ ■ Neue Verordnungslage (§ 8 Abs. 2 VE)

In diesem Zusammenhang bleibt es bei den bisherigen Regelungen.

21.1.2 Kosten und Finanzierung

Als Folge der Regelungen zur Praxisanleitung und Durchführung der praktischen Ausbildung in Einrichtungen außerhalb des Krankenhauses sowie der Erhöhung der Stundenzahl des Unterrichts zu Lasten der praktischen Ausbildung um 500 Stunden bei gleichzeitiger Weiterzahlung der Ausbildungsvergütung entstehen bei den Krankenhäusern durch die Umsetzung des Krankenpflegegesetzes und der Ausbildungs- und Prüfungsverordnung ab 2004 erhebliche **Mehrkosten**. Die **Finanzierung** der Mehrkosten wird durch Änderung
- des Krankenhausfinanzierungsgesetzes (§ 17 a KHG),
- des Krankenhausentgeltgesetzes (§ 4 Abs. 2) und
- der Bundespflegesatzverordnung (§ 6 Abs. 1 S. 4)

sichergestellt.

> Die Kompensation eines Teils der Mehrkosten soll ab dem 01.01.2005 durch eine Anhebung des für die Anrechnung der Schüler geltenden Stellenschlüssels von jetzt 7 : 1 auf 9.5 : 1 erreicht werden.

Soweit die Mehrkosten durch den neuen Stellenschlüssel nicht gedeckt werden, tritt eine **Fondfinanzierung** ein. Diese soll die Finanzierung der Ausbildungsstätten und Ausbildungsvergütungen übernehmen. Dementsprechend sind zukünftig auf Landesebene die Ausbildungskosten zu ermitteln und in einem gesonderten Ausbildungsfond auszuweisen (§ 17 a KHG).

Eine weitere Refinanzierung sieht der Gesetzgeber in einer Verbesserung der Qualifikation der Berufe in der Krankenpflege mit gleichzeitiger Sicherstellung der Pflegequalität und Reduzierung von kostenträchtigen Pflegefehlern.

Die erhöhte Anrechnung der Schüler auf den Stellenplan verursacht bei den gesetzlichen Krankenversicherungen einen Mehraufwand von ca. 100 Mio. Euro (BT-Drucksache 15/804). Dementsprechend wird von dort die **Kritik** mit der Forderung laut, die Ausbildungskosten der sog. öffentlichen Hand zuzuordnen. Insbesondere stelle, so die Spitzenverbände der Krankenversicherungen,– zumindest – die Zahlung des theoretischen Unterrichts eine versicherungsfremde Leistung dar, »die originär aus Steuermitteln zu finanzieren ist«. Überdies subventioniere die gesetzliche Krankenversicherung bei partieller Ausbildungsverlagerung in den Bereich der ambulanten und stationären Pflegeeinrichtungen sowie der Rehabilitationseinrichtungen grundsätzlich andere Kostenträger.

21.1.3 Weiterentwicklung der Ausbildungssysteme

Bereits heute sind Ansätze zur weiteren Entwicklung in der Ausbildung der Krankenpflegeberufe deutlich. Zum einen ist die erwähnte Finanzierungsdiskussion zu nennen, deren Einfluss auf die Beitragsstabilität der Krankenkassen nicht bestritten werden kann.

Zum anderen ist auf die Ausführungen der Bundesregierung zum Krankenpflegegesetz 2003 (BT-Drucksache a. a. O.) hinzuweisen, in denen es heißt:

»Langfristiges Ziel der Bundesregierung ist es, die Ausbildungen in den Pflegeberufen auf eine **gemeinsame Grundlage** zu stellen.« Dies erfordert eine Weiterentwicklung der Pflegeberufe durch die Schaffung von gleichen Voraussetzungen und Rahmenbedingungen und macht ein abgestimmtes Vorgehen der für das Krankenpflegegesetz und das Altenpflegegesetz zuständigen Bundesressorts beim Erlass der jeweiligen Ausbildungs- und Prüfungsverordnungen erforderlich.

> Daher heißt es auch in § 8 Abs. 1 S. 1 KrPflG 2003, dass die Ausbildungs- und Prüfungsverordnung für die Berufe in der Krankenpflege durch das Bundesministerium für Gesundheit und soziale Sicherung **im Einvernehmen** mit dem Bundesministerium für Familie, Senioren, Frauen und Jugend zu erfolgen hat.

Und schließlich deutet auch die Einräumung von länderrechtlichen Modellversuchen auf die Zielsetzung einer Weiterentwicklung der Pflegeberufe unter Berücksichtigung berufsfeldspezifischer Anforderungen hin (§ 4 Abs. 6 KrPflG 2003).

21.2 Gesetz über die Berufe in der Altenpflege

Seit Jahrzehnten erfolgten Ausbildung, Prüfung, und staatliche Anerkennung von Altenpflegerinnen und Altenpflegern auf der Grundlage **landesrechtlicher** Regelungen. Vom Bundesrat (1994) und dem Bundesland Hessen (1994) initiierte Vorhaben einer bundeseinheitlichen Regelung scheiterten. Mit dem am 10.09.1999 eingebrachten »Entwurf eines Gesetzes über die Berufe in der Altenpflege (Altenpflegegesetz – AltPflG)« unternahm die Bundesregierung einen neuen Anlauf für eine **bundeseinheitliche** Regelung der Altenpflegeausbildung.

Diesmal verliefen die Beratungen erfolgreich und das Gesetz wurde am 24.11.2000 im Bundesgesetzblatt verkündet.

In seinen wesentlichen Teilen sollte das »Altenpflegegesetz« am 01.08.2001 in Kraft treten. Hierzu kam es jedoch als Folge eines gegen das Gesetz gestellten **Normenkontrollantrages** der Bayerischen Staatsregierung beim Bundesverfassungsgericht nicht. Das Gericht setzte mit Beschluss vom 22.05.2001 (BVerfG – 2 BvQ 48/60, NJW 2001, 3253) im Wege der einstweiligen Anordnung den Vollzug des Gesetzes zunächst längstens für die Dauer von sechs Monaten einstweilen außer Kraft.

Im weiteren Verfahren befand das Bundesverfassungsgericht jedoch abschließend in seinem Urteil vom 24.10.2002 (BVerfG – 2 BvF 1/61) einstimmig.

> Entscheidung des Bundesverfassungsgerichts
> - Der Normenkontrollantrag hinsichtlich der wesentlichen Teile des Altenpflegegesetzes, die den Zugang, die Ausbildung und die Ausbildungsinhalte für den Beruf der **Altenpflegerin** und des **Altenpflegers** regeln, bleibt ohne Erfolg.
> - Die Regelungen des Altenpflegegesetzes für die Ausbildung zu den Berufen der **Altenpflegehelferin** und des **Altenpflegehelfers** sind mit Art. 70, 74 Abs. 1 GG unvereinbar und nichtig.

Der Entscheidung kommt in dreifacher Hinsicht Bedeutung zu.

Zum ersten bejaht das Gericht die Auffassung, dass der Beruf der **Altenpflegerin** und des **Alten-**

pflegers als »**Heilberuf**« im Sinne des Art. 74 Abs. 1 Nr. 19 GG anzusehen ist.

> »Das Berufsbild der Altenpfleger hat sich in den fachlichen Anforderungen und den praktischen Voraussetzungen inzwischen soweit den Heilberufen angenähert, dass der Gesetzgeber diese Entwicklung mit einfach gesetzlichen Vorgaben weiterführen durfte, in dem er dem Berufsbild der Altenpfleger einen klaren heilkundlichen Schwerpunkt verleiht« (BVerfG).

Zudem regeln die im Altenpflegegesetz enthaltenen Bestimmungen über die Berufsausbildung der Altenpfleger zulässigerweise die »Zulassung« im Sinne von Art. 74 Abs. 1 Nr. 19 GG und greifen nach Ansicht des Gerichts nicht in unzulässiger Weise in die Kulturhoheit der Länder ein.

Zum zweiten stellt das Gericht fest, dass die Regelungen über die Berufsausbildung der Altenpflegerinnen und Altenpfleger zur **Wahrung der Wirtschaftseinheit im gesamtstaatlichen Interesse** nach Art. 72 Abs. 2 GG erforderlich sind.

Hierzu führt das Bundesverfassungsgericht u. a. aus, dass die bestehenden landesrechtlichen Ausbildungsregelungen für die Altenpflege keine klaren Konturen haben. Es gibt keine einheitlichen Standards und deshalb auch keine allgemeinverbindliche Qualifikation in der Altenpflegeausbildung. Das führt, so das Gericht, zu einer Benachteiligung der Altenpflegekräfte, die sich arbeitsmarktpolitisch negativ auswirkt. Eine bundeseinheitliche Regelung wirkt sich nach Auffassung des Gerichts positiv auf die Attraktivität der Ausbildung aus und lässt damit eine Erhöhung des Fachkräfteanteils in der Altenpflege erwarten. Sie verspricht vor allem mehr Klarheit über die Kompetenzen der Altenpflegekräfte, was die Flexibilität ihrer Einsatzmöglichkeiten und ihrer Mobilität verbessern wird.

> Es kommt zu einem einheitlichen Berufsbild, das den qualifikatorischen Anforderungen einer sich schnell verändernden Praxis weitgehend entspricht.

Zum dritten sieht das Gericht die vorstehenden Argumente für den Beruf der **Altenpflegerhelferin** und des **Altenpflegehelfers** als nicht zutreffend an. Ausdrücklich wird formuliert:

> Für die Altenpflegehilfe ist ein heilkundlicher Schwerpunkt nicht erkennbar.

Nach dem Urteil des Bundesverfassungsgerichts gelten ab dem 01.08.2003 nunmehr die Vorschriften des Gesetzes über die Berufe in der Altenpflege (Altenpflegegesetz – AltPflG) in der Fassung vom 17.11.2000 mit späteren Änderungen – als Rechtsgrundlage für die Ausbildung in der Altenpflege – mit Ausnahme der Berufe in der Altenpflegehilfe.

Grundzüge der Ausbildung in der Altenpflege

Das Altenpflegegesetz orientiert sich in seiner Konzeption an dem Krankenpflegegesetz. Das wird deutlich bezüglich der formalen Gesetzesgliederung als auch inhaltlich hinsichtlich

- der Zugangsvoraussetzungen,
- der Ausbildungsdauer,
- den Regelungen der Berufsausbildung und
- dem Schutz der Berufsbezeichnung.

Ein wesentlicher Unterschied besteht jedoch in der **Kostentragung** für die Ausbildung.

> Der Begriff »Kosten« umfasst die Kosten der Ausbildungsvergütung sowohl in der praktischen Ausbildung als auch in der Zeit des Unterrichts.

Die Gesamtkosten der Ausbildungsvergütung – nicht Betriebs- und Verwaltungskosten sowie Kosten der Ausbildungsstätte – müssen von den Einrichtungen, die die praktische Ausbildung durchführen, aufgebracht werden, weil nur sie – im Gegensatz zu den Schulen – die Möglichkeit haben, Kosten zu ihren Entgelten für Leistungen einzubringen.

Da das erwähnte Urteil des Bundesverfassungsgerichts die Regelung des Berufes der Altenpflegehilfe aus kompetenzrechtlichen Gründen für verfassungswidrig erachtet hat, regelt das Altenpflegegesetz ausschließlich den Beruf des Altenpflegers.

Zugang zu Ausbildung (§ 6 AltPflG)

Voraussetzung für den Zugang zu Ausbildung ist zunächst die **gesundheitliche Eignung** zur Ausübung des Berufes. Der Nachweis kann z. B. über ein **amtsärztliches Zeugnis** geführt werden.

Weiterhin wird entweder ein Realschulabschluss gefordert oder ein anderer als gleichwertig anerkannter Bildungsabschluss oder eine andere abgeschlossene zehnjährige Schulbildung, die den Hauptschulabschluss erweitert. Alternativ genügt der Hauptschulabschluss beziehungsweise ein als gleichwertig anerkannter Bildungsabschluss, wenn eine erfolgreich abgeschlossene, mindestens zweijährige Berufsausbildung oder die Erlaubnis als Krankenpflegehilfeperson nachgewiesen wird.

> Anders als noch im Entwurf der Bundesregierung vorgesehen, verzichtet das Gesetz auf ein Mindestalter für den Ausbildungszugang.

Ausbildungsziel (§ 3 AltPflG)

> Auch wenn das Gesetz – anders als das Krankenpflegegesetz – kein ausdrückliches Ausbildungsziel definiert, ist der Inhalt der Vorschriften dennoch als solches zu verstehen.

Die Ausbildung in der Altenpflege soll Kenntnisse, Fähigkeiten und Fertigkeiten vermitteln, die zur **selbstständigen** und **eigenverantwortlichen** Pflege befähigen, einschließlich der Beratung, Begleitung und Betreuung alter Menschen. Ein Katalog zählt die maßgeblichen, nicht abschließenden Inhalte der Ausbildung auf (§ 3 Nr. 1 – 10 AltPflG).

Dem Ausbildungskatalog liegt ein ganzheitliches Konzept zu Grunde, das, bezogen auf den jeweiligen Einzelfall, rehabilitativ-therapeutische, musisch-kreative sowie kooperative und organisatorische Aufgaben umfasst.

Ausbildungskatalog
- Er umfasst die qualifizierte, dem Stand der Pflegewissenschaft entsprechende umfassende und geplante Pflege,
- die Mitwirkung bei der Behandlung kranker alter Menschen einschließlich der Ausführung ärztlicher Verordnung,
- Maßnahmen im Rahmen von geriatrischen und gerontopsychiatrischen Rehabilitationskonzepten,
- die umfassende Anleitung von Pflegepersonen, die nicht selbst Pflegefachkräfte sind,
- die Anleitung von alten Menschen, unter Einbeziehung des sozialen Umfeldes, zur eigenständigen Lebensführung und nicht zuletzt
- die umfassende Begleitung Sterbender.

In dem so umrissenen Aufgabenfeld sollen die Altenpflegeschüler für eine präzise Einstellungsgrundhaltung gegenüber älteren Menschen aktiviert und gestärkt werden (BT-Drucksache 14/1578, zu § 3 AltPflG).

> Ebenso wenig wie das Krankenpflegegesetz ordnet das Altenpflegegesetz den Altenpflegepersonen gegenüber anderen Pflegepersonen bestimmte Aufgaben vorrangig zu (= Vorbehaltsaufgaben).

Ausbildungsstellen, Ausbildungsdauer (§§ 4, 5 AltPflG)

Die Ausbildung in der Altenpflege findet an zwei **Lernorten** statt:

- in der Altenpflegeschule und
- in Einrichtungen (z. B. Heimen, stationären, ambulanten Pflegeeinrichtungen u. ä.).

An den Schulen erfolgt der **theoretische** und **praktische Unterricht**, die **praktische Ausbildung** wird in den (Pflege-)Einrichtungen vermittelt.

Mit dem Begriff der **Schule** erfolgt durch den Gesetzgeber keine Festlegung auf ein bestimmtes **Ausbildungssystem**, er verfolgt lediglich die strukturelle Angleichung an das Krankenpflegegesetz (BT-Drucksache 14/1578 zu § 5 AltPflG).

> Vorbehaltlich landesrechtlicher Regelung liegt die Gesamtverantwortung für die Ausbildung bei den Altenpflegeschulen (§ 4 Abs. 4 AltPflG).

Die Gesamtverantwortung zeigt sich u. a. auch darin, dass die Schule die praktische Ausbildung durch **Praxisbegleitung** unterstützt und fördert (▶ 21.1).

Gerade im Hinblick auf die Gestaltung des schulischen Teils der Ausbildung wird das Bemühen des Gesetzgebers deutlich, aus verfassungsrechtlichen Gründen den jeweiligen landesrechtlichen Gegebenheiten Rechnung zu tragen.

> So knüpft auch die Anerkennung einer Einrichtung als Altenpflegeschule an Landesrecht an.

Ist die Einrichtung nach landesrechtlicher Maßgabe als »Schule« staatlich anerkannt, bedarf es einer weitergehenden Anerkennung nicht.

Allerdings muss die Einrichtung zusätzlich Gewähr für eine ordnungsgemäße, dem Katalog im Sinne des § 3 AltPflG gerecht werdende Ausbildung bieten, also in der Lage sein, die Altenpflegeausbildung qualitativ zu tragen. Erst und nur dann genießt sie den Status als »Altenpflegeschule«.

Altenpflegeschulen, die nicht Schulen im Sinne des Schulrechts der Länder sind, können unter den Voraussetzungen des § 5 Abs. 2 AltPflG als solche staatlich anerkannt werden.

Zu den Voraussetzungen zählt insbesondere die **Leitung** der Schule durch eine **pädagogisch qualifizierte Fachkraft** mit abgeschlossener Berufsausbildung im sozialen oder pflegerischen Bereich oder einem anderen abgeschlossenen **pflege-pädagogischen Studium**.

> Unabhängig vom Zeitpunkt der staatlichen Prüfung dauert die Ausbildung drei Jahre (§ 4 Abs. 1 S. 1 AltPflG).

Diese Regelung folgt ebenfalls der des Krankenpflegegesetzes (▶ 21.1).

Im Übrigen ist die Ausbildung auch in **Teilzeitform** möglich; sie dauert dann bis zu fünf Jahre (§ 4 Abs. 5 AltPflG).

Ausbildungsverkürzung (§ 7 AltPflG) und Anrechnung der Ausbildung (§ 8 AltPflG)

Wie nach dem Krankenpflegegesetz kann auf **Antrag** die dreijährige Ausbildung für examiniertes (Kinder-) Krankenpflegepersonal, sowie Heilerziehungs(-pflege-)helfer um bis zu einem Jahr – gemäß § 7 Abs. 2 AltPflG bis zu zwei Jahren – gekürzt werden. Durch die Verkürzung darf jedoch die Erreichung des Ausbildungszieles nicht gefährdet werden.

Die Bedingungen, unter denen z. B. Urlaubszeiten, Unterbrechungen durch Krankheit oder anderen Gründen, auch Schwangerschaft, auf die Dauer der Ausbildung angerechnet werden können, regelt im Einzelnen § 8 AltPflG.

Sachliche Inhalte des Ausbildungsverhältnisses (§§ 13–23 AltPflG)

Maßgeblich für die Ausgestaltung des Ausbildungsverhältnisses sind die Vorschriften des Abschnittes des Altenpflegegesetzes (§§ 13 – 23 AltPflG), die allerdings keine Anwendung finden, so weit der Schüler einer Kirche oder Religionsgemeinschaft angehört und gerade in dieser seiner Ausbildung ableistet (§ 23 AltPflG).

Ausbildungs- und Schulverhältnis

> Entsprechend den beiden Lernorten – Schule und (Pflege-)Einrichtung – wird der rechtliche Status des Schülers in der Altenpflege geprägt.

Zum einen schließt der Schüler einen **Ausbildungsvertrag** mit dem Ausbildungsträger im Sinne des § 4 Abs. 3 AltPflG, z. B. einer stationären Pflegeeinrichtung, über die praktische Ausbildung.

> Neben diesem Ausbildungsverhältnis tritt zum anderen ein Schulverhältnis mit der jeweiligen Altenpflegeschule.

Der zwischen dem auszubildenden Schüler und dem Träger der praktischen Ausbildung abzuschließende **Ausbildungsvertrag** bedarf der **Schriftform**. Er muss mindestens u. a. Aussagen enthalten über:
- das Berufsziel,
- den Beginn und die Dauer der Ausbildung,
- die zeitliche Gliederung der praktischen Ausbildung,
- die Dauer der regelmäßigen, täglichen oder wöchentlichen praktischen Ausbildungszeit,
- die Ausbildungsvergütung,
- die Dauer der Probezeit,
- die Dauer des Urlaubs und
- die Voraussetzungen der Beendigung des Ausbildungsvertrages.

Ist der Träger der praktischen Ausbildung zugleich Träger der Altenpflegeschule, dann dürfte die »Zweigleisigkeit« von arbeitsrechtlich ausgeprägtem Ausbildungsvertrag und schulrechtlichem Schulverhältnis problemlos sein.

Ist dies nicht der Fall, sondern besteht mit der Altenpflegeschule als für die Gesamtverantwortung für die Ausbildung entscheidende Institution nur ein Vertrag über die Durchführung der praktischen Ausbildung der (Pflege-)Einrichtung nach § 4 Abs. 3 AltPflG, sind Probleme nicht ausgeschlossen. Der Träger der Gesamtverantwortung ist dann nicht identisch mit dem Träger der (praktischen) Ausbildung.

> Nach der Gesetzesbegründung soll § 4 Abs. 4 AltPflG nur regeln, wer im Innenverhältnis der an der Ausbildung beteiligten Einrichtungen die Gesamtordnung für die inhaltliche Gestaltung trägt.

Im **Außenverhältnis** z. B. gegenüber dem Schüler soll rechtlich verantwortlich bleiben, wer gemäß § 13 AltPflG mit dem Schüler den Ausbildungsvertrag geschlossen hat.

Fügt z. B. ein Altenpflegeschüler einer dritten Person, etwa einer betreuten Pflegeheimbewohnerin, im Rahmen der Ausbildung einen Schaden zu, haftet der Träger der praktischen Ausbildung, nicht die Schule als »Gesamtverantwortlicher«.

Pflichten der Ausbildungsparteien (§§ 15–17 AltPflG)

Der Träger der praktischen Ausbildung hat alles zu unternehmen, damit der Schüler das Ausbildungsziel erreichen kann. Er muss die entsprechenden Ausbildungsmittel, Instrumente und Apparate zur praktischen Ausbildung kostenlos zur Verfügung stellen. Dem Schüler dürfen des Weiteren nur Verrichtungen übertragen werden, die dem Ausbildungszweck dienen. Der Träger der praktischen Ausbildung hat eine Ausbildungsvergütung zu zahlen.

Der Schüler muss sich bemühen, die Kenntnisse, Fähigkeiten und Fertigkeiten zu werben, die zur Erreichung des Ausbildungszieles unerlässlich sind. Er muss insbesondere an den vorgeschriebenen Ausbildungsveranstaltungen teilnehmen und die ihm übertragenen Aufgaben sorgfältig ausführen.

Probezeit (§ 18 AltPflG)

Die Ausbildung beginnt mit einer sechsmonatigen Probezeit, während der für beide Parteien eine Kündigung »jederzeit ohne Einhaltung einer Kündigungsfrist« möglich ist. Nach Ablauf der Probezeit ist der Ausbildungsstelle die Möglichkeit der ordentlichen Kündigung verwehrt. Dem Schüler bleibt insoweit die Möglichkeit der Kündigung mit einer vierwöchigen Frist.

Bei Vorliegen eines wichtigen Grundes (▶ 12.4.4) können beide Parteien ohne Einhaltung einer Frist kündigen. Insoweit bedarf es der rechtzeitigen, d. h. zwei Wochen nach Kenntnis des wichtigen Grundes erfolgenden schriftlichen Erklärung gegenüber dem anderen Teil, in der auch die der fristlosen Kündigung zu Grunde liegenden Tatsachen anzugeben sind.

Die genannten Regelungen sind zum Schutze des Schülers weitgehend **zwingender Natur**. In Anlehnung an die einschlägigen Bestimmungen des Berufsbildungsgesetzes knüpft § 14 AltPflG Nichtigkeitsfolgen an Abreden, die gegenüber den §§ 13 ff AltPflG zu Ungunsten des Schülers abweichen. Nichtig sind schließlich **Abreden**, welche die Verpflichtung des Schülers zur Zahlung einer Entschädigung für die praktische Ausbildung begründen sollen oder die **Vertragsstrafen** oder **Schadensersatzansprüche** zum Gegenstand haben.

Ausschluss des Berufsbildungsgesetzes (§ 28 AltPflG)

Wie im Bereich der Krankenpflege (▶ 21.1) ist auch im Bereich der Altenpflegeausbildung die Anwendung des Berufsbildungsgesetzes ausgeschlossen.

> Das Altenpflegegesetz regelt den Ausbildungsgang in der Altenpflege abschließend.

Erlaubnisverfahren (§ 2 AltPflG)

Das Altenpflegegesetz folgt dem System der Berufe im Gesundheitswesen, wonach die Bezeichnung des Berufs von einer Erlaubniserteilung abhängig gemacht wird (§ 1 AltPflG).

> Das Altenpflegegesetz schützt damit ebenso wie andere Gesetze im Bereich der Gesundheitsfachberufe die Berufsbezeichnung.

Die von der zuständigen Landesbehörde zu erteilende Erlaubnis setzt eine **Antragstellung** voraus.

Ein **Rechtsanspruch** auf Erlaubniserteilung besteht, wenn der Antragsteller die in § 2 AltPflG genannten Voraussetzungen erfüllt. Dazu gehört, dass der Antragsteller die Ausbildung abgeleistet und die Prüfung bestanden hat oder eine im Sinne des § 2 Abs. 3 AltPflG als gleichwertig anerkannte Ausbildung (entsprechend dem EWR-Abkommen u. ä.) belegen kann. Weiter muss er für die Ausübung gerade dieses Berufes zuverlässig sein und darf schließlich nicht in gesundheitlicher Hinsicht zur Berufsausübung ungeeignet sein.

Hat zum Zeitpunkt der Erlaubniserteilung eine der Voraussetzungen nicht vorgelegen, ist die Erlaubnis zurückzunehmen. Ist eine der Voraussetzungen wieder weggefallen, ist die Erlaubnis zu widerrufen.

21.2.1 Ausbildungs- und Prüfungsverordnung für den Beruf der Altenpflegerin und des Altenpflegers (AltPflAPrV)

Die Ausbildungs- und Prüfungsverordnung vom 26.11.2002 regelt die Inhalte der Ausbildung zum Altenpflegeberuf sowie den Ablauf des staatlichen Prüfungsverfahrens einschließlich der Erlaubniserteilung.

Ermächtigungsgrundlage für die Verordnung ist § 9 AltPflG.

Ausbildung (§§ 1, 2 AltPflAPrV)

Die in Vollzeit durchgeführte dreijährige Ausbildung in der Altenpflege gliedert sich in
- **theoretischen** und **praktischen Unterricht** von 2.100 Stunden und
- **praktische Ausbildung** von 2.500 Stunden, von denen mindestens 2.000 Stunden in (Pflege-)Einrichtungen zu absolvieren sind.

> Die Gesamtausbildung muss so organisiert sein, dass sie im Wechsel von Abschnitten des Unterrichts und der praktischen Ausbildung erfolgt.

Die Aufgliederung der Stundenzahl auf den Unterricht (◻ Tabelle 21.9) und die praktische Ausbildung (◻ Tabelle 21.10) enthält eine Anlage zu § 1 AltPflAPrV.

Während der Zeiten der **praktischen Ausbildung** stellt die Einrichtung den Schülern eine geeignete Fachkraft als **Praxisanleiter** zur Verfügung.

> Aufgabe der Praxisanleitung ist es, den Schüler schrittweise an die eigenständige Wahrnehmung der beruflichen Aufgaben heran zu führen und den Kontakt mit der Altenpflegeschule zu halten (§ 2 Abs. 2 AltPflAPrV).

Tabelle 21.9. Aufteilung der Stundenzahl auf den Unterricht

	Stundenzahl
1. Aufgaben und Konzepte in der Altenpflege	
1.1 Einbeziehung theoretischer Grundlagen in das altenpflegerische Handeln	80
1.2 Planung, Durchführung, Dokumentation, Evaluation der Pflege alter Menschen	120
1.3 Personen- und situationsbezogene Pflege alter Menschen	720
1.4 Anleitung, Beratung, Gesprächsführung	80
1.5 Mitwirkung bei der medizinischen Diagnostik und Therapie	200
2. Unterstützung alter Menschen bei der Lebensgestaltung	
2.1 Berücksichtigung der Lebenswelten und sozialer Netzwerke alter Menschen beim altenpflegerischen Handeln	120
2.2 Unterstützung alter Menschen bei der Wohnraum- und Wohnumfeldgestaltung	60
2.3 Unterstützung alter Menschen bei der Tagesgestaltung und bei selbst organisierten Aktivitäten	120
3. Rechtliche und institutionelle Rahmenbedingungen altenpflegerische Arbeit	
3.1 Berücksichtigung institutioneller und rechtlicher Rahmenbedingungen beim altenpflegerischen Handeln	120
3.2 Mitwirkung an qualitätssichernden Maßnahmen in der Altenpflege	40
4. Altenpflege als Beruf	
4.1 Entwickeln des beruflichen Selbstverständnis	60
4.2 Lernen lernen	40
4.3 Umgang mit Krisen und schwierigen sozialen Situationen	80
4.4 Erhaltung und Förderung der eigenen Gesundheit	60
zur freien Gestaltung des Unterrichts	200
Stundenzahl insgesamt	2.100

Die Praxisanleiter werden von den Lehrkräften der Schule beraten. Diesen obliegt darüber hinaus die Betreuung und Beurteilung der Schüler im Wege der **Praxisbegleitung** während der praktischen Ausbildung.

Für die jeweiligen Ausbildungsabschnitte stellt die ausbildende Einrichtung eine **Bescheinigung** aus.

Bescheinigungsangaben
— Dauer der Ausbildung,
— Ausbildungsbereiche,
— vermittelte Kenntnisse, Fähigkeiten und Fertigkeiten sowie
— Fehlzeiten der Schülers.

Tabelle 21.10. Aufteilung der Stundenzahl in der Praxis (ohne Angaben)

		Stundenzahl
1.	Kennenlernen des Praxisfeldes unter Berücksichtigung institutioneller und rechtlicher Rahmenbedingungen und fachlicher Konzepte	
2.	Mitarbeiten bei der umfassenden und geplanten Pflege alter Menschen einschließlich Beratung, Begleitung und Betreuung und Mitwirken bei ärztlicher Diagnostik und Therapie unter Aufsicht	
3.	Übernehmen selbstständiger Teilaufgaben entsprechend dem Ausbildungsstand in der umfassenden und geplanten Pflege alter Menschen einschließlich Beratung, Begleitung und Betreuung und Mitwirken bei ärztlicher Diagnostik und Therapie unter Aufsicht	
4.	Übernehmen selbstständiger Projektaufgaben, z. B. bei der Tagesgestaltung oder bei der Gestaltung der häuslichen Pflegesituation	
5.	Selbstständig planen, durchführen und reflektieren der Pflege alter Menschen einschließlich Beratung, Begleitung und Betreuung und Mitwirken bei ärztlicher Diagnostik und Therapie unter Aufsicht	
Stundenzahl insgesamt		2.500

Die Bescheinigung muss der Altenpflegeschule spätestens zum Ende des Ausbildungsjahres vorgelegt sein.

Leistungsbewertung (§§ 3, 4 AltPflAPrV)

Den Schülern ist von der Altenpflegeschule ein **Zeugnis** über die Leistungen im Unterricht und in der praktischen Ausbildung – in diesem Fall im Benehmen mit den Trägern der praktischen Ausbildung – zum Ende eines jeden Ausbildungsjahres zu erteilen.

Vor dem Zulassungsverfahren zur Prüfung ist durch die Altenpflegeschule eine **Bescheinigung** über die regelmäßige und erfolgreiche Teilnahme an der Ausbildung nach einem verordneten Muster zu erteilen (§ 3 Abs. 2 Anlage 2 AltPflAPrV). Handelt es sich bei der Altenpflegeschule um eine Schule nach Landesrecht, kann die Bescheinigung durch ein Zeugnis ersetzt werden.

Für alle zu erwartenden Leistungen stellt die Ausbildungs- und Prüfungsverordnung einen Notenschlüssel auf (§ 4). Damit ergibt sich ein einheitliches Notengebungsverfahren auch für die Benotung in den einzelnen Prüfungsabschnitten im Prüfungsverfahren.

Prüfungsverfahren (§§ 5 – 19 AltPflAPrV)

Die staatliche Prüfung umfasst
— einen schriftlichen Teil (§ 10 AltPflAPrV),
— einen mündlichen Teil (§ 11 AltPflAPrV),

der jeweils an der **Altenpflegeschule** abzulegen ist sowie
— einen praktischen Teil (§ 11 AltPflAPrV),

der in der Regel an der auszubildenden **Einrichtung** oder in der Wohnung einer pflegebedürftigen Person abgelegt wird. Ausnahmsweise kann der praktische Teil auch im Rahmen einer simulierten Pflegesituation an der Altenpflegeschule durchgeführt werden.

Der Prüfung ist ein **Zulassungsverfahren** (§ 8 AltPflAPrV) vorgeschaltet, in dessen Rahmen der Vorsitzende des **Prüfungsausschusses** über den Antrag des Schülers auf Zulassung zur Prüfung entscheidet. Die Zusammensetzung des **Prüfungsausschusses** und dessen namentliche Bestellung regelt § 7 AltPflAPrV. Die Mitglieder müssen sachkundig und für die Mitwirkung an Prüfungen geeignet seien.

Den einzelnen Prüfungsteilen sind Aufgaben aus bestimmten Lernfeldern zugeordnet, sei es als **Aufsichtsarbeit** (schriftlicher Teil), als **mündliche Einzel-** oder **Gruppenprüfung** (mündlicher Teil) und als **schriftliche Ausarbeitung** einer **Pflegeplanung** sowie **Durchführung der Pflege** einschließlich Beratung, Betreuung und Begleitung eines alten Menschen nebst abschließender **Reflexion** (praktischer Teil), die nach bestimmten Zeitvorgaben zu erledigen sind.

Bewertung der Prüfung (§ 9 AltPflAPrV)

Im Gegensatz zur Benotung im Prüfungsverfahren etwa nach dem Krankenpflege- oder Hebammengesetz und anderen wird nach der Ausbildungs- und Prüfungsverordnung für Altenpfleger eine **Vornote** für jedes Lernfeld, das Gegenstand des schriftlichen und des mündlichen Teils der Prüfung ist, sowie für den praktischen Teil der Prüfung vom Vorsitzenden des Prüfungsausschusses auf Vorschlag der Altenpflegeschule festgesetzt. Die jeweilige Vornote ergibt sich aus den Zeugnissen, die dem Schüler zum Ende eines jeden Ausbildungsjahres erteilt wurden (§§ 9, 3 Abs. 1 AltPflAPrV).

> Die Vornoten werden bei der Bildung der Noten der jeweilige Prüfungsteile mit je 25 v. H. berücksichtigt (§ 9 Abs. 2 AltPflAPrV).

Die Vornoten müssen den Schülern spätestens drei Werktage vor Beginn des ersten Prüfungsteils mitgeteilt sein.

Wird jeder der drei Prüfungsteile mindestens mit der Note »ausreichend„ (Wert von 3,5 bis unter 4,5, § 4 AltPflAPrV) bewertet, ist die Prüfung bestanden.

Wird die Note »ausreichend« in einem Prüfungsteil nicht erreicht, kann dieser Prüfungsteil einmal wiederholt werden. Über die **Verlängerung** der Ausbildung sowie deren Dauer und Inhalt entscheidet der Vorsitzende des Prüfungsausschusses im Benehmen mit den Fachprüfern.

Nach Abschluss der Prüfung hat der Schüler **Anspruch auf Einsicht** in die eigenen Prüfungsunterlagen.

> Im Falle einer gerichtlichen Nachprüfung der Bewertung von Prüfungsabschnitten dürfte allerdings auch ein Einsichtsrecht in die Prüfungsniederschrift bestehen, nicht nur in die eigenen Prüfungsunterlagen.

Prüfungsniederschriften (§ 13 AltPflAPrV) und Anträge auf Zulassung zur Prüfung (§ 8 AltPflAPrV) sind zehn Jahre, schriftliche Aufsichtsarbeiten (§ 10 AltPflAPrV) drei Jahre aufzubewahren.

Abschließend regelt die Ausbildungs- und Prüfungsverordnung die Folgen bei Rücktritt von der Prüfung, bei Nichtabgabe der Aufsichtsarbeiten oder Unterbrechung der Prüfung, Versäumnisfolgen sowie Folgen von Ordnungsverstößen und Täuschungsversuchen (§§ 16 – 18 AltPflAPrV).

Erlaubnisurkunde (§ 20 AltPflAPrV)

Ist die Prüfung bestanden und liegen die weiteren Voraussetzungen für die Erteilung der Erlaubnis zur Führung der Berufsbezeichnung nach § 2 Abs. 1 AltPflAPrV vor, so stellt die zuständige Behörde die Erlaubnisurkunde aus.

21.3 Gesetz über den Beruf der Hebamme und des Entbindungspflegers

Ebenso wie für das Krankenpflegegesetz 1985 war für die Neuregelung des Hebammenrechts im Jahre 1985 die Notwendigkeit einer Umsetzung entsprechender EG-Richtlinien in innerstaatliches Recht ausschlaggebend. Zugleich wurde eine Anpassung an geänderte tatsächliche Gegebenheiten des Berufsbildes angestrebt. So ist der Begründung des Regierungsentwurfs (BT-Drucksache 10/1064) zu entnehmen, dass sich in der Bundesrepublik Deutschland der Anteil der Klinikentbindungen von 30 v. H. im Jahre 1950 auf 99,3 v. H. im Jahre 1980 erhöht hat. Mit der gestiegenen Inanspruchnahme des Arztes büßte die Hebamme ihre »Monopolstellung« (Zitat Regierungsentwurf) ein.

Das jetzige Gesetz über den Beruf der Hebamme und des Entbindungspflegers (Hebammengesetz – HebG vom 04.06.1985 mit späteren Änderungen) löste das Hebammengesetz in den Fassungen von 1938 bis 1974 ab.

> Eine wesentliche Neuerung brachte das Gesetz dadurch, dass es den bis dahin Frauen vorbehaltenen Beruf auch Männern eröffnete.

Aus diesem Grund sieht das Hebammengesetz neben der Berufsbezeichnung »Hebamme« auch die des »Entbindungspflegers« vor (so schon § 18 der Ausbildungs- und Prüfungsverordnung aus dem Jahre 1981). Damit wird den verfassungsrechtlichen Grundsätzen der **Gleichberechtigung** und **Berufsfreiheit** Rechnung getragen. Im Übrigen wird mit der Zulassung von Männern zum Beruf des Entbindungspflegers in der Bundesrepublik Deutschland eine Regelung geschaffen, wie sie in einigen europäischen Ländern wie Dänemark, Norwegen, Schweden, Finnland, Island, Niederlande und Großbritannien schon bestand.

Geschichtlicher Überblick

Bis zum Beginn des 19. Jahrhunderts hatte die Hebamme gleichsam die Monopolstellung am Wochenbett, wurde im Laufe der Zeit jedoch mehr und mehr von den Ärzten verdrängt. Dabei wurde die Geburt aus dem häuslichen Umfeld allmählich in die Spitäler und Krankenhäuser verlagert, aus dem natürlichen Bereich hinaus in die Welt der Technik. Doch bis die Ärzte zum ersten Mal eingriffen, war die Geburtshilfe, bis auf wenige Ausnahmen, eine reine Frauensache. Sie wurde von Nachbarinnen und Freundinnen der Gebärenden wahrgenommen. Als männliche Ausnahmen galten bis ins frühe Mittelalter die Schäfer und Hirten als erfahrene Geburtshelfer, während Zauberer durch Magie und Suggestion die Schmerzen zu betäuben trachteten.

Erst im 4. Jahrhundert, im Verlaufe der Völkerwanderung, tauchte erstmals der Begriff der »heveamme« auf. Nach den Überlieferungen bestand die Geburtshilfe wohl überwiegend in Worten, wenn es heißt »Milden Gemüts vor des Mädchen Knien setzte sich Oddrun. Und nun sang sie wirksame Weisen, gewaltige Weisen der gebärenden Borgny zum Beistand zu«.

Anfang des 9. Jahrhunderts machte sich der Einfluss des Christentums in der Geburtshilfe bemerkbar. Das Ungeborene sollte um jeden Preis getauft werden, auch wenn die Mutter bei der Geburt starb. Es galt, Fehlgeburten oder gar Abtreibungen zu vermeiden mit der Folge, dass es zu ersten Vorsorgeuntersuchungen kam. Damit es schnellstmöglich zur Taufe kam, fasste die Kirche im 13. Jahrhundert den Entschluss, die Hebammen zur Taufe zu berechtigen und zu verpflichten. Im Jahre 1310 ordnete der Bischof von Trier an: »Wenn bei der Kreißenden das Kind nur mit dem Kopf geboren ist und nicht beendet werden kann, soll baldigst eine Hebamme Wasser über den Kopf des Kindes gießen und dabei den Satz: »Geschöpf Gottes, ich taufe dich« sprechen«. In den Gemeinden wurde jeweils eine der Hebammen zur »Weißfrau« ernannt, die die Taufen zu kontrollieren hatte, gleichsam als verlängerter Arm der Kirche. Diese Aufsichtspflicht ging sogar soweit, dass die Geburtshilfe an zweite Stelle rückte.

Im Zeichen der Reformation wandelte sich die Stellung der Hebamme allmählich vom kirchlichen in den weltlichen Stand. Die Hebammen wurden von der Pflicht zur Taufe entbunden und mit Beginn des 15. Jahrhunderts in den städtischen Dienst übernommen. Die **Regensburger Hebammenverordnung** aus dem Jahre 1452 gilt als eine der ersten in Deutschland. Mit dieser Ordnung wurden Frauen als »geschworene« Hebammen vereidigt und konnten den Rang einer »Oberhebamme« erlangen, die berechtigt war, »Lehrmägde« auszubilden. Starb eine Frau während der Geburt, hatte die Oberhebamme die Pflicht, das Kind durch einen Kaiserschnitt zu retten. Die Oberhebammen wurden allerdings noch durch die »Ehrbaren Frauen« kontrolliert, die darauf zu achten hatten, dass »die Hebamme nicht verwahrlost« ist.

Die Anforderung an Reinlichkeit und Hygiene zeigt auch die Dienstanweisung für die im preußischen Dienst tätigen Hebammen zu Beginn des 20. Jahrhunderts: »Sie muss stets reinlich an Körper und Kleidung sein, besonders die Hände immer möglichst rein halten und die Nägel an den Fingern gehörig schneiden. Außerdem soll sie auch die Mundhöhle und die Zähne stets rein halten«.

Schon um die Mitte des 16. Jahrhunderts waren die Ordnungen und Bestimmungen für Hebammen immer strenger geworden, und die Anforderungen an ihr Wissen nahmen zu. Jetzt erwartete man von ihnen auch, dass sie Krankheiten von Mutter und Kind behandeln konnten. Im Laufe der Zeit wurden in den Hebammenverordnungen auch Fragestellungen für Prüfungen aufgenommen. Schriftlich festgehalten wurden sie von Ärzten, die damit das Wissen, das sich Hebammen über Jahrhunderte angeeignet und überliefert hatten, übernahmen. Obwohl ohne eigene praktische Erfahrungen wurden diese sog. »Buchärzte« den Hebammen übergeordnet. So kam es zu immer größeren Spannungen zwischen Ärzten und Hebammen, die ihr Wissen nunmehr geheim zu halten versuchten. Doch diese Bemühungen scheiterten. Mit Beginn des 18. Jahrhunderts wurde der »Führungswechsel am Wochenbett« immer deutlicher.

Mit den fundierten Ausbildungsanforderungen des heute geltenden Gesetzes über den Beruf der Hebamme und des Entbindungspflegers sind die besten Voraussetzungen für ein partnerschaftliches Zusammenarbeiten zwischen Ärzten und Hebammen/Entbindungspfleger zum Wohl der Wöchnerin und des Kindes geschaffen.

Gesetzessystematik

Das Hebammengesetz gliedert sich in zehn Abschnitte. Während sich der I. Abschnitt (§§ 1–3) mit dem **Erlaubnisverfahren** befasst, regelt der II. Abschnitt (§ 4) die **Tätigkeitsbereiche**. Den Grundzügen der **Ausbildung** widmet sich der III. Abschnitt (§§ 5–10), während die tatsächlichen Inhalte des **Ausbildungsverhältnisses** im IV. Abschnitt (§§ 11–21) geregelt werden, mit dem die einzige Vorschrift des VIII. Abschnitts (§ 26) korrespondiert, in dem für die Ausbildung zur Hebamme und dem Entbindungspfleger die Anwendung des Berufsbildungsgesetzes (BBiG) ausgeschlossen wird.

Die Vorschriften der weiteren Abschnitte haben überwiegend verwaltungsrechtlichen Charakter und befassen sich mit der Erbringung von Dienstleistungen (V. Abschnitt, §§ 22, 23), Zuständigkeitsüberlegungen (VI. Abschnitt, § 24), Bußgeldvorschriften (VII. Abschnitt, § 25) sowie mit Übergangs- und Schlussvorschriften (IX. und X. Abschnitt, §§ 27–33). Eine dem Gesetz beigefügte Anlage gibt Auskunft über Diplome, Prüfungszeugnisse oder Befähigungsnachweise der übrigen EU-Mitgliedstaaten einschließlich der Staaten des Europäischen Wirtschaftsraumes.

Grundzüge der Ausbildung in den Berufen der Hebamme und des Entbindungspflegers

Wie schon die vorstehende Systematik des Hebammengesetzes zeigt, ist eine »Verwandtschaft« zum Krankenpflegegesetz unverkennbar. So kommt – wie auch bei den übrigen bundesgesetzlichen Regelungen für die Fachberufe im Gesundheitswesen – im Hebammengesetz entscheidendes Gewicht den Ausbildungsvorschriften sowie den Bestimmungen über die Erteilung der Erlaubnis zur Führung der Berufsbezeichnung zu.

Zugang zur Ausbildung (§ 7 HebG)

Im Vorgriff auf das Hebammengesetz 1985 waren die Zugangsvoraussetzungen zur Ausbildung bereits in der vorerwähnten Ausbildungs- und Prüfungsordnung von 1981 (§ 1 HebAPrV) neu geregelt worden. Diese Vorschrift wurde außer Kraft gesetzt und ist durch § 7 HebG ersetzt worden.

Danach werden für den Zugang zur Ausbildung ein **Mindestalter** von 17 Jahren, eine gesundheitliche Eignung zur Ausübung des Berufes sowie bestimmte schulische Voraussetzungen gefordert.

Während bis Ende 1982 als Vorbildung eine abgeschlossene Volksschulbildung genügte, wurden die Vorbildungsvoraussetzungen angehoben, und zwar mit der Forderung nach einem **Realschulabschluss**, einer gleichwertigen Schulbildung oder einer anderen abgeschlossenen zehnjährigen Schulbildung, einem Hauptschulabschluss mit Nachweis eines erfolgreichen Besuchs einer mindestens zweijährigen Pflegevorschule, dem erfolgreichen Abschluss einer mindestens zweijährigen Berufsausbildung oder der Erlaubnis als Krankenpflegehelfer(in).

Ausbildungsziel (§ 5 HebG)

Wie auch das Krankenpflegegesetz enthält das Hebammengesetz erstmals die Formulierung eines Ausbildungsziels.

> ℹ️ Die Ausbildung soll insbesondere dazu befähigen, Frauen während der Schwangerschaft, der Geburt und dem Wochenbett Rat zu erteilen und die notwendige Fürsorge zu gewähren, normale Geburten zu leiten, Komplikationen des Geburtsverlaufs frühzeitig zu erkennen, Neugeborene zu versorgen, den Wochenbettverlauf zu überwachen und eine Dokumentation über den Geburtsverlauf anzufertigen.

Die Formulierung des Ausbildungsziels trägt insbesondere mit der Forderung nach Ausbildung in der Überwachung des Wochenbettverlaufs der Tatsache Rechnung, dass der Beruf der Wochenpflegerin entfällt. Ferner ergibt sich aus der Regelung des Ausbildungsziels in Verbindung mit der Definition der Geburtshilfe im Rahmen der **vorbehaltenen Tätigkeiten** die Feststellung, dass das Hebammengesetz nicht nur – wie etwa das Krankenpflegegesetz – den Schutz einer Berufsbezeichnung gewährleistet, sondern auch durch Bezeichnen dieser Tätigkeit diese von Tätigkeiten anderer Berufe im Gesundheitswesen genau abgrenzt (▶ 10.11.3). Insoweit ist einleuchtend, dass etwa die Verordnung zur Abgrenzung der Berufstätigkeit der Hebamme von der Krankenpflege in der Fassung von 1974 außer Kraft gesetzt wurde.

Ausbildungsstätte (§ 6 HebG)

Die Ausbildung der Hebammen und des Entbindungspflegers erfolgt in staatlich anerkannten **Hebammenschulen** an Krankenhäusern.

Durch die Worte »an Krankenhäusern« wird der enge Zusammenhang zwischen **theoretischem** und **praktischem Unterricht** einerseits und **praktischer Ausbildung** andererseits verdeutlicht.

Die staatliche Anerkennung einer Hebammenschule setzt – neben anderem – voraus, dass die Schule von einer Lehrhebamme oder einem Lehrentbindungspfleger allein oder gemeinsam mit einem Arzt (einer Ärztin) geleitet wird.

Bei den »Lehrhebammen« bzw. »Lehrentbindungspflegern« handelt es sich um Personen, die die Befähigung zur Unterrichtung durch eine entsprechende Fort- oder Weiterbildung erworben haben, die gegebenenfalls durch **Länderrecht** geregelt sein kann.

Ausbildungsdauer (§ 7 HebG)

Die Ausbildung dauert, wie schon in der Ausbildungs- und Prüfungsverordnung von 1981 vorgesehen, drei Jahre (früher zwei Jahre). Mit dem Hebammengesetz ist diese Regelung nunmehr auf eine gesetzliche Basis gestellt. Außerdem wird bestimmt, dass die Ausbildungsdauer unabhängig vom Zeitpunkt der Prüfung drei Jahre beträgt.

Ausbildungsverkürzung (§ 8 HebG)

Mit dem Krankenpflegegesetz 1985 korrespondiert die Regelung des Hebammengesetzes, wonach eine abgeschlossene Ausbildung als (Kinder-)Krankenschwester bzw. -pfleger auf die Ausbildung zur Hebamme bzw. zum Entbindungspfleger mit zwölf Monaten anzurechnen ist. Nach früherem Recht betrug die Anrechnungszeit nur sechs Monate.

Unterbrechungszeiten in der Ausbildung (§ 9 HebG)

Unterbrechungen durch Urlaub oder Ferien werden bis zu sechs Wochen jährlich angerechnet. Mit dieser Regelung, die der des Krankenpflegegesetzes 1985 entspricht, ist hiermit insbesondere tariflichen Urlaubsregelungen für die überwiegend an Krankenanstalten beschäftigten Hebammen bzw. Entbindungspflegern Rechnung getragen. Ferner werden Krankheit, Schwangerschaft oder andere vom Schüler nicht zu vertretende Gründe als **Unterbrechungstatbestände** angesehen, und zwar bis zur Gesamtdauer von zwölf Wochen (bei verkürzter Ausbildung vier Wochen pro Ausbildungsjahr).

Weitergehende Fehlzeiten können aufgrund einer »**Härteklausel**« berücksichtigt werden. Im Übrigen gelten die Ausführungen zum Krankenpflegegesetz entsprechend.

Ausbildungsverhältnis (§§ 11–21 HebG)

Hinsichtlich der Vorschriften über das Ausbildungsverhältnis folgt das Hebammengesetz weitgehend den Regelungen im Krankenpflegegesetz (wichtige Ausnahme: Probezeit für Schüler in der Hebammenausbildung nur vier Monate).

> So entspricht der Status der Schüler an den Hebammenschulen dem der Kranken- und Kinderkrankenpflegeschüler und Schüler für Krankenpflegehilfe bzw. den Gesundheits- und (Kinder-)Krankenpflegern an den Krankenpflegeschulen. Insoweit wurde auch die Anwendung des Berufsbildungsgesetzes auf die Ausbildung zur Hebamme bzw. zum Entbindungspfleger ausgeschlossen.

Um Wiederholungen zu vermeiden, sei in diesem Zusammenhang betreffend Länderzuständigkeit, Ausbildungsverhältnis und Ausschluss des Berufsbildungsgesetzes auf die entsprechenden Ausführungen zum Krankenpflegegesetz verwiesen (▶ 21.1). Wie in der Krankenpflegeausbildung gilt auch hier, dass auf die Ausbildungsverhältnisse der Hebammen und Entbindungspfleger in der Regel der Tarifvertrag zur Regelung der Rechtsverhältnisse der Schüler, die nach Maßgabe des Hebammengesetzes ausgebildet werden, Anwendung findet.

Erlaubnis zur Führung der Berufsbezeichnung und Niederlassungserlaubnis

Das Führen der Berufsbezeichnung »Hebamme« oder »Entbindungspfleger« ist erlaubnispflichtig. Es besteht ein **Rechtsanspruch** auf Erlaubniserteilung, wenn die entsprechende Ausbildungszeit absolviert, die staatliche Prüfung bestanden wurde und die persönlichen Voraussetzungen des § 2 Abs. 1 Ziff. 2, 3 HebG erfüllt sind. Im Übrigen regeln weitere Bestimmungen die gegenseitige Anerkennung von entsprechenden Diplomen, Prüfungszeugnissen und Befähigungsnachweisen im EU-Bereich. Die Führung einer nach dem Hebammengesetz geschützten Berufsbezeichnung durch Personen, die keine Erlaubnis nach dem Gesetz besitzen, wird mit Bußgeld bedroht.

> Mit Inkrafttreten des Hebammengesetzes 1985 steht jeder Hebamme (Entbindungspfleger) mit einer Berufserlaubnis eine Niederlassung als freiberuflich tätige Hebamme (Entbindungspfleger) offen.

Dies ist eine Konsequenz, die aus der Zielsetzung des Hebammenrechts aus dem Jahre 1985 folgt. Anders als das Hebammengesetz 1938 unterscheidet das jetzige Recht nicht mehr zwischen einer freiberuflichen Tätigkeit und einer Tätigkeit als angestellter Hebamme (Entbindungspfleger). Demzufolge hat der Gesetzgeber auf eine Niederlassungserlaubnis als Voraussetzung für eine freiberufliche Tätigkeit verzichtet, allerdings auch mit der Folge, dass die nach bisherigem Recht an die Niederlassungserlaubnis geknüpfte Gewährleistung eines Mindesteinkommens entfällt.

> Hebamme und Entbindungspfleger haben also die Wahl zwischen angestellter Tätigkeit oder freiberuflicher Tätigkeit ohne Niederlassungserlaubnis.

Vorbehaltene Tätigkeiten

Den examinierten und zur Führung der Berufsbezeichnung berechtigten Hebammen und Entbindungshelfern ordnet der Gesetzgeber in § 4 HebG bestimmte Tätigkeiten zu.

> So ist die Geburtshilfe – ausgenommen in Notfällen – allein Ärzten, Hebammen und Entbindungspflegern vorbehalten. Dabei sind die Ärzte verpflichtet, Sorge dafür zu tragen, dass bei einer Entbindung eine Hebamme oder ein Entbindungspfleger zugezogen wird.

Geburtshilfe wird vom Gesetzgeber definiert als »Überwachung des Geburtsvorganges von Beginn der Wehen an, Hilfe bei der Geburt und Überwachung des Wochenbettverlaufs«.

Diese Definition ist mit der Hinzunahme der Überwachung des Wochenbettverlaufs weitergehender als diejenige nach dem Hebammengesetz 1938.

In Konsequenz dieser Neuregelung ist letztlich der Beruf der Wochenpflegerin überflüssig geworden. Deshalb sieht das Hebammengesetz auch die Aufhebung der für dieses Berufsbild entsprechenden Verordnungen vor; an eine Neuregelung für diesen Beruf ist nicht gedacht. Allerdings gelten die auf Grund des bisherigen Rechts erteilten Anerkennungen als Wochenpflegerinnen fort.

21.3.1 Ausbildungs- und Prüfungsverordnung für Hebammen und Entbindungspfleger

Auf der Grundlage des § 10 HebG wurde am 16.03.1987 die Ausbildungs- und Prüfungsverordnung für Hebammen und Entbindungspfleger (HebAPrV – mit späteren Änderungen) erlassen. Sie steht im Einklang mit der entsprechenden EG-Richtlinie aus dem Jahre 1980 und regelt den Inhalt der staatlichen Ausbildung, die Zulassungsbedingungen und sonstigen Verfahrensvoraussetzungen der staatlichen Prüfung.

Ausbildungsinhalte

Unter Zugrundelegung des in § 5 HebG formulierten Ausbildungsziels bestimmt § 1 HebAPrV zunächst den zeitlichen Umfang der Ausbildung, nämlich für den **theoretischen und praktischen Unterricht** 1.600 Stunden, für die **praktische Ausbildung** 3.000 Stunden. Von diesen Stundenzahlen kann nur mit Zustimmung der zuständigen Behörde ausnahmsweise abgewichen werden; dabei darf insbesondere das Ausbildungsziel nicht gefährdet werden.

Eine Anlage zu § 1 HebAPrV konkretisiert die Stundenverteilung während der dreijährigen Ausbildung (Tabellen 21.11 und 21.12).

Die regelmäßige und erfolgreiche Teilnahme an den vorgeschriebenen Ausbildungsveranstaltungen muss durch eine entsprechende Bescheinigung nachgewiesen werden.

Prüfungsverfahren

Die formellen Voraussetzungen für die Zulassung zur Prüfung entsprechen denjenigen der Ausbildungs- und Prüfungsverordnung für die Berufe in der Krankenpflege 1985 (▶ 21.1.1).

Wie auch dort gliedert sich nach § 2 HebAPrV die Prüfung für die Hebammen und Entbindungshelfer in drei Abschnitte: einen
— schriftlichen,
— mündlichen und
— praktischen Teil.

Tabelle 21.11. Stundenverteilung während der Hebammenausbildung, erstes Ausbildungsjahr

1. Jahr der Ausbildung:	Stundenzahl
Theoretischer und praktischer Unterricht	
Berufs-, Gesetzes und Staatsbürgerkunde	70
Gesundheitslehre	60
Hygiene und Grundlagen der Mikrobiologie	60
Grundlagen für die Hebammentätigkeit	160
Grundlagen der Psychologie, Soziologie und Pädagogik	50
Biologie, Anatomie und Physiologie	120
Allgemeine Krankheitslehre	40
Allgemeine Arzneimittellehre	20
Erste Hilfe	30
Einführung in Planung und Organisation im Krankenhaus	20
Fachbezogene Physik	30
Fachbezogene Chemie	30
Sprache und Schrifttum	30
Praktische Ausbildung	
Praktische Ausbildung in der Entbindungsstation	160
Auf der Wachstation	160
Auf der Neugeborenenstation	160
Auf der operativen Station (chirurgische Pflege)	160
Auf der nichtoperativen Station	160

Tabelle 21.12. Stundenverteilung während der Hebammenausbildung, zweites und drittes Ausbildungsjahr

2. und 3. Jahr der Ausbildung:	Stundenzahl
Theoretische und praktischer Unterricht	
Berufs-, Gesetzes und Staatsbürgerkunde	60
Menschliche Fortpflanzung, Schwangerschaft, Geburt und Wochenbett	120
Praktische Geburtshilfe	150
Pflege, Wartung und Anwendung geburtshilflicher Apparate und Instrumente	30
Schwangerschaftsbetreuung	80
Wochenpflege	50
Neugeborenen- und Säuglingspflege	50
Allgemeine Krankheitspflege	50
Spezielle Krankenpflege	50
Grundlagen der Psychologie, Soziologie und Pädagogik	40
Grundlagen der Rehabilitation	20
Spezielle Krankheitslehre	120
Spezielle Arzneimittellehre	30
Organisation und Dokumentation im Krankenhaus	30
Praktische Ausbildung	
Praktische Ausbildung in der Entbindungsstation und in der Schwangerenberatung	1.280
Auf der Wachstation	320
Auf der Neugeborenenstation	320
In der Kinderklinik	160
Im Operationssaal	120

Der **schriftliche Teil** der Prüfung (§ 5 HebAPrV) erstreckt sich auf folgende Fächer:
1. Geburtshilfe,
2. Anatomie und Physiologie,
3. Krankheitslehre,
4. Kinderheilkunde,
5. Berufs-, Gesetzes- und Staatsbürgerkunde.

Aus diesen Fächern ist je eine Aufsichtsarbeit zu fertigen, und zwar in den Fächern 3, 4 und 5 in je sechzig Minuten, im Fach 2 in neunzig Minuten. Die Verteilung erfolgt auf zwei Tage.

Der **mündliche Teil** der Prüfung (§ 6 HebAPrV) umfasst folgende Fächer:
1. Geburtshilfe,
2. Kinderheilkunde,
3. Krankenpflege,
4. Gesundheitslehre und Hygiene.

Die Prüfung erfolgt einzeln oder in Gruppen bis zu fünf Personen; in einem Fach soll der Prüfling nicht länger als zwanzig Minuten geprüft werden.

Der **praktische Teil** der Prüfung (§ 7 HebAPrV) erstreckt sich auf folgende Aufgaben:
1. Aufnahme einer Schwangeren und Dokumentation der erhobenen Befunde mit Erstellung eines Behandlungsplanes,
2. Durchführung einer Entbindung mit Erstversorgung des Neugeborenen und Dokumentation mit Einverständnis der Schwangeren,
3. eine praktische Pflegedemonstration an einem Säugling,
4. eine Fallbesprechung/Pflegedemonstration an einer Wöchnerin.

Der praktische Prüfungsteil soll für den Prüfling höchstens acht Stunden dauern; er kann auf zwei Tage verteilt werden.

Benotung

Die Benotung der Prüfungsteile erfolgt ähnlich der in der Krankenpflegeprüfung. Bestanden ist die Prüfung, wenn der schriftliche, der mündliche und der praktische Teil mit mindestens »ausreichend« benotet werden, wobei innerhalb der beiden ersten Prüfungsteile das Fach »Geburtshilfe« ebenfalls mit mindestens »ausreichend« benotet sein muss.

Bestehen und Wiederholen der Prüfung

Die Voraussetzungen des Nichtbestehens entsprechen wiederum denjenigen in der Krankenpflegeprüfung, allerdings mit dem Unterschied, dass jeder Teil der Prüfung nicht nur einmal (so in der Krankenpflegeprüfung), sondern zweimal wiederholt werden kann (§ 10 Abs. 3 HebAPrV).

Erlaubniserteilung
Über die bestandene staatliche Prüfung wird ein Zeugnis erteilt. Liegen die Voraussetzungen zur Erlaubniserteilung für die Führung der Berufsbezeichnung nach dem Hebammengesetz vor, so stellt die zuständige Behörde die Erlaubnisurkunde aus.

21.4 Gesetz über technische Assistenten in der Medizin

Zu den auf dem Gebiet des Gesundheitswesen tätigen Berufen ist auch der Beruf der technischen Assistenten in der Medizin zu zählen. Es soll deshalb ein kurzer Überblick über Ausbildung und Tätigkeit gegeben werden.

Rechtsgrundlage für die Berufstätigkeit ist das Gesetz über technische Assistenten in der Medizin (MTA-Gesetz-MTAG) vom 02.08.1993 mit späteren Änderungen.

Erlaubnispflicht
Nach § 1 dieses Gesetzes bedarf der Erlaubnis, wer eine Tätigkeit mit folgender Berufsbezeichnung ausüben will:
- »Medizinisch-technische Laboratoriumsassistentin« oder »Medizinisch-technischer Laboratoriumsassistent«,
- »Medizinisch-technische Radiologieassistentin« oder »Medizinisch-technischer Radiologieassistent«,
- »Medizinisch-technische Assistentin für Funktionsdiagnostik« oder »Medizinisch-technischer Assistent für Funktionsdiagnostik« oder
- »Veterinärmedizinisch-technische Assistentin« oder »Veterinärmedizinisch-technischer Assistent«.

Für die **Erlaubnis zur Führung der Berufsbezeichnung** muss der Antragsteller folgende Voraussetzungen erfüllen:
- Die vorgeschriebene Ausbildung muss abgeleistet und die staatliche Prüfung bestanden sein.
- Er darf sich nicht eines Verhaltens schuldig gemacht haben, aus dem sich die Unzuverlässigkeit zur Ausübung des Berufs ergibt.
- Er darf nicht wegen eines körperlichen Gebrechens, wegen Schwäche seiner geistigen oder körperlichen Kräfte oder wegen einer Sucht zur Ausübung des Berufs unfähig oder ungeeignet sein.

Eine außerhalb des Geltungsbereichs des Gesetzes erworbene abgeschlossene Ausbildung erfüllt die Voraussetzungen der Erlaubniserteilung auch dann, wenn die Gleichwertigkeit des Ausbildungsstandes gegeben ist. Dies gilt insbesondere bei Diplomen innerhalb der Europäischen Union und des Europäischen Wirtschaftsraumes.

Im Rahmen der Übergangsvorschriften (§§ 13–15 MTAG) wird geregelt, unter welchen Voraussetzungen die Erlaubnis zur Berufsbezeichnung erteilt wird, wenn die Ausbildung vor Inkrafttreten des Gesetzes begonnen wurde bzw. welche Voraussetzungen vorliegen müssen, um auf Antrag die neue Berufsbezeichnung »Medizinisch-technische Assistentin für Funktionsdiagnostik« führen zu dürfen.

Grundzüge der Ausbildung technischer Assistenten in der Medizin
Das MTA-Gesetz folgt in seinem Aufbau und seiner Gesetzessystematik ebenfalls überwiegend dem Krankenpflegegesetz 1985. Wesentliches Gewicht kommt den Ausbildungsvorschriften sowie den Regelungen über sog. **vorbehaltene Tätigkeiten** zu.

Darüber hinaus ermöglicht die Verlängerung der Ausbildung auf drei Jahre die Berufsausübung für deutsche technische Assistenten in der Medizin auch in den EU-Mitgliedsstaaten, in denen die Tätigkeit eines technischen Assistenten in der Medizin an den Besitz eines Hochschuldiploms oder an andere berufliche Befähigungen geknüpft ist.

Zudem ist gegenüber dem früheren Rechtszustand durch Streichung des Verbots der selbstständigen Berufstätigkeit eine wesentliche Erweiterung der Berufsausübungsmöglichkeit und der Berufsfreiheit eingetreten. Das **Grundrecht der Berufsfreiheit** kommt nunmehr auch den technischen Assistenten in der Medizin in Form der selbstständigen Berufsausübung zugute.

Zugang zur Ausbildung (§ 5 MTAG)
Der Zugang zur Ausbildung setzt zunächst einen **Realschulabschluss**, eine gleichwertige Ausbildung oder eine andere abgeschlossene zehnjährige Schulbildung, die den Hauptschulabschluss ersetzt, voraus; gleichgesetzt ist eine abgeschlossene Berufsausbildung von mindestens zweijähriger Dauer, der ein Hauptschulabschluss oder ein gleichwertiger Abschluss vorausging.

Weiterhin wird die gesundheitliche Eignung zur Berufsausübung gefordert.

Ausbildungsziel (§ 3 MTAG)

Die Ausbildungsziele sind je nach angestrebter Berufsbezeichnung unterschiedlich definiert.

> Wer den Beruf einer medizinisch-technischen Laboratoriumsassistentin anstrebt, soll durch die Ausbildung dazu befähigt sein, unter Anwendung geeigneter Verfahren labordiagnostische Untersuchungsgänge in der klinischen Chemie, der Hämatologie, der Immunologie, der Mikrobiologie sowie der Histologie und Zytologie durchzuführen.
> Ausbildungsziel für die medizinisch-technische Radiologieassistentin ist die Durchführung erforderlicher Untersuchungsgänge in der radiologischen Diagnostik und anderen bildgebenden Verfahren sowie die Mitwirkung bei der Erkennung und Behandlung von Krankheiten in der Strahlentherapie und Nuklearmedizin.
> Die medizinisch-technische Assistentin für Funktionsdiagnostik soll ausgebildet werden, um Untersuchungsgänge durchzuführen, die den Funktionszustand des zentralen, peripheren und vegetativen Nervensystems, der Sinnesorgane, der Muskulatur, des Herzens und der Blutgefäßdurchströmung sowie der Lunge darstellen.
> Ziel der Ausbildung zur veterinärmedizinisch-technischen Assistentin ist es, labordiagnostische Untersuchungsgänge in der Lebensmittelanalytik, der Lebensmitteltoxikologie, der Spermatologie, der Hämatologie, Immunologie, Mikrobiologie etc. durchführen zu können.

Ausbildungsstätte (§ 4 MTAG)

Die Ausbildung erfolgt an **staatlich anerkannten Schulen** für technische Assistenten in der Medizin. Dies können auch solche Schulen sein, die nicht an einem Krankenhaus eingerichtet sind; in diesem Fall ist die praktische Ausbildung im Rahmen einer Regelung mit einem Krankenhaus oder anderen geeigneten medizinischen Einrichtungen sicherzustellen.

Ausbildungsdauer (§ 4 MTAG)

Die Ausbildung technischer Assistenten in der Medizin dauert **drei Jahre** und besteht aus theoretischem und praktischem Unterricht sowie einer praktischen Ausbildung. Auf Antrag kann eine andere Ausbildung im Umfang ihrer Gleichwertigkeit auf die Dauer der Ausbildung angerechnet werden und damit zu einer Verkürzung der Regelausbildung führen (§ 7 Abs. 1 MTAG).

Innerhalb der praktischen Ausbildung sind die Schüler für die Dauer von sechs Wochen in Krankenhäusern mit den dort notwendigen Arbeitsabläufen vertraut zu machen und in solchen Verrichtungen und Fertigkeiten der Krankenpflege praktisch zu unterweisen, die für die Berufstätigkeit von Bedeutung sind. Dieser krankenhausspezifische Ausbildungsteil gilt jedoch nicht für Schüler in der veterinärmedizinisch-technischen Assistentenausbildung (§ 8 Abs. 3 MTAG).

Bestimmte Zeiten werden auf die Ausbildungsdauer angerechnet. Dies trifft für Ferien ebenso zu wie für Unterbrechungen durch Schwangerschaft, Krankheit oder aus anderen, vom Schüler nicht zu vertretenden Gründen, und zwar bis zu einer Gesamtdauer von zwölf Wochen (bei verkürzter Ausbildung vier Wochen pro Ausbildungsjahr). Ähnlich dem Krankenpflegegesetz können weitergehende Fehlzeiten auf Grund einer »Härteklausel« berücksichtigt werden.

Vorbehaltene Tätigkeiten (§ 9 MTAG)

Ähnlich dem Hebammengesetz regelt auch das MTA-Gesetz, welche Tätigkeiten im Einzelnen den technischen Assistenten in der Medizin zugeordnet sind.

Auf dem Gebiet der Humanmedizin dürfen ausschließlich medizinisch-technische **Laboratoriumsassistenten** folgende Leistungen ausüben:
a) technische Aufarbeitungen des histologischen und zytologischen Untersuchungsmaterials, technische Beurteilung der Präparate auf ihre Brauchbarkeit zur ärztlichen Diagnostik,
b) Untersuchungsgänge in der morphologischen Hämatologie, Immunhämatologie und Hämostaseologie,
c) Untersuchungsgänge in der klinischen Chemie,
d) Untersuchungsgänge in der Mikrobiologie, Parasitologie und Immunologie einschließlich Ergebnisstellung, Qualitäts- und Plausibilitätskontrolle für die Tätigkeiten b)–d).

Medizinisch-technischen **Radiologieassistenten** ist auf dem Gebiet der Humanmedizin vorbehalten:
a) die Durchführung der technischen Arbeiten und Beurteilung ihrer Qualität in der radiologischen Diagnostik und anderen bildgebenden Verfahren einschließlich Qualitätssicherung,
b) die technische Mitwirkung in der Strahlentherapie bei der Erstellung des Bestrahlungsplanes und dessen Reproduktion am Patienten einschließlich Qualitätssicherung,
c) die technische Mitwirkung in der nuklearmedizinischen Diagnostik und Therapie einschließlich Qualitätssicherung,

d) die Durchführung messtechnischer Aufgaben in der Dosimetrie und im Strahlenschutz in der radiologischen Diagnostik, der Strahlentherapie und der Nuklearmedizin.

Medizinisch-technischen **Assistenten für Funktionsdiagnostik** sind in der Humanmedizin folgende Tätigkeiten zugeordnet:
a) Durchführung von Untersuchungsgängen in der Funktionsdiagnostik des Nervensystems und der Sinnesorgane,
b) Durchführung von Untersuchungsgängen in der kardio-vaskulären Funktionsdiagnostik,
c) Durchführung von Untersuchungsgängen in der pneumologischen Funktionsdiagnostik,
jeweils einschließlich Ergebnisstellung, Qualitäts- und Plausibilitätskontrolle,
d) technische Mitwirkung im Rahmen der chirurgischen und invasiven Funktionsdiagnostik.

Auf dem Gebiet der Veterinärmedizin dürfen die nachstehenden Tätigkeiten nur von **veterinärmedizinisch-technischen Assistenten** ausgeübt werden:
a) technische Aufbereitung des histologischen und zytologischen Untersuchungsmaterials, sachliche Beurteilung der Präparate, ihre Brauchbarkeit zur ärztlichen Diagnose,
b) Durchführung von Untersuchungsgängen an Lebensmitteln tierischer Herkunft,
c) Durchführung von Untersuchungsgängen in der Spermatologie,
jeweils einschließlich Ergebnisstellung, Qualitäts- und Plausibilitätskontrolle für b) und c).

> Für alle Bereiche gilt, dass einerseits bestimmte Tätigkeiten einfacher Art von dem Vorbehalt der Zuweisung ausgenommen sind und dass andererseits Tätigkeiten, deren Ergebnisse der Erkennung einer Krankheit und der Beurteilung ihres Verlaufs dienen, nur auf (tier-, zahn-)ärztliche Anforderung oder auf Anforderung eines Heilpraktikers ausgeübt werden dürfen (§ 9 Abs. 3 MTAG).

Kritisch bleibt in diesem Zusammenhang, ob z. B. die Ableitung eines EEG ebenfalls eine einfache Funktionsprüfung darstellt und damit der Vorbehalt für EEG-Assistenten, die keinen Zugang zur Berufsbezeichnung zum medizinisch-technischen Assistenten für Funktionsdiagnostik haben, entfällt.

Im Übrigen bezeichnet § 10 MTAG einen Personenkreis, für den der Vorbehalt gemäß § 9 MTAG nicht gilt, beispielsweise für Ärzte, Heilpraktiker, Ausbildende sowie Personen mit einer staatlich geregelten, anerkannten oder überwachten abgeschlossenen Ausbildung (§ 10 Abs. 1 Nr. 5), etwa Audiologen, Morphologie-/Zytologieassistenten und elektrophysiologisch-technischen Assistenten, soweit es hierfür in einzelnen Bundesländern spezielle Ausbildungen gibt (z. B. Nordrhein-Westfalen, Bremen).

Personen ohne eine medizinische, abgeschlossene Ausbildung dürfen nicht funktionsdiagnostisch tätig werden.

Anwendbarkeit des Berufsbildungsgesetzes

Ebenso wie im Rahmen des Krankenpflegegesetzes (▶ 21.1) stellt sich auch für die **Schüler** in der Ausbildung zum technischen Assistenten in der Medizin die Frage nach ihrem **rechtlichen Status**. Diese Frage wirft sich zum einen deshalb auf, weil das MTA-Gesetz – im Gegensatz zum Krankenpflegegesetz – die Anwendung des Berufsbildungsgesetzes nicht ausdrücklich ausschließt, sondern auch deshalb, weil das MTA-Gesetz für die praktische Ausbildung eine sechswöchige Unterweisung in einem Krankenhaus vorsieht und damit möglicherweise Mitbestimmungsrechte des Betriebs-/Personalrates des aufnehmenden Krankenhauses tangiert werden.

Die Rechtsprechung zum MTA-Gesetz 1971 sieht die Ausbildung des medizinisch-technischen Assistenten als **schulische Ausbildung** an (BAG, DB 1993, 742). Anders als die Ausbildung nach dem Krankenpflegegesetz – so das Bundesarbeitsgericht – gliedert sich die Ausbildung nach dem MTA-Gesetz nicht in theoretischen und praktischen Unterricht einerseits sowie praktische Ausbildung andererseits, sondern beschränkt sich ausschließlich auf theoretischen und praktischen Unterricht. Auch die Verwendung des Begriffs »Unterricht« macht deutlich, dass es sich bei dem praktischen Teil nicht um eine betriebspraktische Ausbildung im Sinne einer dualen Ausbildung handelt.

> Nach dieser Auffassung scheidet die Anwendung des Berufsbildungsgesetzes aus, da es sich bei der Ausbildung zum technischen Assistenten in der Medizin um ein außerhalb des Arbeitsrechts stehendes Schülerverhältnis handelt, mit der weiteren Folge, dass MTA-Schüler nicht zu der vom Betriebs-/Personalrat repräsentierten Belegschaft gehören.

Dieser Auffassung der Rechtsprechung ist auch nach dem MTA-Gesetz 1993 zuzustimmen. Zwar wurde die Ausbildung gegenüber der früheren Gesetzeslage um ein Jahr verlängert und auch ein praktischer Ausbildungsteil mit aufgenommen (§ 4 MTAG). Für die Annahme einer überwiegend schulischen Ausbildung spricht jedoch weiterhin, dass das Gesetz die Ausbildung staatlich anerkannten Schulen überlässt, die nicht notwendigerweise einer medizinischen Einrichtung angeschlossen sein müssen. Darüber hinaus wird – mit Ausnahme von sechs Wochen (§ 7 Abs. 3 MTAG) – die praktische Ausbildung eben an diesen Schulen vermittelt und nicht – wie im dualen System üblich – an einer betrieblichen Einrichtung.

21.4.1 Ausbildungs- und Prüfungsverordnung für technische Assistenten in der Medizin

Aufgrund des § 8 MTAG wurde die Ausbildungs- und Prüfungsverordnung für technische Assistenten in der Medizin (MTA-APrV vom 25.04.1994 mit späteren Änderungen) verabschiedet. Sie regelt Einzelheiten der Ausbildung und Prüfung.

Ausbildungsinhalte

Für alle vier Ausbildungszweige (Berufsbezeichnungen) sieht die Verordnung während der dreijährigen Ausbildung
– theoretischen und praktischen Unterricht sowie eine
– praktische Ausbildung
jeweils von insgesamt 4.400 Stunden vor.

Die Unterrichtsinhalte orientieren sich am unterschiedlichen Ausbildungsziel des jeweiligen Ausbildungszweiges gemäß § 3 MTAG.

Tabelle 21.13 zeigt, wie sich die 3.170 Stunden **des theoretischen und praktischen Unterrichts** für medizinisch-technische **Laboratoriumsassistenten** zusammensetzen.

Der Anlage 1 zu § 1 Abs. 1 Nr. 1 MTA-APrV sind die Untergliederungen der Hauptthemen zu entnehmen (Tabelle 21.14).

Die Tabellen 21.15 und 21.16 zeigen, wie sich die 2.800 Stunden des **theoretischen und praktischen Unterrichts** für medizinisch-technische **Radiologieassistenten** zusammensetzen.

Wie sich die 2.370 Stunden des **theoretischen und praktischen Unterrichts** für medizinisch-technische **Assistenten für Funktionsdienste** zusammensetzen, zeigen die Tabellen 21.17 und 21.18.

Die Tabellen 21.19 und 21.20 zeigen, wie sich die 3.170 Stunden des **theoretischen und praktischen Unterrichts** für **veterinärmedizinisch-technische Assistenten** zusammensetzen.

Tabelle 21.13. Stundenaufteilung in der Ausbildung der medizinisch-technischen Laboratoriumsassistenten

Theoretischer und praktischer Unterricht	Stundenzahl
1. Berufs-, Gesetzes- und Staatsbürgerkunde	40
2. Mathematik	40
3. Biologie und Ökologie	40
4. Hygiene	40
5. Physik	100
6. Statistik	20
7. EDV und Dokumentation	80
8. Chemie/Biochemie	180
9. Anatomie	40
10. Physiologie/Pathophysiologie	60
11. Krankheitslehre	30
12. Erste Hilfe	20
13. Psychologie	30
14. Fachenglisch	40
15. Immunologie	50
16. Histologie/Zytologie	500
17. Klinische Chemie	580
18. Hämatologie	500
19. Mikrobiologie	580
20. Gerätekunde	50
zur Verteilung auf die Fächer 1 bis 20	150
Stundenzahl insgesamt	3.170

Die regelmäßige und erfolgreiche Teilnahme an den vorgeschriebenen Ausbildungsveranstaltungen muss durch eine entsprechende Bescheinigung (§ 1 Abs. 3 MTAG) nachgewiesen werden.

■ Tabelle 21.14. Praktische Ausbildung der medizinisch-technischen Laboratoriumsassistenten

Praktische Ausbildung	Stundenzahl
1. Histologie/Zytologie	100
2. Klinische Chemie	300
3. Hämatologie	100
4. Mikrobiologie	100
zur Verteilung	400
Krankenhauspraktikum nach § 8 Abs. 3 MTAG	230
Stundenzahl insgesamt	1.230

Prüfungsverfahren

Die staatliche Prüfung umfasst in **allen** Ausbildungszweigen
- einen schriftlichen,
- einen mündlichen und
- einen praktischen Teil.

Sie ist grundsätzlich an der Schule abzulegen, an der der Prüfling seine Ausbildung abschließt. An jeder Schule ist ein Prüfungsausschuss zu bilden, dessen Zusammensetzung § 3 MTA-APrV regelt.

Die Zulassung zur Prüfung setzt einen Antrag voraus, dem neben der Bescheinigung über die regelmäßige und erfolgreiche Teilnahme an den Ausbildungsveranstaltungen die Geburtsurkunde, bei Verheirateten die Heiratsurkunde beigefügt sein muss. Zulassung und Prüfungstermine sollen dem Prüfling spätestens vier Wochen vor Prüfungsbeginn schriftlich mitgeteilt werden (§ 4 MTA-APrV).

Die Prüfung ist bestanden, wenn jeder Teil der Prüfung mindestens mit »ausreichend« benotet wird (§ 7 MTA-APrV). Ist dies nicht der Fall, können die schriftliche und mündliche Prüfung sowie jedes Fach der praktischen Prüfung einmal wiederholt werden, im letzteren Fall wird eine weitere Ausbildung von längstens einem Jahr vorausgesetzt.

Die Inhalte der einzelnen Prüfungsteile unterscheiden sich je nach angestrebter Berufsbezeichnung (§§ 12 ff MTA-APrV).

■ Tabelle 21.15. Stundenaufteilung in der Ausbildung der medizinisch-technischen Radiologieassistenten

Theoretischer und praktischer Unterricht	Stundenzahl
1. Berufs-, Gesetzes- und Staatsbürgerkunde	40
2. Mathematik	40
3. Biologie und Ökologie	40
4. Hygiene	40
5. Physik	140
6. Statistik	20
7. EDV und Dokumentation	80
8. Chemie/Biochemie	100
9. Anatomie	80
10. Physiologie	50
11. Krankheitslehre	60
12. Erste Hilfe	20
13. Psychologie	40
14. Fachenglisch	40
15. Immunologie	30
16. Bildverarbeitung in der Radiologie	120
17. Radiologische Diagnostik und andere bildgebende Verfahren	600
18 Strahlentherapie	340
19 Nuklearmedizin	340
20. Strahlenphysik, Dosimetrie und Strahlenschutz	240
21. Elektrodiagnostik	20
zur Verteilung auf die Fächer 1 bis 21	320
Stundenzahl insgesamt	2.800

Tabelle 21.16. Praktische Ausbildung

Praktische Ausbildung	Stundenzahl
1. Radiologische Diagnostik und andere bildgebende Verfahren	600
2. Strahlentherapie	300
3. Nuklearmedizin	300
zur Verteilung der Fächer	170
Krankenhauspraktikum nach § 8 Abs. 3 MTAG	230
Stundenzahl insgesamt	1.600

Medizinisch-technischer Laboratoriumsassistent

Der **schriftliche Teil** der Prüfung (§ 12 Abs. 1 MTA-APrV) erstreckt sich auf die Fächergruppen:
1. Mathematik, Statistik, EDV und Dokumentation, Chemie/Biochemie, Anatomie, Physiologie/Pathophysiologie,
2. Histologie/Zytologie, klinische Chemie, Hämatologie, Mikrobiologie.

Der **mündliche Teil** der Prüfung (§ 13 Abs. 1 MTA-APrV) umfasst die Fächer:
1. Histologie/Zytologie,
2. Klinische Chemie,
3. Hämatologie,
4. Mikrobiologie.

Der **praktische Teil** der Prüfung (§ 14 Abs. 1 MTA-APrV) umfasst Aufgabenstellungen zu den Prüfungsfächern des mündlichen Prüfungsteils.

Medizinisch-technischer Radiologieassistent

Der **schriftliche Teil** der Prüfung (§ 15 MTA-APrV) erstreckt sich auf die Fächergruppen:
1. Mathematik, Statistik, EDV und Dokumentation, Physik, Anatomie, Physiologie,
2. radiologische Diagnostik und andere bildgebende Verfahren, Strahlentherapie, Nuklearmedizin, Strahlenphysik, Dosimetrie und Strahlenschutz.

Der **mündliche Teil** der Prüfung (§ 16 MTA-APrV) umfasst die Fächer:

Tabelle 21.17. Stundenaufteilung in der Ausbildung der medizinisch-technischen Assistenten für Funktionsdienste

Theoretischer und praktischer Unterricht	Stundenzahl
1. Berufs-, Gesetzes- und Staatsbürgerkunde	40
2. Mathematik	40
3. Biologie und Ökologie	40
4. Hygiene	40
5. Physik	120
6. Statistik	20
7. EDV und Dokumentation	80
8. Anatomie	80
9. Physiologie/Pathophysiologie	100
10. Allgemeine Krankheitslehre	30
11. Arzneimittellehre	30
12. Erste Hilfe	20
13. Psychologie, Pädagogik, Soziologie	80
14. Fachenglisch	40
15. Gerätekunde	70
16. Spezielle Krankheitslehre	240
17. Neurophysiologische Funktionsdiagnostik	370
18. Audiologische und HNO-Funktionsdiagnostik	370
19. Kardiovaskuläre Funktionsdiagnostik	270
20. Pneumologische Funktionsdiagnostik	150
zur Verteilung auf die Fächer 1 bis 20	160
Stundenzahl insgesamt	2.370

Tabelle 21.18. Praktische Ausbildung

Praktische Ausbildung	Stundenzahl
1. Neurophysiologische Funktionsdiagnostik	500
2. Audiologische und HNO-Funktionsdiagnostik	500
3. Kardiovaskuläre Funktionsdiagnostik	350
4. Pneumologische Funktionsdiagnostik	150
zur Verteilung	320
Krankenhauspraktikum nach § 8 Abs. 3 MTAG	230
Stundenzahl insgesamt	2.030

1. radiologische Diagnostik und andere bildgebende Verfahren,
2. Strahlentherapie,
3. Nuklearmedizin,
4. Strahlenphysik, Dosimetrie und Strahlenschutz.

Der **praktische Teil** der Prüfung (§ 17 Abs. 1 MTA-APrV) umfasst Aufgabenstellungen zu den Prüfungsfächern des mündlichen Prüfungsteils.

Medizinisch-technischer Assistent für Funktionsdiagnostik

Der **schriftliche Teil** der Prüfung (§ 18 MTA-APrV) erstreckt sich auf die Fächergruppen:
1. Statistik, EDV und Dokumentation, Physik, Anatomie, Physiologie, spezielle Krankheitslehre,
2. Neurophysiologische Funktionsdiagnostik, audiologische und HNO-Funktionsdiagnostik, kardiovaskuläre Funktionsdiagnostik, pneumologische Funktionsdiagnostik.

Der **mündliche Teil** der Prüfung (§ 19 MTA-APrV) umfasst die Fächer:
1. neurophysiologische Funktionsdiagnostik,
2. audiologische und HNO-Funktionsdiagnostik,
3. kardiovaskuläre Funktionsdiagnostik,
4. pneumologische Funktionsdiagnostik.

Tabelle 21.19. Stundenaufteilung in der Ausbildung der veterinärmedizinisch-technischen Assistenten für Funktionsdienste

Theoretischer und praktischer Unterricht	Stundenzahl
1. Berufs-, Gesetzes- und Staatsbürgerkunde	40
2. Mathematik	40
3. Biologie und Ökologie	40
4. Hygiene	40
5. Physik	120
6. Statistik	20
7. EDV und Dokumentation	110
8. Chemie/Biochemie	300
9. Anatomie der Tiere	40
10. Physiologie der Tiere	60
11. Krankheiten der Tiere	60
12. Ethnologie und Tierschutz	30
13. Erste Hilfe	20
14. Fachenglisch	40
15. Immunologie	50
16. Histologie/Zytologie/Spermatologie	400
17. Lebensmittelkunde	350
18. Klinische Chemie	410
19. Hämatologie	270
20. Mikrobiologie	600
zur Verteilung auf die Fächer 1 bis 20	150
Stundenzahl insgesamt	3.170

Tabelle 21.20. Praktische Ausbildung

Praktische Ausbildung	Stundenzahl
1. Histologie/Zytologie/Spermatologie	230
2. Lebensmittelkunde	300
3. Mikrobiologie	400
zur Verteilung	400
Stundenzahl insgesamt	1.230

Der **praktische Teil** der Prüfung (§ 20 Abs. 1 MTA-APrV) umfasst Aufgabenstellungen zu den Prüfungsfächern des mündlichen Prüfungsteils.

Veterinärmedizinisch-technischer Assistent

Der **schriftliche Teil** der Prüfung (§ 21 MTA-APrV) erstreckt sich auf die Fächergruppen:
1. Statistik, EDV und Dokumentation, Chemie/Biochemie, Anatomie der Tiere, Physiologie der Tiere, Krankheitslehre der Tiere,
2. Histologie/Zytologie, Spermatologie, Lebensmittelkunde, klinische Chemie, Hämatologie, Mikrobiologie.

Der **mündliche Teil** der Prüfung (§ 22 MTA-APrV) umfasst die Fächer:
1. Histologie/Zytologie/Spermatologie,
2. klinische Chemie,
3. Hämatologie,
4. Mikrobiologie,
5. Lebensmittelkunde.

Der **praktische Teil** der Prüfung (§ 23 MTA-APrV) umfasst Aufgabenstellungen zu den Prüfungsfächern des mündlichen Prüfungsteils.

Gemeinsame Prüfungsvorschriften

In der **schriftlichen Prüfung** sind in jeweils einer **Aufsichtsarbeit** zu beiden Fächergruppen schriftlich gestellte Fragen zu beantworten. Die Aufsichtsarbeit in der jeweiligen Fächergruppe 1 dauert 180 Minuten, in der jeweiligen Fächergruppe 2 beträgt sie 240 Minuten. Die schriftliche Prüfung ist an zwei Tagen durchzuführen.

Die **Gesamtbenotung** erfolgt **gewichtet** nach den Fächergruppen. Der schriftliche Teil der Prüfung ist bestanden, wenn jede der beiden Aufsichtsarbeiten mindestens mit der Note »ausreichend« bewertet wurde.

Die **mündliche Prüfung** erfolgt einzeln oder in Gruppen bis zu fünf Personen; zu einem Fach soll der Prüfling nicht länger als zehn Minuten geprüft werden. Der mündliche Teil der Prüfung ist bestanden, wenn höchstens ein Fach nicht schlechter als »mangelhaft« benotet wurde und die Gesamtnote mindestens »ausreichend« ist.

Die **praktische Prüfung** soll innerhalb von vier Wochen abgeschlossen sein. In jedem Fach ist vom Prüfling eine kurze Aufzeichnung anzufertigen, in der Prinzip, Arbeitsgang und Fehlermöglichkeiten sowie das Ergebnis mit Interpretation dargestellt werden.

Der praktische Teil der Prüfung wird in jedem einzelnen Fach von zwei Fachprüfern benotet. Aus den Noten der Fachprüfer bildet der Vorsitzende des Prüfungsausschusses im Benehmen mit den Fachprüfern die Note für den praktischen Prüfungsteil.

Dieser Teil der Prüfung ist bestanden, wenn jedes Fach mindestens mit »ausreichend« benotet wurde.

Hat der Prüfling in einer schriftlichen oder mündlichen oder in einem Fach der praktischen Prüfung die Note »mangelhaft« oder »ungenügend« erhalten, kann der jeweilige Prüfungsteil einmal wiederholt werden.

Muss der Prüfling ein Fach der praktischen Prüfung oder die gesamte praktische Prüfung wiederholen, so darf er zur Wiederholung nur zugelassen werden, wenn er an einer weiteren Ausbildung teilgenommen hat, die einschließlich der Prüfungszeit die Dauer von einem Jahr nicht überschreiten darf.

Erlaubniserteilung

Hat der Prüfling nach dreijähriger Ausbildung die staatliche Prüfung bestanden und liegen keine Gründe in seiner Person vor, aus der sich seine Unzuverlässigkeit, Unfähigkeit oder Ungeeignetheit zur Berufsausübung ergeben, wie beispielsweise Vorstrafen, körperliche Gebrechen, Schwäche der geistigen oder körperlichen Kräfte oder auch eine Sucht, so ist die Erlaubnis zur Führung der Berufsbezeichnung nach gesetzlichem Muster zu erteilen (§ 2 MTAG).

Sonderregelungen für Inhaber von Diplomen oder Prüfungszeugnissen aus anderen Mitgliedstaaten der Europäischen Union bzw. des Europäischen Wirtschaftsraumes (§ 25 MTA-APrV) schließen die Ausbildungs- und Prüfungsverordnung ab.

21.5 Gesetz über den Beruf des pharmazeutisch-technischen Assistenten

Ein Überblick soll auch für den Beruf des pharmazeutisch-technischen Assistenten (PTA) genügen.

Rechtsgrundlage ist das Gesetz über den Beruf des pharmazeutisch-technischen Assistenten (PTAG vom 23.09.1997 mit späteren Änderungen) in Verbindung mit der Ausbildungs- und Prüfungsordnung (PTA-APrV vom 23.09.1997 mit späteren Änderungen).

Erlaubnispflicht

Nach § 1 des Gesetzes bedarf der Erlaubnis, wer eine Tätigkeit unter der Berufsbezeichnung »pharmazeutisch-technischer Assistent« oder »pharmazeutisch-technische Assistentin« ausüben will. Die Erlaubnis wird gemäß § 2 PTAG erteilt, wenn der Antragsteller bestimmte Voraussetzungen erfüllt.

> **Voraussetzungen zur Erlaubniserteilung**
> 1. Der Antragsteller muss das 18. Lebensjahr vollendet haben,
> 2. sich nicht eines Verhaltens schuldig gemacht haben, aus dem sich die Unzuverlässigkeit zur Ausübung des Berufs ergibt,
> 3. gesundheitlich geeignet sein,
> 4. nach einem zweijährigen Lehrgang und einer halbjährigen praktischen Ausbildung die staatliche Prüfung für pharmazeutisch-technische Assistenten bestanden haben.

Eine außerhalb des Geltungsbereiches dieses Gesetzes abgeschlossene Ausbildung berechtigt unter den Voraussetzungen des § 2 Abs. 2 PTAG zur Berufsausübung als pharmazeutisch-technische(r) Assistent(in).

21.5.1 Ausbildungs- und Prüfungsverordnung für pharmazeutisch-technische Assistenten

Wer eine abgeschlossene Realschulbildung oder eine andere gleichwertige Ausbildung nachweist, wird zum Lehrgang zugelassen (§ 5 Abs. 2 PTAG).

Lehrgangsinhalte

Der **zweijährige Lehrgang** wird an einer staatlich anerkannten **Lehranstalt** durchgeführt.

Während des Lehrgangs ist **außerhalb der schulischen Ausbildung** ein **Praktikum** von 160 Stunden in einer Apotheke abzuleisten (§ 1 PTA-APrV). In Abschnitten von mindestens fünf Tagen sollen den Schülern unter Aufsicht eines Apothekers Einblicke in die Betriebsabläufe einer Apotheke und die pharmazeutische Tätigkeit vermittelt werden. Außerhalb der schulischen Ausbildung wird weiterhin eine **Ausbildung in Erster Hilfe** von acht Doppelstunden gefordert.

Der Lehrgang hat zum Inhalt eine
— theoretische und
— praktische Ausbildung (Tabelle 21.21).

Tabelle 21.21. Unterrichtsinhalte der Ausbildung für pharmazeutisch-technische Assistenten

Unterrichtsinhalte	Stundenzahl
1. Arzneimittelkunde	280
2. Allgemeine und pharmazeutische Chemie	200
3. Galenik	140
4. Botanik und Drogenkunde	100
5. Gefahrstoff-, Pflanzenschutz- und Umweltkunde	80
6. Medizinproduktekunde	60
7. Ernährungskunde und Diätetik	40
8. Körperpflegekunde	40
9. Physikalische Gerätekunde	40
10. Mathematik (fachbezogen)	80
11. Pharmazeutische Gesetzeskunde und Berufskunde	80
12. Allgemeinbildende Fächer (Deutsch einschließlich Kommunikation, Fremdsprache (fachbezogen), Wirtschafts- und Sozialkunde	200
13. Chemisch-pharmazeutische Übungen einschließlich Untersuchung von Körperflüssigkeiten	480
14. Übungen zur Drogenkunde	120
15. Galenische Übungen	500
16. Apothekenpraxis einschließlich EDV	120
Stundenzahl insgesamt	2.600

Praktische Ausbildung

Nach Bestehen des ersten Abschnitts der staatlichen Prüfung schließt sich die sechsmonatige **praktische Ausbildung** in der Apotheke an (§ 1 Abs. 4 PTA-APrV). Diese bezieht sich auf:

1. Rechtsvorschriften über den Apothekenbetrieb sowie über den Verkehr mit Arzneimitteln, Betäubungsmitteln und Gefahrstoffen, soweit sie die Tätigkeit des pharmazeutisch-technischen Assistenten berühren,
2. Fertigarzneimittel, deren Anwendungsgebiete sowie ordnungsgemäße Lagerung,
3. Gefahren bei der Anwendung von Arzneimitteln,
4. Merkmale eines Arzneimittelmissbrauchs und einer Arzneimittelabhängigkeit,
5. Notfallarzneimittel nach den Anlagen 3 und 4 der Apothekenbetriebsordnung,
6. Prüfung von Arzneimitteln, Arzneistoffen und Hilfsstoffen in der Apotheke,
7. Herstellung von Arzneimitteln in der Apotheke,
8. Ausführung ärztlicher Verschreibungen,
9. Beschaffung von Informationen über Arzneimittel und apothekenübliche Waren unter Nutzung wissenschaftlicher und sonstiger Nachschlagewerke einschließlich EDV-gestützter Arzneimittelinformationssysteme,
10. Berechnung der Preise von Fertigarzneimitteln, Teilmengen eines Fertigarzneimittels, Rezepturarzneimitteln sowie apothekenüblichen Medizinprodukten,
11. Informationen bei der Abgabe von Arzneimitteln, insbesondere über die Anwendung und die ordnungsgemäße Aufbewahrung sowie Gefahrenhinweise,
12. Aufzeichnungen nach § 22 der Apothekenbetriebsordnung,
13. Apothekenübliche Waren, insbesondere diätetische Lebensmittel, Mittel der Säuglings- und Kinderernährung, Mittel und Gegenstände der Körperpflege, Verbandsstoffe und andere apothekenübliche Medizinprodukte sowie die Beratung zur sachgerechten Anwendung dieser Waren,
14. Umweltgerechte Entsorgung von Arzneimitteln, Chemikalien, Medizinprodukten und Verpackungen sowie rationelle Energie- und Materialverwendung.

In einem **Tagebuch** sind die Herstellung und Prüfung von je vier Arzneimitteln zu beschreiben und zu zwei weiteren Gebieten der praktischen Ausbildung **schriftliche Arbeiten** anzufertigen.

Für die Teilnahme an den einzelnen Ausbildungsveranstaltungen sind entsprechende Bescheinigungen, ggf. auch Zeugnisse der Schule (§ 1 Abs. 2 PTA-APrV) auszustellen.

Prüfungsverfahren

Die **staatliche Prüfung** besteht aus **zwei Teilen**.

Der **erste Prüfungsabschnitt** findet am Ende des zweijährigen Lehrgangs statt und umfasst einen
- schriftlichen,
- mündlichen und
- praktischen Teil.

Der **zweite Prüfungsabschnitt** findet im Anschluss an die praktische Ausbildung statt und besteht aus einer **mündlichen Prüfung**.

Beide Prüfungsabschnitte werden an der Lehranstalt abgelegt, an der der Lehrgang abgeschlossen wurde.

Die Zulassungsvoraussetzungen zur Prüfung regelt § 4 PTA-APrV.

1. Prüfungsabschnitt

Der **schriftliche Teil** des ersten Prüfungsabschnittes erstreckt sich auf folgende Fächer:
1. Arzneimittelkunde,
2. allgemeine und pharmazeutische Chemie,
3. Galenik,
4. Botanik und Drogenkunde.

Es sind jeweils **Aufsichtsarbeiten** zu fertigen **und** zusätzlich schriftlich gestellte **Einzelfragen** zu beantworten. Die Aufsichtsarbeit in Arzneimittelkunde dauert 180 Minuten, in den übrigen Fächern jeweils 120 Minuten. Jede Aufsichtsarbeit wird von mindestens zwei Fachprüfern benotet. Wird jedes Fach mindestens mit »ausreichend« bewertet, ist der schriftliche Prüfungsteil bestanden.

Der **mündliche Teil** der Prüfung erstreckt sich auf folgende Fächer:
1. Gefahrstoff-, Pflanzenschutz- und Umweltschutzkunde,
2. Pharmazeutische Gesetzeskunde, Berufskunde,
3. Medizinproduktekunde.

Die Prüflinge werden einzeln oder in Gruppen bis zu vier Personen geprüft. Für den einzelnen Prüfling soll die Prüfung in jedem Fach nicht länger als fünfzehn Minuten dauern. Jedes Fach wird vor dem Vorsitzenden des Prüfungsausschusses von mindestens einem Fachprüfer abgenommen und benotet. Der mündliche Teil der Prüfung ist bestanden, wenn jedes Fach mindestens mit »ausreichend« bewertet wird.

Der **praktische Teil** des ersten Prüfungsabschnittes umfasst die Fächer:

1. Chemisch-pharmazeutische Übungen,
2. Übungen zur Drogenkunde,
3. galenische Übungen.

Die Inhalte der Übungen regelt im Einzelnen § 14 PTA-APrV. Die Prüfung soll für jedes Fach nicht länger als sechs Stunden dauern.

Der praktische Teil der Prüfung wird in jedem einzelnen Fach von mindestens zwei Fachprüfern abgenommen und benotet. Er ist bestanden, wenn jedes Fach mindestens mit »ausreichend« benotet wird.

2. Prüfungsabschnitt

Der zweite Prüfungsabschnitt erstreckt sich auf die Prüfung des Faches »**Apothekenpraxis**«.

Es findet ein **Prüfungsgespräch** statt, dessen Inhalt sich auf die Lerngebiete der praktischen Ausbildung erstreckt.

Die Prüflinge werden einzeln oder in Gruppen bis zu drei Personen geprüft. Für den einzelnen Prüfling soll die Prüfung mindestens zwanzig und nicht länger als dreißig Minuten dauern. Der zweite Prüfungsabschnitt ist bestanden, wenn die Prüfung mindestens mit »ausreichend« benotet wird.

Die gesamte Prüfung ist bestanden, wenn die beiden Prüfungsabschnitte bestanden werden.

Aus den beiden Noten der beiden Prüfungsabschnitte wird eine **Gesamtnote** für die staatliche Prüfung für pharmazeutisch-technische Assistenten gebildet. Hierzu werden die Prüfungsnoten für jeden Teil des ersten Prüfungsabschnittes sowie die Note für den zweiten Prüfungsabschnitt addiert und durch die Anzahl der Noten dividiert (Tabelle 21.22).

Die Gesamtnote wird wie folgt bewertet:
- »sehr gut« bei Werten unter 1,5
- »gut« bei Werten von 1,5 bis 2,5
- »befriedigend« bei Werten von über 2,5 bis 3,5
- »ausreichend« bei Werten von über 3,5 bis 4,0

Erlaubniserteilung

Über die bestandene staatliche Prüfung wird ein Zeugnis nach gesetzlichem Muster erteilt (Anlage 7 zu § 7 Abs. 3 Satz 3 PTA-APrV).

Die Voraussetzungen für eine Wiederholungsprüfung regelt § 7 Abs. 4 und Abs. 5 PTA-APrV.

Nach erteilter Erlaubnis zur Führung der Berufsbezeichnung »pharmazeutisch-technischer Assistent« ist der Berechtigte befugt, in der Apotheke **unter Aufsicht** eines Apothekers pharmazeutische Tätigkeiten auszuüben.

> Zur Vertretung in der Apothekenleitung ist der pharmazeutisch-technische Assistent nicht befugt.

Näheres regelt die **Apothekenbetriebsordnung** (▶ 17.3).

21.6 Gesetz über den Beruf der Diätassistentin und des Diätassistenten

Rechtsgrundlage für den Beruf der Diätassistentin und des Diätassistenten ist das entsprechende Gesetz gemäß Artikel 1 des Heilberufsänderungsgesetzes vom 08.03.1994 mit späteren Änderungen (Diätassistentengesetz – DiätAssG).

Erlaubnispflicht

Wer eine Tätigkeit unter der Bezeichnung »Diätassistent« oder »Diätassistentin« ausüben will, bedarf der Erlaubnis (§ 1 DiätAssG). Die Erlaubnis wird erteilt, wenn der Antragsteller nach einer **dreijährigen Ausbildung** die staatliche Prüfung bestanden hat, die für die Ausübung des Berufs erforderliche Zuverlässigkeit besitzt und zur Ausübung körperlich und geistig fähig und geeignet ist (§ 2 DiätAssG). Eine nach den Regeln der Deutschen Demokratischen Republik (DDR) erteilte Erlaubnis behält ihre Wirksamkeit.

Hat der Antragsteller seine Ausbildung außerhalb der Bundesrepublik Deutschland abgeschlossen, muss die **Gleichwertigkeit** des Ausbildungsstandes gegeben sein. Diese wird angenommen, wenn die Ausbildung in einem EU-Mitgliedsstaat oder einem Vertragsstaat des Abkommens über den Europäischen Wirtschaftsraum erfolgte (§ 2 Abs. 2 DiätAssG). Gegebenenfalls kann ein Anpassungslehrgang oder eine Eignungsprüfung erforderlich sein.

Tabelle 21.22. Beispiel für die Berechnung der Gesamtnote

		Noten	Anzahl
1. Prüfungsabschnitt	Schriftlich	= 4	3
	Mündlich	= 3	
	Praktisch	= 2	
2. Prüfungsabschnitt		= 4	1
Gesamtprüfungsnote		= 13	4

Gesamtnote = Gesamtprüfungsnote (13) dividiert durch Notenanzahl (4) = 3,25 = »befriedigend«

Zugang zur Ausbildung

Voraussetzung für den Zugang zur Ausbildung ist neben der gesundheitlichen Eignung zur Berufsausübung der Abschluss einer **Realschule** oder eine gleichwertige Ausbildung, eine andere abgeschlossene zehnjährige Schulbildung, die den Hauptschulabschluss erweitert oder eine nach Hauptschulabschluss oder einem gleichwertigen Abschluss abgeschlossene Berufsausbildung von mindestens zweijähriger Dauer.

Ausbildungsdauer und Unterbrechungsanrechnungen

Die Ausbildung dauert in der Regel **drei Jahre** und besteht aus **theoretischem und praktischem Unterricht** sowie einer **praktischen Ausbildung**. Auf die Dauer der Ausbildung werden Ferien sowie Unterbrechungen durch Schwangerschaft, Krankheit oder andere vom Schüler nicht zu vertretende Gründe bis zu einer Gesamtdauer von zwölf Wochen oder bei verkürzter Ausbildung bis zu höchstens vier Wochen je Ausbildungsjahr angerechnet. Darüber hinausgehende Fehlzeiten können berücksichtigt werden, wenn das Ausbildungsziel nicht gefährdet ist (Härteklausel, § 6 Abs. 1 DiätAssG). Für Umschüler mit einer abgeschlossenen Ausbildung in einem medizinischen Fachberuf kann die Ausbildungsdauer um sechs Monate, nach mindestens dreijähriger Tätigkeit im erlernten Beruf um weitere sechs Monate verkürzt werden (§ 12 DiätAssG).

Ausbildungsstätte

Die Ausbildung wird durch **staatlich anerkannte Schulen** vermittelt und schließt mit einer staatlichen Prüfung ab. Im Rahmen der praktischen Ausbildung ist zu gewährleisten, dass die Schüler für die Dauer von sechs Wochen in Krankenhäusern mit den dort notwendigen Arbeitsabläufen vertraut gemacht und in solchen Verrichtungen und Fertigkeiten der Krankenpflege praktisch unterwiesen werden, die für die Berufstätigkeit von Bedeutung sind (§ 8 Abs. 3 DiätAssG). Deshalb haben Schulen, die nicht an einem Krankenhaus eingerichtet sind, die praktische Ausbildung im Rahmen einer Regelung mit einem Krankenhaus oder anderen geeigneten medizinischen Einrichtungen sicherzustellen (§ 4 DiätAssG).

Ausbildungsziel

Erstmals formuliert das Diätassistentengesetz – ähnlich den übrigen Rechtsgrundlagen der Berufe im Gesundheitswesen – ein Ausbildungsziel (§ 3 DiätAssG).

> Entsprechend der Aufgabenstellung des Berufs soll die Ausbildung insbesondere die Kenntnisse, Fähigkeiten und Fertigkeiten vermitteln, die zur eigenverantwortlichen Durchführung diättherapeutischer und ernährungsmedizinischer Maßnahmen auf ärztliche Anordnung wie Erstellen von Diätplänen, Planen, Berechnen und Herstellen wissenschaftlich anerkannter Diätformen befähigen.

Weiterhin soll die Ausbildung zum Diätassistenten erreichen, bei der **Prävention** und **Therapie** von Krankheiten mitzuwirken und **ernährungstherapeutische Beratungen** und **Schulungen** durchzuführen.

21.6.1 Ausbildungs- und Prüfungsverordnung für Diätassistenten

Das Gesetz über den Beruf der Diätassistentin und des Diätassistenten sieht die Ermächtigung vor, in einer Ausbildungs- und Prüfungsverordnung die Mindestanforderungen an die Ausbildung sowie alles Nähere über die staatliche Prüfung und die Erlaubnisurkunde zu regeln (§ 8 DiätAssG).

Von dieser Ermächtigung wurde mit der Ausbildungs- und Prüfungsverordnung für Diätassistentinnen und Diätassistenten (DiätAss-APrV vom 01.08.1994 mit späteren Änderungen) Gebrauch gemacht.

Ausbildungsinhalte

Die Ausbildung ist gegliedert in
- theoretischen und praktischen Unterricht von 3.050 Stunden sowie eine
- praktische Ausbildung von 1.400 Stunden.

Der Unterricht in Theorie und Praxis bezieht sich auf nachstehende, im Gesetz weiter untergliederte Fächer (◘ Tabelle 21.23)

Im Unterricht muss den Schülern ausreichende Möglichkeit gegeben werden, die erforderlichen praktischen Fähigkeiten und Fertigkeiten zu entwickeln und einzuüben (§ 1 Abs. 2 DiätAss-APrV).

◘ Tabelle 21.24 zeigt die Themen der **praktischen Ausbildung**.

Die regelmäßige und erfolgreiche Teilnahme an den vorgeschriebenen Ausbildungsveranstaltungen muss durch eine entsprechende **Bescheinigung** nachgewiesen werden.

Prüfungsverfahren

Die staatliche Prüfung umfasst einen
- schriftlichen,
- mündlichen und
- praktischen Teil.

Tabelle 21.23. Unterrichtsaufteilung für Diätassistenten

Theoretischer und praktischer Unterricht	Stundenzahl
1. Berufs-, Gesetzes- und Staatsbürgerkunde	40
2. EDV, Dokumentation und Statistik	80
3. Krankenhausbetriebslehre	20
4. Fachenglisch	40
5. Hygiene und Toxilogie	60
6. Biochemie der Ernährung	140
7. Ernährungslehre	150
8. Lebensmittelkunde und Lebensmittelkonservierung	190
9. Anatomie	50
10. Physiologie	60
11. Allgemeine Krankheitslehre	30
12. Spezielle Krankheitslehre und Ernährungsmedizin	120
13. Erste Hilfe	20
14. Diätetik	1.000
15. Koch- und Küchentechnik	380
16. Ernährungswirtschaft	40
17. Organisation des Küchenbetriebes	140
18. Einführung in die Ernährungspsychologie und die Ernährungssoziologie	80
19. Diät- und Ernährungsberatung	250
zur Verteilung auf die Fächer 1 bis 19	160
Stundenzahl insgesamt	3.050

Tabelle 21.24. Praktische Ausbildung der Diätassistenten

Praktische Ausbildung	Stundenzahl
1. Diätetik einschließlich Organisation des Küchenbetriebes	700
2. Koch- und Küchentechnik einschließlich Hygiene	200
3. Diät- und Ernährungsberatung	150
zur Verteilung	120
Krankenhauspraktikum nach § 1 Abs. 3 DiätAss-APrV	230
Stundenzahl insgesamt	1.400

Der **schriftliche Teil** der Prüfung (§ 5 DiätAss-APrV) erstreckt sich auf folgende Fächergruppen:
1. Berufs-, Gesetzes- und Staatskunde, Anatomie, Physiologie, Biochemie der Ernährung, Ernährungslehre, Lebensmittelkunde und Lebensmittelkonservierung, Koch- und Küchentechnik,
2. Diätetik, spezielle Krankheitslehre und Ernährungsmedizin.

In beiden Fächergruppen sind jeweils in einer **Aufsichtsarbeit** schriftlich gestellte Fragen zu beantworten. Die Aufsichtsarbeit in der ersten Fächergruppe dauert 180 Minuten, in der zweiten Fächergruppe 180 Minuten. Der schriftliche Teil der Prüfung ist an zwei Tagen durchzuführen.

Der **mündliche Teil** der Prüfung umfasst die Fächer:
1. Diät- und Ernährungsberatung,
2. Diätetik,
3. spezielle Krankheitslehre und Ernährungsmedizin,
4. Organisation des Küchenbetriebes,
5. Hygiene und Toxilogie.

Die Prüfung erfolgt einzeln oder in Gruppen bis zu fünf Personen. In Fach 1 soll die Prüfung nicht länger als zwanzig Minuten dauern, in den anderen Fächern nicht länger als zehn Minuten.

Der **praktische Teil** der Prüfung umfasst die Fächer:
1. Diätetik,
2. Koch- und Küchentechnik,
3. Diät- und Ernährungsberatung.

Der **praktische Prüfungsteil**, dessen Aufgabenstellung in § 7 DiätAss-APrV näher geregelt ist, kann auf zwei Tage verteilt werden.

Ergebnis der Prüfung

Der schriftliche Teil der Prüfung ist bestanden, wenn jede der beiden Aufsichtsarbeiten mindestens mit der Not »ausreichend« bewertet wird. Die Noten der beiden Aufsichtsarbeiten werden zur Bildung der **Gesamtnote** gewichtet.

Der mündliche Teil der Prüfung ist bestanden, wenn die Gesamtnote sowie die Noten der Fächer 1 bis 3 mindestens »ausreichend« betragen und von den Fächern 4 und 5 höchstens ein Fach nicht schlechter als »mangelhaft« benotet wird.

Der praktische Teil der Prüfung ist bestanden, wenn jedes Fach mindestens mit »ausreichend« benotet wird. Wird das Fach Diätetik schlechter als »ausreichend« benotet, ist der praktische Prüfungsteil abzubrechen.

Die schriftliche und die mündliche Prüfung können einmal wiederholt werden, wenn der Prüfling die Note »mangelhaft« oder »ungenügend« erhalten hat.

Wurde die Prüfung wegen einer mangelhaften Benotung des Faches Diätetik in der praktischen Prüfung abgebrochen oder muss der Prüfling mindestens ein Fach der praktischen Prüfung wiederholen, so darf er zur Wiederholung in den einzelnen Fächern nur zugelassen werden, wenn er an einer weiteren Ausbildung teilgenommen hat, deren Dauer einschließlich der Prüfungszeit ein Jahr nicht überschreiten darf.

Erlaubniserteilung

Über die bestandene Prüfung wird ein Zeugnis erteilt. Liegen die Voraussetzungen zur Erlaubniserteilung für die Führung der Berufsbezeichnung nach dem Diätassistentengesetz vor, so stellt die zuständige Behörde die **Erlaubnisurkunde** aus.

21.7 Gesetz über den Beruf der Rettungsassistentin und des Rettungsassistenten

Das Gesetz über den Beruf der Rettungsassistentin und des Rettungsassistenten (Rettungsassistentengesetz – RettAssG vom 10.07. 1989 mit späteren Änderungen) ist die Rechtsgrundlage für die Berufsbezeichnung vorstehender Berufe.

Wie schon ein Gesetzesentwurf der Bundesregierung aus dem Jahre 1973 über den Beruf des Rettungssanitäters – der jedoch nicht verabschiedet wurde – enthält das Gesetz **keine Tätigkeitsbeschreibung**, sondern schützt lediglich die Berufsbezeichnung »Rettungsassistent(in)«.

> Das Rettungsassistentengesetz folgt damit dem gleichen Regelungsmodell des Krankenpflegegesetzes: Die Frage nach dem zulässigen Tätigkeitsbereich wird vom Gesetzgeber nicht definitiv beantwortet.

Erlaubnispflicht

Wie aus den vorstehenden Ausführungen folgt, bedarf derjenige, der die Berufsbezeichnung »Rettungsassistentin« oder »Rettungsassistent« führen will, der staatlichen Erlaubnis (§ 1 RettAssG).

Die Erlaubnis muss auf Antrag erteilt werden, wenn der Antragsteller an dem gesetzlich vorgeschriebenen **Lehrgang** teilgenommen, die staatliche **Prüfung** bestanden und eine **praktische Tätigkeit** erfolgreich abgeleistet hat (§ 2 Abs. 1 Ziff. 1 RettAssG). Des weiteren darf sich der Antragsteller nicht eines Verhaltens schuldig gemacht haben, aus dem sich die Unzuverlässigkeit zur Ausübung des Berufs ergibt (§ 2 Abs. 1 Ziff. 2 RettAssG), wie er auch geistig und körperlich zur Berufsausübung fähig und geeignet sein muss (§ 2 Abs. 1 Ziff. 3 RettAssG).

Hat ein Antragsteller außerhalb der Bundesrepublik Deutschland eine abgeschlossene Ausbildung erworben, so ist dem Antrag auf Führen der Berufsbezeichnung dann stattzugeben, wenn eine **Gleichwertigkeit** mit der Ausbildung nach deutschem Recht vorliegt (§ 2 Abs. 2 RettAssG). Dies wird angenommen, wenn eine Ausbildung in einem EU-Mitgliedsstaat oder Vertragsstaat des Abkommens über den Europäischen Wirtschaftsraum abgeschlossen wurde. Unter bestimmten Voraussetzungen kann ein Anpassungslehrgang oder eine Eignungsprüfung für den Antragsteller erforderlich sein.

Zugang zur Ausbildung

Zugang zur Ausbildung haben Personen, die das 18. Lebensjahr vollendet haben (Mindestalter), gesundheitlich zur Berufsausübung geeignet sind und entweder einen **Hauptschulabschluss**, eine gleichwertige Schulbildung oder eine abgeschlossene Berufsausbildung nachweisen können (§ 5 RettAssG).

Die Ausbildung erfolgt an staatlich **anerkannten Schulen** für Rettungsassistenten und dauert, soweit sie in Vollzeitform durchgeführt wird, zwölf Monate. Der Ausbildungslehrgang besteht aus mindestens 1.200 Stunden und teilt sich in theoretische und praktische Ausbildung, er schließt mit der staatlichen Prüfung ab (§ 4 RettAssG).

> Das Ausbildungsziel sieht der Gesetzgeber darin, dass die Ausbildung entsprechend der Aufgabenstellung des Berufs als Helfer des Arztes insbesondere dazu befähigen soll, am Notfallort bis zur Übernahme der Behandlung durch den Arzt lebensrettende Maßnahmen bei Notfallpatienten durchzuführen, die Transportfähigkeit solcher Patienten herzustellen, die lebenswichtigen Körperfunktionen während des Transports zu beachten und aufrechtzuerhalten sowie Kranke, Verletzte und sonstige hilfsbedürftige Personen, auch soweit sie nicht Notfallpatienten sind, unter sachgerechter Betreuung zu befördern (§ 3 RettAssG).

Bestimmte Zeiten werden auf die Dauer des Lehrgangs angerechnet, wie etwa Ferien, Unterbrechungen durch Schwangerschaft, Krankheit oder aus anderen, von den Schülern nicht zu vertretenden Gründen bis zu einer Gesamtdauer von 120 Stunden oder von vier Wochen, wenn der Lehrgang in Vollzeitform durchgeführt wird (§ 6 RettAssG). Eine »Härteklausel« erlaubt in besonderen Fällen die Berücksichtigung darüber hinausgehender Fehlzeiten.

In vollem Umfang auf die Lehrgangsdauer ist ebenfalls eine erfolgreich abgeschlossene Ausbildung als Rettungssanitäter nach den im Jahre 1977 beschlossenen »Grundsätzen zur Ausbildung des Personals im Rettungsdienst« (520-Stunden-Programm) (§ 8 Abs. 2 RettAssG) anzurechnen.

Ohne Teilnahme an einem Lehrgang sind examinierte (Kinder-)Krankenschwestern (-pfleger) zur Prüfung zugelassen, wenn sie zuvor an einem **Ergänzungslehrgang** von mindestens 300 Stunden teilgenommen haben (§ 8 Abs. 3 RettAssG). Für Soldaten der Bundeswehr, Bundesgrenzschutzbeamte oder Polizeibeamte gilt ebenfalls eine Verkürzungsregelung, wenn sie entsprechende Sanitätsprüfungen erfolgreich abgelegt haben (§ 8 Abs. 4, 5 RettAssG). Ähnliches trifft für Ausbildungszeiten bei der Feuerwehr zu (§ 9 RettAssG).

Neben dem erfolgreichen Abschluss des Lehrgangs bzw. Ergänzungslehrgangs setzt die Erlaubniserteilung die erfolgreiche Ableistung einer praktischen Tätigkeit voraus (§ 2 Abs. 1 Ziff. 1 b RettAssG). Die praktische Tätigkeit umfasst mindestens 1.600 Stunden und dauert, sofern sie in Vollzeitform erfolgt, zwölf Monate. Diese praktische Tätigkeit kann ausschließlich an Einrichtungen des Rettungsdienstes erfolgen, die von der zuständigen Behörde zur Annahme von Praktikanten ermächtigt ist. Einzelheiten hierzu regelt § 7 Abs. 2 RettAssG.

Ebenso wie bestimmte Zeiten auf den Lehrgang anrechenbar bzw. anzurechnen sind, trifft dies auch für die praktische Tätigkeit zu.

> Da die Ausbildung an staatlich anerkannten Schulen überwiegend schulischen Charakter trägt, ist das Berufsbildungsgesetz (BBiG) nicht anzuwenden.

21.7.1 Ausbildungs- und Prüfungsverordnung für Rettungsassistenten

Mit Wirkung vom 08.11.1989 trat die Ausbildungs- und Prüfungsverordnung für Rettungsassistenten (RettAssAPrV mit späteren Änderungen) in Kraft. Ermächtigungsgrundlage der Verordnung ist § 10 RettAssG.

Lehrgangsinhalte (§ 1 RettAssAPrV)

Die konkreten Inhalte des Lehrgangs regelt eine Anlage zu § 1 RettAssAPrV. Danach ist zunächst ein 26-wöchiger Unterricht in Theorie und Praxis erforderlich (Tabelle 21.25).

Innerhalb der ersten sechs Monate ist zusätzlich ein sechswöchiges **Einführungspraktikum** im Rettungsdienst abzuleisten.

Weitere vierzehn Wochen dienen der **theoretischen und praktischen Ausbildung** im Krankenhaus (Tabelle 21.26).

Tabelle 21.25. Der theoretische und praktische Unterricht (Einführungspraktikum)

Theoretischer und praktischer Unterricht	Stundenzahl
1. Allgemeine medizinische Grundlagen	200
2. Allgemeine Notfallmedizin	200
3. Spezielle Notfallmedizin	170
4. Organisation und Einsatztaktik	140
5. Berufs-, Gesetzes- und Staatsbürgerkunde	60
6. Einführung in die theoretische und praktische Ausbildung im Krankenhaus	10
Mindeststunden insgesamt	780

Tabelle 21.26. Theoretische und praktische Ausbildung innerhalb des Krankenhauses

Theoretische und praktische Ausbildung	Stundenzahl
1. Allgemeine Pflegestation	60
2. Notaufnahmebereich	60
3. Operationsbereich – Anästhesie	180
4. Intensiv- oder Wachstation	120
Mindeststunden insgesamt	420

Zusätzlich gibt es für einige Bereiche Ergänzungslehrgänge für (Kinder-)Krankenpflegepersonen (§ 1 Abs. 2 RettAssAPrV; Tabelle 21.27).

Praktische Tätigkeit

Innerhalb der praktischen Tätigkeit (1.600 Stunden) sind die für die Berufsausübung wesentlichen Kenntnisse und Fertigkeiten durch praktischen Einsatz zu vermitteln. In mindestens fünfzig Unterrichtsstunden sind die in der theoretischen und praktischen Ausbildung erworbenen Kenntnisse zu vertiefen (§ 2 RettAssAPrV).

Tabelle 21.27. Ergänzungslehrgänge

Theoretischer und praktischer Unterricht	Stundenzahl
1. Allgemeine Notfallmedizin	20
2. Spezielle Notfallmedizin	60
3. Organisation und Einsatztaktik	120
Mindeststunden insgesamt	200
Theoretische und praktische Ausbildung	
1. Notaufnahmebereich	50
2. Operationsbereich – Anästhesie	20
3. Intensiv- oder Wachstation	30
Mindeststunden insgesamt	100

Eine **Bescheinigung** weist die erfolgreiche Ableistung der praktischen Tätigkeit nach; sie wird auf Grund eines vom Praktikanten geführten **Berichtsheftes** und nach Durchführung eines erfolgreichen **Abschlussgespräches** ausgestellt.

Die Ausbildungsinhalte des verkürzten Ergänzungslehrgangs für (Kinder-)Krankenpflegekräfte regelt Anlage 2 zu § 1 RettAssAPrV.

Prüfungsverfahren und Erlaubniserteilung

Um zur Prüfung zugelassen zu werden, muss der Prüfling einen formellen **Antrag** stellen, dem eine Geburtsurkunde, die Bescheinigung über die regelmäßige und erfolgreiche Teilnahme an der theoretischen und praktischen Ausbildung und gegebenenfalls der Nachweis über die Anerkennung der bei der Feuerwehr erworbenen Ausbildung beigefügt ist (§§ 4 ff RettAssAPrV).

Spätestens vier Wochen vor Prüfungsbeginn sollen dem Prüfling die Zulassung und die Prüfungstermine mitgeteilt werden.

Die Prüfung selbst gliedert sich in einen **schriftlichen Prüfungsteil**, der sich weitgehend auf die Stoffgebiete des theoretischen und praktischen Unterrichts bezieht, in einen **mündlichen Prüfungsteil**, in dem einzeln oder in Gruppen bis zu fünf Personen geprüft wird, und in einen **praktischen Prüfungsteil**, in dem der Prüfling am Beispiel von drei ausgewählten Fällen zu demonstrieren hat, dass er die Kenntnisse und Fertigkeiten gemäß dem Ausbildungsziel (§ 3 RettAssG) beherrscht.

Ist jeder der Prüfungsteile mit mindestens der Note »ausreichend« bewertet, ist die Prüfung bestanden. Jeder Teil der Prüfung kann einmal wiederholt werden, wenn die Note »ausreichend« nicht erzielt wurde.

Bei bestandener Prüfung stellt die zuständige Behörde die **Erlaubnisurkunde** nach gesetzlich vorgegebenem Muster aus.

21.8 Gesetz über den Beruf der Orthoptistin und des Orthoptisten

Die Ausbildung zum Beruf der Orthoptistin erfolgt nach dem Orthoptistengesetz (OrthoptG vom 28.11.1989 mit späteren Änderungen) sowie der entsprechenden Ausbildungs- und Prüfungsverordnung (OrthoptAPrV vom 21.03.1990 mit späteren Änderungen). Gesetz und Verordnung ähneln in Aufbau und

Gesetzessystematik weitgehend dem Krankenpflegegesetz 1985.

Voraussetzungen der Erlaubniserteilung

Dies gilt für die Erlaubniserteilung zur **Führung der Berufsbezeichnung**, für die Voraussetzungen zum **Ausbildungszugang** (gesundheitliche Eignung und Realschulabschluss bzw. gleichwertige Ausbildung), die **Dauer der Ausbildung** (drei Jahre mit theoretischem und praktischem Unterricht sowie einer praktischen Ausbildung), die **Anrechnungsmöglichkeiten** (Ferien, Schwangerschaft, Krankheit, Härteklausel) auf die Ausbildungsdauer und die Ausbildung an **staatlich anerkannten Schulen** für Orthoptisten an Krankenhäusern.

> Das Ausbildungsziel (§ 13) besteht in der den zukünftigen Berufsanforderungen entsprechenden Befähigung, insbesondere bei der Prävention, Diagnose und Therapie von Störungen des ein- und beidäugigen Sehens, bei Schielerkrankungen, Sehschwächen und Augenzittern mitzuwirken.

21.8.1 Ausbildungs- und Prüfungsverordnung für Orthoptisten

Einzelheiten der Ausbildung und Prüfung regelt die Ausbildungs- und Prüfungsverordnung nebst Anlagen.

Die dreijährige Ausbildung erfordert die Teilnahme an **theoretischem und praktischem Unterricht** sowie an einer **praktischen Ausbildung**.

Ausbildungsinhalte

Der **theoretische und praktische Unterricht** umfasst insgesamt 1.700 Stunden (Tabelle 21.28).

Die **praktische Ausbildung** umfasst 2.800 Stunden und erfolgt in
1. Anamnese- und Befunderhebung, Dokumentation,
2. Therapieplanung und -durchführung,
3. Neuroophthalmologie (einschließlich Perimetrie),
4. Gesprächsführung und Beratung,
5. Anwendung und Pflege orthoptischer und pleoptischer Geräte,
6. Fotographie sowie
7. Betreuung von Sehbehinderten und Kontaktlinsenträgern.

Tabelle 21.28. Ausbildungsinhalte für Orthoptisten

Theoretischer und praktischer Unterricht	Stundenzahl
1. Allgemeine Anatomie und Physiologie	100
2. Spezielle Anatomie und Physiologie	180
3. Allgemeine Krankheitslehre, Kinderheilkunde	60
4. Arzneimittel	40
5. Allgemeine Augenheilkunde	150
6. Neuroophthalmologie	100
7. Orthoptik und Pleoptik	400
8. Augenbewegungsstörungen	250
9. Physik, Optik, Brillenlehre	200
10. Hygiene	60
11. Berufs-, Gesetzes- und Staatsbürgerkunde	60
zur Verteilung auf die Fächer 1 bis 11	100
Mindeststunden insgesamt	1.700

Über die regelmäßige und erfolgreiche Teilnahme am theoretischen und praktischen Unterricht sowie an der praktischen Ausbildung wird eine **Bescheinigung** ausgestellt, die gemeinsam mit dem Nachweis über eine Ausbildung in Erster Hilfe dem Antrag auf Zulassung zur Prüfung vorzulegen ist.

Die Zulassung sowie die Prüfungstermine sollen dem Prüfling spätestens vier Wochen vor Prüfungsbeginn schriftlich mitgeteilt werden, wobei der Prüfungstermin nicht früher als zwei Monate vor dem Ende der Ausbildung liegen soll.

Der Prüfungsausschuss besteht aus einem Medizinalbeamten der zuständigen Behörde oder einem von ihr mit dieser Aufgabe betrauten Arzt als Vorsitzenden, einem Beauftragten der Schulverwaltung und als Fachprüfer mindestens einem Arzt, einer an der

Schule unterrichtenden Orthoptistin und weiteren an der Schule tätigen Unterrichtskräften entsprechend den zu prüfenden Fächern.

Prüfungsverfahren

Die Prüfung selbst teilt sich in eine
- schriftliche,
- mündliche und
- praktische Prüfung.

Die **schriftliche Prüfung** erstreckt sich innerhalb von drei Stunden auf die Fächer Anatomie und Physiologie der Augen sowie Augenbewegungsstörungen, Orthoptik, Pleoptik und Neuroophthalmologie.

Die **mündliche Prüfung** umfasst die Fächer Anatomie und Physiologie des Menschen – insbesondere des Sehsystems – allgemeine Augenheilkunde einschließlich Arzneimittel, Augenbewegungsstörungen, Orthoptik und Pleoptik, Neuroophthalmologie, Optik und Brillenlehre, allgemeine Hygiene und Gesundheitsvorsorge sowie Berufs-, Gesetzes- und Staatsbürgerkunde.

In der **praktischen Prüfung** (höchstens drei Stunden) muss der Prüfling unter Aufsicht zwei ihm unbekannte Patienten untersuchen. Dabei sollen auch die Kenntnisse in der Anwendung orthoptischer und pleoptischer Geräte nachgewiesen werden. Für einen dieser Patienten ist vom Prüfling der Untersuchungsablauf, das Untersuchungsergebnis und der Behandlungsvorschlag schriftlich niederzulegen.

Ergebnis der Prüfung und Erlaubniserteilung

Für das Bestehen und die Wiederholungsmöglichkeit der Prüfung gilt das zum Krankenpflegegesetz 1985 Gesagte.

Liegen die Voraussetzen des Orthoptistengesetzes für die Erlaubniserteilung zur Führung der Berufsbezeichnung vor, stellt die zuständige Behörde die **Erlaubnisurkunde** aus.

21.9 Gesetz über den Beruf der Ergotherapeutin und des Ergotherapeuten

Rechtsgrundlage für die Ausbildung zum Beruf der Ergotherapeutin und des Ergotherapeuten ist das Beschäftigungs- und Arbeitstherapeutengesetz (ErgThG) vom 25.05.1976 sowie die entsprechende Ausbildungs- und Prüfungsverordnung (ErgThAPrV) vom 02.08.1999 jeweils mit späteren Änderungen.

Erlaubnispflicht

Ebenso wie in den anderen Berufen des Gesundheitswesens ist auch die Tätigkeit unter der Bezeichnung »Ergotherapeutin/Ergotherapeut« erlaubnispflichtig. Die Erlaubnis wird auf Antrag erteilt, wenn nach einer **dreijährigen Ausbildung** an einer staatlich **anerkannten Schule** für Ergotherapeuten die Prüfung erfolgreich abgelegt wurde und keine Gründe in der Person des Antragstellers vorliegen, die entweder gegen seine Zuverlässigkeit oder Geeignetheit zur Berufsausübung sprechen. Der Zugang zur Ausbildung setzt eine abgeschlossene Realschulbildung, eine andere gleichwertige Ausbildung oder eine nach dem Hauptschulabschluss abgeschlossene Berufsausbildung von mindestens zweijähriger Dauer voraus.

> Die Gesamtverantwortung der Ausbildung liegt bei der Schule.

Die Schulen haben die praktische Ausbildung durch Vereinbarungen mit Krankenhäusern oder anderen geeigneten Einrichtungen sicher zustellen.

Auf die Dauer der dreijährigen Ausbildung werden Unterbrechungen durch Ferien und im Falle von Schwangerschaft, Krankheit oder sonstigen, vom Auszubildenden nicht zu vertretende Unterbrechungszeiten bis zur Gesamtdauer von zwölf Wochen angerechnet.

Auch kann eine andere gleichwertige Ausbildung auf Antrag auf die Ausbildung nach dem Ergotherapeutengesetz angerechnet werden. So verkürzt sich beispielsweise die dreijährige Ausbildungszeit für examinierte Physiotherapeuten oder Erzieher um mindestens ein Jahr.

21.9.1 Ausbildungs- und Prüfungsverordnung für Ergotherapeutinnen und Ergotherapeuten

Einzelheiten der Ausbildung sowie der Prüfung regelt die Ausbildungs- und Prüfungsverordnung für Ergotherapeutinnen und Ergotherapeuten (ErgThAPrV), die im Wesentlichen den übrigen Ausbildungs- und Prüfungsverordnungen der Gesundheitsberufe entspricht.

Die Ausbildung erfolgt durch **theoretischen** und **praktischen Unterricht** sowie eine **praktische Ausbildung**.

Ausbildungsinhalte

Der theoretische und praktische Unterricht umfasst insgesamt 2.700 Stunden (Tabelle 21.29).

Tabelle 21.29. Ausbildungsinhalte für Ergotherapeuten

Theoretischer und praktischer Unterricht	Stundenzahl
1. Berufs-, Gesetzes- und Staatsbürgerkunde	40
2. Fachsprache, Einführung in das wissenschaftliche Arbeiten	80
3. Grundlage der Gesundheitslehre und Hygiene	30
4. Biologie, beschreibende und funktionelle Anatomie, Physiologie	180
5. Allgemeine Krankheitslehre	30
6. Spezielle Krankheitslehre einschließlich diagnostischer, therapeutischer, präventiver und rehabilitativer Maßnahmen sowie psychosozialer Aspekte	280
7. Arzneimittellehre	20
8. Grundlagen der Arbeitsmedizin	30
9. Erste Hilfe	20
10. Psychologie und Pädagogik	210
11. Behindertenpädagogik	40
12. Medizinsoziologie und Gerontologie	70
13. Handwerkliche und gestalterische Techniken mit verschiedenen Materialien	500
14. Spiele, Hilfsmittel, Schienen und technische Medien	200
15. Grundlagen der Ergotherapie	140
16. Motorisch-funktionelle Behandlungsverfahren	100
17. Neurophysiologische Behandlungsverfahren	100
18. Neuropsychologische Behandlungsverfahren	100
19. Psychosoziale Behandlungsverfahren	100
20. Arbeitstherapeutische Behandlungsverfahren	100
21. Adoptierende Verfahren in der Ergotherapie	40
22. Prävention und Rehabilitation	40
zur Verteilung auf die Fächer 1 bis 22	250
Stundenzahl insgesamt	2.700

Die Fächer sind durch Themen weiter inhaltlich beschrieben.

Die **praktische Ausbildung** umfasst insgesamt 1.700 Stunden (Tabelle 21.30).

Ein praktischer Einsatz soll sich auf die ergotherapeutische Arbeit mit Kindern oder Jugendlichen, mit Erwachsenen und mit älteren Menschen erstrecken.

Für die erfolgreiche Teilnahme an den Ausbildungsveranstaltungen wird dem Auszubildenden eine **Bescheinigung** ausgestellt, die dem Antrag auf Zulassung zur Prüfung ebenso beigefügt werden muss wie die Geburtsurkunde bzw. Heiratsurkunde. Über die Zulassung zur Prüfung entscheidet der Vorsitzende des Prüfungsausschusses, dessen Zusammensetzung § 3 ErgThAPrV regelt.

Prüfungsinhalte

Die Prüfung gliedert sich in einen
- schriftlichen,
- mündlichen und
- praktischen Teil.

Sie erfolgt an der Schule, an der die Ausbildung abschließt.

Im **schriftlichen** Teil der Prüfung sind in drei **Aufsichtsarbeiten** schriftlich gestellte Fragen aus nachstehenden Fächergruppen zu beantworten:
1. Allgemeine Krankheitslehre, spezielle Krankheitslehre einschließlich diagnostischer, therapeutischer, präventiver und rehabilitativer Maßnahmen sowie psychosozialer Aspekte, Grundlagen der Arbeitsmedizin,
2. Psychologie und Pädagogik, Behindertenpädagogik, Berufs-, Gesetzes- und Staatsbürgerkunde,
3. Motorisch-funktionelle Behandlungsverfahren, neurophysiologische, neuropsychologische, psychosoziale und arbeitstherapeutische Behandlungsverfahren.

Die Aufsichtsarbeiten dauern jeweils drei Stunden. Der schriftliche Prüfungsteil ist an drei Tagen durchzuführen.

Die **mündliche** Prüfung erstreckt sich auf die Fächer
1. Biologie, beschreibende und funktionelle Anatomie, Physiologie,
2. Medizinsoziologie und Gerontologie,
3. Grundlagen der Ergotherapie.

Die Prüfung erfolgt als Einzel- oder Gruppenprüfung. Ein Prüfling soll in jedem Fach nicht länger als fünfzehn Minuten geprüft werden (§ 6 Abs. 1 ErgThAPrV):

Im **praktischen** Teil der Prüfung muss der Prüfling nach einem von ihm erstellten Arbeitsplan unter Aufsicht einen therapeutischen Gegenstand anfertigen sowie die therapeutische Einsatzmöglichkeit analysieren und begründen. Des weiteren muss er mit einem Patienten oder einer Patientengruppe eine ergotherapeutische Behandlung durchführen. Einzelheiten regelt § 7 ErgThAPrV.

Ergebnis der Prüfung und Erlaubniserteilung

Die Prüfung ist bestanden, wenn jeder einzelne Prüfungsteil wenigstens mit »ausreichend« abgelegt wurde. Ist das nicht der Fall, kann der Prüfling jede Aufsichtsarbeit der schriftlichen Prüfung, jedes Fach der mündlichen Prüfung und die Prüfungen des praktischen Teils einmal wiederholen.

Tabelle 21.30. Praktische Ausbildung für Ergotherapeuten

Praktische Ausbildung	Stundenzahl
1. Psychosozialer (psychiatrischer/psychosomatischer) Bereich	400
2. Motorisch-funktioneller, neurophysiologischer oder neuropsychosomatischer Bereich	400
3. Arbeitstherapeutischer Bereich	400
zur Verteilung auf die Bereiche 1–3	500
Stundenzahl insgesamt	1.700

Über die bestandene Prüfung wird ein Zeugnis und auf Antrag die **Erlaubnisurkunde** erteilt.

Unter den im Gesetz genannten Voraussetzungen kann die Erlaubnis entweder zurückgenommen oder auch widerrufen werden.

21.10 Gesetz über die Berufe in der Physiotherapie

Zum 01.06.1994 ist das Gesetz über die Berufe in der Physiotherapie (Masseur- und Physiotherapeutengesetz – MPhG vom 26.05.1994) in Kraft getreten und hat das Gesetz über die Berufe des Masseurs, des Masseurs und medizinischen Bademeisters und des Krankengymnasten aus dem Jahre 1958 abgelöst.

Mit diesem Gesetz wurden entsprechende Richtlinien des Rates der Europäischen Union in nationales Recht umgesetzt. Zum anderen wurde die durch den Einigungsvertrag vom 31.08.1990 gebotene Rechtseinheit hinsichtlich der in den neuen Ländern noch bestehenden dreijährigen Physiotherapeutenausbildung der früheren DDR herbeigeführt. Aus diesen Gründen erschien es dem Gesetzgeber sinnvoll, die Berufsbezeichnung »Krankengymnastin/Krankengymnast« durch die Berufsbezeichnung »Physiotherapeutin/Physiotherapeut« zu ersetzen, zumal letztere Berufsbezeichnung in einigen Mitgliedstaaten der Europäischen Union üblich ist.

Die Ausbildung zum Beruf des Masseurs wurde aufgegeben, an dessen Stelle wird nur noch zum Masseur und medizinischen Bademeister ausgebildet.

Diese Ausbildung war in der ehemaligen DDR unbekannt und wurde für die neuen Bundesländer durch das Gesetz dort eingeführt. Der Gesetzgeber geht davon aus, dass sich dieser Ausbildungsgang an den in aller Regel in öffentlicher Trägerschaft fortgeführten Medizinischen Fachschulen etablieren wird, soweit nicht private Schulträger in den neuen Ländern diese hier erstmals mögliche Ausbildung übernehmen.

Erlaubnispflicht

Wer eine der Berufsbezeichnungen nach dem Masseur- und Physiotherapeutengesetz (MPhG) führen will, bedarf der Erlaubnis. Dem Antragsteller ist die Erlaubnis zu erteilen, wenn er die für die Berufsausübung erforderliche Zuverlässigkeit besitzt, zur Ausübung des Berufs nicht in gesundheitlicher Sicht ungeeignet ist, die vorgeschriebene Ausbildung abgeleistet und die staatliche Prüfung bestanden hat (§ 2 MPhG).

Hat der Antragsteller außerhalb der Bundesrepublik Deutschland eine Ausbildung abgeschlossen, die mit der Ausbildung nach deutschem Recht gleichwertig ist, so ist dem Antrag zu entsprechen. **Gleichwertigkeit** der Ausbildung wird in der Regel angenommen, wenn eine Ausbildung in einem EU-Mitgliedsstaat oder Vertragsstaat des Abkommens über den Europäischen Wirtschaftsraum abgeschlossen wurde. Unter bestimmten Voraussetzungen kann ein Anpassungslehrgang oder eine Eignungsprüfung für den Antragsteller erforderlich sein.

Zulassungsvoraussetzungen

Das Gesetz unterscheidet die Zulassungsvoraussetzungen zur Ausbildung
- als **Masseur und medizinischen Bademeister** einerseits und
- als **Physiotherapeut** andererseits.

Die Vollendung des 16. Lebensjahres (Mindestalter), gesundheitliche Eignung zur Berufsausübung und der Hauptschulabschluss, eine gleichwertige Schulbildung oder eine abgeschlossene Berufsausbildung von mindestens einjähriger Dauer sind die Zulassungsvoraussetzungen für die Ausbildung zum **Masseur und medizinischen Bademeister** (§ 5 MPhG). Von dem Erfordernis der Vollendung des 16. Lebensjahres können unter bestimmten Voraussetzungen Ausnahmen zugelassen werden.

Der Ausbildungszugang zum **Physiotherapeuten** erfordert neben der gesundheitlichen Eignung in der Regel die Vollendung des 17. Lebensjahres, einen **Realschulabschluss** oder eine gleichwertige Ausbildung oder eine andere abgeschlossene zehnjährige Schulbildung, die den Hauptschulabschluss erweitert, oder eine abgeschlossene Berufsausbildung von mindestens zweijähriger Dauer nach einem Hauptschul- oder gleichwertigen Abschluss (§ 10 MPhG).

Ausbildungsdauer

Auch die Dauer der Ausbildung differenziert der Gesetzgeber nach den Berufsbildern.

Die Ausbildung zum **Masseur und medizinischen Bademeister** besteht aus einem zweijährigen Lehrgang, der theoretischen und praktischen Unterricht sowie eine praktische Ausbildung umfasst und mit der staatlichen Prüfung abschließt. An diesen Lehrgang schließt sich eine praktische Tätigkeit von sechs Monaten an (§ 4 MPhG).

Unter bestimmten Voraussetzungen kann der **zweijährige Lehrgang** verkürzt werden, beispielsweise für Umschüler mit einer abgeschlossenen Ausbildung in einem medizinischen Fachberuf um sechs Monate (§ 18 MPhG).

Auf die Lehrgangsdauer werden Ferien ebenso angerechnet wie Unterbrechungen durch Schwangerschaft, Krankheit oder aus sonstigen vom Schüler nicht zu vertretenden Gründen bis zur Gesamtdauer von acht Wochen, bei verkürztem Lehrgang bis zu höchstens drei Wochen. Darüber hinausgehende Fehlzeiten können bei Vorliegen einer besonderen Härte soweit berücksichtigt werden, als das Ausbildungsziel durch die Anrechnung nicht gefährdet wird. Ähnliches gilt für die Anrechnung einer anderen gleichwertigen Ausbildung (§ 6 MPhG).

Die Ausbildung zum **Physiotherapeuten** dauert **drei Jahre**, bestehend aus theoretischem und praktischem Unterricht und einer praktischen Ausbildung (§ 9 MPhG).

Eine Verkürzung auf achtzehn Monate kann ein Antragsteller erwarten, der zuvor die Prüfung als Masseur und Bademeister erfolgreich abgelegt hat; weitere Verkürzungsmöglichkeiten regelt § 12 Abs. 1 MPhG.

Ferien und Unterbrechungen der Ausbildung werden bis zur Gesamtdauer von zwölf Wochen, bei verkürzter Ausbildung bis zu höchstens vier Wochen je Ausbildungsjahr angerechnet. Auch hier gilt eine »Härteklausel« (§ 11 MPhG).

Ausbildungsziele

Die Ausbildung zum **Masseur und medizinischen Bademeister** soll entsprechend der Aufgabenstellung des Berufs insbesondere dazu befähigen, durch Anwenden geeigneter Verfahren der physikalischen Therapie in Prävention, kurativer Medizin, Rehabilitation und im Kurwesen Hilfen zur Heilung und Linderung, zur Wiederherstellung oder Verbesserung der Arbeits- und Erwerbstätigkeit, zu gesundheitsförderndem Verhalten und zum Kurerfolg zu geben (§ 3 MPhG).

Entsprechend der Aufgabenstellung des **Physiotherapeuten** sieht der Gesetzgeber das Ausbildungsziel in der Befähigung, durch Anwenden geeigneter Verfahren der Physiotherapie in Prävention, kurativer Medizin, Rehabilitation und im Kurwesen Hilfen zur Entwicklung, zum Erhalt oder zur Wiederherstellung aller Funktionen im somatischen und psychischen Bereich zu geben und bei nicht rückbildungsfähigen Körperbehinderungen Ersatzfunktionen zu schulen (§ 8 MPhG).

Ausbildungsstätten

Die Ausbildung zum **Masseur und medizinischen Bademeister** erfolgt an staatlich anerkannten **Schulen** (§ 4 Abs. 2 MPhG). Organisation und Struktur der Ausbildungseinrichtungen unterliegen der **Zuständigkeit der Länder**. Ähnliches gilt für die Ausbildung zum **Physiotherapeuten**. Allerdings haben hier diejenigen Schulen, die nicht an einem Krankenhaus eingerichtet sind, die praktische Ausbildung im Rahmen einer Regelung mit Krankenhäusern oder anderen geeigneten medizinischen Einrichtungen sicherzustellen (§ 9 MPhG). Die halbjährige praktische Tätigkeit des Masseurs und medizinischen Bademeisters dagegen erfolgt in Krankenhäusern oder ähnlich geeigneten Einrichtungen, die zur Annahme von Praktikanten ermächtigt sind und die eine Aufsicht durch einen Berufskollegen gewährleisten (§ 7 MPhG). Die Voraussetzungen einer Ermächtigung zur Annahme von Praktikanten regelt § 7 Abs. 2 MPhG.

> Aussagen zur Ausbildungsvergütung enthält das Gesetz wegen der besonderen Ausbildungsstruktur nicht. Es steht jedoch etwaigen tarifvertraglichen Vereinbarungen über die Gewährung von Ausbildungsvergütungen nichts entgegen.

Übergangsvorschriften

Zahlreiche Übergangsvorschriften (§§ 16 ff MPhG) stellen einen nahtlosen Übergang vom alten zum neuen Recht der Berufsausbildung ab 01.06.1994 sicher. So gilt eine nach altem Recht erteilte Erlaubnis als »Masseur/Masseurin und medizinischer Bademeister/medizinische Bademeisterin« weiter. Die Bezeichnung »Krankengymnast/Krankengymnastin« gilt aber auch als Erlaubnis zur Führung der Berufsbezeichnung »Physiotherapeut« (§ 16 Abs. 1 MPhG).

21.10.1 Ausbildungs- und Prüfungsverordnung für Masseure und medizinische Bademeister

Auf der Ermächtigungsgrundlage des § 13 Abs. 1 MPhG wurde die Ausbildungs- und Prüfungsverordnung für Masseure und medizinische Bademeister (MB-APrV vom 06.12.1994 mit späteren Änderungen) verabschiedet. Sie regelt die Mindestanforderungen an den Lehrgang, das Nähere über die staatliche Prüfung, über die praktische Tätigkeit und über die Urkunden für die Erlaubnis zur Führung der Berufsbezeichnung.

Lehrgangsinhalte

Der zweijährige Lehrgang der **Masseure und medizinischen Bademeister** umfasst
- einen theoretischen und praktischen Unterricht von 2.230 Stunden sowie
- eine praktische Ausbildung von 800 Stunden.

Für Umschüler kann sich die Stundenzahl verringern (§ 1 Abs. 1 MB-APrV).

Der **theoretische** und **praktische Unterricht** erstreckt sich auf die in der Verordnung (§ 1 Abs. 1 Anlage 1 MB-APrV) weiter untergliederten Fächer (◘ Tabelle 21.31) und die **praktische Ausbildung** (◘ Tabelle 21.32).

Im Unterricht muss den Schülern ausreichend Gelegenheit gegeben werden, die erforderlichen praktischen Fähigkeiten und Fertigkeiten zu entwickeln und einzuüben.

Die praktische Ausbildung erfolgt in Krankenhäusern oder anderen geeigneten medizinischen Einrichtungen.

Prüfungsvorschriften

An der Schule, an der der Schüler seinen Lehrgang abschließt, legt er auch seine staatliche Prüfung ab.
Die Prüfung umfasst einen
- schriftlichen,
- mündlichen und
- praktischen Teil.

Der Prüfungsbeginn soll nicht früher als zwei Monate vor dem Ende der Ausbildung liegen. Die Zulassung zur Prüfung wird erteilt, wenn die entsprechenden Bescheinigungen über die Teilnahme an den Ausbildungsveranstaltungen sowie die Geburtsurkunde oder ein Auszug aus dem elterlichen Familienbuch, bei Verheirateten die Heiratsurkunde oder ein Auszug aus dem für sie geführten Familienbuch vorliegt.

Zulassung und Prüfungstermine sollen dem Prüfling spätestens zwei Wochen vor Prüfungsbeginn schriftlich mitgeteilt werden.

Der **schriftliche Teil** der Prüfung erstreckt sich auf die Fächergruppen:
1. Berufs-, Gesetzes- und Staatskunde, Physiologie/Pädagogik/Soziologie, spezielle Krankheitslehre,
2. Prävention und Rehabilitation, Physiologie, klassische Massagetherapie, Reflexzonentherapie.

In jeweils einer **Aufsichtsarbeit** hat der Prüfling schriftlich gestellte Fragen zu beantworten. Die Aufsichtsarbeit in der ersten Fächergruppe dauert 120 Minuten, in der zweiten Fächergruppe 180 Minuten. Der schriftliche Prüfungsteil ist an zwei Tagen durchzuführen.

◘ **Tabelle 21.31.** Ausbildungsinhalte für Masseure und medizinische Bademeister

Theoretischer und praktischer Unterricht	Stundenzahl
1. Berufs-, Gesetzes- und Staatsbürgerkunde	40
2. Anatomie	240
3. Physiologie	90
4. Allgemeine Krankheitslehre	30
5. Spezielle Krankheitslehre	360
6. Hygiene	30
7. Erste Hilfe und Verbandtechnik	30
8. Angewandte Physik und Biomechanik	20
9. Sprache und Schrifttum	20
10. Prävention und Rehabilitation	60
11. Bewegungserziehung	20
12. Physikalisch-therapeutische Befundtechniken	30
13. Klassische Massagetechniken	60
14. Reflexzonentherapie	300
15. Sonderformen der Massagetherapie	150
16. Motorisch-funktionelle Behandlungsverfahren	200
17. Übungsbehandlung im Rahmen der Massage und anderer physikalisch-therapeutischer Verfahren	150
18. Elektro-, Licht- und Strahlentherapie	150
19. Hydro-, Balneo-, Thermo- und Inhalationstherapie	150
zur Verteilung auf die Fächer 1 bis 19	100
Stundenzahl insgesamt	2.230

Tabelle 21.32. Praktische Ausbildung für Masseure und med. Bademeister

Praktische Ausbildung	Stundenzahl nicht im Einzelnen aufgeschlüsselt
1. Klassische Massagetechniken	–
2. Reflexzonentherapie	–
3. Sonderformen der Massagetherapie	–
4. Elektro-, Licht- und Strahlentherapie	–
5. Hydro-, Balneo-, Thermo- und Inhalationstherapie	–
Mindeststunden	800

Der **mündliche Teil** der Prüfung umfasst die Fächer:
1. Anatomie,
2. spezielle Krankheitslehre.

Die Prüflinge werden einzeln oder in Gruppen bis zu fünf Personen geprüft. Die Prüfung soll für den einzelnen Prüfling in jedem Fach nicht länger als dreißig Minuten dauern.

Der **praktische Teil** der Prüfung erstreckt sich auf folgende Fächergruppen:
1. Physikalisch-therapeutische Befundtechniken, klassische Massagetherapie, Reflexzonentherapie, Sonderformen der Massagetherapie,
2. Übungsbehandlung im Rahmen der Massage und anderer physikalisch-therapeutischer Verfahren, Elektro-, Licht- und Strahlentherapie, Hydro-, Balneo-, Thermo- und Inhalationstherapie.

Die Prüflinge werden einzeln oder in Gruppen bis zu fünf am Patienten oder Probanden geprüft. Dabei hat der Prüfling in jedem Fach der jeweiligen Fächergruppe fallbezogen seine Kenntnisse und Fertigkeiten nachzuweisen sowie sein Handeln zu erläutern und zu begründen.

Die Prüfung soll für den einzelnen Prüfling nicht länger als zwanzig Minuten je Fach dauern.

Weiterhin hat der Prüfling gemäß § 7 Abs. 2 MB-APrV unter Aufsicht an einem Patienten oder Probanden mit vorgegebener Diagnose eine Behandlung nach vorheriger Befunderhebung und Behandlungsvorschlag durchzuführen und dabei nachzuweisen, dass er die im Unterricht erworbenen Kenntnisse und Fertigkeiten am Patienten umsetzen kann. Die Prüfung soll nicht länger als sechzig Minuten dauern.

Ergebnis der Prüfung

Der schriftliche Teil der Prüfung ist bestanden, wenn jede der beiden Aufsichtsarbeiten mindestens mit »ausreichend« benotet wird. Aus den Noten der beiden Aufsichtsarbeiten wird die Prüfungsnote für den schriftlichen Teil der Prüfung gebildet.

Der mündliche Teil der Prüfung ist bestanden, wenn jedes Fach mindestens mit »ausreichend« benotet wird. Aus den Noten der Fachprüfer wird die Prüfungsnote für den mündlichen Prüfungsteil gebildet.

Der praktische Teil der Prüfung ist bestanden, wenn jede Fächergruppe mindestens mit »ausreichend« und dabei kein Fach schlechter als »mangelhaft« sowie die Prüfung mindestens mit »ausreichend« benotet werden. Aus den Noten der Fachprüfer für jede Fachgruppe sowie der Note der Prüfung wird die Gesamtnote für den praktischen Prüfungsteil gebildet.

Ist jeder Prüfungsteil bestanden, ist auch die Gesamtprüfung bestanden.

Jede Aufsichtsarbeit der schriftlichen Prüfung und jedes Fach der mündlichen Prüfung kann ebenso wie jede Fächergruppe in der praktischen Prüfung und die Prüfung nach § 7 Abs. 2 MB-APrV einmal wiederholt werden, wenn die Note schlechter als »ausreichend« war.

Muss der Prüfling die praktische Prüfung insgesamt oder Teile davon wiederholen, so darf er zur Wiederholungsprüfung nur zugelassen werden, wenn er an einer weiteren Ausbildung teilgenommen hat, deren Dauer einschließlich der Prüfungszeit ein Jahr nicht überschreiten darf. Die Wiederholungsprüfung muss spätestens zwölf Monate nach der letzten Prüfung abgeschlossen sein.

Praktische Tätigkeit und Erlaubniserteilung

Innerhalb eines Jahres nach Ablegen der staatlichen Prüfung soll die nach § 7 MPhG vorgeschriebene praktische Tätigkeit begonnen werden. Inhalt der praktischen Tätigkeit sind die in der praktischen Ausbildung des Lehrganges vermittelten Wissensbereiche (§ 1 Abs. 4 MB-APrV). Sie erfolgt an Krankenhäusern, die zur Annahme von Praktikanten ermächtigt sind oder an anderen geeigneten medizinischen Einrichtungen unter Aufsicht eines Masseurs und medizinischen Bademeisters, eines Krankengymnasten oder eines Physiotherapeuten.

Nach ordnungsgemäßer Ableistung der praktischen Tätigkeit wird bei Nachweis auf Antrag die **Erlaubnisurkunde** zur Führung der Berufsbezeichnung Masseur und medizinischer Bademeister von der zuständigen Behörde ausgestellt.

21.10.2 Ausbildungs- und Prüfungsverordnung für Physiotherapeuten (PhysTh-APrV)

Aufgrund des § 13 Abs. 2 und 3 MPhG wurde die Ausbildungs- und Prüfungsverordnung für Physiotherapeuten (PhysTh-APrV vom 06.12.1994 mit späteren Änderungen) verabschiedet.

Ausbildungsinhalte

Der dreijährige Lehrgang der Physiotherapeuten umfasst
- einen theoretischen und praktischen Unterricht von 2.900 Stunden sowie
- eine praktische Ausbildung von 1.600 Stunden.

Für Umschüler, Turn-, Sport-, Gymnastiklehrer kann sich die Stundenzahl entsprechend verringern (§ 1 Abs. 2 Satz 2 PhysTh-APrV).

In diesem Fall kann der theoretische Unterricht auch als Fernunterricht erfolgen. Sofern dieser von Dritten durchgeführt wird, ist dies mit der Schule abzustimmen.

Der **theoretische** und **praktische Unterricht** erstreckt sich auf die in der Verordnung (§ 1 Abs. 1 Anlage 1 PhysTh-APrV) weiter untergliederten Fächer (Tabelle 21.33) und die **praktische Ausbildung** (Tabelle 21.34).

Im Unterricht muss den Schülern ausreichend Gelegenheit gegeben werden, die erforderlichen praktischen Fähigkeiten und Fertigkeiten zu entwickeln und einzuüben.

Die **praktische Ausbildung** wird, wie der theoretische und praktische Unterricht, an staatlich **anerkannten Schulen** vermittelt (§ 9 MPhG) und findet am Patienten statt (§ 1 Abs. 3 Satz 2 PhysTh-APrV). Schulen, die nicht an einem Krankenhaus eingerichtet sind, haben die praktische Ausbildung im Rahmen einer Regelung mit Krankenhäusern oder anderen geeigneten medizinischen Einrichtungen sicherzustellen.

Prüfungsvorschriften

An der Schule, an der der Schüler seine Ausbildung abschließt, legt er in der Regel auch seine staatliche Prüfung ab.

Tabelle 21.33. Ausbildungsinhalte für Physiotherapeuten

Theoretischer und praktischer Unterricht	Stundenzahl
1. Berufs-, Gesetzes- und Staatsbürgerkunde	40
2. Anatomie	240
3. Physiologie	140
4. Allgemeine Krankheitslehre	30
5. Spezielle Krankheitslehre	360
6. Hygiene	30
7. Erste Hilfe und Verbandtechnik	30
8. Angewandte Physik und Biomechanik	40
9. Sprache und Schrifttum	20
10. Psychologie, Pädagogik, Soziologie	60
11. Prävention und Rehabilitation	20
12. Trainingslehre	40
13. Bewegungslehre	60
14. Bewegungserziehung	120
15. Physiotherapeutische Befund- und Untersuchungstechniken	100
16. Krankengymnastische Behandlungstechniken	500
17. Massagetherapie	150
18. Elektro-, Licht- und Strahlentherapie	60
19. Hydro-, Balneo-, Thermo- und Inhalationstherapie	60
20. Methodische Anwendung der Physiotherapie in den medizinischen Fachgebieten	700
zur Verteilung auf die Fächer 1 bis 20	100
Stundenzahl insgesamt	2.900

Tabelle 21.34. Praktische Ausbildung für Physiotherapeuten

Praktische Ausbildung	Stundenzahl
1. Chirurgie	240
2. Innere Medizin	240
3. Orthopädie	240
4. Neurologie	240
5. Pädiatrie	160
6. Psychiatrie	80
7. Gynäkologie	80
zur Verteilung auf Fachgebiete 1 bis 7	240
Die praktische Ausbildung wird ergänzt durch Exkursionen und praktische Ausbildung in sonstigen Einrichtungen	80
Stundenzahl insgesamt	1.600

Die Prüfung umfasst einen
— schriftlichen,
— mündlichen und
— praktischen Teil.

Für die verkürzte Ausbildung besteht die Prüfung in einer **Ergänzungsprüfung**, die in zwei Teilabschnitten abgelegt werden kann.

Der Prüfungsbeginn soll nicht früher als zwei Monate vor dem Ende der Ausbildung liegen. Die Zulassung zur Prüfung wird unter den gleichen Voraussetzungen erteilt wie beim Masseur und medizinischen Bademeister (▶ 21.10.1).

Der **schriftliche Teil** der Prüfung erstreckt sich auf die Fächergruppen:
1. Berufs-, Gesetzes- und Staatskunde, Physiologie/Pädagogik/Soziologie,
2. angewandte Physik und Biomechanik, Trainingslehre, Bewegungslehre,
3. Prävention und Rehabilitation, methodische Anwendung der Physiotherapie in den medizinischen Fachgebieten,
4. spezielle Krankheitslehre.

In den vier Fächergruppen sind in jeweils einer **Aufsichtsarbeit** schriftlich gestellte Fragen zu beantworten. Die Dauer der Aufsichtsarbeit ist unterschiedlich; sie beträgt
— in Fächergruppe 1   45 Minuten,
— in Fächergruppe 2   90 Minuten,
— in Fächergruppe 3   180 Minuten,
— in Fächergruppe 4   90 Minuten.

Der schriftliche Prüfungsteil ist an zwei Tagen durchzuführen.

Die **mündliche Prüfung** umfasst die Fächer:
1. Anatomie,
2. Physiologie und
3. spezielle Krankheitslehre.

Die Prüflinge werden einzeln oder in Gruppen bis zu fünf Personen geprüft. In den Fächern 1 und 3 soll der Prüfling nicht länger als dreißig Minuten, in dem Fach 2 nicht länger als fünfzehn Minuten geprüft werden.

Der **praktische Teil** der Prüfung erstreckt sich auf folgende Fächergruppe:
1. a) Krankengymnastische Behandlungstechniken,
   b) Bewegungserziehung,
2. a) Massagetherapie,
   b) Elektro-, Licht- und Strahlentherapie,
   c) Hydro-, Balneo-, Thermo- und Inhalationstherapie,
3. Methodische Anwendung der Physiotherapie in den medizinischen Fachgebieten.

Die Aufgabenstellungen in der praktischen Prüfung werden in § 14 PhysTh-APrV näher beschrieben. Gleiches gilt für das Prüfungsverfahren für die Ergänzungsprüfung bei verkürzter Ausbildung (§§ 15 ff PhysTh-APrV).

Der praktische Teil der Prüfung soll innerhalb von vier Wochen abgeschlossen sein.

Ergebnis der Prüfung und Erlaubniserteilung

Die Ausführungen im Rahmen der Ausbildungs- und Prüfungsverordnung für Masseure und medizinische Bademeister gelten für Physiotherapeuten sinngemäß.

Sind die gesetzlichen Voraussetzungen (§ 2 Abs. 1 MPhG) für die Erteilung der Erlaubnis zur Führung der Berufsbezeichnung Physiotherapeut erfüllt, stellt die zuständige Behörde die **Erlaubnisurkunde** aus (§ 20 PhysTh-APrV).

21.11 Gesetz über den Beruf des Logopäden und der Logopädin

Rechtsgrundlage für den Zugang zum Beruf des Logopäden ist das Gesetz über den Beruf des Logopäden und der Logopädin (LogG vom 07.05.1980 mit späteren Änderungen).

Erlaubnispflicht

Wer eine Tätigkeit unter der Berufsbezeichnung »Logopäde« oder »Logopädin« ausüben will, bedarf der Erlaubnis (§ 1 LogG).

> **Erlaubniserteilung**
> 1. Der Antragsteller muss nach einer dreijährigen Ausbildung die staatliche Prüfung abgeschlossen haben,
> 2. sich nicht eines Verhaltens schuldig gemacht haben, aus dem sich die Unzuverlässigkeit zur Ausübung des Berufs ergibt und
> 3. nicht in gesundheitlicher Hinsicht zur Ausübung des Berufes ungeeignet sein (§ 2 LogG).

Die Ausbildung erfolgt an staatlich **anerkannten Schulen**. Voraussetzung für den Zugang zur Ausbildung ist eine abgeschlossene Realschulausbildung, eine andere gleichwertige Ausbildung oder eine nach Hauptschulabschluss abgeschlossene Berufsausbildung von mindestens zweijähriger Dauer sowie die Vollendung des 18. Lebensjahres (Mindestalter). Von dem Erfordernis der Vollendung des 18. Lebensjahres kann in besonderen Fällen abgesehen werden (§ 4 LogG).

Voraussetzungen einer Rücknahme bzw. eines Widerrufs der Erlaubniserteilung sind in § 3 des Gesetzes geregelt.

21.11.1 Ausbildungs- und Prüfungsordnung für Logopäden

Die Anforderungen an die Ausbildung zum Logopäden sowie die Voraussetzungen der staatlichen Prüfung regelt im Einzelnen die Ausbildungs- und Prüfungsordnung für Logopäden (LogAPrO vom 01.01.1980 mit späteren Änderungen).

Ausbildung

Die Ausbildung dauert drei Jahre und umfasst
— einen theoretischen und praktischen Unterricht (Tabelle 21.35) sowie
— eine praktische Ausbildung (Tabelle 21.36).

Tabelle 21.35. Ausbildungsinhalte für Logopäden

Theoretischer und praktischer Unterricht	Stundenzahl
1. Berufs-, Gesetzes- und Staatsbürgerkunde	60
2. Anatomie und Physiologie	100
3. Pathologie	20
4. Hals-, Nasen-, Ohrenheilkunde	60
5. Pädiatrie und Neuropädiatrie	80
6. Kinder- und Jugendpsychiatrie	40
7. Neurologie und Psychiatrie	60
8. Kieferorthopädie und Kieferchirurgie	20
9. Phoniatrie	120
10. Aphasiologie	40
11. Audiologie und Pädaudiologie	60
12. Elektro- und Hörgeräteakustik	20
13. Logopädie	480
14. Phonetik/Linguistik	80
15. Psychologie und klinische Psychologie	120
16. Soziologie	40
17. Pädagogik	60
18. Sonderpädagogik	80
19. Stimmbildung	100
20. Spracherziehung	100
Stundenzahl insgesamt	1.740

Einzelheiten der Unterrichtsinhalte sind der Anlage I zu § 1 Abs. 1 LogAPrO zu entnehmen.

Gleiches gilt für die **praktische Ausbildung**, die insgesamt 2.100 Stunden umfasst und deren Inhalte und zeitliche Verteilung in Anlage 2 zu § 1 Abs. 1 LogAPrO geregelt sind.

Prüfungsverfahren

Um zur Prüfung zugelassen zu werden, muss der Prüfling zum einen die regelmäßige und erfolgreiche Teilnahme an den Ausbildungsveranstaltungen nachweisen, zum anderen bedarf es der Vorlage der Geburtsurkunde oder der Heiratsurkunde bei Verheirateten, gegebenenfalls eines Auszuges aus dem Familienbuch. Darüber hinaus ist dem Antrag auf Prüfungszulassung eine **Bescheinigung** der Schule beizulegen, dass die Ausbildung nicht über die im Gesetz festgelegten Zeiten hinaus unterbrochen wurden, und schließlich ist ein Nachweis über die Ausbildung in Erster Hilfe zu erbringen.

Die **Prüfung**, die vor dem Prüfungsausschuss der ausbildenden Schule abzulegen ist, untergliedert sich gemäß § 2 LogAPrO in einen
- schriftlichen,
- mündlichen und
- praktischen Teil.

Die **schriftliche** Prüfung umfasst folgende Fächer:
1. Logopädie,
2. Phoniatrie einschließlich Hals-, Nasen-, Ohrenheilkunde,
3. Audiologie und Pädaudiologie,
4. Neurologie und Psychiatrie sowie
5. Berufs-, Gesetzes- und Staatsbürgerkunde.

In den genannten Fächern sind in je einer **Aufsichtsarbeit** schriftlich gestellte Fragen zu beantworten; die Arbeiten dauern jeweils neunzig Minuten und sind an zwei aufeinanderfolgenden Tagen zu erledigen (§ 5 LogAPrO).

Die **mündliche** Prüfung wird von mindestens drei Fachprüfern abgenommen und umfasst die Fächergruppen
1. Logopädie,
2. Phoniatrie einschließlich Hals-, Nasen-, Ohrenheilkunde,
3. Pädagogik und Sonderpädagogik,
4. Psychologie und klinische Psychologie sowie
5. Phonetik und Linguistik.

Die Prüfung soll pro Fach nicht länger als zwanzig Minuten dauern. Die Prüflinge können einzeln oder in Gruppen bis zu fünf Teilnehmern geprüft werden (§ 6 LogAPrO).

Die **praktische** Prüfung erstreckt sich auf die angewandte Logopädie. Einzelheiten regelt § 7 LogAPrO.

Jeder Teil der Prüfung kann zweimal wiederholt werden, wenn der Prüfling die Note »mangelhaft« oder »ungenügend« erhalten hat. Wurden alle Teile der Prüfung mit »mangelhaft« oder schlechter benotet, besteht die Wiederholungsmöglichkeit nur, wenn der Prüfling an einer weiteren Ausbildung teilgenommen hat, deren Dauer und Inhalt vom Vorsitzenden des Prüfungsausschusses bestimmt wird (§ 10 LogAPrO). Die Wiederholungsprüfung muss spätestens zwölf Monate nach der letzten Prüfung abgeschlossen sein.

Erlaubniserteilung

Hat der Prüfling die Prüfung bestanden und liegen die weiteren Voraussetzungen des Gesetzes über den Beruf des Logopäden für die Erlaubniserteilung vor, so

Tabelle 21.36. Praktische Ausbildung für Logopäden

Praktische Ausbildung	Stundenzahl
1. Hospitationen in	340
1.1 Phoniatrie und Logopädie	
1.2 Anderen fachbezogenen Bereichen, auch Exkursionen (mindestens 100 Stunden)	
2. Praxis der Logopädie	1.520
2.1 Übungen zur Befunderhebung	
2.2 Übungen zur Therapieplanung	
2.3 Therapie unter fachlicher Aufsicht und Anleitung	
3. Praxis in Zusammenarbeit mit den Angehörigen des therapeutischen Teams auf den Gebieten der	240
3.1 Audiologie und Pädaudiologie	
3.2 Psychologie einschließlich der Selbsterfahrungstechniken	
3.3 Musiktherapie	
Stundenzahl insgesamt	2.100

stellt die zuständige Behörde die Urkunde zur Führung der Berufsbezeichnung »Logopäde«/»Logopädin« (**Erlaubnisurkunde**) aus.

Die Führung der Berufsbezeichnung ist auch Antragstellern aus Mitgliedsstaaten der Europäischen Gemeinschaft oder einem Vertragsstaat des Europäischen Wirtschaftsraums unter Vorliegen der in § 2 Abs. 2 LogG genannten Voraussetzungen zu gestatten.

21.12 Weitere Berufe im Gesundheitswesen

Neben den vorstehend angeführten Berufen existieren weitere gesundheits- und sozialpflegerische Berufe im Gesundheitswesen. Zu nennen sind z. B. die **Podologen** (= medizinische Fußpfleger), deren Ausbildung sich nach dem Gesetz über den Beruf der Podologin und des Podologen (Podologengesetz – PodG vom 04.12.2001) und der entsprechenden Ausbildungs- und Prüfungsverordnung richtet. Das Gesetz schützt – wie die vorgenannten Gesetze – als **Bundesgesetz** die **Berufsbezeichnung**. Die – in Vollzeitform – zweijährige Ausbildung wird durch staatlich anerkannte Schulen vermittelt, bei denen die Gesamtverantwortung für die Ausbildung liegt. Insofern muss die Schule u. a. auch durch entsprechende Regelungen den praktischen Teil der Ausbildung in geeigneten Einrichtungen sicherstellen.

Nicht bundeseinheitlich sondern **länderrechtlich** geregelt ist dagegen die Ausbildung der **Heilerziehungspfleger**. Dieses Berufsbild vereint u. a. pädagogische und pflegerische Aspekte. Überwiegend erfolgt die Ausbildung an (Fach-)Schulen für Heilerziehungspfleger. Ziel der Ausbildung ist die Befähigung zur selbstständigen Erziehung, außerschulischen Bildung und Pflege behinderter Menschen in Einrichtungen der Behindertenhilfe. Nach erfolgreichem Abschluss der Ausbildung erfolgt in der Regel die Erlaubnis zur Führung der **Berufsbezeichnung** »Heilerziehungspfleger«/»Heilerziehungspflegerin«.

Ländergesetzlich geregelt sind vielfach auch die **Weiterbildungsgänge** wie z. B. die Weiterbildung in der Anästhesie, Endoskopie oder Hygiene zur entsprechenden Fachpflegekraft.

Andere **Grundausbildungen** zu Berufen im Gesundheitswesen basieren wiederum auf dem **Berufsbildungsgesetz**, wie etwa die Ausbildung zur **Arzthelferin**, **Zahnmedizinischen Fachangestellten** und **Apothekenhelferin**. Deren Ausbildung erfolgt nach entsprechenden Ausbildungsverordnungen, die auf Grund des § 25 BBiG erlassen wurden.

Die Ausbildungsverordnungen regeln den praxisorientierten Teil der dualen (berufsschulischen neben betriebspraktischen) Berufsausbildung. Demgegenüber wird die Ausbildung in den Berufsschulen von den Bundesländern geregelt. Ausbildungsverordnungen und Rahmenpläne der Länder für den Berufsschulunterricht werden vor Erlass inhaltlich aufeinander abgestimmt.

Die Ausbildungsberufe sind staatlich anerkannt. Damit ist die Grundlage für eine geordnete und einheitliche Berufsausbildung gelegt.

Andere Ausbildungsgänge wiederum, wie etwa die des Chirurgie- oder des Orthopädiemechanikers sind wegen ihres handwerklichen Schwerpunktes Ausbildungen nach der **Handwerksordnung**.

Alle Berufe im Gesundheitswesen, auch die der Sozialarbeiter, der Heilpädagogen, der Desinfektoren, Präparatoren und Sektionsgehilfen, tragen zur wirkungsvollen Gestaltung des Gesundheitswesens und der Wohlfahrtspflege bei.

Überprüfen Sie Ihr Wissen

1. Worin unterscheiden sich die Ausbildungssysteme der (Kranken-)Pflegeberufe von den Ausbildungen nach dem Berufsbildungsgesetz?
   Antwort: ▶ 21.
2. Ab welchem Zeitpunkt dürfen die Berufsbezeichnungen (Kinder-)Krankenschwester, Altenpfleger, Hebamme, Rettungsassistent geführt werden?
   Antwort: ▶ 21.
3. Worin unterscheiden sich die derzeitigen Ausbildungsziele der Krankenpflegeausbildung von den neuen Ausbildungszielen?
   Antwort: ▶ 21.1
4. Welche neuen Berufsbezeichnungen gibt es in der (Kranken-)Pflegeausbildung ab 2004?
   Antwort: ▶ 21.1
5. Bei wem liegt die Gesamtverantwortung für die Krankenpflegeausbildung?
   Antwort: ▶ 21.1
6. Worin unterscheiden sich die Voraussetzungen der Leitung einer Krankenpflegeschule nach dem Krankenpflegegesetz 1985 und dem KrPflG 2003?
   Antwort: ▶ 21.1

Überprüfen Sie Ihr Wissen

7. Bei wem liegt die Gesamtverantwortung der Ausbildung zum Altenpfleger?
   Antwort: ▶ 21.2 und 21.2.1
8. Mit welchen Argumenten bejaht das Bundesverfassungsgericht die Zuständigkeit des Bundes für die Verabschiedung des Altenpflegegesetzes?
   Antwort: ▶ 21.2
9. Kennt das Hebammengesetz sog. Vorbehaltsaufgaben und wenn ja, was bedeuten sie?
   Antwort: ▶ 21.3 und 10.11.3
10. Gilt für die Ausbildung zur Hebamme/zum Endbindungspfleger das Berufsbildungsgesetz?
    Antwort: ▶ 21.3
11. Kennt die Tätigkeit der technischen Assistenten in der Medizin sog. Vorbehaltsaufgaben?
    Antwort: ▶ 21.4
12. Handelt es sich bei der Ausbildung zum medizinisch-technischen Assistenten um eine Ausbildung im dualen oder schulischen Sinn?
    Antwort: ▶ 21.4
13. Bei wem liegt die Gesamtverantwortung der Ausbildung zum Ergotherapeuten?
    Antwort: ▶ 21.9.1
14. Ist die Ausbildung zum Heilerziehungspfleger bundeseinheitlich oder länderrechtlich geregelt?
    Antwort: ▶ 21.12
15. Auf welchem Gesetz beruht die Ausbildungsverordnung für die Arzthelferin?
    Antwort: ▶ 21.12
16. Wer ist als Gesetzgeber zuständig für die Weiterbildungsverordnungen in den Berufen des Gesundheitswesens?
    Antwort: ▶ 21.12

A – D

A   Stellungnahme der Arbeitsgemeinschaft Deutscher Schwesternverbände (ADS) und des Deutschen Berufsverbandes für Krankenpflege e.V. (DBfK) zur Vornahme von Injektionen, Infusionen, Transfusionen und Blutentnahmen durch das Krankenpflegepersonal – 411

B   Stellungnahme der Bundesärztekammer zur Notkompetenz von Rettungsassistenten und zur Delegation ärztlicher Leistungen im Rettungsdienst vom 16.10.1992 – 417

C   Richtlinien zur Aufklärung der Krankenhauspatienten über vorgesehene ärztliche Maßnahmen – 421

D   Grundsätze der Bundesärztekammer zur ärztlichen Sterbebegleitung – 425

A

Die Unsicherheit der Pflegenden bezogen auf die Durchführung von Injektionen jeder Art macht eine erneute differenzierte Stellungnahme der o.g. Berufsverbände zu diesem Thema notwendig. Die folgenden Ausführungen sollen dem Krankenpflegepersonal[1] als Argumentations- und Entscheidungshilfe dienen.

Grundsätzliche Empfehlung

Injektionen, Infusionen, Transfusionen und Blutentnahmen sind Tätigkeiten, die der Feststellung, Heilung oder Linderung von Krankheiten, Leiden oder Körperschäden dienen. Sie gehören in das Gebiet der Heilkunde und damit in erster Linie zum Aufgaben- und Verantwortungsbereich der Ärztin/des Arztes[2,3].

Der Aufgaben- und Verantwortungsbereich der Krankenschwester[1] umfasst in erster Linie die selbständige, geplante Krankenpflege[4]. Außerdem obliegt ihr die Durchführung der im Rahmen der Behandlungspflege ärztlich angeordneten Maßnahmen der Diagnostik und Therapie. In diesem Rahmen ist auch die Delegation von Injektionen möglich, wenn dazu die Einwilligung des Patienten sowie der Krankenschwester[1] vorliegt.

Grundsätzlich soll die Anordnung von Injektionen schriftlich und ausschließlich an solche dreijährig ausgebildeten Krankenpflegepersonen[1] erfolgen, die für die jeweilige Aufgabe qualifizierte Kenntnisse, Fähigkeiten und Fertigkeiten nachweisen. Im übrigen ist zu prüfen, ob durch die Wirkung des Medikamentes das persönliche Tätigwerden des Arztes[3] erforderlich ist.

Die Durchführungsverantwortung liegt in jedem Fall bei der Krankenschwester[1], die deshalb auch eine persönlich nicht zu verantwortende Maßnahme ablehnen kann, ohne arbeitsrechtliche Nachteile befürchten zu müssen.

Da die Durchführung von Injektionen ein erhöhtes Risiko in zivil- und strafrechtlicher Hinsicht darstellt, wird empfohlen, sich zu vergewissern, ob eine ausreichende Absicherung durch den Träger gewährleistet ist.

ADS und DBfK empfehlen im einzelnen:

1. Injektionen

Subkutane und intramuskuläre Injektionen gehören zum Tätigkeitsbereich der Krankenschwestern[1].

Der Arzt[3] kann ihnen die Verabreichung dieser Injektionen generell übertragen, wenn er sich von ihren Kenntnissen, Fähigkeiten und Fertigkeiten überzeugt hat. Es muss jeweils eine schriftliche ärztliche Anordnung vorliegen, aus der Angaben über die Person des Patienten, Name und Dosis des Medikamentes sowie Art und Zeitpunkt der Injektion eindeutig hervorgehen.

Ferner müssen die beauftragten Krankenschwestern[1] über Wirkungen und Nebenwirkungen des Medikamentes sowie mögliche Komplikationen und Zwischenfälle unterrichtet werden.

Intravenöse Injektionen sind grundsätzlich ärztliche Tätigkeiten. Sie gehören üblicherweise nicht zum Aufgabenbereich der Krankenpflegepersonen[1], weil diese weder die notwendigen pharmakologischen Kenntnisse haben noch bei unvorhergesehenen Reaktionen selbständig ein Gegenmittel verordnen und verabreichen dürfen.

Daher ist ihre Durchführung außerhalb des ärztlichen Verantwortungsbereiches nur in extremsten Notsituationen vertretbar.

Auch nach Auffassung der Bundesärztekammer[2] kann die Durchführung einer intravenösen Injektion nur einer Krankenschwester[1] persönlich übertragen werden, die für diese Aufgabe besonders ausgebildet wurde und entsprechende Kenntnisse, Fähigkeiten und Fertigkeiten nachweist.

Bei der Entscheidung, ob die intravenöse Injektion einer Krankenschwester[1] übertragen werden bzw. ob sie selbst die Durchführung verantworten kann, sind in besonderem Maße der Gesamtzustand des Patienten, der Schwierigkeitsgrad der Durchführung sowie Wirkung und Gefährlichkeit des Medikamentes zu bedenken.

2. Infusionen

Das Anlegen von Infusionen ist ausschließlich ärztliche Aufgabe. Der Wechsel von Infusionslösungen bei liegendem Infusionssystem darf nur aufgrund schriftlicher ärztlicher Anordnung von Krankenschwestern[1] vorgenommen werden. Die Hinzugabe von Medikamenten sowie besondere Anordnungen zur Durchlaufgeschwindigkeit müssen ärztlicherseits dokumentiert sowie auf der Infusionsflasche vermerkt werden. Entsprechendes gilt für die Verwendung von Perfusoren und Infusomaten. Injektionen in den Infusionsschlauch mit direktem Venenzugang sind i.v.-Injektionen gleichzusetzen.

3. Einspritzungen in implantierte und sonstige liegende Kathetersysteme

Einspritzungen in Katheter mit unmittelbarem Zugang in die herznahen Venen, das arterielle System, den Periduralraum, das Ventrikelsystem, den Peritonealraum oder ähnliche Körperhöhlen »erfordern das Tätigwerden des Arztes selbst[5], da geringfügige Veränderungen der Lage des Katheters schwerste Komplikationen nach sich ziehen können. Entsprechendes gilt für implantierte Ports oder Shunts.«

Bezüglich der Medikamentenwirkung hat das zu i.v.-Injektionen Gesagte hier besondere Gültigkeit.

4. Transfusionen

Entsprechend den Richtlinien der Bundesärztekammer ist die Übertragung von Blut und Blutbestandteilen eine ärztliche Maßnahme, die nicht delegiert werden darf[2]. Jede Transfusion muss von dem Arzt[3] angelegt werden, der für die sorgfältige Vorbereitung und Durchführung verantwortlich ist. Der ABO-Identitätstest (Bedside-Test) ist vom Arzt[3] am Krankenbett durchzuführen und entsprechend zu dokumentieren. Der Arzt[3] muss die Identität des Patienten mit den die Konserve begleitenden Personalangaben überprüfen und auch das Wechseln jeder nachfolgenden Transfusion selbst übernehmen.

5. Blutentnahmen

Die Blutentnahme ist ein Eingriff, der zum Verantwortungs- sowie Aufgabenbereich des Arztes[3] gehört. Soweit es sich um die Gewinnung von Kapillarblut bzw. Venenblut handelt, kann sie in den Tätigkeitskatalog der Krankenschwester[1] aufgenommen werden, wenn sichergestellt ist, dass die Punktionstechnik eingeübt und Kenntnisse über besonders zu beachtende Umstände vermittelt wurden.

Die Venenpunktion darf von der Krankenschwester[1] ausschließlich zum Zwecke der Blutentnahme durchgeführt werden.

6. Auswirkung auf die Stellenpläne

Soll die umfassende Pflege der Kranken gewährleistet werden, müssen bei Übernahme ärztlicher Tätigkeiten durch das Krankenpflegepersonal[1] entsprechende Berechnungen im pflegerischen Stellenplan erfolgen.

7. Auswirkung auf die Ausbildung

Innerhalb der dreijährigen Ausbildung zur Krankenschwester[1] müssen theoretische Kenntnisse über Vorbereitung, Durchführung und Überwachung von Injektionen, Infusionen, Transfusionen und Blutentnahmen vermittelt werden. Im Rahmen der praktischen Ausbildung können Krankenpflegeschülerinnen/-schüler und Kinderkrankenpflegeschülerinnen/-schüler unter unmittelbarer Aufsicht und Anleitung eines Arztes[3] bzw. einer dazu ausdrücklich befugten Krankenschwester[1] subkutane und intramuskuläre Injektionen sowie Blutentnahmen vornehmen. Die Durchführungsverantwortung trägt die anleitende Person.

8. Auswirkung auf die Weiterbildung

Fachkrankenschwestern für Anästhesie- und Intensivpflege bzw. Krankenschwestern[1] mit besonderer Qualifikation für die Tätigkeit in der Dialyse können unter der Voraussetzung der dokumentierten ärztlichen Anordnung und persönlichem Auftrag mit der Durchführung von intravenösen Injektionen, dem Anlegen von Infusionen sowie Einspritzungen in unter 3. genannten Katheter- und Shuntsysteme betraut werden.

Jedoch sollen diese Tätigkeiten auf die Arbeit im Anästhesie-, Intensiv- bzw. Dialysebereich beschränkt bleiben.

Hannover, April 1989

Arbeitsgemeinschaft	Deutscher Berufsverband
Deutscher Schwestern-	für Krankenpflege e.V.
verbände (ADS)	(DBfK)

Anmerkungen zur Stellungnahme der ADS und des DBfK

1) Mit den Begriffen »Krankenschwester« bzw. »dreijährig ausgebildetes Krankenpflegepersonal« sind jeweils alle durch § 1 Abs. 1, Ziff. 1 u. 2 KrPflG geschützten Berufsbezeichnungen »Krankenschwester«, Krankenpfleger«, »Kinderkrankenschwester«, »Kinderkrankenpfleger« gemeint.

2) Injektionen, Infusionen und Blutentnahmen durch das Krankenpflegepersonal – beschlossen vom Vorstand der Bundesärztekammer am 18.04.1980 (Deutsches Ärzteblatt vom 03.07.1980).

Die Aufgabe des Krankenpflegepersonals (Krankenschwester, Krankenpfleger, Kinderkrankenschwester, Krankenpflegehelferin, Krankenpflegehelfer) ist die Krankenpflege. Unter Berücksichtigung dieser Zuständigkeit sind für die Durchführung von Injektionen, Infusionen und Blutentnahmen folgende Hinweise zu beachten:

1. Dem Arzt obliegen in eigener Verantwortung alle diagnostischen und therapeutischen Entscheidungen für den Patienten.
Dem Krankenpflegepersonal obliegt die umfassende Krankenpflege (Grund- und Behandlungspflege) des Patienten.

2. Injektionen, Infusionen, Blutentnahmen und Bluttransfusionen sind Aufgaben des Arztes. Zum Aufgabenbereich von Krankenschwestern, Krankenpflegern und Kinderkrankenschwestern gehören die Vorbereitung dieser Maßnahmen und die im Zusammenhang mit den Maßnahmen notwendige Beobachtung der Patienten.

Wenn der Arzt die Durchführung von Maßnahmen seines Aufgabenbereiches im Rahmen der Behandlungspflege auf Krankenpflegepersonen überträgt, müssen folgende Voraussetzungen erfüllt sein:

2.1 Der Arzt muss sorgfältig prüfen und danach entscheiden, welche Maßnahmen die Krankenpflegepersonen durchführen sollen.
Das Anlegen und Wechseln von Blutkonserven darf er nicht übertragen. Der Arzt muss im übrigen auf die Übertragung verzichten, wenn auf einem zu verabreichenden Medikament sein persönliches Tätigwerden gefordert wird.

2.2 Der Arzt darf nur Krankenschwestern, Krankenpfleger und Kinderkrankenschwestern und unter diesen nur solche beauftragen, die für die jeweils zu übernehmende Aufgabe qualifizierte Kenntnisse, Fertigkeiten und Fähigkeiten nachweisen. Für die Durchführung von intramuskulären und intravenösen Injektionen, Infusionen und Blutentnahmen muss die Qualifikation der Krankenpflegepersonen durch einen Arzt festgestellt und durch den leitenden Abteilungsarzt schriftlich bestätigt worden sein; die Anerkennung einer erfolgreich durchlaufenen Weiterbildung in der Intensivpflege ersetzt diese Bestätigung. Die allgemeine Überwachungs- und Beaufsichtigungspflicht des Arztes bleibt unberührt.

2.3 Der Arzt darf die Durchführung von intravenösen Injektionen, Infusionen und Blutentnahmen nur ad personam an die einzelne Krankenpflegeperson übertragen; die Durchführung von subkutanen und intramuskulären Injektionen kann er generell auf die nach 2.2 qualifizierten Krankenpflegepersonen übertragen.

2.4 Der Arzt hat für jeden Patienten Anordnungen über die Durchführung von Injektionen, Infusionen und Blutentnahmen zu treffen. Dabei hat er den Gesamtzustand des Patienten, den Schwierigkeitsgrad der Verrichtung und ggf. die Wirkung und Gefährlichkeit des zu verabreichenden Medikamentes zu berücksichtigen; über mögliche Nebenwirkungen und Gefahren hat der Arzt die Krankenschwester, den Krankenpfleger oder die Kinderkrankenschwester zu informieren. Der Arzt muss selbst tätig werden, wenn Umstände erkennbar sind, die die zu verabreichende Injektion durch den Arzt selbst erforderlich machen.

2.5 Die ärztliche Anordnung ist schriftlich festzuhalten und vom Arzt abzuzeichnen. Dabei ist der Patient namentlich zu benennen sowie das zu verabreichende Medikament, dessen Menge, Art und Zeitpunkt der Verabreichung zu bestimmen.

3. Soweit Krankenschwestern, Krankenpfleger und Kinderkrankenschwestern unter den in 2. genannten Voraussetzungen Injektionen, Infusionen und Blutentnahmen durchführen, obliegt dem Arzt die Anordnungsverantwortung, den Krankenpflegepersonen die Durchführungsverantwortung.

4. Intravenöse Injektionen und Infusionen dürfen nur unter unmittelbarer Aufsicht und Anleitung eines Arztes erlernt werden. Die Durchführungsverantwortung trägt er anleitende Arzt.

5. (Kinder-)(Krankenpflegeschüler(innen) dürfen nur zum Zwecke ihrer Ausbildung unter unmittelbarer Aufsicht und Anleitung eines Arztes oder einer Krankenpflegeperson, die unter den Voraussetzungen und im Rahmen von 2. und 3. tätig wird, subkutane und intramuskuläre Injektionen sowie venöse Blutentnahmen durchführen. Die Durchführungsverantwortung trägt die anleitende Person.

6. Krankenpflegehelferinnen und Krankenpflegehelfer im Krankenhaus dürfen nach gründlicher praktischer Berufserfahrung und entsprechender Unterweisung subkutane Injektionen durchführen; die 2. und 3. gelten entsprechend.

3) § 2 Abs. 5 der Bundesärzteverordnung vom 14. 10. 1977 (BGBl. I S. 1886): »Ausübung des ärztlichen Berufs ist die Ausübung der Heilkunde unter der Berufsbezeichnung »Arzt« oder »Ärztin«.«

4) § 4,1 KrPflG: Die Ausbildung für Krankenschwestern und Krankenpfleger und für Kinderkrankenschwestern und Kinderkrankenpfleger soll die Kenntnisse, Fähigkeiten und Fertigkeiten zur verantwortlichen Mitwirkung bei der Verhütung, Erkennung und Heilung von Krankheiten vermitteln (Ausbildungsziel). Die Ausbildung soll insbesondere gerichtet sein auf die

1. sach- und fachkundige, umfassende, geplante Pflege der Patienten,
2. gewissenhafte Vorbereitung, Assistenz und Nachbereitung bei Maßnahmen der Diagnostik und Therapie,
3. Anregung und Anleitung zu gesundheitsförderndem Verhalten,
4. Beobachtung des körperlichen und seelischen Zustandes des Patienten und der Umstände, die seine Gesundheit beeinflussen, sowie die

Weitergabe dieser Beobachtungen an die an der Diagnostik, Therapie und Pflege Beteiligten,
5. Einleitung lebensnotwendiger Sofortmaßnahmen bis zum Eintreffen der Ärztin oder des Arztes,
6. Erledigung von Verwaltungsaufgaben, soweit sie in unmittelbarem Zusammenhang mit den Pflegemaßnahmen stehen.

5) Schreiben der Bundesärztekammer vom 12. 11. 1986: »… auch bei entsprechender Ausbildung darf die Durchführung einer Injektion einem ausgebildeten nichtärztlichen Mitarbeiter dann nicht übertragen werden, wenn die Tätigkeit im konkreten Fall das Tätigwerden des Arztes selbst erfordert, der Eingriff also so schwierig ist, dass er ärztliches Handeln und Können voraussetzt. Bei der Injektion eines Lokalanästhetikums in einen liegenden Periduralkatheter dürften diese Voraussetzungen unzweifelhaft gegeben sein, da bereits eine leichte Verschiebung des Periduralkatheters zu erheblichen Komplikationen führen kann.«

Quelle: MedR 1993(1):42; www.bundesaerztekammer.de (Stand: 04.05.2003)

Durch das Gesetz über den Beruf der Rettungsassistentin und des Rettungsassistenten (Rettungsassistentengesetz – RettAssG) vom 10.7.1989 wird die Ausbildung des Rettungsassistenten/Rettungsassistentin gesetzlich geregelt.

Gemäß § 3 des RettAssG soll die Ausbildung den Rettungsassistenten befähigen, am Notfallort als Helfer des Arztes tätig zu werden sowie bis zur Übernahme der Behandlung durch den Arzt lebensrettende Maßnahmen bei Notfallpatienten durchzuführen, die Transportfähigkeit solcher Patienten herzustellen und die lebenswichtigen Körperfunktionen während des Transportes zu beobachten und aufrechtzuerhalten.

Im Hinblick auf diese Definition des Ausbildungszieles des RettAssG wird unzutreffenderweise die Auffassung vertreten, dass mit dem Rettungsassistentengesetz ein medizinischer Fachberuf geschaffen wurde, dem auch die Erlaubnis zur Durchführung spezifisch ärztlicher Leistungen im Rettungsdienst übertragen worden sei. Auch wenn im RettAssG ein eigener Kompetenzbereich des Rettungsassistenten beschrieben ist, gilt der Arztvorbehalt für die Ausübung der Heilkunde (vgl. § 1 Heilpraktikergesetz).

In der rettungsdienstlichen Zusammenarbeit zwischen Arzt und Rettungsassistent sind voneinander abzugrenzen:
1. Die Delegation ärztlicher Leistungen im Rettungsdienst
2. Die »Notkompetenz« des Rettungsassistenten im Rahmen des rechtfertigenden Notstandes.

Zu 1. Möglichkeiten der Delegation ärztlicher Leistungen auf Rettungsassistenten

Delegation beschränkt sich auf die Übertragung der Durchführung ärztlicher Leistungen auf Nicht-Ärzte. Die Anordnungsverantwortung liegt stets beim Arzt, die Durchführungsverantwortung grundsätzlich bei demjenigen, der die Leistung zur Durchführung übernimmt. Die Verantwortung des Arztes erstreckt sich darauf, dass sich die Leistung zur Übertragung auf Rettungsassistenten eignet und dass derjenige, dem die Leistung konkret übertragen wird, die dafür erforderliche Qualifikation tatsächlich besitzt.

Ob die Durchführung einer ärztlichen Leistung überhaupt delegiert werden darf, bestimmt sich danach, ob die Durchführung generell oder wegen der besonderen Umstände des individuellen Falles spezifische ärztliche Kenntnisse und Erfahrungen erfordert.

Dem Arzt vorbehalten und damit nicht delegationsfähig sind spezifisch ärztliche Leistungen: Das Stellen der Diagnose und die therapeutische Entscheidung.

Soweit Delegation zulässig ist, werden Rettungsassistenten im Rahmen eines ihnen übertragenen Aufgabenbereiches tätig und erbringen assistierende Leistungen.

Zu 2. »Notkompetenz« des Rettungsassistenten

Der Rettungsassistent hat, wie jeder Bürger, der Pflicht zur Hilfeleistung nach § 323c StGB zu genügen. Darüber hinaus hat er in seiner Rettungsdiensttätigkeit eine Garantenstellung, da er sich beruflich dem Rettungsdienst widmet und somit höhere Ansprüche an seine Fähigkeit zur Hilfeleistung gegen sich gelten lassen muss. Trotz einer flächendeckenden notärztlichen Versorgung in der Bundesrepublik Deutschland sind im Einzelfall für den Rettungsassistenten Situationen denkbar, in denen er nach eigener Entscheidung, ohne ärztliche Delegation und Weisung und damit in voller eigener Verantwortung überbrückende Maßnahmen zur Lebenserhaltung und Abwendung schwerer gesundheitlicher Störungen durchführen muss, die ihrer Art nach ärztliche Maßnahmen sind (Notkompetenz). Für den objektiv gegebenen Verstoß gegen den Arztvorbehalt zur Ausübung der Heilkunde kann der Rettungsassistent in dieser Situation den rechtfertigenden Notstand in Anspruch nehmen.

Ein Handeln unter Berufung auf die »Notkompetenz« setzt voraus, dass
– der Rettungsassistent am Notfallort auf sich alleine gestellt ist und rechtzeitige ärztliche Hilfe, etwa durch An- und Nachforderung des Notarztes, nicht erreichbar ist.
– die Maßnahmen, die er aufgrund eigener Diagnosestellung und therapeutischer Entscheidung durchführt, zur unmittelbaren Abwehr von Gefahren für das Leben oder die Gesundheit des Notfallpatienten dringend erforderlich sind.
– das gleiche Ziel durch weniger eingreifende Maßnahmen nicht erreicht werden kann (Prinzip der Verhältnismäßigkeit bei der Wahl der Mittel).
– die Hilfeleistung nach den besonderen Umständen des Einzelfalles für den Rettungsassistenten zumutbar ist.

Nach dem wissenschaftlichen Stand der Notfallmedizin kommen zur Abwehr von Gefahren für das Leben oder die Gesundheit des Notfallpatienten folgende spezifisch ärztliche Maßnahmen zur Durchführung für den Rettungsassistenten im Rahmen einer Notkompetenz in Betracht
– die Intubation ohne Relaxantien,
– die Venenpunktion,
– die Applikation kristalloider Infusionen

- die Applikation ausgewählter Medikamente,
- die Frühdefibrillation.

Die Ausübung der Notkompetenz durch den Rettungsassistenten richtet sich nach dem Grundsatz der Verhältnismäßigkeit. Das am wenigsten eingreifende Mittel, das zum Erfolg führt, ist anzuwenden. Ist beispielsweise eine Beatmung mit einem Beatmungsbeutel effektiv, ist eine Intubation mit ihren höheren Gefahren unzulässig, weil nicht mehr verhältnismäßig. Bei entstehenden Schäden für den Notfallpatienten kann sich der Rettungsassistent nicht mehr auf einen rechtfertigenden Notstand berufen. Der Rettungsassistent darf daher nur solche Maßnahmen übernehmen, die er gelernt hat und deren sichere Ausführung er zum Zeitpunkt der Durchführung der Maßnahme gewährleisten kann.

Dies ist erforderlich, da alle für den Rettungsassistenten im Rahmen der Notkompetenz in Betracht kommenden Maßnahmen risikobehaftet sind und die individuelle Beherrschung dieser Maßnahmen nicht alleine durch das Erreichen des Ausbildungszieles als Rettungsassistent gewährleistet ist, zumal alle genannten Maßnahmen der fortlaufenden und nachweisbaren Übung bedürfen, da sie auch manuelle Fähigkeiten erfordern.

Die individuelle Überprüfung, welche Maßnahmen im Rahmen der Notkompetenz der einzelne Rettungsassistent unter dem Aspekt der sicheren Durchführung übernehmen kann, muss der fortlaufenden ärztlichen Kontrolle unterliegen, da nur ein Arzt Feststellungen hinsichtlich der sicheren Beherrschung der Maßnahmen treffen kann.

Somit können Rettungsassistenten ärztliche Maßnahmen im Rahmen der Notkompetenz unter dem Aspekt der Verhältnismäßigkeit nur dann durchführen, wenn durch ständige ärztliche Überprüfung ihres Wissens und Könnens sichergestellt ist, dass eine Übernahme der Maßnahmen erfolgen kann, ohne dass sich der Rettungsassistent wegen mangelnden Wissens und Könnens dem Vorwurf des Übernahmeverschuldens aussetzt, wenn aus der Hilfeleistung Schäden resultieren.

Die Träger des Rettungsdienstes müssen sicherstellen, dass ein weisungsbefugter Ärztlicher Leiter des Rettungsdienstes die individuelle Qualifikation ihrer Rettungsassistenten fortlaufend überprüft. Nur so können sie dem Vorwurf des Organisationsverschuldens vorbeugen, wenn ihre Rettungsassistenten unter Berufung auf die Notkompetenz Patienten schädigen.

(Quelle: Deutsche Krankenhaus Gesellschaft) 3. veränderte Auflage, Stand 1992

1. Vorbemerkung (Inhalt der Richtlinien)

Nach ständiger Rechtsprechung wird jeder ärztliche Eingriff in die körperliche Unversehrtheit als tatbestandsmäßige Körperverletzung angesehen. Er ist grundsätzlich nur dann rechtmäßig, wenn der Patient über den Eingriff aufgeklärt worden ist, nach erfolgter Aufklärung in den Eingriff eingewilligt hat und der Eingriff fachgerecht durchgeführt worden ist. Einer Einwilligung bedarf es nicht, wenn der Eingriff zur Abwendung einer drohenden Gefahr für den Patienten sofort durchgeführt werden muss und eine vorherige Einwilligung wegen der körperlichen oder geistigen Verfassung des Patienten nicht zu erlangen war.

Als Voraussetzung für eine rechtswirksame Einwilligung ist der Patient – soweit er nicht darauf verzichtet – über Ziel, Tragweite, Notwendigkeit und Dringlichkeit, Art und Verlauf einer ärztlichen Untersuchungs- oder Behandlungsmaßnahme sowie damit verbundenen Risiken aufzuklären.

Der Patient muss einerseits Kenntnis seiner Erkrankung und ihrer Gefahren, andererseits Kenntnis der Behandlung und ihrer unvermeidbaren Folgen haben, um sachgemäß abwägen und sich entscheiden zu können.

Da das Aufklärungsgespräch und die Einwilligung des Patienten von rechtserheblicher Bedeutung sind, ist insoweit eine Dokumentation unverzichtbar.

Jeder Krankenhausträger hat dafür Sorge zu tragen, dass die von der Rechtsprechung entwickelten Grundsätze zur Aufklärung der Patienten vor der Durchführung ärztlicher Untersuchungs- oder Behandlungsmaßnahmen beachtet werden. Jeder Arzt muss sein Aufklärungsgespräch an den Anforderungen dieser Rechtsprechung ausrichten.

Im folgenden Abschnitt II sind deswegen diese Anforderungen der Rechtsprechung in den wesentlichen Grundzügen in Form von Leitsätzen zusammengefasst. Die diesen Leitsätzen zugrundeliegende Rechtsprechung des Bundesgerichtshofs und – soweit einschlägige Urteile des BGH nicht vorliegen – der Oberlandesgerichte sind auszugsweise im Abschnitt IV als Hilfestellung für den Arzt zur Durchführung des Aufklärungsgesprächs im Einzelfall zusammengefasst. Abschnitt II enthält eine Aufzählung organisatorischer Maßnahmen, die zur Sicherstellung einer ausreichenden Aufklärung von Patienten im Krankenhaus vor der Durchführung ärztlicher Untersuchungs- und Behandlungsmaßnahmen erforderlich sind.

Die »Sicherungsaufklärung« (Aufklärung nach einer ärztlichen Untersuchungs- und Behandlungsmaßnahme zur Gewährleistung des Behandlungserfolges bzw. der Vermeidung von Gesundheitsschäden) und die »Diagnoseaufklärung« (Aufklärung des Patienten über Art und Schwere seines Leidens unabhängig von der Einwilligung in einen diagnostischen oder therapeutischen Eingriff) sind nicht Gegenstand dieser Richtlinie. Das gleiche gilt für die Besonderheiten der Aufklärung im Rahmen einer Zwangsbehandlung (insbesondere bei Unterbringung in einer psychiatrischen Anstalt).

2. Leitsätze zum Aufklärungsgespräch

1. Das Aufklärungsgespräch muss durch den Arzt erfolgen; es darf nicht an nichtärztliches Dienstpersonal delegiert werden. Der Arzt, der eine ärztliche Untersuchungs- oder Behandlungsmaßnahme durchführt, muss nicht mehr aufklären, wenn diese Aufklärung bereits durch einen anderen Arzt erfolgt ist; er muss sich jedoch hierüber Klarheit verschaffen.

2. Die Aufklärung muss individuell in einem Gespräch mit dem Patienten erfolgen. Das Aufklärungsgespräch kann nicht durch Formulare ersetzt werden. Formulare dienen nur der Vorbereitung und Dokumentation des erfolgten Gesprächs.

3. Der Arzt muss den Patienten über die Grundzüge der vorgesehenen Untersuchung oder Behandlung aufklären, nicht jedoch über Einzelheiten. Dabei sind die Anforderungen an den Umfang der Aufklärung abhängig von der Dringlichkeit des Eingriffs sowie vom Bildungs- und Wissensstand des Patienten.

4. Über Risiken, die mit der Eigenart eines Eingriffs spezifisch verbunden sind (typische Risiken), ist unabhängig von der Komplikationsrate aufzuklären; bei anderen Risiken (atypische Risiken) ist die Aufklärung abhängig von der Komplikationsrate.

5. Stehen mehrere wissenschaftlich anerkannte Methoden ernsthaft zur Erwägung, so muss die Aufklärung auch diese alternativen Untersuchungs- und Behandlungsmöglichkeiten sowie deren Risiken umfassen.

   Das gilt nicht, wenn sich die gewählte Methode im Bereich der wissenschaftlich anerkannten Therapie hält und die zur Wahl stehende ebenfalls anerkannte Behandlungsmöglichkeit kein ins Gewicht fallendes geringeres Risiko verspricht.

6. Besteht die Möglichkeit, dass eine Bluttransfusion bei einer Operation erforderlich wird, ist der Patient über die Infektionsgefahren (insbesondere Hepatitis und HIV) bei der Verwendung von Fremdblut aufzuklären.

Ist die Verwendung von Eigenblut beim Patienten möglich, ist er rechtzeitig darauf hinzuweisen, um entsprechende Blutkonserven anzulegen.

7. Die Aufklärung muss zu einem Zeitpunkt erfolgen, in dem der Patient noch in vollem Besitz seiner Erkenntnis- und Entscheidungsfähigkeit ist; ihm muss eine Überlegungsfrist verbleiben, sofern die Dringlichkeit der Maßnahme dies zulässt.

8. Die Aufklärung muss in einer für den Patienten behutsamen und verständlichen Weise erfolgen. Im persönlichen Gespräch soll der Arzt sich bemühen, die Information dem individuellen Auffassungsvermögen sowie dem Wissensstand des Patienten anzupassen und sich zugleich davon überzeugen, dass dieser sie versteht.

Ist bei einem ausländischen Patienten nicht sicher, ob dieser die Erläuterungen versteht, muss der Arzt eine sprachkundige Person hinzuziehen.

Wenn die Einwilligung des Patienten in eine mit Gefahren verbundene Untersuchungs- oder Behandlungsmaßnahme nur dadurch zu erreichen ist, dass ihn der Arzt auf die Art und Bedeutung seiner Erkrankung hinweist, so darf der Arzt auch bei schweren Erkrankungen davor grundsätzlich nicht zurückschrecken. Im übrigen ist er jedoch nicht zu einer restlosen und schonungslosen Aufklärung über die Natur des Leidens verpflichtet, sondern muss die Gebote der Menschlichkeit beachten und das körperliche und seelische Befinden seines Patienten bei der Erteilung seiner Auskünfte berücksichtigen.

9. Die von einem Patienten aufgrund der Aufklärung gegebene Einwilligung deckt nur solche Eingriffe ab, die Gegenstand des Aufklärungsgesprächs gewesen sind. Ist für den Arzt vorhersehbar, dass möglicherweise ein operativer Eingriff auf weitere Bereiche ausgedehnt werden muss, so ist der Patient hierüber vor dem Eingriff aufzuklären. Stellt sich erst während einer Operation heraus, dass ein weitergehender Eingriff erforderlich ist, muss der Arzt die Risiken einer Unterbrechung der Operation gegenüber den Risiken der Durchführung des erweiterten Eingriffs abwägen und danach seine Entscheidung über eine Operationsunterbrechung zum Zwecke der Einholung der Einwilligung des Patienten treffen.

10. Bei Minderjährigen ist die Einwilligung zum Eingriff im Regelfall von den Eltern oder sonstigen Sorgeberechtigten oder von deren Beauftragten einzuholen. In bestimmten Ausnahmefällen, wie Eil- und Notmaßnahmen sowie Eingriffen von minderer Bedeutung, reicht es aus, wenn die Einwilligung nur eines Elternteils vorliegt.

Jugendliche unter 18 Jahren haben jedoch ausnahmsweise die Befugnis zur Einwilligung, wenn sie hinreichend reif sind, die Bedeutung und Tragweite des Eingriffs und seiner Gestattung zu ermessen*).

In jedem Fall sind aber auch die Kinder und Jugendlichen in groben Zügen über den vorgesehenen Eingriff und dessen Verlauf zu informieren, wenn und soweit sie in der Lage sind, die ärztlichen Maßnahmen zu verstehen.

Entsprechendes gilt für die Aufklärung bei geschäftsunfähigen oder beschränkt geschäftsfähigen volljährigen Patienten; hier ist die Einwilligung in der Regel des Betreuers einzuholen.

11. Psychisch bzw. geistig Kranke sind in groben Zügen über den vorgesehenen Eingriff und dessen Verlauf zu informieren, wenn und soweit sie in der Lage sind, die Bedeutung und Tragweite zu verstehen.

12. Bei bewusstlosen Patienten hat der Arzt diejenigen medizinischen Maßnahmen durchzuführen, die im Interesse des Patienten zur Herstellung seiner Gesundheit erforderlich sind (mutmaßliche Einwilligung). Zur Erforschung des wirklichen oder mutmaßlichen Willens des Patienten kann sich ein Gespräch mit den ihm besonders nahestehenden Personen empfehlen; auch schriftlich vom Patienten abgegebene Erklärungen können ein Indiz für seinen mutmaßlichen Willen sein. Bei Suizidpatienten ist aus dem Suizidversuch kein mutmaßlicher Wille auf Unterlassen einer ärztlichen Hilfeleistung abzuleiten.

Sobald und soweit die Einwilligungsfähigkeit des Patienten wieder vorliegt, ist zur Fortsetzung der Behandlung seine Einwilligung einzuholen.

13. Gibt der Patient deutlich zu erkennen, dass er eine Aufklärung nicht wünscht (Aufklärungsverzicht), so kann diese unterbleiben.

3. Organisatorische Maßnahmen

1. Der ärztliche Leiter ist dem Krankenhausträger gegenüber verantwortlich, dass in Zusammenarbeit mit den leitenden Ärzten des Krankenhauses sichergestellt wird, dass alle im Krankenhaus tätigen Ärzte über die ihnen im Zusammenhang mit der Aufklärung auferlegten Pflichten entsprechend diesen Richtlinien unterrichtet sind.

2. Der ärztliche Leiter hat zusammen mit den leitenden Ärzten der Krankenhausabteilung (Chefärzte

---

*) Einwilligungsfähigkeit ist nicht gleichzusetzen mit Geschäftsfähigkeit im Sinne des Bürgerlichen Gesetzbuches.

und Belegärzte) festzulegen, in welcher Abteilung die Aufklärung über Untersuchungs- und Behandlungsmaßnahmen durchzuführen ist, wenn sich ein Patient gleichzeitig oder nacheinander in der Behandlung mehrerer Abteilungen befindet, sofern nicht ohnehin in jedem Fach eine Aufklärung erfolgen muss.

3. Jeder leitende Abteilungsarzt hat für seine Abteilung die ordnungsgemäße Durchführung der Aufklärung sicherzustellen, insbesondere festzulegen, welcher Arzt die Aufklärung durchzuführen hat. Dabei ist darauf zu achten, dass auch vor einzelnen mit zusätzlichen Gefahren verbundenen Eingriffen eine Aufklärung zu erfolgen hat, wenn sie nicht bereits Gegenstand eines früheren Aufklärungsgesprächs gewesen sind; dies gilt auch für diagnostische Eingriffe.

4. Unabhängig von den Ziffern 2 und 3 hat sich jeder Arzt, der nicht selbst aufklärt, davon zu überzeugen, dass eine ordnungsgemäße Aufklärung stattgefunden hat.

5. Der leitende Abteilungsarzt hat sicherzustellen, dass die Tatsache der Aufklärung und der wesentliche Inhalt des Aufklärungsgesprächs ordnungsgemäß dokumentiert sind. Die Tatsache der Aufklärung, ihr Zeitpunkt sowie der wesentliche Inhalt des Aufklärungsgesprächs sollen in der Krankengeschichte vermerkt werden. Der Patient soll in einer schriftlichen Einwilligungserklärung durch Unterschrift die erfolgte Aufklärung, einen eventuellen Aufklärungsverzicht und den wesentlichen Inhalt der Aufklärung bestätigen. Das Aufklärungsgespräch kann nicht durch eine formularmäßige Einwilligungserklärung ersetzt werden.

Quelle: NJW, 1998, 3406 ff

Präambel

Aufgabe des Arztes ist es, unter Beachtung des Selbstbestimmungsrechtes des Patienten Leben zu erhalten, Gesundheit zu schützen und wiederherzustellen sowie Leiden zu lindern und Sterbenden bis zum Tod beizustehen. Die ärztliche Verpflichtung zur Lebenserhaltung besteht jedoch nicht unter allen Umständen. Es gibt Situationen, in denen sonst angemessene Diagnostik und Therapieverfahren nicht mehr indiziert sind, sondern Begrenzung geboten sein kann. Dann tritt palliativ-medizinische Versorgung in den Vordergrund. Die Entscheidung hierzu darf nicht von wirtschaftlichen Erwägungen abhängig gemacht werden.

Unabhängig von dem Ziel der medizinischen Behandlung hat der Arzt in jedem Fall für eine Basisbetreuung zu sorgen. Dazu gehören u. a.: Menschenwürdige Unterbringung, Zuwendung, Körperpflege, Lindern von Schmerzen, Atemnot und Übelkeit sowie Stillen von Hunger und Durst.

Art und Ausmaß einer Behandlung sind vom Arzt zu verantworten. Er muss dabei den Willen des Patienten beachten. Bei seiner Entscheidungsfindung soll der Arzt mit ärztlichen und pflegenden Mitarbeitern einen Konsens suchen. Aktive Sterbehilfe ist unzulässig und mit Strafe bedroht, auch dann, wenn sie auf Verlangen des Patienten geschieht. Die Mitwirkung des Arztes bei der Selbsttötung widerspricht dem ärztlichen Ethos und kann strafbar sein. Diese Grundsätze können dem Arzt die eigene Verantwortung in der konkreten Situation nicht abnehmen.

1. Ärztliche Pflichten bei Sterbenden

Der Arzt ist verpflichtet, Sterbenden, d. h. Kranken oder Verletzten mit irreversiblem Versagen einer oder mehrerer vitaler Funktionen, bei denen der Eintritt des Todes in kurzer Zeit zu erwarten ist, so zu helfen, dass sie in Würde zu sterben vermögen. Die Hilfe besteht neben palliativer Behandlung in Beistand und Sorge für Basisbetreuung.

Maßnahmen zur Verlängerung des Lebens dürfen in Übereinstimmung mit dem Willen des Patienten unterlassen oder nichtweitergeführt werden, wenn diese nur den Todeseintritt verzögern und die Krankheit in ihrem Verlauf nicht mehr aufgehalten werden kann. Bei Sterbenden kann die Linderung des Leidens so im Vordergrund stehen, dass eine möglicherweise unvermeidbare Lebensverkürzung hingenommen werden darf. Eine gezielte Lebensverkürzung durch Maßnahmen, die den Tod herbeiführen oder das Sterben beschleunigen sollen, ist unzulässig und mit Strafe bedroht.

Die Unterrichtung des Sterbenden über seinen Zustand und mögliche Maßnahmen muss wahrheitsgemäß sein, sie soll sich aber an der Situation des Sterbenden orientieren und vorhandenen Ängsten Rechnung tragen. Der Arzt kann auch Angehörige oder nahestehende Personen informieren, es sei denn, der Wille des Patienten steht dagegen. Das Gespräch mit ihnen gehört zu seinen Aufgaben.

2. Verhalten bei Patienten mit infauster Prognose

Bei Patienten mit infauster Prognose, die sich noch nicht im Sterben befinden, kommt eine Änderung des Behandlungszieles nur dann in Betracht, wenn die Krankheit weit fortgeschritten ist und eine lebenserhaltende Behandlung nur Leiden verlängert. An die Stelle von Lebensverlängerung und Lebenserhaltung treten dann palliativ-medizinische und pflegerische Maßnahmen. Die Entscheidung über Änderung des Therapieziels muss dem Willen des Patienten entsprechen.

Bei Neugeborenen mit schwersten Fehlbildungen oder schweren Stoffwechselstörungen, bei denen keine Aussicht auf Heilung oder Besserung besteht, kann nach hinreichender Diagnostik und im Einvernehmen mit den Eltern eine lebenserhaltende Behandlung, die ausgefallene oder ungenügende Vitalfunktion ersetzt, unterlassen oder nicht weitergeführt werden. Gleiches gilt für extrem unreife Kinder, deren unausweichliches Sterben abzusehen ist und für Neugeborene, die schwerste Zerstörungen des Gehirns erlitten haben. Eine weniger schwere Schädigung ist kein Grund zur Vorenthaltung oder zum Abbruch lebenserhaltender Maßnahmen, auch dann nicht, wenn Eltern dies fordern. Ein offensichtlicher Sterbevorgang soll nicht durch lebenserhaltende Therapie künstlich, in die Länge gezogen werden.

Alle diesbezüglichen Entscheidungen müssen individuell erarbeitet werden. Wie bei Erwachsenen gibt es keine Ausnahmen von der Pflicht zu leidensmindernder Behandlung, auch nicht bei unreifen Frühgeborenen.

3. Behandlung bei sonstiger lebensbedrohender Schädigung

Patienten mit einer lebensbedrohenden Krankheit, an der sie trotz generell schlechter Prognose nicht zwangsläufig in absehbarer Zeit sterben, haben, wie alle Patienten ein Recht auf Behandlung, Pflege und Zuwendung. Lebenserhaltende Therapie einschließlich - gegebenenfalls künstlicher - Ernährung ist daher geboten. Dieses gilt auch für Patienten mit schwersten cerebralen Schädigungen und anhaltender Bewusstlosigkeit (apallisches Syndrom, sog. „Wachkoma").

Bei fortgeschrittener Krankheit kann aber auch bei diesen Patienten eine Änderung des Therapiezieles und die Unterlassung lebenserhaltender Maßnahmen in Betracht kommen. So kann der unwiderrufliche Ausfall weiterer vitaler Organfunktionen die Entscheidung rechtfertigen, auf den Einsatz substituierender technischer Hilfsmittel zu verzichten. Die Dauer der Bewusstlosigkeit darf dabei nicht alleiniges Kriterium sein.

Alle Entscheidungen müssen dem Willen des Patienten entsprechen. Bei bewusstlosen Patienten wird in der Regel zur Ermittlung des mutmaßlichen Willens die Bestellung eines Betreuers erforderlich sein.

4. Ermittlung des Patientenwillens

Bei einwilligungsfähigen Patienten hat der Arzt den aktuell geäußerten Willen des angemessen aufgeklärten Patienten zu beachten, selbst wenn sich dieser Wille nicht mit den aus ärztlicher Sicht gebotenen Diagnose- und Therapiemaßnahmen deckt. Das gilt auch für die Beendigung schon eingeleiteter lebenserhaltender Maßnahmen. Der Arzt soll Kranken, die eine notwendige Behandlung ablehnen, helfen, die Entscheidung zu überdenken.

Bei einwilligungsunfähigen Patienten ist die Erklärung des gesetzlichen Vertreters, z. B. der Eltern oder des Betreuers, oder des Bevollmächtigten maßgeblich. Diese sind gehalten, zum Wohl des Patienten zu entscheiden. Bei Verdacht auf Missbrauch oder offensichtlicher Fehlentscheidung soll sich der Arzt an das Vormundschaftsgericht wenden.

Liegen weder vom Patienten noch von einem gesetzlichen Vertreter oder einem Bevollmächtigten Erklärungen vor oder können diese nicht rechtzeitig eingeholt werden, so hat der Arzt so zu handeln, wie es dem mutmaßlichen Willen des Patienten in der konkreten Situation entspricht. Der Arzt hat den mutmaßlichen Willen aus den Gesamtumständen zu ermitteln. Eine besondere Bedeutung kommt hierbei einer früheren Erklärung des Patienten zu. Anhaltspunkte für den mutmaßlichen Willen des Patienten können seine Lebenseinstellung, seine religiöse Überzeugung, seine Haltung zu Schmerzen und zu schweren Schäden in der ihm verbleibenden Lebenszeit sein. In die Ermittlung des mutmaßlichen Willens sollen auch Angehörige oder nahestehende Personen einbezogen werden.

Lässt sich der mutmaßliche Wille des Patienten nicht anhand der genannten Kriterien ermitteln, so handelt der Arzt im Interesse des Patienten, wenn er die ärztlich indizierten Maßnahmen trifft.

5. Patientenverfügungen, Vorsorgevollmachten und Betreuungsverfügungen

Patientenverfügungen, auch Patiententestamente genannt, Vorsorgevollmachten und Betreuungsverfügungen sind eine wesentliche Hilfe für das Handeln des Arztes.

Patientenverfügungen sind verbindlich, sofern sie sich auf die konkrete Behandlungssituation beziehen und keine Umstände erkennbar sind, dass der Patient sie nicht mehr gelten lassen würde. Es muss stets geprüft werden, ob die Verfügung, die eine Behandlungsbegrenzung erwägen lässt, auch für die aktuelle Situation gelten soll. Bei der Entscheidungsfindung sollte der Arzt daran denken, dass solche Willensäußerungen meist in gesunden Tagen verfasst wurden und dass Hoffnung oftmals in ausweglos erscheinenden Lagen wächst. Bei der Abwägung der Verbindlichkeit kommt der Ernsthaftigkeit eine wesentliche Rolle zu. Der Zeitpunkt der Aufstellung hat untergeordnete Bedeutung.

Anders als ein Testament bedürfen Patientenverfügungen keiner Form, sollten aber in der Regel schriftlich abgefasst sein.

Im Wege der Vorsorgevollmacht kann ein Bevollmächtigter auch für die Einwilligung in ärztliche Maßnahmen, deren Unterlassung oder Beendigung bestellt werden.. Bei Behandlung mit hohem Risiko für Leben und Gesundheit bedarf diese Einwilligung der Schriftform (§ 1904 BGB) und muss sich ausdrücklich auf eine solche Behandlung beziehen. Die Einwilligung des Betreuers oder Bevollmächtigten in eine »das Leben gefährdende Behandlung« bedarf der Zustimmung des Vormundschaftsgerichts (§ 1904 BGB). Nach der Rechtsprechung (OLG Frankfurt a.M., NJW 1998, 2749) ist davon auszugehen, dass dieses auch für die Beendigung lebenserhaltender Maßnahmen im Vorfeld der Sterbephase gilt. Betreuungsverfügungen können Empfehlungen und Wünsche zur Wahl des Betreuers und zur Ausführung der Betreuung enthalten.

Literatur

Ackerknecht E (1992) Geschichte der Medizin. Enke, Stuttgart

Arbeitsgruppe »Sterben und Tod« der Akademie für Ethik in der Medizin e.V. (1998) Patientenverfügung, Betreuungsverfügung, Vorsorgevollmacht. Göttingen

Barth T (1990) Datenschutz im Krankenhaus. Deutsche Krankenhausgesellschaft, Verlagsgesellschaft

Becker-Berke, St (1999) Stichwort: Gesundheitswesen. Ein Lexikon für Einsteiger und Insider. KomPart Vertragsgesellschaft mbH u. Co KG) Bonn

Bischoff C (1991) Frauen in der Krankenpflege. Campus, Frankfurt

Bockelmann P (1968) Strafrecht des Arztes. Thieme, Stuttgart

Bockelmann P (1973) Tod, Todeszeitbestimmung und Grenzen der Behandlungspflicht. Bayerisches Ärzteblatt: 728

Bohle T (1990) Haftung für Suizid während stationärer Krankenhausbehandlung. MedR: 298 ff.

Böhme H (1981) Die Zulässigkeit der Delegation ärztlicher Tätigkeiten auf nicht ärztliches Personal. DKZ, Heft 1 (Beihefter)

Böhme H (1983) Rechtsunsicherheit des Endoskopiepersonals. Krankenpflege: 64 ff.

Boll M (2002) Rettungsdienstliche Kompetenzen und das Strafrecht. MedR: 232 ff.

Bruhns W, Andreas M, Deboug B (2002) Zuwendungen durch Erbschaft – für Pflegekräfte verboten? Die Schwestern/Der Pfleger: 74 ff.

Bulla GA, Buchner H (1981) Mutterschutzgesetz. Kommentar. 5. Aufl. Beck, München

Bundesrat (2003), Drucksache 477/02 vom 31.05.02

Cadmus M (1982) Zivilrechtliche Haftung des nachgeordneten ärztlichen Dienstes. Minerva, München

Deutsch E (1998) Das Transplantationsgesetz vom 05.11.1997. NJW: 777 ff.

Deutsch E. (2000) Das Organisationsverschulden des Krankenhausträgers. NJW: 1745 ff.

Dodegge G (1997) Neuere Entwicklungen des Betreuungsrechts. NJW: 2389 ff.

Ehlers APF (1991) Die Sektion zwischen individuell erklärter Einwilligung und Allgemeinen Geschäftsbedingungen in Krankenhausaufnahmeverträgen. MedR: 227 ff.

Eser A (1985) Sterbewille und ärztliche Verantwortung. MedR: 66 ff.

Eser A, Lutterotti M von, Sporken P (Hrsg) (1989) Lexikon Medizin, Ethik, Recht. Herder, Freiburg i. Br.

Fahrenhorst I (1992) Beweislast im Arzthaftungsprozess. ZRP: 60 ff.

Fehn K, Selen S (2002) Ehrenamtlicher Einsatz von Jugendlichen in der Notfallrettung – ein Verstoß gegen das JArbSchG? MedR.: 449 ff.

Friedrich W (1995) Arbeitsrechtslage bei der Wiederaufbereitung von Einwegprodukten. Zentralsterilisation: 323 ff.

Friedrich W (1996) Erwiderung auf Schneider. Zentralsterilisation: 56

Fritsche P (1993) Der Arzt und seine Verpflichtung zur Sterbehilfe. MedR: 126 ff.

Gaidzik, PW (1999) Strafrechtliche Aspekte der Sterbehilfe und Beteiligung des Arztes am Patientensuizid. Krankenhaus und Recht (KhuR): 162 ff.

Gorgaß B, Ahnefeld FW (1993) Rettungsassistent und Rettungssanitäter, 3. Aufl. Springer, Berlin Heidelberg New York

Gründel J (1985) Sterbehilfe aus ethischer Sicht. MedR: 2 ff.

Hahn B (1981) Zulässigkeit und Grenzen der Delegierung ärztlicher Aufgaben. NJW: 1977–1984

Hanack E-W (1975) Euthanasie in strafrechtlicher Sicht. In: Hiersche H-D (Hrsg) Euthanasie, Probleme der Sterbehilfe. Eine interdisziplinäre Stellungnahme. Piper, München

Harsdorf H, Raps W (1986) Krankenpflegegesetz und Ausbildungs- und Prüfungsverordnung für die Berufe in der Krankenpflege. Kommentar. Heymann, Köln

Hausner H (1994) Staatshaftung im Rettungswesen. MedR: 435 ff.

Heinze M, Jung H (1985) Die haftungsrechtliche Eigenverantwortlichkeit des Krankenpflegepersonals in Abgrenzung zur ärztlichen Tätigkeit. MedR: 62 ff.

Helle J (1987) Die Heilbehandlung des untergebrachten psychisch Kranken. MedR: 65 ff.

Helle J (1993) Patienteneinwilligung und Zwang bei der Heilbehandlung untergebrachter psychisch Kranker. MedR: 134 ff.

Hiersche H-D, Hirsch G, Graf-Baumann T (Hrsg) (1990) Rechtliche Fragen der Organtransplantation (Schriftenreihe Medizinrecht). Springer, Berlin Heidelberg New York Tokio

Hill R, Schmitt JM (Hrsg) Wiesbadener Kommentar zum Medizinproduktegesetz. Loseblattsammlung, Verlag Chmielorz, Wiesbaden, Stand 2002

Hueck A (1980) Kündigungsschutzgesetz, Kommentar, 6. Aufl. Beck, München

Igl G (1995) Das neue Pflegeversicherungsrecht. Beck, München

Igl G (1998) Öffentlich-rechtliche Grundlagen für das Berufsfeld Pflege im Hinblick auf vorbehaltene Aufgabenbereiche, Gutachten im Auftrag von ADS, BKK, BA, BALK, DBFK

Jakobs M (2002) Der kranke Arzt: Virale Hepatitiden im Gesundheitswesen. MedR: 140 ff.

Jakobs P (1990) I.V.-Injektionen durch das Krankenpflegepersonal – erlaubt oder verboten? 2. Aufl. Bibliomed, Melsungen

Jakobs P (1997) Mehr Rechtssicherheit durch Vorbehaltsaufgaben. Heilberufe, S. 56 ff.

Jürgens A (1992) Das neue Betreuungsrecht, 2. Aufl. Beck, München

Katscher L (1989) Geschichte der Krankenpflege. Christlicher Zeitschriftenverlag, Berlin

Kern B-R, Laufs A (1983) Die ärztliche Aufklärungspflicht. Springer, Berlin Heidelberg New York

Khorrami, K. (2003) Die »Euthanasie-Gesetze« im Vergleich. MedR: 19 ff.

Klee E (2001) Was sie taten – was sie wurden. Fischer Verlag, Frankfurt

Kruse A P (1995) Die Krankenpflegeausbildung seit der Mitte des 19. Jahrhunderts. Kohlhammer, Stuttgart

Kurtenbach H, Golombek G, Siebers H (1992) Krankenpflegegesetz mit Ausbildungs- und Prüfungsverordnung für die Berufe in der Krankenpflege. 6. Auflage, Kohlhammer, Köln

Literatur

Kurtenbach H, Neumann C, Schramm N (1995) Gesetz über technische Assistenten in der Medizin – MTAG. Kohlhammer, Köln

Lampert H (1994) Lehrbuch der Sozialpolitik. Verlag, Stuttgart

Laufs A (1987) Die Entwicklung des Arztrechts 1986/1987. NJW: 1449 ff.

Laufs A, Mars H (1987) AIDS – Antworten auf Rechtsfragen aus der Praxis. MedR: 282 ff.

Lippert H-D (1985) Die neue Medizingeräteverordnung. DMW: 1469 ff.

Lippert H-D (1995) Die Defibrillation – delegierte ärztliche Aufgabe oder eine eigene Aufgabe des Rettungsassistenten? MedR: 235 ff.

Maunz T, Zippelius R (1988) Deutsches Staatsrecht. 27. Aufl. Beck, München

Model O, Creifelds C, Lichtenberger G, Zierl G (2000) Staatsbürger-Taschenbuch, 30. Aufl. Beck, München

Molkentin, Th (1999) Arzt und Krankenpflege: Konfliktfelder und Kompetenzen. MedR: 29 ff.

Nöthlichs M (2002) Sicherheitsvorschriften für Medizinprodukte, Ergänzbarer Kommentar, Erich-Schmidt-Verlag, Berlin, Stand 2002

Oberinnenvereinigung vom Roten Kreuz (1963) Der Ruf der Stunde. Deutsches Rotes Kreuz, Stuttgart

Opderbecke HW (1996) Arzt und Krankenpflege, Anmerkung zum gleichnamigen Beitrag von Erich Steffen. MedR, S. 542 ff.

Opderbecke HW, Weißauer W (1984) Ärztliche Dokumentation und Pflegedokumentation. MedR: 211 ff.

Palandt O (2003) Bürgerliches Gesetzbuch, Kommentar, 62. Aufl. Beck, München

Peter J (1993) »Schlüsselgewalt« bei Arzt und Krankenhausverträgen. NJW: 1949 ff.

Prodos (1999) 3000 Jahre Pflege. Band 1. Prodos-Verlag, Bremen

Quaas M (2002) Aktuelle Fragen des Krankenhausrechts. MedR: 273 ff.

Reiling E (1995) Die Grundlagen der Krankenhaushaftung – Eine kritische Bestandsaufnahme. MedR: 443 ff.

Rieger H-J (1988) Verantwortung der Krankenhausärzte und des Krankenhausträgers bei Personalmangel. DMW: 357

Rieger H-J (1990) Ablehnung der Durchführung intravenöser Injektionen durch das Krankenpflegepersonal. DMW: 1530 ff.

Robert-Bosch-Stiftung (2000) Pflege neu denken. Schattauer, Stuttgart

Sass, HM, Kielstein R, (2001) Patientenverfügung und Betreuungsvollmacht, Lit-Verlag

Schaub G (2002) Arbeitsrechts-Handbuch, 10. Aufl. Beck, München

Schell W. (1996) Übertragung von Betreuungsaufgaben. Heilberufe: 30 ff.

Schneider A (1976) Rechtsprobleme der Transsexualität. Frankfurt: Lang, Frankfurt am Main

Schneider A (1980) Die Einwilligung des Patienten zum Heileingriff – hier: intramuskuläre Injektion durch das Pflegepersonal. DKZ: 638 ff.

Schneider A (1980) Der Anspruch des Patienten auf Herausgabe und Einsichtnahme in ärztliche Unterlagen. DKZ: 174 ff.

Schneider A (1983) Der Anspruch des Patienten auf Einsichtnahme in psychiatrische Krankenunterlagen. DKZ: 406 ff.

Schneider A (1984, 1985) Zur Verantwortlichkeit des operierenden Arztes und des Pflegepersonals: I. Verantwortlichkeit während der Operation. DKZ, S. 773 ff. II. Verantwortlichkeit in der postoperativen Phase. DKZ: 64 ff.

Schneider A (1985) Das Gesetz über die Berufe in der Krankenpflege. DMW: 1387 ff.

Schneider A (1985) Das Gesetz über den Beruf der Hebamme und des Entbindungspflegers. DMW: 1626 ff.

Schneider A (1986) Juristische Aspekte der Krankenhaushygiene. Krankenhaushygiene und Infektionsverhütung: 177 ff.

Schneider A (1987) Die neue Verordnung über die Sicherheit medizinisch-technischer Geräte. Hygiene und Medizin: 117 ff.

Schneider A (1987) Zur Delegation von Injektionen an nicht hinreichend qualifiziertes Personal. DKZ: 778 ff.

Schneider A (1988) Die Wiederaufbereitung von Einmal-Artikeln – ein nicht nur medizinisch-hygienisches Problem. MedR: 166 ff.

Schneider A (1991) Zum Mitbestimmungsrecht des Betriebsrates bei Dienstplanänderungen. Krankenpflege: 79 ff.

Schneider A (1991) BAG-Urteil zu Bereitschaftsdiensten. Krankenpflege: 83 ff.

Schneider A (1994) Die Teilfixierung eines Patienten. Pflege Z (vormals DKZ): 181 ff.

Schneider A (1994) Mutterschutz bei infektionsgefährlichen Arbeiten. Teil I: Die Voraussetzungen für ein Beschäftigungsverbot bei arbeitsplatzbedingter Infektionsgefahr, Hygiene + Medizin, S. 155 ff. Teil II. Voraussetzung für die Zulässigkeit der Frage nach einer Schwangerschaft an eine Bewerberin bei infektionsgefährlicher Arbeit. Hygiene + Medizin: 223 ff.

Schneider A (1996) Die zentrale Sterilgutversorgungsabteilung – Hersteller oder Anwender im Sinne des Medizinproduktegesetzes. Zentralsterilisation: 31 ff.

Schneider A (1996) Arbeitsrecht in der Sterilgutversorgung. Kommentar zum Beitrag von Friedrich W. Zentralsterilisation: 52 ff.

Schneider A (1996) Nach wie vor umstritten – Die Wiederaufbereitung von Einmalartikeln. MedR: 267 f.

Schneider A (1997) Vorbehaltene Tätigkeiten – Ansätze für die Diskussion, Heilberufe: 48 ff.

Schneider A (1997) Mehr Rechtssicherheit durch Vorbehaltsaufgaben? Rechtliche Überlegungen. Heilberufe: 57; 48 ff.

Schneider A (1997) Qualität im Gesundheitswesen per Gesetz. Qualitätsmanagement in Klinik und Praxis (QualiMed): 3 ff.

Schneider A (1997) Rechtsgrundlagen der Krankenhaushygiene. In: F. Daschner (Hrsg) Praktische Krankenhaushygiene und Umweltschutz. 2. Aufl. Springer, Berlin Heidelberg New York, S. 3 ff.

Schneider A (1999) Medizinprodukte-Betreiberverordnung: Hinweise für Betreiber und Anwender, Zentralsterilisation (Zent Steril): 97 ff.

Schneider A (2002) Die Aufbereitung und Wiederverwendung von (Einweg-) Medizinprodukten – (Mehr) Rechtssicherheit durch das Zweite Gesetz zur Änderung des Medizinproduktegesetzes, MedR: 453 ff.

Schneider A (2002) Richtlinien, Leitlinien, Standards, Die Schwester/Der Pfleger: 78

Schneider A (2003) Die Ausbildung in den Pflegeberufen – ein Sonderfall, Schneider K, Brinker-Meyendriesch E, Schneider A, Pflegepädagogik, Springer, Berlin Heidelberg New York, S. 387 ff

Schneider A, Bierling G (Hrsg) Hygiene und Recht, Loseblattsammlung, mhp-Verlag, Wiesbaden, Stand Nov. 2002

Schneider A, Eitelgörge B (1984) Aspekte des Haftungsrechts bei Übertragung pflegerischer Tätigkeiten auf Angehörige des Patienten im Kranken- oder Kinderkrankenhaus. DKZ: 565 ff.

Schneider G (2001) Die Neuregelung der Altenpflege durch das Altenpflegegesetz. NJW: 3226 ff.

Schorn G (1994) Medizinproduktegesetz. Wiss. Verlag-Ges. Stuttgart

Schreiber HL, Wolfslast G (1992) Ein Entwurf für ein Transplantationsgesetz. MedR: 189 ff.

Sengler H, Schmidt A (1997) Organentnahme bei Hirntoten als »noch Lebende«. MedR: 241 ff.

Sitzler G (2002) DRG-Auswirkungen – Die umfassenden Aufgaben des Pflegedienstes, Klinik und Management im Krankenhaus (KMA): 70 ff.

Solbach G, Solbach T (1988) Zur Frage der Aufklärung der Patienten bei Blutentnahmen (AIDS). MedR: 241 f.

Spann W (1983) Das »Patiententestament«. MedR: 13 ff.

Steffen E (1996) Arzt und Krankenpflege, Konfliktfelder und Kompetenzen. Heilberufe: 48 ff.; MedR: 265 ff.

Tröndle H, Fischer Th (2003) Strafgesetzbuch und Nebengesetze, 51. Auflage. C. H. Beck, München

Uhlenbruck W (1983) Der Patientenbrief – die privatautonome Gestaltung des Rechts auf einen menschenwürdigen Tod. NJW: 566 ff.

Verrel M (1997) Der BGH legt nach: Zulässigkeit der indirekten Sterbehilfe. MedR: 248 ff.

Vogl M (1996) Das neue Arbeitsschutzgesetz. NJW: 1996

Wölke, F (2001) Der minderjährige Patient in der ärztlichen Behandlung. MedR: 80 ff.

Wolff, H-P (1994) Vergleichende Geschichte der medizinischen Berufsbildung. Recom, Basel

Wolff H-P, Wolff J. (1994) Geschichte der Krankenpflege, Recom, Basel

A

Abmahnung 93, 190, 193, 237, 238, 351
Abwesenheitspflegschaft 85
Agnes Karll 316, 329
Agnes Karll Verband 330
Aids 148, 194
– Antikörperaustestung 105
– Aufklärung 310
Aids-Test
– heimlicher 105
Alice Salomon 329
Altenheim 78, 133, 218
Altenpflegegesetz 45
Altenpflegehilfe 45
Altenpflegerin 110
Amalie Sieveking 324
Amtshaftung 119
Anästhesieprotokoll 170
Änderungskündigung 189, 191
Anencephalus 75, 154
Anlasserkrankung 81, 106
Anordnungsverantwortung 125
Anscheinsbeweis 139
Ansteckungsverdächtiger 278
Anstiftung 146
Anwender 204
Anzeigepflicht 173
Apotheke 290
– Krankenhaus- 294, 297
Apothekenbetriebsordnung 297
Apothekenwesen 297
Arbeitgeber 184
Arbeitnehmer 180, 184
Arbeitnehmerschutzrecht 197
Arbeitsassistenz 246
Arbeitsbereitschaft 220
Arbeitsförderung 243
Arbeitsgericht 196
Arbeitshygiene 217
Arbeitslosengeld 259
Arbeitslosenhilfe 259
Arbeitslosenversicherung 33, 258
Arbeitspapiere 196
Arbeitsplatzschutzgesetz 236
Arbeitsrecht 45, 180
Arbeitsschutz 197, 198
  – Amt für 224
  – autonomer 216
Arbeitsschutzgesetz 251
Arbeitssicherheitsgesetz 238
Arbeitsstelle 218
Arbeitsunfähigkeit 248
Arbeitsunfähigkeitsbescheinigung 248
Arbeitsunfall 252

Arbeitsverhältnis 183, 185
– befristetes 185
– unbefristetes 185
Arbeitsvertrag 183
Arbeitsverweigerung 195
Arbeitszeit 182, 217, 218
Arbeitszeitgesetz 180, 218
Armenfürsorge 323
Arzneibuch 292
Arzneimittel 202
– apothekenpflichtige 290
– bedenkliche 287
– Fertig- 287
– frei verkäufliche 290
– homöopathische 289
– radioaktive 287
– verschreibungspflichtige 290
Arzneimittelgesetz 286
Arzneimittelrisiken 292
Arzthelferin 406
Assistent
– pharmazeutisch-technischer 298
Asylrecht 54
Aufbewahrung 112
Aufbewahrungspflicht 210
Aufhebungsvertrag 190
Aufklärung 74, 107, 159
Aufklärungsformular 105
Aufklärungsgespräch 103, 105
Aufsichtsbeamter
– technischer 217
Aufsichtspflicht 117
Auftragsangelegenheiten 49
Aufzeichnung 216
Ausbildungsmittel 186, 351
Ausbildungspflicht 186
Ausbildungsvertrag 368
Ausbruch 275
Ausgleichszeitraum 220
Ausscheider 278
Ausschließungsgründe 90
Aussetzung 150
Auszubildende 213
AVR 92, 218, 223

B

Bargeschäfte 76
Beauftragter 238
Bedürftigkeitsprüfung 259
Beendigungskündigung 192
Beendigungsschutz 236
Befähigungsnachweis 338
Begehungsdelikt 142
Begleitperson 118
Behandlungsfehler 112, 151

– einfacher 113
– grober 112, 121, 138
Behandlungsleitlinien 133
Behandlungspflege 128, 254
Behinderung 245
Beihilfe 146
Beistandspflicht 150
Belegarzt 98
Belegkrankenhaus 130
Benachteiligungsverbot 235
Benedikt von Nursia 317
Benotung 361, 363
Beratungskonzept 152
Bereich
– beherrschbarer 271
Bereitschaftsdienst 219
Berufsausbildungsverhältnis 185
Berufsbezeichnung 342
Berufsbildungsgesetz 185, 342
Berufsethos 165
Berufsfreiheit 53, 195
Berufsgenossenschaft 200, 238, 251
Berufskrankheit 211, 252
Berufsorganisation der Krankenpflegerinnen 330
Berufsunfähigkeit 236
Berufsunfähigkeitsrente 250
Besatzungsstatut 15, 18
Besatzungszonen 14
Beschäftigungsverbot 211, 213, 225, 234
Bestechlichkeit 93, 177
Bestrahlungsraum 214, 215
Betäubungsmittel 293
– nicht verkehrsfähige 294
– verkehrsfähige 294
– verschreibungsfähige 294
Betäubungsmittelbuch 296
Betäubungsmittelgesetz 293
Betäubungsmittelrezept 295, 296
Betreiber 204
Betreuer 106, 107, 150
Betreuung 51
Betreuungsverfügung 83, 166
Betriebsarzt 210, 238
Betriebspraktikum 234
Betriebsrat 182, 196, 210, 220, 352, 380
Betriebsübergang 191, 230
Betriebsvereinbarung 180, 182, 220
Betriebsverfassungsgesetz 182
Bettgitter 82, 109
Beweiserleichterung 138, 262
Beweislastfragen 262
Beweislastumkehr 138, 262
Beweisregeln 101
Bildungssystem
– duales 185, 381
Bildungsurlaub 350

Stichwortverzeichnis

Bildungsziel 316
Billigkeit 6
Biostoffverordnung 210
Bizonale Behörde 15
Blut 202
Blutentnahme 123, 195
Bluttransfusion 108, 165
Bundes-Angestellten-Tarifvertrag 92, 182, 218, 223
Bundesanstalt für Arbeit 258
Bundesinstitut für Arzneimittel und Medizinprodukte 209, 289
Bundeskanzler 43
Bundesorgane 19
Bundespräsident 19, 42
Bundesrat 19, 41
Bundesratslösung 41
Bundesregierung 19, 43
Bundessozialhilfegesetz 264
Bundesstaat 30
Bundestag 19, 38, 40
Bundestagsabgeordneter 39
Bundestagspräsident 41
Bundesverfassungsgericht 10
Bundesversammlung 19, 42
Bundesvolk 39

C

Caritas 317
Caritasschwester 184
Carrier 279
CE-Kennzeichnung 201
Charta
– der Vereinten Nationen 50
– Grundrechts- 50
– Grundrechts- der EU 66
– Patienten- 307
– Sozial- 64
– Wirtschafts- 68
Chemikaliengesetz 210

D

Datenschutz 168, 175
Dauernachtarbeit 222
DDR 22, 26, 38
Defibrillation 127
Defibrillator 204
Dekubitus 128
Dekubitusprophylaxe 113
Delegation 105, 122, 187, 195, 273, 345

Deliktsfähigkeit 76, 85
Demokratie 32
– bürgerliche 32
– mittelbare 32
– parlamentarische 40
– repräsentative 32, 40
– unmittelbare 32
– Volks- 32
Deutsche Wirtschaftskommission 15
Deutsche Zentralverwaltungen 15
Deutscher Berufsverband für Krankenpflege 330
Deutscher Bildungsrat 36
Deutscher Pflegerat 36
Deutsches Netzwerk 113
Deutsches Rotes Kreuz 330, 331, 334
Diakonie 317
Diakoniegedanke 324
Diakonissen 184, 247, 249, 258
Diakonissenhaus 325
Dienstleistungsverkehr
– freier 338
Dienstplan 221
Dienstvereinbarung 182
Differenzierungsbereich 358
Differenzierungsphase 343, 357
Diplom 338
Direktionsrecht 189, 197
Direktmandat 38
Diskriminierungsverbot 51, 52
Dokumentation 122, 133, 199, 209
– Aufbewahrung der 136
– medizinische 311
Dokumentationspflicht 138, 177, 262
Dosimeter 213
Dosisbegrenzung 214
Dosisgrenzwert 215
DRG-System 133
Drittbezogenheit 119
DRK-Schwester 184
Drogenkonsumraum 294
Duldungspflicht 106, 303
Durchführungsverantwortung 126, 195

E

EG-Richtlinien 210
Ehe 178
Ehemündigkeit 78, 86
Ehenamen 75, 87
Eid
– ärztlicher 165
Eigenhaftung 108
Eigentumsrecht 53
Einbürgerung 54

Eingriffsaufklärung 104
Einheitsstaat 31
Einigungsvertrag 26, 152
Einnistung 153
Einschulungsuntersuchung 308
Einsichtsfähigkeit 76, 84, 101
– natürliche 172
Einspruchsgesetz 47
Einwilligung 83, 101, 143, 147, 155, 159, 160
– mutmaßliche 102, 159, 161, 172
Einwilligungsfähigkeit
– des Betreuten 78
Einwilligungsvorbehalt 78
Einwirkzeit 271
Elternrecht 52
Elternzeit 228
Empfehlung 64
Enqueterecht 41
Entbindung 225
Entbindungshelfer 249
Entgeltfortzahlung 248
Entgeltzahlung 189
Entlassungsmanagement 113, 133
Entlastungsbeweis 108, 139
Entnahme
– von Blutproben 176
Entschädigung 236
Entschuldigungsgrund 108
Erbe 89
Erbfähigkeit 89
Erbfolge 89
– gesetzliche 88
– gewillkürte 89
Erbschaft 177
Erbvertrag 89
Erfüllungsgehilfe 97, 100, 159
Ergänzungspflegschaft 85
Ergebnisqualität 261
Erkundigungspflicht 146
Ermessensspielraum 350
Ermittlungspflichten 210
Erststimme 38
Erstuntersuchung 211
Erwerbsminderung 236
Erwerbsminderungsrente 250
– teilweise 250
Erwerbsunfähigkeit 236
Erwerbsunfähigkeitsrente 250
Europäische Gemeinschaft 58
Europäische Kommission 61
Europäische Union 58
Europäische Wirtschaftsgemeinschaft 58
Europäischer Gerichtshof 64
– für Menschenrechte 65
Europäischer Rat 50, 62, 63
Europäisches Parlament 62, 63
Europakammer 42

Europarat 64
Euthanasie-Gesetz 167
Exekutive 32, 34

F

Fahrlässigkeit 109, 145
– grobe 188
– leichteste 188
– mittlere 188
– normale 188
Familie 178
Familienname 87
Familienplanung 308
Fehlgeburt 225
Fehlzeiten 350
Feiertag 223
Fixierung 51, 81, 150
Florence Nightingale 325, 328
Fondfinanzierung 364
Föderalismus 31
Fraktion 39
Fraktionsdisziplin 39
Fraktionszwang 39
Frankfurter Dokumente 18
Franz Anton Mai 320
Frauenbewegung 323
Frauenverein 324
Freiheit
– persönliche 277
– unternehmerische 195
Freiheitsberaubung 150
Freiheitsentziehung 51
Freiheitsrechte 106, 150, 152
Freistellung 108
Freistellungsanspruch 189, 350
Freizeichnungsklausel 166
Freizügigkeit 53
Fristenlösung 151
Frühgeburt 72, 225
Fürsorgepflicht 108, 189, 234

G

Garantenstellung 109, 142, 148, 150, 160, 171
GATT 31
Geburt
– Vollendung der 72
Geburtsanzeige 74, 177
Geburtsnamen 75
Gefährdungsanalyse 199
Gefährdungsbeurteilung 210

Gefährdungshaftung 292
Gefahrstoffverordnung 210
Geheimnis 169
Gehorsamspflicht 187, 189
Gemeinde 47
Genfer Konventionen 332
Gerechtigkeit 5
Gerichtsbarkeit 10
– ordentliche 96
– Verwaltungs- 96
Geschäftsfähigkeit 76, 81, 84
Gesetzesinitiative 44
Gesetzesrecht 7
Gesetzesvorbehalt 55
Gesetzgebung 32, 44, 264
– ausschließliche 45
– konkurrierende 45, 180, 286, 306
– Rahmen- 45
Gesetzgebungsbeschluss 46
Gesetzgebungskompetenz 44
Gesetzgebungsverfahren 4, 7, 44
Gestellungsvertrag 185, 326, 327
Gesundheitsamt 211, 307
Gesundheitsbehörde
– höhere 309
– oberste 309
– untere 308
Gesundheitsbericht 307
Gesundheitsdienst 307
Gesundheitsdienstgesetz 307
Gesundheitsschutz 302
Gewaltenhäufung 32
Gewaltenteilungsprinzip 32, 219
Gewaltentrennung 32
Gewerbearzt 238
Gewerbeaufsicht 217, 238
Gewerbeaufsichtsamt 180, 224
Gewerkschaft 196
Gewissensfreiheit 52
Gewissensnot 108
Gewohnheitsrecht 7–9
Gleichheitsgrundsatz 32
Gleichstellung 235
Grund
– wichtiger 369
Grundgesetz 8, 14, 18, 22, 65
Grundpflege 128, 254
Grundrecht 106, 152, 277
Grundrechte 50
Grundsicherunggesetz 268
Gruppenprophylaxe 308

H

Haftung
– deliktische 96
– des Arbeitnehmers 188
– für Fremdverschulden 97
– vertragliche 96
– zivilrechtliche 96
Händedesinfektion 271
Handlungsfähigkeit 76
Hare-Niemeyer 38
Härteklausel 350
HBV 211
HCV 211
Hebamme 143, 249
– Beleg- 98
Heilbehandlung
– eigenmächtige 147
Heilerziehungspfleger 406
Heilpraktiker 308
Heimgesetz 92, 308
Heimvertrag 78
Henri Dunant 331
Hepatitispflege 217
Hepatits-Infektion 183
Herrenchiemseer Entwurf 18
Hildegard von Bingen 316, 317
Hilfe für Arbeitslosigkeit 258
Hilfeleistung
– unterlassene 158
Hirntod 153
HIV 148, , 211
– Infektion 144, 183
Hospitalsschule 321
Hospitium 317
Hospiz 317
Hospizbewegung 318
Höchstzahlverfahren 38
Hygiene
– Arbeits- 308
– Gewerbe- 308
– Medizinaldezernat 307
Hygienebeauftragter 272, 282
Hygienefachkraft 272
Hygienemaßnahme 211
Hygieneplan 280
Hygienevorschrift 302
Hygienezwischenfall 271

I

ICN 37, 330
Identitätstheorie 22
Immunität 39, 63

Stichwortverzeichnis

Impfempfehlung 310
Impfkommission 310
Impfstoffe 287
Indemnität 39, 63
Indikation
- embryopathische 152
- kriminologische 155
- medizinische 155
- rechtfertigende 213
Indikationslösung 151
Industrialisierung 316, 323
Infektion 114
Infektionshygiene 279
Infektionsrisiko 210
Infektionsschutzgesetz 51, 53, 173, 307, 308
Infirmarien 317
Informationslösung 73
Infusion 123, 195
Initiativrecht 41, 42, 44, 64
Injektion 123, 195
Integrationsamt 245
International Council of Nurses 329, 330
Internationales Komitee vom Roten Kreuz 335
Interpellationsrecht 40

J

Johann Peter Frank 323
Judikative 32, 219
Jugendamt 85, 142
Jugendarbeit 244
Jugendarbeitsschutzgesetz 180, 218
Jugendheim 218
Jugendhilfe 142, 244
Jugendlicher 85
Jugendsozialarbeit 244
Jugendvertreter 351

K

Kabinett 43
Kind 85, 155
Koalitionsrecht 53
Konfliktberatungsstelle 154
Kongregation 319
Konsensus-Konferenz 113
Konstruktives Misstrauensvotum 44
Kontrollbereich 215
Kontrollrat 15
Kosmetika 202, 287, 301

Körperdosis 213
Körperschaften 250
Körperverletzung 147, 293
Körperverletzungstatbestand 158
Krankenakte 177
Krankengeld 248
Krankenhausaufnahmevertrag
- aufgespaltener 97
- totaler 97
Krankenhausbehandlung 248
- ambulant 248
- nachstationär 248
- teilstationär 248
- vollstationär 248
- vorstationär 248
Krankenpflegeausbildung 316
Krankenpflegegesetz 7, 123, 322
Krankenpflegehochschule 316
Krankenpflegeorden 328
Krankenversicherung 33, 244
- Medizinischer Dienst der 255
Krankenwärterschule 320
Kranker 278
Krankheit 194
Krankheitsverdächtiger 278
Krimkrieg 328
KRINKO 310
Kündigung 93, 237
- außerordentliche 228
- fristlose 186
- ordentliche 369
Kündigungsfrist 185
Kündigungsschutz 196, 236
Kündigungsschutzklage 191, 229
Kündigungsverbot 236
Kurzzeitpflege 253

L

Lagerbuchführung 294
Laienbruder 317
Länderhoheit 349
Länderrat 15
Lebendgeburt 72, 225
Lebendspende 74
Lebensmittel 287, 300
Lebenspartnerschaft 78
Lebenspartnerschaftsgesetz 52
Legislative 32, 219
Leibesfrucht 152
Leistungsverweigerung 187
Leistungsverweigerungsrecht 211
Leitlinien 114
Lohnwärterschule 321
Lohnwartpersonal 318

M

Maastrichter Vertrag 31, 41
Madame Le Gras 319
Marktwirtschaft
- freie 55
- soziale 55
Medizinprodukte 201, 202
Medizinprodukteberater 205
Medizinproduktebuch 207
Mehrarbeit 226
Mehrheit
- absolute 47, 63
- einfache 47
- qualifizierte 47
- Zwei-Drittel 47
Meinungsfreiheit 32, 52
Meldepflicht 74, 173
- seuchenrechtliche 211
Meldung
- namentliche 276
- nichtnamentliche 276
Menschenrechte 50, 54, 64
Menschenwürde 51, 121, 152, 160, 178, 264
Mentor 347, 359
Minderjähriger 101
Mindestalter 344, 374
Mindestschutz 196
Mitarbeitervertretung 182, 196, 210
Mitbestimmungsrecht 190, 221, 352, 380
Mitbestimmungstatbestand 182
Mittäterschaft 146
Mitverschulden 188, 293
Mitwirkungspflicht 303
Mitwirkungsrecht 196, 352
Mitwirkungsverbote 90
Modellklausel 349
Monotoring 303
Montanunion 58
Mönch 317
Mutterhaus 319, 320
Mutterhausprinzip 326
Mutterhausvertrag 320, 326, 327
Mutterschaftsgeld 227
Mutterschaftsgeldzuschuss 227
Mutterschutz 217
Mutterschutzgesetz 75, 180
Mutterschutzlohn 227
Mutterschutzrichtlinienverordnung 226

N

Nachtarbeit 220, 226
Nachtdienst 222
Nachtwache 220
Nachtwacheneinsatz 358
Nachuntersuchung 211
Nachweisgesetz 183
Namensrecht 75
Narkoserisiko 103
Nationen 311
NATO 31
Nebentätigkeit 188
Nichtvermögensschaden 175
Nidation 153
Niederlassungsrechts 338
Normen 201
Normenkontrollantrag 365
Normenkontrolle 10, 11
Normenkontrollverfahren 45
Notarztdienst 119
Notenschlüssel 371
Notfalldienst 119
Notfallrettung 119
Nothilfe 144
Notkompetenz 127
Notsituation
– intraoperative 165
– postoperative 165
Notstand
– entschuldigender 146
– rechtfertigender 101, 108, 144, 173, 211
Nottestament 90
Notwehr 101, 107, 143

O

Obhutspflicht 112, 150
Offenbarungspflicht 173, 183, 211
Öffnungsklausel 220
Ombudsmann 63, 306
Operationserweiterung 103
Oppositionspartei 34
Ordensfrauen 316, 317
Ordensschwester 184
Organentnahme 73
– bei Lebenden 74
– bei Toten 73
Organisationsfehler
– grober 138
Organisationsfreiheit 55
Organisationsverschulden 115, 206, 224, 261, 283

Organspendeausweis 73
Ortsdosis 213
Ortsdosisleistung 215
Outsourcing 191

P

Parlamentarischer Rat 18
Parteien 33
Parteifähigkeit 76
Patient 295
Patientenfürsprecher 306
Patientenrechte 306
Patientenverfügung 84, 162
Paul-Ehrlich-Institut 289, 292
Person
– juristische 72, 73, 184
– natürliche 72, 73, 184
Personalrat 182, 196, 210, 220, 352, 380
Personalvertretungsgesetz 182
Personendosis 213
Personensorge 88, 102
Personenstand 177
Personenstandsfälschung 177
Persönlichkeitsrecht 73, 121, 165, 169
Petitionsrecht 54
Pflege
– häusliche 253
– qualitätssicherungsgesetz 257
– teilstationäre 253
Pflegeanleitung 321
Pflegebedürftigkeit 245, 254
Pflegedienst 218, 256
– ambulanter 92, 99, 133
Pflegedienstleitung 116
Pflegeeinrichtung 256
– ambulant 99
– stationär 100
Pflegeheim 133, 256
Pflegekammer 36
Pflegekasse 10, 253
Pflegeplan 256
Pflegestandard 130
Pflegeversicherung 10, 33, 246
Pflegevertrag 99, 258
Pflegschaft
– für die Leibesfrucht 85
Pflichtaufgabe 49
Pflichtenkollision 159, 174
Planwirtschaft 55
Pluralismus 55
Podologe 406
Postgeheimnis 53
Praktikant 186
Praxisanleiter 369

Praxisanleitung 348, 355, 359, 369
Praxisbedarf 295
Praxisbegleitung 348, 355, 359, 370
Probezeit 185, 352, 369
Prozessqualität 261
Prüfung
– klinische 290
Prüfungsverordnung 7
Prüfungswesen 309
Prüfungszeugnis 338

Q

Qualitätsmanagement 245, 282
Qualitätsmanagementkonzept 258
Qualitätsmangel 261
Qualitätssicherung 214, 216, 260, 283

R

Radiologieassistent 212
Rahmenvorschriften 45
Rat der Europäischen Union 62
Recht 4
– auf Einsichtnahme 175
– bürgerliches 8, 9
– öffentliches 8, 9, 180
Rechte 4
– absolute 4
– Gestaltungs- 5
– nicht übertragbare 5
– objektive 4
– relative 4
– subjektive 4
– übertragbare 5
– unvollkommene 5
Rechtfertigung 215
Rechtfertigungsgrund 101
Rechtsakt
– der EU 63
Rechtsfähigkeit 72
Rechtsgebiete 8, 9
Rechtsprechung 32
Rechtsquellen 7
Rechtssetzungsakt 7
Rechtsstaat 32, 264
Rechtsverordnungen 7
Regelaltersrente 250
Regierungsakt 7
Regierungspartei 34
Registrierpflicht 289
Rehabilitation 245
Rentenart 250

Rentenversicherung 33, 244
- Träger der 249
Republik 30
Ressortprinzip 44
Rettungsassistent 120, 127
Rettungsdienst 127, 219, 295, 297
Rettungswesen 119
Richter
- gesetzlicher 55
Richtlinie 64, 270
- EU- 201
- für Arbeitsverträge 92, 182
Robert Koch-Institut 114, 270, 273
Rollenzuschreibung 316
Römische Verträge 58
Röntgenaufnahme 170
Röntgeneinrichtung 214
Röntgenraum 215
Röntgenverordnung 212, 214
Rückgriffsanspruch 189
Rufbereitschaft 220
Ruhepause 227
Ruhezeit 220, 222

S

Satzung 7, 8
Schaden
- immaterieller 101, 175
- Körperverletzungs- 101
- materieller 101
- Nicht-Vermögens- 96, 101
- Vermögens- 101
Schadensersatz 200, 238
Schadensersatzanspruch 237
Schadensersatzforderung 165
Schadensersatzleistung 188
Schadensumfang 96
Schlacht von Solferino 331
Schlüsselgewalt 87
Schmerzensgeld 165
Schmerzmanagement 113
Schmuck 193
Schuldausschließungsgrund 145, 146
Schuldfähigkeit 145
- verminderte 145
Schuldform 145
Schüler 213
Schuldunfähigkeit 145
Schulgesundheitspflege 308
Schulleitung 360
Schulrecht 338
Schulwesen 52
Schulzentrum 347
Schutzausrüstung 200, 202

- persönliche 189, 211, 217, 226
Schutzkleidung 215, 270
Schutzpflicht 210, 237
Schwangere 213, 308
Schwangerschaft 149, 191
- Mitteilung einer 188
Schwangerschaftsabbruch 151, 195
Schweigepflicht 144, 168, 188, 211
Schwerbehinderteneigenschaft 183
Schwerbehindertengesetz 180
Schwerbehindertenrecht 235
Schwerbehindertenvertretung 236
Schwesternschaft 319
Sektion 74
Selbstbestimmung
- informationelle 169
- sexuelle 178
Selbstbestimmungsrecht 102, 103, 137, 149, 152, 159, 162
Selbstgefährdung 80
Selbsttötung 146
Selbstverwaltung 246
Selbstverwaltungsangelegenheiten 49
Senatslösung 41
Sera 287
Sicherheitsaufklärung 104
Sicherheitsbeauftragter 238
Sicherheitsfachkraft 238
Sittengesetz 6
Sittlichkeit 6
Solidargemeinschaft 246
Sonntagsarbeit 223, 226
Sorgfaltspflicht 109, 151
Souveränität 26
Sozialauswahl 196
Sozialdaten 246
Sozialdatenschutz 246
Sozialdienst 142
Sozialgeheimnis 170
Sozialpflichtigkeit 264
Sozialrecht 157
Sozialstaat 33
Sozialstaatlichkeit 242
Sozialstation 257
Sozialversicherung 244
Sozialversicherungspflicht 324
Sperrbereich 212
Spritzenschein 127
Staatenbund 31
Staatenbündnis 31
Staatenstaat 31
Staatsangehörigkeit 54
Staatsaufbau 30
Staatshaftung 119
Staatsvertrag 26
Stadtphysicus 321
Standard 113
Stationsbedarf 295

Sterbebegleitung 158
Sterbegeld 248
Sterbehilfe 157
Stillzeit 226
Störstrahler 214
Strafbarkeit
- einer Lebensverkürzung 158
Strafmündigkeit 86
Strahlenexposition 212, 214
Strahlengrundsatz 214
Strahlenschutzbeauftragter 212, 216
Strahlenschutzbereich 212, 215
Strahlenschutzverantwortlicher 212, 216
Strahlenschutzverordnung 212
Strukturqualität 261
Studium 316
Stufenplan 292
Stufenplanbeauftragter 292
Suchtberatung 308
Surveillance 310

T

Tabakerzeugnis 287, 300
Tarifautonomie 55
Tarifvertrag 180, 181, 187, 220, 351
Tätigkeit
- gefahrgeneigte 188
- vorbehaltene 379
Teilordnungslehre 22
Teilrente 252
Teleradiologie 214
Testament 89
- außerordentliches 89
- Bürgermeister- 90
- Dreizeugen- 90
- eigenhändiges 89
- ordentliches 89
- öffentliches 89
- Patienten- 92
- See- 90
Testamentarische Zuwendung 92
Testierfähigkeit 78, 88, 92
Theodor Fliedner 325
Thrombose 110, 129
Tod 73
- Herz- 73
- Hirn- 73
- Kreislauf- 73
Todeserklärung 73
Totgeburt 75, 225
Tötung 293
- fahrlässige 151
Transplantate 202
Transplantationsgesetz 73

Transsexualismus 72
Treuepflicht 188
Tuberkulosepflege 217

U

Überhangmandat 38
Überlastungsanzeige 116
Übernahmeverschulden 116, 126, 127
Überwachungsbereich 215
Umsetzung 190, 237
Umsetzungspflicht 219
Umwelthygiene 308
Unfallverhütungsvorschrift 216, 238, 251, 270
Unfallversicherung 33, 238, 244
Unfallversicherungsträger 200
Unglücksfall 149
UNO 31, 68
Unrechtsbewusstsein 145
Unterbringung 51, 79
– betreuungsrechtliche 79
– öffentlich-rechtliche 10, 51, 82
Unterhaltsrecht 73
Unterlassungsdelikt 142
– echtes 142, 148
– unechtes 142, 148, 171
Untermaßverbot 152
Unterrichtsrecht 41, 42
Untersuchungsbefund 170
Unterweisung 215
Unverletzlichkeit der Wohnung 277, 303
Unzumutbarkeit 108
Urbanisierung 323
Urkundenfälschung 177
Urlaub 221, 226

V

Verbände 34
– der freien Wohlfahrtspflege 257, 334
Verbotsirrtum 146
Verbraucherschutz 301
Verbrechen 147
Verbundschule 347
Vereinigungsfreiheit 53
Vereinter Europarat 311

Vereinte Nationen 68
Verfalldatum 205, 208
Verfassung 8, 22
Verfassungsbegriff 22
Verfassungskonvent 18
Vergehen 147
Vergütungsanspruch 192
Verkehrssicherungspflicht 117, 118, 272
Vermittlungsausschuss 46, 64
Vermögenssorge 88
Verordnung 64
Verrichtungsgehilfe 108
Versammlungsfreiheit 52, 277
Verschreibung 295
Versetzung 237
Versicherungspflicht 243, 249
Vertrag von Amsterdam 58
Vertrag von Maastricht 58
Vertreter
– gesetzlicher 76, 101
Verwahrung 112
Verwahrungspflicht 112
Verwaltung 32
Verwirkung 54
Vinzenz von Paul 318, 319
Volksbegehren 40
Volksherrschaft 32
Volljähriger 85
Volljährigkeit 101
Vollrente 252
Voraus 89
Vorbehaltsaufgabe 130, 346, 367
Vormundschaft 85
Vornamen 75
Vornote 372
Vorsatz 109, 145, 188
– bedingter 145
– direkter 145
Vorsorgeuntersuchung 211, 215
Vorsorgevollmacht 78, 84, 166
Vorteilsnahme 93, 177

W

Wahl 37, 48, 62
– plebiszitäre 43
Wahlgleichheit 32
Wahlrecht
– aktives 37, 48
– passives 37, 48
– Verhältnis- 38

Wahlsystem 37
Wahlvorgang 37
Warnhinweis 302
Wegeunfall 252
Wegezeit 219
Weisungen 180
Weisungsbefugnis 273
Weisungskompetenz 98
Weisungsrecht 189, 348
Weiterbildungsgang 406
Weltgesundheitsorganisation 37, 277, 292, 311, 345
Werbebeschränkung 302
Wertgegenstände 112
WHO 37, 277, 292, 311, 345
Widerrechtlichkeit 101
Widerspruchslösung 73
Widerspruchsrecht 192
Wiederholungsuntersuchung 215
Wiedervereinigung 26
Wille
– mutmaßlicher 73, 160
Wirtschaftsrat 15
Wirtschaftssystem 55
Wohlfahrtspflege 335
Wohlfahrtsverbände 257, 334
Wohnsitz 76
Wundinfektion 271
Würde des Menschen 83

Z

Zerrüttungsprinzip 88
Zeugnis 196, 371
Zeugnisverweigerung 175
Zivildienstleistender 169
Zivilrecht 180
Zonenbeirat 15
Zölibatsklausel 191
Züchtigungsrecht 144
Zulassungsverfahren 371
Zurechnungsfähigkeit 145
Zurückbehaltungsrecht 224, 237
Zustimmungsgesetze 47
Zustimmungslösung 73
Zwangsbehandlung 106
Zwangsmedikation 51
Zwei-plus-vier-Vertrag 26
Zweistaatentheorie 22
Zweitstimme 38
Zwischenexamen 360
Zwitter 72

1	Begriff des Rechts
2	Entstehung der Bundesrepublik Deutschland
3	Entstehung des Grundgesetzes
4	Rechtsfragen
5	Grundgesetz und Einigungsvertrag
6	Grundgesetz für das vereinte Deutschland
7	Europäische Union
8	Vereinte Nationen
9	Zivilrechtliche Vorschriften
10	Das zivilrechtliche Haftungssystem
11	Strafrechtliche Bestimmungen
12	Arbeitsrechtliche Bestimmungen
13	Sozialversicherungsrecht
14	Bundessozialhilfegesetz - ein Überblick
15	Grundsicherungsgesetz
16	Hygiene und Infektionsschutz
17	Arznei- und Betäubungsmittelrecht
18	Lebensmittelrecht
19	Gesundheitswesen, Gesundheitsrecht und Gesundheitsdienst
20	Geschichtliche Entwicklung der Krankenpflege
21	Rechtsgrundlagen der Berufsausbildung

Abkürzungen

GG	Grundgesetz	MTA-APrV	Ausbildungs- u. Prüfungsverordnung für technische Assistenten in der Medizin
GLP	Grundsätze einer guten Laborpraxis		
GRG	Gesetz zur Strukturreform im Gesundheitswesen (Gesundheitsreformgesetz)	MuSchG	Mutterschutzgesetz
		NachwG	Nachweisgesetz
GSG	Gesundheitsstrukturgesetz	NATO	North Atlantic Treaty Organisation Nordatlantisches Verteidigungsbündnis
GschBT	Geschäftsordnung des Bundestages		
HebAPrV	Ausbildungs- u. Prüfungsverordnung für Hebammen u. Entbindungspfleger	NJW	Neue juristische Wochenschrift
HebG	Gesetz über den Beruf der Hebamme und des Entbindungspflegers (Hebammengesetz)	NZA	Neue Zeitschrift für Arbeitsrecht
		OLG	Oberlandesgericht
		OrthoptG	Orthoptistengesetz
HeilBÄndG	Heilberufsänderungsgesetz	OrthoptAPrV	Ausbildungs- u. Prüfungsverordnung für Orthoptisten
HeilprG	Gesetz über die Ausübung der Heilkunde ohne Bestallung (Heilpraktikergesetz)		
		OVG	Oberverwaltungsgericht
		PStG	Personenstandsgesetz
HeimG	Heimgesetz	PTA	Pharmazeutisch-technischer Assistent
HeimPersV	Heimpersonalverordnung	RettAssG	Gesetz über den Beruf der Rettungsassistentin u. des Rettungsassistenten (Rettungsassistentengesetz)
HGB	Handelsgesetzbuch		
HuR	Hygiene und Recht		
Hyg + Med	Hygiene und Medizin (Zeitschrift)	RGW	Rat für gegenseitige Wirtschaftshilfe
ICN	International Council of Nurses	RKI	Robert Koch-Institut
i.d.F.	in der Fassung	RöV	Verordnung über den Schutz vor Schäden durch Röntgenstrahlen
IGV	Internationale Gesundheitsvorschriften		
JArbSchG	Jugendarbeitsschutzgesetz	RVO	Reichsversicherungsordnung
JGG	Jugendgerichtsgesetz	SED	Sozialistische Einheitspartei Deutschlands
JSchG	Gesetz zum Schutz der Jugend in der Öffentlichkeit (Jugendschutzgesetz)		
		SGB	Sozialgesetzbuch
JWG	Gesetz für Jugendwohlfahrt	StGB	Strafgesetzbuch
KhuR	Krankenhaus und Recht (Zeitschrift)	StPO	Strafprozessordnung
KrPflAPrV	Ausbildungs- u. Prüfungsverordnung für die Berufe in der Krankenpflege	TSG	Gesetz über die Änderung der Vornamen und die Feststellung der Geschlechtszugehörigkeit in bes. Fällen (Transsexuellengesetz)
KrPflG	Gesetz über die Berufe in der Krankenpflege		
		TVG	Tarifvertragsgesetz
KSchG	Kündigungsschutzgesetz	UBG	Unterbringungsgesetz
LAG	Landesarbeitsgericht	UdSSR	Union der Sozialistischen Sowjetrepubliken
LG	Landgericht		
LMBG	Gesetz über den Verkehr mit Lebensmitteln, Tabakerzeugnissen, kosmetischen Mitteln und sonstigen Bedarfsgegenständen (Lebensmittel- und Bedarfsgegenstädegesetz)	UNO	United Nation Organisation Organisation der Vereinten Nationen
		VA	Vermittlungsausschuss
		VersR	Zeitschrift für Versicherungsrecht
		VGH	Verwaltungsgerichtshof
LogG	Gesetz über den Beruf des Logopäden und der Logopädin	VwGO	Verwaltungsgerichtsordnung
		WHO	World Health Organisation Weltgesundheitsorganisation
LogAPrO	Ausbildungs- u.Prüfungsverordnung für Logopäden		
		ZPO	Zivilprozessordnung
MBO	Musterberufsordnung		
MedGV	Verordnung über die Sicherheit medizinisch-technischer Geräte (Medizingeräteverordnung)		
MedR	Medizinrecht (Zeitschrift)		
MPG	Medizinproduktegesetz		
MPHG	Masseur- und Physiotherapeutengesetz		
MTAG	Gesetz über technische Assistenten in der Medizin		

GPSR Compliance
The European Union's (EU) General Product Safety Regulation (GPSR) is a set of rules that requires consumer products to be safe and our obligations to ensure this.

If you have any concerns about our products, you can contact us on

ProductSafety@springernature.com

In case Publisher is established outside the EU, the EU authorized representative is:

Springer Nature Customer Service Center GmbH
Europaplatz 3
69115 Heidelberg, Germany